편집대표 양 창 ·

제 2 판

민법주해

[I]

총 칙 (1)

[제 1 조 ~ 제 30 조]

박영사

편집대표 양 창 수(한양대학교 법학전문대학원 석좌교수;

　　　　　　　서울대학교 법학전문대학원 명예교수; 전 대법관)

편집위원 김 형 석(서울대학교 법학전문대학원 교수)

　　　　　　오 영 준(서울고등법원 부장판사)

머 리 말

『민법주해』 총칙편의 초판이 그 제1권부터 제3권으로 발간된 것이 1992년 3월이다. 그로부터 세어보면 벌써 30년의 세월이 흘렀다. 그리고 채권편 각론 마지막의 제19권은 불법행위에 관한 민법 규정의 뒷부분, 그리고 「불법행위 후론」으로 인격권 침해·공해·자동차운행자책임을 다뤘는데, 2005년 1월에 나왔다. 그것도 이미 17년 전의 일이다.

이제 『민법주해』의 제2판을 출간하기에 이르렀으니 감개가 없을 수 없다. 돌이켜보면, 곽윤직 선생님이 '제대로 된' 민법 「코멘타르」의 구상을 처음으로 말씀하신 것은 선생님이 서울대학교 법과대학 정년퇴직을 몇 년 앞둔 1987년 말쯤이라고 기억한다. 선생님은 우리나라에서 민법 관련 문헌이 교과서에 일방적으로 치우쳐 있음을 한탄하면서, 이를 바로잡는 하나의 방법으로 우선 우리의 힘으로 민법의 모든 실제의 또는 상정될 수 있는 문제들에 대하여 그 현재의 모습을 포괄적으로 다루는 —즉, 독일의 wissenschaftlicher Großkommentar에 해당하는— 자료가 나와야 한다고 역설하였다(또 하나는 본격적인 법 관련의 '종합 정기간행물'이다). 그리하여 『민법주해』를 편집하는 작업이 개시된 것이다.

그리하여 곽 선생님은 전체 「머리말」에서, "이 주해서는 각 조문마다 관련되는 중요한 판결들을 인용해 가면서 확정된 판례이론을 밝혀주고, 한편으로는 이론 내지 학설을 모두 그 출전을 정확하게 표시하고, 또한 논거를 객관적으로 서술하여 민법 각 조항의 구체적 내용을 밝히려는 것"으로서, "그 목적하는 바는, 위와 같은 서술을 통해서 우리의 민법학의 현재 수준을 부각시키고, 아울러 우리 민법 아래에서 생기는 법적 분쟁에 대한 올바른 해답을 찾을 수 있게 하려는 데 있다"고 밝힌 바 있다.

이러한 『민법주해』 편집·간행의 '목적'이 이제 발간되는 제2판에서도 조금도 변함이 없음은 물론이다.

그러나 당연히 법은 변화하고 발전하는 것이다. 그 사이에 우리 사회는 1980년대 말의 자취는 거의 찾아볼 수 없을 만큼 엄청나게 변모하였다. 사람의 가치나 사고방식에도 그러한 변화가 적지 않다. 그리하여 민법의 규정은 대체로 전과 같다고 하여도, 이로써 처리되어야 하는 법문제의 양상은 사뭇 달라졌다. 그리고 새로운 법률이 제정·시행되거나 종전의 규정이 개정 또는 폐기된 경우도 드물지 않다. 그에 따라 전에 없던 법문제가 제기되고 추구되어야 할 법이념도 달라져서, 새로운 법리가 이에 답한다. 그리하여 새로운 재판례가 나온다. 그리고 종전의 법리나 판례 등도 다시 검토되지 않을 수 없다.

　　또한 지적되지 않으면 안 되는 중요한 사실은, 민법의 해석·적용에 관한 우리의 역량이 전에 비하여 훨씬 충실하여졌다는 점이다. 물론 여전히 개선되어야 할 점이 적지 않음은 인정하지 않을 수 없겠다. 그러나 예를 들자면 비교법적인 시야가 훨씬 넓어져서 어느 외국의 이론에 맹종하는 경향은 많이 청산되었다고 해도 좋을 것이다. 또한 민사재판실무에 대하여도 보다 객관적이면서 비판적인 태도를 취하고, 또한 그 '흐름'에 대한 의식이 날카로워졌다.

　　『민법주해』의 개정판은 이러한 변화를 담으려고 노력하였다. 여러 가지의 어려운 고비를 거쳐 이제 드디어 햇빛을 보게 되는『민법주해』의 개정판이 여러분의 기대에 크게 어긋나지 않기를 바란다.

2022년 2월 25일

편 집 대 표

梁　　彰　　洙

총칙편 집필자

구자헌(특허법원 고법판사)

권　철(성균관대학교 법학전문대학원 교수)

권영준(서울대학교 법학전문대학원 교수)

김상중(고려대학교 법학전문대학원 교수)

김시철(서울고등법원 부장판사)

김형석(서울대학교 법학전문대학원 교수)

박인환(인하대학교 법학전문대학원 교수)

양창수(한양대학교 법학전문대학원 석좌교수; 서울대학교 법학전문대학원
　　　명예교수)

오영준(서울고등법원 부장판사)

윤태식(서울동부지방법원장)

이동진(서울대학교 법학전문대학원 교수)

이연갑(연세대학교 법학전문대학원 교수)

이정민(변호사)

제철웅(한양대학교 법학전문대학원 교수)

진현민(서울고등법원 고법판사)

천경훈(서울대학교 법학전문대학원 교수)

최병조(서울대학교 법학전문대학원 명예교수)

최수정(서강대학교 법학전문대학원 교수)

호제훈(변호사)

(이상 가나다 순, 현직은 2022년 3월 1일 기준)

집필내용

범 례

1. 조 문

§ 49 II (iii)　　← 민법 제49조 제2항 제3호

§ 12-2　　　　← 민법 제12조의2

부칙 § 10　　　← 민법 부칙 제10조

2. 재 판 례

(1) 일　반

대판 80.7.8, 79다1928(집 28 − 2, 101) ← 대법원 1980년 7월 8일 선고 79다1928 판결(대법원판결집 제28권 2집 민사편 101면)

대결 05.3.15, 2003마1477(공 05상, 391) ← 대법원 2005년 3월 15일 고지 2003 마1477 결정(판례공보 2005년 9634면)

대판 80.9.24, 80다1220(요집 민 I − 1, 161) ← 대법원 1980년 9월 24일 선고 80 다1220 판결(대법원판례요지집 민사 · 상사편 I − 1권 161면)

헌재 05.2.3, 2001헌가9(헌집 17 − 1, 1) ← 헌법재판소 2005년 2월 3일 선고 2001헌가9 결정(헌법재판소판례집 17권 1집 1면)

서울고판 71.12.29, 71나1733(고집 71, 612) ← 서울고등법원 1971년 12월 29일 선고 71나1733 판결(고등법원판결집 1971년 민사편 612면)

대구지판 88.2.10, 87나485(하집 88 − 1, 226) ← 대구지방법원 1988년 2월 10일 선고 87나485판결(하급심판결집 1988년 제1권 민사편 226면)

서울동지판 07.4.24, 2006가단62400(각공 07, 1875) ← 서울동부지방법원 2007 년 4월 24일 선고 2006가단62400 판결(각급법원 판결공 보 2007년 1875면)

서울고판 06.2.17, 2005나7544(정보) ← 서울고등법원 2006년 2월 17일 선고 2005나7544 판결(법원 종합법률정보 검색)

(2) 기타의 재판법원 및 재판종류의 표시

대판(전) ← 대법원 전원합의체 판결

대구고판 ← 대구고등법원 판결

서울중지판 ← 서울중앙지방법원 판결

밀양지원판 ← 마산지방법원밀양지원 판결

서울가결 ← 서울가정법원 결정

(3) 재판례의 출전

집 ←「대법원판결집」,「대법원판례집」

전집 ←「대법원전원합의체판결집」

공 ←「법원공보」,「판례공보」

고집 ←「고등법원판결집」

하집 ←「하급심판결집」

각공 ←「각급법원 판결공보」

월보 ←「판례월보」

신문 ←「법률신문」

총람 ←「판례총람」

요집 ←「대법원판례요지집」

법고을 ←「법원도서관 법고을 DVD」

정보 ←「대한민국 법원 종합법률정보」

로앤비 ← THOMSON REUTERS LAWnB

미공개 ← 공개되지 아니한 재판례

3. 법령약어

(1) 법　률

가등기담보등에 관한 법률　　　　　　　　　　가담

가사소송법　　　　　　　　　　　　　　　　　가소

가사심판법(폐지)　　　　　　　　　　　　　　가심

가족관계 등의 등록에 관한 법률　　　　　　　가족등

개인정보 보호법　　　　　　　　　　　　　　개정보

개인채무자회생법(폐지)　　　　　　　　　　　개회

근로기준법	근기
금융실명거래 및 비밀보장에 관한 법률	금실명
남녀고용평등과 일·가정 양립 지원에 관한 법률	남녀
노동조합 및 노동관계조정법	노조
농지개혁법(폐지)	농개
농지법	농지
대부업 등의 등록 및 금융이용자 보호에 관한 법률	대부
대한민국 헌법	헌
도로교통법	도교
도로법	도로
도시 및 주거환경정비법	도정
도시개발법	도개
독점규제 및 공정거래에 관한 법률	독점
동산·채권 등의 담보에 관한 법률	동담
디자인보호법	디보
문화재보호법	문보
민사소송법	민소
민사조정법	민조
민사집행법	민집
방문판매 등에 관한 법률	방판
방송법	방송
법원조직법	법조
법인세법	법세
변호사법	변
보증인 보호를 위한 특별법	보특
보험업법	보험
부가가치세법	부가
부동산등기법	부등
부동산등기특별조치법	부등특조
부동산소유권 이전등기에 관한 특별조치법	부소특조
부동산실권리자명의 등기에 관한 법률	부실명

부재선고 등에 관한 특별조치법	부재특조
부정경쟁방지 및 영업비밀보호에 관한 법률	부경
불교재산관리법(폐지)	불재
비송사건절차법	비송
사립학교법	사학
산림법	산림
산업재해보상보험법	산재
상가건물 임대차보호법	상임
상법	상
상속세 및 증여세법	상증세
상업등기법	상등
상표법	상표
상호저축은행법	상저
선박등기법	선등
선박법	선박
소득세법	소세
소비자기본법	소기
소송촉진 등에 관한 특례법	소촉
소액사건심판법	소액
수난구호법	수구
수산업법	수산
수표법	수표
신문 등의 진흥에 관한 법률	신문
신용정보의 이용 및 보호에 관한 법률	신용정보
신원보증법	신보
신탁법	신탁
실용신안법	실용
실화책임에 관한 법률	실화
약관의 규제에 관한 법률	약관
어음법	어음
언론중재 및 피해구제 등에 관한 법률	언론

지방세법	지세
지방재정법	지재정
지식재산 기본법	지재
집합건물의 소유 및 관리에 관한 법률	집합건물
채권의 공정한 추심에 관한 법률	추심
채무자회생 및 파산에 관한 법률	도산
출입국관리법	출관
측량·수로조사 및 지적에 관한 법률	지적
토지구획정리사업법(폐지)	토구정
토지수용법(폐지)	토수
토지이용규제 기본법	토규
통신비밀보호법	통비
특허법	특허
파산법(폐지)	파
하도급거래 공정화에 관한 법률	하도급
하천법	하천
할부거래에 관한 법률	할부
항공법	항공
행정규제기본법	행규
행정대집행법	행집
행정소송법	행소
행정심판법	행심
행정절차법	행절
헌법재판소법	헌재
형법	형
형사소송법	형소
호적법(폐지)	호적
화의법(폐지)	화의
환경정책기본법	환기
회사정리법(폐지)	회정
후견등기에 관한 법률	후등

(2) 부칙, 별표는 법명 뒤에 약칭 없이 '부칙' '별표'로 인용하며, 구법의 경우 법
령 앞에 '구'를 덧붙인다.

(3) 법률의 시행령 또는 시행규칙은 법률약어에 '령' 또는 '규'를 붙인다.

(4) 외국법률과 모델규칙 등

독민	독일민법
네민	네덜란드신민법
프민	프랑스민법
스민	스위스민법
스채	스위스채무법
일민	일본민법
오민	오스트리아민법
이민	이태리민법
그민	그리스민법
UCC	Uniform Commercial Code
PECL	유럽계약법원칙
DCFR	유럽 민사법 공통기준안
PETL	유럽불법행위법원칙
PICC	UNIDROIT 국제상사계약원칙

(5) 외국법령의 조항 인용도 우리 법령의 인용과 같은 방식으로 한다.

(예)

독민 § 312-b I (iii)   ←   독일민법 제312조의b 제1항 제3호

프민 § 17-2   ←   프랑스민법 제17조의2

스채 § 22   ←   스위스채무법 제22조

4. 문헌약어

(1) 교과서 : 저자명만으로 인용한다.

강봉석, 민법총칙, 제4판, 2014.

강태성, 민법총칙, 제5판, 2013.

고상용, 민법총칙, 제3판, 2003.

고창현, 민법총칙, 2006.

곽윤직·김재형, 민법총칙, 제9판, 2013.

권용우, 민법총칙, 제5전정판, 2003.

김대정, 민법총칙, 2012.

김민중, 민법총칙, 2014.

김상용, 민법총칙, 제2판, 2013.

김용한, 민법총칙론, 재전정판, 1993.

김주수·김상용, 민법총칙, 제7판, 2013.

김준호, 민법총칙, 제9판, 2014.

김증한·김학동, 민법총칙, 제10판, 2013.

명순구, 민법총칙, 2005.

백태승, 민법총칙, 제6판, 2014.

서을오, 민법총칙, 2013.

소성규, 민법총칙, 제4판, 2014.

송덕수, 민법총칙, 제2판, 2013.

이덕환, 민법총칙, 2012.

이영준, 민법총칙, 개정증보판, 2007.

이은영, 민법총칙, 제5판, 2009.

정기웅, 민법총칙, 제3판, 2013.

한삼인, 민법총칙, 2013.

홍성재, 민법총칙, 제5판, 2013.

양창수·김재형, 민법 Ⅰ: 계약법, 2010.

양창수·권영준, 민법 Ⅱ: 권리의 변동과 구제, 2011.

양창수·김형석, 민법 Ⅲ: 권리의 보전과 담보, 제2판, 2015.

(2) 정기간행물

가연 ←「가족법연구」

민판연 ←「민사판례연구」

민학 ←「민사법학」

법조 ←「법조」

비교 ←「비교사법」

사론 ←「사법논집」

사법 ←「사법」

사행 ←「사법행정」

신문 ←「법률신문」

월보 ←「판례월보」

재산 ←「재산법연구」

저스 ←「저스티스」

제문제 ←「민사재판의 제문제」

해설 ←「대법원판례해설」

(3) 기   타

구주해 […](집필자) ← 곽윤직 편집대표, 민법주해, 1992~2005 (꺾음괄호 안
은 권수를 가리킨다)

주석 […](제○판/집필자) ← 김용덕 편집대표, 주석 민법, 제5판, 2019~
김용담 편집대표, 주석 민법, 제4판, 2010~2016 (꺾음괄
호 안은 권수를 가리킨다)

5. 외국문헌 및 재판례

(1) 외국문헌 및 재판례의 인용

(가) 외국 문헌과 외국 재판례 등은 각국에서 통용되는 약칭으로 인용하는
것을 원칙으로 한다(연도는 서기로 표기하되, 일본의 경우는 평성, 소화,
대정, 명치 등의 연호에 따른 연도를 괄호 안에 평, 소, 대, 명 및 그 각 연
도로 부기한다).

(나) 외국 문헌의 경우 최초로 인용할 때에 간행연도 및 판수(논문의 경우는,
정기간행물 및 그 권호수 등)를 표시하고, 이후 같은 조항에서 인용할
때는 "저자(또는 필자), 인용면수"의 방법으로 인용하되(같은 필자의 문
헌을 여럿 인용하는 경우에는 최초 인용의 각주 번호에 따라 '(주 ○)'를
필자 이름 아래 붙인다), 다음에 언급하는 주석서는 예외로 한다.

독일 주석서의 경우 "주석서 이름/집필자"

일본 『注釋民法』의 경우 "日注民 [⋯](집필자)" 또는 "日注民 新版 [⋯]
(집필자)"

(2) 재판례의 인용 등

본문 등에서는 각 국의 최고법원에 대하여 다음의 용어를 쓴다.

독일대법원   ←   독일의 Bundesgerichtshof

독일헌법재판소   ←   독일의 Bundesverfassungsgericht

독일제국법원   ←   독일의 Reichsgericht

프랑스파기원   ←   프랑스의 Cour de Cassation

스위스대법원   ←   스위스의 Bundesgericht

차 례

서 설

Ⅰ. 민법전의 역사적 성립과정

1. 우리가 오늘날 쓰고 있는 의미로 '민법'이라는 말이 우리나라에서 처음으로 쓰인 것이 언제인지는 쉽사리 단정할 수 없다. 그러나 늦어도 1894년 7월부터 시작된 甲午更張[1]에 있어서는 민법의 제정을 지향하는 일련의 움직임이 명백하게 나타나는데,[2] 거기서 '민법'이라고 함은 오늘날과 마찬가지로 민사분쟁의 일반적 해결규준을 포괄적으로 정하는 실정법률로서의 민법전을 의미하고 있었다. 가령 당시의 군주 고종은 1894년 12월 12일(음력)에 宗廟에 나아가 국정의 새로운 강령으로서 洪範十四條를 誓告하고 개혁의 추진을 약속하였다. 그 중에서 §13는 "민법과 형법을 엄명하게 作定하고 氾濫히 사람을 가두거나 벌하지 아니하여서 이로써 인민의 목숨과 재산을 보전"할 것을 선언하고 있는 것이다.[3] 아마도 이것이 적어도 공적인 차원에서 '민법'이라는 용어가 사용된 최초의 예가 아닌가 한다.

---

1) 갑오경장 또는 갑오개혁은 광의로는 고종 31년 7월부터 32년 12월까지(이상 음력) 있었던 일련의 근대화를 위한 개혁조치를 의미하나, 제1차 갑오개혁이라고 하면 고종 31년 6월 25일(1894. 7. 27)에 설치된 軍國機務處가 동년 11월 21일(12. 17) 폐지되기까지 추진한 개혁을 가리킨다. 이광린, 한국사강좌 Ⅴ, 2판(1984), 322 참조.

2) 박병호, "개화기의 법제", 정범석 기념 논문집(1977), 199은 "개화기를 사상사적인 면에서 볼 때에는 가깝게는 1870년대 전후에로 소급할 수 있으나, 법제사적인 면에서 특히 실정법적으로는 역시 1894년의 갑오경장에 의한 개혁부터 개화기의 기점을 설정하는 것이 타당"하다고 한다.

3) 국회도서관 편, 한말근대법령자료집 Ⅰ(1970), 137의 국문본에서 인용. 이하 이 문헌은 「韓末法集 Ⅰ, Ⅱ …」 등으로 인용한다.

그리고 이듬해인 1895년 6월에는 法部 안에 法律起草委員會를 설치하여[4] "형법, 민법, 상법, 治罪法, 소송법 등을 祥査하여 개정 또는 제정하는 법안을 기초"하도록 하였다(1985. 6. 15. 법부령 제7호, 법률기초위원회규程 § 2). 이 위원회규정 중에는 "그 법률을 기초함에 있어 舊慣, 故俗의 조사를 필요로 하는 때에는 각 衙門 및 지방관청 등에 조회하고 또 사람을 파견할 수 있다"고 정하고 있는 것이 흥미를 끈다 ($\frac{\S}{7}$).[5]

또한 교육의 면에서도 '민법'이 교수되었다. 1895년 3월 새로운 법률지식을 갖춘 인재의 양성을 위하여 법관양성소가 설치되었는데(약 1년 후 폐소되었다가 다시 1903년에 개소하여 1909년 統監府法學校의 설치와 동시에 폐지되기까지 계속 법률가를 배출해 냈다), 그 교과과정 속에는 애초부터 민법이 형법이나 민사소송법, 형사소송법과 아울러 포함되어 있었다.[6]

이렇게 보면 1890년대 중반에는 오늘날과 같은 의미의 '민법'이라는 말이 한정된 제도개혁의 범위 안에서이기는 해도 상당히 널리 쓰여지고 있었던 것이 아닌가 생각된다. 그러나 1986년의 이른바 아관파천(俄館播遷)을 계기로 갑오경장을 주도해 온 개화파 내각이 전복되고, 친러시아파 내각이 들어섬으로써 민법을 제정하고자 하는 위와 같은 일련의 움직임은 더 이상 진척을 보지 못하였다.

이와 같이 민법전을 편찬하려는 첫 번째 시도가 실패하게 된 이유로서는 다음의 두 가지 사실이 지적된다.[7]

첫째, 당시의 개혁이 주로 독립국가로서의 면모를 유지하기 위하여 국가의 통치와 관련된 사항에 대하여 정책적으로 행하여진 데 그쳤다. 따라서 그 새로운 법령들은 대부분 관제와 관규, 재정 등 행정법령에 관한 것과 형벌체제의 정비에 관한 것이고, 민법과 같이 私人의 법률관계를 규율하여 통치작용과는 무관한 법률에까지 손을 쓰지 못하였다는 것이다.

둘째, 당시의 개혁조치에는 일본의 영향이 강하였다. 그런데 일본의 최대의 관심은 우리나라에서 경제적 이권을 차지하는 데 있었으므로, 商事, 그 중에서도 경제체제에 관한 법령[8]에 중점이 놓여졌다는 것이다. 그리하여 민사와

---

4) 법률기초위원회의 법적 근거, 구성, 위원 등에 대하여는 정긍식, "한말 법률기초기관에 관한 소고", 박병호 기념 논문집 Ⅱ(1991), 254 이하 참조.

5) 이상 韓末法集 Ⅰ, 492 이하.

6) 서울대학교 법과대학 동창회 편, 서울법대백년사자료집 Ⅰ(광복전 50년)(1987), 33 참조. 또한 박병호(주 2), 204도 참조.

7) 이상욱, "한국 상속법의 성문화과정", 1987년 경북대 박사학위논문, 26 이하.

8) 그 예에 대하여는 이상욱(전주), 28 주 152 참조.

관련하여서는 「率養에 관한 건」, 「早婚을 금하는 건」, 「寡女의 再嫁를 그 자유
에 맡기는 건」 등 친족법의 일부에 관련된 것이 거의 전부였다.[9]

2. 약 10년이 지난 1905년에 다시 민법을 제정하려는 움직임이 역시 정부
안에서 일어났다. 즉, 동년 5월 31일 "법부에 법률기초위원회를 설치하여 민법
을 제정하고자 하는" 법부대신의 奏請이 6월 18일 재가되어 '民法常例'의 편찬
이 명하여졌다.[10] 그 주청은 민법 제정의 필요를, "법률을 갖추지 못하면 정치
를 잘 할 수 없는 것인바, 형법대전은 이미 반포하였으나 민법에 이르러서는
아직까지 일정한 條規가 없어서 有司의 臣이 聽理할 때 좌우에 현혹되고 있고,
인민들의 무지몽매는 더욱 심하다"라고 설명하고 있다.[11] 이는 요컨대 재판이
나 일반인의 민사생활에 명백한 기준을 제시함으로써 법적인 안정성을 도모할
필요가 있다는, 그 자체 극히 타당한 취지를 밝힌 것으로 이해된다.

당시에는 이미 1895년 3월 25일의 재판소구성법 이래 부분적으로 근대적
인 재판제도가 도입되어 있었다. 즉, 위 법률은 지방재판소, 漢城及開港場裁判
所, 순회재판소 및 고등재판소(그 명칭은 1899년 이래 평리원으로 바뀌었다) 등을 둘 것을 규정하였고, 그
중에서 종심법원인 平理院과 제1심법원에 해당하는 한성재판소는 실제로 개
설되었다(그 외의 재판소는 각 도의 감영이나 부·군청에 부치하였고, 재판관도 관찰사 또는 부윤·군수로 하여금 겸임하게 하였다).[12] 따라서 그 중 민사재판
에 대하여도 그 실체적인 준칙에 제시할 필요가 있었던 것이다.[13]

법부는 위 재가된 주청에 따라 동년 7월 18일 법부령 제2호로 법률기초위
원회규정을 마련하였다.[14] 이에 의하면 그 위원회는 위원장 1인과 위원 8인
및 서기 2인으로 구성되며($\S3$), 앞서 본 1895년 6월의 법률기초위원회와 같은
법률기초의 임무가 주어졌다.[15] 이 새로운 법률기초위원회에는 "근대 법학을
공부한 법률기초위원들이 많이 등장한다. 이러한 사실은 陸軍法律과 형법대전

9) 모두 韓末法集 Ⅰ, 15에 소재.
10) 고종실록 고종42년 6월 18일자의 조칙에는 "『형법대전』을 제정하고 이어서 민법상례를
편찬하게 되면 모든 것이 갖추어져 시의에 부합할 것이다"라는 구절이 있다.
11) 韓末法集 Ⅳ, 237 이하.
12) 개화기의 재판제도에 대하여는 우선 박병호(주 2), 202 이하 참조.
13) 한편 형사에 대하여는 1905년 4월 29일 법률 제2호로 위 주청에서도 언급하고 있는 刑
法大全이 공포되었다. 그 내용 중에는 민사에 관한 규율도 포함되어 있다. 이에 대하여는
鄭鍾休, 韓國民法典의 比較法的硏究(1989), 28 이하를 보라.
14) 韓末法集 Ⅳ, 311 이하 소재.
15) 이 새로운 법률기초위원회는 법부관제 등에 그 근거가 없이 법부대신의 주청에 대한 재
가로 설치된 것이므로 '權設'이라는 접두어를 붙였다고 한다. 이 점 및 그 구성 등에 대하
여는 정긍식(주 4), 257 참조.

의 제정을 비롯한 입법과정에 참여하여 얻은 실무적 경험을 바탕으로 하고 일
본 유학과 법관양성소를 통해 얻은 근대 법학지식을 축적하여 한국에 자생적
으로 법조인을 양성할 수 있는 기반이 조성되었음을 반영한다"는 견해도 있
다.[16] 그러나 민법전 편찬의 구체적인 작업은 일본이 내정을 장악하고 있는 상
황에서 지지부진할 수밖에 없었다.[17]

　또한 1906년 7월 13일에 이르러 토지제도, 조세제도 등을 정비하기 위하
여 土地所關法起草委員 6인이 임명되었지만, 결국 동월 24일 통감부가 주도한
不動產法調査會로 대체되었다. 이 기관은 일본민법전의 편찬자 3인 중 한 사
람인 梅謙次郎(우메 겐지로)가 통감 伊藤博文의 초빙으로 우리나라에 와서 그
위원장을 맡았다. 위 조사회의 활동의 결과로 「토지건물의 매매 · 교환 · 양여 ·
전당에 관한 건」($^{1906년 10월}_{의 법률 제6호}$)[18]이 제정되고, 그로부터 다시 10일 후에 「토지가
옥증명규칙」($^{칙령 제65호, 동}_{월 31일의 관보}$)[19]이 공포되었다. 이로써 부분적으로 민사에 관한 입
법이 행하여졌다.

　다른 한편 1907년을 전후하여서는 민법전 편찬의 필요를 역설하는 민간의
주장이 대두되었다고 한다.[20] 또한 그 해 9월에 中樞院에서는 비록 매우 거칠
고 성기기는 하지만 민법 전반을 다루는 「민법 입법요강」을 마련하기도 하였
으나, 이 역시 결실을 맺지 못하였다.[21]

　그러나 이러한 민법 제정에의 독자적인 움직임은 일본이 조선의 국권을
점차 강탈하여 감에 따라 그 결실을 맺지 못하였다. 일본은 그들 자신의 목적
을 위하여 이 땅 위에 시행할 별도의 민법전을 만들기 위하여 관행조사 등의
준비를 하였다고 한다. 그러나 결국 그러한 민법전도 제정 · 시행에까지는 이르

---

16) 정긍식(주 4), 258.

17) 1905년의 입법 움직임에 대하여는 우선 정긍식, "1907년 중추원 〈민법 입법요강〉", 법
　　사학연구 61호(2020), 194 이하 참조.

18) 김병화, 韓國司法史 : 중세편(1974), 390 이하에 수록되어 있다.

19) 이 규칙은 1906년 12월에 칙령 제77호로 개정된 바 있다. 한편 이를 보완하는 「토지가
　　옥소유권증명규칙」이 1908년 7월의 칙령 제47호로, 그 「동 시행세칙」이 법부령 제14호
　　로 만들어졌다. 본문의 「토지가옥증명규칙」을 포함하여 이들 개정 또는 보완입법은 梅謙
　　次郎이 결정적으로 관여한 것으로 알려져 있다. 이에 대하여는 우선 李英美, 韓國司法制度
　　と梅謙次郎(2005), 특히 47 이하(이영미 지음, 김혜정 옮김, 한국사법제도와 우메 겐지로
　　(2011), 71 이하) 참조.

20) 石鎭衡, 債權法 第一部(京城 : 普成專門學校, 1907 추정), 緖言, 2; 兪珏兼, "私法典 編
　　纂의 必要", 法政學界 1(1907.4), 13 이하 등 참조.

21) 「민법 입법요강」에 대하여는 정긍식(주 17), 200 이하 참조.

지 못하였다.[22]

3. 1910년 9월 29일 우리의 국권을 전면적으로 강탈한 일본은 당시 한국 강점에 즈음하여 —일본 '천황'에 의한— 칙령 제324호의 「조선에 시행할 법령에 관한 건」에 의하여 우리나라에 있어서의 입법사항에 관한 법령을 제정할 권한(이른바 제령권)을 조선총독에게 부여하였다. 이러한 내용의 조선총독의 법령은 이제 '制令'이라고 불리게 되었다(통칙 §6).[23][24]

그리고 바로 그 날 조선총독은 "당시 효력을 가지고 있던 한국법령 및 통감부령"이 당분간 효력을 가진다는 내용의 제령 제1호 「조선에 있어서의 법령의 효력에 관한 건」을 발포하였다. 그리고 1912년 3월 18일에는 일본 점령 하의 우리나라에 있어서의 민사기본법에 해당하는 「朝鮮民事令」이 제령 제7호로 발포되었다. 그 §1는 "조선인의 민사에 관한 사항은 본령 기타의 법령에 특별한 규정이 있는 경우를 제외하고 다음의 법률에 의한다"고 하고, 그와 같이 '의용'되는 법률의 맨처음에 '민법', 즉 일본민법을 들고 있다. 한편 그 §11는 '조선인의 친족 및 상속'에 관하여는 원칙적으로 우리의 관습에 의한다고 정하였다.[25] 이로써 우리나라 사람 사이의 민사분쟁은 적어도 재산법에 관한 한 일본민법을 적용하는 이른바 '依用民法'의 시대가 개시되었다.

그러나 여기서 주의할 것은 일본민법의 재산편 규정 중에서도 우리나라에 '의용'되지 아니한 것이 있다는 점이다. 가령 조선민사령 §10는 "조선인 상호간의 법률행위에 대하여는 법령 중 公의 秩序에 관한 것이 아닌 규정과 다른 관습이 있는 경우에는 그 관습에 의한다"고 정한다.[26] 이로써 日民 §92(이에 의하면, 그러한 관습은 "법률행위의 당사자가 이에 의할 의사를 가진다고 인정될 때"에만 그 관습에 의한다고 한다)[27]는 그 적용이 배제되었다고 볼 것이다.

---

22) 일본의 관행조사 등 한국민법전 편찬을 위한 준비작업에 대하여는 정종휴(주 13), 34 이하; 정긍식(주 4), 259 이하 등 참조.

23) '제령'에 대하여는 김창록, "제령에 관한 연구", 법사학연구 26호(2002), 109 이하에 60여 면에 이르는 상세한 연구가 있다.

24) 이 제령권의 부여를 둘러싼 일본 내의 논의에 대하여는 정종휴(주 13), 93 이하 참조.

25) 그러나 그 후 이 규정을 여러 차례 개정하여 일본민법 중의 친족상속에 관한 규정에 의하는 범위를 점차 확대하여 가서, 1945년 8월의 광복 직전에는 친족상속에 대하여도 대부분의 일본민법 규정이 "의용"되었다. 그 경과에 대하여는 정광현, 한국친족상속법(상권)(1955), 부록 3 이하 참조.

26) 우리 민 §106는 명백히 이 조선민사령 규정과의 연속선 위에서 정하여진 것이다. 민법안심의록 상권(1957), 72 참조.

27) 이 기묘한 내용의 규정의 입법과정에 대하여는 星野英一, "編纂過程からみた民法拾遺", 民法論集 제1권(1970), 162 이하 참조. 요컨대 일본민법의 기초자들 사이에 존재하는 관

또 그 §13는 "부동산에 관한 물권의 득실 및 변경에 대하여 조선부동산등기령에 등기의 규정을 둔 것은 그 등기를 받지 아니하면 이를 제삼자에게 대항할 수 없다"고 하는데,[28] 이 역시 부동산등기에 대항력을 인정하는 일민 §177의 적용을 배제하는 취지라고 생각된다.[29]

이와 같이 우리가 식민지의 상태에서 그 강점국에 강요되어 처음으로 근대적인 민법에 접하게 되었다는 사실은 후의 민법생활에도 여러 가지의 부정적인 영향을 남겼다. 그 법이 외래의 권력에 의하여 억압적으로 시행되었음으로 말미암아 受範者들이 받은 각종의 고통과 그에 의하여 그 후 장기간에 걸쳐 남은 ―오늘날까지도 전혀 부인할 수는 없는― 법에 대한 부정적인 인상은 차치하고서라도, 법 자체의 내용이 정상적으로 형성·발생되지 못하였다는 점도 결코 작다고는 할 수 없다.

그 예를 친족·상속 등 가족 및 가족 간의 재산 포괄승계에 관한 법에서 찾아보기로 하자. 앞에서 본 대로, 그에 관하여는 우리의 관습에 의하도록 정하였었다. 그러나 최근의 연구에 의하면, "그 중 상당한 부분이 일본의 정략적 동화정책의 목표 하에서 왜곡되었음"이 밝혀지고 있다고 한다.[30] 그 주장의 주요한 점은 다음과 같다. 첫째, 일본의 家 및 戶主權의 관념을 전제로 하여 호주상속제도를 우리의 '관습'으로 인정하였다. 그러나 실제로 우리나라의 전통적인 가족제도상 家長은 법상으로나 실제상으로 강한 권한이 부여된 바 없고, 그 지위의 승계도 독자적인 발전을 보지 못하고 제사상속에 흡수되어 承重子의 지위로 대치되었었다. 둘째, 그 호주상속에 일본의 家督相續制를 결합시켜서, 호주가 사망한 경우의 재산상속에 관한 한, 長子單獨相續制를 확립하였다. 그러나 원래 조선조에 있어서의 재산상속은 직계비속인 자녀가 균분상속하는 것이 원칙이었고, 다만 승중자에 대하여 5분의 1이 '加給'될 뿐이었다(^{경국대}_{전 刑}

습법에 대한 서로 다른 입장을 타협한 결과라고 한다.

28) 이는 1929년 제령 제6호로 개정된 후의 문언인데, 애초에는 '조선부동산등기령에 의한 등기' 외에 '조선부동산증명령에 의한 증명'에 의하여서도 대항력이 발생하는 것으로 규정되어 있었다. 여기서 조선부동산등기령은 조선민사령과 같은 날인 1912년 3월 18일에 제령 제9호로 공포되었다(동 제1조 제1항 : "부동산에 관한 권리의 등기에 대하여는 이 영 기타 법령에 특별한 규정이 있는 경우를 제외하고 [일본의] 부동산등기법 및 1906년 법률 제55호에 의한다"). 또한 조선부동산증명령은 1912년 3월 22일에 제령 제15호로 공포된 것으로서, 앞서 각주 19 및 그 본문에서 본 토지가옥증명규칙과 토지가옥소유권증명규칙에 갈음하는 것이다.

29) 동지 정광현(주 25), 22; 곽윤직, 물권법(1990), 69 이하.

30) 이상욱(주 7), 79. 이하에 대하여는 동, "일제하 전통가족법의 왜곡", 박병호 기념 논문집 Ⅱ(1991), 371 이하도 참조.

典私
賤條).[31] 이는 적어도 17세기 초까지는 유지되어 왔으나, 그 후로는 점차 승중자를 우대하는 경향이 두드러져서 조상의 봉제사를 위한 몫이 늘어갔다.[32] 그러나 자녀균분상속제는 그러한 변용에도 불구하고 "우리의 가족제도를 특징지우는 가장 본질적 요소"이었고[33] 일제가 행한 관습조사에서도 적어도 장자단독상속은 우리의 관습이 아님을 인정하고 있었다.[34] 셋째, 우리 상속법에서 극히 중요한 祭祀相續이 전혀 시인되지 아니하였다.[35]

그러나 이와 같이 일본의 지배 내지 준지배 아래서의 법의 '일방적으로 강제된 劣化'라는 시각에 대하여는 다음과 같은 다른 관점에서의 보아 유연한 설명도 행하여지고 있다.

"부계혈통을 강조하는 경향은 조선 후기 사회에 이미 뿌리를 내리고 있었다. 이것은 사실에 불과하였고, 규범적으로 준수해야 할 관습으로는 인식되지 않았다. 그러나 식민지기에 이것은 존재에서 당위로, 사실에서 규범으로 승화하였다. 이러한 과정은 일방적인 강제와 이식이 아닌 상호 과정이었다. 관습은 변화하는 유동적인 것이다. 식민지 당국이 사실로 존재하는 관습을 법원으로 승인함에 따라 사람들은 이를 제도로 인식하여 이에 따라 행동하고 활용하였다. 이렇게 식민지 당국에 의해 승인·확인·정립된 관습은 '전통'으로 각인되고 '행동의 준칙'으로 수용되었다. 최종적으로 1958년 민법전에 가제도[家制度]와 호주제도로 정착되었다. 사실상의 가부장제가 규범적 제도로 자리를 잡은 것은 식민지의 경험이 있었기 때문에 가능하였다. 바로 이 점에서 식민지의 유산이 여전히 의미가 있다."[36]

4. 1945년 8월 15일 일본이 제2차 세계대전에서 무조건 항복을 하고, 북위 38도 이남에는 미국에 의한 군정이 실시되었다. 그리고 미군정 당국은

31) 박병호, "한국의 전통사회와 법", 서울대 법학 15-1(1973), 96 이하; 동, 한국의 전통사회와 법(1985), 134 이하 등 참조.
32) 김용규, "이조사회의 토지상속법", 서돈각 기념 논문집(1981), 247 이하; 박병호(주 31. 논문), 98 등 참조.
33) 박병호(주 31. 논문), 98.
34) 이상욱(주 7), 72 이하 참조.
35) 이상욱(주 7), 82 이하 참조.
36) 정긍식, 한국 가계계승법제의 역사적 탐구(2019), 236. 이어서 동소, 237은 "호주제가 제도로 정착하는 데는, 당시 대법원장이며 법전편찬위원장인 김병로의 역할이 막대하였다. 그는 일본에 대해 막연한 문화적 우월의식을 갖고 있었으며, 부계혈통주의에 입각한 호주제는 그 우월성이 직접적으로 드러난 것으로 인식하였다"고 하고, 또 이와는 별개의 관점에서 "호주제가 전통인가 아닌가는 민법전 편찬 이후 호주제의 폐지 논의에서도 배제되었다. 호주제는 당연히 전통이라고 인식하였고[되었고], 다만 위헌성만 논의되었다"고도 한다.

"8·15 해방 당시 시행 중이던 법률적 효력을 가지는 규칙, 명령, 고시 기타
문서(documents)는 미군정청에서 특별한 명령으로 이를 폐지할 때까지는 완전
히 효력을 가진다"는 태도를 취하였다.[37] 이것은 곧 일제 치하에서 한반도에서
효력을 가지던 법령의 대부분이 그대로 미군정 아래서도 효력을 유지함을 의
미하는 것이다. 따라서 일본민법은 조선민사령에 의하여 '의용'되고 있는 한에
서는 여전히 우리나라에서 효력을 가지고 있었다. 그리고 미군정 당국은 우리
나라의 정부가 수립될 때까지 약 3년에 걸쳐 법령의 효력을 가지는 각종의 포
고 등을 발포하였는데, 그 중에 민사에 관하여 중요한 것으로는 창씨개명에 관
한 일제의 법령을 폐지한 군정법령 제122호(「조선성명 복구령」) 등이 있다. 이와 같이 미
군정 아래서 효력을 가지는 법령들은 우리 정부가 수립된 후에도 제헌헌법
§ 100("현행 법령은 이 헌법에 저촉되 지 아니하는 한 효력을 가진다")에 의하여 대부분 그대로 그 효력을 유지하였다.
헌법에 저촉된다고 하여 효력을 상실한 법령 또는 법규정은 실제에 있어서는
극소수에 불과하였던 것이다.[38] 그리고 위에서 본 대로 '현행 법령'의 절대 다
수는 일제하에서의 법령이었기 때문에, 가령 1951년에 간행된 법학통론 교과
서는 "법학공부를 하려면은 일정시대의 육법전서가 절대로 필요하다"고 한
다.[39]

외국의 법령이 그대로 자국의 법령으로 효력을 가진다고 하는 것은 독립
국가로서의 체면을 현저히 손상하는 것이 아닐 수 없다. 그 법령들은 외국어
로 쓰여진 것일 뿐만 아니라, 우리 국민의 의사에 기하여 만들어진 것이 아니
었다. 그리하여 특히 국민의 일상생활과 밀접한 관계가 있고 빈번하게 재판에
서 적용되는 기본법률인 민법은 —형법이나 각 소송법 등의 다른 기본적 법률
들과 마찬가지로— 하루빨리 우리의 것으로 대체되지 아니하면 안 되었다.

5. 민법을 제정하는 작업은 이미 미군정 시대부터 시작되었다. 미국은 점

---

37) 1945년 11월 2일 미군정법령 제21호.
38) 가령 데릴사위제도의 무효를 선언한 대법원 1949년 3월 26일 판결에 의하여 조선민사
    령 § 11 중의 일부와 동 § 11의 2 기타 서양자(婿養子)에 관한 제도에 관한 규정은 폐지
    내지 수정되었다. 한편 처의 행위무능력을 정한 의용민법 § 14 내지 § 18는 이미 미군정
    아래서 대법원 1947년 9월 2일의 판결에 의하여 적용하지 아니하는 것으로 선언되었다.
    이는 헌법 시행 후에도 변함이 없을 것이다. 헌법이 제정되기 전의 이 대법원 1947년 판
    결에 대하여는 우선 양창수, "우리나라 최초의 헌법재판논의 — 처의 행위능력 제한에 관
    한 1947년 대법원판결에 대하여", 서울대 법학 40-2(1999.8), 125 이하(동, 민법연구 제
    16권[2001]에 재록) 참조.
39) 김증한, 법학통론(1951), 56.

차 군정에 한국인들을 참여시키는 정책을 취하여, 1946년 12월에는 한국인들
만으로 구성된 立法議院을 창설하여 당면한 제반 법령을 제정하도록 하였고,
또 다음해인 1947년 2월에는 행정의 최고책임자인 민정장관의 자리에 安在鴻
이 취임하였으며, 그 해 6월부터는 미군정청의 이들 '조선인 기관'은 이를 「남
조선과도정부」라고 지칭되었다(물론 최종적인 권력은). 이 남조선과도정부가 1947년
6월 30일에 공포한 행정명령 제3호는 그 조직의 일부인 司法部 안에 "수 개
월에 긍하야 각 심리원 審判官 及 檢察官의 기초법전의 기초사업을 총괄, 조
정, 촉진하여 조선 재래의 사법행정을 현대화하여 민주주의화하기 위하여 법
전기초위원회를 설치"할 것을 정하였다. 현재까지 확인된 바에 의하면, 동 위
원회는 1948년 4월까지는 민법전 기초의 요강인 「조선임시민법전편찬요강」의
적어도 일부를 완성하였다.[40) 이에 의하면 그 서두에서 민법전의 編制에 대하
여 "조선임시민법을 제정함에 있어서는 대륙법계의 시스템을 취"한다는 것을
명확히 하고, 이어서 총칙편·물권편 등의 '편찬요강'을 마련하고 있다. 이와
같이 우리의 민법전이 판덱텐식 편별을 취한다는 것은 일찍부터 확정되어 있
었다.

그리고 1948년 8월에 정부가 수립된 지 얼마 되지 아니한 9월 15일에는
대통령령 제4호 「법전편찬위원회직제」가 공포되어, 그 위원회를 중심으로 하
는 "基礎法典 … 의 초안을 起草, 審議"(同令)하는 작업이 진행되었다. 이 법전
편찬위원회(이하 '법전편찬)는 「민법전편찬요강」을 심의·결정하였는데, 그 중 친족
편·상속편에 대하여는 1949년 6월에,[41) 그리고 총칙편·물권편 그리고 채권
편에 대하여는 늦어도 1950년 4월까지는[42) 완성되어 있었다.

---

40) 崔大鎔, "새 법전 편찬에의 움직임", 法政 3-6(1948.6)(그 후 동, 石峰論說集, 제1집
(1951), 23 이하에 수록)에 의하면, "지난 4월 20일 그 요강이 일응 결정되었다고 한다"
고 전한다. 법전기초위원회의 활동 및 기초요강의 내용 등에 대하여는 양창수, "민법안
의 성립과정에 관한 소고", 서울대 법학 30-3·4(1989.12), 190 이하(뒤에 동, 민법연구,
제1권(1991), 57 이하) 참조.

41) 張暻根, "민법 친족상속편 원요강 해설", 法政 제36호(1949.10)(여기에는 그 편찬요강
자체가 포함되어 있다)에서 "同 私案[이는 그 필자인 장경근이 법정 제23호(1948.9)에 발
표한 「친족상속법 입법방침 及 친족상속법기초요강 사안」을 가리킨다]이 법전편찬위원회
의 심의를 거쳐 수정되어 「민법친족편상속편요강」으로 공적으로 확정을 보게 되었다"(꺾
음괄호 안은 인용자가 추가한 것이다)고 밝히고 있는 데서도 명백하다. 그리고 간행일자
는 알 수 없으나, "단기 4289년[서기 1956년] 9월 5일 요강 작성 완료"라는 기재를 찾아
볼 수 있는 민의원 법제사법위원회 민법안심의소위원회, 민법안 친족편·상속편 심의요강
심의록, 1면에는 "법전편찬위원회는 그 제11회 총회(단기 4292년[서기 1949년] 6월 11일
에 시작된 총회)에서 민법 친족·상속편 요강을 심의결정한 바 있었다"라고 적고 있다.

42) 이는 張厚永, 현행민법총론(1950), 307 이하에 수록되어 있다.

이 법전편찬위원회의 작업이 앞서 본 법전기초위원회의 연장에 있음은 그 인적 구성의 면에서도 확연하고, 또 앞서 본 민법기초요강과 후에 법전편찬위원회가 완성한 「민법안편찬요강」[43]을 대비하여 보아도 바로 알 수 있다. 그 내용을 보면 이 요강이 실제로 그 후의 민법기초작업의 대체적인 줄거리를 이미 결정한 것이라고 할 수 있다.

법전편찬위원회가 구체적으로 어떠한 방식으로 작업하였는가에 대한 상세한 연구는 아직 이루어지지 아니하고 있다.[44] 그러나 그 위원회의 장이었던 당시 대법원장 김병로의 기여가 매우 크다는 것,[45] 당시의 대법관들이 그 초안의 내용을 논의함에 있어서 많은 의견을 개진하였다는 것[46] 등이 알려져 있을 뿐이다. 어쨌거나 법전편찬위원회는 초안을 완성하여 1953년 9월 30일 정부에 이송하였다. 이 초안은 정부의 法制室($\binom{현재의\ 법제}{처의\ 전신}$)에서 "용어의 통일 기타 조문 정리" 정도의 수정을 거쳐, 1954년 9월 30일 국무회의를 통과하였다. 그리고 같은 해 10월 13일 대통령의 재가를 얻어 같은 달 26일 정부의 법률안으로서 국회에 제출되었다. 이 민법안은 본문 1118조, 부칙 32조로 되어 있었다.

당시는 제헌헌법에 대하여 1952년 7월에 이미 제1차 개헌이 이루어진 때이어서, 헌법은 애초 단원제로 되어 있던 국회를 민의원과 참의원의 양원으로 구성할 것을 정하고 있었다($\binom{당시의\ 헌법}{§\ 31\ 이하\ 참조}$). 그러나 참의원은 아직 구성 자체가 되지 못하고 있었으므로, 민의원의 의결만으로 국회의 의결이 있는 것으로 간주되었다($\binom{당시\ 헌법}{부칙\ 제3항}$). 당시의 민의원은 1954년 5월 20일의 총선에 의하여 구성된 제3대 국회로서, 집권 자유당이 절대 다수의 의석을 차지하고 있었다. 민법안은 1954년 10월 28일 법사위에 회부되었다. 법사위는 11월 6일 민법안의 심의를 위하여 그 안에 민법안심의소위원회($\binom{이하\ '민법안소}{위'라고\ 한다}$)를 설치하였다. 민법안소

---

43) 그 내용은 양창수(주 40), 211 이하를 보라.

44) 필자는 그 후 그 중에서 민법안편찬요강의 심의과정이 포함되어 있는 법전편찬위원회의 의사록 일부를 '발견'하였다. 이에 대하여는 양창수, "[자료]「법전편찬위원총회 의사록(초)", 동, 민법연구, 제3권(1995), 86 이하(원래는 법률평론, 제1호(1949.4)부터 제3호(1949.10)에 수록되어 있었던 것이다); 동, "[자료] 민법 친족편 중 제5장 후견 등에 대한 법전편찬위원회 심의자료", 서울대 법학 46-2(2005.6), 418 이하(뒤에 동, 민법연구, 제8권(2005), 31 이하에 재록) 참조. 그러나 특히 후자는 극히 부분적인 심의자료일 뿐이다.

45) 이에 대하여는 양창수(주 40), 195 이하 참조.

46) 李仁, 반세기의 증언(1974), 206 : "이렇게 하여 5법과 그 부속법전을 차례로 완성하여 국회에 넘기니 민법 중 친족법 일부의 약간 수정이 있었을 뿐 거의 모두가 원안대로 통과가 됐다. 법학도로서 다소간 자위하는 바이고 당시에 대법관들의 노고가 적지 아니하였던 것이다."

위는 1955년 3월 15일의 제1차 회의부터 1957년 9월 2일까지 약 2년 6개월에 걸쳐 도합 65회의 회의를 열어 민법안 전조문에 대한 축조심의를 행하였다. 그리고 그 심의를 진행하는 한편으로, 1956년 9월에는 앞의 이른바 '재산 3편', 즉 총칙·물권·채권의 각 편에 대한 그동안의 심의결과와 수정안을 발표하였다. 그리고 1957년 4월 6일과 7일에는 민법안에 대한 공청회를 개최하였다. 민법안소위는 그 심의의 결과를 343개 항의 수정안(본문에 대하여 323개 항, 부칙에 대하여 20개 항)으로 집약하고, 아울러『민법안심의록』상·하권을 공간하였다.[47] 그리고 법사위는 1957년 9월 11일 수정안을 포함한 민법안소위의 심사결과를 수정 없이 채택하여, 그 다음날 민법안을 위 수정안과 함께 본회의에 회부하였다.[48]

특히 위의 민법안소위의 위 앞의 3편에 대한 심의결과와 수정안이 발표되자, 그 동안 잠잠하였던 민법안에 대한 관심이 높아지고, 특히 민법학교수들의 민법안에 대한 공동연구가 시작되었다.[49] 민법안의 작성에 관여한 사람들, 즉 법전편찬위의 위원들은 대개 기성의 법률가이었고, 그 중에서도 실무가들이 주류를 이루고 있었다. 위에서 본 대로 민법안편찬작업은 이미 1947년부터 개시되었는데, 그 당시에는 대학이 정비되지 아니하였고 또 법학계라고 하여도 "도저히 독립한 단위를 가진 학계라고는 볼 수 없는 형편"이었기 때문에,[50] 그렇게 될 수밖에 없는 객관적인 사정이 있다고 할 것이다. 그러나 민법안이 국회에 제기된 1954년과 그 후를 보면, 적어도 일정한 수의 민법학교수들이 대학에서 연구와 교육에 종사하고 있었다. 그들은 민법안 편찬작업 당시에는 "새로이 법학교수로 등장한 신인들"로서[51] "아직 진가를 발휘할 시간적 여유를 얻지 못하였"을지도 모르나,[52] 이제 민법안이 공표된 단계에서는 "의기는 높았

---

47) 그 외에 민법안소위는 민법안에 대한 각계의 의견과 신문사설 등 및 위의 공청회기록 등을 모은『민법안심의자료집』도 편찬, 공간하였다.

48) 법사위에서의 민법안 심의 내용 등에 대하여는 양창수, "민법안에 대한 국회의 심의 (I)", 박병호 기념 논문집 I (1991), 461 이하(뒤에 동, 민법연구, 제3권(1995), 1 이하에 재록) 참조.

49) 민사법연구회, 민법안의견서(1957), 서문, 1 참조.

50) 兪鎭午, "한국법학계의 회고와 전망", 고대신문 60호(1954.11.24), 3.

51) 이 점에 대한 진술로서는 또한 金箕斗, "형사법학계의 회고", 서울대 법학 19-1, 169 : "대학교수란 몇 사람을 제외하고는 거의 일본인이 독점하고 있었기 때문에 해방 후의 대학교수란 거의 새출발하는 인사들이었다. 즉, 대학을 갓 졸업한 청년학자들 또는 판사, 검사, 변호사의 법조실무에 종사하던 인사들, 이것도 본인이 원한다는 것보다는 교수자격 있는 사람들이 없기 때문에 거의 강제로 징용하다시피 하여 교수 또는 강사가 되었던 것이다."

52) 유진오(주 50), 동소.

고 의욕이 왕성"하였던 "젊은 학자"들이[53] 민법의 제정이라는 중대한 사업에
대하여 반응이 없을 수 없었다. 이들 민법학교수들은 앞서 본 대로 1956년 9
월에 '재산 3편'에 대한 민법안소위의 심의결과와 수정안이 공표되자 같은 달
25일에 회합하여 「민법초안연구회」를 구성하고, 민법안과 수정안에 대한 연구
와 검토를 시작하였다. 이들은 총칙, 물권, 채권, 신분의 4분과로 나누어 같은
해 11월 9일까지 예비토의를 한 후, 그 날부터 다음해(1957) 1월 19일까지는
전체회의를 열어 다시 검토를 하고 그 결과를 같은 해 3월에 『민법안의견서』
라는 이름으로 공표하였다.[54] 이 의견서는 기성세대의 민법안에 대하여 민법
에 대한 새로운 세대의 식견을 제시하였다는 의미를 가지고 있다고 할 수 있
다. 그러나 이 의견서는 민법안소위의 심의에서는 별로 고려되지 못하였다.[55]
다만 거기서 개진된 민법안에 대한 수정의견 중 "특히 중요한 것"[56]은 현석호
의원 외 19인의 수정안[57]으로 본회의에 제안되었다.

  정부가 제출한 민법안과 그에 대한 법사위의 수정안은 1957년 11월 5일
제3대 국회본회의에 상정되었다.[58] 같은 날 제1독회가 개시되어, 같은 달 11
일까지 질의 및 전체토론이 있었는데, 그 대부분은 친족편 및 상속편의 여러
규정·제도에 관한 것이었고, 그 중에서도 동성동본금혼제에 집중되었다. 같은
달 21일부터 제2독회가 개시되어 축조심의에 들어가서 민법안 제92조까지는
조문마다 심의를 하였으나, 11월 25일부터는 심의의 신속을 위하여 우선 수정
안이 제기된 민법안 및 그 수정안, 또는 조문의 신설을 내용으로 하는 수정안
을 다루기로 하였다. 그리하여 11월 28일에는 앞의 3편의 그러한 항목들에 대

---

53) 김증한, "한국민법학 30년의 회고", 서울대 법학 19-1(1977), 76.

54) 이상에 대하여는 민사법연구회(주 49), 서문, 1 참조.

55) 1957년 11월 14일에 뒤에서 보는 현석호 의원 등의 수정안에 관한 회합이 국회의 법사
    위의의실에서 있었다. 거기에는 민법안소위의 각 위원과 현석호 의원, 그리고 민사법연구
    회의 "몇몇 교수들"이 참석하였다고 한다. 이 자리에서 민법안소위의 위원장인 장경근 위
    원은 "[민법안소위의 심의에] 민법안의견서의 의견을 반영시키지 못한 것은 그것을 무시
    하여서가 아니라 시간관계로 부득이하였다"는 등의 말을 하였다고 한다. 김증한, "민법안
    재산편 수정제의", 대학신문 203(1957.11.18), 3.

56) 김증한(전주), 동소 참조.

57) 제3대 국회 제26회국회정기회의속기록, 제42호 부록, 102 하단 이하에 수록되어 있다.

58) 국회 본회의에서의 심의의 외적 경과 및 『민법안의견서』를 포함한 그 심의의 내용 등
    에 대하여는 양창수, "민법안에 대한 국회의 심의(Ⅱ) — 국회 본회의의 심의", 서울대 법
    학 33-2(1992.9), 143 이하(원래의 제목은 "민법전의 제정과정에 관한 연구 — 민법안
    에 대한 국회 본회의의 심의"이었던 것을 뒤에 동, 민법연구, 제3권(1995), 33 이하에 재
    록하면서 위와 같이 바꾸었다); 정종휴, "한국민법전의 제정과정", 곽윤직 기념 논문집
    (1985), 21 이하 참조.

한 심의를 끝내고, 11월 29일부터는 뒤의 두 편에 대한 심의에 들어갔다. 그리 고 우여곡절 끝에 12월 17일 그 심의를 종결하였다.[59]

그 결과를 보면, 법사위수정안은 거의 채택되었고(특히 앞의 3편에 관한 모두 157개 의 법사위수정안 중 본회의에서 채택 되지 아니한 것은 특별실종기간에 관한 동 수정안 제6항 하나뿐이다. 이에 대하여는 뒤의 각주 83 참조), 현석호 의원 등의 수정안은 법사위의 반 대가 없는 한에서 부분적으로 채택되었다. 그리고 여성단체 측의 의견을 반영 하여 뒤의 두 편에 대하여 제기되었던 정일형 의원 등의 수정안은 거의 받아 들여지지 아니하였다.

이와 같이 하여 국회에서 통과된 민법안은 1958년 2월 7일 정부에 이송되 었고, 정부는 이를 같은 달 22일 법률 제471호로 공포하였다. 이렇게 해서 본 문 1111조와 부칙 28조로 된 민법전이 제정되었고, 그 부칙 제1조에 의하여 1960년 1월 1일부터 시행되었다.

II. 민법전의 개정과 앞으로의 과제

1. 민법전은 그 시행 이후에 2021년 4월 현재에 이르기까지 모두 31차례 에 걸쳐 개정되었다.[60] 민법이 법체계 전체에서 차지하는 비중과 그 규율내용 의 다양함, 그리고 그 간의 우리 사회의 격심한 변화에 비추어 볼 때, 이 개정 의 회수는 오히려 지나치게 적은 것이라고 할 수 있다. 특히 앞의 3편, 즉 총 칙·물권·채권의 각 편은 1984년(구분지상권의 도입, 전세권의 우선변제권 명문화 등. 그 구체적인 내용에 대하여는 뒤의 3. (2) 참조), 2011년 (행위무능력제도의 전면 개정. 이에 대하여는 뒤의 3. (5) 참조), 2015년(보증에 관하여 방식 요구 등 일부 개정 및 전형계약으 로서의 여행계약 도입. 이에 대하여는 뒤의 3. (6) 참조) 및 2020 년(性的 가해로 인한 미성년자의 손해배상청구 권의 소멸시효 정지에 관한 §766 III 신설)에 개정되었을 뿐이고,[61] 그나마 원칙적인 의 미를 가지는 중요 개정을 포함하고 있는 것이라고는 보기 어렵다.

흔히 '재산법'이라고 불리는 앞 3개의 편에 있어서는 오히려 「주택임대차 보호법」, 「가등기담보 등에 관한 법률」, 「집합건물의 소유 및 관리에 관한 법 률」, 「자동차손해배상보장법」, 「약관의 규제에 관한 법률」, 「부동산실권리자 명

---

59) 제3독회는 생략되었다. 속기록(주 57), 제62호, 11 참조.

60) 초기에 행하여진 민법의 개정경과와 그 내용에 대하여는 우선 김증한, "한국민법의 발 전", 서울대 법학 24-2·3(1984), 4 이하(다만 서술은 제6차 개정까지에 한정되고 있다); 동, "민사법 개정의 배경과 입법과정, 민법개정의 요점", 한국민사법학회 편, 개정민사법해 설(1985), 21 이하 참조.

61) 그 외에도 맞춤법에 맞추기 위한 개정도 행하여졌다. 예를 들면 §§339, 607 등의 '가름 하여'를 '갈음하여'로 고치는 2014년 12월의 개정이 그러하다.

의 등기에 관한 법률」, 「제조물책임법」, 「상가건물임대차보호법」, 「보증인 보호
를 위한 특별법」, 「자동차 등 특정동산 저당법」, 「동산·채권 등의 담보에 관한
법률」 등의 민사특별법에 의하여 그나마 그 개정에의 수요 내지 압력이 근근
히 그 대응을 얻어 왔다고 할 수 있을 것이다.

    그러나 뒤의 2편, 즉 친족편과 상속편은 1977년 12월에 1차로 일부의 개
정이 있었고, 특히 1990년 1월에는 친족 및 상속의 여러 법제도에서 양성평등
의 이념을 전면적으로 관철하여 법의 면모를 새롭게 하는 대대적인 개정이 있
었다($\substack{이\ 개정법률은\ 1991년 \\ 1월\ 1일부터\ 시행되었다}$). 나아가 2005년 3월에는 호주제를 폐지하면서 호적제
도를 없애고 '가족관계등록부'를 도입하는 민법 개정 및 「가족관계의 등록 등
에 관한 법률」의 제정이 있었다($\substack{그\ 시행은\ 2008 \\ 년\ 1월\ 1일부터}$).

    2. 우선 민법 시행으로부터 10년이 되는 1970년까지 4차례의 단편적인
개정에 관하여 보기로 한다. 이는 대체로 제정작업 당시 충분히 고려되지 아니
하였던 점을 사후적으로 보정하는 의미를 가진다.

    (1) 민법에 대한 제1차의 개정은 혼인에 의한 법정분가제도를 도입하는'
것을 내용으로 하였다.[62]
    즉, 1962년 12월 29일의 법률 제1237호로써 "가족은 혼인하면 당연히 분
가된다"는 § 789 I 이 신설되어, 1963년 3월 1일부터 시행되었다. 그 전에는
가족이 혼인하더라도 자신이 임의분가($\substack{§\ 788 \\ I}$)를 하거나 호주가 강제분가($\substack{1990년 \\ 개정\ 전}$
$\substack{의 \\ §\ 789\ II}$)를 시키지 아니하는 한, 호주 밑의 가족으로 남게 되어 있었다. 그러나
당시에 실제로는 혼인을 한 가족 중에는 호주로부터 독립하여 그 생계를 영위
하는 경우가 많았다. 그러나 그들이 임의분가를 하여 분가신고를 하는 일이 많
지 아니하였기 때문에, 호적의 기재와 생활공동체의 현실과의 사이에 불일치
가 있게 되었다. "이와 같은 사실은 호주제도를 더욱 관념화시킬 뿐만 아니라,
우리나라 봉건적 가족제도의 이데올로기를 더욱 조장시킴으로써 가정의 민주

---

    62) 그 이전에 가족관계에 대하여 영향을 줄 수 있는 개정의 검토가 있었다는 다음의 보
       고는 흥미를 끈다. 김증한(주 60. 법학), 5 및 동(주 60. 개정민사법해설), 22에 의하면,
       5·16 직후 국가재건최고회의의 법제사법위원회는 "본적제도를 없애는 방안을 관계자들에
       게 연구시켰다"고 한다. 그러나 위의 법사위, 나아가 법무부·법원행정처 관계자들로 구성
       된 검토팀에서 "약 1년 반의 연구 끝에 얻은 결론은 우리나라의 실정으로는 아직 호적 내
       지 본적제도를 폐지하는 것은 타당치 않다"는 것이었다고 한다.

화에 브레이크작용을 하고 있"었던 것이다.[63]

그리하여 위의 개정법률로 혼인으로 당연히 분가가 되는 제도를 도입한 것이다.[64] 이 개정은 당시 '국가재건최고회의'의 법제사법위원회가 주도한 것이라고 한다.[65] 그런데 그 개정의 이유 중에는 나아가 이로써 "호적의 소재지(本籍地)를 고정시킴으로써 일어나는 지방색을 되도록 불식하고자 하였다"는 설명도 있는 것은[66] 현금에도 논의되고 있는 지방주의의 청산과 관련하여서도 흥미를 끈다.

실제로 이 제1차의 개정에는 일정한 前史가 있다. 최근에 발견한 자료에 의하면,[67] 법무부가 1962년 7월 이전에 「한국민사법연구회」에[68] "현행 민법 중 개정을 요하는 부분"에 관한 의견을 구한 듯하다. 이에 응하여 그 연구회는 1962년 7월 13일부터 그 달 25일까지 4차에 걸친 회합을 가졌고, 그 달 31일의 정기총회에서 '민법개정안의 성안보고 및 채택'이 있었다. 이 「민법개정안」은[69] 재산편 7개 항목, "신분편" 13개 항목의 도합 20개 항목으로 되어 있는데, 그 중 제10항이 바로 법정분가제도의 도입을 제안한 것이었다. 아마도 이 20개의 개정제안 중에서 이것만이 법무부에 의하여 입법화된 것으로 추측된다.

(2) 민법의 제2차, 제3차의 개정은 모두 부칙 §10 Ⅰ에 대한 것이다.[70]

민법이 법률행위로 인한 부동산물권변동의 효력발생에 관하여 등기를 요구하는 입법주의, 즉 등기주의를 취함에 따라, 애초의 부칙 §10 Ⅰ은 그 법 시행일 전에 행하여진 법률행위로 인한 부동산물권변동은 민법 시행일부터 3년 내, 즉 1962년 12월 31일까지 사이에 등기를 하지 아니하면 그 물권변동

---

63) 김주수, 주석 친족 · 상속법(1984), 85.
64) 그리고 이와 아울러 호적법도 개정되어 §19의2가 신설되었다.
65) 김증한(주 60. 법학), 5 참조. 앞의 주 62에서 본 대로 호적제도 자체는 폐지하지 아니하기로 하되, 이와 같은 "민법 개정에 그치기로 하였다"고 한다.
66) 김증한(주 60. 법학), 5.
67) 이하에 대하여는 1962년 12월에 발간된 저스티스 6-2, 26 이하에 수록된 "휘보" 참조.
68) 이 모임은 앞의 Ⅰ. 5.에서 본 「민법초안연구회」가 개칭된 것이다. 이에 대하여는 민사법연구회(주 49), 서문, 1을 보라.
69) 그 내용은 한국민사법연구회, "민법개정안", 저스티스 6-2(1962.12), 24 이하에 수록되어 있다.
70) 動産物權이 讓渡된 경우에는 민법 시행일로부터 1년 내에 引渡를 받지 못하면 그 효력을 상실한다는 민법의 附則 §10 Ⅱ은 전혀 개정되지 아니하였다.

의 효력을 잃는다고 규정하였었다.[71] 그러나 국민들이 그 3년의 기간 동안에 등기를 잘 행하지 아니하므로, 1962년 12월 31일의 법률 제1250호로 우선 그 기간을 5년으로 연장하였다. 이 기간은 1964년 12월 31일의 법률 제168호에 의하여 다시 1년이 연장되어, 1965년 12월 31일까지 등기를 하여야 그 물권변동의 효력이 유지되는 것으로 규정되었다.

(3) 민법의 제4차 개정($\begin{smallmatrix}1970년\ 6월\ 18\\일\ 법률\ 제2200호\end{smallmatrix}$)은 부칙 §3 Ⅲ에서 정하는 서면에 일자의 확정을 청구하는 경우의 비용부담에 대한 것이다. 종전에는 10圜의 인지를 첨부하도록 되어 있었는데, 이번 개정으로 그 수수료를 청구를 받는 자에 따라 법무부령이나 대법원규칙으로 정하도록 바꾸어졌다.

3. 이상의 4차례에 걸친 개정은, 말하자면 單發的으로 개별적인 제도의 어느 하나의 구체적인 문제점을 처리한 것이라고 할 수 있다. 이에 반하여 제5차 이후의 개정은 그 대상이 보다 광범위하고, 특히 가족관계의 법에 대하여는 근본적인 변화를 가져 오는 내용을 가진 것이었다.

(1) 민법의 제정 이후로 특히 가족법에 대하여는 꾸준히 그 개정을 요구하는 움직임이 있어 왔다. 그것은 결국 민법안에 대한 심의 당시 여성계의 희망을 반영하였던 정일형 의원 등의 수정안이 거의 받아들여지지 아니한 데($\begin{smallmatrix}앞의\ 1.\ 5.\\말미\ 참조\end{smallmatrix}$) 대한 당연한 반응이었다고 할 수 있을 것이다.

이러한 가족법 개정의 요구는 1973년에는 현실적인 모습으로 나타나서, 61개의 여성단체가 연합하여「汎女性·家族法改正促進會」를 결성하고, 법학교수들을[72] 자문위원으로 위촉하여 家族法改正私案 및 이에 대한 해설을 작성하도록 하였다. 그 작업의 결과는 1974년 여름에 발표되었다.[73] 이 개정사안은 부칙에 대한 것을 제외하고도 무려 77개의 항목에 이르는 개정제안을 포함하

---

71) 이 규정에 대하여는 함부로 국민의 재산권을 침해하는 것이어서 위헌이라는 주장이 있다. 이러한 주장 및 그 부칙규정에 대한 학설과 판례에 관하여는 곽윤직, 부동산물권변동의 연구(1968), 228 이하 참조.

72) 金容漢, 金疇洙, 朴秉濠, 李根植, 韓琫熙의 5인이 그들이다.

73) 범여성·가족법개정촉진회, 민법 제4편 친족·제5편 상속 개정법안 및 이유서(1974. 8). 이 법안은 김용한, 김주수, 박병호, 이태영, 한봉희 5인의 "작성위원"에 의하여 작성되었다.

고 있고,[74] 이후 행하여진 가족관계 법에 대한 개정의 움직임에 있어서 결정적인 지침적 의미가 있다고 생각된다.[75] 이 私案은 적어도 그 당장으로서는 실정법이 되기까지에는 이르지 못하였다.

그러나 이 개정제안 중의 일부는 우여곡절 끝에[76] 정부가 제출한 민법 개정안에 수용되었고, 결국 이 정부안이 1977년 12월 31일의 법률 제3051호로써 채택되어 1979년 1월 1일부터 시행되었다. 그리하여 민법의 제5차 개정은 친족편과 상속편만에 한정되기는 하지만 그것에 상당히 중요한 개정을 가하였다. 그 내용은 다음과 같다.[77]

① 종전에는 남자 27세, 여자 23세 미만의 자가 혼인하려면 부모의 동의를 얻어야 하였으나, 미성년자를 제외하고는 이를 불요인 것으로 하였다($\S_{808}$).

② 혼인에 의한 성년의제제도를 도입하였다($\S_{의2}^{826}$).[78]

③ 부부재산 중에 어느 당사자에 속하는지가 불명한 재산을 부의 특유재산으로 추정하던 것을, 공유재산으로 추정하도록 하였다($\S_{II}^{830}$).

④ 협의이혼의 경우에는 그 의사를 가정법원으로부터 확인받도록 하였다

---

74) 이 私案은 가령 호주제도를 완전히 폐지하고 동성동본 간의 혼인을 허용하는 등의 혁신적인 내용을 담고 있었다.

75) 1990년 1월에 있었던 개정내용을 이와 비교하여 보면, 그 중 대부분이 이미 이 개정사안에 포함되었던 것임을 알 수 있다. 서로 다른 것 중에 중요한 것은, ① 친족의 범위에 있어서 1974년의 사안은 부계·모계의 혈족을 4촌 이내로, 인척은 3촌 이내로 한 데 대하여 1990년의 개정법률에서는 이를 각각 8촌, 4촌 이내로 보다 넓게 정하였고, ② 전자에서는 자매의 직계비속만을 혈족의 범위 안에 넣은 데 대하여 후자에서는 그 외에 직계존속의 자매의 직계비속도 포함시켰고, ③ 전자에서는 양자는 양부 또는 양모의 성과 본을 따르도록 하였는데 후자에서는 이 점을 정하지 아니하였으며, ④ 전자에서는 부모가 이혼한 경우 양육하지 아니하는 부모의 자에 대한 면접교섭권에 관한 규정을 두지 아니하였는데 후자는 이를 인정하고 있는 점 등이다. 한편 김주수, 친족·상속법(1991), 5는, 1990년 1월의 가족법개정에 대하여, 앞서의 1977년 개정안의 경우에는 그 작성에 그를 포함한 여러 사람이 참여하였지만 "이번 개정안 작성은 내가 담당하였다"고 하고 있다.

76) 이 私案은 여성 국회의원들을 통하여 국회에 제안되었으나, 그 혁신적인 내용으로 말미암아 많은 반대에 부딪히게 되었다. 그리하여 그 중에서 호주제도와 동성동본금혼제도를 폐지하는 내용은 일단 철회되었다. 그러나 1975년 4월에는 원안대로 다시 제출되었다.

77) 이에 대하여는 김용한, "민법 일부개정의 배경과 문제점", 법조 28-9(1979), 6 이하 참조.

78) 그러나 이와 같은 성년의제제도를 두는 것에 연동하여 반드시 정리되어야 할 것이 그대로 방치된 흠이 있다. 가령 민 §932는 부모의 유언에 의한 미성년자의 후견인 지정이 없는 경우의 후견인의 순위에 관하여, "미성년자의 배우자"를 들고 있다. 그러나 미성년자에게 배우자가 생기면, 즉 혼인하면 이로써 성년으로 의제되고, 그렇다면 이미 후견이란 있을 수 없으므로, 이 조문은 정리되었어야 했다. 후의 1990년 1월의 제7차 개정에서 이 부분은 삭제되었다. 이 점은 제5차 개정이 '매우 졸속적'이었다고 평가하게 되는 방증으로 인용되고 있다. 가령 윤철홍, "한국 민법학의 문제점과 개선방향", 법과 사회 3, 212 주 34 참조.

$\left(\begin{smallmatrix} \S\,836 \\ \text{I} \text{ 신설} \end{smallmatrix}\right)$.[79)]

⑤ 종전에는 母가 있는 경우에도 父만이 친권을 행사하도록 하였던 것을 이제는 부모가 공동으로 행사하도록 하였다$\left(\begin{smallmatrix}\S\\909\end{smallmatrix}\right)$. 그러나 "부모의 의견이 일치하지 아니하는 경우에는 부가 행사한다"고 하여$\left(\begin{smallmatrix}\S\,909\\ \text{I} \text{ 단서} \end{smallmatrix}\right)$, 여전히 친권행사에 있어서의 부의 우월성은 인정되고 있다.

⑥ 특별수익자는 그 수익이 상속분을 초과하여도 이를 반환하지 아니하여도 된다고 하는 §1008 단서를 삭제하였다.

⑦ 종전에는 여자의 상속분은 일반적으로 남자의 2분의 1이던 것을 동등한 것으로 고쳤다$\left(\begin{smallmatrix}\S\,1009\\ \text{I} \end{smallmatrix}\right)$. 그러나 동일가적 내에 없는 여자의 상속분은 남자의 4분의 1로 하여$\left(\begin{smallmatrix}\S\,1009\\ \text{II} \end{smallmatrix}\right)$, 부분적으로는 여전히 차별이 남아 있었다.

⑧ 처의 상속분을 종전에는 남자의 2분의 1로 하였던 것을 호주상속남자와 동일하게 하고, 직계존속과 함께 상속하는 경우에는 그 2분의 1을 가산하도록 하였다$\left(\begin{smallmatrix}\S\,1009\\ \text{III} \end{smallmatrix}\right)$. 그러나 다른 한편으로 그와 같은 상속분상의 우대는 妻에게만 인정되고 夫에게는 인정되지 아니하고 있어서, 오히려 역차별이 제도화되었다.

⑨ 그리고 중요한 것으로 유류분제도가 신설되었다$\left(\begin{smallmatrix}\S\S\,1112\\ \text{내지}\ 1118\end{smallmatrix}\right)$.

(2) 1980년 10월 공포된 이른바 제5공화국헌법에 따라 새로운 정부가 출범한 직후인 1981년 5월에 법무부에서 「법령정비작업자체계획」을 수립하여 그 목적은 "법과 현실의 괴리를 제거하고 새로운 가치관을 수립함으로써 준법풍토를 조성하고 성장발전의 기반을 강화"하는 데 있었다. 그 계획에 의하면, 민법전 기타 민사특별법을 포함한 실질적 의미의 민법은 "법과 현실의 괴리현상이 심각"하여 "정비대상으로 선정"되었다. 그 후 법무부는 "성장발전저해법령 정비의 차원에서" 1981년 안에 민법과 상법을 개정한다는 목표를 세워 그 작업을 추진하였다. 그 후 동년 12월 11일 대통령령 제10643호로 「민법·상법개정특별심의위원회규정」이 공포되어 그 위원회가 설치·운영되었다.[80)]

이 위원회는 그 심의과정에서, 가등기담보와 집합건물에 대하여는 각기 별도의 법률을 새로이 제정하기로 하고 민법, 주택임대차보호법 및 부동산등기

---

79) 이에 따라 호적법도 개정되어, §79의2가 신설되었다.

80) 이상에 대하여는 우선 양창수, "「가등기담보 등에 관한 법률」의 현황과 문제점", 민사판례연구 12(1990), 383 이하(동, 민법연구 제1권[1991]에 재록) 참조.

법은 이를 개정하기로 하였다. 그리고 그 작업을 구체적으로 수행함에 있어서
는 "현행 조문을 가지고는 도저히 정의로운 재판을 할 수 없다는 것이 아니
면 되도록 개정하지 아니하기로 하였다."[81] 이 위원회는 민법의 개정안을 이미
1982년 8월 26일에 확정하였고 그것이 정부안으로 국회에 제출된 것은 동년
12월 말이었다. 그리고 1984년 4월 10일의 법률 제3723호로 공포되었다.

이 법률은 1984년 9월 1일부터 시행되었는데, 그것은 오직 총칙편과 물권
편의 개정만을 대상으로 하였다. 그 내용은 다음과 같다.[82]

① 특별실종기간을 3년에서 1년으로 단축하고, 아울러 특별실종사유 중에
항공기실종($\substack{\text{추락한 항공기} \\ \text{중에 있던 차}}$)을 추가한다($\substack{\S\,27 \\ \text{II}}$).[83]

② 구분지상권에 관한 규정을 신설하였다($\substack{\S\S\,289\text{의} \\ 2,\,290\;\text{II}}$).

기타의 개정은 모두 전세권에 관한 것이다.

③ 전세권에 우선변제적 효력을 인정하는 명문의 규정을 민법에 두기에
이르렀다($\substack{\S\,303 \\ \text{I 후단}}$).

④ 건물전세권의 최단존속기간을 1년으로 정하였다($\substack{\S\,312 \\ \text{II}}$).

⑤ 건물전세권의 법정경신을 임차권의 법정갱신($\substack{\S \\ 639}$)과 나란히 새롭게 인
정하였다($\substack{\S\,312 \\ \text{IV 신설}}$).

⑥ 당사자에게 전세금증감청구권을 인정하되, 특히 증액의 경우에 대하여
는 특별한 제한을 정할 수 있도록 하였다($\substack{\S\,312 \\ \text{의}2}$).

(3) 앞에서 본 대로 1977년의 제4차 개정은 가족관계 또는 가족 간 재산
의 포괄승계에 관한 법을 대상으로 한 것이었으나, 그 내용은 아직 헌법이 요
구하고 있는 "개인의 존엄과 兩性의 평등"이라는 理想($\substack{\text{헌} \\ \S\,36\;\text{I}}$)을[84] 충분히 구현

---

81) 김증한(주 60. 개정민사법해설), 30 이하.

82) 이에 대한 해설은 우선 황적인, "민법 중 개정법률 해설", 개정민사법해설(주 60), 36 이
하; 김용한, "민법 일부개정의 배경과 내용", 동서, 45 이하 각 참조.

83) 원래 민법안에는 보통실종기간이 7년, 특별실종기간이 3년으로 정하여져 있었다(§26).
그러나 민법안에 대한 심의과정에서, 법사위는 이를 각각 5년, 2년으로 단축하는 수정안을
제출하였다(법사위 수정안 제6항). 그 이유는 "현재의 교통, 통신시설 등의 발달을 참작하
여 실종기간은 이를 장기화할 필요가 없다"는 데 있다. 민법안심의록(상), 24 참조. 그러
나 본회의에서의 심의에서, 일제에 징용당한 사람들이나 특히 6·25사변 등을 고려할 때
에는 이와 같이 실종기간을 단기로 하는 것은 적절하지 아니하다는 국회의원들의 의견이
있었다. 그리하여 이 각각에 대하여 표결한 결과, 보통실종에 대하여는 법사위 수정안이
채택되어 5년으로, 특별실종에 대하여는 원안이 채택되어 3년으로 각각 확정되었다. 이
러한 경과에 대하여는, 속기록(주 57), 제44호, 6 이하 참조.

84) 또한 정부는 1983년에 국제연합의 「여성차별의 철폐에 관한 협약」에 가입하였다.

하고 있는가에 대하여는 異見이 있을 수 있었다.[85] 그리하여 1981년에 있었던 앞서 본 민법개정의 논의에서도 가족법에 대한 획기적인 개정이 주장된 바 있었다.[86] 그러나 당시는 "가족법은 전통적·관습적 색채가 강하여 이의 조속한 대변혁은 가족생활의 심한 동요를 초래할 염려가 있고, 가치관의 상이로 논란이 극심하여 국론분열의 우려가 있다"는 등의 흥미로운 이유로[87] 가족법에 대한 개정은 보류되었었다.[88]

그러자 1984년에는 「가족법 개정을 위한 여성연합회」가 결성되어 78개의 회원단체가 이에 가입하여, 서명 등 각종의 개정운동을 전개하였다. 그것이 1989년에 이르러서는 결실을 맺어서 정당들이 가족법의 개정을 당론으로 확정하기에 이르렀다. 그리하여 1990년 1월 13일의 법률 제4199호로 가족관계 등에 관한 법규정을 대상으로 하는 민법의 개정법률이 공포되었고, 이는 1991년 1월 1일부터 시행되었다.[89] 그 내용은 그동안 '개인의 존엄과 양성의 평등'이라는 관점에서 의문이 제기되어 왔던 각종의 문제를 대부분 해결한 것이었다. 물론 호주제도에는 —비록 그 의미가 현저히 감소되기는 하였지만— 손을 대지 못하였고 또 동성동본불혼제도도 그대로 남아 있었으나,[90] "그 밖에 문제

---

85) 예를 들면 김증한, "머리말", 한국민사법학회 편, 민사법개정의견서(1982), ii는 "그러나 그 개정[1977년의 개정]으로는 여성단체에서 건의한 내용 중 절반 정도밖에 관철이 되지 못하고, 아직도 많은 미흡한 점을 남기고 있는 실정이다. 양성의 평등이 우리나라 헌법의 기본정신일진대, 이 미흡한 점은 마땅히 시정되는 것이 헌법의 정신을 살리는 것이 된다고 하는 것은 두말할 나위도 없다"고 한다.

86) 즉, 김주수는 1981년 8월 31일에 한국민사법학회가 당시 민법개정작업을 추진 중이던 법무부 등의 후원을 얻어 개최한 「민사법 개정 문제에 관한 심포지움」에서, 앞의 (1) 앞 부분 및 주 73에서 본 개정사안 및 그 이유서에 입각하여 「가족법개정안」을 제시하였다. 그 내용에 대하여는 민사법개정의견서(전주), 109 이하를 보라. 이에 의하면 이때 제시된 개정안은 "1974년 김용한 교수, 박병호 교수, 이태영 박사, 한봉희 교수(가나다 순) 및 김주수 교수가 공동으로 작성한 초안을 토대로 하여 김주수 교수가 정리·작성한 것"이라고 한다(동서, 109).

87) 김증한(주 60. 법학), 11. 그 외에 "민법제정 후 법정분가·상속분 등에 관하여 2회의 개정으로 긴급한 문제는 우선 해결되었으며, 동성동본금혼규정 위반자는 특례법으로 구제가 가능하여 78년에 4,223쌍이 이미 구제되었다"는 이유를 들고 있다. 여기서의 '특례법'에 대하여는 뒤의 주 90 참조.

88) 그러나 당시도 이 문제는 후로 유보되었을 뿐이다. 김증한(주 60. 개정민사법해설), 30 : "민법 중 가족법의 개정은 계속 연구하기로 하고 금회의 개정에서는 일단 보류하였다."

89) 이상에 대하여는 우선 김주수, "기조강연: 개정 가족법의 개정 경위와 과제", 가족법연구 4(1990), 1 이하.

90) 한편 1978년에는 「혼인에 관한 특례법」(법률 제3052호)이 시행되어서, 동성동본의 혈족으로서 실제로 부부생활을 하고 있는 경우에는 그 1년 사이에 혼인신고를 할 수 있도록 하고 혼인신고를 한 자에 대하여는 민 §809에 의한 혼인의 취소를 청구할 수 없도록 하여, 한시적으로 특례를 인정하였다. 그리고 1988년에도 마찬가지의 내용을 가진 같은 이

되었던 남녀불평등조항"은 모두 손질되었다.[91] "그러한 의미에서 이번 가족법
개정은 일대 획기적인 개혁이라고 해도 지나친 말은 아닐 것이다."[92] 한편 이
개정민법에 대하여는, 그 개정의 내용이 지나치게 남녀평등의 달성에 치중하
여 "성인 중심으로부터 미성숙자녀의 보호 강화"라는 또 하나의 중요한 가족
법의 과제를 해결하는 데는 소홀하였다는 비판도 있었다.[93]

그 개정의 주요한 내용을 보면 다음과 같다.

(가) 친족의 범위를 조정하였다.

① 부계와 모계를 동일하게 8촌 이내로 하고, 인척은 4촌 이내로 하였다
$\left(\frac{\S}{777}\right)$.

② 자매의 직계비속, 그리고 직계존속의 자매의 직계비속을 혈족에 포함시
켰다$\left(\frac{\S}{768}\right)$.

③ 배우자의 일방이 사망한 후 생존배우자가 재혼하면 인척관계가 소멸하
도록 하였다$\left(^{\S\,775}_{II}\right)$.

(나) 호주제도에 대폭적인 손질을 가하였다.

① 호주상속제도를 호주승계제도로 바꾸고$\left(\frac{\S}{980}\right)$, 나아가 호주상속비용$\left(\frac{\S}{983}\right)$,
호주상속에 있어서의 태아의 지위$\left(\frac{\S}{988}\right)$, 대습상속$\left(\frac{\S}{990}\right)$, 호주상속인의 분묘 등의
승계규정$\left(\frac{\S}{996}\right)$을 삭제하였다. 또한 호주승계권은 포기할 수 있도록 하고$\left(\frac{\S}{991}\right)$,
여호주의 가에 그 家의 계통을 승계할 남자가 입적하면 그 여호주는 가족이
되고 호주상속이 개시되던 제도를 없앴다$\left(^{\S\S\,792,\,980}_{iv\ 각\ 삭제}\right)$.

② 호주의 한정치산·금치산선고청구권$\left(^{\S\S\,9,}_{12}\right)$, 입적동의권$\left(^{\S\,784}_{1}\right)$, 가족에 대
한 거소지정권$\left(\frac{\S}{798}\right)$ 및 부양의무$\left(\frac{\S}{797}\right)$를 부인하고, 호주의 직계비속장남자의 居
家를 금지하던 규정$\left(\frac{\S}{790}\right)$을 삭제하였으며, 나아가 귀속 불명의 재산은 호주의
것으로 추정하던 것을 가족의 공유로 추정하도록 바꾸었다$\left(^{\S\,796}_{II}\right)$. 그 밖에 호
주의 직무대행에 관한 규정$\left(\frac{\S}{799}\right)$을 삭제하였다. 이로써 호주가 가지는 권리나
의무는 대폭 축소되었다.

름의 법률(법률 제3971호)이 시행되었다.
91) 김주수(주 75), 683.
92) 김주수(주 75), 683.
93) 서정우, "개정민법의 몇 가지 문제점", 사법행정 31-6(1990), 18 이하 참조.

(다) 당사자의 의사와는 관계 없이 친자관계가 인정되던 계모자 및 적모서 자간에도 법률상 당연히 친자관계가 생기지 아니하는 것으로 하고 인척관계로 하였다($\S\S\,773,\,774$ 각 삭제).

(라) 혼인관계에 관하여 보면,[94]

① 부부의 동거장소는 부부의 협의에 의하여 정하도록 하고, 협의가 성립 하지 아니하면 가정법원이 정하도록 하였다($\S\,826$ II).

② 공동생활의 비용은 특약이 없는 한 공동부담하도록 하였다($\S\,833$).

③ 기혼자가 금치산 또는 한정치산의 선고를 받은 경우에는 배우자가 후 견인이 되도록 후견인의 순위를 바꾸었다($\S\,934$).

(마) 이혼하는 경우의 여러 사항에 관하여 새로운 규율이 도입되었다.

① 자의 양육에 관한 사항은 부모가 협의하여 정하도록 하였다($\S\,837$ I).

② 그에 따라 자를 양육하지 아니하는 부모는 면접교섭권을 가지되, 경우 에 따라서는 이를 제한 또는 배제할 수 있도록 하였다($\S\,837$ 의2).

③ 이혼배우자의 재산분할청구권을 새로이 인정하였다($\S\,839$ 의2).

(바) 입양제도에도 많은 변화가 일어났다.

① 우선 家를 위한 양자제도를 폐지하여, 사후양자, 婿養子, 유언양자의 각 제도는 부인되었다($\S\S\,874,\,876,\,880$).

② 또한 호주의 직계비속장남자도 양자가 될 수 있게 되었다($\S\,875$ 삭제).

③ 미성년자가 양자가 됨에 대하여 후견인이 동의하는 경우 또는 후견인 이 피후견인을 입양하는 경우에는 가정법원의 허가를 얻도록 하였다($\S\S\,871$ 서, 872 단).

④ 부부공동입양제도를 부부평등하게 하고, 부부의 일방이 양자가 될 때에 는 다른 일방의 동의를 얻도록 하였다($\S\,874$).

(사) 친권의 행사에 있어서 부모의 평등을 보장하였다. 즉, 부모가 친권을 공동으로 행사하는 중에 의견이 일치하지 아니하면 가정법원이 정하도록 하였 다($\S\,909$ II 단서). 또 혼인외의 출생자가 인지되거나 부모가 이혼한 경우에는 부모의

---

94) 약혼해제사유에도 약간의 변경이 있었다. 즉, 종전의 '폐병' 대신에 '불치의 정신병'을 삽 입하였으며, 생사불명의 '2년 이상'을 '1년 이상'으로 하였다(§ 804 iii, vi).

협의로 친권을 행사할 자를 정하고, 협의가 이루어지지 아니하면 가정법원이
정하도록 하였다($\S\,909\atop{IV}$).

(아) 재산상속에서의 모든 차별을 없애고, 그 내용을 합리적으로 만들었다.

(4) 민법을 개정하도록 하는 힘은 반드시 국회에만 있는 것은 아니다. 그
것은 무엇보다도 헌법재판소가 일정한 민법 규정에 대하여 위헌결정 또는 헌
법불합치결정 등을 함에 의하여서도 민법은 개정되지 않으면 안 되게 된다.[95]
우선 동성동본 간의 혼인을 금지하는 당시의 민 §809 I에 대한 헌법재
판소의 1997년 7월 16일 헌법불합치결정($\text{헌집}\atop{9-2, 1}$)이 있었다. 그 규정은 혼인에
있어서의 양성평등과 개인의 존엄을 규정한 헌 §36 I에 부합하지 아니한다
고 판단되어서, 1998년 12월말까지 개정되지 아니하면 1999년 1월 1일부터
효력을 잃는다고 결정되었다. 그러나 이에 따른 민법의 개정은 호주제도를 폐
기하는 것을 주요한 내용으로 하는 2005년 3월 31일의 법률 제7427호를 기다
려야 했다.
나아가 헌법재판소는 2005년 2월 3일에 이르러 민 §§778, 781 I, 826 III
에서 그 근거와 골격을 이루고 있는 호주제도는 역시 헌 §36 I에 불합치한다
는 결정을 내렸다($\text{헌집}\atop{17-1, 1}$). 그러나 그 전에 이미 호주제도의 폐지를 위한 여성계
나 국회에서의 입법 활동은 줄기차게 그리고 열성적으로 행하여지고 있었다.[96]
그러한 움직임에 기초하여 국회는 2005년 3월 31일의 법률 제7427호로
호주제도 및 동성동본 금혼제도의 폐지를 핵심적인 내용으로 하는 민법의 개
정을 행하였다. 그 주요 내용은 다음과 같다.

(가) 호주제도를 전제로 하는 민법의 여러 규정, 즉 §§778, 780, 782 내

---

95) 이하에서 살펴보는 동성동본 금혼제도 및 호주제 외에도 최근에는 혼인관계 종료로부
터 300일 이내에 출생한 子는 혼인 중에 포태(胞胎)한 것으로 추정하는 부분에 대한 헌법
재판소의 2015. 4. 30. 헌법불합치결정(2013헌마623사건)의 취지를 반영하여 혼인관계가
종료된 날부터 300일 이내에 출생한 자녀에 대하여 어머니와 어머니의 전(前) 남편은 친
생부인의 허가 청구를, 생부(生父)는 인지의 허가 청구를 할 수 있도록 하여 친생부인(親
生否認)의 소(訴)보다 간이한 방법으로 친생추정을 배제할 수 있도록 하려는 것을 포함하
는 민법 개정도 행하여졌다. 이에 대하여는 뒤의 3. (7) (가) 참조.
96) 호주제도 폐지의 '운동' 기타에 대하여는 우선 한국가정법률상담소, 가족법개정운동 60
년사(2009), 222 이하 참조. 그 이전의 활동에 대하여는 우선 이태영, 가족법 개정운동
37년사(1992) 참조.

지 789, 791, 793 내지 796, 811, 826 Ⅲ, Ⅳ이 삭제되었다. 그리하여 호주제
도를 전제로 하는 입적·복적·일가창립·분가 등에 관한 규정이 사라졌다.

나아가 호주와 家 구성원과의 관계로 정의되어 있던 가족의 개념을 배우
자, 직계혈족 및 형제자매 그리고 생계를 같이하는 직계혈족의 배우자, 배우자
의 직계혈족 및 배우자의 형제자매로 규정되었다($\S_{779}$). 또한 子의 姓과 本은 원
칙적으로 아버지의 그것을 따르되 혼인 신고시에 부모의 협의로 어머니의 그
것도 따를 수 있으며, 그것을 사후적으로 변경할 수도 있다($\S_{781\ I}$).

이상은 2008년 1월 1일부터 시행되었다. 이로써 호적부도 당연히 편제될
필요성을 상실하였으므로 그에 갈음하여 가족관계를 공시하는 공적 장부의 제
도가 마련되어야 했다. 그리하여 2007년 5월 17일의 법률 제8435호로「가족
관계의 등록 등에 관한 법률」이 제정되어, 2008년 1월 1일부터 시행되었다.

(나) 동성동본금혼제도를 폐지하고($\S_{I}^{809}$ 삭제), 근친혼금지제도만을 남겨 두면
서 근친혼 제한의 범위를 보다 합리적으로 조정하였다($\S_{II,\ III}^{809}$). 이 부분은 2005
년 3월 31일부터 시행되었다.

또한 여성에 대한 6월의 재혼금지기간에 관한 규정($\S\S_{821,}^{811,}$)을 삭제하였다.
이 부분도 2005년 3월 31일부터 시행되었다.

(다) 종전의 양자제도 외에 친양자제도가 신설되었다($\S\S_{지\ 908의8\ 신설}^{908의2\ 내}$). 이로써
양친과 양자를 친생자관계로 보아 종전의 친족관계를 종료시키고 양친과의 친
족관계만을 인정하여 양친의 성과 본을 따르게 할 수 있다.

(라) 친권에 관한 규정도 적지 않게 개정되었다.
① 우선 "미성년자인 子는 부모의 친권에 복종한다"($\S_{909\ I}$)는 문언을 "부모
는 미성년자인 자의 친권자가 된다. 양자의 경우에는 양부모가 친권자가 된다"
고 개정하였다.
② 가정법원은 혼인의 취소, 재판상 이혼 또는 인지청구의 소의 경우에 직
권으로 친권자를 정하도록 하고, 자의 복리를 위하여 필요하다고 인정되는 경
우에는 자의 4촌 이내의 친족의 청구에 의하여 친권자를 다른 일방으로 변경
할 수 있도록 하였다($\S_{의2}^{909}$).
③ 친권은 자녀의 복리를 우선적으로 고려하여 행사되어야 한다는 의무규

정이 신설되었다($\S_{912}$).

(마) 이번 개정은 상속편에도 미쳐서,[97] 그 중요한 예를 들면 피상속인을 상당한 기간 동안 동거·간호 그 밖의 방법으로 특별한 부양한 이에게 기여분을 인정할 수 있게 되었다($\S_{신설}^{1008-2}$).

(5) 2011년에는 행위능력제도를 발본적으로 개혁하는 민법 개정이 행하여졌다.

(가) 종전에 민법은 주지하는 대로 미성년자·한정치산자·금치산자의 셋을 행위무능력자로 정하고 있었다. 그런데 2011년에 행위무능력의 제도(및 행위무능력자를 뒷받침하는 후견에 관한 제도)를 대폭 개정하여 이제는 '행위무능력' 또는 '행위무능력자' 대신 '제한행위능력' 또는 '제한행위능력자'라는 용어를 채택하였다.

그리고 그 제도의 일환을 이루는 미성년과 관련하여 성년이 되는 나이를 세계의 추세에 좇아[98] 20세에서 19세로 낮추었다($\S_3$).[99]

(나) 종전의 금치산에 해당하는 성년후견, 종전의 한정치산에 해당하는 한정후견의 각 제도를 신설하여 그 적용을 받는 사람을 피성년후견인·피한정후견인이라고 부른다(이들을 뒷바라지하는 사람은 성년후견인·한정후견인이라고 불린다. 이들 호칭은 혼동의 우려가 없지 아니하므로 주의를 요한다). 그리고 '행위무능력자'라는 표현을 '제한능력자'로 바꾸었다($\S\S\,15$ 이하, 140 등 참조). 그리고 종전에는 규율되지 아니하였던 '특정후견'의 제도를 새로이 마련하여 본인의 행위능력에는 제한이 가하여지지 아니하면서도(그러므로 피특정후견인은 엄밀한 의미에서는 제한능력자라고 할 수 없다), 필요한 도움을 받을 수 있도록 하였다.[100] 이들 새로운 규정은 2013년 7월부터 시행되고 있다.

---

97) 그 전에 2002년 1월의 법률 제6591호로, 피상속인의 채무가 상속재산을 초과한다는 사실을 중대한 과실 없이 알지 못하고 상속인이 상속을 단순승인한 경우에 그는 그 사실을 안 날로부터 3개월 내에 한정승인을 할 수 있다는 § 1019 Ⅲ이 신설된 바 있다.

98) 그 후 일본은 성년 나이를 종전의 20세에서 18세로 낮추었다(일민 § 4). 그 개정법률은 2020년 4월부터 시행되었다.

99) 혼인에 관한 성년 의제의 제도는 그대로 유지되어, 19세가 되기 전의 사람이 유효하게 혼인을 한 경우에는 여전히 성년으로 의제된다(민 § 826의2).

100) 한편 민법은 가정법원의 심판과는 무관하게 본인과의 계약에 기하여 임의후견인이 본인을 위하여 일정한 사무를 처리할 권한을 가지게 되는 '후견계약'에 관한 규정을 § 959의14에 두었다.

(다) '성년후견'($\binom{대체로 \ 종전의 \ 금}{치산에 \ 대응된다}$)은 질병·장애·노령이나 그 밖의 사유로 인한
정신적 제약으로 사무를 처리할 능력이 지속적으로 결여된 사람에 대하여, '한
정후견'($\binom{대체로 \ 종전의 \ 한}{정치산에 \ 대응한다}$)은 위와 같은 능력이 부족한 사람에 대하여, 각각 일정한
사람의 청구에 의하여 가정법원이 그 개시의 심판을 한다($\begin{smallmatrix}\S\S \ 9, \\ 12\end{smallmatrix}$). 한정후견의
경우에는 종전의 한정치산자와는 달리 개정 후의 §13에서 보는 대로 법원에
의하여 그 행위 제한의 범위가 개별적으로 정하여질 수 있다. 새로운 제한행위
능력제도의 특징의 하나는 보호의 구체적 필요 여하에 대응하는 이러한 유연
성에 있다($\binom{성년후견에 \ 대하여}{\S10 \ II, \ III도 \ 참조}$). 미성년자는 정신적 능력이 탁월하더라도 객관적으로
19세가 되지 아니하였으면 당연히 행위능력이 제한되는 반면, 피성년후견인이
나 피한정후견인은 아무리 정신능력이 열등하더라도 법원이 위와 같은 후견개
시의 심판을 하지 않으면 행위능력이 제한되지 아니함은 종전의 금치산·한정
치산의 경우와 같다.[101] 또한 일단 그 선고를 받으면 후에 정신능력을 회복하
였더라도 그 후견종료의 심판을 받지 아니하는 한 행위능력이 제한된다.

미성년자 또는 피한정후견인은 스스로 의사결정을 하여 자신의 이름으로
계약을 체결할 수 있는데, 다만 그에 대하여 법정대리인 또는 한정후견인의 동
의를 얻어야 하고, 그 동의 없이 체결한 계약은 그 제한능력자 자신이나 법정
대리인이 이를 취소할 수 있음[102]은 개정 전과 다를 바 없다($\begin{smallmatrix}\S\S \ 5, \\ 140\end{smallmatrix}$). 그리고 미
성년자가 예외적으로 일정한 행위를 법정대리인의 동의 없이 단독으로 할 수
있는 경우로서 우선 "권리만을 얻거나 의무만을 면하는 행위" 및 "법정대리인
이 허락한 특정한 영업"을 운영하면서 그 영업행위로서 하는 개개의 계약이
있다. 나아가 ―실제에 있어서 중요한― "법정대리인이 범위를 정하여 처분을
허락한 재산"은 미성년자 등이 구체적으로 그 재산의 처분을 위하여 행하는
그 원인이 되는 매매 등의 채권행위에 대하여 개별적으로 법정대리인의 동의
를 얻지 않아도 됨은 종전과 다르지 아니하다($\begin{smallmatrix}\S \\ 6\end{smallmatrix}$). 그런데 이번 개정에서는 피
한정후견인에 대하여 "일용품의 구입 등 일상생활에 필요하고 그 대가가 과도
하지 아니한 법률행위"를 한정후견인의 동의 없이 자신의 이름으로 유효하게

---

101) 그 경우 상대방은 계약 체결 당시 '의사무능력'이었음을 입증하여 그 계약이 애초부터
　　　전면적으로 무효임을 주장할 수 있을 뿐이다.
102) 다만 제한능력자라고 하더라도 '속임수로써' 상대방으로 하여금 자신이 행위능력자라고
　　　믿게 하거나 나아가 미성년자나 피한정후견인이 '속임수로써' 법정대리인의 동의가 있는
　　　것으로 믿게 한 경우에는, 그 행위를 취소하지 못하도록 하는 것은 종전과 다를 바 없다
　　　(§17).

할 수 있다는 규정을 새로 두었다($\S_{IV}^{13}$).

그러나 피성년후견인은 설사 법정대리인의 동의를 얻더라도 스스로 의사결정을 하여 자기의 이름으로는 계약을 체결할 수 없고 법정대리인이 그를 대리하여 행위하는 방법밖에 없음은 종전의 금치산의 경우와 같다($\S_{I}^{10}$).[103]

그 외에 이번 개정으로 새로 마련된 '특정후견'은 앞서 본 바와 같은 정신적 제약으로 "일시적 후원 또는 특정한 사무에 관한 후원"이 필요한 사람에 대하여 행하여진다($\S_{의2}^{14}$). 특정후견의 심판이 있어도 피특정후견인의 행위능력에는 별다른 제한이 없으나, 특정후견인은 가정법원의 심판에 의하여 일정 기간 또는 특정 사무에 관하여 피특정후견인을 위하여 행위할 수 있는 권한을 가지게 된다($\S_{8\ 이하}^{959의}$).

(6) 한편 법무부는 1999년 2월부터 「민법개정특별분과위원회」를 구성하여 민법개정작업에 착수하였다. 이는 '재산편 분야', 즉 앞 3편의 당시의 규정이 안고 있는 "오늘날 컴퓨터와 인터넷에 의한 정보화 물결로 급변하는 우리 주변 일상생활과 사회·경제적 현상을 규율하는 데 많은 어려움"을 해소하려는 취지에서 출발하였다.[104] 위 위원회가 작업한 결과는 2004년에 민법 앞 3편의 여러 규정에 대한 다양한 개정제안으로 결실을 맺었고,[105] 이는 정부안으로 국회에 제출되었다.

그러나 실제로 법률이 된 것은 우선 보증에 관하여 3개의 규정을 새로 삽입한 것, 그리고 전형계약의 일종으로 여행계약이 새로 인정된 것($_{674의9\ 각\ 신설}^{\S\S\ 674의2\ 내지}$)이 전부이고, 나머지는 2008년 5월 하순에 제17대 국회의원의 임기가 만료됨으로써 폐기되기에 이르렀다($_{단서\ 참조}^{헌\ \S\ 51}$). 그나마 보증에 관하여는 위의 개정제안의 주요한 부분이 「보증인 보호를 위한 특별법」($_{법률\ 제8918호}^{2008년\ 3월}$)에 편입되었다가, 2015년 2월의 법률 제13125호로 위의 3개 규정들이 민법의 내용이 되는 우여곡절을 겪었다.

---

103) 다만 한정후견의 경우와 마찬가지로, 피성년후견인이 독자적으로 한 것이 "일용품의 구입 등 일상생활에 필요하고 그 대가가 과도하지 아니한 법률행위"라면 성년후견인이라도 이를 취소할 수 없다(§ 10 IV).

104) 서정민, "2004년 법무부 민법개정안 해제", 법무부 민법개정자료발간팀 편, 2004년 법무부 민법 개정안: 총칙·물권편(2012), 25.

105) 그 작업의 경과 및 내용에 관한 포괄적 자료는 법무부 민법개정자료발간팀에서 편집한 도합 1,400면에 이르는 두 권의 자료집(제1권은 바로 앞의 주에서 본 총칙·물권편, 제2권은 채권편·부록(2012))으로 출간되었다.

(가) 보증에 관한 새로운 규정들을 보면, 우선 종전에 보증을 함에 별다른 방식을 요구하지 아니하였던 것을 서면 방식을 도입하면서,[106] 보증인이 보증채무를 이행한 한도에서는 방식의 하자를 주장할 수 없도록 하였다($\S\,428$의2). 이로써 민법의 앞 3편에 법인설립행위(즉정관작성)($\S\S\,40,\,43$) 외에도 要式行爲가 채택되었다.[107] 나아가 근보증에 대하여 정면으로 규정하면서, 보증의 최고액은 역시 서면으로 특정하도록 하였다($\S\,428$의3). 마지막으로 채권자가 보증계약을 체결함에 있어서 주채무자의 신용에 관한 정보를 보증인에게 제공하고, 또 그 체결 후에 주채무자의 신용과 관련되는 일정한 사유(주채무의 불이행 등)가 발생하였을 때 이를 보증인에게 통지하도록 하며, 이러한 의무를 위반한 경우에는 법원이 보증채무를 감경 또는 면제할 수 있도록 하였다($\S\,436$의2). 이와 같이 광범위한 정보제공의무 또는 통지의무를 민법이 정면에서 정하는 예는 달리 찾아보기 어렵다.

(나) 여행계약에 관한 새로운 규정의 도입은 유럽의 여러 국가에서 비교적 근자에 행하여진 패키지여행에 관한 입법[108]에 영향을 받았다. 우리 민법상의 규정들은 주로 여행사업자가 제공하는 여행상품을 이용하는 여행자를 보호하려는 것으로서(이를 단적으로 보여주는 것은 이들이 편면적 강행규정임을 정하는 §674의9이다), 예를 들면 여행자의 여행 개시 전 해제권($\S\,674$의3), 여행주최자의 담보책임($\S\S\,674$의6 내지 674의8) 등이 그러하다.

(7) 그 외에도 근자에 특히 친족편에서 주목되는 민법 개정이 행하여졌다.

(가) 헌법재판소는 2015년 4월 30일에 2013헌마623 사건(헌집 27-1, 107)에서 민 §844 Ⅱ 중 혼인관계 종료로부터 300일 이내에 출생한 자는 혼인 중에 포태한 것으로 추정하는 부분에 대하여 헌법불합치결정을 내렸다. 그 취지를 반영하는 민법 개정이 2017년 10월 31일의 법률 제14965호로 행하여졌고, 이는 2018년 2월 1일에 시행되었다. 그 내용은 친생부인 및 인지의 각 허가청구와 관련하여 §§854의2, 855의2가 각 신설된 것이다.

---

106) 그러나 "전자적 형태로 표시된 경우"에는 효력이 없다(§428의2 Ⅰ 단서). 이는 민법에서 전자적 의사표시에 관한 유일한 규정이다.
107) '서면에 의하지 아니한 증여의 의사표시'는 각 당사자가 이를 해제할 수 있도록 하는 §555는 엄밀한 의미의 요식행위를 규정한 것이라고 할 수 없다.
108) 유럽에서는 1990년 6월의 유럽경제공동체 「입법지침」에 좇아 여러 나라가 패키지여행(Pauschalreise)에 관하여 법규정을 마련하였다. 예를 들면 독민 §651a 이하가 그것이다.

여기서 친생부인에 관한 전자의 규정만을 살펴보면, 혼인관계의 종료로부터 300일 이내에 출생한 자녀는 혼인 중에 임신한 것으로 추정되지만, 어머니 또는 어머니의 전 남편이 가정법원에 친생부인의 허가 청구를 할 수 있도록 하되, 자녀가 이미 혼인 중의 자녀로 출생신고가 된 경우는 제외한다($\frac{동조}{I}$). 나아가 친생부인의 허가 청구가 있는 경우에 가정법원은 혈액채취에 의한 혈액형 검사, 유전인자의 검사 등 과학적 방법에 따른 검사결과 또는 장기간의 별거 등 그 밖의 사정을 고려하여 허가 여부를 정하도록 한다($\frac{동조}{II}$). 또한 친생부인의 허가청구에 따라 가정법원의 허가를 받은 경우에는 친생추정의 효력을 배제한다($\frac{동조}{III}$).[109]

(나) 최근의 2021년 1월 26일의 법률 제17905호로 친권자의 징계권에 관련된 민법 규정들이 개정되었다($\frac{시행은 공}{포일로부터}$). 그 입법취지는, 법제처에서 제공하는 '입법이유'에 의하면, "친권자의 징계권 규정은 아동학대 가해자인 친권자의 항변사유로 이용되는 등 아동학대를 정당화하는 데 악용될 소지가 있으므로, 징계권 규정을 삭제함으로써 이를 방지하고 아동의 권리와 인권을 보호하려는 것"이다.[110]

그리하여 우선 '징계권'이라는 표제 아래 "친권자는 그 子를 보호 또는 교양하기 위하여 필요한 징계를 할 수 있고 법원의 허가를 얻어 感化 또는 矯正機關에 위탁할 수 있다"고 정하는 §915를 삭제하였다.[111]

한편 친권을 일부 제한할 수 있도록 하는 §924의2("가정법원은 거소의 지정이나 징계, 그 밖의 신상에 관한 결정 등 특정한 사항에 관하여 친권자가 친권을 행사하는 것이 곤란하거나 부적당한 사유가 있어 자녀의 복리를 해치거나 해칠 우려가 있는 경우에는 자녀, 자녀의 친족, 검사 또는 지방자치단체의 장의 청구에 의하여 구체적인 범위를 정하여 친권의 일부 제한을 선고할 수 있다")는 2014년 10월 15일의 법률 제12777호로 신설된 규정이었는데, 이번의 개정에서 '징계' 부분이 삭제되었다.

(8) 이상의 민법 개정을 개관하여 앞으로의 발전방향을 모색·제기하여 보기로 한다.

---

109) 이러한 개정은 인지의 허가청구를 규율하는 §855의2에서도 내용적으로 동일하다.

110) https://law.go.kr/lsInfoP.do?lsiSeq=228813&lsId=&efYd=20210126&chrClsCd=010202&urlMode=lsEfInfoR&viewCls=lsRvsDocInfoR&ancYnChk=0#rvsBot 참조(2021. 2. 30 최종 방문).

111) 이에 연동하여 종전에 친권자와 같은 권리의무를 가지는 것으로 정하여져 있던 미성년자의 후견인에 대하여도 '징계'는 거기서에 배제되기에 이르렀다(§945의 개정).

(가) 우선 1960년 이후 60년 이상에 걸친 그 작업은 주로 친족편, 그리고 사람의 재산이 그 사망으로 인하여 친족관계 있는 사람 사이에서 승계되는 상속편에 집중되어 있음을 알 수 있다. 그러한 작업의 결과로 민법의 제정 당시의 사회 및 경제상황을 반영하여 부득이하게 제정·시행 당시의 민법, 즉 原始民法의 내용을 강고하게 형성하고 있었던 남성·父 및 夫 중심의 제반 제도는 예외없이 청산되어 무엇보다도 헌법적으로 요구되고 있는 兩性平等의 이념($\S^{헌}_{36}$ I)은 적어도 법의 제도적 차원에서는 남김없이 실현되었다고 할 수 있겠다.

이제 이 분야에서의 입법작업은 헌법의 위 규정이 요구하는 다른 하나의 이념, 즉 '개인의 존엄'을 구체적으로 우리의 발전하는 사회 및 경제 상황에 맞게 그리고 실효성 있게 실현하여 갈 수 있는 방안을 모색하는 데 중점이 놓여져야 할 것이다.

(나) 그러나 민법전의 앞의 3편, 즉 총칙·물권·채권의 각 편에 대하여는 아직 갈 길이 멀다고 하지 않을 수 없다.

우리 정부가 출범한 1948년 8월부터 민법·형법·상법, 또 민사소송법·형사소송법 등의 기본적 법률(주지하는 대로 이들 다섯 법률에 헌법을 합하여 '육법'이라고 한다)을 만드는 데 많은 노력을 기울인 것은 당연한 일이다. 그러나 법률이 제대로 만들어지려면 일정한 선행조건이 갖추어져야 한다. 다른 나라들에서 그랬듯이 무엇보다도 그 법분야에서 널리 적용되는 법리들을 정확한 용어를 사용하여 체계적으로 정리하는 학문적인 성과, 즉 제대로 된 법학적 작업이 있어야 한다. 그런데 앞의 Ⅰ. 5., 특히 그 각주 50의 본문 이하에서도 간단히 살펴본 대로, 1945년 해방 당시 일제 때 법공부를 한 사람은 법률가 자격이 있다 해도 몇 분의 예외를 제외하고는 법원 등에서 실무에 종사하고 있었고, 대학의 조선인 법학교수는 단 한 사람도 없었다. 그리고 3년에 걸친 6·25동란으로 인한 혼란은 많은 관여자들의 납북을 포함하여 입법작업에 심대한 지장을 초래하였다. 당시 "일본법을 그대로 베껴서라도" 하루 빨리 우리말로 된 법률을 마련하여 독립국의 면목을 세우자는 궁여지책의 주장이 나온 것도 이해할 수 있는 일이다.

민법은 1960년 1월부터 시행되어, 이제 그로부터 60년의 세월이 흘렀다. 민법은 우선 우리에게 고유한 법문제, 쉬운 예를 하나만 들면 임대차보증금에 대하여는 일언반구 말이 없다. 나아가 그 사이에 우리 생활이 얼마나 많이 변했는가? 경제적으로만 보더라도 가난한 농업국이 공업국이 되었다. 일인당 평균소득, 국민총생산량, 경제성장률 등등의 수치를 나열할 필요는 없을 것이다. 당연히 새로운 거래유형과 담보형태가 많이 등장하였지만, 민법에는 이에 대한 규정이 없다.

　　민법은 주로 재산관계를 다루는 총칙·물권·채권에 관한 부분은 거의 손을 대지 못하고 60년 전과 같은 내용을 그대로 유지하고 있다. 긴급한 개정의 필요는 집합건물법이나 주택임대차보호법 등 앞의 1.에서 본 특별법에 의하여 간신히 땜질을 하는 데 그쳤다. 그러나 우리 민법의 모습에 큰 영향을 끼친 독일 및 프랑스의 민법전은 2002년 및 2017년 등에 발본적인 대개정을 거쳤다. 일본도 2017년에 민법의 중추에 해당하는 계약법(그리고 소멸시효법)을 대폭 손보았고, 2018년의 상속법에 이어 이제 부동산등기 및 토지소유권, 나아가 담보법에 관한 규정의 개정에 착수하였다고 한다.

　　사실 우리는 이미 1999년부터 4년여에 걸친 개정준비작업 끝에 개정안이 2004년에 국회에 제출되었으나 국회에서의 심의가 지지부진하다가 2008년 5월에 제17대 국회의 임기 만료로 폐기되었다. 다시 2009년에 법무부 주도의 작업으로 마련된 개정안이 국회로 갔지만, 극히 부분적인 개정을 제외하고는 똑같은 이유로 2016년에 폐안되어 결실을 보지 못하였음은 주지하는 대로이다. 이제라도 심기일전하여 다시 전면적 개정작업에 착수하여야 할 것이다.

　　(다) 앞의 (가) 말미에 헌 § 36 Ⅰ이 선언하는 법이념인 '개인의 존엄'을 구체적으로 우리의 발전하는 사회 및 경제 상황에 맞게 그리고 실효성 있게 실현하여 갈 수 있는 입법적 방안이 모색되어야 함을 지적한 바 있다. 그러나 이는 오히려 민법전의 앞의 3편을 개정함에 있어서 더욱 의식되어야 할 것이다. 그 핵심적인 과제는 '인격' 내지 '인격적 법익'에 대한 입법적 고려에 있다.

　　민법전, 그리고 이를 받아서 우리 교과서에서 인격 또는 인격적 법익은 통상 불법행위의 피침해법익으로 다루어질 뿐이다. § 751는 '재산 이외의 손해의 배상'이라는 표제 아래 '신체, 자유 또는 명예[112]를 해'하는 것에 대하여 정하고, 이어지는 § 752가 역시 생명 침해의 경우에는 위자료를 지급하여야 한다고 정하는 것이다.

　　그러나 그 사이에 인격적 법익에 대한 법리는 뚜렷하게 발전하였다. 효과

---

112) 명예에 대하여는 § 764에서 그 침해에 대한 구제방법에 대한 특칙도 마련되어 있다.

면에서 보더라도, 인격적 법익이 위법하게 침해된 경우에는 —소유권의 침해에 관한 민 §214에 준하여— 그 침해의 배제를 청구할 수 있다는 것이 일반적으로 인정되고 있다. 더욱 흥미로운 점은, 법적으로 보호를 받는 인격적 이익의 범위 내지 종류가 놀랄 만큼 다양하게 되었다는 것이. 私生活의 비밀, 즉 프라이버시는 헌 §17에서도 기본권의 하나로 정하여져 있지만, 개인에 관한 정보는 「개인정보보호법」($\binom{2011.\ 3.\ 29.의}{법률\ 제10465호}$)의 제정 이전부터 법적 보호의 대상으로 인식되고 있었다. 이러한 사생활이나 정보의 보호의 법문제는 필연적으로 넓은 의미에서의 언론의 자유와 충돌하는 국면이 생기게 마련이므로, 관련 법익에 대한 신중한 평가 및 접근이 필요할 것이다.

뿐만 아니라 사람의 생물학적 출발점을 이루는 生殖과 관련하여서 정자·난자의 추출·보관·사용 등을 둘러싸고 배우자·수정란의 제공, 대리 출산 또는 익명 출산과 같이 넓은 의미에서의 생식의료 등이 문제되고 있다.[113] 이와 관련하여서는 정자·난자가 아니더라도 신체의 일부가 元體로부터 분리된 경우에 어떻게 법적으로 처리되어야 할 것인가, 나아가 이른바 유전자에 대한 검사는 어떠한 조건 아래서 허용되는가 하는 문제도 제기된다. 여기서는 인격의 물질적 기초라고 할 신체에 대하여서 단지 그 훼손에 대한 제재라는 관점에서 법적 보호가 주어지면 족한 것은 아님을 알게 된다. 이는 사람의 생물학적 종점인 죽음의 단계에서도 뇌사, 장기 이식, 장례 등과 관련하여서도 마찬가지이니다. 그리하여 유럽 각국에서는 일찍부터 이러한 법문제를 다루어왔고, 예를 들어 프랑스에서는 1994년의 민법 개정으로 그 제1부의 제1편($\binom{"私權에}{관하여"}$)에 제2장($\binom{"인체의}{존중"}$)과 제3장($\binom{"사람의\ 유전학적\ 특성에\ 대한\ 탐색}{및\ 유전자\ 검사에\ 의한\ 사람의\ 특정"}$)을 신설한 이래 새로운 법규정이 이어지고 있다.[114]

결국 민법학은 이러한 인격적 법익에 관한 다양한 법문제들을 민법학이 천착하여 그 全體像을 제공하여야 할 과제의 해결을 더이상 늦출 수 없는 단계에 와 있다.[115] 그 작업에 있어서는 헌법·언론법·정보법 및 의료법을 비롯

---

113) 하나의 예를 들면, 사람은 '자신이 어떻게 생겨나게 되었는가를 알 권리'를 어떠한 요건 아래서 어떠한 내용으로 가진다고 할 수 있을까?

114) 프랑스의 생식의료에 관한 법적 문제와 관련하여서는 민법만이 아니라 「공중보건법전 (Code de la santé publique)」의 여러 규정, 예를 들면 '인체의 요소 및 산물의 제공과 이용'이라는 제목의 제1부 제2편 등을 검토하여야 한다.

115) 참고로 덧붙이자면, 2020년 5월 28일 제정된 중국의 민법전(시행은 2021년 1월 1일)은 모두 7개의 編으로 구성되어 있다. 동법은 제1편 총칙, 제2편 물권, 제3편 계약에 이어서 '제4편 인격권'을 둔다(다음의 제5편은 '婚姻家庭'). 그리고 그 제1장의 일반규정에 이어

한 다른 법분야와의 대화가 긴요할 것이다. 그리고 이러한 작업은 우리 민법의 세 기둥인 소유권·계약 및 가족의 법제도에 인격이라는 공통된 바탕이 깔려 있음을 인식하게 되는 계기가 되리라고 믿는다.

Ⅲ. 繼受法으로서의 민법전과 민법학의 과제

1. 우리 민법전의 역사적인 성격은 이를 계수법이라는 관점에서 찾아 볼 수도 있을 것이다.[116]

한 나라의 법이 다른 나라의 법에 의하여 여러 가지 영향을 받는다는 사실은 모든 시대, 모든 나라의 법에 내지 法史에서 두루 관찰되는 바이고, 이는 일반적으로 인류생활에 보편적으로 보이는 문화의 전파현상 중의 하나라고 할 수도 있다. 그러나 우리 민법전은 그러한 일반적인 '영향'의 범주로만 다룰 수 없는 특이한 점을 가지고 있다.

법의 계수는 그 원인, 전개과정, 결과 등 모든 측면에 대하여 아직 구명되지 아니한 점이 매우 많아서 하나의 문제군을 이루고 있는 상황이고, 따라서 그 개념에 대하여서조차도 공통적인 이해가 성립한 상태라고는 말하기 어렵다. 특히 개별적인 계수현상에 대한 연구가 집적되지 아니한 상황에서는 성급하게 법의 계수 일반에 관하여 포괄적인 명제를 설정하는 것은 피하여야 할 것이다. 그러나 일단 논의의 대상을 확정한다는 의미에서라도, 외국의 —현존하는 또는 이미 효력을 상실한— 법 중에서 그 주요한 구성부분을 다른 나라가 채용하는 것을 '계수'라고 부르기로 하자. 이와 같은 한정적 정의의 범위 내에서도 법의 계수는 그 개별현상에 따라 서로 다른 점이 많고, 또한 논의를 한 나라에 한정하여 보더라도 그 양상의 전개는 극히 다면적이라고 하는 것이 일반적으로 인정되고 있다. 여기서 지금까지의 법의 계수에 관한 논의를 전제로 하여,[117] 우리 민법전의 계수법적 성격을 나름대로 설명하여 보기로 한다.

서, 제2장 생명권, 신체권 및 건강권, 제3장 성명권 및 명칭권, 제4장 초상권, 제5장 명예권 및 영예권, 제6장 프라이버시권('隱私權'이라고 부른다) 및 개인정보 보호를 규정하고 있다.

116) 우리 민법전의 역사적인 성격을 구명하려면, 우선 그 제정과정에 관한 세밀하고도 종합적인 실증적 연구가 필요할 것이다. 그러나 이러한 작업은 현재까지는 이루어지지 아니하고 있다. 그러므로 이하의 서술은 하나의 시론에 불과한 것임을 미리 밝혀둔다.

117) 필자가 참조한 계수에 관한 문헌을 일괄적으로 들어 두기로 한다. Eugenia Kurzynsky-

첫째로, 우리 민법전에 의한 외국법 계수는 異質的 繼受이었다. 말하자면
전적으로 문화적인 토양 내지 배경을 달리 하고, 나아가 계수된 법과는 기본이
념과 내용을 달리 하는 법이 엄존하고 있던 나라에 새로운 법이 도입된 것이
다. 이와는 달리 가령 프랑스민법전이 벨기에에 시행된 것과 같이 한 나라의
법률이 동일한 법문화를 가지는 다른 나라에 계수되는 소위 동질적 계수의 경
우도 있다. 그러나 우리나라는 19세기 후반기에 극히 현실적인 모습으로 강타
한 西勢東漸(western impact)의 세계사적 운동에 휩쓸려서 서구의 문물을 수용
하지 아니할 수 없었던 것이다.[118]

이와 같은 이질적 계수의 경우에는 그 계수된 법이 새로운 토양 위에서 뿌
리를 내리고 실질적인 규범으로의 기능을 충족할 수 있는가 하는 대규모적인
同化(Assimilation)의 문제가 본격적으로 제기된다.

둘째로, 그 계수는 法典繼受이었다. 이는 어떠한 법분야를 포괄적으로 규
율하는 成文의 법전이 한 나라에서 제정된 경우에, 다른 나라에서 동일한 법분
야에 대하여 법전을 제정하면서 그 기성의 법전내용을 차용하는 것을 말한다.
그러나 계수는 반드시 법전계수의 형태로 이루어지는 것은 아니며, 가령 영국
법의 미국에의 계수나, 로마법의 독일에의 계수와 같이 법학의 교수를 통하여
서나 관습법의 형태로 계수가 이루어질 수도 있다. 우리 민법전은 외국법, 즉
유럽대륙법을 민법전의 편찬을 계기로 하여서 '단숨에' 계수한 것이다. 그리고
거기서 중요한 계기를 이룬 것은 무엇보다도 신생국의 국가체제의 일부로서의

　　　　Singer, *Transformation durch Rezeption? : Möglichkeiten und Grenzen des Rechtstransfers am
Beispiel der Zivilrechtsreformen im Kaukasus und in Zentralasien* (2014); Eric Hilgendorf,
*Die ausländische Strafrechtswissenschaft in Selbstdarstellungen : die internationale Rezeption
des Deutschen Strafrechts* (2018); 新井誠・山本敬三 編, ドイツ法の繼受と現代日本
法 : ゲルハルド・リース教授退官記念論文集 (2009); Reinhard Zimmermann, *Roman
law, Contemporary law, European law : the Civilian Tradition Today* (2001); Ernst Hirsch,
Rezeption als sozialer Prozeß, erläutert am Beispiel der Türkei (1981); Michel Alliot, Über
die Arten des "Rechts-Transfers", in: W. Fikentscher et al. (Hrsg), *Entstehung und
Wandel rechtlicher Traditionen* (1980), 161ff.; Imre Zaytay, Die Rezeption fremder
Rechte und die Rechtsvergleichung, in: *AcP* 156(1957), 361ff.; ders., Zum Begriff der
Gesamtrezeption fremder Rechte, in: *AcP* 170(1970), 251ff.; Wang Tze-chien, Die
Aufnahme des europäischen Rechts in China, in: *AcP* 166(1966), 343ff.; A. Schnitzer,
Ist massive Rezeption fremden Rechts gerechtfertigt?, in: *Problèeemes contemporaines de
droit comparé*, T. 1(1962), 115 et suiv; 澤木敬郎, "法の繼受", 伊藤正己 編, 外國法と日本
法(岩波講座 現代法 14)(1966), 113 이하.
118) 이러한 '서구의 충격'에 대한 19세기 후반기 이래의 다양한 대응형태에 대하여서는 우선
　　　최창규, 근대한국정치사상사(1972) 소재의 각 논문 참조.

법체제를 정비함으로써 독립국으로서의 면모를 세우려고 한 극히 국내정치적
인 사정이라고 생각된다.[119]

　셋째로, 우리 민법전은 어느 하나의 외국의 민법전을 그대로 모방한 것이
아니라, 유럽대륙의 유력한 여러 나라의 각 민법전으로부터 여러 제도를 混合
繼受(synthetische Rezeption)하였다. 가령 터키가 스위스민법과 스위스채무법
을 그대로 번역한 경우와는 다른 것이다.[120] 우리 민법전에 대하여는 그것이
독일민법을 그대로 계수한 것이라는 오해도 없지 아니하나, 이는 단지 일본민
법에 비하여 독일법이나 스위스법의 영향이 상대적으로 더 현저하다는 것일
뿐이고, 전체적으로 보면 프랑스법의 영향 역시 두드러진다고 하지 아니할 수
없다. 이러한 혼합계수의 경우에는 하나의 법전 내에 이질적인 요소가 공존할
가능성이 있고, 양자를 체계적으로 조화시키는 부담이 법학 또는 실무에 지워
지게 된다.

　넷째로, 우리 민법이 외국의 민법전을 계수한 것은 일종의 2차계수이다.
이 '2차계수'라는 개념의 내용은 다음과 같다. 우리 민법전이 여러 외국의 민
법을 일단 계수하여 제정된 일본민법과 그것을 학문적으로 가공한 일본민법학
을 기초로 한 점은 부인할 수 없고,[121] 따라서 우리 민법이 유럽대륙법을 직
접으로 계수하였다고 말하는 것은 사태의 진상을 가리는 점이 있다고 생각된
다. 우리나라는 일단 일본의 식민지가 됨으로써 강제적으로 일본민법의 적용
을 받게 되었고, 이로써 유럽대륙의 민법전 그 자체가 아니라 이미 1차적으
로 계수된 형태로서의 그것에 처음으로 접하게 되었다. 이 상태는 식민 내지
정복에 의하여 식민지 내지 피정복국에 본국의 법률이 시행된다는 '强制的 繼
受(oktroyierte od. erzwungene Rezeption)'의 한 형태라고 할 수 있다. 그러므
로 우리나라가 식민지로 남아 있는 한에는, 그 강점국법의 계수법적 성격을 강
제로 들씌워져 가지고 있어서 이에 의하여 유럽대륙법이 직접 계수되고 있었
다고 할 수 있을는지도 모른다. 그런데 그 식민지가 독립을 획득하여 이제 독
자적으로 민법전을 제정하는 과정에서는, 식민지가 되기 이전의 법상태를 회

---

119) 이 점에 대하여는 우선 양창수(주 40. 법학), 186 이하 참조.
120) 터키의 스위스법 계수에 대하여는 우선 Hirsch(주 117) 및 Fünfzig Jahre Türkisches
　　Zivilgesetzbuch, in: *Zeitschrift für Schweizerisches Recht*, Bd. 95 (N. F., 1976), 2. Heft 소
　　재의 E. Hirsch(S. 223ff.); M. Zwahlen(S. 249ff.); Z. Gören-Ataysoy(S. 265ff.); H.
　　Krüger(S. 287ff.) 등의 논문 참조.
121) 이 점은 우선 양창수(주 40), 202 이하; 동(주 48), 468 이하 참조.

복하지 아니하고 그 강점국법을 그대로 —또는 약간 변형된 형태로— 유지하
는 경우는 결코 드물지 아니하다. 가령 인도가 영국으로부터 독립한 경우에도
그러하였으며, 나폴레옹에 의하여 한때 점령되었던 독일의 바덴공국의 경우도
그러하다. 그러나 우리나라의 경우에 특이한 것은 그 강점국법 자체가 계수법,
그것도 이질적 계수법이라는 사실이다. 이와 같은 경우에는 일종의 중첩적인
계수현상이 일어난다고 할 수 있다. 그 내용 자체로만 보면, 우리 민법전은 유
럽대륙법을 계수한 것이다. 그러나 거기서 '유럽대륙법'이라고 하는 것은 대체
로 말하면 일본민법 또는 일본민법학의 안경을 끼고 본 그것, 다른 말로 하면
일본적인 유럽대륙법인 것이다. 그러한 의미에서 우리 민법은 유럽대륙법을 '2
차 계수'하였다고 볼 수 있을지 모른다. 가령 스페인이나 포르투갈의 지배를
받은 남미의 여러 나라가 19세기 초에 독립을 획득하였을 때, 그들은 강점국
스페인 등의 민법을 거부하고, 오히려 프랑스민법 자체를 지향하였었다.[122] 그
러나 우리 민법의 경우에는 일본민법의 모법인 유럽대륙법 자체를 지향한 점
이 없다고는 할 수 없어도, 기본적으로는 오히려 앞서 본 바와 같은 유럽대륙
법의 일본판에 의존하였고, 또한 당시에 독립국가로서의 체제를 갖추는 과제
가 시급하게 해결되어야 함에도 '우리'의 민법을 마련할 학문적인 축적이 없었
던 상황으로서는[123] 이에 의존할 수밖에 없었다고 할 수 있는 것이다.

    다섯째로, 민법이 스스로를 결국 유럽대륙의 여러 민법전들에 연결한 것
은 이를 통하여 근대적 민주국가를 창설하려고 하는 정치적 동기가 그 저변에
깔려 있었다고 생각된다. 법의 계수에 있어서의 정치적 동기의 중요성은 특히
로마법의 계수를 연구한 학자들 사이에서 강조되고 있는 바이다. 우리나라는
1948년에 나라를 세움에 있어서 입헌적 민주주의 국가를 건설한다는 기본적
인 결단을 내렸고, 이는 19세기말적인 군주전제주의로부터 명확하게 결별한다
는 것을 의미한다. 이것을 법적인 문맥에서 다시 말하여 보면, 식민지시대 이
전의 법, 즉 조선 말기의 법과 결별하고 서구의 법을 채용한다는 데 귀착된다.
말하자면, 그것은 근대화 내지 서구화에의 한 지향을 의미하는 것 이상도 이하
도 아닌 것이다. 이러한 흐름은 특히 제2차 세계대전 후에 종전의 식민지제국
이 일제히 독립하는 과정에서 뚜렷이 드러나는 것으로서, 우리나라도 그 예외

---

122) Zweigert/Kötz, *Einführung in die Rechtsvergleichung*, Bd. 1, 2. Aufl.(1984), 133f.;
    Dietrich Nelle, *Entstebung und Ausstrablungswirkung des chilenischen Zivilgesetzbuchs von
    Andrés Bello. Ein Beitrag zum lateinamerikanischen Zivilrecht* (1988), 217ff. 참조.
123) 이에 대하여는 양창수(주 40), 204 이하 참조.

는 아니다.

2. 이상과 같이 우리 민법전의 성격을 파악하여 볼 때, 그것은 우리 민법학에 다음과 같은 과제를 부과한다고 생각된다.

첫째는, 우리 민법에 규정되어 있는 각종의 제도나 규정들의 연원을 유럽대륙법 등에서 탐색하여 그 제도나 규정이 그 '母法'에서 어떠한 배경 아래서 어떠한 내용을 가졌던가, 또 가지고 있는가를 역사적 흐름에 좇아 그리고 사회경제적·사상적 배경 아래서 확인하여야 한다. 특히 강조하고 싶은 것은 우리 민법에 존재하는 유럽대륙법에 대한 일본적 편차를 돌파하여야 한다는 것이고 그러한 작업의 중요성은 아무리 강조하여도 지나치지 아니하다.

그런데 여기서 우리가 항상 염두에 두어야 할 점을 지적하여 두고자 한다. 그것은 단지 현재의 '모국'에 있어서의 그 제도내용이나 규정내용을 파악하여 그 직접적인 도입을 주장함으로써 가능하게 되는 것은 아니라고 생각된다. 우리 민법전의 내용이 된 유럽대륙법이 일본 민법학의 어느 시점에서, 어떠한 관점에서 파악된 유럽대륙법인가, 왜 그렇게 파악하여야 했던가를 먼저 명확하게 하지 아니하면 안 된다. 이 점을 분명하게 하지 아니하고서 유럽대륙법을 연구하는 것은, 이미 일본에 의하여 파악된 —따라서 불가피하게 역사적인 우연이나 외국법 인식의 곤란에 따르는 당연한 한계로 말미암아, 또는 자기 문제의 해결을 위하여 부득이하게 또는 고의적으로 행하여진 왜곡에 의하여 일정하게 변색된— 일정 시점의 유럽대륙법이 우리 민법전의 내용으로 실정화되어 버린 이상, 우리 민법과의 접점을 상실한 한낱 비교법적 자료로서의 의미밖에 없을 수도 있으며, 따라서 그것을 무차별적으로 우리 민법의 해석에 직접 '도입'하고자 하는 것은 새로운 異質物의 강제를 의미할 수도 있다. 결국 우리는 이와 같은 2중의 짐을 짊어지게 되었다고 할 것이고, 이야말로 식민지시대 의 바람직하지 못한 유산이라고 하겠다.

둘째, 특히 법전계수의 경우에 어디서나 문제되는 '同化(Assimilation)', 즉 계수된 외국법의 우리에의 적응을 어떻게 이룩하는가이다. 일반적으로 법전계수는 다른 나라의 법을 하루아침에 전격적으로 이식하는 것으로서 "하나의 진정한 법적 혁명(eine wahre juristische Revolution)"이다.[124] 그러나 법전계수가

---

124) A. Schwarz, *Rezeption und Assimilation ausländischer Rechte, Rechtsgeschichte und Gegenwart* (1960), 153.

법의 계수인 것은 아니다. 自國의 그 입법자가 입법단계에서 면밀한 관찰에 의
하여 외국의 법을 자국의 제반 사정에 적응시키지 아니하는 한은, 그러한 적응
의 과정은 매우 느리게, 한 걸음씩 이루어지는 것이다. 이러한 적응의 과정은
두 단계로 나누어 살펴보는 것이 합리적이다.[125] 하나는 법전문가가 계수된 법
의 내용을 제대로 이해하고 또 자국의 사정에 맞게 적용하여 가는 과정이고,
다른 하나는 그 법의 수범자, 즉 국민들이 그 법이 요구하는 행태모델을 내면
화하여 가는 과정이다. 양자는 물론 서로 연관되어 있어서 서로 영향을 미칠
것이나, 특히 후자의 과정은 주로 법사회학적 관찰과 서술의 대상이 될 것으로
생각되므로, 여기서는 따로 언급하지 아니하기로 한다.

　전자의 과정에 대하여 보면, 쉬바르츠는 일반적으로 동화를 소극적 동화
(negative A.)와 적극적 동화(positive A.)로 나누고 있는데, 이 구분은 유용한
것으로 생각된다.[126] 소극적 동화에 있어서 문제되는 것은, 계수된 법제도 또
는 법명제 중에서 실제로 어떠한 것이 당지에서 생명력을 유지하여 —경우에
따라서는 모국에서는 전혀 기대되지 아니하고 있는— 중요성을 획득하고, 어
떠한 것이 별다른 기능을 하지 못하고 있는가 하는 점이다. 이는 법계수의 결
과를 주로 사실적인 관찰에 의하여 확정하는 작업이 된다. 적극적 동화는 법을
운용하는 사람들이 적극적으로 외래법을 현지의 사정에 적응시키려고 노력하
는 것을 말한다. 쉬바르츠는 그 주체로서 셋을 든다. 하나는 법원실무이고, 다
른 하나는 임의규정과 다른 내용으로 체결되는 당사자들의 계약이며, 마지막
으로 법학이다.

　우선 법원실무에 관하여 보면, 법원은 법률의 해석, 裁量判斷 그리고 法形
成을 통하여 외래법을 실제의 사정에 적응시킬 수 있다. 쉬바르츠는 그 중에서
도 뒤의 둘에 주목한다. 법률이 명확한 요건을 정하는 것이 아니라 단지 일반
적인 지침만을 제시하여 실제의 사건을 처리함에 있어서 법관이 개별적인 사
안의 구체적인 사정들을 고려할 수 있는 재량의 여지를 애초부터 인정하는 경
우가 있다. 예를 들면 '선량한 풍속 기타 사회질서'에 반하는 법률행위는 무효
로 하는 규정 또는 신의성실의 원칙을 정하는 규정 등이 그러하다. 이러한 '일
반조항'은 법관으로 하여금 외래의 법을 자국의 사정에 적응시킬 수 있는 절호

---

125) 이는 M. Rehbinder, Die Rezeption fremden Rechts in soziologischer Sicht, 한독법학
　　4(1983), 9 이하에서 힌트를 얻었다.
126) Schwarz(주 124), 154 ff. 참조.

의 수단을 부여한다.[127] 또한 법률에 흠결이 있는 경우에도 법관은 판례를 통한 법형성에 의하여 마찬가지의 기능을 수행할 수 있다. 가령 우리의 민 § 1이 스민 § 1에서와 같이 '條理'에 의한 법률흠결의 보충을 명문으로 인정하는 경우에, '조리'는 바로 그러한 역할을 할 것이 처음부터 예정되어 있다고 할 것이다. 또한 법률행위의 당사자가 법률이 정하는 규정에 반하는 의사표시를 하는 것도 그들 사이의 구체적인 사정 내지 이익상황을 법의 측면에 끌어들이는 일이라고 할 수 있다. 특히 거래유형(매매·임대차 등)마다 통상적으로 쓰여지는 계약서의 전형적인 조항들은 중요한 의미가 있다고 하겠다. 그리고 마지막으로 법학이 법적용의 대상인 생활관계의 본질적인 내용을 포착하여 개념화하고 이를 법률규정과 적절하게 연결시킴으로써, 또한 법률규정이 예정하고 있는 생활관계와 실제와의 동일성 내지 유사성과 또한 차이를 드러냄으로써 '동화'에 기여할 수 있음은 명백하다.

이러한 동화의 과정은 물론 오랜 시간과 각고의 노력을 요구하는 것이다. 그러나 보다 중요한 것은 우리 민법이 그 탄생과정을 통하여 부득이하게 안게 된 이러한 문제들을 명료하게 의식하면서 작업을 수행하여야 한다는 점이라고 생각된다.

[양 창 수]

---

127) 그러나 쉬바르츠는 일반조항을 단지 "불가피한 경우에만" 동원하며, 이를 법률규정보다 우위에 두지 말도록 권고한다. 그렇게 하지 아니하면, *私法*의 명확한 원칙들이 희생되고 그 대신에 불분명하고 유동적인 指針이 들어서게 될 것이라고 한다. Schwarz(주 124), 156.

第1章 通　則

第1條(法源)

　　民事에 關하여 法律에 規定이 없으면 慣習法에 依하고 慣習
法이 없으면 條理에 依한다.

I. 본조의 취지: 民事의 法源

1. 法源論의 위상

法源의 개념에 대해서는 견해가 갈린다. 그 근본적인 이유는 무엇보다도 法源을 법이론 일반의 입장에서 접근하느냐, 아니면 본조가 규정한 범위 안에서 그 의미를 파악하느냐의 방법론상의 차이가 존재하기 때문이다. 가장 간명한 접근법은 본조의 규정을 근거로 "본조가 정하는 것들이 바로 법원이다"라고 보는 것이다. 그러나 그럼에도 불구하고 여전히 문제가 제기되는 것은 본조가 거명한 것 가운데 적어도 條理의 경우에는 이것을 法源의 글자 그대로의 의미상, 즉 '法의 연원 내지 원천'이라는 의미상, 과연 조리를 법이라고 할 수 있는가에 관하여 근본적인 의문이 제기될 수 있기 때문이다. 法源을 어의에 충실하게 이해하는 한,[1] 원래는 법의 존재 그 자체와 분리될 수 없는 것이어야 하지만(법의 존재근거로서의 법원), 법을 적용하는 과정에서 실천적으로는 이 '법의 존재근거'를 확인하고 파악하는 데 동원될 수 있는 '법의 인식근거'라는 의미가 현실과 제로 등장한다. 그리고 이렇게 좀 더 넓게 파악하는 한, 조리를 통하여 법이 인식된다고 보는 입장에서는 조리도 훌륭하게 法源에 속한다고 보게 되는 것이다. 반면에 인식근거란 어디까지나 그 대상이 된 존재근거를 전제하지 않는 한 법을 인식할 수 있는 것이 아니라고 보게 되면, 과연 조리를 통하여 어떤 법이 존재하는 것으로 인식되는가를 물을 때 조리를 통하여 인식된 것이 '법'이라는 보장이 어디 있는가 하는 문제, 즉 결국에는 '법이란 무엇인가?' 하는 법학의 영원한 숙제에 봉착하게 마련이다.

종래 법원론 일반의 경우에도 실정법, 즉 인간의 제도화된 또는 집단적 의사가 반영된 모든 법,[2] 다시 말하여 제정법(법률)과 관습법이 법원이라는 데

---

1) 김욱곤, "판례의 법원성", 민법학의 기본문제(2005)(=김증한 화갑기념(1981)), 16f.은 법원을 '역사적 의미에 있어서의 법원', '실질적 의미에 있어서의 법원' 및 '형식적 의미에 있어서의 법원'으로 나누고, 현행법과 관련한 논의는 마지막 개념의 법원을 둘러싼 것임을 밝히고 있다. 이것은 다시 존재근거와 인식근거라는 두 측면에서 고찰이 가능한 것이다.
2) 자신들의 법질서에 등장한 실정법을 유형별로 간명하게 정리한 로마 법률가의 다음 글을 참조하라.
   D.1.3.40. Modestinus 1 regularum.
   Ergo omne ius aut consensus fecit aut necessitas constituit aut firmavit consuetudo.
   (그러므로 모든 법은 [만인의] 동의가 만들었거나[=제정법] 혹은 합목적적 필요가 정립하였거나[법정관법] 혹은 관습이 발생시킨 것[=관습법]이다.)

이견이 없다. 그러나 현실적으로 법선언으로서 가장 중요한 판례의 경우에는 의견이 갈린다. 왜냐하면 당사자 사이에서 재판을 통한 권리의무관계의 확정은 당해사건에서 분쟁의 종식을 가져오고, 적어도 당사자 사이에서는 법의 선언(Recht-sprechung)으로 인정되는 것이므로, 장래의 동종·유사의 사건에 대하여 동일한 것을 기대할 수 있어서 이것을 法源에서 제외하는 것은 이상하다는 느낌이 들 수밖에 없기 때문이다. 그러나 적어도 우리나라가 포함된 대륙법계 전통에서는 판례의 法源性을 두고 반대설이 우세하다가 점차 이 입장이 완화되어 가는 추세라고 할 수 있다. 그 이유는 무엇일까? 이것은 기본적으로 法을 어떻게 규정하느냐의 문제와 직결되어 있다. 대부분의 견해는 적어도 오늘날의 입법국가에서는 입법절차의 제도화를 통하여 국민의 일반의사가 반영된 것으로 상정된 제정법(법률)을 법 고찰의 중심이자 출발점으로 삼고 있고, 이러한 기본입장으로부터 모름지기 법의 위상을 지니려면 법률이 가지는 속성을 공유할 것이 요구되면서, 규율의 인적 범위(수범자)와 물적-내용적 대상 면에서 규범의 일반성과 명확성을 거의 공준으로서 요구하기에 이르렀다. 판례는 개별 사건의 특수한 상황을 고려한 구체적 법선언이라는 점에서 일반성의 기준에 미달한다고 보는 한, 일반적 법선언인 법률과는 달리 法源이 아니라고 보게 되는 것이다. 이러한 점에서 조리는 명확성이 결여되어 법원이라고 보기 어려워진다.

　　그런데 法源의 문제는 '무엇이 법인가'의 문제와 한가지로 순수한 이성적 논리의 문제만은 아니다. 이론적으로는 법률실증주의적인 태도(Gesetzes-positivismus)를 얼마든지 취할 수 있고, 어떤 형태의 것이든 자연법론(Naturrechtslehre)을 배척할 수 있다. 그러나 법의 역사는 오로지 법률실증주의나 오로지 자연법주의가 지배했던 적은 한 번도 없었고, 일정한 선에서 양자의 결합만이 경험 세계의 실상이었음을 알려준다. 관습법은 제정법을 뛰어넘는 실정법의 세계를, 조리는 이들 실정법을 뛰어넘는 어떤 睿智界의 존재를 지시하는 것이다. 그리고 무엇보다도 이들 사이의 관계는 이성적 논리로써만 규정되는 것이 아니라, 법세계에 보편적인 법담당주체들 간의 세력(jurisdiction) 판도에 의하여 결정되었다. 主知主義的 법인식작용과 主意主義的 법창출작용의 교호작용 속에서 법은 생성과 변화(및 소멸)을 겪었고, 그 과정에서 가장 결정적이었던 것은 누가 최종적인 주권자인가 하는 헌법적 차원의 정치현실이었다. 따라서 나라마다 시대마다 法源論이 다르게 나타난다. 동일한 어휘가 쓰인다고 해서 그 법률용어(가령 관습법)가 동일한 내용을 가지는 것이 아닌 것이다. 일반이론으로서의 法源論이 한 구체적 법질서의 法源을 모조리 설명할 수 없는 까닭이다.

이런 점에서 본조와 관련하여 "본조가 정하는 것이 민사에 관한 법원이고, 민사에 관한 법원이란 본조가 정하는 것이다"라는 가장 실용적인 견해의 태도가 이해되는 것이다. 학설의 다툼들을 실익이 없는 언어 구사의 문제로 치부하는 견해들은 기본적으로 이러한 입장에 서 있는 것이다. 어쨌든 실천적 해석법학의 입장에서는 사실 '法源'의 語義를 확정하는 작업이 중요한 것이 아니라, 제시된 각 法源의 역할과 기능을 탐구하고, 상호간의 관계를 확정하고, 더 나아가서 본조 이외의 法源을 인정하는 것이 가능한지, 아니면 필요한지 등등의 문제들을 검토하는 것이 더 중요하다.

본조는 "~ 의한다"라고 규정함으로써 본조가 정하고자 하는 바가 민사에 관한 법적 판단의 기준 중에서도 일반인들의 행위를 향도하는 행위규범이라기보다는 발생한 법률관계에 대한 재판시에 의거할 준거임을 분명히 하고자 하는 취지임을 알 수 있다. 상법은 §1에서 본조와 같은 구문으로 "상사에 관하여 본법에 규정이 없으면 상관습법에 의하고 상관습법이 없으면 민법의 규정에 의한다"라고 하고 있는데, 그 표제가 "상사적용법규"로 되어 있는 것과 비교해 보아도 본조의 취지가 일단 재판시의 적용 준거에 관한 것임을 알 수 있다. 특히 행위규범의 의미로 이해하기 어려운 점은 마지막에 열거된 條理로부터도 분명하다. 우리는 통상 일반인이 조리에 따라 행위할 것을 법적 의무로 삼을 수는 없기 때문이다. 또 본조의 취지가 행위규범이 아니라 재판규범을 정한 것이라 보는 이유로 사적자치의 원칙이 통용되는 민사에 있어서 행위기준의 순서를 정한다는 것은 배리이기 때문이라는 점도 지적할 수 있다.[3] 이러한 이해가 본조에서 열거한 법률과 관습법이 행위규범이라는 것을 부정하지 않는 것임은 물론이다. 다만 본조의 규정의 주안점은 재판규범으로서의 준거성에 놓여있다는 말일 뿐이다.

이하에서는 이런 실천적 입장을 견지한 채, 그럼에도 불구하고 가능한 한 法源論 일반의 법체계 내에서의 위상을 고려하면서 서술을 시도하였다.

---

3) 구주해(1), 28(최병조). 이은영, 27은 정당하게도 객관적 법규범과 당사자의 의사표시를 요소로 하는 법률행위(내부적 규범)를 구별한다.

2. 본조에서 말하는 法源의 의미

(1) '法源' 용어의 기원

본조는 표제대로 민사의 법원을 정한 것이다. 여기서 法源이란 법의 淵源 내지 源泉의 줄임말로서 서양어(라 fontes iuris; 영 sources of law; 독 Rechtsquellen; 불 sources de droit)의 번역어이다.[4] 이러한 비유적인 용어는 일찍이 키케로(기원전 106년-기원전 43년: De off. 3.17.72 등)가 종종 사용하였고, 리비우스(기원전 59년-기원후 17년: Ab urbe condita 3.34.6)도 12표법을 "로마의 모든 公·私法의 연원"이라고 표현하였다. 그러나 모든 비유적인 표현이 그렇듯이 그 의미가 항상 한 뜻으로 이해되지는 않았다. 그래서 거듭 쓸모있는 개념이 아니라는 비판을 받았고 마침내 폐기하는 것이 맞다는 주장(대표적: 켈젠)까지도 등장하였으나[5] 서양법전통의 정착된 용어로 자리매김하였고, 민법도 이를 채택한 것이다.

(2) 학설의 현황

법원의 개념을 둘러싸고 종래 다양한 학설들이 개진되었다.[6] 대체로 본조의 취지가 민사에서의 재판기준을 정하기 위한 것이라는 전제에서, 그와 관련하여 일반적 의미의 法源의 개념, 그것과 본조상의 "법원"과의 관계(특히 조리까지 포함하는 "법원" 개념) 등과 관련하여 견해 대립이 나타난다. 이를 일별해 보면 다음과 같다.

(가) '法源 = 법의 존재형식'설   법의 존재형식 내지 현상형태가 法源이라고 보는 입장이다.[7] 특히 중요한 것은 무엇이 민법인가 하는 것이고, §1

---

4) 강태성, 11은 "민법의 법원"이라는 표현이 부당한 표현인데, 이는 "민법의 법의 연원"이라는 이상한 말이 되기 때문이고, 따라서 "民法源" 또는 "민법의 연원"이라고 표현할 것을 제안한다. 한편 강태성, "민법 제1편(총칙) 중의 통칙·인에 관한 개정방향", 법조 54-12, 2005, 21에서는 민법 제1조가 민법의 존재형식뿐만 아니라 적용순서까지 규정하고, 본조의 "법률"은 형식적 의의의 법률뿐만 아니라 성문법 전반을 의미한다는 점에서 "민법 제1조 [法源과 적용순서] 民事에 있어서, 成文法·慣習法·條理의 順으로 적용한다."라고 개정할 것을 제안한다. 그러나 용어법과 관련하여서는 정착된 어법을 굳이 바꿀 필요가 있는지 의문이고, 본조의 법률이 성문법을 의미한다는 것 역시 아무도 의심하지 않는 사항일 뿐만 아니라, 무엇보다도 성문법이란 다양한 형태로 존재하는 모든 법원을 통칭하거나 개별적인 법원의 법적 성질을 (가령 자연법과 구별해서) 제시하는 학술상의 용어일 뿐 구체적인 법원의 존재를 지시하는 것이 아니므로 오히려 부당하다. 그리고 법원의 적용순서를 정한 것임은 본조의 구문상 명백하여 이를 탓하는 것 역시 근거가 없다.

5) Stephan Meder, Ius non scriptum — Traditionen privater Rechtsetzung, 2., völlig überarbeitete und erweiterte Auflage, Mohr Siebeck: Tübingen, 2009, 11f.

6) 다양한 法源 개념(법인식의 원천, 법성립의 원천, 법평가의 원천, 법의 존재형식)에 대하여는 김학동, "법원의 의의 및 관습법", 김형배 화갑기념, 1994, 66ff.도 참조.

7) 곽윤직·김재형, 14; 송덕수, 11; 서광민, "관습법과 사실인 관습", 고시계 36-8, 1991,

의 제목에 지나치게 구애될 필요 없이 법의 존재형식으로 보는 것이 타당하다
는 주장이 있다.[8] 그러나 이 견해는 동시에 "제1조는 본래 재판기준을 정한
것이고 법원에 대하여는 단지 부수적으로 정하였을 뿐"이라고 하여[9] 일반적
의미의 법원과 본조의 법원을 개념상 분리한다.[10] 그러나 이 설에 의할 때 조
리의 경우 이 설이 보는 法源에 해당하는지 여부와 그렇지 않다면 본조의 제
호를 어떻게 이해해야 할지의 문제에 답을 해야만 할 것이다.

㈏ '본조의 法源 = 법의 인식근거'설   법원의 의미는 여러 가지가 있
으나 본조에서의 '법원'이란 법의 인식근거라고 보는 견해이다.[11] 이 설은 본
조는 민법의 존재형식으로서의 法源이 아니라 "재판의 기준"을 제시하기 위한
것인데, 재판이란 일차적으로 법생성작용(Rechtserzeugung)이 아니라 법발견작
용(Rechtsfindung)이므로, 따라서 본조에서 말하는 法源은 법의 인식근거로서
의 법원이라고 보는 견해이다.

이에 대하여 본조가 재판기준을 정한 것은 맞지만, "法源"이라는 표제를
단 점, 본조의 입법 당시 일반적으로 법원을 법의 존재형식으로 이해하고 있었
던 점을 고려하면 재판기준뿐만 아니라 법의 존재형식으로서의 법원도 함께 규
율한 것으로 이해해야 한다는 비판이 있다.[12] 한편 본조의 법원은 재판의 기준
을 규정한 것으로, 재판의 기준이 되는 것은 그러한 인식근거에 의하여 밝혀지
는 것이지, 인식근거 자체가 재판의 기준이 될 수는 없다고 하는 비판도 있다.[13]
이러한 견해들은 모두 일리가 있는 것이다. 이 견해의 경우에도 조리가 이 설
이 말하는 법의 인식근거인 이유를 밝힐 과제가 남아 있다고 보인다. 필자가
주해(구판)에서 인식근거의 측면을 강조했던 것은 법률과 관습법이 법의 존재
형식이 아니라는 이야기가 아니라, 條理를 법의 존재형식으로 보기 어려워서
였는데, 그렇다고 조리가 바로 인식근거로 되는 것인지를 제대로 구명하지는
못하였다.

㈐ '法源 일반 = 법의 인식연원'설   이에서 더 나아가 본조에서뿐만

9; 주석 총칙(1), 42(제5판/이원범); 이진기, "관습법과 관습—민법의 관습법개념에 대한
재조명을 위하여—", 법사학연구 53, 2016. 4, 193-232, 212.

8) 송덕수, 11.

9) 송덕수, 26.

10) 고상룡, 7도 같은 취지로 보인다.

11) 구주해(1), 27, 34(최병조).

12) 송덕수, 12.

13) 주석 총칙(1), 69(제4판/윤진수).

아니라 일반적인 법원의 의미도 인식연원설로 보는 견해가 있다.[14] 이러한 입장은 일응 개념 定義의 문제이기 때문에 이 용어법 자체를 문제 삼기는 어렵다. 이 견해는 법원성 = 법규범성(법적 구속력)을 전제로 민법 § 1는 재판규범일 뿐만 아니라 이를 통해 행위규범도 제시하고 있다고 본다. 민법 § 1가 일차적으로 재판규범을 지시한 것이라 하더라도 입법의 의도는 이를 통해 일반인에게 행위규범이 무엇인가를 간접적으로 제시하는 데 있다고 해석한다. 그러면서 사적자치가 인정되는 영역에서도 행위규범의 존재의의는 있으며 행위규범이 있다고 해서 언제나 사적자치를 침해하는 것은 아니라고 한다.[15]

이 견해에 대해서는 다른 것보다도 조리가 과연 행위규범인가 하는 의문이 제기된다. 그리고 존재근거로서의 법원 개념이 전제되지 않는 인식연원이 어떻게 가능하고 얼마나 유의미한 것인가 하는 물음이 제기될 수 있다.

㈑ '法源 = 법의 인식근거 + 존재형식' 포괄설　　이에 속하는 견해로 크게 다음 두 가지가 주장되고 있다.

(a) 법의 존재형식과 인식근거를 구별 없이 병용하는 견해가 있다.[16] 예컨대 "민법상 법원이란 민법의 인식근거로서 법의 존재형식"이자 "재판의 기준이 되는 법으로서 실질적 의미의 민법의 존재형식"으로 설명하는 것이 그것이다.

그러나 이것은 결과적으로 두 의미를 등치시킴으로써 양자가 개념상 구별되는 측면이 무시되고 의미 구별의 실익이 없어지면서 절충설이 일반적으로 가지는 난점이 생기고, 전술한 설들과 마찬가지로 역시 條理를 법의 존재형식으로 파악하는 점에서 논란의 여지가 있다.

(b) 법의 존재형식과 인식연원을 구별하면서, 성문민법은 전자에, 관습법과 조리는 불문민법으로 후자에 속하는 것으로 봄으로써 결국 본조의 法源은 양자를 포괄한다는 견해가 있다.[17] 특히 이 견해는 관습법은 실정법 중심의 현재 법체계에서는 실정법 자체가 관습을 내용으로 하는 경우가 아닌 이상 법

14) 이은영, 27.

15) 이은영, 29. 이것은 구주해(1), 28(최병조)에 대한 비판이다.

16) 김증한·김학동, 11("현행의 구체적인 민사법규범을 알 수 있게 하는 인식수단", 달리 말하면 "재판의 규준이 되는 법이 존재하는 형식, 즉 「법의 존재형식」 내지 「법의 현상형태」"); 지원림, 민법강의, 제16판, 2019, [1-12]("민법의 존재형식 내지 인식근거"); 김상용, 13; 백태승, 11("민법의 인식근거로서 법의 존재형식 내지 법의 현상형태").

17) 황태윤, "민법 제1조와 불문민법의 법원성", 동북아법연구 6-2, 2012, 143-147.

의 존재형식의 하나로 간주할 수 없다고 본다.[18]

먼저 이 견해에서 "실정법 자체가 관습을 내용으로 한다"는 것의 의미가 무엇인지 불명하다. 왜냐하면 이것이 본조와 같이 실정법이 관습법을 그 자체로서 긍정하는 것을 의미한다면 관습법 역시 이 견해에 따르면 법의 존재형식이 되어야 하므로 앞의 주장과 모순되고, 만약에 실정법의 구체적 법규 내용이 관습을 지시하는 것이라는 의미라면[19] 이때에는 굳이 이것을 그 실정법 조항과 별개로 법의 존재형식으로서의 관습법을 인정할 필요가 없기 때문이다. 더욱이 이 견해는 이 과정에서 성문민법이 지시하는 '관습'과 본조의 法源인 '관습법'을 일반적인 이해와 다르게 양자 모두 동일한 성질을 갖는 관습일 뿐이라고 이해한다.[20] 즉, 법률의 구체적인 규정이 관습을 지시하면 이 규정에 의하여 관습이 법률로서 효력이 발생하고, 그러한 규정이 없으면 본조에 따라 관습은 법률과 동일한 효력이 있게 되는데, 이를 '관습법'이라고 한다는 것이다.[21] 그렇다면 어차피 모두 관습인데도 민법의 다른 조문에서 인정하면 '관습'이고, 본조에서 인정하면 '관습법'이라는 것이 되는데, 민법이 용어를 달리한 이유가 과연 이것으로써 설명이 되는 것인지 의문이다(관련 문제 후술). 이러한 이해는 아무리 오랜 관행과 법적 확신이 있어도 판결을 통하여 관습법으로 선언되지 않는 한 법이 아니라는 주장과 맞닿아 있다(관련 문제 후술). 또 이 설은 조리까지도 불문민법이라고 단정함으로써 성문민법이 아니라는 소극적 의미에서 이 용어를 사용하는 것으로 보이는데, 이 어법 역시 일반적인 이해와 다르다.

㈒ '法源 = 분쟁해결규준'설   기능적 관점에서 法源이란 법률분쟁 해결 규준이며 법원의 개념을 그렇게 이해하는 것으로 필요충분하다는 견해도 있다.[22] 이 견해에 따르면 조리(나아가 판례, 학설까지도)의 "사실상 법원성"을 인정한다.

이 견해는 법조문에 나타난 세 종류의 법원을 조리를 포함하여 그대로 법원으로 규정하는 것으로 보는 입장으로 일단 가장 편의한 입장이지만, 法源과 법의 관계에 대한 고려를 본조의 규정만으로 형식적으로 설정하는 것이 과연 타당한가 하는 의문점이 여전히 남는다. 그리고 판례는 물론 학설까지도 法源으로 파악함으로써 지나치게 법원 개념이 넓어지게 되어 과연 이러한 개념 자

---

18) 황태윤(주 17), 146.
19) 황태윤(주 17), 148에 의하면 이러한 의미로 이해하는 것 같다.
20) 황태윤(주 17), 148.
21) 황태윤(주 17), 148.
22) 명순구, 18, 24.

체가 필요한가 하는 의문을 낳게 한다.

(ㅂ) '法源 ＝ 포괄적 재판규범'설　　본조의 법원을 계약까지도 포함하는 광의의 법원으로 이해하는 설이다.[23] 이 견해는 법의 실천적 의미를 고려할 때 법원은 법관이 준거해야 할 규범의 존재형식인데, 당사자 간의 계약도 법관이 준거해야 할 재판규범이기 때문에 성문법, 관습법 등의 객관적 법인 "협의의 법원"은 물론 계약을 포함한 법원을 "광의의 법원"으로 이해할 수도 있다고 한다.[24]

그러나 이른바 "광의의 법원"은 진정한 의미의 법원이 인정하는 범위 내에서 구체적인 법률관계의 형성이 이루어진 것일 뿐, 그 직접적이고 종국적인 근거는 바로 그러한 사적 형성을 승인하고 있는 "협의의 법원"인 것이므로 단지 재판에서 고려되는 구체적인 '준거'(reference)라는 점만으로 동일한 차원에서 고찰할 것이 아니다. 역시 이 두 문제는 차원을 달리하는 것으로서 구별해야 마땅하다.

(3) 私見: '본조의 法源 ＝ 재판준거'설

본조의 法源이란 그 열거된 내용들로 미루어 볼 때 재판의 준거가 되는 객관적인 요소들로서, 법관은 이들 요소를 인식함으로써 무엇이 법인가를 확인하여 구체적인 사안에서 적용될 구체적인 법규(Rechtssatz)를 획득하는 것이다. 이들 준거는 일차적으로는 법의 직접적인 존재형식인 법률과 관습법이고, 성문법과 불문법을 포괄하는 실정법이 부재하는 경우에는 법의 존재형식 자체는 아니지만 條理가 준거로서 원용될 수 있다. 이로써 우리 민법은 적어도 민사에 관한 한, 법률실증주의적인 태도를 취하지 않고, 경직되지 않고 융통성 있는 재판이 가능하도록 실용적인 통풍구를 열어놓은 것이다.

3. §1의 규정의 성격

(1) 국내법의 경우

이에 대해서는 본조가 법원을 한정적으로 규정한 것으로 보는 견해와[25] 그저 대표적인 것을 열거한 것으로 이해하는 견해가 가능하다. 후자에 따르면

---

23) 김형배·김규완·김명숙, 민법학강의, 제10판, 2011, 16.

24) 로마인들이 계약의 내용을 'lex contractus'라 하여 객관적 법규범에 사용된 'lex'라는 용어를 아울러 사용한 것이 시사점을 주었을 수도 있다.

25) 구주해(1), 34f.(최병조)("흠결없는 재판기준을 제시"); 이은영, 32. 황태윤(주 17), 153 은 모든 학설이 이러한 입장인 것으로 이해하는 듯하다.

본조에서 열거되지 않은 판례나 학설도 법원으로 인정될 여지가 생긴다. 그러나 '法이란 무엇인가'의 문제와 직결된 *法源*의 문제는 제정법의 한 개 조문으로 일거에 일단락될 수 있는 것이 아니다. 따라서 본조에 열거된 법원들 사이에서의 적용의 우선순위는 이 명문규정으로써 일의적으로 정해진 것이지만, 그 이외의 *法源*의 존재 가능성을 원천적으로 배제할 수도 없고, 배제하려는 의도가 있다, 즉 제정법이 '제정법만이 법이다'라는 참월적 태도를 취한 것이라고 볼 것도 아니라고 생각한다(改說). 현실적으로 제일 중요한 판례의 법원성 문제는 그 실질의 문제를 떠나서 단순히 본조의 문언이 한정적 열거인가, 아니면 예시적 열거인가 하는 식의 $\left(\begin{smallmatrix}결론론적이든, 또는 결과와는\\무관한 \ 선판단에 \ 기한 \ 것이든\end{smallmatrix}\right)$ 기술적 판단에 의하여 그 성격을 결정할 수 있는 것이 아니다. 따라서 본조의 '法源'을 본조 규정 취지의 맥락상 일단 '재판준거'의 의미라고 이해하더라도, *法源*의 원래적 의미 맥락상 다른 형태의 '법의 존재형식'이나 '인식근거'가 그로써 원천적으로 봉쇄되는 것이 아니므로, 결국 본조의 규정은 이런 의미에서 개방적이라고 이해해야만 할 것이다. 이것은, 다시 말하지만, '법이란 무엇인가' 하는 질문에서 '법'의 규정 내용이 개방적일 수밖에 없는 것과 마찬가지인 것이다.

(2) 외국법의 경우

섭외사건에서 적용해야 할 외국법규가 불분명한 경우 재판준거를 어떻게 해야 하는지가 문제된다. 대판 03.1.10, 2000다70064은 "섭외적 사건에 관하여 적용될 외국법규의 내용을 확정하고 그 의미를 해석함에 있어서는 그 외국법이 그 본국에서 현실로 해석·적용되고 있는 의미·내용대로 해석·적용되어야 하는 것인데, 소송과정에서 적용될 외국법규에 흠결이 있거나 그 존재에 관한 자료가 제출되지 아니하여 그 내용의 확인이 불가능한 경우 법원으로서는 *法源*에 관한 민사상의 대원칙에 따라 외국 관습법에 의할 것이고, 외국 관습법도 그 내용의 확인이 불가능하면 조리에 의하여 재판할 수밖에 없다"($\begin{smallmatrix}대판\\00.6.9, 98다\end{smallmatrix}$ $\begin{smallmatrix}35037;\ 대판\ 01.12.24,\\2001다30469\ 참조[26]\end{smallmatrix}$)고 설시한 바 있다. 이런 점에서 §1는 섭외사건에 대해서도 근본적인 의미가 있는 법조문이다.

---

26) 박찬주, "불문법의 법원성에 대한 새로운 이해(하)", 법조 56-10, 2007. 10, 347 및 각주 91은 앞의 판결은 조리설(유사법적용설), 뒤의 판결은 국내법적용설의 입장이라고 설명한다. 그러나 국내법을 적용한다는 것은 "한국법과 일반 법원리"에 의한다는 것이고, 따라서 양자가 서로 다른 것이 아니다.

4. 민사의 의미

民事의 의미에 관해서도 종래 외견상 견해가 나뉘었다.

일설은 기본적으로는 민법에 의하여 규율되는 사항으로 '상사' 또는 '형사'에 대응되는 것으로 이해한다. 일반적으로는 '형사'에 대응하여 사용되고 따라서 民事란 상사를 포함하는 사법관계를 통칭한다고 본다.[27]

이에 대하여 본조의 재판준거 규정의 대상이라는 점을 강조하여 司法的 판단을 전제로 한 민사사건, 즉 '민사에 관한 소송사건'의 준말이라고 이해하는 견해가 있다.[28]

두 견해의 차이는 法源의 의미에서 비롯하는 것으로 뒤의 견해는 법원을 재판기준으로 보기 때문에 명확하게 '민사사건'으로 파악하나, 앞의 견해는 그보다는 넓게 보는 견해이다. 이러한 차이를 제외하면 양자는 근본에서 차이가 없다. 다만 본조가 재판기준뿐만 아니라 법의 존재형식으로서의 法源도 함께 규율한 것이므로 널리 '사법관계'라고 보는 것이 타당하다는 지적이 있다.[29] 소송이란 실체법적 법률관계가 종국적으로 결판이 나는 절차로서 그 법선언을 통하여 생활관계가 정리된다는 점에서 소송을 이야기하는 것은—소권법 체계를 취하였던 로마인들이 소권(actio)을 통하여 실체적 권리관계를 관념했던 것과 마찬가지로—상징적-대변적 의미가 있는 것이지, 소송과 무관한 일상적 민사생활이 부존재한다는 뜻은 전혀 아니다. 이렇게 이해한다면 소송을 강조한 것이 오해되어서는 안 될 것이다. 이 문제에 관한 한, 실제로 인식의 차이는 없다고 보아야 한다. 그렇다면 민사란 법률주체(자연인 또는 각종 공·사법상의 단체)가 私的인 지위와 자격에서, 즉 "私人"으로서 다른 私人들과 맺는 民間의 법률관계, 다시 말하면 私法상의 법률관계를 말한다. 民法과 國際私法이 규율하는 법률관계가 대표적인 것이다. 상 §1에도 불구하고 상법학의 지배적 입장은 민법이 상법의 법원으로 되지는 않는다고 본다.[30] 이것은 일반과 특수/특별의 관계에서 상법의 특별규정이 민법의 일반규정을 배제한다(Lex specialis derogat legi

---

27) 곽윤직·김재형, 15f. 동지: 백태승, 12.
28) 구주해(1), 28, 37(최병조).
29) 송덕수, 13.
30) 이철송, 상법총칙·상행위, 제12판, 2013, 33; 주석상법(1), §1 90f.(제4판/양명조). 그 이유로 민법은 기업에 특유한 법규범이 아니고 민상법이 분리된 이상 민법이 상법의 법원이라는 것은 모순이라고 한다. 송옥렬, 상법강의, 2011, 9는 민법이 상법의 법원인지에 관한 논의는 법원론에 관한 철학적 논의라면 모를까 실체법을 공부하는 입장에서는 논의의 실익이 크지 않다고 한다.

generali.)는 뜻으로 이해되지만, 그렇다고 해서 상법이 널리 민사관계에 해당한다는 점을 부인할 수는 없을 것이다.

II. 본조의 법원: 총설

法源의 문제는, 전술했듯이, 그 개념을 어떻게 이해하거나 설정하든 '무엇이 법인가'의 문제와 직결되어 있다. 그리고 '무엇이 법인가'의 문제는 법공동체가 처한 현실 상황에 따라서 역사적으로 늘 다양하게 이해되어 왔고, 또 법원 상호간의 관계도 서로 달랐다. 이 문제는 법이론·법철학상으로도 아직 완전한 의견의 일치를 보고 있지 못한 난제 중의 난제이다. 법을 보는 관점에 따라서 무엇이 法源인가에 대한 관점도 달라진다. 본조는 이 어려운 문제를 입법적 결단을 통하여 일응 대단히 간명하게 해결한 것처럼 보인다. 그러나 본조가 거론하고 있는 법률, 관습법, 조리는 그 하나하나가 모두 이론적·실천적으로 더 해명해야 할 점들이 있어서 일견 문제없이 조문화된 입법적 결단만으로 모든 것이 일거에 해결된 것은 물론 아니다. 그럼에도 불구하고 본조는 인류사회의 역사적 발전상[31]을 전제한 가운데, 특히 19세기 초 입헌주의 국가의 대두와 더불어 강화된 일정한 국가기구(의회)의 입법권 독점과 입법절차의 형식화를 채택한 헌법국가인 대한민국에 대하여($\substack{헌 \\ §40}$), 法源의 문제를 가장 핵심적인 법현상에 집중시켜 그 우선순위를 선명하게 정한 모습으로 다가온다.[32]

1. 제1차 法源: 법률(성문법)

본조가 일차적으로 거론하고 있는 법원은 법률이다.[33] 이것은 대한민국헌법상 적법절차에 따라서 제정된 모든 민사에 관한 법률($\substack{헌법 \\ 포함}$)을 말함은 물론이고, 그 법률의 위임에 따라 제정된 하위의 모든 제정법규를 포함하는 넓은 개념이다. 이들 제정법규는 成文法(ius scriptum)이라고 부르는 것으로, 법규 사

---

31) 제정법과 관습법의 상호 우열관계가 역사상 변모해 온 모습을 유럽에 대하여 간략하면서도 요점을 잘 파악하고 나름 풍부한 전거를 제시하고 있는 연구로 예컨대 Veronika C. Tiefenthaler, *Gewohnheit und Verfassung*, facultas.wuv: Nomos, 2012, 특히 31ff. (3. Kapitel).

32) 구주해(1), 37(최병조). 민법 제정 시 국회에서의 논의에 대해서는 이진기(주 7), 209-212.

33) 구주해(1), 38(최병조)도 참조.

이에는 상하의 위계질서에 따라 효력범위가 정해지며(Stufentheorie), 또 시간의 흐름 속에서 후법이 선법을 대체하게 된다(Lex posterior derogat legi priori.).[34] 현실적으로 법률에 의한다고 하더라도 일반적·추상적 규정을 통해서 규율하는 법률의 文言만으로는 구체적인 사안의 재판에 턱없이 부족하다. 본조는 이런 경우에 바로 다음 순위로 관습법에 의한다는 뜻이 아니다. 구체적인 사안에 즉응한 법규의 발견은 언제나 법학방법론적 가공($\binom{광의}{의 해석}$)을 통하지 않으면 안 된다.[35] 해석을 통하여 도달하는 법률의 의미 확인과 그 적용은, 그것이 (최고)법원에 의한 법의 발전적 형성(Rechtsfortbildung)에 이르더라도 일정한 범위 내에서는 여전히 법률에 의한 사안규범(Fallnorm)의 발견이라고 할 것이다.[36] 한편 法院에 의한 판례법의 형성이 일반 국민의 법적 확신을 통하여 관습법으로 발전할 수 있는가는 다투어진다($\binom{후}{술}$).

2. 제2차 法源: 관습법

본조가 2차로 거론하고 있는 관습법은 인류의 역사에서 큰 역할과 기능을 담당해 왔던 법원임이 분명하다. 그럼에도 불구하고 관습법만큼 그 존재와 효력을 둘러싸고 다투어진 법원도 없다. 어쨌든 우리 민법은 법원으로서 관습법을 긍정하되, 다만 법률에 규정이 없을 때에 한하여 보충적으로(praeter legem) 그 효력을 인정하는 입장을 취함으로써[37] 역사적으로 제정법보다도 더

---

34) 이른바 시제사법의 문제(상세는 주석 총칙(1), 47ff.(제5판/이원범); 이동진, "시제사법서설", 윤진수 정년기념, 2020, 584ff.)는 法源의 문제라기보다는 후법과 선법의 시간적 적용범위의 문제이고, 실제로는 후법이 소급효를 규정하는 경우에 크게 문제가 된다. 헌법재판소와 대법원이 원칙적으로 진정한 소급효를 부정하기 때문에 대체로 부진정 소급효를 정한 경우 그 처리가 문제가 된다. 위헌결정이 나면 비로소 법률의 효력이 배제된다.

35) 주석 총칙(1), 57ff.(제5판/이원범) 참조.

36) 법률의 해석방법에 관해서는 대판 09.4.23, 2006다81035(공 09상, 724); 주석 총칙(1), 85ff.(제4판/윤진수).

37) 정종휴, "관습법과 사실인 관습", 이영준 화갑기념, 1999, 20. 우리 민법에 대하여 이진기(주 7), 214-218은 우리 민법이 만주국민법(1937) §1 "민사에 관하여 법령에 규정없는 사항에 관하여는 관습법에 의하며, 관습법이 없을 때는 조리에 의한다"를 그대로 수용한 법률규정이라고 할 것인데, 그 이전의 동양(일본 및 중국)의 관계 조문이 그저 "관습"이라 규정했던 것을 만주국민법이 느닷없이 "관습법"으로 변개한 것으로 다민족국가였던 만주국에서는 이 법률개념이 나름으로 의미가 있었던 반면에 단일민족국가인 대한민국에서는 그 존재양식과 효력이 천양지차임에도 그에 대한 진지한 고찰과 철저한 아무런 검증없이 그대로 답습한 잘못된 법률규정이라고 주장한다. 그에 따라 §1의 "관습법"을 "관습"으로 바꿔야 한다고 결론짓는다(이진기[주 7], 194, 228). 그러나 입법사는 일응의 참고자료일 뿐 현행법의 이해에 절대적인 것은 아니고, 특히 그의 시점은 철저히 과거지향적이고 장래의 관습법 발생의 가능성 자체를 고려하지 않고 있으며, 法源의 이해는 법질서에

강력했던 여러 실례들과는 달리 현대사회에 걸맞은 법원론을 전개하고 있다.[38] 그 결과 종래 많이 다루어졌던 관습법의 법률 개폐적 효력, 즉 법률에 반하는 (contra legem) 관습법의 효력을 부정하고 있다. 특히 인간의 삶이 공간을 초월하는 정보화의 촘촘한 그물망으로 연계된 현대사회에서, 국가의 역할과 기능이 어느 시대보다도 강화된 국가의 역량을 통하여 확대되어 가고 있는 까닭에, 실제로 오늘날 관습법이 생성되어 발붙일 여지는 극도로 좁아지고 있다.

　　그런 점에서 관습법과 관련하여 본조가 가지는 의미는 크게 두 가지이다. (i) 하나는 법원론의 측면에서 만약의 가능성에 대비하여 법규의 흠결을 방지하고자 하는 취지이다. 법률이 흠결되는 경우에 관습법의 가능성을 열어놓고 그에 재판준거로서 현행법으로서의 의미를 부여한 것이다. (ii) 보다 실제적으로는 민법 제정 이전의 관습법, 따라서 우리 사회와는 이제는 무관하게 된 일정한 관행과 연계된 법현상을 관련 사안에서 준거로서 인정하겠다는 취지이다. 이와 관련하여 우리 판례가 관습법이라고 해서 원용하고 있는 것들이 거개가 日帝에 의한 관습조사의 결과물인데,[39] 주지하듯이 과연 그것이 제대로 조사된 진정한 의미의 관습법이었는지에 대해서는 많은 의문이 있다.[40] 법사학계 자체에서도 아직 이 문제가 본격적으로 연구되지 못한 상태이지만, 조선시대 관습법의 존재에 대해서는 견해가 갈리고 있다고 보인다. 私見으로는 강력한 중앙집권적인 국가법의 전형적인 구조를 취했던 조선에서 민간에서의 자생적인 민사 관습법의 형성과 발전은 어려웠을 것이고, 설령 있었다 하더라도 민사재판에서 구속력 있는 준거로 원용되지는 않았을 것이다.[41] 따라서 법원

따라 독자적으로 고찰되어야 하기에 우리 민법체계 내에서 우리 민법 입법자의 의사를 살리는 해석이 이루어져야 한다는 점에서 따를 수 없는 소견이다.

38) 다양한 성문의 *法源*들(광의의 leges)과 불문법으로 학설법(ius의 일부)이 인정되었던 고대 로마에서도 관습법은 이것들이 규율하지 않는 사항에 한하여 보충적인 지위를 가졌었다.
　　D.1.3.33 Ulpianus 1 de officio proconsulis.
　　Diuturna consuetudo pro iure et lege in his quae non ex scripto descendunt observari solet.
　　(성문법의 영역에 속하지 않는 사안들에 있어서는 장기 지속의 관습이 법과 법률의 효력을 갖는 것으로 준수되곤 한다.)
39) 이에 관해서는 개역판 관습조사보고서, 정종휴 감수, 정긍식 편역(한국법제연구원, 2000), 특히 그 평가에 관하여는 45ff. 참조.
40) 주석 총칙(1), 112f.(제4판/윤진수); 주석 총칙(1), 84(제5판/이원범). 상세는 심희기, "일제강점 초기 '식민지 관습법'의 형성", 법사학연구 28, 2003. 10., 5-31; 심희기, "동아시아 전통사회의 관습법 개념에 대한 비판적 검토—일본식민지 당국에 의한 관습조사를 중심으로—", 법사학연구 46, 2012. 10., 205-246; 또한 이진기(주 7), 204-209.
41) Marie Seong-Hak Kim, *Law and Custom in Korea: Comparative Legal Hisotry*(Cambridge

이 관련 사안의 해결에 다른 법인식 자료가 결여되었거나 더 이상 확인가능하지 않은 까닭에 '舊慣' 내지 '舊慣習法'이라고 일본인들이 채록해 놓은 것에 의존하는 것이라는 실용적인 맥락에서 보는 것이 솔직할 것이다.[42] 어쨌든 본조가 전제하는 관습법은 구체적인 언급은 없지만 나름으로 학설과 판례에 의하여 이해되는 바의 요건을 갖춘 관습법을 말하는데, 실제로 판례가 '구관습법'이라고 예거하는 것들은 이러한 검증이 더 이상 가능하지 않다는 점에서 이러한 검증과 무관하게 인정된, 관습법 아닌 관습법인 것이다.

3. 제3차 法源: 條理

본조가 열거하고 있는 세 번째 법원은 條理이다. 조리는 엄밀하게 규정하기가 어렵지만, 그것이 어떤 사물의 이치를 지시하는 것임은 분명하다. 이런 점에서 본조가 앞의 두 법원과 함께 조리를 재판의 준거로 선언했다는 것은 매우 큰 의미가 있다. 왜냐하면 법률은 명백히 입법이라는 공식적인 절차를 통하여 수렴된 법공동체의 의사표현으로서 그 정치적 현실은 어떠하든 오늘날의 (헌)법이론상 국민 모두의 일반의사(volonté générale)가 반영된 실정법으로 정당화되고 인식됨으로써 법원 중에서 가장 강력한 정당성과 확실한 존재태를 인정받고 있는 것이고, 관습법 역시 오늘날의 일반적인 이해에 의하면 법공동체 구성원의 일관된 장기의 관행(usus)과 그 관행에 의하여 형성되고 또 바로 그 관행에 의하여 뒷받침된 구속적 규범이라는 법의식(opinio necessitatis)이 산출한 실정법규로서, 두 경우 모두 그 표출된 방식은 서로 다르지만 일정한 정당화의 근거를 법공동체 구성원의 의사(voluntas, consensus)에 두고 있는 것으로 이해되는 반면에, 조리에는 바로 이와 같은 실정성(Positivität) 내지 구체성이 결여되어 있기 때문이다. 이것은 본조의 모델이었다고 할 수 있는 스민 §1 제2문과 제3문의 규정과 비교해 보면 그 특성이 잘 드러난다.[43]

University Press, 2012)의 본격적인 연구 성과도 同旨이다.

42) 대표적인 것이 구관습상의 호주상속에 관한 것이다. 가령 관련 재판례로 대판 71.6.22, 71다786; 대판 79.6.26, 79다720; 대판 81.12.22, 80다2755; 대판 96.8.23, 96다20567; 대판 04.6.11, 2004다10206 등. 판례는 보통 관습이라고 칭하나 성격상 관습법을 의미하는 것으로 보아야 한다.

43) Thilo Ramm, *Einführung in das Privatrecht/Allgemeiner Teil des BGB*, Band Ⅰ, 2. Auflage, dtv, 1974, G 30.

스민 § 1 제2문과 제3문:

법률로부터 적용할 규정을 얻어낼 수 없는 경우에는 법관은 관습법에 따라서, 그리고 그러한 관습법도 결여된 경우에는 그가 입법자라면 설정했을 규칙에 의하여 재판하여야 한다. 법관은 이 경우 검증된 교설과 傳例를 따른다.

(Kann dem Gesetze keine Vorschrift entnommen werden, so soll der Richter nach Gewohnheitsrecht und, wo auch ein solches fehlt, nach der Regel entscheiden, die er als Gesetzgeber aufstellen würde. Er folgt dabei bewährter Lehre und Überlieferung.)

이것은 한편으로는 법관의 역할을 일정한 경우 입법자에 준하는 것으로 격상시킨 것임과 동시에 다른 한편으로는 法源에 있어서 근대 국민국가의 형성과 더불어 적극적으로 강화된 입법 위주의 사상이 관철된 것이라고 할 수 있다. 우리 법은 실정법규의 흠결이 있는 경우에도 제정법 중심주의적 태도를 취하지 않고, 이를 보완하는 방안으로 조리에 의할 것을 정한 점에서 타당하다.[44] 실제로 관습법은 이제는 거의 문제가 되지 않고, 입법도 이념적으로는 거의 완전한 것으로 상정될 수 있지만, 현실적으로는 다양한 이유로 한계에 노정되어 있음을 직시한 결정이라고 할 것이다. 실제로 입법은 그 필요성을 인식하더라도 실제 입법되기까지는 절차의 진행에 많은 자원과 시간이 소요되어 적시에 성사시키는 것이 쉽지 않고, 경우에 따라서는 그 필요성 자체가 논란의 대상이 되어서 입법이 이루어지지 않는 경우도 많다. 또 경우에 따라서는 시대에 뒤떨어졌음에도 불구하고 입법장치가 잘 가동되지 않아서 현실과의 괴리가 심화될 수도 있으며, 또 오늘날의 헌법국가에서는 위헌 법률로서 그 효력이 문제시되기도 하므로, 실제 재판에 임하는 시점에 법률의 흠결이 발생할 가능성은 현대의 발달된 입법국가에서도 얼마든지 상존한다. 그러므로 본조는 그러한 경우를 대비하여 최후의 수단(ultima ratio)으로서 條理를 규정한 것이다.

　문제는 '과연 조리란 무엇인가?' 또 그런 것이 존재한다고 할 때 '과연 어떻게 그것을 인식할 것인가?' 하는 것인데, 이에 대한 대답은 결코 쉽지가 않

---

44) 본조와 유사한 규정 방식은 일찍이 로마법에서도 발견된다.
　　D.1.3.32.pr. Iulianus 84 digestorum.
　　De quibus causis scriptis legibus non utimur, id custodiri oportet, quod moribus et consuetudine inductum est: et si qua in re hoc deficeret, tunc quod proximum et consequens ei est:
　　(성문법률이 없는 사안들에 있어서는 관례(mores)와 관습(consuetudo)에 의해서 확립된 바가 준수되어야 한다. 그리고 혹 이것이 결하는 때에는 그것에 가장 가깝게 합치하는 바가 준수되어야 한다.)

다. 條理의 語義 자체가 전통 한문에서 사용하던 의미로는 이해할 수 없는 역사·문화적 발전을 거친 현금의 시점에 의지할 수 있는 것은 법이론($_{\text{과 판례}}^{\text{학설}}$)의 성과일 수밖에 없다.

Ⅲ. 개별적인 法源들

1. 법   률

(1) 성문법규범

　민사에 관한 모든 성문의 법규정이 본조가 말하는 "법률"에 해당한다.[45] 그러나 그것이 법률로서의 성격을 가지려면 수범자의 측면에서든, 규율하려는 내용의 측면에서든 일반성과 일정한 지속성을 갖추지 않으면 안 된다. 成文(ius scriptum)이란 그것이 단순히 기록되어 텍스트로 드러난다는 뜻이 아니라, 국가 법공동체의 위로부터(top-down 방식)의 제정을 통하여 성립하였다는 의미이다. 그런 점에서 이와 달리 아래로부터(bottom-up 방식)의 작용에 의하여 생성되는 모든 법은 아무리 처음부터 기록화 되더라도 不文法(ius non scriptum)이다. 전자의 경우 기록은 창설적·定立的·생성적 행위인 데 반하여, 후자의 경우에는 기록은 정보제공적 기능에 그칠 뿐인 것이다. 관습법의 채록($_{\text{법서}}^{\text{관습}}$)도 당연히 후자에 속한다.[46] 이런 점에서 비록 제한적이지만 일반적 성격을 가지고 일정한 자치적 결정의 결과로서 정립되는 단체의 정관($_{\text{규*47}}^{\text{판례의 표현}}$에 따르면 "자치법)은 본조에서 말하는 "법률"이 아니다.[48] 또 단체협약에 대해서는 법규범설과 계약설이 대립하고 있는데, 노동법학계의 다수설은 계약설($_{\text{수권설}}^{\text{그중}}$)을 취하고 있다. 이에 따르면 역시 "법률"이 아니다. 법률의 일반성이 결여된 행정행위($_{\text{분}}^{\text{처}}$)가 "법률"에 해당하지 않음은 물론이다.[49]

　학설 중에는 본조의 법률은 당연히 강행법규적인 법률을 의미하는 것이

---

45) 각종 성문법규(법률, 대통령긴급명령, 명령, 대법원규칙 등)에 대한 고찰은 주석 총칙 (1), 43ff.(제5판/이원범) 참조.
46) Meder(주 5), 9; 27f.; 구주해(1), 35f.(최병조)도 참조.
47) 대판 00.11.24, 99다12437.
48) 김증한·김학동, 13은 단체의 정관의 경우 일반성을 가지므로 법과 유사한 측면을 가지고 있지만 위반시 단체로부터 제재를 받을 뿐이고 법적 제재를 받지는 않으므로 법원성을 부정한다.
49) 同旨: 김증한·김학동, 13.

지 임의법규적인 법률을 의미하는 것은 아니라는 견해가 있다.[50] 본조에 따르면 민사에 관하여 법률의 규정이 있으면 그 법률의 규정에 의하는 것인데, 그것이 임의법규일 때에는 사적 자치로써 그 적용이 배제될 수 있으므로 반드시 법률의 규정이 적용되는 법규, 즉 강행법규만이 본조의 취지를 살릴 수 있다고 보기 때문이다. 그러나 이것은 사적 자치가 인정되는 한, 강행법규만이 강행성이 확보되므로 '법률'이라는, 따라서 이 견해 자체도 그 존재를 전제하고 있는 임의법규적 법률을 스스로 다시 부정하는 희한한 결론에 불과하다. 본조의 '법률'은 당연히 강행법규적인 법률뿐만 아니라 임의법규적인 법률도 포함한다. 왜냐하면 사적 자치로 배제되지 않는 한, 이것들 역시 적용되기 때문이다. 임의법규의 적용을 사적 자치로써 배제할 수 있는 가능성과, 이러한 潛勢態(potentiality)와는 별개로 강행법규적이든 임의법규적이든 법률이 法源으로서 존재하는 現實態(actuality)는 확연히 구별해야 하는 것이다.

(2) 조   약

헌법에 의하여 체결·공포된 조약은 국내법과 같은 효력을 가지므로$\left(\frac{헌}{\S 6\;\mathrm{I}}\right)$ 당연히 본조에서 말하는 "법률"에 포함된다.[51] 그중에서도 2005년 3월 1일부터 우리나라에서도 발효된 「국제물품매매에 관한 국제연합 협약」(United Nations Convention on Contracts for the International Sale of Goods, CISG로 약칭)이 중요하다.[52]

(3) 헌법재판소의 위헌결정

헌법재판소는 민사사안에 있어서도 법률의 위헌결정 또는 소위 변형결정을 통하여 국민의 법률생활에 중대한 영향력을 행사해 오고 있다.[53] 이러한 헌

---

50) 김욱곤, "관습법에 관한 연구―특히 우리 민법의 해석을 중심으로―", 민법학의 기본문제(2005)(= 숭전대 논문집 5(1974)), 66, 68, 70.

51) 주석 총칙(1), 46(제5판/이원범)('자기집행적 조약').

52) 이에 관하여는 석광현, 국제물품계약의 법리: UN통일매매법(CISG) 해설(2010) 참조.

53) 헌법재판소가 민사법 규정에 대한 헌법불합치 또는 위헌결정 선고한 주요 예:
  • 제764조(사죄광고)에 대한 한정위헌결정(헌재 91.4.1, 89헌마160)
  • 개정 전의 제847조 제1항(친생부인의 소의 1년 제척기간)에 대한 헌법불합치결정(헌재 97.3.27, 95헌가14, 96헌가7)
  • 개정 전 제809조 제1항(동성동본금혼규정)에 대한 헌법불합치결정(헌재 97.7.16, 95헌가6 등)
  • 개정 전의 제1026조 제2호(상속개시 3월 내에 한정승인 내지 포기를 안 하면 단순승인 의제)에 대한 헌법불합치결정(헌재 98.8.27, 96헌가22, 97헌가2·3·9, 96헌바81, 98헌바24·25)
  • 개정 전의 제999조 제2항에 대한 위헌결정(헌재 01.7.19, 99헌바9·26·84, 2000헌바11, 2000헌가3, 2001헌가23, 상속회복청구권의 행사기간)
  • 삭제된 제778조(호주제) 등에 대한 헌법불합치 결정(헌재 05.2.3, 2001헌가9)

법재판소 결정의 法源으로서의 성격에 대하여는 학설이 갈린다.

　⑺ 단순 위헌결정

　　(a) 긍 정 설　　　이 설은 그 논거로 헌재결정은 법률과 동일한 효력
을 가지므로 그렇다고 보거나,[54] 위헌결정된 법률이 장래효를 가지고 민법의
법원에서 제외된다($_{§47}^{헌재}$Ⅱ)는 효과 면에서 소극적이지만 준거가 되기 때문이라
는 점을 든다.[55]

　　(b) 부 정 설[56]　　　반면에 부정설은 그 논거로 헌재결정은 법률과 동
일한 효력을 가진다는 법규정이 없고, 위헌결정이 국가와 지자체에 대하여 기
속력이 있다는 점($_{§47}^{헌재}$Ⅰ)에서 법률과 유사한 점이 있지만 일반국민에게는 기속
력이 없으며, 헌재의 위헌법률심사는 헌법을 해석·적용하는 司法작용이므로
법률과 동등하게 볼 수는 없다는 점을 든다.

　　(c) 私　　見　　　긍정설이 타당하다. 명백히 법률에서 배제됨으로써
더 이상 적용될 수 없게 된 법규정이 형식적으로 국민을 기속하는 것은 아니

　　• 개정 전 제981조 제1항(부성주의)에 대한 헌법불합치결정(헌재 05.12.22, 2003헌가
5·6)
　　• 개정 전의 제818조에 대한 헌법불합치결정(헌재 10.7.29, 2009헌가8) 등
　　• 구 국유재산법 제5조 제2항에 대한 한정위헌결정(헌재 91.5.13, 89헌가97)
　　• 국세기본법 제35조 제1항 제3호에 대한 일부위헌결정(헌재 90.9.3, 89헌가95)
　　• 지방세법 제31조에 대한 위헌결정(헌재 91.11.25, 91헌가6)
　　• 지방재정법 제74조 제2항에 대한 위헌결정(헌재 92.10.1, 92헌가6)
　　• 근로기준법 제30조의2 제2항(근로자퇴직금 무제한 우선변제규정)에 대한 헌법불합
치결정(헌재 97.8.21, 94헌바19, 95헌바23, 97헌가11(병합))
　　• 개정 전의 실화책임에 관한 법률에 대한 헌법불합치결정(헌재 07.8.30, 2004헌가25) 등.
　　• 임대차존속기간을 20년으로 제한한 민법 제651조 제1항에 대한 위헌결정(헌재
13.12.26, 2011헌바234)
　　• 혼인 종료 후 300일 이내에 출생한 자를 전남편의 친생자로 추정하는 민법 제844조
제2항 중 "혼인관계종료의 날로부터 300일 내에 출생한 자"에 관한 부분의 헌법불합치결
정(헌재 15.4.30, 2013헌마623)
　　• 민법 제166조 제1항, 제766조 제2항 중 '진실·화해를 위한 과거사정리 기본
법'(2005.5.31. 법률 제7542호로 제정된 것) 제2조 제1항 제3호의 '민간인 집단 희생
사건', 제4호의 '중대한 인권침해사건·조작의혹사건'에 적용되는 부분의 위헌결정(헌재
18.8.30, 2014헌바148 등)
54) 구주해(1), 41(최병조); 김상용, 15f.; 지원림(주 16), [1-21a]; 백태승, 13; 김형배·김
　　규완·김명숙(주 23), 22.
55) 송덕수, 30; 강태성, 22; 서광민(주 7), 11; 고상룡, 10; 곽윤직·김재형, 19.
56) 주석 총칙(1), 46, 55f.(제5판/이원범); 주석 총칙(1), 73f.(윤진수). 상세는 윤진수, "헌
　　법재판소 위헌결정의 소급효", 판례자료 75, 1997, 621 이하. 근래의 대법원 판례는 위헌
　　결정의 소급효 범위를 제한하려는 태도를 보이고 있다. 대판 05.11.10, 2005두5628 등.
　　박해식, "일반사건에 대한 위헌결정의 소급효", 해설 58(2005 하반기), 2006, 340 이하.

라는 논리로 넘어가는 부정설은 바람직하지 않다. 이는 위헌결정을 받은 법조
항의 경우 사실상 민법생활에서 배제될 것이 명약관화하기 때문이고, 또 소급
적일지라도 법원이 그 기속을 받음으로써 그 효력이 입법에 의하여 폐지된 것
과 동일한 것이라면 이를 선언한 헌재 § 47 Ⅱ이야말로 위헌결정이 문제의 법
조항을 폐지하는 법률과 같은 것임을 규정한 것으로 못 볼 이유가 없기 때문
이다. 대판 01.10.9, 99다17180은 긍정설의 결론을 지지한다.

⒩ 한정위헌, 한정합헌 결정   그러면 헌법재판소의 이른바 변형결정
의 경우에는 어떻게 되는가? 현재까지 대법원은 법령의 해석·적용권한은 대
법원을 최고법원으로 하는 법원에 전속하는 것으로 보고 일관되게 헌법재판소
의 이러한 결정이 법원을 구속하지 않는 "법률해석"에 대한 의견 표명으로 여
기는 입장을 고수하여 왔다. 즉, 헌법재판소가 법률 조항 자체는 그대로 둔 채
그 법률 조항에 관한 특정한 내용의 해석·적용만을 위헌으로 선언하는 이른
바 한정위헌결정에 관하여는 헌재 § 47가 규정하는 위헌결정의 효력을 부여할
수 없으며, 그 결과 한정위헌결정은 법원을 기속할 수 없고 재심사유가 될 수
없다는 것이다($\begin{smallmatrix} \text{대판 } 13.3.28, \ 2012재두299; \ 대판 } 96.4.9, \\ 95누11405; \ 대판 } 01.4.27, \ 95재다14 \end{smallmatrix}$). 이에 대해서도 찬반의 견해가 첨
예하게 갈린다. 특히 법원의 이러한 경직된 태도로 인하여 오히려 단순위헌결
정이 증가함으로써 법적 불안정 상태를 초래할 수도 있다는 비판이 있다.[57]

이처럼 변형 결정에 대하여 헌법재판소와 대법원의 입장이 갈리는 것은
한편으로는 우리나라 헌법이 국가기구를 정하는 제 3 장 이하에서 法院을
제 5 장, 헌법재판소를 제 6 장으로 나란히 규정하면서 법규범에 대한 위헌여부
심판의 대상을 "법률"이라고 못 박고($\begin{smallmatrix} \text{헌 § 111 I} \\ \text{(i); 헌재 § 41} \end{smallmatrix}$), 다른 한편으로는 헌법소원심
판의 대상에서 헌법재판소법이 "법원의 재판"을 제외시키면서($\begin{smallmatrix} \text{헌 § 111 I} \\ \text{(v); 헌재 § 68 I} \end{smallmatrix}$) 헌
법재판소와 법원($\begin{smallmatrix} \text{대} \\ \text{법원} \end{smallmatrix}$)의 권한 범위를 명료하게 획정하는 데 실패했기 때문이
다. 그 결과로 대법원은 다음과 같이 주장할 수 있게 되었다.[58]

> "우리 헌법은 사법권은 대법원을 최고법원으로 한 법원에 속한다고 명백하게 선
> 언하고 있고, 헌법재판소는 사법권을 행사하는 법원의 일부가 아님이 분명한 이상,
> 법률의 합헌적 해석기준을 들어 재판에 관여하는 것은 헌법 및 그에 기초한 법률체
> 계와 맞지 않는 것이고 그런 의견이 제시되었더라도 이는 법원을 구속할 수 없다."

---

57) 박찬주(주 26), 355f.
58) 대판 08.10.23, 2006다66272; 대판 13.3.28, 2012재두299 등.

이와 달리 헌법재판소는 헌법재판소대로 여전히 다음과 같은 입장을 고수하고 있다.[59]

　　"주문 '……로 해석하는 한, 헌법에 위반되지 아니한다.'라는 문구의 취지는 … 다의적인 해석가능성 중 한정축소해석을 통하여 얻어진 일정한 합헌적 의미를 천명한 것이며 그 의미를 넘어선 확대해석은 바로 헌법에 합치하지 아니한다는 뜻이다"

　　이러한 팽팽한 대립상황에서 이론상으로는 헌법재판소가 헌법 차원의 결정을 하는 것이라는 점에서 우선하는 것이 더 타당할 것이지만,[60] 어쨌든 민사에 관한 한, 개별사건과 관련하여 실효성이 확보되지 않는 점 때문에 이를 관철하기도 쉽지가 않다. 두 기구의 헤게모니 다툼으로 국민의 권익 보호가 소홀해지는 일이 있어서는 안 되므로, 이런 점에서 위헌심사의 제도를 전반적으로 재정비할 필요성이 있다. 그때까지는 헌법재판소의 변형결정이 法源인가, 즉 法院이 재판의 준거로서 그에 따라야 하는가의 문제는 아직 미해결 상태라고밖에 할 수 없을 것이다. 법원론의 문제가 사법관할권(jurisdiction)의 문제와 직결되어 있음을 실감하게 하는 사태이다.

2. 관 습 법

(1) 관습법의 法源性

　　(가) 총　　설　　관습법에 대한 이해는 로마 이래로 기본적으로는 법공동체 구성원의 장기의 관행[61]과 그 관행을 수반하는 법적 규범의식으로 성립하는 불문법이라는 것이 주류였다.[62] 특히 역사법학파, 그 중에서도 사비니에 이르러서는 그 唯心主義的-인본주의적(spiritualistisch-humanistisch) 법신앙[63] 또

---

59) 헌재 89.7.21, 89헌마38(보충의견); 헌재 97.12.24, 96헌마172. 173; 헌재 12.12.27, 2011헌바117 등.

60) 同旨: 박찬주(주 26), 356, 370f.

61) 박찬주, "불문법의 법원성에 대한 새로운 이해(상)", 법조 56-9, 2007. 9, 47 및 주 4는 관행과 관례를 구별하여 후자는 도의적·의례적인 규범인 한 법적 확신을 가진다는 것은 있을 수 없다고 한다. 그러나 헌재 04.10.21, 2004헌마554·566에서도 보이듯이('관행 내지 관례') 일반적으로 양자를 엄밀히 구별해서 쓰는 것 같지는 않다. 이것은 어떤 점에서는 개념 정의의 문제이다.

62) 이에 대하여는 최병조, "로마법상의 관습과 관습법", 로마의 법과 생활(2007)(= 서울대 법학 47-2, 2006. 6.), 29 이하.

63) 경험적 역사 속에서 섭리적 법원리의 구체화가 時所를 달리하여 각기 다양한 양상으로 전개되어 가는 것을 법의 세계로 관념하여 근본적으로 (이런 의미에서 선재하는) 법 자

는 객관적 관념론에 터 잡은(objektiv-idealisiert) 법인식론[64]을 바탕으로 하여
성문법을 포함하여 모든 법의 기초를 법공동체 구성원 전체의 이른바 "민족정
신"(Volksgeist)—그러나 실상은 이것을 구체적 역사 현실 속에서 대리 구현한
다고 생각된 법률가들의 '법학'[65]—에서 구하고 법률이든 관습법이든 이러한
근본적 법연원의 현상형태에 불과하다는 독특한 입장의 학설이 대두되었다.[66]
그러나 이후 이러한 주장은 이미 푸흐타를 비롯한 제자 세대를 거치면서 변모
되며 퇴조하기 시작하였고, 국민국가의 정착과 발달은 마침내 관습법에 대한
이해를 다시금 법생성의 현실맥락을 중시하는 전통적 입장으로 선회하도록 작
용하였다. 오늘날 우리나라에서 주장되는 모든 학설은 세부적인 면에서의 차
이점들은 있으나, 기본적으로 전통적 사고의 틀 속에 서 있는 것으로 보인다.
이제는 극복된 것으로 보이지만 사비니의 학설은 얼마만큼 법원론이 무엇이
법인가 하는 문제와 직결되어 있는가를 잘 보여준 대표적인 사례였다고 평가
된다.

후대의 관습법에 대한 기본관념을 형성하는 데 결정적인 역할을 한 것은
로마법률가 율리아누스($\frac{\text{주활동시기}}{\text{125년-170년}}$)의 短文이었지만,[67] 관습법에 대한 본격적인

체의 발전을 인정하지 않지만, 실현태로서의 경험법 세계는 변화하는 것으로 인식하는 사
비니의 "역사"법학에 대해서는 Okko Behrends, "Geschichte, Politik und Jurisprudenz
in F. C. v. Savignys System des heutigen römischen Rechts", in: *Römisches Recht in
der europäischen Tradition. Symposion aus Anlaß des 75. Geburtstages von Franz Wieacker*,
herausgegeben von Okko Behrends, Malte Diesselhorst und Wulf Eckart Voss, Verlag
Rolf Gremer: Ebelsbach, 1985, 257ff.

64) 역사 현실의 대상을 포착하면서 그 속에서 이념을 발견하는 사고로서의 객관적 관념
론으로 사비니를 해석하는 입장의 원조는 Joachim Rückert, *Idealismus, Jurisprudenz und
Politik bei Friedrich Carl von Savigny*, Verlag Rolf Gremer: Ebelsbach, 1984인데, 이 입장을
수용하여 사비니의 법원론을 재술한 연구로 Wolfgang Paul Reutter, *"Objektiv Wirkliches"*,
in *Friedrich Carl von Savignys Rechtsdenken, Rechtsquellen- und Methodenlehre*, Vittorio
Klostermann: Frankfurt am Main, 2011, 125ff. (2. Teil); 남기윤, 법학방법론, 고려대학교
출판부, 2014, 344ff. (특히 380ff.), 432f. 참조.

65) 동지: 김학동, "판례의 법원성", 저스 26-2, 1993, 75.

66) 이상수, "사비니에서 법의 역사성", 법사학연구 23, 2001. 4, 5ff., 13ff.; 오세혁, "관습법
의 현대적 의미", 법철학연구 9-2, 2006, 152f.

67) D.1.3.32.1 Iulianus 84 digestorum.
Inveterata consuetudo pro lege non immerito custoditur, et hoc est ius quod
dicitur moribus constitutum. Nam cum ipsae leges nulla alia ex causa nos teneant,
quam quod iudicio populi receptae sunt, merito et ea, quae sine ullo scripto
populus probavit, tenebunt omnes: nam quid interest suffragio populus voluntatem
suam declaret an rebus ipsis et factis? ...
(古來의 관습은 상당한 근거를 가지고 법률로서 지켜지는 것인데, 이것이 관례에 의해서
확립된 법이라 불리는 것이다. 왜냐하면 법률들 자체도 다른 이유가 아니라 그것이 국민

탐구는 근대적 국민국가의 성립 이전, 실제로 관습법이 다른 어떤 법원보다도
현실적으로 중요한 역할을 하던 시기에, 그리고 이러한 시기들의 관습법에 대
하여 추구되었다. 이때 문제되었던 사항들을 살펴보는 것이 오늘날 관습법을
이해하는 데에도 크게 도움이 될 것이다. 이때 논점이었던 것들은 다음을 들
수 있다.[68]

- 관습법의 개념(Consuetudo quid)
- 관습법의 종류(Consuetudo quotuplex)
- 관행의 빈도(Actuum frequentia)
- 기간의 지속성(Temporis diuturnitas)
- 공동체구성원 전체의 묵시의 동의(Populi tacitus consensus)
- 합리성(Rationabilitas)
- 관습법의 주체(Consuetudo per quas personas inducatur)
- 관습법의 효력(Consuetudinis vires ac virtutes)
- 관습법의 적용지역(Cuius loci consuetudo attendatur)
- 관습법의 입증(Consuetudinis probatio)
- 관습법의 고려 영역(Consuetudo in quibus attendatur)
- 관습법의 축소 혹은 확대 적용(Consuetudinis restrictio vel extensio)

의 결정에 의해서 승인되었기에 우리를 구속하는 것이므로, 또한 어떠한 成文 규정 없이
국민이 승인한 것도 모두를 구속하는 것이 정당할 것이다. 왜냐하면 국민이 표결로써 자
신의 의사를 선언하는 것과 행위와 행동 자체로써 하는 것 사이에 무슨 차이가 있겠는
가? …)
또한 다음의 관련 개소들도 참조.
D.1.3.35 Hermogenianus 1 epitomarum.
Sed et ea, quae longa consuetudine comprobata sunt ac per annos plurimos
observata, velut tacita civium conventio non minus quam ea quae scripta sunt iura
servantur.
(長期의 관습으로 승인되고 다년간 준수된 것들도 시민들의 묵시의 협약으로서 성문의
법 못지않게 준수된다.)
D.1.3.36. Paulus 7 ad Sabinum.
Immo magnae auctoritatis hoc ius habetur, quod in tantum probatum est, ut non
fuerit necesse scripto id comprehendere.
(이 법은 심지어 큰 권위를 지닌 것으로 간주되는데, 이를 성문화하는 것이 불필요할 만
큼 그렇게 대단한 정도로 승인되었기 때문이다.)

68) 상세는 Roy Garré, *Consuetudo. Das Gewohnheitsrecht in der Rechtsquellen- und
    Methodenlehre des späten ius commune in Italien (16.–18. Jahrhundert)*, Vittorio Klostermann:
    Frankfurt am Main, 2005.

- 다른 법원과의 구별(Differentiae)
- 관습법 失效의 방식들(Consuetudo quot modis tollitur)

이러한 여러 논점들에 비하면 현재 우리나라의 학설이 관습법을 다루는 방식은 매우 소략한 편이라고 할 수 있으나, 오늘날 관습법이 수행하는 크지 않은 역할을 생각하면 그리 이상한 일도 아니다. 그래도 비교적 근자에 관습헌법과 관련하여 헌법재판소는 다음과 같이 판시함으로써 관습법 일반에 대해서도 의미 있는 설시를 한 바가 있다. 논의를 촉발시킨 계기는 서울이 대한민국의 수도라는 것이 관습헌법에 해당하는가 하는 문제였다.[69)]

---

69) 헌재 04.10.21, 2004헌마554·566(신행정수도의건설을위한특별조치법 위헌확인). 이곳에서 상론할 수는 없으나 몇 가지만 지적하자면, 주석 총칙(1), 85f.(제5판/이원범); 주석 총칙(1), 115(제4판/윤진수)에 의하면 현재 대부분의 헌법학자들은 위의 헌법재판소 결정에 반대한다고 하며, 서울이 수도라고 하는 것은 헌법재판소 자신이 들고 있는 관습헌법의 요건에도 해당하지 않고, 이는 서울이 오랫동안 수도였다는 사실로부터 헌법상 수도여야 한다는 결론을 이끌어 낸 것일 뿐이라고 본다(말하자면 사실로부터 규범으로의 차원 도약이라는 지적). 그러나 "서울이 대한민국의 수도이다", "대한민국의 수도는 서울이다"라는 의식이—마치 한국어가 국어라는 사실과 의식(더 정확히 말하면 무의식)처럼—너무나도 자연스럽고 자명해서 전혀 의식되지도 않고, 그래서 아예 문제로서 설정되거나 의문이 제기되지도 않은 채 오랫동안 살아왔다면, 오히려 그만큼 "서울 = 수도"라는 법적 확신이 강고하고 구속적인 것이었다고 볼 것이지, 이것을 법적 확신의 뒷받침 없이 서울이 사실상으로만 수도의 기능을 해 왔다고 보는 것은 문제가 있어 보인다. 다만 관습법에 대하여 실정법 차원에서 다른 결정을 도입하고자 하는 경우에는 적어도 그것이 헌법의 문제라면 헌법개정에 상당한 절차적 정당성의 확보를 통하여 추진하는 것이 합당할 것이다. 수도의 문제는 헌법 사항이라고 보는 것이 타당하고(이 역시 너무나도 자명한 문제여서 명문의 규정을 두지 않았을 뿐이라고 보아야 한다), 따라서 단순 법률로써 개정하는 것은 절차에 위배된다고 생각된다. 헌법재판소가 헌법관습을 확인한 것과 이것을 통하여 단순법률을 파기한 것은 합당하다. 학설이 헌법사항임에도 불구하고 단순 입법사항인 것으로 파악하면서, 원하는 결론을 위하여 관습헌법의 존재 자체를 부정하는 것이라면 법리적으로는 재고를 요한다.

또 박찬주(주 61), 78ff.에서는 헌법재판소 결정에 대하여 조선왕조시대의 헌법제정권력의 주체를 논하지 않은 점을 지적하고 있는데, 이 문제는 관습헌법이 현재 존재하는가의 문제와는 전혀 별개의 문제로서, 결정문에서 조선시대를 논급했다고 해서 사정이 달라지는 것도 아니다.

특히 오세혁(주 66), 173f.는 "국민의 의견수렴 또는 대의기관으로서 국회의 입법 내지 결의도 국민의 법적 확신 내지 합의성의 소멸에 대한 확인수단이 될 수 있다. 결국 관습헌법의 '소멸'을 확인하는 데에 있어서 반드시 헌법개정절차나 국민투표를 거쳐야 하는 것은 아니다(여기서 김기창, "성문헌법과 '관습헌법'", 공법연구 33-3, 2005, 71-114, 107-110 인용함)." 그리하여 "대통령공약사업으로서의 수도이전이 추진되는 과정에서, 또 신행정수도건설특별법이 제정되는 과정에서 대한민국의 수도는 서울이라는 관습헌법의 국민적 합의가 사라지면서 그 관습헌법은 자연스럽게 소멸되었다"라고 주장한다. 이 견해는 "서울 = 수도"라는 관습헌법의 성립은 일단 인정하면서 이것이 입법추진으로 소멸되었다고 주장하는 것인데, 대의민주주의에 입각한 제정법에 대하여 직접민주주의에 바탕한 정통성 있는

관습헌법이 성립하기 위하여서는 관습법의 성립에서 요구되는 일반적 성립 요건

강력한 법으로 관습법을 주장하는 입장(오세혁(주 66), 169, 174f.)에 선 필자가 갑자기 대의민주주의의 과정 내지 그에 못 미치는 과정으로 그러한 관습헌법이 "자연스럽게" 소멸"되었다"고 이야기하는 것은 관습"헌법"을 과연 "헌법"으로 인정하는 것인지조차 의심하게 만든다.

다른 한편으로 기본적으로 관습헌법의 존재가능성 자체를 부인하는 견해가 있다. 양선숙, "수도-서울 명제의 '관습헌법' 성립에 대한 비판적 검토", 법철학연구 9-2, 2006, 251f.("관습헌법이란 넌센스라고 본다"). 그렇다면 이 견해가 전개하는 논리가 어떤 방향으로 진행될 것인지는 분명해 보인다. 이 견해는 다음과 같이 주장한다.

"국민의 헌법적 의지라는 것이 있다면 이는 가장 정상적으로는 실정 헌법을 통해 표출되었다고 봐야 옳은 것이고 설사 계속적으로 국민 의지가 헌법적 수준에서 표출될 수 있음을 인정한다고 해도 이는 극히 예외적으로 객관적으로 확인 가능한 국가적 논의를 거쳐 확인되어야 할 것이다. 즉 우리는 비상한 경우가 아닌 한 헌법으로 실현되지 않은 의지는 헌법적으로 존중될 만한 의지가 아니라고 봐야 한다. 국민의 결단이 그토록 법 형성에서 소중한 것이라면, 우리는 그 결단을 통해 무엇이 헌법조항으로 기재되었고 그렇지 않은가 역시 중시해야 한다. 기재되지 않은 사항이란 국민의 의지가 기재하기를 거부한 사항이고 그런 한에서 헌법적으로 존중될 사항이 아닌 것이다."(247)

이러한 극단적인 성문법실증주의와 법해석의 일반적인 태양을 벗어나는 방법론을 취하는 한, 더 이상의 토론을 이끌어 가기는 힘들다. 그러나 이러한 개인적 소견을 바탕으로 헌법재판소의 결정에 대하여 "오류"이고 "비합리주의"라고 비난하는 것은 분명 지나친 것이다. 더욱이 핵심적 논거가 아닌 보조적-예비적 성찰에 대하여 아무리 그 논리가 취약하다 인정하더라도 "상징주의"라는 식으로 평가하는 것도 채택하기 어렵다. 어쨌든 이 견해는 외국의 이론, 그것도 한 개인 학자(David Hume)의 그것을 통하여 우리나라 관습헌법의 문제를 풀어가려고 하는데(235ff.), 누차 지적했듯이 한 법질서의 법원론의 문제는 이러한 방법론으로 접근해서는 풀 수 없다. 흄의 이론에 의존하다 보니 판단 기준으로 "① 관행은 반복 가능한 행위를 통해 성립한다. ② 관행은 합리적인 존재 이유를 갖고 있고 이 존재이유는 수범자[는]의 반복된 행위에 관여한다. ③ 관행의 존재 이유는 수범자에게 내재화 되어 수범자는 위반행위에 대해 일정 책무감을 느낀다."는 세 가지를 제시하고 있다 (240ff.). 이 견해는 이에 비추어 볼 때 "서울 = 수도"라는 명제에서 어떠한 행위도, 또 위반에 대한 책무감도 현상으로서 간취할 수 없다고 논변한다. 더 나아가서 이 견해는 "서울 = 수도" 명제는 여타의 헌법전 명제들에게 정당화 근거를 제공해 주는 것도 아니고 헌법 해석에 기여할 수 있는 어떤 헌법적 원리인 것도 아닌바 '보편적 헌법원리'가 아님이 명백하다고 지적함으로써 그 헌법적 규범성을 부정한다(243ff.) 그러면서 다른 한편으로 "모든 사실 기술적인 참인 명제가 갖는 자명성"을 가진다는 것은 인정한다(245). 또 필자의 로마법 논문의 간단한 언급을 인용하면서 그곳에서 제시했던 각종 관습법의 적용 사례 중 수도 지정이나 특정 국가조직의 장소 결정에 관한 예는 없다는 지적도 덧붙인다(250 n. 22).

그러나 이 견해에 대하여는 다음과 같은 비판이 가능하다.

① 종래 모든 관습법 논의에서는 수도의 결정에 관한 것은 아예 이슈로서 설정되지 않았다는 사실을 지적해야만 한다. 어떤 사회나 이 문제는 그야말로 법공동체 성원 전체의 법적 확신에 의하여 지탱된 기본적 사실이었기 때문이다. 필자의 로마법 논문도 일반적 법률사항에 관한 관습법을 다룬 것이고, 사료도 이에 관한 것만 전해지므로 그렇게 할 수밖에 없었던 것이다. 그런데 로마는 로마인들에게 수도를 넘어 '영원의 도시'였다. 그래서 법적용의 최종적 준거 역시 수도 로마의 법이었다.

D.1.3.32.pr. Iul. 84 dig.

... (이 앞부분은 위 각주 44)에서 인용함) ... si nec id quidem appareat, tunc ius,

이 충족되어야 한다. 첫째, 기본적 헌법사항에 관하여 어떠한 관행 내지 관례가 존재

quo urbs Roma utitur, servari oportet.

(… 그것마저 불명한 경우에는 수도 로마의 법이 준수되어야 한다.)

② "서울 = 수도"의 문제는 헌법원리, 그것도 보편적인 헌법원리에 관한 것이 아니다. 이 것은 원리가 아니라 법규칙(rule)에 해당하는 단순한 헌법률의 존부 판단이 문제되는 사안 인 것이다. 따라서 이 견해는 문제의 핵심을 잘못 파악하였다.

③ 당연히 흄의 논의 역시 일반 관행의 성립에 대한 고찰일 뿐이므로 관행 성립의 행위 적 측면을 작위로 당연시한 것인데, 법적 확신이 핵심인 관습법 현상에서 관행의 의미를 이와 같이 좁게 이해함으로써, 그리고 헌법 문제에서는 "객관적으로 확인 가능한 국가적 논의"를 요구함으로써(물론 이 주장도 "비상한 경우가 아닌 한"이라는 제한을 통하여 약화 되고 있고, 애매해졌지만) 관행과 법적 확신의 상호작용으로 성립하는 관습법 현상을 제 대로 포착하지 못하였다.

④ 뿐만 아니라 관행 행위가 의식적으로 "합리적인 존재 이유"를 가져야만 한다고 전제 하고, 이러한 합목적적 행위는 역시 작위적 행태에서나 가능한 것으로 상정함으로써 현상 을 그대로 용인하는 가운데 법적 확신으로 그 현상을 지탱하는 사회현상을 놓쳐버리는 우 를 범하였다. 필자가 합리성의 판단 역시 일의적으로 결정되는 것이 아니므로 경우에 따 라서는 전통적인 것에 대한 판단 유보의 태도도 가능한 선택지일 수 있다는 로마 법률가 의 생각(Neratius D.1.3.21)을 인용한 것(251, 주 22)에 대하여 이 견해는 "역으로 우리가 모든 기왕의 것들을 그것들이 기왕의 것들이라는 사실 하나에만 기대어 존중할 필요는 없 음을 보여주는 것일 수도 있다. … 수도-서울 명제가 규범성을 갖기 위해서는 역사적 사 실과는 별개의 정당화가 필요하다는 필자[양선숙]의 주장에 저자 역시 기본적으로는 동의 하리라 생각된다"고 입장을 밝혔다. 일반 명제로서 이 주장은 흠잡을 데 없지만, 헌법재판 소의 결정과 결부하여 생각해 보면 헌법재판소가 기왕의 것들을 그것이 기왕의 것들이라 는 '사실'만으로 규범적인 관습헌법을 정당화했다고 보는 한 무리한 주장이다. 바로 그 규 범력에 관한 판단의 면에서 이 견해는 지나치게 실증주의적 태도로 일관하는 듯하다. 그 러나 이와 관련된 서술도 반드시 명확한 것은 아니다. 가령 "의지와 결단은 법적용의 질료 가 되기는 하나 그것 자체로 법규범이 될 수는 없다. … 질료 입장에서 보자면 규범은 일 종의 부자연스러움이다. … 날 것 그대로의 '사실'이 규범적 역할을 하지 않도록 하는 것, 권리의 차원으로 바뀌어진 힘에만 정당성을 부여하여 통용되도록 하는 것, 이것이 바로 입헌 법치주의의 원리이자 토대이다"라는 주장이 그런 예이다. '사실'을 '권리'로, '법'으로 바꾸는 작업은 성문헌법만이 할 수 있는 것인가?

⑤ 결국 이 견해는 "서울 = 수도" 명제의 사실적 기반과 그 규범력의 기초에 대하여 모 두 부적절한 이해를 바탕으로 한 주장이다. (i) 사실적 관행의 차원에서 구체적으로 문제 로서 제기되어 그 위반이 책무감을 인식시킬 계기가 지금까지 전혀 없었던 점을 가지고 이러한 관행 자체가 부존재한 것처럼 입론하는데, 이 경우 관행은 일견 부작위 행태에 의 한 것으로 보이지만, 실은 의식하지 아니한 채 부단하게 승인하고 있다는 점에서 보면 지 속적인 작위 행태로 파악해야만 한다. 이러한 관행이 이 견해가 내세우는 기준에 의할 때 합리적인가 아닌가의 문제는 관습법에서 이 기준은 생성의 맥락에서 문제되는 것이 아니 라 법질서 전체의 검증의 맥락에서 문제되는 것이라는 점에서, 그리고 처음부터 이 기준 을 설정하더라도 일단 만인이 추종하는 관행이라면 합리성의 추정을 받는다고 보아야만 할 것이라는 점에서—합리성에 대한 판단은 사람에 따라 달라질 수 있다는 점을 도외시하 더라도—재고를 요한다. "서울 = 수도"라는 것이 도대체 왜 비합리적인지 이해가 가지 않 는다(이 견해 역시 242에서 군사전략적 위치, 지정학적 위치, 기후학적 장점, 경제학적 근 거, 미학적 견지 등등의 여러 이유를 들 수 있을 것이라고 말하는데, 이러한 이유들은 인 간 세상에서 대단히 비중 있는 논거들이고, 그 합리성을 함부로 의심할 수 없는 것들이 다). 뿐만 아니라 이 사건으로 인하여 이 견해가 주장하는 "서울 = 수도" 명제에 대한 의 문이 현실적으로 처음으로 제기되었고, 바로 이 문제가 헌법관습의 존재에 대한 검증으로

하고, 둘째, 그 관행은 국민이 그 존재를 인식하고 사라지지 않을 관행이라고 인정할
만큼 충분한 기간 동안 반복 내지 계속되어야 하며(반복·계속성), 셋째, 관행은 지속
성을 가져야 하는 것으로서 그 중간에 반대되는 관행이 이루어져서는 아니 되고(항
상성), 넷째, 관행은 여러 가지 해석이 가능할 정도로 모호한 것이 아닌 명확한 내용
을 가진 것이어야 한다(명료성). 또한 다섯째, 이러한 관행이 헌법관습으로서 국민들
의 승인 내지 확신 또는 폭넓은 컨센서스를 얻어 국민이 강제력을 가진다고 믿고 있
어야 한다(국민적 합의).

그러나 이론적으로는 좀 더 심화된 연구가 필요할 것이다.[70] 그 바탕 위에
서 법사학적으로 가령 조선시대의 관습법 현상에 대한 탐구도 비로소 가능할
것이다.

본조의 관습법은 성문법과 마찬가지로 적용의 대상과 범위 면에서 일반성
을 가지되, 내용 면에서 명확한 구체적인 법규(Rechtssatz)로서 인식이 가능한
것이어야만 한다. 따라서 예컨대 신의성실의 원칙과 같은 것은 아무리 법공동
체 성원 전체가 신봉하고 일상의 삶에서 실천하고 있다 하더라도 법규로서의
구체성이 결여된 관계로(실제로 신의칙은 principle 이지 rule이 아니다) 관습법일 수 없다.

　　(나) 학설의 현황　　　현재 관습법의 성립요건과 관련한 우리나라의 학
설 현황은 관행과 법적 확신만으로 충분하다는 법적 확신설과 법원의 판결을
통한 국가의 승인까지 요구하는 국가승인설이 대립한다. 양 견해의 논거와 비
판들을 살펴보면 다음과 같다.[71]

───────────────

이어진 것인데, 지금까지 이러한 일이 전혀 없었다고 하는 것은 사실에도 부합하지 않는
다. 관습법의 문제는 언제나 어느 시점에 그것이 문제시되고 확인의 과정을 거쳐서 존부
의 결판이 나는 것이지, 그것이 문제시된 시점 이전에 이미 어떤 방식으론가 그런 검증을
거쳐서 확인이 되었어야(그렇다면 현재의 논의는 불필요하다) 현 시점에 비로소 관습법으
로 인정되는 것이 아니라는 점에서도 이 견해는 관습법 현상을 잘못 파악하고 있다. (ii)
또 규범력의 기초는 이 견해가 암시하듯이 관행이 "어떤 계기를 거쳐, 어떤 설득력 있는
이유가 동반되어"야(233) 사실이 규범으로 전화하는 것으로 볼 필요가 없다. 인간 삶에는
아무런 계기 없이도 존재하는, 설득력 있게 납득시킬 수 없지만 존재하는 많은 事象이 있
는 것이다(Iulianus D.1.3.20 참조). 특히 "서울 = 수도"의 문제는 무슨 복잡한 법원리의 문
제가 아니라 실로 단순한 문제이다. 이것이 헌법사항인가, 대한민국 국민 전체에 의한 관
행을 통한 승인이 법적 확신으로까지 공고화되었는가를 확인하는 작업일 뿐이다. 그리고
이 논의는 철저하게 우리 법질서의 입장에서 우리의 법원론에 기초하여 진행되어야만 하
고, 이 과정에서 헌법관습의 경우에는 헌법재판소, 일반 관습법의 경우에는 대법원의 역할
이 무엇보다도 중요하다. 개인적인 소견을 피력하는 것은 자유이나, 방법론적으로 올바른
방식으로, 그리고 현실 실재(reality)의 막중한 무게를 진지하게 고민하는 자세가 수반되어
야 할 것이다.
70) 이에 관한 시론적 연구로 박준석, 법사상, 생각할 의무에 대하여, 2015, 225ff.
71) 관습법의 주관적 요소인 법적 확신의 모호성을 이유로 일정한 관행이라는 객관적 요소

(a) 법적 확신설[72]   이 설은 관행 + 법적 확신만 있으면 관습법이 성립한다는 견해로 통설에 해당한다.[73] 세부적인 점에 있어서는 견해 대립이 나타난다.

법적 확신설에서는 법원에 의한 승인 이전에 이미 자생적 관습법은 존재하는 것이고,[74] 판결은 법적 확신의 획득여부를 확인하는 것이지 그로 인하여 비로소 관습법이 성립하는 것은 아니라고 본다.[75] 따라서 법원은 관습법을 제정하는 것이 아니라 구체적인 분쟁과 관련하여 관습법이 존재한다는 규범적 판단을 함으로써 법을 인식할 뿐이라고 본다.[76]

관행에 대하여 이것이 "장기적이고 항구적이며 일반적인 관행"일 것을 요구하는 견해가 있다.[77] 그러나 관행과 법적 확신은 상호적으로 강화시키는 두 요소이다. 따라서 법적 확신이 강하면 강할수록 관행의 기간은 비중이 감소한다. 또 관행이 확고하면 확고할수록 그것을 지탱하는 법적 확신 역시 확고한 것으로 인식될 수 있다. 그런데 관행의 확고성은 기간이 길면 길수록 용이하게 인정되겠지만 반드시 관행의 지속기간만으로 판단될 수 있는 것도 아니다. 오히려 관행의 빈도가 더 결정적일 수 있다. 그러므로 관습법의 요건인 관행은 통상 장기적이고 일반적인 관행일 것이 요구되지만, 반드시 '항구적'일 것까지는 없다고 할 것이다.

또 법적 확신설과 관련하여 이때 법적 확신을 우리 민법의 기초이념 내지 정당성으로 이해하여 그러한 기초이념에 부합하지 않거나 정당성이 없는 관습은 관습법으로 승인될 수 없다는 견해가 주장된다.[78] 이 후자의 견해에 대해서는 다시 법적 확신의 문제는 공동체 구성원들이 어떻게 생각하는지에 관한 주관적 문제로서 관습법의 내용이 객관적으로 타당한 것인지의 문제와는 구별되

만으로 관습법이 성립한다고 보는 관행설은 우리나라의 경우 주장하는 이가 없다. 동설에 관하여는 오세혁(주 66), 154ff.(비판적).

72) 이에 관한 일반 이론에 대하여는 김욱곤(주 50), 43f.

73) 곽윤직·김재형, 22. 관행이 행해지는 범위는 사회 전체에 미쳐야만 하는 것은 아니고, 특정한 부분사회여도 무방하다. 대판 14.2.27, 2011다109531은 근로관계에 관한 관습법을 논함에 있어서 "기업 사회"의 관행과 규범의식에 의한 지지로부터 출발한다. 이 점에서 민사의 관습(법)은 전국적인 것이어야만 하는 관습헌법과 차이가 난다.

74) 구주해(1), 47f.(최병조); 이은영, 40f.; 강태성, 14; 김상용, 19; 송덕수, 19; 박찬주(주 61), 48 이하.

75) 김증한·김학동, 18.

76) 김형배·김규완·김명숙(주 23), 19f.

77) 김욱곤(주 50), 51.

78) 이영준, 23; 이은영, 40f.; 김욱곤(주 50), 54f. ("적극적 요건").

어야 한다는 비판이 있다.[79]

　　마지막으로 관습법의 성립시기와 관련하여 지배적인 견해는 관행과 법적
확신이 있으면 그때 관습법이 성립된다고 보지만, 법원의 판결에서 관습법이
존재가 인정되는 때 그 관습이 법적 확신을 얻어서 그것이 사회에서 행해지게
된 때에 소급해서 존재하고 있었던 것으로 보는 견해도 있다. "관습법의 성립
시기는 매우 애매한 것이나, 이 애매한 데에 관습법의 특색이 있다."라고 보기
도 한다.[80]

　　이에 대하여는 이상의 견해대립은 실익도 없고 이는 학설대립도 아닌데
관습법의 성립시기와 이미 존재하고 있는 관습법이 확인되는 시기는 서로 다
른 논의라는 지적이 있다.[81]

　　　　　(b) 국가승인설　　　이 설은 관행 + 법적 확신뿐만 아니라 법원의 판
결을 통한 승인이 있어야 관습법이 성립한다는 견해이다.[82] 근거로서는 오늘
날 국가만이 법정립 · 집행권한이 있고, 아무리 확고한 관습이더라도 공서양속
위반이면 관습법으로 인정되지 않는다는 점을 든다. 관습은 자연적으로 생성
되지만 관습법은 종국적으로 법원의 승인에 의하여 성립하며[83] 국가권력이 확
립된 사회에서는 관습이 관습법으로 되는 데 국가의 관여가 필요한 점이 국가
권력이 확립되기 전의 사회에 있어서의 관습법의 성립과는 다른 점이라고 한
다. 그리고 법적 확신의 수반여부($\substack{즉\ 단순한\ 관습인가\ 관 \\ 습법인가의\ 구분문제}$)는 불분명하므로 법원이 확
인할 수밖에 없는 것이고,[84] 그것을 통해 그 관습에 대하여 법적 확신이 없던

---

79) 주석 총칙(1), 108(제4판/윤진수). 동지: 박찬주(주 61), 52f.; 55(단 대판(전) 05.7.21,
　　2002다1178이 "관습법의 성립을 國家承認說에 입각한 방향으로 선회한 것으로 평가할 수
　　있다"라고 하는데, 이는 의문이다. 왜냐하면 그 자신도 지적하듯이 이 판결이 "관습법의
　　성립요건인 법적 확신이 부존재하게 된 상태인 것은 아니라는 점을 명백히 하였다면" 해
　　당 관습법의 정당성 평가 결과 효력을 부인한 것이지 성립과 더불어서 그 사회적 존재 자
　　체를 부인한 것은 아니라고 보이기 때문이다).
80) 곽윤직 · 김재형, 22. 국가승인설에서의 이러한 '애매한 입장'에 대한 비판은 서광민(주
　　7), 17f. ("매우 의제적인 논리"). 이에 대한 법적 확신설 측의 재비판으로는 이은영, 41.
81) 명순구, 21.
82) 승인설에 대한 법철학적 논의 및 그에 대한 비판은 오세혁(주 66), 156ff. 그밖에 입법
　　자들의 묵시적 의사 내지 승인이 관습법의 구속력의 근거라고 보는 승인설에 관한 일반
　　논의에 대하여는 김욱곤(주 50), 40ff.; 이에 대한 비판은 47f.
83) 황태윤(주 17), 148; 백태승, 16; 서광민(주 7), 13f.
84) 법원의 확인이 필요하다는 점은 일찍이 로마의 법률가들도 인정하였다. 그러나 이 확인
　　이 성립요건으로서의 승인인가 하는 것은 다른 문제이다.
　　D.1.3.34 Ulpianus 4 de officio proconsulis.
　　Cum de consuetudine civitatis vel provinciae confidere quis videtur, primum
　　quidem illud explorandum arbitror, an etiam contradicto aliquando iudicio

사회구성원들도 법적 확신을 가지게 되며, 아울러 법원의 관습법에 대한 통제 기능을 인정해야만 한다고 한다.[85]

　　이러한 국가승인설에 대하여는 이것은 실정법 위주의 법실증주의 입장이고,[86] 이론적으로 관습법의 성립시기와 그러한 관습법에 대한 법원의 사후적 심사 내지 승인은 구별하여야 하며, 법원에 의한 소급입법을 허용하게 되는 것이 되어 타당하지 않다는 비판이 있다.[87] 또 법원이 인정하면 관습법, 인정하지 않으면 관습이라는 설명은 매우 의제적인 논리라는 비판이 가능할 것이다. 이에 대하여는 다시 법원이 어떠한 관습규범을 원용하여 재판을 하면, 이를 계기로 하여 그 관습규범은 관습법으로 되고, 또 사회구성원의 법적 확신 역시 이를 계기로 하여 생기거나 더욱 확고해진다고 보는 것이 보다 솔직하고 실제에 부합하는 논리가 될 것이라는 견해가 있다.[88] 그러나 적어도 법적 확신이 법원의 확인으로 비로소 생긴다는 주장은 분명히 사태의 본질에 부합하지 않는 주장이다. 법원의 확인은 어디까지나 過去之事에 대한 사실의 확인과 선언인 것이지 미래를 위하여 법적 확신을 비로소 생성시키는 창설적인 행위가 결코 될 수 없기 때문이다. 예컨대 祭祀의 관습이나 음력설을 쇠고 설날 귀향하는 관행이 국가의 승인과는 무관하게 존재하는 사회적 현상이듯이,[89] 관습법을 근거지우는 관행(관습) 역시 국가의 승인과는 무관하게 존재하는 사실적 현상인 것이다.

　　(c) 私　　見

　　　(i) 관습법의 생성과 확인　　　기본적으로 이것은 어느 단계까지

---

　　consuetudo firmata sit.
　　(지방시나 道의 관습에 대하여 어떤 자가 신뢰하는 것으로 보이는 경우 먼저 이 관습이 언젠가 또한 판결로 종결되는 재판을 통하여 확인되었는지를 살피지 않으면 안 된다는 것이 私見이다).

85) 그 예로 사도통행권은 물권법정주의 위반(2001다64165), 종중구성원 자격을 성년남자로 한정한 종래 관습 효력 부정(2002다1178); 김대휘, 법원론에 관한 연구, 서울대박사학위논문, 1992, 222.

86) 同旨 이은영, 41: 민법은 사회 속에서 법이 자연적으로 생성되는 것을 예정하여 그에 대해 구속력을 인정해 주는 개방적 태도를 취하고 있는데, 실정법위주의 법실증주의적 입장을 취하는 것은 이러한 민법의 취지에 어긋난다.

87) 주석 총칙(1), 78f.(제5판/이원범); 주석 총칙(1), 107(제4판/윤진수); 윤진수, "상속회복청구권의 소멸시효에 관한 구관습의 위헌 여부 및 판례의 소급효", 비교 11-2, 2004, 292-294; 오세혁(주 66), 151f.

88) 서광민(주 7), 14ff.

89) 우리나라의 경우 국가가 한동안 양력설의 정착을 위하여 상당한 노력을 기울였음에도 불구하고 음력설의 관행을 변화시키지 못하고 결국은 이를 우대하는 쪽으로 정책을 변경하였음은 우리 모두가 경험한 바 있는 주지의 사실이다.

를 관습법으로 규정하느냐의 문제이기도 하다. 적어도 우리나라의 모든 학설이 핵심적인 요소로 인정하고 있는 사회의 현실로 수행되어 온 관행·관습과 법적 확신만을 근거로 (관습)법의 성립을 긍정하는 입장이라면, 그 이후의 (법원에 의한) 공적인 확인 작업과 더 나아가서 그렇게 존재가 확인된 관습법을 전체 법질서가 승인할 것인가를 검토하는 작업의 문제는 구별해서 논하는 것이 필요하다.[90] 그렇게 보면 최종적으로 문제되는 (法院에 의한) 정당성(rationabilitas)의 검토 작업[91]—물론 이것은 법원에 의한 당해 관습법의 존재확인과 실제로는 동시에 이루어지게 마련이다—은 마치 법률의 위헌성 여부가 법률 자체의 성립 및 그 존재를 전제한 가운데 일어나는 것과 하등 다르지 않게 된다.[92] 입법자가 위헌 소지가 있는 법률을 제정할 수 있고 실제로 제정하듯이 공동체성원 전체도 헌법과 불합치하는 관행을 형성하고 그 법적 확신에 이를 수 있는 것이다. 헌법에 의한 사법심사가 새로이 도입된 제도여서 특히 그 이전에 형성된 관습(법)의 경우 이러한 일이 발생할 수 있고 또 실제로 발생한다. 가령 대판(전) 05.7.21, 2002다1178과 같은 날 선고된 2002다13850이 종중구성원 자격을 성년 남자로 제한하는 관습법이 문제된 사안에서 관행의 법적구속력에 대하여 확신이 없어지거나 사회를 지배하는 기본적 이념 또는 사회질서의 변화로 관습법 적용시점의 전체법질서에 부합하지 않게 되면

---

90) 이 점에서 대법원이 '정당성'과 '합리성'이라는 적극적 요건을 추가하였고, 결과적으로 대법원이 표면적으로는 법적 확신설을 취하고 있는 듯이 보이지만, 실제로는 국가승인설에 해당한다고 평가하는 오세혁(주 66), 160f.는 타당하지 않다. 오세혁(주 66), 165는 더 나아가서 이러한 합리성 심사 자체를 우려스러운 현상으로 본다. 이러한 입장은 그가 궁극적으로 대의민주주의에 기초한 제정법보다도 직접민주주의에 기초하였다고 보는 관습법 현상에 대하여 우호적인 데서 유래한다. 오세혁(주 66), 169; 174f. 그러나 오늘날의 복잡다기한 사회에서 관습법에 의한 민사의 규율이 과연 얼마나 현실적으로 가능할 것인지, 또 얼마나 바람직할 것인지는 보다 더 심사숙고할 필요가 있을 것이다. 거친 정치이념적 잣대로 재단하는 것 역시 신중을 기해야 할 것이다.

91) 다음 칙법휘찬의 개소에서 보이듯이 이러한 검증은 일찍이 로마법에서도 인정되었다. 이 4세기의 법이 관행과 법적 확신(승인)만으로 관습법이 성립한다고 보았던 고전법의 입장(Iulianus D.1.3.32.1 cit.)과 달라진 점에 주목할 것이다. 법원론은 時所에 따라 다르게 전개된다.

C.8.52.2 Imperator Constantinus (a. 319).

Consuetudinis ususque longaevi non vilis auctoritas est, verum non usque adeo sui valitura momento, ut aut rationem vincat aut legem.

(관습법과 장기의 관행의 효력은 卑陋[평루]한 것이 아니다. 그러나 합리성이나 법률을 이길 정도로까지 그 효력이 유효할 것은 아니다.)

92) 김욱곤(주 1), 48은 법적용기관과 관습법규범의 관계는 법적용기관과 성문법률과의 관계와 동일하다고 한다.

그러한 관습법은 법적 규범으로서 원칙적으로 장래효(!)를 가지고 효력 상실하게 된다고 판단한 것은 바로 이러한 사정을 잘 보여주는 것이다.[93] 이 경우 처음부터 관습법으로서의 존재를 부정하는 것은 너무나도 작위적인 것이다.

　그런 점에서 법적 확신을 우리 민법의 기초이념 내지 정당성으로 이해하여 그러한 기초이념에 부합하지 않거나 정당성이 없는 관습은 관습법으로 승인될 수 없다는 견해는, 성립 시의 법적 확신과 사후적 정당성 검토 시의 법질서의 시각을 혼동한 잘못이 있다. 물론 이 견해가 주장하는 것이 최종적으로 정당한 것으로 판명나지 않은 것은 $\binom{\text{효력이 부정}}{\text{되었으므로}}$ "관습법"이라고 부를 수 없거나 그에 해당하지 않으므로 정당성 검증을 통과한 것만이 최종적으로 "관습법"이라고 부를 수 있다는 주장이라면, 나름으로 이유는 있다. 그러나 이렇게 되면 결과적으로 법원에게 관습법의 성립을 좌지우지하게 하는 권한을 부여하는 것이 되어 공동체성원 전체의 의사라고 하는 핵심 요소가 몰각되고, 또 비판론이 지적하듯이 법원에게 소급입법을 허용하는 모양새가 되어 합당하지 않다. 결국 무엇이 관습법인가의 문제는 사회적 실천의 영역에서 장기의 관행과 구성원의 법적 확신을 확인함으로써 그 성립 여부가 확인되며$\binom{\text{법적}}{\text{확신설}}$, 그래서 현실적으로 그 존재를 입증하는 과정과 관련하여서는 법원의 유권적 확인이 가장 중요하지만 그렇다고 법원이 관습법을 창출하는 것은 아니라고 보아야만 한다. 본조가 재판규범을 다루는 조문이고, 여기서 법인식 주체는 법관뿐이라는 사실이 명확해 진다는 견해[94]가 있는데, 본조가 재판준거를 제시하고 있는 한 법관을 일차적으로 염두에 둔 것임은 분명하지만, 그것이 법인식 주체로서 법관만이 존재한다고 규정하는 것은 아니라는 점을 상기시키고자 한다. 왜냐하면 관습법이 진정으로 확고한 경우에는 아예 재판사건화가 안 된 채 공동체구성원들에 의하여 그냥 실천되는 데 그치는 경우도 있을 수 있기 때문이다.[95] 이런 경우 사건화되기 전에는 관습법이 법관에 의하여 인식되지 않았으므로 존재하지도 않았다고 주장하는 것은 관습과 관습법이라는 삶의 현상 자체를 부인하는 극단적 국가법 실증주의의 논리일 뿐이다.

　결국 문제의 핵심은 慣習私法도 속하는 私法 일반을 국가와 어떤 관계에 있는 것으로 파악할 것인가 하는 것이다. 이 맥락에서 주목되는 것은 관습법이

---

93) 다만 당해 사안에서는 구체적 타당성을 위해 소급적용을 인정하였다(이에 대하여는 후술).
94) 황태윤(주 17), 147.
95) 가령 "서울 = 대한민국의 수도"라는 관습헌법의 사례가 그러하다.

법의 생성근거로서 기능하고, 또 판례의 법원성을 인정하기 위한 도구로서 기능한다[96]는 주장들의 근저에는 "의회가 제정하는 법률이 한 민족의 오랜 관행과 확신을 근거하지 않고, 일부 지배계층이 주도하는 인위적인 입법활동이라는 근거없는 정서가 깔려있다"라고 지적하는 견해이다.[97] 입법활동이 나름으로 일정한 한계가 있는 것 또한 사실임은 우리 모두가 알고 있다. 그러나 그러한 입법의 한계를 인식하고 지적한다고 해서, 그리고 관습법의 일정한 존재와 기능을 긍인한다고 해서, 이 견해가 아무런 전거의 제시도 없이 섣부르게 추정하듯이 바로 "私法상 권리가 현대 민주주의 국가의 민주적 입법절차에 의한 법과 무관한 것이라는 논리"로 직결되는 것도 아니며, 아마도 아무도 그런 주장을 실제로 한 논자는 없을 것이다. 문제는 "현실적으로 私法상 권리는 법질서에 의해 확정되고 남은 부분에서 존재한다고 보는 것이 정확하다. 여기서 법질서는 공법질서일 수밖에 없고, 그러한 질서체계를 만드는 법은 私法상 권리의 주체인 개인들이 민주적 입법절차를 통하여 형성한 것이다."라는 이 견해 주장자의 근본인식이다. 私法상 권리는 공법질서가 남겨준 餘分(residuum)의 몫에 불과하다면서, 다시 그 私法상 권리를 가진 주체들이 이 공법질서를 형성한 것이라는 주장 자체가 이미 기이한 순환논법에 빠져있을 뿐더러, 공법과 私法의 관계에 대한 근본적인 오해가 존재한다. 이 견해는 계속하여 "궁극적으로 개인의 존엄과 가치를 의미하는 사적 자치를 아무리 강조한다 하더라도 현실세계에서의 개인의 私法상의 권리 행사는 공법질서에 의해 정해진 테두리 안에서인 것이다. … 사적 자치의 강조는 그 사적 자치의 관행의 누적인 관습법의 강조로 연결되는데, 이러한 입장을 취하는 견해들은 하나같이 국가기관인 법원의 판결작용과 국회의 입법작용에 대한 평가절하를 동반한다."라고 주장한다. 오늘날 관습법의 역할을 '강조'하는 견해는 찾아보기 힘들다. 그리고 설사 '강조'한다고 해도 그것이 소론처럼 바로 국가의 법작용에 대한 평가절하를 의미하는 것은 더욱 아니다. 오히려 소론도 사용하고 있는 '私法상 권리의 주체인 개인들', '개인의 존엄과 가치' 등의 표현에서도 드러나듯이 공법질서의 참여자에게 이미 매우 중요한 규범적 속성이 전제되고 있는 것이다. 더욱이 이 모든 것은 국가의 공법질서가 비로소 창출한 것이 절대로 아니다. 오늘날 헌법

---

96) 구체적으로는 견고한 판례가 법적 확신을 획득하면 관습법이 되는가를 논하는 문맥에서 개진된 견해이다.

97) 황태윤(주 17), 149.

국가의 전체 법질서 속에 私法질서가 포함되어 위치지어지고 필요한 경우 공법에 의한 규제가 가해지는 것은 보편적 현상이다. 그러나 이것이 헌법이 私法 자체를 비로소 창출한 것으로 오해해서는 안 된다. 왜냐하면 私法은 국가 이전의 가장 근원적인 생존질서(condicio humana)에 속하는 것으로, 그 자체가 $\binom{\text{법의 발전과 더불어 제도적으로 정착되}}{\text{기에 이른 평등한 법인격을 확인받은}}$ 人의 物에 대한 활용관계$\binom{물}{권법}$ 및 人과 人의 이성적 소통을 통한 생활질서의 창출$\binom{\text{채권법,}}{\text{히 계약법}}$에 관여하는 한 역사적으로 前헌법적이고 논리적으로 先헌법적인 위상을 가진다고 하지 않을 수 없기 때문이다. 따라서 국가의, 헌법질서의 私法에 대한 관계의 핵심은 일차적으로 그 본원적 제도의 보장과 $\binom{\text{인간의, 그리하여}}{\text{외국인을 포함하여}}$ 私權의 보호에 있고, 이차적으로 개별적 법공동체의 공익이 요구하는 한 일정한 합목적적 규제를 가하여 사회적 공존의 해결책을 모색하는 것이다. 이러한 규제도 어디까지나 본질을 해치지 않는 한에서 권리의 귀속 자체가 아니라, 그 행사와 享受의 면에서 제한을 가하는 것이 원칙이다$\binom{\text{헌}}{\S 23}$. 이러한 私法의 독자성을 생각하면 관습법이라고 해서 달리 볼 것이 아니다. 적어도 민사영역의 관습법, 즉 관습사법은 국가의 승인 이전의, 그 승인 여부와는 독립된 私法 현상이고, 이렇게 파악하는 것이 正道이다.

그러나 같은 소론은 오늘날 의회를 거치지 않은 대중의 확신만으로 관습을 법으로 보는 것은 상상하기 어렵고, 현대 민주주의 국가에서는 의회가 제정한 법률만이 민주적 정당성을 가지고 강제력이 용인된다고 지적하면서, "국민의 경험적 의사와 국민 전체의 이익이 일치하지 않는 경우가 흔하게 발생하며, 지역별 계층별 이익이 일상적으로 충돌하는 현대 사회에서 私的 權利 역시 법에 의하여 객관적으로 보호받는 이익이며 법에 대응하는 개념이라고 파악할 수밖에 없게 되었다. 토론과 표결을 통한 민주적 입법절차와 무관한 사적 권리를 설정하고 그에 대한 해석론에 진력하는 것은 법을 통한 현실문제의 해결을 지향하는 법학의 실천과학적 측면을 도외시하는 것이며, 의회민주주의 약화의 한 원인이 될 뿐이다"라고 결론을 내린다.[98] 그러나 학설 중에는 오히려 반대로 관습법이야말로 직접민주주의적 정당성이 더 확실한 것이라는 견해도 있으며, 오늘날 소론만이 아니라[99] 일반 모두가 인정하듯이 관습법은 더 이상 상상하기 어려운 현상이기에 극히 제한적으로만 문제가 될 뿐인데, 이것을 마치 모

---

98) 황태윤(주 17), 150; 152.
99) 황태윤(주 17), 150f. 그리하여 불문민법의 법원성 논의는 관습법이 아닌 조리와 판례에 집중되어야 한다고 하는데, 오늘날의 관습법의 비중으로 볼 때 이것은 어차피 그럴 수밖에 없고, 실제로도 그러하다.

든 입법을 대체하기라도 하는 양 과장된 일방적 평가를 통하여 원천적으로 봉쇄하려는 태도는 그야말로 실천과학인 법학의 모습으로서는 바람직하지 않아 보인다.[100] 더욱이 실정법이 개입할 수밖에 없을 이해충돌이나 공익적 고려 필요의 다양한 현실적 상황들을 근거로 관습법을 부정하려는 것은 이런 경우에는 애초에 관습법이 형성되지 않는다는 단순한 사실부터 오인한 것이다. 누차 지적했듯이 공법질서에 의한 私法관계에의 개입은 주지하다시피 불가피한 것이다. 그러나 그것이 공법과 私法의 바람직한 관계설정을—이념의 차원에서부터 실천의 차원에 이르기까지—저해해서는 안 될 것이다.

　　　　　(ii) 관습법의 정당성 문제　　　관습법의 정당성 문제는 역사적으로도 논란이 있었다. 가장 유명한 것이 중세 서구의 교회법이 교회법원의 관할을 넓히기 위하여 지방관습법의 효력을 "gutes altes Recht"(좋은 오래된 法)에 해당하지 않는다는 구실로 부정했던 교회정치의 법정책적 모습에 대해 세속의 관습법이 반발했던 것을 들 수 있을 것이다. 그러나 보통법 이론에서도 관습법이라 할지라도 이성적 합리성을 가져야 한다("rationabilis esse debet consuetudo")는 데 하등 異論이 없었다. 물론 무엇이 합리성인가 하는 것에 대하여는 다투어졌다. 교회법의 관습법에 대한 부정적 태도에서도 보였듯이 사회기율적 목적에서 배제하고 싶은 관습법을 검증하는 잣대로 다양한 기준이 제시되었던 것이다. 그리하여 관습법을 정초시킨 사람들, 수범자들, 규범적 내용, 관습법 발생의 시간적 양태의 면 어느 한 부분에서라도 부정적 평가를 받은 것은 malae consuetudines, "나쁜 관습법"으로 낙인 찍혔다.[101] 그러나 적어도 오늘날의 헌법국가에서는 법질서 차원에서의 정당성 검증의 당위성은 의문의 여지가 없는 것이다.[102] 이것은 두 가

---

100) 황태윤(주 17), 152f.는 자신의 논의가 의회 입법이 활발하고 정보화가 잘 진척된, 그러나 일본 식민지 시절에 이루어진 것 외에는 민법전 제정 전후 체계적인 전국 단위의 관습법 조사가 이루어진 바가 전혀 없는 현재 우리나라 상황만을 염두에 둔 것일 뿐이라고 첨언한다. 이 입장은 일단 法源의 문제는 구체적 법공동체를 떠나서는 의미가 없다는 점에서 타당하지만, 관습법의 확인에 반드시 전국적인 관습법 조사가 전제조건은 아니라는 점도 지적해야 한다. 민법 제정 전후 관습법 조사가 없었다는 사실이야말로 현대사회에서 그 필요성을 느끼지 못할 정도로 관습법의 비중이 사소한 것이라는 점을 웅변으로 말해준다. 그러나 아무리 사소하더라도 그렇다고 관습법이 전혀 불가능하다는 것을 의미하는 것이 아님도 분명하다. 본조가 열어놓은 가능성을, 그것도 의회입법을 그렇게 중시하는 입장에서, 굳이 부정하는 것은 타당하지 않다.

101) Garré(주 68), 161ff. 참조.

102) 김경제, "관습법에 대한 오해—민법 제1조의 헌법 합치적 해석—", 세계헌법연구 18-3, 2012, 1ff.는 입법기능이 완비된 현행법 하에서 관습법이론은 독재자에게 독재의 여지를 허용할 위험이 있다고 하나 관습법과 관련한 역사적 배경을 고려하지 않은 견해로 의문이다.

지 면에서 이루어진다. ① 하나는 대판(전) 03.7.24, 2001다48781에서도 판시했듯이 헌법을 최상위 규범으로 하는 전체 법질서에 반하지 않는 것으로서 정당성과 합리성이 있다고 인정될 수 있어야 한다.

> 사회의 거듭된 관행으로 생성한 어떤 사회생활규범이 법적 규범으로 승인되기에 이르렀다고 하기 위하여는 그 사회생활규범은 헌법을 최상위 규범으로 하는 전체 법질서에 반하지 아니하는 것으로서 정당성과 합리성이 있다고 인정될 수 있는 것이어야 하고, 그렇지 아니한 사회생활규범은 비록 그것이 사회의 거듭된 관행으로 생성된 것이라고 할지라도 이를 법적 규범으로 삼아 관습법으로서의 효력을 인정할 수 없다고 할 것이다.

② 다른 하나는 본조의 규정에 따라서 관습법이 적용되기 위해서는 같은 사항에 대한 법률의 규율과 모순되어서는 안 된다는 것이다. 본조가 법률이 규율하지 않는 사항에 대한 관습법일 것(praeter legem)을 명문으로 요구하고 있기 때문이다.

따라서 관습법의 존재를 확인한 법원은 먼저 이것이 법률에 반하는지(contra legem)의 여부를 검토하고, 더 나아가서 헌법에 합치하는지(합헌성)의 여부를 검토하여 필요한 경우 헌법재판소의 판단을 받도록 해야 한다.[103] 이에 대하여는 헌법재판소는 법률의 위헌 여부만을 다룰 수 있고, 관습법의 경우에는 법원이 이를 판단해야 한다는 견해가 있다.[104] 이에 따르면 관습법은 성문법률을 보충하는 효력을 가지는 것이기는 하지만 법률의 효력을 가지는 것이어서, 그러한 관습법에 위헌적 요소가 있는 경우, 우리의 성문법률 위헌심사제도 아래에서는 헌법재판소를 통한 위헌선언이 이루어질 길이 없고 법원에 의하여 위헌성이 판정되고 그의 적용이 배제되어야 한다고 본다. 물론 헌법재판소법에서 명문으로 관습법에 대한 위헌심사를 규정하고 있지는 않지만, 이것은 동법을 입법할 당시의 입법자가 통상의 경우인 법률만을 염두에 두었기에 그런 것이지, 처음부터 이를 배제할 생각으로 그런 것이라고 할 수는 없을 것이다. 더욱이 실제로 문제되는 경우란 §1 및 §185와 같은 법률 규정을 매개

---

103) 이 존재확인 과정에서 법원이 정당성 검증을 해야 하는가의 문제는 법률의 경우라고 해서 다르지 않다(예: 법원의 위헌법률심판 제청).

104) 대판(전) 03.7.24, 2001다48781에서 대법관 조무제의 반대의견에 대한 보충의견. 대결 09.5.28, 2007카기134에서는 관습법은 헌법재판소의 위헌법률 심판대상이 아님을 명시적으로 선언하였다. 同旨 주석 총칙(1), 82f.(제5판/이원범).

로 하는 만큼 관습법이 법률과 동일한 효력을 가지는 경우에도 헌법재판소가
위헌심사를 할 수 있다고 보는 것이 합당하다. 그렇지 않다면 (법원이 아무리 헌법질 서의 관점을 고려해서
확인한 관습법 이라고 해도) 법률에 해당하는 규범에 대한 통제가 헌법의 취지와 달리 헌법재판
소의 손을 떠나게 되어 부당하기 때문이다. 이 문제는 특히 관습법의 위헌성이
문제되는 사례가 현행의 법인 한, 그것이 구관습법이 현재까지 지속하는 것이
든 아니면 민법 제정 이후에 새로이 생성된 것이든, 이때에는 헌법질서의 사법
기구 간의 권한 배분에 입각하여 처리하는 것이 맞다. 헌법재판소도 최근에 이
러한 취지로 "법률과 같은 효력을 가지는 관습법도 헌법소원 심판의 대상이
되고, 단지 형식적 의미의 법률이 아니라는 이유로 예외가 될 수는 없다"고 판
시하였다.[105]

　⒟ 관습법의 위헌판정과 소급효 여부

　⒜ 현행 관습법의 경우　　현행 관습법의 경우에는 그 위헌판정의
효력은 당해 사건과 그 이후의 사건에 대하여 미친다.[106] 현실적으로 그 실질
에 있어서 관습법에 대한 법원의 위헌 판정은 헌법재판소의 법률에 대한 위헌
심사와 궤를 같이하므로 원칙적으로 위헌결정에 소급효가 인정되지 않는 논거
가 여기에도 동일하게 적용된다. 법률의 효력을 따질 때에 발효 시점이 아니라
현 시점에 그것이 유효한 현행법인가만을 따지듯이, 관습법의 경우에도 관행
이 성립한 시기가 아니라 현 시점(재판시)에 유효한 관습법으로 존속하고 있는
가만이 문제된다.[107]

　⒝ 구관습법의 경우　　그러나 현행 관습법이 아닌 구관습법인 경우
에 대해서는 위헌관습판정의 소급효 인정 여부와 관련하여 좀 더 고찰할 점이
있다. 가령 제정 민법(1958.2.22. 법률 제471호로 공 포되어 1960.1.1.부터 시행된 것)이 시행되기 전에 존재하던 "상속
회복청구권은 상속이 개시된 날부터 20년이 경과하면 소멸한다."라는 내용의
관습과 관련하여 대법원은 대판 81.1.27, 80다1392 이래 이를 관습법으로 확
인·선언하였는데, 대판(전) 03.7.24, 2001다48781의 다수의견[108]은 판례 변경

---

105) 헌재 20.10.29, 2017헌바208(분묘기지권의 시효취득에 관한 구관습법에 대한 합헌결정).
106) 대판(전) 05.7.21, 2002다1178(남녀의 종중원 자격). 주석 총칙(1), 83(제5판/이원범).
　　가령 헌재 01.7.19, 선고 99헌바9·26·84, 2000헌바11, 2000헌가3, 2000헌가23(병합)(구
　　민법(2002.1.14. 법률 제6591호로 개정되기 전의 것) §999 Ⅱ 중 "상속이 개시된 날부터
　　10년" 부분과 구 민법(1990.1.13. 법률 제4199호로 개정되기 전의 것) §999에 의하여 준
　　용되는 §982 Ⅱ 중 "상속이 개시된 날로부터 10년" 부분은 헌법에 위반된다는 결정).
107) 따라서 민법 시행 전에 성립한 관습(법)도 현행 성문법에 저촉하지 않고 존속하는 한,
　　신법인 민법이 구법인 관습법을 배제하는 것이 아니다. 同旨: 박찬주(주 61), 76.
108) 대법원장 최종영(재판장), 대법관 변재승, 이용우, 강신욱(주심), 이규홍, 손지열, 박재

을 통해 이러한 내용의 관습법을 헌법질서의 입장에서 위헌으로 판단하면서 구관습법의 적용을 소급적으로 배제하였다(^{위헌판정}). 반대의견[109]은 여러 논거를 동원하였지만 특히 ① 민법 시행 전의 폐지된 조선민사령은 상속에 관한 사항은 관습에 의한다고 규정하였고, 민법은 부칙 §25 I에서 "이 법 시행 전에 개시된 상속에 관하여는 이 법 시행일 후에도 구법의 규정을 적용한다."라고 규정하였으며, 1977.12.31. 법률 제3051호로 개정된 민법 부칙 V 및 1990.1.13. 법률 제4199호로 개정된 민법 부칙 §12 I에서도 각각 같은 내용의 경과규정을 두고 있으므로, 위 관습법이 다른 법령에 의하여 변경·폐지되거나 그와 모순·저촉되는 새로운 내용의 관습법이 확인되지 아니한 이상 법원으로서는 민법 시행 전에 있어서의 상속에 관한 법률관계에 해당하는 상속회복청구에 대하여 위 관습법을 적용할 수밖에 없다고 할 것이고, ② 그 관습에 위헌적 요소가 있음이 확인된다고 하더라도 향후로는 그에게 법적 확신을 부여하지 아니하기로 판단하는 것만으로도 다수의견이 의도하는 바의 그 관습법에 관한 법적 처리는 달성되는 것이지, 더 나아가 그 관습법을 생성시킨 그 판결들의 효력을 모조리 상실시켜 종래의 그 관습법의 성립근거를 소급적으로 박탈하는 결과까지 낳게 하여서는 안 될 것이므로, 결국 그 관습법의 존립의 근거가 된 그 판결들은 위헌법률 불소급효 원칙의 정신에 비추어 변경됨이 없이 그대로 유지되어야 옳다고 보았다.

생각건대 구관습법의 취약한 위상에 대해서는 전술한 바 있지만, 대법원이 스스로 일단 그것을 관습법으로 인정한 이상, 구관습법 관련한 제정법규와 판례를 정면으로 거스르며 구관습의 효력을 소급적으로 부인하는 것은 법률 적용의 중대한 일반원칙에 반하는 해석이 아닐 수 없다. 불소급설에 찬동한다.

㈑ 관습법의 입증   관습법도 법이므로 기본적으로 '법은 법원이 안다'(^{Iura novit}_{curia.})는 기초 위에서 법원이 직권으로 적용하는 것이 맞다.[110] 그러나 법률과 달리 그 존재 자체가 애매할 수도 있기 때문에 受訴법원이 실제로 그것을 인식하고 있다고 전제하는 것은 관습법 현상에 관한 한 비현실적인 이야

윤, 고현철. 그 이유로 위헌관습을 적용하게 되면 20년 경과 후 상속권 침해가 있는 경우 침해행위와 동시에 진정상속인은 권리를 잃고 구제받을 수 없는 결과가 된다고 한다.

109) 대법관 서성, 조무제, 유지담, 윤재식, 배기원. 아울러 반대의견에 대한 대법관 조무제의 보충의견에서는 법원에 의한 관습법의 위헌심사는 실질상 위헌법률 선언과 같게 되는데 그 경우에 헌법상 법치주의 원칙에서 나온 법적 안정성 내지 신뢰보호 원칙에 바탕을 둔 위헌결정의 불소급효 원칙(헌재 §47 Ⅱ)에 배치된다고 본다.

110) 同旨: 오세혁(주 66), 163.

기이다. 그러므로 법원이 알지 못하는 관습법의 경우 사건당사자가 그것을 주
장·원용할 필요성은 확실히 크다. 그러나 그렇다고 해서 당사자가 입증책임을
부담하는 것은 아니다.[111] 어디까지나 관습법도 법이기 때문에 관습법이 원용
된 경우 법원이 최선을 다해서 인식과 점검에 들어가야 하고, 이를 해태한 경
우 법리 위반으로서 상소의 대상이 된다.[112] 현실적으로 당사자가 관습법을 주
장하면 법원은 관습법이 원용된 한 그 존재 여부에 관하여 직권으로 판단해야
한다. 그러나 그러한 판단에도 불구하고 법원이 주장된 관습법의 존재를 확인
하지 못한 경우에는, 그러한 관습법이 존재하지 않는 것으로 판명된 것으로 보
아야만 하고, 결국 그로 인한 위험은 그러한 관습법의 존재를 주장한 당사자에
게 돌아갈 수밖에 없다. 대법원이 가정의례준칙 §13와 상치되는 관습(법)의
효력 인정과 관련한 판결($^{80다}_{3231}$)에서 "관습은 그 존부자체도 명확하지 않을 뿐만
아니라 그 관습이 사회의 법적 확신이나 법적 인식에 의하여 법적 규범으로까
지 승인되었는지의 여부를 가리기는 더욱 어려운 일이므로 법원이 이를 알 수
없는 경우 결국은 당사자가 이를 주장·입증할 필요가 있다"라고 판시한 것은
바로 이러한 저간의 사정을 지적한 것으로, 법원의 직권조사를 당연한 것으로
($^{"법원이\ 이를\ 알\ 수}_{없는\ 경우\ 결국은\ \cdots"}$) 전제한 판시이다.[113] 일찍이 조선고등법원도 1925.10.9. 판결

---

111) 同旨: 대판 83.6.14, 80다3231. 반면에 사실인 관습은 당사자가 주장 입증하여야 한
   다. 한편 대판 76.7.13, 76다983; 대판 77.4.12, 76다1124은 사실인 관습을 일종의 경험
   칙으로 파악하여 당사자의 주장이나 입증에 구애됨이 없이 법관 스스로 직권에 의하여
   이를 판단할 수 있다고 본다. 이것이 당사자의 입증책임을 면제시키는 것은 아니다(대판
   83.6.14, 80다3231. 후술 참조). 이에 대하여 곽윤직·김재형, 301은 이상의 판례의 입장
   을 "관습의 존부가 확실하지 않을 때에는, 법관은 당연히 직권으로 그 존부를 판단하여야
   하므로 당사자가 주장·증명할 필요는 없다"는 것으로 이해하는데, 잘못이다. 이 설명은
   관습법에 대한 설명이 되어야만 한다.
112) 서양의 경우 역사적으로 대학에서 로마법과 교회법을 공부한 학식법률가들이 재판부를
   구성하면서 점차 (지방)관습법을 원용하는 당사자에게 그 입증책임까지 지움으로써 로마
   법의 계수를 촉진시켰던 유명한 사실은 입증의 문제가 단순한 기술적인 문제에 그치지 않
   고, 실제로는 성문법과 관습법, 학식법과 민중법 사이의 관할 헤게모니 투쟁의 일환이었음
   을 잘 보여준다.
113) 오세혁(주 66), 163은 관습법의 존부 확인의 어려움을 솔직하게 토로하고 있는 이 판결
   에 근거하여 법원이 당사자에게 관습법의 입증책임을 전가하는 것으로 오해하였다. 참고
   로 판례는 '사실인 관습'의 경우에도 당사자의 주장·입증과는 별도로 법원의 직권조사를
   촉구하고 있다(후술).
      한편 김욱곤(주 50), 58은 "관습법은 … 제정법률에 있어서와 같이 그 존재와 내용이
   항상 명확한 것이 아니다. 그러므로 법관은 자신이 그 존재와 내용을 명확하게 알고 있는
   관습법은 職權으로 적용할 수도 있겠지만, 그렇지 않은 경우에는 이를 援用하는 당사자에
   게 그 立證을 명할 수도 있다고 보아야 할 것이다. 그러나 事實인 慣習은 법규범이기 때문
   에 당사자가 항상 援用·立證해야 할 것이다"라고 주장한다. 그러나 이 주장은 法院이 알

에서 조선민사령 § 10("조선인 상호간 법률행위에 대하여는 법령 중 공공의 질서에 관계치 아니하는 규정과 다른 관습이 있는 경우에는 그 관습에 의함.")를 해석하면서 여기서 관습은 관습법이라고 보고, 이것이 조선이라는 지방의 관습법인 점을 고려하여 일단은 "관습법이 지방적인 것인 때에는 소송에서 당사자가 이를 증명해야 하는 것"이라고 운을 뗴었지만, 곧이어 "재판소도 또한 당사자가 그 증명을 하건 말건 상관없이 직권으로써 필요한 취조를 할 수 있는 것이지, 반드시 당사자의 증명을 기다릴 필요가 없다. 따라서 관습법의 존부 또는 내용에 관하여 재판소가 대체로 이를 알 때 또는 지득한 때는 바로 이로써 사안을 판정해야 하며 이에 관하여 비록 당사자 간에 다툼 없는 경우에도 조금도 그 의견에 구속되어야 할 것이 아니다"[114]라고 판시함으로써 결국 조선의 관습법은 일본 전체로서는 지방관습법이지만, 조선의 입장에서는 전국적 관습법에 해당하고, 그래서 이에 대하여는 관습법의 입증에 관한 일반 법리가 적용됨을 분명히 한 바가 있다.

㈐ 새로운 관습법의 형성 가능성   국토 자체가 그다지 크지 않고 국가법이 잘 정비되었으며 초고도로 발전된 정보화망을 갖춘 오늘날의 우리나라에서는 서양의 역사에서 다수 존재하였던 지방·지역관습법의 문제는 현실적으로 일어나지 않고, 기껏해야 전국관습법만이 문제될 뿐이지만, 이마저도 사실은 종래 인정된 것을 제외하면 새롭게 형성될 가능성은 희박하다. 오히려 오늘날의 법현상을 살펴보면 영역별 관습법의 발달 가능성은 긍정된다. 이 문제는 종국적으로는 국가법이 과연 얼마만큼 사적 영역에서의 법생성 작용을 용인할 것인가의 문제로 수렴하는데, 아직 각종 영역(경제계, 산업계, 금융계, 노동계, 무역거래계, 종교계, 종중·문중 등)의 단체의 자치규약이나 거래약관을—이들이 법률과 같이 일반성과 지속성을 가지고 일반의 법률생활을 규율함에도 불구하고—아직 그 관습법성의 맥락에서 연구한 것은 안 보이는 것 같고, 실제로도 학설과 판례는 그 관습법성을 인정하고 있지 않다. 아직은 법률이 인정하는 자율의 범위 내에서 법률의 통제 하에 법률적 사항을 구체화하고, 이를 해당 구성원들이 자율적으로 이용하는 것 (Autonomie 및 Privatautonomie)에 불과한 것으로 파악하고 있기 때문인 것으

고 있는 관습법은 당연히 직권으로 적용'해야만' 하고, 그렇지 않은 경우에도 당사자가 자신이 원용하는 관습법의 존재를 법원이 모르고 있다는 사실만으로 입증책임을 부담하는 것은 아니고, 그저 '입증의 부담만을 진다'는 사실을 제대로 밝히고 있지 못하고, 또한 '사실인 관습'을 '법규범'이라고 하면서, 당사자가 '입증책임'을 진다는 모순된 논리를 펴고 있을 뿐만 아니라, § 106의 경우에는 당사자가 사실인 관습을 입증할 필요가 없다는 점(상세는 후술)에서 부당하다.

114) 정종휴(주 37), 12에서 재인용.

로 보인다. 그러나 점차 국가가 아닌 초국가적 또는 국제적 기구의 활동과, 다자간 기구에 의한 국제적 관습(특히 상거래 관련규범)과 같은 것이 발전하고 있고, 또 마치 고대 로마의 萬民法(ius gentium)이 당시 지중해 유역의 문명화된 족속들 사이에서 통용되던 공통의 실질법규의 집적이었듯이, 국제거래의 관행을 채집하거나 집대성하여 합리화한 형태로 再錄하거나 모델律典으로 만드는 작업들이 진척되면서, 또 다른 의미에서의 관습법에 대한 고려가 신중히 논의되어야 할 시점에 이르렀다고 보인다. 그러나 좁은 의미의 民事에 관한 한, 아직 이 문제는 그다지 심각하게 대두한 것 같지는 않다. 좀 더 시간을 두고 예의주시할 일이다.

  (2) 관습법의 특성: 제정법과의 차이

    종래 관습법을 논함에 있어서, 특히 '사실인 관습'과의 관계를 논함에 있어서 학설들이 놓치고 있는 관습법의 중요한 특성을 살필 차례이다. 승인된 관습법이 성문의 제정법과 충돌하지 않는 한 법률과 마찬가지로 효력이 있다고 하는 점으로부터 실정법의 범주에 속하는 관습법이 법률과 다른 점은 성문이 아닌 불문이라는 그 존재형식에만 있는 것으로 보고 관습법을 만연히 법률에 등치시킨 결과, 양자 사이의 결정적인 차이점을 간과하고, 쓸데없이 논의가 번삽해지는 불필요한 혼란을 야기하고 있기 때문이다. 관습법이 사실인 관행으로부터 출발한다는 점은 제정법이 입법자의 의사로부터 출발한다는 점과 본질적으로 다른 점이고, 이것은 결정적인 차이점이다. 왜냐하면 관행으로부터 출발한다는 것은 과거 시점에 이미 생성된 일정한 구체적인 사태를 벗어나서는 관습법을 고찰할 수 없다는 것을 의미하기 때문이다(관습법의 과거고 착성 및 구체성). 어떤 구체적인 관행이 생성되면 그와 다른 선택지는 존재하지 않는 것이다. 이런 의미에서 관습법은 항상 강행법규적이다. '임의법규적인 관습법', 즉 자신의 필연적으로 구체적인 법명제와 다른 가능성을 열어놓고 법률행위의 당사자들로 하여금 다른 선택을 할 수 있도록 하는 관습법이란, 첫째로 관습법은 그 자체로서 미래기획을 할 수 있는 것이 아니라는 점, 둘째로 혹 이를 인정하더라도 이때에는 당사자들이 반드시 구속된다는 법적 확신을 가지지 않는 것이기 때문에 기껏해야 '사실인 관습'일 뿐이라는 점에서 형용모순(contradictio in adjecto)이다.[115] 만약에 기존의 관습법이 규율하는 대상에 관하여 그와 다른 관행이 새롭게 생성된다면 그것은 기존의 관습법이 장기의 불사용(desuetudo)으로 폐기되고 새로운 관습법이 형성되었거나 되고 있다는 것을 의미하는 것이지, 두 개의 관습법

───────────────

115) 이호정, "임의규정, 관습법과 사실인 관습", 서울대 법학 37-2, 1996, 24 참조.

이 병존하거나, 일반법과 특별법의 관계로 서열구조가 만들어지는 것이 아니다. 신관습법은 언제나 구관습법을 대체한다.

이런 모든 점에서 제정법은 주지하다시피 전혀 다르다. 법률은 기본적으로 입법자의 합목적적 고려에 기초한 미래기획의 의사가 반영되어, 설사 과거의 관행이나 관습법을 고려하거나 반영하였다고 해도, 어디까지나 미래개방적 (일반적·추상적) 규범을 창출하는 것이기 때문이다. 따라서 입법자는 규율의 대상을 마음대로 고를 수도 있고, 규율의 강도를 강행법규로든 임의법규로든 (법질서의 근본 결단에 의한 일정한 한계 내에서) 자유롭게 선택할 수 있고, 더욱이 동일한 규율대상에 대하여 새로운 규율로써 기존의 것을 전면적으로 교체할 수도 있고, 부분적으로 변경할 수도 있고, 추가적으로 보완하거나 예외를 새롭게 설정할 수도 있다.[116] 입법자가 가지는 자유재량의 여지는 실로 관습법에서 그 생성주체가 가지는 단일화된 경로의 불가역적 과정과는 전혀 차원이 다른 것이다. 따라서 적어도 민사에 관한 한, 오늘날과 같은 초복잡사회에서 관습법이 가진다고 설정되는 이른바 '직접민주주의적 정당성'이나, 입법의 노후나 흠결로 인한 필연성을 이유로 관습법에 많은 것을 기대하려는 태도는 바람직한 것이 결코 아니며, 일말의 낭만주의적 향수라고도 할 수 있다. 인류의 법발달사가 시대와 사회환경의 변화와 더불어 관습법시대로부터 제정법시대로, 법발견[과거 대상]의 시대로부터 법창출[미래 대상]의 시대로 변모되어 온 것은 다 그만한 이유가 있는 것이다. 이런 의미에서 오늘날 관습법에게 우리가 기대할 수 있고 기대해도 좋은 최대의 것을 본조가 선언했다고 보는 것이 합당하며, 본조를 넘어서는 관습법의 기능 확대는 입법자의 의사에도 반하고 바람직하지도 않다.

(3) 민법상 인정된 관습법

민간의 자생 관습법은 성질상 그 존재를 법원이 알기 어렵다. 법적 확신이 존재하는 한 대개는 소송으로 이어지지 않기 때문이다. 그것이 소송상 문제되고 있다는 것은 다른 한편으로는 법적 확신이 다투어지고 있는 것으로도 볼수 있다. 결국 국가권력이 확립된 법치국가 하에서 관습법의 존재는 법원에서

---

116) 실정주체에 의한 현행법에 대한 개입[미래기획]의 유형을 가장 단순 명쾌하게 제시한 예로서 로마법상의 법정관법(ius praetorium)을 들 수 있다.
   D.1.1.7.1 Papinianus libro secundo definitionum.
   Ius praetorium est, quod praetores introduxerunt adiuvandi vel supplendi vel corrigendi iuris civilis gratia propter utilitatem publicam. ...
   (法政官法이란 법정관들이 공공의 이익을 위해 시민법을 보조하거나, 보충하거나, 교정하기 위하여 도입한 법이다. …)

의 재판을 통해 그 타당성과 정당성이 검증되고 확인받게 된다. 그러나 대개는 실제로 그것이 민간 자생의 관습이었는지 여부도 다투어질 뿐만 아니라, 아울러 법원에서 관습법으로 그 효력을 인정받는다 하더라도 이후에 입법에 의해 얼마든지 그 효력이 대체될 수 있다. 그만큼 오늘날 관습법은 취약한 지위에 있다.

현재 판례에 의하여 인정된 재산법상 관습법으로는 다음과 같은 것들이 있다.

- 수목의 집단이나 미분리과실에 관한 공시방법인 명인방법[117]
- 종중 또는 부부간 부동산 명의신탁[118]
- 관습법상 법정지상권[119]
- 분묘기지권($\frac{2001년 1월 13일 이후 설치되}{는 분묘의 경우 시효취득 불가}$)[120]
- 동산의 양도담보[121]

판례는 종중의 성립과 관련하여 종중은 별도의 조직행위가 없어도 공동선조와 성과 본을 같이 하는 후손이 성년이 되면 성별의 구별 없이 당연히 그 구성원으로 되는 자연발생적 종족집단으로 보았는데, 이에 대하여는 오늘날 비판설이 있다.[122]

한편 친족·상속법과 관련하여 일제 강점기 조선민사령 §11가 민법 규정 중 친족 및 상속에 관한 규정은 조선인에게 적용하지 않고 관습에 의하도록 하면서 민법시행 전까지는 관습법이 적용되는 경우가 많았고, 오늘날도 재판상 문제되는 경우가 있다($\frac{대표적으로 관습법}{상 분재청구권. 후술}$). 그리고 사실혼을 판례가 인정한 관

---

117) 대판 67.12.18, 66다2382, 2383 등.
118) 대판 63.3.19, 63다388; 대판 87.5.12, 86다카2653; 대판 93.11.9, 93다31699 등.
119) 대판 68.7.31, 67나1759. 이에 대하여 권재문, "관습법상 법정지상권의 인정근거와 필요성에 관한 비판적 고찰", 법사학연구 37, 2008, 102ff.는 조선고등법원이 이를 인정하였던 1910년대에는 그러한 관습이 실제로 존재하였으나 일제강점기를 거치면서 소멸해 갔고 따라서 이를 인정한 1960년대 초기의 대법원판결은 존재하지도 않는 관습을 근거로 하는 잘못을 범하였다고 비판적으로 평가한다.
120) 대판 60.6.30, 4292민상840; 대판 82.1.26, 81다1220; 헌재 20.10.29, 2017헌바208(관습법상 분묘기지권의 20년 점유취득시효와 관련하여 합헌결정).
121) 대판 54.3.31, 4287민상134; 대판 65.12.21, 65다2027; 대판 86.8.19, 86다카315; 대판 94.8.26, 93다44739 등.
122) 정긍식, "종중의 성격에 대한 비판적 검토", 민판연 29, 2007, 495ff.는 조선후기에 형성된 종중은 조상을 현양하기 위하여 후손들이 재산을 출연하여 契의 형태로 운용하던 것으로 규약을 만들어서 재산관리를 하였다는 점에서 자연발생적 단체가 아닌 법인에 가까운 인위적인 단체라고 본다.

습법으로 보는 견해[123]도 있으나 타당하지 않다.[124)

(4) 관습법의 효력

⑺ 관습법의 효력   관습법의 효력에 관해서는 현재 기본적으로 보충적 효력설과 대등적 효력설로 진영이 나뉘고 있다.[125)

(a) 대등적 효력설   변경적 효력설이라고도 하는 이 설[126)은 논거로 대체로 다음과 같은 이유를 든다.

(ⅰ) 성문법만으로는 사회변화에 적시 대응이 불가하다. 성문법과 다른 관습법이 성립한 경우 이는 경화된 성문법이 사회변천에 적시에 대응하지 못하였다는 증거이다. §106는 사실인 관습도 임의법규를 개폐하는 효력이 있는데, 관습법에는 당연히 그러한 성문법규 개폐 효력이 부여되어야 하며, 실제로 관습법의 예로는 명인방법과 동산 양도담보, 사실혼 등이 있다.[127)

(ⅱ) 우리 민법의 경우 §185, 상린관계 규정 그리고 상 §1 등을 논거로 삼아서 이들 규정은 사법 전반에 관하여 관습법의 대등적 효력을 인정한 것인데, 왜냐하면 민법 중 어느 법규는 관습법의 대등적 효력을 인정하고 어느 법규는 그렇지 않다고 볼 수는 없기 때문이고, 따라서 이러한 규정들은 관습법이 제정법을 개폐하는 실제현상을 수용한 것으로 보충적 효력설이 아닌 대등적 효력설의 근거가 된다고 한다. 또한 국가권력의 원천인 국민이 직접적으로 정립한 법이 대표기관을 통하여 간접적으로 정립한 법보다 언제나 열위에 서는 것은 국민주권사상에 비추어 볼 때 명백한 모순이라는 논거도 제시된다. 즉 관습법은 입법자의 임무태만에서 비롯된 것이므로, 입법의 불비를 이유로 관습법의 효력을 부인하고 법원이 이를 재판의 기준으로 삼지 못한다고 하는 것

---

123) 김형배·김규완·김명숙(주 23), 18.
124) 구주해(1), 51(최병조) 참조.
125) 독일과 프랑스의 입법 및 학설의 변천에 관하여는 김욱곤(주 50), 60ff.
126) 송덕수, 21은 대등적 효력설보다는 변경적 효력설이라고 부르는 것이 더 타당하다고 한다. 그러나 관습법에 해당하는 내용이 입법된 경우 당연히 본조상 성문법이 우선하므로 문제는 성문법과 상치되는 관습법이 형성된 경우인데, 그 경우 대등적 효력을 가진다고 보면 신법우선의 원칙에 따라 변경적 효력까지 인정하게 되므로 양자의 호칭 차이는 의미가 없다. 오세혁(주 66), 166 주 62는 대등효와 폐지효는 엄밀하게 따지면 동일한 문제가 아니라고 본다. 이유는 관습법이 제정법과 대등한 효력을 가진다고 해도 기존의 제정법이 존재하지 않는 경우에는 관습법이 제정법을 폐지하지는 않기 때문이라는 것이다. 그러나 이것은 정작 문제되는 상황을 비껴간 무의미한 주장이다. 이진기(주 7), 223-228도 대등설이다.
127) 김욱곤(주 50), 67, 69, 70f.; 고상룡, 376, 383; 김용한, "불문민법의 법원", 법정연구지, 21; 백태승, 19.

은 올바른 법의 해석 운영이 아니라고 본다.[128] 그 외에도 대등적 효력설이 아니면 §106와의 관계에서 모순이 발생한다고 한다(전술).[129] 이 견해는 이를 근거로 관습법을 보충적 관습법과 대등적 관습법으로 분류하면서 대부분은 보충적 관습법이지만, 사회사정의 변화로 기존의 법률규정의 준수가 극히 중대한 불편을 가져오는 경우 성문법과는 다른 내용의 대등적 관습법이 형성되고, 후자의 경우 "신법은 구법에 우선한다"는 일반원칙[130]에 따라 관습법이 우선한다고 한다. 그러나 관습법의 내용이 불충분하거나 불합리한 면을 가지고 있어 이를 수정하기 위하여 법률이 제정된 경우라면 법률이 우선한다고 본다.[131]

　　　　　(iii) 학설 중에는 임의법규적 관습법과 강행법규적 관습법을 구별하면서(전자의 예로 종중의 운영에 관한 일반 관습을 들고, 후자의 예로 宗員의 자격을 남계후손에 한정하는 관습법을 든다), 이 후자가 "성문법에 대한 변경적 효력을 가지느냐 하는 문제는 변경적 효력을 인정하는 판례가 존재하는가 하는 점에 의해 결정된다 할 것이다. 일반적으로는 강행규정 자체에 결함이 있거나 강행규정 스스로가 관습에 따르도록 위임한 경우 등 이외에는 이 관습에 법적 효력을 부여할 수 없다."라고 한다. 그러면서 "학자들은 간과하고 있지만 판례를 보면 실제로는 강행규정의 성문법에 대해서까지도 그 적용을 배제하고 있는 경우도 있다"라고 주장하는 견해가 있다.[132] 그런데 관습법의 존재와 효력에 관한 한, 현실적으로 판례의 확인이 결정적인 것은 모든 경우가 그러하므로 특별한 논거라고 하기 어렵고, 성문법이 결함이 있는 경우를 논하는 것은 성문법과 관습법의 효력 비교에서 正道가 아니며, 성문의 강행법규가 스스로 관습에 따르도록 위임한다는 것은 기본적으로 강행법규의 본질에 어긋나고 현

---

128) 김학동(주 6), 77f.

129) 김증한·김학동, 14f.

130) 대판 61.12.28, 4294행상55.

131) 김증한·김학동, 17. 그밖에 장경학, 53; 황적인, 11; 박찬주(주 61), 67ff.도 대등설을 따른다.

132) 박찬주(주 61), 67f.; 이진기(주 7), 227f. 상관습법의 문제에 관해서는 박찬주(주 61), 70ff. 상법의 문제는 그 영역 나름의 특수성이 있으므로 이곳에서는 다루지 않기로 한다. 참고로 이진기(주 7), 222 주 106은 Iul. D.1.3.32.1 (ut leges ... etiam tacito consensu omnium per desuetudinem abrogentur. 법률들은 또한 장기의 불사용(desuetudo)을 통한 만인의 묵시적 합의에 의해서도 폐지된다.)을 관습법이 현재의 법률을 폐지할 수 있다는 전거로 인용하는데, 의문이다. 이진기의 견해는 빈트샤이트(Windscheid, *Das Lehrbuch des Pandektenrechts*, I, §18 Anm. 1)의 해석에 따른 것으로 보이는데, 빈트샤이트는 desuetudo를 실정법률에 반하는 새로운 관습법을 통한 폐지로 이해하지만(이는 대등설을 취하는 한 당연한 것이다), 이 개소의 desuetudo는 그저 장기간 기존 법률이 불사용되다가 흐지부지 실효하는 것이므로 장기의 불사용을 새로운 관습법의 발생으로 볼 수 있을지 의문인 것이다.

실로도 상상하기 어렵다는 점에서 논리를 이해하기 어렵다. 비중 있는 논거는 성문의 강행법규를 관습법으로 배제한 판례가 존재한다는 것인데, 이 문제는 좀 더 살펴볼 필요가 있다.

첫 번째로 드는 것이 법인 아닌 사단인 종중의 소유관계가 공유만을 인정한 의용민법 §249에도 불구하고 조선고등법원 판례[133]가 "관습상 항상 이른바 합유의 법률관계"로 본 것이 해방 후에도 유지되다가, 현행민법 시행 후 합유에서 총유로 판례의 입장이 변경되었다[134]는 것이다. 이러한 변화에 대하여 "민법 시행 전부터 존재하여 오던 종중의 재산 소유형태를 合有에서 總有로 변경하는 것이 가능한가, 판례에 의해 재산권에 대한 침해가 이루어진 것으로 위헌적 태도가 아닌가 하는 문제는 있으나, 설사 공동소유에 관한 규정이 임의규정이라 하더라도 종중의 소유형태를 合有라고 본 판례의 태도는 강행법규적 관습법의 존재를 인정하는 셈이다"라고 평가한다.

그러나 이에 대하여는 다음을 지적할 수 있다. ① 구관습상 성문법($\frac{의용}{민법}$)에 없는 물권관계인 합유를 확인한 것은 말하자면 §185에 상응하는 것으로 강행법규적인 관습법의 존재를 인정한 셈이지만, 강행법규적인 관습법이면서 성문의 강행법규를 배제한 때문이 아니라, 성문법이 인정하지 않는 소유관계를 확인한 것이어서 그런 것이다. ② 민법 시행 후 합유를 총유로 변경하는 것이 허용되는가의 문제는 새로운 성문법의 명문규정($\frac{§275}{1}$)에 의하여 관습법을 배제한 것이므로($\frac{§}{1}$) 당연히 가능하다. 더욱이 이런 명문규정이 만들어지지 않았더라도 사물[종중]의 본성상 총유적 규율로 판례를 변경하는 것이 합당했을 것이다($\frac{이전}{은 구}$관습을 오해한 예전 판례를 변경하는 것에 해당할 것이다). ③ 그렇다면 이러한 법원의 조치가 위헌인가를 따지는 것도 부당하다.

두 번째로 드는 것이 판례가 지방자치법($\frac{1949.7.4.}{법률 제32호}$) 시행 이전의 洞·里[135] 및 사찰[136]을 관습법상의 법인으로 인정했다는 것인데, 이로써 법인은 법률의 규정에 의하지 아니하면 설립할 수 없다는 강행법규($\frac{구민법}{§33: §31}$)를 관습법이 변경한 것으로 본다. 그러나 사찰의 경우 주류적이 아닌 판결을 근거로 주장을 펴

---

133) 朝高判(聯) 1927(昭 2).9.23. 관련하여 김영희, "의용민법 시대와 합유와 총유의 혼동", 민학 90, 2020. 3, 65ff. 참조.

134) 대판 56.10.13, 4288민상435.

135) 대판 99.1.29, 98다33512.

136) 대판 70.2.10, 66누120·121. 단 이 이외의 판결들은 사찰에 대해 법인 아닌 사단 또는 재단으로서의 지위만을 인정한다는 점을 지적하고 있다. 대표적으로 대판 97.4.25, 96다46484.

는 것은 신중을 요하고, 또 洞·里의 경우에도 구관습에서 법인격이 인정된 것
이 과연 합당한 것이었는지 살펴야 하며, 설령 그렇다고 해도, 이것이 오늘날
의 이해를 좌지우지할 것은 아닐 뿐더러, 그에 관한 주류 판결들의 취지가 결
국 이들이 현행 법질서 하에서 말단 행정기관이 되면서 그 실체적 소유관계가,
다른 특단의 사정이 없는 한, 상위 행정기관에 귀속하는 것으로 보고 있는 것
137)에서도 간취할 수 있듯이, 이것은 단순한 민사의 문제 영역이 아니다. 이러
한 특수한 경우를 기본이론의 논거로 삼는 것은 적절해 보이지 않는다.

　　세 번째로 드는 것이 의용민법 § 175(*"물권은 본법 기타의 법률에 정하는*
것 외에는 이를 창설하지 못한다.")의 규정과
는 별도로 조선민사령 § 12(*"부동산에 관한 물권의 종류 및 효력에 관하여는*
제1조의 법률이 정한 물권을 제외하고 관습에 의한다.")에 의하여 관
습에 의한 물권이 인정되고 있었고, 이 규정에 의하여 판례는 현재 관습법상의
물권에 해당한다고 보고 있는 墳墓基地權을 인정하였는바, "이는 의용민법이
인정하는 물권에 대한 제한을 가하는 것이 되고 관습이 민법에 대한 변경적
효력을 가지는 것이 된다. 민법이 시행되면서 이러한 권리는 관습법상의 물권
으로 격상되었다"는 주장이다. 그러나 조선민사령이 의용민법이 말하는 "기타
의 법률"에 해당하는 한, 이것을 의용민법에 대한 제한이라 볼 수 없고, 결과
적으로 § 185와 다를 바 없다. 또 이 경우 현행법에서 관습법으로 격상되었다
고 표현하는 것도 적절하지 않다. 왜냐하면 조선민사령에서 단순히 "관습"이라
표현했다고 해서 그것이 사실인 관습이었다가 나중에 우리 민법 하에서 관습
법으로 격상된 것이 아니기 때문이다. 물권의 종류와 효력은 본성상 객관적으
로 대세적 규범력과 일체의 관계이기 때문이다. 이 견해는 또 양도담보와 관련
하여 "한 때는 質權에 관한 규정과 충돌하는 脫法行爲가 아닌가 하는 논의가
이루어지고 있었다는 자체가 어떤 논리에 의해 脫法行爲性 논란을 避해 가든
강행규정에 어긋나는 관습이 존재할 수 있다는 것을 의미한다"라고 주장한다.
그러나 이것은 과정과 결과를 혼동한 논법이다. 전술한 바와 같이 모든 관행과
관습법은 정당성의 검증을 거친다. 그 과정에서 강행법규에 위반하는지의 여
부가 논의되었으나 결과적으로 그렇지 않을 뿐 아니라 사회적 필요에도 부응
하는 관행이나 관습법이라고 확인이 된 경우에, 이것을 관습법도 강행법규 위
반의 관습이 존재할 수 있다는 근거로 삼는 것이 부당한 것은 물론, 더 나아가
서 이를 근거로 마치 성문법의 강행법규를 누를 수 있는 강행법규적 관습법이

---
137) 대판 62.1.31, 4294민상270; 대판 66.5.10, 66다176. 종전의 소유관계를 법인으로 봐야
　　洞民의 사소유로 변경되지 않는다.

존재하는 것처럼 입론하는 것은 어불성설이다. 이상 검토한 바와 같은 논리에
근거한 변경적 효력설은 취할 수 없다.

　　또 이 학설은 "판례[138)]가 관습법이 법령에 저촉되지 않는 한 효력을 가진
다고 보는 점은 문제이다. 명령이 법률의 위임의 범위 내에서 제정된 것이라면
법률과 마찬가지로 보아야 하기 때문에 타당하다 할 수 있지만, 만일 위임의
범위를 벗어나거나 위임받지 아니한 사항에 대해 규정하는 경우, 또는 법률의
시행을 위하여 위임과 무관하게 제정되는 시행령의 경우에는 관습법이 항상
우위의 효력을 가진다고 보아야 할 것"이라고 주장한다. 본조가 "법률"로써 제
정법 일반을 가리키는 한, 국가법 체계 내의 법령[139)]은 판례가 인정하듯이 관
습법에 우선한다고 보아야 한다. 이러한 논의가 당연히 전제하는 것은 그러한
법규의 유효성이다. 국가법 체계 내에서 무효 등의 사유로 문제가 있는 법령과
관습법을 비교하는 것은 논점을 비껴간 것이다.

　　이 학설은 보충적 효력설에 대한 반대논거로 다시 헌법재판소의 신행정수
도건설을위한특별조치법 위헌 결정($\binom{헌재\ 04.10.21.}{2004헌마554}$)의 취지라고 내세우는 "국민주
권주의는 성문이든 관습이든 실정법 전체의 정립에의 국민의 참여를 요구한
다"는 명제를 바탕으로 이 점이 바로 관습법의 존재근거가 되는 것이라 보면
서, 관습법에 어긋나는 성문법은 그것이 헌법이든 법률이든 효력을 부인할 수
있게 되는 것이고, 그렇다면 "관습법은 성문법의 강행법규에도 불구하고 변경
적 효력을 가질 수 있다"라고 주장한다.[140)] 그러나 마지막 명제에서 '관습법'은
헌법재판소의 결정의 문맥상 당연히 '국민이 헌법전에 포함되지 아니한 헌법
사항을 필요에 따라 관습의 형태로 직접 형성하여 생성된 관습헌법'의 의미로
이해하지 않으면 안 된다. 관습헌법도 헌법인 한, 일반 법률보다 상위이다. 그
러나 본조의 관습법은 민사에 관한 기껏해야 법률급의 관습법이다. 만약 이 견
해대로라면 모든 법의 최상위를 관습법 일반이 차지하는 것이 되는데,[141)] 이는

---

138) 대판 83.6.14, 80다3231.

139) 구주해(1), 38ff.(최병조).

140) 박찬주(주 61), 72f. 같은 주장이 75f.에서도 반복된 가운데 신법우선의 원칙의 적용 문
　　제를 다루고 있는데, 그 결론이 "관습법이 법적 확신에 의해 지탱되고 있는 한, 그리고 그
　　법적 확신이 강행규정에 대해서 변경적 효력을 가져야 한다는 내용인 한 관습법은 항상
　　성문법에 대해 변경적 효력을 가져야 한다고 결론지을 수 있다"라는 것으로, 맥락의 단순
　　화가 오류의 근원이다.

141) 오세혁(주 66), 167ff.도 "관습법에 대하여 제정법에 대한 보충적인 효력만을 부여하는
　　것은 법효력의 실효성 차원에서뿐 아니라 합법성 차원에서도, 정당성 차원에서도 근거지
　　워질 수 없다"라고 주장한다. 그러나 이 모든 논의는 입법론적, 법철학적, 국제법적 차원에

어불성설이다. 또한 관습헌법이 성문헌법을 개폐할 수 있다는 주장[142] 역시 (다름 아닌 §1도 함 께 천명하고 있는) 우리나라 법질서의 근본정신에 반하는 주장이다. 현대의 입헌주의 하에서 헌법제정 권력의 주체로서 국민은 일차적으로 성문헌법을 통하여 그 의사를 표출하는 것이고, 성문헌법이 놓친 여타의 헌법사항에 한하여 관습헌법을 통하여 주권적 의사를 실현하는 것이기 때문이다. 국민주권주의로부터 "관습헌법뿐 아니라 법률의 효력을 가지는 관습법의 정립도 헌법제정권력의 의사"라는 해석[143]은 헌법 차원에서 공적 단일주체로 등장하는 국민(populus)과 민사법 차원에서 사적 주체로 행위하는 시민사회의 개별적 구성원들인 국민(cives)을 혼동한 잘못이 있다.

그밖에 이 학설이 보충적 효력설의 근거로 드는 본조의 단계적-예비적 규정형식에 대하여 제기하는 비판 역시 근거가 없다. 이 견해는 본조를 "단순한 法源에 관한 규정에 그치는 것이 아니라, 관습법의 효력에 관한 규정이라고 주장하는 것은 비약이다. 민법에서는 관습법이 임의법규에 대해 변경적 효력이 인정되며 경우에 따라서는 강행법규에 대한 변경적 효력까지 있을 수 있다는 점을 밝히는 입법례는 없을 것이다. 이는 성문법의 규범력을 약화시킬 뿐 아니라, 입법의 형식 또한 문제가 되기 때문이다"라고 주장한다.[144] 그러나 이미 살펴보았듯이, 우리 법의 경우 변경적 효력은 인정할 수 없다. 또 만일에 그런 효력을 인정하는 법제라면 그와 같은 중차대한 내용을 당연히 명정하여 선언해야지, 왜 그런 입법례가 없어야 하는지 이해가 가지 않는다. 특히 그런 효력을 인정하여 규정하면 성문법의 규범력을 약화시킨다는 지적은 또 무엇이고, 입법의 형식이 문제된다는 지엽적인 지적은 또 무엇인가.

　　　(iv) 학설 중에는 "우리나라의 입법실정을 보더라도 아직 각 지방의 관습에 대한 과학적이고 종합적인 실태조사도 되어 있지 않은 현실에 비추어 사항에 따라서는 성문법에 우선하는 관습법을 적용하는 것이 실제생활의 안전과 분쟁해결을 위하여 합리적이 경우가 많을 것"이라고 보는 견해가 있다.[145] 그러나 이것은 무엇보다도 현대 복합기술-정보화 사회의 실상에 맞지 않는 낭

서의 논의임을 밝히고 있는 한, 본조의 해석과는 일단 무관하다.

142) 동지: 오세혁(주 66), 170("심지어 성문헌법이 관습법의 적용을 명시적으로 배제하는 경우에도 관습법은 성문헌법을 폐지 내지 개정할 수 있다"). 그렇다면 성문헌법의 명문규정은 왜 존재하는가? 이런 경우라면 경성헌법의 개정작업을 거치는 것이 선결문제이다.

143) 박찬주(주 61), 76f. 주 73.

144) 박찬주(주 61), 73f.

145) 김욱곤(주 50), 67(최종길, 김용한 인용).

만적인 생각이며, 특히 실태조사도 없다고 하면서 관습법을 적용하자는 주장
은 앞뒤 모순이기도 하다.

(v) 비교법적으로 스위스나 프랑스의 논의를 근거로 제시하는 경우가
있으나,[146) 누차 밝혔듯이 법원론의 문제는 각 법질서의 실존의 문제이고, 비
교법적 논거는 도움이 되지 않는다.

(b) 보충적 효력설   이 견해는 그 논거로 대체로 다음과 같은 이유
를 든다.

(i) 대등설은 민법이 택한 성문법주의에 어긋난다. 관습법은 법률의
내용을 변경할 수 없는데, 관습법에 법률개폐효력을 인정하면 불합리한 구 관
습을 없애기 위한 정책적 입법의 취지($\binom{대표적으로 장자 상속분을 다른 형제자매}{와 동일하게 정한 1990년 개정된 §1009}$)가 몰각될
우려가 있다.[147)

(ii) 관습법의 존재를 확인하는 것은 기본적으로 어려운 일이므로 사
회변화에 따라 성문법에 어긋나는 관습법의 효력을 인정하여 재판한다는 것은
법적안정성의 측면에서 문제가 있다. 현실적으로 관습법의 존재는 법원을 통
해 결정되는데, 그렇다면 법원에게 성문법의 개폐권한을 주는 것과 마찬가지
가 되어 문제가 있다.

(iii) 관습법의 효력은 한정된 지역에만 미치고 그 범위에서 "관습법상
의 특별법"으로 민법을 보충하게 되는데, 관습법의 적용범위가 국지적인 경우
적용범위 획정의 어려움($\binom{특히 법률관계 당사자가 다}{른 지역에 존재하는 경우}$)이 있다. 아울러 민법은 §106와
§185에 의하여 필요한 영역에 관습의 효력을 강화시키는 탄력성을 보이고 있
으므로, 그 밖의 경우에는 관습에 법률과 대등적 효력을 인정해야 할 필요성이
적다.[148)

(iv) 의용민법에는 본조와 같은 규정이 없다는 점에서 민법의 입법자
는 보충적 효력설로 입법적 결단을 내린 것이다. 변경적 효력설은 본조를 무력
화하는 것이고 해석의 한계를 넘는 것이다.[149)

(v) 성문법과 다른 관습법이 존재한다면 성문법을 개정하여 관습법을
성문화하는 노력을 기울이는 것이 맞다.

(vi) 대등설에 의하면 법적 안정성을 해치고 이는 결국 개인의 법률생

---

146) 김욱곤(주 50), 67, 68.
147) 강태성, 17f.; 곽윤직·김재형, 24; 김기선, 24; 주석 총칙(1), 79ff.(제5판/이원범).
148) 이은영, 44f.
149) 동조의 제정과정에 대하여는 양창수, 민법연구 3, 49ff.; 명순구, 실록 [1.1].

활의 불안정을 초래한다.[150] 아울러 대등설에 의하면 司法경제의 효율성의 측
면에서도 문제가 있고 예측가능성이 떨어지므로 민사관계에서 거래비용이 증
가하게 된다.[151] 법정책적 차원에서도 보충적 효력설이 타당한데, 정보통신의
발달 및 입법과정의 민주화 경향에 비추어 볼 때 변경적 효력설의 전제 자체
가 의미를 크게 잃었다.[152]

           (c) 私見: 보충적 효력설   보충적 효력설이 타당하다. 본조의 1차
적인 취지가 바로 이러한 성문법 우선주의를 천명한 것이기 때문이다. 그 외에
도 법정책적 차원에서는 물론 현대 입법국가 및 정보화사회에 비추어 관습법
이 성문법과 대등한 효력을 갖는다는 입론은 더 이상 설 자리가 없다. 다만 이
상의 논의에서 한 가지 주목되는 점은 §1와 §185의 관계에 대한 상이한 이해
가 상당히 중요한 역할을 하고 있다는 점이다. 많은 경우 §185(^{"물권은 법률 또는 관
습법에 의하는 외에
는 임의로 창설
하지 못한다."})가 대등적 효력을 인정한 것으로 이해하고 이 한도에서 §1의 적용
이 배제된다고 본다. 따라서 그 한도에서 명인방법이나 동산 양도담보와 같은
관습법에 의한 성문법의 개폐현상을 §185가 예정하고 있다고 본다.[153] 이에
대해서는 그러나 §185에도 불구하고 물권법영역에서 관습법은 제한적으로만
인정되며, 가령 의사주의 관행(^{등기 없이
소유권이전}), 사도통행권, 관습지상권의 경우 형식
주의의 경직성을 완화하는 것이므로 판례가 관습법으로 인정한 것이라는 견해
가 제시되었다.[154] 대등적 효력설에서 판례상 관습법의 변경적 효력을 인정한
예로 들고 있는 양도담보, 사실혼 등의 경우에도 이것들은 성문법과 모순되는
것이라고 볼 수 없으므로 관습법의 변경적 효력의 예에 해당되지 않는다.[155]
그리고 엄밀히 말하면 §185의 경우에도 우선 관습법이 물권창설력을 가지는
것은 관습법 자체로서 그러한 효력이 있어서가 아니라, 물권의 창설과 관련하
여 법률 이외에 관습법에도 그러한 효력을 인정한 동조, 즉 법률의 규정이 있

---

150) 김상용, 23.
151) 명순구, 22f.
152) 지원림(주 16), [1-18]; 구주해(1), 47f., 51(최병조); 주석 총칙(1), 109(제4판/윤진
     수); 명순구, 22; 송덕수, 22.
153) 대표적 이영준, 21; 서광민(주 7), 20; 강태성, 17f. 이하는 원칙적으로 보충적 효력설이
     면서 예외적으로 §185의 경우 관습법이 법률과 대등한 효력을 가진다는 견해를 예외인정
     설 내지 대등적 지위설로 부른다.
154) 이은영, 46. 곽윤직·김재형, 25도 대등설에서 제시하는 예들은 판례법 또는 법관에 의
     한 법형성으로 이해한다. 이에 대하여 강태성, 19 및 주 21은 판례는 법이 아니며 설사 판
     례의 법원성을 인정하더라도 판례법이 성문법을 개폐할 수는 없다고 한다. 그러면서 명인
     방법은 法의 死文化로, 사실혼은 보충적 관습법으로 이해한다.
155) 구주해(1), 51(최병조).

기 때문이다. 이 조문에서 일응 대등하게 물권창설력을 인정한 것으로 보이지만,[156] 법질서 전체에서 볼 때 법률에 반하는(contra legem) 관습법을 인정하는 것일 수는 없으므로 법률과 모순되지 않는 한도에서만(praeter legem) 인정하는 것이 되어 결국 실상은 §1의 성문법 우선주의라는 구조와 다르지 않다. 다시 말하면 §185는 §1의 전체 틀 속에서 관습법에 법률과 모순되지 않는 경우 물권창설력을 인정한 것일 뿐이다. §1는 법률이 없을 때 보충적으로 적용되는 관습법이고, §185는 법률이 있지만, 그 법률이 규율하지 않는 물권에 관한 관습법을 인정한 것이라는 점에서 이유야 무엇이든 법률과 내용적으로 상충하지 않는 관습법에 한하여 인정하고 있다는 점에서 여전히 praeter legem의 상황인 것이고, 다른 점이 하나도 없다. 따라서 관습법에 일정한 효력이 인정되는 것은 모두 §1와 §185라는 법률(민법)의 명문의 규정에 근거한 것이지, 관습법이 관습법이라는 지위에서 독자적으로 그러한 효력을 주장할 수 있는 것이 아니라는 점에서도 공통된다. 그러므로 이러한 기본구조를 몰각시키는 모든 견해는 합당하지 않다.[157]

학설 중에는 §185의 규정은 민법 시행 이전에 성립된 관습상의 물권의 종류와 그 내용을 인정한다는 것이지 민법시행 후에도 민법과 판례에 의해 인정되어 오던 관습법에 의한 물권 이외의 물권이 창설될 여지는 없다고 하면서, 지금까지 그러한 관행이 확인된 바 없다는 사실을 지적하고, "설사 그와 같은 관습이 존재한다고 하더라도 物權은 債權과는 달리 絶對權으로서의 성질을 가지기 때문에 이미 관습법이 성립한 경우가 아닌 한 민법과 기존의 관습법에 의한 물권의 종류와 내용과 충돌하는 관습은 무효로서 관습법이 형성될 여지가 없다"라고 보는 견해가 있다.[158] 그러나 이러한 논리는 자기모순이다. 왜냐하면 기존의 실정법에 반하는 관습법은 어차피 불가능한 것이지만, 그것은 물

---

156) 강태성, 19는 '또는'이 국어적인 의미에서 반드시 대등관계에서만 사용되는 것은 아니라고 한다("단과대학 또는 학과에서 입학식을 진행할 수 있다.").

157) 특히 김욱곤(주 50), 71은 "물권법의 강행규정성은 절대적인 원칙이 아니기 때문에 입법자들은 다른 제 사정의 고려에 의하여 바로 제185조에서 관습법에 성문법과 대등한 효력을 인정하는 것으로 인해서 법률에 규정이 있는 물권과 다른 관습법상의 물권이 병존할 때에만 그 강행법규성을 포기 내지 양보하는 것이라고 볼 수가 있을 것이다"라고 주장한다. 물권법정주의의 강행성을 부인하는 이 견해의 제1전제부터 오류이고, §185가 대등한 효력을 인정한 것이라는 전제 역시 그릇된 것이라는 점에서 전면적으로 부당하다. 성문법이 정한 물권과 다른 관습법상의 물권이 병존하면 당사자가 선택을 할 수 있다는 발상(김욱곤, 같은 곳)부터가 물권법정주의에 정면으로 위배되는 사고이다.

158) 박찬주(주 61), 63f.; 65, 주 42.

권이 절대권이라서가 아니다. 그리고 새로운 관습법 형성의 현실적인 가능성
이 미약하다고 해서 동조가 과거의 관습법이 아닌 새로운 관습법의 성립까지
배제한 것이라고 보는 것은 이론상 무리가 있다. 법률이란 기본적으로 현재와
미래의 일에 대처하기 위한 것이다. 우리 민법은 §185를 통하여 사회변화와
더불어 제정법이 예정하지 않았던 물권이 관습법에 의하여 창설되는 것을 염
두에 둔 것이다. 그것이 아무리 현실적으로 기대가능하지 않더라도 말이다. 미
래의 일은 아무도 모르는 것이다.[159]

　　판례는 일관되게 보충적 효력설이다.[160] "법령에 저촉되지 아니하는 한 법
칙으로서의 효력이 있는 것"이라는 것이다.

　　㈏ 관습법의 효력 상실 및 변개

　　　⒜ 관습법 소멸의 요건: 장기의 불사용(desuetudo)　　　법적 확신설
에 따르면 관습법의 경우 성립요건은 동시에 그 존속요건이다. 따라서 관행이
존속하더라도 법적 확신이 사라지면 관습법이기를 그친다.[161] 그러나 법적 확
신이 지속하는 한, 설령 관행의 빈도가 줄어든다 하더라도 완전히 소멸하지 않
는 이상 곧바로 관습법이기를 그친다고 말하기는 어렵다.[162] 관행의 빈도는 사
회 사정의 변화에 따라서도 줄어들 수 있기 때문이다. 아마도 일정한 임계점을
넘으면 관행에 반영된 법적 확신까지도 사라진 것으로 평가되는 시점이 올 것
이고, 그렇게 되면 법원에서 관습법의 존재를 더 이상 확인하지 않을 것이다.
국가승인설의 입장에서는 일단 승인했던 관습법을 다시 승인의 철회를 통하여
관습법으로서의 지위를 박탈할 수 있을 것이다. 즉 승인의 철회로 관습법이 소
멸하는 것으로 볼 것이다.[163]

　　　⒝ 제정법의 개입　　　관습법은 헌법적 정당성 심사 및 일반 성문법

---

159) 구주해(1), 50f.(최병조)가 읽는 이에 따라서 마치 §1와 §185가 정합적인 해석이 가능
　　하지 않다는 소견인 것으로 오해되기도 하는 것 같은데, (오해의 소지가 있게끔 서술된 잘
　　못이 있는지는 모르겠으나) 일단 "문언상으로는" 원칙-예외의 관계인 듯하지만, 실상은
　　그렇지 않다는 결론을 제시한 것이고, 이곳의 소견과 다르지 않다.
160) 대판 83.6.14, 80다3231; 대판(전) 03.7.24, 2001다48781; 대판(전) 05.7.21, 2002다
　　1178.
161) 대판(전) 05.7.21, 2002다1178; 주석 총칙(1), 84(제5판/이원범).
162) 오세혁(주 66), 171은 "관습법은 관습이 반복성 내지 계속성을 상실함으로써" 소멸한
　　다고 보는데, 반복되거나 계속되지 않더라도 법적 확신에 의하여 지지되는 한 그것만으로
　　바로 소멸했다고 보기 어렵다는 점에서 좀 더 세밀한 고찰이 필요하다.
163) 다만 장래효만 가지고 소멸한다. 이에 관하여 전술한 대판(전) 03.7.24, 2001다48781
　　반대의견 참조.

규의 개입에 의하여 변개($^{폐지 \; 내}_{지 \; 제한}$)될 수 있다.[164] 이에 해당하는 예를 들어보면:

  - 관습법은 전술했듯이 위헌성으로 인하여 효력이 박탈될 수 있다($^{대판(전)}_{03.7.24.}$
$^{2001다48781; \; 대판(전)}_{05.7.21, \; 2002다1178}$).

  - 부동산 명의신탁은 「부동산 실권리자명의 등기에 관한 법률」이 1995년 제정되어 규제되고 있지만, 중중재산과 부부사이 등의 경우에는 예외적으로 유효하다($^{부실}_{명 \, §8}$).

  - 부동산 양도담보에 관하여는 1984년부터 「가등기담보 등에 관한 법률」이 제정되어 동법의 적용범위 내에서 규율되고 있다. 동산 양도담보에 대하여는 여전히 제정법에 의한 규율이 안 되고 있다. 한편 2010년에 「동산·채권 등의 담보에 관한 법률」이 제정되어 등기에 의해 공시되는 동산담보권이 창설되었는데, 기존의 양도담보의 효력에는 영향이 없다.

  - 분묘기지권과 관련하여서는 법률 제6158호 「매장및묘지등에관한법률」의 전부개정법률인 「장사등에관한법률」($^{법률 \; 제}_{6158호}$) 부칙 §2에 따라 시행일인 2001년 1월 13일 이후 설치되는 분묘의 경우 분묘기지권을 시효취득할 수 없다.

  (c) 판례에 의한 보충   판례는 민법시행 전 관습법상 分財청구권을 인정해 왔는데, 이는 호주가 사망하여 그 장남이 호주상속을 하고 차남 이하 중자가 여러 명 있는 경우에 그 장남은 호주상속과 동시에 일단 전 호주의 유산 전부를 승계한 다음 그 약 1/2을 자기가 취득하고 나머지는 차남 이하의 중자들에게 원칙적으로 평등하게 분여할 의무가 있고 이에 대응하여 차남이하의 중자는 호주인 장남에 대하여 분재를 청구할 권리를 말한다.[165] 그러다가 대판 07.1.25, 2005다26284은 민법 시행 전의 재산상속에 관한 관습법상 分財청구권에 대하여 피고 주장의 취지인 소멸시효의 법리를 원심이 오해하였다는 이유로 파기환송을 하면서, 이 분재청구권을 일반적인 민사채권으로 규정하고 권리자가 분가한 날부터 10년이 경과하면 소멸시효가 완성된다고 판시함으로써 관습법을 구체적으로 보충하는 선례를 남겼다.[166]

그러나 구관습법상 소멸시효가 있었는지, 그 기간이 10년이었는지에 대하여 어떠한 검증 과정을 거쳐서 그러한 결론에 이르렀는지는 밝히지 않았다. 그

---

164) 주석 총칙(1), 84(제5판/이원범).

165) 대판 69.11.25, 67므25; 대판 94.11.18, 94다36599. 이에 관하여는 윤진수, "관습상 분재청구권에 대한 역사적, 민법적 및 헌법적 고찰", 제문제 22, 2013. 12 참조.

166) 이 판결에 대한 평석으로 민유숙, "관습법상 분재청구권의 내용과 분재의무의 상속·소멸시효 적용 여부", 해설 63, 2006 하반기, 2007. 7.

러면서 만연히 오늘날의 일반적인 민사채권의 법리($^{\S\,162}_{\,1}$)를 적용한 것이다. 만약에 구관습법에 그러한 법리가 있었다면 이를 확인하여 적용·해야 했으므로 문제가 있고, 없었다면 과연 법원이 어떠한 근거와 권한으로, 그것도 소급적으로, 이러한 보충을 할 수 있는 것인지 이론상의 문제가 여전히 남는다. 이 사건은 선해하자면 법원이 민사채권에 관한 '條理'에 의하여 처결을 한 것인데,[167] 과거의 구관습법이 문제된 까닭에 여운이 남게 된 것이다.

(5) 관습법과 관습

(개) 민법전에 규정된 관습   민법규정에 의하여 언급되는 관습만 해도 다수가 있다. 사실인 관습 일반($^{\S}_{106}$), 상린관계에 관한 규정들, 즉 자연유수 관련 공사의 비용부담에 관한 관습($^{\S}_{224}$), 수류의 변경에 관한 관습($^{\S\,229}_{\,\text{III}}$), 용수권에 관한 관습($^{\S}_{234}$), 경계표·담의 설치 및 비용부담에 관한 관습($^{\S\,237}_{\,\text{III}}$), 경계선 부근의 건축에 관한 관습($^{\S\,242}_{\,1}$), 지상권에 준용되는 상린관계 규정($^{\S}_{290}$), 특수지역권($^{\S}_{302}$), 그 밖에 승낙의 통지불요에 관한 관습($^{\S}_{532}$), 매매에서의 쌍방의무의 동시이행불요에 관한 관습($^{\S\,568}_{\,\text{II}}$), 고용계약에서 보수액과 지급시기에 관한 관습($^{\S}_{656}$). 이 중 대부분은 당사자 사이에 임의적인 규율이 가능한 상황에서 이를 보충해 주는 사실인 관습이지만, 경우에 따라서는 강행적 성격의 민법규정을 배제하는 관습도 있다($^{\text{가령}\,\S\,237}_{\,\text{III}.\,\S\,234}$). 이런 경우는 특수지역권($^{\S}_{302}$)의 예처럼

---

167) 일반적 민사채권이 소멸시효에 걸린다는 법리가 조선시대에도 인정되었는지는 아직 제대로 밝혀져 있지 않다. 『經國大典』 戶典 徵債條:「凡負私債, 有具證筆文記者許徵. 過一年不告官者勿聽.」에 의하면 私債의 경우 유효요건을 모두 갖춘 계약문기가 있는 경우에 한하여 추심을 허용하고, 1년이 넘도록 官에 신고하지 않으면 그 채권에 관한 청구의 소를 허용하지 않았다. 이것은 제소[呈訴] 요건의 문제이고 소멸시효와는 차이가 있다. 또 영조 12년(1736) 『新補受敎輯錄』 戶典 徵債條 404항(1736년 傳敎):「公債限十伍年, 私債限二十年, 非當身現存者 並蕩減.」에 의하면 公債는 15년으로 기한을 정하고, 私債는 20년으로 기한을 정하되, 당사자가 현재 살아 있지 않으면 채무는 모두 탕감한다고 규정하였는바, 역시 呈訴期限을 정한 것으로 볼 것이고(실체법적인 효과가 무엇인지는 아직 분명히 밝혀지지 않았다), 다만 당사자(채무자)의 사망으로 채권이 소멸하도록 함으로써 公私債의 상속으로 인한 부담을 상속인에게 지우지 않으려는 정책적 배려["탕감"]가 반영된 것으로 보인다(특히 이것은 경국대전 동 조항:「公私宿債者, 雖身死有妻子財産者許徵.」에서 公私채무의 부담 승계를 인정했던 것을 후대법에서 변경한 것이다). 우병창, 조선시대 재산법, 2006, 162는 『신보수교집록』의 규정에 대하여 "이로써 당시의 消滅時效期間이 상당히 장기간이었으며 당사자의 死亡이 조건이었음을 알 수 있다"고 새기는데, 소멸시효였는지는 더 신중한 검토가 필요하고, 뒷부분은 명백한 오류이다. 요컨대 소멸시효가 민사채권에 일반화된 공통의 법리라는 점을 근거로, 다시 말하여 이를 '조리'로 삼아 (더욱이 그 기간과 같이 매우 구체적인 법규의 면에서까지) 처결할 수 있으려면 해당 법질서가 소멸시효에 관하여 그러한 일반적 법리를 이미 가지고 있지 않은 한 불가능한 것이다. 모든 법질서는 법리의 체계(ratio iuris)도 다르고, 그에 따라 法源論도 다르다.

권리를 부여하는 관습만큼이나 관습법과의 경계가 애매하다(^{동조 주}_{해 참조}). 그러나 이 규정들이 관습법의 효력이 법률에 우선한다는 근거가 될 수는 없다. 왜냐하면 바로 법률이 이러한 상황을 용인하였기에 그와 같이 관습이 우선하는 것이기 때문이다. 그러나 다른 한편으로 많은 관련 행정법규나 특별법을 통해서도 상린관계가 규율된다는 점에서 민법의 관련 규정들이 가지는 현실적인 의미는 크지 않다고 할 것이다.

　　㈏ '사실인 관습'과 관습법의 관계　　민법은 §106에서 법령중의 선량한 풍속 기타 사회질서에 관계없는 규정, 즉 임의규정과 다른 관습이 있는 경우에 당사자의 의사가 명확하지 않은 때에는 그 관습에 의한다고 규정함으로써 사실인 관습을 지시한다. 실제로 민법이 언급하고 있는 관습(위 ㈎)은 거개가 이러한 성격을 지녔다. 이러한 "사실인 관습"과 관습법의 관계가 종래 문제되었다. 학설은 대체로 사실인 관습과 관습법을 구별하는 것에 부정적이다. 그러나 판례는 양자를 명확하게 구별한다(^{대판 83.6.14,}_{80다3231}). 이 문제에 대하여 매우 다양한 견해들이 전개되고 있다. 1996년 이호정은 이 문제에 관하여 우리 문헌상 "이론적 혼미가 계속되고 있다"고 평가하였는데,[168] 그로부터 20년이 훨씬 지난 지금도 사정은 나아지지 않았다. 그 가장 큰 원인은 우리 민법의 원형에 해당하는 의용민법의 관련 조문(^{동 §92[§106 해당]}_{및 법례 §2[§1 해당]})의 입법 시에 그에 관여한 자들의 관념 자체가 혼미했던 가운데 통일적인 결론을 도출하지 아니한 채 異論을 호도하고 입법을 한 까닭이다. 서양의 예를 따라 관습(법)을 규정하고자 했으나 서양과 역사적 경험을 달리했던 일본의 학자들이 관습(법)에 대한 이해가 깊지 못한 상태에서 입법 당시부터 논란을 키워온 것이다. 그에 더하여 당시의 특수상황에 따라 조선민사령 §10(^{"조선인 상호간 법률행위에 대하여는 법령중 공공의 질서}_{에 관계하지 아니하는 규정과 다른 관습이 있는 경우에}_{는 그 관습에 의함."})가 조선에 대하여 예외를 인정하면서 상황을 더 복잡하게 만들었다. 그나마 다행이게도 학설과 판례의 논의를 거치면서 다소간에 정리된 결과가 만주민법 §1(^{"민사에 관하여 법령에 규정이 없는 사항에 관하여는}_{관습법에 의하고 관습법이 없을 때는 조리에 의한다."})와 동 §102(^{"법령중의 공공의 질서}_{에 관계되지 않는 규정}과 다른 관습이 있는 경우에 법률행위의 당사자의_{의사가 명확하지 아니한 때는 그 관습에 따른다."})로 반영되었고, 이러한 흐름 속에서 우리 민법이 제정되기에 이른 것이지만,[169] 양국의 경우 모두 해석론의 변화에도 불

───────────────

168) 이호정(주 115), 20. 이호정은 이미 1987년에 이 문제에 관한 대표적인 견해(곽윤직, 김증한)를 비판적으로 검토한 후 소론을 밝힌 바가 있었다. 이호정, "사실인 관습, 관습법 및 임의규정의 관계", 고시계 32-8, 1987. 7, 104ff.

169) 민법초안 §101는 "~ 행위당사자의 의사가 ~"로 되어 있어 현행민법의 "~ 당사자의 의사 ~"와 표현상 약간의 차이가 있었다. 정종휴(주 37), 22는 어떤 과정으로 "행위"가 탈락

구하고, 그리고 우리나라의 경우에는 새로운 민법의 제정에도 불구하고, 근본
적인 이론상의 혼미가 해결되지 못한 채 구구한 견해의 난립이 현재까지 이어
지고 있는 형편이다.[170] 역시 가장 큰 이유는 관습(법) 현상에 대한 이해가 심
화되지 못한 때문인데, 역사적으로 조선민사령 시기에는 관습(법)이 중요한 몫
을 인정받아야만 하는 일정한 사회적인 필요성이 있었다고 한다면, 오늘날에
는 사실상 판례가 인정하는 몇몇의 예를 제외하면, 그리고 이마저도 점차 실정
법에 의한 변개를 겪으면서(^전_술), 그 의미는 크게 퇴색했다고 볼 수 있다. 학설
중에는 관습(법)의 장래를 오히려 "살아날 것"으로 보면서 전자거래의 일반화
로 일반 시민도 국제거래의 주역이 되고 있는데 이 영역에서는 관습(법)의 발
생이 예정되고 있다는 점과 통일이 된 후 통일민법전이 마련되기까지 법률행
위의 분야에 통용되는 사실인 관습이 "얼마든지 생성될 수 있다"고 보는 견해
가 있다.[171] 그러나 국제거래와 관련한 분야에서 문제되는 것은 상관습(법)으
로 그것은 그것대로 국제적 차원에서 여러 형태로 고려되고 있으며, 어쨌든 우
리 민법상의 "민사"에 관한 사항을 대상으로 하지 않는다는 점에서 재고를 요
하고, 또 통일 후의 민법전 문제는 私法질서의 근본 법이념 문제로부터 시작하
여 아주 기술적인 구체적 규정에 이르기까지 아마도 거의 예외 없이 '사실인
관습'을 통하여 해결할 수 있는 차원을 넘어설 것이다. 이 견해는 결론으로서
"사실인 관습을 정한 § 106가 立法者들의 遠謀를 반영한 "知慧의 條文"으로 평
가될 날이 언젠가는 오지 않을 것인가?"라고 토로하는데,[172] 현대적 삶은 관습
(법)에 대한 낭만적인 사고로 재단할 수 있는 단계를 훌쩍 넘어섰다고 밖에 볼
수 없다.

이 문제에 관하여 일견 동일하거나 유사한 것 같은 학설들도 세부적인 논
리에서는 차이가 보인다. 학설을 살펴본다.

(a) 양자 법규범설

(ⅰ) 관습법뿐만 아니라 사실인 관습도 법규범이며,[173] 법적 확신 유

되었는지 흥미로운 의문이라고 지적하는데, 짐작컨대 아무 차이가 없다고 여겨서 넘치는
부분을 (어쩌면 문구검토 단계에서 누군가에 의하여 임의적으로) 삭제된 것이 아닐까 싶다.
170) 이러한 입법 및 학설사에 관한 상세는 정종휴(주 37), 3ff. (이 논문은 특히 의용민법과
조선민사령 이래의 학설 및 입법 추이를 우리 민법 제정 전후의 논의에 이르기까지 상세히
다루고 있다) 참조. 학설대립에 대하여는 또한 동, 3ff.; 박찬주(주 61), 56ff.; 김상용, 19f.
171) 정종휴(주 37), 40.
172) 정종휴(주 37), 40.
173) 김증한·김학동, 346은 사실인 관습이 일반인들이 사회생활을 함에 있어 하나의 기준으
로 작용한다는 이유로 사실인 관습을 법규범으로 본다. 비판: 박찬주(주 61), 61f.

무에 의한 강행적 효력 여부에서만 차이를 인정하여 전자는 강행법규적 관습법규범이고 후자는 임의법규적 관습법규범이라는 입장. 즉, §1에 의하면 적용순위가 '법률($\frac{강행법규→}{임의법규}$)→관습법'인데, §106에 의하면 '강행법규→ 사실인 관습→임의법규'가 되어 결국 두 조문을 종합해 보면 '강행법규→사실인 관습→임의법규→관습법'으로 되어 사실인 관습이 규범성이 강한 관습법보다 적용순위에 있어 앞서는 모순이 발생한다고 보면서,[174] 관습법의 대등적 효력설을 전제로, 이러한 모순의 해결방법으로($\frac{바로 이러한 모순을 해소하기}{위해 대등적 효력설을 지지한다}$) 사실인 관습이 임의법규에 우선하는 데 대응하여 그보다 구속력이 강한 관습법은 강행법규에 우선한다고 보는 견해이다.[175]

　마치 수학공식처럼 일견 그럴듯해 보이는 이 견해는 그러나 타당하지 않다. 이 설 중 우선 사실인 관습도—그것이 임의적이든 강행적이든—법규범이라고 주장하는 것은, "사실"인 관습이라고 칭하는 것 자체가 이미 그것이 "규범"이 아님을 천명한 것이라는 점에서, 동 개념에 근본적으로 어긋나는 발상이고, 사실인 관습이 임의법규에 우선한다는 주장 역시 일반명제로서 성립하지 않는다. 왜냐하면 §106에서 사실인 관습이 고려되는 것은 당사자의 의사가 명확하지 않은 때에 한하는 것으로서, 사실인 관습이 임의법규에 '우선'하는, 즉 임의법규를 '일반적으로 언제나 배제'하는 것이 아니라 사실인 관습과 무관하게 법정된 임의법규와 동시에 존재하는 사실인 관습이 의사해석을 함에 있어서 특정한 경우에 고려되는 것에 불과한 것이기 때문이다. 더욱이 사실인 관습이 임의법규에 우선하는 데 대응하여 그보다 구속력이 강한 관습법은 강행법규에 우선한다는 주장은 터무니없는 것인데, 왜냐하면 법률에 이미 규정이 있으면 그것이 강행법규라면 더욱 말할 필요도 없지만 임의법규라 하더라도 법률이 그 사항을 의식적으로 규율하고 있는 것이므로($\frac{왜냐하면 당사자들의 다른 의사가 없}{는 한 이것도 법규로서 당연히 적용되}$ $\frac{}{기 때문이다}$) 더 이상 이와 다른 관습법이 적용될 여지는 없기 때문이다. 관습법은 제정법에 규율이 없는 사항에 한하여 성립할 수 있고, 그 경우 항상 강행법규로만 구성된다고 보아야만 하는데,[176] 왜냐하면 사적 자치에 의하여 배제할 수

---

174) 어쨌든 이러한 논란거리가 생긴 입법례는 일본민법과 이의 영향을 받은 만주국 민법 및 우리나라 민법이 유일하다(정종휴(주 37), 4). 이호정(주 168), 109는 이러한 논의를 "불모의 세력소비의 논쟁"이라고 평가한다.

175) 김증한·김학동, 16, 346.

176) 改說. 구주해(1), 49f.(최병조)에서는 §1와 §106를 차원을 달리하는 것으로 이해하면서(정종휴(주 37), 28은 이에 대해 '別個次元說'이라 명명했다) "관습법상의 임의규정은 사적 자치가 허용되는 범위 내에서 당사자의 의사로써 배제할 수 있다"고 서술하였는데,

있는 '임의법규적 관습법'이란 '법으로서의 구속력'(necessitas)이 있는 것으로 관념될 수(opinio) 없고(법적 확신의 결여), 기껏해야 사실인 관습에 불과한 것이기 때문이다. §106가 '관습법'이 아니라 '사실인 관습'을 명문으로 지시한 것은 법논리적으로도 일관성 있는 타당한 태도이다. 결국 중요한 것은 일정한 관행이 법적 확신에 의하여 법규범으로서 인식되는지 여부이고, 그러한 확신이 없는 사실에 머무는 경우에는 당사자들은 임의법규가 적용되는 영역에서(왜냐하면 강행법규가 적용되는 영역에서는 법률 자체가 그로부터 벗어나는 것을 허용하고 있지 않기 때문에 강행법규와 다른 관습이 개입할 여지가 없기 때문이다) 적극적이든 암묵적이든 그러한 관행·관습에 따를 것을 원할 수도 있고 이를 배제할 수도 있으며, 아무런 의사가 없는 경우에 경험칙상 이를 따랐을 것이라 추정하여 보충적 의사해석을 하는 것일 뿐이기 때문이다.[177] 가령 전세권등기를 수반하지 않는 주택의 채권적 전세의 경우 우리나라에 고유한 제도라고 설명하고 종래 이러한 관행이 만연하였지만,[178] 최근에는 저금리의 영향 등으로 경제 여건이 변하면서 전세가 월세나 준전세(반전세) 형태로 전환되어가는 추세에 있다. 상대방이 전세를 원하지 않을 경우에 전세를 원하는 측이 그가 관습'법'에 위반하였다고 주장할 수 있는가? 이처럼 경제 여건에 따라 용이하게 전세제도가 바뀌고 있다는 사정은 이것이 사실인 관습은 될지언정 아직까지 관습법의 위치로까지 격상하지는 못했다는 증거이다. 왜냐하면 법이 인정하는 계약자유의 틀 안에서 일정한 형태의 관행이 이루어진 것뿐이기 때문이다. 관습법을 논함에 있어서 이처럼 사적 자치의 영역에서 어떤 관습이 일관되게 존재하더라도 그것이 바로 관습법임을 뜻하는 것은 아니라는 사실을 주의할 필요가 있다. §106가 말하는 임의법규가 작용되는 영역이란 바로 사적 자치가 인정된 영역이고, 그래서 법률

이것은 관습법에 임의법규적인 관습법이 가능하다는 전제(학설들 동지: 정종휴(주 37), 26f.)를 한 것으로 타당하지 않다. 이 문제는 의용민법의 입법 시에 이미 그 관여자들인 호즈미 노부시게(穗積 陳重, 1855-1926), 토미이 아키라(富井 周, 1890-1959), 우메 켄지로(梅 謙次郎, 1860-1910) 사이에서도 상이한 이해가 존재하였고, 혼미의 한 원인이었다. 정종휴(주 37), 4ff.

177) 판례가 사실인 관습을 인정한 예로 계의 청산에 관한 관습(대판 62.11.15, 62다240); 피담보 부동산 매매시 대금지급의 관행(대판 89.11.14, 89다카227)이 있다.

반면 기업의 내부에 존재하는 특정의 관행(사용자가 이미 퇴직한 근로자들에게 퇴직 이후에 체결된 단체협약에 의한 임금인상분 및 퇴직금인상분 차액을 추가 지급한 관행)이 기업 사회에서 규범적 사실로서 명확히 승인되거나 구성원들의 규범의식에 의해 지지되지 않는다는 이유로 근로계약내용을 이루고 있지 않다고 본 재판례로 대판 02.4.23, 2000다50701.

178) 부칙 §11에서는 민법시행일 전 이러한 관습을 "舊慣"이라 보고 민법시행일로부터 1년 내에 등기함으로써 물권적 효력을 부여하였다.

행위 해석상 관습이 고려될 수 있고 또 고려되어야 하지만, 이것은 어디까지나 '사실'인 관습이지 관습'법'이 아니다. 대판 67.12.18, 67다2093, 2094는 냉동을 위한 생선임치계약에 있어 출고 시에 임치인이 이의 없이 수치물인 생선을 반환받았으면 수탁자의 책임이 면제된다는 사실인 관습이 있는 거래지방에 있어서는 그에 따라 임치계약을 해석하여야 할 것이라고 보았는데, 바로 이러한 것이 사실인 관습의 예이다.

　　　　(ii) 양 조문간의 상호 모순이라는 전제를 같이 하면서[179] 대등설을 주장하는 견해 중에는 그 까닭이 이것이 거래의 현실에 대한 배려를 했다는 점 외에 양 조문의 성립 배경에 대한 인식 위에 주장된 것이라는 점을 들고, 더 나아가서 관습에도 규범성이 강한 것부터 약한 것까지 생각할 수 있고, 그래서 거래행위의 장면에 따라 단계적인 법규범화를 생각해야 할 것이라고 보는 견해가 있다.[180]

　이 견해의 요점은 결국 사실인 관습도 '규범'이고, 그래서 强度를 구분하여 살필 필요가 있다는 것으로 요약되며, 이러한 고려가 거래의 현실을 배려하는 것으로 보는 듯하다. 그러나 이러한 이해는 이미 지적했듯이 타당하지 않다. 또 이 견해는 다른 곳에서도 "관련조문의 成立史에 대한 配慮가 결여된 兩說 [崔秉祚說과 李英俊說]은 慣習法과 事實인 慣習에 관한 풀이에 관한 한 무리가 아닐까 한다"[181]고 자신의 방법론적 입장을 분명히 하였다. 그런데 입법의 연혁에 대한 고려는 도움이 되는 것이기는 하지만, 현재의 법을 이해하는 데 필수적인 것이 아니며, 더욱이 현안처럼 입법부터가 혼미한 상황에서 발단된 것이고 이후의 학설도 중구난방이라면 연혁적 고찰은 오히려 논점을 흐리고 문제의 요체를 놓치게 할 위험도 존재한다. 실제로도 이 문제에 관하여 가장 상세한 연혁적 고찰을 한 이 주장의 결론 역시 그 타당성이 다투어지는 것이다. 뿐만 아니라 이 견해는 같은 곳에서 이 학설이 "그래도 보다 설득적"이라고 생각한다고 피력함으로써 확고한 입장으로까지 진전되지 못하였음을 스스로 자인하고 있고, 무엇보다도 "하지만 문제는 있다. 認定方法과 立證責任의 문제 등, 더욱 검토해야 할 점이 있음을 여전히 유보해야 한다"라고 한 발 물러선다.[182] 민사실무에 있어서 입증책임과 같은 문제는 실체적 권리의 향배를 좌우

---

179) 정종휴(주 37), 3f., 25f.
180) 정종휴(주 37), 32.
181) 정종휴(주 37), 37.
182) 정종휴(주 37), 32.

하는 실질적 관건이 되므로 이러한 점을 제대로 밝히지 않은 채 만연히 거래현실에 부합한다는 주장은 설득력을 인정받기 어렵다.

(b) 양자 준별설[183]   양자를 구별하는 견해는 관습법은 법적 확신에 의하여 지지되고 있는 '법'인데 반하여, 사실인 관습은 법적 확신이 없는 '사실'로서[184] 법률행위 해석의 하나의 표준이 될 뿐이라고 본다. 따라서 관습법을 위반하면 상고사유가 되지만, 사실인 관습은 그렇지 않다는 차이가 있고, 관습법의 존재유무는 법원의 직권조사사항이지만, 사실인 관습은 사실이므로 당사자의 주장이 있을 때에 비로소 법원이 심사 가능하다고 본다.

양자 준별설에서는 사실인 관습이 법률행위 해석을 통해서 판례에 의해 받아들여지고 축적되어 법적 확신이 부여되면 관습법으로 발전될 수 있다고 보는 견해도 있다.[185] 반면에 법률행위 내용의 확정에 관하여 사실인 관습은 이미 §106에 의하여 임의규정보다 우선하여 존중받고 있기 때문에 사실인 관습이 관습법으로 발전할 여지가 없을 뿐만 아니라 그럴 필요도 없다고 보면서, "사실인 관습"은 법률행위의 틈을 메워서 법률행위의 내용을 확정하기 위한 기준인 반면, 그렇게 확정된 내용의 법률행위에 "관습법"이 적용된다는 견해도 있다.[186]

판례는 이 문제에 관하여 다음과 같이 분명히 입장을 밝힌 바가 있다(대판 83.6. 14, 80 다3231).

　　민법 제1조는 민사에 관하여 법률에 규정이 없으면 관습법에 의하고 관습법이 없으면 조리에 의한다고 규정하여 관습법 및 조리의 법원으로서의 근거를 천명하고 있으며 한편 같은법 제106조는 법령 중의 선량한 풍속 기타 사회질서에 관계없는 규정과 다른 관습이 있는 경우에 당사자의 의사가 명확하지 아니한 때에는 그 관습에 의한다고 규정하여 사실인 관습의 효력을 정하고 있다.

　　관습법이란 사회의 거듭된 관행으로 생성한 사회생활규범이 사회의 법적 확신과 인식에 의하여 법적 규범으로 승인 강행되기에 이르른 것을 말하고 사실인 관습은 사회의 관행에 의하여 발생한 사회생활규범인 점에서는 관습법과 같으나 다만 사실인 관습은 사회의 법적 확신이나 인식에 의하여 법적 규범으로서 승인될 정도에 이르지 않은 것을 말하여 관습법은 바로 법원으로서 법령과 같은 효력을 갖는 관습으로서 법령에 저촉되지 않는 한 법칙으로서의 효력이 있는 것이며 이에 반하여 사실

---

183) 이영준, 312; 김기선, 237; 명순구, 19f. 이은영, 42.
184) 동지: 송덕수, 19.
185) 김상용, 20.
186) 지원림(주 16), [1-19].

인 관습은 법령으로서의 효력이 없는 단순한 관행으로서 법률행위의 당사자의 의사를 보충함에 그치는 것이다.

일반적으로 볼 때 법령과 같은 효력을 갖는 관습법은 당사자의 주장 입증을 기다림이 없이 법원이 직권으로 이를 확정하여야 하나 이와 같은 효력이 없는 사실인 관습은 그 존재를 당사자가 주장 입증하여야 한다고 파악할 것이나 그러나 사실상 관습의 존부 자체도 명확하지 않을 뿐만 아니라 그 관습이 사회의 법적 확신이나 법적 인식에 의하여 법적 규범으로까지 승인된 것이냐 또는 그에 이르지 않은 것이냐를 가리기는 더욱 어려운 일이므로 법원이 이를 알 수 없을 경우 결국은 당사자가 이를 주장 입증할 필요에 이르게 될 것이다.

한편 민법 제1조의 관습법은 법원으로서의 보충적 효력을 인정하는데 반하여 같은법 제106조는 일반적으로 사법자치가 인정되는 분야에서의 관습의 법률행위의 해석기준이나 의사보충적 효력을 정한 것이라고 풀이할 것이므로 사법자치가 인정되는 분야 즉 그 분야의 제정법이 주로 임의규정일 경우에는 위와 같은 법률행위의 해석기준으로서 또는 의사를 보충하는 기능으로서 이를 재판의 자료로 할 수 있을 것이나 이 이외의 즉 그 분야의 제정법이 주로 강행규정일 경우에는 그 강행규정 자체에 결함이 있거나 강행규정 스스로가 관습에 따르도록 위임한 경우등 이외에는 이 관습에 법적 효력을 부여할 수 없다고 할 것인바, 가정의례에 관한 법률에 따라 제정된 가정의례준칙(1973.5.17 대통령령 제6680호) 제13조는 사망자의 배우자와 직계비속이 상제가 되고 주상은 장자가 되나 장자가 없는 경우에는 장손이 된다고 정하고 있으므로 원심인정의 관습이 관습법이라는 취지라면(원심판시의 취지로 보아 관습법이라고 보여지나 반드시 명확하지는 않다) 관습법의 제정법에 대한 열후적, 보충적 성격에 비추어 그와 같은 관습법의 효력을 인정하는 것은 관습법의 법원으로서의 효력을 정한 위 민법 제1조의 취지에 어긋나는 것이라고 할 것이고 이를 사실인 관습으로 보는 취지라면 우선 그와 같은 관습을 인정할 수 있는 당사자의 주장과 입증이 있어야 할 것일 뿐만 아니라 사실인 관습의 성격과 효력에 비추어 이 관습이 사법자치가 인정되는 임의규정에 관한 것이어야만 비로소 이를 재판의 자료로 할 수 있을 따름이므로 이 점에 관하여도 아울러 심리판단하였어야 할 것이므로, 따라서 원심인정과 같은 관습을 재판의 자료로 하려면 그 관습이 관습법인지 또는 사실인 관습인지를 먼저 가려 그에 따라 그의 적용여부를 밝혔어야 할 것이다.

이러한 준별설이야말로 입법자의 의사가 지향했던 바이고,[187] 민법이 §1과 §106를 전혀 다른 표제 하에 전혀 다른 맥락에서 규정한 취지에 가장 잘 부합한다고 할 수 있다. 판례의 태도도 바로 이러한 점에서 타당하다. 일반론

---

187) 1957년 11월 21일 국회법제사법위원장대리 張暻根의 정부원안의 취지에 대한 관련 질문에 대한 단정적인 답변("제101조[현행민법 제106조]는 慣習法이 아닙니다. … 이것은 事實인 慣習입니다. … 제1조와는 조금도 관계가 없습니다.") 참조(정종휴(주 37), 21에서 재인용).

으로서는 사실인 관습도 관습법으로 진화할 수 있다는 점에는 의문의 여지가 없으나, 그 문제 영역이 임의법규의 영역일 때에는, 전술했듯이, 법적 확신의 형성이 없을 것이므로 설사 재판례가 축적된다고 해도 법논리적으로 관습법으로 발전할 가능성은 없다. §106를 거쳐서 확정된 법률행위에 대하여 관습법이 적용될 수 있다는 견해는 동일한 사항에 대하여 '사실인 관습'과 '관습법'이 동시에 존재한다는 것을 전제로 하는데, 이는 잘못이고, 또 설령 그런 '관습법'을 인정하더라도 임의법규도 법률이 정하는 법규인 이상($\binom{\text{이 점은 조문 자체로 명백}}{\text{하다: "법령중의 ~ 규정"}}$) 관습법보다 우선 적용되므로, "법률에 규정이 없으면" 관습법에 의한다는 본조에 배치되는 소견으로서 부당하다.[188]

　　(c) 구별의 실익 부정설

　　　(i) 양자는 그 존재형식에서는 차이가 있지만 적용 내지 효력 면에서는 차이가 없고 사적 자치가 인정되는 범위에서는 구별의 실익이 없다고 보면서, §106의 사실인 관습이 임의규정에 우선하여 적용되는 재판규범으로 되므로 관습법도 §106의 사실인 관습과 마찬가지로 임의규정에 우선하여 법률행위 해석의 기준으로 된다는 입장이다.[189]

　　이 설에 대해서는 ① 우선 적용과 효력 면에서 구별의 실익이 없다는 것이 이 설도 인정하듯이 서로 다른 존재형식을 부존재로 만드는 것은 아니며, ② 또 전술했듯이, §106는 '사실인 관습'이 항상 임의법규에 우선한다는 취지가 아니라, "당사자의 의사가 명확하지 않은 경우"에 그 의사를 보충하는 기능을 하는 것에 지나지 않는 것이므로, 즉 규범의 맥락에서 적용하는 것이 아니라 당사자의 의사가 부족한 부분을 사실 차원에서 채워주는 것이므로 이를 재판규범이라고 성질결정하는 것도 문제이고, 설사 그렇다고 해도 그 점 때문에 바로 관습법이 그와 동일하게 적용된다는 것은 근거 제시 없는 주장에 불과하다는 비판이 가능하다.

　　　(ii) 관습법과 사실인 관습 그리고 임의규정 간의 관계에 대하여 관습법의 보충적 효력설을 전제로 우선 임의규정과 관습법이 충돌하는 경우는 없다는 점, 법률행위법 분야에서는 사실인 관습이 이미 §106에 의하여 임의규

---

188) 주석 총칙(1), 110(제4판/윤진수)도 동일한 법률관계에 대하여 사실인 관습이 임의규정보다 앞서 적용되면서 관습법이 임의규정보다 나중에 적용되는 일은 생기지 않는다고 한다.
189) 곽윤직·김재형, 302. 이에 대한 비판으로는 이미 이호정(주 115), 22ff.(관습법의 보충적 효력설을 전제하는 한 관습법과 임의규정의 충돌은 가상문제[Scheinproblem, pseudoproblem]에 불과).

정에 우선하여 법률행위해석의 기준이 되므로 관습법으로 승격·발전할 필요가 없으며 그러한 관습법을 인정할 실익도 없다는 점, 따라서 법률행위법 영역에서 관습법과 사실인 관습과의 관계와 관련하여 양자는 사실상 동일한 것이고 양자가 별개로 존재하거나 충돌하는 일은 이론상 있을 수 없다고 보는 견해.190) 다만 이 견해에 따르면 §1상 성문법과 충돌하는 관습법의 존재는 불가능하지만, 성문법과 내용이 충돌하는 사실인 관습은 존재할 수 있는데, 전자는 법질서의 결단의 차원의 문제이지만 후자는 법질서가 존재가능성을 결정할 수 없는 사실차원의 문제로 이에 대한 평가의 문제만이 남게 되며 §106는 이러한 관습에 대해 존중하는 태도를 입법한 것이라고 본다. 그러면서 법률행위 해석의 단계가 선행하고 이 단계에서 사실인 관습이 해석의 기준으로 되고, 이러한 해석작업을 마친 후에 그 다음 단계로 법률행위 내용이 불충분하거나 불완전한 경우 이를 보완하기 위하여 법률행위에 적용되는 것으로, 따라서 법률행위 해석에 있어 사실인 관습이 임의규정에 우선하는 것은 당연한 이치라고 한다.

이 설에 대해서는 기본적인 주장은 옳지만, 법률행위 해석의 단계에서 사실인 관습이 해석의 기준이 되고, 그래도 법률행위 내용이 불충분하거나 불완전하면 사실인 관습이 법률행위에 적용되므로 법률행위 해석상 사실인 관습이 임의규정에 우선하는 것은 당연한 이치라는 주장은 문제가 있다고 할 수 있다. 법률행위의 해석은 당사자의 의사로부터 비롯하는 것이지 처음부터 사실인 관습을 개입시킬 필요가 없으며, 의사가 불명확하면 비로소 사실인 관습에 의하는 것으로($\frac{\S}{106}$) 사실인 관습이 임의규정에 우선하는 것은 "당연한 이치"가 아니라 당사자의 의사가 이에 반하지 않는다는 전제 하에서만인 것이다. 처음부터 사실인 관습으로 채우지 못한 것을 다시 사실인 관습으로 채운다는 해석과정은 불필요한 작업의 반복이 아닐 수 없고, "법률행위 내용이 불충분하거나 불완전한" 경우란 "의사가 불명확한" 경우와 반드시 같은 것이 아니라는 점에서도 §106의 이해에 있어서 엄밀성이 떨어진다고 할 것이다. 아울러 성문법규가 없는 사항에 관하여 형성된 관습법을 그 성격에 따라 강행규정으로서의 성격을 가진 관습법과 임의규정으로서의 성격을 가진 관습법으로 나누어 설명하는 시도191)도 가상적 보충적 논의이기는 하나 타당하지 않다. 왜냐하면 이 견해의 다른 주장들, 즉 사실인 관습과 관습법은 양자가 사실상 같은 것이라는

190) 이호정(주 115), 20ff.
191) 이호정(주 115), 24f.

주장 및 사실인 관습은 §106가 있으므로 관습법으로 승격될 필요가 없다는 주장과 부합하지 않기 때문이다.

　　　　(ⅲ) 아울러 §1의 관습법과 §106의 사실인 관습의 관계에 관한 이처럼 다양한 문제 제기 즉, 관습법도 사실인 관습과 마찬가지로 임의규정보다 앞서 적용되는가,[192] 사실인 관습에 관습법도 포함되는가[193] 하는 문제는 이론상 내지 어의상의 문제일 뿐이고 실제로는 별 차이가 없지만, 관습법은 성문법의 규정이 없을 때 인정되는 것이므로 임의규정에 반하는 관습법은 있을 수 없다고 보는 것이 비교적 민법의 규정체계에 부합한다는 견해도 주장되고 있다.[194]

　이 설에 대하여는 전술한 바에 따르면 결론부는 일단 타당하다고 할 수 있지만, 결정적으로 관습법과 사실인 관습의 관계 문제와 이에 대한 학설의 시각들이 단지 이론상 내지 어의상의 문제일 뿐이고 실제로는 별 차이가 없다는 조화론적 소견에는 찬동하기 어렵다. 사실 임의법규와 다른 관습'법'이 있다고 가정하고 이것을 법원이 §106에 따라서 '사실인 관습'에 해당하는 것으로서 원용한다고 해 보면 이로써 법원이 '관습법'을 확인하고 인정한 것처럼 보인다. 따라서 이 경우 '관습'과 '관습법'은 그저 어의상의 차이인 것처럼 보인다. 그러나 임의법규와 다른 관습법이 존재한다는 대전제가 잘못이기에 이 논리는 부당한 것이다. 이렇게 원용되는 '사실'인 관습은 설사 대단히 강력한 법적 확신을 수반한다고 해도 어차피 민법이 인정하지 않는 관습법이고(즉, 임의법규라 하여도 민법이 정한 것과 관습법이 내용으로 하는 것 중에는 민법이 우선하기 때문이다), 따라서 효과 면에서는 임의규정에 앞서 관습법으로서 자신을 주장할 수 없다.[195] 그리고 이런 점에서 전체 법질서의 법원론이 우리나라의 법질서가 채택한 것과 같은 제정법 우선주의가 아닌 역사의 현장에서는 이 문제가 전혀 다른 양상으로 전개되었다는 사실도 상기되어야 한다. 제정법 우선주의를 천명한 §1의 이러한 입법적 결단을 흔드는 어떠한 해석도 현행법의 이론으로서는 부적합하다. 비록 관습 현상이 누차 지적했듯이 오늘날 현대사회에서 거의 비중이 있는 문제가 아니어서 실제로는 그저 이론상의 문제로 그친다고 하더라도 그러하다.

---

192) 이영준, 231; 서광민(주 7), 122.
193) 명순구, 367f.
194) 주석 총칙(1), 111(제4판/윤진수); 백태승, 378.
195) 同旨: 이호정(주 115), 23: "어떠한 사항에 대하여는 한 개의 관습만이 존재할 수 있고, 그 관습이 경우에 따라 관습법인 경우도 있고 사실인 관습인 경우도 있는 것이다. 따라서 성문법인 임의규정이 존재하면 임의규정의 적용범위 안에서는 관습법은 항상 존재할 수 없게 되며 모든 관습은 사실인 관습의 형태로만 존재할 수 있게 된다."

(iv) 사실인 관습은 그 자체로서는 재판규범으로 성립하는 것은 아니나 법률행위를 통하여 재판규범인 관습법으로 轉化하므로 그 적용면에서 차이가 없다는 견해.[196]

이 설의 앞부분 주장은 타당하나, 일정한 경우 법률행위의 의사를 보충하여 법률행위의 내용으로 포함된다고 해서 사실인 관습이 바로 관습법으로 전화한다고 보는 것은 무리이다. 이렇게 되면 §106를 통하여 법원은 모든 사실인 관습을 사건 당사자의 의사해석을 통하여 관습법으로 만들 수 있기 때문이다. 이것은 법원이 재판에서 고려하는 모든 관습이 관습법이라는 상당히 이질적인 관습법 개념을 취하지 않는 한 채택할 수 없는 견해이다.

(v) 사실인 관습도 법률행위가 제정법과 동일한 *法源的* 가치를 지니는 것을 매개로 하여 실질적으로는 법원성을 갖는다는 점에서 관습법과 다를 바 없으므로 §106는 §1의 특별규정이라는 입장.[197]

이 설은 법률행위가 제정법과 동일한 *法源*이라는 대전제에서 출발한다. 이 설은 §1의 법원 규정과도, 또 일반적인 법원에 대한 이해와도 동떨어진 소견에 불과하다. 법률행위는 어디까지나 법률이나 관습법과 같은 법원에 의거하여 생활관계를 전개해 나가는 구체적 파생행위일 뿐, 그 자체가 그 기초와 근거가 되는 법 또는 법원이 아님은 명백하다.

(vi) 학설 중에는 원칙적으로 양자를 준별설과 같이 구별하면서도 "사적 자치가 인정되는 범위에서 실제에 있어서는 입증책임의 문제를 제외하고는 그 구별의 실익이 없다고 하겠다"라는 견해도 보인다.[198]

그러나 이 견해는 일단 '사적 자치가 인정되는 범위에서'라는 한정을 함으로써 양자의 관계 일반에 대한 논의로 확대되지 못한 점, 또 현실의 법의 세계에서 입증책임의 문제만이 중대사는 아니라는 점에서 구별의 실익을 부정하는 것은 타당하지 않다고 할 것이다.

(d) 私見: 양자 준별설

(i) 결론적으로 관습법과 사실인 관습 사이에 그 적용순서에 모순이 있는 것도 아니고, 사실인 관습이 관습법과 마찬가지로 법규인 것도 아니다.[199]

---

196) 장경학, 430.
197) 김용한, 222.
198) 김욱곤(주 50), 73f.
199) 주석 총칙(1), 81f.(제5판/이원범); 주석 총칙(2), 506f(제4판/백태승). 예컨대 김욱곤 (주 50), 67은 최종길, 김용한을 인용하면서 "민법 제106조의 해석상 사실인 관습은 …

사실인 관습은 의사표시의 해석기준일 뿐이고, 사실인 관습으로서 의사표시의
해석기준이 되기 위해서는 사회의 거듭된 관행이 필요하고, 또 그것으로 충분
하다. 법적 확신으로 말하자면, 오히려 법적 확신이 생성될 여지가 없다. 왜냐
하면 법률에 정해진 임의규정과 다른 내용의 관습법이란 애초에 존립할 수 없
는 것이기 때문이다. 첫째로, 본조에 의하여 우선순위인 법률에 의하여 배제되
기 때문이고, 둘째로 법적 확신을 수반하는 관습법은 본질적으로 (수범자에게 관습법
상의 제도를 이용
할 것인지 말 것인지를 선택할 자유는 주어지지만, 일단 선택한 경우에는 관습법이 정하
는 대로 따라야만 하는 것이고, 당사자들이 임의로 그 내용을 변경할 수 있는 것이 아닌) 강행법규이기 때
문이다. 따라서 §106의 맥락에서 임의법규에 해당하는 관습법이란 논리적으
로 불가능한 것이다. 종래의 모든 논의들은 이 점을 간과하였다. 양자를 준별
하는 판례의 입장이 타당하다.

  '사실인 관습'은 논리상 원칙적으로 다른 사실과 마찬가지로 그것을 원용
하는 당사자가 입증하여야 한다. 그러나 §106의 경우는 관련당사자가 이것을
원용하는 것이 아니라, 당사자의 의사가 명확하지 않은 때이다. 따라서 당사자
가 관습을 주장하고 있지 않은 경우이므로, 그에게 입증책임을 지울 수 없다.
법원이 법률행위를 해석하면서 '사실인 관습'에 의하여 그 불명확한 의사를 보
충하는 것일 뿐이다. 법원이 주도하여 사실인 관습을 파악하게 되는 과정이 있
게 된다. 그런데 "당사자의 의사가 명확하지 아니한 때"란 일방당사자의 의사
가 명확하지 아니한 때도 포함하지만, 오히려 쌍방의 합의 내용이 명확하지 않
은 경우가 주된 경우이다. 이때에 '사실인 관습'으로써 당사자 의사의 불명확
함을 보충하는 것은 임의법규와 다른 사실인 관습이 있으면 다른 특단의 사정
이 없는 한 당사자도 그러한 관습을 따를 것이라는 강한 추정에 바탕을 둔 것
이다. 따라서 만약에 당사자의 의사가 관습과 무관하게 명확하거나, 관습을 명
백하게 인용하거나 배척하는 것인 때에는 §106는 적용될 수 없다. 그리하여
쌍방 당사자가 일정한 관행의 내용에 관하여 다투는 경우에는 법원은 그 관행
이 '사실인 관습'이라는 확인만으로 바로 당사자 관계를 규율하는 내용의 일부
로 선언할 수 없다. 대판 02.4.23, 2000다50701이 사용자가 이미 퇴직한 근로

  任意法規에 우선하여 적용되어 법률행위의 해석에 관한 한 임의법규를 개폐하는 효력을
  가진다"고 서술한다(또한 김욱곤(주 50), 72). 여기서 사실인 관습이 해석에 동원되는 모
  습을 실정법규를 '개폐'한다고 개념에 맞지 않게 표현한 결과 사고가 부정확하게 유도되
  었다. 같은 오류는 구주해(2), 285(박영식)("사실인 관습은 … 법률행위의 해석에 관한 한
  임의법규를 개폐하는 효력을 가진다. 이것은 民§1가 실제로는 그 의의의 절반을 잃고 있
  음을 뜻한다.")에서도 발견된다.

자들에게 퇴직 이후에 체결된 단체협약에 의한 임금인상분 및 퇴직금인상분 차액을 추가 지급한 관행이 있었으나 그것은 노동조합 또는 근로자집단과 사용자 사이의 규범의식이 있는 노사관행으로는 볼 수 없다고 한 사례를 다루면서 규범의식의 결여를 이유로 든 것은 이런 점에서 일단 타당하다. 그러나 다른 한편으로는 동시에 참조조문으로 민법에서는 §106를 언급함으로써 이 사건의 논점이 관습법인지, 사실인 관습인지를 모호하게 하였다. 대판 77.4.12, 76다1124에 대하여도 같은 말을 할 수 있다. 이 사건에서 대법원은 단체협약에서 규정한 상여금을 계속적으로 지급하여 왔다면 이 상여금은 단순히 은혜적 또는 호의적으로 지급되는 것이 아니라 근로자에 대한 근로에 상응한 대가로서 정기적 제도적으로 지급되는 임금의 일종이라고 보아야 마땅하고, 근로기준법이 정하는 "평균임금" 및 퇴직금 산정의 기초로 하지 아니할 수 없다고 판시하였다. 여기서도 중요한 것은 단순한 관행이 아니라 단체협약이라는 법률에 준하는 법규 및 그에 수반된 사실적 관행에 따라 일정한 상여금 지급이 '제도적'으로 정착되었다는 사실이다.[200] 그런 점에서 이 사안도 §106와 사실은 무관한 사안이다. 두 사안 모두 관습법이나 사실인 관습이 문제되었다기보다는 진정한 문제였던 것은 일방 당사자의 일정한 지급$\binom{\text{임금, 상여}}{\text{금, 퇴직금 등}}$ 행태가 수령자의 승낙에 의하여 당사자 사이에 정착된 것으로, 즉 $\binom{\text{단체협약, 취업}}{\text{규칙, 근로계약상}}$ 계약의 내용으로 된 것으로 볼 수 있고, 그래서 그러한 것을 신뢰한 상대방의 보호가 필요한가 하는 것이었다. 그러므로 판례가 "규범의식" 운운한 것은 '계약적 구속력'의 의미로 선해해야 하며, 이를 관습법상의 법적 확신으로 이해해서는 안 된다. 앞의 사례는 이미 계약관계가 끝난 후의 호의적 급부라는 것이고, 뒤의 사례는 계약관계 존속 중에 신뢰관계가 형성된 사례라는 것이다$\binom{\text{따라서 신의칙을 원}}{\text{용하는 것으로 충분}}_{\text{했을것이다}}$. 그러나 후자의 판결은 어쨌든 임금 등의 지급과 관련하여 문면상 '사실인 관습'의 가능성을 인정하고 이를 일종의 경험칙으로 파악하여 직권판단 사항에 속한다고 설시하였다.

　　무릇 사실인 관습은 일상생활에 있어서의 일종의 경험칙에 속한다고 할 것이고 경험칙은 일종의 법칙이라고 할 것인바, 법관이 어떠한 경험칙의 유무를 판단하는데 있어서는 당사자의 주장이나 입증에 구애됨이 없이 법관 스스로의 직권에 의하여 이를 판단할 수 있다고 할 것이다(대판 77.4.12, 76다1124).

---

200) 개별성과급의 임금성 판단과 관련한 최근 판결로는 대판 04.5.14, 2001다76328(부정); 대판 11.7.14, 2011다23149(긍정).

　　이러한 판례의 법리적 입장을 취하면 요컨대 사실인 관습은 이런 점에서
다른 단순한 사실과 차이가 있고, 법원의 직권판단 사항임이 명백한 관습법과
실제로 거의 차이가 없게 된다. '사실인 관습'과 '관습법'은 '사실'(Faktum)과
'규범'(Norm)의 경계선상에 위치한 독특한 현상이어서 일반적인 사실이나 일
반적인 법규범과 차이가 나는 특유의 현상적 측면이 엿보이는 것이다. 그러나
관습(법)에서 말하는 관행이란 엄밀한 의미에서 모든 수범자가, 따라서 법률관
계의 쌍방 당사자 모두가 실행하고 있고, 그래서 당사자 간의 합의 내용상 의
문이 발생하는 경우에 합리적으로 생각하고 행동하는 당사자라면 일치하여 그
것에 따르는 관행이어야 하는데(_{의 보충}의사), 이런 사안에서는 쌍방의 입장이 갈리
므로, 즉 계약내용으로 삼고자 하는 의사의 합치가 부존재하므로(_{합의}불), 의사 보
충의 문제가 아닌 것이다. 판례가 사실인 관습을 적용하려고 하더라도 당사자
는 자신의 의사는 그러한 관행에 따르는 것이 아니었다는 사실을 입증하면 법
원으로서는—규범인 관습법과 달리—사실인 관습을 확인하였다는 것만으로
그 내용을 강제할 수 없다. 이 경우 法院의 작용이 의사 보충인 것의 한계인
것이다. 당사자의 의사가 입증되면 사적 자치의 원칙상 그에 따르는 것이 당연
한 것이기 때문이다. 다만 많은 경우에는 (특히 계속적 거래관계에서 그러한 관행을 따르다가
특정한 이해상반의 경우에 그 효과를 부인하는 신의
칙 위반의
경우라면) 그러한 입증이 인정되지 않을 것이고, 그 결과 마치 사실인 관습이
당사자가 다툼에도 불구하고 적용되는 듯한 외관을 띠게 되지만, 이것이 학설
들이 오해하듯이 사실인 관습이 강행법규임을 의미하는 것은 결코 아니다. 판
례는 이런 의미에서 결과의 구체적 타당성에도 불구하고 논리 면에서 비판가
능하다. 그러므로 이 판결을 근거로 관습(법)의 입증책임 문제를 논하는 것은
그 문면의 외관에도 불구하고 타당하지 않다. 학설 중에는 판례가 이 판결에서
는 보충규범설[201]을 취하였으나, 그 후 대판 83.6.14, 80다3231에서 의사해석
규범설[202]로 입장을 바꾸었다고 설명하는 견해가 있는데,[203] 이런 점에서 문제
가 있다. 여기서 이른바 보충규범설은 조선민사령 §10라면 몰라도 우리 §106
와는 정면 배치되는 견해이기도 하다.

---

201) 정종휴(주 37), 24에 의하면 사실인 관습은 임의법규에 준하는 규범이므로 당사자의 의
　　사에 불구하고 법률처럼 적용된다는 입장.
202) 정종휴(주 37), 24에 의하면 사실인 관습은 의사표시의 해석기준에 불과할 뿐이므로 법
　　원 직권조사 사항이 될 수 없다는 입장.
203) 정종휴(주 37), 25. 옥의 티 하나: 정종휴(주 37), 25에서 내용은 대판 77.4.12, 76다
　　1124를 인용하면서, 주 59에서 그 전거로서는 그릇되게 대판 67.12.18, 67다2093을 제시
　　하였다.

　　(ⅱ) 관습법이 존재하는 중에 새로운 관습이 형성되는 사태는 어떻게
보아야 하는가? 학설 중에 이 문제를 다룬 견해를 보면, 관습법이 존재함에도
불구하고 사실인 관습이 형성되고 있다면 이는 관습법의 근거가 되는 법적 확
신이나 인식이 이미 흔들려 버렸다는 것을 의미하고, 관습법이 관습법으로서
의 지위를 상실하였다고 보아야 한다고 하면서, 다만 순수하게 논리적으로는
관습법이 존재함에도 불구하고 새로운 관행이 사실인 관습으로 형성되고 있다
면, 이는 관습법에 대해 특별법적 성질을 가지는 관행이 태동되었다는 것을 의
미하고, 그래서 새로 형성된 사실인 관습이 종전의 관습법보다 우선적으로 적
용될 여지가 충분하다고 주장한다.[204]

　　그러나 이러한 주장에는 논리 모순이 존재한다. ① 우선, 엄밀한 의미에서
관습법을 성립시킬 정도의 충분한 관행이 종전의 관습법이 규율하는 내용에
관하여 성립하였다면, (이 견해도 따르고 있는 법적 확신설에 따르면) 그러한 관행이 법적 확신까지를 얻어
서 새로운 관습법으로 형성된 것인지(즉, 종전의 관습법이 장기의 불사용 (desuetudo)으로 인해 실효한 것인지), 아니면 단순
히 관행 차원에서 두 가지 실행이 아직 경합 중인지에 따라 종전 관습법의 위
상이 결정되어야 하는 것이기 때문이다. ② 따라서 다음으로, 두 가지 관행이
경합하는 상황에서 후에 생성된 관습이 '특별법적' 성질을 가진다는 주장도 문
제이다. 무엇보다도 나중에 형성된 사실인 관습은 '법'이 아니다. 더욱이 구체
적으로 규율하는 사항이 동일한 경우가 문제되므로 상호배제하는 것인데, 후
자가 '특별'법이라고 하는 것은 전자가 일반법이라는 의미를 함축하고, 양자
관계를 이렇게 파악하는 것은 사태의 본질에 반한다. 만약 서로 상치하지 않는
사항에 대한 것이라면 굳이 일반-특별의 관계로 설명할 필요조차 없다. ③ 관

---

204) 박찬주(주 61), 59f. 동, 62에서는 §105와 §106의 관계에 대하여 "제106조가 사실
　　인 관습의 존재는 당사자가 특히 이를 배제하겠다는 의사를 표시하지 않는 이상, 이에 따
　　라 법률행위를 한다는 것을 『擬制』한다는 것이 되어, 제106조에 의해 당연히 사실인 관
　　습에 의하여 해석하여야 하고, 결국 제105조는 실질적으로 사실인 관습이 존재하지 아니
　　하는 경우의 적용규정이라고 할 수 있다"라고 한다. 그러나 이것은 잘못이다. 우선, §106
　　의 경우 그 요건은 '당사자가 사실인 관습을 배제하지 않겠다는 의사를 표시하지 않은 것'
　　이 아니라(이렇게 되면 적용 배제의 부작위를 적용의 작위와 등치하는 논리적 오류가 발
　　생한다), 법문상 명맥히 '당사자의 의사가 명확하지 않은 것'이다. 따라서 당사자의 의사
　　가 '사실에 반하여' "의제"되는 것이 아니라 경험칙에 부합하게 보충되는 것뿐이고, 더욱이
　　§105는 사실인 관습이 존재하더라도 당연히 적용된다. 법이 허용하는 한, 당사자의 표시
　　된 의사가 무엇보다도 중요하고, 따라서 사실인 관습과 다른 의사표시를 얼마든지 할 수
　　있고, 또 그렇게 한 경우에도 그 의사에 따라야 하는 것이기 때문이다. §105와 §106의
　　차이는 사실인 관습의 존재 여부가 아니라, 당사자의 의사가 표시되었는가 불명확한가의
　　차이이다.

습법이 존재하는 경우에도 사실인 관습이 새롭게 생성될 수 있음은 물론이다. 그러나 (관습법이 존재하면 이에 반하는 '사실인 관습'의) 설령 양자의 동시 존재가 확인된다고 해도 결정적인 것은 관행의 선후관계가 아니라, 수반하는 법적 확신의 존재와 강도인 것이다.

3. 條　理

(1) 조리의 法源性

관습법보다도 더욱 다투어지는 것이 조리의 법원성 문제이다.[205] 그러나 한 가지 분명한 것은 실제로 조리가 재판의 준거가 된다는 점에 대해서는 이견이 없다는 점이다. 따라서 어찌 보면 이 문제는 法源의 語義를 어떻게 사용하느냐 하는 주관적 의견 차이에 불과한 측면이 분명히 있다. 그렇지만 궁극적으로는 '무엇이 법인가'의 문제로 귀착한다는 점에서는 어의의 차원을 넘어서는 법 개념의 문제가 도사리고 있는 것도 부정할 수 없다. 실정 민법이 조리를 재판 준거로 긍정함으로써, 그리고 이렇게 함으로써 민법이 사용하는 法源의 개념을 재판 준거의 의미로 확정한 것이라고 보는 실용적-현실주의적 입장에서는 더 이상의 논의는 실익이 없는 것이고,[206] 오히려 중요한 문제는 법원인 조리를 어떻게 실질적-내용적으로 규정할 것인가 하는 것으로 수렴한다. 이에 반하여 전래된 법이론 학설상의 일반적 法源 개념을 취하게 되면 민법의 결단에도 불구하고 법원론의 근저에 깔린 근본적인 법개념의 문제를 도외시할 수가 없게 되고, 이러한 입장에 서는 한, 조리의 법원성 문제는 쉽지 않은 난제로 존속하게 마련이다. 조리는 분명히 실정법이 아니라는 점에서 종래 자연법론이 주장하던 혹종의 내용들과 대단히 흡사한 면이 있고, 이런 점에서 법률실증주의에 대한 태도에 따라서 조리에 대한 이해도 달라질 수 있기 때문이다. 이 문제는 '조리는 법원성을 갖는가'보다는 '조리에 법규범성을 인정할 것인가'로 표현을 바꾸는 것이 더 적절하다는 의견 역시 이러한 문제점에 대한 인식인 것이다.[207] 조리의 법원성에 관한 긍정설과 부정설을 살펴본다.

---

205) 긍정설: 이은영, 47. 부정하면서도 인식자료로는 인정하는 견해: 김상용, 27. 존재형식/인식근거로서 모두 부정설: 서광민(주 7), 25 및 주 26. 그밖에 각자가 이해하는 '조리' 개념에 따라 견해가 갈린다.

206) 서광민(주 7), 25f.; 명순구, 24; 김상용, 26; 김주수·김상용, 14("재판의 본질상 당연한 것을 규정한 것"으로 보면서도, 다만 "법원이라는 것을 넓게 해석하여 재판할 때의 기준을 모두 가리킨다고 본다면 조리도 법원이라고 해석할 수 있게 된다.").

207) 이은영, 50. 다만 동, 27에서는 법원성과 법규범성을 법적 구속력이라는 같은 의미로 새

⑺ 法源性 긍정설   이 설의 논거는 헌 § 106와 민 § 1를 근거로 조리는 재판규범, 그중에서도 최후적인 재판의 규준이 된다는 것이다.[208] 이는 성문법의 불완전성에 기인하는 것이며, 그래야만 사회통념($\frac{대표적으로}{신의성실}$)에 따라 행동한 사람을 법적으로 보호할 수 있고, 부정설에 의하면 조리가 도덕률에 속하게 되어 도덕을 법규범에 혼입하는 결과가 되므로 부당하다고 한다. 아울러 법원이 판결의 준칙으로서 조리에 속하는 일반원칙을 원용하는 경우에 그 판결이 정당성을 갖게 되고 아울러 법관의 지나친 자유재량과 자의적 법적용의 전횡을 방지하는 것이 가능하다고 한다.[209]

한편 긍정설을 취하는 견해는 부정설이 주장하는 실정성의 결여논거는 법은 규칙뿐만 아니라 원리도 포함되므로 타당하지 않다고 비판한다.[210]

⑻ 法源性 부정설[211]

⒜ 이 설에서는 '조리' 자체는 인정하면서도 그 법원성은 부정한다. 이 설의 논거들은 다음과 같다. 조리를 재판의 준칙으로 인정하는 것은 그것이 법이기 때문이 아니라 성문법주의하 법의 흠결이 불가피한데다가 법관은 재판을 거부할 수 없다는 사실에서 기인하는 것으로,[212] 조리는 법 흠결의 경우 法院에 의하여 적용되는 해석상 및 재판상 기준일 뿐이라는 점에서 긍정설은 피상적인 견해이다. 왜냐하면 헌법규정은 법관의 물적 독립성을 선언한 것에 지나지 않고, § 1는 실정법질서의 흠결을 인정하는 것에서 유래하는 것이기 때문이다. 따라서 조리는 법은 아니지만 법이 없을 때 法院에 의하여 적용되는 것뿐이다. 부정설의 결정적인 근거는 딱히 밝히고 있지 않은 경우에도 조리가 명확

긴다.

208) 김기선, 26; 김상용, 29; 김용한(주 127), 27f.; 김현태, 25; 이영섭, 73; 장경학, 60. 특히 명순구, 민학 47, 2009. 12, 97ff.는 민법제정 당시의 논의를 소개하며 우리 입법자의 의사는 의용민법에는 없는 민법 § 1를 신설함으로써 조리의 법원성을 인정하는 것으로 결단하였으므로 현행민법하 조리의 법원성에 대한 논의는 적어도 해석론 차원에서는 부적절하다고 평가한다.

209) 이은영, 52ff.

210) 주석 총칙(1), 88(제5판/이원범); 주석 총칙(1), 117(제4판/윤진수). 그는 한편으로 Dworkin, *Taking Rights Seriously* (1997); Bydlinski, *Über prinzipiell—systematische Rechtsfindung im Privatrecht* (1995)을 원용하고, 다른 한편으로 인용하는 판례가 조리를 인정하는 것으로 본다(후술).

211) 곽윤직·김재형, 29(조리를 "일종의 자연법적인 존재"라고 하면서 실정법과 계약해석의 표준이 되고, 법원 흠결 시 재판의 기준이 된다고 본다); 백태승, 24; 고상룡, 12f.; 지원림(주 16), [1-20]; 송덕수, 26f.; 이영준, 24. 김형배·김규완·김명숙(주 23), 21은 "법해석상의 방법"으로만 이해한다.

212) 박찬주(주 26), 354.

한 객관적 규점이라는 실정성을 결여하고 있음을 고려한 것으로 보인다.[213) 조
리가 해석적 작용을 하는 경우와 보충적 작용을 하는 경우를 나누어서 후자의
경우 법원성이 문제되는데, 조리는 객관적으로 정립된 법규체계가 아니므로,
이를 법이라고 할 수 없다고 하는 견해도 같은 취지이다.[214)

(b) 다른 한편으로 조리에 대한 특정한 이해를 바탕으로 조리의 법원성
을 부정하는 견해들도 있다. 그래서 모든 재판의 준칙이 바로 법이라 할 수 없
고, 성질상 '사물의 본성'을 실정법이라고 할 수는 없다고 하거나,[215) 조리는
'사물의 본성'으로 그 자체가 구체적인 내용을 가지는 것이 아니라 실정법률을
해석하고 사건에 적용함에 있어서 고려되는 요소일 뿐이고, 법률, 관습법이 없
을 경우 최종적으로 재판의 준거가 되는 것은 조리가 아니라 '전체 실정법질서
와 그에 내재된 일반적 법원리'—그 예로 헌법상 인간의 존엄과 가치, 개인의
자유, 평등의 원칙, 재산권보장과 공공복리를 위한 제한, 민법상 사적자치, 신
의성실, 사회질서 등—라고 파악한다.[216)

이러한 견해는 독자적 주관적 의견일 뿐 본조가 예정하고 있는 조리의 내
용을 포착하고 있다고 보기 어렵다는 점에서 문제가 있고, 특히 후자의 견해
는 "조리 = 사물의 본성 = 해석상의 요소 ≠ 최종적 재판 준거"라고 하는데, 이는
§1와 정면으로 배치되는 주장이어서 곤란하다.

(다) 私見: 재판준거설   결론적으로 학설들의 입장을 종합하면, 조리
가 재판 준거라는 점에서 일치하므로 法源이냐 아니냐의 (법원 개념을 둘러싼 입장 차이로부터 출발하는) 논
의를 일단 접어두더라도 무방할 것이다.[217) 다만 법원을 법의 존재 근거로 이
해하면 조리가 과연 법원인가의 문제가 여전히 남고, 법의 인식 근거로 이해해
도 그것을 통하여 인식되는 법이란 또 무엇인가 하는 이론적 문제가 미해결인
채로 남게 된다. 이 문제는 말하자면 실천이성을 실현하고자 하는 법해석학의
주제라기보다는 기본적으로 순수이성의 정합적 세계를 구현하고자 하는 법이

---

213) 구주해(1), 55(최병조); 김상용, 26(조리의 법원성을 부정하면서도 조리가 법인식자료라
   는 점에서는 법원일 수 있다는 애매한 입장).
214) 고상룡, 12.
215) 이영준, 24.
216) 김증한·김학동, 22.
217) 김주수·김상용, 14는 조리 그 자체를 법규범은 아니고 그러므로 법원은 아니지만 법원
   을 넓게 재판기준으로 본다면 조리도 법원이라고 한다. 반면에 이진기(주 7), 194. 213,
   228은 조리는 법원이 아니라는 이유로 §1의 제목을 "재판규범[준칙]"으로 바꾸어야 한다
   고 주장하나, 조리를 규범이라고 하는 것은 의문이다.

론·법철학의 주제일 것이다. 그러나 후자의 논의도 사실은 그 논자가 자리한 역사적 時所의 국가사회생활의 구조적-제도적 틀을 벗어날 수 없다는 점에서 결코 진공 속의 논의가 아니며, 그런 점에서 외국 학자의 이론적 논구를 참조함에 있어서 이 점을 늘 잊지 말아야 할 것이다.[218]

(2) 조리의 내용

㈎ 종래의 논의　　　따라서 우리의 현실적인 과제는 본조가 재판 준거로 지정한 條理가 과연 무엇인가를 개념규정적인 맥락에서가 아니라 실질내용적인 맥락에서 포착하는 작업이다. 이 문제 역시 다양한 가능성을 전제해야 하지만, 현재 우리나라의 학설은 구체적인 표현이나 열거하는 요소들이 반드시 같은 것은 아니지만 대체로 포괄적인 원리로 이해하는 방향으로 통일되어 있다. 가장 넓게는 거의 상식과 같은 것으로 이해하는 견해까지도 있다. 일반인들은 "경우"라고 표현하기도 한다("그렇게 하는 것은 경우에 어긋난다.", "그것은 경우에 없는 짓이다.")는 견해가 그것이다.[219] 그러나 이것은 적어도 본조가 예정한 조리라고 보기에는 너무나도 무정형하고 포괄적인 것이어서 본조가 이를 지시한 것 자체의 의미를 무색하게 한다. 조리의 인식대상으로 헌법에서 도출되는 일반원칙, 민법의 기초가 된 일반원칙, 법률의 역사, 비교법적 고찰, 사회통념, 법정책적 배려를 드는 견해도 지나치게 포괄적이라는 난점이 있다.[220] 특히 취사선택의 폭이 광범위한 법률의 역사나 비교법적 고찰을 포함시킨 것은 분명 과도한 것이다. 그럼에도 불구하고 대체로 학설은 매우 포괄적으로 여러 준거를 제시함으로써 한편으로는 조리의 일반조항적 성격을 반영하면서, 다른 한편으로는 최후수단으로서의 조리의 기능에 상응하게 가능한 흠결 없는 설명을 시도하고자 한다. 조리의 법원성에 대한 긍정설과 부정설의 입장 선택과는 무관하게 그리하여 조리를 전체 실정법질서와 그에 내재된 일반적 법원리—신뢰보호 원칙, 평등의 원칙, 비례의 원칙, 헌법상의 기본권 등—라고 파악한다거나,[221] 아니면 그 개별 요소들 사

---

218) 예컨대 현대 법철학의 대표 주자인 드워킨의 논의도 그 논변이 아무리 추상적-보편적 형태로 이루어지고 있더라도 미국의 현대 헌법질서를 捨象해 버리면 논증구조의 존재기반이나 도달한 성찰의 의미가 반감된다고 생각된다. 특히 원천 명제(Sources Thesis)를 주장한 법실증주의자 라즈(Joseph Raz)의 경우에도 그가 통상적인 법의 원천으로서 제정법, 관습과 더불어 사법판결을 드는 것 역시 그의 법철학이 영국에 기반을 둔 것이라는 점을 가볍게 볼 수 없다는 것을 시사한다. 엄순영, "라즈의 원천 명제", 법철학연구 18-3 (2015), 7ff. 참조.

219) 강태성, 19.

220) 이은영, 54f.

221) 주석 총칙(1), 116f.(제4판/윤진수). 조리법원성 부정설인 김증한·김학동, 22에서는 존

이에 일응의 우선순위를 부여하여 우선 일반적 법원칙이나 민법원칙들에서 찾아야하고 그 다음에 사물의 본성, 사물의 본질적 법칙, 사회통념 등의 추상적 판단규범에 의존하여 흠결을 보충하여야 한다고 설명한다.²²²⁾ 그러나 방금 지적한 비판은 여기에도 마찬가지로 해당한다.

　　판례는 대판(전) 07.5.17, 2006다19054에서 다음과 같이 판시하였다. 역시 조리를 '사물의 본성'으로 이해하면서 이를 풀어서 설명하는 방식을 취하고 있다.

　　　　민법 제1조는 "민사에 관하여 법률에 규정이 없으면 관습법에 의하고 관습법이 없으면 조리에 의한다."라고 규정하고 있고, 여기서 조리라 함은 사물의 본성을 말하며 흔히 사물·자연의 이치, 사물의 본질적 법칙, 사람의 이성에 기하여 생각되는 규범 등으로 표현된다. 우리 민법은 이처럼 법률과 관습법이 존재하지 않는 경우 조리에 대하여 보충적인 법원성을 인정하고 있고, 이는 성문법주의하에서 법률의 흠결이 불가피하다는 고려에 기인하는 것으로 이해할 수 있다. 돌이켜 이 사건의 경우를 보면, 구 사립학교법상 임시이사가 파견된 사립학교의 정상화방안에 대하여 법률에 흠결이 있는 셈이고, 이 때 관계 법령인 구 사립학교법의 규정 취지와 함께 관련된 사물의 본성, 즉 학교법인이나 이사 제도의 본질에서 그 해답을 찾고자 하는 것은 보충적 법원으로서 조리를 원용하는 것과 다름없어서 민법 제1조의 일반 원칙에 부합하는 것이기도 하다.

　　종래 판례가 조리를 언급한 사례들의 대표적인 것은 다음과 같다.²²³⁾

　　• 대판 65.8.31, 65다1156: "정관에 보수에 관한 규정이 없고 주주총회의 의결도 없는 경우의 구 민법상의 상무취체역에 대한 보수는 그에 대한 상관습이나 민법의 규정 또는 민사관습도 없는 바이니 조리에 의하여 상당한 액을 지급하기로 한 것이라고 단정하고 그 상당액을 증거에 의하여 일정액으로 인정한 조처에 위법이 있지 아니하다."

　　　　재형식설의 입장에서 조리는 '사물의 본성'으로서 그 자체가 구체적인 내용을 가지지 않고 실정법규를 해석하고 적용하는 데 있어 고려되는 요소일 뿐이라고 하면서도, 결국 실정법 흠결 시 재판의 최종적인 준거로 조리가 아니라 헌법상 인간의 존엄과 가치, 개인의 자유, 평등의 원칙, 재산권의 보장과 공공복리를 위한 제한, 민법상 사적 자치, 신의성실, 사회질서 등을 열거한다.

222) 서광민(주 7), 25f.는 조리법원성 부정설인데 사물의 본성, 사회통념 등과 같은 추상적 규범은 구체적으로 법률 흠결 시 도움을 주지 못할 뿐만 아니라 법관의 자의적 판단을 막을 수 없다고 본다. 반면 이은영, 53f.는 조리의 법원성을 인정해야 법관의 지나친 자유재량과 법적용의 전횡을 방지할 수 있다고 보아 상반된 입장이다. 양 견해 모두 일리는 있지만 사태의 일면만을 포착하였다.

223) 대법원의 다른 재판례와 그에 대한 논의는 주석 총칙(1), 89ff.(제5판/이원범) 참조.

• 대결 95.5.23, 94마2218: "헌법 제35조 제1항은 환경권을 기본권의 하나로 승인하고 있으므로, 사법의 해석과 적용에 있어서도 이러한 기본권이 충분히 보장되도록 배려하여야 하나, 헌법상의 기본권으로서의 환경권에 관한 위 규정만으로서는 그 보호대상인 환경의 내용과 범위, 권리의 주체가 되는 권리자의 범위 등이 명확하지 못하여 이 규정이 개개의 국민에게 직접으로 구체적인 사법상의 권리를 부여한 것이라고 보기는 어렵고, 사법적 권리인 환경권을 인정하면 그 상대방의 활동의 자유와 권리를 불가피하게 제약할 수밖에 없으므로, 사법상의 권리로서의 환경권이 인정되려면 그에 관한 명문의 법률규정이 있거나 관계 법령의 규정취지나 조리에 비추어 권리의 주체, 대상, 내용, 행사방법 등이 구체적으로 정립될 수 있어야 한다."

• 대판(전) 08.11.20, 2007다27670: "제사주재자는 우선적으로 망인의 공동상속인들 사이의 협의에 의해 정하되, 협의가 이루어지지 않는 경우에는 제사주재자의 지위를 유지할 수 없는 특별한 사정이 있지 않은 한 망인의 장남(_{장남이 이미 사망한 경우에는 장남의 아들, 즉 장손자})이 제사주재자가 되고, 공동상속인들 중 아들이 없는 경우에는 망인의 장녀가 제사주재자가 된다"는 다수설에 대하여, 두 종류의 소수설이 반대하였는데, 대법관 박시환, 전수안의 반대의견이 "제사주재자는 우선 공동상속인들의 협의에 의해 정하되, 협의가 이루어지지 않는 경우에는 다수결에 의해 정하는 것이 타당하다"고 한 반면에, 대법관 김영란, 김지형의 반대의견은 "민법 제1008조의3에 정한 제사주재자라 함은 조리에 비추어 제사용 재산을 승계받아 제사를 주재하기에 가장 적합한 공동상속인을 의미하는데, 공동상속인 중 누가 제사주재자로 가장 적합한 것인가를 판단함에 있어서 공동상속인들 사이에 협의가 이루어지지 아니하여 제사주재자의 지위에 관한 분쟁이 발생한 경우에는 민법 제1008조의3의 문언적 해석과 그 입법 취지에 충실하면서도 인격의 존엄과 남녀의 평등을 기본으로 하고 가정평화와 친족상조의 미풍양속을 유지·향상한다고 하는 가사에 관한 소송의 이념 및 다양한 관련 요소를 종합적으로 고려하여 개별 사건에서 당사자들의 주장의 당부를 심리·판단하여 결정하여야 한다"고 보았다.

그밖에 외국 또는 섭외사건에서 조리의 역할을 논급한 것으로는 다음과 같다.

• 대판 89.12.26, 88다카3991: "외국법인이 우리나라에 사업소나 영업소를 가지고 있지 않거나 우리 민사소송법상의 토지관할에 관한 특별재판적이

국내에 없더라도 우리나라 법원에 민사소송법상의 보전명령이나 임의경매를 신청한 이상 그러한 행위는 우리나라의 재판권에 복종할 의사로 한 것이라고 여겨야 할 것이므로 위와 같은 신청채권에 관계된 소송에 관하여는 우리나라의 법원이 재판권을 가진다고 보는 것이 국제민사소송의 재판관할에 관한 조리에 비추어 옳다."

• 대판 00.6.9, 98다35037: "섭외사건에 관하여 국내의 재판관할을 인정할지의 여부는 국제재판관할에 관하여 조약이나 일반적으로 승인된 국제법상의 원칙이 아직 확립되어 있지 않고 이에 관한 우리 나라의 성문법규도 없는 이상 결국 당사자 간의 공평, 재판의 적정, 신속을 기한다는 기본이념에 따라 조리에 의하여 이를 결정함이 상당하다 할 것이고, 이 경우 우리 나라의 민사소송법의 토지관할에 관한 규정 또한 위 기본이념에 따라 제정된 것이므로 기본적으로 위 규정에 의한 재판적이 국내에 있을 때에는 섭외사건에 관한 소송에 관하여도 우리나라에 재판관할권이 있다고 인정함이 상당하다."

• 대판 03.1.10, 2000다70064: "섭외적 사건에 관하여 적용될 외국법규의 내용을 확정하고 그 의미를 해석함에 있어서는 그 외국법이 그 본국에서 현실로 해석·적용되고 있는 의미·내용대로 해석·적용되어야 하는 것인데, 소송과정에서 적용될 외국법규에 흠결이 있거나 그 존재에 관한 자료가 제출되지 아니하여 그 내용의 확인이 불가능한 경우 법원으로서는 法源에 관한 민사상의 대원칙에 따라 외국 관습법에 의할 것이고, 외국 관습법도 그 내용의 확인이 불가능하면 조리에 의하여 재판할 수밖에 없다."

판례가 조리를 명시적으로 언급하고 있음에도 불구하고 판례가 조리의 법원성을 인정하는지 여부에 대하여 학설은 갈리고 있다.

(a) 인정한다는 견해: 이 견해는 이런저런 재판례를 인용함으로써 판례가 조리를 법원으로 인정한다는 입장이다.[224]

(b) 분명치 않다는 견해: 대법원이 '조리'라는 용어를 사용하고는 있지만, 논란의 여지가 있다고 본다.[225]

---

224) 주석 총칙(1), 118(제4판/윤진수)(그 예로 대판 00.6.9, 98다35037; 대판 03.1.10, 2000다70064 인용); 명순구(주 23), 24(대결 95.5.23, 94마2218; 대판 00.6.9, 98다35037을 인용); 김형배·김규완·김명숙, 21(대판 00.6.9, 98다35037; 대판 00.9.1, 96다4002를 인용); 이은영, 51(대판 65.8.31, 65다1156; 대결 99.5.23, 94마2218을 인용); 이영준 24(대판 65.8.31, 65다1156을 인용).
225) 송덕수, 26(조리가 재판의 준칙이 될 수 있음은 인정); 서광민(주 7), 24f.는 위 견해에서 제시하는 65다1156에 대하여 이는 민법 제1조의 법문을 확인한 데 불과하고 조리의

(나) 조리의 개념핵과 개념폭   이상의 논의를 통하여 확인할 수 있는 것은 종래 우리나라의 학설이나 판례는 條理를 기본적으로 '사물의 본성'으로 규정하면서도, 이것을 엄밀히 방법론적으로 탐구하기보다는 말하자면 구체적으로 재판에서 고려되는 법률과 관습법규 이외의 제반 사항을 모두 포섭한 총괄개념으로 파악하는 듯하다. 그러나 아무리 이러한 방식이 실용적이라고 해도 무작위로 그때그때 필요하다고 생각하는 요소들을 나열하는 것으로는 무엇인가 부족하다. 다른 유사 개념들과의 획정이 필요하고, 이러한 획정을 통하여 條理의 기능과 역할의 한계를 명확히 하는 작업이 필요하다.

판례와 학설상 개진된 내용들을 정리해 보면 대체로 크게 두 가지 요소가 강조되고 있는 것을 알 수 있다. 하나는 협의의 '사물의 본성'류이고, 다른 하나는 법질서상 인정된 법원리류이다. 전자의 대표적인 것이 조리를 다음과 같이 이해하는 입장이다.

   - 조리는 사물의 본성.[226]
   - 조리라 함은 사물의 본성을 말하며 흔히 사물·자연의 이치, 사물의 본질적 법칙, 사람의 이성에 기하여 생각되는 규범 등.[227]
   - 사물의 본성, 사물의 본질적 법칙, 사회통념 등의 추상적 판단규범.[228]

그리고 후자의 대표적인 것이 조리를 다음과 같이 이해하는 입장이다.

   - 일반사회인이 보통 인정한다고 생각되는 객관적 원리 또는 법칙(경험칙도 포함).[229]
   - 법의 일반원칙, 즉 신뢰보호 원칙, 평등의 원칙, 비례의 원칙, 헌법상의 기본권(경제적 효율성도 포함).[230]
   - 헌법에서 도출되는 일반원칙, 민법의 기초가 된 일반원칙, 법률의 역사, 비교법

법원성에 대한 판단은 아니라고 본다. 주석 총칙(1), 118(제4판/윤진수)도 판례가 조리를 언급한 많은 경우에 단순한 방론으로 언급한 것에 지나지 않는다고 한다(그 예로 대결 95.5.23, 94마2218).

226) 김증한·김학동, 22(법원성은 부정). 이 설은 가장 좁게 조리 = '사물의 본성'으로만 이해한다.

227) 대판(전) 2006다19054 다수의견에 대한 보충의견; 곽윤직·김재형, 28.

228) 서광민(주 7), 26.

229) 곽윤직·김재형, 28.

230) 주석 총칙(1), 116f.(제4판/윤진수). 이는 헌법적인 근거를 갖거나 민법상 신의칙에서 근거를 찾을 수도 있고, 신의칙과 조리는 내용상 별다른 차이가 없다고 본다. 이에 대하여 황태윤(주 17), 154는 이들 원칙은 행정법 분야의 이익형량수단을 의미하고, 조리에서 처음 논의가 출발하였지만, 현재는 조리가 아닌 헌법원리와 기본권에 기반한 원리로 설명된다는 점을 지적한다.

적 고찰, 사회통념, 법정책적 배려.[231]

　　- §1008-3의 문언적 해석과 그 입법 취지에 충실하면서도 인격의 존엄과 남녀
의 평등을 기본으로 하고 가정평화와 친족상조의 미풍양속을 유지·향상한다고 하는
가사에 관한 소송의 이념 및 다양한 관련 요소를 종합적으로 고려.[232]

　　- 결국 당사자 간의 공평, 재판의 적정, 신속을 기한다는 기본이념에 따라 조리
에 의하여.[233]

　　전통 한문 용어로서의 條理는 '질서 잡힌 맥락'이라는 함의가 가장 강했던
것으로 보이는바, 사물을 객관적으로 주어진 속성에서 포착하면서도[234] 동시
에, 그리고 어쩌면 더 중점적으로 인간 정신에 의하여 의미가 부여되고, 그 의
미가 불변적은 아니지만 상당히 지속적으로 부착된 상태의 사물의 (이러한 일정한
의미부여적 관
점 하에
서 고찰된) 질서구현 상태를 표현하는 데 동원되었다[235]고 생각된다. 오늘날에도
가령 '말을 조리 있게 한다', '조리가 맞다'고 하는 것이 그러한 예이다.

　　그러나 오늘날 우리가 조리를 논할 때에는 계수된 서양법의 관념세계를
전제하는 것이 연혁적으로 볼 때 자연스러울 것이다. 이런 의미에서 서양의 경
우를 살펴보면, 존재론적 사고를 저변의 문화 속성으로 체현해 온 서양문화의
경우에는 우리가 동양 전통에 접목하여 '조리'로 번역한 것에 해당하는 것이
무엇보다도 '사물의 본성'(nature des choses; Natur der Sache) 내지 '사태의
본성'(ἡ φύσις τῶν πραγμάτων)으로 표상되었는데,[236] 이것은 사물계(rerum natura)

---

231) 이은영, 54f.

232) 대판(전) 2007다27670 다수의견에 대한 반대의견.

233) 대판 98다35037.

234) 《書, 盤庚 上》若網在綱, 有條而不紊(그물에 벼릿줄이 있어야 조리가 있어 문란하지 않
　　다.)[漢韓大辭典 7(단국대학교 동양학연구소, 2004), 312 條⑥];《孟子, 萬章 下》金聲也
　　者, 始條理也, 玉振之也者, 終條理也. 始條理者, 智之事也, 終條理者, 聖之事也(鐘이 소리를
　　퍼뜨리는 것은 조리[음악의 맥락]를 시작함이요. 磬이 소리를 거두는 것은 조리를 끝냄이
　　니, 조리를 시작하는 것은 지혜에 속하는 일이요. 조리를 끝내는 것은 聖德에 속하는 일이
　　다.)[漢韓大辭典 7(단국대학교 동양학연구소, 2004), 314【條理】㊀ 참조.

235) 《南齊書, 徐伯珍傳》吳郡顧歡摘出尙書滯義, 伯珍訓答甚有條理, 儒者宗之(오군의 고환
　　(425?-488?)이 상서를 들추어내어 뜻을 알려 애쓰고 있는데, 서백진(414-497)이 가르쳐
　　주니 아주 조리가 있었다. 유학자들이 이를 기본가르침으로 삼았다.)[漢韓大辭典 7(단국대
　　학교 동양학연구소, 2004), 314【條理】㊀;《戴震, 孟子字義疏證》曰文理得其分, 則有條而
　　不紊, 謂之條理(가로되, 문리가 트여 그 분수를 얻으면 결이 있어 문란하지 않으며, 이를
　　조리라 한다.)[大漢和辭典 6, 修訂版(大修館書店: 東京, 1985), 273【條理】 참조.

236) 본조와 동일한 사고구조를 그대로 보여주는 독일 제국법원의 판시가 이것을 잘 보여준다:
　　"Mangels einer positiv-rechtlichen, unmittelbar anwendbaren Vorschrift kann aber nur
　　von der aus der Sache selbst sich ergebenden Erwägung ausgegangen werden."(직접
　　적용가능한 실정법 규정이 없을 때에는 사물 자체로부터 도출되는 고려로부터 출발할 수

의 객관적 소여로서, 경우에 따라서는 형이상학적으로 이해된 내재적 목적론
적 素因(Entelechie)과도 결합되면서, 일차적으로는 인간의 恣意的 규정을 벗어
나 있는 물성의 핵심적·지속적 성질로 이해되었던 것으로 보인다. 그러나 이
경우에도 사물의 본성이 가지는 복합적인 성격이 불식되는 것은 아닌데, 특히
법의 영역에서는 물적 有(존재자) 이외에 무엇보다도 제도적 사실(instituta)과
다양한 법형상들(Rechtsfiguren)이 사실적 생활관계의 물적-정신적 구성인자
로서 동시에 존재하고 있기 때문이다. 사회적 有에 해당하는 이들의 경우에도
'본성'에 대한 파악은 자연적 有의 경우와 마찬가지로 주관적-자의적 결정을
배제하는 역할자로서의 기능이 일차적이다.[237] 이처럼 사물의 본성을 파악함에
있어서 필연적으로 사실적 인자(Realfaktoren) 외에 관념적 인자(Idealfaktoren)
가 중요한 역할을 할 수밖에 없으므로, 막판에는 해당 법질서가 인정하는 법
원리들이 조리/'사물의 본성'의 한 축을 담당할 수밖에 없는 것 또한 자명하다
할 것이다.[238]

  그러나 그럼에도 불구하고 양 인자 사이의 위상을 규명하자면, 일부 학설
이 주장하는 바와는 반대로, 역시 사실적 인자의 본성($\substack{가령\ 부동산의\ 장소를\ 이\\ 동시킬\ 수\ 없다는\ 본성}$)이 제
도의 관념적 인자로서의 본성($\substack{예에서\ 동산과\ 대비하여\ 부동산\ 소\\ 유권의\ 이전은\ 등기를\ 요한다는\ 점}$)보다 우선적으로 고려되
어야 할 것이다. 사물의 본성이 법학 교설에 의하여 언제나 존중되는 것은 아
니라는 사실을 잘 보여주는 예로서 금전에 대한 우리나라의 판례와 학설의 태
도를 들 수 있다. 이에 따르면 금전은 본질상 동산인 물건임에도 불구하고 동
산으로서의 성질이 무시되고 단순히 추상적 가치권으로 표상되고 있는데, 이
러한 이해는 원래 독일의 Max Kaser($\substack{1906-\\1997}$)의 나치 시기 개인적인 소견이 일본
의 스에카와 히로시($\substack{末川\ 博.\\1892-1977}$)에 의해 수용되고 일본을 거쳐서 우리나라에도
도입된 것이라고 한다.[239] 우리 민법의 전체 체제가 자연인으로 시작하고, 동

  있다.)(RGZ Bd.16 (1886), 180)(Erich Fechner, *Rechtsphilosophie: Soziologie und Metaphysik
  des Rechts*, 2., unveränderte Auflage, Mohr Siebeck: Tübingen, 1956, 148 Fn.16에서 재
  인용).
  한편 다른 문맥에서이긴 하지만 놀랍게도 일찍이 키케로가 본조의 3요소를 규범적 판단을
  위한 근거의 기본범주로 선취한 바가 있다.
  Cicero, *De oratore* 1.215: ... aut a rerum natura aut a lege aliqua atque more, ut ...(…
  조리[사물의 본성]에 의해서도, 또는 어떤 법률이나 관습법에 의해서도 …)
 237) D.50.17.188.1 Cels. 17 dig.
  Quae rerum natura prohibentur, nulla lege confirmata sunt.
  (사물의 본성상 금지되는 것은 어떠한 법률로도 유효하게 되지 않는다.)
 238) 이상의 점에 관해서는 Fechner(주 236), 146ff.
 239) 이에 대한 정당한 비판은 정병호, "'금전은 점유하는 자가 소유한다'는 이론 비판—이론

시에 가장 근원적인 事象인 이 자연인의 物에 대한 지배를 다루는 물권법이 이어서 규정되면서 법적으로 구조화되고 제도화된 소유권보다 앞서 적나라한 사실적 지배인 점유가 먼저 규정된 데에서 잘 알 수 있듯이, 전통적 私法의 정신을 계승한 민법이 인간 삶의 필수적 생존조건인 점유를 근원적으로 긍정하였다면, 이 이론은 당시 독일과 일본의 잘못된 전체주의적 이데올로기로 채색된 '공동체' 논리가 작동하면서 공법에 의하여 도입된 화폐에 대하여 아예 철저한 국가주의적 입장에서 具象的 物性($\frac{\text{이-것}}{\text{저-것}}$)을 부정하고 抽象的 有體性('것')만을 인정함으로써 화폐의 경우 '점유와 소유의 일치', 즉 '화폐＝추상적 가치권'으로 자의적으로 규정한 것이다. 이로써 전통 私法에서 아무런 異論 없이 인정되었던 物에 대한 개인적 자유 처분권의 중요한 부분, 즉 소유물 반환청구권(rei vindicatio)이—아무리 금전의 특수성을 감안하더라도—극도로 제약되는 결과를 가져왔다. 화폐제도 자체가 원래 私人 간의 거래를 ($\frac{\text{특히 市場의}}{\text{기제를 통하여}}$) 합리적으로 지원하기 위한 것이었지 제약하기 위한 것이 아니었다는 점에서도 이러한 결론은 부당한 것이다. 그리고 이러한 부당성은 단지 기술적인 차원의 잘못이 아니라 사물의 본성에 대한 의도적인 무시와 더불어 私法의 근본적 이념적 차원에 대한 부정적 태도를 함유하는 것이다. 그 왜곡의 부작용은 민법상 금전의 선의취득 관련 §250 단서의 해석론에서도 나타난다.[240]

조리/'사물의 본성'이 (법관의) 자의를 배제하고 구속적이라는 특성을 가지는 것으로 우리가 합목적적으로 관념하는 한, 그 구속력의 강도는 사실적 인자로서의 본성이 제도의 관념적 인자로서의 본성보다 강하다. 전자를 어기면 자연·물리법칙에 반하는 반면에, 후자를 어기면 현행법질서의 정합적인 제도적 일관성이 깨어지기는 하지만, 그렇다고 해서 법질서가 다른 대안을 필연적으로 배제해야만 하는 것은 아니기 때문이다. 전자는 해석론(de lege lata) 및 입법론(de lege ferenda) 양 측면에서 모두 준수되어야 할 소여라면, 후자는 입법론의 측면에서는 얼마든지 다른 규율의 가능성이 열려 있는 것이기 때문이다. 그리고 이러한 개방성은 법정책적 고려까지를 조리에 포함시키는 설[241]의 근

의 원조에 대한 비판을 중심으로—", 법조 65-1, 2016. 1, 5ff.

240) 이에 대하여는 서을오, "금전의 선의취득: 민법 제250조 단서의 학설사", 이대법학논집 19-2, 2014, 59ff. 그밖에 최준규, "금전의 이동(移動)과 물권적 청구권—가치소유권 및 의제신탁으로부터의 시사", 법조 58-11, 2009. 11, 92ff.; 김우성, "騙取金錢에 의한 辨濟", 서울대 법학 57-1, 2016. 3, 61ff.

241) 이은영, 55f. 가령 약자보호, 법경제학적 논의, 환경보호. 주석 총칙(1), 117 및 주 205 (제4판/윤진수)는 '경제적 효율'(economic efficiency)도 조리에 해당한다고 본다.

거가 될 여지가 아주 없는 것은 아니다. 그러나 조리는 그 근본 의미에 있어서 어디까지나 주어진 생활관계가 그 (사실적-관념적) 존재구조에 부합하게 스스로 內含하고 있다고 생각되는 맥락, 즉 그 규준과 질서를 지칭하는 것이다. 따라서 전술했던 스민 §1 제1문과 같은 명문의 규정이 없는 한, 법관의 정책적 판단을 조리라는 이름으로 정당화하는 것은 권력분립의 헌법 원칙에도 반하는 그릇된 해석이다. 그렇다면 더 나아가서 조리를 통해 "권리의 주체, 대상, 내용, 행사방법 등"을 구체적으로 정립할 수 있다고 보는 판례의 태도 역시 잘못된 것이다. 조리는 실정법(법률 및 관습법)이 존재하는 경우에는 해석의 준거가 되고, 실정법이 정하지 않는 문제에 있어서는 (광의의) 사물의 본성에 기초한 법인식의 준거가 되는 것일 뿐, 새로운 권리나 제도를 창출할 수 있는 것은 아니기 때문이다. 조리와 관련하여 '본성'이나 '원칙 내지 원리'를 이야기하지만, 이 역시 실제로는 다양한 이해가 가능하다는 점을 고려하면 더더욱 그 기능의 한계를 인정하지 않으면 법적 안정성이 크게 저해될 것이다. 어디에 중점을 두든, 조리의 구속적 성격은 상대적인 것에 불과하다. 예컨대 전통적으로 자연 내지 인간의 본성에 부합한다고 여겨져서 혼인의 본질을 一義的으로 규정했던 異性 간의 결합(로마법은 이를 자연법으로 치부하였다: D.1.1.1.3)마저도 현대에는 동성혼의 제도화와 더불어 동요하고 있다.[242] 관련하여 사회관념의 변화는 간통의 비범죄화를 초래하고(간통죄 위헌결정: 헌재 15.2.26, 2009헌바17 등), 역으로 이것은 다시 사회관념과 법의식을 변화시키면서 한 사회의 조리에 대한 이해도 달라져 가는 것이다.

　　그러므로 법원으로서의 조리는 한 법질서가 현재 여기에서(hic et nunc) 처한 물적 생활관계와 이를 제도적으로 구조화한 현행 법질서의 전반적인 정신이 구현하고자 하는 바의 척도, 그 이상도 그 이하도 아니라고 할 수밖에 없다. 이런 의미에서 예컨대 기존의 법이 과학기술의 발전을 따라가지 못하여 법의 공백이 생겼다고 할 때(예컨대 생명윤리나 인공지능 관련 현상 들), 그러한 발전에 부합하는 책임구조의 모색에 있어서 조리가 중요한 역할을 할 수 있을 것이다. 재판준거로서의 법원성을 규정한 본조의 의미에서 민법의 명문 규정에 반하여 조리에 법원성을 부정할 필요는 없다고 본다. 이런 점에서 조리의 적용은 비단 법률이론과

---

242) 또한 가령 피히테(Johann Gottlieb Fichte, 1762-1814)가 *Grundlage des Naturrechts nach Prinzipien der Wissenschaftslehre* (1796)에서 자연적-윤리적 기본소여로 파악한 혼인관계와 친자관계로부터 자식은 부모에 대하여 어떠한 권리(가령 부양 및 교육 청구권)도 갖지 못한다거나 부인은 남편에 자연필연적으로 종속된다는 식의 결론을 낸 것을 비교의 자료로 참작해 볼 것이다.

실무로 정련되었을 뿐 아니라 인간 삶의 현실태에 정통한 법관의 판단능력 (Judiz)을 요구한다고 할 것이다. 지금까지 우리나라에서는 시도된 바가 없고 이곳에서 상술할 수도 없지만, 사물의 본성으로서의 조리에 대한 이해는 사물계와 인간계(res humanae)를 아우르는 전체 존재계를 구성하는 각 존재영역들 (spheres)과 그 '본성' 및 '구조논리'의 양상적 국면(aspects)을 논파한 법철학적 성과의 도움을 받으면 더욱 심화될 수 있을 것이다.[243]

　　끝으로, 원리류에도 다양한 종류가 있지만, 조리와 관련하여 중요한 것은 유형에 따라 구조 내지 틀을 지우는 원리라고 생각된다(가령 natura contractus의 차원에 서 유상계약과 무상계약은 그 구조원리를 달리한다).[244] 그 중에서도 헌법에서 규정되었거나 도출되는 근원적인 구조원리들(가령 생명가치,[245] 자유,[246] 평등[247] 기타)이 중요하다. 그밖에 행태원칙들, 가령 신의성실의 원칙과 같은 것들은 조리로서 법원 기능을 하기에는 미약한 것이다.[248] 실정법이 규정하지 않는 관계를 조리를 통하여 판정하기 위해서는 그 관계의 구조적 본성이나 원리를 규명함으로써 비로소 가능한 것이지, 단순히 관련 당사자 사이에 바람직한 행태의무를 (그것도 사후 적 판단으로) 부과함으로써 가능한 것은 아니기 때문이다. 만약에 이것이 가능하다면[249] 결국 조리의 옷을 걸친 신의성실의 원칙으로 만사

---

243) Herman Dooyeweerd(1894-1977)의 宇宙理法的(cosmonomic) 법철학 사상을 염두에 둔 것이다. 일응 *idem*, *A New Critique of Theoretical Thought, Volume* Ⅱ. *The General Theory of the Modal Spheres*, Edwin Mellen Press: Lewiston, 1997 및 The Dooyeweerd Pages = http://kgsvr.net/dooy/index.html 참조.

244) 이미 우리 민법에도 이러한 사정은 반영되어 있다. 가령 증여의 구속력 약화(§555 이하), 담보책임 완화(§559).

245) 장애를 갖고 태어난 것이 법률상 손해가 아니라고 판시한 대판 99.6.11, 98다22857 등 참조.

246) 가령 인신자유를 침해하는 인신매매나 성매매계약은 무효이고, 배우자 간 이혼금지 각서도 무효이다(대판 69.8.19, 69므18). 그밖에 경제적 활동의 자유와 관련하여 장기전속계약(이른바 "노예 계약"), 그리고 위탁교육 또는 해외파견근무 후의 의무재직기간 조항(불이행시 경비 또는 임금반환) 등의 효력이 문제된다.

247) 종중 구성원 자격을 성년 남자로 한정한 관습의 효력을 부정한 대판(전) 05.7.21, 2002다1178 등 참조.

248) 특히 신의성실의 원칙을 조리의 맥락에서 강조하는 견해로는 박찬주(주 26), 349ff. 그러나 그가 인정하듯이 신의칙의 기능은—신의칙에 대한 이해가 법규법설이든 이익형량설이든—제정법이 존재하는 경우에는 제정법에 의한 규율을 목적론적 해석을 통하여 보완하는 문맥에서 동원되는 것이다. 이 경우 문명국에서 일반적으로 통용되는 일반원칙이나 사물의 본성을 적용할 것이 아니라면(354), 이를 본조의 조리와 연계하는 것은 신중해야 한다. 박찬주와 同旨 주석 총칙(1), 87f.(제5판/이원범).

249) 황태윤(주 17), 154f.는 "민법 제1조는 法源으로서 條理가 시민의 생활관계의 본질로서 憲法原理의 위치에 서고, 바로 그 條理에서 민법 제2조에 근거한 신의성실의 원칙, 권리남용 금지의 원칙, 사정변경의 원칙, 모순행위금지의 원칙, 실효의 원칙 등 민사법 기본원리가 도출된다고 설명하는 것이 타당하다"는 견해이다. 그러나 다른 한편으로 동, 155에서

형통이라는 결과가 될 터이고, 또 §2가 있는 이상 그 한도에서 본조는 무색해지는 이상한 결과가 될 것이다.

　(다) 조리와 自然之理(Naturalis ratio)　　이상의 논의에서 드러난 바를 종합하여 우리의 '조리'에 가장 상응하는 서양의 어휘를 하나 고른다면 2세기 로마의 법학자 가이우스(주활동시기 150년-180년)가 선호하던 "自然之理"(naturalis ratio)가 될 것이다.[250] 이 개념은 우선 그 자체가 로마 법질서의 변화 과정을 반영하여 법원론의 맥락에서 의식적으로 채택된 것이라는 점에서 현행법상의 조리와 가장 親緣性이 있고, 둘째로 그 용례를 보면 일방 '사물의 본성'을, 타방 자명한 '법원리'나 '자연적 正義'를 지시하였으며, 셋째로 그 기능 면에서 실정법인 '법률'에 버금가는 것으로 인식되기도 하였다.

　우선, 로마의 법원론을 살펴보면, 공화정기를 마감할 당시에 회의주의 아카데미철학을 사상적 기반으로 삼아 새로운 주류로 부상했던 신법학(창도자: 키케로의 친구 Servius Sulpicius Rufus, 105-43 B.C.)의 입장은 키케로가 전하듯이 다음과 같이 정리되었다.

Cicero, *Topica* 23.90:
Institutio autem aequitatis tripertita est: una pars legitima est, altera conveniens,[251] tertia moris vetustate firmata.
(평등을 보장하는 실정법은 세 부분으로 구성되어 있다. 하나는 제정된 것이고, 다른 하나는 來集合約된 것이고, 세 번째는 오랜 관습으로 공고화된 것이다.)
Cicero, *Partitiones oratoriae* 37.129f.:
[129] ... iuris ... omnis ratio .... Quod et dividitur in duas primas partis, naturam atque legem ... [130] ... sed propria legis et ea quae scripta sunt, et ea quae sine litteris aut gentium iure aut maiorum more retinentur. ... Quae autem

---

는 "결국 조리는 인간의 생활관계의 사실 속에 함유된 사물의 본성" 또는 동, 158에서 "사물의 본성인 조리"라고 설명함으로써 정확히 어떠한 입장인지가 흐려졌다.
250) 이미 구주해(1), 54f.(최병조); 박찬주(주 26), 345.
251) conveniens의 중의적 어의에 관해서는 D.2.14.1.3 Ulpianus 4 ad edictum.
Conventionis verbum generale est ad omnia pertinens, de quibus negotii contrahendi transigendique causa consentiunt qui inter se agunt: nam sicuti convenire dicuntur qui ex diversis locis in unum locum colliguntur et veniunt, ita et qui ex diversis animi motibus in unum consentiunt, id est in unam sententiam decurrunt. ...
(Conventio[convenire 동사의 명사형]란 어휘는 포괄적이어서 사람들이 상호 당사자로서 법률행위를 맺고 화해를 하기 위하여 합의하는 모든 것에 관련된다. 그래서 상이한 지역들로부터 한 곳으로 모여드는 사람들이 來集한다(convenire)고 이야기되듯이, 상이한 心思들로부터 하나로 합치하는, 즉 하나의 意思에 이르는 자들 역시 convenire(合約)한다고 이야기되는 것이다.)

scripta non sunt, ea aut consuetudine aut conventis hominum et quasi consensu obtinentur. …

(129. … 전체 법체계…[는] 또한 두 주요 부분, 즉 자연(법)과 실정법으로 나뉜다. … 130. 그런데 실정법에 고유한 것들로는 성문인 것과 불문인 것, 즉 萬民法이나 관습법에 의한 것이 있다. … 그런데 불문인 것들은 혹은 관습법[252]에 의하여, 혹은 人群의 來集合約, 즉 말하자면 합의에 의하여 효력이 있는 것이다.)

특히 여기서 원래 만민법은 人群의 來集으로 결성된 각 족속들(gentes)의 법공동체들(civitates)이 그러한 결집으로 구성되는 (후대의 사회계약론의 용어를 빌리자면 pactum unionis의) 순간에 시민에게 평등하게 권리를 보장하는 법질서로 출범함으로써 역사의 무대에 등장한 것으로 관념되었다.[253] 그러던 것이 로마가 지중해 주변의 제 족속을 통합하고, 아우구스투스의 帝政이 성립하자 황제의 권위가 모든 法源 중 首位를 차지하면서[254] 특히 더 이상 만민법에 대한 민의로부터 출발하는 상향식(bottom-up 방식)의 정당화에 머물 수 없게 되었다. 이제는 황제의 최고권(imperium)을 통하여 주재되는 법이성에 의한 上意 하향식(top-down 방식)의 근거 부여가 요구되었던 것이다.[255] 이 작업은 신법학을 계승하여 원래 실증주의 성향이었던 프로쿨루스 학파가 아니라, 신법학 이전에 스토아적 자연법론

---

252) 이곳에서 mos (maiorum)과 consuetudo는 동의어로 사용되었다.
253) D.1.1.1.4 Ulpianus 1 institutionum.
  Ius gentium est, quo gentes humanae utuntur.
  (만민법은 인류 諸족속들이 사용하는 법이다.)
  이곳에서 특히 후대의 사회계약론에 등장하는 이른바 종속계약(pactum subiectionis)이 로마 공화정의 법사상에서는 발견되지 않는다는 점을 지적해 두고자 한다. 로마 공화정의 역사적 경험이 없었더라면 후대의 인류사에서 국가 기본구조 원리이자 제도로서의 공화국의 성공적 전개가 과연 가능했겠는가(헌 § 1 I 참조) 하는 점에서 그리스로부터 배운 정치원리로서의 민주주의보다 더 중요하면 중요했지 결코 덜 중요하지 않다. 헌 § 1 제1문의 규정에서도 드러나듯이 꾸밈을 받는 '공화국'이 주이고 이를 꾸미는 '민주'는 말하자면 종인 것이다.
254) 帝政의 실질적인 주권자가 누구인가를 잘 보여주는 소위 왕권법(lex regia) 현상에 주목하라.
  D.1.4.1.pr. Ulpianus 1 institutionum.
  Quod principi placuit, legis habet vigorem: utpote cum lege regia, quae de imperio eius lata est, populus ei et in eum omne suum imperium et potestatem conferat.
  (황제가 嘉納하는 것은 법률의 효력을 갖는다. 곧, 그의 최고권에 관하여 제정된 왕권법으로써 인민이 황제에게 모든 자신의 대권과 직권을 委讓하기 때문이다.)
  이에 관하여는 최병조, 로마법연구(I), 74ff. 참조.
255) 원의가 왜곡된 측면이 있지만 후대에 군주주권론을 표현하는 표어로 즐겨 인용되었던 "황제는 법률의 구속으로부터 면제되어 있다"(Princeps legibus solutus: Ulpianus D.1.3.31)는 사상이 어쨌든 로마 제정기에 등장하였다는 사실은 매우 시사적이다.

의 법이성주의를 수용하여 가치법학을 발전시켰던 퀸투스 무키우스 스카이볼라(Quintus Mucius Scaevola, 기원전 140경-기원전 82)의 법학을 전수한 사비누스 학파에 의하여 이루어졌는데, (이런 문제에 있어서 우리가 통상 예상할 수 있듯이) 중심지 로마에서 활약했던 실무법률가들보다는 지방 베이루트에서 이론법학자로 활동했던 가이우스가 그 선두에 섰고, 로마법상 자연법 관념의 다름 아닌 "自然之理"(naturalis ratio)였다.

Gai Institutiones 1.1:[256]

Omnes populi, qui legibus et moribus reguntur, partim suo proprio, partim communi omnium hominum iure utuntur: nam quod quisque populus ipse sibi ius constituit, id ipsius proprium est uocaturque ius ciuile, quasi ius proprium ciuitatis; quod uero naturalis ratio inter omnes homines constituit, id apud omnes populos peraeque custoditur uocaturque ius gentium, quasi quo iure omnes gentes utuntur.

(모든 족속은 성문법과 관습법으로 다스려지는데, 일방 그 고유한 법을, 타방 모든 인류에 공통된 법을 사용한다. 그리고 각 족속이 스스로 자신을 위하여 정립한 법은 그에 고유한 것으로 시민법[국민법]이라 부르는데, 그 시민체[국가]의 고유한 법이기 때문이다. 그렇지만 自然之理(naturalis ratio)가 모든 인류 사이에 정립한 법은 모든 족속들에 있어서 온전히 같게 준수되고, 만민법이라고 부르는데, 이 법은 모든 족속[萬民]이 사용하기 때문이다.)

이와 같이 가이우스는 自然之理 개념을 한편으로는 자신이 속했던 사비누스 학파의 전통이었던 가치론적 자연법론(Paulus D.1.1.11)에 접목하면서도 그 의미의 큰 변용 없이 이러한 자연법 관념을 거부하는 프로쿨루스 학파의 주류 법학(Ulpianus D.1.1.1.3)이 수용하는 데 거부감이 없도록 하고, 그러면서도 다른 한편으로 원래 실정법의 일종이었던 만민법을 자연법에 접근시킴으로써 나중에 만민법과 자연법 개념 자체가 등치·혼용되기에 이르는 계기를 제공하였다. 이처럼 이 개념은 처음부터 법원론의 맥락에서 탄생한 것이었다.

둘째로, 이 용어는 그 장본인인 가이우스에 의하여 다양한 맥락에서 구체적인 법적 규율을 정당화하는 데 활용되었는데, 유스티니아누스법에도 수용되었으며[257] 그 어의가 상기시키는 '사물의 본성'의 측면과 법적 정의에 부합하

---

256) 同旨 Gai.3.154; Inst. Iust. 1.2.1; Gaius D.1.1.9; D.41.1.1.pr.

257) Gaius의 개소를 열거하면 앞에서 인용한 것들 외에 Gai Institutiones 1.89 [자유인 父-노예 母 자식의 자유 출생]; 1.189 [미성숙자 후견]; 2.66 [인도에 의한 소유권 취득]; 2.69 [敵 노획물의 소유권 취득]; 2.79 [가공(사비누스 학파)]; D.3.5.38 [타인 가해 금지];

는 '원리적 법규'의 측면이 모두 대변되었다. 이 점에서도 조리와 다르지 않다.

셋째로, (^{현재 전승되}_{는 바대로라면}) 가이우스 외에 역시 사비누스 학파 계열인 파울루스가 이 용어를 명시적으로 구사하고 있는 유일한 법률가인데, 파울루스의 경우 자녀의 상속권과 관련하여 본조와 비견할 만한 의미심장한 언명(^{"自然之理 =}_{默言의 법률"})이 전해진다.[258]

> D.48.20.7.pr. Paulus libro singulari de portionibus, quae liberis damnatorum conceduntur.
> Cum ratio naturalis quasi lex quaedam tacita liberis parentium hereditatem addiceret ...
> (自然之理가 묵언의 법률로써 자녀들에게 父의 상속재산을 부여했으므로 …)

이러한 다양한 의미를 함의하고 있다보니 naturalis ratio의 역어로서 natural reason, natural law, natural justice, nature of things, natural instinct, natural feeling 등 다양한 표현이 등장하는 것도 무리가 아니다.[259] 조리 역시 이런 점에서 대동소이하다. 로마의 경험은 법원론이 법질서의 전체 구도와 직결되어 있음을 실증적으로 보여준다고 할 것이다.

Ⅳ. 기타 문제들

법원의 문제와 관련하여 본조의 문장 구조는 결정적인 근거가 될 수 없다. 현실적으로는 법률, 관습법, 조리가 아니더라도 재판을 할 때 열심히 찾아보고

D.7.5.2.1 [용익역권의 목적물로 금전 불가]; D.8.2.8 [공동담벽]; D.9.2.4.pr. [자기 방어]; D.13.6.18.2 [使用借主의 차용노예 급양의무]; D.41.1.3.pr. [무주물 점득]; D.41.1.7.7 [가공]; D.44.7.1.9 [원시불능]. 유스티니아누스 황제의 법학제요의 개소들도 가이우스를 수용한 것들이다. Inst. Iust. 1.1.10.pr. [父權]; 2.1.12 [무주물 점득]; 2.1.25 [가공]; 2.1.35 [선의점유자의 과실 취득]; 2.4.2 [용익역권의 목적물로 소비물 불가]; 4.15.4 [소유권분쟁에서의 원·피고의 존재].

258) 여기서 自然之理는 피상속인의 전재산이 그의 범죄로 인하여 몰수될 경우에 상속권 있는 무고한 자식들에게 일정한 재산의 몫을 인정하기 위하여 동원되었다. 파울루스의 그 밖의 개소들: D.5.3.36.5 [점유자의 비용상환청구권]; D.17.2.83 [지분적 공유]; D.50.17.85.2 [自然之理 v. 타당성].

259) 칙법의 경우 사물의 본성류의 용법이 두드러진다. C.2.2.2 (a.239) [斗護관계]; C.4.30.10 Diocletianus, Maximianus [입증사항]; C.9.1.14 (a.294)[부자관계]; C.6.51.1.3a (a.534)[상속 관련 법규정].

참조하는 것들이 있는데, 특히 판례와 학설이 그것이다. 이로 인하여—더욱이 法源의 의미에 대한 상이한 이해가 개입하면서—이들 판례와 학설은 법원인가 아닌가 하는 문제가 유사 이래 제기되었고, 현재도 제기되고 있다. 형식논리로써 본조를 근거로 이들이 법원이 아니라는 부정설을 취하는 것으로는 부족한 복합적인 현실적 사정이 존재하는 것 또한 사실이기 때문이다. 역사적으로는 로마가 학설을 법으로 인정하였고(Gai.1.7),[260] 영국이 판례법 국가이듯이 이 문제 또한 어느 법공동체가 무엇을 법원으로 삼는가의 문제이다. 그러면 우리나라의 경우 어떻게 판단해야 하는가?

1. 판 례

(1) 판례의 의미

'판례'란 용어는 이 글에서도 예외가 아니듯이 흔히 엄밀한 개념규정을 한 후에 사용된다기보다는 재판사례를 통하여 얻어진 일련의 결과물을 두루두루 일컫는 말이다. 그 결과 개별 재판례(판결), 복수의 재판례, 확립된 또는 정착된 판례 등, 다양한 경우들에 모두 쓰이고 있다. 그러나 法源을 논함에 있어서는 용어의 엄밀성을 기할 필요가 있다. 어느 임의의 개별 판결이 法源이라고 주장하기는 어렵지만, 장시간에 걸쳐 유지되어 온 확립되었고 그것이 장래 사건에 일정한 지침이 되는 재판례라면 사정이 달라질 수 있기 때문이다. 그런 점에서 단수든 복수든 판결의 단순한 집적을 의미할 때에는 '재판례'라 칭하고, 재판례가 법원으로서 고려되는 문맥에서만 '판례'라고 칭하는 것이 합목적적이다.[261] 대판 09.7.23, 2009재다516가 구체적인 대법원의 판결에서 법의 해석에 관해 설시한 일정한 견해가 장래 국민의 법생활 또는 법관을 비롯

---

260) Gai. Institutiones 1.7

  Responsa prudentium sunt sententiae et opiniones eorum, quibus permissum est iura condere. Quorum omnium si in unum sententiae concurrunt, id, quod ita sentiunt, legis vicem optinet; si vero dissentiunt, iudici licet quam velit sententiam sequi; idque rescripto divi Hadriani significatur.

  (법학자들의 해답이란, 법을 정립하는 것이 허용되는 법률가들의 결정과 견해이다. 그들 전체의 결정이 하나로 일치하면, 그 결정은 법률의 효력을 가지고, 불일치하면 심판인들은 그들이 원하는 결정을 따르는 것이 허용되는데, 이는 신황(神皇) 하드리아누스의 칙답에서 밝혀져 있는 바이다.)

261) 同旨 이광범, "『판례』의 의미와 구속력에 관한 소고", 판례실무연구 4, 2003, 238f.; 양창수, 민법입문, 제6판, 2015, 153f.(이러저러한 내용의 재판이 행해진 실제의 예는 재판례라 하고, 판례는 그러한 재판례로부터 적출된 일반적 의미가 있는 법해석이라 한다); 박찬주(주 26), 357f. 구별을 반대하는 입장으로 황태윤(주 17), 156.

한 법률가의 법운용을 '구속'하는 효력을 가지는 때에 판례로서의 효력을 가진다고 판시한 것도 같은 취지이다. 특히 선례로서의 가치를 지니는 법리라고 볼 때 최고법원인 대법원의 판결만이 판례라는 데 이견이 없다.[262]

　　판례이기 위해서는 반복될 필요가 없고 한 차례 선고되더라도 판례가 될 수 있다(이른바 leading case).[263] 중요한 것은 반복성이 아니라 어떠한 판결 또는 재판례가 향후의 재판례와 법생활에 대하여 가지는 의미의 비중이라고 할 것이다. 법률문제를 명시적으로 거론하지 않았거나 개별적으로 이유를 붙이지 않았더라도 판례로서 가능하다. 그러나 主論(ratio decidendi)에 한하고, 傍論(obiter dicta)은 이에 해당하지 않는다.[264] 학설 중에는 방론을 (a) 지금까지의 판례를 변경하거나 수정할 가능성이 있음을 시사하는 내용인 경우와 (b) 이미 설시한 내용으로 상고이유에 대한 채택·배척의 의견을 설시하고 있기 때문에 굳이 덧붙일 필요가 없으나, 그 결론을 강화하기 위하여 부가적으로 설시하는 경우의 두 가지로 나누면서, 전자는 판례로서 인정되지 않지만, 후자는 판례로서 훌륭하게 성립된다 할 수 있다고 보는 견해가 있다.[265] 그러나 방론이란 (a)의 경우처럼 종래의 판결에 대한 어떤 입장을 밝혀야만 하는 것도 아니고, 또 (b)에서 인용한 예[266]로 볼 때, "그 결론을 강화하기 위하여 부가적으로 설시"된 것도 아니어서, 설명에 어폐가 있다. 일반적으로 사건의 결정적 사실 및 법리가 아닌 가정적 사실 혹은 무관한 법률문제를 언급하거나, 반대의견(dissenting opinion)에 속하는 것이 방론인 것이고,[267] 기껏해야 설득적 권위(persuasive

---

262) 상세는 이광범(주 261), 244ff.

263) 김증한·김학동, 21f.; 송덕수, 27; 윤일영, "판례의 기능", 민판연 1, 1979, 380; 황태윤 (주 17), 159.

264) 구주해(1), 59(최병조); 송덕수, 27. 주론과 방론의 구별에 대하여는 윤진수, 판례의 무게, 2020[법조 544, 2002. 1], 58ff. 참조.

265) 박찬주(주 26), 358 및 주 112.

266) 대판 97.10.10, 96다35484: 제소전화해 사건에서 피신청인들이 변호사 A에게 소송대리를 위임한 것이 합동수사본부 수사관들의 강박에 의한 것이라 할지라도 위임인인 피신청인들이 이를 이유로 소송행위를 취소할 수 없다는 것이 主論이라면, '(더구나, 소송위임행위는 위임자가 소송대리권 수여행위를 일방적으로 취소할 수 있지만 취소하여도 소급효가 없는 것이다)'라는 괄호를 이용한 부연이 방론인 사안이다.

267) https://en.wikipedia.org/wiki/Obiter_dictum: A judicial statement can be *ratio decidendi* only if it refers to the crucial facts and law of the case. Statements that are not crucial, or which refer to hypothetical facts or to unrelated law issues, are *obiter dicta*. ... The arguments and reasoning of a dissenting judgment (as that term is used in the United Kingdom and Australia) or dissenting opinion (the term used in courts in the United States) also constitute *obiter dicta*. ...

authority)를 가질 뿐이라는 데에 이견이 없다.

다른 한편으로 학설 중에는 권리의 존부 자체에 대한 판단만이 판례(법)이고, 그러한 판단에 이르게 된 이유 내지 근거까지 이에 속하는 것이 아니라는 특이한 견해가 있다.[268) 그러나 이렇게 되면 판례의 의미가 뒤집힐 뿐만 아니라, 그렇게 함으로써 판례가 후속의 유사·동종의 다른 사건에 대하여 어떤 역할도 할 수 없도록 묶어버리는 이상한 결과가 초래된다.

(2) 판례의 기능

판례는 주지하듯이 일차적으로 추상적인 법률규정의 의미내용을 구체적인 재판사안에 대하여 밝히는 해석기능을 수행함과 동시에 더 나아가서 법률의 흠결을 보충하는 법형성적 기능(Rechtsfortbildung)을 수행한다.[269) 특히 후자와 관련하여 판례의 신의칙에 의거한 법형성이 주목된다.[270) 이러한 실질적 기능에 주목하는 경우 판례의 법원성에 대한 판단은 긍정설은 말할 것도 없고, 부정설조차도 '사실상의 것'일지언정 그 '구속력'을 인정하는 입장이므로, 이 한도 내에서는 판례의 법원성 문제는 실익이 크지 않다고 할 수 있다.[271) 법원을 법의 존재형식으로 보는 한, 판례는 법원이 아니지만, 판례도 법인식원이라는 견해는 결과적으로 일정한 법원성을 긍정하는 셈이다.

판례의 법원성 문제도 법질서 전체의 태도와 직결되어 있다. 영국과 같은 판례법 국가의 존재나, 판례를 法源으로 인정하지 않았던 대표적 사례였던 프로이센 일반국법(ALR 1794)의 예가 이러한 사실을 잘 보여준다.[272) 어느 경우이든 판례를 법원으로 인정할 것인가 하는 문제는 판결례에 대한 인식자료에의 현실적 접근이 가능할 때에 비로소 제기될 수 있다. 고대 로마는 학설법이

---

268) 김증한·김학동, 20f.
269) 박찬주(주 26), 365ff.; 주석 총칙(1), 929(제5판/이원범) 참조.
270) 대표적: 대판 92.1.21, 91다30118 등(실효의 법리); 대판 03.4.11, 2001다53059(계약 교섭의 부당파기로 인한 손해배상); 대판 07.3.29, 2004다31302(사정변경으로 인한 계약의 해제).
271) 명순구, 25f.는 판례의 법원성에 관하여는 견해대립이 있지만 사실상 중요성에 대하여는 일치한다는 점과, 이는 순수한 학설대립으로 보기 어려운데, 왜냐하면 부정설은 규범적·형식적 관점에서의 판단인 데 비해, 긍정설은 사실적·내용적 관점에서 이해하고 있기 때문이라는 점을 지적한다.
272) ALR Einleitung I §6:
　Auf Meinungen der Rechtslehrer, oder ältere Aussprüche der Richter, soll, bey künftigen Entscheidungen, keine Rücksicht genommen werden.
　(법학자들의 학설이나 법관들의 예전 판결들은 장래의 재판에 있어서 고려되어서는 안 된다.)

발전했고 그에 대한 접근이 용이했던 반면에, 판결례에 대한 접근은 거의 불가능하였는데, 재판 선례의 의미를 몰랐다기보다는 통상재판(iudicia ordinaria)의 경우에 재판실무의 담당자가 직업법관이 아니라 그때그때 선정된 私人 심판인(iudex)이었던 사정 및 다시 이와 맞물리면서 발전한 학설법 때문에 상대적으로 비중이 약했던 판결의 경우 판결집의 公刊 자체가 없던 사회였다는 것이 더 큰 이유였다.[273] 판례법 국가인 영국이 일찍이 판결집을 공간한 것에 주목할 필요가 있는 것이다. 우리나라의 경우에도 초창기 일반인이 판례 구하기 어렵던 상황이 이제는 완벽하게 해소되고, 발달한 정보화 덕분에 인쇄 매체(법원공보, 판례공보 등)는 물론 온라인을 통해서도 모든 국민이 용이하게 판결례에 접근할 수 있는 환경을 갖추었다. 더욱이 법질서가 연륜을 더해가면서 판결례의 집적 역시 놀라울 수준에 이르렀다. 이제 판례가 법원으로서 인정받을 수 있을 사회적 여건이 갖추어진 셈이다. 판례가 이론적으로 확실하게 法源인가의 문제는 아직 더 궁구해야 할 점이 많지만, 사실적으로 그에 버금가는 역할을 한다는 사실 자체는 이미 의문의 여지가 없다고 생각된다.

(3) 판례의 법원성

판례의 법원성을 논함에 있어서 그 출발점은, 판결은 일차적으로 개별적인 사건에 법적인 해결을 부여하는 것을 지향하는 것이고, 대법원 판결에서의 추상적·일반적 법리의 설시도 기본적으로 당해 사건의 해결을 염두에 두고 행하여지므로, 그 설시의 위와 같은 '의미'는 당해 사건의 사안과의 관련에서 이해되어야 한다(대판 09.7.23, 2009재다516)는 기본적 사실이다.[274] 이러한 근본 특성으로 인하

---

273) 이와 다른 인상을 주는 다음의 개소는 官이 주도한 비상심리절차(iudicia extra ordinem)의 모습을 반영한 것이다. 이것은 재판제도의 차이가 판례의 기능에 대한 판단에 영향을 주는 것임을 잘 보여준다고 할 것이다.

　　D.1.3.38. Callistratus (주활동시기 190년-210년) 1 quaestionum.

　　Nam imperator noster Severus rescripsit in ambiguitatibus quae ex legibus proficiscuntur consuetudinem aut rerum perpetuo similiter iudicatarum auctoritatem vim legis optinere debere.

　　(우리의 [셉티미우스] 세베루스 황제(재위: 193-211)께서 법률들로부터 발생하는 의문점들에 있어서는 관습이나 또는 지속적으로 유사하게 결정된 재판례들의 권위가 법률의 효력을 가져야만 한다고 칙답하였다.)

274) 또한 참조: 대판 04.5.13, 2004다6979, 6986(소액 §3 (ii)에 규정된 '대법원의 판례에 상반되는 판단을 할 때'의 의미): '구체적인 당해 사건에 적용될 법령의 해석에 관한 대법원의 판단'이란 구체적인 당해 사건의 사안에 적용될 법령조항의 전부 또는 일부에 관한 정의적 해석을 한 판례의 판단을 말하고, '원심이 상반된 해석을 한다.' 함은 그 법령조항에 관한 대법원의 그 정의적 해석과 반대되는 해석을 하거나 반대되는 해석 견해를 전제로 당해 사건에 그 법령조항의 적용 여부를 판단한 경우를 말하는 것이다.

여 실정법의 일반성 및 지속성과 대비되어 판례의 법원성이 다투어지는 것이다. 여기서도 조리의 경우와 마찬가지로 '법원' 개념의 상이에 따라 판례의 법원성이 달리 판단되고 있다.[275]

　　⒜ 법원성 긍정설[276]　　　　여기에도 논거를 달리하는 견해들이 있다.

　　　⒜ 한 견해는 판례의 법적 구속력의 기초는 근원적으로 특히 성문법주의 국가에서 불가피하게 요구되어지는 법적 안정이라고 하는 사회적 필요성과 법원의 권위와 권능, 그리고 판례에 대한 관계자들의 합의 내지 부합이라고 하는 세 가지 요소의 결합에 있다고 할 것이고, 이 세 가지 요소를 갖춘 소위 확고한 판례는 실정법규범의 하나로서 그 법원성이 인정되어야 한다고 본다. 아울러 이렇게 하는 것은 법질서의 다원성을 인정하는 것이며, 법질서의 다원성을 인정하는 것이 오늘날 법생활의 현실을 직시하는 것이라고 입론한다.[277]

　　그러나 법질서의 다원성이라는 개념은 그 의미가 모호하다. 오히려 法源의 맥락에서는 법질서의 통일성이 추구되어야 하는 것이다. 권위와 권능을 갖춘 법원이 입법부와 더불어 법질서의 한 축을 담당하는 주체로서 다원적 구조를 반영하는 것이라는 의미라면 이것은 이미 제도적으로는 헌법이 보장하는 바이고, 그것이 (다양한 이견들에서도 알 수 있듯이) 法源의 맥락에서 바로 판례의 법원성 긍정으로 이어지는 것은 아니라는 점에서 좀 더 실질적인 논거가 필요하다. 그리고 "일반대중(masse) 전체를 의미하는 것이 아니라 어떤 의미에 있어서 일반대중을 대표한다고 볼 수 있는 법관들, 법률실무가들 그리고 법학자들을 의미"한다고 하는[278] '관계자들'의 합의 내지 부합이라는 요소 역시 근거로서는 취약하다. 왜냐하면 이러한 소위 '관계자들'에게 이런 역할을 인정하는 헌법적 기초가 아직 존재하지 않고, 또 이들의 합의 내지 부합이라는 것이 의미하는 바가 판례이론에 대한 심각한 반대가 없으며 그에 대한 합의 내지 부합이 이루어지면 그 판례는 소위 말하는 확고한 판례가 된다는 것이므로[279] '판례는 법원'이라는 말의 동어반복일 뿐이기 때문이다. 결국 제일 중요한 논거는 법적 안정성인데, 이러한 포괄적-추상적 목표 관념으로써 판례의 법원성을 근거지우는 것도 확

---

275) 주석 총칙(1), 93(제5판/이원범)은 판례의 법원성을 긍정하는 견해와 부정하는 견해의 주된 논거를 소개하는 데 그치고 있다.

276) 황태윤(주 17), 157ff.; 김욱곤(주 1), 37f.; 이광범(주 261), 252. 학설(주로 일본 학설)에 대한 소개는 또한 이광범(주 261), 251f.

277) 김욱곤(주 1), 37f.

278) 김욱곤(주 1), 35.

279) 김욱곤(주 1), 35.

실한 것이 아니다. 이해하기에 따라서는 판례의 상시 변경가능성을 이유로 법적 안정성의 미흡함을 주장할 수도 있기 때문이다.[280]

　　(b) 다른 견해는 대법원판례의 不知로 인한 패소 책임은 법적 책임이며, 이와 상반된 변호를 하거나 의견서를 작성·제출하여 의뢰인에게 손해를 발생시킨 변호사가 지는 손해배상책임 역시 법적 책임인바, 판례가 살아 있는 법이기 때문에 법적 책임을 지는 것임을 강조한다. 그리고 반대논거인 삼권분립은 각국의 사정에 따라 천차만별로 절대적인 기준이 될 수 없고 "지난 세기의 논의를 무의미하게 반복하는 것"에 지나지 않는다고 한다. 더욱이 판결을 헌법이나 법률의 해석에 불과한 것으로 보면 법관 자신의 의지적 평가 작용의 책임을 헌법이나 법률로 전가할 위험이 있고, 현실적으로 대법원판례는 이미 법률과 대등한 수준의 法源으로 작동하고 있어서, 이러한 판례가 만들어낸 법명제들은 실정법에서 그 모습을 전혀 드러내지 않고도 그 어떤 실정법보다 강력한 지도적 법원의 지위와 영향력을 지니고 있다고 결론짓는다.[281] 요컨대 판례법은 자신이 형성한 법명제를 법으로 적용될 것을 강제한다는 의미에서 法院에 대한 구속력을 가지고, 일반시민에 대해서는 그를 따르지 않을 경우 발생할 패소의 위험을 알려 행위규범으로서 강제력을 가진다고 한다.[282]

　　이 견해의 요점은 결국 판례는 '살아있는 법'이라는 것이다. 이 점에서 보다 적극적으로 긍정하는 쪽으로 나아갔다는 점을 제외하면 같은 생각을 하면서도 다른 요소들을 고려하여 '사실상의 구속력'만을 인정하는 견해(후술)와 실질적인 차이는 없어 보인다. 그런데 이 견해는 다른 한편으로 재판을 사실에 관한 법률적 판단을 하는 것이라고 보면서(이 과정에서 다소간의 추상적인 이론 또는 법칙이 표시된다) "사실에 관한 법률적 판단은 조리를 밝혀내는 작업"을 의미하는바, 따라서 "민법 제1조의 법원으로서의 조리는 판례의 법원성을 정당화하는 실정법적 근거가 될 수도 있다"고 봄으로써[283] 판례를 법인식연원으로 파악하는 것으로 생각된다. 그러나 재판이 조리를 밝혀내는 작업이라는 그의 주장은 조리를 "법 판결의 主論에 나타난 법명제화된 사물의 본성"을 가리킨다는 그의 다른 주장[284]과 함께

---

280) 이 견해는 주로 외국의, 그중에서도 프랑스의 일반 이론에 의거하여 입론하고 있는데, 전술했듯이, 한 구체적인 법질서의 법원론은 일반이론만으로 재단할 수 있는 문제가 결코 아니다.

281) 황태윤(주 17), 157f.

282) 황태윤(주 17), 159.

283) 황태윤(주 17), 161.

284) 황태윤(주 17), 161, 158. 주석 총칙(1), 124(제4판/윤진수)가 조리를 동원한 판례에

고려하면 이것은 '재판'과 '조리'의 개념에 대한 한편으로는 일면적이고, 다른 한편으로는 過負荷된 설명으로서 타당하지 않다. 실정법상 언급되지 않은 현상('판례')을 어떻게 해서든지 실정법에 결부시켜 근거를 마련하려는 이 견해의 태도는 관습법의 이해에서 드러났던 철저한 실증주의적 태도가 여기서도 암암리에 반영된 것으로 보인다.

(ㄴ) 법인식원으로서만 긍정설   이 설의 논거는 ① 법령상의 명시, 즉 소액 § 3 (ii)[285]에서 명시적으로 "판례"를 인정하고, 법조 § 7 Ⅰ (iii)이 "종전에 대법원에서 판시한 헌법·법률·명령 또는 규칙의 해석 적용에 관한 의견을 변경할 필요가 있다고 인정하는 경우" 전원합의체를 거칠 것을 규정하여 판례 변경의 신중성을 명문으로 정한 것은 판례가 法源으로 기능하고 있는 것을 말해주는 것으로, 판례는 법인식원이라는 것이다. ② 판례의 법원적 가치를 인정함으로써 법이 기본적으로 요구하는 판결의 不動搖, 즉 법적 안정성 유지에 기여할 수 있으므로 법원으로서의 실용적 가치도 정책적 고려에 의해 인정되어야 하며, 다만 법적 안정의 요구와 법적 정의의 요구를 비교형량할 것이 요구된다고 한다.[286] ③ 판례의 법형성 내지 법창조 기능을 강조하면서 판례는 성문법이나 관습법과 동등한 지위의 법원은 아니지만 법인식근원에는 해당한다는 견해[287]도 같은 취지이다.

이처럼 법인식원으로서의 판례의 법원성은 긍정하지만 법의 존재형식이라는 의미에서의 법원성은 인정하기 어렵다고 보는 견해가 있는데, 이유로 상급심 재판은 당해사건에 관하여만 하급심 법원을 기속하고($\frac{법조}{§8}$), 그 외 일반적으로 하급심 법원이나 일반 국민에 대한 기속력은 없으며, 판례가 구속력을 가진다고 할 때는 판례 그 자체가 아니라 판례가 해석하거나 또는 판례에 의하여 보충된 법규범($\frac{법률 또}{는 관습법}$)이 구속력을 가지는 것이라는 점을 지적한다.[288]

대하여 조리의 법원성을 인정한다면 구속력을 가지는 것은 판례 그 자체가 아니라 판례에서 나타난 조리라고 보는 것과 달리 황태윤은 항상 판례는 조리를 통하여 법원성이 인정된다는 논리를 편 것이다.

285) 소액 § 3(상고 및 재항고) "소액사건에 대한 지방법원 본원 합의부의 제2심판결이나 결정·명령에 대하여는 다음 각호의 1에 해당하는 경우에 한하여 대법원에 상고 또는 재항고를 할 수 있다. …
    2. 대법원의 판례에 상반되는 판단을 한 때".

286) 고상룡, 13f.

287) 김상용, 25f. 반대설로는 백태승, 23; 김형배, "판례의 법형성적 기능", 민사법연구, 73 이하.

288) 주석 총칙(1), 123f.(제4판/윤진수). 판례의 구속력의 두 측면, 즉 하급심에 대한 구속력과 대법원 자신에 대한 구속력의 문제에 대하여는 특히 이광범(주 261), 252ff.

㈐ 부정설(사실상 구속력설)[289]　　　이 설은 판례의 법적인 구속력을 부인하는 근거로 대륙법계국가의 법질서의 특질, 당해사건에만 구속력 있다고 규정한 법조 §8, 대법원 판례도 변경 가능하다는 점, 법관은 헌법상 독립성을 가지고 따라서 선례에 구속되지 않는다는 점(따라서 선례에 따르지 않은 판 결이 위법한 판결이 되지 않음),[290] 3권분립 원칙에 대한 고려 등을 논거로 들면서도 사실상의 구속력은 인정하는데 법의 안정을 그 이유로 든다. 이러한 사실상의 구속력은 평등취급의 원칙 및 법적 안정성, 신뢰보호의 고려에서 비롯한 것으로 본다. 판례의 법원성을 인정하면 사회변화에 즉응할 수 없게 되며, 판결이 기존의 판례를 따르는 이유는 그것이 정당하기 때문이고 그렇지 않은 경우라면 따르지 않아도 된다고 본다. 판결이 법흠결의 보충이나 새로운 법형성의 경우에도 이는 기존의 법을 토대로 새로운 문제에 대한 법을 발견한 것에 불과하고 법을 창설한 것은 아니라고 보는 것이다.[291] 판례가 법률초월적 법형성 기능을 하는 경우에도, 판례는 조리 내지 일반적 법원칙에 근거를 둔 것이고, 이때 판례 그 자체가 아니라 조리가 구속력을 가지는 것이라는 견해도 같은 취지이다.[292]

㈑ 관습법화한 경우에 법원성을 인정하는 견해[293]　　　판례의 법원성을 부정하는 견해 중에서도 확립된/확고한 판례는 법적 확신을 갖추고 있으므로 관습법으로서 법원성을 가진다고 보는 견해가 있다.[294] "판례법은 법원의

---

289) 곽윤직·김재형, 26; 송덕수, 28(판례가 살아있는 법임은 인정); 김용한, 24; 이은영, 62; 김형배·김규완·김명숙(주 23), 21f.; 지원림(주 16), [1-21](부정설이지만 '법관에 의한 법형성'과 '사실상의 구속력', '살아있는 법'을 인정함). 학설(주로 일본 학설)에 대한 소개는 또한 이광범(주 261), 250f.

290) 이 점에 대해서 박찬주(주 26), 362는 다음과 같이 반론한다: "법관은 헌법과 법률에 따라 재판하여야 한다는 것(헌법 제103조)이지만, 한편으로는 국민들로서는 공정한 재판을 받을 권리(헌법 제27조 제1항)가 있고 이러한 권리는 판례와 배치되는 판결을 함으로써 무용하게 상고하여 是正받는 절차를 강요당하지 아니할 권리가 포함되어 있기 때문에, 법관은 국민들의 재판을 받을 권리를 해하여서는 아니 될 의무가 있다는 점에서, 판례의 법원성을 인정하느냐 여부와는 관계없이 정당한 논거로 생각되지는 않는다." 그러나 이것은 결과적으로 헌 §27 I을 판례의 법원성을 긍정하는 근거로 삼는 것인데, 재판을 받을 권리를 이렇게 이해하는 것은 헌법학계의 통설에 반하는 독단적 소견이다.

291) 백태승, 23; 이영준, 22. 각각에 대한 비판은 김증한·김학동, 19f.

292) 주석 총칙(1), 123f.(제4판/윤진수). 반대: 박찬주(주 26), 362f.(조리의 법원성을 인정하는 한, 판례에는 당연히 더 강한 법원성을 인정해야 한다는 견해).

293) 김증한·김학동, 19('법적 확신'의 획득 요). 이것을 김욱곤(주 1), 26은 "定形(Formulierung) 혹은 確定(Verfestigung)의 이론"이라고 부르는데, 판례가 관습법으로 공고화되었다는 의미를 나타내기에는 역어가 오해의 소지가 있다.

294) 이영준, 23; 김상용, 25; 장경학, 58; 김형배·김규완·김명숙(주 23), 21f.; 박찬주(주 26), 363.

판례에 의하여 성립하는 관습법이라고 해도 무방하다"라고 하여 판례법의 의미를 이 경우로 제한하는 견해도 주장된다.[295] 특히 관습법의 효력에 대한 국가승인설을 취하는 견해의 경우 법원에 의한 관습법의 승인여부를 중요한 판례의 기능으로 보는데,[296] 이것은 판례가 관습법화하는 문제와는 구별해야 할 것이다. 관습법의 성립요건에 대한 법적 확신설에 의하면 이것도 어디까지나 법발견에 불과할 것이다.

이 설에 대하여는 관습법과 판례법은 규범의 성립근원이 다르므로(전자는 사회의 관행, 후자는 판례의 반복) 양자를 상호 포섭시키는 것은 부당하다는 비판이 있고,[297] 판례가 법적 확신을 얻으면 *法源*이 된다는 것이나 법적 안정성 등의 논거도 타당하지 않다는 지적도 있다.[298] 반복된 판례는 법원에서 관습법으로 확인된다는 점에서 판례는 관습법의 중요한 원천으로 작용하나 모든 확립된 판례가 반드시 관습법으로 인정되지는 않으므로 판례의 법원성을 부정하는 견해가 있다.[299]

㈐ 私見: 재판준거로서의 *法源* 긍정설

(a) *法源*의 개념에 관하여 존재형식설을 취할 경우 판례의 법원성은 인정하기 어렵다. 법률이나 관습법과 같은 실정법규범이 되기 위해서는 일반성과 구속력이 있어야 하는데, 상급심의 재판은 당해사건에 관하여만 기속력이 있다는 점(법조 §8)에서 판례가 가지는 구속력은 사실상의 구속력에 불과하다고 보기 때문이다. 그러나 *法源*의 개념에 관하여 법인식원 또는 재판준거설(私見)에 의할 때 판례의 법원성은 인정될 수 있다. 판례를 통하여 법("살아있는 법)을 인식할 수 있고, 판례가 객관적인 재판의 준거로서 법관이 당면한 구체적인 사안에 적용되고 있기 때문이다. 더욱이 조리가 재판준거라면 판례가 재판준거임을 부정할 수는 없다. 그리고 실제 판례는 단순한 법률해석이나 성문법의 흠결을 보충하는 데에 그치지 않고 법형성적 기능도 수행하고 있음을 부정할 수 없다.[300] 판례의 법원성을 부정하는 견해에서도 판례 그 자체의 법원성은 부정하

---

295) 김주수·김상용, 12, 15(관습법과 판례법의 밀접한 관계를 강조).
296) 서광민(주 7), 21.
297) 김증한·김학동, 22.
298) 주석 총칙(1), 123f.(제4판/윤진수).
299) 백태승, 23.
300) 법원리가 구체적인 사건에 적용되어 실정적 법규범으로 형성되어가는 과정에 대한 비교법적 연구로는 김형석, "법발견에서 원리의 기능과 법학방법론—요제프 에써의 『원칙과 규범』을 중심으로—", 서울대 법학 57-1, 2016. 3, 1ff. 그에 의하면 Josef Esser는 판례의 법원성을 인정한다. 그러나 여전히 압도적인 통설은 판례의 법원성을 부정한다. 이에 대한 김형석(53)의 평가: "현대 대륙법 체계에서 법관법이라는 현상을 현실적으로 진지하게 검

지만, 판례가 해석하거나 판례에 의하여 보충된 법규범이 구속력을 가진다고
보거나, 아니면 조리(일반적법원리)에 근거한 법형성을 인정하는 방식으로 간접적으로
판례의 법원성을 인정하고 있다.[301]

　　(b) 한편 판례는 반복될 필요는 없고 한 차례만 선고되더라도 충분하
다. 그러나 그것이 반복되어 이른바 "확립된" 판례로 되는 경우 판례의 법규성
이 더욱 명확해지는 것은 분명한데,[302] 이와 같이 확고화되어 법적 확신을 얻
어서 '관습법'으로서 재판의 준거가 될 수 있는지가 문제된다. 판례의 법원성
을 부정하는 견해 중에서도 이러한 경우에는 '판례법'이 아닌 '관습법'으로서
그 법원성을 인정하고 있기 때문이다. 이 역시도 판례의 법원성에 대한 우회적
인 인정으로 보인다.

　　그렇다면 논란의 핵심은 법률가 계층의 법적확신에 의해 성립하는 '판례관
습법'이라는 것이 과연 가능한가 하는 것이다. 이는 반복된 재판례가 법률가들
의 법적 확신을 얻으면 '관습법'이 되어 法源으로 기능할 수 있는지에 관한 것
이다. 독일의 경우에는 확립된 판례로서 실정법을 보충하는 것들(예컨대 '계약체결상의 과실', 채권법 전면개정 후에는 독일민법전에 조문화)을 관습법이라고 인정하는 데 이견이 없다. 사비니처럼 법률가들
을 민족정신의 대변인으로 삼음으로써 법의 발전에서 법률가계층의 역할을 현
실적으로 법공동체 성원 전체의 행태보다 더 중시하는 경우에는 판례관습법의
생성을 긍정하는 데 아무런 어려움이 없게 된다. 그 독특한 법원론에 의하면
어차피 모든 법의 현실태는 근원법의 현상형태에 불과한 것이고, 그 근원법의
역사적-경험적 담지자인 민족정신의 발현은 반드시 법공동체 성원 전체의 행
태를 통하여 일어나야 하는 것은 아니기 때문이다. 오히려 이런 점에서는 법인
식의 면에서 전문가인 법률가계층의 역할이 더욱 중시될 수 있고, 실제로 사비
니에 의하여 독일의 경우 법률가들의 사회적 위상이 크게 제고되었던 것 역시
사실이다. 소위 대륙법계의 대표적인 나라임에도 불구하고 독일의 경우 이런
전통으로 인하여 판례관습법의 존재를 비교적 쉽게 인정하는 것으로 보인다.

　　사비니식의 법원론을 공유하지 않는[303] 우리나라의 경우 그러면 과연 이

　　토하려는 에써의 학문적 관심에 비추어 볼 때 여전히 나이브한 태도라는 느낌."

301) 주석 총칙(1), 121, 123(제4판/윤진수). 다만 우리 판례는 본조의 조리보다는 신의성실
　　의 원칙에 법형성의 근거를 구하고 있는 경우가 많다고 본다.

302) 고상룡, 14도 판례법이 되기 위하여는 1회의 판결만으로 충분하나 동종의 판결이 반복
　　되면 그 반복에 의하여 창조된 판례법이 점점 큰 법적 가치를 얻게 되며 이를 통해 법적
　　안정을 유지하는 데 강력한 힘을 가지게 되므로 "법률적 구속력"을 갖게 된다고 한다.

303) 사비니 이론에 대한 비판은 또한 김욱곤(주 50), 49.

문제를 어떻게 볼 것인가? 관습법의 요건과 관련하여 살펴보면, 일관된 관행의 장기 지속이라는 점에서 판례는 그것이 아무리 종래 확립된 것이라고 해도 언제라도 변경이 가능하다는 점에서 관행기간의 의미가 법적 확신을 근거지운다는 규범생성의 맥락이 대단히 취약하다. 뿐만 아니라 법적 확신의 주체 면에서도 법관계층을 법공동체 성원(국민) 전체와 등치시킬 수 있는 이론적 정당화 사유를 우리나라의 법질서는 아직 갖추고 있지 못하다. 법관계층이 아무리 법률전문가들이라 해도, 또 대법원의 판례가 형성되기까지 수많은 법학자와 법조인($^{특히}_{변호사}$)이 현실적으로 참여하여 일종의 공론의 장에서 집단지성을 발휘한다고 해도 사정은 달라지지 않는다. 따라서 우리나라의 경우 판례관습법의 존재는 부인하는 것이 마땅하다.[304] 학설 중에는 농작물의 소유권 귀속과 관련하여 경작자에게 귀속시키는 판례[305]는 부합에 관한 민법 규정($^{\S}_{256}$)에 명백히 반하는 것으로 이는 법률을 넘은 판례법의 한 예이자 동시에 법률을 넘은 해석의 예라는 견해가 있다.[306] 즉 판례법을 인정하는 것이다. 그러나 위 관련 판례들은 그 판시사항으로부터도 명백하듯이 문제된 농작물이 "성숙하여 독립된 물건으로서의 존재를 갖추었다면" 그에 관한 소유권이 식재·경작자에게 귀속한다는 내용으로, 동산과 부동산의 부합에 관하여 무차별적으로 규정한 § 256(^{"부동산의 소유자는 그 부동산에
부합한 물건의 소유권을 취득한다.})를 생활관계의 양상과 조리에 따라 해석하여 동조문의 취지를 세분화하여 그 적용범위를 사태유형별로 획정하여 보충한 것이지, 이에 위반하여(contra legem) 판례법을 형성한 것이 아니다.[307] 이것을 설혹 판례(관습)법이라고 가정하더라도 이 역시 성문법에 위반할 수는 없다는 점에서 보면 이 견해는 아무런 근거도 없이 contra legem 판례법을 인정한 오류를 범하였다.

　다른 한편으로 판례의 법리를 체현한 구체적 내용의 법규가 국민 전체에

---

304) 동지: 김학동, 77. 또한 구주해(1), 64ff.(최병조) 참조. 주석 총칙(1), 123 및 주 239 (제4판/윤진수)는 이는 법적인 근거 없이 판례에 법적인 효력을 부여하는 것이고, 관습법의 보충적 효력에 비추어볼 때 이것은 성문법이 없는 영역에만 국한된다고 본다. 다만 판례가 일반인의 법적 확신을 얻으면 관습법이 되는 것은 인정한다.

305) 대판 63.2.21, 62다913; 대판 68.6.4, 68다613, 614; 대판 79.8.28, 79다784 등.

306) 김증한·김학동, 22.

307) 부합에 관한 법리가 민법전에서 (법전법의 이념에 충실하게, 그러나 분명히 무리하게) 일률적으로 규정되기 전에는 대상에 따라서 합리적으로 달리 규율되었다. 이 점은 원형에 해당하는 로마법이 건자재가 건축물에 부합한 경우(건축, inaedificatio)와 식물이 토지에 부합한 경우(식재, plantatio)를 다양한 사안에 따라서 상이하게 규율하고 있는 예에서 잘 드러난다. 이에 대하여는 최병로, "로마법상 부합의 법리—D.6.1.5.3의 해석과 번역을 중심으로", 서울대 법학 57-4, 2016. 12, 181 이하.

의하여 수용되어 관행화되고, 처음부터 사실상 수반되었던 규범의식이 법적
확신으로 승격된 경우에는 일반 관습법으로서 인정하는 데 아무런 문제가 없
을 것이다.[308] 그러나 실제로 이러한 관습법이 형성될 가능성은 현실에서는 희
박하고,[309] 오히려 필요한 경우 입법에 이러한 판례를 반영하는 것이 오늘날의
常態이다.

(4) 판례의 변경과 소급효의 문제

판례의 변경[310]은 "대법관 전원의 3분의 2 이상의 합의체"에서 한다(법조
§7 ⅰ(ⅲ)). 사실상의 재판 준거로서 유지되어 오던 판례를 변경하게 되면 그 효력이
장래에만 미치는지, 아니면 일정한 소급효를 가지는지가 가장 현실적인 문제
로서 제기된다. 현재 판례의 입장은 대판(전) 05.7.21, 2002다1178에서 잘 드
러나는 것으로 보이는데, 원칙적으로 (종중 구성원 자격에 대하여) "변경된 견해를 소급하여 적
용한다면, 최근에 이르기까지 수십 년 동안 유지되어 왔던 종래 대법원판례를
신뢰하여 형성된 수많은 법률관계의 효력을 일시에 좌우하게 되고, 이는 법적
안정성과 신의성실의 원칙에 기초한 당사자의 신뢰보호를 내용으로 하는 법치
주의의 원리에도 반하게 되는 것이므로, 위와 같이 변경된 대법원의 견해는 이
판결 선고 이후의 … 새로이 성립되는 법률관계에 대하여만 적용된다고 함이
상당하다"는 불소급설이지만, 그러나 구체적인 당해 사안에 관련해서는 "이 사
건에 대하여도 위와 같이 변경된 견해가 적용되지 않는다면, 이는 구체적인 사
건에 있어서 당사자의 권리구제를 목적으로 하는 사법작용의 본질에 어긋날
뿐만 아니라 현저히 정의에 반하게 되므로, … 이 사건 청구에 한하여는 위와
같이 변경된 견해가 소급하여 적용되어야 할 것"이라는 이유로 사법작용의 본
질과 정의가 요구하는 경우에는 예외를 인정할 수 있다는 입장이다. 이러한 판
례의 태도를 "선택적 장래효"(selective prospectivity)라고 칭하면서 원래 재판
이란 과거에 일어난 사건을 대상으로 하는 것이므로 판례에 장래효만을 인정
한다는 것은 사법이 본질과는 맞지 않을 뿐만 아니라, 판례의 변경을 이끌어낸
당해 사건의 당사자마저도 새로운 판례의 혜택을 입지 못하게 되는 불합리가

---

308) 구주해(1), 63(최병조); 박찬주(주 26), 74f..
309) 그런 점에서 관습법이 된 판례법의 변경을 논하는 것(박찬주(주 26), 363f.)은 그다지
　　 실익이 있어 보이지 않는다. 박찬주(주 26), 365는 아울러 그러한 경우에 변경적 효력을
　　 인정하는 취지로 보이는데, 이 문제는 관습법에서 전술하였다.
310) 판례 변경에 대한 외국법 정보는 윤진수, "판례의 무게—판례의 변경은 얼마나 어려워야
　　 하는가?—", 판례의 무게, 2020, 64ff.; 주석 총칙(1), 94(제5판/이원범).

있게 되는데, 이러한 결과를 회피하기 위하여 판례 변경의 장래효만을 인정하면서 당해 사건의 당사자에 대해서만 소급효를 인정하는 선택적 장래효는 평등의 원칙에 어긋난다는 비판이 있다.[311] 그러나 판례의 입장은 선택적 장래효라기보다는 장래효 원칙에 선택적으로 소급효의 예외가 인정되는 것이므로 오히려 '선택적 소급효'라고 부르는 것이 더 적확하다. 그렇지만 용어 문제는 부차적인 것이다. 무엇보다도 일반론으로서는 성립할 것 같은 이 비판이 간과한 것이 있다. 즉, 이 사안에서는 종중 구성원의 자격이 문제였는데, 관철된 것이 다름 아닌 양성평등의 헌법률($\S 36 \frac{\text{헌}}{1}$)이라는 점, 그리고 이 판례로써 실질적으로 이 문제에 대한 一義的인 해답이 주어졌다는 의미 있는 결론이 간과된 것이다. 이 변경 판결 이후에 종중 구성원이 되는 자들의 경우는 말할 것도 없고, 그 이전이어서 舊관습법에 의하여 자격을 부인당했던 자들의 경우에도 장차 소를 제기하면 ($\frac{\text{선택적 소급}}{\text{효의 결과}}$) 언제든지 변경 판결의 취지에 따라 동등하게 종중 구성원 자격을 취득할 것이기 때문에 평등의 원칙에 위배된다고 보기 어렵다. 소를 제기하지 않으면 이러한 혜택이 따르지 않지만, 이러한 사정은 많은 다른 경우에도 마찬가지인 것이고, 자신의 권리 주장을 소로써 한 자와 하지 않은 자 사이의 차이는 평등 원칙의 위배와는 다른 문제인 것이다. 그리고 선택적 소급효를 인정하지 않는다면 오히려 더 부당한 결과가 초래될 수 있는데, 그 이유는 오늘날 종중의 존재와 역할이 약화 일로에 있고 인구의 증가가 정체 내지 퇴조 상태여서 장래효의 적용을 받을 사람들의 수가 제한적이고, 그렇기에 과거 종중이 활발하던 시기의 이해당사자들에게까지 소급효의 혜택을 미치는 것이 사회적 효과가 더 클 뿐만 아니라, 이를 반영한 결정은 종중의 사회적 의미를 고려할 때 단순히 개인 대 개인 사이의 사건 판정과는 다른 사회-경제정책적 중요성까지 함축하는 것이기 때문이다. 더욱이 이 특정한 문제에 대한 一義的인 결정은 다른 사안이나 문제들과의 비교가 필요하지 않은 고립된 이슈이다. 그래서 판례가 어떤 다른 문제에 대하여 장래효와 소급효 중 어느 것을 취하든, 그리고 이들 중 어느 하나만을 전면적으로 취하든 아니면 둘을 선택적으로 결합시키든, 그것은 그 쪽의 일인 것이고, 본 판결과는 무관한 것으로서 본 판결이 밝힌 논리를 그대로 따라야만 하는 것이 아니다. 즉, 본 판결의 결론을 일반화할 수는 없는 것이다. 이 점이야말로 판례가 법률이나 관습법과 같은 실정법규와 다른 점이다. 그럼에도 불구하고 앞으로도 판례가 이

---

311) 주석 총칙(1), 126f.(제4판/윤진수); 주석 총칙(1), 96f.(제5판/이원범).

러한 방향으로 나아갈 것으로 보아도 무방할 것이다. 결국 事案正義
(Sachgerechtigkeit)가 결정적이다. 민사 영역은 죄형법정주의가 지배하는 형사
법이나[312] 법률의 위헌결정과는 달리 모든 경우를 一義的으로 규율하도록(일종
의 ius strictum) 강제될 필연적인 이유가 존재하지 않고, 오히려 그러한 규율이
善과 衡平(bonum et aequum: 平良)에 反하는 경우가 생기기도 하므로[313] 판례
의 태도는 부당하지 않다. 근래의 대법원 판례는 위헌결정의 소급효 범위도 제
한하려는 태도를 보이고 있다.[314]

2. 학　　설

역사상 학설법이 인정되었던 시기는 고대 로마가 특이한 사례이고, 이를
제외하면 그 법원성이 부인되었다. 현재 우리나라의 경우 학설이 법원인가의
문제에 대해서도 의견이 완전히 일치하지는 않는다.

(1) 부 정 설[315]

이것이 통설이다. 그 논거로서는 학설은 그 자체로서는 법원이 아니지만
관습을 형성하거나 혹은 조리로서 이용되는 일이 있는 데 지나지 않는다거
나,[316] 국가고권에 의하여 법관을 기속하는 법원은 아니지만, 이성의 힘에 의
하여 법관을 설득함으로써 고려되는 법인식의 하나의 자료로서 조리를 통하여
재판에 영향을 줄 수 있고,[317] 판례에 의하여 받아들여짐으로써 판례법으로서
비로소 법원성을 갖게 된다. 그러나 일반적 구속력이 없으므로 法源이라고 할
수는 없다고 한다.[318]

(2) 긍 정 설

이에 따르면 학설이 법관의 심증형성에 영향을 주어 그에 따라 판결이 내
려지고 그것이 판례를 형성하는 경우도 있으며 이러한 사정은 학설도 간접적

---

312) 주석 총칙(1), 125(제4판/윤진수)는 소급효 관련 판례로 대판(전) 99.7.15, 95도2870,
　　대판 99.9.17, 97도3349를 원용하는데, 이는 형사판례이므로 민사에 관한 가치는 제한적
　　이다.

313) 유명한 로마의 금언 summa ius, summa iniuria ("법의 극치는 부정의의 극치") 참조.
　　같은 취지를 정약용(『牧民心書』 I. 刑典六條 2. 斷獄)은 목민관을 경계하는 관점에서 「專
　　使文法 多不善終」("오로지 법조문만을 따지면 대부분 끝이 좋지 않았다")라고 표현하였다.

314) 대판 05.11.10, 2005두5628(법적 안정성의 유지와 당사자의 신뢰보호를 이유로 듦). 박
　　해식, "일반사건에 대한 위헌결정의 소급효", 해설 58, 2005 하반기, 2006, 340 이하.

315) 상세는 구주해(1), 67ff.(최병조) 참조.

316) 김주수·김상용, 16.

317) 송덕수, 31; 박찬주(주 26), 372.

318) 김상용, 27.

방법으로 사실상 민법의 법원이 될 수 있음을 의미한다고 한다.[319]

(3) 私　　見

학설에 의해 주장된 어떤 법규/법명제가 법원이나 일반에 의하여 수용됨으로써 관습법이나 판례법으로 나아가 입법으로까지 전화하는 과정을 겪을 수 있다는 점을 부인할 필요는 없을 것이다. 모든 법은 누군가의 주도에 의하여 시동이 걸리고, 그것이 입법자에 의하든, 법공동체 성원 전체에 의하든, 또는 법률가계층/법원의 일관된 수용에 의하든, 보다 공고한 형태의 법적 존재로 강화되는 과정을 거칠 수 있는 것이기 때문이다. 그러나 이러한 강화된, 그래서 객관화된 새로운 형태로 진화하기 전의 학설은, 그것이 아무리 현실에서 재판 시의 준거(reference)에 해당하더라도, 그야말로 사고의 전개를 돕는 비구속적 참고자료일 뿐이고[320] 형식적으로는 아직은 개별 이론가의 주관적 소견에 지나지 않는다. 이것에 재판의 직접적 구속적 준거인 法源의 효능을 인정하는 것은 합당하지 않다. 우리의 판결실무는 판결문에서 어떠한 학설도—그것이 전혀 異說이 없는 완벽한 통설일지라도—인용하지 않는 확립된 관행을 유지하여 왔고, 이를 통하여 암묵적이지만 학설은 법원이 아니라는 점을 천명하고 있다 (물론 외국의 예에서 보이듯이 판결에서 학설을 명시적으로 인용한 다고 해서 그것만으로써 학설의 法源性이 긍정되는 것은 아니다).

3. 법률행위 규범, 특히 계약규범

학설 중에는 계약이 당사자만을 구속하는 구체적 규범이기는 하지만, 이것에 의하여 당사자 사이에 권리의무가 설정되고 법관은 그것을 기초로 재판을 하게 되므로 재판기준의 원천이라는 의미에서 법원적 지위를 차지한다고 할 수 있다는 견해[321]가 보인다. 그러나 이것은 본조가 전제하고 있는 재판의 준거라는 의미를 지나치게 확대하여 이해한 오류를 범한 것이다. 계약적 합의의 내용을 계약규범(lex contractus)이라고 부르는 오랜 관행에서 보이듯이 분명 계약은 구속력이 있다는 점에서 '규범'성이 인정되어 'lex'라고 지칭될 수 있지만,[322] 이것은 어디까지나 사적자치를 허용한 법률에 기초하여 개별적 법률관

---

319) 명순구, 26.

320) 민사재판에 있어서 법리, 실무, 이론의 역할과 상호작용에 대하여는 권영준, "민사재판에 있어서 이론, 법리, 실무", 서울대 법학 49-3, 2008. 9, 313. 이론은 실무의 배후에서 정당화 기능을 수행하는 것으로 본다. 이 논문의 요약 소개는 주석 총칙(1), 95ff.(제5판/이원범)

321) 김주수·김상용, 16.

322) 同旨 프민 § 1134 제1문: "적법하게 형성된 합의는 그것을 행한 자들에게 법률을 대

계의 당사자 사이에서만 유효한, 객관적 규범으로서의 일반성이 결여된, 당해
사건에 국한하여 구체화된 특수한 법규일 뿐이므로, 이것을 法源으로 파악하
는 것은 전술했듯이 타당하지 않다.

4. 국제적 去來律典 등

성문으로 작성되나 국가가 제정한 것이 아니라 학자들에 의하여 성안된
여러 국제적 모델律典들은 생성의 맥락에서 어디까지나 '불문법'이고, 그래서
구체적 사안에서의 적용 여부가—생성 자체로써 강행되는 성문법과 달리—적
용자 및 적용을 받는 자들 사이의 명시적 또는 묵시적 동의에 의존한다는 점
에서 본조의 法源에 해당하지 않는다. 이에 속하는 것으로 대표적인 것들로는
다음과 같은 것들이 있다.

- PICC: 私法통일국제협회(UNIDROIT)에서 성안한 국제상사계약원칙
$\left(\begin{array}{l}\text{The Principles of International}\\\text{Commercial Contracts of 2010}\end{array}\right)$.

- PECL: 유럽계약법위원회에서 성안한 유럽계약법원칙$\left(\begin{array}{l}\text{The Principles of}\\\text{European Contract Law -}\end{array}\right.$
$\left.\begin{array}{l}\text{Parts I and II revised}\\\text{1998, Part III 2002}\end{array}\right)$.

- DCFR: 유럽민법전연구회와 현존EC私法유럽연구단이 유럽위원회의 의
뢰를 받아 공동작성한 유럽민사법 공통기준안$\left(\begin{array}{l}\text{Draft Common Frame}\\\text{of Reference of 2009}\end{array}\right)$.

- Restatements: 미국법률가협회$\left(\begin{array}{l}\text{American}\\\text{Law Institute}\end{array}\right)$에서 성안한 미국 국내 계약법,
불법행위법, 원상회복법 再述輯錄$\left(\begin{array}{l}\text{Restatements}\\\text{of the Law}\end{array}\right)$.

[최　병　조]

신한다."(Les conventions légalement formées tiennent lieu de loi à ceux qui les ont
faites.).

第 2 條(信義誠實)
①　權利의　行使와　義務의　履行은　信義에　좇아　誠實히　하여야
　　한다.
②　權利는　濫用하지　못한다.

신의칙 총론

I. 서　론

1. 제2조의 입법과정

(1) 신의성실의 원칙(또는 줄여서 신의칙)에 관하여 민법전에 명문의 규정을 둔다고 하는 태도는 이미 입법의 초기단계에서부터 확고한 것이었다.

미군정 시대에 민법 등 기초적인 법률의 입법을 준비하였던 「법전기초위원회(法典起草委員會)」는 늦어도 1948년 여름까지는 「민법전편찬요강」의 일부를 완성하였다.[1] 그에 의하면 "민법 전체를 통한 대원칙(통칙)으로서", 法源에 관한 규정과 아울러, "권리의 행사에 관하여 권리남용의 법리를 성문화하며, 동시에 의무의 이행에 관하여 신의성실의 원칙을 일반적으로 선명하는 규정을 세울 것"을 그 요목의 하나로 들고 있다.[2] 그리고 이 부분의 요강은 정부 수립 후의 법전편찬위원회에서도 "전원 이의 없이"[3] 그대로 채택되었다.[4] 여기서 주목되는 것은, 이 요강은 권리의 행사와 의무의 이행을 나누어 전자에 관하여

---

1) 이에 대하여는 양창수, "민법안의 성립과정에 관한 소고", 서울대 법학 30-3·4(1989), 190 이하(뒤에 동, 민법연구, 제1권(1991), 71 이하) 참조.
2) "조선법제편찬위원회 起草要綱(3)", 법정 3-8(1948.8), 41.
3) "법전편찬위원회 총회 의사록(초)", 법률평론 1-1(1949.4), 35 참조.
4) 양창수(주 1), 211(동, 민법연구, 제1권, 100 이하) 소재의 '민법전편찬요강' 참조.

는 권리남용 금지의 원칙을, 후자에 대하여는 신의성실의 원칙을 각각 정하려 하였다는 것이다.

그리고 민법안 §2는 이를 받아 현행의 민법과 같은 규정을 두고 있다. 여기서는 앞서의 '민법전편찬요강'에서와는 달리, 권리 행사와 의무 이행을 구분하지 아니하고 이 양자 모두를 신의칙에 따라야 한다고 정하면서($\frac{제}{1항}$), 다른 한편 권리 남용의 금지에 대하여는 제2항에서 이를 별도로 정하고 있다. 이는 스민 §2(후술)나 일민(1947년 개정 후) §1의 태도를 본받은 것이라고 생각된다.

그러나 입법과정에서는 이와 같이 신의성실의 원칙과 권리남용 금지의 원칙을 별개의 규정으로 한 데 대하여 다른 견해가 없지 아니하였다. 민법안에 대한 국회 법사위의 심의에서의 그러한 견해에 대하여 『민법안심의록』은 다음과 같이 전하고 있다. "권리의 행사가 신의성실에 반하는 때에는 그것은 권리의 남용인 것으로서, 신의성실의 원칙에 권리남용 금지의 취지도 당연히 포함되어 있는 것이다. 따라서 제2항의 권리남용 금지 규정은 중복된 감이 있는 것으로 불필요하다는 의견도 있었다. 그러나 종래 입법례에 있어서 신의성실의 원칙은 채무법상의, 권리남용의 원칙은 물권법상의 원칙이었던 것을 瑞民[즉 스위스민법]은 일보 전진하여 그것을 총칙에 일괄 규정함으로써 일반화하였으며, 초안[민법안을 가리킨다]도 또한 이를 계승한 것 같다. 따라서 本條에 대한 초안의 태도는 진보적인 것으로 타당하다고 하겠다"($\frac{꺾음괄호 안은 인용}{자가 추가한 것이다}$).[5] 그리하여 본회의에서는 별다른 논의 없이 이 규정을 채택하였다.

이러한 입법과정을 통하여 우리는, 신의성실의 원칙이 당초부터 "민법 전체를 통한 대원칙"으로 규정되었고 가령 독일민법에서처럼 계약의 해석($\frac{§}{157}$)이나 채무 이행($\frac{§}{241}$)과 관련하여서 규정을 둔 것($\frac{이에 대하여는 뒤의}{I. 2.에서 보기로 한다}$)이 아님을 알수 있다. 물론 이것은 그 규정의 위치로부터도 분명한 것이다. 그리고 이와 같이 신의칙이 명문으로 정하여졌다는 것은 의용민법과 구분되는 우리 민법의 특징 내지 "중요 내용"으로 입법과정에서 빈번하게 강조되고 있다.[6][7]

---

5) 민법안심의록 상권(1957), 4 상단.

6) 민법안에 대한 국회의 심의과정에서 법사위 위원장을 대리한 張暻根 의원의 '민법안 심의결과 보고'에서도, 정부측의 '민법안 제안 설명'에서도 이 규정이 지적되고 있다. 제3대 국회 제26회 국회정기회의 속기록 제29호, 8 상단 및 16 하단 참조.

7) 그러나 일본은 1945년 8월의 패전 후에 얼마 되지 아니한 1947년에 민법 중 주로 가족관계에 관한 규정을 개정하였다. 거기서 §1를 새로 추가하여, 그 Ⅱ, Ⅲ에서 우리 민 §2 I 및 Ⅱ과 같은 규정을 두었다. 그러한 의미에서 본조는 의용민법과는 구분되는 것이지만, 일본의 입법태도와 특히 다르다고 하기는 어려울 것이다.

(2) 아울러 민법은 §150에서, 조건이 붙은 법률행위에 있어서 그 조건의 성취로 인하여 불이익을 받을 당사자($\substack{동조 \\ I}$) 또는 이익을 받을 당사자($\substack{동조 \\ II}$)가 "신의성실에 반하여" 그 조건을 성취시키고 또는 그 성취를 방해한 경우에 관하여 정하고 있다. 이 규정은 의용민법 §130의 '고의로'라는 요건을 독민 §162, 스채 §156을 직접으로 참조하여 위와 같이 바꾼 것이다.[8]

(3) 한편 개별 법률에서도 신의성실의 원칙을 명문으로 정하는 경우가 적지 아니하게 존재한다.

(가) 우선 예를 들면, 「약관의 규제에 관한 법률」($\substack{1986년 \; 법 \\ 률 \; 제3922호}$)은 약관조항의 내용통제와 관련하여, 개별적으로 그 효력불발생의 기준을 정하는 한편으로 ($\substack{동법 \; §10 \\ 이하 \; 참조}$), 그 일반적인 기준으로서 "신의성실의 원칙에 반하여 공정을 잃은" 것을 정하고 있다($\substack{\S \\ 6}$). 이는 독일의 약관규제법(AGB-Gesetz) §9 I을 참고한 것으로 여겨진다. 그런데 이 법규정에서 정하는 바의 신의칙이 우리 민법에서 계약 기타 법률행위에 대한 일반적 내용통제기준으로 정하여진 '선량한 풍속 기타 사회질서'($\substack{\S \\ 103}$)와 어떠한 차이가 있는지는 검토를 요한다.

(나) 특히 1990년 후반 이래 금융업(넓은 의미에서의)·부동산개발업·대규모유통업·가맹사업·대중문화예술사업 등 일정한 영업과 관련하여 이를 영위하는 사람($\substack{물론 \; 법인 \\ 을 \; 포함한다}$)에게 신의칙을 그 영업행위의 기준으로 제시하는 법규정이 현저히 많아졌다.

예를 들면 「자본시장과 금융투자업에 관한 법률」($\substack{2007년 \; 법률 \; 제8635 \\ 호, \; 2009년 \; 4월 \; 시행}$) §37은 '신의성실의무 등'이라는 표제를 붙이고 있는데, 그 제1항에서 "금융투자업자는 신의성실의 원칙에 따라 공정하게 금융투자업을 영위하여야 한다"고 정한다.[9] 그리고 동법 시행령은 '제4장 영업행위 규칙'의 '제1절 공통 영업행위 규

한편 위와 같이 신설된 일민 §1의 I은 "私權은 공공의 복지에 적합하여야 한다"고 정한다. 한편 그 외에 새로 추가된 일민 §2는 "이 법률은 개인의 존엄과 兩性의 본질적 평등을 우선적인 취지로 하여 해석되어야 한다"고 규정한다.

8) 민법안심의록 상권, 96 참조. §150의 비교법적 지위 및 입법과정 등에 대하여는 양창수, "민법 제150조의 입법목적과 유추적용 ― 우리 민법의 숨은 조항", 사법(법원도서관) 51(2020.3), 275 이하 참조.

9) 동조 II은 "금융투자업자는 금융투자업을 영위함에 있어서 정당한 사유 없이 투자자의 이익을 해하면서 자기가 이익을 얻거나 제삼자가 이익을 얻도록 하여서는 아니 된다"고

칙'의 맨 앞에 '제1관 신의성실의무 등'이라는 항목을 두어서, 금융투자영업에 관하여 상세한 기준을 정한다.

그리고 「금융소비자 보호에 관한 법률」($^{2020년 법률 제17112}_{호. 2021년 3월 시행}$)의 §14는 금융상품 판매업자 또는 금융상품자문업자 등에 대하여 "금융상품 또는 금융상품자문에 관한 계약의 체결, 권리의 행사 및 의무의 이행을 신의성실의 원칙에 따라 하여야 한다"고 정한다. 또한 「온라인투자연계금융업 및 이용자 보호에 관한 법률」($^{2019년 법률}_{제16656호}$) §9도 위와 유사하게 규정한다.

또한 「방문판매 등에 관한 법률」은 동법상의 '방문판매자 등' 또는 '계속거래 또는 사업권유거래를 업으로 하는 자($^{"계속거래}_{업자 등}$)이 소비자와의 계약 전에 소비자에게 거래조건을 설명하거나 표시하는 경우에는 이를 신의에 좇아 성실하게 이행하여야 한다고 명문으로 정한다($^{동법 §7 Ⅴ}_{및 §30 Ⅴ}$).

그 외에도 「부동산개발업의 관리 및 육성에 관한 법률」 §16, 「대규모유통업에서의 거래 공정화에 관한 법률」 §5, 「가맹사업거래의 공정화에 관한 법률」 §4, 대중문화예술산업발전법 §3, 「축산계열화사업에 관한 법률」 §6 등을 들 수 있다.

이상의 법규정들은 경제적으로 보다 우월한 지위에 있는 사업자가 그 영업의 상대방과의 사이에 일정한 거래관계를 맺음에 있어서 취하여야 할 일반적 행태의무를 부과하는 것으로 이해될 수 있을 것이다.

(다) 그렇다면 같은 내용의 법규정이 국가가 당사자가 되는 사법상 계약의 규율에 대하여도 마련되는 것은 당연하다고 하여야 할 것이다. 그리하여 「국가를 당사자로 하는 계약에 관한 법률」은 '계약의 원칙'이라는 표제를 붙인 §5의 제1항에서 "계약은 서로 대등한 입장에서 당사자의 합의에 따라 체결되어야 하며, 당사자는 계약의 내용을 신의성실의 원칙에 따라 이행하여야 한다"고 정하는 것이다.

(라) 또한 신의칙은 절차법의 분야에서도 명문으로 채택되기에 이르렀다.

민사소송법($^{원래는 1960}_{년 법률 547호}$)은 1990년 1월 13일의 법률 제4201호로 개정되었는데($^{시행은 1990년}_{9월 1일부터}$), 이 개정법률은 '신의성실의 원칙'이라는 표제 아래 "법원은 소송절차가 공정·신속하고 경제적으로 진행되도록 노력하여야 하며, 당사

_____

정한다.

자와 관계인은 신의에 좇아 성실하게 이에 협력하여야 한다"고 규정하는 §1
을 새로 도입하였다. 그리고 2002년 1월의 전면개정(법률 제6626호)에 있어서는 '민사
소송의 이상과 신의성실의 원칙'이라는 표제의 §1가 마련되었는데, 그 제2항
은 "당사자와 소송관계인은 신의에 따라 성실하게 소송을 수행하여야 한다"고
정하여서, 민사소송에서의 신의성실의 원칙을 정면에서 규정한다.[10] 그러나 그
전에 이미 우리 법원은 민사소송 그 자체는 아니지만 그와 불가결의 관계에
있어서 그 연장이라고 할 민사집행의 국면에서의 신의칙 적용을 긍정하고 있
었다.[11]

이러한 말하자면 公的 節次에서의 신의칙 요구는 이미 예를 들어 1997년
8월에 전부개정된 「환경분쟁조정법」(법률 제5393호)이 §3에서 '신의성실의 원칙'이라는
표제 아래 "조정의 절차에 참여하는 분쟁당사자들은 상호 신뢰와 이해를 바탕
으로 성실하게 절차에 임하여야 한다"고 정함으로써 명문으로 인정되고 있었
다.

나아가 이러한 법규정은 그 표제를 포함하여 「의료사고 피해구제 및 의료
분쟁 조정 등에 관한 법률」(2011년 법률 제10566호, 2012년 4월 시행) §4에서도 문언 그대로 반복되고
있다.

(마) 이상과 같이 종전에는 별로 정면에서 의식되지 아니하였던 법영역으
로의 신의칙의 '진출'은 조세법 나아가 행정법 일반에서도 눈에 띈다.

이는 우선 예를 들어 국세기본법(1974년 제2679호)은 '신의·성실'이라는 표제의
§15에서 "납세자가 그 의무를 이행함에 있어서는 신의에 좇아 성실히 하여야
한다"(제1문)고 정하여, 국민의 공법적 의무 이행에 관하여 신의칙을 기준으로 제
시한다. 이는 그 외에도 지방세기본법 §18 제1문, 관세법 §15 제1문에서도
마찬가지이다.

그러나 나아가 신의칙은 조세의 부과와 같이 전형적인 高權的 행정처분을
하는 행정주체에까지 미친다. 예를 들어 행정절차법(1996년 법률 제5241호)은 '신의성실 및
신뢰 보호'라는 표제를 붙인 §4의 제1항에서 "행정청은 직무를 수행함에 있어
서 신의에 따라 성실히 하여야 한다"고 정하는 것이다. 앞서 본 국세기본법

---

10) 본조가 민법의 '제1편 총칙'의 '제1장 통칙' 아래 위치하는 것과는 달리, 이 신설의 민
   소 §1는 '제1편 총칙'의 맨 처음에 위치하는데 그에 대하여는 별다른 編序가 주어져 있지
   아니하다. 그러나 그 §1가 민사소송법의 원칙을 정하고 있음에는 異論이 없다.
11) 이에 관한 상세는 특히 뒤의 신의칙 각론 Ⅶ. 3. 참조.

§15도 그 제2문에서 "세무공무원이 그 직무를 수행함에 있어서도 또한 같다"
고 정하여, 세무공무원의 직무 수행이 "신의에 좇아 성실하게" 행하여질 것을
요구하는 것이다(지방세기본법 §18 제2문, 관세법 §15 제2문도 같다).

2. 신의칙에 관한 입법례

신의성실의 원칙은 "오래 전부터 모든 나라의 법의 확고한 공동재산"이
다.[12] 그러나 우리 민법전에서와 같이 그것이 민법의 '통칙'으로서 실정화되기
에 이른 배후에는 오랜 기간의 역사적인 전개과정이 존재한다.

(1) 私法의 다른 많은 제도와 마찬가지로 신의칙도 그 역사적 발전의 단
서를 로마법에서 찾을 수 있다. 그것은 한편으로 嚴格訴訟과 대비되는 誠意訴
訟(bonae fidei iudicia)의 발전과, 다른 한편으로 '일반적 악의의 항변(exceptio
doli generalis)'의 인정과 관련되어 있다.[13]

로마의 민사소송에서 매우 중요한 지위를 차지하는 方式書와 관련하여
성의소송에서는, 문언에의 구속을 훨씬 엄격하게 요구하는 엄격소송의 그것
과 달리, "신의성실에 기하여 급부할 의무가 있는 것 전부(quid-quid … dare
facere opertet ex fide bona)"의 이행을 피고에게 명할 것을 심판인에게 요구
하고 있다.[14] 그리하여 심판인은 당해 개별사건의 구체적인 사정을 광범위하
게 고려할 수 있었고, 또 고려하여야 했다.

그 고려의 세부를 여기서 망라할 수는 없으나, 전형적인 것을 들어 보기로
한다. 첫째, 계약상 청구의 경우에는 당사자의 명시적인 합의내용뿐만 아니라,
묵시적으로 이루어진 합의나 거래관행 등도 고려되었다. 나아가 오늘날의 이
른바 부수의무도 인정되었다. 둘째, 채권관계의 설정이나 내용에 영향을 미치
는 사정, 예를 들면 일방 당사자의 강박(metus)이나 악의(dolus), 또한 동일한
법률관계로 발생한 반대채권의 존재 등도 주장될 수 있었다. 셋째, 이자나 과
실 등의 從的인 급부는 엄격소송에서보다 훨씬 넓은 범위에서 포함된다.[15] 이

---

12) Andreas Schwarz, *Das schweizerische Zivilgesetzbuch in der ausländischen Rechtsentwicklung*
(1950), 32.
13) 후대의 신의칙 전개의 연원을 이와 같이 로마법에서 찾는 것은 일반적으로 행하여지고
있다. 가령 Schwarz(전주), 33; Staudinger/Schmidt, §242 Rz. 2 ff. 참조.
14) 이러한 성의소송은 매매·賃約·위임·조합 등과 같이 로마사회에서 매우 중요한 기능을
수행한 이른바 諾成契約들뿐만 아니라, 신탁·후견·사무관리 등에도 인정되었다.
15) 이상은 Kaser, *Römisches Privatrecht. Ein Stuchenbuch*, 8. Aufl.(1974), §33 IV 3(S. 135 f.);

와 같이 로마법에서 신의성실(bona fides)은 "선량한 사람의 행실과 도리를 지키는 것, 거래관행을 고려하여 신의와 성실을 지키는 것"을 의미하였다.[16]

그러나 '일반적 악의의 항변'은 비단 성의소송에서뿐만 아니라 엄격소송에서도 인정되었고, 오히려 후자에서 실제적인 의미를 가졌다.[17] 이는 소송방식서에 항변의 심리에 관한 일정한 문언이 부가되는 것을 전제로 하는 것이다. 구체적인 예를 들어 가령 원고가 다른 원인으로 피고에게 다시 반환하여야 할 것을 소구하였다고 하면, 그는 악의로 취급된다($\binom{\text{Paul. D.}}{44.4.\,8\,\text{pr.}}$). 그리고 그 소의 제기는 신의에 반하는 것으로서 이에 대하여 '(일반적) 악의의 항변'이 행사될 수 있다(그 대표적인 예가 우리나라에서도 논의된 바 있는 '매도되고 인도된 물건의 항변[exceptio rei venditae et traditae][18]'이다). 이와 같이 신의성실에 반한다는 넓은 의미로 소의 제기에 있어서의 '악의(dolus)'가 인정되면 그 청구는 받아들여지지 아니하였다.[19] 그리고 이러한 '일반적 악의의 항변'은 개별적인 경우에 권리행사에 있어서의 이른바 시카네 금지를 달성하는 수단이 되기도 하였다.[20]

이러한 일련의 제도들은, 무엇보다도 로마 시민법의 엄격성을 완화할 필요가 있는 경우에 법무관이 형평(aequitas) 또는 '선과 형평(bonum et aequum)'에 의거하여 창조해 낸 것들로서, 일단 인정된 후에는 그 독자적인 발전을 수행하였던 것이다. 이와 같이 '신의성실'은 엄격법을 완화하는 보충적인 형평법으로서의 의미를 가지는 것이었다.

(2) 이상과 같이 원래 '신의성실(bona fides)'은 소송절차의 국면에서 문제되는 성질을 가지는 것이었는데, 유스티니아누스帝法에 이르러서는 그에 특징

Kunkel/Honsell, *Römisches Recht*, 4. Aufl.(1987), § 90 Ⅲ 2(S.220 f.)에 의하였다.

16) Fritz Schultz, *Prinzipien des römischen Rechts*(1934), 154-5. 그 외에 bona fides는 가령 사용취득(usucapio)의 요건에서 보는 바와 같이 단순한 '善意'를 의미하기도 한다. 이 점에 대하여는 또한 Staudinger/Schmidt, § 242 Rz. 7도 참조. 이러한 단어의 용례는 후대에도 영향을 미쳐서 가령 프랑스에서 bonne foi는 일차적으로 '선의'를 의미하고, 오히려 예외적으로만 본문에서 본 것과 연접하는 내용으로서의 '신의성실'(예: 프민 § 1134)을 뜻한다.

17) 성의소송에서는 위에서 본 대로 채권관계의 설정이나 내용에 영향을 미치는 사정으로서 당사자의 악의가 심판인에 의하여 고려되므로, '악의의 항변'을 방식서에 채택하는 것은 불필요하다. Kunkel/Honsell(주 15), § 132 Ⅱ Anm. 12(S. 372).

18) 곽윤직, "exceptio rei venditae et traditae의 현대적 관용", 서울대 법학 9-1(1967), 135 이하 참조.

19) Kaser(주 15), § 33 Ⅳ 4(S. 137); Kunkel/Honsell(주 15), § 132 Ⅱ(S. 372) 참조.

20) Kaser(주 15), § 4 Ⅳ(S. 33) 참조.

적인 衡平法(ius aequum)의 강조 내지는 우위와 발맞추어 하나의 실체법적 이념이 되었고, 이는 후대의 주석학파나 주해학파에서도 마찬가지였다.[21]

근대에 이르러, 프로이센일반란트법은 신의성실에 언급하고 있지 아니하다. 이에 반하여 프랑스민법은 애초에 "합의는 성실하게(de bonne foi) 이행되어야 한다"고 정하고 있었다($\S 1134_{\text{Ⅲ}}$).[22] 그러나 이 규정은 그에 이은 § 1135 ("합의는 표명되어 있는 것뿐만 아니라, 형평, 관습 또는 법률[l'équité, l'usage ou la loi]이 채무의 성질상 그에 요구하는 모든 효과에 관하여 채무를 발생시킨다.")와 함께, 전적으로 채무자의 이행상의 성실을 정함에 불과한 것으로서, 양 당사자의 사정에 적극적으로 탄력적인 배려를 베풀어 당사자 간의 법률관계에 형평이나 구체적 타당성의 실현을 도모한다는 취지를 정한 것은 아니었다($\substack{\text{2016년의 개정에 대하여는 뒤} \\ \text{의 Ⅱ. 1. (1)에서 보기로 한다}}$).[23]

그러나 독일에서는 보다 일찍부터 신의성실이 강조되었다. 슈미트에 의하면, 19세기 후반기에 상인들 사이에서 '신의성실(Treu und Glauben)'은 선량한 상인의 표징으로 쓰여졌고, 특히 제국법원은 계약 등의 해석에 관한 일반독일상법전(ADHGB) §§ 278, 279의 적용에 있어서 빈번하게 "상거래에 있어서 1차적으로 지켜져야 할 신의성실의 원칙" 또는 "상거래를 지배하는 신의성실의 요구"라는 설시를 하였다고 한다.[24] 그리고 이미 1863년의 작센민법은 '계약에 기한 이행의무의 내용'과 관련하여 그것이 종국적으로 "신의성실과 선량한 사람의 행위방식"에 따라서 정하여진다고 규정하였다($\S 858$).[25] 이와 같이 신의성실의 원칙은 주로 계약의 해석 내지 계약에 기한 의무내용의 확정과 관련하여 원용되었다.

독일민법의 제정과정에 있어서도 이는 마찬가지였다. 즉, 신의성실은 제1초안 § 359에서는 단지 계약의 해석기준으로서만 제시되고 있다("ob und was"). 그런데 그에 대한 심의과정에서 계약에 기한 채무를 포함한 모든 채무의 이행의 방법("wie")과 관련하여서도, 신의성실의 요구를 규정하여야 한다는 의견이 채택되었다. 그리하여 독일민법은 우선 § 157에서 계약의 해석에 관하여 "계약은 신의성실이 거래관행을 고려하여 요구하는 바대로 해석되어야 한

---

21) Hans Merz, in: *Berner Kommentar zum ZGB*, N. 10 zu Art 2 ZGB(S. 227); Staudinger/ Schmidt, § 242 Rz. 6 참조.
22) 이태리민법도 종전의 프민 §§ 1134 Ⅲ, 1135와 유사한 내용의 규정을 두고 있다 (§§ 1374, 1375).
23) 谷口知平 등 편집, 新版 注釋民法(1)(1988), 71(安永正昭 집필). 그리고 프랑스의 학설과 판례에 있어서의 동법 § 1134 Ⅲ에 대한 평가에 관하여는 후술한다.
24) Staudinger/Schmidt, § 242 Rz. 17.
25) 그 文言은 Staudinger/Schmidt, § 242 Rz. 16을 보라.

다"고 규정하고,[26] 나아가 § 242에서 채무의 이행과 관련하여 "채무자는 신의
성실이 거래관행을 고려하여 요구하는 바대로($\substack{\text{wie Treu und Glauben mit Rücksicht} \\ \text{auf die Verkehrssitte es fordern}}$) 급
부를 실행할 의무를 부담한다"고 규정하기에 이르렀다.[27] 그리고 이와는 다른
경과를 거쳐서[28] 시카네 금지(Schikaneverbot)가 권리의 행사와 관련하여 규정
되었다($\substack{\text{§ 226: "권리의 행사가 타인에게 손해를 가하는 것} \\ \text{만을 목적으로 하는 경우에는 허용되지 아니한다".}}$). 이와 같이 독일민법의 신의칙과 관
련된 규정은 그 규율대상에 따라 별도로 마련되어 있다($\substack{\text{기타 조건이 성취 또는 불성취되} \\ \text{는 것 또는 급부의 목적인 결과}}$
$\substack{\text{가 발생되는 것을 신의에 반하여 방해하는 경우에 관한 §§ 162,} \\ \text{815; 일부이행을 이유로 하는 동시이행의 항변에 관한 § 320 등.}}$).

　　1907년의 새로운 스위스민법은 신의칙의 실정화라는 측면에서는 새로운 국
면을 개척하였다. 그 기초자인 오이겐 후버의 독창에 의하여,[29] 신의성실은 권리
의 행사와 의무의 이행에 공히 적용 있는 것으로 정하여지고($\substack{\text{제1항: "누구라도 자신의} \\ \text{권리의 행사와 자신의 의무}}$
$\substack{\text{의 이행에 있어서 신의성실} \\ \text{에 좇아 행위하여야 한다".}}$), 나아가 이와 아울러 권리남용의 금지를 규정하며($\substack{\text{제2항: "권} \\ \text{리의 명백한}}$
$\substack{\text{[offenbar] 남용은 법의} \\ \text{보호를 받지 못한다".}}$), 또 이 두 규정을 민법전의 '통칙(Einleitungsbestimmungen)'
에 편입하였다($\substack{\S \\ 2}$). "이로써 그것[신의칙]은 상정가능한 최대한의 행동반경을
획득하였고, 포에니전쟁 후에 시작된 2천년 이상의 발전은 그 입법적 귀결을
찾았다."[30] 이러한 스위스의 선례는 항가리·라트비아·태국에 의하여 모방되
었고,[31] 일본민법이 앞서 본 대로 제2차 세계대전 후 1947년의 改正에서 이에
좇았으며($\substack{\S 1 \\ \text{II. III}}$), 우리 민법도 그 뒤를 이었다.

II. 제2조의 민법상 지위—민법의 제1차 지도원리로서의 신의칙?

1. 다른 나라에 있어서의 신의칙의 지위

　　위에서 본 바와 같이 유럽대륙의 주요한 나라의 민법전은 신의성실과 관
련한 규정을 제각기 다양하게 두고 있다. 이는 비단 규정방식이나 내용이 다를

---

26) 오스트리아민법은 신의성실을 직접 지칭하는 규정을 두지 아니한다. 다만 1916년
　　의 제3차 개정에 의하여 개정된 § 914는 계약의 해석에 관하여 "… 계약은 선량한 거래
　　(redlicher Verkehr)의 관습에 상응하는 바대로 이해되어야 한다"고 정한다.
27) 그 상세한 입법의 경과에 대하여는 Staudinger/Schmidt, § 242 Rdnr. 20 ff.;
　　MünchKomm/Roth, § 242 Rdnr. 10 각 참조.
28) 그 경과에 대하여는 우선 김증한·안이준 편저, 신민법총칙(1963), 56 이하 참조.
29) 이에 대하여는 Merz(주 21), N. 16 zu Art. 2 ZGB 참조.
30) Schwarz(주 12), 33.
31) Schwarz(주 12), 33 참조.

뿐만 아니라, 각 민법전의 규범구조나 그 배후에 존재하는 법원칙에 따라 그
규정들 또는 신의칙 자체가 가지는 의미나 수행하는 기능도 제각각이다.

(1) 프랑스에서 한때 신의성실은 "죽은 개념(concept mort)" 또는 "실질적
내용이 없는 관념(notion vide de tout contenu réel)"이며 그것은 불모이고 무
력하다고 인정되고 있었다. 우선, 신의성실을 원용하고 있는 유일한 규정인
§ 1134 Ⅲ은 이에 관한 판례가 없고 학설도 거의 다루지 아니하는 "죽은 법"
이라는 것이다.[32] 프랑스에서는 계약의 해석에 관하여 사적 자치를 기반으로
한 이른바 주관적 해석이론이 결정적인 우위를 차지하고 있다. 그리하여 계약
의 해석은 어디까지나 당사자들이 진정으로 합의한 바를 탐색해 내야 하는 것
이지(따라서 이는 어디까지나 사실문제로서, 파기원의 심리대상이 아니다), '신의성실'이 요구하는 바라고 하여 이를 당사자
의 합의에 대체할 수는 없다는 것이다.

그런데 2016년의 민법 대개정(동년 10월 1일 시행)에서 위 규정은 삭제되었고, 한편
§ 1103은 그 제1항에서 "계약은 성실하게 교섭되고 체결되며 또한 이행되어야
한다(Les contrats doivent être négociés, formés et exécutés de bonne foi.)"고 정하여 계약의 모든 단계에서 신의칙에 따
르도록 한다. 그리고 제2항은 "이 규정은 公序의 성질을 가진다(Cette disposition est d'ordre public.)"
고 못박는다.[33] 그리하여 우선 종전 규정이 단지 계약의 이행단계에서의 '성
실'을 요구하였던 데 대하여 이제 이는 계약 체결의 교섭단계에서부터 요구된
다. 그러나 이는 파기원의 종전 판례[34]에서 이미 인정되는 바이다. 그리고 이
조항에 대하여는 "프랑스법에서 신의성실은, 일정한 다른 나라들에서와는 달
리, 계약외적 성질을 가지는 행위에 관한 규범에서처럼 누구에게나 또 누구에
대해서나 적용되는 恒常的 의무로는 관념되지 아니한다"고 설명된다. 그리고
제2항은 계약 당사자들은 그 신의성실의 의무를 특약에 의하여 배제할 수는
없다는 것으로서, 그러한 '공서'로서의 성격은 당연한 성질의 것이라고 한다.

(2) 독일민법전은 신의칙에 관한 규정을 —계약의 해석에 대한 것(§157)과
아울러— 앞의 I. 2.(2)에서 본 바와 같이 채권법의 冒頭에 두었다(§242). 그러

---

32) Murad Ferid, *Das Französische Zivilrecht*, Bd. 1(1971), 2 B 3 ff.(S. 430).
33) 이 개정규정에 대한 이하의 설명은 일단 Deshayes/Genicon/Laithier, *Réforme du Droit des Contrats, du Régime générale et de la Preuve des Obligations* (2016), p. 48 et suiv.에 의하였다.
34) 파기원 민사제1부 1981년 1월 21일 판결 n 79-15.443: Bull. civ. 1981, I, n 25.

므로 모든 채권관계는 이 원칙의 적용을 받는 것으로 예정되었다. 다른 한편 그 법규정의 내용은 위에서 본 바와 같이 채무자의 급부의무의 구체적인 세부를 정하는 것처럼 표현되었다(^{"채무자는 신의성실이 … 요구하는 바}
^{대로 급부를 실행할 의무를 부담한다"}). 그리고 채권관계의 성립에 대하여는 계약 자유의 원칙과 광범위한 법정채권관계에 대한 규정에 의하여 신의칙은 별다른 기능을 할 여지가 없는 것으로 생각되었다. 나아가 채권관계의 내용에 대하여도 세부에 걸친 임의규정에 의하여 신의칙은 단지 부차적인 의미밖에 없을 것이었다.

그러나 이미 제1차 세계대전 이전에 재판실무는 신의칙의 기능을 현저하게 확장하였다. 메디쿠스는 그 예로 독일제국법원의 1914년 5월 26일 판결을 들고 있다(RGZ 85,108).[35] 이 사건에서는 압류불가능한 채권에 대하여는 고의의 불법행위로 인한 채권을 자동채권으로 하여서도 역시 독민 §394(^{우리 민법}
^{§497 참조})에서 정하는 대로 상계를 할 수 없다고 할 것인가 하는 문제가 다루어졌다. 이 판결은 상계를 긍정하면서 다음과 같이 판시하였다.

"민법 제394조 제1문은 통일적인 유기체를 이루고 있는 포괄적 법체계의 한 分肢이며, 따라서 그것은 그 모든 내용들이 서로 불가분하게 연관되어 있는 전체의 한 부분으로 이해되어야 하고 단독으로 고립적으로 이해되어서는 안 된다. 거래관행을 고려한 신의성실의 원칙과 가장 넓은 의미의 악의(Arglist)에 해당하는 것은 모두 용인되지 아니한다는 원칙이 민법전의 체계를 관통하고 있다. 제157조, [시카네 금지에 관한] 제226조, 제242조, [고의로 선량한 풍속에 반하여 타인에게 손해를 발생시킨 자에게 불법행위책임을 지우는] 제826조는 단지 하나의 일반적인 원칙의 특수한 표현일 뿐이다. 제242조와 제394조는 서로 동일한 강제력을 가지고 동일한 힘을 가지는 두 개의 법규로서 대립하고 있는 것으로서, 그 경합의 경우에는 제394조가 특별법으로서 우선적용되는 관계에 있지 아니하다. 오히려 위에서 말한 일반적 원칙이 모든 개별규정을 지배하며, 또 그 규정들의 고립적인 문언의 의미를 해명하고 확장하고 보충하고 또는 제한함(^{Klärung, Erweiterung, Ergänzung oder}
^{Beschränkung des vereinzelten Wortlauts})에 있어서 그 생생한 효력을 발휘하여야 한다."(^{꺾음괄호 안은 인용}
^{자가 부기한 것이다})

여기서 독민 §242는 단지 채권관계의 세부를 보충하는 수단이 아니며, 또 단지 채권관계에 그 적용이 제한되고 있지도 아니하다. 오히려 제국법원은 신의칙을 개별규정들에 우월한 지위를 차지하는 하나의 원칙으로 파악하고 있으며, 특히 강행법규에 해당하는 §394에도 우선하는 것으로 이해한다.

---

35) D. Medicus, *Schuldrecht* I, 5. Aufl.(1990), §16 I 2(S. 68 f.) 참조.

신의칙의 이러한 기능은 제1차 세계대전 중에 그리고 그 후에 극히 중대한 의미를 획득하였다. 그것은 대체로 법원이 그 전쟁으로 말미암아 발생한 경제적인 변동을 당사자들의 법적 관계에 반영하려는 지향과 관련되어 발현되었는데, 구체적으로 보면 법원은 특히 인플레이션으로 인한 등가관계 파괴의 경우와 계속적 계약에 있어서의 사정변경으로 인한 '목적 달성 불능'의 경우를 각기 신의칙을 근거로 하여 적절하게 조정하려고 한 것이었다. 제2차 세계대전 후에는 입법자가 이에 대하여 즉각적인 조처를 취하였기 때문에 법원의 개입, 나아가서는 그 법적 근거로서의 신의칙의 원용은 훨씬 미미한 의미밖에 가지지 못하였다. 그러나 이 단계에서도 독민 § 242는 새로운 측면에서 별개의 의미를 획득하게 되었는데, 그것은 헌법(즉 독일기본법)이 정하는 가치를 私人간의 관계에서 실현하는 導入口로서의 역할을 한다는 것이다.

독민 §§ 157, 242에서 실정적으로 규정되어 있는 신의칙은 그러나 민법의 '최고원리'라거나 '지도원리'라고 일컬어지는 일은 없다(이러한 지위는 오히려 '私的 自治'에 주어지고 있다). 그것은 마치 로마에서 市民法을 구체화하고 보충하고 —한정된 경우에 예외적으로— 변경하는(iuris civilis (ad)iuvandi, supplendi vel corrigendi gratia) 권한이 주어져 있었던 法務官(praetor)과 같은 기능을 한다고 일컬어지고 있다.[36] 그리고 로마법에서 법무관법이 시민법에 대하여 부차적인 의미를 가지고 있었던 것처럼, 독일에서 신의칙은 구체적인 객관적 법제도에 대하여 위와 같은 부차적인 의미밖에 가지고 있지 아니한 것으로 이해되고 있다.[37]

(3) 우리 민법에 있어서의 신의칙의 규정방식에 현저한 영향을 준 스위스민법에 있어서는, 신의칙에 관하여 정하는 § 2는 '법의 적용(Anwendung des Rechts)'에 관한 동법 § 1(이에 대하여는 본서 제1조 주해 참조)와의 관련 속에서 설명되고 있다.

그 § 1는 그 문언 자체가 직접 법관을 상대로 하여 그가 재판을 함에 있

---

36) G. Boehmer, *Grundlagen der bürgerlichen Rechtsordnung*, Bd. Ⅱ 2(1952), 20 이하, 73 이하; F. Wieacker, *Zur rechtstheoretischen Präzisierung des § 242 BGB*(1956), 20 이하; Medicus(전주), § 16 Ⅲ 2(S. 71) 등 참조.

37) 독일에서의 '법원칙'에 대하여 논하는 K. Larenz, *Richtiges Recht*(1979)(양창수 역, 정당한 법의 원리(1986))도, 기본원리(Grundprinzip)로서는 상호존중을 내세우며, 단지 개인영역에 있어서의 원리의 하나로, 계약에 있어서의 자기결정과 자기구속의 원리(즉, 계약자유의 원칙), 쌍무계약에 있어서의 등가원리와 함께 신의성실을 들 뿐이다(그 외에 민법과 관련 있는 것으로 손해배상에 있어서의 유책성의 원리 등이 있다).

어서 기준으로 삼아야 할 것을 지시하고 있다.[38] 이에 비하여 §2 Ⅰ은 私人에 대하여 그 행위에 있어서 지켜야 할 바를, 즉 신의성실에 따를 것을 규정한다. 그러나 이것은 그 성질상 당연히 법관에 대한 지침이 되기도 한다. 즉, 법관은 재판이 행하여지기 전에 이루어진 사인의 행위와 소송에서 문제되는 법률관계의 내용을 판단·평가함에 있어서 신의칙을 기초로 하여야 한다는 것이다.[39] 또한 권리 남용에 관한 §2 Ⅱ은 문언상으로도 법관을 상대로 한 정함이다. 그리하여 전체적으로 §2는, §1에서 정한 법관이 재판을 함에 있어서의 기준을 '보충(Ergänzung)'하는 규정으로서 이해된다. §2도, §1와 마찬가지로, "成文化된 私法은 삶의 다양함(Reichtum)에 완전히 적합할 수는 없다"는 생각을 출발점으로 하여, "정당한 이익의 보호에 봉사하지 아니하고 또 그것이 만족되면 정당한 이익이 피해를 입을 청구들은 유지될 수 없다는 일반적인 원칙을 신의성실에 의탁하여 표현함으로써, 성문화된 법의 不均齊性(Unebenheiten)을 교정하는" 목적을 가지는 것이다.[40]

이와 같이 스위스민법이 성문사법의 불완전성을 처음부터 의문의 여지 없이 인정하고, 이를 보충하는 기준과 그 적용 순서를 의식적으로 분명하게 제시하고자 하는 태도를 가지고 있다고 한다면,[41] 스위스의 학자들이 스민 §2가 일종의 '授權規範(Ermächtigungsnorm)'으로서의 성질을 가짐을 강조하는 것도[42] 잘 이해될 수 있다. 그리하여 그 판례는, §2가 "특정한 법률관계를 규율하는 독자적인 법명제(Rechtssatz)가 아니라, 모든 법률관계에 있어서 존중되어야 하는 法適用規範(Rechtsanwendungsnorm)"이며,[43] "개별적인 법률관계에 관한 규범들에 부가하여 그것을 보충하고 그의 적용(여부와 그 내용)을 아울러 결정하는, 윤리적 관점에서 창조된 기초규정(Grundregel)"이라고 한다.[44] 그리하여 §2는

---

38) 특히 그 Ⅱ은 "법관은 법률로부터 아무런 규정도 도출할 수 없는 경우에는 관습법 … 에 따라서 재판하여야 한다"고 정하고 있다.

39) Tuor/Schnyder, *Das Schweizerische Zivilgesetzbuch*, 9. Aufl.(1979), §6 Ⅰ (S. 44); H. M. Riemer, *Die Einleitungsartikel des Schweizerischen Zivilgesetzbuches*(1987), §5 Ⅰ A(S. 78) 등 참조.

40) 스위스연방대법원의 판결(BGE 40 Ⅲ 160)의 설시. Tuor/Schnyder(전주), S. 44에서 재인용.

41) 일반적으로 스민 §1에 표현된 '法源이데올로기'에 대하여는 우선 石田讓, "スイス民法一條の法源イデオロギー", 民法學の基礎(1976), 1 이하 참조.

42) Merz(주 21), N. 29ff. zu Art. 2(S. 234 ff.) 참조.

43) 스위스연방대법원 판결(BGE 44 Ⅱ 445)의 설시. Merz(주 21), N. 30 zu Art. 2 ZGB(S. 234)에서 재인용.

44) 스위스연방대법원 판결(BGE 83 Ⅱ 349)의 설시. Merz(주 21), N. 30 zu Art. 2 ZGB(S.

"윤리적인 것과 法外的인 것에 뿌리하고 있는 내용적으로 명확하지 아니한 원
칙들을 끌어들일 수 있는 실제적으로 무제한의 수권"으로서의 의미를 가질 수
도 있다.[45]

그러나 스위스에서도 신의칙이 민법의 '지도원리'라고 일컬어지는 일은 없
다. 오히려 위와 같은 수권이 법적 안정성, 나아가서는 당사자들의 자율적 의
사 대신에 신의칙을 앞세운 법관의 '理性'을 우위에 둠으로써 발생하는 사적
자치에 대한 '위협'이 빈번하게 강조되고 있다.[46] 그리하여 다음과 같이 주장
되기도 한다. "이러한 위험은 오로지 사적 자율에 의한 법률관계 형성의 고유
가치를 명료하게 의식함에 의하여서만 제거될 수 있다. 사적 자치에 의하여 보
장되는 법형성의 자유($\begin{smallmatrix} \text{die von der Privatautonomie} \\ \text{gewährte Freiheit der Rechtsgestaltung} \end{smallmatrix}$)는 개인의 이익과 아울러
사회적 이익도 동시에 실현하는 것이다. 그것은 개인에게 봉사하는데, 바로 그
와 같은 기능으로써 법질서의 전체성격에 대하여 근본적인 제도적 중요성을
가지는 것이다."[47]

다른 한편, 스위스민법에서 신의칙을 정하고 있는 §2는 위에서 본 대로
'통칙'으로서 규정되어 있고 그 문언도 "권리의 행사와 의무의 이행" 전반에
있어서 신의성실을 따를 것을 요구하고 있기 때문에, 신의칙이 私法 전반에 걸
쳐 적용이 있음에는 의문이 제기되고 있지 아니하다. 그러한 점에서는 독일에
서 일정한 법발전을 거쳐 얻어진 결과가 이미 입법에 의하여 달성되었다고 할
수 있다. 그리고 스위스에서는 독일에서처럼 "거래관행을 고려한 신의성실"이
라는 문언을 채택하지 아니하고 단지 "신의성실"이라고 하고 있기 때문에, "관
행(das Übliche)은 [신의칙의 적용에 있어서] 고려되어야 할 다수의 사정 중의
하나에 불과하며 또한 그것은 신의칙이 그 고려를 요구하는 경우에 또 그 한
도에서만 고려되어야 한다"고 이해되고 있다.[48] 그러나 신의칙의 구체적인 적
용에 있어서는 많은 경우에 독일에 있어서와 동일하거나 유사한 결과에 도달

234)에서 재인용.
45) Merz(주 21), N. 31 zu Art. 2(S. 235).
46) 예를 들면 Merz(주 21), N. 31ff. zu Art. 2 ZGB(S. 235 f.) 참조. 독일에서의 신의칙에
    의한 사적 자치의 "위협"에 대한 지적으로서는 무엇보다도 J. Esser, §242 BGB und die
    Privatautonomie, in: *JZ* 1956, S. 555 ff.(Wieacker[앞의 주 36]에 대한 서평을 겸한 小論)
    참조.
47) Merz(주 21), N. 32 zu Art. 2 ZGB(S. 235).
48) A. Egger, *Zürcher Kommentar zum ZGB*, Bd. 1, 2. Aufl.(1930), Anm. 4 zu Art. 2
    ZGB(S. 66).

하고 있다.

(4) 의용민법 아래서 일본의 민법학은 민법에서의 신의칙의 의의를 점점 더 강조하여 왔다. 그 선구로서는 牧野英一와 鳩山秀夫[49]를 들 수 있을 것이다. 그러나 그 통설화 내지 통속화에 결정적으로 기여한 것은 역시 我妻榮이라고 생각된다. 그는 1940년에 공간한 채권총론 교과서 속에서 '채권법의 특질'을 논하면서, 그 하나로 "채권법은 신의칙에 의하여 지배된다"는 점을 들고 있다.[50] 나아가 그는 유럽대륙의 각 나라의 민법전에서 신의성실의 의의가 점차 격상되어 왔다고 설명하면서, "이제는 그 지배하는 범위는 채권법을 초월하여 모든 법률관계에 미치는 것이기 때문에, 신의칙을 최고의 이념으로 하는 것은 이미 채권법이 독점할 바가 아니라고 하지 아니할 수 없다"고 한다.[51]

이와 같이 민법 전체의 '최고의 이념'으로서의 신의칙은 제2차 세계대전 전 일본의 괴뢰국가인 만주국의 민법전($\binom{1937년\ 공포된}{제1편\ 내지\ 제3편}$)에서 이미 그에 상응한 표현을 얻고 있었다($\binom{동법\ \S\,2.\ 우리\ 민법}{\S\,2\ I\ 과\ 동일하다}$). 그러나 이러한 신의칙의 성문화에 대한 당시의 설명은 우리로 하여금 경계심을 불러일으키는 바가 있다. 가령 민법에 관한 2개의 입법원칙 중 으뜸을 차지하는 것은 "1. 종래의 개인주의적 법률사상을 시정하는 것"이다. 그에 대한 설명은 다음과 같다 : "이에 대하여 보건대, 私法에 관한 근대사상은 19세기 이래의 자유주의에 입각하여 … 각종의 폐해를 일으키고 있다. 그러므로 최근에는 각국 모두 이 개인주의적 법률사상을 揚棄하고, 전체주의적 법률사상의 발전에 노력하여, 혹은 입법에서, 혹은 판례 또는 학설에서 그 경향이 현저하게 되었다"고 한다. 그리고 신의칙은 이러한 '전체주의적 법률사상'의 기본적 표현으로서 채택된 것이다.[52] 이는 다음과 같이 부연되고 있기도 하다.

"사법적 생활관계의 법률적 구성의 출발점을 이루는 것은 그 의사와 그 의사에

---

49) 牧野英一, 民法の基本問題, 第4卷: 信義則に關する若干の考察(1936) 소재의 각 논문(실제로는 이미 1923년부터 발표된 것들이다); 鳩山秀夫, "債權法に於ける信義誠實の原則", 法學協會雜誌 42-1·2·5·7·8(1924)(후자는 뒤에 같은 제목의 단행본으로 발간되었다).

50) 我妻, 債權總論(1940), 20 이하.

51) 我妻(전주), 22.

52) 林信雄, "滿洲國民法の指導理念 ─ 立法の淵源としての信義則の一展開", 早稻田法學 21(1942), 특히 27: "전체주의의 표현으로서의 신의칙". 이것은 전체주의에 반대하는 입장에서가 아니라 오히려 이를 새로운 시대의 이념으로 찬양하는 맥락에서 행하여진 발언이다.

기한 이익의 추구를 염원하는 개인이 아니라, 실로 국민적 협동체이다. 그렇다면 근대 사법의 원리라고 하는 소유권의 절대·계약의 자유 및 과실책임주의는 이 관점 아래서 재구성되어야 하는 것이다. 우리는 그 轉回, 그 재구성에 있어서의 사상적 樞軸을 신의칙으로 파악하는 것이다."[53]

"생각건대, 전체주의는 國防國家라는 하나의 세계관적 이념을 그 안에 품고 있는 것이고, 그것은 국가국민생활의 모든 방면에서 국가적 조직, 국가적 지도, 국가적 경영이라는 것을 내용으로 하는 것이고, 전체로서의 국민의 힘을 집결하고, 국민으로 하여금 국가에 귀의하여 국가에 봉사하도록 몰아가는 체제이다. 그러한 체제에 있어서의 세계관적 이념으로 나는 신의칙을 파악하는 것이다."[54]

이러한 사고를 극단적 국가주의자의 동떨어진 견해라고 무시할 수는 없다. 가령 당시 가장 현저한 민법학자인 와가츠마 사카에(我妻榮)는 1930년에 출간된 그의 민법총칙 교과서 이래로 "개인 본위의 법률사상으로부터 단체 본위의 법률사상으로의 전환"을 역설하고 있다.[55] 그리고 이러한 '法思想의 전환'을 표현하는 대표적인 법형상으로서 앞서 본 대로 '민법의 최고의 이상'인 신의칙을 지적하는 것은 그리 멀지 아니한것이다. 조금 길더라도 뒷날 우리 교과서에서도 낯익은 설명이므로 여기에 인용하여 둔다.

"현대의 민법은 개인주의적 민법이라고 말하여진다. 민법의 근본이론은 모두 18세기 말 봉건제도를 파괴하여 개인의 자유와 사유재산권의 절대를 보장하려고 한 시대에 확립된 것이기 때문이다. 그리고 개인의 자유와 사유재산권의 절대가 19세기의 모든 과정에서 자본주의 경제조직을 발달시키는 때 민법의 근본이론은 그 법률적 기초로 작용하였다. 이것이 현대의 민법이 또한 자본주의적 민법이라고 일컬어지는 이유이다. 그러나 근자에 있어서의 자본주의의 爛熟은 개인주의에 대립하는 **단체주의의 이상**을 釀成하였다. 그리하여 이 이상은 민법이론 안에 도입되어 그 근본이론을 많은 방면에서 수정하고 있다. 그 경향은 드디어 현대의 모든 이론적 구성을 전적으로 새로운 理想 아래서 개조하지 아니하면 멈추지 아니할 것이라고까지 생각된다.

물론 현재의 민법학은 아직 이 새로운 이상에 의하여 종래의 체계를 개조하기까지는 발달하고 있지 아니하다. 그러나 앞서 말한 바의 사정은 우리들에 대하여 법규

---

53) 林信雄(전주), 28.
54) 林信雄(주 52), 37.
55) 그 가장 현저한 표현은 民法總則(1930), 서론이다. 그런데 이 부분은 그의 교과서인『민법강의 시리즈』의 한 권으로 발간한 民法總則(1933)에서는 삭제되고 있다. 그 이유는 사상의 전환에 있는 것이 아니라("그 근본의 사상에 있어서는 오늘날도 이것을 정당하다고 생각하고 있다"), "상세한 점에 있어서 다시 일층의 연구와 반성을 쌓아가야 할 것이 많음을 痛感"하고 있기 때문이라고 한다. 그 "단체 본위의 법률사상의 대두"를 지적하고 찬양하는 대표적인 예로, 의사능력 및 행위능력제도에 관한 서술(同書, 52 이하) 참조.

가운데 예정된 이상을 무비판적으로 수용하여 단지 그 논리적 해석에 전념하는 것으로 만족하지 못하고, 항상 법규 내지 제도의 사회적 작용을 이해하여 이것을 새로운 이상에 비추어 비판하고, 이로써 **위 이상[즉 단체주의의 이상]을 가능한 한 민법 해석에 실현하도록 노력할 것을 요구**한다."(강조는 인용자가 가한 것이다)

그러나 제2차 세계대전 후 我妻榮은 신의칙과 관련하여서 일정한 思考轉換을 행하고 있고, 이는 시사하는 바가 크다. 그는 軍國 일본의 전체적 패망에 이르러서도 이 이상을 완전히 버리지는 아니한다. 그러나 그는 '자유', '기본적 인권' 및 '개인의 존엄'으로써 균형을 잡는다. 종래에는 별로 강조되지 아니하던 이들 '理想'이 중요한 의미를 가지는 것으로서 새로이 등장하는 것이다. 그러한 전환을 상징적으로 보여 주는 것이 일본의 제2차 세계대전 패전으로 미국에 점령되어 일본 사회의 '민주화'작업이 격하게 진행되던 1949년에 발표된 논문 '민주주의의 사법원리'이다. 거기서는 이제 다음과 같은 태도가 결론적으로 채택된다.

　　"새로이 부가된 2개조[56] 중, 하나는 '개인의 존엄'과 '兩性의 본질적 평등'이라는 이념으로써 '자유'의 원리의 철저·침투를 기하고, 다른 하나는 '공공의 복지'와 '신의 성실'이라는 이념으로써 '평등'의 요청에 답하는 것이다. … 이것을 동시에 내거는 것에, 아니 동시에 내걸 필요가 있다는 것에 우리나라에 있어서의 민주주의의 사법원리의 오늘날 있어야 할 모습을 보이는 바가 있다고 생각한다."[57]

이 글의 제목도 그러하거니와, 이러한 재빠른 변신은 我妻를 대표로 하는 당시의 일본 민법학의 어떠한 현실 영합의 흐름을 느끼게 한다. 그 배경에는 아마도 世界史의 방향(한때 그것은 자본주의의 필멸과 공산주의 내지 사회주의의 승리이었다)이라고 생각되는 것에 하루라도 빨리 좇아가야 한다는 ―무엇보다도 칼 포퍼가 『역사주의의 빈곤(The Poverty of Historicism)』(1957)[58]에서 지적하는 바의― '역사주의'가 뿌리깊게 놓여 있지 아니할까 억측하여 본다.

---

56) 여기서 "새로이 부가된 2개조"라고 함은 1947년에 개정된 일본민법에서 새로이 부가된 동법 §§ 1 및 1의2를 말한다(그 개정에 대하여는 앞의 주 7 참조).

57) 我妻榮, "民主主義の私法原理", 民法研究 Ⅰ (1966), 49.

58) 이 책은 우리나라에서 일찍이 1983년에 『역사주의의 빈곤』으로 두 개의 출판사에서 번역·출간되었고, 현재도 이한구 등 역(2016)이 『역사법칙주의의 빈곤』이라는 이름으로 나와 있다.

2. 우리 민법에서의 신의칙

(1) 우리 민법에서 신의성실의 원칙과 권리남용 금지의 원칙을 천명한 본 조는 대개 두 가지 관점에서 설명되는 것이 통상이다. 하나는, '우리 민법의 기 본원리'의 내용으로서이고, 다른 하나는, 권리의 행사와 의무의 이행에 있어 서 지켜야 할 기준으로서 "권리행사 자유의 한계"를[59] 정하는 것이라는 관점 이다.[60] 물론 민법이 기본적으로 私法的인 권리와 의무의 체계인 만큼, 兩者의 관점은 서로 관련을 가짐은 물론이다. 그러나 양자는 설명의 차원을 달리하므 로, 일단 이들을 서로 구분하여 생각하여 가는 것이 思考의 정리를 위하여서도 필요하리라고 생각된다.

(가) 우선 '민법의 기본원리'와 관련한 신의칙에 대한 우리나라 학자들의 설명으로 살펴보기로 한다.

(a) 그 경우에는, 먼저 그것이 일정한 역사적 발전경향의 파악과 연결되 어 있다는 점이 두드러진다. 즉, 우선 19세기에 있어서의 민법의 기본원리를 제시한 다음, 이러한 기본원리는 19세기 말 이래의 자본주의 발전에 따라 각 종의 '폐해와 결함'을 드러내게 되어서 결국 '수정'을 받지 아니할 수 없었고, 그러한 수정의 결과로 20세기에 들어와서는 새로운 私法理念이 채택되었다는 것이다. 이러한 설명방식은 이에 관한 서술의 표제로 쓰여지고 있는 "'근대' 민 법에서 '현대' 민법으로"라는 표어에 의하여 단적으로 표현되고 있다.

이러한 역사주의적인 설명은, 하루라도 빨리 西歐를 뒤쫓아 가서 그들과 '어깨를 나란히 한다'는 19세기 후반 또는 종반 이래의 민족적 열망과 결합되 어서, 현대에 제정된 우리 민법으로서는 당연히 '현대' 민법의 기본원리를 채 택하여야 한다는 주장을 의식적으로든 무의식적으로든 깔고 있는 것이 아닌가 추측된다.

그러나 이러한 설명에 대하여는, 그것이 전제하고 있는 '근대' 민법과 '현 대' 민법의 峻別이라고 하는 것이 과연 가능한가 하는 기본적인 의문이 있다.

---

59) 곽윤직의 표현.
60) 예를 들면 곽윤직·고상룡·김용한·김주수·장경학 등의 민법총칙 교과서는 모두 이러한 複線的 설명을 하고 있다. 다만 이영준은 그 민법총칙 교과서에서 신의성실의 원칙을 單 線的으로 설명하고 있다.

이와 아울러서 '근대'와 '현대'의 파악이 지나치게 도식적이고 단순한 점도 지적하지 아니할 수 없다. 뿐만 아니라, 그 '기본원리'에 관한 설명도 사회상황의 변천에 따라 당연히 행하여지는 법의 현실에의 적용현상(이른바 '법의 계속형성' Fortbildung des Rechts)을 포착하여서 다름아닌 '원리'의 전환으로 과대평가하는 것이 아닌가 하는 생각도 든다.[61] 요컨대 우선 '기본원리'라고 하는 것이 무엇이며 그것이 어떠한 차원에서 무엇을 위하여 논의되고 특히 법해석학에서 의미가 있는가를 명확하게 할 필요가 있다고 생각된다.

(b) 어쨌거나 우리 학설의 어느 시기의 주류는 '20세기 민법' 또는 '현대 민법'의 기본원리라는 基本視座에 입각하여 우리 민법의 기본원리의 내용을 다음과 같이 파악하는 것이 통상이다.[62] 민법은 공공의 복리를 최고원리로 하는데,[63] 그 '행동원리 또는 실천원리'로서 신의성실의 원칙, 권리남용 금지의 원칙 등이 자리잡게 되며, 19세기 민법 또는 개인주의적 민법의 기본원리였던 '이른바 3대 원칙', 즉 소유권절대의 원칙, 계약자유의 원칙, 과실책임의 원칙은 이들 행동원리의 제약 내에서 승인된다고 한다. 물론 이들 3대 원칙은 애초부터 신의성실의 원칙 등에 의한 제약이 없었던 것은 아니다. 그러나 당시에는 "어디까지나 主가 되었던 것은 3대 원칙이고, 여러 제약적 원리는 그것에 종속하는 것에 지나지 아니하였다. 그러나 이제 공공의 복리가 최고의 이념으로 되자, 거래의 안전·사회질서·신의성실·권리남용 금지 등은 민법의 근본이념으로서의 공공복리의 실천원리로서 3대 원칙보다 고차적인 기본원리로 승격되고, 3대 원칙은 이들 실천원리의 제약 내에서 비로소 승인되는 것으로 되었

---

61) 가령 Larenz, *Allgemeiner Teil des Bürgerlichen Rechts*, 7. Aufl.(1989), §2(S. 33 ff.)는 "독일민법의 정신적 기초(geistige Grundlage)"로서 여전히 칸트에 유래하는 바의 '윤리적 인격주의(ethischer Personalismus)'를 들고, 이어서 §3(S. 48 ff)에서, 현재에 이르기까지의 독일민법의 '계속형성'을 논하면서 그 일반적인 발전경향으로서 노동법의 분화, 계약법에서의 사회적 요소의 강화, 무과실책임의 증가, 소유권의 사회적 구속 및 가족법의 내용변화를 들고 있다. 이러한 설명은 가령 F. Wieacker, *Privatrechtsgeschichte der Neuzeit*, 2. Aufl. (1967), §27(S. 514 ff.)에서도 보이는데, 이러한 변화는 '발전적 전개(Fortentwicklung)'로서 파악되지, 가령 독일민법의 '기본원리'의 변화로 이해되지는 아니한다. 오히려 비아커의 문제관심은 19세기 후반 이래의 법률실증주의가 포기되어 가는 방법론적 측면에 있다.

62) 가령 곽윤직(또는 곽윤직·김재형 공저)의 민법총칙 교과서에서 근대민법 일반 또는 '현대 민법'의 기본원리로서 서술되고 있는 바를 보라.

63) 이와 관련하여서는 헌법이 정하는 재산질서에 관한 규정들(가령 §119 등)과 나아가 "재산권의 행사는 공공복리에 적합하도록 하여야 한다"는 헌 §23 Ⅱ이 인용된다. 가령 곽윤직; 김용한 등 참조.

다."[64]

　　(c) 그러면 이러한 공공복리의 실천원리로서 여기서 문제되고 있는 신의칙이 가령 계약자유의 원칙(이른바 3대 원칙 중 신의칙과 가장 관련이 깊은 것은 이 원칙이라고 하겠다)보다 '高次의' 기본원리라고 하는 것은 무엇을 의미하는가? 그러한 언명은 구체적으로 당사자 사이의 권리의무관계를 규율함에 있어서 어떠한 해결을 요구하는 것인가? 가령 계약당사자들이 의욕한 합의내용은, 그것이 그 내용대로의 법률효과(권리의무)를 발생시키기 위하여는, 먼저 그 내용이 신의칙에 합치한다는 요건을 충족하여야만 하는가? 만일 그렇다면 신의칙이야말로 계약자유의 원칙보다 '고차의' 기본원리라고 할 것이다. 왜냐하면 계약자유(특히 그 핵심을 이루는 계약내용 형성의 자유)의 원칙에 의하면, 그러한 합의내용은 그 내용에 대한 심사를 받지 아니하고 일단 원칙적으로 유효라는 것인데, 위에서 본 것처럼 그것이 유효라고 하기 위하여는 그것이 적극적으로 신의칙에 합치하는지 여부를 심사받아야만 한다면, 이는 이미 계약자유의 원칙보다 앞서는 보다 '고차의' 원칙이 있다고 하지 아니할 수 없기 때문이다.

　　과연 그러한가? 오히려 그 반대로, 우리 민법은 계약의 성립이 인정되면 그 계약에서 당사자들에 의하여 합의한 내용은 원칙적으로 유효이고, 단지 예외적으로 가령 그 내용이 "선량한 풍속 기타 사회질서에 반한다"든가(민 §103) 하는 등의 무효 또는 취소 등의 사유가 있을 때에만[65] 그 계약의 효력을 부인한다는 입장을 취하고 있다고 생각된다.[66] 이것은 계속적 계약관계에 있어서 신의칙을 이유로 하는 계약관계의 해소 또는 조정이 인정된다고 할 경우에도 다름이 없다고 생각된다. 즉 계속적 계약도 원칙적으로는 그 내용대로의 효력을 가지되, 단지 일정한 사정이 있는 경우에 예외적으로 그 계약관계를 변경된 사정에 적응시킬 수 있는 경우가 인정될 뿐이다. 이러한 원칙-예외의 관계는 특히 소송상의 주장·입증책임과 관련하여서 명백하게 드러난다.

　　이상에서 확인할 수 있는 것은 적어도 실정법상의 원칙, 즉 현재 유효한 법리들을 보다 넓은 범위에서 환원적으로 설명하여 주는 체계구성적 중심으로

---

64) 곽윤직.

65) 그러나 장경학, 민법총칙(1986), 145은 신의성실의 개념과 공서양속의 개념과의 차이를 논하면서, "예컨대 권리행사 또는 의무이행이 신의칙에 반하는 때에는 동시에 공서양속에 위반하게 되어 양자는 결국 동일한 것으로 귀착하게 된다"고 한다. 이에 대하여는 뒤의 주 88도 참조.

66) 도대체 우리 민법에 있어서 신의칙에 반한다는 이유로 계약이 무효가 되는, 즉 계약자유의 원칙이 배제된다는 법리는 인정되고 있지 아니하다고 하여야 할 것이다.

서의 법원칙(legal principle)으로서는 신의성실의 원칙이 계약자유의 원칙보다
'고차의' 것은 아니라고 하는 점이다. 따라서 우리 학설의 지난 시점에서의 주
류가 말하는 것처럼 신의칙을 이른바 3대 원칙보다 '高次의' 기본원리라고 하
는 것에는, 도저히 찬성할 수 없다.

(d) 최근에는 우리 민법의 기본원리에 대한 이상과 같은 파악에 반대
하고, 이에 따라 신의성실의 원칙도 그 지위를 달리 이해하는 입장도 있다.[67]
즉, 사적 자치의 원칙을 으뜸으로 두고,[68] 이와 아울러 사회적 형평의 원칙과
구체적 타당성의 원칙이 부차적인 의미를 가지는 것으로 이해하면서, 나아가
신의성실 등은 원칙적으로 적용되는 '실천원리'가 아니고, 예외적으로 적용되
어야 할 제한규정에 불과하다고 한다.[69]

(나) 다른 한편으로 우리 학설의 일정한 흐름은 본조를 권리의 행사에 일
반적인 한계가 있음을 선언하는 것으로 이해하고 있다.

(a) 그것은 권리에는 '사회적 목적에 따른 제약'이 있음을 인정하는 데서
긍정된다. 가령 다음과 같은 서술이 행하여지고 있다.

"권리는, 그것이 비록 권리자의 이익을 보호하는 것이기는 하지만, 사회규범인 법
에 의하여 인정되는 것이므로, 일정한 사회적 목적을 가지는 것으로서 당연히 사회적
인 제약을 받는다고 하게 되었다. 여기서 권리자가 권리의 사회적 목적을 망각하고
자기의 이기적인 입장에서 사회적인 제약을 무시한 행사를 하는 것은 허용되지 아니
한다고 하게 되고, 신의칙은 사법 전체를 통하는 일반원칙으로서 확립되었던 것이다.
… 그러므로 권리행사에 관한 일반원칙으로서의 신의성실의 원칙을 규정하는 민법
제1조 1항은 권리·의무를 그의 사회적 사명에서 관찰하여야 한다는 오늘날의 私法
理念의 일반적·추상적 내용을 내세운 이른바 일반조항이다."[70]

그러나 이와 같은 권리행사의 일반적인 제한원리로서의 신의칙은 비단 이

---

67) 이영준, 민법총칙(1987), 12 이하.
68) 이영준(전주), 17은, 사적 자치의 원칙이 우리 헌법이 선언하고 있는 개인의 존엄과 가
   치(헌 §9)를 보장하기 위한 유일한 수단이라고 한다.
69) 이영준(주 67), 17은 종래의 이해는 신의성실 등의 남용을 유발할 우려가 있다고 한다.
70) 곽윤직.

미 발생한 권리를 어떻게 행사하는가(또는 그에 대응하여 의무는 어떻게 이행되어야 하는가) 하는 권리 행사의
방식에 관하여서만 적용되는 것이 아니다. "권리·의무는 결국은 私法關係 그
자체라고 할 수 있으므로 … 법률과 계약의 해석으로 당사자 사이에 어떤 내
용의 권리·의무가 생기는지를 결정함에 있어서도 이 원칙을 표준으로 삼을
것이 요청된다고 새겨야 한다"고 주장된다.[71] 그리하여 신의칙은 권리 또는 의
무의 발생 여부와 그 내용 여하의 판단에 대하여도 적용되게 된다. 그런데 私
法에 있어서 권리의무의 발생원인은 결국 계약과 법규정의 둘로 환원될 수 있
으므로, 위의 언명에서도 명확한 바와 같이 신의칙은 계약과 법규정을 해석하
는 기준으로서의 지위를 가지게 되는 것이다.

　　그런데 신의칙의 구체적인 내용에 대하여는, 그것은 "전적으로 법관의 재
량에 맡겨져 있다"고 한다. 즉, "일반조항으로서의 이 원칙의 구체적인 내용은
개개의 경우에 재판을 통하여 실현되는 것이다."[72] 그리고 그것은 "사회생활상
의 필요와 사상의 변천에 언제나 일치할 수 있으므로, 시대의 정의관·윤리관
과 견련하는 탄력성과 영속성을 가지고 부단한 진화 속에서 '살아 있는 법'을
찾아 내는 방법"이라고 긍정적으로 평가된다.[73] 그리고 다른 한편으로 신의칙
의 '파생적 원칙'으로 학자에 따라서 가령 ① 사정변경의 원칙과 ② 실효의 원
칙[74] 또는 ① 모순행위 금지의 원칙, ② clean hands의 원칙(자신이 법을 존중하는 자만이 법의 존중을 요구할 수 있다
는 원칙), ③ 사정변경의 원칙[75] 등을 들고 있다.

　　나아가 신의칙의 효과에 대하여는 다음과 같이 설명된다. 권리의 행사가
신의성실에 반하는 경우에는 권리 남용이 되는 것이 보통이다.[76] 한편 의무의
이행이 신의성실에 반하는 경우에는 의무를 이행한 것이 되지 아니하기 때문
에 의무불이행의 책임을 지게 된다고 한다.[77]

　　여기서 주목할 것은, 학설이 스스로 신의칙을 근거로 하여 사법적 권리의
무관계의 구체적인 형성을 법관에게 백지위임하고 있다는 사실이다. 신의칙은
실로 법관에게 私法關係의 형성원인인 법규정과 계약의 양자를 해석하는 데
있어서 기준이 되는데, 그러한 신의칙의 구체적인 내용은 "전적으로 법관의 재

---

71) 곽윤직.
72) 곽윤직(또는 곽윤직·김재형 공저).
73) 곽윤직(또는 곽윤직·김재형 공저).
74) 곽윤직(또는 곽윤직·김재형 공저); 김용한, 민법총칙론, 전정판(1986), 69 이하.
75) 김주수. 이들 원칙을 "신의칙의 특수화된 모습" 또는 "신의칙의 분신"이라고 부른다.
76) 그러한 의미에서 본조의 Ⅰ과 Ⅱ은 "서로 表裏의 관계에 있다"고 한다.
77) 곽윤직(또는 곽윤직·김재형 공저).

량에 맡겨져" 있는 것이다. 그리고 이러한 신의칙의 결정적인 역할은 '살아 있는 법'을 발견하는 방법이라고 하여 찬양된다. 즉, 신의칙의 구체적인 내용이나 그 적용 한계, 나아가서는 그 남용의 위험 등에 대한 지적은 전혀 이루어지지 아니하고 있다. 오히려 신의칙은, 그것이 '민법의 기본원리'인 공공복리의 언필칭 '실천원리'라는 언명과 어울려서, 私法關係 전체를 통어하는 무제한이며 무소불통·무소불위한 법관의 如意珠로서의 의미가 부여되고 있는 것이다.

(b) 이러한 종래의 주류적 입장에 대하여는 비판적인 견해도 있다.[78]

이 견해에 의하면, 종래 신의칙은 실정의 법률제도의 미비를 보완하고 수정할 수 있는 일반적인 형평규범(allgemeine Billigkeitsnorm)으로 이해되어 왔다. 그러나 법률의 흠결이 있을 때에는 유추해석에 의하여야 하지, 내용이 불분명한 신의칙에 의하여 문제를 해결하는 것은 법의 안정성을 크게 해치게 된다. 본조는 "이미 先在하는 제도적 권리보장(institutionelle Rechtsgarantien)의 수정을 위한 이익 較量의 수단에 불과할 뿐이고, 법률제도의 미비를 보완하고 수정할 수 있는 일반적 형평규범을 의미하는 것은 아니"라는 것이다. 나아가 다른 제도와의 관계에서도 신의칙의 적용에는 한계가 있어서, 가령 제한능력 제도나 기판력제도 등은 신의칙보다 우선하는 제도로서, 비록 그에 기한 권리의 행사(가령 제한능력을 이유로하는 계약의 취소 등)가 신의칙에 반하더라도, 이는 허용된다고 한다.

(2) 그렇다면 본조에서 선언된 신의성실의 원칙은 우리 민법의 '기본원리'와는 아무런 관련이 없는가? 이 원칙은 우리 민법전의 앞머리에서 '통칙'이라는 표제 아래 선언되었다는 그 위치만으로 보더라도 사소한 의미만을 가질 수는 없고, 오히려 극히 중대한 의미를 가진다고 할 것이다.

(가) 그 의미는 대개 두 가지 관점에서 파악될 수 있다. 하나는 민 §1와의 관련에서 발견된다. §1는, 民事에 관한 재판규범은 1차적으로 성문법규에서, 그리고 보충적으로는 관습법에서 발견되어야 함을 정하고 있다. 그리고 이상의 어느 것에서도 "의하여" 재판할 규범을 발견할 수 없는 경우에는 '條理'에 의하도록 한다. 뒤집어서 말하면, 우리 민법의 法源은 종국적으로는 '조리'에 환원된다. 이러한 法源規定은 법발견(Rechtsfindung) 또는 법획득

78) 이영준(주 67), 57 이하.

(Rechtsgewinnung)에 관한 그 간의 오래고도 착종된 논의와 다툼을 배경으로 하여 볼 때에는 극히 중요한 의미가 있다.

우리 민법은 법률의 우위를 인정하면서도 그 흠결을 애초부터 정면에서 인정하고 있다. 이것은 법률의 완결성을 전제로 하는 법률실증주의의 배척을 의미한다. 그러한 법률의 흠결은 일단 관습법에 의하여 보충된다. 그러나 문제되는 사항에 관한 관습법도 발견되지 아니하는 경우에는, 법관은 그 재판의 기준을 어디에서 어떻게 발견하여야 하는가? 그것은 법관 개인의 양심 또는 윤리감정과 같은 —아무리 고매하다고 하더라도— 개별적 인격의 판단에서가 아니라, '조리', 즉 그 사회에서 일반적으로 통용되고 있는 법관념($\binom{``무엇이\ 법으로서\ 사}{회생활을\ 규율하는\ 규}$ $법이\ 되어야$)에서 발견될 것을 요구하는 것이 바로 §1라고 할 것이다. 그리고 이와 같은 일반적 법관념은 달리 말하면 바로 "신의에 좇아 성실하게" 행위하는 사람이[79] 가지는 正義에의 要求라고 할 수 있겠다. 이와 같이 본조는 그 바로 앞의 §1와 연결시켜 이해할 때 그 의미내용이 명확하게 된다. 즉, 본조 I 에서 선언된 신의칙은, §1에서 법관에게 수여된 법발견의 권능을 행사함에 있어서의 지침을 정한 것이다.[80] 이것은 법의 自足性을 부인하고, "윤리적인 것과 法外的인 것"의 요구($\binom{위\ 1.(3)의\ 주}{45\ 본문\ 참조}$)를 법에 반영할 것을 의식적으로 긍정하는 태도이기도 하다.

독일민법에 있어서는, 스위스나 우리의 경우와는 달리, 위와 같은 法源이데올로기를 명문으로 선언하는 규정이 없고, 오히려 19세기 후반의 판덱텐법학을 규정하였던 학설실증주의와 —법전편찬과 더불어 등장한 그 변형인— 법률실증주의의 영향[81] 아래 지배적이었던 법률의 無缺性(Lückenlosigkeit)과 법관의 법률에의 엄격한 구속이라는 이념으로부터의 탈출구를 모색하는 과정에서 법률의 구속을 완화하는 지렛대로 신의칙의 법원리로서의 성격, 나아가 법관에 의한 법형성의 기초로서의 독민 §242를 강조할 필요가 있었으리라고 생

---

79) 독일법학에서 말하는 "정당하고 공평하게 생각하는 모든 사람(alle gerecht und billig Denkende)"과 같은 의미이다.

80) 이영준은 본조는 스민 §1가 아니라 그 §2에 대응하는 규정으로서, 이로부터 법원의 법형성력을 끌어낼 수는 없다고 한다. '법형성력'의 의미가 무엇인지 확연하지는 아니하나, 법원이 법률의 흠결을 보충함에 있어서 '조리'를 적용할 수 있는 권한이 본조가 아니라 민 §1로부터 도출됨은, 적어도 그것을 실정법상의 근거로 함은 의문의 여지가 없다. 그러나 §1의 '조리'를 인식함에 있어서는 어디까지나 "신의에 좇아 성실하게" 사회생활을 하는 사람들을 기준으로 하여야 한다는 의미에서, 본조는 민 §1과 불가분의 관계가 있다고 할 것이다.

81) 이에 대하여는 우선 Wieacker(주 61), §24(S. 458 ff.) 참조.

각된다.[82] 가령 비아커가 독일민법전 제정 이후의 독민 § 242의 전개에 대하여 다음과 같이 말하는 것은 매우 시사적이다.

　　"채권법에 대하여 보건대, 독일연방대법원은 애초부터 [독민] § 242에 전적으로 새로운 위상을 부여하였다. 그 법원은 그 규정을 단순히 채권관계의 내용에 대한 矯正手段과 解釋基準으로서뿐만이 아니라, 채무 그 자체의 통일적인 기초(einheitliche Grundlage)로서 파악하여, 다른 모든 채권법의 규정은 단지 이 원칙 자체가 구체화된 모습에 불과한 것으로 보이게 하였다. 이러한 위상 변화는, 얼핏 보면 그렇게 보일지도 모르지만, 과장된 修辭로서의 성격을 가지는 것이 아니다. 또 그것은 되풀이하여 강조되고 있는 요청, 즉 私法秩序에 도덕적 요구를 다시 도입하여야 한다는 확신으로부터만 생겨난 것도 아니다. 거기에는 하나의 특수한 사법정책적 요청(spezifischer justizpolitischer Anspruch)이 아울러 표현되어 있는 것이다. 즉, § 242가 다름아닌 채권법적 기본규범이라고 한다면, 법관은 독일기본법에서 요구되고 있는 법률에의 구속($\binom{동법}{§20 Ⅲ}$)을 위반함이 없이 채권법의 모든 개별규정을 § 242를 들어 변경하거나 그 효력을 부인할 수 있는 것이다."[83]

　　다시 말하면, 독일에서 신의칙의 전개, 특히 그 기본원칙으로서의 성격의 강조는 판례법($\binom{그들의 표현으로는}{법관법[Richterrecht]}$)의 허용 여부와 그 한계라는 法源論的 논의와[84] 불가분의 관계가 있다. 그러나 우리나라나 스위스의 경우에는 그 문제는 대체로 민 § 1와 관련하여 해결되어야 할 문제이고, 본조와는 일단 무관한 것이다. 우리나라에서 신의칙이 이러한 측면에서 문제되는 것이 있다고 하면, 그것은 민법의 내용적인 '기본원리'와 관련된 것이 아니라, 법발견의 절차적인 순서 내지 방법과 관련되는 것이다($\binom{여기서 스위스에서 동법 § 2은 법이 아니라 법적용규범이}{라고 이해되고 있는 것을 상기하라. 위 주 43의 본문 참조}$).

　　그러나 이러한 측면의 신의칙은 특히 우리 민법이 繼受法이라는 기본적인 사정에 비추어 볼 때($\binom{이에 대하여는 본서 전체}{에 대한 서설 Ⅲ. 1. 참조}$) 극히 중요한 의미가 있다. 외국으로부터 계수된 법은 그 계수국에 적용되는 과정에서 현지 사정에의 適應 또는 受範者($\binom{즉 계수국}{의 국민}$)의 실제의 법생활에의 침투라고 하는 중요한 과제를 짊어지게 된다. 이러한 적응의 과정은 통상 '同化(Assimilation)'이라고 불리는데, 이 동화에 있어서는 재판실무가 —계약 실무나 법학과 아울러— 중요한 역할을 한다는

---

82) 이에 대하여는 우선 廣渡清吾, 法律からの逃避と自由(1986), 특히 187 이하 참조.

83) Wieacker(주 61), S. 527.

84) 이에 대하여는 우선 J. Esser, *Grundsatz und Norm in der richterliche Fortbildung des Privatrechts. Rechtsvergleichende Beiträge zur Rechtsqullen— und Interpretationslehre*, 3. Aufl. (1964) 참조. 특히 신의칙과 관련하여서는 同書, S. 221 ff.를 보라.

것을 일반적으로 인정되고 있다.[85] 그런데 민 §§ 1, 2와 같은 규정 아래서는
법관은 이러한 규정을 실정법상의 근거로 하여 위와 같은 동화를 보다 용이하
게 행할 수 있게 되는 것이다.

(나) 그러나 신의칙은 이러한 흠결 보충의 국면에서만 작용하는 것은 아니
다. 즉, 신의칙은 단지 법관이 법을 발견함에 있어서의 지침($\binom{\text{말하자면}}{\text{재판규범}}$)이 될 뿐
아니라, 아울러 법수범자에 대한 일반적 행위규범으로서의 의미도 가진다. 본
조 제1항의 문언은 그 자체로서 권리를 행사하거나 의무를 이행하는 사람을
그 규범의 대상으로 지시하고 있다. 여기서 "신의에 좇아 성실하게"라고 하는
것은 대체로, 법적인 특별결합관계 내지 사회적인 접촉관계에 있는 사람들 사
이에서는 상대방의 정당한 이익을 고려하여 행위하여야 한다는 이른바 '考慮
의 요청'(Gebot der Rücksichtsnahme)을 의미한다고 할 수 있다($\binom{\text{그의 보다 상세한 의}}{\text{미내용에 대하여는 다}}$
$\binom{\text{음의}}{\text{Ⅲ. 참조}}$).

이러한 행위규범으로서의 신의칙은 동시에 법관이 어떠한 당사자의 구체
적인 행위에 대하여 법적인 평가를 행함에 있어서도 당연히 고려된다. 법관은
당사자 사이에 계약이 있으면 그 계약에 따라, 그러한 것은 없으나($\binom{\text{있더라도 그것}}{\text{이 효력이 없는}}$
$\binom{\text{경우도 마}}{\text{찬가지이다}}$) 문제되는 사항에 관한 법규정($\binom{\text{또는}}{\text{관습법}}$)이 있으면 그 법규정을 적용하여
당사자 사이의 법률관계를 판단한다. 이러한 판단은 곧 계약이나 법규정의 해
석에 다름아니다. 그러한 계약이나 법규정의 해석작업에 있어서 무엇을 기준
으로 하여야 할 것인가에 대하여는 주지하는 바와 같이 매우 어려운 논의가
있으나, 법관은 적어도 "신의에 좇아 성실하게" 행하여지지 아니한 행위에 대
하여는 그 행위자에게 불이익한 판단을 할 수도 있다.

여기서 중요한 것은 이러한 행위규범으로서의 신의칙은 私法의 일반법인
민법의 '통칙'으로서 모든 私法關係에 적용이 있는 것으로 예정되어 있으면서
도 무엇이 신의칙인가에 대하여는 그 내용이 명확하지 아니할 뿐만 아니라, 나
아가 이에 어긋나는 행위에 대하여 제재를 내릴 것인가, 또는 어떠한 내용의
제재를 가할 것인가에 대하여는 민법전에 아무런 규정이 없다는 점이다('일반
조항'). 그러므로 논의는 결국 이 점에 대한 구체적인 천착으로 넘어가게 된다.

---

85) Andreas Schwarz, Rezeption und Assimilation ausländischer Rechte, in: *Rechts-
geschichte und Gegenwart*(1960), S. 154 ff. 참조.

III. 일반조항으로서의 본조

1. 일반조항으로서의 신의칙

본조는 민 § 103($^{"善良한 風俗"}_{기타 社會秩序}$)와 함께 가장 현저한 일반조항(Generalklausel)의 하나이다.

(1) 법규범은 통상 요건과 법률효과로 구성된다. 즉, 요건이 충족되면($^{예를 들어}_{§ 213에서, 일방의 소}$유권과 상대방의 점유), 법률효과가 주어진다($^{그 경우 소유자가 당해 물}_{건의 반환을 청구하는 권리}$). 그러나 이러한 구성은 본조에는 적합하지 아니하다. 우선 본조의 문언으로부터 어떠한 구획가능한 요건을 도출해 낼 수 없다. 통설과는 달리 그 의미를 본조의 문언에 엄격하게 구속시키더라도, "권리의 행사"나 "의무의 이행"은 어떨지 모르나, 정작 중요한 "신의에 좇아 성실하게"라는 것이 구체적으로 무엇을 지시하는지 조금도 명확하지 아니하다. 나아가 동조는 아무런 법률효과를 정하고 있지 아니하다. 이는 비단 본조 I뿐만 아니라, 권리남용의 금지를 정하는 본조 II도 마찬가지이다.

그러므로 어떠한 특정한 행태가 신의칙에 적합한 것인지 아닌지를 판단하려는 자는 우선 스스로 그 판단의 기준을 당해 사안의 판단에 필요한 만큼 보충하지 아니하면 안 된다. 신의칙은 그러한 의미에서 '가치의 보충을 요하는 법개념(wertausfüllungsbedürfiger Rechtsbegriff)'인 것이다.[86] 문제는 이러한 의미에서의 가치보충은 어떠한 기준에 의하여 또는 어떠한 방침에 의하여 행하여져야 하는가에 있다. 비록 그러한 기준이나 방침이 의심의 여지 없이 명확한 형태로 주어지지는 아니한다고 하더라도, 일정한 한계설정이나 또는 단지 하나의 방향지시라는 형태로도 주어지지 아니한다고 하면, 신의칙의 적용은 단순히 '형평'의 원리에 기하여 법창조를 인정하는 결과에 이르게 되어, 법적인 안정성을 극도로 저해하고, 나아가 당사자들 사이의 계약이나 법률에 의하여서만 법의 정립을 인정한다는 국법질서의 기본에 위반되게 된다.

(2) 신의칙이 적용되기 위하여서는 그 당사자 사이에 법적인 '특별결합관

---

86) '보충을 요하는 기준'에 대하여는 우선 K. Larenz, *Methodenlehre der Rechtswissenschaft*, 5. Aufl(1983), S. 276 ff. 참조.

계(Sonderverbindung)'가 존재하여야 한다.[87]

　신의칙은 이러한 관계가 존재하지 아니하는 생면부지의 사람 사이에까지 적용되는 일반적인 행위규범을 설정하는 것이 아니다. 법적 공동체의 구성원이 자신과는 아무런 접촉이 없는 그러한 다른 구성원 전부와의 관계에서 준수하여야 할 그러한 일반적인 행위규범은 1차적으로 대표적인 예를 들면 민 § 750에서 정하고 있는 "위법행위"의 판단에 의하여 설정된다. 그에 반하여 신의칙은 계약 등의 채권관계 기타 일정한 사회적 접촉(sozialer Kontakt)을 가지는 사람 사이에만 적용되는 것이다.[88] 그러므로 그러한 관계가 없는 또는 그러한 관계의 설정을 추구하지 아니하는 사람들 사이의 법률관계는, 가령 경쟁영업을 하는 다수인들 사이 또는 채무자로부터 동일한 특정의 급부를 요구하고 있는 다수의 채권자들 사이의 법률관계는 신의칙에 의하여 판단되기보다는, 대표적으로 민 § 750의 "위법행위"가 존재하는지 여부만이 문제된다고 할 것이다.

　물론 이러한 요구에 대하여는, 그 내용이 불분명함을 들어 회의를 표시하는 입장도 없지 아니하다.[89] 그러나 이와 같이 신의칙의 영역을 제한하는 것은 신의칙의 위반이 "선양한 풍속 기타 사회질서"[90] 위반 또는 "위법행위"와 어떠한 관계에 있는가를 생각함에 있어서도 유용하다고 생각된다.[91]

　(3) 또한 신의칙의 적용에 있어서 요구되는 가치보충은, 법질서 전체에 의하여 이미 받아들여지고 있는 가치기준과 충돌하여서는 아니될 뿐만 아니라, 그것을 구체적인 경우에 더욱 발전시켜 발현되도록 하는 것이어야 한다.[92]

　특히 헌법이 보장하는 기본권의 이념과 내용은 비록 사법관계에 직접 적

---

87) 이에 대하여는 우선 Fikentscher, *Schuldrecht*, 7. Aufl.(1985), § 27 Ⅰ 2 a(S. 127 f.); Larenz, *Schuldrecht* Ⅰ, 14, Aufl.(1987), § 10 Ⅰ(S. 127 f.); MünchKomm/Roth, § 242 Rdnr. 55(S. 88) 등 참조.

88) 동지 : 장경학(주 65), 144. MünchKomm/Roth, § 242 Rdnr. 54(S. 87)은, "특별히 두드러진 이익관련"(speziell herausgehobene Interessenverknüpfung)이 존재하는 관계라고 한다.

89) 가령 Medicus(주 35), § 16 Ⅱ 3(S. 70); Staudinger/Schmidt, § 242 Rz.113 ff. 참조.

90) Larenz(주 87), § 10 Ⅰ(S. 128)은, 신의칙의 위반이 어느 것이나 공서양속 위반이 되는 것은 아니나, 공서양속 위반은 항상 중대한 신의칙 위반이 된다고 한다.

91) C.-W. Canaris, Schutzgesetz-Verkehrspflichten-Schutzpflichten, in: *Festschrift für Larenz*(1983), S. 34 Fn. 23은, 이러한 비판에 대하여 이는 그 요건에 "당초부터 지나친 요구를 하는 것이고, 따라서 이를 공허화하는 것"이라고 반비판한다.

92) 이 점에 대하여는 Larenz(주 87), S. 279 참조.

용되는 것은 아니라고 하더라도, 민 § 2의 신의칙이나 민 § 103의 "사회질서" 등의 일반조항을 통하여 간접적으로 적용된다($\scriptsize{\text{이른바 간}\atop\text{접적용설}}$).[93] 그러므로 가령 평등권($\scriptsize{\text{헌}\atop\S 11}$)이나 직업선택의 자유($\scriptsize{\text{헌}\atop\S 17}$), 사생활의 비밀과 자유($\scriptsize{\text{헌}\atop\S 17}$), 양심의 자유($\scriptsize{\text{헌}\atop\S 19}$), 표현의 자유($\scriptsize{\text{헌}\atop\S 21}$) 등은, 비록 당사자들의 의사에 기한 자유제한이 허용되는 사법관계에서이기는 하더라도, 신의칙을 적용함에 있어서는 그 불필요한 제약 나아가서는 실질적인 박탈이 일어나는 일이 없도록 하여 유의하여야 할 것이다. 다시 말하면, 신의칙을 적용함에 있어서 반드시 요구되는 이익형량을 실제로 수행하는 과정에서는 헌법에서 보장되는 기본권이라고 하는 이익도 고려되어야 한다는 것이다.[94]

그러나 동시에 가령 사회국가의 원리를[95] 내세워 신의칙을 매개로 하여 사법관계에서 무조건 경제적 약자의 이익을 우선적으로 고려하려는 지향은 경계되어야 한다.[96] 사회국가의 원리는 원래 국가의 간섭을 받지 아니하는 것으로 예정되어 있는 私人 간의 특히 경제적인 관계에 대하여 국가가 국민 스스로의 자유로운 생활설계에 의하더라도 실질적인 자유와 평등을 실현할 수 있도록 사회구조의 골격적인 테두리를 형성한다는 것을 내용으로 하는 것이고,[97] 당사자 간의 사법관계에 적극적으로 개입하여 억강부약을 행하는 것을 정당화하지는 못한다. 그러한 의미에서 권터 로트(Günther Roth)의 다음과 같은 언명은 특히 귀기울일 만하다.

"따라서 개별적인 경우에 대하여, 일반적으로는 私經濟(Privatwirtschaft)의 원리와, 특수적으로는 계약자유의 원리와 신중하고도 아마도 매우 어려운 형량이 행하여져야 한다. 그리고 그러한 형량으로부터 다음과 같은 결과가 얻어진다. 하나의 경향으로서는, 독민 § 242에서 요구되는 형량에 있어서는 사회국가원리(Sozialstaats-prinzip)에 현저한 중요성이 부여될 수 없다는 것이다. 특히 반드시 필요한 계약자유의 제한은, 내 생각으로는, 1차적으로 사회국가원리로부터가 아니라 계약자유 그 자체의 의미(Sinn)로부터 도출되어야 할 것이다."[98]

---

93) 권영성, 헌법학원론(1988), 267; 김철수, 신고 헌법학개론(1989), 264; 허영, 한국헌법론(1990), 260 이하 등 참조.
94) MünchKomm/Roth, § 242 Rdnr. 36(S. 83) 참조.
95) 이에 대하여는 우선 허영, 헌법이론과 헌법(상)(1989), 287 이하 참조.
96) MünchKomm/Roth, § 242 Rdnr. 37(S. 83) 참조.
97) 허영(주 93), 154 이하 참조.
98) MünchKomm/Roth, § 242 Rdnr. 37(S. 83).

(4) 한편 신의칙도 그 용어에 의하여 그 내용의 확정에 있어서 적어도 방향설정의 시사를 얻을 수 있다.

(가) 우선 신의(Glauben)라고 하는 말은 일반적으로 당사자가 인식하였거나 인식할 수 있었을 상대방의 정당한 믿음(begründetes Vertrauen)을[99] 배반하거나 오용하지 아니하고 이에 부응함을 의미한다. 여기에는 상호 간의 믿음 내지 신뢰(Vertrauen)가 모든 인간관계의 불가결한 기초라는 기본적인 인식이 바탕을 이루고 있다.[100] 이러한 신의, 즉 신뢰에 좇아 행위할 것에의 요구는 가령 뒤에서 보는 '선행행위에 반하는 행태의 금지'라는 표어로 종합될 수 있는 일련의 신의칙 적용의 사안유형(뒤의 신의칙 각론 Ⅲ. 참조)을 설명하여 준다.

(a) 신의칙에 의하여 보호되는 바의 신뢰는 단순히 심리학적인 의미로 이해되어서는 안 되며, '규범적으로 평가되는 신뢰'(normatives Vertrauendürfen)를 의미한다고 할 것이다.[101] 피켄처의 이해에 의하면,[102] 어떠한 채무자가 어떠한 사정을 그의 관념 속에 받아들이고 그것을 목적 또는 의욕하거나 認容한(dolus directus, dolus indirectus) 경우에는 물론 그는 그 사정을 '신뢰'할 것이다. 그러나 그것이 그의 주관적인 관념 속에 받아들여지지 아니하였더라도 그것을 무의식적으로 그의 행위의 기초로 삼은 때에도 역시 보호되어야 할 '신뢰'를 긍정할 수 있다. 이러한 '규범적' 신뢰의 인정 여부는 그 채무자를 동일한 상황에 있는 다른 채무자와 개연성계산의 도움을 받아 평가적으로 비교함으로써 판단된다.

신의칙의 적용에 있어서는 이러한 신뢰가 '정당한' 것인가 하는 관점도 중요하다. 가령 신뢰할 만하지 아니한 것을 과실이나 중대한 과실로 신뢰하였다든가 또는 그것을 알았다든가 하는 경우에는 대체로 그 신뢰의 보호를 주장할 수 없을 것이다. 물론 그러한 과책(Verschulden)의 요소는 반드시 결정적인 의미를 가지고 있는 것은 아니며 따라서 신의칙에 기한 자기이익의 보호에 반드

---

99) Larenz(주 87), §10 Ⅰ(S. 125)가 '선량하게 사고하는 자로부터(von einem redlich Denkenden) 기대될 수 있는 것'이라고 하는 경우에는 이러한 상대방의 정당한 믿음을 가리킨다고 하겠다.

100) Larenz(주 87), §10 Ⅰ(S. 125) 참조.

101) Fikentscher(주 87), §27 Ⅰ 4(S. 129).

102) 그는 이 설명에 있어서 주로 사정변경의 경우를 염두에 두고 있는 것으로 추측된다.

시 무과실이 요구되는 것이 아님은 일반적으로 인정되고 있다. 그러나 이것이
그 적용에 있어서 중요한 고려사항의 하나임에는 의문의 여지가 없다.103) 반대
로 그러한 신뢰의 발생에 대하여 귀책사유가 있거나 이를 유발한 사람은 그러
한 신뢰에 부응하지 아니한 데 대하여 신의칙의 적용에 있어서 불이익하게 판
단될 여지가 더 많게 된다고 하겠다.

　　나아가 신뢰에 대한 보호는 통상 그러한 신뢰에 부응하는 행위가 기대될
수 있을 경우에만 이를 주장할 수 있을 것이다.

　　(b) 그러나 이상과 같이 '신의성실'의 한 내용인 정당한 신뢰에 좇아 행위
할 것에의 요구는 일반적인 신뢰책임(allgemeine Vertrauenshaftung)을104) 인정
하는 데까지 극단화되어서는 안 된다.105)

　　법률행위책임과 불법행위책임 외에 이와 같은 제3의 일반적인 책임으로서
의 신뢰책임을 신의칙을 근거로 하여 인정하는 것은, 앞에서 본 신의칙의 보충
적 성격에 반하는 것이어서 법의 체계를 현저하게 혼란시킨다. 나아가 그것은
현행법의 기본적인 구조에 반하는 것이다. 일반적으로 이른바 신뢰보호라고
하는 것은 상대방이 어떠한 사태를 신뢰하고 있고 또 그러한 신뢰를 가질 만
하다고 하여서 막바로 인정되는 것이 아니며, 그 신뢰의 보호로 말미암아 불이
익을 입는 자에게 그 불이익을 받을 만한 사유, 즉 귀책근거(Zurechnungs-
grund)가 있어야 한다는 것이 우리 민법의 태도이다. 그리고 그러한 귀책근거
의 유무에 대하여 민법은 어떠한 일반적인 요건을 설정하고 있지 아니하며, 단
지 구체적인 법제도와 관련하여서만 이를 개별적으로 긍정 또는 부정하고 있
다. 가령 동산거래에 있어서는, 진정한 소유자가 그 점유를 그 의사에 기하여
제3자에게 이전하였는데 그 제3자가 이를 다시 처분한 경우에는 그 양수인의
신뢰가 정당한 것이면 이를 적극적으로 보호하여 그의 선의취득을 인정한다
$\left(\frac{\S}{249}\right)$. 그러나 진정한 소유자가 그 물건의 점유를 그 의사에 기하지 아니하고

---

103) MünchKomm/Roth, § 242 Rdnr. 33(S. 82) m.w.N. 참조.

104) 가령 C.-W. Canaris, *Die Vertrauenshaftung im deutschen Privatrecht*(1971) 참조. 김학동,
　　"신뢰책임의 체계", 저스티스 20(1987), 50 이하는 전적으로 카나리스에 의거한 입론을
　　전개하고 있다.

105) 동지: Fikentscher(주 87), § 27 Ⅰ 3(S. 129); E. Picker, Positive Forderungsverletzung
　　und culpa in contrahendo: Zur Problematik der Haftung 'zwischen' Vertrag und
　　Delikt, in: *AcP* 183(1983), S. 418 ff. m.w.N; 스위스법에 관하여, Peter Jäggi, in: *Berner
　　Kommentar zum ZGB*, N.11ff. En Art.3 ZGB(S. 384 f.).

상실한 경우, 즉 도품이나 유실물과 같은 점유이탈물의 경우에는, 양수인의 신
뢰가 정당한 것이더라도 원칙적으로 즉시의 선의취득을 인정하지는 아니한다
($\frac{\S}{250}$). 나아가 부동산거래에 있어서는 거래의 상대방이 진정한 소유자가 아닌
경우에는 원칙적으로 신뢰보호란 애초 인정되지 아니한다. 단지 가령 신뢰의
대상인 외관이 허위표시에 의하여 야기되거나 하는 예외적인 경우($^{\S\S\,107\,\,II,\,108}_{II,\,109\,\,II,}$
$^{110}_{III\,\,등}$)에만 개별적으로 그러한 신뢰보호가 인정되고 있는 것이다. 다시 말하면,
신뢰보호의 이익에 대하여 우리 민법은 명백하게 體系規定的 一般性(system-
prägende Allgemeinheit)을 부여하기를 거부하였다고 할 것이다.[106]

　(나) 한편 성실(Treue)이란 매우 정의하기 어려우나, 대략 도덕적으로 건
전한 인간으로서의 절도 있는 행태라는 정도로 말할 수 있겠다.[107]

　　(a) 인간의 행위에 대한 요구는, 비단 법률이나 관습법에 의하여서 정하
여지지 아니한 것이라도, 가령 도덕('선량함')이나 나아가서는 거래상 관행에의
고려 등과 같은 형태로도 제기된다. 법률이나 관습법이 인간행위의 모든 가능
한 사태를 빠짐 없이 규율하는 것이 불가능한 이상, 법외의 일반적인 행위기준
을 그 행위의 법적 판단($^{특히\,\,법관}_{에\,\,의한}$)에 있어서도 도입하여 의거하는 것이 필요할
것이다. 여기서 '성실'이란 바로 이러한 의미의 '법외의 일반적인 행위기준'을
가리키는 것이라고 할 것이다. 특히 법은 인간의 공동생활, 즉 타인과의 관계
를 규율하는 것이므로, 그 중에서도 특히 상대방의 보호가치 있는 이익에 대한
적절한 배려라는 점이 두드러진다고 생각된다.

　　(b) 성실 또는 성실의무(Treupflicht)가 특히 게르만법에서 중요한 의미
를 가지고 있었음은 주지하는 대로이다. 가령 봉건적 게르만법의 중추를 이루
는 레엔제는 從士制와 恩給制의 결합으로 성립하였다고 일컬어지는데, 그 중
종사제(Gefolgschaft)의 핵심적인 내용은 바로 군주와 신하 사이의 성실의무에
있었다. 여기서 "성실(Treue)은 인격이 가지는 최고의 윤리적 가치이다. 성실
은 개별적으로 열거할 수 있는 개개의 근무를 요구함에 그치지 아니하고, 주

---

106) 이에 대하여서는 우선 양창수, "無權代理人의 責任—민법 제135조의 沿革에 遡及하여", 서
　　울대 법학 31-3·4(1991. 3), 205 이하(후에 同, 民法研究 제3권(1995) 所收) 참조.
107) Schultz(주 16), S. 154는 "선량한 사람의 행태와 도덕(Art und Sitte redlicher Leute)"
　　이라고 한다.

인의 이익이 되는 모든 것을 하고 그 불이익이 되는 것은 어느 것이라도 하지
아니한다고 하는 하나의 전체적 태도를 요구한다."[108]

그러나 이러한 沒我的 헌신으로서의 '성실'은[109] 여기서 말하는 '신의성실'
과는 전혀 그 내용이 다른 것이다. 미타이스는 다음과 같이 말한다. "게르만인
의 성실은, 심정의 문제가 아니라, 모든 古型의 사회를 규정하고 있었던 法呪
術(Rechtsmagie)의 한 구성부분이다. 성실은 성실서약에 기하고 있으며, 성실
의무의 위반은 자기저주를 ―사람들은 희생이나 속죄에 의하여 그것의 결과를
회피하려고 하였다― 의미하고 있다. 성실은 … 국가권력으로부터의 법적 제
재가 결여하고 있었던 것에 대한 대용물의 역할을 하고 있었다. 법이 합리화됨
에 따라 성실의 구속력은 붕괴한다. '신의성실'이라는 定式과 함께 중세의 법
주술은 종료한다."[110]

그러므로 이러한 게르만법에 있어서의 이른바 '服務的 誠實'(Dienst-True)
또는 '신하적 성실'(Unterthanen-Treue)의 개념이나[111] 또는 후에 이러한 '게
르만적 성실'(deutsche Treue)의 관념을 정치적·이데올로기적으로 분식한 바
의 민족공동체(Volksgenossenschaft)에의 성실의 개념을, '신의성실'을 이해하
는 데 개입시켜서는 아니 될 것이다. 에렌베르크가 말하는 대로, "자신이 한
말을 지키는 것, 신뢰할 수 있는 것, 정직한 것. 이들은 결코 특히 독일적인 미
덕이 아니며, 옛날의 독일인이 특히 이러한 미덕을 갖추고 있었다고도 말할 수
없다. 그러한 의미에서의 성실은 여러 국민 내지 개인의 안정된 거래(Verkehr)
전부에 기초를 제공하는 것이며, 특히 상거래에 있어서는 불가결한 것이다. 이
것은 이미 이태리에서 중시되고 있었고, 로마인은 이것을 이른바 bona fides
로서 극히 중요하고 위대한 법개념으로 쌓아올렸다. 이 법개념은 오늘날도 사
법 전체의 기본원리의 하나를 이루는 것이며, 사람들의 거래가 '신의성실', 즉,

108) Mitteis/Lieberich, *Deutsche Rechtsgeschichte*, 13. Aufl.(1974), §16 Ⅱ 1 b(S. 65). 또한
다음의 註에서 보는 에렌베르크의 言明도 참조.
109) Viktor Ehrenberg, Die Treue als Rechtspflicht, in: *Deutsche Rundschau*, Bd. 39(1884)(村
上淳一, ゲルマン法史における自由と誠實[1980], 168 이하에서 재인용)은, "게르만인이
세계에 제공한 새로운 개념"으로서의 복무적 성실(Dienst-Treue)의 내용을 다음과 같이
말한다. "성실이란 최선의 지식과 능력에 기하여 조언과 조력에 의하여 자신의 주인(Herr)
에 봉사하고, 요청이나 명령을 기다리지 아니하고 자신의 이익 그리고 자신의 생명까지도
던져 버리며, 처자나 친족친우도 살피지 아니하고 주인에 좇으며, 죽어도 주인을 배신하지
아니하는 從者(Untergebener)의 의무"에 다름아니다.
110) Mitteis/Lieberich(주 108), §8 Ⅲ 2(S. 26).
111) Ehrenberg(주 109) 참조.

일방이 신뢰할 만하고(Zuverlässigkeit), 타방이 이 신뢰성을 믿는 것이 정당화하다는 것(begründetes Vertrauen)에 기하고 있다고 말하는 때에는 우리는 이러한 법개념을 염두에 두고 있는 것이다."[112] 이러한 의미의 '신의성실'은 '동료적 성실(Genossen-Treue)' 또는 '계약적 성실(Vertrags-Treue)'이라고 부를 수 있을 것이다.

　　(c) 그렇다고 해도 여기서 말하는 '성실'이 별달리 명확하게 되는 것도 아니다. 그러나 법공동체의 구성원은, 비록 자신의 행위에 대하여 반드시 법률에 의하여 적극적으로 요구되거나 금지되는 아니한 사항이라고 할지라도, 일반적으로 사회생활상의 최소한의 도덕이나 윤리에 기하여 행위할 것이 기대되고 있다고 할 수 있다.

　　그러므로 뒤에서 보는 대로, 부당하게 또는 실질적 이유 없이 획득한 권리나 법적 지위는 이를 관철할 수 없고($\binom{\text{뒤의 신의칙 각론 Ⅶ.에}}{\text{서 보는 각 경우 참조}}$), 스스로 의무에 위반하거나 사회적으로 비난받을 행위를 한 자가 그 스스로 불법한 행위를 주장하여 상대방에 대하여 그 이행을 구할 수는 없다고 할 것이다($\binom{\text{이른바 clean}}{\text{hands의 원칙}}$).

2. 신의칙의 기능론

　　신의칙, 나아가서는 일반조항의 남용을 방지하기 위하여는 그가 수행할 것이 기대되고 있는 役割 또는 실제로 수행하고 있는 기능을 분석하여 보는 것이 유익하리라고 생각된다. 이러한 기능론은 독일에서 비아커와 에써 등에 의하여[113] 처음으로 제시되었는데,[114] 그 후에는 다양하게 이에 관한 견해가 제시되고 있다.[115] 그리고 이러한 독일에서의 논의는 일본에도 약간의 영향을 미치고 있다.[116] 이러한 논의를 참고로 하면서, 우리나라에서 신의칙이 가지는

---

112) Ehrenberg(주 109) 참조.

113) F. Wieacker(주 36), S. 20 ff.; Esser, *Schuldrecht*, 2. Aufl.(1960), § 31 1(S. 98 ff.).

114) Fikentscher(주 87), § 27 Ⅱ(S. 130)는 이러한 기능론은 "아마도" 에써에 연유한다고 기술하고 있으나, 그보다 먼저 앞의 주 36에 나온 비아커의 저술(前註)을 간과한 듯하다. 에써는 이 비아커의 문헌에 대하여 서평을 쓴 바 있다. Esser(주 46) 참조.

115) 가령 Staudinger/J. Schmidt, § 242 Rz. 208ff.; Medicus(주 35), § 16 Ⅰ; J. Gernhuber, *Bürgerliches Recht*, 2. Aufl.(1983), § 18 Ⅱ(S. 148 ff.) 등 참조.

116) 가령 好美清光, "信義則の機能について", 一橋論叢 47-2(1962), 181 이하; 甲斐道太郎, "'權利濫用'論の現代における意義·機能について述べよ", 娛田昌道 等 編, 民法學(1)(1976), 18 이하; 菅野耕毅, "信義則および權利濫用の機能", 民法の爭點 Ⅰ(1985), 6 이하 등 참조.

($\binom{\text{또는 가질}}{\text{수 있는}}$) 기능에 대하여 생각하여 보기로 하자.[117]

그것은 대개 해석기능, 형평기능, 보충기능, 수정기능의 넷으로 나눌 수 있으리라고 생각된다.[118] 이는 앞의 주 36의 본문에서 지적한 대로 로마법에서 法務官(praetor)의 임무로 알려진, "시민법을 세부에 이르기까지 명확하게 하고, 보충하고, 또 변경한다"($\binom{\text{iuris civilis (ad)iuvandi,}}{\text{supplendi vel corrigendi gratia}}$)는 것에 대응한다고도 할 수 있다.[119]

(1) 우선 신의칙은 권리와 의무의 내용을 보다 구체적으로 정하는 기능, 즉 법구체화의 기능을 수행한다. 독일에서 이 기능은 '규제기능(regulierende Funktion)'[120) 또는 '표준기능(Standardfunktion)'[121) 또는 '실현기능(verwirklichende Funktion)'[122) 등으로 불리운다.

특히 이미 발생하고 있는 채무에 관하여 그 이행의 방식, 장소, 시간 등과 같은 여러 측면의 급부양태(Leistungsmodalitäten)이 계약이나 법률에서 명확하게 규정되어 있지 아니하는 경우에도, 채무자는 그것을 신의칙이 요구하는 대로 이행하여야 하는 것이다. 가령 채무자는 비록 이행기일이 정하여져 있다고 하더라도 채무자는 그 날의 심야에 잠든 채권자를 깨워 급부를 제공하는 것은 신의칙에 반하여 적법한 이행제공으로서 인정되지 못할 수가 있다($\binom{\text{이에 대하여는}}{\text{뒤의 신의칙 각}}$ 론 Ⅱ.참조). 독민 § 242는 적어도 그 문언("채무자는 … 신의성실이 … 요구하는 바대로 급부를 실행할 의무가 있다.")만에 비추어 본다면, 신의칙이 이러한 기능을 수행할 것을 정하고 있는 것이라고 말할 수 있다. 이러한 의미에서는 신의칙은 채무자에게 가장 넓은 의미에서의 부담을 주는 역할을 한다고도 할 수 있겠다.

나아가서 계약의 보충적 해석($\binom{\text{이에 대하여는 뒤의}}{\text{신의칙 각론 Ⅵ. 참조}}$)에 신의칙이 관여하는 것도 이러한 기능의 일환이라고 할 수 있다.

---

117) 김주수는 신의칙의 '기능'을 정면에서 —그러나 간략하게— 논하면서, ① 법률행위 해석의 기준이 되는 것, ② 사회적 접촉관계에 있는 사람 사이의 규범관계를 구체화하는 기능, ③ 제정법이 존재하지 아니하는 부분을 보충하는 기능, ④ 나아가서는 제정법의 형식적 적용에 의한 불합리를 극복하는 기능을 한다고 한다. 이러한 기능론은 그 내용에 있어서 대개 본문의 서술과 크게 다르지 아니하다고 생각된다.

118) 물론 이 세 가지의 기능은 Merz(주 21), N. 53 zu Art. 2(S. 240)이 말하는 것처럼 단지 重點의 차이를 나타낼 뿐이며, 그 사이의 경계도 모호하며 이를 형식적으로 구분하는 것은 불가능하다.

119) Wieacker(주 36), 20 이하; Medicus(주 35), § 16 Ⅲ(S. 71 ff.) 참조.

120) Gernhuber(주 115), § 8 Ⅱ 3(S. 149 f.).

121) Esser(주 113), § 31 1(S. 99). 이 표현이 가장 적합한 것으로 생각되기도 한다.

122) Medicus(주 35), § 16 Ⅰ(S. 71).

이러한 '표준기능'은 당사자 사이에 이미 법률관계, 특히 채권관계가 존재하고 있는 경우에, 세부적인 규률이 법률이나 계약으로부터 명확하게 정하여지지 아니한 사항에 대하여, 그것을 법률이나 계약의 의미에 적합하게 (sinngemäß) 보충하는 기능이라고 할 수 있다. 따라서 이는 새로운 계약관계나 법률관계를 창설하는 데에까지 이르지 아니하며, 단지 이미 존재하고 있는 법률관계의 내용을 보다 구체적으로 정하는 기능을 수행한다. 그리고 그러한 구체화에 있어서는 어디까지나 법률, 특히 임의법규 또는 계약의 목적을 지침으로 하여 그것을 연장발전시켜 간다는 태도를 가지는 것이 매우 중요하다.

(2) 이러한 표준기능과 아울러 신의칙은 나아가 개별사안에 대하여 객관적인 법률을 무차별적으로 적용함으로써 발생하는 부작용을 회피하여 그 엄격법을 완화하는 기능을 한다. 이를 에써는 특히 '형평기능(Billigkeitsfunktion)'이라고 부르고 있다. 이러한 형평기능은 필연적으로 추상적·일반적인 요건의 형태를 갖출 수밖에 없는 법률 기타 일반의 법규범이 이미 그 성립과정에 있어서 충분히 고려하여 줄 수 없었던 모든 개별사안의 특수성을 그 법규범의 적용과정에서는 정당하게 평가할 것을 요구할 수 있게 하여 준다. 그러므로 신의칙의 이러한 기능은 법형성과정에 있어서의 개별사안이나 카주이스틱이 수행하는 중요한 역할을 반영한 것이라고도 말할 수 있다.[123]

가령 사소한 채무불이행을 이유로 하여 채권자가 계약의 해제를 주장하는 것이 허용되지 아니한다든가, 소멸시효의 완성 후에 채무를 승인한 사람은 그 후에 시효의 완성을 원용할 수 없다든가, 나아가 권리를 행사하지 아니한다는 정당한 신뢰를 상대방에게 유발한 사람은 그 권리에 대한 소멸시효가 아직 완성되지 아니하였더라도 그 권리를 행사할 수 없다든가(이른바 '권리의 실효') 하는 것은 모두 신의칙의 이와 같은 형평기능에 기한 것이라고 할 수 있다. 이러한 장면에서는 신의칙은 제한적이나마 마치 영국법에서 원칙적인 보통법의 엄격함을 완화하는 형평법과 같은 기능을 수행한다.

그런데 이러한 신의칙의 형평기능에 대하여 우리 대법원은 節度를 지키는 것이 필요하다는 태도를 취하는 것으로 이해된다.

예를 들어 대판 2004.1.27, 2003다45410(공386)은 "채권자와 채무자 사이에 계속적인 거래관계에서 발생하는 불확정한 채무를 보증하는 이른바 계속적 보

---

123) Esser(주 113), §31 1(S. 100 f.).

증의 경우뿐만 아니라 특정채무를 보증하는 일반보증의 경우에 있어서도, 채권자의 권리행사가 신의칙에 비추어 용납할 수 없는 성질의 것인 때에는 보증인의 책임을 제한하는 것이 예외적으로 허용될 수 있을 것"이라고 전제하면서도, 바로 이어서 "일단 유효하게 성립된 보증계약에 따른 책임을 신의칙과 같은 일반원칙에 의하여 제한하는 것은 자칫 잘못하면 사적 자치의 원칙이나 법적 안정성에 대한 중대한 위협이 될 수 있으므로 신중을 기하여 극히 예외적으로 인정하여야 한다"고 판시하였다. 이 사건은 피고들이 주채무자인 회사에서 이사의 지위에 있으면서 회사의 원고(보증보
험회사)에 대한 사채발행상의 보증보험채무를 연대보증하였는데 원고가 원본이 아니라 지연이자의 지급을 청구한 사안에 대한 것이다. 원심이 피고들이 이사의 지위에서 부득이 연대보증을 할 수밖에 없었고, 회사가 부도 날 무렵에 퇴직하였으며, 원고가 원금을 모두 회수한 후 약 3년이 지나서야 이 사건 소를 제기함에 따라 그 사이에 지연손해금이 과다하게 확대되었으며, 특히 IMF사태의 영향으로 높은 연체이율이 적용되었다는 등의 여러 사정을 감안하여, 피고들의 책임을 신의칙에 기하여 25%로 제한함이 상당하다고 판단하였던 것이다. 그러나 대법원은 위와 같이 보다 일반적인 법리를 밝힌 다음, 원고가 이 사건 소로써 구하는 지연손해금은 이 사건 소 제기의 시기와는 관계없이 원본의 완제시에 그 금액이 최종적으로 확정되었고 원고가 소 제기를 늦춤으로써 책임액이 증가하지 아니하였다는 등의 사정을 들어 신의칙에 비추어 연대보증인인 피고들의 책임을 제한할 정도의 특별한 사정이 인정되지 아니한다고 판단하였다. 그리하여 원심판결을 파기하였던 것이다.

위와 같이 특정채무에 대한 보증에서 신의칙에 기하여 보증인의 책임을 제한하는 것에 관한 대법원의 제한적 태도, 그리고 이를 뒷받침하는 일반적 법리 설시는 그 후 대판 2013.7.12, 2011다66252(법고을)에서도 그대로 반복되고 있다.

위와 같은 태도가 주목되는 것은 신의칙의 적용에 대하여 그것이 민법의 사적 자치의 원칙이나 법적 안정성에 대한 중대한 위협이 될 수 있다는 그 원리적 제한을 내세우는 태도이다.

이러한 태도는 대판 2015.10.15, 2012다64253(공 2015
하, 1641)에서 계약의 해석과 관련하여서도 관철되고 있다. 즉 "계약당사자 사이에 어떠한 계약내용을 처분문서인 서면으로 작성한 경우에 문언의 객관적인 의미가 명확하다면 특별한 사정이 없는 한 문언대로의 의사표시의 존재와 내용을 인정하여야 하며, 문언의 객관적 의미와 달리 해석함으로써 당사자 사이의 법률관계에 중대한 영향을 초래하게 되는 경우에는 문언의 내용을 더욱 엄격하게 해석하여야 한다. 그리고 채권자의 권리행사가 신의칙에 비추어 용납할 수 없는 것인 때에는 이를 부정하는 것이 예외적으로 허용될 수 있을 것이나, 일단 유효하게 성립한 계약상의 책임을 공평의 이념 및 신의칙과 같은 일반원칙에 의하여 제한하는 것은 자칫하면 사적 자치의 원칙이나 법적 안정성에 대한 중대한 위협이 될 수 있으므로 신중을 기하여 극히 예외적으로 인정하여야 한다"는 것이다.

또한 대판 2016.12.1, 2016다240543($^{공\ 2017}_{상,\ 75}$)도 갑 공사가 을 주식회사와 체결한 전기공급계약에 따라 전기를 공급한 후 착오로 청구하지 아니하였던 전기요금의 지급을 구하자 을 회사가 채무부존재 확인을 구한 사안에서 원심이 을 회사가 갑 공사에 지급할 추가 전기요금채무를 2분의 1로 감액한 것을, "유효하게 성립한 계약상의 책임을 공평의 이념 또는 신의칙과 같은 일반원칙에 의하여 제한하는 것은 사적 자치의 원칙이나 법적 안정성에 대한 중대한 위협이 될 수 있으므로, 채권자가 유효하게 성립한 계약에 따른 급부의 이행을 청구하는 때에 법원이 급부의 일부를 감축하는 것은 원칙적으로 허용되지 않는다"고 일반적으로 판시한 다음 원심판결을 파기하였다.

나아가 그 후에 나온 대판 2014.3.13, 2013다34143($^{공\ 2014}_{상,\ 842}$)는, 계약 해제의 원인이 된 채무불이행에 관하여 해제자가 그 '원인'의 일부를 제공하였다는 등의 사유로 신의칙 또는 공평의 원칙에 따라 과실상계에 준하여 원상회복청구권의 내용이 제한되지 아니한다고 판시하여, 그 제한을 긍정한 원심판결을 파기하였다. 이 판결도 신의칙 등을 함부로 적용하는 것을 경계하는 태도에서 나온 것이라고 이해될 수 있다.

(3) 신의칙이 위와 같은 표준기능 또는 형평기능을 발휘하는 것은 당연히 궁극적으로는 구체적인 사안의 종합적인 평가에 의존하는 것이므로, 그 적용의 경우를 통상의 법률요건과 같은 형태로 축약하여 제시할 수는 없다(뒤집어 말하면, 그러한 형태로 제시하였다 하더라도 그것이 통상의 법률요건과 같은 방식으로 법률효과를 통제하지 못한다). 그러나 유사한 사안에 대하여 신의칙이 동일한 내용으로 적용되는 예가 쌓이게 되면, 이와 같이 유형화된 신의칙의 적용내용은 그 자체가 일종의 객관적인 법(objektives Recht)으로서 자리잡게 된다.[124]

─────────

124) 이에 대하여는 특히 Merz(주 21), N. 42 zu Art. 2 ZGB(S. 237) 참조. 메르즈는 이를

즉, 신의칙의 내용을 확정한다는 형태로 새로운 법의 형성이 행하여지게 되는 것이다. 그러한 단계에서 신의칙은 법형성의 授權規範(Ermächtigungsnorm)이 된다. 이러한 의미에서 신의칙은 아울러 '법창조적 기능'을 가진다고 할 수 있다.

그런데 이와 관련하여서는 §1에서 정하는 '조리'와의 관계가 문제가 된다. 우리 민법은 스위스민법과 마찬가지로 법률이나 관습법이 존재하지 아니하는 경우에는 바로 재판관에게 법형성권능을 부여하고 있다. 물론 그 문언은, 우리 민법의 경우는 '조리'에 따르라고 하고, 스위스민법은 "입법자이었다면 설정하였을 규율($\binom{\text{Regel, die er als Gesetz-}}{\text{geber aufstellen würde}}$)"에 따라 재판하라고 규정하여 서로 다르다. 그러나 그 의미내용은 크게 다르지 아니할 것으로 생각된다.

스위스에서는 스민 §1와 §2의 관계를 어떻게 파악할 것인가에 대한 논의가 행하여지고 있다. 가령 투오르와 쉬니더는, §2는 §1에서 법관이 재판을 함에 있어서 따라야 할 규범을 정한 것을 보충하는 것(eine Ergänzung)이라고 명백하게 말한다.[125] 그들에 의하면, 인간의 행위에 대하여는 법률과 관습법 외에도 일정한 지침이 존재한다. 가령 우선 도덕이나 윤리, 존엄함이나 선량함의 요구 등이 그것이고, 나아가 거래실태나 그에 통상적인 관행 등을 고려하여야 하는 것 등이 그것이다. 이러한 여러 가지 요구사항은 인간의 행위, 나아가서는 이를 판단하는 법관의 재판에 있어서 객관적인 지침이 된다. 이들의 법에 대한 관계는 통상 법철학이 이를 정하는데, 실정의 스위스私法에 있어서는 이러한 '객관적인 지침(objektiver Richtschnur)'을 고려할 것을 스민 §2에서 '신의성실'을 원용하여 명확하게 규정한 것이라고 한다.

우리 민법에 대하여도 마찬가지의 이해가 가능하리라고 생각된다($\binom{\text{앞의 II.}}{\text{2. (2)}}$ $\binom{\text{(가)}}{\text{참조}}$). 즉, 일반적으로 법관은 구체적인 사건의 해결에 적용할 규준을 획득하여야 하는데, 그러한 규준은 우선 민 §1에서 정하는 대로 실정의 성문법규나 관습법으로부터 인식될 수 있다. 그런데 그러한 의미의 法源이 존재하지 않는다고 하여서 법관이 재판을 거부할 수는 없고, 스스로 적극적으로 나서서 '조리'를 인식하고 적용하여야 한다($\binom{\text{'조리'에 대하여는 본}}{\text{서 제1조 註解 참조}}$). 여기서 '조리'의 한 내용으로서 우리는 신의칙을 들 수 있다. 다만 §1에 있어서는 직접 법관에 대하여 그가 재판규범으로서 '조리'에 의거할 것을 명하고 있음에 대하여, §2에 있어서는 1

특히 신의칙의 '징검다리기능(Durchgangsfunktion)'이라고 부른다. 기타 Esser(주 113), §31 I (S. 100 f.)도 참조.
125) Tuor/Schnyder(주 39), §6 I (S. 44).

차적으로는 우선 법공동체의 구성원에 대하여 행위규범으로서 '신의에 좇아
성실하게' 행동할 것을 명함으로써 나아가 간접적으로 법관에 대하여 이를 그
행위(^{나아가서}_{법률관계})에 대한 법적 판단에 있어서 고려하도록 하는 점이 다르다고 할
것이다.[126]

(4) 나아가 오늘날 법운용의 현상을 솔직하게 관찰한다면, 신의칙에 특히
성문법규의 수정을 허용하는 '수정기능(Korrekturfunktion)'을 인정하지 아니할
수 없을 것이다. 실제로는 앞서 본 법의 구체화나 보충과 여기서 보는 수정이
명확하게 구분될 수 있는 것도 아니다. 가령 뒤에서 보는 대로, 계속적 계약관
계에 있어서 '부득이한 이유'가 있는 경우에는 신의칙에 비추어 그 계약의 유
효기간 중에라도 이를 해지할 수 있다는 법리(^{뒤의 신의칙 각}_{론 V. 2. 참조})는 단지 당사자들의
의사를 구체화하거나 보충한 것이 아니라 아예 계약내용을 수정하는 것이라고
보아야 하지 아니할까. 왜냐하면, 당사자들이 계약의 유효기간을 정하는 것(또
는 이를 정하지 아니한 것)은 그 기간 동안 계약이 존속함을 의욕한 것이라고
볼 수 있기 때문이다. 특히 사정변경의 원칙과 관련하여서는 독일이나 스위스
에서도 이러한 기능이 인정되고 있다. 그러나 이러한 '법에 반하는(contra
legem)' 법형성은 특히 ① 사회나 경제 전반에 걸친 총체적인 파국이 발생하
였으나 ② 입법자가 가까운 시일 내에 개입할 가능성이 없는 경우에만 정당화
된다고 하겠다.

3. 일반조항의 위험 — 신의칙 적용의 한계

(1) 이상에서 본 바와 같이 신의칙은 하나의 법원리로서 현행법에서 현저
한 위치를 차지하고 있음은 부인할 수 없다. 그러나 반면에 신의칙은 그 내용
이 명확하지 아니하고 또 유동적이어서, 그 자체의 성질상으로 법적 안정성이
라고 하는 법이념에 배치되는 법적용을 가져 올 위험을 안고 있다. 특히 우리
나라에서는 민법 등 실정법률이 외국법의 포괄적 계수라는 형태로 제정된 경
우가 대부분이고, 또 그 과정에서 우리 사회의 생활관계나 법의식 등을 충분히
고려하지 못하였던 탓으로, 객관적 법과 현실적 사회관계와의 긴장관계를 당
연시하고 나아가 그 대립을 강조하는 경향이 생겨났다. 물론 이는 법계수과정
에서 필연적으로 등장하는 이른바 '同化(Assimilation)'의 문제를 다르게 표현하

---

126) Tuor/Schnyder(주 39), § 6 Ⅰ (S. 44) 참조.

는 것일 수도 있고, 또 그러한 동화의 수행에 있어서 특히 실무가 신의칙 등의 일반조항을 유용한 작업도구로 사용할 여지가 있음은 물론이다(이에 대하여 는 본조 서설 Ⅲ.참조).127)

　그러나 다른 한편으로 이와 같이 객관적인 법과 현실적 사회관계와의 긴장을 지나치게 도식적으로 파악하게 되면, 헤데만이 말한 '일반조항에의 도피'의128) 현상도 일어나게 된다. 헤데만은 이 저작에서 일반조항의 남용이 가져오는 폐해로서 셋을 들고 있다.129) 첫째는, 법적 사고의 柔弱化(Verweichlichung)이다. 즉, 법적으로 처리를 요하는 사례는 급격히 방대하게 되는 한편으로 그 처리를 맡아야 할 법률가층은 정신적 무기력(Ermüdung)에 빠져 있다. 그리하여 법률가들은 그 법적 소재의 처리에 있어서 단단한 개념이나 이론의 구성을 회피하거나 포기하게 되는 것이다.130) 둘째는, 불안정성(Unsicherheit)이다. 이는 자명한 사실이나, 하나의 예를 들면 계약에 있어서의 신의칙의 강화는 한편으로 사정변경의 원칙에서 보듯이 계약을 수정하고 따라서 그 구속력을 완화하려는 지향을 달성하기 위하여 주장되기도 하고, 다른 한편으로 부수의무의 강조에서 보듯이 계약의 구속력의 강화를 주장하기 위하여 주장되기도 한다. 셋째는, 恣意(Willkür)이다. 신의칙은 법률가가 자신의 세계관을 법의 세계에서 관철하기 위한 도구가 된다. 거기에는 비단 윤리적인 관념의 대립뿐만 아니라, 경제적 이해 나아가 정치적 립장의 차이도 한꺼번에 뒤섞인다. "국민이 정면으로 둘로 분렬되어 있는 어느 나라에서, 한편이, 우리는 선량한 풍속의 수호자(Hüter der guten Sitten)이고 너희는 무지한 자라는 명제를 내세운다면, 도대체 무슨 일이 벌어질 것인가?"131)

　이러한 폐해는 우리나라에서도 적어도 그 위험성을 지적할 수 있으리라고 생각된다. 그러므로 우리는 한편으로 앞서 본 바와 같은 신의칙의 적극적인 기능을 명확하게 인식하면서도, 다른 한편으로 이러한 '신의칙법학'(Treu-und-

---

127) 이에 대하여는 무엇보다도 Schwarz(주 85), S. 149 ff. 특히 S. 153 ff. 참조.
128) Justus Wilhelm Hedemann, *Die Flucht in die Generalklauseln*(1933).
129) 그는, 이러한 도피의 원인으로서, 제1차 세계대전 후의 바이마르공화국에서 자신의 '내면적 支持點(der innere Halt)'을 발견할 수 없는 법률가 계층의 '정신적 궁핍감'을 들고 있다. 그러므로 '일반조항으로의 도피'는 결국 '법적인 데카당현상(die juristische Dekadenzerscheinung)'으로 파악된다.
130) Esser(주 113), §31 1(S. 100)은 "법률법의 軟化(Aufweichung des Gesetzesrechts)"라고 표현한다.
131) Hedemann(주 128), S. 72.

Glaubens-Jurisprudenz)에[132) 빠지지 아니하도록 주의하지 아니하면 안 될 것으로 믿는다.

　(2) 이러한 위험을 피하기 위하여서는, 신의칙의 적용에 있어서 다음과 같은 점을 명심하여야 할 것이다.

　첫째, 신의칙의 적용은, 우리 민법이 스스로 정하고 있는 법원론상으로 보면, 일단 보충적 법원으로서의 '條理'의 이름으로 행하여진다는 것을 명확하게 인식하지 아니하면 안 된다. 다시 말하면, 민법의 1차적인 인식근거는 실정법률($\frac{또는}{그 해석}$)이므로, 우선 그 실정법률의 의미를 면밀하게 음미하고 그 내용, 효력범위, 그리고 나아가서 필요하다면 그 한계를 확정하는 작업이 선행되어야 한다. 그리고 그러한 법률해석작업에 있어서는 개개의 규정의 배후에서 그 규정의 의미를 산출하고 있는 '법의 정신'(ratio legis)에 충분한 주의를 기울여야 한다. 그러한 의미에서 입법자가 결단을 내리지 아니한 것에 대하여만 신의칙은 적용의 여지가 있다($\frac{補助性의 원칙 Grundsatz}{der Subsidiarität}$).[133) 그리고 앞에서 본 대로 그와 같이 하여 확정된 실정법률의 의미에 반하는 규준을 신의칙의 이름으로 적용하는 것은 '특별한 사정이 있는 경우'를 제외하고는, 허용되지 아니한다.

　앞의 2. (2)의 말미에서 살펴본 우리 대법원의 재판례들과 관련해서도 지적한 바이나, 이러한 신의칙 적용의 '한계'에 대하여는 이미 우리 실무가 정면으로 채택하고 있다고 할 수 있다. 무엇보다도 대판 2010.9.9, 2008다15865 ($\frac{공 2010}{하, 1876}$)($\frac{이 판결에 대하여는 뒤의 신의칙 각론 VII.}{4. (6) (나)에서 보다 상세하게 보기로 한다}$)은 소멸시효 완성의 주장이 신의칙에 비추어 허용되지 아니한다고 할 것인지의 문제에 대하여 다음과 같이 설시한다.

　　"채무자가 소멸시효의 완성으로 인한 채무의 소멸을 주장하는 것에 대하여도 신의성실의 원칙이 적용되므로, 그러한 주장을 하는 것이 신의칙 위반을 이유로 허용되지 아니할 수 있다. 그러나 실정법에 정하여진 개별 법제도의 구체적 내용에 좇아 판단되는 바를 신의칙과 같은 법원칙을 들어 말하자면 당해 법제도의 외부로부터 배제 또는 제한하는 것은 법의 해석·적용에서 구현되어야 할 기본적으로 중요한 법가치의 하나인 법적 안정성을 후퇴시킬 우려가 없지 않다."

---

132) Rudolf Henle, *Treu und Glauben im Rechtsverkehr*(1912); ders., *Lehrbuch des Bür-gerlichen Rechts*, Bd. 2(1934), S. 272 ff. 참조.

133) Merz(주 21), N. 49 zu Art. 2 ZGB(S. 239). 그러나 많은 경우에 입법자의 결단의 내용이 무엇인가를 확정하기 위하여도 신의칙을 고려할 필요가 있다고 한다.

　이러한 판시는 동시에 신의칙 적용의 한계를 정면에서 인정하였다고 평가할 수 있을 것이다.

　둘째, 신의칙의 적용에 있어서는 미리 추상적으로 정하여진 '신의칙'의 내용을 실정법률과는 별도로 적용하려고 하여서는 안 되며, 오히려 실정법률의 정신이나 목적 또는 규율의도를 계속형성(Fortbildung)하는 입장을 취하여야 한다. 만일 이러한 계속형성의 자세를 상실한다면, 하나의 체계로서의 법질서는 동일하거나 유사한 사항에 대하여 서로 상반되는 규율이 공존하는 평가모순의 늪에 빠지게 될 것이다. 가령 계속적 계약관계에 있어서 일반적으로 '부득이한 이유'를 이유로 하는 해지권의 발생을 신의칙에 기하여 인정하려고 할 때에는, 민법이 개별적인 계약유형에 대하여 어떠한 사유를 고려하여 계약외적인 해지권의 발생을 정하고 있는가를 면밀하게 음미하여 보아야 한다. 또 계속적 보증에 있어서 책임액의 감경을 신의칙에 기하여 인정할 수 있는가의 문제는, 가령 신원보증법 §6 Ⅲ의 그러한 감경규정이 어떠한 이유로 마련된 것인가를 음미하여 보아야 할 것이다.

　이렇게 본다면, 신의칙은 법적인 행위의 일반적·보편적인 기준을 설정할 수는 없다고 할 것이다.[134] 다시 말하면, 도덕과 같은 법외의 행위기준을 전혀 고려하지 아니할 수는 없으며, 오히려 그 고려를 적극적으로 명하는 것이 신의칙규정의 중요한 역할이라는 점은 인정한다고 하더라도, 그 기준에 반하는 행위에 대하여 법적인 제재가 가하여진다는 의미에서 법적인 행위의 기준은 일반적으로는 불법행위법에 의하여 정하여지는 것이다. 그리하여 문제는 "고의 또는 과실로 인한 위법행위"($\frac{\S}{750}$)인지 여부에 달리게 되는 것이다. 그러므로 여기서 '위법행위'가 아니라는 판단이 있게 되면, 그것은 일단 법적으로는 허용되는 행위라고 하여야 한다. 단지 계약이나 사회적인 특별결합관계(Sonderverbindung)에 있는 사람 사이에서는 비로소 이러한 단순한 '위법행위'의 기준에 의한 판단으로는 부족하고, 나아가 신의칙의 적용이 있게 되는 것이다.

　셋째, 이상에서도 명확한 대로, 신의칙의 이름으로 일반적 형평법을 도입하는 것은 허용되지 아니한다($\substack{이에\ 대하여는\ 앞의\ Ⅱ.\\ 2.\ (1)\ (나)\ (b)도\ 참조}$). 우리 법체계는 가령 영국법에서와 같은 보통법($\substack{the\ Common\ Law\\ 또는\ 단지\ the\ Law}$)와 형평법(Equity)의 2원적 대립구조를 인정하지 아니한다. 신의칙은 법을 구체화하고 보충하고 또는 예외적으로 수정하는 것이지, 엄격법과는 다른 원리($\substack{가령\ 형평이나\\ 자연적\ 정의\ 등}$)에 입각하여 이에 대치되는 규칙을

---

134) Fikentscher(주 87), §27 Ⅰ 2 a(S. 127).

일반적으로 형성하여 나가는 것은 허용되어서는 안 된다. 이것은 다른 말로 하면, 신의칙을 내세워 법관이 무제한적으로 법형성해 나갈 수는 없다는 것이다. 법관은 "헌법과 법률에 의하여" 심판하는 것이다($\S^{헌}_{103}$).

[양 창 수]

신의칙 각론

Ⅰ. 서설 — 신의칙에 기한 법리의 유형화

　　앞서의 신의칙 총론에서 본 대로, 신의칙은 비단 법공동체의 구성원들에
게 객관적인 법제도에 의하여 인정된 권리·의무의 범위를 넘어서도 다른 구
성원들의 이익에 적절한 배려를 베풀 것을 명하는 기본적 행위규범으로서의
의미를 가질 뿐만 아니라, §1의 '조리'를 매개로 하여 법관에게 일정한 법형
성의 권한을 부여하는 일반적인 보충적 재판규범으로서의 의미도 아울러 가진
다. 그리고 법운용의 실제에 있어서도 신의칙은 이 양자의 측면에서 극히 활발
한 적용을 보이고 있다. 실로 이러한 의미에서 신의칙은 헤데만이 말하는 대로
帝王規定(königlicher Paragraph)으로서의 당당한 면모를 가지고 있다고 하겠다.
그러므로 실질적 의미에서의 민법의 범위에 한정하더라도 그 적용의 모든 모
습을 밝히어 서술하는 것은 매우 어려운 일이라고 생각된다.

　　이하에서는 주로 우리나라의 재판례를 소재로 하여 그 적용의 현재의 실
상을 밝혀 보기로 한다. 그런데 신의칙의 중요한 적용유형이 될 수 있다고 생
각되는 사안에 대하여 우리나라에 재판례가 아직까지 나타나지 아니한 경우도
없지 아니하다. 이러한 경우에는 외국의 예를 원용 또는 참조하기로 한다.

Ⅱ. 채무의 이행에 있어서의 신의칙

1. 급부의 내용 또는 방식

우선 채무자가 하여야 할 급부의 내용 또는 방식에 관하여 본다.

(1) 종류채권에 있어서의 변경권

이와 관련하여 우선 문제되는 것은, 종류채권에 있어서의 변경권의 인정 여부이다.

민법은, 종류채권의 경우에 일단 그 목적이 특정되고 나면, "그때로부터 그 물건을 채권의 목적물로 한다"고 정한다($\S\,375\,\mathrm{II}$). 그리고 일반적으로 한번 채권의 목적물이 특정되면, 그 이후에는 당사자들 사이에 별도의 합의가 없는 한 채무자는 목적물을 다른 물건으로 변경하여 다른 동종의 물건으로써 급부를 할 수는 없다고 해석되고 있다. 즉, 채무자는 변경권(ius variandi)을 가지지 못하는 것이 원칙이다.[1] 그러므로 가령 채무자가 일단 채무의 이행을 위하여 특정하였던 물건을 제3자에게 처분하고 나서 다른 동종의 물건으로 채권자에게 이행하려고 하는 경우에는, 채권자는 이 제2의 특정물을 수령할 의무가 없을 뿐만 아니라, 나아가 채무자에 대하여 채무불이행의 책임을 물을 수 있게 된다.

그러나 그러한 변경이 채권자에게 특별한 불이익을 주지 아니하는 경우에는, "신의칙상" 변경권을 인정하여야 한다는 것이 통설이다.[2] 즉, 일단 특정이 있은 후에도 종류채권은 애초 목적물의 개성에 중점을 두지 아니하는 채권으로서, 전적으로 특정물채권과 같아질 수는 없다는 것이다.

독일에서도 종전의 통설은 이러한 결론을 인정하고 이를 신의칙($\S\,242$)에 의하여 이론구성하였었다.[3] 그런데, 메디쿠스가 1966년에 이러한 이론구성에 대하여 이의를 제기한 이후에는,[4] 학설의 상황에 변동이 생겼다. 즉, 많은 학자들은 그러한 결론을 신의칙에 기하여 설명하기보다는, 오히려 일단 특정이 행하여졌다고 하더라도 이는 채무자의 이익을 위하여서만("nur zugunsten, nicht zuungunsten des Schuldners") 효력이 있는 것이므로 채무자는 그 현실의 이행이 이루어지기 전까지는 이를 철회할 수 있다고 함으로써 설명한다.[5]

---

1) 곽윤직, 채권총론(1990), 56; 김용한, 채권총론(1983), 55; 김형배, 채권총론(상), 개정 증보판(1988), 89 이하 등 통설.

2) 전주의 문헌 참조.

3) 이에 대하여는 Dieter Medicus, Die konkretisierte Gattungsschuld, in: *JuS* 1966, S. 297ff., 299 참조.

4) Medicus(전주) 참조.

5) 가령 Larenz, *Schuldrecht* I, 14. Aufl.(1987), §11 I (S. 154); Fikentscher, *Schuldrecht*, 7. Aufl.(1985), §28 III 2 b(S. 155 f.); Esser/Schmidt, *Schuldrecht* I, 6. Aufl.(1983), §13 I 2 c(S. 195) 등 참조. 물론 여전히 종전의 이론구성을 택하는 견해도 상당수 있다. 가령 Palandt/Heinrichs, Kommentar zum BGB, §243 Anm. 3 b 등.

메디쿠스가 종전의 이론구성에 반대하는 이유는 다음과 같다.[6] 첫째, 채권자는 채무자가 일단 특정이 이루어진 후에라도 다른 동종의 물건을 이행하는 데 대하여 특별한 불이익을 입지 아니하는 것이 일반이다. 그렇다고 하면, 한편으로 채권자에게 그 특정된 물건에 대한 청구권을 인정하면서도, 다른 한편으로 이 청구권을 행사(또는 그에 기하여 책임을 추궁)하는 것이 통상(regelmäßig) 신의칙에 반하게 된다고 하는 결과가 된다. 이는 비논리적이라는 것이다. 둘째, 이에 대하여 신의칙을 끌어들이는 것은 단지 법감정에 호소하는 것과 별로 다르지 아니하다. 실제로 보다 구체화된 신의칙에 기한 법리로서 이러한 사안유형에 끌어들일 수 있는 것은 '선행행위에 반하는 행태(venire contra factum proprium)의 금지'의 원칙뿐인데, 이러한 원칙이 채무자가 원래 특정되었던 물건을 타에 처분하고 다른 동종의 물건을 제공한 사안의 전부를 설명할 수 없음은 명백하다는 것이다.[7]

아마도 이러한 논의는 우리 민법상의 종류채무자의 변경권에 관한 논의에도 참고되는 바가 있으리라고 생각된다. 우리나라에서도 종류채권의 특정이 원칙적으로 채무자를 구속하지 아니한다는 견해가 주장되었었다.[8] 이러한 견해에 의하면, 위와 같은 결과는 굳이 신의칙이라고 하는 일반조항을 원용하지 아니하더라도 획득할 수 있게 된다.

(2) 이행의 시기

우선 채무의 이행기 전에 채무를 이행하는 것이 원칙적으로 허용됨은, 기한은 채무자의 이익을 위한 것으로 추정하는 규정($\frac{\S 153}{1}$)에 비추어서도 명백하다. 그러나 채무자가 갑자기 채무의 이행을 제공하여 아무런 준비가 없는 채권자로 하여금 수령지체에 빠지게 하는 것은, 특히 다량의 물건의 인도를 내용으로 하는 채무 등에 있어서는 신의칙에 반하여 허용되지 아니하는 경우도 있을

---

6) Medicus(주 3), S. 299 ff. 참조.
7) 가령 RGZ 91, 100 판결은 이에 의하여 설명될 수 있을 것이다. 이 사건에서 채권자는 채무자가 제공한 물건에 아무런 하자가 없음에도 불구하고 하자가 있다고 주장하고 그 수령을 거부하였다. 그러자 채무자는 더 나은 물건을 제공하였는데, 채권자는 이제는 원래의 물건에 하자가 없었음을 인정하면서 그것에 의하여 자신의 채권이 특정물채권이 되었다고 주장하고 채무자가 원래 제공하였던 물건을 이제 자신에게 이행할 수 없게 되었음을 이유로 채무불이행책임을 추궁하였다. 법원은 이러한 주장은 신의칙에 반한다고 판단하였다. 그러나 그러한 특수한 사정이 없는 일반적인 특정의 경우에는 '선행행위에 반하는 행태의 금지'의 원칙은 적용될 여지가 없다.
8) 송덕수, "종류채권(하)", 고시연구 1989. 8, 84 이하.

것이다. 한편 민법은 §153 Ⅱ에서 기한의 이익은 이를 포기할 수 있으나 상대방의 이익을 해하지 못한다고 정하는데, 이 규정의 운용 여하에 따라서는 신의칙까지 동원하여야 할 필요가 있는 경우는 현저히 줄어들 것이다.

　또한 이행의 시각에 관하여는, 상법에 "법령 또는 관습에 의하여 영업시간이 정하여져 있는 때에는 채무의 이행 또는 이행의 청구는 그 시간 내에 하여야 한다"는 규정이 있다($\substack{상 \\ §63}$). 그 반대해석으로 일반적인 경우에는 그 이행($\substack{또는 이 \\ 행청구}$)의 시각에 제한이 없다고도 할 수 있을 것이다. 그러나 이것도 역시 신의칙에 기한 제한이 필요하다고 생각된다. 예를 들면, 심야에 잠자고 있는 사람을 깨워서 그에게 이행제공 또는 이행청구를 하는 것도 허용된다고 말하기는 어려울 것이다.[9]

(3) 이행의 장소

　이행의 장소에 관하여, 우리 민법은 지참채무의 원칙을 취하여 채권자의 현주소($\substack{또는 현 \\ 영업소}$)에서 이행하도록 하고 있다($\substack{§467 \\ Ⅱ}$). 이에 의하면 신의칙을 원용하여야 할 경우가 별로 없으리라고 생각된다. 그러나 특정물을 인도하는 채무에 있어서는, 원칙적으로 채권성립의 당시에 그 물건이 있었던 장소에서 이행하도록 정하고 있다($\substack{§467 \\ Ⅰ}$). 이에 따르면 특히 특정동산을 인도하여야 할 경우에는 문제가 발생할 소지가 있다. 이 점에 관하여 임치에 대하여는, "수치인이 정당한 사유로 인하여" 그 물건을 애초 있었던 장소로부터 "轉置한 때에는 현존하는 장소에서 반환할 수 있다"는 특칙이 마련되어 있다($\substack{§ \\ 700}$). 그런데 가령 사용대차나 임대차에 대하여는 이러한 규정이 없고, 따라서 원칙에 좇아야 하는 것으로 보이기도 한다. 그러나 대차의 애초의 장소는 우연적인 사정에 따라 정하여지는 경우도 적지 아니한데, 그러한 경우에까지 굳이 애초의 장소에서 반환하여야 한다고 하여서 가령 채권자의 현주소에서 제공되는 물건의 수령을 거절하는 것은 신의칙에 반할 수도 있을 것이다. 물론 이러한 경우에는 사안에 따라서 "채무의 성질 또는 당사자의 의사표시"로($\substack{§467 \\ Ⅰ 참조}$) 이행장소를 따로 정하였다고 해석하여야 할 여지도 많으리라 생각된다.

(4) 이행의 방법 또는 효과

　(가) 이행의 방법에 관하여서도 신의칙이 적용될 경우가 있음은 물론이다.

---

9) 鳩山秀夫, "債權法に於ける信義誠實の原則", 民法研究 제1권(1926), 36 참조.

가령 채무자가 모욕적인 방법으로 이행한다든가(가령 목적물을 발 위에 올려) 또는 어떠한 종류의 화폐로 이행하든 그 가치만이 주로 문제되는 금전채무의 이행에 있어서도 가령 거액을 소액의 鑄貨 수십만 개로 이행하는 것은 신의칙상 허용될 수 없다.

(나) 대판 1988.3.22, 86다카909(집 36-1, 118; 공 823, 669)는 채권자에 대하여 행하여진 변제공탁의 금액이 채무 총액에 비하여 아주 근소하게 부족한 경우에는 당해 변제공탁은 신의칙상 유효한 것으로 보아야 한다고 판시한다. 그러한 판단에는 다른 사정도 같이 설시되어 있다.[10)]

2. 채무불이행

채무불이행이나 수령지체의 책임을 묻는 것과 관련하여서도 신의칙의 적용이 문제되는 일련의 전형적인 사안유형이 존재한다. 이러한 유형에 있어서는 일방의 불이행의 정도와 그 원인 등을 상대방이 추궁하는 책임의 내용 또는 그 추궁의 준엄성의 정도와 대비할 것이 요구된다.

(1) 해제권의 행사

채권자가 사소한 채무불이행의 책임을 물어 ―손해배상이 아니라― 계약의 해제를 주장하는 것은, 계약해제가 양자 간의 계약관계를 종국적으로 종료시키는 효력을 가짐에 비추어, 신의칙에 비추어 허용되지 아니할 수 있다. 물론 어떠한 경우가 이에 해당한다고 할 것인가는 개별사안의 구체적인 사정 여하에 달려 있다. 재판례에 나타난 예를 개관하여 보면, 대체로 다음과 같다.

① 대판 1966.5.31, 66다626(집 14-2, 49): 부동산매매대금 14만원 중 13만 7천원은 이미 지급되고, 나머지 3천원의 지급이 지연되었다고 하여, 매도인이 최고 후에 계약을 해제한 것은 "채권관계를 지배하는 신의성실의 원칙에 비추어" 허용되지 아니한다고 한다.

---

10) "채권 총액이 49,050,000원인데 원고의 변제공탁금액이 48,986,300원으로서 63,700원이 부족한 금액이나 그 금액은 지급하여야 할 채무금액에 비하여 0.12%에 해당하는 적은 금액이고 그렇게 된 것이 원고의 계산방식의 착오에 의한 것임이 설시 증거에 비추어 명백한 점, 피고가 원고로부터 투자원금 3천만원에 대한 이득금으로 받는 금액이 불과 1년 남짓한 기간 동안에 원금의 3분의2 정도에 육박하는 1,900여만원인 데 비하여 위 부족금 63,700원은 하루 남짓한 일수의 이득금에 불과한 점 등을 고려하면 …"

② 대판 1971.3.31, 71다352등($^{집\ 19-}_{1,\ 30}$): 부동산매매대금 2천만원 중 미지급된 것은 10만 3천원이었고, 나아가 그에 대하여 월 5푼의 지연이자를 지급하기로 되어 있는데, "위와 같은 근소한 액의 미지급을 이유로 하여 위 계약 전체를 해제한다는 것은 신의칙에 위배"된다고 한다.

(2) 최고의 適否

반대로 해제권을 발생시키는 요건으로서의 채권자로부터의 최고와 관련하여서도 신의칙이 적용되는 경우가 있다. 학설은, 채권자가 채무자에게 이행을 최고함에 있어서 그 채무의 내용을 실제보다 적게 적시하는 이른바 과소최고라도, 그것이 채무의 동일성을 알 수 있게 하는 정도이면 해제권을 발생시키는데 장애가 되지 아니하나, 그 해제는 원칙적으로 최고된 한도에서만 효력이 있다고 하면서, 그러나 "과소의 정도가 아주 작아서 그 채무 전부의 이행을 최고하고 있음을 알 수 있으면, 신의칙상 최고는 전액에 관하여 그 효력이 생긴다"고 한다.[11]

(3) 일부이행과 동시이행의 항변권

쌍무계약의 당사자 중의 일방이 상대방으로부터 그가 부담하는 계약상 채무의 이행을 청구당한 경우에, 상대방이 부담하고 있는 반대급부의무가 이행되지 아니하고 있다면, 그 청구에 대하여 동시이행의 항변권을 가진다. 그런데 상대방이 그 이행을 하기는 하였으나, 그것이 일부의 이행에 불과하거나 또는 불완전한 이행인 경우는 어떠한가?

이에 대하여는, 이 경우에 항변권의 인정 여부 및 그 내용은 신의칙($^{또는 '공}_{평의 원}$칙'이라는 용어도 쓰이고 있다)에 의하여 해결하여야 한다는 것이 통설이다.[12] 그리하여 그 적용의 결과로, 우선 반대급부가 가분인 경우에는 채무자가 자기의 채무 전부에 대하여 동시이행의 항변을 할 수는 없으며, 단지 상대방이 아직 이행하지 아니한부분 또는 불완전한 부분에 상당하는 채무의 이행만을 동시이행의 항변으로써

---

11) 곽윤직(우선 채권각론(1990), 135을 보라) 등 통설.

12) 곽윤직; 김주수; 김증한 등의 각 채권각론 교과서. 이러한 해석은 學說史的으로 보면, 鳩山秀夫(주 9), 42 이하에서 기원하여, 이것이 我妻榮, 債權各論 上卷(1954), 92 이하를 통하여 우리 학설에 정착한 것으로 추측된다. 그런데 鳩山秀夫(주 9), 36은 그 이유로서, 동시이행의 항변권이라는 제도 자체가 신의칙에 기하여 쌍방의 당사자를 공평하게 보호함을 목적으로 하기 때문이라고 설명하고 있다. 나아가 鳩山秀夫, 동소는 반대급부가 불가분인 경우에는 동시이행의 항변권은 전적으로 허용되지 아니하여야 한다고 주장한다.

거절할 수 있는 것이 원칙이라고 한다.[13] 그러나 구체적인 사정에 따라서는 상대방이 이행하여야 할 잔여의 부분이 근소·경미한 때에는, 신의칙상 아예 동시이행의 항변을 할 수 없다고 한다.[14] 나아가 반대급부가 불가분인 경우에는 그 불이행된 또는 불완전한 부분의 중요성에 따라 해결하여, 중요하면 반대급부 전부에 대하여 항변권이 인정되고, 중요하지 아니하면 전혀 항변권이 인정되지 아니한다고 한다.[15]

그러나 통설이 특히 동시이행항변권에 대하여서만 그 제도목적을 신의칙 또는 공평의 원칙에 의하여 설명하는 것은 쉽사리 이해될 수 없으며(민법의 실정제 도는 모두 그 러한 '원칙'에 의하여 정당화될 수 있는 측면을 가 지고 있기 때문에, 그러한 설명은 별로 의미가 없다), 오히려 雙務契約에 기하여 발생한 채권·채무의 견련성을 그 만족(또는 행사)의 국면에서 관철하기 위한 제도라는 점이 강조되어야 할 것이다. 그렇게 본다면, 상대방이 일부의 이행이나 불완전한 이행만을 한 경우에는, 채무자는 그 수령을 거절할 수 있으며, 나아가 자기의 채무 전부에 대하여 그 이행을 거절할 수 있다고 해석하는 것이 옳다고 생각된다. 왜냐하면 일부의 또는 불완전한 이행은 비록 이것이 수령되었다고 하더라도 역시 '채무의 내용에 좇은 이행'($\S 390$ 참조)이라고 할 수 없고, 따라서 여전히 그 채무는 전적으로 소멸되지 아니한 채로 존속하고 있으며,[16] 동시이행의 항변권은 바로 그러한 채무의 이행을 확보하기 위하여 존재한다고 할 것이기 때문이다.[17] 다만 예외적으로 일부의 또는 불완전한 급부를 이미 수령한 결과로 잔존부분이 근소하게 되는 등으로 제반 사정에 비추어 채무자가 자기 채무의 전부에 대하여 동시이행의 항변을 하는 것이 권리의 남용이 된다고 인정될 수 있는 경우에는, 그 잔존부분에 대응하는 채무부분에 대하여만 그 이행을 거절할 수 있다고 할 것이다.[18] 물론 예외적으로는 전적으로 동시이행의 항변을 할 수

---

13) 이은영, 채권각론(1989), 131은, 채권자가 그러한 급부를 '수령한' 경우에는 그 한도에서 동시이행의 항변을 할 수 없다고 한다. 아마도 위에서 본 학설도 이러한 경우를 전제로 하였으리라고 추측되나, 단정할 수는 없다.

14) 앞의 주 12의 문헌 참조.

15) 그러나 이은영(주 13), 131 주 2는 반대급부가 불가분채무인 경우에는 일반적으로 그 의무의 이행을 전부 거절할 수 있다고 한다.

16) 물론 채권자가 특히 일부급부를 적법한 (일부)이행으로 수령한 경우에는 그 한도에서 자신의 채권은 소멸하므로, 그 범위에서는 이미 동시이행의 항변을 문제삼을 여지가 없다. 그러나 역시 그러한 경우가 통상적이라고는 할 수 없을 것이다. 이상 MünchKomm/Emmerich, §320 Rdnr. 37(S. 919) 참조.

17) 물론 그 일부급부 또는 불완전한 급부의 수영이 동시이행의 항변권을 그 범위에서 포기하는 것이라고 인정되는 특별한 사정이 있는 경우는 이와 다르다.

18) 동지: 末弘嚴太郎, 債權各論(1920), 143. 따라서 일반적으로 반대급부가 불가분인 경우

없는 경우도 있을 것이다.

독민 § 320 Ⅱ은 이러한 일부이행의 경우에 대하여 명문으로, "[반대급부의] 거부가 제반 사정에 비추어서, 특히 미이행된 부분이 비교적 근소함에 비추어서 신의성실에 반하는 한도에서는(insoweit), 반대급부를 거절할 수 없다"고 정한다.[19] 그런데 이 규정은 독일에서 대체로 다음과 같이 해석되고 있다. 이 규정은 일부이행의 경우에는 동시이행의 항변권이 항상 그 잔존부분에 상응하는 반대급부 부분에 한정된다는 의미는 아니다. 이 경우에 채무자가 일부이행의 수령을 거절하지 아니하고 이를 수령하였다고 하더라도, 이것을 적법한 급부(물론 일부변제)로서 수령한 것이 아닌 통상의 경우에는, 잔존부분의 이행이 있을 때까지 역시 자기 채무 전부의 이행을 거절할 수 있다. 위 규정은 단지 개별적인 경우에 신의성실의 원칙에 비추어 달리 판단할 수도 있음을 말하고 있을 뿐이다. 어떠한 경우가 거기에 해당하는가에 관한 일반원칙을 얻을 수는 없으며, 위 규정에서 '미이행된 부분의 비교적 근소성'이라고 하는 문언은 고려되어야 할 다수의 사정 중의 하나를 지시한 것에 불과하다는 것이다.[20]

오히려 동시이행의 항변권에 관하여 신의칙은 위와 같은 일부이행 또는 불완전한 이행의 경우보다는, 가령 부작위채무의 경우와 같이 채무내용의 성질상 그 이행의 거절이 종국적으로 채권의 만족을 좌절시키거나 배제하기 때문에 이행의 거절이 금지된다고 할 경우 또는 상대방으로 하여금 새로운 의무부담을 강요할 목적으로 동시이행의 항변을 하는 경우 등에 적용되어야 할 것이다. 그리고 이와 같은 법리는 하등 동시이행의 항변권에 한정하여 그 적용이 인정되는 것은 아닌 경우이다.

(4) 일부이행과 담보의 소멸

그러나 채무자가 아직 이행하지 아니한 것이 극히 소액에 불과하다고 하더라도, 가령 채권자가 담보로 제공된 부동산상의 담보권등기를 말소하여야 하는 것은 아닐 것이다. 대판 1977.2.8, 76다1173(총람 1-1(A), 17-71)은, 채무자가 변제공탁한 금액이 채무원리금 691,096원에서 796원이 부족한 690,300원인 사

에는 그 전부에 대하여 이행을 거절할 수 있다고 할 것이다.

19) 이 독일민법의 규정은 앞에서 본 통설이 자기 입장의 정당화를 위하여 이를 인용하고 있으나, 이제 보는 대로 독일에서의 이 규정에 대한 해석은 우리나라의 통설을 뒷받침한다고는 보기 어렵다.

20) 이상 MünchKomm/Emmerich, § 320 Rdnr. 38f.(S. 919 f.) 참조.

안에 대하여, 원심이 그 담보권등기의 말소청구를 배척하였더라도 그것을 신의칙에 반한다고 할 수 없다고 한다. 이것은 채권자가 채무자의 불이행을 이유로 그 책임을 적극적으로 묻는 것이 아니라, 단지 자신의 권리를 소극적으로 방어하는 데 그친다는 점에서 이해될 수 있다.

(5) 還買權의 행사

바로 채무불이행에 해당하는 사안은 아니나, 일본에는 다음과 같은 재판례가 있다.[21] 환매권을 행사하려면, "대금과 매매비용을 매수인에게 제공"하여야 하는데($\substack{민 \S 594 \ I \\ 일민 \S 583 \ i}$), 이 사건에서 환매권자가 제공하여야 할 환매금은 대금 517圓, 계약비용 12圓 8錢을 합한 529圓 8錢이었다. 그런데 환매권자는 실제로 528圓만을 제공하였는데, 그 부족이 생긴 주된 이유는 매수인이 지출한 계약비용이 매도인에게 알려지지 아니하였기 때문이었다. 원심이 還買의 효력을 인정하지 아니한 데 대하여, 일본대심원은 "이러한 부족을 구실로 하여 환매의 효력이 발생하지 아니한다고 하면 채권관계를 지배하는 신의의 원칙에 배반하게 되는 부족이 있음에 불과한 경우에는 환매의 효력이 발생한다고 함이 상당하다"고 판시하여 이를 파기하였다.

3. 수령의무

다른 한편으로, 다수의 학설은 채무자가 그 채무의 이행을 제공한 데 대하여 채권자는 이를 수령할 의무가 있다고 하면서, 그 근거를 다음과 같이 설명한다.[22] 즉, "채권관계에 있어서 채권자와 채무자는 공동의 목적을 향하여 서로 협력하여야 할 일종의 협동체를 이루는 것이므로, 채권자에게도 신의칙이 요구하는 정도의 법률상의 협력의무를 인정하여야 한다"는 것이다.[23] 그리하여 우리 민법상의 채권자지체에 관한 제도($\substack{\S 401 \\ 이하}$)는 이러한 협력의무, 즉 수령의무의 불이행을 이유로 하는 일종의 채무불이행책임을 정한 것이라고 이해한다.[24]

---

21) 日大判 1920(大 9).12.18(民錄 26, 1947).
22) 곽윤직; 김용한; 김현태; 현승종; 김증한의 각 채권총론 교과서 등 참조.
23) 이러한 설명은 학설사적으로는 我妻榮, 債權總論(1940), 188 이하에 그 기원이 있다고 추측된다. 이에 대하여는 또한 新田孝二, "受領遲滯", 民法講座 4: 債權總論(1985), 85 이하 참조.
24) 이에 대하여 곽윤직은 다른 한편으로, 민 § 403가 '채권자지체와 채권자의 책임'에 관하여 정하면서 채권자지체로 채무불이행의 책임이 생긴다고는 규정하지 아니하는데, 이는

이에 대하여는 최근에 반대하는 견해가 유력하게 주장되고 있다.[25] 그 상세에 대하여는 여기서 상론하지 아니하나, 주목을 끄는 것은 이 견해가 수령의무 인정의 근거를 위와 같이 대고 있는 것을 다음과 같이 비판하고 있는 점이다. "채권관계를 공동목적의 실현을 위한 협동체관계라고 보는 것은 이데올로기에 지나지 아니한다"는 것이다.[26] 이러한 비판은 수령의무의 인정에 신의칙을 원용하는 데에도 영향을 미치지 아니할 수 없을 것이다. 가령 위의 다수설을 비판하는 견해는, 그러한 다수설은 "신의칙으로부터 직접 '수령의무'라는 법적 의무를 추출해 내는데, 이는 신의칙 이론의 남용에 해당하게 될 것이다. 이러한 신의칙 이론 내지 일반조항의 남용은 자칫 잘못하면 개인의 자유의사에 기하지 아니한의무를 신의칙의 명목 하에 국가적으로 강제하는 데에 사용될 수도 있기 때문이다. 신의칙은 어디까지나 당사자 간에 자유롭게 성립한 기본적 채무를 이익형평을 고려하여 보충하는 역할을 담당할 뿐이므로, 이를 근거로 당사자가 약정하지 아니하는 의무를 부과할 때에는 필요한 최소한에 그쳐야 하며, 이를 근거로 당사자가 포괄적 의무를 추출하는 것은 삼가야 할 것"이라고 한다.[27]

다른 한편으로 수령의무(Annahmepflicht)는 부정하면서도, 일정한 계약유형에 있어서는 신의칙에 기하여 부수적 의무로서 이른바 수취의무(Abnahmepflicht)를 인정하여야 한다는 견해도 있다.[28] 이에 의하면, '수령'은 채권자가 채무의 이행에 대하여 하는 모든 협력을 의미하는 데 대하여, '수취'는 "목적물의 [현실적] 수취"를 의미하는 것으로서 서로 구별된다고 하면서, 매매·도급·임치 등의 계약관계에서는 이에 대한 명시적 또는 묵시적 약정이 있는 것이 보통일 것이나, "그와 같은 특약을 인정할 수 없는 경우라 하더라도, 예컨대 매수인·도급인 또는 임치인에 속하는 물건에 의하여 매도인·수급인 또는 수치인의 토지나 설비가 공간적으로 점거되어 이로 인하여 채무자의 활동에 지장을 초래하는 사정이 발생한 때에는 신의칙상 채권자에게 수취의무를 인정하여 이와 같은 의무의 불이행을 이유로 한 손해배상을 긍정하는 것이 타당하

바로 민법이 채권자지체로 채무불이행이 되지는 아니한다는 전제로 선 것이 아닌가 하는 의문을 제기한다.

25) 김형배; 이은영의 각 채권총론 교과서; 이은영, "채권자지체", 곽윤직 화갑기념논문집 (1985), 382 이하 참조.

26) 가령 김형배의 교과서. 이은영(전주. 논문), 382 이하도 동지.

27) 이은영(주 25. 논문), 383.

28) 김형배의 채권총론 교과서.

다"고 한다.[29] 그러나 그 취지가 매매·도급 등의 계약에 있어서는 수취의무를
일반적으로 인정하는 것인지, 아니면 위에서 인용한 사정이 있는 때에 한하여
인정하는 것인지는 명확하지 아니하다.

Ⅲ. 모순행위 금지의 원칙

1. 서　　설

　신의성실의 원칙을 구체화하는 작업에 있어서는 "자신의 선행행위에 모순
하는 행위는 허용되지 아니한다"는 원칙(모순행위 금지의 원칙)을 그러한 구체화의 현저한
유형으로서 내세우는 것이 일반이다.[30] 그리고 판결례 중에서도 이러한 원칙
의 적용이라고 할 수 있는 것이 적지 아니하다(그 구체적인 내용에 대하여는 후술한다). 영미법에서 인
정되는 禁反言(estoppel)의 법리[31]도 이러한 원칙과 유사한 것이라고 이해되고
있다.

　일반적으로 모순행위 금지의 원칙은, 어떠한 사람의 행태가 그의 선행하
는 행태와는 모순되는 것이어서 그러한 후행행위에 원래대로의 법효과를 인정
하게 되면 그 선행행태로 말미암아 야기된 다른 사람의 신뢰를 부당하게 침해
하게 되는 경우에, 그 후행행위의 효력이 제한되는 법원칙을 말한다고 이해되
고 있다. 그리하여 여기서는 첫째, 객관적으로 모순적인 행태와 그에 대한 귀

---

　29) 이러한 주장은 일찍부터 일본에서, 독민 §§ 433 Ⅱ, 640에서 명문으로 매수인과 수급인
　　　의 수취의무를 긍정하고 있는 것에 영향을 받아, 있어 왔다. 이에 대하여는 新田孝二(주
　　　23), 86 이하 참조.
　30) 가령 김증한 편집대표, 주석총칙(상), 98 이하. 일본의 교과서로서 四宮和夫, 民法總則,
　　　제4판(1986), 32; 鈴木錄彌, 民法總則講義(1984), 245 등 참조.
　31) 원래는 금반언이란, '국왕의 법원'의 기록, 날인증서(deed), 부동산에 관한 일정한 요식
　　　행위에 의하여 표시된 사실에 반하는 소송상의 주장을 금지하는 커먼로상의 원칙을 말하
　　　였다. 그런데 근대에 이르러, 형평법 및 상사법의 영향을 받아서, 어떠한 행위에 의하여
　　　어떠한 사실의 존재를 표시한 이에 대하여, 그것을 믿고 자신의 이해관계를 변경한 이를
　　　보호하기 위하여, 표시한 사실에 반하는 주장을 금지하는 원칙으로 발전하였다. 그리고 이
　　　러한 원칙은 커먼로, 형평법을 불문하고 인정되기에 이르렀다. 오늘날에는 사실의 표시뿐
　　　만 아니라 장래의 의사의 표시, 즉 약속에 대하여도 금반언이 인정되는 경우가 있다(이를
　　　'약속적 금반언(promissory estoppel)'이라고 한다). 이는 개별적으로, 행위에 의한, 계약
　　　에 의한, 날인증서에 의한, 판결에 의한, 기록에 의한, 표시에 의한, 심묵에 의한, 공시행위
　　　에 의한 금반언(estoppel by conduct, by contract, by deed, by judgment, by record,
　　　by representation, by silence, in pais) 등으로 불리기도 한다.

책,[32] 둘째, 그에 의하여 야기된 상대방의 보호받을 가치가 있는 신뢰의 존재가 상관적으로[33] 고려된다고 한다.[34] 그리고 이러한 법리는 우리 민법에서도 가령 §452에 명문으로 채택되어 있다.[35]

　그러나 이러한 원칙의 내용을 구체적으로 파악하여 그것에 보다 명확하고 그 예측가능한 모습을 부여하는 것은 그렇게 용이한 일이 아니다.[36] 또한 이 법리에 어떠한 체계적 위치를 줄 것인가도 반드시 명확하지 아니하다. 가령 법률행위제도 밖에서 책임의 발생을 정당화하는 ―불법행위 이외의― 제3의 근거로서 '신뢰책임'(Vertrauenshaftung)을 인정하여야 한다는 견해도 주장되고 있는데,[37] 이러한 견해에 있어서는 모순행위 금지의 원칙은 그러한 신뢰책임의 한 태양으로 이해될 수 있다고 주장된다.[38] 다른 한편, 모순행위 금지의 원칙은 그 선행행태를 법률행위적으로(가령 권리를 포기하는 묵시적 의사표시로) 해석함으로써 족하다고 하는 견해도 있다.[39]

　이상과 같은 문제들에 대한 상세한 논의는 피하기로 한다. 그리고 여기서는 통설에 좇아 모순행위 금지의 법리를 신의칙의 한 적용으로 위치잡고,[40] 그에 가능한 한 명확한 내용과 그 적용례의 유형화를 시도하여 보기로 한다.

---

32) 여기서 말하는 '귀책'은 물론 엄격한 의미에서의 '과책사유(Verschulden)'의 존재를 요구하는 것은 아니다.

33) 그 의미는, 이 양자는 엄격한 의미에서의 요건인 것은 아니며(따라서 그 어느 하나를 결한다고 하여서, 이 원칙의 적용이 반드시 부정되는 것은 아니다), 그 모순의 정도와 신뢰의 보호가치의 정도를 종합적으로 고려하여야 한다는 의미이다. C.-W. Canaris, *Die Vertrauenshaftung im deutschen Privatrecht*(1971), S. 530의 "유동적인 상호작용(beweglicher Zusammenspiel)"도 이러한 의미라고 추측된다.

34) 예를 들면, MünchKomm/Roth, § 242 Rdnr. 289 ff.(S. 160 ff.) 참조.

35) 민 §452는 '양도통지와 금반언'이라는 표제 아래, 채권양도인이 채무자에게 채권양도를 통지한 때에는 아직 양도하지 아니하였거나 그 양도가 무효인 경우에도 선의인 채무자는 양수인에게 대항할 수 있는 사유로 양도인에게 대항할 수 있다고 정한다.

36) 이 점 Canaris(주 33), S. 287; Wieling, Venire contra factum proprium und Verschulden gegen sich selbst, in: *AcP* 176, S. 334 등 참조.

37) 무엇보다도 독일의 C.-W. Canaris(주 33) 참조. 이에 대하여는 김학동, "신뢰책임의 체계", 저스티스 20(1987), 50 이하 참조.

38) Canaris(주 33), S. 530 f.는 이를 '법윤리적 필연성(rechtsethische Notwendigkeit)에 기한 신뢰책임'으로 위치잡는다.

39) H. J. Wieling(주 36), S. 334 ff. 그러나 이에 대하여는, 이러한 파악은 "지나치게 협소하며, 개별사안의 전부를 설명할 수 없다"는 비판이 가하여지고 있다. MünchKomm/Roth, § 242 Rdnr. 291(S. 161) 참조.

40) 독일에서도 이것이 통설이다. 가령 Esser/Schmidt(주 5), § 10 Ⅲ 2 a(S. 150 f.); Larenz(주 5), § 10 Ⅱ b(S. 133f.); Fikentscher(주 5), § 27 Ⅲ 5 a aa(S. 140 f.) 참조.

2. 선행행위와 모순되는 사후적인 결함의 주장

우리나라의 실무에서 가장 빈번하게 등장하는 적용예는, 애초 '결함'(_{가장} 넓은 의_{미에}_{서의}) 있는 행위를 스스로 하거나, 적어도 이에 가공한 자가 그 결함을 사후적으로 주장하는 경우에 대한 것이다.[41] 이러한 유형에서 문제가 되는 것은, 그러한 '결함'에 대하여 제재를 정하고 있는 법규정의 목적을 달성하기 위하여서는 과연 선행행위와 모순하는 사후적인 결함의 주장이라도 이를 용납하여야 할 것인가 하는 점이라고 생각된다.

(1) 전형적인 예

이러한 사안유형에 대한 신의칙의 적용을 적나라하게 보여 주는 비교적 오래 전의 대법원판결[42]이 있으므로, 우선 들어 두기로 한다.

이 사건에서 원고는 농지의 소유권을 취득하였는데, 그 원인이 된 매매계약은 원고의 아버지가 체결한 것이고 그 매매대금도 아버지가 지급한 것이었다. 원고는 자기 앞으로 소유권등기를 이전함에 있어서, 스스로 농가도 아니고 그 토지를 자영할 의사도 없으면서, 위 농지 부근으로 그 주소를 옮기고 또 자영의사가 있는 것처럼 가장하여 당시의 농지개혁법 § 19 Ⅱ에서 요구되고 있는 소재지관서의 증명을 얻은 것이었다. 그 후 피고(나라)는 원고가 등기명의자로 된 것이 당시의 상속세법 § 32의2 Ⅰ에 따라 증여의제에 해당한다고 하여 원고에게 증여세 등을 부과하였다. 이에 이르러 원고는 이 사건 소송을 제기하여 그 과세처분의 취소를 청구하면서, 원고가 위 농지를 취득한 것은 농지개혁법에 위배되어 무효이므로 증여의제의 대상이 되지 아니한다고 주장하였다. 대법원은 다음과 같이 판시하여 이 주장을 배척하였다.

> "원고 스스로 적극적으로 농가이거나 자경의사가 있는 것처럼 하여 소재지관서의 증명을 받아 그 명의로 소유권이전등기를 마치고 소유자로 행세하면서 이제 와서 증여세 등의 부과를 면하기 위하여 농가도 아니고 자경의사도 없었음을 들어 농지개혁법에 저촉되기 때문에 그 등기가 무효하고 주장함은 전에 스스로 한 행위와 모순되는 행위를 하는 것으로 자기에게 유래한 법지위를 악용하려 함에 지나지 아니하므로 이는 신의성실의 원칙이나 금반언의 원칙에 위배되는 행위로서 법률상 용납될 수 없다."

---

41) 이러한 점에서 많은 경우에 뒤의 Ⅶ.에서 보는 clean hands의 원칙과 중첩적으로 파악될 수도 있을 것이다.

42) 대판 1990.7.24, 89누8224(공 880, 1817).

이 사건 판결에서는 피고 측의 신뢰나 그 신뢰에 기하여 한 처분(과세처분)보다는 신뢰야기자 측의 주관적 위법성이 중시되지 아니하였는가 추측된다.[43]

대판 1986.10.14, 86다카204($_{3.\ 71}^{집\ 34-}$)도 이러한 관점에서 파악될 수 있을 것이다. 이 사건에서 원고인 지방자치단체가 1967년에 그 소유의 행정재산인 이 사건 토지를 제3자에게 매도하고 소유권등기까지 이전하여 주었고, 이어 이 토지는 여러 차례 전전양도되었다. 그런데 이 토지는 1983년에 이르러 공용폐지가 되어 잡종재산이 되었다. 그 후에 제기된 이 사건 소로써 원고는 애초의 매매계약이 사적인 거래의 목적물이 될 수 없는 행정재산을 대상으로 한 것이므로 무효라고 주장하고, 그 각 등기의 말소를 청구하였다. 대법원은, 그러한 주장은 "신의칙에 반하는 권리행사에 해당되어 허용될 수 없다"고 판시하였다.[44]

그 외에 재판례에 나타난 경우를 정리하여 보면 다음과 같다.

(2) 경매주택상의 임차권의 묵비

동일한 관점에서 파악할 수 있는 전형적인 사안유형은, 대항력 있는 임차권을 가진 임차인이 이해관계인에 대하여 일단 이러한 임차권의 존재를 속이거나 묵비하였는데 후에 이를 주장하는 경우이다.

대판 1987.5.12, 86다카2788($_{973}^{공\ 803.}$)은 다음과 같은 사안에 대한 것이다. 이 사건에서 피고는 보증금을 지급하고 이 사건 건물에 대항력 있는 임차권을 취득하였다. 그런데 그 임대인이 이 사건 건물을 타인을 위하여 담보로 제공하여 그에 원고은행 앞으로 저당권이 설정되었다. 그에 있어서 피고는 그 건물의 담보가치를 높이고자 하는 위 임대인의 부탁에 응하여, 원고은행의 직원에게 보증금 없이 임차하고 있다고 말하고 그러한 뜻의 확약서를 작성하여 주었다. 원고은행은 이를 믿고 이와 같은 사정을 바탕으로 하여 담보를 평가하고 이에 기하여 금융을 준 듯하다. 그런데 그 후 이 사건 건물에 대하여 경매가 진행되어서 원고은행 자신이 이를 경락받은 후, 이 사건에서 피고에 대하여 그 건물의 명도를 청구하였다. 그러자 피고는 이제 임차권의 대항력을 주장하여 원고

---

43) 이 판결에 대하여는 그에 관여한 재판연구관에 의한 판례해설인 진병춘, "선행행위와 모순되는 행위와 신의성실의 원칙", 법조 1991. 4, 90 이하 참조.

44) 대법원은 그 이유 중에 "원고는 특단의 사정이 없는 한 매매행위 당시에 토지가 행정재산임을 알고 있었다고 보아야 할 것"이라고 설시하고 있다.

은행에 대하여 그 보증금이 지급될 때까지는 건물을 명도할 수 없다는 내용의 항변을 하였다.[45] 대법원은, 원고은행이 위 경매절차가 끝날 때까지 위와 같은 사실을 몰랐다는 점을 지적하면서, 그렇다면 "위 임차보증금의 반환을 내세워 그 명도를 거부하는 것은 금반언 및 신의칙에 위반되는 것"이라고 한 원심 판단을 긍정하고 있다.

또 이와 거의 동일한 사안이 문제된 대판 1987.11.24, 87다카1708($^{공}_{816, 38}$)에서도 임차인이 목적물을 스스로 경락받은 채권자은행에 대하여 대항력을 이유로 전세금이 지급되기까지는 주택을 명도할 수 없다고 주장하는 것은 "특단의 사정이 없는 한" 금반언 내지 신의칙에 위반된다고 하였다.[46] 이 사건에서는 임차인이 각서를 작성하여 준 시점이 채권자은행 앞으로 근저당권설정등기를 하여 준 후라는 —아마도 앞의 사건에는 없는— 사정이 인정되고 있는데, 이 사정은 특히 고려되고 있지 아니하다.

이상의 두 판결에서는 임차인의 전후 모순되는 행태와 아울러 채권자은행이 경매절차가 끝날 때까지 임대차관계의 사실을 알지 못하였다는 사정이 함께 강조되고 있다. 그런데 그에 앞서서 대판 1987.11.24, 87다카1852($^{집 35-}_{1, 30}$)은, 유사한 사안에서 신의칙 위반을 부인하였다. 이 사건에서도 임차인이었던 피고는 원고은행이 담보물건에 대한 담보가치의 조사를 행함에 있어서 임대차 사실이 없다는 내용의 서류에 서명한 일이 있었다.[47] 그러나 대법원은, 경매절차에서 집달관이 작성한 임대차조사보고서에 피고의 임대차사실이 기재되어 있다는 사실을 중시하고, 그렇다면 경매목적물을 경락받은 원고는 위 경매절차에서 피고의 임차권이 있다는 사실을 알고 있었다고 하여야 하며, 나아가 "피고가 원고의 직원이 이 사건 경매절차와는 아무런 관련도 없이 행한 이 사건 건물에 대한 임대차조사에서 피고의 임대차사실을 숨겼다 하여도 이 사건 경매절차에서는 이를 분명히 한 이상 원고로 하여금 경매가격을 결정하게끔 신뢰를 준 것이라고는 할 수 없다 할 것이므로 위와 같이 임시 임대차관계를

---

45) 이는 임차권의 대항을 받는 목적물양수인은 임대인의 지위를 당연히 승계하고 따라서 임대차 종료시에는 임차보증금의 반환의무도 부담한다는 법리(이에 대하여는 대판 1985.5.28, 84다카1890[집 33-2, 57] 등 참조. 한편 주택임대차에 관하여 현행의 주택임대차보호법 § 3 Ⅳ도 참조)를 전제로 한 것이다.

46) 원심은, "[피고가] 위와 같은 각서에 날인하였다 하더라도 그 날인이 단순히 소유자의 간청에 못 이겨 형식상 하게 된 것인 점에 비추어 그 대항력이 소멸되거나 그 대항력을 포기한 것이라고 할 수 없"다고 하여, 피고의 항변을 받아들였었다.

47) 그리고 원심은 이를 내세워 신의칙 위반을 인정하였었다.

숨긴 사실만을 가지고서 피고의 이 사건 동시이행의 항변이 신의칙에 반하는
것이라고는 볼 수 없다"고 하였다.

이렇게 보면, 모순행위 금지의 원칙을 적용함에 있어서는 단지 선행행위에
금지되는 행태의 존재라는 측면뿐만 아니라, 또한 과연 그로 인하여 상대방에
게 보호받을 만한 선행행위에 대한 신뢰가 발생하였고 나아가 그 신뢰에 기하
여 어떠한 재산적인 조처가 행하여졌는가 하는 측면도 무겁게 고려됨을 엿보
게 하여 준다.

(3) 주권 발행 전의 주식양도

그러나 이상의 두 측면뿐만 아니라, 그 행태를 규율하고 있는 법제도의 제
도목적도 중시됨을 보여 주는 것이 이른바 주권 발행 전의 주식양도와 관련되
는 판결들이다.[48]

상법은 주식의 유통성을 확보하기 위하여 §335 Ⅰ에서 "주식의 양도는 정
관에 의하여도 이를 금지하거나 제한하지 못한다"고 규정하고 있다. 그리고 주
식양도의 방법에 대하여는 §336 Ⅰ에서 양수인에게 "주권을 교부하여야 한
다"고 정하고, 이를 뒷받침하기 위하여 §355 Ⅰ에서는 "회사는 성립 후 또는
신주의 납입기일 후 지체없이 주권을 발행하여야 한다"고 의무를 부과하고 있
다. 그러면서 다른 한편으로 상 §335 Ⅱ은 "주권 발행 전에 한 주식의 양도
는 회사에 대하여 효력이 없다"고 규정하였다. 그런데 우리나라의 실정을 보
면, 소규모의 회사는 적지 않은 경우에 그 회사가 성립하거나 신주의 납입기일
이 경과한 후 상당한 기간이 경과하여도 주권을 발행하지 아니하고 있다. 그렇
다고 해서 이러한 회사의 주식이 전혀 양도되지 아니하고 있는 것은 아니고,
각종의 방법으로 주식양도가 당사자들 사이에서 행하여지고 있었다.[49] 이러한
현실과 법규정 간의 괴리를 메꾸기 위하여 특히 학자들 사이에 많은 이론적
인 노력이 행하여져 왔다. 결국 1984년 4월 10일의 상법개정으로 앞에서 본

---

48) 이 문제 일반에 대하여는 우선 변동걸, "주권 발행 전의 주식양도", 회사법상의 제문제
   (재판자료 37집)(1987), 97 이하; 정동윤, "주권 발행 전의 주식양도의 효력", 법조 1980.
   7, 1 이하 참조.
49) 그 방법으로서는 ① 주금납입영수증을 명의개서를 위한 백지위임상 또는 백지양도증
   서와 함께 교부하거나(이러한 양도방식을 商慣習이라고 하는 것이 상법학자 간의 다수설
   이다), ② 회사가 주금납입영수증에 갈음하여 발행하는 주권보관증(이에 대하여는 대판
   1965.12.7, 65다2069[집 13-2, 273] 참조)을 교부하거나, ③ 나아가 단순히 합의만에 의
   하여 한다. 이들 방법에 대하여는 우선 변동걸(전주), 115 이하 참조.

§ 335 Ⅱ에 단서를 추가하여, "그러나 회사성립 후 또는 신주의 납입기일 후 6
월이 경과한 때에는 그러하지 아니하다"라고 정함으로써 주권 발행 전의 주식
양도에 대한 제한을 완화하기에 이르렀다.[50]

　이러한 상법개정이 있기까지 주권 발행 전에 이루어진 주식양도에 대하여,
대법원의 주류적인 판례는 그러한 주식양도의 회사에 대한 효력을 엄격하게
부인하는 태도를 취하여 왔다. 대법원은 특히 회사가 그러한 주식양도를 '승
인'한 경우, 나아가서는 주주명부에 명의개서를 한 경우에까지도 그러하다고
여러 차례 반복하여 판시하였다. 예를 들어 대판 1965.4.6, 64다205($^{집\ 13-}_{1,\ 101}$)이
공식판례집에 수록된 재판으로서는 처음으로,[51] "그 양도가 주권을 발행할 수
있는 합리적인 기간이 경과한 후에 한 것이고 이를 회사가 승인하여 주주명부
에 그 변경을 기재하였다 하여도 회사에 대한 관계에서는 그 효력이 생기지
아니한다"고 판시하였다.[52]

　여기서 '합리적 기간' 운운한 것은, 이 점에 관한 우리나라의 다수설이 택
하고 있는 이른바 합리적 시기설을 택하지 아니함을 명백하게 한 것이다.[53] 우
리나라의 다수설은 앞에서 본 상 § 355 Ⅰ을 들어, 상 § 355 Ⅱ이 제한하고 있
는 것은 회사가 주권을 발행하는 데 통상 필요한 합리적 기간 내의 주식양도
내에 한정되는 것이며, 그 기간 내에 주권이 발행되지 아니한 경우에는 그 기
간 경과 후에 이루어진 주식양도라도 회사에 대하여 효력이 있다는 입장을 취
하고 있는 것이다.[54] 위와 같이 이른바 합리적 시기설을 부인하는 취지의 재
판례는 그 후에도 반복되고 있다.[55] 대법원은 나아가서 "후일 양수인에게 직접

50) 이 신설규정을 적용한 예로서는 대판 1988.10.11, 87누481(공 836, 1414) 참조.
51) 그 전에 대판 1960.11.24, 4292민상874(요집 민 Ⅱ, 470)은 현재의 상 § 335 Ⅱ 본문과
　동일한 내용을 정하는 의용상법 § 204 Ⅱ이 적용된 사안에 대하여, "주권 발행 전에 한 주
　식의 양도는 절대적으로 무효인 것이 아니고 다만 회사에 대하여 그 효력이 없을 뿐이어
　서 회사에서는 이를 유효로 인정할 수 있는 것"이라고 판시한 바 있었다. 이 판결의 사실
　관계는 불명이나, 그 취지를, 회사측에서 일단 승인하고나면 그 후로 회사는 그 무효를 주
　장할 수 없다는 것이라고 할 수 있을는지도 모른다.
52) 대판 1987.5.26, 86다카982등(공 804, 1053)도 개정 전의 상 § 335 Ⅱ에 관하여 "주권
　발행 전에 한 주식의 양도는 회사가 이를 승인하여 주주명부에 그 변경을 기재하거나 후
　일 회사에 의하여 주권이 발행되었다 할지라도 회사에 대한 관계에 있어서는 그 효력이
　없다"고 판시하였다.
53) 이 점은 뒤의 대판 1967.1.31, 66다2221(집 15-1, 59); 대판 1975.12.23, 75다770(공
　530, 8890) 등에서도 반복하여 판시되고 있다.
54) 이에 대하여는 우선 변동걸(주 48), 125 이하(다수의 문헌인용) 참조.
55) 가령 대결 1980.10.31, 80마446(공 647, 13363) 등.

第 2 條　　　　　　　　　　　　　　　　　　　　　　　*205*

주권이 발행되었다 하더라도"마찬가지이고,[56] "그 결과가 회사의 재산을 위태롭게 하지 아니하는 경우에도"[57] 또 "주금을 완납한 경우일지라도"[58] 다름이 없다고 판시하였다.

그리하여 주권 발행 전에 당초의 주주로부터 주식을 양수한 자가 개최한 주주총회에서 이루어진 결의는 주주 아닌 자의 모임에서 이루어진 것이므로 당연히 주주총회결의로서의 효력이 없으며, 또 그 주주총회에서 선임된 이사들이 선출한 대표이사에게 회사를 대표할 자격이 없음은 물론이다. 그러므로 그 대표이사가 체결한 계약은 무권대표행위가 된다. 실제로 대판(전) 1980.3.11, 78다1793($^{집\ 28-}_{1,\ 146}$)은 원시주주 전원으로부터 그 주식의 전부를 양수하고 회사의 대표이사가 되었던 갑이 회사를 대표하여 성업공사와의 사이에 부동산매매계약을 체결한 경우에, 그 주식양도 당시 주권이 아직 발행되지 아니하고 있었으므로 갑을 주주로 하여 개최된 주주총회에서 갑을 이사로 선임한 결의는 무효이고 따라서 갑에게는 회사대표권이 없으므로 위 계약은 무권대표행위라고 판단하고서는, 다시 나아가 별도의 사정을 들어서, 적법하게 선임된 대표이사에 의한 추인을 긍정하고 있는 것이다.[59]

그리고 이와 같이 새로이 선임된 대표이사에게 아무런 적법성을 인정할 수 없다면, 원래의 대표이사는 상 §§ 386, 389 Ⅱ에 의하여 새로운 대표이사가 적법하게 선임될 때까지는 여전히 회사대표권을 가지고 있다는 결과가 된다.[60] 그리하여 그는 회사의 적법한 대표자로서 일체의 재판상 또는 재판외의 행위를 할 수 있어서, 가령 위와 같은 주주총회에서 선임된 이사나 이들에 의하여 선임된 대표이사의 자격을 다툴 수 있다. 그리고 다른 한편으로 주식양도인은 회사에 대한 관계에서는 여전히 주주로서의 지위를 가지게 되어, 그에 기한 각종의 권리를 행사할 수 있게 된다.

문제는 그와 같이 주권 발행 전에 주식을 양도한 당사자($^{대개는}_{원시주주}$)가 그와 같은 주주의 지위에서 그 주식양도가 회사에 대하여 효력이 없음을 주장하는

---

56) 대판 1963.11.7, 62다117(집 11-2, 231) 참조.
57) 대판 1964.5.12, 63다819(요집 민 Ⅱ, 470) 참조.
58) 대판 1966.9.6, 66다798(집 14-3, 6) 참조(단 의용상법을 적용한 사건).
59) 그런데 이 전원합의체 판결에는 3인의 대법원판사의 소수의견이 있는데, 이들은 결국 이른바 합리적 시기설을 주장하고 있다. 이 전원합의체판결을 계기로 1980년 10월에 당시의 서울통합변호사회 주관으로 '주권 발행 전의 주식양도'라는 세미나가 개최되었다. 거기에서 발표된 논문 및 토의내용 등에 대하여는 대한변호사협회지 1980년 10월호 참조.
60) 대판 1983.9.27, 83도1622(공 716, 1631).

것은 신의칙에 비추어 허용되지 아니한다고 하여야 하지 아니할까 하는 점이다. 대판 1977.10.11, 77다1244($\frac{집 25-}{3, 186}$)은 특히 양도인이 1인주주로서 회사의 이사($\frac{회사를 상}{고 추측된다}$)이었는데 그 주식을 대물변제를 위하여 양도하였던 사안($\frac{회사를 상}{대로 한 주}$ $\frac{주총회결의부존}{재확인청구사건}$)에서 이를 부정하고, 그러한 주장은 신의칙에 반하지 아니한다고 판시하였다. 즉, "비록 원고들은 피고회사의 임원으로 있었던 사람들로서 주권을 발행하여 원시주주에게 교부해 줌으로써 이들로 하여금 회사에 대한 관계에서도 유효한 주식양도가 가능하도록 해 주었어야 할 책임이 있는데도 회사 설립 후 주권 발행에 필요한 충분하고도 합리적인 기간이 경과되도록 그 의무를 해태하였던 것이라고 해도, 그러한 이유로써 본건 주식의 양도가 회사에 대한 관계에 있어서 유효하게 되는 것이라고 볼 수는 없고, 원고들이 위 상법조문에 근거하여 피고회사에 대하여 위 주식양도가 회사에 대한 관계에서 그 효력이 없음을 주장한다고 해서 이것이 신의성실의 원칙에 어긋나는 것이라고 단정될 수는 없다 할 것"이라고 한다.

그러나 대판 1983.4.26, 80다580($\frac{집 31-}{2, 114}$)은 마찬가지로 회사를 상대로 한 주주총회결의부존재확인청구사건에서 이와 반대로 신의칙 위반을 긍정하였다. 즉, "실질상의 1인주주로서 대표이사직에 있던 자가 주권을 발행하지 아니하고 있다가 자금난으로 회사를 경영할 수 없어 그 주식을 모두 양도한 후, 그 양수인들이 회사의 부채를 정리하고 경영한 지 무려 7, 8년이 지난 후에 이르러 주권 발행 전의 주식양도라는 이유로 그 주식양도의 효력을 다투는 것은 신의성실의 원칙에 반한 소권의 행사이어서 허용되지 아니한다"는 것이다.

나아가 대판 1987.7.7, 86다카2675($\frac{공 807,}{1304}$)에서도 "원고가 사실상의 1인주주로서 그 주식 전부를 소유하고 대표이사로 있으면서 주권을 발행하지 아니하고 있던 중 거래선인 피고 A가 경영하던 甲 합명회사에 대한 채무…를 변제할 능력이 없어서 그 해결방법으로 원고 소유의 피고회사 주식 전부를 … 양도하고 회사의 경영권까지 넘겨 주었던 것[인데] … 그 양수인들이 양도받은 피고회사를 경영하고 있는 지금에 와서 그 주권이 발행되지 아니하였다거나 상법 소정의 주식양도방법에 따르지 아니한 양도였음을 구실로 내세워 그 주식양도의 효력을 다투는 것도 신의성실의 원칙에 위배되는 소권의 행사로서 허용될 수 없다"($\frac{점선은 인용자가 생략}{한 부분을 가리킨다}$)고 한 원심의 판단을 승인하고 있다.

개정 전 상법 아래서 주권 발행 전 주식양도의 문제 전반에 관하여는 여기서 논급할 여유가 없다. 단지 여기서 문제되고 있는 신의칙의 적용에 논의를

한정하여 보면, 위와 같이 양도인이 주식양도의 효력을 부인하는 주장을 하는
것을 신의칙에 의하여 제한하는 최근 판례의 태도는, 그 한 내용인 모순행위
금지의 원칙에 비추어서도 정당하다고 생각된다. 이들 판례는 이를 소권의 남
용이라는 관점에서 접근하고 있다. 그러나 앞서 본 바와 같은 문제위상에서 볼
때는, 여기서 중요한 것은 주식양도인이 주주총회결의의 하자 등을 다투는 소
송을 제기하는 것이 허용되느냐 하는 점이 아니라, 나아가 그 주식양도의 회사
에 대한 효력 유무임은 명백하다.[61]

   그리고 여기서 신의칙은 개정 전의 상 § 335 Ⅱ이 적절하게 주의를 베풀
지 못하였던 주권 발행에 관한 현실을 그 규정의 적용에 있어서 개별적으로
고려하여, 그 엄격함을 완화하는 기능을 수행하고 있다. 그리고 판례가 신의
칙을 적용함에 있어서 주목하는 사정들은 대체로 ① 주식양도에 이르게 된 연
유, ② 양수인측에게 현재 회사를 실제로 경영하고 있어서 양도인을 주주로 인
정하게 되면 이러한 현상을 모두 급격하게 변경하지 아니하면 안 된다는 사실,
③ 양도인측이 주식양도 당시 회사의 경영진을 구성하고 있어서 상 § 355 Ⅰ
에 의하여 주권을 발행할 의무를 부담하고 있었는데 이를 게을리 하고 있었다
는 점 등이다. 그러나 이러한 사정들은 적어도 우리나라에서 주권 발행 전의
주식양도가 행하여진 경우에는 통상적으로 존재하는 것이 아닌가 추측된다.
실제로 위와 같은 판단에 이르도록 한 실질적인 이유는 양도인이 자신이 보유
하는 주식을 양도하고 난 후에 이번에는 그 양도의 효력제한을 주장하는 것이
객관적으로 선행행위에 모순하는 행태로서 일반적으로 허용되어서는 안 된다
는 평가에 있다고 생각된다.

   주식양도인이 주권의 교부가 없었음을 이유로 사후적으로 양도행위의 효
력을 다투는 것을 이러한 선행행위에 모순되는 행태라는 관점에서 허용하지
아니하는 재판례로서는 대판 1991.12.23, 90다카1158($^{공\ 913,}_{496}$)이 있다. 이 사건
에서는 회사의 대표이사로 있던 원고가 자신의 주식 전부를 채권자에게 채무
의 변제에 갈음하여 양도하였는데, "그 당시 위 주식에 관하여 주권이 발행되
어 있었음에도 이러한 사실을 감추고" 양수인에게 주권을 교부하지 아니하였
다. 그 후 그 주식은 현재 회사의 대표이사로서 회사를 실제로 경영하고 있는

---

61) 가령 손주찬 외, 개정상법해설(1984), 51(양승규 집필)은 앞의 본문에서 본 대판
   1983.4.26.에 의하여 "실질적으로 종래의 판결을 변경하고 주권 발행 전의 주식양도의 효
   력을 인정하고 있다"고 이해하고 있다.

사람에게 다시 양도되었다. 원고는 이 사건 소송에서 그 최종 양수인 등이 행한 주주총회 결의의 부존재의 확인을 청구하였다. 그러나 대법원은 원심과 마찬가지로 이 청구를 "신의성실에 반하는 소권의 행사로서 부적법한 것"이라고 판단하였다. 그 이유는, 그 청구가 "주권 교부의 의무를 불이행한 원고가 그 의무불이행상태를 그의 권리로 주장함을 전제로 하는 것"이라는 데 있다. 이 판결은 주식의 양도 당시 이미 주권이 발행되어 있었던 경우에 대한 것으로서, 앞에서 본 판결들과는 사안을 달리한다. 그러나 자신의 채무불이행을 자신에게 유리한 사유로서 주장하는 것은 허용되지 아니한다는 법리는 신의칙의 구체적인 적용의 전형적인 一例라고 할 것이다.

　　나아가 대판 1992.8.14, 91다45141($^{공\ 929,}_{2655}$)도 이러한 관점에서 파악될 수 있다. 이 사건에서는 자신의 보유 주식을 전부 양도하고 회사 이사의 직을 사임하던 원고가 종전에 가지던 이사로서의 지위에 기하여 그 후임 이사를 선임한 주주총회 등의 결의의 하자를 주장하였다. 상 §386 Ⅰ은 법률 또는 정관에 기한 이사의 수를 결한 경우에는 사임 등으로 퇴임한 이사는 새로 선임된 이사가 취임할 때까지 이사로서의 권리의무가 있다고 정한다. 이 규정에 기하여 종전의 이사는 사임 등으로 퇴임하였더라도 그 후임 이사를 선임한 주주총회결의의 하자를 주장하여 그 부존재확인을 구할 수 있다고 인정되어 왔다. 그런데 이 사건에서 사실상 1인회사의 단독주주였던 원고는 그 주식 전부를 양도하면서 "양수인이 회사를 인수함에 있어 어떠한 형태로 처리하더라도 이의를 제기하지 아니하기로" 약정한 바 있었다. 대법원은 "이와 같은 원고로서는 그 이후에 피고 회사의 주주총회결의나 이사회결의에 대하여 상법 제389조, 제386조 제1항에 의하여 그 대표이사로서의 권리의무를 계속 보유하고 있다는 이유로 그 부존재확인을 구하는 것은 신의성실의 원칙에 반한다"고 판단하였다.[62]

(4) 종전의 농지개혁법에 반하는 농지취득

　　또한 농지개혁법이 정하는 제한($^{특히\ 동법}_{§§\ 19,\ 27}$)에 반하여 이루어진 농지매매에 있어서 그 무효를 주장하는 것도 신의칙에 반하여 허용되지 아니하는 경우가 있다. 이에 관한 대법원판례의 추이에는 흥미로운 바가 있다.

　　우선 대판 1973.7.24, 73다152($^{집\ 25-3,\ 336.\ 뒤에서\ 보는\ 대판\ 1977.}_{11.22.의\ 참조판례로\ 수록되어\ 있다.}$)은 다음과 같은

---

62) 이 판결은 관련판결로 앞서 본 대판 1991.12.23.을 들고 있으나, 엄밀히 말하면 양자는 중요한 사실관계에 있어서 서로 다른 점이 있지 아니한지 검토를 요한다.

사안에 대한 것이다. 원고가 비자경농지로서 소유하던 이 사건 토지는 농지개혁의 시행으로 당연히 국가에 귀속되었으나, 아직 분배를 하지 아니하고 있는 동안에 그에 토지개량사업이 시행되어 1970년에 환지처분이 확정되었다. 이로써 그 소유권은 원고에게 환원되었다. 그런데 원고는 이미 1960년에 위 토지를 피고 갑에게 매도하고, 나아가 갑은 이를 피고 을에게 전매하여 각 소유권이전등기가 경료되었다. 이 사건에서 원고는 위 매매계약이 자경하지 아니하는 농지의 매매를 금하는 강행법규인 농지개혁법 § 27에 반함을 주장하여 그 각 등기의 말소를 청구하였다. 원심은 이 청구를 인용하였는데, 대법원은 이를 파기환송하였다. 그 이유로 드는 바는, 첫째로 피고 갑이 농가로서 매수적격을 가졌다면 원고와 피고 갑과의 매매는 그 한도 내에서 당연무효라고는 할 수 없고, 따라서 원고는 갑에게 소유권등기를 이전하여 줄 의무를 부담한다는 것, 둘째로 그런데 이제 와서 자기 소유라고 하여 "달면 삼키고 쓰면 뱉는다는 식으로" 본건 매매의 무효를 주장함은 신의성실의 원칙에 위배되는 행위로서 용납할 수 없다는 것이다. 그런데 만일 원고와 피고 갑과의 매매계약이 유효라고 한다면, 굳이 위의 '둘째'와 같은 군더더기를 붙일 필요도 없을 것이다. 결국 이 판결에서 대법원은, ① 자경하지 아니하는 농지를 다름아닌 농가에 매도하는 것도 위 농지개혁법 규정에 반하여 무효라고 할 것인가 하는 문제와, ② 이를 일단 긍정하여 그 매매계약을 무효라고 가정하더라도 원고가 스스로 매도하고 소유권등기까지 넘게 준 것을 이제 와서 그 무효를 주장하여 등기의 말소를 청구하는 것이 신의칙상 허용될 수 있는가 하는 문제와를 명확하게 구별하지 아니한 채로, 어쨌거나 원고의 등기말소청구는 허용되지 아니한다는 결론만을 확실하게 내렸던 것이 아닌가 생각된다.

그런데 이어서 내려진 대판 1977.11.22, 77다1947($\frac{집\ 25-}{3,333}$)에서는 ②의 문제만을 제시하고 이를 부정한다. 즉, "농지개혁법이 시행될 당시 자경하지 아니한 이 사건 농지를 농지개혁법이 시행된 뒤인 1950.3.7. 원고의 亡 조부가 피고의 선대에게 매도하여 이것이 농지개혁법 제27조에 저촉되기 때문에 무효라 할지라도 매도인 측인 원고가 이제 와서 매수인 측을 상대로 그 무효를 주장하는 것은 신의성실의 원칙에 어긋난다"는 것이다. 이 사건 매매계약에서 매수인은 농가이었던 것인데, 여기서는 그 계약이 무효인가 하는 문제에는 언급이 없으며, 단지 매매계약의 이행으로 농지가 1950년경 매수인 측에 인도되어 적어도 1964년경까지 장기간에 걸쳐 계속 경작하여 왔다는 사정이 중시된 것으로 추측된다. 그리고 그 후의 대판 1980.11.11, 80다191($^{공\ 648,}_{12[13394]}$)에서는 단지 "비자경농지일지라도 농지개혁법 시행 후 동법 제27조 소정의 매매금지규정에 위반하여 매도한 원고가 그 뒤 위 토지가 농지분배됨이 없이 대지화되어 그 소유권이 돌아왔다 하여 종전 매매의 무효를 주장함은 신의칙에 위반되어 받아들일 수 없다"고 하면서, 위 대판 1973.7.24을 인용하고 있다. 이상의 대법원판결들을 요약하여 보면, 농개 §27에 위반한 매매계약의 매도인은 ① 나중에 그 토지가 더 이상 농지가 아니게 된 경우 또는 ② 매수인이 농가이었던 경우에는, 그 계약의 무효를 주장하여 원상회복 등을 청구할 수는 없다는 판례상의 준칙이 일반적으로 성립한 것으로 생각된다.[63]

그리고 이러한 판례상의 준칙은 농지개혁법 §27 위반의 경우뿐만 아니라, 농지개혁법 §19 Ⅱ를 위반하여 소재지관서의 증명이 없이 농지를 매매한 경우에도 마찬가지로 인정되고 있다. 즉, 대판 1984.11.13, 84다75($^{집\ 32-}_{4,77}$)은 그 경우에 매도인이 매수인에게 소유지이전등기를 경료한 뒤에 매매의 무효를 이유로 소유권이전등기의 말소를 구하는 것은 신의칙에 반하여 받아들일 수 없다고 판시하면서, 위의 대판 1973.7.24.와 대판 1980.11.11.을 인용하고 있다. 이 사건에서도 매수인은 "자경하거나 자영할 의사로" 매수하였던 사안이었다. 이 판결은, 그러한 경우에도 농지개혁법 §19 Ⅱ에서 규정된 소재지관서의 증명은 농지매매계약의 유효요건이고 따라서 그것을 갖추지 아니한 농지매매계약은 "매매당사자의 태도 여하에 불구하고" 무효이며, 따라서 그것을 원인으로 한 소유권이전등기는 무효라고 정면에서 인정하고 있다. 그리고 이에 관한 선행판결로서 대판 1963.7.25, 63다314($^{미}_{공간}$); 대판 1966.5.31, 66다531($^{집\ 14-}_{2,\ 59}$)을 인용하고 있다. 그런데 이 중에서 후자의 판결은 원고가 그의 小室인 피고에게 동서생활을 계속할 조건으로 양도한 사안에 대한 것인데, 이것이 불법원인급여에 해당함을 인정하면서도($^{원심은\ 이를\ 이유로\ 원고의}_{등기말소청구를\ 인용하였다}$), 등기이전 당시에 소재지관서의 증명을 받지 아니하였다는 사정을 들어 그 등기는 원인무효라고 판시하고 있다.

그러므로 이상의 판결들을 종합하여 보면, 대법원은 우선 종전의 농지개혁법 §§19 Ⅱ, 27이 당사자들의 직업이나 의사 등에 관계 없이 적용되는 강행법

---

63) 이는 독민 §§313, 518 Ⅱ, 766 제2문에서 정하고 있는 형식흠결의 하자가 그 계약의 이행에 의하여 치유된다는 법리를 연상시킨다. 물론 여기서는 그 하자가 형식흠결이 아니라, 강행법규 위반이기는 하다.

규인 점을 확인한다. 그러나 매수인이 농가이거나 자영할 의사가 있는 경우 또는 그 목적물이 이미 농지가 아니게 된 경우 등에 있어서는, 특히 耕者有田의 이상을 달성하려는 것이 농지개혁법의 입법목적임에 비추어, 이러한 사정 아래서는 그러한 입법목적을 더 이상 추구할 필요가 없거나(전자의 경우) 그것을 추구하는 것이 무의미하게 되었으므로(후자의 경우), 이들 규정의 엄격한 적용을 완화하고자 하려는 것이다. 다만 그 법적 구성에 있어서 이를 농지개혁법 자체의 목적적 축소해석(teleologische Reduktion)에 의하지 아니하고(특히 전자의 경우에), 신의칙을 내거는 점에 특색이 있다고 하겠다. 이는 신의칙에 과도한 기능을 부과하는 것이 아닌가 하는 의문이 없지 아니하다.

아울러 농지개혁법 §19 Ⅱ와 관련하여서 보면, 대판 1987.4.28, 85다카 971(집 35-1, 304)은, 농지매수인 측에서 자신이 농가가 아니고 자영의 의사도 없어서 소재지관서의 증명을 받을 수 없다는 이유를 들어 그 매매계약의 무효를 주장하는 것은 신의칙에 반하여 허용되지 아니한다고 판시하였다. 그리고는 농지매수인인 원고가 그 계약에 기하여 지급한 계약금 및 중도금의 반환을 청구하는 것을 기각하였다.[64] 이 판결의 태도에 대하여는 의문이 있다. 매수인이 농지매매계약의 '유효요건'을 충족할 수 없음을 스스로 주장하였다고 하여서 그것이 일반적으로 신의칙에 반한다고 하면, 농지개혁법 §19 Ⅱ의 요건을 갖출 수 없는 매수인, 즉 농가가 아니거나 자영할 의사가 없는 매수인은 그것을 이유로 하여 원상회복 등의 청구를 할 수 없게 된다. 이것은 결국 매수인은 그 계약으로부터 아무런 권리도 취득하지 못한다는 결과가 된다. 왜냐하면 한편으로 계약의 이행청구, 즉 소유권이전등기청구는 소재지관지의 증명을 얻을 수 없으므로 허용되지 아니하며, 다른 한편으로 계약의 원상회복청구 (Rückabwikklung)도 위와 같이 신의칙에 기하여 허용되지 아니하기 때문이다. 이는 매수인에게 지나치게 가혹하며, 다른 한편 그러한 결과는 농가 아닌 자의 농지취득을 막고자 하는 농지개혁법의 목적을 실현하는 데도 별로 기여하는 바가 없다고 하겠다.[65]

---

64) 이 판결은 아울러 농지개혁법 §19 Ⅱ에서 정한 소재지관서의 증명은 농지매매의 성립요건이 아니므로(앞의 대판 1984.11.13.이 '유효요건'이라고 한 것과 비교하라) 계약체결 당시에 있어야 하는 것은 아니고, 따라서 매매 당시에 그것이 없다고 하여 계약이 무효가 되는 것은 아니라고 한다.

65) 그러나 그 후 대판 1995.9.29, 94다55354(공 1004, 3604)는 본문의 대판 1987.4.28.과 같은 태도를 취하고 있다.

(5) 무권대리인의 본인 승계 등

우리나라에서 아직 재판례는 드물게밖에 보이지 않으나, 학설상 논의되고
있는 모순행위 금지 원칙의 한 적용례로 논의되고 있는 사안유형으로서 다음
과 같은 것이 있다. 즉 이는 무권대리행위가 행하여져서 행위의 효력이 본인에
게 미치지 아니하는 경우에 나중에 대리인과 본인의 지위가 상속 등으로 동일
인에게 귀속되기에 이르렀다고 하면 이제 무권대리행위의 위와 같은 효력불발
생을 주장하는 것이 모순행위 금지의 원칙, 나아가 보다 일반적으로 신의칙에
비추어 허용되지 않는다고 할 것이 아닌가 하는 문제이다. 이하에서는 그와 같
은 '혼동', 즉 '법적 지위의 동일인 귀속'이 상속을 원인으로 하여 일어난 경우[66]
를 중심으로 논의하기로 한다.

이는 다시 다음과 같이 경우를 나누어 살펴볼 수 있다.

첫째, 무권대리인이 본인의 사망에 의하여 본인의 권리·의무를 상속한 경
우(이른바 무권
대리인상속형), 그가 본인으로서의 지위에서 무권대리행위의 추인을 거절하는
것이 허용되는가? 이와 관련한 논의는 다시 무권대리인이 단독상속한 경우와
공동상속한 경우로 나누어 볼 수 있다.

둘째, 반대로 무권대리인이 사망하고 본인이 그 권리·의무를 상속한 경우
는 어떠한가?(이른바 본
인상속형)

셋째, 나아가 본인과 무권대리인 쌍방을 상속한 경우는 어떠한가?(이른바 쌍
방상속형)

이러한 문제에 대하여는 특히 일본에서 다수의 재판례가 나와 있고, 이에
따라 학설 측에서도 일정한 대응이 행하여지고 있다.[67]

(가) 우선 무권대리인상속형의 경우를 본다.

이에 대하여는 주지하는 대로 학설의 대립이 있는데, 학설의 전개는 단독
상속의 경우를 염두에 두고 행하여지는 것으로 보인다.

---

66) 이러한 무권대리인과 본인의 지위가 '혼동'되는 경우는 단지 상속의 경우에만 발생할 수
　　있는 것은 아니다. 가령 무권대리인이 본인의 법정대리인으로 취임하거나, 또는 무권대리
　　인에 의하여 체결된 임대차의 목적물을 그 후에 무권대리인이 취득하는 경우에도 마찬가
　　지의 문제가 생긴다. 그러나 이하에서는 우선 주로 발생하는 상속의 경우만을 다루기로
　　한다.

67) 우리나라에 있어서는 우선 황경웅, "무권대리와 상속", 법학논문집(중앙대학교 법학연
　　구원) 43-3(2019.12), 39 이하 참조. 일본의 재판례 및 학설에 대하여는 우선 四宮和
　　夫, 民法總則(1986), 252 이하; 磯村保, "矛盾行爲禁止の原則について(2)—(4)", 법률시보
　　61-3·6·13(1989) 등 참조.

다수설의 지위에 있는 당연유효설에 의하면, 상속에 의하여 무권대리행위
는 당연히 유효하게 되고 이제 더 이상 본인으로서의 지위에서 추인을 거절하
지 못한다는 것이다.[68] 그 이유는 대체로 설사 무권대리인이 본인의 승계인으
로서 추인을 거절할 수 있다고 하여도 그 무권대리인은 §135에 의하여 이행
또는 손해배상의 책임을 져야 하므로, 처음부터 대리권이 있는 자가 행위를 한
것과 마찬가지로 보는 것이 알기 쉬운 해결이라는 데 있다.[69] 또한 무권대리인
이 본인을 상속하면 양자의 지위가 혼동으로 융합하여 본인이 스스로 법률행
위를 한 것과 같은 상태가 된다는 점을 들기도 한다.

한편 소수설인 병존설은 본인의 지위와 무권대리인의 지위가 원칙적으로
각자 분리되어 병존하며 특히 무권대리행위의 본인으로서 가지는 추인거절권
이 당연히 소멸하는 것은 아니라고 한다.[70] 그 이유는, 본인을 상속한 무권대
리인이 추인을 거절하는 경우에도 그가 §135의 책임을 부담하는 것이 아니고
상대방이 악의이거나 과실이 있는 경우에는 그 책임이 배제되므로($\frac{통조}{II}$) 두 지
위의 병존을 인정할 실익이 있다는 것,[71] 다수설에 의하면 위와 같은 경우 무
권대리행위가 당연히 유효로 되어서 상대방은 §134의 철회권을 행사할 수 없
고 나아가 §135에 기한 손해배상청구도 할 수 없게 되는데, 이는 통상의 경우
에서의 무권대리행위의 상대방에 비하여 불합리하게 불이익을 주는 것이라는
점, 나아가 병존설에 의하면 무권대리인의 공동상속의 경우 또는 무권대리인
이 무권대리행위의 목적물을 상속 이외의 원인으로 취득한 경우 등에도 일관
된 논리를 적용할 수 있는 장점이 있다는 점 등을 든다.[72]

한편 공동상속의 경우에 대하여 특히 병존설은 "피상속인이 본인으로서
가지는 추인권과 추인거절권은 상속인 전원에게 승계되므로, 전원의 추인이
없으면 무권대리는 공동상속인에 대하여 유효로 되지 않"으며, "양자의 지위는
혼동되지 아니하고 각 분리되어 병존한다"고 한다. 다수설인 당연유효설은 일

---

68) 종전의 문헌으로 교과서로서 고상룡; 곽윤직; 김용한; 김증한·김학동; 이은영; 장경학
등이 있고, 비교적 근자의 것으로는 김대정, 민법총칙(2012), 1052; 김주수·김상용, 친족
상속법(2013), 620; 송덕수, 민법강의(2013), 280 등이 있다.
69) 장경학이 "문제를 간단히 해결할 수 있다"고 하는 것도 이러한 취지라고 추측된다.
70) 곽윤직 편집대표, 민법주해[III]: 총칙(3), 제1판(1992), 220(강용현 집필부분); 김용
덕 편집대표, 주석총칙(3), 제5판(2019), 292(이균용 집필부분); 명순구, 민법총칙(2005),
477; 이영준, 민법총칙(2005), 581; 지원림, 민법강의(2019), 334.
71) 특히 제철웅, "상속이 무권대리 또는 무권리자의 처분행위에 미치는 효력", 최병욱 정년
기념 논문집(2002), 32이 이 점을 강조한다.
72) 민법주해[III](주 70), 220.

반적으로 공동상속의 경우에 대하여 별다른 말이 없는데, 드물게 이 경우에 대
하여는 "구체적인 사안에 따라 추인 및 추인거절의 문제를 다루어야 한다"는
견해도 있다.[73]

　　이와 같은 경우에는, 상속에 앞서서 무권대리행위가 행하여졌다면 이는 본
인에게 그 행위의 효력을 귀속시킬 것을 의욕한 것이므로 나중에 본인의 지위
를 획득한 후에 그러한 원래의 의사에 반하여 이제 와서 추인을 거절하고 그
러한 효과귀속을 부인하는 것은 역시 선행행위에 반하는 행태로서 신의칙상
허용되지 아니한다고 할 것이다.[74] 그리고 그렇다면 이러한 사후적인 추인거
절이 허용되지 아니한다는 결과를 법적으로 구성함에 있어서는 역시 무권대리
인이 본인의 지위를 승계함과 동시에 그 무권대리행위는 당연히 유효하게 된
다고 보아도 무방하리라고 생각된다.

　　이와 같은 경우에는, 상속에 앞서서 무권대리행위가 행하여졌다면 이는 본
인에게 그 행위의 효력을 귀속시킬 것을 의욕한 것이므로 나중에 본인으로서
의 지위를 획득한 후에 그러한 원래의 의사에 반하여 이제 와서 추인을 거절
하고 그러한 효과귀속을 부인하는 것은 역시 선행행위에 반하는 행태로서 신
의칙상 허용되지 아니한다고 할 것이다.[75] 그리고 그렇다면 이러한 사후적인
추인거절이 허용되지 아니한다는 결과를 법적으로 구성함에 있어서는 역시 무
권대리인이 본인의 지위를 승계함과 동시에 그 무권대리행위는 당연히 유효하
게 된다고 보아도 무방하리라고 생각된다.

　　이와 같이 무권대리인이 추인을 거절하는 것이 신의칙에 반한다고 함은
공동상속의 경우에도 다름이 없을 것이다. 그러나 무권대리인의 선행행위로
인하여 다른 공동상속인의 법적 지위가 영향을 받을 이유가 없으므로, 무권대
리행위 전체가 당연히 유효가 될 수는 없을 것이다(상세한 논의는 무권대리에 관한 §130 이하의 설명에서 행하여질 것이다).

　　이 문제와 관련하여 대판 1994.9.27, 94다20617(공2811)은, 갑이 을의 부동산

73) 김주수.
74) 日最判 1962(昭 37).4.20(民集 16, 955)는 이 점을 근거로 들고 있다. 종전의 日大判 1927(昭 2).3.22(民集 6, 106)이나 그 후의 日最判 1965(昭 40).6.18(民集 19, 986)은 "본인이 스스로 법률행위를 한 것과 마찬가지의 법률상의 지위가 발생하였다"는 이유로 당연 유효라고 하였었다.
75) 日最判 1962(昭 37).4.20(民集 16, 955)는 이 점을 근거로 들고 있다. 종전의 日大判 1927(昭 2).3.22(民集 6, 106)이나 그 후의 日最判 1965(昭 40).6.18(民集 19, 986)은 "본인이 스스로 법률행위를 한 것과 마찬가지의 법률상의 지위가 발생하였다"고 하여 당연유효라고 하였었다.

을 권한 없이 병에게 매도하고 특별조치법에 기하여 소유권등기를 넘겨 준 다음 을의 사망으로 그 단독상속인이 되었는데, 병으로부터 그 부동산을 전전매수하고 소유권등기를 얻은 정에 대하여 갑이 그 등기의 말소 등을 구한 사건에 대한 것이다. 대법원은 "갑은 을의 무권대리인으로서 민법 제135조 제1항의 규정에 의하여 매수인인 병에게 부동산에 대한 소유권이전등기를 이행할 의무가 있으므로 그러한 지위에 있는 갑이 을로부터 부동산을 상속받아 그 소유자가 되어 소유권이전등기이행의무를 이행하는 것이 가능하게 된 시점에서 자신이 소유자라고 하여 … 정에 대하여 그 등기의 말소를 청구하거나 부동산의 점유·사용으로 인한 부당이득금의 반환을 구하는 것은 금반언의 원칙이나 신의성실의 원칙에 반하여 허용될 수 없다"고 판시하여 그 청구를 배척하였다.

한편 대판 1992.4.28, 91다30941($^{공\ 922.}_{1701}$)은 다음과 같은 사안에 대하여 판단하고 있다. 원고들 중 한 사람인 X는 중병을 앓고 있는 아버지가 소유하고 있는 부동산을 그 생전에 자신의 단독명의로 이전등기를 하고자 꾀하고 있었다. 원고가 그 방도를 피고 A와 상의한 결과, 일단 피고 A 앞으로 이전등기를 하였다가 다시 원고 앞으로 이전등기하기로 하였다. 그리하여 원고는 아버지의 인감도장을 몰래 가지고 나와 이를 이용하여 피고 A 앞으로 이전등기하였다. 그런데 피고 A는 이를 기화로 다시 피고 B 앞으로 소유권등기를 이전하였다($^{피고\ B는\ 이\ 부동산을\ 매수한\ 듯하나,}_{대법원판결로부터는\ 명확하지\ 아니하다}$). 그 후 아버지는 사망하고 그 재산을 상속한 원고들이 피고들을 상대로 그 각 소유권등기의 말소를 청구하였다. 원심은 원고들의 청구를 전부 인용하였다. 그런데 피고들은, 피고 A 앞으로의 소유권이전등기는 망인의 무권대리인인 원고와 피고 A 사이의 명의신탁계약에 의한 것이라고 하고, "피고들 명의의 위 등기들이 위 망인에 대한 관계에서는 무효라고 하더라도, 위 망인이 사망하여 원고들이 이 사건 부동산을 상속한 이상, 원고 X가 자신의 상속분에 관하여까지 명의수탁자인 피고 A로부터 이 사건 부동산을 매수하여 소유권이전등기를 경료한 피고 B에게 그 등기의 말소를 청구하는 것은 금반언의 법칙 또는 신의성실의 원칙에 어긋난다"고 주장하고, 원고 A의 상속분에 관한 한 특히 피고 B의 소유권등기는 유효하다고 하여 상고하였다. 그러나 대법원은, 설사 명의신탁의 무권대리를 긍정한다고 하더라도 "피고 A가 그 대리권 없음을 알았다고 보여 위 명의신탁계약은 원고 X에 대한 관계에서도 아무런 효력을 발생할 수 없음이 명백하므로", 원고 X가 그 후 망인의 재산을 상속받았다고 하더라도 그 상속분 범위 내에서도 피고 A의 소유권등기가 유효한 등기가 되지는 아니하며, 따라서 이를 기초로 경료된 피고 B의 등기의 말소를 청구하는 것이 "곧바로 금반언의 법칙이나 신의성실의 원칙에 어긋나는 것이라고 단정할 수는 없다"고 하여, 피고들의 상고를 기각하였다.

　　이 판결에 나타난 법리를 일반화한다면, 우선 애초의 무권대리행위가 대리인과의 사이에서 효력을 가지지 못하면 그 후 무권대리인이 본인을 상속하였더라도 그 무권대리행위가 유효하게 되지 아니한다는 것이 될 것이다. 그러나 이러한 처리의 타당성에는 의문이 있다. 모든 무권대리행위는 대리인과의 사이에서는 효력을 가지지 못한다(이는 적법한 대리행위에 있어서도 마찬가지이다). 또한 무권대리의 상대방이 무권대리행위인 사실을 알았다고 하더라도, 그러한 사정은 그에게 철회권을 거부하는 이유가 되거나($\S^{134\ 단}_{서\ 참조}$), 무권대리인에게 법률이 특히 정하는 책임을 물을 수 없게 하는 사유가 될는지는 몰라도($\S^{135\ II}_{전단\ 참조}$), 무권대리인이 사후에 본인을 상속한 경우에 추인을 거절하는 것이 신의칙에 반하지 아니하느냐 하는 문제와는 무관한 것이다. 추인은 상대방이 무권대리에 대하여 악의이더라도 할 수 있기 때문이다.

　　한편 위 판결의 구체적인 사실관계에 비추어 말한다면, 원고 X와 피고 A 사이에 어떠한 합의가 있다면 그것을 명의신탁계약의 무권대리이라는 지나치게 기교적인 구성으로써 이해하기보다는 단순히 유효한 명의신탁의 합의가 있다고 하여야 할 것이라고 생각된다. 즉 그 합의에 있어서 명의신탁의 효과가 귀속될 것으로 정하여진 사람은 원고 X의 아버지가 아니라 원고 X 자신이라고 해석하여야 하지 아니할까. 그것이 피고 A를 단순히 원고 X의 소유권등기 취득을 위한 통과역으로 설정한 당사자들의 의사에 적합하다고 할 것이다. 그리고 원고 X는 독자적으로 타인(금안 버지)의 소유권에 대하여 피고 A에게 처분행위를 한 것이다. 이 처분이 진정한 권리자(원고 X 의 아버지)에 대하여 효력이 없음은 물론이다. 그러나 그 후 원고 X가 아버지의 재산을 상속하여 처분의 대상인 권리(의 일부)를 취득하였다면 그 처분은 당연히 유효가 되고 피고 A는 권리를 적법하게 취득한다. 다만 피고 A는 원고 X에 대하여 원래부터 유효한 명의신탁계약에 기하여 명의수탁자의 지위에 선다고 볼 것이다. 따라서 원고 X는 명의신탁자로서 명의신탁을 해지하여 그 등기의 이전을 청구할 수 있을 뿐이며, ―판례의 일관한 태도에 의한다면― 피고 A가 그 신탁의 취지에 반하여 한 의무위반의 처분도 유효라고 할 것이다. 따라서 피고 A가 목적권리를 제3자인 피고 B에게 다시 처분한 경우에도 피고 B의 선의·악의를 불문하고 그 처분은 유효하며, 이는 그 처분이 원고 X의 재산상속 전에 이루어졌다고 하더라도 다를 바 없을 것이다.

(나) 나아가 무권대리인이 사망하고 본인이 그 지위를 승계한 경우는 어떠한가?[76]

이에 대하여도 학설은 나뉘어져 있다. 앞서 본 당연유효설을 취하는 학자 중에는, 이 경우에 대하여 "무권대리인의 상속인이 본인으로서의 지위에서 추인을 거절하여도, 그것이 신의칙에 반한다고는 할 수 없을 것이다. 그러나 본인은 무권대리인의 책임을 상속한다는 점을 생각하면, 이 때에도 그 무권대리행위는 유효하게 되고 추인을 거절하지 못한다"고 하는 입장도 있다.[77] 병존설을 취하는 학자는, 본인의 추인거절은 신의칙에 반하는 바 없으므로 피상속인의 무권대리행위는 일반적으로 본인의 상속에 의하여 당연히 유효로 되지는 아니한다고 하고, 이 경우 상속인은 본인으로서 추인권과 추인거절권을 가지며, 이는 추인을 거절하면 지게 될 그의 이행 또는 손해배상의 책임에 영향을 미치지 아니한다고 한다(즉, 본인으로서의 권리와 무권대리인의 책임이 병존한다는 것이다.).[78][79] 또한 경우를 나누어 그 계약이 특정물의 양도를 내용으로 하는 것인 경우에는 본인에게 추인거절권을 인정하고, 본인이 추인을 거절하여도 이행책임($\frac{§135}{I}$ 참조)은 이행불능으로 말미암아 발생하지 아니하며 단지 손해배상책임을 질 뿐이라고 하고, 그 이외의 경우(구체적으로 불특정물채무와 금전채무)에는 추인을 거절할 수 없다고 하는 견해도 있다.[80]

이상의 학설은 어느 것이나 무권대리인의 상속인이 본인으로서의 지위에서 추인을 거절하는 것이 신의칙에 위반되는 것은 아니라는 데는 일치한다. 그 바탕에는 본인은 스스로 무권대리행위를 하지 아니하였으므로 후에 그 효과귀

---

76) 무권대리인을 본인과 함께 공동상속받은 자가 후에 다시 본인을 상속한 경우도 이와 마찬가지로 취급하여야 할 것이다. 이에 대한 일본의 판례로서는 日大判 1942(昭 17).2.25(民集 21, 164); 日最判 1988(昭 63).3.3(판례시보 1312, 92) 참조.

77) 곽윤직.

78) 김주수. 이는 日最判 1962(昭 37).4.20(民集 16, 955); 日最判 1973(昭 48).7.3(民集 27, 751)의 태도이다.

79) 장경학은, 본인의 추인거절은 신의칙에 반하는 바 없으므로 피상속인의 무권대리행위는 일반적으로 본인의 상속에 의하여 당연히 유효로 되지는 아니한다고 하면서도, 본인이 추인을 거절하면 그로 인한 책임(민 §135)을 스스로 지게 되므로 "결과적으로" 유효한 것이 된다고 한다. 그 취지가 명확하다고는 할 수 없겠다.

80) 고상룡.

속을 거부하여도 이를 비난할 수는 없다는 평가가 존재하는 것이라고 생각된
다. 그러나 이에 대하여는, 의문을 표시하는 견해도 없지 아니하다.[81]

이 문제와 관련하여 대판 1991.7.9, 91다261($^{공}_{2117}$)은 다음과 같은 사안에
대하여 판단하고 있다. 母의 부동산을 父와 子 4인(B들)이 공동상속하였는데
부가 자 4인을 무권대리하여 위 부동산을 A에게 매도하였다. 그 후 부가 사망
하여 위의 자 4인이 그 재산을 상속하였는데, 그 상속재산의 분할에 관하여 위
4인 중 1인을 B가 이를 단독 취득하는 것으로 협의가 되어 B 앞으로 단독 소
유의 이전등기가 행하여졌다. 이 사건에서 A는 B가 부의 무권대리행위를 추인
하였다고 주장하면서 B를 상대로 소유권이전등기를 청구하였다. 원심은 그 추
인을 긍정하여 A의 청구를 인용하였는데, 대법원은 이를 인정할 만한 증거가
없다고 보고 원심판결을 파기하였다.

이에 대하여 "이 판결은 무권대리인을 본인이 상속한 경우 본인은 추인거
절권을 가지고 있다는 것을 전제로 한 것"이라고 이해하는 견해가 있다.[82]

(다) 마지막으로 본인과 무권대리인 쌍방을 상속한 경우에는 어떠한가?
예를 들면 夫 A의 부동산을 처 B가 무권대리로 C에게 매도하였는데 B가 사망
하여 A와 子 D가 B의 재산을 상속하고 이어서 A가 사망하여 D가 A를 상속한
경우 또는 부 A가 먼저 사망하여 무권대리인 B와 D가 그 재산을 상속하고 이
어서 B도 사망하여 D가 단독상속하는 경우에 C가 D에 대하여 위 부동산매매
계약의 이행을 구하여 왔다면, D는 그 계약의 이행을 거부할 수 있는가의 문
제이다.

이에 대하여는 무권대리인과 본인 중 누가 먼저 사망하여 상속인이 그 지
위를 승계하였느냐에 따라 달리 보는 견해와 어느 경우에든 동일하게 보는 견
해를 상정할 수 있다.

전자의 견해는, 무권대리인의 지위를 먼저 상속한 후 본인의 지위를 상속
한 경우에는 상속인 D가 무권대리인 B의 지위를 승계하고 그 지위에서 본인
A의 지위를 취득하였다는 점에서 그 구조는 무권대리인상속형과 다르지 아니
하므로 추인거절을 할 수 없고, 본인의 지위를 먼저 상속한 후 무권대리인의
지위를 상속한 경우에는 본인상속형의 연장으로 보아 본인의 지위에서 추인거

---

81) 遠藤浩 等 編, 注解民法 財産法, 제1권 민법총칙(1989), 46 참조.
82) 황경웅(주 67), 46.

절권을 행사할 수 있으며, 무권대리인과 본인의 동시사망의 경우에는 A도 B를,
B도 A를 상속하지 아니하므로 상속인 D는 무권대리인의 지위나 본인의 지위
어느 쪽을 주장하여도 무방하다고 한다.[83]

후자의 견해는 상속인은 무권대리행위를 행한 대리인 자신이 아니어서 그
가 후에 취득한 본인의 지위에서 그 의사에 따라 추인거절권을 선택하여도 그
것이 선행행위에 반한다고 할 수 없다는 이유로 추인을 거절하는 것은 특별한
사정이 없는 한 신의칙에 반한다고 할 수 없다는 입장을 취한다.[84]

(6) 연대보증인의 무권대리 주장

그 외에, 권한 없이 타인의 대리인으로서 소비대차계약을 체결하고 동시에
스스로 그 계약에 기하여 부담하는 본인의 채무를 연대보증한 자가, 나중에 무
권대리를 이유로 주채무의 부존재를 주장하고 따라서 자신의 연대보증채무도
존재하지 아니한다고 주장하는 것은 특별한 사정이 없는 한 신의칙에 반한다
고 한 일본의 재판례도[85] 역시 모순행위 금지의 원칙을 적용한 예라고 할 수
있을 것이다.

(7) 신의칙 위반을 부인한 예 ― 단체의 내부적 의사결정·가사재판 등

(가) 그러나 '하자' 있는 행위에 스스로 가담하였다고 해서 나중에 그 행
위의 그러한 '하자'를 주장하는 것이 언제나 신의칙에 반한다고 단정할 수 없
다. 재판례에 나타난 사안은 주로 단체의 내부의사결정에 관한 행위인 경우가
많다.

대판 1978.8.22, 76다1747($\frac{집 26-}{2, 290}$)은, 학교법인 이사회의 소집 및 의결 절
차에 하자(소집권자 아닌 자의 소집 및 대리인에 의한 의결 등)가 있는 경우에 "그 결의성립에 적극 가담하였고
그 결의에 기하여 학교장으로 임명되어 그 직무를 수행하는 한편 계속하여 위
결의가 유효한 것을 전제로 피고 학교법인을 운영하여 온" 원고가 그 결의의
부존재 또는 무효로 주장하는 사건에 대한 것이다. 원심은 위와 같은 결의부존
재 등의 주장은 "피고 학교법인의 운영을 마비시키려는 의도 외에 다른 목적
이 없는 권리주장"이라고 하고 "신의성실의 원칙과 금반언의 원칙에 위배되는

---

83) 주석총칙(3)(주 70), 295 이하.
84) 민법주해[Ⅲ](주 70), 225; 양창수·김재형, 민법 I : 계약법(2015), 253; 지원림(주 70),
   337.
85) 日最判 1966(昭 41).11.18(民集 20, 1845).

것"이라고 판단하였다. 그러나 대법원은, 그러한 사정이 있다고 해서 "그로써
곧 그의 부존재 또는 무효를 주장하는 것이 반드시 신의성실의 원칙에 위배되
거나 금반언의 원칙에 반하는 것이어서 허용할 수 없다고 논단할 수 없"다고
하여, 원심판결을 파기하였다.

　　또 대판 1979.3.27, 79다19($\frac{집\ 27-}{1,\ 228}$)도, 주주총회의 결의방법에 하자(소집목
적사항 외의 결의)가 있었는데 이에 참여하였던 주주가 후에 그 하자를 들어 그
결의의 취소를 청구하였다고 하여도 신의칙이나 금반언의 원칙에 반하지 아니
한다고 판단하였다.

　　이와 같이 단체의 내부적인 의사결정과정에 있어서는 그 구성원들의 개별
적인 행위가 단체의 의사($\frac{이른바\ 결의}{[Beschlüss]}$)에 매몰되고 독자적인 의미를 가지지 아니
하는 것이기 때문에,[86] 그 결의 자체에 '하자'가 있다면 이에 참여하였다는 것
만으로 그 하자를 주장하는 것이 신의칙에 반한다고는 하기 어렵기 때문일는
지도 모른다.

　　(나) 미성년자가 법정대리인의 동의를 얻지 아니하고 계약을 체결한 후에
스스로 미성년을 내세워 그 행위의 효력을 부인하는 것은 모순행위 금지의 원
칙에 위반된다고 할 것이 아닌가?

　　대판 2007.11.16, 2005다71659($\frac{집\ 55-2,\ 242;}{공하,\ 1926}$)은 이를 부인한다. 그 이유는
"행위무능력자 제도는 사적 자치의 원칙이라는 민법의 기본이념, 특히 자기책
임 원칙의 구현을 가능케 하는 도구로서 인정되는 것이고, 거래의 안전을 희생
시키더라도 행위무능력자를 보호하고자 함에 근본적인 입법 취지가 있다. 그
제도의 이러한 성격과 입법취지 등에 비추어 볼 때, 신용카드 가맹점이 미성년
자와 신용구매계약을 체결할 당시 향후 그 미성년자가 법정대리인의 동의가
없었음을 들어 스스로 위 계약을 취소하지는 아니하리라고 신뢰하였다 하더라
도 그 신뢰가 객관적으로 정당한 것이라고 할 수 있을지 의문이다. 뿐만 아니
라 그 미성년자가 가맹점의 이러한 신뢰에 반하여 취소권을 행사하는 것이 정
의관념에 비추어 용인될 수 없는 정도의 상태라고 보기도 어렵다. 또한 미성년
자의 법률행위에 법정대리인의 동의를 요하도록 하는 것은 강행규정인데, 위

---

86) 이른바 결의에 있어서의 개별 구성원들의 의사와 결의 그 자체와의 관계에 대하여는
　　우선 Andreas v. Tuhr, *Der Allgemeine Teil des Deutschen Bürgerlichen Rechts*, Ⅱ, 1(1914.
　　Nachdruck 1957), S. 232 ff. 참조. 이러한 '매몰관계'는 결의에 있어서는 각 개인의 의사
　　가 아니라 다수 의사가 결정적인 점에서 전형적으로 나타난다.

규정에 반하여 이루어진 신용구매계약을 미성년자 스스로 취소하는 것을 신의칙 위반을 이유로 배척한다면, 이는 오히려 위 규정에 의해 배제하려는 결과를 실현시키는 셈이 되어 미성년자 제도의 입법 취지를 몰각시킬 우려가 있다"는 것이다. 그리하여 원심이 신의칙 위반을 인정한 원심과 견해를 달리하였다.[87]

(다) 특히 기업인수합병계약에서는 인수의 대상인 기업이 일정한 성상을 갖추었음을 밝히거나 일정한 부채, 법령 위반 등의 사실이 없음을 보증하는 '진술 및 보증(representions and warranties) 조항'이 포함되는 경우가 적지 아니하다. 그런데 기업인수인 측이 대상 기업이 그러한 진술 및 보증의 내용에 위반된다는 사실을 미리 알고 있던 경우에 그 위반을 이유로 손해배상을 청구를 하는 것은 모순행위 금지의 원칙에 반하여 허용되지 아니한다고 할 것이 아닌가?

대판 2015.10.15, 2012다64253($\frac{공 하}{1641}$)이 바로 이 문제를 다루었다. 원심은 악의의 기업인수인이 계약 협상 및 가격 산정에 있어서 이러한 위반사실을 반영할 수 있었음에도 이를 방치하다가 뒤늦게 양도인에게 그 책임을 묻는 것은 공평의 이념 및 신의칙에 반하여 허용되지 아니한다고 판단하였다. 그러나 대법원은 계약 당사자들이 악의 여부를 불문하고 위반 사항과 상당인과관계 있는 손해를 배상하기로 합의한 것으로 봄이 상당하다는 등의 이유를 들어 원심 판결을 파기하였다.[88]

3. 하자 있는 행위로부터의 수익과 사후적인 하자의 주장

위와 같은 의미에서의 '하자' 있는 행위에 적극적으로 가공한 것은 아니나, 그와 같이 '하자' 있는 행위가 유효한 것을 전제로 하여 그 행위로부터 이익을

---

87) 그러나 당해 사건의 해결로서는 다음과 같은 사정을 들어 법정대리인의 묵시적인 처분 허락이 있었던 범위 내에서 각 신용카드거래를 한 것으로 보아야 한다는 이유로 결론적으로는 위 계약의 취소를 부인하고 상고를 기각하였다. 즉 "원고는 이 사건 각 신용구매계약 당시 성년에 거의 근접한 만 19세 2개월 내지 4개월에 이르는 나이였고, 당시 경제활동을 통해 월 60만 원 이상의 소득을 얻고 있었으며, 이 사건 각 신용구매계약은 대부분 식료품·의류·화장품·문구 등 비교적 소규모의 일상적인 거래행위였을 뿐만 아니라, 그 대부분이 할부구매라는 점을 감안하면 월 사용액이 원고의 소득범위를 벗어나지 아니하는 것으로 볼 수 있다. 이러한 제반 사정을 종합하면, 원고가 당시 스스로 얻고 있던 소득에 대하여는 법정대리인의 묵시적 처분허락이 있었고, 이 사건 각 신용구매계약은 위와 같이 처분허락을 받은 재산범위 내의 처분행위에 해당한다고 볼 수 있다"는 것이다.

88) 이 판결에 대한 평석으로 우선 김희중, "악의의 주식양수인이 '진술 및 보증 조항' 위반을 이유로 손해배상청구를 할 수 있는지 여부", BFL 76(2016.3), 101 이하 참조.

받는 등 일정한 처분(Disposition)을 함으로써 상대방이 신뢰할 수 있는 일정한 상태를 유발시킨 사람이 사후적으로 그 행위의 효력을 부인하는 것은 역시 신의칙상 허용되지 아니할 수도 있다. 이와 같은 유형에 있어서는 특히 그러한 처분자가 그 행위의 '하자'를 주장하지 아니한다는 의사표시를 한 것으로 해석되어야 하지 아니하는가 하는 문제와 얽혀 있는 경우가 많다.

　이 경우 사후적인 하자의 주장이 신의칙에 반하여 허용되지 아니하는가를 판단함에 있어서는 무엇보다도 그 하자 있는 행위 또는 절차의 성질이 고려되어야 한다. 당해 절차에 대하여 그 법 자체에서 정하는 이의수단을 사후적으로 제기한 경우에는 쉽사리 신의칙 위반을 인정하여서는 안 될 것이다. 그러한 이의수단의 허부 자체가 이미 개별사안에서의 구체적 사정의 여하를 묻지 아니하고 획일적으로 정하여져 있는 것이기 때문이다. 대결 1995.7.11, 95마147($^{공\ 999.}_{2930}$)은 이중경매신청에 기하여 경매법원이 경매개시결정을 하면서 채무자에게 그 결정을 송달하지 아니한 하자가 있는 경우에 그 후 경매절차가 진행되어 제3취득자인 소유자가 배당되고 남은 경락대금을 지급받고 경락을 원인으로 한 소유권이전등기까지 경료된 상태에서 그 제3취득자가 그 하자를 들어 집행방법에 대한 이의($^{당시의\ 민소}_{§654\ 참조}$)를 한 사건에서 "그 경매로 인하여 경매목적물에 관한 소유권을 상실한 우려가 있는 제3취득자인 소유자가 그 경매개시결정이 채무자에게 송달되지 아니하여 무효라고 주장하는 것을 가리켜 신의칙에 반한다거나 권리남용에 해당한다고 볼 수 없"다고 판단하였다. 이 판단은 위와 같은 관점에 볼 때 타당하다고 하겠다.

(1) 공탁금 · 퇴직금 등의 수령

　(가) 사용자가 피용자를 해고하고 퇴직금 등을 변제공탁하였는데 피용자가 이를 조건 없이 수락하고 출급청구하여 수령한 경우에는, 나중에 피용자가 그 해고의 유효성을 다투는 것은 "금반언의 원칙에 위배되어" 허용되지 아니한다는 것이 일관된 판례의 태도이다. 그러나 이러한 입장에 대하여는 여러 가지로 의문이 있다.

　대판 1989.9.29, 88다카19804($^{공\ 860.}_{1577}$)은 이 점을 판시한 최초의 재판례라고 생각된다. 그런데 이 사건에서 주로 문제된 것은 해고의 정당성 유무이고,[89] 금반언원칙의 적용 여부가 아니었던 것으로 추측된다. 그러므로 위와 같

---

　89) 원심은 피용자(원고)의 장기결근이 사용자측의 구타에 의한 것이라고 인정하여 그 징계

은 판시부분은 오히려 주변적·부수적인 것이었다고 할 것인데, 그 후의 대법원판결은 오히려 이 부분에 강력한 선례성을 인정하고 있다. 그리고 위 판결은 원고(피용자)가 "그 후 8개월 가까이" 후에 이르러 제소한 것을 들고 있는데, 그 정도의 기간을 가지고 사용자측(피고)에서 원고가 법적인 쟁송절차를 밟지 아니할 것이라는 정당한 신뢰를 일으키기에 족한 기간이라고 할 수도 없으리라고 할 것이다. 대법원이 위의 사건을 판단함에 있어서 결정적으로 중시한 것은 오히려 변제공탁된 금전을 "조건 없이" 수령하였다는 사정이라고 추측된다. 이와 같이 피공탁자가 공탁물을 조건 없이 수령한 경우에는 "공탁취지에 의하여" 수령한 것으로 보아서 공탁서에 기재된 공탁원인사실을 승락하는 효과가 발생하므로, 그 수령 후에 이에 반하는 법률상 주장을 하지 못한다는 것을 확고한 판례의 태도이다.[90] 그러므로 이러한 판례의 태도에 따른다면,[91] 위 사건에서 원고가 공탁금을 수령한 후에 다시 해고의 유효성을 다투는 것은 허용되지 아니하는 결과가 된다. 그렇다면 초점이 서로 다르고 적합하지도 아니한 것으로 여겨지는 금반언의 원칙을 내세워서 원고의 청구를 부인할 이유는 없을 것이다.

그 후의 대판 1990.11.23, 90다카25512(공 888, 177)는 피용자가 아무런 유보 없이 퇴직금을 수령하였고,[92] 해고당한 지 1개월 후에 다른 회사에 취업하고 있으며, 또한 해고무효확인을 구하는 이 사건 소송이 해고일로부터 "무려 3년 가까이나" 경과한 때에 제기되었다고 하여, 금반언의 원칙에 반한다고 판시하고 있다. 나아가 대판 1991.4.12, 90다8084(공 897, 1364)은, 사용자로부터 해고당하고 이의 없이 퇴직금을 수령한 후 아무런 말이 없다가 약 1년 7개월 후에 해고무효확인청구소송을 제기한 사안에서 마찬가지로 판시하면서, 원고들이 퇴직금 수령시 해고수당을 수령하지 아니한 경우까지도 그러한 사정만으로써 피고회사에 대하여 해고에 대한 불복을 표시한 것으로는 볼 수 없다고 덧붙이고

해고를 정당하다고 할 수 없다고 하였다. 그러나 대법원은 그렇다고 하더라도 이를 계출하지 아니하였다면 원고에게 책임이 없다고는 할 수 없다고 판단하였다.

90) 특히 대판 1962.1.27, 62다719(집 10-4, 361); 대판 1973.11.13, 72다1777(집 21-3, 143); 대판 1980.8.26, 80다629(공 642, 13121) 등 참조.

91) 조건 없는 공탁물 수령에 대한 이러한 판례의 태도에 대하여는, 공탁물 수령은 하나의 사실행위에 불과하다는 점, 또 거기에 공탁물수령자의 의사표시를 억지로 인정한다고 해도 이는 단지 공탁소에 대한 것일 뿐 공탁자에 대한 것을 인정할 수는 없다고 할 것 등 여러 가지로 그 정당성에 의문이 있다.

92) 그렇다면 "원고가 공탁금을 수령할 때 피고회사의 해고처분을 유효한 것으로 인정하였다고 볼 수밖에 없"다고 한다.

있다.

　이 판결들 이후에도, 퇴직금이나 해고수당 등 근로관계의 종료를 전제로한 금전의 수령을 주요한 이유로 하여, 그 수령 후에[93] 해고의 효력을 다투는것을 실효의 원칙 또는 금반언의 원칙을 내세워 부인하는 판결이 이어지고 있다. 대판 1992.3.13, 91다39085($^{공\ 919,}_{1303}$); 대판 1992.4.14, 92다1728($^{공\ 921,}_{1596}$); 대판 1992.5.26, 92다3670($^{공\ 924,}_{2013}$); 대판 1992.7.10, 92다3809($^{공\ 927,}_{2363}$) 등이 그것이다.

　다른 한편 위의 대판 1992.4.14.은 그와 같이 퇴직금을 수령한 경우에라도 "해고의 효력을 인정하지 아니하고 이를 다투고 있었다고 볼 수 있는 객관적인 상황이 있다거나, 그 외에 상당한 이유가 있는 상황 하에서 이를 수령하는 등 반대의 사정이 있음이 엿보이는 때에는 명시적인 이의를 유보함이 없이 퇴직금이나 해고수당을 수령한 경우라고 하여도 일률적으로 해고의 효력을 인정하였다고 보아서는 안 될 것"이라고 하고, 이어서 "해고무효의 확인청구소송의제기가 늦어진 경우에도 먼저 부당노동행위구제신청을 하느라고 늦어졌다거나 사용자와의 복귀교섭결과를 기다리거나 사용자의 복귀약속을 믿고 기다리다가 늦어졌다는 등 상당한 이유가 있어서 그렇게 된 경우에는 신의성실의 원칙에 어긋나지 아니한다고 보아야 할 것"이라고 설시하고 있다.

　그러나 근로자가 대체로 지출을 그때그때의 수입에 의존하고 있어서 해고로 인하여 급료를 수령하지 못하게 되면 당장의 생활유지를 위하여 퇴직금을 수령하지 아니할 수 없는 경우가 많을 것이고, 또 공탁금 수령에 있어서는 해고처분에 대하여 이의를 제기할 법률적·사실적 기회나 지식이 없음을 아울러 고려하여 보면, 판례가 위와 같이 금반언의 원칙을 내세워 위와 같이 엄격한 태도를 취하는 것은 쉽사리 이해할 수 없다. 뒤의 6. (3)에서 보는 대판 1990.8.28, 90다카9619($^{공\ 882,}_{2018}$)에서는, 원고가 사용자인 피고로부터 징계처분을 받은 후 10년이 지난 후에 소송을 제기하여 피고의 사원임의 확인을 청구한 사건에서, "원고가 퇴직금을 수령하였다 하여 이 사건 조건부징계해임결의 절차에 원고 주장의 하자가 있어서 그 결의 자체가 무효라는 것까지 알면서 이를 승인한 것으로 단정하기는 어렵다"고 하였고, 또 10년 후에 소송을 제기

---

93) 한편 대판 1992.3.31, 90다8763(공 920, 1395); 대판 1995.9.5, 94다52294(공 1002, 3348) 등은, 해고의 효력을 다투는 근로자가 퇴직금을 수령하기는 하였으나 그 전에 이미 소송을 제기하고 있었던 경우에는 "해고의 효력을 인정하였다"고 할 수 없다고 판시하여, 원고의 청구를 인용하였다.

하여도 이를 신의칙에 반하는 권리행사라고 할 수 없다고 결론지었다. 단지 사용자가 그 퇴직금을 변제공탁하였느냐 아니면 직접 지급하였느냐에 따라 이와 같이 현저한 법적 취급상의 차이를 인정할 이유가 무엇인지 의심스럽다고 아니할 수 없다.

(나) 한편 대판 1995.9.26, 94다54160($\frac{공}{3519}$)은 당연무효인 土地收用決定에 대하여 아무런 이의 없이 보상금을 수령하고 수용자의 점유를 12년간 용인하여 온 사안에서 이제 와서 수용결정의 하자를 이유로 그 소유권이전등기의 말소를 청구하는 것은 선행행위에 모순되어 신의칙에 반한다고 판단한 것도 위 (가)와 같은 맥락에서 이해될 수 있을 것이다.

(2) 公賣處分에서의 잔여액 청구

다음의 경우는 이러한 유형에 포함시킬 수 있을는지도 모른다. 대판 1973. 6.5, 69다1228($\frac{집\ 21-}{2,\ 45}$)은, 조세 당국이 증여세의 징수를 위하여 증여자의 재산에 공매처분을 하였는데 그 목적물이 조세의무자의 소유에 속하지 아니함을 포함하여 그 공매절차상의 각종의 하자를 주장하여 그 공매로 인한 소유권취득이 무효라고 다투는 사안에 대한 것이다. 위 판결은, 다른 판시와 아울러, "피고들이 공매로 인한 매득금 중에서 체납세금과 체납처분비용으로 충당한 잔여액을 환불청구하고 이를 수령하였다는 사실이 있다면 … 그 후 다시 공매처분의 무효를 피고들이 들고 나옴은 금반언 및 신의칙에 위반된 것이라 못볼 바도 아니"라고 판시하였다.

(3) 소멸시효 완성 후의 채무승인

그 외에 논의될 여지가 있는 것으로서는, 소멸시효의 완성 후에 채무자가 그 사실을 알지 못하고 채무의 승인을 하였는데, 후에 시효에 의한 채무의 소멸을 주장하는 경우이다.

소멸시효가 완성 후에 이 사실을 알면서 한 채무의 승인(가령 기한의 유예를 요청하거나,[94] 그 채무를 이행하는 등으로)은 일반적으로 시효이익을 포기하는 것으로 평가되어야 할 것이다.[95] 그

---

94) 대판 1965.12.28, 65다2133(집 13-2, 321); 대판 1991.1.29, 89다카1114(공 892, 852) 등 참조.
95) 동지: 고상룡; 이영준.

런데 이를 알지 못하고 채무를 승인하였다면, 시효이익 포기의 법적인 성질을 통설과 같이 일방적인 의사표시라고 보는 한에는 이를 그렇게 평가할 수는 없다.[96] 물론 민사실무는 주지하는 대로, 그러한 경우에는 시효완성의 사실을 알았던 것으로 '추정'하고 나아가 채무자가 시효완성을 모르고 승인한 것이라는 입증을 사실상 인정하지 아니함으로써, 채무자의 시효소멸 주장을 받아들이지 아니하고 있다.[97] 이러한 처리는 의용민법 시행 당시 일본의 판례가 취한 태도로서[98] 우리 판례도 이를 이어받은 것이라고 추측되는데, 이것이 무리임에는 별로 의문의 여지가 없다.

그리하여 학자들 중에는, 그러한 결론은 수긍하면서도, 위와 같은 추정은 통상의 경험에 맞지 아니한다고 하여 그 이유에 반대하는 견해가 유력하였다.[99] 일본의 最高裁는 후에 "채무승인을 한 이상, 시효완성의 사실을 모르고 한 경우에도 그 후에 그 채무에 관하여 그 완성된 시효를 원용하는 것은 허용되지 아니한다"고 그 태도를 바꾸었다.[100] 그 이유는, 첫째, 시효가 완성된 후에 채무를 승인하면 채권자는 채무자가 이제는 시효를 원용하지 아니한다고 생각할 것이므로 그 후에는 채무자에게 시효의 원용을 인정하지 아니하는 것이 신의칙에 비추어 상당하고, 둘째, 이렇게 해석하여도 영속적인 사회질서의 유지를 목적으로 하는 시효제도의 존재이유에 반하지 아니하는다는 데 있다.[101] 우리나라에서도 일본에서의 이러한 추이에 좇아서, 시효완성 후의 채무승인과 같은 것은 비록 그 시효가 완성된 사실을 모르고 한 경우에도 "포기에 준하는 효력을 가진다"고 하는 입장도 있다.[102]

이 문제는 애초에 '시효이익의 상실'이 오로지 채무자의 의사표시만에 의하여서만 가능하다고 보는 데에서 제기된다고 생각된다. 의사표시가 없는 경우에라도, 그와 평가상 동일한 채무자의 일정한 행위가 있으며, 시효이익의 소급적 소멸을 인정할 수 있다고 할 것이다(시효이익의 '포기'와 구별하여, 시효이익의 '상실'이라고 부르는 것이 보다 적절할까?). 그러

---

96) 日大判 1914(大 3).4.25(民錄 20, 342)은 이 점을 명백히 판시하고 있다.

97) 대판 1965.11.30, 65다1996(집 13-2, 261); 대판 1967.2.7, 66다2173(집 15-1, 89) 등 참조.

98) 日大判 1917(大 6).2.19(民錄 23, 311); 日最判 1960(昭 35).6.23(民集 14-8, 1498) 등. 이에 대하여는 우선 遠藤浩 等 編(주 81), 702 이하 참조.

99) 我妻榮, 455; 川島武宜, 465; 柚木馨, 判例民法總論 下卷(1952), 367 등 참조.

100) 日最判 1966(昭 41).4.20(民集 20-4, 702).

101) 이상에 대하여는 우선 遠藤厚之助, "時效完成後の債務の承認と時效利益の放棄", 民法判例百選 I, 第3版(1989), 96 이하 참조.

102) 장경학.

한 채무자의 행위로서 우선 시효완성 후 채무를 명백하게 승인하여 채권자로 하여금 채무자가 시효를 주장하지 아니할 것이라는 합리적인 기대를 품게 한 경우를 들 수 있을 것이다. 독일민법은, 소멸시효의 완성 후 채무승인(An-erkenntnis)의 계약이 체결되면 비록 채무자가 시효완성의 사실을 알지 못한 경우에라도 그 후에는 시효의 완성을 주장하지 못한다고 명문으로 정하고 있다($\substack{독민 \S 222 \\ II 전단}$). 그 경우 채무승인의 계약을 체결함에는 서면에 의한 승인의 의사표시가 필요한데($\substack{독민 \S 781 \\ 제1문}$), 그러한 서면에 의하지 아니한 승인의 의사표시가 행하여진 경우에도 그 후에 시효를 원용하는 것은 권리의 남용으로서 허용되지 아니한다는 견해가 있다.[103] 물론 소멸시효의 주장을 신의칙상 허용하지 아니하는 것과 시효이익의 포기를 인정하는 것과는 이론상 구별되어야 할 것이다. 그러나 '시효이익의 포기'라는 제도가 우리 민법에서 시민권이 인정되고 있는 이상($\substack{주지하는 대로 통설이나 판례는 오래 전부터 민 \\ \S 184\ I 의 반대해석으로 이를 인정하여 왔다}$), 이에 연접하여 시효이익이 상실되는 또 하나의 경우를 형성하는 것도 허용되지 아니할까? 물론 그 법률상의 기초는 신의칙 등 일반조항에 구할 수밖에 없을 것이다.

4. 소송 또는 공경매 등 절차에서의 일관성 없는 주장

(1) 소송에 있어서의 일관성 없는 주장을 하는 것도 그것이 절차의 안정성을 해치고 소송제도를 남용하는 것이라고 판단될 때에는 역시 신의칙에 반하여 허용되지 아니한다고 할 것이다. 그러나 소송은 그야말로 자신의 이익을 지키기 위하여 각종의 법적 주장이 서슴없이 행하여지는 절차이고 또 그러한 거침없는 주장을 통하여 비로소 실체적인 진실에 접근하여 갈 수 있다는 對審構造가 채택되고 있기 때문에, 신의칙을 적용함에 있어서는 신중하지 아니하면 안 될 것이다. 특히 법적 주장의 차단과 관련하여서는 이것을 고유한 내용으로 하는 별도의 제도, 즉 기판력제도가 인정되고 있다. 그러므로 소송상 주장을 쉽사리 신의칙에 반하여 허용되지 아니한다고 인정하는 것은 이 기성제도의 취지를 잠탈할 우려가 있다.[104]

그리하여 대판 1981.10.13, 81다653($\substack{공 670, \\ 14487}$)은 다음과 같은 사안에서 신의칙 위반을 부정하였다. 전소에서 원고가 토지의 불법점유자를 상대로 인도청

---

103) H. Lehmann, Das Anerkenntnis verjährter Forderungen, in: *JW* 1937, S. 2170.

104) 한편 대판 1983.4.12, 82므64(집 31-2, 행 48) 및 대판 1987.4.28, 86므130(집 35-1, 특 574)도 참조.

구를 한 데 대하여 A가 증인으로 나와 그 토지는 원고 소유가 아니라고 증언한 바 있다. 그 후에 별도로 제기된 이 사건 소송에서 A는 원고의 법정대리인으로서 피고(의원고전소)에 대하여 이 토지가 원고와 피고의 공동상속재산임을 주장하였다. 대법원은 "이른바 금반언은 예컨대 민법 제452조 등에 규정된 바와 같은 실체법상의 법률효과로서, 단순한 사실행위에는 그 법률상 효과가 없다"는 이유로, 금반언에 해당하지 아니한다고 하였다.

나아가 대판 1984.10.23, 84다카855(집 32-4, 71)에서도 신의칙 위배는 부정되었다. 전소에서 원고가 토지의 취득시효 완성을 주장한 데 대하여, 피고는 이를 부인하면서 피고가 제3자에게 임대하는 등으로 점유하여 왔다고 주장하였다. 그리고 이러한 피고의 주장이 받아들여짐으로써 원고의 청구를 기각하는 확정판결이 내려졌다. 그런데 이 소송에서는 전소의 피고가 원고가 되어 피고(의원고전소)에 대하여 피고가 그 토지를 점유, 사용함으로 얻은 부당한 이득의 반환을 청구하였다. 원심은 이는 "소송상의 신의칙에 현저히 반하는 것"이라고 하여, 소를 부적법한 것으로 각하하였다. 그러나 대법원은 그 제소가 신의칙에 반한다고 할 수 없다고 하여, 원심판결을 파기하였다. 그 이유는 ① 전소에서 피고는 원고의 주장사실을 부인한 것뿐이고, 원고가 패소판결을 받은 것은 그가 입증을 다하지 못하였기 때문이라는 것, ② 이 두 소송에서의 쟁점이 각기 다르다는 것을 들고 있다.

(2) 그런데 재판실무를 살피면, 공적 경매나 회사정리에서와 같이 여러 사람이 집단적으로 그 법적 이익의 실현을 추구하는 절차와 관련하여서는 모순행위 금지의 법리는 보다 광범위하게 적용되고 있다.

예를 들어 대판 1993.12.24, 93다42603(공 1994, 503)은, 경매의 목적이 된 부동산의 소유자가 경매절차가 진행 중인 사실을 알면서도 그 경매의 기초가 된 근저당권 내지 '채무명의'인 공정증서가 무효임을 주장하여 경매절차를 저지하기 위한 조치를 취하지 아니하였고, 나아가 배당기일에 자신의 배당금을 이의 없이 수령하고 경락인으로부터 이사비용을 받고 부동산을 임의로 명도해 주었는데 그 후 경락인에 대하여 위 근저당권이나 공정증서가 효력이 없음을 이유로 경매절차가 무효라고 주장하여 그 경매목적물에 관한 소유권이전등기의 말소를 청구한 사건에 대한 것이다. 위 판결은 위와 같은 청구는 금반언의 원칙 및 신의칙에 위반되는 것이어서 허용될 수 없다고 판단하고, 원심이 그 청구를 인용한 것을 파기환송하였다.

또한 대결 2008.6.13, 2007마249(공하1021)는, 정리회사가 정리절차의 개시 전에 제3자 소유의 담보권부 재산을 양수하는 계약을 체결하였더라도 그 절차 개시 후에 소유권이전등기를 마친 이상, 그 재산은 정리절차 개시 당시에는 회사재산이 아니었으므로 담보권자를 정리담보권자로 볼 수 없지만, 담보권자가 이와 같은 정리절차 개시 후의 소유권이전 사실을 알면서, 담보권을 실행하는 것보다 정리담보권으로 취급되어 정리계획에 따라 변제받는 것이 유리하다고 판단하여 스스로 자기의 권리를 정리담보권으로 신고하고 정리회사의 관리인도 이의하지 아니함에 따라 정리절차에서 정리담보권으로 취급되어 확정된 후 정리계획까지 인가된 사안에서, 담보권자가 정리절차 밖에서 담보권의 실행을 하는 것은 신의칙상 허용되지 아니한다고 판단하였다.

5. 반환하여야 할 목적물의 청구

로마법 이래로 "반환하여야 할 것을 소구하는 것은 허용되지 아니 한다" 는 법리가 인정되고 있었다.[105] 이러한 법리는 오늘날에는 신의칙의 한 적용으로서 인정될 수 있을 것이다. 즉, 어떠한 자가 자신이 다른 원인에 기하여 결국 반환하여야 하는 것을 청구하는 것은 신의칙상 허용되지 아니한다는 것이다. 이러한 법리는 모순행위 금지의 원칙에 기하여 설명될 수 있다. 물론 결국 반환하여야 할 다른 원인이라고 하는 것이 반드시 '선행행위'에 해당하는 것은 아니겠으나, 일정한 의무를 부담하는 자가 그 의무부담의 의미에 반하는 청구를 하는 것은 역시 모순적인 행태로서 허용될 수 없다고도 볼 수 있다.

(1) 취득시효완성자에 대한 반환청구

그 예로 들 수 있는 것은, 토지소유자[106]가 취득시효의 완성으로 소유권이전등기청구권을 취득한 토지점유자에 대하여 그 토지의 인도를 구한 경우이다. 이러한 경우에 대하여 토지소유자가 토지의 인도를 청구할 수 없다고 판시

---

105) 정확하게 말하면, "어떤 자가 반환하여야 할 것을 청구하는 것은 악의로 행동하는 것이다(Dolo facit, qui petit, quod redditurus est)"(Paul. D. 44.4.8 pr; 50. 17. 173. 3)라는 법문에 기한 것이다. 이에 대하여는 M. Kaser, *Das Römische Privatrecht* I (1971), §114 V Anm. 40(S. 488) 참조.

106) 여기서는 비단 토지만이 문제되는 것은 아니고, 취득시효가 인정되는 모든 객체가 문제되고 있음은 물론이다. 다만 예로서 토지만을 들어두는 것뿐이다.

하는 판결들은,[107] 그 이유로 토지소유자가 소유권이전등기절차에 응할 의무
가 있다는 것만을 들고 있고, 그러한 인도청구가 신의칙상 허용된다고 판시하
고 있지는 아니하다. 그러나, 뒤의 (2)에서 보는 1985년 4월 9일의 대법원 전
원합의체판결에서 법정지상권 있는 건물을 양수한 자에 대한 대지소유자의 건
물청구가 신의칙에 반하지 아니한다고 하는 소수의견도 위의 경우에 대하여는
그 근거로 신의칙을 들어 그러한 인도청구는 허용되지 아니한다고 한다.[108]

(2) 법정지상권 있는 건물의 양수인에 대한 반환청구

나아가 판례는, 법정지상권 있는 건물을 양수하였으나 지상권등기를 경료
받지 못한 자에 대하여 대지의 소유자가 그 건물의 철거를 청구하는 경우에
대하여도 동일한 법리를 인정한다.

대판(전) 1985.4.9, 84다카1131($\frac{집\ 33-}{1,\ 174}$) 이래로, 판례는 건물의 존립을 위하
여 법정지상권($\frac{민\ §\ 366에\ 기한\ 것이거나\ 이른바\ '관}{습상의\ 법정지상권'이거나를\ 불문한다}$)이 존재하는 건물을 그 소유자로부터
양수하였으나 그 법정지상권의 취득에 필요한 등기($\frac{지상권}{이전등기}$)를 경료하지 아니한
자를 상대로 그 대지의 소유자가 그 건물의 철거를 청구하는 것은 "신의성실
의 원칙상" 허용되지 아니한다는 태도를 취하고 있다.[109] 그 이유는 다음과 같
다. 위와 같은 경우, 애초의 건물소유자는 법정지상권을 가지고 있으므로, 대
지의 소유자($\frac{법정지상권\ 취득\ 당시의\ 소유자이든}{지,\ 그\ 후의\ 전득자이든지\ 불문하고}$)에 대하여 지상권설정등기를 청구할 권
리를 가지고 있다. 그런데 그러한 건물소유자로부터 그 건물을 양도받기로 계
약한 경우에는 "다른 특별한 사정이 없는 한" 건물과 함께 그 건물의 존립을
위한 대지이용권, 즉 위의 경우에는 법정지상권도 양도받기로 하는 채권적 계
약이 있었다고 계약해석할 것이다.[110] 그렇다면 건물양수인은 건물양도인을 대
위하여($\frac{전전양도의\ 경우에}{는\ 순차\ 대위하여}$) 대지소유자에 대하여 지상권설정등기를 청구할 수 있고,
아울러 건물양도인에 대하여 그 지상권등기의 이전을 청구할 수 있다. 이와 같

---

107) 대판 1967.7.18, 67다954(집 15-2, 206); 대판 1988.5.10, 87다카1979(공 826, 948)
    등.
108) 그러나 이러한 경우에는 그냥 그와 같이 점유자에게 민 § 213 단서에서 말하는 "점유할
    권리"가 있다고 하면 족하지 아니한가 생각되기도 한다.
109) 그 후 대판 1985.9.10, 85다카607(공 763, 1329); 대판 1987.5.26, 85다카2203(공 804,
    1049); 대판 1988.9.27, 87다카279(공 835, 1325) 등 다수.
110) 이는 본문의 전원합의체 판결이 나오기 전에 이미 대판 1981.9.8, 80다2873(집 29-3,
    29)에서 인정되어, 그 후 가령 대판 1988.9.27, 87다카279(집 36-2, 154) 등에서 변함없
    이 유지되고 있는 판례의 태도이다. 이러한 법리는 물론 § 100 Ⅱ ("종물은 주물의 처분에
    따른다." 이 규정은 주된 권리/종된 권리에도 준용된다)로써도 뒷받침된다.

이 "법정지상권을 취득할 지위에 있는 피고에 대하여 원고가 대지소유권에 기하여 건물철거를 구함은 지상권의 부담을 용인하고 또한 설정등기절차를 이행할 의무 있는 자가 그 권리자를 상대로 한 청구라 할 것이어서 신의성실의 원칙상 허용될 수 없다"는 것이다.

이와 같은 다수의견에 대하여 반대하는 소수의견도 강하였다.[111] 이 의견은 우선 신의칙의 적용에 관하여, 이를 "구체적인 법률관계에 적용함에 있어서는 상대방의 이익의 내용, 행사하거나 이행하려는 권리 또는 의무와 상대방 이익과의 상관관계 및 상대방의 신뢰의 타당성 등 모든 구체적인 사정을 고려하여 그 적용 여부를 결정하여야 한다"고 전제한다. 그리고 이어서 대지소유자는 법정지상권을 가진 본인이 아니라 그로부터 건물을 양수한 자에 대하여는 "그 이익의 실현에 협력할 의무를 부담하고 있지 아니하며" 그러한 의무는 법정지상권자 본인에게 있을 뿐이라고 한다. 기타 ① 토지를 취득하는 자의 법정지상권부존재에 대한 신뢰를 보호할 필요가 있다는 점, ② 건물양수인이 가지는 채권적 권리는 토지소유자의 물권에 원칙적으로 열후한 것인데, 토지소유자의 권리행사를 신의칙 위반이라고 하면, 이는 채권적 권리에 기한 배타적 대항권을 부여하는 결과가 되어 부동산물권공시제도의 취지에 반한다는 점, ③ 건물의 존립을 보장하고자 하는 법정지상권제도라도 토지소유권과 조화되어야 한다는 점 등을 들어, 결국 토지소유자는 건물의 철거를 청구할 수 있다고 한다.

그러나 소수의견의 그와 같은 결론에는 찬성하기 어렵다. ③의 점은 그 자체 타당한 것으로서, 그 조화점이 어딘가 하는 실질문제에 대하여 아무런 답이 될 수 없으므로 론난할 필요가 없다. 우선 ①에 대하여 보면, 법정지상권은 등기 없이도 취득되는 것이고 그 공시는 오히려 토지 위에 건물이 현존하고 있다는 사실 자체에 의하여 이루어진다고도 할 수 있다. 그러므로 대지양수인의 그러한 신뢰가 어느 만큼 보호할 만한 가치가 있는지 의심스럽다. 오히려 아직 건물이 법정지상권자의 소유로 남아 있으면 건물의 철거를 청구할 수 없는 대지양수인이 그것이 제3자에게 양도되었다고 해서 그것을 청구할 수 있게 된다는 것이 불합리하다고 할 것이다. 나아가 ②에 대하여 보면, 물론 물권은 채권에 우선한다는 원칙에 함부로 례외를 인정할 것은 아니다. 그러나 소유자라도 그 소유물에 관하여 채권적 의무를 부담하는 경우(가령 임대차계약을 체결한 경우)에는 그 채권관

---

111) 다수의견을 택한 대법원판사(오늘날의 '대법관'의 당시 명칭)는 7인이고, 나머지 6인이 소수의견에 가담하였다.

계가 그 물권관계에 우선함에도 의문이 없다.

그러므로 문제는 법정지상권의 부담 있는 소유권을 가지는 자가 그 지상
권의 양도를 청구할 수 있는 채권적 권리를 가지는 자에 대하여 어떠한 관계
에 서는가 하는 점이다. 이러한 문제는 비단 법정지상권의 경우뿐만 아니라,
가령 전세권을 양도받기로 하고 아직 그 이전등기를 받지 아니한자에 대하여
소유자가 그 소유권에 기한 물권적 청구권을 행사할 수 있는가, 나아가서는 그
러한 제한물권이 설정된 경우가 아니라도 부동산을 매도하고 인도하였으나 아
직 등기를 넘기지 아니한 자가 그 매수인으로부터 다시 그 물건을 매수하고
인도받은 자에 대하여 그 소유권에 기한 권리를 행사할 수 있는가 하는 식으
로 보다 일반적으로 제기될 수 있는 문제이다. 그렇게 보면, 소유자는 그와 직
접적인 법률관계에 서 있는 자(법정지상권자, 전세
권자 또는 매수인 등)가 제3자에게 그 물건의 점유
(기타 민 §214에서 정하
는 의미의 "소유권방해")를 이전하는 것이 소유자에 대한 관계에서 허용되어 있고 또
실제로 그 자의 의사에 기하여 그 제3자가 그 점유를 이전받은 것이라면, 그
제3자에 대하여 소유권을 주장할 수 없다고 해석하여야 할 것이다. 요컨대 위
와 같은 경우에는 민 §213 단서에서 정하는 "점유할 권리"가 있다고 하여야
한다. 그러한 의미에서 보면, 여기서는 신의칙을 끌어들일 필요조차 없다고 하
겠다.

(3) 물건의 전전매수인에 대한 반환청구

소유자가 목적물의 매매계약을 체결하고 그 물건을 매수인에게 인도하였
으나 아직 소유권이 매수인에게 이전되지 아니한 경우(가령 부동산에 관하여 소유권등
기가 아직 이전되지 아니한 경우),
그 소유자가 매수인에 대하여 그 물건의 반환을 구하는 등의 소유권을 행사할
수 있는가? 이에 대하여, 로마법의 「매도되고 인도된 물건의 항변(exceptio rei
venditae et traditae)」의 '현대적 慣用'을 주장하여 이를 부인하는 견해가 있
다.[112]

그리고 그 근거로는, 첫째, 매도인은 목적물의 점유를 인도할 의무를 부담
하므로 매수인은 민 §213 단서의 '점유할 권리'를 가지고 있다고 하여야 한다
는 것, 둘째, "부동산의 매도인이 매각·인도한 것을 특별한 이유 없이 단순히
자기가 아직 법률상의 소유자라는 이유만으로 그 반환을 요구하는 것은 틀림

---

112) 곽윤직, "exceptio rei venditae et traditae의 현대적 관용", 서울대 법학 9-1(1967)(동,
  후암민법론집[1991], 447 이하에서 인용) 참조.

없이 신의성실에 반하는 권리의 행사"라는 것이다.[113]

물론 결론에는 의문의 여지가 없다.[114] 그러나 신의칙을 근거로 들 것도 없이, 매수인은 매도인인 소유자에 대한 관계에서 '점유할 권리'가 있다고 하면 족할 것이다.

6. 失效의 原則

(1) 모순행위 금지 원칙의 한 적용으로 권리가 실효(Verwirkung)되는 경우를 들 수 있을 것이다. 권리의 실효라고 함은, 어떠한 권리가 상당한 기간 동안 행사되지 아니한 경우에 이 불행사의 사실로 말미암아 상대방이 권리자가 앞으로 이를 행사하지 아니할 것이라는 정당한 신뢰를 가지게 되었다면, 또는 나아가 그가 그 불행사에 대한 신뢰에 기하여 일정한 재산처분(Vermögens-dispositionen)을 하였다면, 이제 그 권리를 더 이상 행사할 수 없게 되는 것을 말한다.[115] 이에는 상당한 시간의 경과뿐만이 아니라(소'이른바 '시간요 Zeitmoment), 그와 아울러 의무자(또는 형성권의 경우에는 그 행사에 의하여 의무를 부담하게 되는 사람)가 이제 더 이상 권리의 행사가 없을 것이라고 기대하게 만드는 기타의 사정(이른바 '사정요소 Umstandsmoment)이 있어야 한다. 그리고 권리

---

113) 곽윤직(전주), 468 이하.

114) 대판 1988.4.25, 87다카1682(공 825, 889)는, 토지의 매수인 을이 매도인 갑으로부터 그 토지를 인도받고 그 위에 건물을 건축한 다음 그 건물의 소유권을 제3자 병에게 양도한 사안에 대한 것이다. 이 사건에서는 애초의 토지매도인 갑이 그 소유권에 기하여 병에 대하여 그 건물의 철거를 청구하였다. 이 청구는 정당하게도 기각되었는데, 대법원은 그 이유로, 병이 "토지매수인 을의 매매계약상의 점유사용권을 취득"하였다고 보아야 함을 들고 있다. 이로 미루어 보면, 직접 계약상대방인 을에 대하여 점유의 반환을 구할 수 없음은 물론일 것이다. 위의 판결의 사안과 같은 경우에는 이를 토지사용권의 양도가 있었다고 보되, 다만 그 양도의 대항요건은 "채무의 내용이 이행행위가 아니고 토지사용의 용인과 같은 부작위에 그치는 때"에는 이를 갖추지 아니하여도 족하다고 할 것이므로 병은 대항요건을 갖추지 아니하더라도 그 채무자 갑에 대하여 이를 행사할 수 있다고 보아야 한다는 견해도 있다. 이재성, "토지매도인과 토지매수인이 건축한 건물을 양수한 자와의 법률관계", 사법행정 1983.3, 47 이하. 그러나 매매계약에 기하여 매수인이 그 목적물을 사용수익할 수 있는 권능이 독립한 권리로서 거래의 독자적인 대상이 될 수는 없다고 할 것이고, 또 이 경우에만 양도의 대항요건을 갖추지 아니하여도 된다고 볼 아무런 이유도 없다. 위의 견해나 위 판결은 민 §213 단서의 문언에 이끌려 점유자는 소유자에 대한 관계에서 반드시 원래의 의미에서의 권리를 보유하고 있어야 소유자의 반환청구를 물리칠 수 있다는 생각에 고착되어 있는 것이 아닌가 추측된다. 그러나 위에서 본 대로 그 규정에서 정하고 있는 '점유할 권리'라고 하는 것은 단지 점유를 소유자에 대한 관계에서 정당화하는 어떠한 법적 지위라고 파악하면 이러한 무리를 저지를 필요가 없다고 생각된다. 이에 대하여는 민법주해[Ⅴ], 제1판(1992), 제213조 주해(양창수 집필부분) 참조.

115) Larenz(주 5), §10 Ⅱ b(S. 134) 등 참조.

의 실효는 비단 소멸시효에 걸리지 아니하는 권리[116])에 대하여도 인정될 수
있다. 나아가 시효기간($^{\text{또는 제}}_{\text{척기간}}$)의 만료 전에도 권리의 실효는 인정될 수 있다고
하는 것이 일반이다. 그러나 가령 1년 등의 단기소멸시효기간이나 제척기간이
정하여진 권리에 대하여는 통상 권리의 실효가 인정되기 어려울 것이다. 물론
어느 정도의 기간이 경과하면 권리가 실효되는가는 일률적으로 말할 수 없으
며, 구체적인 사안에 따라 정하여지게 된다. 나아가 소송상 권능, 가령 소권도
실효될 수 있다고 인정되고 있다. 이에는 시간의 경과와 아울러, 바로 소권이
불행사될 것이라는 정당한 확신을 불러일으키는 사정이 존재할 것이 요구된
다.

(2) 실효의 원칙에 관하여 최근에 나온 문헌은 우선 "우리나라의 재판실무
에서는 1980년대 중반까지 실효의 원칙이 잘 적용되지 아니하다가 1980년대
말부터 실효의 원칙이 언급되기 시작하여 1990년대 이후 실효의 원칙이 적용
되는 사례가 급증하였다"고 개관하고 있다.[117]) 그리고 나아가 구체적으로 "실
효의 원칙은 근로자가 뒤늦게 자신에 대한 해고가 무효라고 주장하는 경우에
이를 허용할 것인가의 맥락에서 문제되는 경우가 많다"고 하면서도,[118]) 그러나
"실효의 원칙은 여러 유형의 권리에 폭넓게 적용될 수 있는 탄력적인 법적 도
구"이므로 해고무효확인을 구하는 사안 유형 외에도 다양한 사안 유형에 적용
될 수 있다고 한다.[119])

(3) 이러한 설명대로 예를 들면 대판 1990.8.28, 90다카9619($^{\text{공 882,}}_{\text{2018}}$)은
"권리의 행사는 신의에 좇아 성실히 하여야 하고 남용할 수가 없는 것이고, 특
히 권리자가 장기간에 걸쳐 그의 권리를 행사하지 아니하여 의무자인 상대방
으로서도 이제는 권리자가 그 권리를 행사하지 아니할 것으로 믿을 만한 정당
한 사유를 갖게 되거나 행사하지 아니할 것으로 추인하게 되고[어] 새삼스럽
게 그 권리를 행사하는 것이 신의성실의 원칙에 반하는 결과가 될 때에는 이
른바 失效의 법리에 따라 그 권리행사가 허용되지 아니한다고 볼 것"이라고
설시하여, 권리 실효의 법리 그 자체는 추상적인 법률론의 차원에서나마 이를

---

116) 이에 대하여 우선 양창수, "소멸시효에 걸리는 권리", 考試硏究 1990.6, 35 이하 참조.
117) 김용덕 편집대표, 주석총칙(1), 제5판(2019), 171(권영준 집필부분).
118) 주석총칙(1)(주 117), 173.
119) 주석총칙(1)(주 117), 175 이하.

긍정하고 있다. 그러나 그 법리의 적용에 있어서는, "여기서 권리자가 그 권리를 행사하지 아니한것이 문제되는 것은 비록 권리자의 주관적인 동기가 고려되지 아니한다 하더라도 그에게 권리 행사의 기회가 있어서 이를 현실적으로 기대할 수가 있었음에도 불구하고 행사하지 아니한경우에 한하는 것"이라고 제한하고 있다.

위의 판결은, 원고가 1978년 7월에 피고(한국전력공사)의 징계처분에 따라 의원면직된 것이 무효임을 이유로 1989년 5월에 이 사건 소송을 제기하여 그 사원임의 확인을 청구한 사안에 대한 것이다. 원심[120]은 보충적으로[121] 피고의 권리실효주장에 대하여 판단하면서, 역시 피고의 주장을 받아들였었다. 그 이유로서는, 첫째, 징계처분 등이 있고나서 10년 10개월이 지난 후에야 이 사건 청구를 하였다. 둘째, 원고와 같이 유사한 이유로 징계를 받은 다른 직원들은 1980년부터 1983년까지 사이에 법적 쟁송을 벌였으나 원고는 이에 참여하지 아니하였다. 셋째, 피고는 징계처분 이후 10여 년간에 걸쳐 새로운 인사체제를 구축하여 이제 이를 번복한다는 것은 피고의 인사노무관리 및 경영에 심각한 영향을 줄 것이다. 넷째, 원고가 위와 같이 장기간 권리를 행사하지 아니한 이유가 위 징계처분이 무효임을 몰랐다거나 승소가능성을 기대할 수 없었기 때문이라고 하더라도 이는 원고의 내심의 문제로서 주관적인 동기에 불과하다는 것 등을 들었다. 그러나 대법원은, 위 징계처분 후 다른 피해고자들이 1984년부터 벌린 법적 쟁송에서 1988년에 이르러서야 대법원의 판결이 나와 피해고자 측의 주장이 이유 있음이 밝혀졌다는 사정을 강조하고, 이를 보고 이 사건 소송을 제기한 "원고의 이 사건 권리행사의 지체가 그의 단순한 주관적인 동기에 비롯된 것으로 보기 어렵고, 상대방인 피고로서도 이제는 원고가 그의 권리를 행사하지 아니할 것이라고 신뢰할 정당한 사유가 있었다고 볼 수 없"다고 하여, 원심판결을 파기하였다.

그러나 다른 사람들이 법적 쟁송을 행하였다고 해서, 그에 참여하지 아니한 원고가 그 권리를 행사하지 아니할 것이라고 피고가 신뢰하는 것이 정당하

---

120) 서울고판 1990.2.28, 89나46310(법정신문 55, 5).
121) 원심은, 원고와 피고 사이의 고용계약상의 채권채무관계는 10년의 소멸시효가 완성됨으로써 소멸하였다고 하여 원고의 청구를 기각하였다. 그러나 대법원은, 첫째, 피고가 소멸시효의 항변을 한 일이 없고, 둘째, 이 사건 청구는 개별적인 채권들이 파생되어 나온 기본적인 고용에 관한 법률관계 그 자체의 확인을 구하는 것인데, 그러한 법률관계가 민§ 162 Ⅰ에서 말하는 "채권"에 해당하지 아니한다고 하여, 원심이 소멸시효의 완성을 긍정한 것을 뒤집었다.

지 아니하다고 할 수는 없을 것이다. 오히려 남들은 그 법적 효력을 다투는데 원고는 이에 가담하지 아니하였다는 사실은 그의 신뢰를 강화하는 사정이라고 평가할 수도 있을 것이다. 나아가 대법원이 실효의 원칙을 적용함에 있어서, 소멸시효에 있어서도 부가되지 아니하는, 권리자 측에 "그 권리행사의 현실적으로 기대될 수 있는 기회"가 있어야 한다는 제한을 두는 것도 쉽사리 찬성하기 어렵다.[122]

(4) 실효의 원칙은 근로관계 또는 해고무효소송 이외의 분야에서도 드물지 아니하게 적용된다.

예를 들어, 대판 1994.11.25, 94다12234($_{1995. 84}^{공}$)는 매매계약의 해제권을 장기간 행사하지 아니하여 상대방이 더 이상 계약이 해제되지 아니하리라고 신뢰하고 매매대금까지 대부분 지급된 경우 해제권을 행사하는 것이 신의성실의 원칙에 반한다고 판단하였다.

나아가 대판 2011.4.28, 2010다89654($_{고율}^{법}$)는 화해권고결정이 내려진 후 이를 이행하지 아니한 채 오랜 기간 방치하다가 다시 그 화해권고결정에 따른 집행을 신청한 사안에서 실효의 원칙을 적용하여 이제 그와 같이 집행을 신청할 권리는 실효되었다고 판단하였다.

그 외에도 대판 1993.5.14, 92다51433($_{1701}^{공}$)은 토지를 수용당한 후 20년이 넘게 수용재결의 실효를 주장하지 아니하고 오히려 적극적으로 보상을 요구하였다가 수용보상금 중 극히 일부가 지급되지 아니한 상태에서 이번에는 수용재결의 실효를 주장한 사안에서 그 주장이 허용되지 아니한다고 판단한 것으로서, 이 역시 실효의 원칙이 적용된 재판례라고 할 것이다.[123]

(5) 실효의 원칙은 재산관계뿐만 아니라 나아가 신분관계상의 쟁송에까지도 적용되고 있다. 예를 들면 서울고판 1992.4.14, 91르204($_{1. 615}^{하집 1992}$)은 A(여자)가 입양의 의사로 B를 자신의 친생자로 출생신고를 하고 32년 간 사실상

---

122) 가령 독일에서도 이러한 제한을 행하여지지 아니하며, 단지 권리를 불행사하는 상당한 시간의 경과와 아울러 그에 대한 상대방 측의 정당한 신뢰의 발생 여부만이 문제될 뿐이다.

123) 주석총칙(1)(주 117), 176. 본문에서 든 대판 1993.5.14.과 유사하게 그 전의 대판 1986.10.14, 86다카204(집 34-3, 71)은 지방자치단체가 그 소유의 행정재산인 토지를 매도하여 그 후 공용폐지까지 되었음에도 매도로부터 20년이 경과한 후에 그 토지가 행정재산임을 내세워 매매가 무효라고 주장하는 것은 허용되지 아니한다고 판단하였다.

모자관계를 유지하며 생활하여 오다가 A가 사망하자 그의 남동생인 원고가 A
와 B 사이에 친생자관계가 존재하지 아니한다는 확인청구를 한 사건에 대한
것이다. 이 사건에서 법원은, 원고가 그 사이에 위와 같은 실질적인 입양에 전
혀 이의를 제기한 바 없을 뿐만 아니라 B가 주최한 A의 칠순잔치에도 참가하
는 등 오히려 양자 간의 친자관계를 긍정하는 태도를 취하여 왔는데 이제 와
서 위와 같은 청구를 하는 것은 실효의 원칙에 반하여 허용되지 아니한다고
판단하였다.[124]

　　그런데 가사소송에 대하여도 민사소송 일반에 관하여 신의칙의 적용을 정
하는 민소 §1 Ⅱ이 준용되므로($^{가소}_{§12}$), 신의칙에 위배한 소권의 행사는 가사소
송에서도 허용되지 아니할 것이기는 하다. 그러나 특히 신분관계의 특성에 비
추어 그 확정을 위한 가사소송에서는 실효의 원칙이 쉽게 인정되고 있다고는
하기 어렵다.

　　예를 들면 대판 2001.11.27, 2001므1353($^{공}_{172}{}^{2002,}$)은 "인지청구권은 본인의
일신전속적인 신분관계상의 권리로서 포기할 수도 없으며 포기하였더라도 그
효력이 발생할 수 없는 것이고, 이와 같이 인지청구권의 포기가 허용되지 아니
하는 이상 거기에 실효의 법리가 적용될 여지도 없다"고 잘라서 말하고 있으
며,[125] 나아가 "인지청구권의 행사가 상속재산에 대한 이해관계에서 비롯되었
다 하더라도 정당한 신분관계를 확정하기 위해서라면 신의칙에 반하는 것이라
는 이유로 이를 막을 수 없다"고 판시하였다.[126] 그리고 대판 2004.6.24, 2004
므405($^{법}_{고을}$)은 친자관계 및 양친자관계가 존재하지 아니하나 父에 의하여 장남
으로 출생신고되어 그 생전에 배려를 받고 사망시에는 장례도 치뤘으나 그 후
친자식 측이 물려받은 가업의 운영을 둘러싸고 분쟁이 생기게 되어 친자식 측
에서 제기한 친생자관계부존재의 소에 있어서 "친자관계의 존부를 다투는 소
송의 결과 진실한 신분관계의 확정뿐만 아니라 친족관계에 기초하여 각종 재

---

124) 이는 대법원이 아니라 항소심법원의 판결이나, 이 재판례에 대하여는 일반적으로 호의
　　적으로 받아들여지고 있고 별다른 의문이 제기되지 아니하다. 예를 들면 박동섭, "권리남
　　용금지의 원칙 — 가족법 판례를 중심으로", 변호사 32(2002), 82(이 문헌은 유사한 취지
　　의 일본 재판례로 京都地判 1979(昭 54).10.30(判例時報 960, 92)을 인용하고 있다); 신
　　중철, "가사소송의 이론과 실무 (8)", 법무사 360(1997), 43 참조.
125) 그 판시를 일반화하면, 포기할 수 없는 권리에 대하여는 실효의 원칙이 적용될 수 없다
　　는 것이 된다. 그러나 이는 지나치다고 생각된다.
126) 실제 사건에서는 父의 생전에 장기간 인지청구를 하지 아니하다가 그 死後에 비로소 인
　　지청구를 한 것이 문제되었다.

산상 법률관계에 영향을 미친다거나, 부모의 사망 후 오랜 기간이 경과한 후에
소를 제기하였다고 하더라도 소권 남용에 해당한다거나 신의칙에 반한다고 할
수 없다"고 판단하였다.[127]

　　(6) 한편 대법원이 초기에 실효의 원칙을 적용함에 그다지 적극적이라고
는 할 수 없지 아니한가 하는 인상을 주는 재판례로 대판 1988.4.27, 87누
915($_{1, \, 행 \, 345}^{집 \, 36-}$)를 들 수 있을지 모른다. 이 사건에서, 원고는 1966년에 피고(구청
장)으로부터 행정서사업허가를 받았는데, 그에 있어서는 원고가 日政時에 군청
에 근무한 경력이 당시의 행정서사법에서 정한 자격요건을 충족한다고 인정되
었었다. 그런데 20년이 지난 1986년에 이르러 피고는 일정시의 경력은 그 자
격요건을 충족하지 아니한다고 하여 위의 허가처분을 취소하였다. 대법원은
이 취소처분을 적법하다고 결론지었다. 그 이유는, "피고가 취소사유를 알고서
도 그렇게 장기간 취소권을 행사하지 아니한 것이 아니고 1985년 9월 중순에
비로소 위에서 본 취소사유를 알고 그에 관한 법적 처리방안에 관하여 다각도
로 연구검토가 행해졌고 그러한 사정은 원고도 알고 있었음이 기록상 명백하
여 이로써 본다면 상대방인 원고에게 취소권을 행사하지 아니할 것이란 신뢰
를 심어준 것으로 여겨지지 아니하니 피고의 처분이 실권의 법리에 저촉된 것
이라고 볼 수 있는 것도 아니"라는 것이다.
　　그러나 권리 실효의 법리는 권리자가 자신에게 권리가 있음을 알고도 장
기간 이를 행사하지 아니한 경우에 비로소 인정되는 것이 아니다. 권리자가 그
것을 알지 못하였다고 하더라도, 상대방에게 권리자의 권리불행사를 믿을 만
한 객관적인 사정이 있다면 그 법리가 적용될 수 있는 것이다.[128] 그리고 상대
방의 정당한 신뢰란 반드시 자신에게 일정한 의무($_{그 \, 행사로 \, 인한 \, 불이익}^{또는 \, 형성권의 \, 경우에는}$)가 있음을
알면서도 그것이 추급되지 아니할 것을 믿는 경우에만 인정되는 것이 아니며,
애초 그러한 의무 등의 존재 자체를 몰랐던 경우에도 그것을 모르는 것이 정
당화되는 사정이 있으면 족한 것이다. 오히려 후자의 경우에 실효의 법리가 적
용될 여지가 더 많다고 할 수도 있을 것이다. 왜냐하면 전자의 경우에는 의무
의 존재를 알면서 이를 이행하지 아니하는 것임에 대하여, 후자의 경우에는 이

---

127) 이 뒤의 재판례에 대하여는 우선 민유숙, "2004년 분야별 중요판례분석 4. 민법 가사
　　편", 법률신문 3349(2005.3.24), 9 참조.
128) 우선 MünchKomm/Roth, §242 Rdnr. 334(S. 174) 참조.

를 —사정에 따라서는 과실 없이— 알지 못하고 있는 것이기 때문이다.

Ⅳ. 변경된 사정에 대한 계약관계의 조정

1. 서   설

(1) 문제의 제기

계약[129]이 유효하게 성립하면, 그 당사자 사이에는 그 계약의 내용에 따른 법률효과가 발생한다. 즉, 그 당사자의 일방은 상대방에 대하여 그가 약속한 급부를 청구할 수 있는 채권을 취득하게 되고, 상대방은 그에 상응하는 법적인 의무를 부담하게 된다. 프민 § 1103($\binom{2016년의 \ 계약법 \ 대}{개정 \ 전에는 \ § 1134}$)이 정하는 대로, "적법하게 형성된 약정은 그것을 행한 자들에 있어서 법률에 갈음한다($\binom{\text{Les conventions}}{\text{légalement formées}}$ $\binom{\text{tiennent lieu de loi à}}{\text{ceux qui les ont faites}}$)".

그리하여 법은 계약이 그 내용대로 실현되도록 보장하는 데 1차적인 관심을 쏟고 있다. 즉, 당사자가 그 의무를 자의로 이행하지 아니할 때에는 그 강제실현을 허락하고, 나아가 그러한 부이행으로 인한 상대방의 손해를 그 채무자에게 부담시키며, 아니면 자신의 계약상 권리를 만족받지 못한 상대방에게 그 계약의 구속으로부터 해방될 가능성을 인정한다. 그런데 계약($\binom{\text{그리고 그에 기}}{\text{한 의무 부담}}$)은 아무런 전제 없이 사회적인 진공상태에서 행하여지는 것이 아니라, 일정한 사태의 존재를 전제로 하여서 행하여지는 것이다. 가령 라디오를 매수하는 자는 통상 그것으로 수신할 방송이 있고 그것이 일정 기간 존속할 것을 예상하여 그것을 매수한다. 또 가령 외국산의 곡물을 매도하고 국내에서 인도할 것을 약속한 자는 거의 예외 없이 그 곡물을 외국으로부터 수입하는 것이 허용됨을 전제로 하여 그러한 약속을 한다. 또 장기간에 걸쳐 일정량의 물건을 계속해서 일정한 가격에 공급할 것을 약정한 자는 그 공급기간 내에 그 물건의 가격을 급등시킬 특별한 사정이 일어나지 아니하리라는 예기 아래 그러한 약정을 할 것이다.

만일 계약체결 후에 그 기초가 된 위와 같은 사정에 당사자들이 쉽사리 예견할 수 없었던 변경이 일어나서 당초의 약속에 당사자를 구속시키는 것이 가혹하게 되었다면, 그 계약은 여전히 위와 같이 "당사자 사이의 법률"로서의 효

---

[129] 여기서는 채권계약만을 대상으로 하여 논의를 진행하여 가기로 한다.

력을 유지하는가($\binom{\text{계약 해소[Vertrags-}}{\text{auflösung]의 문제}}$), 또는 원래의 내용대로는 그 효력을 가질 수 없고 변경된 사정에 맞추어 그 계약내용을 수정하는 것이 인정되는가($\binom{\text{계약 수정}}{\text{[Vertrags-}}$ anpassung]의 문제) 하는 의문이 제기된다. 가령 위에 든 예에서 매매계약 후 방송이 일제히 정지되었다든가, 외국으로부터의 곡물수입이 법에 의하여 금지되었다든가, 전쟁의 발발로 원료의 가격이 급상승하고 따라서 약정가격으로의 공급은 공급자의 재산상태를 파국으로 몰고 갈 우려가 있는 경우에도, 각 당사자는 상대방에 대하여 그 계약의 내용대로의 의무를 부담하는가? 이러한 문제는 우리나라의 학설에서는 '사정변경의 원칙'이라는 이름 아래 다루어지고 있다. 그런데 위와 같은 경우에 계약의 해소 또는 수정을 일반적으로 인정하는 명문의 규정은 우리 민법상 존재하지 아니한다.[130] 그러므로 이러한 계약의 해소 또는 수정을 긍정하는 입장에서는 그 법적 기초를 신의칙에서 찾아내는 것이 일반이다.

(2) 비교법적 고찰

(가) 외국, 그 중에서도 유럽대륙의 주요 국가나 영미에서도 위와 같은 문제는 빈번히 제기되고 있다.[131]

특히 양차의 세계대전으로 인한 '대량재난(Massenkalamitäten)'[132]으로 말미암아 계약을 이와 같이 철저하고도 광범위하게 달라진 사회사정에 적응시킬 필요가 대량으로 발생하였기 때문이다. 이에 대한 비교법적 고찰은 다음과 같은 결론을 내리고 있다.

　　"이상의 비교법적 고찰은, 사정의 변경이 계약에 미치는 영향의 문제가 살펴본 모든 나라에서 제기되고 있으나, 그 문제를 해결하는 방법과 定式들은 여러 가지 점에서 서로 다르다는 점을 알게 하여 준다. 프랑스법은 특이한 지위를 차지하고 있다.

---

130) 물론 뒤에서 보는 대로 민법에는 사후적인 사전변경을 고려하여 계약관계의 조정을 인정하는 규정이 부분적으로 존재한다. 가령 민 §557는 증여계약의 체결 후에 증여자의 재산상태가 현저히 변경되고 그 이행으로 인하여 생계에 중대한 영향을 미칠 경우에는 증여자가 그 계약을 해제할 수 있다고 정한다. 기타 뒤의 2. (1) 참조.

131) 이 문제에 대한 비교법적 고찰에서는 무엇보다도, Zweigert/Kötz, *Einführung in die Rechtsvergleichung*, Bd. 2, 2. Aufl.(1984), §14(양창수 역, 비교사법제도론[1991], 352 이하) 참조.

132) F. Wieacker, Gemeinschaftlicher Irrtum der Vertragspartner und Clausula rebus sic stantibus. Bemerkungen zur Theorie der Geschäftsgrundlage, in: *Festschrift für W. Wilburg*(1965), S. 232 참조.

거기서는 오늘날까지 '不豫見(imprévision)'의 이론은 엄격하게 거부되고 있다. 다만 사정의 본질적인 변경에도 불구하고 계약당사자에게 그 이행을 강제하면 종국적으로 그의 기업의 활동이 중지되지 아니할 수 없게 되고 또 그것이 직접적인 공익에 반하게 되는 경우에만 단 하나의 예외가 인정될 뿐이다. … 독일연방대법원은 부분적으로는 아직 '行爲基礎(Geschäftsgrundlage)'의 상실이라는 존엄한 공식으로써 입론하면서, 나아가 항상 '신의성실에 따른 개별 사안의 제반 사정들의 교량'에 달려 있다고 강조하며, 마지막으로 계약[의 구속]으로부터의 해방은 '법과 정의에 전혀 합치되지 못하는 참을 수 없는 결과'를 달리는 피할 수 없을 때에만 정당화된다는 확언으로 기름을 바른다. 스위스의 판례는 대체로, 후발적으로 급부와 반대급부 간에 불균형이 발생한 경우에 있어서 채권자에게 계약상 청구권을 여전히 인정하는 것이 채무자에 대한 '폭리적 착취(wucherische Ausbeutung)'가 될 때에는 법관이 계약을 변경할 수 있다는 데에서 출발한다. 영국법원은, 채무자가 사정의 변경에도 불구하고 급부를 이행하여야 한다면, 채무자의 그 급부가 계약체결시에 예정하였던 것과 '근본적으로 다른(fundamentally different)' 것이 되는가의 여부를 묻는다."[133]

우리는 이러한 비교법적 고찰로부터 여전히 "계약은 준수되어야 한다"는 원칙이 압도적으로 우월함을 확인할 수 있다. 나아가 학설사적으로도 이를 확인할 수 있다.[134] 이미 유럽의 주해학파에서 발전된 바 있는, 모든 계약에는 "사정이 이러한 한에서라는 조항(clausula sic rebus stantibus)"이 포함되어 있다는 주장은 16세기부터 17세기에 걸쳐서 유지되어 왔고, 18세기에도 그 모습을 찾아볼 수 있다. 그러나 늦어도 자연법론의 학자들에 의하여서 이는 거부되었으며, 18세기에서 19세기로 넘어가는 시기쯤에는 독일에서도 이러한 부정적인 견해가 관철되었다. 그리고 위와 같이 일반적으로 사정변경을 고려하여야 한다는 견해는 1794년의 프로이센일반란트법이나[135] 1811년의 오스트리아민법에서 채택되지 아니하였다. 나아가 프랑스에서도 이는 마찬가지라고 한다.[136] 그리고 19세기의 보통법학에서도 일반적인 사법학의 일부를 구성한 일

133) Zweigert/Kötz(주 131), S. 258-61(양창수 역, 380 이하).
134) 이에 대하여는 우선 H. Coing, *Europäisches Privatrecht*, Bd. 1(1985), §81 Ⅳ(S. 412 f.); Bd. 2(1989), §88 Ⅳ(S. 445) 참조.
135) ALR Ⅰ, 5, §377는 "현실적 불능(wirkliche Unmöglichkeit)의 경우를 제외하고는, 사정의 변경(veränderte Umstände)을 이유로 계약의 이행을 거절할 수 없다"고 명시적으로 규정하고 있으며, 단지 그 Ⅰ, 5, §378가, "명시적으로 표시되거나 또는 행위의 성질상 인정되는 양 당사자의 종국 목적이 그러한 예견할 수 없는 변경으로 말미암아 달성불가능하게 되었을 경우에만, 아직 이행되지 아니한 계약[의 구속]으로부터 해방될 수 있다"고 정할 뿐이다. ABGB §§ 901, 936도 참조하라.
136) 가령 포티에는 그의 채무법(*Traité des obligations*)에서 그러한 조항에 언급하지 아니하였다고 한다. Coing(주 134), Ⅰ, S. 413 참조.

은 없었으며, 그것은 내용이 너무 불명확하여 법적 안정성에 해롭다고 주장되
었다. 이하 우리나라에 영향을 미치고 있는 독일에서의 이에 관한 발전을 간략
하게 살펴보고자 한다.

(나) 독일에서는, 19세기 후반기에 들어와 빈트샤이트가 '전제'(Vor-
aussetzung)에 관한 이론을 전개하였다.[137] 그에 의하면, 전제란 "미숙한 조건
(unentwickelte Bedingung)"이다. 어느 계약당사자가 일정한 사태의 존재(또는
부존재)
를 그 의무부담의 조건으로 삼지는 아니하였고 따라서 형식적으로 그 부담은
무조건이라고 하더라도, 상대방으로 하여금 그가 그러한 사태의 존재에서 출
발하였고 따라서 그 사태가 근본적으로 변경되면 그 의무 부담은 자신의 의사
에 일치하지 아니함을 인식하게 한 경우에는, 그를 계약에 계속 구속시키는 것
은 실질적으로는 정당하지 아니한것이다. 따라서 그는 이러한 의미의 '전제'가
충족되지 아니하였을 때에는 상대방의 이행청구에 대하여 '악의의 항변
(exceptio doli)'를 제기할 수 있고, 또 상대방에게 이미 이행하였다면 이득반환
소권(condictio)을 가진다는 것이다. 이는 역사적인 흐름에서 보면, 그 동안 배
척되었던 "사정이 이러한 한에서라는 조항"의 이론이 다른 형태로 재생된 것
이라고 할 수 있다.

그러나 이러한 빈트샤이트의 전제론은 독일민법에 채택되지 아니하였다.
독일민법 제1초안은 이에 따라 부당이득의 반환을 인정하는 규정을 두었으나
($\frac{\S}{742}$),[138] 이는 특히 레넬의 예리한 비판에 부딪쳤다.[139] 그는 일방 당사자의 동기
와 쌍방이 합의한 조건 사이의 중간물로서의 '전제'라는 것은 거래 보호를 위
하여서 채택될 수 없다고 주장하였다. 제2위원회는 이 주장을 받아들여, 위의
제1초안 § 742를 삭제하였다.[140] 즉, 이 이론은 거래의 안전을 위태롭게 하며,
전제와 동기를 구분하는 기준이 애매하다는 것이다. 이로써 독일민법에는 계

---

137) B. Windscheid, *Die Lehre des römischen Rechts von der Voraussetzung*(1850); ders.,
Lehrbuch des Pandektenrechts, Bd. 1, § 97 Anm. 1; ders., Die Voraussetzung, in: *AcP*
78(1892), S. 161 ff.(auch in: *Gesammelte Reden und Abhandlungen*[1904], S. 375 ff.).
이에 대하여는 우선 양창수, "부당이득에 관한 일반규정의 史的 형성", 서울대 법학 30-
1·2(1989), 170도 참조.
138) § 742: "명시적 또는 묵시적으로 장래적 사실 또는 법적 효과의 발생 또는 불발생을 전
제(Voraussetzung)로 하여 급부를 행한 자는, 그 전제가 충족되지 아니한 경우에는, 수령
자로부터 그 급부한 것의 반환을 청구할 수 있다."
139) O. Lenel, Die Lehre von der Voraussetzung, in: *AcP* 74(1889), S. 213 ff.
140) 그 심의경과에 대하여는 Protokolle Ⅱ, S. 690 f. 참조.

약관계에서 사정변경을 고려하는 일반적인 규정을 두지 아니하게 되었다.

그러나 1914년에 제1차 세계대전의 발발로 발생한 경제적 궁핍상태와 인플레이션으로 인하여 계약 이행이 사후적으로 현저하게 곤란하게 된 경우가 대량으로 발생하였는데, 이러한 사태는 이 문제를 극적으로 예리하게 의식하게 만들었다. 이에 대하여 독일의 판례는, 우선 '경제적 불능(wirtschaftliche Unmöglichkeit)'의 개념이나 또는 '생존 파멸의 항변(Einrede der Existenzvernichtung)'을 인정함으로써 개별적으로 현저한 불공정을 구제하고자 하였는데, 나중에는 외르트만이 제창한 '행위기초'의 이론[141]을 채택하였다.[142] 학설은 주로 이러한 행위기초의 이론을 중심으로 하여 전개되었는데, 결국 다음과 같은 바의 사정이 존재하면 그것은 '행위기초'가 된다는 데 귀결되었다.[143] 즉, ① 그 사정이 계약에 대하여 가지는 현저한 중요성이 당사자들의 의사 또는 계약목적에 비추어 외부에서 인식될 수 있고, ② 그것이 명백하게 존속하는 것으로 전제되었고 바로 그렇기 때문에 —조건으로서— 계약내용이 되지 아니하였을 뿐이며, ③ 당사자가 후에 그러한 사정의 변경을 알았다면 이를 계약이 체결되는 때에 조건으로 계약내용에 포함시켰음에 틀림없다는 것이 그것이다.[144] 그리고 그 실제의 적용례는, 등가관계의 파괴, 목적 좌절, 공통착오의 셋으로 유형화된다고 한다.[145]

독일에서는 그러한 학설·판례의 진전의 최종적인 결과로 2001년에 행하여진 채권법 대개정(시행은 2002년부터)에서 '행위기초'가 교란된 경우에 계약의 變應(Anpassung)을 청구하는 것에 관한 §313가 새로이 마련되었다. 그 제1항은 "계약의 기초가 된 사정이 계약체결 후에 현저히 변경되고, 그 변경이 만일 당사자들이 이를 예견할 수 있었다면 계약을 체결하지 아니하였거나 다른 내용으로 계약을 체결하였을 것인 경우에, 개별적인 사안의 모든 사정, 특히 계약

---

141) Paul Oertmann, *Die Geschäftsgrundlage. Ein neuer Rechtsbegriff* (1921).

142) 이 이론의 내용 및 전개, 특히 근자의 독일에서의 —특히 라렌츠를 정점으로 하는— '주관적 행위기초론'과 '객관적 행위기초론'에 대하여는 우선 이영준, "사정변경의 원칙에 관한 연구", 사법논집 5(1974), 67 이하 참조.

143) W. Fikentscher(주 5), §27 Ⅲ 4 e(S. 136 ff.); Medicus, *Bürgerliches Recht* (1981), §7 Ⅲ 1(S. 67 ff.); Hübner, *Allgemeiner Teil des Bürgerlichen Gesetzbuches* (1985), Rn. 579(S. 436 f.) 등 참조.

144) 독일의 재판례, 가령 BGH WM 1978, 322는 이 중에서 앞의 두 관점을 더욱 강조한다고 한다.

145) 이 중 가장 뒤 ③의 관점을 포함하여 양 당사자가 공유하였던 일정한 표상 또는 기대로서 당사자가 그것에 의하여 계약체결에 이르게 된 것을 라렌츠는 '주관적 행위기초'라고 부른다.

상 또는 법률상의 위험분배를 고려하면 당사자 일방에게 원래의 계약에 구속되는 것을 기대할 수 없는 때에는 계약의 變應(Anpassung)을 청구할 수 있다"고 정하는 것이다.[146]

(다) 나아가 근자의 국제적인 법통일작업에서도 이와 같이 사정변경에 의한 계약의 수정을 정하는 규정은 일반적으로 채택되고 있다. 예를 들면 유럽계약법원칙(PECL) 제6:111조,[147] 유럽계약법공통참조기준초안(DCFR) 제3편 제1:110조 및 국제상사계약원칙(PICC) 제8.2.1조 등이 그러하다. 그 구체적인 내용은 위에서 본 개정 후 독민 § 313와 대체로 유사하다. 다만 「국제물품매매계약에 관한 국제연합협약(CISG)」는 관련 규정을 담고 있지 아니하다.

2. 민법 등의 규정과 학설

(1) 우리 민법은 개별적인 계약유형에 따라 계약 체결 후의 사정변경을 이유로 계약의 해제(또는 해지) 등 계약관계의 조정을 인정하는 규정을 두고 있다. 가령 증여계약에 있어서 증여계약 후 증여자의 재산상태가 현저히 악화되어 그 이행으로 인하여 생계의 중대한 영향을 미칠 경우에는 증여자는 그 계약을 해제할 수 있다($\frac{\S}{557}$). 나아가 소비대차계약에 있어서 대주가 목적물을 차주에게 인도하기 전에 당사자 일방이 파산선고를 받은 때에는 소비대차는 그 효력을 상실한다($\frac{\S}{599}$).[148] 또 임대차계약에 있어서 임대물에 대한 공과부담의

---

146) 그리고 그 제2항은 "계약의 기초가 된 본질적인 관념이 잘못된 것으로 밝혀진 경우도 [제1항에서 정하는] 사정의 변경과 동시된다"고 정한다.

147) 동 규정의 제2항은, (i) 사정변경이 계약 체결 후에 일어났는데 (ii) 그 가능성이 계약 체결시에 합리적으로 예상될 수 없는 것이었으며 (iii) 또한 당해 계약에 의하면 그 위험이 그에 의하여 불이익을 입는 당사자가 부담하여야 할 것이 아닌 때에는 당사자들은 계약의 수정 등을 위한 교섭을 개시하여야 한다고 정하고, 제3항은 당사자들이 합리적인 기간 내에 합의에 도달하지 못한 경우에는 법원은 ―계약을 소멸시키거나― "사정변경으로 생기는 손실과 이익을 당사자들 사이에서 정의롭고 공평하게 분배하기 위하여 계약을 변응시킬 수 있다"고 정한다. 이에 대하여는 우선 양창수, "'유럽계약법원칙'에 대한 一考 및 그 번역", 서울대 법학 40-1(1999.5), 358 이하(동, 민법연구 제6권(2001), 320 이하에 재수록) 참조.

148) 원래의 독민 § 610는 낙성적 소비대차(Darlehensversprechen)에 관하여 보다 일반적으로 "소비대차를 약속한 대주는 상대방의 재산상태가 현저하게 악화되어 그 반환청구권이 위태롭게 된 경우에는 의심스러운 때에는(im Zweifel) 그 약속을 철회할 수 있다"고 규정하였었다(그러나 이 규정은 2002년 1월부터 독일민법의 채권법에 커다란 변화를 가져온 '채권법의 현대화에 관한 법률'의 시행과 함께 확정이자부 소비대차 일반의 해지사유를 정한 바로 앞의 § 609a와 함께 삭제되었다). 나아가 우리나라의 민 § 614는 사용대차계약에 있어서도 차주가 사망하거나 파산선고를 받은 때에는 대주가 계약을 해지할 수 있다고 정

증감 기타 경제사정의 변동으로 인하여 약정한 차임이 상당하지 아니하게 되면 당사자는 "장래에 대한 차임의 증감"을 청구할 수 있다($\S_{628}$).[149]

한편 계약관계에 대한 것은 아니지만, 인근 토지를 통과하여 수도 등의 시설을 적법하게 설치하였어도 "시설을 한 후 사정의 변경이 있는 때"에는 그 토지소유자가 시설의 변경을 청구할 수 있도록 한 §218 Ⅱ도 역시 사정변경의 법리를 개별적으로 인정한 예라고 할 수 있다.

또한 민법 외에도, 예를 들면 신원보증법은 신원보증계약이 체결된 후에 피용자의 업무 또는 임지가 변경됨으로써 신원보증인의 책임이 가중되거나 또는 그 감독이 곤란하게 되는 사유 등이 발생한 때에는 사용자가 이를 신원보증인에게 통지하여야 하고, 이 통지를 받은 신원보증인은 신원보증계약을 해지할 수 있다고 정한다($^{동법\ \S\S\ 4}_{Ⅰ\ ii,\ 5\ i}$). 그리고 우리의 논의 맥락에서 보다 중요한 것은 위와 같은 해지사유 외에도 동법 §5 iii은 "그 밖에 계약의 기초가 되는 사정에 중대한 변경이 있는 경우"를 '일반적인 보충적 해지사유'로 규정하고 있다는 점이다. 그리하여 이제 '계약의 기초'는 —비록 개별적인 계약유형에 한정된 것이기는 하지만— 우리 법에서 實定의 법개념으로 채택되기에 이른 것이다.

앞서 본 민 §628의 차임증감청구권은 임대차 일반에 적용이 있음을 예정하고 있는 것이다. 그런데 상가건물임대차보호법 §11은 별도로, 그러나 민 §628과 기본적으로는 동일한 내용으로 차임증감청구권을 정하고 있었다. 그렇지만 2020년 초부터 문제된 이른바 코로나사태에 대응하기 위하여 2020년 9월 동조 Ⅰ을 개정하여 "「감염병 예방 및 관리에 관한 법률」제2조 제2호에 따른 제1급감염병 등에 의한 경제사정의 변동으로 인하여"차임 또는 보증금이 상당하지 아니한 경우에도 당사자에게 그 증감의 청구권을 부여하고 있다($^{동조\ Ⅲ}_{도\ 참조}$).

(2) 한편 우리 민법의 개정을 준비하는 작업과정에서는 사정변경의 원칙

한다. 또한 임차인이 파산선고를 받은 경우에 대한 민 §637도 참조.

149) 그 외에 고용계약에 있어서 고용기간의 약정이 있어도 "부득이한 사유가 있는 때"에는 각 당사자가 그 계약을 해지할 수 있다고 정하는 민 §661도 이러한 규정에 포함시킬 수 있을 것이다. 그리고 계약관계에 대한 것은 아니나, 인근 토지를 통과하여 수도 등의 시설을 적법하게 설치하였어도 "시설을 한 후 사정의 변경이 있는 때"에는 그 토지소유자가 그 시설의 변경을 청구할 수 있도록 한 민 §218 Ⅱ도 역시 사정변경의 법리를 인정한 예라고 하겠다.

을 명문화하려는 시도가 행하여졌다. 2004년 민법개정안 §544-4와 2014년 민법개정안 §538-2가 그것이다. 전자는 "계약 성립의 기초가 된 사정이 현저히 변경되고 당사자가 계약 성립 당시 이를 예견할 수 없었으며 그로 인하여 계약을 그대로 유지하는 것이 당사자의 이해에 중대한 불균형을 초래하거나 계약을 체결한 목적을 달성할 수 없는 때에는 당사자는 계약의 수정을 청구하거나 계약을 해제 또는 해지할 수 있다"고 정하고, 후자도 조항의 위치를 제외하고는 그와 전적으로 동일하다. 그러나 주지하는 대로 그 후 국회에 회부된 이들 개정안은 —보증이나 여행계약 등 극히 일부의 경우를 제외하고는— 국회의원의 임기 만료로 2008년 및 2016년의 각 5월에 각기 폐안되고($^{헌\,§51}_{단서}$), 입법에 이르지 못하였다.

  (3) 우리나라의 다수설은 다음과 같은 요건이 충족되면 사정변경을 이유로 계약관계에 이를 맞추어 조정하는 것이 인정되어야 한다고 일치하여 말한다.[150]

  첫째, 계약 당시 그 기초로 되었던 사정이 현저히 변경되었을 것. 둘째, 그 사정변경을 당사자들이 예견하지 아니하였고 예견할 수 없었을 것. 셋째, 그 사정변경이 당사자들에게 책임 없는 사유로 발생하였을 것. 넷째, 당초의 계약내용에 당사자를 구속시키는 것이 신의칙상 현저히 부당할 것.

  그러나 이에 대하여는 다음과 같이 비판적인 견해도 있다. 즉, "당사자가 예상치 못한 현저한 사정변경이란 요건만으로는 무엇을 계약의 기초사정으로 볼 것인가, 또는 어떤 경우 현저한 사정변경이 있다고 볼 것인가의 구체적 기준을 전혀 마련해 주지 아니한다. 그런데 이러한 추상적 요건 아래 계약해제라는 중대한 효과를 인정하는 것은 법운영을 자의에 빠뜨리게 할 우려가 있으므로 지양되어야 한다. 만약 그 요건뿐이라면 계약체결 후의 인플레이션, 지가상승·하락이 생긴 경우 해제권이 생기게 될 것이며, 또한 투기성 있는 거내에서 불리한 거래상황이 생긴 경우 계약의 이행을 거절하는 사태가 생기게 되어 계약질서를 해치게 될 것이다. 그러므로 그 요건을 戰時나 그에 준하는 상황으로

---

150) 곽윤직(주 11), 144; 김용한, "사정변경의 원칙", 사법행정 1971.1, 17(그러나 그 후의 "사정변경의 법리", 건대학술지 12(1971)[동, 재산법의 과제와 판례[1989], 1 이하]는 유보적이다); 김주수, 채권각론(상)(1986), 126; 김증한, 채권각론(1988), 95; 이태재, 채권각론 신강(1967), 119; 김석우, 채권법각론(1978), 125 등 참조.

엄격히 제한하여야 하리라 생각된다"는 것이다.[151]

비판설이 드는 두 가지의 구체적인 사례, 즉 통상적인 인플레이션 등의 경우와 투기적 거래의 경우에 있어서 사정변경이 계약의 이행을 거절하는 구실로 쓰여서는 안 될 것임은 물론이다. 그러나 다수설이 드는 요건이 위와 같은 경우에 계약이행의 거절을 부당하게 정당화하는 결과를 낳으리라고는 생각되지 아니한다. 왜냐하면 위와 같은 경우는 다수설이 드는 '현저한 변경', '귀책사유 없는 예견불가능' 등의 요건을 충족하는 것이라고 볼 수 없기 때문이다. 그러한 의미에서 다수설에 대한 위와 같은 위구는 지나친 것이라고 하겠다.

그런데 다른 한편으로 다수설이 들고 있는 요건이 사정변경의 원칙을 적용하기 위한 구체적 기준을 충분히 제시하지 못하고 있다는 비판은 일리가 있다고 생각된다. 특히 '현저한'과 같이 다분히 주관적이 되기 쉬운 요건이 여러 번 반복하여 제시되는 것은 방법론적으로도 반드시 바람직한지 의문이 없지 아니하다.

그러나 다수설이 단순히 '신의성실의 원칙' 그 자체와 마찬가지로 그 내용이 불명확한 요건들만을 내세우고 있다고는 할 수 없으며, 오히려 사정변경의 원칙을 적용함에 있어서 기준이 된다고 할 일련의 사고관점들도 포함하고 있다. 가령 앞에서 본 사정변경의 원칙에 관한 비교법적 연구는 "관련된 거래계의 평균적 관념에 따를 때, [사정변경을 발생시키는] 위험을 어떻게 분배하는 것이 문제된 유형의 계약에 있어서 통상적이고 적절한가의 문제"를 항상 고려하여야 한다고 강조하고 있다.[152]

그리고 이는 적절한 —적어도 하나의— 관점이라고 하겠다. 그런데 위에서 말한 '예견불가능'의 요건은 이러한 관점을 수용할 여지가 있다고 생각된다. 왜냐하면, 만일 위의 기준을 적용하여 통상적으로 그러한 위험이 당사자 중의 어느 일방에 의하여 부담되어야 한다면, 그러한 위험은 통상 그 당사자에 의하여 적어도 예견되어야 했을 것이고, 따라서 그가 이것을 예견하지 못하였다면 그에게는 그에 대하여 책임이 있다고 하여 사정변경을 이유로 하는 법적인 주장을 하는 것이 허용될 수 없기 때문이다.

최근에 학설은 위와 같은 판단의 추상적 기준에서 나아가 보다 구체적으로 예를 들면 위험 분배의 차원에서 고려되어야 할 사정유형들을 분류·제시

---

151) 이은영(주 13), 171 이하.
152) Zweigert/Kötz(주 131), S. 262(양창수 역, 384).

하려는 노력이 행하여지고 있다.[153]

3. 판례의 태도

(1) 우리 판례는 적어도 어느 시기까지는 사정의 변경을 이유로 계약관계를 이에 맞추어 조정하는 것을 인정하지 아니하는 것으로 보인다.

가령 대판 1955.4.14, 4286민상231($\frac{카드}{4793}$)은 "채권을 발생시키는 법률행위 성립 후 그 성립 당시 환경이 된 사정에 당사자 쌍방이 예견 못하고 또 예견할 수 없었던 변경이 발생한 결과 본래의 급부가 신의형평의 원칙상 당사자에 현저히 부당하게 된 경우에 있어서 당사자가 신의형평의 요구하는 바에 따라 그 급부의 내용을 적당히 변경할 것을 상대방에게 제의할 수 있고 상대방이 이를 거절하는 때에는 그 계약을 해제할 수 있다는 규범의 이른바 사정변경의 원칙은 현행 민법의 해석상 용납되지 아니한다"고 판시한다.[154]

특히 화폐가치의 하락으로 인한 등가관계 파괴의 경우에는 이를 이유로 계약관계를 조정하는 것을 명료하게 부인하고 있다. 대판 1963.9.12, 63다452($\frac{집 11-}{2, 131}$)은 원고가 1948년 11월에 나라로부터 부동산을 매수하고 계약금으로 10만圓($\frac{당시}{화폐}$)을 지급하고나서, 6·25 전쟁 후에 이전등기를 청구한 사안에 대한 것이다. 위 판결이 나오기까지 도합 2차례의 통화개혁($\frac{1953년 2월 7일 및}{1962년 6월 10일}$)으로 법정교환비율이 1천분의 1이 되었고 물가는 약 202배 앙등하였는데, 그러나 위 판결은 "매매계약을 맺은 때와 그 잔대금을 지급할 때와의 사이에 장구한 시일이 지나서 그 동안에 화폐가치의 변동이 극심하였던 탓으로 매수인이 애초에 계약할 당시의 금액표시대로 잔대금을 제공하면 그 동안에 앙등한 목적물의 가액에 비하여 그것이 현저하게 균형을 잃은 이행이 되는 경우에라도 사정변경의 원리를 내세워 해제권이 발생하지는 아니한다"고 판시하여, 원심인 서울고법이 이는 당사자에게 책임을 물을 수 없는 사정변경으로서 당사자를 이를 원인으로 계약을 해제할 수 있다고 한 판결을 파기하였다.[155]

---

153) 예를 들면 권영준, "위험배분의 관점에서 본 사정변경의 원칙", 민사법학 51(2010.12), 257 이하; 이중기, "사정변경에 대한 사적 자치와 법원의 역할: 재협상 유도를 위한 법원의 계약보충의무", 비교사법 20-2(2013.5), 407 이하 등 참조.

154) 그 전에 대판 1955.2.10, 4287민상109(카드 5590)도 같은 뜻을 판시하였다고 한다. 민일영, 행위기초론에 관한 연구, 1983년 서울대 석사학위논문, 100 주 5 참조.

155) 이 원심판결에 대하여는 패소한 상고인이 "만일 해제를 인정하게 되면 피고(매도인)로서는 원상회복으로 1백원의 반환을 청구할 권리밖에 없어서 부당하다"는 상고이유를 내세우고 있는 것이 흥미롭다.

또한 대판 1957.6.1, 4287민상608($^{총람\ 4-1,}_{618조\ 12번}$)이 "임대차기간이 6·25사변으로 사용불능 중이던 기간에 해당하는 기간은 당연히 약정 임대차기간에서 제외될 것은 아니고 如斯한 특약이 있음을 인정할 수 있는 경우에 한하여 제외될 것이다"라고 판시하였다. 이것도 사정변경을 계약관계에 반영하기를 거부한 예의 하나로 들 수 있을른지 모른다.

(2) 이러한 태도는 기본적으로 대판 1991.2.26, 90다19664($^{공\ 894,}_{1082}$)에서도 확인되고 있다. 그런데 이 판결은 위에서 본 대법원의 태도와는 약간 다른 점이 있다. 이 사건에서는 원고는 매매계약에 기하여 소유권이전등기를 청구하였는데, 대법원은 여기서 피고의 해제주장을 부인하면서 다음과 같이 설시한다. "이 사건 매매계약이 체결된 후에 9년이 지났고 시가가 올랐다 하더라도 그것만으로는 피고가 이 사건 매매계약을 해제할 만한 사정변경이 있었다고 볼 수 없다"는 것이다.[156) 그러므로 이것은 사정변경의 법리를 앞의 (1)에서 본 대판 1955.4.14.과 같이 애초부터 부인한 것이 아니라, 다만 이 사건 사안의 경우에는 그 법리를 적용할 만한 기초사실이 존재하지 아니한다는 것뿐이고, 만일 그러한 사실이 인정한다면 사정변경의 법리를 인정할 수도 있다는 태도라고도 이해할 여지가 있는 것이다.

그 연장선에서 대판 2007.3.29, 2004다31302($^{공,상,}_{601}$)는 사정변경을 이유로 하는 계약의 해소에 관하여 정면으로 그 기준을 설시하고 있다. 즉 "이른바 사정변경으로 인한 계약해제는, 계약성립 당시 당사자가 예견할 수 없었던 현저한 사정의 변경이 발생하였고 그러한 사정의 변경이 해제권을 취득하는 당사자에게 책임 없는 사유로 생긴 것으로서, 계약내용대로의 구속력을 인정한다면 신의칙에 현저히 반하는 결과가 생기는 경우에 계약준수 원칙의 예외로서 인정"된다는 것이다. 그리고 보다 상세하게는 "여기에서 말하는 사정이라 함은 계약의 기초가 되었던 객관적인 사정으로서, 일방 당사자의 주관적 또는 개인적인 사정을 의미하는 것은 아니다"고 하여 사정변경을 들어 계약의 수정 내지 해소를 구할 수 있는 것은 계약의 기초가 되었던 객관적 사정에 한정됨을 명확하게 하였다.[157) 그런데 구체적으로는 지방자치단체로부터 매수한 토지가

---

156) 실제로는 원심이 이와 같이 판시한 것이 "수긍된다"고 하는 방식으로 판단하고 있다.

157) 나아가 "계약의 성립에 기초가 되지 아니한 사정이 그 후 변경되어 일방당사자가 계약 당시 의도한 계약목적을 달성할 수 없게 됨으로써 손해를 입게 되었다 하더라도 특별한 사정이 없는 한 그 계약내용의 효력을 그대로 유지하는 것이 신의칙에 반한다고 볼 수도

공공공지에 편입되어 매수인이 의도한 음식점 등의 건축이 불가능하게 되었다
는 것을 들어 계약의 해제를 주장한 데 대하여 원심판결이 이를 받아들인 것
을, 대법원은 "이는 매매계약을 해제할 만한 사정변경에 해당하지 아니하고,
매수인이 의도한 주관적인 매수목적을 달성할 수 없게 되어 손해를 입었다 하
더라도 매매계약을 그대로 유지하는 것이 신의칙에 반한다고 볼 수도 없다"고
파기환송하였다.

　　이러한 일반론, 그 적용에서 부정적인 태도는 그 후의 대판 2011.6.24,
2008다44368($\frac{공 하}{1451}$)에서도 이어지고 있다. 이 사건에서는 갑 회사가 '온라인연
합복권' 운영기관인 을 은행과의 사이에 온라인연합복권 시스템 구축 및 운영
용역을 제공하는 대가로 을 은행에게서 온라인연합복권 매회 매출액의 일정
비율에 해당하는 수수료를 지급받기로 하는 내용의 계약을 체결하였는데 갑
회사가 예상액을 훨씬 초과하는 수수료를 지급받게 되어서 을 은행이 착오를
이유로 한 계약의 일부 취소 또는 사정변경으로 인한 계약의 해지를 주장하였
다. 대법원은 원심이 이들 주장을 부인한 것을 그대로 긍정하였던 것이다.

　　그런데 대판 2017.6.12, 2016다249557($\frac{공 하}{1457}$)은 앞의 대판 2007.3.29.의
태도를 그대로 반복하면서도, "여기에서 말하는 사정이란 당사자들에게 계약
성립의 기초가 된 사정을 가리킨다"고 판시하여서[158] 앞서 주관적 사정을 배
제하였던 태도와는 거리를 두고 있기는 하다. 그러나 역시 "경제상황 등의 변
동으로 당사자에게 손해가 생기더라도 합리적인 사람의 입장에서 사정변경을
예견할 수 있었다면 사정변경을 이유로 계약을 해제할 수 없다. 특히 계속적
계약에서는 계약의 체결 시와 이행 시 사이에 간극이 크기 때문에 당사자들이
예상할 수 없었던 사정변경이 발생할 가능성이 높지만, 이러한 경우에도 위 계
약을 해지하려면 경제적 상황의 변화로 당사자에게 불이익이 발생했다는 것만
으로는 부족하고 위에서 본 요건을 충족하여야 한다"는 설시를 덧붙이면서, 사
정변경을 이유로 하는 계약의 해소를 부인한 원심판결을 그대로 승인하는 점
에서는 종전의 실무태도와 궤를 같이한다.

　　(3) 그런데 대판 2020.12.10, 2020다254846($\frac{공 2021}{상, 216}$)은 동일한 법리를 적

　　　없다"고 덧붙이고 있다.
158) "당사자들이 계약의 기초로 삼지 아니한사정이나 어느 일방당사자가 변경에 따른 불이
　　　익이나 위험을 떠안기로 한 사정은 포함되지 아니한다"는 설시도 덧붙이고 있다.

용하여 사정변경에 기하여 계약의 해지를 긍정하였다. 이는 대법원으로서는 최초의 공간된 재판례인 것으로 여겨지나,[159] 의문이 적지 아니하다.

그 사건에서는 갑이 주택건설사업을 위한 견본주택 건설을 목적으로 임대인 을과 토지에 관하여 임대차계약을 체결하면서 임대차계약서에 특약사항으로 위 목적을 명시하였다. 그 후 갑이 지방자치단체장으로부터 가설건축물 축조신고 반려통보 등을 받고 위 토지에 견본주택을 건축할 수 없게 되자, 갑이 을을 상대로 임대차계약의 해지 및 임차보증금 반환을 구하였다. 원심은, 견본주택 건축은 위 임대차계약 성립의 기초가 된 사정인데, 견본주택을 건축할 수 없어 갑이 임대차계약을 체결한 목적을 달성할 수 없게 되었고, 위 임대차계약을 그대로 유지하는 것은 갑과 을 사이에 중대한 불균형을 초래하는 경우에 해당하므로, 위 임대차계약은 갑의 해지통보로 적법하게 해지되었다고 판단하였다. 대법원은 종전부터 설시해 온 사정변경으로 인한 계약 해소에 관한 법리를 반복한 다음, 간단하게 "원심의 판단은 정당"하며 상고이유를 받아들일 근거가 없다고 판시하였다.

그러나 이 사건 토지임대차계약의 당사자들이 '견본주택 건설'을 특약사항으로 내건 것 자체가 그에 따르는 공기관의 인허가 위험을 당사자들이 인식하였기 때문이라고 하지 아니할 수 없다. 따라서 그것이 계약 당시에 당사자들이 과실 없이 예견하지 못하였던 계약의 기초가 된 사정이라고는 도저히 말할 수 없을 것이다.[160]

(4) 나아가 최근의 대판 2021.6.30, 19다276338($^{공\ 하}_{1381}$)도 사정변경을 이유로 하여 계약의 해소를 긍정하였다.

이 사건에서 원고들은 2011년에 해외이주 알선업체인 피고 회사와 미국 비숙련취업이민을 위한 알선업무계약을 각 체결하였다(후에 그 계약내용이 2015년에 일부 변경되기도 하였으나 근간에는 변화가 없다). 원고들이 신청하고 피고 회사가 원고들을 대행하여 신청한 미국 비숙련취업이민의 절차는 통상 '① 미국 노동부의 노동허가 단계 → ② 미국 이민

---

159) 권영준, "2020년 분야별 중요판례분석: 민법 하(채권)", 법률신문 4865(2021.2.4), 13은 "공간된 판결 중에 고유한 의미의 사정변경 원칙을 실제로 적용하여 계약 해지를 인정한 최초의 판결"이라고 한다.

160) 권영준(전주)도 같은 입장에서 이 판결의 태도를 비판한다("당사자는 인허가가 필요하다는 점을 명확히 알고 있었고 그 인허가 여부는 행정관청에 달려 있으므로 인허가를 못 받는 사태가 발생할 수도 있었음을 예견할 수 있었다. 그러므로 이 사건에서는 사정변경 원칙이 적용되기 어렵다고 생각한다").

국의 이민허가 단계 → ③ 주한 미국대사관의 이민비자 발급 단계'를 거친다.
위 ③ 주한미국대사관의 이민비자 발급 단계에서의 예외적 조치로, 영사는 신
청자의 비자발급 자격에 관한 결정 전 이민신청 건에 대하여 추가적으로 심사
할 것을 결정하는 Administrative Processing 결정($_{\text{AP처분}}^{\text{이하}}$)을 내릴 수 있고, AP
처분을 내린 건에 대하여 이민국으로 재심사를 하라고 환송하는 Transfer in
Progress 결정($_{\text{TP처분}}^{\text{이하}}$)을 할 수 있다.

원고들은 피고 회사에 이 사건 계약이 기하여 국외수수료를 지급하였고,
피고 회사는 미국 현지 이민전문변호사에게 이 중 일부를 전달하였으며, 피고
회사는 원고들을 위하여 미국 노동부의 노동허가를 받아주었고, 조금 지나 미
국 이민국의 이민허가를 받아주었다. 그러나 서울에 주재하는 주한미국대사관
의 영사는 원고들에 대하여 각 AP처분 및 TP처분을 내렸다.

이 사건에서 원고들은 주한미국대사관 영사의 AP처분 및 TP처분이 이 사
건 계약의 구속력을 유지할 수 없게 하는 중대한 사정변경에 해당한다는 이유
를 들어 이 사건 계약을 해제하고, 이미 지급한 국외 수수료 대부분의 반환을
구하는 이 사건 소를 제기하였다.

원심은, 위 AP처분 및 TP처분으로 인하여 이 사건 계약의 기초로 삼았던
원고들의 비자 발급 여부에 관하여 원고들과 피고 회사가 예견할 수 없었던
현저한 사정변경이 발생하였으므로 이 사건 계약은 해제되었다고 판단하였다.
대법원도 위와 같은 판단을 수긍하고 피고 회사의 상고를 기각하였다.

그러나 무엇보다도 이 사건 이민알선계약에는 "계약체결 후 '피고'의 귀
책사유로 인하여 취업이민비자 발급이 불가능하게 된 경우 '피고'는 제4조
제2항 수수료 중 미국변호사 및 이민국 신청비용을 포함 10%를 제외하고 '원
고'에게 환불한다"라고 정하여져 있다. 이와 같이 명문의 조항이 따로 있는 경
우에는 취업이민비자 발급이 장애에 부딪혔다는 사태로 인한 법적 처리는 오
로지 위 계약 조항의 취지에 좇아 에 의하여 처리되어야 할 것이다. 그리하여
원고가 이 사건 수수료의 반환을 청구할 수 있는 것은 '피고의 귀책사유로 인
하여' 취업이민비자 발급이 불능인 경우에 한정되어야 할 것이고, 원고가 주장
하는 '사정변경'이 결국 취업이민비자 발급의 불능에 귀착하는 것인 한 사정변
경을 이유로 계약을 해제할 수 있는 여지는 없습니다. 다시 말하면, 그 사태의
법적 처리는 우선 위 계약 조항에 의하여야 하고, 그 적용이 있는 한도에서 사
정변경의 원칙은 아예 적용의 여지가 없지 않을까?

사정변경 원칙의 적용요건에 관하여 앞의 (2)에서 본 대판 2007.3.29, 2004다31302($\frac{공}{601}\frac{상}{}$.)은 "이른바 사정변경으로 인한 계약 해제는, 계약 성립 당시 당사자가 예견할 수 없었던 현저한 사정의 변경이 발생하였고 그러한 사정의 변경이 해제권을 취득하는 당사자에게 책임 없는 사유로 생긴 것으로서, 계약내용대로의 구속력을 인정한다면 신의칙에 현저히 반하는 결과가 생기는 경우에 계약준수 원칙의 예외로서 인정되는 것"이라고 하여 사정변경으로 인한 해제의 요건을 설시한 바 있다. 여기서 대법원이 "계약 성립 당시 당사자가 예견할 수 없었던 현저한 사정의 변경"이라는 요건을 들고 있는 것은, 만일 계약의 성립 당시에 당사자가 특정 종류의 위험을 예견하여 계약에 이르렀다면, 당해 계약의 해석상 그 규율범위에 그러한 위험이 이미 포섭되어 있을 것이므로, 계약 자체에 의하여서는 해결할 수 없는 경우에 한하여 예외적으로 개입하는 사정변경의 원칙이 적용될 수 없다는 그야말로 원칙적 법리가 반영된 결과라 할 것이다(나아가 그 계약당사자들은 보다 직접적으로 미국 비숙련취업이민 알선 업무에 내재하는 위험을 상호 인수한다는 의미에서 위 계약서에 직접적으로 "이민수속은 미국 이민국의 정책에 의거하여 진행되기 때문에 이민자의 위험부담이 있음을 인지한다"는 내용의 조항을 따로 두기까지 하였다[동 계약 § 9 Ⅳ]).

V. 계속적 계약관계(특히 계속적 보증관계)의 사후적 矯正

1. 서   설

재판실무는 어느 경우에나 사정변경의 법리를 거부하고 있는 것은 아니다. 특히 당사자 사이의 법률관계가 일회적인 급부에 그치는 것이 아닌 계속적 계약관계는 통상 계약 당시에 존재하였던 사정이 그 계약관계가 지속되는 동안 유지됨을 당연한 전제로 하여 체결되는 것이기 때문에, 그 기간 동안에 당사자들이 쉽사리 예측할 수 없었던 사정의 변화가 발생하면, 이로 인하여 불이익을 입게 되는 측의 당사자로서는 그 변화된 사정에 좇아 계약관계의 변경을 구할 필요가 커진다. 이러한 변경에의 요구는 상대방의 입장에서는 대체로 원하지 아니하는 것이고, 또한 계약은 일단 체결되고 나면 그 당사자들은 물론 그 계약과 관련을 가지는 제3자로서도 그 애초의 내용대로 효력이 발생한다고 믿고 그것을 바탕으로 자신의 행태를 정하는 것이기 때문에, 함부로 일방의 요구에 따른 계약관계의 변경을 인정할 것은 물론 아니다.

그러나 다른 한편으로 가령 보증계약과 같이 그 일방의 당사자($^{보}_{증인}$)가 별 다른 대가를 받음이 없이 또한 비계산적으로 인적인 관계에 이끌려 계약에 이르게 되는 경우가 적지 아니한 계약유형에 있어서는,[161] 그 계약의 내용에 따라서는 그에의 무조건적인 구속을 인정하는 것이 부당하다고밖에 말할 수 없는 경우도 있다. 그러한 일방적인 의무부담이 장기간에 걸치게 되는 계약인 경우에는, 이는 계약당사자가 가지게 되는 총체적 채무관계가 타인($_{자 본인}^{채무}$)의 채무부담행위의 정도와 내용에 전적으로 의존하게 되는 결과, 일종의 재산적 인질과 동일한 상태에 빠지게 된다.[162] 이러한 상태를 계약의 구속력(pacta sunt servanda)이라는 이름 아래 용인하여도 좋을 것인가?

계속적 계약관계, 특히 계속적 보증관계에 관하여는 단순히 사정변경을 이유로 하는 경우뿐만 아니라 그 계약체결의 동기 등 기타의 사정까지도 광범위하게 고려하여 그 구속력을 제한하는 법리가 널리 주장되고, 또 판례에 의하여 채택되고 있다. 그리고 뒤에서 보는 대로, 판례나 일부의 유력한 학설은 그 법적 근거를 신의칙에서 찾고 있다. 그러므로 이에 대하여는 사정변경의 법리와는 별도로 법관에 의한 계속적 계약관계 조정의 문제로서 다루는 것이 타당하리라고 생각된다.

그런데 그 조정의 내용을 효과의 면에서 보면, 하나는 계약의 해지권을 인정하는 것이고, 다른 하나는 책임액의 제한을 인정하는 것으로 나눌 수 있다. 이하에서는 이러한 효과의 관점에서 서술하여 가기로 한다.

2. 계약의 해지권

(1) 일반적으로 계속적 계약관계에 대하여는 법에 명문의 규정이[163] 없는

---

161) 외국의 예를 보면, 스채 § 510 Ⅰ은 "장래의 채권(zukünftige Forderung)이 보증된 경우에, 보증계약에 서명한 후에 주채무자의 재산상태가 현저히(wesentlich) 악화되거나 사후에 비로소 그의 재산상태가 보증인이 성실하게(in guten Glauben) 예상하였던 것보다 현저히 나쁜 것이 밝혀진 때에는, 채권이 성립하지 아니하였으면, 보증인은 언제라도 채권자에 대하여 서면에 의한 의사표시로 보증을 철회할 수 있다"고 정하여, 보증계약에 대하여는 그 구속력에 특별히 예외를 인정하고 있다.

162) 계속적 보증의 특수성에 관하여는 우선 김광년, "계속적 보증계약과 보증인의 해지권", 민사판례연구 4(1982), 59 이하 참조. 그 외에 계속적 보증에 관한 문헌으로는, 김영기, "근보증", 은행거래·임대차사건의 제문제(재판자료 32집)(1986), 99 이하; 박병대, "계속적 보증에 관한 고찰", 사법논집 18(1987), 5 이하; 김용덕, "근보증에 있어서의 보증인의 책임제한", 민사판례연구 11(1989), 159 이하 등이 있다.

163) 민 § 610 Ⅲ(사용대차에 관하여), §§ 625, 627, 629, 635 내지 637, 640(이상 임대차에

경우에도 일정한 사유가 있으면 당사자에게 그 계약의 해지권을 인정하여야 한다고 설명되고 있다. 그러한 해지권의 발생원인 중에 당사자의 채무불이행이 포함되는가에 대하여는 논의가 있으나, 이는 민 §§ 544 내지 546이 계속적 계약에도 적용되는가를 둘러싸고 벌어지는 논의이고[164] 신의칙과 무관한 문제이므로 여기서는 언급하지 아니하기로 한다.

우리나라의 민법 교과서에서는 사정변경의 법리에 기하여 해지권이 인정될 수 있는가를 논하는 것이 통상이다.[165] 그러나 다른 문헌에서는, 비단 사정변경을 이유로 하여서뿐만 아니라, 특히 기간의 약정이 없는 계속적 계약관계에 있어서는 특별한 사정변경이 인정되지 아니하는 경우에도 계약관계가 성립된 때로부터 상당한 기간이 경과한 때에는 신의칙에 기하여 각 당사자에게 해지권이 부여되어야 한다는 논의가 이루어지고 있다. 견해에 따라서는 이 양자의 경우를 구분하여 설명하기도 하나(이에 대하여는 후술 (2) 참조), 최근에는 이 양자의 요소는 해지권의 발생 여부를 판단함에 있어서 상관적으로 고려되어야 할 두 개의 모멘트에 불과하므로 양자의 경우를 체계상 별개로 다룰 것은 아니라고 하는 견해가 유력하게 주장되고 있다.[166]

그러므로 이하에서는 양자를 구분하지 아니하고 모두 계속적 계약관계에 대한 법관의 개입현상으로 파악하여 설명하고자 한다.

(2) 학   설

종래 계속적 계약관계의 해지에 대하여는 다음과 같은 설명이 이루어져

관하여), §§ 658 내지 663(이상 고용에 관하여), § 689(위임에 관하여), §§ 698, 699(이상 임치에 관하여) 등.

164) 이에 대하여는 우선 곽윤직(주 1), 168 이하 참조. 대판 1977.10.11, 77다948(박병대 [주 162], 42 주 123에서 재인용)은, 기한의 정함이 없는 백화점 점포 한 칸의 사용대차에 있어서 차주가 점포의 사용조건 및 점포관리규정을 위반한 것이 대주에게 해지권을 발생시키는가에 관하여 판시한 것이다. 대법원은, 그러한 위반은 "위 계약의 기초가 되는 신뢰관계를 파괴하여 대주로 하여금 본건 계약을 존속케 함은 일방적 희생을 강요하는 결과가 되어 불공평하여 이러한 사유는 계약관계의 존속을 기대하기 어려운 부득이한 경우에 해당되어 차주의 사용조건 및 관리규정의 위반은 채무불이행이라 할 것이니 이를 이유로 한 대주의 해지통고에 의하여 위 계약은 적법하게 소멸되었다"고 판시하였다. 이는 법적 구성의 측면에서는 채무불이행을 이유로 하는 계약해지권을 인정하면서도, 그 이유제시에 있어서는 신뢰관계의 파괴를 들고 있어(이는 통상 신의칙에 기한 해지권발생원인으로 드는 사유이다), 그 태도를 명확하게 알기 어렵다.

165) 가령 곽윤직(주 1), 169 등 참조.

166) 이에 대하여는 우선 박병대(주 162), 43 이하 참조.

왔다.[167] 계속적 계약관계에 있어서는 당사자 사이의 상호신뢰가 특히 요구되
며 그러한 고도의 신뢰관계를 기초로 하여 장기에 걸치는 법률관계가 형성되
어 간다. 그리고 이러한 신뢰관계는 계약의 목적이 달성될 때까지 계속될 것이
요청된다. 그런데 일정한 사유로 말미암아 당사자의 신뢰관계가 파탄에 이르
게 됨으로써 계약관계가 계속 유지될 수 있는 기초가 상실된 때에는 당사자들
은 이 계약관계의 효력을 장래를 향하여 상실시킬 수 있어야 한다(즉, 해지권을
가져야 한다)는 것이다. 그러한 해지권은, 비록 계약 그 자체나 법률의 규정이
없더라도, 신의칙에 기하여 당연히 인정되어야 한다는 것이다. "요컨대, 개개
의 계약에 내재하는 신뢰관계의 정도에 따라 그 계약의 기초인 신뢰관계가 파
괴되었을 때 이를 해지권 인정의 근거로 삼을 것이고 때로는 전형계약상의 법
정해지권의 유추적용에 의하여 해지권을 인정할 수 있을 것"이라고 한다.[168]

　　그리하여 해지권의 구체적인 발생요건에 대하여는, 이를 계약의 존속기간
에 관한 정함이 있는 경우와 그러한 정함이 있는 경우로 나누어 살피기도 한
다. 전자의 경우에 인정되는 해지를 통상해지(ordentliche Kündigung)라고 하는
데, 이는 계약체결 후 '상당한 기간'이 경과하면 해지를 할 수 있고, 그러한 의
사표시는 일정한 예고기간이 경과한 후에 효력을 발생한다고 한다. 후자의 경
우에 인정되는 해지를 비상해지(außerordentliche Kündigung)라고 하는데, 이는
계약성립 후에 '특별사정'이 발생하거나 '현저한 사정변경'이 있으면 인정되며
이는 해지의 의사표시와 동시에 효력이 발생한다고 한다.[169]

　　그리고 뒤 (나)의 (b) 및 (c)의 각 판결에서 보는 대로, 판례도 이러한 구
분에 어느 정도 영향을 받고 있는 듯하다.

　　그러나 이러한 구분에 대하여는 한편으로 이의가 제기되기도 한다. 이에
의하면, 계약의 효력을 그대로 유지시킬 것인가를 결정함에 있어서는 그 계약
관계상의 모든 사정을 "총체적으로" 판단하여야 할 것인데, 그 사정 중에서 기
간의 경과라는 요소와 사정변경이라는 요소를 위와 같이 엄격히 구분하여 고
찰하는 것은 "다분히 의제적인 분할"이라는 것이다. 그리하여 "그 근거가 되는

---

167) 김광년(주 162), 61 이하; 김영기(주 162), 119 이하; 이영애, "사정변경으로 인한 보증
　　계약의 해제", 대법원판례해설 6(1987), 54 이하 참조. 이들의 글은 주로 일본 문헌에 의
　　존하고 있다.
168) 김광년(주 162), 63.
169) 일본에서는 전자를 임의해지, 후자를 특별해지라고 부른다고 한다. 김광년(주 162), 65
　　참조.

신의칙의 본령으로 돌아가서 보증에 이르게 된 경위, 경과된 기간, 주채무자의 자산상태, 당사자간 신뢰관계의 변동 및 채권자측의 사정 등 제반사정을 종합 고려하여" 해지권의 발생 여부를 일원적으로 판단하는 것이 타당하다고 한다.[170]

　　역시 기간의 유무라는 단 하나의 징표에 의하여 위와 같은 구분을 두는 것은 반드시 타당하다고 생각되지 아니하므로, 아마도 이 견해가 타당하다고 생각된다. 물론 기간의 약정이 없으면서 다른 한편으로 정상적인 해지의 가능성이 없는 경우에는, 무제한한 계약상의 구속으로 말미암아 당사자의 활동자유(Bewegungsfreiheit)를 과도하게 제약하는 결과를 발생시킬 우려가 높으므로, 해지권의 발생 여부를 판단함에 있어서는 이 점에 대하여 특별히 고려를 하여야 할 것이다.[171] 그러나 그렇다고 해서 그러한 점이 위와 같은 체계상의 구분을 정당화한다고는 생각되지 아니한다. 또 실제상으로도, 그 경과가 해지권을 발생시키는 '상당한 기간'을 정함에 있어서는 그 계약관계를 둘러싼 각종의 사정들을 고려하여야 할 것이고, 반대로 '현저한 사정변경'의 존부를 판단함에 있어서는 반드시 그러한 계약 후에 발생한 사정뿐만 아니라 계약체결의 경위 등도 아울러 고려될 것이다. 그렇다고 하면, 위와 같은 구분은 불필요한 것이기도 하다.

　　독일에서는 계속적 채권관계(Dauerschuldverhältnisse)의 해지에 관하여 다음과 같이 설명되고 있다. 계속적 채권관계는 그 실현에 있어서 대부분 고도의 신뢰에 기초한 협력(ein vertrauenvolles Zusammenwirken), 즉 자신의 이익을 추구하고 인수한 일을 실행함에 있어서 특별한 주의와 고려가 요구된다. 왜냐하면 장기적인 결합관계는 타인의 호의와 친선관계에 의존하는 바가 더 크기 때문이다. 그러므로 이에는 신의성실을 준수하고 인적인 배려를 할 의무, 즉 忠實義務(Loyalitätspflicht)가 보다 중요한 의미를 가지게 된다. 이러한 상호간의 신뢰와 계속적인 친선관계의 필수성으로부터, 이러한 것이 당사자 일방의 행태에 의하여 파괴된 경우에는 상대방이 채권관계의 지속을 거부할 수 있어야 한다. 즉, 계약을 즉시 해지할 수 있다는 결론이 도출된다. 법률도 이를 고려하여 일정한 계속적 계약관계에 있어서는 "중요한 이유(wichtiger Grund)"가 있

---

170) 박병대(주 162), 44 이하. 또한 이재곤, "계속적 보증계약에 있어 보증인의 해지권", 대법원판례해설 6, 67 이하도 동지.
171) 가령 독일의 Larenz(주 5), §2 Anm. 53(S. 33)도 이 점을 지적하고 있다.

으면 계약을 해지할 권리를 부여하고 있다.[172]

독일의 판례는 이로부터, "당사자들의 인적인 협동, 따라서 친선관계가 요구되는 계속적 법률관계에 있어서는, 중요한 이유가 있으면 언제라도 이를 해소할 수 있다"는 일반적인 법리를 이끌어냈다. 그리고 이 법리를 법에 해지에 관한 명문의 규정이 없는 임대차, 소비대차, 물품공급계약, 중재계약 등에 적용하였다. 그리고 이러한 판례의 태도는 압도적인 학설의 지지를 얻고 있다.[173] 여기서 "중요한 이유"가 있는지 여부를 판단함에 있어서는, 그 존속기간의 약정이 있는지 여부는 비록 중요한 하나의 사정이기는 하여도, 이를 체계구성적 징표로 삼지는 아니한다.

(3) 판   례

재판례는 일찍부터 계속적 계약관계의 신의칙에 기한 해지를 인정하여 왔다.[174] 이는 주로 계속적 보증에 대한 것이나, 반드시 그에 한정되는 것은 아니다. 이하 재판례에 나타난 경우를 분석하여 보면, 특히 보증이나 증여 등 무상으로 채무를 부담하는 거래유형에서 해지가 빈번하게 문제되고 있고, 계속적 물품공급계약 등의 경우는 별로 눈에 띄지 아니함이 주목된다. 이러한 무상의 채무부담이 계속적으로 행하여지게 되면 그것이 그 채무자에게 현저한 자유의 제한을 가져 오므로 그 구속력을 축약할 필요가 있다는 점에서 신의칙에 기하여 계약 효력을 제한할 필요가 긍정될 수 있을 것이다.

---

172) 가령 고용(독민 § 626), 위임(독민 § 671 Ⅱ, Ⅲ), 조합(독민 § 723 Ⅰ)이 그러하다. 이는 우리 민법에서는 § 661(고용), § 689(위임), § 716 Ⅰ, Ⅱ(조합)에서 정하는 "부득이한 사유"에 해당한다.

173) Larenz(주 5), § 2 Ⅳ(S. 32); MünchKomm/Kramer, Einleitung zu B. 2, Rdnr. 88(S. 47 f.); Esser-Schmidt(주 5), § 15 Ⅱ 4(S. 226); Fikentscher(주 5), § 8 7 c(S. 31 f.) 등.

174) 이와 관련하여서는 대판 1966.3.22, 66다68(집 14-1, 148)을 여기서 들어야 할는지도 모른다. 이 사건에서 원고는 피담보채권이 모두 소멸하였음을 이유로 하여 근저당권설정등기의 말소를 청구하고 있는데, 설정계약에는 그 존속기한이 채권자가 해제하는 때까지로 정하여져 있다는 것이다. 원심은, 근저당권은 피담보채권의 존부에 상관없이 존속한다고 하여 원고의 청구를 기각하였다. 그러나 대법원은 "근저당권에 의하여 담보되는 채권이 전부 소멸하고 채무자가 채권자로부터 새로이 금원을 차용하는 등 거래를 계속할 의사가 없는 경우에는, 근저당권 또는 그 기초 되는 계약에 존속기간의 정함이 있고 아직 그 기간 경과 전이라 하더라도, 근저당권설정자는 위 기초 되는 계약을 해제하고 근저당권설정등기의 말소를 청구할 수 있다고 해석하는 것이 조리에 합당하다"고 판시하여, 원심판결을 파기하였다. 이것도 신의칙("조리")에 기하여 계속적 계약관계에의 개입을 인정한 판례로 들 수 있을 것이다. 그러나 다른 한편으로 이는 계속적 계약관계에 특유한 신뢰의 모멘트를 고려한 것이라기보다는, 물권인 근저당권의 소멸에 관한 일반적인 법리를 판시한 것으로 접근될 수도 있을 것이다.

이와 같은 해지권의 인정은 그것이 신의칙에 그 근거를 두는 것이므로, '구체적 사건의 제반사정'을 종합적으로 고려하는 작업이 필수적임은 다시 말할 필요가 없겠다.

(가) 대판 1978.3.28, 77다2298($\substack{집 26- \\ 1, 237}$)은 다음과 같은 사안에 대한 것이다. 갑이 상해의 치료를 위하여 원고가 경영하는 병원에 입원하였다. 그때 피고는 그 상해가 피고의 형의 폭행으로 인한 것으로 잘못 알고, 그 치료비에 대하여 보증을 하였다. 그러나 그 상해는 순전히 갑의 부주의로 인한 것이었다. 원고는 이 사건에서 피고에 대하여 보증책임을 물어 치료비의 지급을 청구하였다. 피고는 —착오를 이유로 한 보증계약의 취소와[175] 아울러— 그 보증계약은 상당한 기간의 경과 후에 한 해지로 말미암아 장래에 대하여 효력을 상실하였다고 주장하였다. 원심은 우선 "이른바 계속적 보증의 경우는 보증인이 그 보증을 해지함에 상당한 이유가 있는 경우에는 이를 해지할 수 있다"고 하고, 다만 "이 경우 보증의 상대방에게 신의칙상 묵과할 수 없는 손해를 입힐 우려가 있다면 그 해지권은 배제되어야 한다"는 법률론을 설시하였다. 그리고 구체적으로 이 사건의 경우에는, 보증의 경우에 위와 같은 착오가 있으니 일응 '해지의 상당한 이유'가 있으나, "한편 원고 쪽에서 본다면 병원에서 일단 환자를 입원시킨 이상 입원치료비의 지급이 불확실하다는 이유만으로 계속 치료를 요하는 환자에 대하여 치료를 거부하고 강제퇴원시키는 것은 사실상 어려운 일"이어서 피고의 해지주장을 받아들이면 원고로서는 부당한 손해를 입는 결과가 된다고 하여, 피고의 주장을 물리쳤다. 그러나 대법원은 원심의 판단 중 위와 같은 법률론을 그대로 반복하고, 나아가 "착오가 없었으면 그 보증을 할 아무런 까닭이 없는 본건과 같은 사정 아래서는" 해지할 "상당한 이유"가 있다고 하였다. 이어서 대법원은, 피고의 해지로 인하여 원고에게 손해가 발생한다고 하는 원심의 평가를 뒷받침할 아무런 자료가 없다고 하여, 이유불비를 이유로 원심판결을 파기하였다.

이 판결은 우선 그 법률론의 차원에서 극히 중요하다. 비록 계속적 보증에

---

175) 이는 대법원에서도 부인되었다. 이미 유사한 사안에서도 이러한 착오주장은 일반적으로 받아들여지지 아니하였다. 가령 대판 1975.4.22, 75다387(집 23-1, 227); 대판 1979.3.27, 78다2493(집 27-1, 223)(이상은 모두 소속 운전사에게 사고발생에 과실이 있다고 오인하여 피해자의 치료비를 보증한 운수회사가 병원의 치료비청구에 대하여 보증의 의사표시를 취소한다고 하는 주장을 물리친 사건) 참조.

관한 것이기는 하나, 단지 '상당한 이유'라는 하나의 요건에 해지권의 발생을 걸리게 한 점은 주목받아 마땅하다. 나아가 계약 성립 후에 비로소 발생한 사정이 아니라, 계약체결에 이른 동기를 들어 그리고 그것만을 들어 그 '상당한 이유'를 긍정하는 점도, 해지권 발생 여부를 판단함에 있어서 고려되어야 할 '사정'의 범위와 관련하여 중요한 시각을 포함하고 있다고 하겠다.

(나) 대판 1986.9.9, 86다카792($^{공 787.}_{1384.}$)도 계속적 보증의 해지에 관하여 판단하고 이를 긍정한 것이다. 법원이 이러한 결론에 이르는 과정에서 들고 있는 각종의 사정들을 보면, 여기서 문제되고 있는 신의칙의 적용에 의한 해지권의 발생 여부를 판단함에 있어서 얼마나 다양한 사정이 고려되는가를 알 수 있다.

갑이 서로 알지 못하는 피고 A에게 허리디스크의 치료를 부탁하므로 A는 이에 응하여 지압 등의 시술을 하였다. 그런데 갑은 그 시술로 말미암아 증세가 악화되었다고 주장하면서, 만일 병원치료를 받게 해 주지 아니하면 A를 무면허의료행위를 이유로 형사고발하겠다고 하였다. 그러자 피고 A는 갑을 원고가 운영하는 병원에 입원시키면서 그 치료비를 피고 B와 함께 보증하였다. 그런데 갑은 그 후 A를 실제로 형사고소하였다. 그러자 피고들은 원고에 대하여 보증해지의 의사표시를 하였고, 그 15일이 지난 후 B가 다시 해지의 의사표시를 하였다. 이 사건에서 원고는 피고들에 대하여 치료비의 지급을 청구하였다. 원심은, "피고들이 전혀 알지 못하는 갑을 위하여 연대보증을 하게 된 동기와 경위, 그 후 갑의 형사고소로 그들 사이의 신뢰관계가 깨진 점, 갑의 용태나 치료기간 및 그 질환의 진행상태 등 모든 사정과 이 사건 보증기간이나 책임한도액의 제한이 없는 장래의 계속적 채무에 대한 보증인 점 등을 감안"하여, 피고들이 해지의 의사표시를 한 후 15일부터($^{즉, 피고 B가}_{해지한 날부터}$)[176) 그 해지의 효력이 발생한다고 판단하였다. 그리고 대법원은 원심의 판단을 긍정하였는데, 그 이유로서 앞의 (가)에서 본 대판 1978.3.28.의 법률론을 인용하면서 아울러 해지권을 발생시키는 '상당한 이유'의 예로서 "보증인의 주채무자에 대한 신뢰가

---

176) 원심은 이와 같이 일종의 예고기간을 인정하는 것에 대하여, —대법원판결에 인용된 한에서 보면— "그 기간이면 원고가 그의 이익을 보호함에 필요한 다른 조치를 취할 수 있었다고 보여진다"고 설시하고 있다. 아마도, 갑에게 치료비를 스스로 지급할 의사 또는 자력이 있는가를 알아보고, 만일의 경우에는 그를 퇴원시키는 등의 조치를 취하기 위하여 그만한 기간이 필요하다는 뜻인가?

깨어지는 등"의 사정을 들고 있다.

   이 판결은, 해지의 의사표시가 바로 효력을 발생하지 아니하고 그 15일 후에야 비로소 효력을 가진다고 하여 예고기간을 긍정한 점에서도 흥미를 끈다.[177] 이 판결에 대한 재판연구관의 판례해설도 이 점을 강조하여, 이로써 "보증인과 채권자 쌍방의 이익과 입장을 형량하여 최대한 조화롭게 하고자 배려"하고 있는 것이라고 한다.[178]

   (다) 그 후에도 대판 1992.7.14, 92다8668($\frac{공\ 927}{2400}$); 대판 2002.2.26, 2000다48265($\frac{공}{785}$); 대판 2003.1.24, 2000다37937($\frac{공}{691}$); 대판 2018.3.27, 2015다12130($\frac{공\ 상}{780}$) 등은 기본적으로 같은 취지의 법리를 변함없이 적용하고 있다. 그러나 구체적인 사건에서 위와 같은 법리에 기하여 보증인의 책임을 제한하는 것이 일반적이라고는 하기 어렵다.

   이러한 태도는, 계속적 보증계약의 보증인이 장차 그 보증계약에 기한 보증채무를 이행할 경우에 피보증인이 계속적 보증계약의 보증인에게 부담하게 될 불확정한 구상금채무를 보증한 자에게도 관철되고 있다.[179]

   (라) 한편 대판 1990.2.27, 89다카1381($\frac{집\ 38-}{1,78}$)은, 회사의 직원(피고)이 회사의 계속적 외상거래로 인한 물품대금채무를 3년의 기간을 정하여 보증하였는데 그 기간이 경과하기 전에 퇴사한 사안에 대한 것이다. 대법원은, 피고의 해지 주장을 배척한 원심판결을 다음과 같이 판시하여 파기하였다. 즉, "이른바 계속적인 보증계약에 있어서 보증계약 성립 당시의 사정에 현저한 변경이 생긴 경우에는 보증인은 보증계약을 해지할 수 있다고 보아야 할 것인바, 회사의 임원이나 직원의 지위에 있기 때문에 회사의 요구로 부득이 회사와 제3자 사이의 계속적 거래로 인한 회사의 채무에 대하여 보증인이 된 자가 그 후 회사로부터 퇴사하여 임원이나 직원의 지위를 떠난 때에는 보증계약 성립 당시의 사정에 현저한 변경이 생긴 경우에 해당하므로 사정변경을 이유로 보증계약을 해지할 수 있다고 보아야 하며, 위 계속적 보증계약에서 보증기간을 정하였다고 하더라도 그것이 특히 퇴사 후에도 보증채무를 부담키로 특약한 취지

---

177) 이는 위 (2)의 앞부분에서 본 통상해지에 관한 법리를 연상시킨다.
178) 이재곤(주 170), 68.
179) 대판 1999.9.3, 99다23055(공 2047) 등.

라고 인정되지 아니하는 한 위와 같은 해지권의 발생에 영향이 없다"는 것이다.

이 판결은 계속적 보증에서의 해지권 발생을 '계약 후의 현저한 사정변경'과 연결시키고 있어서, 앞의 (가) 및 (나)에서 든 판결에서 계약체결의 경위 또는 동기를 유일한 또는 중요한 사정으로 고려하고 있는 것과 대조된다.[180]

그러나 이들을 통일적으로 이해한다는 관점에서 보면, 이 판결도 해지권의 발생이 오직 현저한 사정변경의 경우에만 인정된다는 취지는 아니고, 단지 그 경우도 해지권 발생의 한 유형을 이룬다는 취지로 이해하여야 할 것이다. 오히려 이 사건에서는 보증기간이 미리 약정되어 있었던 것이므로, 앞의 (2)에서 본 통상해지/비상해지의 구별과 대비하여 보면, 그 중 비상해지권의 발생요건에 관한 종래의 설명에 무의식 중에 이끌려 간 것이 아닌가 억측되기도 한다.

현재 우리나라의 보증거래의 실정을 보면, 회사의 이사 등이 그 직위에 있기 때문에 회사의 채무를 보증하게 되는 예가 빈번하게 발견된다. 그러므로 이 판결이 명시적으로 판단하는 대로, 퇴사 후에는 그 보증을 해지할 수 있다고 하는 것은 보증거래에 심중한 영향을 미칠 가능성이 있다고 하겠다.

그리하여 위 대법원판결 이후에도 대판 1998.6.26, 98다11826($\frac{공}{1990}$); 대판 2002.5.31, 2002다1673($\frac{공}{1533}$) 등이 "회사 이사의 지위에서 부득이 회사와 제3자 사이의 계속적 거래로 인한 회사의 채무에 대하여 보증인이 된 자가 그 후 퇴사하여 이사의 지위를 떠난 때에는 보증계약 성립 당시의 사정에 현저한 변경이 생긴 경우에 해당하므로 이를 이유로 보증계약을 해지할 수 있"다는 법리를 그대로 유지·적용하고 있다.

(마) 그러나 위와 같은 실무처리는 비록 회사 이사의 지위 등에 있는 등의 이유로 '부득이하게' 보증을 서기에 이르렀다고 하더라도 확정채무의 보증에서는 일반적으로 인정되지 아니한다. 대판 1994. 12. 27, 94다46008($\frac{공 1995,}{671}$); 대판 1999.9.3, 99다23055($\frac{공}{2047}$) 등이 이를 명확하게 밝히는데, 예를 들면 후자는 "보증인이 회사의 직책을 맡아 있어 어쩔 수 없이 회사의 채무에 대하여 연대보증을 하였다는 이유로 그 보증인의 책임을 보증인이 재직 중에 있을 때 생긴 채무만으로 제한할 수 있는 경우는 포괄근보증이나 한정근보증과 같이

---

180) 그래도 "회사의 요구로 부득이 보증인이 되었다"는 점을 아울러 드는 등, 보증의 경위가
    그 판단에서 전혀 고려되지 아니하였다고 할 수는 없을 것이다.

채무액이 불확정적이고 계속적인 거래로 인한 채무에 대하여 보증한 경우에 한하고, 회사에 재직하게 된 관계로 보증할 당시 그 채무가 특정되어 있는 확정채무에 대하여는 보증을 한 후 그 직책을 사임하였다 하더라도 그 책임이 제한되는 것이 아니다"라고 판시한다. 이는 뒤의 V. 3. (2)에서 보는 대로 확정채무 보증의 경우에는 신의칙을 내세워 보증인 책임을 감액하는 것에 일반적으로 소극적인 태도와 궤를 같이하는 것이다.

그 연장선에서 대판 2002.5.31, 2002다1673($^{공}_{1533}$)은 보증의 대상이 애초 확정채무인 경우만이 아니라 "보증계약이 해지되기 전에 계속적 거래가 종료되거나 그 밖의 사유로 주채무 내지 구상금채무가 확정된 경우라면 보증인으로서는 더 이상 사정변경을 이유로 보증계약을 해지할 수 없다"는 태도를 취한다.

(바) 이상은 계속적 보증관계에 대한 것이나, 그 이외의 계속적 계약관계에 대하여도 위와 같은 법리의 적용을 시사하는 재판례가 있다. 대판 1990.6. 12, 89다카30075($^{공\ 877.}_{1461}$)은, 갑이 A회사의 대리점영업을 하는 것을 주된 목적으로 하는 피고회사를 설립하면서, 원고와의 사이에 원고가 A회사와의 대리점계약을 알선하여 준 것 등에 대한 보답으로 피고회사로 하여금 매달 50만원을 생활비로 원고에게 지급하여 주기로 하는 계약을 체결하였는데 피고가 약 6년간 생활비를 지급한 후 그 계약을 해지함으로써 그 해지의 유효 여부가 다투어진 사안에 대한 것이다. 원심은, 위 계약은 부담부 증여인데 수증자인 원고가 그 부담을 이행하지 아니하였으므로 그 해지는 적법하다고 판단하였다. 대법원은, 원심이 위 계약을 부담부 증여라고 판단한 것은 채증법칙을 위반한 것이라고 하면서, 방론으로 다음과 같이 덧붙이고 있다. 즉, "위 약정과 같이 계속적 이행계약에 있어서 계약성립 당시의 사정이 현저히 변경되어 당초의 약정을 유지·존속시키는 것이 신의칙에 반한다고 볼 만한 사정이 인정된다면 위 약정을 해지할 여지가 있을 것"이라고 한다.[181]

---

181) 그런데 이러한 점에 대하여는 아무런 주장입증이 없다고 하여, 원심판결을 파기하고 있다.

3. 계속적 보증인의 책임제한

다른 한편 특히 계속적 보증인[182]에 대하여는 그 계약의 해지뿐만이 아니라 그 책임액을 신의칙에 의하여 제한하는 것이 인정되고 있다.[183]

(1) 신원보증법

(가) 신원보증법은 §6 Ⅲ에서 "법원은 신원보증인의 손해배상액을 산정하는 경우 피용자의 감독에 관한 사용자의 과실 유무, 신원보증을 하게 된 사유 및 이를 할 때 주의를 한 정도, 피용자의 업무 또는 신원의 변화, 그 밖의 사정을 고려하여야 한다"고 정하고 있다.[184] 이러한 규정이 없다고 하더라도, 신원보증인의 책임의 유무 및 범위를 정함에 있어서 사용자의 감독상의 과실 유무는 과실상계의 법리($\S\S^{396,}_{763}$)에 의하여 당연히 고려될 것이다. 그러나 위 규정에 구체적으로 열거되어 있는 다른 사유는 통상은 고려되어야 하는 것으로 정하여지지 아니하고 있다. 위 규정은 우리나라의 신원보증계약의 특수성, 즉 계속성, 무상성, 동기에 있어서의 정의성(情誼性) 등을[185] 감안하여 특별히 이를 인정하는 것이다. 그렇다고 하면, 이러한 법의 태도는 마찬가지의 특수성이 인정되는 다른 거래형태, 보다 구체적으로는 계속적 보증의 경우에도 마찬가지로 관철되어야 한다는 주장이 제기되는 것은 쉽사리 예상될 수 있다.

(나) 그러나 대판 1959.9.24, 4290민상786($^{집 7,}_{221}$)이 원심판결이 계속적 보증에 대하여 「신원보증에 관한 법률」($^{이는 일본법으로서,}_{당시 의용되고 있었다}$) §5($^{우리의 새로 제정된 신원보}_{증법 §6과 완전히 일치한다}$)를 '준용'한 것을 "계속적 거래관계로부터 생길 불확정한 채무를 보증한 경우에 있어서 관습 또는 신의칙에 비추어 보증인의 책임을 경감할 수 있는 경우

---

182) '계속적 보증'이라는 개념은 일본의 西村信雄이 그 저서 繼續的保證の硏究(1952), 56 이하에서 제창하였고, 그 후 日最判 1964(昭 39).12.18(民集 18, 217)에서 사용되었다고 한다. 김광년(주 162), 58 주 3 참조. 대판 1987.4.28, 86다카2023(공 802, 883)도 역시 '계속적 보증'이라는 용어를 채택하고 있다. 그 외에 예를 들면 대판 1985.3.12, 84다카1261(집 33-1, 103)은 '근보증'이라는 용어를 같은 의미로 사용하고 있다.

183) 가령 곽윤직(주 1), 322 참조.

184) 1957년 10월 5일의 법률 제449호로 제정된 원래의 신원보증법은 그 §6에서 '보증책임의 **한도**'라는 표제로 "법원은 신원보증인의 손해배상의 책임과 그 금액을 정함에 있어 … 일체의 사정을 참작한다"고 정하면서, 참작하여야 할 구체적 사유로는 본문에서 본 신원보증법 규정에서 들고 있는 사유들을 마찬가지로 열거하고 있다. 위 법률은 2002년 1월 14일 법률 제6592호로 전면개정되었는데, 본문에서 본 그 개정 후의 규정내용은 위 원래의 신원보증법 §6과 다를 바 없다고 할 것이다.

185) 이에 대하여는 우선 주석채총(상), 220 이하 참조.

의 법리와 위 신원보증에 관한 법률에 있어서의 보증인의 책임경감에 관한 법리와를 혼동"하였다는 것을 이유로 이를 파기한 이래, 판례는 계속적 보증인에 대한 책임의 경감을 신의칙을 근거로 하여 행하여 왔다. 그리고 이러한 태도는 일반적으로 지지되고 있다.[186]

(2) 계속적 보증에 관한 실무의 태도[187]

(가) 이에 관한 최초의 판례라고 생각되는 대판 1984.10.10, 84다카 453($\frac{\text{집 }32-}{4,\,54}$)은, 원고은행과 소외 주식회사와의 사이의 어음거래에 관하여 피고들이 소외 회사를 위하여 책임한도액과 기간의 정함이 없는 계속적 보증계약을 체결하였는데 후에 소외 회사가 어음부도를 내자 원고가 피고들에 대하여 그 보증채무의 이행을 청구한 사건에 관한 것이다. 대법원은 이에 대하여 우선 "이른바 계속적 보증계약은 보증책임의 한도액이나 보증기간에 관하여 아무런 정함이 없는 경우라 하더라도, 그 본질이 의연히 보증계약임에 변함이 없는 것이므로 보증인은 변제기에 있는 주채무 전액에 관하여 보증책임을 부담함이 원칙"이라는 설시를 앞세웠다. 이는 당연한 법리라고 하겠다. 중요한 것은 다음에 오는 그 예외, 즉 "다만 주채무의 액수가 보증인이 보증 당시에 예상하였거나 예상할 수 있었던 범위를 훨씬 상회하고 그 같은 주채무 과다 발생의 원인이 채권자가 주채무자의 자산상태가 현저히 악화된 사실을 익히 알면서도 ($\binom{\text{중대한 과실로 알지}}{\text{못한 경우도 같다}}$) 이를 알지 못하는 보증인에게 아무런 통보나 의사타진도 없이 고의로 거래규모를 확대함에 연유하는 등 신의칙에 반하는 사정이 인정되는 경우에 한하여 보증인의 책임을 합리적인 범위 내에 제한할 수 있다"고 하는 것이다. 이러한 판시는 신의칙에 기하여 —책임의 유무가 아니라— 책임의 범위를 제한할 것을 인정한 것으로 주목받아 마땅하다.

위 사건에서 원심은, ① 피고들은 소외 회사의 이사라는 직책 때문에 보증인이 되었고, 이에 대하여 따로 대가를 수령하지 아니하였다, ② 보증 당시에

---

186) 가령 박병대(주 162), 37은 "위 어느 설을 취하든 결과에 있어 대차는 없을 것으로 생각되지만, 신원보증법 제6조 역시 근본적으로는 종전부터 판례가 신의칙에 근거하여 인정해 온 내용을 성문화한 데 지나지 아니하는 것이므로 신원보증 이외의 계속적 보증에 대한 책임제한의 근거는 역시 신의칙의 한 발현에 지나지 아니하는 신원보증법의 규정에 의존하기보다는 바로 신의칙 그 자체로 거슬러 올라가 구하는 쪽이 보다 솔직한 접근이 아닐까 생각한다"고 한다.

187) 이에 대하여는 우선 양창수, "계속적 보증에서 보증인의 해지권과 책임제한", 동, 민법연구 제6권(2001), 419 이하, 특히 434 이하 참조.

는 원고에 대한 소외 회사의 채무가 5천만원에 불과하였다, ③ 그 후 1978년
에 소외 회사의 재무구조가 악화되었다, ④ 회사의 어음부도 직전에 원고는 소
외 회사에 다액의 금융을 제공함으로써 그 채무액수가 급증하였다, ⑤ 원고는
부도 후 대출금회수조치를 지연시켜 과다한 연체이자를 발생시켰다, ⑥ 원고
는 부실담보를 취득하였고, 그 담보의 실행절차에서도 과소한 금액으로 경락
되도록 하였다는 등의 사정을 들어, 원래의 채무액 약 4천만원을 그 반으로 감
액하였다. 그러나 대법원은 추상론으로서는 위와 같이 판시하면서도, 구체적으
로는 보증 당시 5천만원의 부채가 있었다면 피고들의 채무액 4천여만원을 청
구하는 것이 위의 사정들이 존재함에도 불구하고 신의칙에 반한다고는 볼 수
없다고 하여 원심판결을 파기하였다.

  (나) 그 후의 대판 1987.4.28, 86다카2023($\frac{공\ 802,}{883}$)도 위 대판 1984.10.10.
과 같은 추상적 법률론을 긍정하면서도, 구체적인 사건의 해결로서는 그러한
특수사정을 인정할 수 없다고 하여 피고의 감액주장을 받아들이지 아니하였
다.[188]
  또한 대판 1992.4.28, 91다26348($\frac{공}{1692}$)은, "갑과 을 사이에 체결된 대리점
계약에서 외상매출금이 거래보증금의 150%를 초과할 때에는 갑이 계약을 해
지할 수 있다고 약정하였더라도 갑과 을 사이의 계속적 거래관계에서 발생하
는 불확정한 채무를 연대보증한 보증인으로서는 을의 채무가 거래보증금의
150% 한도 내에서 발생할 것으로 예상하고 보증하였다고 볼 수 없다"고 하고,
나아가 "계속적 보증에 있어서 주채무자와 친분이 두텁지 아니하고 경제적 대
가 없이 보증을 하였다는 것이 보증인의 책임제한사유가 되지 아니한다"고 판
시하였다.
  한편 대판 1995.6.30, 94다40444($\frac{집\ 43-}{1,\ 376}$)은 위 대판 1984.10.10.의 법리를
반복하면서도, "계속적 보증계약에서 **미리 보증한도액이 정하여져 있는 경우**에는,
특별한 사정이 없는 한 보증인은 채권자와 주채무자 사이의 거래액 중 보증한
도액의 범위 내에서 보증책임을 질 것을 예상하였다 할 것이므로, 주채무가 과

---

188) 이러한 태도는 그 후의 대판 1988.4.27, 87다카2143(공 906); 대판 1991.10.8, 91다
    14147(공 2683); 대판 1991.12.24, 91다9091(공 1992, 666) 등에서도 그대로 이어졌다.
    그리하여 위의 대판 1984.10.10.에서 판시한 추상론을 반복하면서도 구체적인 사건의 해
    결로서는 그와 같이 신의칙에 반함을 추론할 만한 사정을 인정할 수 없다고 하여 보증인
    의 감액주장을 받아들이지 아니하였다.

다하게 발생하였다고 하여 바로 보증책임이 그 예상액을 훨씬 넘어 가중되었다고 보기 어려움"(고딕체에 의한 강조는 인용자가 붙인 것이다)다고 하여, 보증책임액을 보증한도액 이하로 제한하는 것은 허용될 수 없다는 태도를 취하였다. 이로써 기간의 정함은 없어도 보증한도액의 정함이 있는 계속적 보증에 대하여 보증인의 책임제한을 인정하는 것은 실제로는 매우 어렵게 되었다고 할 수도 있을 것이다.

그 후의 대판 1995.12.22, 94다42129(공 1996, 상. 473)도 물품공급계약상의 대금채무를 연대보증한 사안에서 원심이 보증한도액 1억원 중에서 5천만원으로 감액한 것을, "피고의 연대보증 이후 불과 약 1주일 사이에 한도액을 넘어섰다"는 등의 사정을 들고나서 나아가 "원심 인정의 5천만원을 상회하는 주채무 과다 발생의 원인이, 원고가 주채무자의 자산상태가 현저히 악화된 사실을 잘 알면서 또는 중대한 과실로 알지 못한 채 이를 알지 못하는 보증인에게 아무런 통보나 의사타진도 없이 고의로 거래규모를 확대함에 연유하는 것이라고 인정할 만한 증거를 찾아볼 수 없다"고 하여 원심판결을 파기하였다.

(다) 그런데 대판 1988.11.8, 88다3253(838, 공 36)에서는 위와 같은 추상적 법률론을 적용하여 구체적으로 책임액의 제한을 인정하기에 이르렀다. 이 사건의 사실관계는 알 수 없으나, 원심이 "이와 같은 원칙[즉 위 (가)의 대판 1984.10.10.의 원칙론 부분]을 적용할 수 없는 특별한 사정을 인정하고서 피고의 보증책임한도를 제한하는 판단을 한 것"을 긍정하였다. 이로써 계속적 보증에서 보증인의 책임을 신의칙에 기하여 예외적으로나마 제한하는 법리는 실무상 정착하였다고 할 것이다.

(라) 그 후에 구체적으로 위 대판 1984.10.10.의 법리를 적용하여 보증인의 책임감경을 인정한, 흔하다고 할 수 없는 예로는 대판 1998.6.12, 98다8776(공 하. 1884)이 있다. 이 판결은, 물적 담보의 한도 내에서 거래함을 원칙으로 하고 계약기간도 1년 단위로 연장할 수 있도록 약정한 판매계약 하에서 채권자가 이미 판매대금을 연체하고 있는 채무자에 대한 거래 규모를 급격히 확대시키면서도 판매계약을 종료하거나 추가담보를 제공받지도 아니하고 연대보증인에게 그와 같은 사실을 통지하지도 아니한 사안에서, 위 대판 1984.10.10.의 법리를 인용하면서 연대보증인의 책임을 판매계약상의 원칙적 거래 한도액(2억원)으로 제한하였다. 이로써 위의 법리는 아직 그 명맥을 유지하고 있다고

할 것이다.[189)]

　　나아가 재판례 중에는 매우 특이한 사안에 대한 것이기는 하나 단지 보증
인이 보증에 이르게 된 사유만을 이유로 들어 신의칙에 기하여 계속적 보증인
의 책임을 제한하는 것을 인정하는 것도 있다. 대판 1992.9.22, 92다17334
($_{2970}^{공}$)에서는 병원을 경영하는 원고가 환자의 입원치료비를 보증한($^{책임한도의 정함}_{이 없이 장래의}$
$^{불확정한 기간 동안 계속적으로 발}_{생하는 치료비채무를 보증하였다}$) 그 병원 소속의 의사에 대하여 그 보증채무의 이행을
청구하고 있다. 피고가 보증에 이르게 된 경위를 약술하면 다음과 같다. 갑과
을은 전라도 광주 부근에서 같은 차에 타고 가다가 교통사고를 당하여 혼수상
태로 위 병원의 응급실에 당도하여 급히 응급수술을 받아야 했는데, 그들의 가
족들은 서울에 있어 바로 내려올 수 없게 되자 갑의 가족들이 평소에 아는 사
람을 통하여 피고에게 갑의 치료비를 보증하여 줄 것을 부탁하였다. 그러자 피
고는 갑을 위하여 연대보증하면서, 아무런 관계도 없는 을의 치료비도 연대보
증하였다. 갑은 결국 위 사고로 사망하였고($^{그의 치료비}_{는 지급되었다}$), 을은 치료 도중 치료
비가 1천2백만원에 이르자 병원에서 도주하였다. 원심은 원고의 청구를 모두
인용하였는데, 대법원은 다음과 같이 판시하여 원심판결을 파기하였다. "피고
는 을의 생명이 위독하고 동인을 위한 보증인도 없는 상황 하에서 우선 동인
으로 하여금 서둘러 응급치료를 받게 한 다음 차후에 동인의 가족들이 병원에
찾아올 경우 그 가족들로 하여금 보증인을 교체하게 할 의사로 보증을 한 것
이고, 원고 병원도 피고가 위와 같은 의사로 동인의 치료비를 보증하는 것임을
잘 알고 있었다고 볼 여지가 없다 할 수는 없을 것이고[!], 그렇지 아니하고

---

189) 한편 대판 1995.6.29, 94다20174(공 하, 2520)는, 주채무자의 보증인의 구상채무를 연
　　대보증한 자에 대하여 책임의 감축을 인정하였다. 이 사건에서 신용보증기금(원고)은 갑
　　회사의 을 은행에 대한 시설자금차용채무를 보증하고, 피고는 갑의 원고에 대한 장래의
　　구상금채무를 연대보증하였다. 그런데 원고의 신용보증서에는, "[을 은행은] 당해 시설 준
　　공 즉시 공장저당법에 의한 주담보를 취득하여 보증을 우선 해지할 것"이며(이 신용보증
　　조항에 대한 실무의 태도에 대하여는 우선 양창수, "채권자의 담보확보의무 위반으로 인한
　　보증인의 면책", 오늘의 법률 99(1997.4), 3144 이하(동, 민법산고(1999), 157면 이하에
　　재록) 참조), 그 특약이 위약된 경우 을 은행의 대출규정에 의한 擔保査定價 상당의 신용
　　보증채무에 대하여 면책된다는 약관조항이 포함되어 있었다. 후에 을 은행이 융자금에 의
　　한 시설이 완성되었음에도 신용보증을 그만큼 해지하지 아니한 채 보증책임의 이행을 청
　　구하자, 원고는 이를 그대로 지급하였고, 이 사건에서 피고에게 구상금청구를 하였다. 대
　　법원은 "원고는 위 특약에 기하여 위 담보사정가 상당에 대하여는 면책을 주장할 수 있었
　　다고 할 것인데, 그러한 면책주장을 하지 아니한 채 전부를 이행한 원고로서는 자신이 면
　　책주장할 수 있었던 범위에서는 신의칙상 그 이행으로 인한 구상채무의 연대보증인에 대
　　하여도 그 보증책임의 이행을 구할 수 없다"고 판시하였다. 물론 여기서의 신의칙 적용은
　　위 대판 1984.10.10.과는 차원을 달리한다.

원심처럼 피고에 대하여 을의 치료비 전액에 대한 보증책임을 묻는 것은 <u>적어</u>
<u>도 이 사건의 경우에 있어서는 신의칙상 심히 부당한 결과</u>가 되는 것이므
로, 이러한 경우에는 피고는 을의 치료비 중 동인의 가족들이 병원에 찾아왔을
때까지의 치료비에 한하여 보증책임이 있는 것으로 본다든가 하여 그 보증책
임을 제한함이 상당하다."(꺾음괄호 안과 밑줄은 / 인용자가 부가한 것이다)

이 판결에 비추어 보면, 적어도 계속적 보증에 관한 한, 실무는 앞의 (1)
에서 본 현행의 신원보증법 §6를 적용한 것과 같은 결과를 —신의칙의 이름
으로— 달성하였다고 할 수 있다. 다른 한편 이 판결은 법원실무가 자신의 형
평관념에 맞는 재판결과에 도달하기 위하여("적어도 이 사건의 / 경우에 있어서는") 어떠한 한도에까
지 신의칙을 원용할 수 있는가를 극명하게 보여주는 예로 꼽을 수도 있을
것이다.

(3) 신용카드보증인의 책임제한

그런데 실제의 사건에서 보증인의 책임감경이 먼저 인정된 것은 오히려
신용카드보증인에[190) 대하여서이다.[191)

대판 1986.2.25, 84다카1587($^공_{523}$)은, 갑이 1981년 7월에 원고 은행에서 취
급하는 신용카드회원으로 가입하여 동년 9월에 카드이용대금 35만여원이 연
체되자 원고 은행으로부터 거래정지를 당하였다가 1982년 2월에 위 연체대금
을 변제하고 거래정지조치가 해제되었는데 원고 은행이 이를 연대보증인인 피
고에게 통지하지 아니하였던 사안에서, "카드회원규약에 따라 회원이 카드이용
에 따른 대금지급을 게을리한 때에는 해지를 할 수 있는데도 그 조치를 취하
지 아니하였"고 또 위와 같이 통지를 하지 아니한 사실 등을 들어 책임액의 5
할을 감액한 것을 시인하였던 것이다. 이 판결은 위의 대판 1984.10.10.에는
전혀 언급하지 아니하고 있으며, 오히려 신용카드보증을 별개의 문제영역으로
보고 있었지 아니한가 추측하게 한다.

그 후에도 신용카드보증인에 대하여 책임을 감경한 대판 1989.11.28, 89
다카8252($^공_{136}$ $^{1990.}$)가 이어지고 있다. 이 사건에서, 문제의 카드회원은 1차 월간

---

190) 그에 앞서, 대판 1986.1.28, 85다카1626(집 34-1, 24)은, 신용카드보증인의 보증책임은
    피보증인의 신용거래한도액으로 제한된다고 하여, 카드회원이 월 사용한도액을 넘어 사용
    한 경우에도 그 한도범위에서만 책임을 진다고 판시하였다.
191) 이미 서울민지판 1985.5.15, 84나2588(하집 1985-2, 159)은 백화점신용카드가 재발급
    된 사안에서 보증인의 책임을 감경하고 있다.

카드구입액을 초과하여 카드를 사용한 후 그 지급을 지체함으로써 거래정지를 당하였었는데, 카드회사(원고은행)은 약 9개월 후에 그 카드사용금액이 지급되자 다시 거래정지조치를 해제하여 카드회원으로 하여금 카드를 다시 사용할 수 있도록 하였다. 그런데 그 후 약 3개월 동안 카드회원은 카드이용거래를 행하여 결국 약 5천 5백만원의 대금이 미지급되기에 이르러, 원고은행은 그 이행을 피고 보증인들에게 청구하였다. 원심은, "원고은행은 카드회원과의 카드이용계약의 해지조치를 취하지 아니하였을 뿐만 아니라 피고들에게 그 [애초의] 거래정지사실조차도 알리지 아니하"였다고 하고, "이와 같은 사정과 피고들이 연대보증을 서게 된 경위 등을 참작하면 … 위 이용대금지급채무 중 월간 카드이용한도액 내에서 5할을 감액한 금액을 피고들이 지급할 금액으로 인정함이 신의칙 또는 공평의 원칙에 비추어 상당하다"고 판단하였다. 대법원은 이를 긍정하였다. 이 판시 중에서 신용카드보증인의 채무부담한도액이 우선 카드회원의 월간 카드이용한도액으로 제한된다는 판시부분은 오히려 신의칙에 의한 계약의 (축소)해석에 기한 것이므로 후술하기로 한다(뒤의 VI. 2. (2) 참조).

　여기서 문제되는 것은 책임의 범위를 신의칙을 이유로 감축한 판단부분이다. 여기서 감액의 이유로 든 사정은 ① 카드회원 본인이 대금을 미납한 사실을 이유로 카드회사가 그 거래계약을 해지하지 아니하고, ② 나아가 이를 보증인에게 통지하지 아니하였다는 것의 둘이다. 그러나 일반적으로 보면, 카드회사가 대금을 이행하지 아니하는 카드회원에 대하여 계약을 해지할 것인지 여부는 그야말로 카드회사의 판단에 달린 것이며 그가 해지하지 아니하였다고 하여서 그에게 어떠한 법적 불이익을 가할 이유는 될 수 없을 것이다.[192]

4. 사용자의 피용자에 대한 구상권의 제한

　(1) 우리 재판실무는 일정한 사안유형에서 손해배상책임을 "손해의 공평한 분담이라는 견지에서 신의칙에 기하여" 제한적으로 인정한다. 우선 피용자의 귀책사유로 말미암아 사용자가 이른바 사용자책임($\frac{\S}{756}$)을 지고 그 손해를

---

192) 가령 대판 1987.1.20, 86다카1262(공 795, 305)은, 은행이 주채무자가 제공한 물적 담보의 가치를 과다평가한 다음 대출과 지급보증을 계속함으로써 채권의 회수가 곤란한 상태에 이르게 된 경우에 은행이 보증인들에게 보증채무의 이행을 구하는 것이 신의칙에 반하는가 하는 문제를 판단하고 있다. 대법원은 "담보가 보장되는 이상 대출규모를 확장하여 수익을 도모하는 것은 영리기업인 은행으로서 당연한 일 … 보증인의 이익을 고려하여 대출을 삼갈 신의칙상의 의무가 없다"고 판시하였다.

피해자에게 배상한 후 피용자에 대하여 구상하는 경우 또는 사용자가 피용자의 업무집행상의 불법행위로 직접 손해를 입은 경우를 들 수 있다. 그 선구는 대판 1987.9.8, 86다카1045($\substack{집 35-3, 9;\\공 811, 1551}$)로서, 이 판결은 이들 경우에 "사용자는 그 사업의 성격과 규모, 사업시설의 상황, 피용자의 업무내용, 근로조건이나 근무태도, 가해행위의 상황, 가해행위의 예방이나 손실의 분산에 관한 사용자의 배려정도 등의 제반사정에 비추어 손해의 공평한 분담이라는 견지에서 신의칙상 상당하다고 인정되는 한도 내에서만 피용자에 대하여 위와 같은 손해의 배상을 청구하거나 구상권을 행사할 수 있다"고 한다.

그 후에 나온 같은 취지의 재판례로는 대판 1991.5.10, 91다6764($\substack{집 29-\\2, 218;\\공 1610}$); 대판 1991.5.10, 91다7255($\substack{집 29-2,\\228; 공 1612}$); 대판 1992.9.25, 92다25595($\substack{공 932,\\3002}$); 대판 1994.12.13, 94다17246($\substack{공 1995,\\476}$); 대판 1996.4.9, 95다52611($\substack{공 상,\\1390}$); 대판 2009.11.26, 2009다59350($\substack{공 2010\\상, 33}$); 대판 2014.5.29, 2014다20269($\substack{법\\고율}$); 대판 2017.4.27, 2016다271226($\substack{공 상,\\1101}$) 등을 들 수 있다.

그러나 다른 한편 이러한 구상권의 제한은 대판 2009.11.26, 2009다59350($\substack{공\\상33}$) 등에 의하면 "사용자의 감독이 소홀한 틈을 이용하여 고의로 불법행위를 저지른 피용자"는 이를 주장할 수 없은 그야말로 신의칙상 허용되지 아니한다. 이는 대판 1995.11.14, 95다30352($\substack{공\\1996, 21}$) 등 확고한 판례가 피해자의 부주의를 이용하여 고의로 불법행위를 저지른 자가 바로 그 피해자의 부주의를 이유로 과실상계($\substack{§§ 394,\\763}$)를 주장하는 것을 허용되지 않는 것과 같은 이치라고 설명된다.

또한 대판 2017.4.27, 2016다271226($\substack{공 상,\\1101}$)은 위와 같은 구상권 제한의 법리가 사용자의 보험자가 피용자에 대하여 구상권을 행사하는 경우에도 마찬가지로 적용된다고 전제하면서도, 그러나 "사용자의 보험자가 피해자인 제3자에게 사용자와 피용자의 공동불법행위로 인한 손해배상금을 보험금으로 모두 지급하여 피용자의 보험자가 면책됨으로써 사용자의 보험자가 피용자의 보험자에게 부담하여야 할 부분에 대하여 직접 구상권을 행사하는 경우"에는 피용자의 보험자가 구상권 제한의 법리를 주장할 수는 없다고 한다. 그 이유는 "그 경우의 구상권 행사는 상법 제724조 제2항에 의한 피해자의 직접청구권을 대위하는 성격을 가지는 것"이기 때문이라고 한다.

(2) 여기서 아울러 지적하여 둘 것은 특별법에서 특히 피용자 보호의 관

점에서 일정한 요건 아래서 사용자의 피용자에 대한 구상권을 아예 배제하는 규정을 두는 경우가 있다는 점이다. 예를 들어 「학교안전사고 예방 및 보상에 관한 법률」§44 I은, 동법 소정의 학교안전사고가 발생하여 동법 소정의 공제자가 수급권자에게 공제급여를 지급한 경우에 공제회가 그 공제급여 상당액을 학교안전사고를 일으킨 피공제자 등에게 구상할 수 있는 것은 그에게 고의 또는 중과실이 있는 경우로 한정한다. 대판 2019.12.13, 2018다287010($^{공\ 상.}_{249}$)은 이 규정을 피공제자가 경과실로 학교안전사고를 일으킨 경우에는 학교안전공제회의 위와 같은 구상권 행사를 배제하는 취지라고 해석한다. 그러나 경과실로 학교안전사고를 일으킨 피공제자가 먼저 피해자에게 손해배상을 한 경우에 학교안전공제회를 상대로 구상권을 행사할 수 있음은 물론 보장된다.

Ⅵ. 계약의 해석에 있어서의 신의칙

1. 계약의 해석에 관한 일반론

계약($^{또는 보다 일반}_{적으로 법률행위}$)의 해석은 일반적으로 계약의 내용을 명확하게 하는 작업이라고 이해되고 있다. 그리고 그러한 해석의 기준으로서는 당사자의 목적, 관습, 임의법규와 함께 신의성실의 원칙을 드는 것이 통상이다.[193] 그런데 계약의 해석을 하는 목적이 무엇이냐 또 그 방법은 어떠하냐에 관하여는 미묘한 관점의 차이가 존재하며, 이러한 차이는 그 해석의 기준에 대한 설명에도 상당한 영향을 미치고 있는 것으로 생각된다. 그러나 계약의 해석 일반에 대하여는 여기서는 상론하지 아니하기로 하며, 단지 계약의 해석에 있어서 신의칙이 어떠한 역할 내지 기능을 수행하고 있는가를 중심으로 논의한다. 이 논의를 앞으로 전개하여 가기 위한 범위 내에서 간단하게 계약의 해석에 관한 일반론을 앞세워 두기로 한다.[194]

계약의 해석은 두 단계로 구분하는 것이 思考上 유익하다. 하나는 이른바 '단순한 해석(einfache Auslegung)' 또는 '해명적 해석(erläutende Auslegung)'이라고 불리는 것이고, 다른 하나는 '보충적 해석(ergänzende Auslegung)'이라

---

193) 고상룡, 409 이하, 424 이하; 곽윤직, 388, 393 이하; 김용한, 271, 276; 김주수, 262, 266 등 참조.
194) 이는 기본적으로 송덕수, "법률행위의 해석", 경찰대 논문집 6(1987), 237 이하와 동지이나, 세부적으로는 다른 점도 없지 아니하다.

고 불리는 것이다. 전자는 어떠한 사항에 대하여 당사자들의 합의가 존재하기는 하나[195] 그 의미가 불명확한 경우에 그 불명확을 제거하여 계약에 명확한 내용을 부여하는 작업이다. 이는 거의 모든 경우에 당사자들이 사용한 언어·문자·기호 등의 표시수단이 多義的인 경우 또는 통상의 의미와 다른 의미로 사용되었다고 주장되는 경우에, 그 표시수단이 당사자들 사이에서 가지는 —또는 가져야 할— 의미를 명확하게 하는 것이 작업내용이 된다. 그 전제로서는 그 계약에 문제되는 사항에 관한 '규율의 흠결(Regelungslücke 또는 Vertragslücke)'이 없다는 것이다. 후자는 바로 이러한 규율의 흠결을 당사자들이 계약에서 이미 행한 규율을 고려하여 그 연장(Fortbildung)으로서 보충하는 작업이다. 물론 양자의 구분이 실제에 있어서 어느 경우에나 명확하게 이루어질 수 있는가에 대하여는 회의적인 견해도 있고,[196] 그리고 아마도 이 점은 수긍될 수 있을 것이다. 그러나 그 구분의 기준이 실제적인 명확성을 반드시 충분하게 갖추고 있다고 하기 어렵다고 해서 그 구분 자체를 부정하는 것은, 성질이 서로 다른 작업이 '계약의 해석'이라는 동일한 이름 아래 행하여짐으로써 생기는 사고의 혼란을 방치하는 것이 될 뿐이라고 생각된다.[197]

'단순한 해석'의 제1차적인 목표는 당사자들이 일치하여 합의한 내용을 탐구하는 것이다.[198] 즉, 당사자들이 의사표시의 내용을 사실상 같은 의미로 이해하였을 때에는 그것이 계약의 내용으로 확정('해석')된다. 이 작업에 있어서는 표시의 '일반적·객관적인 의미'는 기준이 될 수 없으며,[199] 그 표시가 다의적인 경우에도 이는 마찬가지이다. 그러나 이러한 이해는 내심에서 이루어지는 것이므로, 당사자들이 그 표시의 의미에 대하여 각기 다른 이해를 주장하고 쌍방이 모두 어느 하나의 동일한 의미로 그 표시를 이해하였다는 것이 입증되지 아니할 때에는, 의사표시의 의미에 대한 일방의 내심적인 이해가 기준이 될 수 없으며, 결국 그 의사표시가 구체적인 상대방[200]에 있어서 가지는 객관적

---

195) 물론 그 합의의 유무 자체도 '해석'의 대상이다.

196) 가령 Alexander Lüderitz, *Auslegung von Rechtsgeschäften* (1966), S. 410은 그러한 흠결의 문제는 사이비문제에 불과하다고 한다.

197) 우선 MünchKomm/Mayer-Maly, § 157 Rdnr. 30f.(S. 1187) 참조.

198) 독민 § 133가 "어떠한 의사표시를 해석함에 있어서는 실제의 의사(der wirkliche Wille)를 탐구하여야 하며, 표시의 문자적 의미에 사로잡혀서는 아니 된다"고 규정하는 것은 이러한 뜻을 포함한다.

199) '잘못된 표시는 해하지 아니한다(falsa demonstratio non nocet)'는 법리(우리 학설에서는 '誤表示無害의 원칙'이라고 불리기도 한다)는 이를 말하는 것이다.

200) 이른바 '수령자관점'(Empfängerhorizont).

의미, 즉 그가 그렇게 이해하는 것이 정당화된다고(verstehen dürfen) 하는 뜻
에서의 규범적인 의미를 탐구하지 아니하면 안 된다(이른바 '규범적 해석'
normative Auslegung).

　　이상과 같은 '해명적 해석'이 행하여졌다고 하여도, 그에 의하여 확정되는
계약내용에는 흠결이 있을 수 있다. 이를 보충하는 것으로서는 우리 민법 아래
서는 일단 관습($\frac{\S}{106}$)[201] 그리고 임의법규($\frac{\S}{105}$)를 들 수 있을 것이다. 그러나 임
의법규라고 하여도 당사자 사이의 계약관계에서 발생하는 모든 법률문제에 대
하여 대응하고 있는 것은 아니므로, 임의법규가 존재하지 아니하는 사항은 어
떻게 처리할 것인가 하는 문제가 대두된다. 나아가 설사 문제된 당해 사항에
대하여 임의법규가 존재한다고 하여도, 만일 당사자들이 합의한 바(보다 정확하게
는 합의한 것으
로 해명적으
로 해석되는 바)에 비추어 볼 때 그와 같이 임의법규를 적용하는 것이 그 당사자들
의 가정적인 의사(즉, 당사자들이 문제된 사항에 관하여 합
의하였다면 그 계약에 포함되었을 내용)[202]에 명백히 반하는 것이라고 인
정되는 경우도 있다. 이상과 같은 여러 경우에 그 계약으로부터 발생하는 법률
문제를 처리할 규범을 획득하여 적용할 임무를 맡고 있는 법관은 그 규범을
어디서부터 획득할 것인가?

　　'보충적 해석'은 이러한 단계에서 행하여지는 것이다.[203] 그 작업은 그 성
질상 명백히 당사자 사이에 적용될 규범을 획득하는 것이고, 엄밀하게 말하면
당사자들의 의사에 환원될 수는 없다고 할 것이다.[204] 그러나 '보충적 해석'은
법관이 이미 당사자들이 계약내용으로 삼은 바를 출발점으로 하여 그것의 의
미를 문제되고 있는 당해 사항에서 계속하여 형성·발전시킴으로써 얻어진다
는 점에서, 당사자들이 계약을 체결하기 이전에 이미 객관적으로 존재하는 규
범을 인식·획득하는 순수한 법발견작용과도 구분된다.[205]

---

201) §106가, 임의법규와 다른 관습이 있는 경우에 "당사자의 의사가 명확하지 아니한 때에
　　는" 그 관습에 의한다고 정하는 것은 바로 이와 같은 의미라고 생각된다.
202) 이는 이미 특히 무효행위의 전환에 관한 민 §138에서 명백하게 일정한 실정법상의 의
　　미를 획득하고 있다. 즉, 동조는, 무효인 법률행위가 다른 법률행위의 요건을 구비하고 "당
　　사자가 그 무효를 알았더라면 다른 법률행위를 하는 것을 의욕하였으리라고 인정될 때"
　　에는 다른 법률행위로서 효력을 가진다고 정하여, 가정적인 당사자의사(hypothetischer
　　Parteiwille)에 좇은 법률행위 해석을 명백히 인정하고 있다.
203) 보충적 해석에 대하여는 우선 송덕수(주 194), 268 이하; 윤진수, "법률행위의 보충적
　　해석에 관한 독일의 학설과 판례", 판례월보 238(1990. 7), 14 이하 참조.
204) Larenz(주 5), §29 Ⅰ(S. 539)가 "보충적 해석은 개별적인 의사표시 또는 그 규범적인
　　의미의 해석이 아니라, 계약에 의하여 창설된 객관적인 규율(objektive Regelung)의 해석"
　　이라고 하는 것은 이러한 의미라고 이해된다.
205) 그러한 의미에서 Rummel, *Vertragsauslegung nach der Verkehrssitte* (1972), S. 116(윤진수[주
　　203], 18에서 재인용)이 '보충적 해석'이 결국 계약과 법의 중간단계(Zwischenstufe)라고
　　한 것은 적절하다고 생각된다.

　신의칙은 주로 위에서 본 '규범적 해석'과 '보충적 해석'을 하는 경우에 문제된다.

2. '규범적 해석'에서의 신의칙

　(1) 신의칙이 계약의 해석에서 중요한 위치를 차지함을 가장 명료하게 정하고 있는 것은 독민 § 157이다. 이는 "계약은 신의성실이 거래의 관행을 고려하여 요구하는 대로 해석하여야 한다($\begin{smallmatrix}\text{Verträge sind so auszulegen, wie Treu und Glauben}\\\text{mit Rücksicht auf die Verkehrssitte es fordern.}\end{smallmatrix}$)"고 규정하고 있다. 그리고 가령 독일의 판례는, 법률행위의 해석은 표의자의 숨겨진 내적인 의사가 기준이 되는 것이 아니라 그 의사표시의 수령자가 모든 주변사정을 고려할 때 신의성실에 좇아 그 표시를 이해하여야 하는 바가 기준이 된다고 반복하여 판시하여 왔다.[206] 그리고 통설은 '보충적 해석'의 법률적 기초도 독민 § 157이라고 한다.[207]

　우리나라에서도 이는 별로 다름이 없다고 하여야 할 것이다. 이하에서는 '규범적 해석'과 '보충적 해석'을 나누어서 그 각각에 있어서 신의칙이 구체적으로 어떠한 형태로 발현되는가를 살펴보기로 한다.

　(2) 우선 신의칙은 계약을 규범적으로 해석함에 있어서 다음과 같은 것을 요구한다.[208]

　(가) 첫째, 계약내용은 양 당사자가 인식하고 있는 계약목적의 달성에 봉사하도록 해석되어야 한다. 그 각각의 조항을 서로 모순되게 해석하거나 그러한 계약조항을 마련한 당사자들의 의도를 해치는 것은 신의칙상 허용되어서는 안 된다. 가령 당사자들이 지상권의 지료를 화폐로 정하면서 아울러 지상권자는 그 대신 일정한 양의 물건의 지급을 청구할 수 있다고 특히 정한 것이, 지상권자가 그 물건을 필요로 하였기 때문이 아니라 단지 화폐가치의 하락에 대비하여 지상권설정에 대한 적정한 대가를 실질적으로 확보하기 위한 것($\begin{smallmatrix}\text{이른바 가치}\\\text{보전조항}\end{smallmatrix}$ $\begin{smallmatrix}\text{[Wert-}\\\text{sicherungsklausel]}\end{smallmatrix}$)이었는데 그 대물의 가격이 화폐가치의 하락분에 대응하여 상승하지 아니함으로써($\begin{smallmatrix}\text{가령 화폐가치가 100\% 하락하였는데}\\\text{그 대물의 가격은 10\%만 상승으로써}\end{smallmatrix}$) 대물의 수취로서는 지상권 설

---

206) 가령 BGHZ 21, 102(106 ff.) = NJW 1956, 1313; BGHZ 91, 324 = NJW 1984, 2279 = JuS 1984, 971 등 참조.

207) 이에 대한 문헌은 윤진수(주 203), 17 주 16 참조.

208) 이하는 주로 MünchKomm/Mayer-Maly, § 157 Rdnr. 3ff.(S. 1181 ff.)를 참고하였다.

정에 대한 적정한 대가를 얻을 수 없게 된 경우에는, 그러한 특약조항은 위와 같은 가치보전조항으로서의 의미를 충분히 살릴 수 있도록 해석되어야 한다.[209]

(나) 둘째, 신의칙은 어느 한편의 이익만이 관철되도록 계약을 해석하는 것을 허용하지 아니하며, 상대방의 이익도 적절하게 고려하도록 요구한다. 이를 위하여는 가령 그 일방이 제3자와의 사이에 체결한 계약이나 또는 당사자들 사이에 체결된 다른 계약도 아울러 고려할 필요가 있는 경우도 있을 것이다.

예를 들어 대판 1986.1.28, 85다카1626($^{집\ 34-}_{1,\ 24}$)은, 신용카드회원의 연대보증인은 비록 그 계약에 "회원이 계약을 위반하였을 경우 연대보증인은 회원과 연대하여 책임을 진다"고 규정되어 있더라도, 피보증인인 신용카드회원의 월간 카드이용한도액에 제한이 있다면, 연대보증인은 다른 특별한 정함이 없는 한 그 이용한도액에 한정하여 보증한 것이라고 봄이 타당하다고 판시한 것은, 이러한 관점에서 이해될 수 있다.

나아가 신용카드거래와 관련하여 카드분실 등으로 인한 책임에 관하여 대판 1986.3.11, 85다카1490($^{집\ 34-}_{1,\ 115}$)이, 그 거래약관상 "카드의 분실·도난으로 인한 모든 책임이 카드회원에게 귀속된다"고 약정되어 있다고 하더라도, 회원이 분실 등의 사실을 은행에 통지하고 소정의 양식에 따라 지체없이 그 내용을 서면신고하였음에도 불구하고 은행이 가맹점에 대한 통지를 게을리하였거나 가맹점이 분실도난카드의 확인과 서명의 대조 등을 게을리함으로써 거래가 성립되었을 경우에는 그 책임을 회원에게 물을 수 없다고 해석하는 것이 "신의성실의 원칙상 당연한 풀이"라고 판시하는 것도 마찬가지이다.[210]

또한 대판 1971.9.28, 71다1601($^{요집\ 민}_{I-2,\ 881}$)이 "부동산매매계약서에 매수자가 대금지급기일에 대금 전액을 지급하지 아니할 경우에는 계약은 무효가 되고 계약금의 반환청구는 할 수 없다는 취지의 조항이 있다고 하여도, 이는 계약해제권과 이에 따른 손해배상의 약정에 관한 조항에 불과하고, 이 조항이 있음으

---

209) 이른바 호밀조항(Roggenklausel)에 관한 독일연방대법원의 BGHZ 81, 135 판결 참조. 단지 위 판결은 이 경우에 보충적 계약해석의 문제가 발생한다고 하면서, 당사자들의 가정적 의사에 따라 지료를 산정하고 있다.

210) 이 판결은 "거래의 안전을 기하는 신의성실의 원칙상…" 운운하는데 이는 불필요한 사족이라고 할 것이다.

로써 대금채무의 이행지체가 있으면 곧 계약이 무효가 된다고 할 수 없다"고
판시하는 것도, 역시 그 문언대로 해석하면 계약의 일방당사자의 정당한 이익
을 지나치게 무시하는 결과를 피하기 위하여서라고 생각된다.

　　또한 계약문언의 선택이나 계약서의 작성이 일방당사자에 의하여 행하여
진 경우에는 그 내용에 불명확한 점이 있으면 그 작성자에게 불리하게 해석되
어야 한다는 법리(이른바 "[의심스러울 때에는 조항의] 설정자에게 불리하
게 해석한다"[interpretatio contra proferentem]는 법리)는[211] "약관의 규제에
관한 법률" § 5 Ⅱ에 명문으로 채택되어 있다. 그런데 이러한 법리는 약관을
사용한 계약이 아니더라도, 특히 경제력의 우위를 이용하여 행하여진 계약에
있어서는 광범하게 인정될 여지가 있다. 이러한 법리도 계약의 규범적 해석에
있어서의 신의칙 적용의 한 모습이라고 평가할 수 있을 것이다.

　　(다) 나아가 신의칙은 계약의 해석이 '지배적인 경제질서 및 사회질서에
내재하는 법윤리'에 상응하여 이루어질 것을 요구한다.

　　이와 관련하여서는 우선 헌법에서 구현되어 있는 기본권 보장의 정신이
살려지도록 계약을 해석하여야 한다는 요청이 제기된다. 독일에서 기본권조항
의 私人 간의 효력을 논함에 있어서, 통설이 이른바 간접적용설을 택하면서 그
적용의 '도입구(Einfallspforten)'로서 앞서 본 독민 § 157을 드는 것도 우연한
일은 아니라고 하겠다.[212]

　　그러므로 가능한 어의의 범위 내에서는 가령 兩性 간에 차별이 없는 방향
으로 해석되는 것이, 또 의견표현의 자유를 제한하는 내용의 계약은 이를 제한
적으로 해석되는 것이 보다 바람직하다.

　　나아가 일반적으로는 강행법규에 반하게 되는 해석결과는 회피되어야 할
것이다(이른바 '준법적 해석'
rechtskonforme Interpretation).

3. '보충적 해석'에서의 신의칙

　　계약의 보충적 해석이 일차적으로 당사자들의 가정적 의사(hypothetischer
Parteiwille)를 기준으로 함은 앞의 1. 말미에서 본 대로이다. 보충적 해석이 당
사자들이 계약으로써 행한 당사자들의 법률관계에 대한 규율의 의미를 살려

---

211) 이에 대하여는 우선 A. Wacke, Ambiguitas contra stipulatorem, in: *Juristische*
　　　Arbeitsblätter 1981, S. 666 ff.(최병조 역, 서울대 법학 29-2[1988], 123 이하) 참조.
212) MünchKomm/Mayer-Maly, § 157 Rdnr. 12(S. 1183) 참조.

계약에서 정하지 아니한 다른 사항에 관하여 이를 계속 형성하여 가는 작업인
이상, 이는 이해될 수 있다고 하겠다. 그러므로 그러한 '가정적 의사'는 당연
히 우선 당사자들이 그 계약에서 실제로 한 합의로써 추구한 경제적·사회적
목적을 탐색하여, 이를 실현하는 데 조력하는 방향에서 발견되어야 할 것이다.
그리고 이러한 '보충적 해석'에 있어서는 그 해석자의 관여가 보다 직접적으로
이루어질 수밖에 없음은 쉽사리 이해될 수 있을 것이다. 왜냐하면, 당사자들이
규률을 결한 그 사항에 대하여 무엇을 의욕하였을 것인가를 탐구함에는 당연
히 그 계약에 관한 제반사정에 대한 해석자의 평가가 개입되기 때문이다.

　　여기서 그러한 해석자의 평가에 기준을 부여함에 있어서는 한편으로 그
계약에 전형적인 사실적 요소(가령 계약유형에서의 통
상적 내용이나 거래관행)와 아울러, 다른 한편으로 위에
서 본 '규범적 해석'에 있어서보다 더욱 직접적으로 신의성실의 원칙과 같은
가치적 요소가 고려될 것이다. 가령 '보충적 해석'에 의하여 인정되는 계약상
의무 중에서 가장 현저하고 중요한 이른바 부수의무(Nebenpflichten),[213] 즉 급
부의 실현 이외에 계약의 목적을 달성하기 위하여 당사자들이 하여야 할 행태
의무(가령 복잡한 기계의 매도인이 그
용법이나 위험성을 고지할 의무 등)는, 비록 당사자들이 이에 관하여 합의한 바가
없다고 하더라도, 신의칙에 기한 계약의 보충적 해석에 의하여 인정되어야 할
것이다.[214] 이에 대하여는 법률행위의 해석 또는 채무불이행책임($\frac{\S}{390}$)에 관한 주
해를 참조하라.

4. 신의칙에 기한 계약의 수정? — 특히 변호사보수약정 기타 전문가 인 수임인의 보수 감액에 관하여

　　(1) 신의칙을 이유로 하여 법관이 당사자들이 유효하게 체결한 계약의 내
용을 수정하는 것은 원칙적으로 허용되지 아니한다고 할 것임은 위의 신의칙
총론에서 본 바와 같다.[215] 그러나 법원실무는 비록 극히 드물기는 하나, 이러

---

213) Larenz(주 5), §10 Ⅱ e(S. 138 ff.)는 이를 '계약적 부수의무(vertragliche Nebenpflicht)'
　　라고 부른다.
214) 한편 최근 일본에서 빈번하게 논의되고 있는, 그리고 우리나라에도 그 영향이 전혀 없다
　　고는 할 수 없는 이른바 '안전배려의무(Fürsorgepflicht)'도 신의칙에 기한 보충적 해석과
　　관련된다고 하겠다. 안전배려의무에 대하여는 우선 이상원, "안전배려의무에 관하여", 사
　　법연구자료 17(1990), 57 이하; 윤용석, "안전배려의무", 재산법연구(한국재산법학회) 19-
　　1(2002), 85 이하; 최창렬, "안전배려의무의 체계", 성균관법학 16-3(2004), 141 이하 참
　　조. 근자에는 특히 산업재해, 노동, 건축 등 개별 분야에서의 안전배려의무에 관하여 논의
　　한 연구성과가 많이 나와 있다.
215) 앞의 '신의칙 총론'의 Ⅱ. 2. (1) (가) (c) 참조.

한 수정을 정면으로 인정하는 듯한 설시를 하는 경우가 있다. 그것은 우선 변호사보수약정의 감액에 관한 일련의 재판례에서 선명하게 드러난다.

예를 들면 대판 1992.3.31, 91다29804($^{공\ 920,}_{1404}$)은 "변호사의 소송위임사무 처리에 대한 보수의 액에 관하여 의뢰인과 사이에 약정이 있는 경우에 위임사무를 완료한 변호사는 특별한 사정이 없는 한 약정된 보수액을 전부 청구할 수 있는 것이 원칙이기는 하지만, 의뢰인과의 평소부터의 관계, 사건 수임의 경위, 착수금의 액, 사건 처리의 경과와 난이도, 노력의 정도, 소송물 가액, 의뢰인이 승소로 인하여 얻게 된 구체적 이익과 소속 변호사회의 보수규정 등 기타 변론에 나타난 제반 사정에 비추어, 약정된 보수액이 부당하게 과다하여 신의성실의 원칙이나 형평의 원칙에 반한다고 볼 만한 특별한 사정이 있는 경우에는, 예외적으로 위와 같은 제반 사정을 고려하여 상당하다고 인정되는 범위 내의 보수액만을 청구할 수 있다고 보아야 할 것"이라고 설시하고 있다.[216] 그 내용은 이미 대판 1991.12.13, 91다8722($^{공\ 913,}_{503}$)[217]에서 나타난다. 이러한 판시만을 보면, 이는 법관이 신의칙에 기하여 계약의 내용을 직접 수정하는 것($^{이른바}_{감액권능}$)을 허용하는 것처럼 보인다.

그러나 이 점에는 의문이 있다. 위와 같이 변호사보수약정의 효력 제한을 최초로 인정한 판결은 대판 1967.9.5, 67다1322($^{집\ 15-}_{3,\ 40}$)인 것으로 추측된다. 이 판결은 "변호사법 제17조[보다 정확하게는 동조 제2항 전단[218]]의 규정에 의하면 변호사는 현저히 불상당한 보수를 받지 못한다고 규정되어 있고 … 변호사법 제17조의 규정에 위배한 보수계약을 하였다면 이는 무효의 계약으로 해석된다"고 판시하고 있다. 그 다음으로 이에 관하여 판단한 대판 1968.7.31, 68다1050($^{집\ 16-}_{2,\ 342}$)도 다투어진 보수약정이 당시의 변호사법 §17 Ⅱ 전단의 규정에 위반하는지 여부를 다루고 있을 뿐이다. 이와 같이 이들 판결이 문제삼은 것은

---

216) 그리고 당사자 간에 성공보수금으로 3천만원이 약정되었고 실제로 의뢰인에게 승소판결이 선고되었음에도 여러 가지 사정을 고려하여 1천1백만원의 지급만을 명하고 있다.

217) 이 사건에서는 원심판결이 약정보수금 5천만원을 3천만원으로 감액한 것을 파기하고, 원고의 보수금총액은 변호사보수규칙의 요율표에 의하여 산정되는 한도액보다 1천5백여만원 초과되는 셈이지만 보수규칙상 사건 대상의 경제적 가액의 40퍼센트까지 허용되는 것을 감안하고 기타 제반 사정을 고려하여 이를 감액할 정도라고는 보기 어렵다고 판단하고 있다.

218) 여기서의 변호사법은 1949년 11월 7일 법률 제63호로 제정·시행된 법률을 가리킨다. 그 후 동 법률은 1982년 12월 31일 법률 제3594호로 전면개정되었는데, 그에 있어서 본문의 재판례 등에서 문제삼고 있는 종전의 §17 Ⅱ 전단("변호사는 현저히 부당한 보수를 받지 못하고 …")은 어디에도 승계되지 아니하였다.

위 법규정의 해석과 적용뿐이고, 신의칙은 애초 논의의 여지조차 없었던 것이
다.

　　다만 위 판결들로부터는 위 규정에 위반되는 보수약정을 전적으로 무효이
냐 아니면 '현저히 부당한(또는 불)' 한도에서 무효라고 할 것이냐의 문제에 대하
여 대법원이 어떠한 태도를 취하였는지는 알 수 없다. 그러나 당사자들이 체결
한 보수약정이 위 규정에 반한다고 하더라도 승소한 의뢰인이 아무런 보수를
지급하지 아니하여도 된다고 해석하는 것은 명백히 부당하다. 그러므로 결국
남는 것은 일정한 보수를 지급하기로 하는 약정 그 자체가 무효가 되는 것은
아니고, 다만 당사자들이 정한 액수를 청구하지 못하는 데 그친다고 할 수밖에
없을 것이다. 그 경우에도 그 액수에 관한 약정이 전부무효가 된다고 하여 액
수약정은 전혀 존재하지 아니하는 것으로 다룰 것인가, 아니면 '현저히 부당한
보수'에 해당하는 액수부분만을 무효로 볼 것인가가 문제될 수 있다. 물론 대
판 1981.7.28, 80다2485(집 29-2, 239); 대판 1995.12.5, 94다50229(공 1996상, 187) 등은, 당
사자 사이에 보수액의 약정이 없는 경우에라도 무보수로 한다는 특약이 없는
한 응분의 보수를 지급할 묵시의 약정이 있다고 할 것이고, 나아가 그 구체적
인 보수액은 법원이 이를 "사건 수임의 경위, 사건의 경과와 난이 정도, 소송
물가액, 승소로 인하여 당사자가 얻는 구체적 이익과 소속변호사회 보수규정
및 의뢰인과 변호사 간의 관계 기타 변론에 나타난 제반 사정을 참작하여 결
정함이 상당"하다는 태도를 취하고 있다. 그러므로 위의 두 견해 중의 어느 것
을 택하더라도 결과에 있어서는 별로 다르지 아니할 것이라고 생각된다. 그러
나 역시 後者의 입장을 취하여, '현저히 부당한 보수'에 해당하는 액수부분만
을 무효로 보는 것이 오히려 당사자들의 구체적인 사정을 더 잘 고려할 수 있
는 해석이 아닌가 생각된다.

　　(2) 이와 같이 변호사보수약정에 대한 제한은 신의칙과는 관계 없는 문제
이었으나, 1982년 12월 31일의 법률 제3594호로 변호사법이 새롭게 제정되
면서 종전의 변호사법 §17 Ⅱ 전단과 같은 규정을 삭제함으로써 문제는 복
잡하게 되었다. 새로운 변호사법은 변호사보수에 관하여 단지 그 §19에서 "변
호사의 보수기준은 대한변호사협회가 이를 정한다"고 정할 뿐인 것이다. 그러
므로 이제 과다한 보수약정에 대한 규율은 새로운 근거를 찾지 아니하면 안
되었다.

이에 대한 端緒를 제공한 것이 위 법률의 개정 전에 나온 대판 1972.2.29, 71다2722($\frac{집 20-}{1, 128}$)이라고 추측된다. 이 사건에서는 성공보수금을 소송목적물인 토지 가액의 2분의1로 정하였고, 그와 같이 하여 계산된 액은 3천만원이 되는데, 원고(변호사)는 토지가액의 10분의1만을 청구하였다. 그런데 원심은 "1백5십만원을 초과하는 위 보수금의 약정은 신의성실의 원칙에 반하는 무효의 것"이라고 판단하였고, 대법원은 이를 그대로 지지하였다.

앞의 (1)에서 본 대판 1992.3.31.의 원심판결($\frac{공 920, 1405}{우단 참조}$)도 "그 금액을 초과하는 보수금의 약정은 신의성실의 원칙에 반하여 무효"라고 판시하고 있다. 여기서도 엿볼 수 있는 바와 같이 그 당시의 법상태에서는 불필요하였던 "신의성실에 반하여 무효"라는 이유 제시는 위와 같은 명문의 규정이 없어진 법상태 아래서는 실무에 있어서 유용한 지침으로 —아마도 근거 없이— 동원될 수 있었던 것이다.

(3) 이와 같이 변호사보수약정에 대하여 '신의칙에 기한 무효 내지 수정'이라는 법구성을 통하여 그 효력, 특히 그 금액에 제한을 가하는 실무처리[219]의 관행은 위와 같은 변호사법의 개정 직후부터 최근에 이르기까지 —실무처리의 그 관성력이 현저한 작용을 하였을 것으로 추측된다— 착실하게 정착되었다. 그 하나의 예를 들면 변호사의 약정성공보수금의 감액을 인정하는 대판 2002.4.12, 2000다50190($\frac{공 상,}{1085}$)를 들 수 있을 것이다. 그러나 앞에서 본 1982년의 전면개정이 있기 전의 변호사법 §17 Ⅱ 전단과 같은 명문의 규정이 사라진 상태에서 과연 '신의칙 또는 —그보다도 더 법적 근거가 빈약한— 형평의 원칙에 기한 약정액의 감경'이 인정되어도 좋은가 하는 의문은 여전히 남는다고 하지 않을 수 없다.[220]

그리하여 결국 대법원은 대판 2018.5.17, 2016다35833($\frac{집 66 민, 174;}{공 하, 1139}$)에서 전원합의체로 이 문제를 정면에서 처리하기에 이르렀다. 그 다수의견은 "변호사의 소송위임 사무처리 보수에 관하여 변호사와 의뢰인 사이에 약정이 있는 경우 위임사무를 완료한 변호사는 원칙적으로 약정 보수액 전부를 청구할 수 있다. 다만 의뢰인과의 평소 관계, 사건 수임 경위, 사건처리 경과와 난이도,

---

219) 신의칙에 기하여 변호사보수약정을 수정하는 구체적인 하급심의 재판례로는 우선 서울지판 1999.10.13, 99가57176(법률신문 2831, 12) 참조.

220) 변호사보수의 감액에 관한 하급심의 재판례는 이승규, "수임인의 보수에 대한 법원의 감액", 민사판례연구 30(2008), 263 이하에 '별지'로 정리되어 있다.

노력의 정도, 소송물 가액, 의뢰인이 승소로 인하여 얻게 된 구체적 이익, 그
밖에 변론에 나타난 여러 사정을 고려하여, 약정 보수액이 부당하게 과다하여
신의성실의 원칙이나 형평의 관념에 반한다고 볼 만한 특별한 사정이 있는 경
우에는 예외적으로 적당하다고 인정되는 범위 내의 보수액만을 청구할 수 있
다. 그런데 이러한 보수 청구의 제한은 어디까지나 계약자유의 원칙에 대한 예
외를 인정하는 것이므로, 법원은 그에 관한 합리적인 근거를 명확히 밝혀야 한
다. 이러한 법리는 대법원이 오랜 시간에 걸쳐 발전시켜 온 것으로서, 현재에
도 여전히 그 타당성을 인정할 수 있다"는 태도를 취한다. 그에 반대하여 2인
의 대법관은, 우선 반사회질서나 불공정과 같이 계약 기타 법률행위의 무효사
유를 개별적·구체적으로 정하는 규정($\frac{\S\S 103,}{104 \ \mathrm{등}}$) 또는 '손해배상예정액의 감경'에
관한 규정($\frac{\S 398}{\mathrm{II}}$)과 같이 계약 내용의 수정을 명시적으로 정하는 규정이 아니
라 단지 민 § 2의 신의칙 또는 민법에 규정이 없는 형평의 관념은 당사자 사이
에 체결된 계약의 효력불발생을 선언할 수 있는 근거가 될 수 없으며, "그럼에
도 신의칙 또는 형평의 관념 등 일반 원칙에 의하여 개별 약정의 효력을 제약
하려고 시도하는 것은 사적 자치의 원칙, 자유민주적 기본질서, 시장경제질서
등 헌법적 가치에 정면으로 반한다"는 태도를 밝힌다. 소수의견이 다수의견이
그 상당 부분을 기대는 '그 법리가 인정되어 온 오랜 기간'에 반대하는 태도를
적극적으로 제시하였다는 것 자체가 벌써 적지 아니한 의미가 있다고 할 것이
다.

   (4) 그러나 변호사보수약정 이외에도 건축설계사나 세무사 등과 같은 전
문가가 하는 일에 대한 보수에 관하여 신의칙 등에 기하여 임의적인 감액이
인정되고 있다.
   대판 1993.9.24, 93다33272($\frac{\mathrm{공}}{2930}$)는 건축설계를 한 사람의 보수청구에 대
하여 "발주자가 건설회사와 사이에 신축공사 도급 및 분양위임의 계약을 체결
함에 따라 설계비 부담을 면할 수 있다는 사정을 기초로 설계자와 설계계약을
체결하였는데 그 후 건설회사와의 공사도급계약의 체결이 확정적으로 결렬되
었고 건축부지 중 타인 소유 부분의 건축부지 제공이 불분명한 사정을 설계자
가 알게 된 이상 설계자로서는 발주자와의 협의로 설계의 속행 여부를 결정하
여야 함에도 설계를 강행한 경우 설계보수 전액을 발주자에게 지급책임을 지
우는 것이 신의성실의 원칙이나 형평의 원칙에 비추어 불합리하므로 위와 같

은 여러 사정을 참작하여 계약상의 보수액을 30퍼센트 정도 감액한 조치는 정당하다"고 판시하였다.221)

그리고 대판 2006.9.20, 2004다24557($\frac{공하}{1253}$)은 "토지개발신탁에서 신탁보수약정이 있는 경우에 신탁사무를 완료한 수탁자는 위탁자에게 약정된 보수액을 전부 청구할 수 있는 것이 원칙이지만, 신탁사무가 중도에 종료된 경우에는 신탁사무처리의 내용 및 경과, 신탁기간, 중단된 신탁사무로 인하여 발생하는 위탁자의 손실, 기타 변론에 나타난 제반 사정을 고려하여 약정된 보수액이 부당하게 과다하여 신의성실의 원칙이나 형평의 원칙에 반한다고 볼 만한 특별한 사정이 있으면 예외적으로 상당하다고 인정되는 범위 내의 보수액만을 청구할 수 있다"고 밝히고 있다. 여기서는 물론 '신탁사무가 중도에 종료된 경우'에 대하여 그 감액을 긍정할 가능성이 있다는 취지로 설시되어 있기는 하다. 그러나 여기에서 보는 전문가인 수임인의 보수에 관한 재판실무의 태도 일반에 비추어보면, 위와 같은 제한이 엄격하게 관철되는 성질의 것인가는 심히 의문이다.222)

또한 대판 2006.6.15, 2004다59393($\frac{공하}{1318}$)은 "세무사의 세무대리업무처리에 대한 보수에 관하여 의뢰인과의 사이에 약정이 있는 경우에, 그 대리업무를 종료한 세무사는 특별한 사정이 없는 한 약정된 보수액을 전부 청구할 수 있는 것이 원칙이지만, 대리업무수임의 경위, 보수금의 액수, 세무대리업무의 내용 및 그 업무처리과정, 난이도, 노력의 정도, 의뢰인이 세무대리의 결과 얻게 된 구체적 이익과 세무사보수규정, 기타 변론에 나타난 제반 사정을 고려하여 그 약정된 보수액이 부당하게 과다하여 신의성실의 원칙이나 형평의 원칙에 반하는 특별한 사정이 있는 경우에는 예외적으로 상당하다고 인정되는 범위 내의 보수액만을 청구할 수 있다"고 판시한 다음, 원심이 원래의 약정보수액의 75%

---

221) 그 전에 대판 2001.9.28, 2001다42240(미공간)이 공사감리인의 감리비에 관하여 "원심의 감리비 감액의 정도는 적절하고 거기에 증거법칙에 위반하였다거나 신의칙 내지 형평의 원칙에 따른 감액의 관련 법리를 오해한 위법사유가 없다"고 간단하게 처리한 예가 있기도 하다.

222) 이 대법원판결은, 부동산개발신탁의 수탁자가 "부동산신탁을 업으로 하는 전문가로서 보수를 지급받기로 한 후 전문지식에 기초한 재량을 갖고 신탁사업을 수행하다가 당사자들이 예측하지 못한 경제상황의 변화로 그 사업이 중단됨으로써 위탁자가 막대한 신탁비용채무를 부담하게 된 사정이 인정되는 경우, 이러한 사정도 신탁비용의 지출 또는 부담에서의 수탁자의 과실과 함께 고려하여 신의칙과 손해의 분담이라는 관점에서 상당하다고 인정되는 한도로 수탁자의 비용상환청구권의 행사를 제한할 수 있다"고 하는 매우 중요한 판단도 담고 있다.

의 지급을 명한 것을 정당한 것으로 보고 상고를 기각하고 있다.[223]

Ⅶ. 위법한 또는 실질적 정당사유 없는 행위로부터 얻은 권리 내지 법적 지위의 주장 — 형식적 법률과 실질적 정의의 대립?

1. 서   설 — clean hands의 원칙

영미법에서는 "형평법원에 구제를 구하는 사람은 그 손이 더러워서는 안 된다(He who comes into a court of equity must come with clean hands)"는 법격언에 표현되어 있는 이른바 clean hands의 원칙이 통용되고 있다고 한다. 그에 의하면, 형평법원은 당해의 사안에 관련하여 원고측에 양심에 반하는 행위, 신의성실을 결한 행위 기타 형평의 원리에 거스르는 행위가 있는 경우에는, 설사 그러한 행위가 없었다면 원고의 주장이 정당하였을 때라도 원고에 대한 구제를 거부한다는 것이다.[224]

한편 유럽대륙에서도 주석학파는 로마法源에 단편적으로 나타난 법문을 근거로 하여 일반적으로 "자신의 부도덕함을 원용하는 사람은 누구도 청허되지 아니한다(Nemo auditur propriam turpitudinem allegans)"는 원칙을 발전시켰고,[225] 가령 프랑스에서는 판례나 학설이 이 원칙을 채택하고 있다고 한다.[226]

우리 민법에서도, 불법원인의 급부에 대하여는, 그 급부의 원인이 되는 계약이 민 §103에 반하여 무효라고 하더라도, 그 급부자가 반환을 청구하지 못한다고 명문으로 정하고 있는 것($\frac{§}{746}$)은 이러한 법원리의 하나의 발현이라고 이해되고 있다.[227] 한편 대판(전) 1979.11.13, 79다483($\frac{집\ 27-}{3,\ 140}$)은 주지하는 대로, 그 원인행위가 민 §103에 의하여 무효임으로 말미암아 소유권 기타 물권의 양도가 무효인 경우에, 그 원상회복에 관한 부당이득반환청구권과 물권적 반환청구권과의 관계에 대하여, 후자에 기한 반환청구도 전자와 마찬가지로

---

223) 이승규(주 220)는 이 대법원판결 및 그것이 채택하는 감액 법리에 대한 비판적 평석이다. 그는 '신의칙 등에 따른 수임인 보수 감액의 법리 일반화'에 대하여 한편으로 실정법적 근거가 빈약하다는 것을, 다른 한편으로 법관의 재량에 의한 감액이 반드시 적절하게 행하여지고 있지 아니하다는 것을 들어 위 판례법리를 부정적으로 평가한다.

224) 이에 대하여는 우선 함병춘, "Clean hands와 부당이득", 법정 1962.5, 47 이하 참조.

225) 이에 대하여는 우선 최병조, "로마법상의 불법원인급여", 서울대 법학 30-3·4(1989), 146 이하 참조.

226) 곽윤직(주 11), 584.

227) 곽윤직(주 11), 584 등.

허용되지 아니한다는 태도를 취하였다.[228] 그 이유로서 동판결은 "민법 제746
조는 … 그 근본에 있어서는, 단지 부당이득제도만을 제한하는 이론으로 그치
는 것이 아니라, 보다 큰 사법의 기본이념으로 군림하여, 결국 사회적 타당성
이 없는 행위를 한 사람은 그 스스로 불법한 행위를 주장하여, 복구를 그 형식
여하에 불구하고 소구할 수 없다는 理想을 표현하고 있는 것"이라고 설시하고
있다.

　　이와 같은 '이상'은 위의 §746 이외에도 일정한 사안유형에서 신의칙(또는 권리
남용금지의 원칙)의 이름 아래 불법하게 획득된 권리 기타 법적 지위의 원용을 금지하는
결과를 도입하게 하고 있다.

2. 실질적 원인관계 없는 약속어음으로 한 어음금청구

　　(1) 우리 어음법은 어음행위를 무인행위로 하여 어음행위자의 책임은 그
어음행위의 원인관계의 귀추에 의하여 영향을 받지 아니한다는 원칙을 취하고
있다.[229] 그러므로 가령 갑이 을을 수취인으로 하여 약속어음을 발행·교부하
고 을은 차용금의 담보를 위하여 이를 병에게 배서양도한 경우에, 을이 병에게
그 차용금을 변제하였음에도 불구하고 병이 어음을 을에게 반환하지 아니하고
그대로 소지하고 있으면서 발행인 갑을 상대로 어음금의 지급을 청구하였다고
하자. 이 경우 을과 병 사이의 대차관계가 차용금 변제로 인하여 소멸하였더
라도 어음관계는 원인관계와 상관이 없으므로 병은 여전히 어음상의 권리자로
남아 있게 된다. 따라서 엄격하게 어음행위의 무인행위성을 관철한다면 갑은
어음금을 지급할 의무를 부담한다고 하지 아니할 수 없다. 실제로 일본에서 종
전의 판례는 이를 인정하였었다.[230] 그리고 을과 병 사이의 관계는 을이 병에
게 부당이득반환청구를 함으로써 해결할 것이라고 하였었다.

　　그러나 이러한 해결방법은 갑·을·병 3자 간의 관계를 일거에 처리할 수
없다는 약점이 있었다. 그리하여 일본의 最高裁는 종전의 태도를 변경하여,
이러한 어음금 청구는 신의칙에 반하여 허용되지 아니한다는 태도를 취하기

228) 이 판결에 대하여는 서성, "물권적 청구권의 행사에 있어 민법 제746조(불법원인급여)
　　의 적용 여부", 민사판례연구 3(1981), 61 이하 참조.
229) 이하의 문제에 대하여 전반적으로 이주흥, "어음의 무인성과 인적 항변의 개별성에 대한
　　한계와 부정론", 법조 1989.3, 35 이하; 정찬형, "어음(수표)보증", 현대 상법의 과제와 전
　　망(양승규 교수 화갑기념논문집)(1994), 449 이하; 동, 상법강의(하), 제16판(2014), 433
　　이하 참조.
230) 日大判 1925(大 14).7.2(民集 4, 388); 日大判 1941(昭 16).1.27(民集 20, 25) 등.

에 이르렀다.[231] 즉, "자기의 채권의 지급확보를 위하여 약속어음의 배서양도
를 받아 그 소지인으로 된 자가 그 후 위 채권의 완전 변제를 받아 배서의 원
인관계가 소멸한 때에는 특별한 사정이 없는 한 이후 위 어음을 보유할 아무
런 정당한 권원을 가지지 아니하게 되고, 어음상의 권리를 행사할 실질적 이유
를 상실하는 것이다. 그런데 우연히 어음을 반환하지 아니하고 어음이 자기의
수중에 남아 있음을 기화로 하여 자기의 형식적 권리를 이용하여 발행인으로
부터 어음금의 지급을 청구하는 따위는 권리의 남용에 해당하고, 발행인은 어
음법 제77조, 제17조 단서의 취지에 비추어 소지인에 대하여 어음금의 지급을
거절할 수 있다고 풀이하는 것이 상당하다"는 것이다. 또한 그 후에는 배서의
원인관계가 위 사안에서처럼 사후적으로 소멸한 경우뿐만 아니라, 애초 무효
인 경우에도 어음소지인이 발행인에 대하여 어음금을 청구하는 것은 신의칙상
허용되지 아니한다고 판시하였다.[232]

(2) 이러한 해석은 일반적으로 우리나라의 학설에서는 긍정되고 있다.[233]
그리고 실무에서도 종전에 유사한 사안에서 어음소지인의 어음금청구를 권리
남용의 이론으로써 배척한 하급심판결[234]에 대하여 대법원이 상고허가신청을
기각한 예[235]가 있다고 한다.[236]

　　그런데 대판 1984.1.24, 82다카1405($\frac{집 32-}{1, 15}$)은, 피고가 발행한 어음을 수취
인으로서 소지하고 있던 이가 그 어음발행의 원인관계가 소멸한 후 이를 아무
런 배서원인($\frac{약속어음 수수의}{실질적 원인관계}$) 없이 원고에게 배서양도한 사안에 대하여 판단하였
다. 원심은 "원고가 빈껍데기에 불과한 이 사건 약속어음을 소지하고 있다고
하여 그 어음금의 지급을 구하는 것은 권리남용에 해당한다"고 하여 원고의

---

231) 日最判(대법정) 1968(昭 43).12.25(民集 22, 3548).
232) 日最判 1973(昭 48).11.16(民集 27, 1391).
233) 정동윤, 어음·수표법(1986), 127 이하; 동, "어음행위의 무인성과 권리남용의 항변", 판
　　　례연구(고려대) 3(1984), 36 이하; 정희철·양승규, 상법학 원론(하)(1987), 340; 정찬형,
　　　사례연구 어음·수표법(1987), 427; 이주흥, "배서의 원인채권 불발생 확정 후의 융통어
　　　음발행인에 대한 어음상 청구", 민사판례연구 11(1989), 385 이하; 강용현, "어음수표금
　　　청구소송에 있어서 항변과 그 입증", 어음·수표법에 관한 제문제[하](재판자료 제31집)
　　　(1986), 492 참조. 한편 최기원, 어음·수표법(1990), 493 이하는 "어음상의 권리는 어음
　　　법과 어음의 특수한 원리에 따라 해결되어야 하며 일반조항의 적용은 신중하여야 한다"는
　　　점에서 이를 부정적으로 해석한다.
234) 춘천지판 1983.12.27, 83나115.
235) 대판 1984.2.14, 83다카2221(미공간).
236) 정동윤(주 233. 저서), 128 참조.

어음금청구를 기각하였다. 그러나 대법원은 "어음행위는 무인행위로서 어음 수수의 원인관계로부터 분리하여 다루어져야 한다"고 판단하고, 원심판결을 파기하였다. 이 판결은 어음관계의 무인성을 엄격하게 관철하려는 태도를 보인 것이라고 이해되어야 할 것이다.[237]

그런데 이 판결에 대하여는, 원심판결이 원고가 아무 원인관계 없이 이 사건 어음을 소지하고 있다고 하는 취지가 원고가 이를 무상취득하였다는 것인지 또는 배서의 원인관계가 소멸하였다는 것인지 불명확하다고 하고, "만일 원고가 법에 의하여 보호할 만한 가치가 없는 어음취득자라면 그것을 이유로 하여 二重無權의 이론에 의하여 원고의 청구를 배척할 수 있지 아니하였을까 하는 의문이 남는다"는 의견도 제시되고 있다.[238]

(3) 그러나 다른 한편 대판 1987.12.22, 86다카2769($\frac{공\ 818,}{325}$)은 "약속어음의 발행인이 특정채권 담보용으로만 사용한다는 조건으로 약속어음을 발행하고 어음소지인 역시 그러한 사정을 알면서 특정채무의 담보용으로만 사용한다는 조건으로 수취인으로부터 약속어음을 배서양도받은 경우 위 약속어음으로 담보된 채무가 모두 이행되어 피담보채권이 모두 소멸되었다면, 어음소지인은 특단의 사정이 없는 한 배서인에게 그 어음을 반환할 의무가 있을 뿐 발행인에게 어음상의 권리를 행사할 수는 없다 할 것이고, 이러한 사유는 발행인인 피고도 소지인인 원고에게 대항할 수 있는 항변사유가 된다 할 것"이라고 판

---

237) 이주흥(주 233), 380은 이러한 취지인가?

238) 정동윤(주 233. 판례연구), 41. 여기서 '이중무권(Doppelmangel)의 항변'이라고 함은 갑·을, 을·병 간의 원인관계가 모두 소멸한 경우에는 어음소지인 병에 대하여 직접의 전자가 아닌 갑이 직접의 전자인 을의 항변사유를 주장할 수 있는 것을 말한다.

대판 2003.1.10, 2002다46508(공 625)도 "어음에 의하여 청구를 받은 자는 종전의 소지인에 대한 인적 관계로 인한 항변으로써 소지인에게 대항하지 못하는 것이 원칙이지만, 이와 같이 인적 항변을 제한하는 법의 취지는 어음거래의 안전을 위하여 어음취득자의 이익을 보호하기 위한 것이므로, 자기에 대한 배서의 원인관계가 흠결됨으로써 어음소지인이 그 어음을 소지할 정당한 권원이 없어지고 어음금의 지급을 구할 경제적 이익이 없게 된 경우에는 인적 항변 절단의 이익을 향유할 지위에 있지 아니하다고 보아야 할 것"이라고 하여 이를 긍정한다. 이 사건에서는, 어음의 배서인이 발행인으로부터 지급받은 어음금 중 일부를 어음소지인에게 지급하였던 것이다. 그리하여 대법원은 "어음소지인은 배서인과 사이에 소멸된 어음금에 대하여는 지급을 구할 경제적 이익이 없게 되어 인적 항변 절단의 이익을 향유할 지위에 있지 아니하므로 어음의 발행인은 그 범위 내에서 배서인에 대한 인적 항변으로써 소지인에게 대항하여 그 부분 어음금의 지급을 거절할 수 있다"고 판단하였다. 그 후의 대판 2012.11.15, 2012다60015(공 하, 2035)도 같은 뜻을 판시한다. 日最判 1970(昭 45).7.16(民集 24, 1077)은 일찍이 이를 인정하였다.

시한 바 있다. 이 판결에 대하여는 "그 判旨만으로는 어떠한 논리적 process 로 어음소지인인 원고의 청구가 거부되어야 하는지를 알아보기 어려운 점이 아쉽다"고 평하여지고 있는 대로,[239] 과연 판례가 신의칙을 이유로 한 것인지 명확한 것은 아니다.

　　그런데 그 후의 대판 1988.8.9, 86다카1858($\frac{집\ 36-2,\ 64;}{공\ 832,\ 1207}$)은, 장래의 차용금 채무를 담보하기 위하여 발행된 어음에 피고가 어음보증을 한 경우에, 그 어음을 발행한 원인관계상의 채무가 존속하지 아니하는 것이 확정되었다면 그 수취인이 어음보증인에 대하여 그 어음채무의 이행을 구할 수 있는가에 대하여 판단하고 있다.[240] 종전에 우리나라의 통설은 어음보증의 독립성의 이론에 입각하여 이를 긍정하여 왔다.[241] 그러나 위 판결은 "특별한 사정이 없는 한 어음발행인에 대하여뿐만 아니라 어음보증인에 대해서도 어음상의 권리를 행사할 실질적인 이유가 없어졌다 할 것이므로, 어음이 자기 수중에 있음을 기화로 하여 어음보증인으로부터 어음금을 받으려고 하는 것은 신의성실의 원칙에 비추어 부당한 것으로서 권리의 남용이라 할 것이고, 어음보증인은 수취인에 대하여 어음금의 지급을 거절할 수 있다고 보는 것이 옳다 할 것"이라고 하여 악의의 소지인에 관하여 부정설을 취함을 명백하게 하였다.[242] 이 판결은 어음보증인에 대한 관계에 대하여뿐만 아니라 어음발행인에 대한 권리행사에 대하여도 시사하는 바가 있다고 하겠다.

　　이와 같이 신의칙은 여기서 어음관계의 무인성과 인적 항변의 절단을 엄격하게 적용함으로 말미암아 발생하는 불합리를 시정하기 위하여 일종의 형평법적인 기능을 영위하고 있다고 평가할 수 있을 것이다.

---

239) 이주흥(주 233), 389.

240) 한편 그 후의 대판(전) 1998.4.23, 95다36466(집 46-1, 227)은, 본문의 대판 1988. 8.9.의 "약속어음의 발행지는 어음요건의 하나이므로 그 기재가 없는 상태에서는 아무리 보충권이 수취인 내지 소지인에게 주어졌다 하더라도 완성된 어음으로서의 효력이 없는 것이어서 어음상의 권리자에 의한 완성행위(백지어음의 보충권 행사) 없이는 어음상의 권리가 적법하게 성립할 수 없"다고 판시한 부분에 관하여, "어음면상 발행지의 기재가 없으나 기타 어음면의 기재로 보아 그 어음이 국내에서 어음상 효과를 발행시키기 위해 발행된 것임이 인정되는 경우에는, 국내어음으로 추단할 수 있"고, 그러한 경우에 그 어음은 유효하다는 것으로 태도를 변경하였다. 그러나 이는 본문에서 살펴본 권리의 남용 논의와는 무관하다.

241) 최기원(주 233), 508 이하; 서돈각, 상법강의(하)(1985), 212; 손주찬, 상법(하)(1985), 194; 서정갑, 신어음수표법(1964), 236 등.

242) 동지: 정동윤(주 233. 저서), 372 이하. 이 판결에 대한 평석으로서 정동윤, "어음보증인의 피보증인 인적 항변 원용", 법률신문 1802, 15 참조.

(4) 이상은 반드시 어음상 권리만이 아니라 그와 같이 인적 항변이 절단되는, 말하자면 無因的 권리 일반에 대하여도 일정한 발언력을 가진다고 할 수 있다.

(가) 예를 들어 대판 1994.12.9, 93다43873($^{공 1995.}_{437}$)[243]; 대판 2014.8.26, 2013다53700($^{공 하.}_{1837}$) 등은 이른바 독립적 은행보증에 대하여 같은 법리를 인정한다. 그에 의하면, "은행이 보증을 하면서 보증금 지급조건과 일치하는 청구서 및 보증서에서 명시적으로 요구하고 있는 서류가 제시되는 경우에는 그 보증이 기초하고 있는 계약이나 이행제공의 조건과 상관없이 그에 의하여 어떠한 구속도 받지 아니하고 즉시 수익자가 청구하는 보증금을 지급하겠다고 약정하였다면, 이는 주채무에 대한 관계에서 부종성을 지니는 통상의 보증이 아니라 주채무자인 보증의뢰인과 채권자인 수익자 사이의 원인관계와는 독립되어 원인관계에 기한 사유로는 수익자에게 대항하지 못하고 수익자의 청구가 있기만 하면 은행의 무조건적인 지급의무가 발생하게 되는 이른바 독립적 은행보증(first-demand bank guarantee)"에 해당한다. "이러한 독립적 은행보증의 보증인으로서는 수익자의 청구가 있기만 하면 보증의뢰인이 수익자에 대한 관계에서 채무불이행책임을 부담하게 되는지를 불문하고 보증서에 기재된 금액을 지급할 의무가 있으며, 이 점에서 독립적 은행보증에서는 수익자와 보증의뢰인 사이의 원인관계와는 단절되는 추상성 및 무인성이 있다"고 전제한다.

그리고 나아가서 "독립적 은행보증의 경우에도 신의성실의 원칙이나 권리남용 금지의 원칙의 적용까지 완전히 배제되는 것은 아니므로, 수익자가 실제로는 보증의뢰인에게 아무런 권리를 가지고 있지 못함에도 불구하고 은행보증의 추상성과 무인성을 악용하여 보증인에게 청구를 하는 것임이 객관적으로 명백할 때에는 권리남용에 해당하여 허용될 수 없고, 이와 같은 경우에는 보증인으로서도 수익자의 청구에 따른 보증금의 지급을 거절할 수 있다"는 것을 인정하기는 한다.

그러나 그러한 제한은 보다 제한적으로만 허용된다. 즉, "원인관계와 단절된 추상성 및 무인성이라는 독립적 은행보증의 본질적 특성을 고려하면, 수익자가 보증금을 청구할 당시 보증의뢰인에게 아무런 권리가 없음이 객관적으로

---

243) 이 판결에 대하여는 우선 윤진수, "독립적 은행보증과 지급금지의 가처분신청금지 약관의 효력", 이시윤 기념논문집, 상권(1995), 387 이하 참조.

명백하여 수익자의 형식적인 법적 지위의 남용이 별다른 의심 없이 인정될 수 있는 경우가 아닌 한 권리남용을 쉽게 인정하여서는 아니 된다"는 것이다. 그리하여 독립적 보증의 주장이 권리남용에 해당한다고 판단한 원심판결을 여러 사정을 들어 파기환송하였다.

(나) 위와 같이 독립적 은행보증에서 신의칙 또는 권리남용을 이유로 그 보증인의 책임을 제한하는 것에 대한 소극적인 태도는 대판 2014.8.26., 2013다53700(공 2014, 하 1837)에서도 그대로 관철된다. 그리하여 원심판결이 피고의 권리남용 주장을 긍정하여 그 책임을 제한한 것을, 앞 (가)의 대판 1994.12.9.에서 설시된 법리를 그대로 인용하면서 파기하였던 것이다.[244]

3. 소멸한 권리에 기하여 얻거나 기타 하자 있는 집행권원에 기한 강제집행 또는 기판력의 편취

(1) 일단 발생한 권리가 이미 소멸하였다고 하더라도, 그 소멸의 원인이 소송상 주장되지 아니한 경우 등에는 법원이 그 권리의 존재를 확정하는 판결을 선고하여 그것이 확정될 수가 있다. 그 경우에는 그러한 판결의 확정으로 말미암아 기판력, 집행력 등의 여러 가지의 법적 효과가 발생한다. 이러한 확정판결의 효력, 특히 기판력은 법률관계의 획일적 안정을 위하여 인정된 것이므로, 비록 그것이 실체관계에 부합하지 아니한다고 하여 함부로 그 법리에 수정을 가할 것은 아니다. 만일 이를 허용하게 되면, 그 실체관계에의 부합 여부를 둘러싼 제2의 소송이 제기되게 되어 소송의 확정으로써 당사자 사이의 법률분쟁을 종국적으로 해결하려는 기판력 제도의 취지에 반하게 되기 때문이다.[245]

그리하여 대판 1961.1.26, 4294민상190(집 9, 3)은, 피고가 갑과 공모하여 갑이 원고를 상대로 어음금청구소송을 제기하고 법원을 기망하여 소송서류가 공시송달의 방법으로 송달되게 함으로써 승소의 확정판결을 얻은 다음 이 판결에 기하여 실시된 원고 소유의 부동산에 대한 강제경매절차에서 피고가 경락을 받아 소유권등기를 이전받은 사안에 대하여, 원고의 그 등기말소청구를 기

---

244) 이 대법원판결에 대한 재판연구관의 판례해설로, 김진오, "독립적 은행보증에 있어 권리남용 법리의 적용 범위와 한계", 사법 33(2015.9), 328 이하 참조.
245) 이는 재심사유를 엄격하게 제한하는 태도와도 통하는 것이다.

각한 원심판결을 지지하였다. 그 이유는 "그 판결이 상소의 추구 또는 재심의 소 등의 법정절차에 의하여 이를 취소할 때까지는 유효하게 존재하여 당사자를 기속한다"는 데 있다.

(2) 그러나 일단 그러한 판결이 확정되었다고 하여 승소당사자가 그 권리의 존재를 전제로 하는 어떠한 주장도 가능하다고 할 것인가? 이 점과 관련하여서는 판결의 취득이나 이용이 신의칙 위반으로 된다고 하는 것이 과연 청구이의의 소($^{민집}_{§44}$)의 원인이 되는가 하는 형태로 논의되고 있다.

(가) 대판 1984.7.24, 84다카572($^{집\ 32-}_{3,\ 207}$)은 이를 긍정하여, 일단 패소한 당사자가 제기한 청구이의의 소를 인용하였다. 前訴에서는, 공동불법행위로 인한 피해자가 그 가해자 중 1인으로부터 손해배상소송의 1심이 진행되는 중에 피해액의 일부를 지급받아 그 한도에서 다른 가해자의 손해배상채무도 소멸한 사실을 알았음에도 이를 감추어서 그 사정이 고려되지 아니한 확정판결을 받았던 것이다. 대법원은 "이와 같은 채무명의[그 후 제정·시행된 민사집행법에서의 '집행권원'에 해당한다]에 기한 강제집행을 용인함은 이미 변제되어 소멸하여 부존재하는 채권을 2중으로 받고자 하는 불법행위를 허용하는 결과가 된다 할 것이므로, 위와 같은 피고의 집행행위는 … 사회생활상 용인되지 않는 행위"라고 판시하였다.[246]

(나) 또한 대판 1992.7.28, 92다7726($^{집\ 40-}_{2,\ 255}$)은, "무효인 공정증서상에 집행채무자로 표시된 자가 그 공정증서를 채무명의로 한 경매절차가 진행되고 있는 동안에 공정증서의 무효를 주장하여 경매절차를 저지할 수 있었음에도 불구하고 그러한 주장을 일체 하지 아니하고 이를 방치하였을 뿐 아니라, 오히려 공정증서가 유효임을 전제로 변제를 주장하여 경락허가결정에 대한 항고절차를 취하였고 경락허가결정 확정 후에 경락대금까지 배당받았다면, 특별한 사정이 없는 한 집행채무자로 표시된 자는 경락인에 대하여 그 공정증서가 유효하다는 신뢰를 부여한 것으로서 객관적으로 보아 경락인으로서는 이와 같은

---

[246] 그리고 청구이의의 소는 "판결은 집행하는 자체가 불법한 경우에도 이를 허용함이 상당하다. 이러한 경우의 불법은 당해 판결에 의하여 강제집행에 착수함으로써 외부에 나타나 비로소 이의의 원인이 된다고 할 것이기 때문"이라고 한다. 다만 이 사건의 사안에서는 이미 강제집행이 종료되어 더 이상 청구이의의 소를 제기할 여지는 없다.

신뢰를 갖는 것이 상당하다고 할 것이므로, 그 후 집행채무자로 표시된 자가 경락인에 대하여 공정증서의 무효임을 이유로 이에 기하여 이루어진 강제경매도 무효라고 주장하는 것은 금반언 및 신의칙에 위반되는 것"이라고 판시하여, 강제집행에서의 '금반언 및 신의칙'의 법리를 긍정한 바 있다.

한편 대판 1993.12.24, 93다42603($^{공\ 1994,}_{503}$)도 사실관계를 달리하여 경매목적이 된 부동산의 소유자가 배당기일에 자신의 배당금을 이의 없이 수령하고 경락인에게 부동산을 임의로 명도해 준 후에 경매절차가 무효하여 그 경매목적물에 관한 소유권이전등기의 말소를 청구하는 것은 금반언의 원칙 및 신의칙에 위반되는 것이어서 허용될 수 없다고 한다.

이러한 태도는 그 후의 대판 2000.2.11, 99다31193($^{공\ 2000,}_{663}$)에서 "무효인 공정증서에 기한 경매임을 이유로 경매절차가 무효라고 주장하여 그 경매목적물에 관한 소유권이전등기의 말소를 청구하는 경우에 그 말소 주장이 금반언의 원칙 및 신의칙에 위반되는 것이어서 허용될 수 없다고 하려면, 무효인 공정증서상에 집행채무자로 표시된 자가 그 공정증서를 채무명의로 한 경매절차가 진행되고 있는 동안에 공정증서의 무효를 주장하여 경매절차를 저지할 수 있었음에도 불구하고 그러한 주장을 일체 하지 아니하고 이를 방치하였을 뿐만 아니라, 오히려 공정증서가 유효임을 전제로 변제를 주장하여 경락허가결정 등에 대한 항고절차를 취하고 경락허가결정 확정 후에 경락대금까지 받았다든지 배당기일에 자신의 배당금을 이의 없이 수령하고 경락인으로부터 이사비용을 받고 부동산을 임의로 명도하였다든지 하여 경락인에 대하여 객관적으로 그 공정증서가 유효하다는 신뢰를 부여하는 경우라야 한다"고 보다 일반적인 판시를 하기에 이르렀다($^{당해\ 사건에서는\ 신의}_{칙\ 위반을\ 부정하였다.}$).247)

(다) 대판 1997.9.12, 96다4862($^{공\ 1997,}_{3073}$)도 유사한 사안에서 동일한 취지로 판단하였다. 그 사실관계는, 채권자가 연대보증인 중 1인에 대한 소송에서 그 변론종결 전에 보증채무액의 일부가 변제되었는데도 전부의 지급을 명한 판결을 받았으며 그 후 나머지 채무도 변제되었으나 위 확정판결에 기하여 일단 강제경매신청을 하였고 채무자가 보증채무의 소멸을 이유로 이의를 제기하

247) 이상에 대하여는 우선 성중탁, "민사집행에서의 신의칙의 적용 모습", 법률신문 3487 (2006.9.4), 15 참조. 여기서는 같은 집행권원이라도 공정증서와 확정판결의 차이를 부각하고 있다.

자 경매신청을 취하한 뒤 다시 채무자 거주의 아파트에 관하여 강제집행을 신
청하였던 것이다.

대법원은 우선 "확정판결에 의한 권리라 하더라도 신의에 좇아 성실히 행
사되어야 하고 그 판결에 기한 집행이 권리남용이 되는 경우에는 허용되지 않
으므로 집행채무자는 청구이의의 소에 의하여 그 집행의 배제를 구할 수 있
다"고 전제한 다음, 보다 상세하게는 "확정판결의 내용이 실체적 권리관계에
배치되는 경우" 일반에 대하여 "그 판결에 의하여 집행할 수 있는 것으로 확정
된 권리의 성질과 그 내용, 판결의 성립 경위 및 판결 성립 후 집행에 이르기
까지의 사정, 그 집행이 당사자에게 미치는 영향 등 제반 사정을 종합하여 볼
때, 그 확정판결에 기한 집행이 현저히 부당하고 상대방으로 하여금 그 집행
을 수인하도록 하는 것이 정의에 반함이 명백하여 사회생활상 용인할 수 없다
고 인정되는 경우"에는 그 집행은 권리남용으로서 허용되지 아니한다는 기준
을 제시한다. 이로써 관련한 판례법리는 정립되었다고 해도 좋을 것이다.

그리고 구체적인 사건에 관하여는, 우선 채권자 측으로서는 "채권이 소멸
된 후에 이를 이중으로 지급받고자 하는 것"이고, 뿐만 아니라 "한편 보증인에
불과한 자로서 그 소유의 담보물건에 관하여 일차 경매가 실행된 바 있는 채
무자에게 이미 소멸된 보증채무의 이중변제를 위하여 그 거주의 부동산에 대
한 강제집행까지 수인하라는 것이 되어 가혹하다고 하지 아니할 수 없"으므로,
위 강제집행은 사회생활상 도저히 용인할 수 없어서 권리남용에 해당하여 허
용될 수 없다는 것이다. 그리하여 원심판결을 파기하고 사건을 환송하였다.

이러한 태도는 그 후 대판 2001.5.8, 2000다43284($\frac{공하}{1338}$); 대판 2001.11.
13, 99다32899($\frac{공2002}{상. 29}$); 대판 2003.2.28, 2000므582($\frac{공상.}{923}$); 대판 2014.2.21,
2013다75717($\frac{공상.}{677}$)[248] 등에서 변함없이 이어지고 있다.

(라) 한편 근자의 대판 2017.9.21, 2017다232105($\frac{공하}{1970}$)은 "확정판결에 의
한 권리라 하더라도 신의에 좇아 성실히 행사되어야 하고 판결에 기한 집행이
권리남용이 되는 경우에는 허용되지 않으므로 집행채무자는 청구이의의 소에
의하여 집행의 배제를 구할 수 있다"고 판시하여 종전 판례의 태도를 확인하

---

248) 이 판결은 나아가 "위와 같이 확정판결에 기한 집행이 권리남용에 해당하여 청구이의의
소에 의하여 집행의 배제를 구할 수 있는 정도의 경우라면 그러한 판결금 채권에 기초한
다른 권리의 행사, 예를 들어 판결금 채권을 피보전채권으로 하여 채권자취소권을 행사하
는 것 등도 허용될 수 없다고 보아야 한다"고 한 걸음 더 나아가고 있다.

면서도, 나아가 "그러나 법적 안정성을 위하여 확정판결에 기판력을 인정한 취지 및 확정판결의 효력을 배제하려면 재심의 소에 의하여 취소를 구하는 것이 원칙적인 방법인 점 등에 비추어 볼 때, 확정판결에 따른 강제집행이 권리남용에 해당한다고 쉽게 인정하여서는 안 되고, 이를 인정하기 위해서는 확정판결의 내용이 실체적 권리관계에 배치되는 경우로서 그에 기한 집행이 현저히 부당하고 상대방으로 하여금 집행을 수인하도록 하는 것이 정의에 반함이 명백하여 사회생활상 용인할 수 없다고 인정되는 것과 같은 특별한 사정이 있어야 한다"고 하여 오히려 보다 소극적인 태도를 취한다. 그리고 이어서 "이때 확정판결의 내용이 실체적 권리관계에 배치된다는 점은 확정판결에 기한 강제집행이 권리남용이라고 주장하며 집행 불허를 구하는 자가 주장·증명하여야 한다"고 덧붙인다. 그리하여 청구이의의 소를 인정한 원심판결을 결론적으로 파기하였다.

　　(마) 참고로 일본의 재판례에는, ① 채권자가 채무자에 의한 한정승인의 사실을 명백히 알면서 상속재산을 한도로 하는 변제청구를 하지 아니하고, 채무자도 한정승인의 사실을 소송상 주장하지 아니하였기 때문에, 무유보의 급부판결이 이루어짐으로써 채권자가 이에 채무자의 고유재산에 대하여 강제집행을 한 사안에서 청구이의를 인정한 것,[249] ② Y가 채무자가 사정을 잘 모르는 것을 이용하여, 당해 채권이 X의 것임을 알면서, 그것이 제3자의 것인데 자신이 그로부터 양수하였다고 주장하고 그 채무자에 대하여 지급명령을 신청하여 얻은 채무명의에 기하여 강제집행을 한 사안에서, 지급명령을 집행하는 것 자체가 범죄를 범하는 것이 되는 불법한 경우에도 청구이의의 소를 제기할 수 있다고 한 것,[250] ③ 자동차사고에 의한 피해자 Y가 장래의 가동능력이 상실된 데 대한 손해배상을 청구하여 확정판결을 받았는데, 후에 부상의 정도가 경미하고 다른 영업에 종사함이 밝혀진 반면 가해자 A는 배상에 고심하다가 자살하였다는 등의 사정이 있음에도 불구하고, 판결 확정 후 5년이 경과한 다

---

249) 日大判 1940(昭 15).2.3(民集 19, 110). 그러나 일본의 학설은, 채권자가 적극적으로 사기행위를 하였다고는 할 수 없고 또 판결 중에 유보가 명시되지 아니한 이상 고유재산에 대한 집행도 부당하다고는 할 수 없다고 하여, 이 판결에 대하여 대체로 비판적이다. 문헌에 대하여는 菊井維大, 强制執行(總論)(1976), 230 참조.

250) 日大判 1940(昭 15).3.2(評論 29, 민소 155). 이 이유는 위 대판 1984.7.24.의 이유설시를 연상시킨다.

음 A의 상속인인 양친에 대하여 승계집행문을 얻어 강제집행한 사안에 대하여, 위 강제집행은 권리남용이라고 하여 청구이의를 인정한 것,[251] ④ 借地 위에 건물을 소유하고 이에 저당권을 설정한 A가 그 일반채권자 및 저당권자로부터 연이어 경매신청이 제기되자, 그 경매절차를 방해하기 위하여 토지소유자인 Y와 통모하여 Y가 A의 근소한 임료미지급을 이유로 건물철거 등의 소송을 제기하여 A의 자백에 의한 승소판결을 받은 다음, 그 후 당해 건물을 경락한 X에 대하여 승계집행문을 얻어 집행한 사안에 대하여, 통모에 의한 확정판결의 詐取는 구두변론 종결 전의 사정으로서 청구이의의 원인이 되지 못하며 변론종결 후에 있다는 사정변경도 X가 확정판결의 존재를 모르고 경락을 받았다는 것에 불과하여 결국 청구이의의 소를 기각한 것,[252] ⑤ 토지소유자 Y가 그 지상에 건물을 소유하는 A에 대하여 건물철거 등 및 금전지급을 명하는 확정판결을 얻고, 먼저 그 금전지급판결에 기하여 건물의 강제집행을 신청하여 그 절차에서 X가 148만원으로 경락을 받았는데(그 건물을 철거한 다음의 가격은 4만원에 불과하다), 그 때 Y는 건물철거의 의사를 명시하여 X로 하여금 경락대금의 납부를 단념시켰어야 하였는데도 반대로 희망을 품게 하는 태도를 취하고 그 경락대금으로 자기 채권의 만족을 얻은 다음 X의 토지임차요구를 거절하고 건물철거 등을 위하여 X에 대한 승계집행문을 받은 사안에서 X의 청구이의를 인정한 것[253] 등이 있다.

이와 같이 판결을 부당취득(위의 ①, ② 및 ④의 경우)하거나 나아가 부당이용(위의 ③ 및 ⑤의 경우)한 경우에 대하여는, 이를 청구이의의 원인으로 주장하는 것은 기판력에 위반하여 허용되지 아니한다는 견해도 일본에서는 유력하다.[254] 그런데 물론 신의칙을 절차의 안정성이나 법률관계의 명확화가 강조되어야 할 민사소송, 특히 기판력제도에 적용하는 데는 신중하지 아니하면 안 될 것이지마는, 이것을 전적으로 부인하는 것은 재심규정이나 가혹집행규정이 미비한 현행법 아래서는 적절하지 아니하다고 할 것이다. 다른 한편으로 소송이라는 장치를 통과하기만 하면 그 과정에서 아무리 부당한 사유가 있어도, 또 그 얻어진 판결의 효력을

---

251) 日最判 1962(昭 37).5.24(民集 16, 1157). 이 판결에 대하여 近藤完爾, 執行關係訴訟 (1968), 284는 "이 판결의 취지는 불법행위소송에 있어서 일실이익의 배상을 명한 판결에 대하여는 표준시 이후의 영업능력의 회복을 원인으로 하여 청구이의의 소를 제기할 수 있다는 점에 한정할 것이고, 신의칙의 도움을 빌릴 필요는 없었다"는 견해를 보인다.

252) 日最判 1965(昭 40).12.21(民集 19, 2270).

253) 日最判 1968(昭 43).9.6(民集 22, 1862).

254) 가령 中田淳一, 訴と判決の法理(1972), 209 등.

어떠한 목적을 위하여 이용하여도, 이제 더 이상 이에 대하여 아무런 이의도 제기할 수 없다고 하게 되면, 이로써 소송을 일종의 면죄부로 절대시하여 남용하는 폐해가 없다고도 할 수 없다. 그러므로 확정판결이라도 원고가 신의칙에 반하는 방법으로 이것을 사취한 경우라든가, 그 집행이 집행 당시의 제반사정에 비추어 신의칙에 반하는 경우에는 청구이의의 소에 의하여 그 집행을 영구적 또는 연기적으로 배제할 수 있다고 할 것이다.[255]

그러나 주의할 것은 일단 신의칙에 반하는 방법으로 얻어진 확정판결이라도 위의 대판 1961.1.26에서 보는 것처럼 그에 기하여 행하여진 집행절차가 일단 종료된 경우에는 경락인 등으로부터 이를 원상회복하는 것은 원칙적으로 허용되지 아니한다는 것이다.[256] 경매절차는 특히 다수의 이해관계인이 관여하는 것이므로 함부로 그 효력을 제한할 것이 아니다.

4. 소멸시효 완성 주장의 신의칙 위반 여부 — 이른바 과거사사건의 처리[257]

(1) 우리나라에는 소멸시효제도의 「합리성」 또는 「정당성」에 대하여 기본적으로 비판적인 의견을 가진 법률가가 적지 아니한 것으로 여겨진다. 그러한 태도의 밑바탕에는 어느 실무가가 말하는 대로 "소멸시효제도는 거래관계의 근저에 놓여 있는 사회·경제적 대가관계의 균형을 깨뜨릴 수 있어 일반 국민의 정의관념 또는 도덕의식과 갈등을 일으킬 수 있다"는 이해[258]가 깔려 있다. 또한 시효제도 일반에 대하여 어느 학자는 "극단적으로 말하면 빌린 돈을 갚지 않아도 무방하다든가 타인의 소유물을 자기의 소유물이다라고 하는 것이 시효제도이기 때문에, 한편으로 보면 인간의 도덕률에 반하는 것으로 생각된다"라는 발언도 행하여지고 있다.[259]

---

255) 菊井維大(주 249), 229 이하 참조.
256) 대판 1977.12.13, 77다1753(집 25-3, 365) 등이 판결의 강제집행으로 교부받은 돈은 그 판결이 사실에 부합하지 아니한다고 해도 '법률상 원인'(민 § 741)이 없다고 할 수 없다고 하는 것도 이러한 의미에서 이해될 수 있다.
257) 이 점에 대하여 재판례를 정리하고 그 신의칙 위반을 널리 인정하는 재판실무의 경향에 찬성하는 견해로서 우선 윤진수, "소멸시효 남용론의 전개", 민법의 해석상 쟁점들 및 현대적 방향(2020년 한국민사법학회 민법시행 60주년 기념 추계공동학술대회 발표자료집), 39 이하 참조.
258) 張哲朝, "소멸시효 항변의 소송상 취급", 法曹 48-1(1999), 32 이하(민사실무연구회, 민사재판의 제문제 10(2000), 667 이하에 재록).
259) 고상룡, 민법총칙, 제3판(2003), 656. 그는 이 저서의 제2판(1999), 665 이하에서는 "스스로 채무를 지고 있다는 것을 자각하고 있는 채무자를 면책하고, 또는 무권원의 점유

이러한 태도에 따르게 되면 소멸시효의 완성으로 인한 권리 소멸의 주장
을 신의칙에 반한다거나 권리남용에 해당한다는 등의 이유로 가능한 한 넓은
범위에서 배척하려는 입장으로 귀결되기 쉽다.

(2) 그러나 소멸시효는 그와 같이 막연한 '일반 국민의 정의관념'을 들어
그 합리성이 의심될 수 있을 만큼 허술한 제도가 아니다.

우선 역사적으로 로마법 이래 오늘날에 이르기까지 일관되게, 나아가 대륙
법계·영미법계를 불문하고 세계의 주요한 나라에서 아무런 예외도 없이 보편
적으로 인정되고 있다. 독일의 가장 중요한 법학자인 사비니는 소멸시효를 로
마법에서 "가장 중요하고 유익한 법제도의 하나"라고 평가하고 있다. 그에 의
하면, 장기간 지속된 사실상태는 법률상태와 일치할 가능성이 큰데,[260] 설사 그
렇지 아니하다고 하더라도 법적 평화, 즉 시간의 경과와 함께 기하급수적으로
증가하는 「불명확성」을 배제하기 위하여 장기간 행사되지 아니한 권리의 추급
을 인정하지 아니함으로써 이제 분쟁이 종국적으로 해결되어야 한다(로마법의 가
장 중요한 법
源인 學說彙纂의 표현에 의하면 "어떻게든 쟁송을 종결짓
기 위하여" ut aliquis litium finis esset [D. 41. 10. 5 pr.])는 것이다.[261] 요컨대 소멸시효는 채권

자도 소유자로서 보호받는 경우를 발생케 한다는 것은 부도덕 나아가 법률상 약탈 이외에
아무것도 아니라는 비판도 충분히 생각해 볼 수도 있다"라는 의견을 피력한 바 있다. 본
문에서 인용한 바를 포함하여 그의 이와 같은 견해는 그의 박사학위 논문 지도교수인 일
본의 星野英一이 1969년부터 1974년의 5년 동안 발표한 논문 "時效に關する覺書 — その
存在理由を中心として"(그 후 星野英一, 民法論集 제4권(1978), 171 이하에 再錄)에서 인
용하고 있는 일본구민법의 기초자 보아소나드의 발언(Boissonade, *Projet de Code civil pour
l'Empire du Japon*, Nouvelle Edition, Tome V, n°. 252)을 보다 단정적으로 바꾸어(보아소
나드는 "부도덕한 제도라고 할 것이 아닌가?"라고 의문형으로 말하고 있다) 반복하는 것
으로 추측된다.

260) 이에 대하여는 우선 빈트샤이트의 다음과 같은 고전적인 설명이 중요한 참조가 된다.
Windscheid, *Lehrbuch des Pandektenrechts*, 9. Aufl.(1906), §105(S. 544) : "소멸시효법은
이러한 효력[권리를 행사하지 아니한 상태가 지속되면 이제 이를 법적으로 공격할 수 없
도록 하는 효력]을 인정함으로써 하나의 진리 — 이는 단순히 법적 영역에서만 타당한 것
이 아니다 — 를 승인한다. 시간은 사람의 所爲로써는 어쩔 수 없는 힘이다. 오래 존재하는
것은 그 오랜 존재 자체에 의하여 확고한 것, 불가변의 것으로 우리에게 여겨진다. 이 기
대가 저버려진다면 이는 **하나의 악**이다. … 대체 그렇게 긴 시간이 경과한 후에 실제의 법
상태를 확실하게 인식하는 것이 가능한 것인가? 시간이 흐름으로써 사태가 밝혀지는 일도
있지만, 그것을 불명확하게 만들기도 하는 것이다"(고딕체는 원문에서 강조된 것).

261) 이상에 대하여는 우선 양창수, "사비니의 소멸시효론", 동, 민법산책(2006), 59 이하 참
조. 오늘날 독일에서 소멸시효제도의 '목적론적 기초'에 관하여는 사비니의 설명이 '변
함없이 기준적'이라고 평가되고 있다. 무엇보다도 이를 정면에서 다룬 문헌으로 Hartmut
Oetker, *Die Verjährung. Strukturen eines allgemeinen Rechtsinstituts*(1994), S. 33에서의 설명
참조. 기타 표준적인 민법 교과서의 설명으로 예를 들면 Larenz/Wolf, *Allgemeiner Teil des
Bürgerlichen Rechts*, 8. Aufl.(1997), §17 Ⅰ 1(S. 335 f.)도 소멸시효제도의 근거로 같은 취

자라고 주장하는 사람이 스스로 일정한 기간 동안 소의 제기나 압류·가압류 등과 같은 적극적인 권리 행사를 하지 아니하였다면 채무자가 그 사이에 자신의 채무를 스스로 인정하는 행태를 취하지 아니한 한 채권 그 자체의 소송상 행사를 아예 부인함으로써 분쟁을 종식시키고자 하는 —역사적·비교법적으로 이미 그 합리성 내지 정당성이 확증된— 제도이다.

또한 더욱 중요한 것으로, 우리 민법에 중요한 영향을 미친 대륙법계의 여러 나라, 특히 독일과 프랑스는 최근에 그들의 소멸시효법에 심중한 의미가 있는 개정을 가하였다. 이들 국가는 모두 소멸시효제도를 오히려 강화하는 방향으로 —가장 현저한 예로서는 시효기간을 대폭적으로 단축하는 내용으로[262]— 나아갔다.

이는 개별 국가의 입법 동향에서뿐만 아니라, 통합된 유럽에서의 법 통일 작업의 차원에서도 명백히 간취되는 바이다. 예를 들어 그 가장 중요한 성과의 하나인 「유럽계약법원칙」(Principles of European Contract Law. 통상 PECL로 약칭된다)은 그 제3부에서 소멸시효(prescription)에 관한 규정을 포함하고 있다. 그에 의하면, 소멸시효제도는 "개별 사안에서 가혹한 결과를 낳을 가능성이 있기는 하지만, 일반적으로 현대의 법체계에서 불가결한 장치로 이해되고 있다"는 것이다.[263] 그리하여 이는 소멸시효기간을 3년으로 현저하게 단축하고 있다(제14:201조).[264]

심지어 2017년 6월에 공포되어 2020년 4월부터 시행된 일본의 개정민법도 —채권의 소멸시효기간을 종전의 「권리를 행사할 수 있는 때'(통상 「客観的 起算點」이라고 한다)

지를 말한다.

262) 예를 들면 독일민법은 2002년의 대개정에서 일반소멸시효기간을 종전의 30년에서 3년으로 대폭 감축하였다(§ 195). 물론 그 기간의 기산점을 종전에 '청구권의 성립시'라고 정하였던 것(§ 198)과는 달리 "채권자가 청구권을 발생시키는 사정 및 채무자의 신원을 알았거나 중대한 과실 없이 알았어야 하는 해가 끝나는 때"로 정하여졌다(§ 199 I).

263) Ole Lando et al.(eds.), *Principles of European Contract Law. Part* Ⅲ, prepared by The Commission on European Contract Law(2003), 160. 소멸시효제도의 「정당성」과 관련하여서, 위 책, 194는 다음과 같이 말하기도 한다 : "우리는 다시 한 번 다음과 같은 사실을 기억하여야 할 것이다. 우리는 채권자가 오랜 세월에 흐른 후에도 자신의 채권을 입증할 수 있음에도 불구하고 소멸시효에 의하여 그 행사를 저지당하는 가혹함만을 염두에 두고, 소멸시효제도가 부당한 채권의 추급을 막은 수많은 경우들에 대하여는 잊어버리기 쉽다는 것이다."

264) 이에 대하여는 우선 양창수, "「유럽계약법원칙」의 소멸시효규정 — 우리 민법에의 시사를 덧붙여", 민법연구 제8권(2005), 131 이하, 특히 137 이하 참조. 다만 이러한 소멸시효기간의 단축에 대한 균형추(counterbalance)로서 채무자 및 채권 발생의 원인 사실을 알지 못하고 또한 알지 못하는 데 합리적인 이유가 있는 동안에는 시효기간의 진행이 정지된다고 한다(제14:301조). 이들 규정의 번역으로는 양창수, 위 책, 176 참조.

로부터 기산하여 10년」으로 하는 규정은 그대로 두었으나—"채권자가 권리를
행사할 수 있음을 안 때(「주관적 기산점」)로부터 5년"이 경과한 경우에는 소멸시효가 완
성된다는 새로운 규정을 제안한다(제166조 제1항 제1호의 신설). 그리하여 위의 두 경우 중 어
느 하나라도 충족하는 경우에는 소멸시효가 완성된다는 것이어서, 소멸시효의
완성이 인정되는 범위는 종전보다 현저히 확대되는 것이다.

　　더욱 주목하지 아니하면 안 되는 것은, 후자의 「주관적 기산점」 규정에 대
하여 이번 일본민법의 개정작업에서 핵심적인 역할을 담당하여 민법개정위원
회의 「대변인」 역할을 하고 있는 일본 교토대학의 민법 교수 潮見佳男(시오미
요시오)는 "거래로부터 생기는 채권 중 주된 급부에 관한 것에 대하여는 통상
그 주관적 기산점은 앞서 본 객관적 기산점과 일치한다고 생각하여도 좋다"고
설명하고 있다는 점이다.265) 즉 그러한 채권에 대하여는 다른 특별한 사정이
없는 한 행사할 수 있는 때로부터 5년의 소멸시효에 걸린다는 것이다.266)

　　이상에서 개관한 바와 같은 외국법, 나아가 법 통일 작업의 일치된 동향
내지 추세는 소멸시효제도의 합리성을 무엇보다도 생생하게 보여 주는 것이라
고 하겠다.

　　(3) 소멸시효제도의 중요한 목적은 위에서도 본 대로 분쟁을 조기에 종식
시켜서 법적 평화를 이룩하겠다는 것이다. 그러므로 소멸시효에 관한 법규정
이나 그 해석·적용의 양상 자체가 구체적인 사건에서 시효의 완성으로 인한
권리의 소멸 여부 및 그 법적 주장의 허용 여부를 둘러싸고 빈번하게 분란을
일으키는 원인이 되어서는 안 될 것이다. 그리하여 예를 들면 앞서 본 「유럽계
약법원칙」도 소멸시효제도는 되도록 단순하고 명확하며 통일적이어야(simple,
straight-forward and uniform) 한다고 분명히 밝힌다.267)

　　그 사이 여러 외국의 법, 나아가 소멸시효에 관한 법통일 작업도 이러한
방향으로 진행되었다. 단지 하나의 예만을 들면, 독일민법에서는 우리 민법
§§163, 164에 대응하는 단기소멸시효제도에 관한 §196(2년의 소멸시효) 및 §197(4년의

---

265) 潮見佳男, 民法(債權關係)の改正法案の槪要(2015.8), 41. 여기서 그는 「部會資料」에 나
　　타난 발언, 즉 심의과정에서 표명된 견해를 인용하고 있다. 그 전에 潮見佳男, 民法(債權
　　關係)の改正に關する要綱假案の槪要(2014.12), 23 이하도 본문에서와 같은 취지를 밝히고
　　있었다.
266) 그리하여 우리 상법에서와 같이 5년의 상사시효를 정하는 일본상법 §522는 위 민법 개
　　정과 함께 폐지하는 것으로 제안되고 실제로 폐지되었다.
267) Lando(주 263), 162.

^{소멸}_{시효})는 2002년의 대개정에서 모두 삭제되었다. 이와 같이 복잡한 시효기간을 정하는 태도를 폐지하는 것은 앞서 본 일본의 민법개정안에서도 같은 이유로 마찬가지이다.[268] 나아가 「유럽계약법원칙」도 그와 같은 단순성의 고려에서 '다원적 시효기간' 대신에 '일원적 시효기간'을 정하였다.[269]

　　(4) 물론 신의성실의 원칙은 논의의 여지 없이 민법의 여러 제도 전반에 두루 적용될 수 있는 범용성 있는 법리이다. 그리고 대법원도 여러 차례에 걸쳐 "채무자의 소멸시효에 기한 항변권의 행사도 우리 민법의 대원칙인 신의성실의 원칙과 권리남용 금지의 원칙의 지배를 받는 것"임을 전제로 하면서, 구체적으로는 "① 채무자가 시효완성 전에 채권자의 권리행사나 시효중단을 불가능 또는 현저히 곤란하게 하였거나 그러한 조치가 불필요하다고 믿게 하는 행동을 하였거나, ② 객관적으로 채권자가 권리를 행사할 수 없는 장애사유가 있었거나, ③ 일단 시효완성 후에 채무자가 시효를 원용하지 아니할 것 같은 태도를 보여 권리자로 하여금 그와 같이 신뢰하게 하였거나, 또는 ④ 채권자보호의 필요성이 크고, 같은 조건의 다른 채권자가 채무의 변제를 수령하는 등의 사정이 있어 채무이행의 거절을 인정함이 현저히 부당하거나 불공평하게 되는 등의 특별한 사정이 있는 경우에는 채무자가 소멸시효의 완성을 주장하는 것이 신의성실의 원칙에 반하여 권리남용으로서 허용될 수 없다"고 밝힌 바 있다(이하에서는 이상의 4 기준을 각각 「① 기준」, 「② 기준」 등으로 부르기로 한다).[270]

---

268) 우선 潮見佳男(주 265. 2015), 42 : "개정 전 민법이 정하고 있던 직업별의 단기소멸시효는 폐지된다. 개정 전 민법 아래서의 직업별 단기소멸시효는 그 분류·시효기간 구분의 점에서 합리적인 설명이 이루어지는 것이 아닐 뿐더러, 현대 사회의 거래유형과 거래의 실태를 적확하게 반영한다고는 말할 수 없는 것이었다. 개개의 개념의 射程에도 의논을 불러일으키는 것이 적지 아니하고, 예측가능성의 점에서 문제가 있었다. 나아가 복잡한 분류 위에 성립하는 단기소멸시효의 제도는 일반 시민에 있어서 알기 어려운 것이 되었다. 그리하여 개정 후의 민법은 개정 전 민법 제170조부터 제174조까지의 단기소멸시효 규정을 삭제하고, 이들 장면을 채권의 소멸시효에 관한 일반규정으로 처리하는 것으로 하였다."

269) 그 이유는 다음과 같다. Lando(주 263), 164 : "이와 같이 다원적 시효기간을 택하게 되면 결국 채권자나 채무자가 자신의 법적 지위를 정확하게 알고 또 그에 따라 적절한 조치를 취하게 하는 것이 어렵게 된다. 그보다는, 모든 채권에 일률적으로 적절하다고 할 수는 없지만 그래도 위와 같은 어려움을 피할 수 있는 일원적 시효기간을 정하는 것이 상대적으로 낫다. 그리고 이것이 그 사이의 국제적인 경향에도 보다 잘 들어맞는다." 나아가 위 곳은, 각종의 소멸시효기간 사이에 광범위한 차이를 두는 것은 위헌적인 차별에 해당할 수 있다는 벨기에 헌법재판소의 견해를 인용하고 있다.

270) 한편 이 기회에 대법원이 본문에서 본 대로 신의칙에 기하여 시효소멸의 주장을 배척하는 것에 관하여 제시하는 ① 기준 내지 ④ 기준 중에서 특히 ② 기준에 대하여는 심중한

(5) 한편 앞의 (2) 및 (3)에서 말한 바와 같은 관점에서 보면, 이를 특히 위와 같은 목적을 추구하여 구상된 소멸시효제도에 끌어들여서, 법이 정하는 소멸시효 완성의 요건이 모두 충족되었음에도 그로 인한 채권 소멸의 주장을 신의칙에 기하여 배제하는 것을 인정하는 것은 매우 신중하게 이루어지지 아니하면 안 된다.

신의칙의 특징은 무엇보다도 그 내용이 명확하지 아니하다는 점에 있다. 그리하여 신의칙 위반(또는 그 하나의 별 주로서의 권리남용)을 인정할 것인지를 판단함에 있어서는 거의 예외 없이 당해 사건에 관련되는 많은 사정들을 광범위하게 심리·판단하지 아니하면 안 되며, 그때 심리·판단되어야 할 '사정'이란 대체로 법에서 일정한 법률효과를 발생시키기 위하여 충족되어야 할 요건으로 규정되어 있지 아니한 것들이다. 그리고 신의칙 위반 여부는 —그 한 범주로서의 권리남용에 대하여 언명된 바에 의하면— "당사자가 소송에서 이를 주장하지 아니하였더라도 현출된 증거자료로부터 이를 인정할 수 있는 경우에는 법원은 이를 직권으로 판단할 수 있다. … 판례는 권리남용의 원칙을 정한 민법 제2조 제2항은 강행규정이므로 당사자의 주장이 없더라도 직권으로 판단할 수 있다고 하고 있다."271)

오히려 신의성실의 원칙은 이와 같이 일반적인 법률요건의 틀을 벗어나 있기 때문에 실제의 사건 처리에 융통성을 불어넣을 수 있는 중요한 법적 수단이 된다. 그리고 이는 일정한 제한적인 경우에 사건의 공평한 처리에 대한 감정적 지향을 만족시킬 수 있을 것이다.

그러나 앞서 본 바와 같이 소멸시효는 「불명확성의 배제」라는 가치에 의하여 정당화되는 제도로서, 무엇보다도 「단순하고 명확하며 통일적인 것」이 추구되어야 한다. 이러한 소멸시효의 제도에 위와 같은 의미에서의 자유자재의 '융통성'을 일반적으로 인정하는 것은 채권관계 당사자들의 법적 지위에 심중

의문이 있음을 밝혀 두기로 한다. 여기서는 상세히 논하지 아니하기로 하나, 간략하게 말하면, 위의 ② 기준은 §166 Ⅰ에서 소멸시효의 기산점으로서 규정된 '권리를 행사할 수 있는 때'의 판단과 관련하여 우리 판례가 일찍부터 채택한 이래 현재까지 한결같이 취하고 있는 '법률상 장애사유'와 '사실상 장애사유'의 구별을 실제로 무의미하게 할 우려가 크다는 것이다. 다시 말하면 위의 ② 기준은 한편으로 소멸시효의 진행을 막지 못하는 사유가 그와 같이 하여 시효가 완성된 경우에는 돌연 그 완성의 주장을 하지 못하게 하는 사유로 원용할 수 있게 되는 말하자면 評價矛盾에 빠지게 된다. 이를 피하려면 ② 기준을 충족하는 바의 '장애사유'라는 것을 뚜렷한 경계를 가진 일정한 유형의 예외적 사유에 한정하지 아니하면 안 될 것이다.

271) 民法注解[Ⅰ], 제1판(1992), 233(윤용섭 집필부분).

한 불명확성을 개입시키는 것이 되어, 결국 "어떻게든 분쟁을 종결짓는다"는 제도 목적을 충족하기 어렵게 하는 것이 됨은 명약관화한 일이라고 하겠다.

(6) 우리 대법원도 이와 같이 소멸시효 완성의 주장을 신의칙을 들어 허용하지 아니할 것인지는 매우 신중하게 판단되어야 한다는 태도를 거듭하여 명확하게 밝히고 있다.

(가) 우선 대판 2005.5.13, 2004다71881($_{상,950}^{공}$)이 그러하다. 이 판결은 우선 국가가 소멸시효를 주장하는 것을 신의칙에 의하여 제한하는 데는 일반 채무자의 경우와 마찬가지로 특별한 사정이 필요하다고 판시한 다음, 다음과 같은 신의칙 적용에 관하여 일반적으로 음미되어야 할 태도를 설시한다. 즉 "신의성실의 원칙과 같은 일반적 원칙을 적용하여 법이 두고 있는 구체적인 제도의 운용을 배제하는 것은 법해석에 있어 또 하나의 대원칙인 법적 안정성을 해할 위험이 있으므로 그 적용에는 신중을 기하여야 한다"는 것이다.

이는 일견하여 신의칙을 구체적 법제도 일반의 해석·운용에 고려함에 있어서 주의하여야 할 점으로 읽히기도 한다. 그러나 그 설시는 우선 바로 피고가 주장한 소멸시효 완성의 적법 여부를 판단하는 맥락에서 나온 것이다. 나아가 이 사건에서 원고는 1950년 11월에 학도의용군으로 입대하였는데 나라(피고)가 1959년에 이르러서야 제대를 시켰으므로 그로 인한 손해의 배상을 구하였다. 원심은 피고의 시효소멸 주장에 대하여 원심은 "피고가 그러한 주장을 하는 것은 신의칙상 또는 형평의 원칙상 도저히 허용될 수 없으므로 이 사건 청구에 대한 소멸시효는 피고가 원고의 학도의용군 복무사실을 공식적으로 확인하여 준 1999.3.11.부터 그 기간이 개시되는 것이라고 봄이 상당하다"고 판단하여 위 주장을 배척하였다. 그러나 대법원은 이 사건에서 드러난 사정은 앞의 (4)에서 본 ① 기준부터 ④ 기준의 어느것도 충족한다고 할 수 없다고 판단하여 원심판결을 파기하였다.

(나) 나아가 대판 2010.9.9, 2008다15865($_{하,1876}^{공}$)은 시효소멸의 주장을 신의칙에 기하여 배척할 것인지에 관하여 보다 구체적으로 다음과 같이 판시한다($^{밑줄은 인용자}_{가 가한 것이다}$).

"채무자가 소멸시효의 완성으로 인한 채무의 소멸을 주장하는 것에 대하여도 신의성실의 원칙이 적용되므로, 그러한 주장을 하는 것이 신의칙 위반을 이유로 허용되지 아니할 수 있다. 그러나 실정법에 정하여진 개별 법제도의 구체적 내용에 좇아 판단되는 바를 신의칙과 같은 법원칙을 들어 말하자면 당해 법제도의 외부로부터 배제 또는 제한하는 것은 법의 해석·적용에서 구현되어야 할 기본적으로 중요한 법가치의 하나인 법적 안정성을 후퇴시킬 우려가 없지 아니하다. 특히 <u>법률관계에는 불명확한 부분이 필연적으로 내재하는바 그 법률관계의 주장에 일정한 시간적 한계를 설정함으로써 그에 관한 당사자 사이의 다툼을 종식시키려는 것을 취지로 하는 소멸시효제도에 있어서는, 애초 그 제도가 누구에게나 무차별적·객관적으로 적용되는 시간의 경과가 1차적인 의미를 가지는 것으로 설계되었음을 고려하면, 위와 같은 법적 안정성의 요구는 더욱 선명하게 제기된다.</u> 따라서 소멸시효에 관하여 신의칙을 원용함에는 신중을 기할 필요가 있다. 특히 채권자에게 객관적으로 자신의 권리를 행사할 수 없는 장애사유가 있었다는 사정을 들어 그 채권에 관한 소멸시효 완성의 주장이 신의성실의 원칙에 반하여 허용되지 아니한다고 평가하는 것은 소멸시효의 기산점에 관하여 변함없이 적용되어 왔던 법률상 장애/사실상 장애의 기초적인 구분기준을 내용이 본래적으로 불명확하고 개별 사안의 고유한 요소에 열려 있는 것을 특징으로 하는 일반적인 법원칙으로서의 신의칙을 통하여 아예 무너뜨릴 위험이 있으므로 더욱 주의를 요한다."

이 재판례는 직접적으로는 신의칙의 적용이 아니라 소멸시효기간의 기산점인 "권리를 행사할 수 있을 때"에 관한 것이기는 하다. 종전에 국공립 대학교원의 임용권자가 임용기간이 만료된 교수 등에 대하여 재임용을 거부하는 취지로 한 임용기간 만료의 통지가 행정소송의 대상이 되는 '처분'에 해당하는지가 문제된 바 있었다. 대법원은 그 전에는 그 처분성을 부정하다가 전원합의체 판결을 통하여 이를 긍정하는 것으로 견해를 변경하였었다.

이 사건에서 원고는 국립대학의 조교수로서 받은 재임용거부처분이 불법행위임을 원인으로 하여 국가를 상대로 손해배상청구소송을 제기하면서 대법원의 위와 같은 종전 견해는 '법률상 장애사유'에 해당하므로 원고의 손해배상청구권에 대하여는 재임용심사에 관한 규정이 신설된 때 등으로부터 소멸시효가 진행된다고 주장하였다.

그러나 대법원은 그 주장을 받아들이지 아니하고 위 판결에서 전원합의체 판결로 종전의 견해를 변경한 것은 원고가 이 사건에서 주장하는 바의 손해배상청구권을 행사하는 데 있어서의 '법률상 장애사유'에 해당하지 아니한다고 판시하고 결국 소멸시효의 완성을 인정하였다. 그러면서 위에서 인용한 바와 같이 방론으로 소멸시효 완성의 주장이 신의칙에 위반되는지에 대한 판단에 관하여 설시하였던 것이다.

(다) 또한 대판 2014.5.29, 2011다95847($_{하.}^{공}$ $_{1300}$)도 앞의 (가)에서 본 대판 2005.5.13.을 인용하면서 "채무자의 소멸시효 완성 주장이 신의칙에 반하고 권리남용에 해당한다고 하려면 앞서 본 바와 같은 특별한 사정이 인정되어야 할 것이고, 또한 위와 같은 일반적 원칙을 적용하여 법이 두고 있는 구체적인 제도의 운용을 배제하는 것은 법해석에 있어 또 하나의 대원칙인 법적 안정성을 해할 위험이 있으므로 그 적용에는 신중을 기하여야 할 것이다"라고 판시하고 있다.

(7) 그러나 대법원은 다수의 이른바 과거사민사사건에서 소멸시효 완성의 주장을 신의칙에 배척하는 판결을 내렸다. 이에는 특별한 사정이 있다. 그것은 기본적으로 다음과 같은 점에 근거한다.

(가) 우리 사회는 짧은 기간 내에 민주화와 산업화를 이룩한 역사적으로 드문 경우에 해당한다고 한다. 그러나 그 사이에 우리 사회에는 식민 지배·분단·이념 대립·전쟁·독재·가난 등으로 인하여 많은 상처를 안게 되었다는 것도 부인할 수 없다.

이와 같은 이른바 과거사를 진상의 규명이나 특히 본인 또는 유족들에 대한 보상 또는 배상 등으로 처리하는 것은 아마도 법적 문제가 아니라 정치적 판단으로 처리하는 것이 훨씬 나았을 것이다. 우선 실제로도 예를 들면 6·25 전쟁 중의 거창 등에서의 양민학살사건에 대하여는 「거창사건 등 관련자의 명예회복에 관한 특별조치법」[272]($_{률 제5148호}^{1996.1.5. 법}$), 5·18광주민주항쟁에 대하여는 「5·18 민주화운동 관련자 보상 등에 관한 법률」($_{그 법률명의 처음이 「광주민주운동」이었다}^{1990.8.6. 법률 제4266호로 제정할 당시에는}$), "1964년 3월 24일 이후 자유민주적 기본질서를 문란하게 하고 헌법에 보장된 국민의 기본권을 침해한 권위주의적 통치에 항거하여 헌법이 지향하는 이념 및 가치의 실현과 민주헌정질서의 확립에 기여하고 국민의 자유와 권리를 회

---

272) 이 법률은 단지 거창양민학살사건의 피해자만을 구제하는 것이 아닌 것이 동법 §2 (i)에서 "[위 법률이 적용되는] '거창사건 등'이라 함은 공비토벌을 이유로 국군병력이 작전 수행 중 주민들이 희생당한 사건" 일반을 가리키는 것으로 정하고 있는 것이다.

복·신장시킨 활동"에 대하여는「민주화운동 관련자 명예회복 및 보상 등에 관한 법률」($^{2000.1.12.\ 법}_{률\ 제6123호}$)이 각 제정·시행되어 그 법규정에 따른 사실의 규명과 보상금의 지급 등이 행하여졌던 것이다.

그런데 2005년 5월 31일의 법률 제7542호로 제정된「진실·화해를 위한 과거사 정리 기본법」($^{이하\ '과거사정}_{리법'이라고\ 한다}$)은 적용범위를 보다 일반화하여, 제2조는 그 법률에서의 '과거사'를 "일제 강점기 또는 그 직전에 행한 항일독립운동"($^{제}_{1호}$)부터 "1945년 8월 15일부터 한국전쟁 전후의 시기에 불법적으로 이루어진 민간인 집단 희생사건"($^{제}_{3호}$) 및 "1945년 8월 15일부터 권위주의 통치시까지 헌정질서 파괴행위 등 위법 또는 현저히 부당한 공권력의 행사로 인하여 발생한 사망·상해·실종사건, 그 밖에 중대한 인권침해사건과 조작의혹사건"($^{제}_{4호}$)도 그 대상으로 한다. 실제로 위 법률에 기하여「진실·화해를 위한 과거사정리위원회」가 조직되어 '진상 규명 작업'을 행하였다.

문제는 위 법률이 거기서 더 나아가 '화해를 위한 국가와 위원회의 조치'($^{위\ 법률\ 제4장의}_{제목이기도\ 하다}$)로 정하고 있는 것, 구체적으로 말하면「국가의 의무」라는 표제 아래 "국가는 진실규명사건 피해자의 피해 및 명예의 회복을 위하여 노력하여야" 한다($^{§}_{34}$), 또한「피해 및 명예회복」이라는 표제 아래 "정부는 규명된 진실에 따라 희생자, 피해자 및 유가족의 피해 및 명예를 회복시키기 위한 적절한 조치를 취하여야 한다"는 법의 명령($^{§\,36}_{1}$)을 국가 또는 정부가 실제로는 전혀 이행하지 아니하였다는 점이다.

이와 같이 국가 내지 정부가 위의 과거사정리법 §34, §36에서 정하여진 자신의 책임에 관하여 전적으로 손을 놓고 있었다는 점을 무겁게 고려하였던 것이다. 그것은 앞의 (2)에서 본 ③ 기준에 바로 들어맞는 바라고 하지 아니할 수 없다. 다시 말하면, 과거사민사사건에서 시효소멸의 항변을 신의칙을 내세워 상당한 범위에서 배척한 것은 그것이 과거사민사사건인 한에서만, 또한 그것도 일정한 사안유형에서 일정한 기간[273] 안에 제기된 소송에서만 예외적으

---

273) 대판(전) 2013.5.16, 2012다202819(집 61 민(상), 160; 공 하, 1077)에 의하면 "신의성실의 원칙을 들어 시효 완성의 효력을 부정하는 것은 법적 안정성의 달성, 입증곤란의 구제, 권리행사의 태만에 대한 제재를 이념으로 삼고 있는 소멸시효제도에 대한 대단히 예외적인 제한에 그쳐야 할 것이므로, 위 권리행사의 '상당한 기간'은 특별한 사정이 없는 한 민법상 시효정지의 경우에 준하여 단기간으로 제한되어야 한다. 그러므로 개별 사건에서 매우 특수한 사정이 있어 그 기간을 연장하여 인정하는 것이 부득이한 경우에도 불법행위로 인한 손해배상청구의 경우 그 기간은 아무리 길어도 민법 제766조 제1항이 규정한 단기소멸시효기간인 3년을 넘을 수는 없다"는 것이다.

로 인정된다는 것이다.[274)]

[양 창 수]

274) 이와 관련하여서는 한편 이른바 과거사 사건에 대한 소멸시효의 적용에 관하여, 헌재
    2018.8.30, 2014헌바148(헌집 30-2, 238)이 "민법 제166조 제1항, 제766조 제2항 중
    「진실·화해를 위한 과거사 정리 기본법」 제2조 제1항 제3호 및 제4호에 규정된 사건에
    적용되는 부분은 헌법에 위반된다"고 판단하였다(다만 3인의 재판관은 이 사건 심판청구
    는 이미 법원에서 행하여진 위 민법 조항들에 대한 해석·적용이나 재판 결과를 다투는 경
    우에 해당하여 부적법하므로 모두 각하되어야 한다는 이유로 반대의견을 냈다). 위 결정
    에 의하면, "과거사정리법 제2조 제1항 제3호 및 제4호에 규정된 '민간인 집단 희생사건'
    과 '중대한 인권침해사건·조작의혹사건'은 私人間 손해배상 내지 일반적인 국가배상 사
    건과 다른 특성이 있다. 이러한 사건들은 국가기관이 국민에게 억울한 누명을 씌움으로써
    불법행위를 자행하고, 소속 공무원들이 이러한 불법행위에 조직적으로 관여하였으며, 사
    후에도 조작·은폐 등으로 진실규명활동을 억압함으로써 오랜 동안 사건의 진상을 밝히는
    것이 사실상 불가능한 경우가 많았다. 이후에 과거사정리법이 제정되고 '진실·화해를 위
    한 과거사정리 위원회'의 활동으로 비로소 사건의 진상이 밝혀지게 되었으나, 이미 불법행
    위 성립일로부터 장기간 경과한 후에야 진상규명 및 이를 기초로 한 손해배상청구가 이루
    어짐에 따라 일반 불법행위와 소멸시효의 법리로는 타당한 결론을 도출하기 어려운 문제
    들이 다수 발생하게 되었다"고 하면서, 그럼에도 일반의 소멸시효에 관한 규정을 이에도
    적용한다면 "국가는 개인이 가지는 불가침의 기본적 인권을 확인하고 이를 보장할 의무를
    진다"고 정하는 헌 § 10 제2문에 반하는 것으로서 "도저히 받아들일 수 없"다는 것이다.
    여기서 위 결정에 대하여 상세히 논의할 수 없다. 그러나 필자로서는 그와 같이 민법 규정
    을 일정한 법정의 사건유형 전체에 관하여 '적용되는' 한도에서 헌법에 위반된다고 선언하
    는 것은 한정위헌 판단의 우회적 관철에 불과하고, 구체적으로도 그 사건유형 중에는 역
    시 일반 불법행위에서와 크게 다르지 아니한 많은 사건들이 있는데 이에 대하여는 소멸시
    효의 적용을 배제하는 것이 되는 등으로 부당하므로 그에 찬성하기 어렵다는 것만을 밝혀
    두기로 한다.

권리남용의 금지

I. 의   의

1. 권리자유의 원칙과 제한

근대사회에서 개인의 존엄과 자유, 평등이 보장됨에 따라 권리자가 개인적

이익 추구를 위하여 자유롭게 권리를 행사할 수 있다고 생각하였다.[1] 이에 따라 근대사법(近代私法)은 개인주의와 자유주의를 기초로 하여 권리본위의 체계로 구성되었고[2] 권리의 행사를 권리자의 자유에 일임하는 것을 기본원칙으로 삼았다.[3] 계약자유의 원칙이나 소유권의 절대불가침성·무제한성이 시민사회의 기본원리로 확립되었고[4] 법률관계는 의무보다 권리를 더 중시하였다.[5]

　한편 봉건적 구속으로부터 해방이 강조되었던 근대 초기에는 개인주의, 자유주의적 사상에 근거하여 권리자유의 원칙이 근대사회의 발달과 자본주의경제의 발전에 크게 기여하였으나,[6] 그 후 자본주의가 고도화됨에 따라 심한 빈부의 차이, 그에 따른 경제적 강자와 약자의 대립, 실질적 부자유·불평등 등 여러 가지 폐해가 초래되었고 근대 민법의 기본원리는 새로운 국면을 맞이하였다.[7] 종래의 개인주의적·자유주의적인 법사상을 경제적·사회적 민주주의 또는 단체주의적 법사상으로 수정하게 되었고,[8] 결국 권리자유의 원칙도 점차 제한이 불가피하게 되었다.[9]

　권리자유의 원칙에 대한 제한은, 권리의 근거가 사회적 승인에 있다는 이론에 기초하고 있으며 이로써 권리의 내재적 한계가 인식되기에 이르렀고[10] 권리자유의 원칙에 앞서 공공복리의 원칙이 사법(私法)의 이념으로 주목을 받았다.[11] 결국 사권(私權)에 대해서도 공공성·사회성이 강조되고,[12] 권리는 권리

---

1) 박정호, "권리남용금지 법리의 생성에 관한 고찰", 단국대 법학논총 15, 1989, 205; 백태승, 82.
2) 곽윤직·김재형, 37. 근대사법은 '인격절대주의'를 배경으로 하는 '개인주의적 법원리'에 의하여 그 체계가 세워져 있다.
3) 구주해(1), 182(윤용섭).
4) 곽윤직·김재형, 37-39. '사유재산권 존중의 원칙', '사적 자치의 원칙', '과실책임의 원칙'을 보통 '근대민법의 3대 원칙'이라고 일컫는다. 사유재산권 존중의 원칙은 '소유권 절대의 원칙'이라고도 일컫고, 사적 자치의 원칙은 '계약자유의 원칙', '법률행위 자유의 원칙'이라고도 하며, 과실책임의 원칙은 '자기책임의 원칙'이라고도 부른다.
5) 박정호(주 1), 205.
6) 곽윤직·김재형, 42. 근대 물질문명과 근대 문화의 발달은 개인주의적 법원리 또는 근대 민법의 3대 원칙에 힘입은 바가 크다.
7) 곽윤직·김재형, 42.
8) 곽윤직·김재형, 42-46. 물론 소유권의 절대·계약의 자유·과실책임이라는 근대 민법의 3대 원칙도 처음부터 무제한은 아니었으며, 사회질서·신의성실·거래의 안전·권리남용의 금지 등의 원리에 의한 제한을 받았다.
9) 구주해(1), 182(윤용섭); 박정호(주 1), 206; 고상룡, 22-33.
10) 구주해(1), 182(윤용섭); 김상용, 민법총칙, 제3판, 2014, 109-110; 김대정, 118.
11) 구주해(1), 182-183(윤용섭); 곽윤직·김재형, 43.
12) 백태승, 82; 고상룡, 43; 김상용(주 10), 110.

자 개인의 이익추구뿐만 아니라 사회전체의 이익과 조화되도록 행사하여야 할 의무를 수반하게 되고 권리행사의 절대적 자유·무제한성을 제한하는 권리남용금지의 법리가 등장하였다.[13)]

2. 권리남용의 금지

사권(私權)은 개인의 이익보호에 직접적인 목적이 있지만, 권리란 법에 의하여 부여되는 것이고, 법은 궁극적으로 사회 전체의 발전에 봉사하여야 하므로 사권(私權)은 결국 사회 전체의 이익에 반해서는 존재할 수 없다.[14)] 사권(私權)의 개념 자체에 이미 공공성 또는 사회성이 내재되어 있고, 따라서 권리의 행사가 외관상으로는 적법한 것으로 보여도 실질에 있어서는 권리의 사회적·경제적 목적 또는 사회적으로 허용되는 한계를 일탈한 것이라면 이에 대한 법적 보호, 즉 법률 효과를 부여할 수 없게 된다.[15)] §2 Ⅱ이 "권리는 남용하지 못한다"고 규정하면서 바로 이러한 법원리를 선언하였다.[16)]

Ⅱ. 권리남용금지 법리의 연혁

1. 로 마 법

로마의 시민법은 개인주의·자유주의 사상을 기초로 하였고, 권리를 본질상 절대적이며 무제한의 것으로 이해하여 불가침성·무제약성이 강조되었다.[17)] "자기의 권리를 행사하는 자는 누구에 대해서도 불법을 행하는 것이 아니다"($\begin{smallmatrix}\text{Qui iure suo utitur,}\\ \text{nemini facit iniuriam}\end{smallmatrix}$), "자기의 권리를 행사하는 자는 어떤 사람도 해하는 것이 아니다"($\begin{smallmatrix}\text{Qui iure suo utitur,}\\ \text{neminem laedit}\end{smallmatrix}$)라는 명제와 같이, 개인의 권리행사에 아무런 제약을 두지 않았기 때문에 자기의 권리를 행사하는 한 권리남용을 생각할 여지가 없었다.[18)]

---

13) 박정호(주 1), 206; 김상용(주 10), 110.
14) 구주해(1), 183(윤용섭).
15) 구주해(1), 183(윤용섭).
16) 구주해(1), 183(윤용섭).
17) 구주해(1), 183(윤용섭); 백태승, 103; 김용희, "권리남용금지의 법리에 관한 연구", 민법학의 현대적 과제(매석 고창현 박사 화갑기념), 1987, 31.
18) 김용희(주 17), 32. 로마법에서는 이웃 사람에게 필요한 물을 주지 않기 위하여 자기의 토지에서 물을 마음대로 퍼내어 버릴 수 있었으며, 이웃집에 일광(日光)이 비치는 것을 가

그러나 로마법에서도 권리가 무제한하게 인정되는 것은 아니었다. 소유권의 경우 ① 타인의 재산권(이른바 역권(役權))의 보호를 위한 제한, ② 상린관계(相隣關係)에 있어서 이웃의 이익을 위한 권리의 제한, ③ 공공의 이익을 위한 권리의 제한 등이 따르고 있었다.[19] 권리의 행사가 권리자에게 아무런 이익을 가져오지 않고 단지 타인을 해하기만 하는 예외적인 경우에는 "악의의 항변"(exceptio doli)에 의하여 권리의 남용으로서 금지되었다.[20] 이를 이른바 "시카네(Schikane)의 금지"라 부른다. 그러나 이러한 권리남용금지의 원칙도 특별규정의 형식으로 주로 소유권의 특수한 행사에 관하여 개별적으로 인정되는 것일 뿐 이 법리가 권리행사의 모든 경우에 적용될 수 있는 일반원칙으로 발전된 것은 아니었다.[21]

2. 게르만법

단체본위의 법사상을 특색으로 하는 게르만법[22]에서는 권리는 절대적이거나 무제한한 것이 아니었다. 모든 권리는 타인의 이익을 고려하여 절제 있게 고려되어야 했고, 권리를 행사함으로써 자기의 이익을 도모하려는 한 가지 생각에서 권리행사의 한계를 뛰어 넘어 사회공공의 복리를 해하거나 또는 불필요하게 타인을 해할 목적을 가지고 권리를 행사하여 사회가 권리를 허여한 정신에 위반하는 자에 대해서는 그것을 권리의 남용이라고 하여 그 권리를 부인하였다.[23]

로막기 위하여 경계선 가까이 필요 없는 높은 건물을 지을 수 있었다.

19) 김용희(주 17), 32-33. 상린관계에 따른 소유권 제한에 관해서는 관습법시대부터 상당히 세밀하게 제도화되어 있었다. 12표법에도 상린관계에 따른 소유권의 제한이 있다.

20) 구주해(1), 184(윤용섭); 이은영, "토지의 경계침범과 권리남용에 관한 법적 고찰", 한국외국어대 외법논집 36-3, 2012, 53.

21) 구주해(1), 184(윤용섭). 로마법에서 권리남용을 금지한 것은 시민법(법률과 시민의 특유한 관습으로 이루어지고, 시민권을 가진 자에 대하여 적용되며, 엄격한 형식주의에 따른다)이 아니고 법무관법(법무관은 그 취임 초에 자기의 임기 중 취할 재판의 방침 등을 고시하는 관습이 있었고, 그 고시에는 신의칙, 규정의 보충과 개폐 등 다양한 내용이 포함되어 있었다)이다. 결국 로마법에서는 권리행사의 자유가 실체적으로 변경되지 아니하고 단지 소송상으로 수정된 것에 지나지 않는다고 본다. 이에 관한 상세한 내용은, 황적인, 로마법·서양법제사, 1981, 30-31, 150 참조.

22) 김용희(주 17), 32. 게르만법이 형성된 중세에 게르만민족은 혈연, 지연, 종교, 직업 등을 계기로 수많은 단체를 이루고 생활하고 있었다. 단체를 이탈하여 독립한 개인으로서 존립할 수 없으며, 그 생활을 규율하는 법도 개인주의 법이 될 수 없고, 어디까지나 단체를 중심으로 규율하는 단체주의의 법이라는 성격이 강했다.

23) 김용희(주 17), 33.

로마법에서는 권리가 절대성·무제한성을 가지고 있으며, 그 행사는 원칙적으로 자유이기 때문에 권리의 남용을 금지하는 규정은 개별적으로 생겼지만, 게르만법에서는 권리는 본질적으로 그 안에 의무를 내포하고 있어서 절대성·무제한성이 없으며, 그것을 행사함에 있어서 자유라는 것도 처음부터 부정되었고, 제한적으로만 행사할 수 있다는 것이 원칙으로 되어 있었다.[24]

3. 프랑스법

근대민법 중에서 개인주의적·자유주의적 법사상을 가장 충실하게 반영하고 있는 프랑스민법[25]은 권리의 절대성을 강조하고 권리남용금지에 관하여 명문으로 규정하지 않았다.[26] 그러나 1855.5.2. 꼴마르(Colmar) 항소법원의 판결[27]과 1856.4.18. 리용(Lyon) 항소법원의 판결[28]을 계기로 하여 프랑스에서도 학설과 판례가 권리남용금지의 법리를 인정하고 있다. 위 판결 이후 프랑스에서 권리남용에 관하여 많은 판례가 집적되었는데, 판례와 학설이 들고 있는 권리남용금지의 표지로는 가해의사 및 이에 버금가는 주관적 의식내용, 권리행사에 있어서의 과실, 정당한 이익의 흠결, 권리의 사회적 기능에의 배반 등이다. 특별법 분야에서는 개별적으로 금지규정이 명문화되기도 하였다.[29]

---

24) 김용희(주 17), 33. "권리의 남용을 금지한다"는 법리를 채택하여 명문 규정을 둔 국가가 게르만법의 법리를 수계하였다고 본다. 1794년에 제정된 프로이센 보통법(Allgemeines Landrecht für die preussishenstaaten) § 27, § 28는 "누구도 타인을 괴롭히고 또는 해하기 위하여 소유권을 남용할 수 없다"고 규정하였는데, 이는 근대법전에 처음으로 규정된 것이고, 그 후 제정된 민법전의 선구가 되었다.

25) 곽윤직·김재형, 41.

26) 구주해(1), 184(윤용섭); 주석 총칙(1), 223(제4판/백태승).

27) 구주해(1), 184(윤용섭); 김용희(주 17), 34; 고상룡, 54. 소유권에 관한 Doerr 사건(Colmar, 2 mai 1855, D.P. 1856.2.9. Doerr v. Keller)이다. 위 판결은 이웃의 채광을 방해하여 괴롭히기 위한 목적으로 이웃집의 창에 접한 자기 집의 옥상에 필요 없는 굴뚝을 축조한 소유자에 대하여 철거와 손해배상을 명한 사안이다. "소유권과 같은 절대적 권리도 다른 권리와 마찬가지로 진실로 정당한 이익을 만족시키기 위한 범위 내에서 행사되어야 하고, 그것이 만일 악의에 의한 행동으로 보여지거나 또는 자신에게는 아무런 이득도 없이 타인에게 중대한 손해를 주는 행동인 때에는 도덕과 형평의 원칙에 따라 법원이 이를 허용할 수 없다"고 판시하였다.

28) 김용희(주 17), 34; 고상룡, 54. 토지 소유자가 인접지에서 솟아나는 광천을 고갈시켜 인접지 소유자에게 손해를 가할 의도로 자기 토지에 우물을 파서 펌프로 물을 올려 하천에 버린 사건(Lyon, 18 avril 1856, Rép, gén. V° propriéte, n°199)이다. "이러한 행위는 악의로 인용되지 않는다는 원칙에 비추어 프랑스 민법 § 1382의 적용에 의하여 과실의 책임을 져야 한다"고 판시하였다.

29) 구주해(1), 184(윤용섭).

프랑스의 권리남용금지 법리의 발전은 3시대로 나누어 볼 수 있다.[30] 제1기는 19세기 말까지로 개별적 접근방식에 의한 이론의 구성이 시도되었다. 제2기는 1920년경까지로 통합적 이론구성이 시도되었다. 그 후 제3기는 권리 개념에 대한 근본적 고찰을 시도함과 아울러 권리남용금지를 법률의 공공복지 적합화를 위한 수단으로 하는 데에 이르렀다.[31] 현재 프랑스의 민법이론은 당초의 가해목적을 중시하는 입장으로부터 정당한 이익의 흠결, 권리의 사회적 기능에의 위배, 이익균형의 파괴 등의 객관적 사정을 중시하는 입장으로 이행되었다.[32]

4. 독 일 법

독일민법의 제정에 즈음하여 1877년 제1초안은 시카네(Schikane)의 금지에 관하여 몇몇의 개별규정을 두었으나 일반규정을 두지는 않았다.[33] 권리자가 갖는 이익은 각양각색이어서 권리의 행사방법에 의하여 의도된 이익을 부당한 것으로 단정하는 것은 극히 곤란하다는 점과 시카네(Schikane) 금지의 일반규정을 두면 그 자체를 남용할 폐단이 생길 수 있다는 점을 이유로 하였다.[34][35]

제2초안에는 일반적 악의의 항변의 형식에 의한 제안이 있었는데, 그 내용은 "청구권의 행사가 사정에 따라 선량한 풍속에 반하는 것으로 인정되는 경우에는 상대방은 이의를 제기하여 그것을 배척할 수 있다"는 취지였다.[36]

---

30) 구주해(1), 184(윤용섭).
31) 구주해(1), 184(윤용섭).
32) 구주해(1), 184(윤용섭).
33) 곽윤직·김재형, 42. 제1초안이 발표되었을 때 사회의 여러 방면에서 너무 로마법적이고 개인주의적이라고 맹렬하게 비판하였다.
34) 구주해(1), 185(윤용섭); 김용희(주 17), 35. 법질서는 인간의 공동사회에 이바지하는 데 적당한 권리만을 인정하는 것으로 만족하여야 한다는 견해를 취한 것이다.
35) 제1초안에 대하여 Gierke는, "독일 고유의 법률사상에 있어서 권리는 언제나 반면에 의무를 수반하는 것이며, 이 사상에 기인하여 이미 프로이센 보통법은 시카네(Schikane)에 의한 권리행사 및 소유권의 남용을 금지하고 있는데(§28 누구도 소유권을 타인에게 모욕이나 해를 끼치도록 행사하여서는 아니된다), 초안은 로마법적 사상의 영향에 따라 이점을 돌보지 아니한다"고 비판하였고(Gierke, Der Entwurf eines bürgerlichen Gesetzbuchs und das deutsche Recht, 1889, S.138), Schmoller는 "소유권을 포함하는 권리범위, 특히 시카네(Schikane)를 금지하는 규정이 있어야 한다"고 주장하였다(Vgl Blümue, S.122, Martin, Das Schikanenverbot, 1907, S.34). 위 내용은, 김용희(주 17), 36에서 재인용
36) 구주해(1), 185(윤용섭).

"청구권의 행사가 권리자로서는 하등의 이익이 없고 상대방에게는 중대한 불
이익을 주는 것임이 명백한 경우"와 같이 보다 구체적으로 정한 대안이 제시
되기도 하였다.[37] 이러한 초안이나 대안이 모두 반대론에 부딪쳐 부결되었으
나, 1896년 제3초안에서는 연방의회(Bundesrat)의 결의에 따라 소유권에 대
해서 "타인에게 손해를 주는 것만을 목적으로 하는 소유권의 행사는 허용되지
않는다"고 하여 시카네(Schikane) 금지에 관한 일반규정을 두게 되었다.[38]

제국의회 위원회(Reichstagkommission)는 Windscheid의 이론에 따라 모든
권리행사에 적용되어야 한다는 입장에서 총칙편 제6장 '권리의 행사, 자위(自
衛), 자조(自助)'의 첫머리에 §226로 삽입하였다.[39]

그런데, 위 규정은 권리남용에 관하여 가해의사라는 주관적 요건만을 정하
고 있어 객관적으로 보면 마땅히 권리남용의 경우로서 금지하여야 할 것으로
인정되는 때에도 권리행사자의 주관적 가해의사를 입증하지 못한 경우에는 그
권리행사를 저지할 수 없는 불합리를 드러내게 되었고,[40] 이 때문에 학설과 판
례[41]는 그 해결책으로 독민 §826의 공서약속규정[42]의 의미에 양속에 반하는
권리행사는 허용되지 아니한다는 규명명제가 포함된 것으로 해석하여 이를 시
카네(Schikane) 금지규정보다 더욱 포괄적인 권리남용금지규정으로 승화시켜
나가는 한편 모든 권리남용이 양속위반의 형태로 나타나는 것이 아님을 감안
하여 독민 §242의 신의칙규정을 절대권에까지 확대 적용함으로써 권리남용에
있어 "가해의사라는 주관적 징표에서 객관적 이익교량이라는 객관적 사정"을
강조하는 입장으로 나아가고 있다.[43]

---

37) 구주해(1), 185(윤용섭).
38) 곽윤직·김재형, 81; 김용희(주 17), 36. 시카네(Schikane) 금지에 관한 일반규정을 두
    었다고 하여 권리 행사의 자유를 근본적으로 수정한 것은 아니었다. 권리 자유의 원칙을
    수정하는 의미에서 진정한 권리남용 금지가 확립된 것은 권리의 공공성·사회성이 인정되
    면서부터이다.
39) 구주해(1), 186(윤용섭); 주석 총칙(1) 223(제4판/백태승); 김용희(주 17), 36.
40) 주석 총칙(1), 224(제4판/백태승). 주관적 요건을 입증하기 매우 곤란하여 실제로 독민
    §226는 그 적용례가 매우 드물다.
41) 김용희(주 17), 36. 독민 §226의 적용범위가 제한적이기 때문에 이 결점을 보완하는 방
    법으로 학설과 판례는 보통법상의 '악의의 항변(exceptio doli)'을 해석에 의하여 독일민
    법에 도입하였다.
42) 독민 §826(양속위반의 불법행위규정) 선량한 양속에 반하는 방법으로 고의로 타인에게
    가해를 가한 자는 그 타인에 대하여 손해를 배상할 의무를 진다.
43) 구주해(1), 186(윤용섭); 주석 총칙(1), 224(제4판/백태승). 독민 §226의 시카네
    (Schikane) 금지규정으로부터 벗어나 권리남용의 요건을 객관화한다는 평가를 받는다.

5. 일 본 법

(1) 구법 시대

일본의 구민법이 제정된 1896년 당시는 권리행사 자유의 원칙이 인식되어 확립되기 시작한 시대였다. 이와 같은 시대적 배경에서 권리의 절대적 자유를 원칙으로 삼고 있었기 때문에 권리남용에 관하여도 아무런 규정을 두지 않았다.[44] 그러나 프랑스를 중심으로 한 유럽의 학설과 판례의 영향을 받아 일본 내에서도 권리남용이론이 논의되기 시작하였고, 판례도 권리남용이론을 적용하여 입법의 결함을 시정하였다.[45] 당시 판례는 재산법상으로는 수리권(水利權)의 분쟁을 중심으로, 신분법상으로는 호주권을 둘러싼 다툼을 통하여 권리남용의 법리를 형성하였다.

상류에 새롭게 논을 만들어 골짜기의 물을 사용하는 수리권과 관련한 판결[46]에서, "오랜 전부터의 관행에 따른 하류 연안 소유자의 이익 및 국가의 공익을 고려하여 볼 때, 상류연안 소유자의 계수사용권은 하류연안 소유자의 사용권을 침해하지 아니하는 범위에서 그친다"고 하여 재산권에도 한계가 있음을 판시하였다. 다만, 수리권은 관습상의 물권이고, 그 제한도 촌락공동체가 관습적으로 용인하여 온 규칙에 의한 것이었는바, 아직 근대적 소유권에 대한 권리행사상의 제한은 아니라고 평가되고 있다.[47] 이와 같은 관점에서 수리권과 대비하여 관습상으로 불명확한 온천이용권에 대하여는 위와 다른 판단[48]을 하였다.

한편, 신분법상 호주권과 관련한 판례[49]가 그 한계를 가해의사라고 하는 주관적 요건이 아닌 가적(家籍)의 정리에 필요한 범위라고 하는 객관적 기준에서 찾았다는 점이 주목할 만하다.[50]

위 판례들을 권리남용의 효시라고 평가하기도 하나, 위 판례들의 내용은 권리행사의 자유가 인정되지 아니하는 공동체적 수리권이나 가족제도하에서의 호

---

44) 구주해(1), 187(윤용섭).
45) 구주해(1), 187(윤용섭); 김용희(주 17), 38. 권리의 행사가 제3자에게 가해할 목적이 없고 자신의 이익추구를 위하여 행하여진 때에는 비록 제3자의 이익을 침해한다고 하여도 권리행사자에게 손해배상책임이 없다고 하여 권리남용의 주관적 요건인 시카네(Schikane) 금지에 따랐다.
46) 日大判 1899(明 32).2.1, 民錄 5-2, 1.
47) 菅野耕毅, 權利濫用の理論―民法の硏究 V-(2002), 35.
48) 日大判 1905(明 38).12.20, 民錄 11-29, 1702.
49) 日大判 1901(明 34).6.20, 民錄 7-6, 47.
50) 구주해(1), 187(윤용섭).

주권과 같은 이른바 전근대적인 권리에 관한 것이다. 따라서 위 판례들이 그 후에 이루어진 권리남용이론 전개의 기초가 될 수는 없었다고 평가하고 있다.[51]

권리남용을 정면에서 논하거나 권리행사의 한계를 생활방해와의 관계에서 논하는 등 이 시대의 학계에서 이루어진 논의의 성과는 그 후의 연구 발전에 기여하였을 뿐만 아니라 다음 시대의 판례 전개에도 영향을 주었다.[52] 그러나 명치(明治)시대에는 다른 나라의 학설이나 판례를 소개하는 정도에 그칠 수밖에 없었고, 일본 독자의 법해석원리로서 그 이론을 재구성하는 것까지는 이르지 못하였다.

그 후 대정(大正)시대에 이르러 자본주의 경제가 비약적으로 발전하다가 제1차 세계대전 이후에는 공황 상태가 상당 기간 지속되면서, 자본주의 경제의 모순점이 드러나기 시작한다. 이러한 시대의 배경 아래 노동관계법 · 차지법(借地法) · 차가법(借家法) 등 사회정책적 입법이 이루어지기 시작하였고, 시민생활의 변화에 대응하여 구체적 타당성을 중시하는 법해석이론이 우세해지면서 공서양속 · 신의칙 · 권리남용 등의 개념이 그 기능을 발휘하게 되었다.[53] 특히, 근대적 토지소유권 또는 영업권과 관련하여 권리남용을 적용한 판례가 나타나기 시작하였는데, 대심원은 권리행사가 불법행위로 될 수 있음을 인정하고, 생활방해에 관하여 본격적으로 권리남용의 법리를 적용하기 시작하였다. 대표적 판례로서 '신현공기괘송사건(信玄公旗掛松事件)'[54]을 들 수 있다. 국철의 조차장에 설치된 1칸 미만의 기차가 계속 주행하면서 매연을 발산하여 인근의 신현공기괘송(信玄公旗掛松)이라는 유서 있는 나무를 고사시킨 사건으로, 대심원은 "철도의 설치는 권리의 행사이나 매연예방의 방법을 강구하지 않은 것은 권리남용이 되고, 사회관념상 피해자가 용인하여야 한다고 일반적으로 인정되는 정도를 넘어선 권리의 행사는 불법행위를 구성한다"고 판시하였다.[55] 특히 위 판례는 '사회관념'이라고 하는 객관적 기준을 도입한 점, 기차 운전이라고 하는 공공적 기업의 권리행사를 제한한 점, 그 대상이 국가사업이었던 점 등에서 획기적인 판결로 주목받았고, 권리남용이론과 관련한 학설에도 큰 영향

---

51) 菅野(주 47), 39.
52) 菅野(주 47), 39.
53) 구주해(1), 187(윤용섭); 菅野(주 47), 40.
54) 日大判 1919(大 8).3.3, 民錄 25, 356.
55) 구주해(1), 187(윤용섭); 김용희(주 17), 38.

을 주었다.[56] 다만, 위 판례에 따르더라도 사회관념상 일반적으로 인정되는 정
도를 넘어선 경우에 불법행위로서 손해배상책임을 부담할 수 있다는 점을 인
정한 것에 그치는 것이고, 권리행사 자체가 허용되지 않는다고 한 것까지 이
른 것은 아니다. 권리남용이론의 동향의 관점에서 볼 때 다소 소극적이라고 평
가받는 이유도 이러한 점에 있다.[57] 이 시대의 권리남용과 관련한 학설은 사
회성·공공성을 근거로 권리남용을 금지할 수 있다는 점에 대하여 공통된 견
해에 도달하였는바, 이로써 권리남용이론이 학설상 정착하였다고 평가하고 있
다.[58]

　　소화(昭和)시대 전기에는 권리남용의 학설과 관련하여 크게 새로운 진전은
보이지 아니하였고, 다만 소유권을 중심으로 하여 주목할 만한 판례가 나오기
시작하였다. 특히, 소유권을 방해받은 사람의 방해배제청구가 권리남용이 되는
사례들이 보이기 시작하였다. 대표적으로 '우내월온천사건(宇奈月溫泉事件)'[59]
이 있는데, 침해에 대한 수동적인 방해배제청구권의 행사가 권리남용이 되는
지에 대해 판단한 최초의 판례로 평가되고 있다. 온천을 경영하는 한 철도회사
가 약 7.5km에 이르는 인탕관을 설치하면서 약 2평의 토지에 관하여 적법하
게 이용권을 설정하지 못한 채 위 토지를 통과하게 되자, 그 토지의 양수인이
위 토지를 포함하여 인접한 토지 약 3,000평을 시가의 수십 배에 매수할 것을
요구하고 이에 불응하는 위 철도회사를 상대로 위 인탕관의 철거를 구한 사안
에서, ① 위 인탕관의 철거로 온천수의 공급이 중단되면 사업경영에 막대한 지
장을 주어 주민생활도 곤궁해지고, ② 위 토지를 우회하여 인탕관을 설치하는
데 막대한 비용과 공사비용이 소요되며, ③ 대체지를 찾는 것이 곤란하고, ④
위 토지는 급경사의 황무지로서 이용가치가 없으며, ⑤ 소유자가 위 인탕관이
통과하는 사실을 알고 토지를 양수한 사실 등을 사실관계로 확정하면서 상대
이익과의 균형 파괴, 가해의사, 적법한 이익의 결여, 권리의 경제적·사회적 목
적에의 배반 등을 이유로 토지소유자의 권리행사가 권리남용에 해당한다고 판
시하였다. 위 판례는 과거의 판례와 달리 제반 사정을 구체적으로 열거하면서
귀납적으로 권리남용을 인정하는 형태를 취하고 있는데, 권리남용의 요건이
'주관적 요건'으로부터 대립당사자 및 사회일반의 이익의 비교교량이라는 '객

---

　56) 菅野(주 47), 46.
　57) 菅野(주 47), 46.
　58) 菅野(주 47), 46.
　59) 日大判 1935(昭 10).10.5, 民集 14, 1965.

관적 요건'으로 이전하는 과정에서 그 중간에 선 판례라고 평가되고 있다.[60][61]

(2) 현대법 시대

소화시대 후기에는 권리의 사회성·공공성이 더욱 강조되어, '공공의 복리' 및 종전의 학설과 판례가 받아들이고 있었던 '신의칙', '권리남용금지 원칙'이 사권(私權)과 그 행사의 원칙으로서 개정 민 § 1에 규정되기에 이른다.[62] 이와 같이 3개의 원칙을 민법전 모두(冒頭)에 하나의 조문으로 규정함으로써 '권리의 공공성'의 이념을 명확하게 한 것이라고 평가받고 있다. 이와 같이 권리남용이 성문화됨에 따라 종래 주로 물권법이나 신분법에 한정하여 적용되던 것이, 채권법이나 기타 영역까지 확대되게 되었다.[63]

이 시대의 판례는 소유권에 기한 사용수익권·방해배제청구권·인도청구권 뿐만 아니라 채권법의 영역, 신분법, 어음수표법, 노동법, 소송법 등의 영역에 이르기까지 광범위한 영역에 걸쳐 권리남용이론이 적용되었다. 다만, 하급심에서 권리남용이론을 적극적으로 수용하였던 것에 비하여 최고재판소에서는 권리남용 이론의 적용에 있어 신중한 태도를 보였으나, 소화 40년대에 이르러서는 최고재판소도 권리남용 이론을 적극적으로 적용하기 시작하였다.[64] 소화시대 전기부터 사회경제적 손실이라든가 일반 공공의 이익, 일반 공중의 이해관계 등 토지 소유자의 이해관계와 비교형량하여 객관적 요건만을 중시하고, 권리자의 가해의사의 존부 등 주관적 요건을 경시하는 판례가 나오기 시작하였는데, 소화시대 후기의 '판부기지사건(板付基地事件)'[65]을 계기로 하여 주관적 요건의 필요성을 재인식하게 되었다. 토지소유자가 국가를 상대로 하여 임대 기간의 만료를 이유로 공차기지(空車基地)의 일부로 사용되고 있던 토지의 인도를 구한 사안에서 ① 본건 토지가 이미 400억 엔 이상의 비용이 투입된 공차기지시설의 일부이고, ② 가솔린 저장고가 설치되어 있으며, ③ 토지 인도 시 다액의 비용이 소요되고, 기지 사용에 막대한 불편을 초래한다는 사실을 인

---

60) 구주해(1), 188(윤용섭); 菅野(주 47), 52.

61) 다만, 위 판례에 대해서 이익비교교량 여하에 따라서 권리남용이론이 지나치게 남용되고 있다는 비판은, 靑山道夫, "わが国における權利濫用理論の發展", 末川先生古稀記念『權利の濫用(上)』, 1962, 35; 伍十嵐淸, "權利の濫用", 石田喜久夫 編『民法 I』, 1977, 17 참조.

62) 구주해(1), 188(윤용섭).

63) 菅野(주 47), 68.

64) 일조방해에 대하여 권리남용이론을 적용한 판례는, 日最判 1972(昭 47).6.27, 民集 26-5, 1067 참조.

65) 日最判 1965(昭 40).3.9, 民集 19-2, 233; 判時 402, 25; 判夕 175, 104.

정한 다음, 토지 인도로 인하여 국가가 입는 손해와 토지 소유자가 얻는 이익을 비교하여 볼 때, 토지 소유권 침해에 대하여 불법행위나 부당이득 관련 절차에 의한 구제는 별론으로 하고, 이와 같이 원상회복을 구하는 토지 인도 청구는 사권(私權)의 본질인 사회성, 공공성을 무시한 과도한 청구로 허용되기 어렵다고 판시하였다.[66] 이 시대에는 권리남용의 법리가 다양한 방면에 비교적 손쉽게 적용되어 권리남용이론의 남용이 문제가 될 정도에 이르렀다.[67]

6. 스위스법

스민 §2 Ⅱ은 "권리의 명백한 남용은 법의 보호를 받지 못한다"고 규정하고 있다.[68] 여기서 권리자의 가해목적이라는 주관적 요소는 권리남용을 인정하기 위한 요건은 아니며, 이러한 규정은 권리 본래의 사회적 목적을 벗어난 행사가 있는지 여부를 표준으로 권리남용을 최초로 인정하였다고 평가된다.[69]

7. 영 미 법

영미법에서는 권리와 남용이라는 법적으로 모순되는 개념을 결합시키지 않고 권리행사에 관한 제한적 법리를 개별적 또는 객관적 요소를 기초로 하여 설정하는 방안을 채택함으로써 법적 안정성을 유지하면서 권리남용으로 인한 사회적 폐해를 시정하고 있다.[70] 영국에서는 보통 권리행사의 동기(motive) 또는 악의(malice)의 문제로서 토지소유자의 권리행사의 경우, 경쟁과 공동모의의 경우, 명예훼손의 경우, 법적 절차의 남용 등을 다루고 있고, 미국의 경우는 절차의 악의적 남용, 악의에 의한 기물파괴, 악의적 행위에 대한 징벌적 손해배상 등을 들 수 있으나 이러한 것들은 대륙법계보다 괄목한 판례법이론은 아니다.[71] 이는 영미법이 판례법의 체계를 갖추고 있어 권리의 내용 자체가 개별적 사건들에 대한 판결의 집적을 통하여 형성되므로 굳이 권리남용의 법리를 원용하지 않더라도 구체적 타당성 있는 결론을 도출할 수 있기 때문인 것으로

---

66) 구주해(1), 188(윤용섭); 한편 권리의 사회성·공공성만을 강조하여 쉽게 권리남용을 인정하였다는 비판 등 이 판결에 대한 다양한 견해는, 菅野(주 47), 69-70 참조.
67) 구주해(1), 189(윤용섭).
68) 주석 총칙(1) 224(제4판/백태승); 백태승, 103. 우리 민법과 일본 민법은 스위스 민법을 이어 받은 것이라고 일반적으로 설명한다.
69) 곽윤직·김재형, 82.
70) 구주해(1), 189(윤용섭).
71) 구주해(1), 189(윤용섭).

보인다.[72]

8. 우리 민법

권리남용금지에 관하여 명문의 규정이 없던 구민법(^{의용}_{민법}) 시대에는 학설과 판례[73]가 생활방해 및 소유권을 중심으로 하여 이 법리를 전개하였다.

현행 민법은 §2 Ⅰ에서 신의성실의 원칙을 규정하고 §2 Ⅱ에서 권리남용 금지의 원칙을 규정하고 있는데, 이와 같이 권리남용금지의 원칙을 일반조항 으로 그 모두(冒頭)에 둔 이유에 관하여 독일 민법의 영향을 받은 구민법시대 부터 이미 학설과 판례가 인정하던 권리남용금지의 법리를 스위스민법의 규정 형식을 본받아 성문화한 것이라고 설명하고 있다.[74] 물론 권리남용의 법리가 私法 전체의 지도 원리로 승격된 것은 사권(私權)의 사회성·공공성에 대한 인 식을 바탕으로 하므로 민법의 이 규정의 배후에는 재산권행사의 공공복리 적 합의무를 선언한 헌법의 규정이 있음을 잊어서는 안 된다.[75] §2 Ⅱ은 강행규 정이다.[76]

§2 Ⅱ은 명확성 원칙에 위배되지 않고, 헌법상 재산권을 침해하지도 않는 다.[77]

---

72) 구주해(1), 189(윤용섭).
73) 대판 59.12.10, 4291민상730, 731(정보) 등.
74) 구주해(1), 190(윤용섭); 주석 총칙(1) 224(제4판/백태승); 곽윤직·김재형, 82; 고상룡, 56(스위스 민법에서 요건으로 하고 있는 '명백한 남용'이라는 제한이 없다는 점에서 우리 민법이 더 앞서는 입법이라는 견해).
75) 구주해(1), 190(윤용섭).
76) 강태성, 민법총칙, 제4판, 2011, 89; 대판 61.12.7, 4294민상174(정보); 대판 89.8.29, 88다카17181(공 89하, 1576); 대판 95.12.22, 94다42129(공 96상, 473) 등.
77) 헌재(전) 13.5.30, 2012헌바335(헌공 200, 654). §2 Ⅱ에서 말하는 '권리의 남용'이란 권리의 행사가 외관상으로는 적법하게 보이지만 실질에 있어서는 권리의 공공성·사회성 에 반하거나 권리 본래의 사회적 목적을 벗어난 것이어서 정당한 권리의 행사로 볼 수 없 는 것으로 해석할 수 있다. 또한 권리의 남용에 해당하는지 여부는 사법심사를 통해 판단 할 사안인 점, 법원은 "권리의 행사가 주관적으로 오직 상대방에게 고통을 주고 손해를 입 히려는 데 있을 뿐 이를 행사하는 사람에게는 아무런 이익이 없고, 객관적으로 사회질서 에 위반된다고 볼 수 있으면, 그 권리의 행사는 권리남용으로서 허용되지 아니한다."라고 하여 권리남용에 해당하는 범위를 제한하고 있는 점 등에 비추어 보면, §2 Ⅱ은 명확성원 칙에 위배된다고 볼 수 없다. §2 Ⅱ은 권리의 사회성·공공성의 원리를 규정한 것으로, 헌 법 §23 Ⅱ이 재산권의 사회적 기속성을 선언한 것을 구체화한 것으로 볼 수 있어 입법목 적의 정당성이 인정되며, 위 조항은 구체적인 사건을 개별 법조항에 의해 적정하게 해결 할 수 없는 경우에 한하여 적용되고, 법원이 권리남용의 주관적 요건과 객관적 요건을 구 체적으로 제시하여 그 적용 범위를 합리적으로 제한하고 있다는 점에 비추어 보면, §2 Ⅱ 은 헌법상 재산권을 침해하였다고 볼 수 없다.

Ⅲ. 요　　건

1. 권리의 행사·불행사

(1) 권리남용으로 되기 위해서는 우선 권리가 존재하고 그 권리가 권리자에 의하여 적극적이든 소극적이든 행사되어야 한다.[78)79)] 즉, 권리의 행사라고 볼 수 있는 행위가 있어야 하는데, 이는 당연한 요건이고,[80)] 권리남용여부는 권리행사 당시를 기준으로 판단하게 된다.[81)] 여기서 권리는 그 내용에 따라 보호의 범위를 달리할 뿐 절대권·상대권을 불문하고 모든 권리가 그 대상이 된다. 따라서 ① 생명·신체·자유·명예·정조 등과 같이 사람과 분리할 수 없는 인격권, ② 친(親)·자(子)·부(夫)·처(妻)·친족(親族)과 같은 가족관계의 지위에 수반하는 신분권, ③ 구체적 재화를 직접 지배·이용하는 물권, 타인에게 재산적 행위를 요구하는 채권 내지는 저작·발명 등을 독점적으로 이용하는 지식재산권 등을 포함하는 재산권, ④ 주식회사 등 단체의 구성원의 지위에 따른 사원권 등 모든 권리가 남용이 대상이 될 수 있다.[82)]

(2) 「권리의 불행사」에 관해서도 남용을 인정할 수 있는지 문제된다. 이론상 불가능하지 않고,[83)] 학설도 대체로 권리의 불행사가 남용이 될 수 있음을 인정한다.[84)] 학설이 제시하는 경우는 ① 정당한 소유권의 불행사, ② 미성년자인 子에 대한 부모의 정당한 사유 없는 동의권 불행사, ③ 임차권 양도에 대한 임대인의 정당한 사유 없는 불승낙 등이 있다.[85)]

실효원칙과 관련하여 권리의 불행사를 권리남용으로 설명하는 견해가 있

---

78) 구주해(1), 190(윤용섭).
79) 곽윤직·김재형, 82. §2 Ⅱ은 권리남용 금지의 법이념을 선언하고 있을 뿐이고 그 요건이나 효과를 정하고 있지 않을 뿐만 아니라 그러한 요건이나 효과는 각종 권리의 내용에 따라 다른데, 모든 권리에 공통하는 것을 들 수 없기 때문이라고 설명한다.
80) 곽윤직·김재형, 82.
81) 주석 총칙(1), 225(제4판/백태승).
82) 구주해(1), 190(윤용섭).
83) 구주해(1), 190(윤용섭).
84) 곽윤직·김재형, 82; 강태성(주 76), 89; 이영준, 85-86; 이은영, 88('부작위에 의한 행사'라고 표현); 백태승, 104; 김상용(주 10), 120; 김증한·김학동, 민법총칙, 제9판, 1995, 81; 서광민·박주영, 민법총칙, 제2판, 2014, 120.
85) 후자의 둘은 그 자체가 묵시적 동의·승낙이라고 인정되지 아니하는 경우 부동의 또는 불승낙의 형태로 권리가 소극적으로 행사된 것으로 보아야 하고, 순수한 사법(私法)관계에서 권리의 불행사가 남용이 되는 경우는 친권을 제외하고는 없다고 보는 견해는, 구주해(1), 191(윤용섭) 참조.

다.[86] 권리자가 실제로 권리를 행사할 수 있는 기회가 있어서 그 권리행사의 기대가능성이 있었는데도 상당한 기간이 지나도록 권리를 행사하지 아니하여 의무자인 상대방으로 하여금 이제는 권리자가 권리를 행사하지 아니할 것으로 신뢰할 만한 정당한 기대를 가지게 된 다음에는 새삼스럽게 그 권리를 행사하는 것이 법질서 전체를 지배하는 신의성실의 원칙에 위반하는 것으로 인정되는 결과가 될 때에는 '실효의 원칙[87]'에 따라 그 권리의 행사가 허용되지 않는데, 이것을 권리남용의 일종으로 본다.[88]

이에 대하여 부정설은 친권을 제외하고는 불성실한 불행사 자체가 남용으로 되지는 않으나[89] 권리가 계속 불행사되는 단계에서는 오히려 남용의 문제가 발생할 여지가 없고, 남용의 문제는 그와 같이 권리를 불행사하다가 갑자기 이를 행사하려 할 때 비로소 생기는 것이므로 그 시점에서 권리남용으로 구성하는 것이 옳다는 견해가 있다.[90][91]

(3) 한편 다수설은 엄격한 의미의 권리행사만을 의미하는 것이 아니라 널

---

86) 곽윤직·김재형, 82-89; 강태성(주 76), 90; 이영준, 789-798; 한편 불행사의 예로 실효의 원칙을 드는 것에 대한 반론은 권오승, 민법특강, 1994, 46 참조.
87) 곽윤직·김재형, 80. '실효의 이론'은 제1차 세계대전 후 독일의 판례에서 나타나기 시작하여 지금은 신의칙을 바탕으로 하는 하나의 원칙으로 승인되어 있다.
88) 곽윤직·김재형, 80. 이 학설은, 실효의 원칙이 적용되기 위하여 필요한 요건으로서 실효기간(권리를 행사하지 아니한 기간)의 길이와 의무자인 상대방이 권리가 행사되지 않을 것으로 신뢰할 만한 정당한 사유가 있었는지 여부는 일률적으로 판단할 수 있는 것이 아니라 구체적인 경우마다 권리를 행사하지 아니한 기간의 장단과 함께 권리자 측과 상대방 측 쌍방의 사정 및 객관적으로 존재한 사정 등을 모두 고려하여 사회통념에 따라 합리적으로 판단하여야 한다는 대법원 판례[대판 92.1.21, 91다30118(공 92, 882)]를 설명하면서, ① 근로자가 퇴직금 등을 수령하면서 아무런 이의의 유보나 조건을 제기하지 않았다면 해고처분을 유효한 것으로 인정하였다고 할 것이므로 해고의 효력을 다투는 소를 제기할 수 없다고 본 사례[대판 91.10.25, 90다20428(공 91, 2816); 대판 92.3.13, 91다39085(공 92, 1303); 대판 93.4.13, 92다52085, 52092(공 93, 1389); 대판 96.11.26, 95다49004(공 97, 44) 등], ② 매매계약의 해제권이 발생한 후 1년 4개월 동안이나 이를 행사하지 않고 오히려 잔존채무의 이행을 최고하였기 때문에 상대방은 이제는 해제권을 행사하지 않을 것으로 믿고 있었는데, 새삼스럽게 해제권을 행사하는 것은 신의칙상 허용되지 않는다고 본 사례[대판 94.11.25, 94다12234(공 95, 84)], ③ 계쟁토지가 학교의 교사부지 등으로 사용되어 있음을 알면서 양수한 후 20년 가까이 인도청구를 하지 않았다면 부당이득반환청구는 몰라도 토지 자체의 인도청구는 신의성실의 원칙상 허용되지 않는다고 본 사례[대판 92.11.10, 92다20170(공 93, 75)] 등을 구체적인 사례로 제시하고 있다.
89) 강태성(주 76), 90; 서을오, 110; 김준호, 민법총칙, 제12판, 2018, 50; 박찬주, "권리남용금지와 권리자의 주관적 요건", 인권과 정의 386, 2008, 12.
90) 송덕수, 민법총칙, 제4판, 2018, 83; 이덕환, 115.
91) 구주해(1), 191(윤용섭).

리 일정한 법적 지위의 주장이나 법제도의 남용도 포함된다고 본다.[92] 법인격 남용이 이에 해당한다.[93]

(4) 권리가 행사된 경우에 무엇을 기준으로 권리남용 여부를 판단할 것인가의 문제를 보통 권리남용의 식별기준, 표지 또는 표준이라는 표현으로 다루고 있고 그 견해가 매우 다양하다.[94] 그 견해를 정리하면 다음과 같다.[95]

이 기준의 대세는 권리의 사회성이며,[96] 이를 기초로 하여 '이익형량'에 따라 권리남용을 인정한다.[97] 한편 요건론을 전체적으로 조명해 보면 '이익형량'이라는 객관적 표준으로 중점이 이동하였다고 보면서 그 만큼 구체적 사안에 있어서 타당한 해결을 얻기 쉽게 되었으나 상대방의 이익이 사회적·경제적으로 매우 큰 때에는 정당한 권리자의 권리행사를 제한하게 될 우려가 있다는 견해[98]가 있다.

대체로 권리남용을 판단하는 기준을 '권리의 공공성'에 기초하여 그 추상적 기준을 다양한 표현으로 설정하는 것이 일반적이다.[99]

먼저 '권리를 인정한 사회적 이유'에 반하는 행사인지 여부를 큰 틀로 설정하고, 세부기준으로서 신의칙위반, 사회질서 위반, 정당한 이익의 흠결, 권리의 경제적·사회적 목적에 대한 위반, 사회적 이익의 균형 파괴 등을 제시하며, 이들을 가지고 구체적 사안에 따라 개별적으로 판단해야 한다는 것이다.[100]

큰 틀을 '신의칙'으로 설정하고 여기에 구체적 기준으로 가해의사, 그 권리

---

92) 이은영, 88; 김상용(주 10), 120; 김증한·김학동(주 84), 81; 이덕환, 115; 대판 08.9.11, 2007다90982(공 08하, 1365)(법인격부인론의 적용에 있어 '법인격 형해화' 또는 '법인격 남용'을 인정하기 위한 요건).

93) 곽윤직·김재형, 82; 이에 대하여 법인제도의 목적 자체에서 찾아야 한다는 견해는, 이영준, 85 참조.

94) 구주해(1), 191(윤용섭); 곽윤직·김재형, 82.

95) 이하 내용은, 김천수, "권리남용과 권리행사상 신의칙―요건론을 중심으로―", 민판연 32, 2010, 17-19를 정리함(인용하는 문헌이나 논문을 그대로 재인용하고, 가장 최근의 것으로 표시함).

96) 권리남용을 '권리행사의 사회성·공공성 위반'이라고 하는 견해는, 홍성재, 민법총칙, 2009, 438 참조. 한편 권리의 사회성·적법성을 강조하면서 형식적으로는 권리행사라 하여도 그것이 권리의 사회성과 적법성의 관념에 비추어 도저히 허용할 수 없는 정도의 것이라면 그 권리의 행사는 부인되어야 한다는 견해는, 대결 92.6.9, 91마500(공 92, 2111) 참조.

97) 김용한, 71-72.

98) 장경학, 민법총칙, 1989, 153-154.

99) 김천수(주 95), 17.

100) 곽윤직·김재형, 82-83.

를 인정한 사회적 목적에 부합하지 않거나 사회상규에 반하는 경우, 정당한 이
익이 없는 데도 권리를 행사하는 경우 등을 제시하면서, 고려해야 할 사정으
로, 가해의사, 권리행사의 이익과 불이익의 비교형량, 건물철거의 요구인 경우
에는 그 건물의 견고성, 경계 침해의 경우에는 그에 대한 인식 여부, 권리행사
의 시기 등을 들기도 한다.[101] '행사의 정당성 결여'를 전면에 설정하고, 그 판
단기준으로 신의칙, 사회질서, 사회상식, 권리의 성질 등을 나열하는 견해도
있다.[102]

　'권리의 사회적 목적'으로 큰 틀로 설정하고, 세부기준으로 신의칙 위반,
사회질서 위반, 정당한 이익 흠결, 권리의 경제적·사회적 목적에 대한 위반,
사회적 이익 균형의 파괴, 정의 내지 사회 윤리 위반, 공공복리 부적합 등과
함께 남용이라고 할 만한 위법성을 들기도 한다.[103] 이 견해는 '이익형량', 즉
권리자의 이익과 상대방 및 사회일반의 불이익을 형량하여 후자가 현저히 크
고 사회 전체의 불이익으로 되는 경우에 남용이라고도 한다.[104]

　'이익형량'이라는 틀을 전면에 내세우기도 한다.[105] 객관적 기준을 '권리
행사자의 이익과 그로 인해 침해되는 상대방의 이익과의 현저한 불균형'으로
단순화하면서 구체적 사안에 따라 여러 사정을 종합하여 판단해야 한다는 견
해,[106] 이익형량과 함께 제반사정을 비교교량하여 남용여부를 판단해야 한다는
견해[107] 등이 그것이다.

　단순히 나열한 경우로, 정당한 이익이 없는 경우, 부당한 이익의 획득
을 위한 경우, 수인의 한도를 넘는 손해를 입히는 경우 등으로 분류하기도 하

101) 김증한·김학동(주 84), 82.
102) 이은영, 88.
103) 주석 총칙(1), 226(제4판/백태승); 백태승, 103-104. 큰 틀로 '권리 본래의 사회적 목
　　적'을 설정하고 그 세부 기준으로 신의칙 위반, 사회질서 위반, 정당한 이익의 결여, 권리
　　의 사회적·경제적 목적의 위반, 공평의 이념 위반, 정의 내지 사회윤리질서 위반, 공공복
　　리에의 부적합을 드는 견해[김상용(주 10), 120-121]도 이와 유사하다.
104) 주석 총칙(1), 226(제4판/백태승); 백태승, 104. 권리자의 권리행사의 필요성의 정도,
　　그 이익의 대소 등과 그 권리행사를 인정함으로써 상대방에게 생길 손해의 대소, 그것이
　　사회에 미치는 영향 등을 비교형량하여 권리남용의 성부를 구체적으로 판단하여야 한다는
　　견해를 통설로 본다.
105) 이와 관련하여 권리행사로 인한 권리자와 상대방의 이익과 불이익의 불균형성만으로는
　　쉽게 인정해서는 안 된다는 견해는, 김증한·김학동(주 84), 82 참조.
106) 김준호(주 89), 51.
107) 주석 총칙(1), 244-251(제3판/이정락). 정당한 이익이 없는 권리행사, 부당한 이익의
　　획득을 위한 권리행사, 불법행위로 되는 권리행사, 수인의 한도를 넘는 손해를 야기한 권
　　리행사 등으로 권리남용 여부를 구분한다.

나,[108] 부당한 이익의 획득을 위한 경우는 주관적 요건의 하나로 볼 수 있다.

우리 대법원 판례는 주관적 기준으로 가해의사·가해목적[109]을 들고 있고, 객관적 기준으로 신의성실의 원칙,[110] 공공복리,[111] 공평의 이념,[112] 사회의 윤리관념,[113] 공서양속과 도의,[114] 사회질서,[115] 사회윤리·정의,[116] 건전한 권리의식,[117] 권리의 사회적, 경제적 목적,[118] 권리의 사회성 또는 정당성과 적법성[119] 등을 들고 있다.

가해의사 내지 가해목적이라는 주관적 기준에 의하여 권리남용 여부를 판단하던 고전적 권리남용이론과는 달리 현대의 이론은 여러 가지 객관적 기준을 내세우고 있으나 아직 남용의 식별기준을 명확히 설정하는 데까지는 이르지 못하고 있다.[120]

권리남용금지의 원칙은 일반조항으로서 경직된 법의 적용·해석에 있어서 구체적 타당성, 융통성을 부여하기 위한 기능을 하는 것이므로 그 식별기준을 명확히 하는 것은 불가능하고 또한 개개의 권리의 존재의의나 목적이 동일한 것은 아니므로 모든 경우에 공통된 식별기준을 설정하는 것 자체가 타당하다

---

108) 윤용섭, "권리남용에 관한 판례의 동향", 민판연 10, 1988, 310-315.

109) 대판 59.12.10, 4291민상730, 731(정보); 대판 73.8.31, 73다91(공 73, 7423); 대판 10.12.9, 2010다59783(공 11상, 111); 대판 14.10.30, 2014다42967(공 14하, 2259) 등.

110) 이덕환, 115; 대판 63.1.31, 62다890(정보); 대판 66.3.15, 65다2329(집 14-1, 113); 대판 99.12.7, 98다42929(공 00, 140); 대판(전) 08.9.1, 2007두2173(집 56-2, 257; 공 08하, 1456); 대판 16.9.30, 2016다218713(공 16하, 1616) 등.

111) 대판 72.12.26, 72다756(집 20-3, 210); 대판 91.10.25, 91다27273(공 91, 2826); 대판 16.5.24, 2015다255333(정보) 등.

112) 대판 57.12.14, 4290민상172(정보); 대판 77.4.26, 77다77(정보); 대판 11.10.13, 2011다36091(공 11하, 2344); 대판(전) 12.10.18, 2010다103000(공 12하, 1880) 등.

113) 대판 61.10.19, 4293민상204(집 9, 50).

114) 대판 59.12.10, 4291민상730, 731(정보); 대판 62.3.22, 4294민상1392(집 10-2, 273); 대판 93.8.24, 92므907(공 93, 2629) 등.

115) 대판 64.4.18, 4294민상1512(집 10-2, 186); 대판 86.7.22, 85다카2307(공 86, 1099); 대판 87.3.10, 86다카2472(공 87, 642); 대판 87.9.8, 87다카924(공 87, 1564); 대판 87.10.26, 87다카1279(공 87, 1780); 대판 94.11.22, 94다5458(공 95, 62); 대판 02.9.4, 2002다22083, 22090(공 02, 2333); 대판 03.2.14, 2002다62319, 62326(공 03, 800); 대판 08.9.25, 2007다5397(정보); 대판 10.12.9, 2010다59783(공 11상, 111) 등.

116) 대판 68.1.28, 68다2258(정보).

117) 대판 78.2.14, 77다2324, 2325(공 78, 10676); 대판 91.10.25, 91다27273(공 91, 2826); 대판 03.6.24, 2003다11967(정보) 등.

118) 대판 83.10.11, 83다카335(공 83, 1657).

119) 대판 73.8.31, 73다91(공 73, 7423); 대판 82.9.14, 80다2859(공 82, 1001); 대결 92.6.9, 91마500(공 92, 2111); 헌재 13.5.30, 2012헌바335(헌공 200, 654) 등.

120) 구주해(1), 192(윤용섭).

고 할 수도 없어 결국 이사의 이념들을 종합적으로 고려하여 구체적 사안마다 당사자 사이의 이익조정을 위한 올바른 판단을 할 수밖에 없을 것이다.[121]

　이와 같은 객관적 기준에 따라 권리남용의 법리를 적용함에 있어 주의하여야 할 점은 첫째 다른 구체적 규범에 의하여 합리적 결론을 이끌어 낼 수 있는 경우에는 그 법리에 의하여야 하고 결코 극히 추상적인 이 권리남용의 법리에 곧바로 의지하려 하여서는 아니 되며, 둘째 권리남용 이론의 목적은 대립하는 이익의 조정에 있는 것이므로 이를 적용함에 있어서 권리자의 이익을 보호할 것인가 아닌가 하는 양자택일적 해결이 아니고 양당사자의 이익을 비교교량하여 서로 대립하는 두 이익을 가급적 양립시켜주는 해결을 시도하여야 한다는 점이다.[122] 그래야만 무분별한 일반조항으로의 회피를 막을 수 있고 또한 권리남용 법리의 남용을 막을 수 있다.[123]

(5) 위 법 성

　위법성이 권리행사 남용의 요건인지에 관한 견해는 드물다[124]. 객관적 기준을 내세우는 경우에는 이미 그 안에 위법성 평가가 포함되어 있어서 이를 다시 요구하는 것은 중복이지만 §2 Ⅰ의 적용에는 신뢰침해 여부를 판단하고, §2 Ⅱ의 적용에는 가해목적 유무를 판단하는 경우에는 위법성이라는 탄력 장치가 필요하다고 보는 견해[125]가 있다. 이 견해는 특히 §2 Ⅰ의 적용에 필요하고, §2 Ⅱ의 경우에 인정되는 가해목적을 정당화시킬 사유는 사실상 없기 때문이지만 신뢰침해가 인정되어도 그 정도가 위법성이 인정될 정도로 심한 경우가 아닌 특별한 사정은 있을 수 있으며, 이를 조각하는 사유를 인정하여 면책이 가능하도록 함이 타당하다는 점에서 위법성 평가가 필요하다고 설명한다.[126]

---

121) 구주해(1), 192(윤용섭); 곽윤직·김재형, 82; 이에 대하여 권리남용금지 원칙을 일반조항의 하나로서 경직한 법의 적용·해석에 있어서 구체적 타당성, 융통성을 부여하기 위한 하나의 원리로 사용한 결과 시민에게 사전에 어떤 권리행사가 남용에 해당하는지 여부를 판단할 수 있는 일반적인 표지 및 기준의 제시가 부족하다는 비판은, 허성욱, "권리남용금지 법리에 관한 법경제학적 고찰", 법조 591, 2005, 220 참조.
122) 구주해(1), 195(윤용섭); 권리행사의 필요성의 정도, 이익의 크기와 권리행사를 인정함으로써 상대방에게 생길 손해의 크기, 사회에 미치는 영향 등을 비교형량하여 권리남용 여부를 구체적으로 판단하여야 한다는 견해는, 백태승, 104.
123) 구주해(1), 192(윤용섭).
124) 부정하는 견해는, 송덕수(주 90), 86 참조.
125) 김천수(주 95), 20.
126) 김천수(주 95), 20.

(6) 권리를 행사하는 자의 고의·과실[127]은 권리남용의 요건이 아니다.[128]

2. 주관적 요건

가해의사 내지 가해목적은 고전적인 권리남용 금지의 이론에서 인정된 권리남용의 요건이다.[129] 로마법에서는 이미 소유권의 특수한 행사에 관하여 시카네(Schikane) 금지의 이론이 인정되었고 1896년의 독민 §226와 1916년의 오민 §1925 Ⅱ은 가해목적을 요건으로 하고 있었으나, 근대에 이르러 비록 권리행사자의 가해의사나 가해목적이 없더라도 권리행사에 의하여 권리자가 얻는 이익과 그로 인하여 상대방이 입는 손해를 비교교량하여 권리남용 여부를 판단하여야 한다는 견해가 발전하였다.[130]

§2 Ⅱ은 권리자의 주관적인 의사를 권리남용의 요건으로 하고 있지 않다고 보는 견해가 통설이다.[131] 오늘날의 권리행사는 사회성·공공성이 강조되고 있고, 권리남용금지에서 주관적 요건이 강조되면 될수록 이와 같은 사회적 요청에 대응할 수 없다고 본다.[132]

반면 가해의사라는 주관적 용태를 권리남용의 판단기준으로 인정하는 판례의 입장을 수긍하는 견해도 있다.[133] 통설을 지지하면서도 통설적 견해와 같

---

127) 불법행위의 성립요건으로서의 위법성과 고의·과실의 관계에 관하여, 서광민, "불법행위
　　성립요건으로서의 위법성과 고의·과실", 민법학의 회고와 전망: 민법전 시행 30주년기념
　　논문집, 1993, 605-622 참조.
128) 김증한·김학동(주 84), 82; 송덕수(주 90), 86; 이덕환, 120; 이영준, 87.
129) 구주해(1), 192(윤용섭).
130) 구주해(1), 192(윤용섭).
131) 곽윤직·김재형, 85; 강태성(주 76), 90; 백태승, 107; 서을오, 110; 이덕환, 119; 송덕수
　　(주 90), 86; 이영준, 87; 이은영, 89; 김상용(주 10), 124; 김증한·김학동(주 84), 82; 서
　　광민·박주영(주 84), 124.
132) 백태승, 107.
133) 이동형, "권리남용에 있어서 주관적 요건의 필요성", 저스 107, 2008. 5. 권리의 사회
　　성·공공성만을 내세워 권리자와 상대방의 손익만을 비교하여 권리남용이 쉽게 인정되어
　　서는 안 되고, 권리행사가 상대방에게 고통을 주거나 손해를 입힐 목적 또는 부당한 이익
　　을 획득할 목적 등 사회적으로 용인될 수 없는 목적을 달성하기 위하여 권리행사를 빙자
　　하는 경우에 한하여 그 권리행사는 '남용'으로 인정되어야 하므로 권리남용이 인정되기 위
　　해서는 주관적 요건을 필요로 한다고 보는 것이 '권리'의 본질과 '남용'의 의미에 부합하는
　　해석이라고 본다.
　　　김천수(주 95), 1-51. §2 Ⅰ의 권리행사상 신의칙 위반에는 주관적 요건을 요구하지 말
　　고 신뢰침해라는 객관적 요건만으로 판단하고, §2 Ⅱ의 권리남용을 인정함에는 주관적 요
　　건으로 가해목적을 요구하자는 견해이다. §2 Ⅱ에 가해목적을 의미하는 표현이 명시되지
　　않았지만, 그 조항에 나오는 '남용'이라는 표현에는 가해목적을 내포한 것으로 풀이할 수
　　있는 것이므로 명문에 반하는 해석이 아니고, 그렇게 해석함으로써 우리 입법과 판례를

이 객관적 이익형량에만 의존하여 권리남용의 여부를 판단하는 경우에는 권리남용금지의 원칙이 남용될 우려가 있다는 이유로 문제된 사건의 유형에 따라서 권리남용의 판단기준의 중점을 달리하여야 하고, 권리남용이론의 구체적 기능(효과)과 적용되어야 할 사회관계를 유형화하여 이에 따라서 권리남용의 객관적 요건과 주관적 요건의 비중을 달리 적용하여야 한다는 견해[134]도 있다.

물론 권리를 행사하는 자의 주관적 용태를 근거로 하여 윤리적 견지에서 권리의 행사를 거부하는 것은 필요하므로, 가해의사나 가해목적이 있는 경우에는 권리남용이 더 쉽게 인정될 수 있다.[135] 이런 의미에서 주관적 요건이 완전히 배척되는 것은 아니라고 하거나[136] 가해의사라는 주관적 요건은 단지 객관적 요건에 부수하여 권리남용의 성립을 강화하는 부차적 요소에 지나지 않는다고 보기도 한다.[137] 이에 따라 주관적인 요건이 결여된 경우에도 권리남용의 성립은 가능하다고 본다.[138]

우리 대법원 판례는 일관된 입장이 아닌데,[139] 다음 네 가지의 유형으로 나누어 볼 수 있다.[140]

① 주관적 요건만을 강조하여 '권리의 남용이라고 하려면 권리의 행사가

선해할 수 있게 된다고 본다. 두 조항 모두에 권리를 언급하는 §2의 입법방식이 중복적이거나 모순된 것이라는 부정적 평가를 피하고 각 조항에 독자적 의미를 부여할 수 있게 되고, 또한 주관적 요건과 관련하여 일관성이 없어 보이는 판례의 모습에 일관성을 부여할 수 있게 된다는 견해이다. 이 견해에 따르면, 주관적 요건을 배제한 판결은 그 사건에 §2 Ⅰ을 적용하여 권리행사상 신의칙 위반 여부를 검토한 것이고, 주관적 요건을 요구한 판결은 §2 Ⅱ을 적용하여 권리남용 여부를 검토한 것이라고 선해할 수 있게 된다.

134) 김대정, 159-160.
135) 곽윤직·김재형, 85; 강봉석, 40; 이를 분명하게 밝힌 우리 대법원 판례는, 대판 62.3.22, 4294민상1392(집 10-1, 251); 대판 63.1.3, 62다890(정보) 등 참조.
136) 곽윤직·김재형, 85.
137) 구주해(1), 193(윤용섭).
138) 구주해(1), 193(윤용섭); 곽윤직·김재형, 86. 주관적 사정은 권리남용을 판단하는 고려요소로 보게 된다.
139) 판례에서 문제된 사안을 구체적으로 검토해 보면, 표현상의 문제는 있었지만 거의 일관되게 주관적 요건과 객관적 요건을 모두 권리남용의 성립요건으로 고려해 왔다고 파악되므로 권리남용의 성립요건에 관하여 판례가 일관성이 없다는 지적은 타당하지 않다는 견해는, 이동형(주 133), 16-24 참조.
140) 구주해(1), 193(윤용섭). 한편 판례에서 권리남용이 인정된 사례들을 ① 권리행사의 주관적 요건에 해당하는 사유가 있는 경우, ② 주관적 요건에 해당하는 사유와 객관적 요건에 해당하는 사유가 모두 있는 경우, ③ 권리행사자의 이익과 상대방 및 사회적 불이익을 객관적으로 비교형량하여 권리남용을 인정하는 경우로 유형화하고, 권리남용의 기능을 '불법행위적 기능', '권리의 축소화 기능', '강제조정의 기능'으로 분류하여 각각의 유형에 적합한 요건을 개별적으로 구체화할 것을 주장하는 견해는, 고상룡, 56-63 참조.

오직 상대방에게 고통이나 손해를 주려는 사회질서에 위반된 것이라야 한다'
는 견해에서 선 판례[141)142)]

② 주관적 요건과 객관적 요건을 함께 요구하는 견해로서 '권리남용이 되
려면 행사의 목적이 오직 상대방에게 손해를 주는 데 그칠 뿐이고 권리를 행
사하는 사람에게는 아무런 이익이 없어야 될 것이며 아울러 객관적으로는 그
권리행사가 사회질서에 위반된다고 볼 수 있는 경우라야 한다'[143)] 또는 '권리
남용이 되기 위하여 그 권리행사가 사회질서에 위반된다고 볼 수 있는 객관적
요건 이외에 주관적으로 그 권리행사의 목적이 오로지 고통이나 손해를 주는
데 그칠 뿐이고 권리를 행사하는 사람에게는 아무런 이익이 없는 경우라야 한
다'는 입장에 선 판례[144)]

③ 주관적 요건과 객관적 요건을 선택적으로 보아 '권리의 행사가 사회생
활상 도저히 인용될 수 없는 부당한 결과를 야기하거나 타인에게 손해를 줄
목적만으로써 하여지는 것과 같은 공서양속에 위반하고 도의상 허용될 수 없

---

141) 대판 73.8.31, 73다91(공 73, 7423).

142) 이와 같이 가해의사나 가해목적이 있는 경우에만 권리남용이 인정된다고 하는 경우는
   모두 재산권, 특히 소유권의 행사에 관한 것이므로 재산권 내지 소유권 행사로 권리남용
   이 되려면 언제나 주관적 요건이 필요하다는 것이 대법원 판례의 태도라고 보는 견해는
   곽윤직·김재형, 86 참조(다만, 그 견해가 인용하는 판례는 '주관적 요건뿐만 아니라 권리
   행사가 사회질서에 위반되어야 한다는 객관적 요건'을 함께 언급하고 있음에 유의); 이에
   대하여 소유권을 보다 더 두텁게 보호하는 경향으로 보는 견해는, 김상용(주 10), 123-
   124 참조.

143) 대판 62.3.8, 4294민상934(집 10-1, 181); 대판 86.7.22, 85다카2307(공 86, 1099);
   대판 87.3.10, 86다카2472(공 87, 642); 대판 87.9.8, 87다카924(공 87, 1564); 대
   판 87.10.26, 87다카1279(공 87, 1780); 대판 88.6.28, 87다카2699(공 88, 1116); 대
   판 90.5.22, 87다카1712(공 90, 1333); 대판 91.3.27, 90다13055(공 91, 1261); 대판
   91.6.14, 90다10346, 10353(집 39-3, 40; 공 91, 1914); 대판 94.11.22, 94다5458(공
   95, 62); 대판 02.9.4, 2002다22083, 22090(공 02, 2333); 대판 03.2.14, 2002다62319,
   62326(공 03, 800); 대판 08.9.25, 2007다5397(정보); 대판 10.2.25, 2009다58173(공 10
   상, 639)(경매를 통하여 토지를 취득한 자가 그 지상 건물의 철거와 토지의 인도를 구하
   는 것이 권리남용에 해당하지 않는다고 본 사례); 대판 10.12.9, 2010다59783(공 11상,
   111)(공로에 이르는 통로로 사용되는 자기 소유의 토지 위에 인근 상가의 출입구를 봉쇄
   하는 형태로 블록담장을 설치한 행위가 위 상가의 사용·수익을 방해하고 상가 소유자에
   게 고통이나 손해를 줄 목적으로 행한 것이어서 권리남용에 해당한다고 본 사례); 대판
   14.10.30, 2014다42967(공 14하, 2259)(갑 회사가 콘도를 운영하면서 콘도 출입구 쪽 도
   로 및 주차장으로 이용하던 토지에 관하여 갑 회사의 사내이사였던 을이 소유권이전등기
   를 마친 후 아들인 병에게 소유권이전등기를 마쳐 주었는데, 정 회사가 부동산임의경매절
   차에서 위 콘도 지분 대부분을 매수한 이후 병이 콘도와 토지의 경계 위에 화단을 설치하
   고 그 위에 철제 구조물을 설치한 사안에서, 병의 구조물 설치행위는 정당한 권리행사의
   한계를 벗어난 것으로서 권리남용에 해당한다고 볼 여지가 충분하다고 한 사례) 등.

144) 대판 88.12.27, 87다카2911(공 89, 229).

는 때에는 권리남용이 된다'는 견해에 선 판례[145]

④ 오로지 객관적 요건만을 강조하여 '권리의 행사가 남용이 되는가의 여부는 그 행사가 사회관념상 인용할 수 있는 정도를 초과하고 일반사회에 어떠한 영향을 미치는가를 표준으로 하여 결정할 것이다'라는 견해에 선 판례[146]

한편 권리남용의 요건과 관련하여 '권리자의 정당한 이익을 결여한 것으로 보이는 객관적 사정에 의하여 주관적 요건을 추인할 수 있다'는 판시[147]가 자주 등장하고 있고, 등록상표권자의 상표권 행사가 권리남용에 해당하기 위한 주관적 요건을 반드시 필요로 하는 것은 아니라고 판시[148]하거나 상계권의 행사가 신의칙에 반하거나 상계에 관한 권리남용에 해당하기 위한 요건관련하여 일반적인 권리 남용의 경우에 요구되는 주관적 요건을 필요로 하는 것은 아니라고 판시[149]가 있다. 주관적 목적에 관하여 언급하지 않고 객관적 사실만을

145) 대판 69.1.21, 68다1526(정보); 대판 78.2.14, 77다2324, 2325(공 78, 10676); 대판 83.10.11, 83다카335(공 83, 1657) 등.
146) 대판 57.12.14, 4290민상172(정보); 대판 59.9.10, 4292민상466(정보); 대판 78.2.14, 77다2324, 2325(공 78, 10676); 대판 82.9.14, 80다2859(공 82, 1001) 등.
147) 이러한 판시는 대판 93.5.14, 93다4366(공 93, 1707)에서 처음으로 언급되었는데, 같은 취지의 대판 98.6.26, 97다42823(집 46-1, 436; 공 98, 1968); 대판 03.11.27, 2003다40422(공 04, 17)(송전선로철거소송에 이르게 된 과정, 계쟁 토지가 51㎡에 불과한 점, 위 송전선을 철거하여 이설하기 위하여 막대한 비용과 손실이 예상되는 반면 송전선이 철거되지 않더라도 토지를 이용함에 별다른 지장이 없는 점 등에 비추어 농로 위로 지나가는 송전선의 철거를 구하는 청구가 권리남용에 해당한다고 한 사례); 대판 10.2.25, 2009다79378(정보)(구거의 시설물 철거 및 그 부지의 인도청구가 권리남용에 해당한다고 본 사례); 대판 10.12.9, 2010다59783(공 11상, 111)(주 143 참조); 대판 21.10.14, 2021다242154(공 21하, 2175) 등이 있다. 이러한 판시에 관하여, 우리 대법원이 종래의 태도와 달리 시카네(Shikane) 요건을 탈피하려는 노력을 하였다고 평가하거나[주석 총칙(1), 236(제4판/백태승)] 주관적 요건을 완화하고 있다고 본다[이덕환, 117-119]. 다만 대법원이 주관적 요건을 엄격히 필요로 한다는 종래의 태도에서 한 발 물러나 주관적 요건을 완화한 것으로 볼 수 없다는 견해는, 이동형(주 133), 25-33 참조.
148) 대판 07.1.25, 2005다67223(공 07, 344); 대판 08.7.24, 2006다40461, 40478(정보) 등.
149) 대판 03.4.11, 2002다59481(집 51-1, 144; 공 03, 1156)(원래 상계제도가 서로 대립하는 채권, 채무를 간이한 방법에 의하여 결제함으로써 양자의 채권채무관계를 원활하고 공평하게 처리함을 목적으로 하고 있고, 상계권을 행사하려고 하는 자에 대하여는 수동채권의 존재가 사실상 자동채권에 대한 담보로서의 기능을 하는 것이어서 그 담보적 기능에 대한 당사자의 합리적 기대가 법적으로 보호받을 만한 가치가 있음에 근거하는 것이므로 당사자가 상계의 대상이 되는 채권이나 채무를 취득하게 된 목적과 경위, 상계권을 행사함에 이른 구체적·개별적 사정에 비추어, 그것이 위와 같은 상계 제도의 목적이나 기능을 일탈하고, 법적으로 보호받을 만한 가치가 없는 경우에는, 그 상계권의 행사는 신의칙에 반하거나 상계에 관한 권리를 남용하는 것으로서 허용되지 않는다고 함이 상당하고, 상계권 행사를 제한하는 위와 같은 근거에 비추어 볼 때 일반적인 권리남용의 경우에 요구되는 주관적 요건을 필요로 하는 것은 아니라고 본 사례); 대판 13.4.11, 2012다105888(정보) 등.

언급하면서 권리남용 여부를 판단한 사례[150]도 있다.

가해의사나 가해목적이라는 주관적 의사를 권리남용 인정의 요건으로 보는 대법원 판례의 태도에 대하여 비판하는 견해가 대부분이고,[151] 객관적인 사정에 의하여 가해의사나 가해목적을 추정해야 한다는 견해도 있다.[152] 다만 가해의 목적이라는 주관적 요건은 권리남용의 판단에서 결코 포기할 수 없는 의미를 갖는다고 보는 견해도 있다.[153]

일본의 경우 앞서 본 것처럼 권리남용 이론이 도입된 초기 단계에는 주관적 요건을 필요로 하였다. 이러한 입장의 전형적인 예로는 '부전병병원사건(富田浜病院事件)'[154]이 있다. 그 후 일본의 학설과 판례도 유럽 법이론의 영향을 받아 객관적 요건을 중시하게 되었다. 권리행사자의 주관적 의도에만 매몰되지 않고, 객관적 요건의 측면에서 권리자가 권리행사로 얻는 이익과 이로 인하여 상대방이나 사회가 입는 불이익을 비교형량하여 판단하기 시작한 것이다. 판례는 주관적 요건 외에 상세하게 객관적 이익형량을 하여 권리남용을 판정

---

150) 대판 98.6.12, 96다52670(집 46-1, 399; 공 97, 1856)(외국에 이민을 가 있어 주택에 입주하지 않으면 안 될 급박한 사정이 없는 딸이 고령과 지병으로 고통을 겪고 있는 상태에서 달리 마땅한 거처도 없는 아버지와 그를 부양하면서 동거하고 있는 남동생을 상대로 자기 소유 주택의 명도 및 퇴거를 청구하는 행위가 인륜에 반하는 행위로서 권리남용에 해당한다고 본 사례); 대판 98.7.24, 98다9021(집 46-2, 38; 공 98, 2212)(상속인 중의 1인이 피상속인의 생존시에 피상속인에 대하여 상속을 포기하기로 약정하였다고 하더라도, 상속개시 후 민법이 정하는 절차와 방식에 따라 상속포기를 하지 아니한 이상, 상속개시 후에 자신의 상속권을 주장하는 것은 정당한 권리행사로서 권리남용에 해당하거나 또는 신의칙에 반하는 권리의 행사라고 할 수 없다고 본 사례) 등.

151) 구주해(1) 194(윤용섭); 곽윤직·김재형, 86; 강봉석, 40; 강태성(주 76), 91; 주석 총칙 (1), 229-230(제4판/백태승) 등.

152) 구주해(1), 195(윤용섭); 곽윤직·김재형, 86; 객관적 사정에 의하여 가해의사를 추인할 수 있다고 본 대판 98.6.26, 97다42823(집 46-1, 436; 공 98, 1968); 대판 03.11.27, 2003다40422(공 04, 17) 참조.

153) 김상중, "2000년대 민사판례의 경향과 흐름(민법총칙)", 민판연 33-2, 2012, 187; 신의칙의 경우에는 신뢰침해라는 객관적 요건만으로 판단하고, 권리남용의 경우에는 주관적 요건으로 가해목적을 요구하자는 견해도 제시되는데, 이에 관하여 김천수(주 95), 40-41 참조.

154) 安濃津地判 1926(大 15).8.10, 新聞 2648, 2. 병원의 인근 토지의 소유자가 그 소유지를 고가로 병원에 매각하려고 했지만 실패하자, 업무를 방해할 의사로 병원에 근접한 위치에 경계선을 따라 높이가 꽤 되는 헛간을 건축하고 병원의 통풍이나 채광을 방해하여, 병동은 사용불능이 되었는바, 이로 인하여 병원이 상당한 손실을 입은 후 토지소유자를 상대로 불법행위에 기한 손해배상을 청구한 사례에서, 권리자가 권리행사 시 적당한 범위를 넘어 부당한 방법으로, 고의 또는 과실에 의하여 타인의 권리를 침해한 때에는 권리남용으로써 불법행위에 따른 책임을 부담하여야 한다고 하면서 토지소유자가 자기 소유지 내에 공작물을 건축하였지만, 명백하게 병원의 소유권 행사 및 업무를 방해할 고의에 의한 것이므로 소유권의 남용이 된다고 본 사례.

하였는데, 앞서 본 '우내월온천사건(宇奈月溫泉事件)'[155]을 계기로 하여, 그 후에는 오히려 객관적 이익형량만을 중시하는 경향까지 보이기 시작하였다. 대표적인 사례로, 고지철도노선부설사건(高知鉄道路線敷設事件)[156]을 들 수 있다. 당시의 학설도 이와 같은 판례의 경향을 '주관적 요건보다 객관적 이익형량으로의 발전'이라고 평가하며 적극적으로 지지하였다.[157]

그 후 일본의 하급심 판례는 다양한 요건론을 전개하였고, 이러한 상황에서 일본 최고재판소는 당사자 일방이 국가이거나 공익과 관련된 사안에서 권리자의 가해의사의 존부는 논외로 하고 권리행사의 결과만을 중시하여 권리남용을 판단한 종래의 판례를 답습하였다.[158] 이와 같이 주관적 의도나 분쟁의 경위 등을 고려하지 않고 객관적 결과만을 이익형량을 하여 객관적 요건만을 중시하게 되면, 권리자의 주장의 당부를 불문하고, 기성사실을 만들어 낸 대기업이나 국민 등 강자의 이익을 일방적으로 우선하게 됨으로 불공정하다는 비판이 있다.[159]

최근에는 객관적 요건뿐만 아니라 주관적 요건도 함께 종합적으로 고려하여 권리남용을 판단해야 한다고 하는 견해가 유력하고, 특히 물권적 청구권의 경우는 주관적 요소를 권리남용 성립의 불가결한 요건으로 보아야 한다는 견해도 있다.[160]

---

155) 주 59 참조.

156) 日大判 1938(昭 13).10.26, 民集 17, 2057. 철도회사가 선로 부설 공사 시 무단으로 토지 소유자(원고)의 토지(미개척 상태의 토지)를 매립하고, 토지 소유자로부터 여러 번의 항의를 받았음에도 선로부설공사를 완성하였는바, 토지소유자는 철도회사를 상대로 토사의 제거와 지형의 원상회복을 구하는 청구를 하였으나 토지 소유자의 청구를 기각한 사건으로, 소유자의 청구대로 선로를 철거한 경우에 국가가 입을 중대한 불이익만을 고려하여 철도회사가 토지소유자의 항변을 무시하고 공사를 속행한 경위는 고려 대상에 넣지 않은 사례.

157) 菅野(주 47), 87.

158) 菅野(주 47), 88.

159) 菅野(주 47), 88.

160) 白羽裕三, "シカーネと権利濫用論", 中央大學 法學新報 87-2(1981), 1. 이러한 견해에 근접한 것으로 주목받고 있는 판례로는 日最判 1982(昭 57).10.19, 判時 1086, 92; 判夕 504, 49가 있다. 이 사건에서 최고재판소는, 토지소유자가 임차한 땅 위에 건물 등을 소유한 사람으로부터 임차권과 함께 건물을 양수한 사람에 대하여 임차권 무단 양도에 의한 불법점유이므로 토지 인도 및 손해배상을 구한 사안에서 '토지 소유자의 손해배상청구를 배척해야만 하는 이유를 설시하지 아니하고, 단순히 토지 소유자와 건물양수인에게 발생하는 각 불이익만을 비교형량하는 것으로 토지 소유자의 손해배상청구를 기각해야 한다고 본 원심의 판단은 §1 Ⅲ의 규정의 해석 및 적용에 잘못이 있는 것'이라고 판시하였다.

3. 객관적 요건

권리남용에 있어서 객관적 요건은 권리행사자의 이익과 그로 인하여 침해되는 상대방의 이익과의 현저한 불균형을 의미한다.[161] 그러나 이것은 양자의 이익을 단순히 양적으로 비교하는 데에 그치는 것이 아니고 각각의 권리의 보호이익과 구체적인 사건에 있어서의 여러 사정을 종합적으로 고려하여 비교교량하여야 한다.[162]

(1) 정당한 이익이 없는 권리행사

권리행사에 정당한 이익이 없음에도 불구하고 권리자가 권리의 행사를 고집하면 권리남용이 된다. 이러한 권리행사는 가해의사 또는 가해목적을 가지고 행하여지는 것이거나 부당한 이익의 획득을 위하여 행하여진 것이라고 쉽게 추인될 수도 있다. 정당한 이익의 결여는 권리자의 이익과 상대방의 불이익을 객관적·상대적으로 비교교량하여 판단하여야 하고, 여기서의 정당한 이익이라 함은 권리방해배제청구의 경우에는 단순히 권리회복의 이익이라는 측면을 넘어서는 보다 적극적인 개념으로 이해된다.[163]

대법원 판례에서 정당한 이익이 없는 권리행사라고 판단한 경우는, ① 10층 아파트 건물 중 $12.9m^2$ 부분을 철거하면 해당 10세대의 사용이 불가능하여짐은 물론 아파트 건물 전체의 안전에 중대한 위험이 될 수 있고, 분뇨탱크 관리실 출입통로 등은 아파트의 필수적인 부대시설이고, 이를 철거한다 하더라도 대부분의 아파트 건물이 그대로 남아 있는 이상 이 부분 토지를 다른 용도에 사용하기는 어려워 이 부분 아파트 등의 철거나 대지의 인도로 인하여 피고들이 받는 손실은 대단히 큰 반면에 원고가 얻은 이익은 비교할 수 없을 만큼 작은 경우,[164] ② 원고는 이 사건 토지와 함께 인접한 같은 동 65의 1 대지를 취득하여 이 사건 토지상에 건립되어 있는 기존 병원의 확장공사를 하는 한편, 대로변에 위치한 피고 소유의 건물이 위 병원의 전면에 위치하게 되어 이를 매수하려고 하였으나 성사되지 아니하자 소송에 이르게 되었고, 또한 건

---

161) 구주해(1), 195(윤용섭); 김용희(주 17), 46; 김상중(주 153), 185; 대판 03.2.14, 2002
　　다62319, 62326(공 03, 800).
162) 구주해(1), 195(윤용섭); 김용희(주 17), 46; 김상중(주 153), 185-186. 객관적 요건의
　　판단에서 해당 권리의 성격과 목적, 권리의 취득 경위와 행사 의도, 권리자의 선행행위에
　　대한 상대방의 신뢰 및 권리행사 결과에 대한 의무자의 수인 정도와 현행 법질서의 평가
　　등을 널리 공평의 관점에 따른다는 견해.
163) 구주해(1), 195(윤용섭).
164) 대판 93.5.11, 93다3264(공 93, 1687).

물부분을 철거하여 그 부지를 인도받는다 하더라도 그 면적이 0.3㎡에 불과하고, 피고의 이 사건 건물과 인접하여 한 원고의 병원신축건물은 거의 완공상태에 있어서 이를 어떠한 용도에 사용할 수 있는지 알 수 없는 데 반하여, 피고로서는 위 토지상의 건물부분이 1층 식당 및 2층 사무실의 일부이어서 그 철거에 상당한 비용이 소요되고 철거 후에도 그 잔존건물의 효용이 크게 감소되리라고 보이는 경우,165) ③ 농어촌진흥공사가 국토종합개발계획의 일환으로 농업종합개발사업을 시행하면서, 몽리 면적은 약 413만 평이고, 몽리 세대수는 약 1,352세대 3,380여 명에 이르며, 거기서 생산되는 미곡량은 연 67,500여 가마에 달하는, 연장길이 13km인 갑 용수간선과 연장길이 8km인 을 용수간선을 설치하게 되었는데, 그 철거를 청구하는 암거 부분이 갑 용수간선과 을 용수간선이 갈라져 나가는 시발점으로서, 이 부분이 철거되고 나면 위 각 용수간선은 모두 쓸모가 없게 되어 버리고, 그렇다고 하여 위 각 암거 부분을 철거하고 다른 곳을 통하여 나머지 용수로와 연결시키기에도 주변 토지의 여건이나 경제적으로 보아 큰 어려움과 손실이 따르게 되는데 반하여, 위 임야를 다른 용도로 개발하려는 특별한 계획을 가지고 있지 않는 소유권자로서는 위 각 암거 부분이 임야의 지하에 매몰되어 설치되어 있고 그 길이나 점유면적도 얼마 되지 않기 때문에 그 임야의 사용·수익에 위 암거로 인하여 어떤 지장을 받고 있다고는 보이지 아니하며, 또한 암거가 불법으로 설치된 것이 아니라 당시 토지의 소유자의 승낙을 받고서 설치한 경우,166) ④ 송전선로철거의 계쟁 토지가 51㎡에 불과하고 송전선을 철거하여 이설하기 위하여는 막대한 비용과 손실이 예상되는 반면 송전선이 철거되지 않더라도 토지를 이용함에 별다른 지장이 없는 경우,167) ⑤ 상가건물에 관하여 원고들을 제외한 다른 구분소유자들이 피고의 지하 2, 3층의 보일러, 물탱크 시설의 설치·사용에 대하여 특별한 이의를 제기하지 않고 있음에도 피고보다 적은 비율의 지분권을 갖고 있는 원고들이 자신들의 동의를 받지 않았다는 이유만으로 피고의 목욕탕 영업에 필수적인 보일러와 물탱크의 철거 및 그 설치된 건물 부분의 인도를 구하는 경우,168) ⑥ 갑 소유의 대지 위에 다가구주택이 건축되어 있고 그 잔여 토지가 공로에 이르는 통로로 사용되고 있었는데, 을이 그 인근 대지에 구 건물을 철

165) 대판 93.5.14, 93다4366(공 93, 1707)(주 147 참조).
166) 대판 97.2.25, 96다43607(공 97, 878).
167) 대판 03.11.27, 2003다40422(공 04, 17)(주 147 참조).
168) 대판 07.12.13, 2007다61137(정보).

거하고 상가를 신축하면서 위 통로 쪽으로 출입구를 설치하였으나, 위 상가 신축 과정에서 을과 갈등을 빚게 된 갑이 위 상가의 출입구 현관문 앞에 블록담장을 설치한 사안에서, 상가 출입구를 봉쇄하는 형태로 축조되어 있는 위 블록담장에 그 외의 다른 용도가 없고, 위 상가와 블록담장 사이의 간격은 50cm 정도에 불과하여 통행에 매우 불편한 상태이며, 인근 주민들은 모두 위 통로를 이용하고 있고, 블록담장 설치로 인하여 갑이 얻는 이익이 거의 없고 위 잔여 토지 부분이 통로 이외의 다른 용도로 사용될 가능성도 없는 경우,[169] ⑦ 갑 주식회사가 콘도를 운영하면서 콘도 출입구 쪽 도로 및 주차장으로 이용하던 토지에 관하여 갑 회사의 사내이사였던 을이 소유권이전등기를 마친 후 아들인 병에게 다시 소유권이전등기를 마쳐 주었는데, 정 주식회사가 부동산임의경매절차에서 위 콘도 지분 대부분을 매수한 이후 병이 콘도와 토지의 경계 위에 블록으로 화단을 설치하고 그 위에 쇠파이프 등으로 철제 구조물을 설치한 경우[170] 등이 있다.

반면에 대법원 판례에서 정당한 이익이 있는 권리행사라고 판단한 경우는, ① 원고가 임야를 정당하게 매수하여 그 소유권을 취득하였고, 그 임야의 지형과 지세가 비록 가파른 비탈이고 골짜기 형세로 되어 있다 하더라도 피고들이 여기에 과목을 심어 수익을 얻고 있어 이것을 경제적 가치가 희박한 쓸모없는 땅이라 할 수는 없는 경우,[171] ② 건물의 시가는 7억 원 정도임에 비하여 토지의 낙찰가는 2억 1,000만 원에 불과하고, 건물의 철거에 상당한 비용이 소요되며 그 철거는 사회적 · 경제적으로 큰 손실이 되지만, 도시계획도로에 편입된 106㎡를 제외하고는 아무런 법적 규제가 없어 피고가 토지를 다른 용도에 사용할 수 있고, 원고가 피고의 경락사실을 알고서도 건물의 신축공사를 중단하지 않고 아무런 대책도 없이 강행하였으며, 건물의 철거가 사회일반의 공공적 이익에 중대한 영향을 미치지는 않고, 원고가 건물철거 이외의 방법으로 피고의 피해회복을 위하여 성의 있는 노력을 하였다고 볼 만한 자료가 없으며, 피고가 부당한 이익의 획득을 목적으로 철거청구를 한다거나 원고에게 토지를 부당한 가격으로 매수할 것을 요구하고 있다거나 또는 피고가 원고에게 토지를 고가에 매각할 목적으로 토지를 경락받았다고 볼 만한 자료가 없는 경

---

169) 대판 10.12.9, 2010다59783(공 11상, 111)(주 143 참조).
170) 대판 14.10.30, 2014다42967(공 14하, 2259)(주 143 참조).
171) 대판 87.10.26, 87다카1279(공 87, 1780).

우,[172] ③ 송전선이 공익적 기능을 가진 국가 기간 시설물이고, 송전선 변경에 많은 비용이 소요된다거나, 원고가 보상금 지급 규정에 비하여 더 많은 보상을 요구한다는 사정이 있다고 하더라도 송전선이 원고 소유의 토지의 중앙부를 지나고 있어 원고의 토지에 대한 소유권행사를 방해하고 있음이 명백하고 이러한 송전선 설치에 앞서 법에 그 토지 위의 공간 사용권을 취득할 수 있는 절차가 규정되어 있음에도 불구하고, 피고는 그러한 토지 위 공간사용권의 취득절차를 취하지 않은 채 토지상공에 송전선을 설치·통과시켰으며, 송전선의 설치 후 오랜 기간 보상 혹은 배상이 이루어지지 않고 있는 경우,[173] ④ 건물을 철거함으로 인하여 피고들이 손해를 입게 된다고 하더라도, 토지는 별다른 법적 규제가 없는 도시지역, 제1종 일반주거지역에 해당하여 원고가 이를 다른 용도에 사용할 수 있는 점, 원고가 건물의 철거를 구하지 않고 다른 방법으로 소유권을 행사하는 이익을 얻을 수 있도록 하기 위하여 피고들이 시가에 상당한 금액에 이 사건 토지를 매수하거나 상당한 금액의 임료를 지급하고 임대차계약을 체결하자고 제안하는 등 성의 있는 노력을 다하였다고 볼 만한 자료가 충분하지 아니한 점, 원고가 부당한 이익의 획득을 목적으로 철거청구를 한다거나 피고들에게 대지를 부당한 가격으로 매수할 것을 요구하고 있다거나 또는 원고가 피고들에게 대지를 고가에 매각할 목적으로 대지를 경락받았다고 볼 만한 자료가 없는 점 등의 사정이 있는 경우,[174] ⑤ 경매를 통하여 토지를 취득한 자가 그 지상 건물의 철거와 토지의 인도를 구하는 사안에서, 건물의 철거로 인한 권리행사자의 이익보다 건물 소유자의 손해가 현저히 크고 사회경제적으로도 큰 손실이 될 것으로 보이기는 하나, 건물소유자가 위 건물에 대한 권리를 인수할 당시 그 철거가능성을 알았다고 보이는 점, 토지에 대한 투자가치가 있어 건물 철거 등의 청구가 권리행사자에게 아무런 이익이 없다거나 오직 상대방에게 손해를 입히려는 것이라고 보기 어려운 점 등의 사정이 있는 경우[175] 등이 있다.

일본의 경우에는 앞서 본 '우내월온천사건(宇奈月溫泉事件)[176]'의 판결이

---

172) 대판 03.2.14, 2002다62319, 62326(공 03, 800).

173) 대판 05.3.25, 2003다5498(정보); 대판 06.11.23, 2004다44285(정보).

174) 대판 09.2.12, 2008다67651, 67668(정보).

175) 대판 10.2.25, 2009다58173(공 10상, 639); 대판 13.12.12, 2013다67907(본소), 2013
    다67914(반소)(정보).

176) 주 59 참조.

정당한 이익 없는 권리행사에 관한 가장 대표적 사례이고, 그 밖에 후순위저당
권자가 저당권실행에 의하여 법률상 아무런 이익을 얻는 바 없을 뿐만 아니라
이 때문에 선순위저당권자의 권리가 헛되이 해하여지는 것을 알면서도 경매절
차를 수행하려 한 경우에 우선권자는 그 후순위저당권자에 대하여 경매절차의
배제를 청구할 수 있다고 한 판시[177]를 들 수 있다.

(2) 부당한 이익을 얻기 위한 권리행사

권리의 행사에 의하여 권리행사자가 얻는 이익보다 상대방이 잃을 손해가
현저히 크다 하여도 그러한 사정만으로는 이를 권리남용이라 할 수 없지만,[178]
부당하게 폭리를 취하고자 하는 권리행사는 권리남용이 될 수 있다.

대법원 판례에서 부당한 이익을 얻기 위한 권리행사라고 판단한 경우는,
① 토지소유자가 소유권의 행사를 빙자하여 한편으로는 건물철거를 요구하고
다른 편으로는 자기 대지를 터무니없는 비싼 값으로 사라고 요구하면서 상대
방의 성의 있는 대지매수협의를 전혀 상대도 하지 않는 등 건물철거 청구는
소유권 행사의 형식만 가질 뿐이지 실질에는 부당한 이익을 얻기 위한 방편에
지나지 않는 경우,[179] ② 이미 건물이 있는 토지를 매수하여 그 시가의 7배가
넘는 건물의 철거를 요구하면서 인접토지 가격보다 2배 이상이 되는 가격에
토지를 매수할 것을 요구하는 경우,[180] ③ 토지소유자가 계쟁 대지부분(5평)
에 이미 판자로 된 담장이 설치되어 있는 대지 162평을 매수한 이래 수년 동
안 이웃 대지에 직조공장을 가지고 있는 상대방과의 경계문제에 관하여 아무
이의가 없었고 소음방지를 위한 토지소유자의 요청으로 위 판자울타리를 뜯고
그 자리에 세면벽돌담장을 축조하였으며 그 후 토지소유자가 경계측량을 하여
그 소유임을 확인하자 비로소 공장건물의 철거를 요구하였고 토지소유자의 위
계쟁 대지부분에 대한 매도의사에 대하여 상대방이 시가의 4~5배에 상당하는
금액을 제시하자 그때마다 그 이상의 가격을 주장할뿐더러 대지와 그 지상가
옥까지를 전부 매수하라고 하면서 계쟁 대지상의 공장건물을 철거하라는 청구

---

177) 日大判 1942(昭 17).11.20, 民集 21, 1090.
178) 대판 02.9.4, 2002다22083, 22090(공 02, 2333); 대판 03.2.14, 2002다62319,
　　62326(공 03, 800)(주 172 참조) 등.
179) 대판 62.10.4, 62다533(정보). 다만 시가의 10배를 요구하거나 시가보다 고가로 사겠다
　　는 상대방의 협의에 응하지 않았다는 사정만으로는 부당한 이익을 얻기 위한 경우에 해당
　　하지 않는다고 판단.
180) 대판 64.11.11, 64다720(집 12-2, 158).

를 고집하는 경우[181) 등이 있다.

반면에 ① 건물을 건축할 당시 인접대지를 침범하는 데 고의나 과실이 없었다거나 대지소유자가 건물에 대하여 철거 이외의 다른 방법에 의하여 그 권리의 구제를 시도하여 보지 않았다거나 또는 대지의 시가보다 철거를 요구하는 건물의 시가가 5배가 된다는 따위의 사정만으로는 대지소유자가 그 대지를 이용하기 위하여 그 대지위의 건물철거를 요구하는 것을 권리의 남용이라고 할 수는 없다고 판단한 사례,[182) ② 신축된 지 4년밖에 되지 않은 건물이 당장 철거될 경우 사회·경제적 손실이 발생할 뿐만 아니라 인접 구분건물에도 피해가 발생할 가능성이 있고, 건물의 소유자가 건축비, 매수자금 내지는 임대차보증금을 전액 회수할 수 없게 되는 손해를 입게 되는 사정이 있더라도, 토지소유자가 건물의 철거를 구하지 않고 다른 방법으로 소유권을 행사하는 이익을 얻을 수 있도록 하기 위하여 건물소유자가 시가에 상당한 금액에 토지를 매수하거나 상당한 금액의 임료를 지급하고 임대차계약을 체결하자고 제안하는 등 성의 있는 노력을 하지 않았고, 토지소유자가 부당한 이익의 획득을 목적으로 철거청구를 한다거나 대지를 부당한 가격으로 매수할 것을 요구하고 있다는 등의 사정이 없으므로 건물의 철거와 토지인도를 청구를 권리남용으로 보기 어렵다고 판단한 사례[183)가 있다.

일본의 경우에는 앞서 본 '우내월온천사건(宇奈月溫泉事件)[184)'의 판결에서, 소유권에 기한 방해배제청구가 정당한 이익이 없을 뿐만 아니라 토지소유자가 일부러 해당 토지를 매수하여 침해자에 대하여 막대한 비용이 드는 인탕관의 철거·이전을 요구하는 한편, 그 토지를 부당한 고액에 매수할 것을 요구하면서 다른 일체의 협조에 응하지 아니한 사실이 권리남용의 인정에 중요한 자료가 된다고 보았다.[185) 아울러 토지임대인이 차지권의 양도로 토지사용 자체에 별다른 변동이 없었음에도 불구하고 단지 임차권 양도대가의 30%의 분배를 차지인에게 요구하였다가 거절되자 건물양도에 따른 차지권의 양도를 승낙하지 아니하고 계약을 해지한 경우에는 부당한 이득을 획득하기 위한 권리행

---

181) 대판 65.12.21, 65다1910(집 13-2, 296).
182) 대판 69.1.21, 68다1526(정보).
183) 대판 09.2.12, 2008다67651, 67668(정보).
184) 주 59 참조.
185) 구주해(1), 197(윤용섭).

사로서 권리남용이 된다고 본 판결[186]도 있다.

이와 같은 판례들은 정당한 이익이 없고 부당한 이득을 얻으려는 목적으로 권리행사를 하는 경우 그 동기 또는 의도의 부도덕성이 권리남용의 객관적 표지의 하나임을 명백히 하였고, 권리행사의 정당이익 유무에 대하여는 상당히 신중한 판단이 요구되지만 아울러 그 행사에 부당이득을 얻으려는 목적이 있을 때에는 권리남용이 쉽게 인정될 수 있음을 보여 주고 있다.[187]

(3) 받아들일 수 없을 정도의 지나친 손해(수인의 한도를 넘은 손해)를 입히는 권리행사

권리행사에 의하여 사회생활상 도저히 받아들일 수 없을 정도의 지나친 손해를 입히는 경우에는 권리의 사회성·공공성에 반하는 것이므로 권리남용이 된다.[188] 그런데 어떤 권리행사가 받아들일 수 없을 정도를 넘는 것인지 여부는 앞서 본 객관적 표지보다 그 평가에 있어 고려하여야 할 사정이 매우 많기 때문에 그 구체적 기준을 일률적으로 설정하기 어렵고 개별적 사안마다 권리자와 상대방의 이익 및 그 이익을 보호하여야 할 필요성의 정도, 권리자의 권리취득 및 행사의 경위, 권리행사로 사회일반에 미치는 영향 등 여러 사정을 종합적으로 비교교량하여 상대방에게 손해를 받아들이게 하고 권리행사를 적법한 것으로 하여 권리자의 이익을 보호하여야 할지 여부를 판단해야 한다.[189]

받아들일 수 없을 정도를 넘는 지나친 손해를 일으키는 권리행사라고 인정한 대표적인 사례는 간석지 염전시설철거청구 사건,[190] 수로인도청구 사건,[191] 학교교사철거청구 사건,[192] 구거철거청구 사건[193] 등이 있다.

---

186) 구주해(1), 197(윤용섭); 日東京地判 1950(昭 25).7.10, 下民集 1-7, 1065.

187) 구주해(1), 198(윤용섭).

188) 구주해(1), 198(윤용섭); 대판 93.5.11, 93다3264(공 93, 1687)(주 164 참조).

189) 구주해(1), 195(윤용섭).

190) 대판 57.12.14, 4290민상172(정보). 경제적 가치가 근소한 토지의 반환을 받지 못함으로써 받는 손해에 비하여 막대한 자본을 투입하여 축조한 저수지제방을 철거하므로 입는 손해가 현저히 커서 공평의 이념에 반하고 국가경제상 작지 않은 큰 손해라고 인정되는 경우에 위 저수지제방의 철거를 구함은 권리남용에 해당한다고 본 사례.

191) 대판 72.12.26, 72다756(집 20-3, 210).

192) 대판 78.2.14, 77다2324, 2325(공 78, 10676). 토지취득 당시 그 위에 학교가 있고 현재 학교교사로 사용하고 있다는 사실을 알면서도 이를 취득한 후 이에 대한 권리행사로서 학교교사 철거청구를 함은 공공복리를 위한 사회적 기능을 무시한 것이 되고 신의성실의 원칙과 국민의 건전한 권리의식에 반하는 행위로서 권리남용에 해당한다고 본 사례.

193) 대판 91.10.25, 91다27273(공 91, 2826). 토지소유자가 다른 방법으로는 몰라도 자신의 토지 위에 설치된 수로의 폐쇄를 뜻하는 방법으로 소유권을 행사하는 것은 자신에게는 큰 이익이 없는 반면에 농지개량조합에게는 새로운 수로개설을 위한 막대한 시간과 비용

그러나 우리 대법원 판례는 위에서 든 사례 외에는 받아들일 수 없을 정도의 지나친 손해를 입히는 권리행사를 쉽게 인정하지 않는 신중한 태도를 취하고 있다.[194] 권리행사자가 얻는 이익보다 상대방이 잃을 손해가 현저히 크다 하여도 그러한 사정만으로는 권리남용이라 할 수 없다고 본다.[195] 예를 들면, ① 대지 4평 5합 부분 지상에 건립된 건물을 철거하고 그 대지 부분을 대지소유자에게 인도시킴으로써 대지소유자가 얻는 이익보다 건물소유자 입는 손해가 현저히 크다고 하여도 이런 사정만으로는 위 대지부분에 대한 권리행사를 권리남용이라고 볼 수 없다고 사례,[196] ② 건물이 침범한 대지 부분의 폭이 1.9m라면 이는 법정이격거리인 0.5m보다도 훨씬 넓은 것이고 대지소유자로서는 후일 위 침범 부분 중 법정이격거리를 제외한 나머지 대지 위에 새로운 건물을 축조할 가능성도 있으므로 대지소유자의 권리행사의 결과로서의 이익보다 건물소유자의 손해가 막대하고 사회 경제적 손실 등이 크다는 사유만으로는 건물철거 및 대지인도의 청구가 권리남용이 된다고는 할 수 없다고 본 사례,[197] ③ 건물의 시가는 7억 원 정도임에 비하여 토지의 낙찰가는 2억 1,000만 원에 불과하고, 건물의 철거에 상당한 비용이 소요되며 그 철거는 사회적·경제적으로 큰 손실이 되지만, 도시계획도로에 편입된 $106m^2$를 제외하고는 아무런 법적 규제가 없어 피고가 토지를 다른 용도에 사용할 수 있고, 원고가 피고의 경락사실을 알고서도 건물의 신축공사를 중단하지 않고 아무런 대책도 없이 강행하였으며, 건물의 철거가 사회일반의 공공적 이익에 중대한 영향을 미치지는 않고, 원고가 건물철거 이외의 방법으로 피고의 피해회복을 위하여 성의 있는 노력을 하였다고 볼 만한 자료가 없으며, 피고가 부당한 이익의 획득을 목적으로 철거청구를 한다거나 원고에게 토지를 부당한 가격으로 매수할 것을 요구하고 있다거나 또는 피고가 원고에게 토지를 고가에 매각할 목적으로 토지를 경락받았다고 볼 만한 자료가 없는 경우에는 권리남용이 된다고 할

이 필요하여 그 피해가 극심할 뿐만 아니라 재산권의 행사는 공공복리에 적합하게 행사해야 한다는 기본원칙에도 반하므로 권리남용에 해당한다고 본 사례.

194) 구주해(1), 195(윤용섭).

195) 대판 86.7.22, 85다카2307(공 86, 1099); 대판 87.3.10, 86다카2472(공 87, 642); 대판 87.9.8, 87다카924(공 87, 1564); 대판 02.9.4, 2002다22083, 22090(공 02, 2333); 대판 03.2.14, 2002다62319, 62326(공 03, 800)(주 172 참조).

196) 대판 72.3.28, 72다142(정보).

197) 대판 91.6.14, 90다10346, 10353(집 39-3, 40; 공 91, 1914).

수 없다고 본 사례[198] 등이 있다.

일본의 경우에는 앞서 본 '판부기지사건(板付基地事件)[199]'과 같이, 권리의
공공성·사회성을 크게 부각시키고 있으나 권리의 공공성만을 너무 앞세워 권
리남용을 곧바로 인정하는 것은 공익을 사익에 앞세우는 단체주의적 법원리를
따르는 것과 같고 이를 결국 권리남용의 법리를 남용하여 헌법이 보장하는 기
본권을 침해하는 결과에 이를 위험성이 있다는 비판이 있다.[200]

(4) 친족 사이의 부당한 권리행사

친족 사이의 권리행사가 신분관계의 근본을 부정하는 결과에 이르는 경우
에는 권리남용이 된다. 가족공동체에 대한 법적 보호는 시대적 의사 또는 인식
에 따라 그 범위를 달리하는 것이고 현재 가족의 개념이 점차 약화되고 있는
추세이기는 하지만 우리의 전통적 관념이 부모에 대한 효도나 친족 사이의 도
의를 중요시 하고 있고 §974는 친족 사이의 부양의무를 정하고 있으므로 그
러한 신분관계를 부정하는 결과에 이르는 권리행사는 허용될 수 없기 때문이
다. 따라서 권리남용의 법리를 적용함에 있어서 친족 사이의 경우와 타인 사이
의 경우는 이익교량의 기준·위법성 기타의 판단기준이 다를 수밖에 없는 것
이므로 타인 사이에는 권리남용이 되지 아니하는 경우에도 친족 사이에는 권
리남용이 될 수 있다.[201]

우리 대법원 판례는, 외국에 이민을 가 있어 주택에 입주하지 않으면 안
될 급박한 사정이 없는 딸이 고령과 지병으로 고통을 겪고 있는 상태에서 달
리 마땅한 거처도 없는 아버지와 그를 부양하면서 동거하고 있는 남동생을 상
대로 자기 소유 주택의 명도 및 퇴거를 청구하는 행위가 인륜에 반하는 행위
로서 권리남용에 해당한다고 판단하였다.[202]

일본의 판례를 보면,[203] 아들이 아버지에 대하여 신문에 명예회복을 위한
사죄광고를 내도록 청구한 사건에서 아버지의 사죄광고는 오히려 양쪽 모두
의 명예를 훼손하는 것이 되어 명예회복의 방법으로 부적당할 뿐만 아니라 아
들이 아버지에 대하여 소를 제기하여 사죄광고를 강제하는 것은 아버지를 고

198) 대판 03.2.14, 2002다62319, 62326(공 03, 800)(주 172 참조).
199) 주 65 참조.
200) 구주해(1), 200(윤용섭).
201) 구주해(1), 200(윤용섭).
202) 대판 98.6.12, 96다52670(집 46-1, 399; 공 98, 1856).
203) 구주해(1), 200-201(윤용섭).

발하는 것을 허용하지 않고 아버지에 대하여 효도를 할 것을 요구하는 법률감
정에 위반되는 것으로 허용될 수 없다고 하였고,[204] 아들이 어머니와의 불화로
자신의 땅을 경작하는 어머니에 대하여 불법경작을 이유로 손해배상을 청구한
사건에서 아들이 어머니를 법정에 세워 그 행위의 불법을 주장하여 재산상의
이익을 다투는 것은 진정으로 부득이한 상당한 사유가 있지 않는 한 가족제도
의 정신에 반하고 효도를 백덕(百德)의 근본으로 하는 도의에 반하는 것으로
허용되지 않는다고 하였으며[205] 아버지가 장남과의 불화로 딸을 데리고 가출
한 후 그 딸에게 장남이 거주하는 집을 증여하자 그 딸이 장남에게 집의 명도
를 청구한 사건에서 특별한 사유가 없는 한 이 사건 명도청구는 장남 가족의
생활의 근거를 빼앗아 경제적 곤경에 처하게 할 뿐만 아니라 상호부조와 신의
성실에 의하여 결합된 가족 사이의 도의를 저버리는 것으로 권리의 남용이라
고 판단하였다.[206]

IV. 권리남용의 효과 및 유형별 사례

1. 권리남용의 효과

권리남용으로 인정되면 정상적인 권리행사에 따르는 법적 효과가 발생하
지 않는다.[207] 권리남용에 의하여 생기는 구체적인 법적 효과는 권리의 종류,
성질, 작용, 남용의 형태에 따라 다르다.[208] 일반적으로 청구권의 남용의 경우
에는 법은 청구권의 실현을 돕지 않고,[209] 형성권의 남용의 경우에는 당사자의
일방적 의사표시에 의하여 생기는 법률관계의 변동효과가 발생하지 않는다.[210]
권리남용으로 인하여 위법한 상태가 생겨나면 권리행사자는 이를 제거할 의무

---

204) 日東京地判 1932(昭 7).11.24, 新聞 3491, 5.
205) 日大判 1943(昭 18).7.12, 民集 22, 620.
206) 日廣島高松江支判 1951(昭 26).12.5, 下民集 2-11, 1397.
207) 구주해(1), 201(윤용섭); 주석 총칙(1), 230-231(제4판/백태승).
208) 구주해(1), 201(윤용섭); 주석 총칙(1), 231(제4판/백태승).
209) 대판 09.10.29, 2008다51359(공 09하, 1980). 확정판결의 내용이 실체적 권리관계에 배
      치될 때 그 확정판결의 집행이 권리남용으로서 허용되지 않는 사례.
210) 구주해(1), 201(윤용섭); 주석 총칙(1), 231(제4판/백태승); 곽윤직·김재형, 87; 강봉
      석, 41; 대판 98.1.23, 97다37104(공 98, 595)(사고신고담보금을 수동채권으로 하는 지급
      은행의 상계가 정당한 어음상의 권리자에 대한 관계에서 권리남용에 해당하여 무효인 경
      우 상계의 효과가 발생하지 않는 사례).

를 부담하게 되고 남용행위를 계속·반복하는 것은 허용되지 아니하며 때로는
그 행위로 인하여 생긴 타인의 손해를 배상할 책임이 발생하기도 한다.[211]

예외적으로 권리남용에 의하여 권리 자체가 박탈되는 경우도 있으나 이는
친권의 남용과 같이 법률의 규정($\S_{924}$)이 있는 경우에 한하며,[212] 권리침해에 대
한 배제청구가 권리남용으로 인정되더라도 그 침해로 입은 손해의 배상청구와
같은 다른 구제방법까지 금지되는 것은 아니다.[213]

권리남용의 구체적인 유형별로 그 효과를 살펴보면, 권리행사에 의한 본래
의 효과가 인정되지 아니하므로 예를 들어 인도청구나 방해배제청구를 하여도
효과가 발생하지 않으며, 권리행사에 의하여 새로운 법률관계가 발생하지 않
는데, 예를 들어 계약해제를 주장해도 해제의 효과가 발생하지 않는다.[214] 토
지사용수익권의 남용의 경우에는 손해배상청구권에 의한 배상이 이루어지거나
배상에 의하여 구제가 어려운 경우에는 '행위의 정지'[215]가 인정될 수 있다. 또
경우에 따라서는 소유권이나 기타 권리에 기하여 방해의 제거 또는 예방을 청
구하는 것도 가능하다. 다만, 이는 권리남용 고유의 효과라고 보기는 어렵고,
권리남용은 불법행위 성립요건인 행위의 위법성이나 방해배제청구의 전제로서
침해상태의 위법성의 판단에서 기능을 하고 있는 것이라 보아야 한다.[216]

다음으로, 방해배제청구권의 행사가 권리남용이 되는 경우를 살펴보면, 그
효과로 권원이 없는 방해행위자가 사실상 그 토지를 계속하여 점유할 수 있게
된다. 소유권 자체가 부정되는 것은 아니지만, 그렇다고 해서 방해행위자에게
새로운 이용권원이 생기는 것도 아니다. 따라서 소유자는 방해행위자에게 부
당이득반환청구권을 행사할 수 있고, 또는 불법행위의 요건이 충족되는 경우
에는 손해배상청구권을 행사할 수 있다. 통상 그 손해는 임료 상당액이 될 것
이나, 방해행위자가 악의를 가지고서 공사를 강행한 경우 등에는 손해배상액
을 산정할 때 제재벌적인 성격을 가미하여 다액의 금액을 산정해야 할 것이

---

211) 구주해(1), 201(윤용섭); 주석 총칙(1), 231(제4판/백태승); 곽윤직·김재형, 87; 대판
    64.7.14, 64아4(집 12-2, 25); 타인의 손해를 배상할 책임에 관하여 권리남용 자체의 효
    과가 아니라 권리남용이 불법행위를 구성함에 따르는 효과라고 보는 견해도 있고, 권리남
    용의 불법행위적 기능이라고 분류하는 견해[김대정, 162]도 있다.
212) 주석 총칙(1), 231(제4판/백태승); 곽윤직·김재형, 87; 강봉석, 41. 원래 권리남용의 이
    론은 권리 그 자체의 제한이 아니라 권리행사의 제한이기 때문이다.
213) 구주해(1), 202(윤용섭).
214) 我妻榮, 民法總則(新訂版, 1965), 36; 四宮和夫, 民法總則(第4版, 1986), 31 등 참조.
215) 神戸地伊丹支判 1970(昭 45).2.5, 判時 592, 41.
216) 菅野(주 47), 94.

라고 보는 견해[217]가 있다. 학설 중에서는 소유자에게 방해부분에 대한 매수청구권을 인정하여야 하고, 방해행위자에게 소유자의 청구에 응하여 계약체결을 할 의무를 부담하여야 한다고 보는 견해[218]도 있다. 다만, 이와 같이 부당이득의 반환이나 손해배상이 이루어진다고 하더라도 무권원자에 의한 점유 상태는 계속되기 때문에 당사자 사이에 임의로 그 무권원 점유 부분을 매매하거나 임대차 또는 용익물권설정의 계약 등을 통하여 해결하지 아니하는 한 근본적인 해결이 되지 않는다는 문제가 남는다. 이에 대한 해결법으로는 다음과 같이 학설이 나뉘고 있다. 소유자 측은 ① 방해부분 및 그 방해로 인하여 독립한 이용가치가 현저하게 감소된 나머지 부분의 매수청구, ② 상당한 임료에 의한 임차·용익물권설정 청구, ③ 상당가격에 의한 방해공작물의 매도 청구, ④ 큰 빌딩의 일부분이 방해를 하고 있을 때에는 그 빌딩의 방해부분에 상응하는 지분의 양도청구 등을 선택하여 청구할 수 있고, 방해자 측은 그 청구에 응하여 계약을 체결할 의무가 있다고 해석하는 견해[219]가 있다. 만약 소유자가 이러한 청구를 하지 않고 방치하는 경우에, 침해자 측에서 임대차 또는 용익물권설정 계약을 청구할 수 있고, 소유자 측은 이에 승낙할 의무가 있다고 해석하는 견해[220]도 있다. 이러한 권리의무는 신의성실의 원칙에 근거한다.[221]

2. 권리남용의 유형별 사례

권리남용금지의 원칙은 법 전체에 걸쳐 모든 분야를 규율하는 원리인 한편 그 규율대상인 개별적 권리는 사회적 목적과 성질이 각각 다른 것이어서 권리남용의 형태 또한 행사된 개별적 권리의 내용에 따라 여러 가지 유형으로 나타난다.[222] 이에 따라 어느 권리행사가 권리남용이 되는가의 여부는 개별적이고 구체적인 사안에 따라 판단되어야 한다.[223]

---

217) 谷口知平, "権利濫用の效果", 末川先生古稀記念『権利の濫用(上)』, 1962, 117 참조.
218) 谷口(주 217), 225; 谷口知平 外 編, 註釋 民法(Ⅰ)(新版, 1988), 152(安永正昭) 참조; 이에 대하여 계약자유의 원칙에 저촉된다면서 반대하는 견해로는 遠藤浩 외 編, 民法註解 財産法 第1卷: 民法總則(1989), 81(潮見佳男).
219) 谷口(주 217), 115; 谷口知平 外 編, 註釋 民法(Ⅰ): 總則1(1964), 115(植林昭) 참조.
220) 谷口知平, 加藤一郎 外 編, 民法演習 I: 總則(1958), 9(田中実) 참조.
221) 菅野(주 47), 273.
222) 구주해(1), 202(윤용섭).
223) 대판 10.12.9, 2010다59783(공 11상, 111)(주 143 참조).

(1) 소유권의 남용

⑦ 침해행위에 의한 경우   소유권의 적극적 행사에 의한 권리남용
의 형태로는 공작물설치에 의한 침해, 침수에 의한 침해, 생활방해, 지하수이
용권의 침해 등을 예로 들 수 있다.[224] 여기서 유의할 점은 공작물설치에 의한
인접지의 통풍·채광의 방해는 이미 상대방의 환경권에 관한 권리인 일조권·
통풍권·조망권 등의 보호라는 관점에서 논의되고 있다는 점[225]과 생활방해나
지하수 이용권의 침해문제도 현행 민법이 상린관계 및 생활방해금지에 관하여
자세한 규정을 두고 있는 이상 권리남용의 법리를 적용하기에 앞서 이러한 규
정을 통한 이익조정을 먼저 시도하여야 한다는 점이다.[226] 따라서 소유권의 적
극적 행사에 의한 권리남용은 그 행사에 가해의사나 목적이 드러나지 않는 한
인정될 여지가 매우 좁다.[227]

공작물설치에 의한 침해의 경우 일반적으로 그 설치자에게 가해의사·목
적이 있거나 그 설치에 정당한 이익이 없는 때에는 권리남용이 곧바로 인정
될 수 있을 것이고, 그렇지 않은 경우라도 타인에게 손해가 미치는 것을 방지
할 수 있음에도 불구하고 설치자가 이를 태만히 한 때에는 양쪽 당사자의 이
익형량에 의하여 권리남용을 인정할 수 있을 것이다.[228] 여기서 공작물설치에
정당한 이익이 있는지 여부에 대한 판단은 토지의 이용이 객관적으로 가능하
다고 인정되는 한도라는 획일적·추상적 기준에 의할 것이 아니고 토지의 위
치·모양 및 방해의 형태 등 구체적 사정과 일반적인 거래관념에 의하여야 한
다.[229] 예를 들어, 같은 높이로 건축되었다 하더라도 주택의 경우와 단순한 담
장의 경우는 정당한 이익의 유무가 달리 인정될 수 있다. 또한 위해시설설치의

---

224) 구주해(1), 202(윤용섭); 주석 총칙(1), 232(제4판/백태승).
225) 주석 총칙(1), 232(제4판/백태승). 불법행위의 요건 중 위법성 판단과 관련하여 수인한
도론이 중요한 기능을 하는데, 일조·통풍·조망의 저해가 사회통념상 일반적인 수인한도
를 넘었느냐 여부에 의하여 결정된다. 권리행사가 사회생활상 참을 수 없을 정도로 과도
한 손해를 일으킨 경우에는 권리의 사회성·공공성에 반하는 것이므로 권리남용에 해당한
다고 본다; 법정거리 안에 세워진 건물 부분의 철거청구가 권리남용에 해당하고, 건물로
인하여 직사광선이 차단되는 불이익을 받는 경우에 그것이 사회통념상 일반적으로 인용할
정도를 넘지 않는 한 이를 감수할 것이므로 이로 인하여 입는 정도의 고통은 감내하여야
한다고 사례는, 대판 82.9.14, 80다2859(공 82, 1001) 참조.
226) 구주해(1), 202(윤용섭). 당사자 사이의 이익조정에 관하여 세부적 규정이 있음에도 추
상적·일반적 원리인 권리남용의 법리를 먼저 적용하는 것은 일반조항에의 도피로 권리남
용법리를 남용하는 결과에 이르기 때문이라고 설명한다.
227) 구주해(1), 202(윤용섭).
228) 구주해(1), 202(윤용섭).
229) 구주해(1), 202(윤용섭).

경우에는 그것이 안전관계법령의 기준에 적합한 것이라 하더라도 타인에게 신체상의 위험을 끼치는 것이면 구체적인 사정에 따라 권리남용이 인정될 수 있다.[230] 공작물설치가 권리남용으로 인정되는 경우 피해자에게 주어지는 구제수단은 구체적인 사정에 따라 결정되어야 하는 것이므로 남용이 인정된다 하여 곧바로 공작물의 철거할 것인가 아닌가 하는 양자택일적 해결은 타당하지 않고 피해자의 침해 등이 그리 중대한 것이 아닌 때에는 공작물의 설치를 인정하고 공작물설치로 인한 손해를 전보시키는 것이 타당하다.[231]

우리 대법원 판례는, ① 피고 시장조합이 그 소유대지의 일부를 시장상인과 고객의 왕래에 사용하기 위한 통로로서 사용하여 오다가 그 통로에 접한 대지 위에 상점을 소유하고 있는 원고들이 점포를 개축하자 그럴 경우 피고 시장조합측에서 손해를 입게 될 우려가 크다는 구실로 원고들의 점포와 인접한 다른 점포는 제외한 채 유독 원고들의 건물사용만을 방해할 목적으로 원래의 용도로 보아서는 아무런 소용이 없고 오히려 시장상인 및 일반인의 통행에 장애가 될 뿐만 아니라 화재가 발생할 경우 소방도로의 구실마저 다하지 못하게 될 정도로 통로의 일부에 담장을 쌓아 원고들이 신축한 건물의 통로에 접한 부분을 완전히 밀폐하여 건물의 통로에 접한 전면은 전혀 접근이 불가능하도록 막아버림으로써 통로에 면한 위 건물부분의 사용을 불가능하게 한 경우에는 권리남용에 해당한다고 판단하였고,[232] ② 피고 소유의 대지 지상에 다가구주택이 건축되어 있고 그 잔여 토지가 공로에 이르는 통로로 사용되고 있었는데, 원고가 그 인근 대지에 구 건물을 철거하고 상가를 신축하면서 위 통로 쪽으로 출입구를 설치하였으나, 위 상가 신축 과정에서 원고와 갈등을 빚게 된 피고가 위 상가의 출입구 현관문 앞에 블록담장을 설치한 사안에서, 상가 출입구를 봉쇄하는 형태로 축조되어 있는 위 블록담장에 그 외의 다른 용도가 없는 점, 위 상가와 블록담장 사이의 간격은 50cm 정도에 불과하여 통행에 매우 불편한 상태인 점, 인근 주민들은 모두 위 통로를 이용하고 있는 점, 블록담장 설치로 인하여 피고가 얻는 이익이 거의 없고 위 잔여 토지 부분이 통로 이외의 다른 용도로 사용될 가능성도 없는 점 등에 비추어 보면, 피고가 위 블록담장을 설치한 행위는 외형상은 권리의 행사로 보이나 실질적으로는 그 부지가

---

230) 구주해(1), 203(윤용섭).
231) 구주해(1), 203(윤용섭).
232) 대판 73.8.31, 73다91(공 73, 7423).

자신의 소유임을 기화로 원고 소유의 위 상가의 사용·수익을 방해하고 나아
가 원고에게 고통이나 손해를 줄 목적으로 행한 것이라고 볼 수밖에 없으므로,
피고의 위 블록담장 설치행위는 권리행사의 한계를 벗어난 것으로서 권리남용
에 해당한다고 판단하였고,[233] ③ 갑 회사가 콘도를 운영하면서 콘도 출입구
쪽 도로 및 주차장으로 이용하던 토지에 관하여 갑 회사의 사내이사였던 을이
소유권이전등기를 마친 후 아들인 피고에게 다시 소유권이전등기를 마쳐 주었
는데, 원고 회사가 부동산임의경매절차에서 위 콘도 지분 대부분을 매수한 이
후 피고가 콘도와 토지의 경계 위에 블록으로 화단을 설치하고 그 위에 쇠파
이프 등으로 철제 구조물을 설치한 사안에서, 제반 사정에 비추어 피고가 구조
물을 설치한 행위는 외형상으로는 정당한 권리의 행사로 보이나 실질적으로는
토지가 자기 소유임을 기화로 원고 회사 소유인 콘도의 사용·수익을 방해하
고 나아가 원고 회사에 고통이나 손해를 줄 목적으로 행한 것이라고 볼 수밖
에 없으므로, 피고의 구조물 설치행위는 정당한 권리행사의 한계를 벗어난 것
으로서 권리남용에 해당한다고 볼 여지가 충분하다고 판단하였다.[234]

　　다만 우리 대법원 판례는, 공작물 설치에 의한 일조, 조망의 방해가 있는
경우 공작물 설치 그 자체가 권리남용에 해당하는지 여부를 직접적으로 논의
하지 않는다.[235] 어느 토지나 건물의 소유자가 종전부터 향유하고 있던 경관
이나 조망, 조용하고 쾌적한 종교적 환경 등이 그에게 하나의 생활이익으로서
의 가치를 가지고 있다고 객관적으로 인정된다면 법적인 보호의 대상이 될 수
있는 것이므로, 인접 대지 위에 건물의 건축 등으로 그와 같은 생활이익이 침
해되고 그 침해가 사회통념상 일반적으로 수인할 정도를 넘어선다고 인정되는
경우에는 위 토지 등의 소유자는 그 소유권에 기하여 건물의 건축 금지 등 방
해의 제거나 예방을 위하여 필요한 청구를 할 수 있고, 위와 같은 청구를 하
기 위한 요건으로서 반드시 위 건물이 문화재보호법이나 건축법 등의 관계 규
정에 위반하여 건축되거나 또는 그 건축으로 인하여 그 토지 안에 있는 문화
재 등에 대하여 직접적인 침해가 있거나 그 우려가 있을 것을 요하는 것은 아
니라고 판단하였다.[236] 조망의 방해와 관련하여, 대학교의 교육환경 저해 등을

　233) 대판 10.12.9, 2010다59783(공 11상, 111)(주 143 참조).
　234) 대판 14.10.30, 2014다42967(공 14하, 2259)(주 143 참조).
　235) 일본에서 주로 공작물의 설치로 인하여 조망, 일조의 방해가 있는 경우 부동산 사용수익
　　　권의 남용의 형태로 다루어지는 것과 약간의 차이가 있다.
　236) 대판 97.7.22, 96다56153(공 97, 2636); 대판 99.7.27, 98다47528(공 99, 1755).

이유로 그 인접 대지 위의 24층 아파트 건축공사 금지 청구를 인용한 사례,[237]
사찰로부터 6m의 이격거리를 둔 채 높이 87.5m의 19층 고층빌딩을 건축 중
인 자에 대하여 사찰의 환경이익 침해를 이유로 전체 건물 중 16층부터 19층
까지의 공사를 금지시킨 사례,[238] 종합병원이 인근 연립주택 주민들에게 끼
친 생활방해가 사회통념상 요구되는 수인한도를 넘은 것이라고 본 사례[239] 등

---

237) 대판 95.9.15, 95다23378(공 95, 3399)(인접 대지 위에 건축 중인 아파트가 24층까지
   완공되는 경우, 대학교 구내의 첨단과학관에서의 교육 및 연구 활동에 커다란 지장이 초
   래되고 첨단과학관 옥상에 설치된 자동기상관측장비 등의 본래의 기능 및 활용성이 극도
   로 저하되며 대학교로서의 경관·조망이 훼손되고 조용하고 쾌적한 교육환경이 저해되며
   소음의 증가 등으로 교육 및 연구 활동이 방해받게 된다면, 그 부지 및 건물을 교육 및 연
   구시설로서 활용하는 것을 방해받게 되는 대학교 측으로서는 그 방해가 사회통념상 일반
   적으로 수인할 정도를 넘어선다고 인정되는 한 그것이 §217 Ⅰ 소정의 매연, 열기체, 액
   체, 음향, 진동 기타 이에 유사한 것에 해당하는지 여부를 떠나 그 소유권에 기하여 그 방
   해의 제거나 예방을 청구할 수 있고, 이 경우 그 침해가 사회통념상 일반적으로 수인할 정
   도를 넘어서는지 여부는 피해의 성질 및 정도, 피해이익의 공공성과 사회적 가치, 가해행
   위의 태양, 가해행위의 공공성과 사회적 가치, 방지조치 또는 손해회피의 가능성, 공법적
   규제 및 인·허가 관계, 지역성, 토지이용의 선후 관계 등 모든 사정을 종합적으로 고려하
   여 판단하여야 한다고 판시).
     한편, 조망이익이 법적인 보호의 대상이 되기 위한 요건, 조망이익의 침해행위가 사법
   상 위법한 가해행위로 평가되는 경우 및 그 침해행위가 사회통념상 수인한도를 넘었는지
   여부에 관한 판단 기준은, 대판 04.9.13, 2003다64602(공 04, 1661) 참조; 이에 대하여
   조망이익과 수인한도에 관하여 그 개념을 구체적으로 설시했다고 평가, 주석 총칙(1),
   233(제4판/백태승) 참조; 조망이익의 침해행위가 사법상 위법한 가해행위로 평가되기 위
   한 요건과 판단 기준은, 대판 07.6.28, 2004다54282(집 55-1, 299; 공 07, 1135)(이른바
   '한강조망이익침해사건'; 5층짜리 아파트의 뒤에 그보다 높은 10층짜리 건물을 세움으로써
   한강 조망을 확보한 경우와 같이 보통의 지역에 인공적으로 특별한 시설을 갖춤으로써 누
   릴 수 있게 된 조망의 이익은 법적으로 보호받을 수 없고, 이미 다른 기존 건물에 의하여
   일조방해를 받고 있거나 피해건물의 구조 자체가 충분한 일조를 확보하기 어려운 경우 가
   해건물의 신축으로 인한 일조방해가 사회통념상 수인한도를 넘었는지 여부의 판단 기준을
   제시한 사례) 참조.
238) 대판 97.7.22, 96다56153(공 97, 2636).
239) 대판 97.10.28, 95다15599(공 97, 3617)(의료법인이 운영하는 종합병원의 부지와 인근
   주민들이 거주하는 연립주택의 부지는 모두 도시계획법에 의하여 일반상업지역으로 지정
   된 지역 내에 위치하고 있기는 하지만, 그 지역의 현황은 상가 등 근린생활시설과 주택이
   혼재하여 있고, 그 연립주택의 전면이 그 병원의 부지 쪽을 향하여 건축된 다음 상당한 기
   간이 지난 후에 그 병원이 건축되었으며 그 연립주택 부지와 병원 부지 사이의 경계로부
   터 그 병원의 3층 산부인과 입원실의 연립주택 쪽 창문까지의 직선거리는 차면시설의무
   가 있는 법정 거리인 2m에 미치지 못하는 경우, 비록 그 병원이 그 부지의 도시계획상 용
   도에 적합한 시설이고 그 병원과 같은 종합병원은 공익시설이며 이를 운영함에 있어서 응
   급실과 영안실의 설치가 필수적이라고 하더라도 그 병원 및 연립주택의 현황과 그 위치
   한 지역의 형태, 토지 이용의 선후 관계, 의료법인으로서는 그 병원의 운영에 지장을 초래
   하지 않는 범위 내에서 인근 주민들의 생활방해를 방지하거나 감소시키기 위한 조치를 할
   수 있었을 것으로 보이는 점 등 제반 사정에 비추어 볼 때, 의료법인이 그와 같은 조치를
   하지 아니함으로써 발생한 생활방해는 인근 주민들에게 사회통념상 요구되는 수인의 한도

이 있다. 일조의 방해와 관련하여, 일조 방해행위가 사법상 위법한 가해행위로 평가되기 위한 요건과 수인한도의 판단에서 구체적 기준이 제시[240]된 후 주로 손해배상의 형태[241]로 다루어지지만, 드물게 공사금지와 관련하여 다루어지기도 한다. 일조권의 침해를 원인으로 공사금지를 청구하기 위해서는 일조 침해의 정도가 현저하여 사후의 금전 배상만으로는 일조권 침해로 인한 손해의 전보가 어려울 정도로 사회통념상 수인할 수 없는 정도라야 할 것인데, 수인한도를 넘는지 여부는 피해의 정도, 피해이익의 성질, 그에 대한 사회적 평가, 가해건물의 용도, 지역성, 토지이용의 선후관계, 가해 방지 및 피해 회피의 가능성, 공법적 규제의 위반 여부, 교섭 경과 등 모든 사정을 종합적으로 고려하여 판단하여야 하고, 아파트 신축공사로 인한 인접 주민의 일조권 및 조망권 침해의 정도가 제반 사정[242]에 비추어 사회통념상 건축공사를 금지해야 할 만큼 현

─────────

를 넘은 것이라고 봄이 상당하다고 한 사례).

240) 대판 00.5.16, 98다56997(공 00, 1419)(고층 아파트의 건축으로 인접 주택에 동지를 기준으로 진태양시 08:00~16:00 사이의 일조시간이 2~150분에 불과하게 되는 일조 침해가 있는 경우, 그 정도가 수인한도를 넘었다는 이유로 아파트 높이가 건축 관련 법규에 위반되지 않았음에도 불구하고 불법행위의 성립을 인정한 사례).

 대판 04.9.13, 2003다64602(공 04, 1661)(동지를 기준으로 오전 9시부터 오후 3시까지 사이의 6시간 중 일조시간이 연속하여 2시간 이상 확보되는 경우 또는 동지를 기준으로 오전 8시부터 오후 4시까지 사이의 8시간 중 일조시간이 통틀어 4시간 이상 확보되는 경우에는 일응 수인한도를 넘지 않는 것으로, 위 두 가지 중 어느 것에도 속하지 않는 일조방해의 경우에는 일응 수인한도를 넘는 것으로 판단).

241) 대판 07.6.28, 2004다54282(집 55-1, 299; 공 07, 1135)(한강조망이익침해사건)(주 237 참조).

242) ① 일조침해에 관한 기준에 의하면 피해 아파트 중 일부에 일조권의 침해가 있을 것으로 예상되나, 피해 아파트는 주거지역에 건립된 아파트이지만 이 사건 건물은 일반상업지역에 건립될 주상복합건물인 점, ② 이 사건 건물이 예정대로 35층까지 완공되더라도 일조에 방해를 받는 세대는 피해 아파트 8개동 총 588세대 중 2개동 83세대에 불과하고, 그 중 일부 세대는 이 사건 공사 이전에도 어느 정도 일조침해가 발생하여 있었으며, 일조침해가 발생하는 것으로 드러난 위의 83세대의 경우에도 이 사건 건물이 예정대로 완공되더라도 동지일을 기준으로 한 09:00부터 15:00까지의 연속일조시간이 대부분 1시간 30분 이상 확보되는 점, ③ 대도시인 서울특별시의 경우 주택난을 해소하고 불량노후 주거지역을 보다 쾌적한 환경으로 개발하기 위하여 토지의 효율적 이용 및 토지 이용의 극대화가 요구됨에 따라 건물의 고층화를 피하기 어려운 점, ④ 피해 아파트 중 이 사건 건물에 가장 가까운 에이(A)동과 이(E)동은 도로에 인접하여 남쪽 경계선을 따라 건축되어 있는데, 그 남측 토지에 고층건물이 건축될 경우에 생기게 될 일조피해에 대한 배려가 되어 있지 않아 위의 동을 소유한 원고들로서도 후일 이 사건 건축부지 등에 고층의 건물이 들어설 경우 일조침해가 발생하리라는 것을 예측할 수 있었고, 특히 피해 아파트와 인접한 이 사건 건축부지는 도시계획법상 용도지역이 상업지역으로 지정되어 있어 원고들로서도 그 인근에 고층의 상업건물이 들어서 있고, 이 사건 건축부지에도 추후 고층건물이 들어설 수 있으리라는 것을 충분히 예상할 수 있었던 점, ⑤ 건축주인 피고들은 이 사건 건물에 대하여 적법하게 건축허가를 받았을 뿐 아니라, 이 사건 건물의 건축은 용적률·건폐율 등에

저히 수인할 수 없을 정도는 아니라고 보아 일조권 등의 침해 방지를 위하여 제기된 건축공사금지청구를 기각한 사례,[243] 아파트 신축으로 일조피해를 입게 되는 아파트가 동향이어서 이미 일조시간을 충분히 확보하기 어려운 구조인 점, 일조침해를 이유로 공사금지를 구하는 경우에는 불법행위를 원인으로 손해배상청구를 하는 경우보다 수인한도를 엄격하게 판단하여야 하는 점 등에 비추어 연속일조시간이 30분 미만이고 총일조시간이 1시간 미만인 세대만이 수인한도를 넘는 것으로 보아 그 구분소유자가 건축공사의 금지를 청구할 수 있다고 한 사례[244] 등이 있다.

일본의 경우에는 부동산 사용수익권 남용의 형태로 다루어지는데, 주로 토지사용에 따른 매연, 소음, 진동 등의 생활방해, 공작물 설치에 의한 일조, 통풍, 조망의 방해, 지하수 이용에 따른 지반침해 등을 들고 있다. 이러한 형태의 권리남용을 인정한 판례로는 앞서 본 '신현공기괘송사건(信玄公旗掛松事件),'[245] '부전병병원사건(富田浜病院事件)[246]' 외에 '위반건축일조통풍방해사건(違反建築日照通風妨害事件)'[247]이 있다. '위반건축일조통풍방해사건(違反建築日照通風妨害事件)'은 건축기준법의 용적률을 위반하고 건축확인절차도 거치지 않은 위법건축에 의하여, 인근의 거주자가 일조·통풍을 방해 받아 건강이 나빠져서 어쩔 수 없이 이사를 하게 된 사안으로, '손해가 사회생활상 일반적으로 피해자가 용인하는 것이 상당하다고 볼 수 있는 정도를 넘어 사회통념상 타당한 권리행사의 범위를 일탈하였고, 권리남용으로서 위법하다'고 하여 불법행위책임을 인정하였다.

특히, 일본에서 조망을 방해하는 토지 사용의 사례가 늘어나면서 그 정도나 태양에 따라 권리남용이 인정되는 경우가 생기기 시작한 것도 주목할 만하다. 하급심 판결로는 조망을 방해하는 건물의 건축공사중지가처분신청을 인용

있어 건축법상 위반되는 부분이 없는 점, ⑥ 이 사건 공사는 종전의 아파트 거주자 276세대가 기존의 아파트를 철거하고 재건축을 통하여 새로운 주택을 건설하는 공사로서 그 중 상당한 부분을 일반 분양하여 건축비를 충당하고 있는데, 만약 이 사건 건물 중 일부라도 건축이 금지되게 되면 분양수입금이 감소하여 이 사건 건물의 건축에 중대한 지장이 생길 수 있는 점, ⑦ 일조침해가 발생한 원고들의 경우 추후 금전적 손해배상을 통하여 피해가 회복될 여지가 있는 점 등.

243) 서울남지판 04.4.2, 2002가합16690(각공 04, 745).
244) 부산지결 09.8.28, 2009카합1295(각공 09하, 1739).
245) 주 54 참조.
246) 주 154 참조.
247) 日最判 1972(昭 47).6.27, 民集 26-5, 1067.

한 사례²⁴⁸⁾와 조망을 방해하는 건물의 건축이 완료된 상태에서 이루어진 일부
철거 청구를 기각하고, 손해배상청구만을 인용한 사례²⁴⁹⁾가 있다.

　다음으로 통행을 방해하는 토지사용의 경우에 권리남용을 인정한 사례가
많은데, 타인 소유의 건물 현관이 자신의 땅과 접해 있는 토지소유자가 그 현
관 앞을 막는 높이 2.03㎡의 담을 건축한 사안에서, 현관이 손님을 맞이하고
접대한다는 대외적인 기능을 가지고 있다는 점에서 건물의 구조·배치상 매우
중요한 부분이라 할 것이므로, 위와 같이 담을 건축하는 것은 권리남용으로 허
용되지 않는다고 한 판결²⁵⁰⁾이 있다.

　지하수이용권의 경우 원칙적으로 토지소유권의 범위는 토지의 상하 모두
에 미치므로, 토지소유자에게는 지하를 굴착하여 지하수나 온천을 이용할 수
있는 권한도 있는 것이나, 이로 인하여 인근의 지하수나 온천이용에 악영향을
주는 경우에 문제가 된다. 지하수이용권 침해의 경우 법령 또는 관습에 의한
전용권자의 권리를 침해하는 토지소유자의 지하수이용은 그 자체가 권리침해
로 불법행위를 구성하므로 권리남용의 법리가 적용될 여지가 없으나, 전용권
을 갖지 아니한 토지소유자들은 각자 평등하게 지하수이용권을 가지는 것이므
로 어느 일방에게 현저한 손해를 끼치는 경우이거나 지하수이용에 의한 영업
을 곤란하게 하는 경우에는 기존 이용권자와 새로운 이용권자 사이의 이익교
량의 결과에 따라 권리남용이 될 수 있다.²⁵¹⁾ 권리남용이 인정되면 종전 이용
자는 가해자인 새로운 우물의 이용자에 대하여 우물발굴·이용금지청구권이나
손해배상청구권을 행사할 수 있다.²⁵²⁾²⁵³⁾

248) 日東京高判 1963(昭 38).9.11, 判夕 154, 60 참조. 인조호수의 조망을 중요시할 수밖에
　　없는 한 온천마을에서, 낮은 지대에 있는 여관이 증축공사를 개시하였기 때문에 그 뒤에
　　있는 여관의 조망이 완전히 차단되어버린 사례.
249) 日横浜地横須賀支判 1979(昭 54).2.26, 下民集 30-1, 57. 건물이 일단 완성된 이후에 주
　　위적으로는 2층 부분의 철거청구를, 예비적으로는 사죄광고와 손해배상을 청구한 사례.
250) 日仙台高判 1974(昭 49).12.25, 判時 776, 59.
251) 구주해(1), 203(윤용섭).
252) 구주해(1), 203(윤용섭).
253) 일본의 경우 당초의 판례는 토지소유자가 지하수를 굴착하여 온천을 용출함으로써 다른
　　온천에 악영향을 주는 사안에서, 구관습에 의한 수리권(水利權)을 인정하여 권리남용법리
　　를 적용하지 아니하였으나 구관습과 관련이 없는 사례에 대해서는 권리남용법리가 적용될
　　수 있음을 판시한 사례가 있다. 온천의 굴착과 관련하여 일본의 판례는 '권리행사가 상호
　　신의성실의 원칙, 권리남용의 법리에 의하여 조절되어야만 한다'고 하여 권리남용의 법칙
　　이 적용될 수 있다고 하면서도, 당해 사안은 '영향이 비교적 경미하고, 기존 온천 소유자
　　에게 현저한 손해를 미치거나 온천 영업을 곤란하게 할 정도에 이르지 아니하는 한, 기존
　　의 온천 소유자는 새로운 온천정(溫泉井)의 착굴 및 이용의 금지를 청구할 권리를 가지지

(나) 침해배제청구에 의한 경우   물권적 청구권의 행사가 권리의 남
용인 경우에는 목적물의 반환청구나 방해배제청구는 허용되지 않는다.²⁵⁴⁾ 다
만, 이 경우에 권리자의 부당이득반환 또는 손해배상의 청구는 허용되어야 한
다.²⁵⁵⁾

(a) 불법점거자에 대한 철거·인도청구권의 남용   경계선을 침범한
건축부분이 아주 근소하여 토지소유자의 토지사용에 조금도 방해가 되지 않
는 경우, 주택의 침범 부분을 철거함으로써 그 주택의 가치를 현저하게 훼손
하는 경우, 인도청구 등이 부당한 이익의 획득을 목적으로 하는 경우, 불법 설
치된 공작물의 제거에 막대한 비용이 요구되는 경우, 원상회복이 실제로 또는
사회통념상 불가능한 경우에는 소유자의 침해배제청구가 권리남용이 될 수 있
다.²⁵⁶⁾

아파트 건물 중 12.9m^2 부분을 철거한다면 해당 10세대의 사용이 불가능
하여짐은 물론 아파트 건물 전체의 안전에 중대한 위험이 될 수 있고, 분뇨탱
크 관리실 출입통로 등은 이 사건 아파트의 필수적인 부대시설이고, 이를 철
거한다 하더라도 대부분의 아파트 건물이 그대로 남아 있는 이상 원고가 이
부분 토지를 다른 용도에 사용하기는 어려워 이 부분 건물 등의 철거나 토지
의 인도로 인하여 피고들이 받는 손실은 대단히 큰 반면에 원고가 얻은 이익
은 비교할 수 없을 만큼 작다는 이유로, 원고의 이 사건 토지상의 아파트 건물

않는다'고 판단한 것이 있다[日最判 1958(昭 33).7.1, 民集 12-11, 1640(이른바 二日市
溫泉事件)]. 인근의 수리(水利)를 방해하는 사례는 日最判 1950(昭 25).12.1, 民集 4-12,
625(이른바 天ノ川流水事件) 참조.
254) 대판(전) 85.4.9, 84다카1131, 1132(집 33-1, 174; 공 85, 721). 법정지상권을 가진 건
물소유자로부터 건물을 양수하면서 법정지상권까지 양도받기로 한 자는 채권자대위의 법
리에 따라 전건물소유자 및 대지소유자에 대하여 차례로 지상권의 설정등기 및 이전등기
절차이행을 구할 수 있다 할 것이므로 이러한 법정지상권을 취득할 지위에 있는 자에 대
하여 대지소유자가 소유권에 기하여 건물철거를 구함은 지상권의 부담을 용인하고 그 설
정등기절차를 이행할 의무 있는 자가 그 권리자를 상대로 한 청구라 할 것이어서 신의성
실의 원칙상 허용될 수 없다고 판단.
    같은 취지의 대판 91.5.28, 91다6658(공 93, 1457); 대판 96.3.26, 95다45545, 45552,
45569(집 44-1, 291; 공 96, 1374) 등 참조.
255) 대판 88.10.24, 87다카1604(공 88, 1463); 대판 95.9.15, 94다61144(공 95, 3389); 대
판 97.12.26, 96다34665(공 98, 387) 등.
256) 구주해(1), 204(윤용섭); 집합건물 대지의 소유자는 대지사용권을 갖지 아니한 구분소유
자에 대하여 전유부분의 철거를 구할 수 있고, 일부 전유부분만의 철거가 사실상 불가능
하다고 하더라도 이는 집행개시의 장애요건에 불과할 뿐이어서 대지 소유자의 건물 철거
청구가 권리남용에 해당한다고 볼 수 없다는 견해는, 대판 21.7.8, 2017다204247(공 21
하, 1430) 참조.

부분 등의 철거와 그 대지의 인도청구는 권리남용에 해당되어 허용되지 않는다고 본 사례,[257] 갑이 도로로 사용되어 오다가 세금의 체납으로 공매되게 된 토지가 도로 이외의 용도로는 사용하기 어려움을 잘 알고 있었고 그래서 공매가격이 싼데도 원매자가 나타나지 아니하자 감정시가보다도 더 싸게 위 토지를 매수한 다음 곧바로 원소유자 등을 상대로 통행금지와 부당이득금청구 및 매수청구 등의 소송을 제기하였으나 주위토지통행권이 인정되는 바람에 통행금지청구부분은 패소되고 그 무렵 위 토지를 침범한 건축물의 철거와 그 부분 토지의 인도를 구하는 소를 제기하였으며, 위 토지의 면적이 264㎡임에 비하여 철거를 구하는 건축물의 침범부분은 약 11.6㎡에 불과하다면 위 토지의 현황과 이용실태, 위 토지를 취득하게 된 경위, 소송을 통하여 이루려는 목적 및 침범된 부분의 면적과 침범건축물의 형태 등에 비추어 토지 소유자가 침범부분의 토지에 대한 부당이득을 구함은 별론으로 하고 그 소유권에 기하여 침범된 건축물의 철거와 그 부분 토지의 인도를 구하는 것은 권리남용에 해당한다고 한 사례,[258] 건물의 시가는 금 7억 원 정도임에 비하여 토지의 낙찰가는 금 2억 1,000만 원에 불과하고, 건물의 철거에 상당한 비용이 소요되며 그 철거는 사회적·경제적으로 큰 손실이 될 것이기는 하나, 건물의 철거로 인한 이익과 손해간 사이에 현저한 차이가 있다는 사정만으로 권리남용이라고 볼 수는 없고, 토지는 도시계획도로에 편입된 106㎡를 제외하고는 아무런 법적 규제가 없어 이를 다른 용도에 사용할 수 있는 점, 건물소유자가 경락사실을 알고서도 건물의 신축공사를 중단하지 않고 아무런 대책도 없이 강행한 점, 건물의 철거가 사회일반의 공공적 이익에 중대한 영향을 미치지는 않는 점, 건물소유자가 건물철거 이외의 방법으로 토지소유자의 피해회복을 위하여 성의 있는 노력을 하였다고 볼 만한 자료가 없는 점, 토지소유자가 부당한 이익의 획득을 목적으로 철거청구를 한다거나 토지를 부당한 가격으로 매수할 것을 요구하고 있다거나 또는 토지를 고가에 매각할 목적으로 토지를 경락받았다고 볼 만한 자료가 없는 점 등에 비추어 볼 때, 토지를 경매로 취득한 후 건물철거와 토지인도 청구를 하는 것이 권리남용에 해당하지 않는다고 한 사례[259] 등이 있다. 한편 한국전력공사가 정당한 권원에 의하여 토지를 수용하고 그 지상에 변전소

---

257) 대판 93.5.11, 93다3264(공 93, 1687)(주 164).
258) 대판 92.7.28, 92다16911, 16928(공 92, 2648).
259) 대판 03.2.14, 2002다62319, 62326(공 03, 800)(주 172 참조); 같은 취지의 대판 10.2.25, 2009다58173(공 10상, 639) 참조.

를 건설하였으나 토지 소유자에게 그 수용에 따른 손실보상금을 공탁함에 있어서 착오로 부적법한 공탁이 되어 수용재결이 실효됨으로써 결과적으로 그 토지에 대한 점유권원을 상실하게 된 경우, 그 변전소가 철거되면 61,750가구에 대하여 전력공급이 불가능하고, 그 변전소 인근은 이미 개발이 완료되어 더 이상 변전소 부지를 확보하기가 어려울 뿐만 아니라 설령 그 부지를 확보한다고 하더라도 변전소를 신축하는 데는 상당한 기간이 소요되며, 그 토지의 시가는 약 6억 원인데 비하여 위 변전소를 철거하고 같은 규모의 변전소를 신축하는 데에는 약 164억 원이 소요될 것으로 추산되며, 그 토지 소유자는 그 토지가 자연녹지지역에 속하고 개발제한구역 내에 위치하고 있어서 토지를 인도받더라도 도시계획법상 이를 더 이상 개발·이용하기가 어려운데도 그 토지 또는 그 토지를 포함한 그들 소유의 임야 전부를 시가의 120%에 상당하는 금액으로 매수하겠다는 한국전력공사의 제의를 거절하고 그 변전소의 철거와 토지의 인도만을 요구하고 있는 점에 비추어, 토지소유자가 그 변전소의 철거와 토지의 인도를 청구하는 것은 토지 소유자에게는 별다른 이익이 없는 반면 한국전력공사에게는 그 피해가 극심하여 이러한 권리행사는 주관적으로는 그 목적이 오직 상대방에게 고통을 주고 손해를 입히려는 데 있고, 객관적으로는 사회질서에 위반된 것이어서 권리남용에 해당한다고 본 사례,[260] 송전선로철거소송에 이르게 된 과정, 계쟁 토지가 51㎡에 불과한 점, 위 송전선을 철거하여 이설하기 위하여는 막대한 비용과 손실이 예상되는 반면 송전선이 철거되지 않더라도 토지를 이용함에 별다른 지장이 없는 점 등에 비추어 농로 위로 지나가는 송전선의 철거를 구하는 청구가 권리남용에 해당한다고 한 사례[261] 등이 있는 반면, 토지소유자가 토지 상공에 송전선이 설치되어 있는 사정을 알면서 그 토지를 취득한 후 13년이 경과하여 그 송전선의 철거를 구한 사안에서, 한국전력공사가 그 토지 상공에 당초에 그 송전선을 설치함에 있어서 적법하게 그 상공의 공간 사용권을 취득하거나 그에 따른 손실을 보상하지 아니하여 그 송전선의 설치는 설치 당시부터 불법 점유라고 볼 수 있으며, 그 설치 후에도 적법한 사용권을 취득하려고 노력하였다거나 그 사용에 대한 손실을 보상한 사실이 전혀 없고, 그 토지가 현재의 지목은 전이나 도시계획상 일반주거지역에 속하고 주변 토지들의 토지이용 상황이 아파트나 빌라 등이 들어 서 있는

---

260) 대판 99.9.7, 99다27613(공 99, 2084).
261) 대판 03.11.27, 2003다40422(공 04, 17)(주 147 참조).

사실에 비추어 그 토지도 아파트, 빌라 등의 공동주택의 부지로 이용될 가능성
이 농후한 점 및 한국전력공사로서는 지금이라도 전기사업법 등의 규정에 따
른 적법한 수용이나 사용 절차에 의하여 그 토지 상공의 사용권을 취득할 수
있는 점 등에 비추어, 토지소유자의 송전선 철거청구가 권리남용에 해당하지
않는다고 한 사례[262]도 있다.

　　일반적으로 불법점거자에 대한 공작물 등의 철거 및 대지인도청구가 권리
남용이 되는지 여부는 침해자의 권리보호의 필요성과 소유자의 침해수인의 필
요성을 비교하여 구체적 사정에 따라 판단하여야 하고, 단지 침해배제로 인
한 손해의 중대성만으로 이를 결정할 수는 없다.[263] 우리 대법원의 판례 중에
는 건물철거로 인하여 상대방이 입게 되는 손해가 그로써 소유자가 얻게 되
는 이득보다 7배가 되는 경우에 그 밖의 여러 사정을 함께 고려하여 권리남용
을 인정한 것[264]이 있는 반면, 그 차이가 10배가 되는 경우에 권리남용을 부정
한 예[265]가 있어 침해배제에 의한 손해의 중대성만으로 권리남용의 성립여부
를 판단하고 있지 않는 것으로 보인다.[266] 권리행사자가 얻는 이익보다 상대방
이 잃을 손해가 현저히 크다 하여도 그러한 사정만으로는 권리남용이라 할 수
없다.[267]

　　우리 대법원의 판례를 통하여 권리남용 여부의 판단에 참작할 구체적 사
정으로 문제된 점을 살펴보면,[268] ① 철거로 인한 소유자의 이익과 상대방의
손해 사이의 현저한 차이,[269] ② 소유자가 철거청구 이외의 다른 권리구제수단

262) 대판 96.5.14, 94다54283(공 96, 1835); 대판 01.2.23, 2000다65246(공 01, 757) 등.
263) 구주해(1), 204(윤용섭).
264) 대판 64.2.10, 64다720(집 12-2, 158).
265) 대판 67.2.7, 66다2508(집 15-1, 94).
266) 구주해(1), 205(윤용섭).
267) 대판 86.7.22, 85다카2307(공 86, 1099); 대판 87.3.10, 86다카2472(공 87, 642); 대판
　　 87.9.8, 87다카924(공 87, 1564); 대판 02.9.4, 2002다22083, 22090(공 02, 2333); 대판
　　 03.2.14, 2002다62319, 62326(공 03, 800)(주 172 참조).
268) 구주해(1), 205(윤용섭).
269) 대판 72.12.26, 72다756(집 20-3, 210), 대판 93.5.11, 93다3264(공 93, 1687)(주
　　 164), 대판 94.11.22, 94다5458(공 95, 62); 대판 99.9.7, 99다27613(공 99, 2084).
　　　대판 81.7.7, 80다2592(공 81, 14158)(대지소유자가 건물소유자의 매도요구에 불응하고
　　 그 침범 대지의 시가에 비하여 그 지상의 2층 건물철거 및 그 마무리 공사비가 10배 이상
　　 이며 위 철거로 인하여 그 잔존건물의 경제적 가치와 수명 등이 상당히 감소된다고 해도
　　 위 침범 부위가 그 대지 안쪽에 인접한 대지소유자의 주택에서 대로로 출입하는 통로확장
　　 에 유용하다면 대지소유자의 건물철거 및 대지 인도청구를 권리남용이라 할 수 없다고 본
　　 사례).

을 강구하였는지 여부,[270] ③ 소유자가 토지를 취득할 당시 지상 공작물의 존재 사실을 알았는지 여부,[271] ④ 소유자가 정당한 가격으로 건물대지 부분을 매도하여 달라는 상대방의 요구에 불응하였는지 여부,[272] ⑤ 소유자가 침해상태에 대하여 장기간 이의를 제기하지 않았고 법원이 제시한 적절한 화해권고에 응하지 않았는지 여부,[273] ⑥ 대지가 법적 규제를 받고 있어 소유자가 이를 다른 용도에 적극적으로 사용할 수 없는지 여부,[274] ⑦ 상대방이 소유자에게 대지사용에 상응하는 등기청구권을 갖고 있는지 여부,[275] ⑧ 상대방이 침해 당시 침해사실을 알고 있었는지 여부,[276] ⑨ 침해공작물을 철거하면 사회일반에 중대한 영향을 미치는지 여부,[277] ⑩ 상대방이 소유자의 피해회복을 위하여 철거 이외의 다른 성의 있는 대책을 강구하려고 노력했는지 여부,[278] ⑪ 소유자가 상대방에게 계쟁토지를 부당한 가격으로 매수할 것을 요구하였는지 여부[279] 등을 들 수 있다.[280]

---

270) 대판 69.1.21, 68다1526(정보).

271) 대판 72.12.26, 72다756(집 20-3, 210); 대판 73.10.23, 73다995, 996(집 21-3, 111; 공 73, 7557).

272) 대판 81.7.7, 80다2592(공 81, 14158)(주 269 참조); 토지소유자가 적정한 가격에 의한 매수요청을 하였음에도 건물소유자가 아무런 성의 있는 조치를 취하지 않은 사례는, 대판 90.5.22, 87다카1712(공 90, 1333).

273) 대판 67.2.7, 66다2508(집 15-1, 94).

274) 대판 83.10.11, 83다카335(공 83, 1657); 대판 86.7.22, 85다카2307(공 86, 1099).

275) 대판(전) 85.4.9, 84다카1131, 1132(집 33-1, 174; 공 85, 721); 대판 91.5.28, 91다6658(공 93, 1457); 대판 92.6.12, 92다7221(공 92, 2137); 대판 96.3.26, 95다45545, 45552, 45569(집 44-1, 291; 공 96, 1374)(주 254 참조).

276) 대판 73.10.23, 73다995, 996(집 21-3, 111; 공 73, 7557)(주 271 참조); 대판 10.2.25, 2009다58173(공 10상, 639).

277) 대판 75.10.7, 75다1571(집 23-2, 37; 공 75, 8687)(학교 건물에 대한 철거 청구); 대판 78.11.28, 78다254, 255(집 26-3, 228; 공 79, 11630)(학교 부지에 대한 인도 청구); 대판 92.11.10, 92다20170(공 93, 75); 대판 13.12.12, 2013다67907, 67914(정보).

278) 대판 75.10.7, 75다1571(집 23-2, 37; 공 75, 8687)(주 277 참조).

279) 대판 65.12.21, 65다1910(집 13-1, 296)(시가의 4-5배에 상당한 가격으로 계쟁토지를 매수할 것을 요구하는 경우 권리남용 인정); 대판 03.2.14, 2002다62319, 62326(공 03, 800)(주 172 참조); 대판 09.2.12, 2008다67651, 67668(정보); 대판 13.12.12, 2013다67907, 67914(정보).

280) 구주해(1), 205-206(윤용섭); 주석 총칙(1), 235(제4판/백태승); 소유권에 기초를 둔 토지 인도 청구가 권리남용에 해당하는지는 토지 취득 경위와 이용현황 등에 비추어 토지 인도에 따른 소유자의 이익과 상대방의 손해 사이에 얼마나 큰 차이가 있는지, 토지소유자가 인도 청구를 하는 실제 의도와 목적이 무엇인지, 소유자가 적절한 가격으로 토지를 매도해 달라는 상대방의 요구에 정당한 이유 없이 불응하며 상대방에게 부당한 가격으로 토지를 매수할 것을 요구하고 있는지, 토지에 대한 법적 규제나 토지 이용현황 등에 비추어 다른 용도로 사용할 수 있는지, 토지인도로 말미암아 사회 일반에 중대한 불이익이 발생하는지, 인도 청구 이외에 다른 권리구제수단이 있는지 등 여러 사정을 종합적으로 고

　　그런데, 우리 대법원의 판례의 태도를 보면, 소유권의 행사에 이상과 같은 사정 중 ⑦, ⑪의 점을 제외하고,[281] 그 밖의 다른 한두 가지 사정이 있는 것만으로는 대체로 권리남용의 성립을 인정하지 않고 있다.[282]

　　려해서 판단해야 한다는 견해는, 대판 21.11.11, 2020다254280(공 22상, 34)(도로로 이용되고 있는 토지의 소유자인 갑이 도로 관리청인 을 지방자치단체를 상대로 토지 인도를 구한 사안에서, 위 토지는 오래전부터 도로로 이용되었고 갑은 경매절차에서 이를 알면서 매수한 점, 갑은 을 지방자치단체에 높은 금액의 보상금을 요구하였으나 을 지방자치단체가 응하지 않자 토지 인도를 구한 점, 위 토지는 도로의 일부로 고가도로를 연결하는 지점에 위치하고 있어 차량통행에 필수적이고 통행량도 많은 점, 위 토지가 인도되면 교통에 큰 지장이 초래되는 반면 주변 현황에 비추어 갑이 이를 다른 용도로 사용하기 어려운 점 등에 비추어 갑의 토지 인도 청구가 권리남용에 해당한다고 본 사례) 참조; 어떤 토지가 개설경위를 불문하고 일반 공중의 통행에 공용되는 도로, 즉 공로가 되면 그 부지의 소유권 행사는 제약을 받게 되며, 이는 소유자가 수인하여야 하는 재산권의 사회적 제약에 해당하고, 따라서 공로 부지의 소유자가 이를 점유·관리하는 지방자치단체를 상대로 공로로 제공된 도로의 철거, 점유 이전 또는 통행금지를 청구하는 것은 법질서상 원칙적으로 허용될 수 없는 '권리남용'이라고 보아야 한다는 견해는, 대판 21.3.11, 2020다229239(공 21상, 752)(갑 지방자치단체가 을 사찰로 출입하는 유일한 통행로로서 사찰의 승려, 신도, 탐방객 및 인근 주민들이 이용하고 있던 도로를 농어촌도로 정비법상 농어촌도로로 지정하고 30년 이상 관리하고 있었는데, 위 도로가 있는 임야를 임의경매절차에서 매수한 병이 갑 지방자치단체를 상대로 도로의 철거 및 인도를 구한 사안에서, 위 도로는 아주 오래전에 자연발생적으로 형성되었고 갑 지방자치단체가 농어촌도로 정비법상 농어촌도로로 지정하고 30년 이상 관리하면서 일반 공중의 통행에 공용되는 도로, 즉 공로에 해당한다고 봄이 타당하고, 이러한 이용상황을 알면서도 임의경매절차에서 위 임야를 매수한 병이 갑 지방자치단체를 상대로 도로의 철거·인도를 구하는 것은 권리남용이라고 볼 여지가 큰데도, 이와 달리 본 원심판단에 법리오해의 잘못이 있다고 한 사례) 및 대판 21.10.14, 2021다242154(공 21하, 2175)(갑 주식회사가 마을 주민 등의 통행로로 주요 마을안길의 일부를 이루고 있는 토지가 위치한 부동산을 매수하였고, 그 후 을 지방자치단체가 통행로 부분을 도로로 포장하여 현재까지 마을 주민들과 차량 등의 통행로로 사용되고 있는데, 갑 회사가 을 지방자치단체를 상대로 도로 부분의 인도를 구한 사안에서, 위 도로 부분은 갑 회사가 부동산을 매수하거나 을 지방자치단체가 도로로 포장하기 수십 년 전부터 자연발생적으로 마을 주민 등의 통행로로 제공되어 온 점, 갑 회사는 위 부동산을 현황대로 매수하여 도로 부분이 마을 주민 등의 통행로로 이용되고 있는 사실도 잘 알고 있었다고 보이므로, 이를 다른 용도로 사용하지 못하고 있다 하여 갑 회사가 불측의 손해를 입게 된 것이라고 보기 어려운 점, 위 부동산에 공장을 신축하기 위한 건축허가 등에 위 도로 부분을 공중의 통행에 제공하여 통행에 방해가 되지 않도록 하여야 한다는 취지의 부관이 부가되었고, 이는 특별한 사정이 없는 한 갑 회사에 효력이 미치는 점, 도로 부분이 폐쇄된다면 인근 주민 등은 상당한 거리를 우회해야만 하는 큰 불편과 혼란이 예상되어 공익에 현저히 반하는 결과가 초래될 것으로 보이는 점, 갑 회사가 부동산에 신축한 공장의 운영이 도로 부분으로 인하여 지장을 받고 있다고 보이지 아니하며, 도로 부분을 다른 용도로 사용해야 할 만한 긴급한 필요성이나 그에 관한 구체적인 계획도 보이지 않는 점 등 제반 사정에 비추어 갑 회사의 청구는 객관적으로 사회질서에 위반되는 것으로서 권리남용에 해당하거나 신의칙에 반하여 허용되지 않는다고 본 원심판단이 정당하다고 한 사례) 참조.

281) 구주해(1), 206(윤용섭).

282) 권리남용을 부정한 사안의 대부분은 가해의사라는 주관적 요건을 권리남용성립의 절대

일본의 경우 대표적 사례로는 앞서 본 우내월온천사건(宇奈月溫泉事件),[283] 고지철도노선부설사건(高知鉄道路線敷設事件),[284] 발전용터널철거청구사건(發電用터널撤去請求事件)[285] 등이 있다. 우내월온천사건(宇奈月溫泉事件)의 경우는 권리행사에서 대립하는 양 당사자의 이익이나 사회 일반의 이익을 비교 형량한다는 면에서 객관적 요건과 가해의사라고 하는 주관적 요건을 병렬적으로 인정한 전형적인 사례로 평가되고 있으나[286] 그 외에 고지철도노선부설사건(高知鉄道路線敷設事件), 발전용터널철거청구사건(發電用터널撤去請求事件) 등에서 판례는, 방해배제청구권자의 주관적 요건은 거의 고려하지 않고, 오로지 방해제거에 의하여 청구권자가 얻는 이익과 상대방이 입는 손해만을 비교형량하는 등 객관적 요건을 중시하여 권리남용 여부를 판단하는 경향이 있다.

철거·인도 등의 청구가 권리남용이 된다고 하여 소유자의 소유권이 부정되는 것은 아니고, 침해자의 불법점유가 그로써 적법한 권원에 기하는 것으로 변환되는 것도 아니다.[287] 그러므로 소유자는 침해자에 대하여 부당이득반환청구나 불법행위로 인한 손해배상청구를 할 수 있다.[288] 특히 침해자에게 고의가 있는 경우이거나 소유자의 항의를 무시하고 침해행위를 하였거나 기타 사정에 의하여 소유자에게 현저하게 정신적 고통을 준 경우에는 소유자가 위자료 청구를 할 수 있을 것이다.[289]

철거·인도 등의 청구가 배척된 후 소유자와 침해자 사이에 임차계약이나 용익물권 설정계약이 체결되지 아니한 경우 학설상으로는 침해부분 및 침해에 의하여 독립한 이용가치가 현저하게 감소된 나머지 부분의 매수청구, 상당한 지료 등에 의한 용익물권 또는 임차권의 설정청구, 상당 가격에 의한 방해

적 요건으로 파악하고 있는 것들이기 때문에 주관적 요건을 배제할 경우 판례가 ⑦, ⑪ 이외의 다른 사정들이 권리남용의 객관적 요소로서 어느 정도의 중요성을 가지고 있다고 보는 것인지 분석하기 곤란하지만, 대체적으로 ①, ⑨의 사정은 비교적 비중 있게 다루고 있고, ②, ④, ⑤, ⑩의 사정은 큰 의미가 없게 파악하는 것으로 보는 견해는, 구주해(1), 206(윤용섭) 참조.
283) 주 59 참조.
284) 주 156 참조.
285) 日大判 1936(昭 11).7.10, 民集 15, 1481(전력회사가 발전용 수로로 사용하기 위하여 66m 길이의 터널을 타인 소유지에 무단으로 시공하여 완성한 사안에서, 이를 철거하고 새로운 수로를 건설하도록 하는 것은 '거대한 물자와 노력이 낭비'되는 결과를 초래하고, '사회경제상 손실'이 크다는 이유로 방해배제청구를 인정하지 아니한 사례).
286) 菅野(주 47), 251.
287) 구주해(1), 207(윤용섭).
288) 구주해(1), 207(윤용섭); 대판 88.10.24, 87다카1604(공 88, 1463)(주 255 참조).
289) 구주해(1), 207(윤용섭).

공작물의 매도청구, 큰 빌딩의 일부분이 침해를 하고 있을 때에는 그 침해부
분에 상당하는 지분의 양도청구 중 어느 하나를 소유자가 임의로 선택하여 할
수 있고 침해자는 이에 응할 의무가 있다는 주장이 있다.[290] 이에 대하여 법률
에 특별한 규정이 없는데도 일반적으로 소유자에게 매수청구권을 인정하는 것
은 해석상 무리이므로 침해가 소유권을 거쳐 영구적으로 침해하는 때에만 매
수청구권을 인정함이 상당하다는 견해가 있다.[291]

그 밖의 경우에는 종국적으로 임차권, 용익물권의 설정형식으로 침해의 위
법상태를 적법상태로 이행시켜야 할 것이다.[292] 토지소유자가 침해자에 대하여
용익물권이나 임차권의 설정계약을 구한 경우에 침해자는 신의칙상 이에 응하
여야 할 것이고 지료, 존속기간 등은 법정지상권의 설정에 준하여 당사자의 청
구에 의하여 법원이 제반사정을 고려하여 정할 수밖에 없다.[293] 만일 침해자가
이에 응하지 않은 경우에는 소유자의 철거 등 청구가 인용될 수밖에 없고 이
는 강제조정의 실질을 갖는 권리남용의 기능을 감안할 때 당연한 것이다.[294]

(b) 대항력 없는 임차인에 대한 소유자의 인도청구권 등의 남
용   토지·건물의 임차인은 대항요건을 구비하지 않으면 토지·건물의 양
수인의 인도청구에 대하여 임차권을 주장할 수 없음이 원칙[295]이나, 드물게 그
인도청구가 권리남용으로서 부인되는 경우가 있다.

일본의 경우 부동산거래업자가 토지 위의 건물에 보존등기가 없고, 토지임
차인의 임차권에 대항력이 없음을 알게 된 것을 계기로 자신의 이익을 도모할
목적으로 그 토지를 적정가격의 절반 가격 정도로 매수한 후 토지인도청구를
한 사안에서 권리남용을 인정한 사례[296]가 있다. 이와 유사한 사안에서 권리남
용 성립 여부를 판단할 때 ① 양수인이 임차인의 존부를 알았는지, ② 임대인
과 양수인의 관계 및 매매의 의도(가해목적), ③ 양수인의 매수가격, ④ 양수인의 전
문지식 존부 등이 고려되고 있다.[297] 임대차계약이 종료하였음에도 상황에 따
라 인도청구가 권리남용이 된다고 보는 경우가 있는데, 앞서 본 '판부기지사건

---

290) 谷口(주 217), 115.
291) 谷口(주 220), 9(田中実).
292) 구주해(1), 208(윤용섭).
293) 구주해(1), 208(윤용섭).
294) 구주해(1), 208(윤용섭).
295) 대판 96.6.14, 96다14517(공 96, 2184); 대판 08.10.23, 2008다38479, 38486(정보).
296) 日最判 1977(昭 52).3.31, 集民 120, 355.
297) 菅野(주 47), 91.

(板付基地事件)[298]'이 대표적인 사례로, 이러한 사안에서 권리남용의 성립 여부는 ① 임차인의 인도의무이행에 의하여 입는 피해, ② 소유자가 인도에 의하여 얻는 이익을 비교형량하여 판단하게 된다. 다만, 위 사건에서 권리남용의 판단 시 주관적 요소를 지나치게 경시하였다는 학계의 비판[299]이 있다.

어쨌든 새로운 소유자의 인도 등 청구가 남용으로 인정된 경우에는 통상의 불법점거자에 대한 인도청구가 남용으로 인정된 경우와 달리 차지인이 토지양도 전에 있어서는 적법하게 차지권을 가지고 있었던 것이므로 신소유자는 구소유자인 대주를 승계한 것으로 보아 처리하여야 할 것이다.[300]

(c) 등기말소청구권의 남용　　동일 부동산에 관하여 이미 소유권이전등기가 경료되어 있음에도 그 후 중복하여 소유권보존등기를 경료한 자가 그 부동산을 20년간 소유의 의사로 평온·공연하게 점유하여 점유취득시효가 완성되었더라도, 선등기인 소유권이전등기의 토대가 된 소유권보존등기가 원인무효라고 볼 아무런 주장·입증이 없는 이상, 뒤에 경료된 소유권보존등기는 실체적 권리관계에 부합하는지의 여부에 관계없이 무효이므로, 뒤에 된 소유권보존등기의 말소를 구하는 것이 신의칙위반이나 권리남용에 해당한다고 할 수 없다.[301]

(2) 유치권의 남용

채무자가 채무초과의 상태에 이미 빠졌거나 그러한 상태가 임박함으로써 채권자가 원래라면 자기 채권의 충분한 만족을 얻을 가능성이 현저히 낮아진 상태에서 이미 채무자 소유의 목적물에 저당권 기타 담보물권이 설정되어 있어서 유치권의 성립에 의하여 저당권자 등이 그 채권 만족상의 불이익을 입을 것을 잘 알면서 자기 채권의 우선적 만족을 위하여 위와 같이 취약한 재정적 지위에 있는 채무자와의 사이에 의도적으로 유치권의 성립요건을 충족하는 내용의 거래를 일으키고 그에 기하여 목적물을 점유하게 됨으로써 유치권이 성립하였다면, 유치권자가 그 유치권을 저당권자 등에 대하여 주장하는 것은 다　　　　　　　　　　　　　　　　　리행사 또는 권리남용으로서 허

) 瞥野(주 47), 178-179.
300) 구주해(1), 209(윤용섭).
301) 대판 08.2.14, 2007다63690(공 08상, 376); 대판 11.7.14, 2010다107064(공 11하, 1607); 대판 15.5.28, 2014다228686, 228693(정보).

용되지 아니한다.[302]

반면 공매절차에서 점유자의 유치권 신고 사실을 알고 부동산을 매수한
자가 그 점유를 침탈하여 유치권을 소멸시키고 나아가 고의적인 점유이전으로
유치권자의 확정판결에 기한 점유회복조차 곤란하게 하였음에도 유치권자가
현재까지 점유회복을 하지 못한 사실을 내세워 유치권자를 상대로 적극적으
로 유치권부존재확인을 구하는 것은, 자신의 불법행위로 초래된 상황을 자기
의 이익으로 원용하면서 피해자에 대하여는 불법행위로 인한 권리침해의 결과
를 수용할 것을 요구하고, 나아가 법원으로부터는 위와 같은 불법적 권리침해
의 결과를 승인받으려는 것으로서, 이는 명백히 정의 관념에 반하여 사회생활
상 도저히 용인될 수 없는 것으로 권리남용에 해당하여 허용되지 않는다고 한
사례[303]가 있다.

(3) 담보권의 남용

담보권을 남용한 사례는 찾기 어려운데, 일본의 경우 소유권유보에 의한
반환청구가 그 사례로 논의된다. 서브딜러(부판매원, 副販賣員)가 딜러(판매원,
販賣員)로부터 소유권유보부특약을 체결하고 매수한 자동차를 소비자에게 판
매한 후 대금을 수령하였는데도, 딜러에게 대금지불을 하지 않았고, 이에 딜러
가 유보소유권을 행사하여 사용자에게 자동차 반환을 구한 사안에서, 딜러의
유보소유권 행사는 자기 이익을 위해 대금을 이미 지급한 소비자에게 불측의
손해를 입히는 것으로 권리남용에 해당한다고 한 사례[304]가 있다. 위 판례가
참작하고 있는 사정은 ① 딜러가 서브딜러에 대하여 전매를 용인하면서 판매
한 것인지, ② 딜러가 서브딜러와 소비자 사이의 판매계약에 협력하였는지(점검
절차의 대행, 자동차세 납부절차의 대행 등), ③ 소비자가 서브딜러에게 대금을 완제하여 자동차를 인도 받
았는지, ④ 서브딜러와 소비자 사이의 매매계약 체결 후(또는 이와 동시에) 딜러와 서브
딜러 사이의 소유권유보 특약부 매매계약이 체결되었는지 여부, ⑤ 소비자가
딜러와 서브딜러의 소유권유보 특약의 존부를 몰랐거나 알아야만 한다고 하는
특단의 사정이 없는지 등이다. 이때 딜러로부터 유보소유권에 기한 자동차 인

---

302) 대판 11.12.22, 2011다84298(공 12상 168); 대판 14.12.11, 2014다53462(정보).
　　　유치권의 남용에 대하여 신의칙이나 권리남용의 법리보다는 채권자취소권으로 통제할
　　　필요가 있다는 견해는, 송영복, "유치권의 남용에 대한 대처: 신의칙 적용 유형화와 고려
　　　요소 분석, 그 대안으로 채권자취소권 적용 시도", 민판연 38, 2016, 225-296 참조.
303) 대판 10.4.15, 2009다96953(공 10상, 887).
304) 日最判 1975(昭 50).2.28, 民集 29-2, 193; 判時 771, 39; 判夕 320, 158.

도 청구를 받게 될 경우, 소비자는 항변으로서 ① 또는 ②의 사실, ③의 사실
및 ④의 사실의 존부를 주장·입증하여야 할 것이고, ⑤의 사실은 딜러가 재항
변으로서 주장·입증할 사항이다.[305] 그 외에 보증계약에 근거하여 보증채무의
이행을 청구하는 경우 신의칙 내지 권리남용 법리에 의하여 제한되는 경우가
있는데, 주로 계속적인 금융거래나 매매계약에 관련한 보증계약의 경우에 자
주 보이고 있다.[306]

(4) 형성권의 남용

(개) 채무불이행에 기한 해제권·해지권의 남용   계약관계에 있어서
법정의 해제요건은 형식적으로 갖추었으나 채무불이행이 극히 미미한 경우 이
를 이유로 한 상대방의 계약해제는 권리남용이 될 수 있다.[307] 대금 14만 원의
부동산매매계약에서 이행지체 중에 있는 대금이 3,000원에 불과하고 매도인이
매수인에게 이행지체금이 6만 원이라는 취지로 과대 최고한 후 매매계약을 해
제하는 것은 신의칙에 비추어 무효라고 본 사례,[308] 부동산의 매매대금 2,000
만 원 중 미지급액이 불과 105,000원이고 그 미지급액에 대하여 월 5%의 지
연이자를 지급하기로 약속한 경우에 미지급액이 있다는 이유만으로 위 매매계
약을 해제한다는 것은 신의칙에 위배된다고 본 사례,[309] 수급인이 일부 공사
를 완료하였는데도 도급인이 그에 따라 지급키로 한 공사 중간대금을 지급하
지 아니하여 공사가 중단된 경우 도급인은 신의칙에 비추어 공사중단을 이유
로 도급계약을 해제할 수 없다고 본 사례[310] 등이 있다.

일본의 경우 ① 토지매매계약과 관련한 조정의 부대조항에서 정한 고정자
산세 부담의무의 불이행을 이유로 매매계약해제의 효력을 주장하는 것은 부
당한 이익을 추구할 목적으로 한 권리의 행사로서 권리남용이 된다고 본 사
례,[311] ② 토지의 매도인이 매매대금 지급의무의 불이행을 이유로 하여 매매계
약을 해제하고 건물 철거 및 토지 인도청구를 한 경우 대금의 대부분이 지불
되었고, 매도인 자신에게는 토지를 이용해야할 만한 필요성이 적은 반면, 매수
인의 경우 토지소유권을 잃고 지상건물을 철거하게 되면 생활의 본거지를 상

---

305) 遠藤(주 218), 81(潮見佳男).
306) 菅野(주 47), 300-306.
307) 구주해(1), 209(윤용섭).
308) 대판 66.5.31, 66다626(집 14-2, 49); 같은 취지의 대판 80.10.4, 80다463(정보) 참조.
309) 대판 71.3.31, 71다352, 353, 354(집 19-1, 304).
310) 대판 79.12.28, 78다1872(공 80, 12537).
311) 日東京高判 1964(昭 39).9.15, 判夕 169, 187.

실하게 되는 등 양자의 이해를 비교형량하면, 해제권 행사는 정당한 권리행
사로서의 효력을 발생한다고 볼 수 없다고 본 사례,[312] ③ 골프회원권을 매매
한 매수인이 골프클럽 입회 불승인 통지를 받고, 이후에도 입회승인을 얻는 것
이 상당히 곤란한 사정에 대해 알았음에도, 매매계약을 해제하거나 골프회원
권을 전매하는 등 수단을 취하지 않은 채 장기간 동안 회원권 가격의 추이를
지켜보면서 회원권을 보유하는 것을 전제로 행동하여 왔는바, 3년이나 경과한
후 매도인에 대하여 명의전환이 불가능함을 이유로 계약해제를 주장하면서 매
매대금 등 반환 및 지연손해금의 청구를 구한 경우 계약해제는 해제권의 남용
또는 신의칙 위반에 해당하므로, 허용될 수 없다고 본 사례[313] 등이 있다.

　　　결국 이러한 판례에 의하면, 권리남용의 법리는 해제권의 발생요건에 관한
민법의 규정내용을 보다 구체화·엄격화하여 해제권이 발생하는 경우를 제한
하는 기능을 하게 된다.[314]

　　　　(나) 무단양도, 무단전대 등에 대한 해지권의 남용　　　임차인이 임대인
의 동의 없이 임차권을 양도하거나 임차물을 전대한 경우에 임대인은 임대차
계약을 해지할 수 있으나($\frac{\S629}{II.i}$)[315] 전대부분이 임차물의 일부에 지나지 않거나
현실적인 사용관계에 변화가 없는 경우 또는 제3자의 사용이 해지권의 행사에
앞서 종료되고 원상회복된 경우에는 구체적인 사정에 따라 해지권의 행사가
권리남용이 될 수 있다.[316]

　　　우리 대법원 판례는 무단전대에 관한 §629의 규정상 임차인이 임대인의
동의 없이 임차물을 전대한 이상 그것이 비록 임차인의 임대인에 대한 배신행
위라는 특단의 사정이 없어도 임대인은 그 계약을 해지할 수 있다고 판시[317]
하다가 임차인이 임대인으로부터 별도의 승낙을 얻은 바 없이 제3자에게 임
차물을 사용·수익하도록 한 경우에 있어서도 임차인의 당해 행위가 임대인에
대한 배신적 행위라고 인정할 수 없는 특별한 사정이 있는 경우에는 §629에

312) 日東京地判 1958(昭 33).3.20, 下民集 9-3, 462.
313) 日大阪高判 1997(平 9).9.25, 判時 1633, 97.
314) 구주해(1), 209(윤용섭).
315) 임대차계약은 원래 임대인과 임차인 사이의 신뢰를 기초로 하는 계속적 법률관계임을
　　고려하여 임대인의 인적 신뢰나 경제적 이익을 보호하여 이를 해치지 않게 하기 위한 것
　　이다[주석 총칙(1), 240(제4판/백태승)].
316) 구주해(1), 210(윤용섭).
317) 대판 72.1.31, 71다2400(집 20-1, 47).

의한 해지권은 발생하지 않는다고 판시[318]하였다.

무단 양도·무단 전대에 대하여 배신행위론이 적용되어 해지를 제한하는 경우로서, 임차인과 양수인 또는 전차인 사이에 특수한 관계가 있는 경우(영업관계, 친족관계), 임차인과 양수인 또는 전차인 사이에 계약의 형태 내지는 내용의 특수성이 있는 경우(임차지상의 건물 소유권의 이전에 수반하는 토지 임차권을 양도·전대한 경우, 임차지상의 건물에 대하여 양도담보 또는 매도담보, 재매매의 예약을 위한 소유권이전등기를 경료한 경우, 일부 양도·일부 전대·목적물의 일시 전대의 경우), 임대인과 임차인 사이의 특수한 사정이 고려되는 경우 등을 들 수 있다.[319] 배신적 행위의 여부에 대한 판단은 임대차계약의 목적, 목적물의 종류, 양도 및 전대의 범위와 기간, 차임지급의 확보 가능성, 사용 상황의 변화 여부 등을 종합적으로 고려하여 객관적으로 판단해야 한다.[320]

다만, 임대차와 같은 계속적 계약은 당사자 상호간의 신뢰관계를 기초로 하는 것으로서, 당해 계약의 존속 중에 당사자 일방의 계약상 의무 위반이나 기타 부당한 행위 등으로 인하여 계약의 기초가 되는 신뢰관계가 파괴되어 계약관계를 그대로 유지하기 어려운 정도에 이르렀다면, 상대방은 그 계약 관계를 해지함으로써 장래에 향하여 그 효력을 소멸시킬 수 있다.[321]

한편 전대차가 이미 종료한 후에는 임대인이 과거의 무단전대를 이유로 장래의 임대차를 해지할 실익이 없으므로 이때의 해지는 권리남용이라는 견해[322]가 있다.

일본의 경우 최고재판소는 무단 양도·무단 전대에 기한 계약해지를 권리남용에 의하여 제한하는 것에 대하여는 기본적으로 신중한 입장이다. 토지 소유자가 임차인의 무단 전대를 이유로 임대차계약 해지를 주장하면서 임차인, 전차인에게 토지 인도를 구한 사안에서, 원심은 전대에 의하여 토지 소유자가 불이익을 받은 것이 없는 것에 비하여, 임차인, 전차인은 생활과 영업의 기회를 잃게 되므로, 토지 소유자의 해지권 행사는 권리남용이라고 판단하였으나, 최고재판소는 계약해제를 주장하는 토지 소유자가 토지를 인도 받아 백화점을 건설할 계획을 가지고 있었던바, 임차인, 전차인의 생활에 위협이 된다는 사정이 있다는 것만으로는 해지권 행사가 권리남용이 된다고 할 수 없다고 판시하

---

318) 대판 93.4.27, 92다45308(공 93, 1553); 대판 07.11.29, 2005다64255(공 07하, 1997); 대판 10.6.10, 2009다101275(공 10하, 1354).

319) 조윤신, "임차권의 무단양도·전대와 해지권의 제한", 재판과 판례 6, 1997, 233~244.

320) 신봉근, "부동산임대차계약에서의 신의칙위반 법리", 비교 21-4(67), 2014, 1478.

321) 대판 95.3.24, 94다17826(공 95, 1715); 대판 02.11.26, 2002두5948(공 03, 242); 대판 10.10.14, 2010다48165(정보) 등.

322) 이은영, 채권각론, 제5판, 2005, 440.

였다.[323] 다만, 최고재판소가, 친족관계가 있는 사람들 사이에서 무단양도·무단전대가 이루어졌음을 이유로, 임대인이 해지권을 행사한 경우 등의 특수한 사례에서 권리남용이 될 수 있다고 판시한 경우는 있다.[324]

한편, 일본의 판례[325]는 예전부터 임차인의 무단전대행위라 하더라도 임대인에 대한 배신행위라고 인정할 수 없을 때에는 해제권이 발생하지 않는다는 이론구성으로 계약해제를 제한하는 방향으로 판시하여 왔고, 학설도 대부분 이를 지지함에 따라 무단양도·무단전대로 인한 계약해지에 대해 권리남용 이론을 적용할 수 있는 여지는 상당히 축소되어 있다. 이에 대하여 권리남용이론을 통하여 임대인의 해지권의 내용 및 범위를 보다 정밀하고 통일적인 구조로 파악하고 있다고 보는 견해도 있다.[326] 그러나 임대인과 임차인(전대인) 사이의 사정이 아니라 임대인과 전차인 사이의 특별한 사정을 고려해야만 하는 경우에는 위 배신행위 이론으로 처리할 수는 없고, 권리남용의 법리가 필요하게 된다.[327]

㈐ 기간의 정함이 없는 임대차계약 등의 경우 해지권의 남용　　기간의 정함이 없는 임대차계약의 경우 당사자는 언제든지 계약을 해지할 수 있고 해지통고 후 §635 Ⅱ의 기간(임대인의 경우 6월; 임차인의 경우 1월)이 경과하면 해지의 효력이 생긴다.[328] 그런데 이 통고에 관하여 임대인과 임차인 쌍방의 이해득실, 해지의 정

---

323) 日最判 1956(昭 31).12.20, 民集 10-12, 581.

324) 日最判 1968(昭 43).7.16, 判時 528, 38.

325) 日最判 1953(昭 28).9.25, 民集 7-9, 970; 구주해(1), 210(윤용섭). 임차인 보호의 입장에서 해지권을 제한하는 이론구성은 여러 가지 유형으로 시도되고 있다. 즉, ① 무단양도나 무단전대에 해당하지 않는다고 보는 것, ② 실질적으로 임대인의 승낙이 있었던 것으로 보는 것, ③ 배신행위가 아니므로 해지할 수 없다고 하는 것, ④ 임차인측에 위법성조각사유가 있으므로 해지권이 생기지 않는다고 하는 것, ⑤ 구체적인 사정에 따라 해지권의 행사를 남용으로 보는 것 등이 있다. 위 판례는 그 중 ③의 이론구성을 택한 것으로 이해된다.

326) 구주해(1), 210(윤용섭).

327) 이와 관련한 판례로는 日最判 1968(昭 43).7.16, 判時 528, 38(주 324 참조)이 있다. 임대인이 임차인의 무단전대를 이유로 계약해지를 주장하고 있던 중, 전차인이 건물 전부의 소유권을 양수받아 위 해지의 효과를 원용하며 인도를 구한 사안에서, 현재 인도를 구하고 있는 사람(전차인)은 계약해지의 이유가 되는 무단전대의 당사자이고, 전차 시 자기가 임대인 측의 양해를 얻어도 된다는 취지로 임차인에게 이야기하여 임차인은 전대인의 위 말을 믿었기 때문에 스스로 승낙을 얻을 노력을 하지 않았는바, 전차인이 이제 와서는 본건 전대차에 대해 임대인의 승낙이 없었던 점을 자기의 권리로 하여 주장하는 것은 신의칙에 반하여 도저히 받아들이기 어렵고, 인도를 청구하는 것은 신의칙에 반하거나 권리남용이므로 허용되지 않는다는 취지로 판시하였다.

328) 구주해(1), 211(윤용섭).

당한 사유, 공익상·사회상의 사정 기타 제반사정을 참작하여 해지통고에 의한 임대인의 이익이 임차인의 손실에 비하여 현저하게 작을 때에는 해지통고가 권리남용이 될 수 있다는 것이 일본 판례의 견해이다.[329] 당사자 사이의 이익을 비교형량한 결과 발생하는 이익의 불균형이 권리의 사회경제적 목적에 반하는가에 따라 달라진다고 본다.[330]

또한 사용대차에 있어서도 권리남용의 법리는 정당한 사유가 없는 계약해지를 제한하는 수단으로 적용된다.[331] 일본의 판례는 가옥명도의 필요성이 없는 대주가 명도가 쉽지 않은 차주에 대하여 사용대차계약을 해지하는 것은 권리남용이라고 한 사례가 있다.[332]

㈑ 환매권, 재매매의 예약완결권의 남용   매매계약 후 현저한 화폐가치의 변동이 있었음에도 불구하고 당초에 예정된 환매대금, 계약비용으로 하는 환매권, 재매매의 예약완결권의 행사는 권리남용이 될 수 있다.[333] 그러나 그 권리는 영구적으로 부정되어 소멸하는 것은 아니고 환매권 등을 행사하여도 당사자 사이에 불공평이 생기지 않는 상태가 회복되는 경우에는 시효에 의하여 소멸하지 않는 이상 그 권리행사가 가능하다.[334]

㈐ 상계권의 남용   상계의 담보적 기능을 중시하여 판례는 점차 상계의 대항력이 인정되는 범위를 넓혀가고 있으나 상계 또한 채권의 회수에 지장이 없는 한 채무자 및 제3자의 이익을 가능한 한 최대로 존중하여 행하는 것이 당연하며 신의칙에 합치한다.[335] 상계의 합리성을 찾아볼 수 없는 경우에는 권리남용의 이론에 따라 상계권의 남용이 될 수 있다.[336]

우리 대법원 판례[337]는 상계권의 행사가 신의칙에 반하거나 상계에 관한 권리남용에 해당하기 위한 요건에 관하여, '상계권자의 지위가 법률상 보호를 받는 것은, 원래 상계제도가 서로 대립하는 채권, 채무를 간이한 방법에 의하여 결제함으로써 양자의 채권채무관계를 원활하고 공평하게 처리함을 목적으

---

329) 구주해(1), 211(윤용섭); 日東京区判 1942(昭 17).3.3, 法律評論 31, 民293.
330) 이러한 기준에 따라 해지통고에 대하여 권리남용 여부를 판단한 판례가 日東京区判 1942(昭 17).3.3, 法律評論 31, 民293(주 329 참조)이다.
331) 구주해(1), 211(윤용섭).
332) 구주해(1), 211(윤용섭); 日大阪地判 1950(昭 25).10.4, 下民集 1-10, 1581.
333) 日仙台高秋田支判 1995(平 7).7.11, 判時 1545, 26.
334) 구주해(1), 211(윤용섭); 谷口(주 217), 105.
335) 주석 총칙(1), 242(제4판/백태승).
336) 주석 총칙(1), 242(제4판/백태승).
337) 대판 03.4.11, 2002다59481(집 51-1, 144; 공 03, 1156)(주 149 참조).

로 하고 있고, 상계권을 행사하려고 하는 자에 대하여는 수동채권의 존재가 사실상 자동채권에 대한 담보로서의 기능을 하는 것이어서 그 담보적 기능에 대한 당사자의 합리적 기대가 법적으로 보호받을 만한 가치가 있음에 근거하는 것'이라고 하면서, '당사자가 상계의 대상이 되는 채권이나 채무를 취득하게 된 목적과 경위, 상계권을 행사함에 이른 구체적·개별적 사정에 비추어, 그것이 위와 같은 상계 제도의 목적이나 기능을 일탈하고, 법적으로 보호받을 만한 가치가 없는 경우에는, 그 상계권의 행사는 신의칙에 반하거나 상계에 관한 권리를 남용하는 것으로서 허용되지 않는다.'고 판시하였다.

　　원래 약속어음의 채무자가 어음의 도난, 분실 등을 이유로 지급은행에 사고신고와 함께 그 어음금의 지급정지를 의뢰하면서 그 어음금액에 해당하는 돈을 별단예금으로 예치한 경우, 이 별단예금은 일반의 예금채권과는 달리 부도제재회피를 위한 사고신고의 남용을 방지함과 아울러 어음소지인의 어음상의 권리가 확인되는 경우에는 당해 어음채권의 지급을 담보하려는 데 그 제도의 취지가 있는 것이므로 이와 같은 별단예금채권을 압류한 당해 어음채권자에 대한 관계에 있어서 그 예금을 수동채권으로 하는 은행의 상계는 원칙적으로 허용될 수 없고, 이를 예치받은 은행으로서는 어음소지인이 정당한 권리자임이 판명된 경우에는 그에게 이를 지급하는 것이 원칙이고, 어음소지인이 정당한 권리자가 아니라고 판명되기도 전에 이를 함부로 어음발행인에게 반환하거나 그에 대한 반대채권과 상계할 것도 아니며, 이는 사고신고담보금을 별단예금으로 예치하게 한 목적이나 취지에도 어긋난다는 이유로 은행이 별단예금을 수동채권으로하여 상계하는 것은 신의성실의 원칙에 위배되거나 권리남용에 해당하여 허용할 수 없다고 본 사례,[338] 원고가 소외회사의 부도로 인하여 소외회사가 발행한 약속어음의 가치가 현저하게 하락된 사정을 잘 알면서 오로지 자신이 소외회사에 대하여 부담하는 임대차보증금반환채무와 상계할 목적으로 소외회사가 발행한 약속어음 20장을 액면가의 40%에도 미치지 못하는 가격으로 할인·취득하고, 그 약속어음채권을 자동채권으로 하여 상계를 한 경우 원고가 위 약속어음 채권을 취득한 목적과 경위, 그 대가로 지급한 금액, 상계권을 행사하게 된 위와 같은 사정에 비추어, 원고의 상계권 행사는 상계제도의 목적이나 기능을 일탈하는 것이고, 법적으로 보호받을 만한 대립하는 채권, 채무의 담보적 기능에 대한 정당한 기대가 없는 경우에 해당하여 신의칙

---

338) 대판 92.10.27, 92다25540(공 92, 3282); 대판 98.1.23, 97다37104(공 98, 595).

에 반하거나 상계에 관한 권리를 남용하는 것으로서 허용되지 않는다고 한 사례,[339] 양도 또는 대위되는 채권이 원래 압류가 금지되는 것이었던 경우에는, 처음부터 이를 수동채권으로 한 상계로 채권자에게 대항하지 못하던 것이어서 그 채권의 존재가 채무자의 자동채권에 대한 담보로서 기능할 여지가 없고 따라서 그 담보적 기능에 대한 채무자의 합리적 기대가 있다고도 할 수 없으므로, 그 채권이 양도되거나 대위의 요건이 구비된 이후에 있어서도 여전히 이를 수동채권으로 한 상계로써 채권양수인 또는 대위채권자에게 대항할 수 없다고 본 사례,[340] 송금의뢰인이 착오송금임을 이유로 거래은행을 통하여 혹은 수취은행에 직접 송금액의 반환을 요청하고 수취인도 송금의뢰인의 착오송금에 의하여 수취인의 계좌에 금원이 입금된 사실을 인정하고 수취은행에 그 반환을 승낙하고 있는 경우, 수취은행이 수취인에 대한 대출채권 등을 자동채권으로 하여 수취인의 계좌에 착오로 입금된 금원 상당의 예금채권과 상계하는 것은, 수취은행이 선의인 상태에서 수취인의 예금채권을 담보로 대출을 하여 그 자동채권을 취득한 것이라거나 그 예금채권이 이미 제3자에 의하여 압류되었다는 등의 특별한 사정이 없는 한, 공공성을 지닌 자금이체시스템의 운영자가 그 이용자인 송금의뢰인의 실수를 기화로 그의 희생하에 당초 기대하지 않았던 채권회수의 이익을 취하는 행위로서 상계제도의 목적이나 기능을 일탈하고 법적으로 보호받을 만한 가치가 없으므로, 송금의뢰인에 대한 관계에서 신의칙에 반하거나 상계에 관한 권리를 남용한 것이라고 본 사례[341]가 있다.

　일본의 경우 갑 은행그룹의 파이낸스회사가 파산자에 대한 담보에 여력이 있음을 이용하여, 담보권을 상실한 갑 은행으로부터 파산자에 대한 채권을 양수받고 그 채권회수를 위해 상계를 하였는바, 파산관재인이 그 상계를 권리남용이라고 주장하여 그 반환을 구한 사안에서 권리남용을 인정한 하급심 판례[342]가 있다. 이러한 유형의 사례에서 판례는, 일반채권자를 해할 것을 충분히 알 수 있는 상황이었는지, 배신성이 큰지 등을 고려하여 판단하고 있다.[343]

339) 대판 03.4.11, 2002다59481(집 51-1, 144; 공 03, 1156)(주 149 참조).
340) 대판 09.12.10, 2007다30171(공 10상, 78); 오영준, "대위되는 채권이 원래 압류금지채권이었던 경우, 채무자가 이를 수동채권으로 하는 상계로써 대위채권자에게 대항할 수 있는지 여부", 해설 81, 2010 참조.
341) 대판 10.5.27, 2007다66088(공 10하, 1219); 오영준, "송금의뢰인의 착오송금시 수취은행의 수취인에 대한 상계의 가부", 서울대 금융법센터 BFL 43, 2010 참조.
342) 日大阪高判 1995(平 7).12.26, 判夕 918, 139.
343) 菅野(주 47), 93.

(5) 항변권의 남용

㈎ 시효원용권의 남용　　채무자가 시효완성 전에 채권자의 권리행사나 시효중단을 불가능 또는 현저히 곤란하게 하였거나, 그러한 조치가 불필요하다고 믿게 하는 행동을 하였거나, 객관적으로 채권자가 권리를 행사할 수 없는 장애사유가 있었거나, 또는 일단 시효완성 후에 채무자가 시효를 원용하지 아니할 것 같은 태도를 보여 권리자로 하여금 그와 같이 신뢰하게 하였거나, 채권자보호의 필요성이 크고, 같은 조건의 다른 채권자가 채무의 변제를 수령하는 등의 사정이 있어 채무이행의 거절을 인정함이 현저히 부당하거나 불공평하게 되는 등의 특별한 사정이 있는 경우에는 채무자가 소멸시효의 완성을 주장하는 것이 신의성실의 원칙에 반하여 권리남용으로서 허용될 수 없다.[344] 즉, 채무자가 변제할 것처럼 가장한 까닭에 채권자가 소제기 기타 시효중단의 조치를 소홀히 하고 있는 사이에 시효기간이 경과하고 그 후에 채무자가 소멸시효를 원용한 경우에 채무자의 그러한 태도를 묵시의 채무승인이라고 볼 수 있을 경우도 있으나 그렇지 않은 때에도 시효원용이 권리남용이 될 수 있다.[345] 그 경우에 시효원용이 영원히 배척되는 것은 아니고 신의칙에 따라 공평의 원칙상 시효의 주장이 부인되는 것에 지나지 않으므로 신의, 공평의 원칙에 따라 상당한 기간 내에 권리행사를 하지 않으면 시효에 걸린다.[346]

한편, 객관적으로 채권자가 권리를 행사할 수 없는 장애사유가 있었고, 채권자가 그로부터 권리행사를 기대할 수 있는 상당한 기간 내에 자신의 권리를 행사하였다면 채무자가 소멸시효 완성을 주장하는 것은 신의성실 원칙에 반하는 권리남용으로 허용될 수 없다.[347]

---

344) 대판 02.10.25, 2002다32332(공 02, 2849); 대판 05.5.13, 2004다71881(공 05, 950); 대판(전) 08.9.18, 2007두2173(집 56-2, 257; 공 08하, 1456) 등.
　　한편, 대판 05.5.13, 2004다71881(공 05, 950); 대판 08.5.29, 2004다33469(공 08하, 1109)(이른바 '거창사건'); 대판 11.10.27, 2011다54709(공 11항, 2442)의 경우, 국가에게 국민을 보호할 의무가 있다는 사유만으로 국가가 소멸시효의 완성을 주장하는 것 자체가 신의성실의 원칙에 반하여 권리남용에 해당한다고 할 수는 없으므로, 국가의 소멸시효 완성 주장이 신의칙에 반하고 권리남용에 해당한다고 하려면 특별한 사정이 인정되어야 하고, 또한 위와 같은 일반적 원칙을 적용하여 법이 두고 있는 구체적인 제도의 운용을 배제하는 것은 법해석에 있어 또 하나의 대원칙인 법적 안정성을 해할 위험이 있으므로 그 적용에는 신중을 기하여야 한다는 견해를 밝혔다.
345) 구주해(1), 211(윤용섭).
346) 구주해(1), 211(윤용섭); 참口(주 217), 105 참조.
347) 대판 11.9.8, 2009다66969(공 11하, 2046); 대판(전) 13.5.16, 2012다202819(공 13하, 1077); 대판 13.12.12, 2013다202526(정보); 대판 14.1.16, 2013다205341(정보); 대판 15.9.10, 2013다73957(정보) 등 '진실·화해를 위한 과거사정리 사건'에서 국가의 소멸시

상속채무를 부담하게 된 상속인의 행위가 단순히 피상속인의 사망신고 및
상속등기를 게을리 함으로써 채권자로 하여금 사망한 피상속인을 피신청인으
로 하여 상속부동산에 대하여 당연 무효의 가압류를 하도록 방치하고 그 가압
류에 대하여 이의를 제기하지 않거나 피상속인의 사망 사실을 채권자에게 알
리지 않은 정도에 그치고, 그 밖에 달리 채권자의 권리 행사를 저지·방해할
만한 행위를 하지 않았다면 상속인의 소멸시효 완성 주장은 권리남용에 해당
하지 않는다.[348]

일본의 경우 모친이 노후 생활과 자녀 부양에 충당하기 위하여 상속을 한
장남으로부터 농지를 증여 받아, 20여 년 경작한 후 그 소유권이전등기를 구
하였으나, 장남이 소유권이전허가신청협력청구권의 시효소멸을 주장한 사안에
서 소멸시효 원용은 신의칙에 반하여 권리남용이 된다고 판단하였다.[349] 이러
한 사안에서 권리남용의 성부는 ① 권리자가 허가신청협력청구권을 행사하고

효 원용에 대하여 권리남용을 이유로 배척하였다. 한편 채권자에게 권리의 행사를 기대할
수 없는 객관적인 장애사유가 있었던 경우에도 그러한 장애가 해소된 때는 그때부터 상당
한 기간 내에 권리를 행사하여야만 채무자의 소멸시효의 항변을 저지할 수 있다. 이때 권
리를 '상당한 기간' 내에 행사한 것으로 볼 수 있는지는 채권자와 채무자 사이의 관계, 손
해배상청구권의 발생원인, 채권자의 권리행사가 지연된 사유 및 손해배상청구의 소를 제
기하기까지의 경과 등 여러 사정을 종합적으로 고려하여 판단하여야 한다. 다만 소멸시효
제도는 법적 안정성의 달성 및 증명곤란의 구제 등을 이념으로 하는 것이므로 그 적용요
건에 해당함에도 신의성실의 원칙을 들어 시효완성의 효력을 부정하는 것은 매우 예외적
인 제한에 그쳐야 한다. 따라서 권리행사의 '상당한 기간'은 특별한 사정이 없는 한 민법
상 시효정지의 경우에 준하여 단기간으로 제한되어야 하고, 특히 불법행위로 인한 손해배
상청구 사건에서는 매우 특수한 개별 사정이 있어 그 기간을 연장하여 인정하는 것이 부
득이한 경우에도 §766 Ⅰ이 규정한 단기소멸시효기간인 3년을 넘어서는 아니 된다.

한편, 대판 12.5.24, 2009다22549(공 12하, 1084)의 경우, 일제강점기에 국민징용령에
의하여 강제징용되어 일본국 회사인 구 미쓰비시에서 강제노동에 종사한 대한민국 국민이
구 미쓰비시가 해산된 후 새로이 설립된 미쓰비시중공업 주식회사를 상대로 국제법 위반
및 불법행위를 이유로 한 손해배상과 미지급 임금의 지급을 구한 사안에서, 적어도 위 국
민 등이 대한민국 법원에 위 소송을 제기할 시점까지는 위 국민 등이 대한민국에서 객관
적으로 권리를 사실상 행사할 수 없는 장애사유가 있었다고 보아야 하므로, 구 미쓰비시
와 실질적으로 동일한 법적 지위에 있는 미쓰비시가 소멸시효의 완성을 주장하여 위 국민
등에 대한 불법행위로 인한 손해배상채무 또는 임금지급채무의 이행을 거절하는 것은 현
저히 부당하여 신의성실의 원칙에 반하는 권리남용으로서 허용될 수 없다고 판단하였고,
재상고된 후 대판 18.11.29, 2013다67587(정보)에서 다시 확인되었다. 같은 취지의 대판
12.5.24, 2009다68620(정보)(신일본제철 사건)이 있고(이에 관하여 소멸시효의 남용에 의
하여 규율할 것이 아니라 소멸시효기간의 진행자체를 인정하지 않아야 한다는 견해는, 남
효순, "일제징용시 일본기업의 불법행위로 인한 손해배상청구권의 소멸시효남용에 관한
연구", 서울대 법학 54-3, 2013, 393-430 참조), 재상고된 후 대판(전) 18.10.30, 2013다
61381(공 18하, 2317)에서 다시 확인되었다.
348) 대판 06.8.24, 2004다26287, 26294(공 06, 1593).
349) 日最判 1976(昭 51).5.25, 民集 30-4, 554.

있지 않았던 이유, ② 시효원용이 공연히 권리자를 곤혹스럽게 할 뿐이고 원용권자에게는 특단의 이익도 없는 점, ③ 증여자가 자신이 협력해야 하는 허가신청절차를 방치하면서 상대방의 청구권의 시효소멸을 주장하는 등 신의에 반하는 태도를 보인 점 등을 고려요소로 하여 판단된다.[350]

　　㈔ 동시이행항변권의 남용　　일반적으로 동시이행의 관계가 인정되는 경우에는 그러한 항변권을 행사하는 자의 상대방이 그 동시이행의 의무를 이행하기 위하여 과다한 비용이 소요되거나 또는 그 의무의 이행이 실제적으로 어려운 반면 그 의무의 이행으로 인하여 항변권자가 얻는 이득은 별달리 크지 아니하여 동시이행의 항변권의 행사가 주로 자기 채무의 이행만을 회피하기 위한 수단이라고 보여지는 경우에는 그 항변권의 행사는 권리남용이 된다.[351] 당사자 일방이 사소한 채무불이행을 이유로 자기 채무의 이행을 거절하는 것도 권리남용이 된다.[352]

　　임차인이 금 326,000원이 소요되는 전기시설의 원상회복을 하지 아니한 채 건물의 명도 이행을 제공한 경우 임대인이 이를 이유로 125,226,670원의 잔존 임대차보증금 전액의 반환을 거부할 동시이행의 항변권을 행사할 수 없다고 한 사례[353]가 있고, 은행직원이 경매절차와는 아무런 관련 없이 행한 담보건물에 대한 임대차조사에서 임차인이 그 임차사실을 숨겼다 하더라도 그 후의 경매절차에서 임대차관계가 분명히 된 이상 은행이 경매가격을 결정함에 있어서 신뢰를 준 것이라 할 수 없으므로, 위와 같이 일시 임대차사실을 숨긴 사실만으로 은행의 건물명도청구에 대하여 임차인이 임대차보호법 제3조의 임차권의 대항력에 기하여 임차보증금반환과의 동시이행의 항변이 신의칙에 반하지 않는다고 한 사례[354]가 있다.

　　일본의 경우 매수인의 근소한 잔대금 미지급을 문제 삼아 매도인이 매매목적물의 인도를 거부하는 경우에 문제된다. 완성된 건물에 도급금액의 10% 정도에 해당하는 보수비를 요하는 하자가 발생하였고, 이로 인하여 수급인의 공사잔대금채권과 도급인의 하자보수를 갈음하는 손해배상채권의 문제로 다툼

---

350) 菅野(주 47), 93.
351) 대판 92.4.28, 91다29972(공 92, 1698); 윤진수, "채무불이행으로 인한 특별손해, 동시이행의 항변권과 권리남용", 해설 17, 1992 참조.
352) 구주해(1), 211-212(윤용섭).
353) 대판 99.11.12, 99다34697(공 99, 2499).
354) 대판 87.1.20, 86다카1852(집 35-1, 30; 공 87, 307).

이 생긴 사안에서, 하자보수를 갈음하는 손해배상채권과 공사잔대금채권이 전체로서 동시이행관계에 있음을 전제로 하면서, 신의칙에 의한 제한 가능성을 시사한 판례[355]가 있다.

(6) 대표권, 대리권의 남용

권리행사가 남용으로 인정되면 그 효력이 인정되지 않는 것이 원칙이나 대표권 또는 대리권의 남용의 경우에는 제3자의 이익보호라는 측면에서 별도의 고려를 하여야 한다.[356]

⑺ 대표권의 남용   대표권의 남용이란 법인의 대표기관이 자신 또는 제3자의 이익을 위하여 대표행위를 하는 것을 말한다.[357] 대표이사의 대표권한 범위를 벗어난 행위라 하더라도 그것이 회사의 권리능력의 범위 내에 속한 행위이기만 하면 대표권의 제한을 알지 못하는 제3자가 그 행위를 회사의 대표행위라고 믿은 신뢰는 보호되어야 하고, 대표이사가 대표권의 범위 내에서 한 행위는 설사 대표이사가 회사의 영리목적과 관계없이 자기 또는 제3자의 이익을 도모할 목적으로 그 권한을 남용한 것이라 할지라도 일단 회사의 행위로서 유효하고, 다만 그 행위의 상대방이 대표이사의 진의를 알았거나 알수 있었을 때에는 회사에 대하여 무효가 되는 것이며, 이는 민법상 법인의 대표자가 대표권한을 남용한 경우에도 마찬가지이다.[358]

이사가 법인의 목적범위 외의 행위를 한 경우 또는 정관, 총회의 결의에 의한 대표권의 제한을 넘는 행위를 한 경우에도 대표권의 남용이 된다.[359] 전자의 경우에는 상대방의 선의·악의를 불문하고 법인의 책임은 없고[360] 이사가 무권대리책임을 지게 되지만 이는 법인의 목적범위 외의 행위이므로 법인이 추인할 수 없다.[361]

---

355) 日最判 1997(平 9).2.14, 民集 51-2, 337; 判時 1598, 65; 判夕 936, 196. 하자의 정도, 계약당사자의 교섭태도 등을 고려하여 하자보수를 갈음한 손해배상채권으로 공사잔대금채권 전액의 지불을 거절하는 것이 신의칙에 반한다고 인정할 수 있는 경우가 있을 수 있다고 하면서도, 동시이행항변을 인용하였다.

356) 구주해(1), 212(윤용섭).

357) 주석 총칙(1), 246(제4판/백태승).

358) 대판 87.10.13, 86다카1522(공 87, 1699)(박태호, "회사의 대표이사가 그 권한을 남용한 행위의 효력", 해설 9, 1989, 115-126 참조); 대판 04.3.26, 2003다34045(공 04, 712); 대판 05.7.28, 2005다3649(공 05, 1415); 대판 16.8.24, 2016다222453(공 16하, 1357) 등.

359) 구주해(1), 213(윤용섭).

360) 대판 65.7.6, 65다854(미간행).

361) 구주해(1), 213(윤용섭).

　　대표권에 대한 제한은 등기하지 아니하면 제3자에게 대항하지 못하므로 ($\frac{\S}{60}$) 법인은 대표권제한의 등기가 되어 있지 않은 경우 이 제한을 넘은 이사의 행위에 구속된다.[362] 그러나 법령에 의한 대표권제한은 제3자에게 대항할 수 있으므로 이 제한을 넘은 이사의 행위는 법인에 대하여 효력이 생기지 않는 게 원칙이다.[363] 다만 이 경우 법인은 §35에 의하여 제3자에 대하여 손해배상책임을 질 수 있고, 구체적 사정에 따라서는 권한을 넘는 표현대리가 인정될 수도 있다.[364]

　　㈏ 대리권의 남용　　　대리권수여의 목적, 본인의 지시에 반하는 대리권의 행사도 남용이 된다.[365] 따라서 대리인이 본인과의 의무에 위반하여 자신의 이익을 도모하고자 대리행위를 하여도 대리권의 범위 내에 있으면[366] 본인에게 효력이 생기는 것이 원칙이다.[367] 이 경우 상대방이 이를 알았거나 알 수 있었으면 본인은 이에 구속되지 않는다.[368] 그러나 대리권의 남용이 곧바로 무권대리가 되는 것은 아니므로 상대방이 그 사실을 알지 못하였고 알 수도 없었으면 본인은 그 대리행위에 구속된다.[369]

　　독일의 대리권남용론은, ① 신의칙에 기한 권리남용의 항변권에 근거를 두고 상대방이 악의 또는 (중)과실인 경우 대리행위의 효력을 부정하는 견해, ② 대리권남용의 문제를 대리권의 기본구조에서 해결하려는 이른바 명백설, 즉 기초적 법률관계와 수권관계는 구분되고 상대방이 본인과 대리인 사이의 내부관계를 조사할 주의의무는 없으므로 그 요건에 과실의 개념을 탈색하여 대리인의 권한남용이 객관적으로 명백할 때 본인은 대리행위의 효력을 부정할 수 있고 결과적으로 무권대리가 된다는 견해[370]가 있다.

　　우리나라의 대리권 남용론은, ① 대리인이 개인적 이익을 얻고자 권한을 남용하여 배임행위를 한 경우에도 대리의사가 존재하므로 대리행위는 유효하

---

362) 구주해(1), 213(윤용섭).
363) 구주해(1), 213(윤용섭).
364) 구주해(1), 213(윤용섭).
365) 구주해(1), 213(윤용섭).
366) 주석 총칙(1), 247(제4판/백태승). 대리권남용론의 논의대상은 대리인이 대리권의 범위 내에서 기초적 법률관계에 따른 의무에 위반하여 대리행위를 한 경우이다. 만약 대리인이 대리권의 범위를 벗어나 대리행위를 하였을 때에는 무권대리로서 표현대리(§126)의 성립 여부가 문제된다.
367) 주석 총칙(1), 247(제4판/백태승).
368) 구주해(1), 213(윤용섭).
369) 谷口(주 217), 107.
370) 주석 총칙(1), 248(제4판/백태승).

게 성립하고, 다만 대리인의 배임적 의사를 상대방이 알았거나 또는 알 수 있을 때에는 §107 Ⅰ 단서를 유추적용하여 대리행위의 효력을 부정하는 비진의 표시설(심리유보설),371) ② 대리권남용의 문제는 본인의 이익과 거래상대방의 이익이 대립하는 상황에서 권한남용의 위험을 분배하는 문제라고 보고 그 위험은 원칙적으로 본인이 부담하여야 하지만 상대방의 악의·중과실 등 신의칙에 반하는 사정이 있는 경우에는 상대방이 부담해야 한다고 설명하는 권리남용설 내지 신의칙설,372) ③ 대리권남용의 문제는 대리제도의 목적을 고려하여 해결되어야 하므로 대리권이 본인에 대한 배임행위를 실현하는 데 악용되어 대리권의 독립성의 의의에 반하게 되는 경우에는 대리권은 그 남용으로 말미암아 부정되고 대리인의 대리행위는 무권대리가 된다고 주장하면서 구체적 요건으로 상대방이 대리인의 배임행위를 알았거나 정당한 이유 없이 알 수 없었을 것을 드는 대리권부인설,373) ④ 대리권남용이론의 근거는 대리제도의 기능과 본질로부터 구하여야 한다는 대리제도의 본질론374)이 있다. 이와 같은 대리권 남용론은 대리행위당사자 사이의 상대방 보호 내지 거래안전이라는 요청과 수권행위 당사자 사이의 본인 보호라는 요청이 대립하는 영역에서 대리권남용의 위험을 본인과 상대방에게 어떻게 분배하는지의 차이에서 비롯된다.375)

(7) 손해배상청구권의 남용

　　㈎ 채무불이행에 기한 손해배상청구권의 남용　　우리나라의 경우 채무불이행에 기한 손해배상청구에 대하여 권리남용이라고 항변하면 그 항변을

---

371) 김용한, 330; 김상용(주 10), 564; 대법원 판례도 대부분 같은 입장이다. 대판 87.7.7, 86다카1004(집 35-2, 223; 공 87, 1292); 대판 87.11.10, 86다카371(공 88, 78); 대판 96.4.26, 94다29850(공 96, 1662); 대판 07.4.12, 2004다51542(공 07, 671) 등.
372) 고상룡, 501; 송덕수(주 90), 321; 대표권의 남용에 관한 사안에서 권리남용설 내지 신의칙설을 취한 판례[대판 87.10.13, 86다카1522(공 87, 1699); 대판 16.8.24, 2016다222453(공 16하, 1357) 등]도 있다. 한편 이 견해에 의하면, 상대방이 경과실에 의하여 대리권남용을 알지 못한 경우 본인에게 효력이 생긴다는 점에서 비진의표시설과 차이가 있다.
373) 이영준, 547-555; 김증한·김학동(주 84), 408-409.
374) 김준호(주 89), 299; 하경효, "대리권 남용시의 대리효과 부인의 근거와 요건", 민학 25: 한국민법이론의 발전(Ⅰ), 2004, 129-149(대리권남용의 위험은 대리인을 통해 법률행위를 하는 본인이 부담하는 것이 원칙이지만 이를 통한 거래안전의 보호도 그 남용 사실을 상대방이 알았거나 이와 동일시할 수 있는 경우에는 제한될 수밖에 없는 것이고 다만 대리인이 본인에 대한 내부관계에서 어느 정도 구속되어 있는지를 상대방이 확인하여야 할 일반적인 주의의무가 없는 점에서 상대방이 남용사실을 과실로 모른 경우에까지 이를 확장할 수 없다는 견해).
375) 고상룡, 501.

받아들이지 않고, 이에 관한 논의도 거의 없다.

일본의 경우 과거에는 그 항변을 받아들이지 아니하는 경우가 대부분이었다. 임차인이 임료 및 관리비를 연체하여 임대인이 임대차계약을 해제하고 목적물의 인도를 구함과 동시에 연대보증인에 대하여 연체임료, 관리비 및 인도완료 시까지의 임료와 관리비에 해당하는 손해금을 청구한 사안에서, 임대인이 화해조서에 기하여 쉽게 인도집행을 할 수 있었음에도, 새로운 임차인을 구하기 어려워지자, 임차인 또는 보증인에 대하여 손해금을 청구하기 위하여 인도집행을 지체하였다고 판단하고, 이로 인하여 늘어난 손해를 보증인에게 청구하는 것은 신의칙에 반하여 권리남용이 된다고 판시한 사례[376)가 있다.

(나) 불법행위에 기한 손해배상청구권의 남용　　우리나라의 경우 상표등록이 무효심판에 의하여 무효로 될 것임이 명백한 경우 상표권 침해를 이유로 한 손해배상청구, 특허발명에 대한 무효심결 확정 전이라 하더라도 진보성이 부정되어 특허가 무효로 될 것이 명백한 경우 특허권 침해를 이유로 한 손해배상청구가 권리남용에 해당한다고 본 사례[377)가 있다. 한편 환경침해로 인한 손해배상청구에 대하여 그러한 손해배상청구를 하기 위하여 이주하여 온 경우와 같이 피해자의 청구가 권리남용에 해당한다고 볼 수 있는 때에 이른바 "위험에의 접근(coming to the nuisance)" 이론을 적용해야 한다는 논의가 있다.[378)

일본의 경우 자동차손해배상법의 손해배상책임 문제에 있어서, 부부·친자 등 친족 사이에서 손해배상청구를 인정해야 하는지가 큰 문제가 되었다. 즉, "자기를 위하여 자동차를 운행한 자는 그 운행으로 타인을 사망하게 하거나 부상하게 한 경우에는 그 손해를 배상할 책임을 진다"고 하는 자동차손해배상법의 위 규정에서 '타인'에는 부부나 친자 등을 포함하는지가 문제가 된다.

이와 같이 자동차사고에서 친족 사이의 손해배상청구권의 행사와 관련하여 하급심 판례는 ① 손해배상청구권의 행사를 인정하지 않는 입장, ② 손해의 성질에 의하여 구별하여 청구권 행사를 제한하는 입장, ③ 일정한 기준에 의하

---

376) 日東京地判 1976(昭 51).7.16, 判時 853, 70.
377) 대판(전) 12.10.18, 2010다103000(공 12하, 1880); 대판(전) 12.1.19, 2010다95390(공 12상, 299).
378) 대법원 환경재판실무편람(2007), 19; 피해자가 손해배상청구를 목적으로 이주하여 온 경우와 같이 권리남용에 해당하는 경우에만 이를 참작하고, 그 외의 경우에는 수인한도의 판단요소인 지역성의 문제로 파악하면 족하다는 견해는, 이용우, "공해의 위법성(공해소송에서의 이익형량)", 사론 10, 1979, 101 참조.

여 손해배상액을 감액 제한하는 입장, ④ 특별한 제한을 하지 않고 청구권 행사를 인정하는 입장 등으로 나누어져 있다. 이에 대하여 최고재판소는 '부부의 일방이 불법행위에 의하여 다른 배우자에게 손해를 가하였을 때에는 원칙적으로 가해자인 배우자가 피해자인 배우자에 대하여 손해를 배상할 책임을 부담하는 것으로 해석해야 하는 것이고, 손해배상청구권의 행사가 부부의 생활공동체를 파괴할 수도 있는 경우에는 권리남용으로서 그 행사가 허용되지 않는 것에 지나지 않는다'고 판시하였다.[379]

(8) 신분권의 남용

가족법상의 권리는 재산적 권리와는 달리 단순한 개인적 권리가 아니고 가정의 평화와 가족제도의 유지·보전을 위하여 인정되는 친족적 공동생활상의 권리이므로 본래의 사회적 목적에 부합하게 행사될 것이 더욱 요구되고 그러한 범위 내에서 권리남용금지의 법리도 확장 적용된다.[380] 과거의 삼강오륜적 윤리관에서 민주주의적 윤리관으로 이행하는 현대 가족법에 있어서 신의성실의 원칙은 가족 구성원이 지켜야 할 최고의 규범이며 권리남용의 금지는 부부로서의 권리, 친권·후견인의 권리 등 그 밖의 신분관계에 기한 권리가 건전한 사회와 가족을 육성하기 위하여만 행사되어야 한다는 것을 천명하고 있다.[381]

     (가) 부부 사이의 권리남용

      (ㄱ) 동거, 부양, 협조청구권의 남용   부부는 동거하며 서로 부양하고 협조하여야 하므로($\frac{\S 826}{1}$) 부부의 한쪽이 그 의무를 다하지 않으면 다른 상대방은 동거, 부양, 협조를 청구할 수 있다.[382]

동거청구가 권리남용이 되는 지에 관하여, 우리 판례가 인정한 사례는 없고, 일본에서 논의되는 사례는 학대·냉대·폭행 등을 받아 이를 피하기 위하여 별거하고 있는 사람에 대한 동거청구,[383] 성병이 있는 남편을 피해 별거하고 있는 아내에 대한 동거청구, 동거할 진정한 의사 없이 다만 별거 중인 아내의 부양료청구를 거절하기 위한 구실로 하는 동거청구,[384] 원만한 부부공동

---

379) 日最判 1972(昭 47).5.30, 民集 26-4, 898.
380) 구주해(1), 213(윤용섭).
381) 김용한, 친족상속법, 보정판, 2003, 17.
382) 구주해(1), 213-214(윤용섭).
383) 日大阪高決 1959(昭 34).9.5, 家裁月報 11-11, 109.
384) 日大阪高判 1960(昭 35).4.14, 家裁月報 12-6, 139.

생활의 관계를 기대할 수 없는 정도로 파탄에 이른 상태의 동거청구 등이 있다.[385]

　부양청구에 관하여, 우리 대법원 판례[386]는 처가 남편과의 동거의무를 스스로 저버리고 별거하고 있는 경우 남편에게 부양료 청구를 할 수 없다고 판시하고 있는데, 권리남용에 해당하는 지 여부에 관한 판시는 없으나 정당한 이유 없이 별거하고 있는 사람이나 자기의 책임으로 돌아갈 사유로 인하여 별거하고 있는 사람의 부양청구는 권리남용이 된다는 입장으로 이해할 수 있다.[387] 왜냐하면 동거의무를 이행하지 않는 사람이 상대방에 대하여 부양의무의 이행을 구하는 것은 형평상 타당하지 않고 신의칙에 반하기 때문이다.[388] 부양청구가 남용이 되는지 여부는 부양청구자가 부양을 필요로 하는 상태에 있는지, 별거에 이르게 된 책임의 소재, 과거에 있었던 부양의 정도 등 제반사정을 참작하여야 한다.[389]

　일본의 경우 별거에 이르게 된 이유나 별거 중 부부의 관계에 따라 달라질 것이나, 통상 정당한 이유 없이 별거하는 사람 등의 부양청구권은 제한된다고 본다. 이와 관련하여, 부부가 동거하지 않고 처가 남편에 대하여 협력·부양의무를 이행하지 아니하고 있으면서도 남편에게 부양청구를 한 사건에서, 쌍방의 자력, 생활 정도, 부양을 필요로 하는 상태, 별거에 이른 원인이 남편에게 있는 점 등의 사정을 고려하여 보면, 권리남용이라 보기 어렵다고 한 사례,[390] 남편이 이혼소송을 제기한 후 처에 대하여 부양청구를 한 사안에서, 남편이 폐결핵으로 입원 치료 중이었던 점, 이혼의 원인이 처의 부정행위에 있었던 점, 처가 음식점을 경영하면서 상당한 수입을 얻고 있는 사정 등을 고려하여 권리남용을 부정한 사례[391] 등 부양청구를 권리남용으로 인정하지 아니한 예가 있

---

385) 구주해(1), 214(윤용섭).
386) 대판 76.6.22, 75므17, 18(집 24-2, 132; 공 76, 9278); 다만, 이 판결의 판단 중 '아버지의 인도요구에 불응하고 스스로 자녀를 양육한 생모는 자활능력이 있건 없건 또 과거의 것이든 장래의 것이든 소생자의 아버지에게 부양료를 청구할 수 없다고 한 견해'는 대결(전) 94.5.13, 92스21(집 42-1, 586; 공 94, 1693)에 의하여 변경되었다.
387) 구주해(1), 214(윤용섭); 대판 91.12.10, 91므245(공 92, 513)(부부의 일방이 정당한 이유 없이 동거를 거부함으로써 자신의 협력의무를 스스로 저버리고 있다면, 상대방의 동거청구가 권리의 남용에 해당하는 등의 특별한 사정이 없는 한, 상대방에게 부양료의 지급을 청구할 수 없다고 한 사례).
388) 구주해(1), 214(윤용섭).
389) 구주해(1), 214(윤용섭).
390) 日東京高決 1956(昭 31).7.16, 下民集 7-7, 902.
391) 日福岡高決 1957(昭 32).4.30, 高民集 10-3, 194.

다. 한편, 권리남용을 인정한 판례로는, 남편이 입원하고 있는 중에 자녀를 데리고 친정으로 돌아간 후 남편이 퇴원한 이후에도 동거하지 아니하고 있는 처가 8년 뒤 남편으로부터 이혼소송을 당하자, 부양청구를 한 사안에서, 혼인비용분담청구는 권리남용으로 허용되지 아니하고, 다만, 동거하는 미성년 자녀의 실질적 감호비용을 청구할 수 있는 데 그친다고 판시한 사례[392]가 있다.

    (ㄴ) 계약취소권의 남용   2012.2.10. 개정 전 §828는 부부 사이의 계약에 관하여 혼인 중 언제든지 부부의 일방이 취소할 수 있다고 규정하였다. 부부 사이의 계약이행이 부부 사이의 애정과 도의에 맡겨져야 하는 것으로서 그 이행의 강제가 부부 사이의 화평과 원만성을 해치기 때문에 자유로운 계약취소권을 인정하였다.[393] 이에 따라 계약이행의 의사와 이행기대의사가 분명하게 존재하는 계약의 취소, 부부의 부양·협조의무에 위반하는 결과가 되는 미이행의 계약취소는 그것이 오히려 부부 사이의 화평을 해치는 것일 때에는 권리남용이 된다고 보았다.[394] 그러나 부부 사이의 계약취소권은 부부 사이의 불평등을 전제로 하고 있다는 점, 약자인 처를 보호한다고 하나 사실상 남편의 우월성을 뒷받침하고 있다는 점 등의 문제점이 지적되었고,[395] 부부 사이의 평등을 실현한다는 취지에서 근거규정은 삭제되었다.

    일본의 경우 예전부터 부부계약취소권의 한계를 인정하여 혼인생활이 파탄된 부부의 일방이 계약을 취소하는 것은 권리남용이 될 수 있다고 판시하여 오고 있었다.[396)397] "부부관계가 파탄에 임박한 경우에 이루어진 부부간의 증여는 취소할 수 없다."[398] 또는 "부부관계가 정상적일 때 체결된 증여계약이라도 부부관계가 이미 파탄에 이른 뒤에는 취소할 수 없다."[399]는 판시에 대하여 학설은 부부 중 한쪽이 감언이설에 속아 상대방으로부터 재산을 취득한 후 스스로 파탄을 야기한 경우라든가 한쪽이 결혼 전부터 가지고 있던 재산을 혼인

---

392) 日東京高決 1983(昭 58).12.16, 判時 1102, 66.
393) 구주해(1), 214(윤용섭).
394) 구주해(1), 214(윤용섭).
395) 김성숙, "부부계약취소권의 문제점", 가연 10, 1996, 109-149 참조.
396) 日大判 1944(昭 19).10.5, 民集 23, 579; 日東京高判 1955(昭 30).7.8, 下民集 6-7, 1342.
397) 부부 사이의 계약취소제도를 폐지하는 내용의 개정안이 몇 차례 논의되었으나 폐지되지 않고 현재까지 일민 §754에 규정되어 있다. 사문화되었다는 평가를 하면서 삭제되어야 한다는 견해와 반대설이 대립하고 있다.
398) 日最判 1958(昭 33).3.6, 民集 12-3, 414.
399) 日最判 1967(昭 42).2.2, 民集 21-1, 88.

후에 상대방의 소유로 한 경우 등 파탄 상태에 빠진 경우라도 취소를 인정할
필요가 있는 사안이 있을 수 있고, 오히려 취소권을 인정한 다음 신의칙 내지
권리남용법리를 원용하여 구성하는 것이 타당하다는 견해가 있다.[400]

　　　　　(ㄷ) 유책배우자의 이혼청구와 권리남용　　　부부는 협의에 의하여 이
혼할 수 있고($\frac{§}{834}$), 부부의 일방은 법률에 정한 사유가 있는 경우에는 가정법원
에 이혼을 청구할 수 있다($\frac{§}{840}$). §840는 (i) 내지 (v)에서 재판상 이혼원인
이 되는 이혼사유를 "배우자에 부정한 행위가 있었을 때"와 같이 구체적·개별
적으로 열거하고 있는 외에, (vi)에서 "기타 혼인을 계속하기 어려운 중대한
사유가 있을 때"($\frac{이하 \; "(vi) \; 이}{혼사유"라 \; 한다}$)를 이혼사유로 규정하고 있다. 그리고 (vi) 이혼사
유의 의미에 관하여 우리 대법원 판례[401]는 "혼인의 본질에 상응하는 부부공
동생활관계가 회복할 수 없을 정도로 파탄되고, 혼인생활의 계속을 강제하는
것이 일방 배우자에게 참을 수 없는 고통이 되는 경우를 말한다."고 해석하여
왔다.

　　민법 제정 직후에는 유책배우자의 이혼청구를 허용하는 것은 혼인의 도의
성과 사회통념에 반하고 축출이혼이 될 우려가 있으며 신의칙에 반하고 권리
남용[402]에 해당하므로 일반적으로 허용될 수 없다는 소극설($\frac{무책배우자 \; 특히 \; 당시 \; 이혼}{분쟁에서 \; 전형적인 \; 약자인}$
$\frac{처와 \; 자녀를 \; 보호}{하고자 \; 하는 \; 견해}$)이 유력하였으나, 점차 유책배우자의 이혼청구는 원칙적으로 허용
되지 않지만 예외적으로 일정한 사정이 있으면 허용할 수 있다는 제한적 소극
설이 유력해졌는데, 그와 같은 예외적인 사정으로는 ① 유책행위와 혼인파탄
사이에 인과관계가 없는 경우, ② 이혼을 청구하는 일방의 유책성이 타방과 같
거나 그보다 약한 경우, ③ 유책행위 후 장기간 별거 등으로 혼인이 완전히 파
탄된 경우, ④ 쌍방의 이혼의사가 일치한 경우, ⑤ 쌍방이 자녀, 위자료 등 이
혼효과에 대하여 완전하고 적정한 합의에 이른 경우, ⑥ 일방의 유책행위로 혼
인이 파탄된 후 타방이 별도의 중대한 이혼사유를 제공한 경우 등이 제시되었
고, 1990년 민법의 개정으로 재산분할청구권이 신설되어 이혼 당사자, 특히

---

400) 菅野(주 47), 466. 다만, 이에 대하여는 부부간 계약취소권을 규정한 민법 규정의 존재
　　의의를 부정하고 삭제해야 한다는 입법론이 유력한 상황임을 감안하여 볼 때, 권리남용법
　　리에 의한 해결이 적당하지 않다는 견해도 있다.

401) 대판 91.7.9, 90므1067(공 91, 2158); 대판 07.12.14, 2007므1690(정보); 대판
　　09.12.24, 2009므2130(공 10상, 248) 등.

402) 유책배우자의 이혼청구를 권리남용에 해당한다고 보는 반면 유책배우자의 이혼청구에
　　대하여 오랫동안 별거를 하던 상대방이 '혼인관계가 존속 중'이라고 항변한 것이 권리남용
　　에 해당하지 않는다고 본 사례는, 대판 69.3.4, 69므1(집 17-1, 292) 참조.

무책배우자의 보호가 강화된 이후에는 제한적 소극설이 통설이 되었다.[403] 최근에는 이미 혼인생활이 파탄되어 명목만 남은 경우에 별거가 당사자의 연령, 동거기간 등에 비추어 상당히 장기간 계속되고 있는지, 미성년의 자녀가 있는지, 상대방이 이혼으로 정신적·사회적·경제적으로 극히 가혹한 상태에 놓이는지 등을 고려하여, 현저히 사회정의에 반하지 아니하는 한 이혼을 허용하여야 한다는 제한적 적극설도 유력해지고 있다.[404]

대판 65.9.21, 65므37($\frac{집 13-}{2, 148}$)에서, "남편이 가정의 평화와 남녀의 본질적 평등을 무시하고 그 책임에 속하는 축첩행위를 하였을 뿐만 아니라 그 내연의 처에게 대한 애정에만 사로잡혀 처를 돌보지 않고 냉대한 결과 가정의 파경을 초래하였다면 남편은 축첩생활에 기인한 애정의 냉각이 있다하여 재판상 이혼을 주장할 수 없다." 판시한 이후[405]부터 우리 대법원은 재판상 이혼에 관하여 유책주의 입장[406]을 유지해 왔다. 혼인파탄의 전적인 책임 또는 주된 책임이 있는 당사자의 이혼청구는 이를 허용할 경우 혼인관계를 고의로 파기한 불법을 행한 사람에게 이혼청구권을 인정하는 부당한 결과가 발생하고 그러한 사태를 용인한다면 헌법이 보장하는 혼인의 순결과 혼인당사자의 정절을 기대할 수 없는 결과가 되므로 허용되지 않는다는 입장[407]을 밝히는 한편, 이혼파탄에 관하여 부부 양쪽에 별다른 귀책사유가 없거나 양쪽 모두에게 대등한 책임이 있는 경우에는 어느 한쪽의 이혼청구라도 이를 인용하여야 한다는 입장[408]이었다.

그 후 대판 87.4.14, 86므28($\frac{집 35-1, 529;}{공 87, 810}$)에서, "혼인의 파탄에 관하여 유책배우자는 그 파탄을 원인으로 이혼을 청구할 수 없는바, 이는 혼인의 파탄을 자초한 자에게 재판상 이혼청구권을 인정하는 것은 혼인제도가 요구하고 있는 도덕성에 근본적으로 배치되고 배우자 일방의 의사에 의한 이혼 내지는 축출

---

403) 유책배우자의 이혼청구에 관한 학설은, 윤진수 편, 주해친족법 1, 2015, 487-489(이동진)을 요약함.
404) 윤진수(주 403), 488(이동진).
405) 조선고등법원 판결 중에 유책배우자의 이혼청구를 배척한 예는, 강영호, "유책배우자의 이혼청구권", 윤관대법원장퇴임기념논문집, 1999, 194-195 참조.
406) 대판 71.3.23, 71므41(집 19-1, 216); 대판 87.4.14, 86므28(집 35-1, 529; 공 87, 810) 등.
407) 대판 71.3.23, 71므41(집 19-1, 216).
408) 대판 70.2.24, 69므13(집 18-1, 170); 이러한 입장에 관하여, 결국 파탄주의의 입장에 서면서 유책배우자의 이혼청구를 권리남용의 이론으로 불허하는 제한설을 취하고 있는 것으로 파악하는 견해는, 구주해(1), 215(윤용섭) 참조.

이혼을 시인하는 부당한 결과가 되므로 혼인의 파탄에도 불구하고 이혼을 희
망하지 않고 있는 상대배우자의 의사에 반하여 이혼을 할 수 없도록 하려는
것일 뿐, 상대배우자에게도 그 혼인을 계속할 의사가 없음이 객관적으로 명백
한 경우에까지 파탄된 혼인의 계속을 강제하려는 취지는 아니다. 그러므로 유
책자의 이혼제기에 대하여 상대배우자도 이혼의 반소를 제기하거나 오기나 보
복적 감정에서 표면적으로는 이혼에 불응하고 있기는 하나 실제에 있어서는
혼인의 계속과는 도저히 양립할 수 없는 행위를 하는 등 그 이혼의 의사가 객
관적으로 명백한 경우에는 비록 혼인의 파탄에 관하여 전적인 책임이 있는 배
우자의 이혼청구라 할지라도 이를 인용함이 상당하다. 그러한 경우에까지 이
혼을 거부하여 혼인의 계속을 강제하는 것은 쌍방이 더 이상 계속할 의사가
없는 혼인관계가 형식상 지속되고 있음을 빌미로 하여 유책배우자를 사적으로
보복하는 것을 도와주는 것에 지나지 아니하여 이를 시인할 수 없다."고 판시
하면서 그동안 유책배우자의 이혼청구를 엄격하게 불허하던 입장을 다소 바꾸
어, 유책배우자의 이혼청구가 예외적으로 허용될 수 있는 가능성을 인정하였
고, 이는 그 이후 유책배우자의 이혼청구권에 관한 대법원의 원칙적인 태도로
유지되어 왔다.[409)]

한편 대판 09.12.24, 2009므2130($\substack{공 10 \\ 상. 248}$)과 대판 10.6.24, 2010므1256($\substack{공 \\ 하. 10 \\ 1456}$)에서, 원고와 피고의 혼인관계가 파탄에 이르게 된 데에는 원고의 책임과
피고의 책임이 경합하였다고 할 것인 점, 원고와 피고 사이의 부부공동생활 관
계의 해소 상태가 장기화되면서, 원고의 유책성도 세월의 경과에 따라 상당 정
도 약화되고, 원고가 처한 상황에 비추어 그에 대한 사회적 인식이나 법적 평
가도 달라질 수밖에 없으므로, 현 상황에 이르러 원고와 피고의 이혼 여부를
판단하는 기준으로 파탄에 이르게 된 데 대한 책임의 경중을 엄밀히 따지는
것의 법적·사회적 의의는 현저히 감쇄되고, 쌍방의 책임의 경중에 관하여 단
정적인 판단을 내리는 것 역시 곤란한 상황에 이르렀다고 보이는 점, 원고와의
이혼을 거절하는 피고의 혼인계속의사는 일반적으로 이혼 여부를 판단함에 있

---

409) 대판 90.4.27, 90므95(공 90, 1164); 대판 91.7.9, 90므1067(공 91, 2158); 대판
　　93.3.9, 92므990(공 93, 1173); 대판 93.4.23, 92므1078(공 93, 1570); 대판 93.11.26,
　　91므177, 184(공 94, 202); 대판 97.5.16, 97므155(공 97, 1735); 대판 99.2.12, 97므
　　612(공 99, 661) 등 다수가 있다. 비록 대법원이 유책배우자의 이혼청구를 인정하는 예외
　　적인 경우를 상정하고 있으나 실제로 유책배우자의 이혼청구를 인용하여 이혼을 선고하는
　　경우는 극히 드물다는 지적은, 김은진·권성국, "유책배유자의 이혼청구", 율촌판례연구,
　　2017, 589-590 참조.

어서 반드시 참작하여야 하는 요소이기는 하지만, 원고와 피고가 처한 현 상황에 비추어 이는 혼인의 실체를 상실한 외형상의 법률혼관계만을 계속 유지하려는 것에 다름 아니라고 보이고, 피고의 혼인계속의사에 따라 현재와 같은 파탄 상황을 유지하게 되면, 특히 원고에게 참을 수 없는 고통을 계속 주는 결과를 가져올 것으로 보이는 점 등을 들어 유책배우자인 원고의 이혼청구를 인용함으로써, 기존 유책주의의 입장을 조금 더 완화한 예가 있다.

　　대판(전) 15.9.15, 2013므568(공 15 하, 1601)410)에서 종전의 원칙적 입장을 다시 확인하면서 예외사유를 다소 확대하였다. 다수의견은, '이혼에 관하여 파탄주의를 채택하고 있는 여러 나라의 이혼법제는 우리나라와 달리 재판상 이혼만을 인정하고 있을 뿐 협의상 이혼을 인정하지 아니하고 있다. 우리나라에서는 유책배우자라 하더라도 상대방 배우자와 협의를 통하여 이혼을 할 수 있는 길이 열려 있다. 이는 유책배우자라도 진솔한 마음과 충분한 보상으로 상대방을 설득함으로써 이혼할 수 있는 방도가 있음을 뜻하므로, 유책배우자의 행복추구권을 위하여 재판상 이혼원인에 있어서까지 파탄주의를 도입하여야 할 필연적인 이유가 있는 것은 아니다. 우리나라에는 파탄주의의 한계나 기준, 그리고 이혼 후 상대방에 대한 부양적 책임 등에 관해 아무런 법률 조항을 두고 있지 아니하다. 따라서 유책배우자의 상대방을 보호할 입법적인 조치가 마련되어 있지 아니한 현 단계에서 파탄주의를 취하여 유책배우자의 이혼청구를 널리 인정하는 경우 유책배우자의 행복을 위해 상대방이 일방적으로 희생되는 결과가 될 위험이 크다.'는 이유로 종전의 입장을 취하면서 '유책배우자의 이혼청구를 허용하지 아니하는 것은 혼인제도가 요구하는 도덕성에 배치되고 신의성실의 원칙에 반하는 결과를 방지하려는 데 있으므로, 혼인제도가 추구하는 이상과 신의성실의 원칙에 비추어 보더라도 책임이 반드시 이혼청구를 배척해야 할 정도로 남아 있지 아니한 경우에는 그러한 배우자의 이혼청구는 혼인과 가족제도를 형해화할 우려가 없고 사회의 도덕관·윤리관에도 반하지 아니하므로 허용될 수 있다. 그리하여 상대방 배우자도 혼인을 계속할 의사가 없어 일방의 의사에 따른 이혼 내지 축출이혼의 염려가 없는 경우는 물론, 나아가 이혼을 청구하는 배우자의 유책성을 상쇄할 정도로 상대방 배우자 및 자녀에 대

　410) 이에 대한 비판적 견해는, 방웅환, "유책배우자의 이혼청구", 사법 36, 2016, 395-432; 강인정·오택현, "유책배우자의 이혼청구권에 관한 소고", 서울대 법학평론 7, 2017, 244-285; 김은진·권성국(주 409), 577-602 참조.

한 보호와 배려가 이루어진 경우, 세월의 경과에 따라 혼인파탄 당시 현저하였
던 유책배우자의 유책성과 상대방 배우자가 받은 정신적 고통이 점차 약화되
어 쌍방의 책임의 경중을 엄밀히 따지는 것이 더 이상 무의미할 정도가 된 경
우 등과 같이 혼인생활의 파탄에 대한 유책성이 이혼청구를 배척해야 할 정도
로 남아 있지 아니한 특별한 사정이 있는 경우에는 예외적으로 유책배우자의
이혼청구를 허용할 수 있다. 유책배우자의 이혼청구를 예외적으로 허용할 수
있는지 판단할 때에는, 유책배우자 책임의 태양·정도, 상대방 배우자의 혼인
계속의사 및 유책배우자에 대한 감정, 당사자의 연령, 혼인생활의 기간과 혼인
후의 구체적인 생활관계, 별거기간, 부부간의 별거 후에 형성된 생활관계, 혼
인생활의 파탄 후 여러 사정의 변경 여부, 이혼이 인정될 경우의 상대방 배우
자의 정신적·사회적·경제적 상태와 생활보장의 정도, 미성년 자녀의 양육·교
육·복지의 상황, 그 밖의 혼인관계의 여러 사정을 두루 고려하여야 한다.'고
확인하였다. 이에 대하여 반대의견은, '상대방 배우자의 혼인계속의사는 부부
공동생활관계가 파탄되고 객관적으로 회복할 수 없을 정도에 이르렀는지 등을
판단할 때에 참작하여야 하는 중요한 요소라 할 수 있다. 그렇지만 그러한 의
사를 참작하였음에도 부부공동생활관계가 객관적으로 회복할 수 없을 정도로
파탄되었다고 인정되는 경우에, 다시 상대방 배우자의 주관적인 의사만을 가
지고 형식에 불과한 혼인관계를 해소하는 이혼청구가 불허되어야 한다고 단정
하는 것은 불합리하며, 협의가 이루어지지 아니할 때의 혼인해소 절차를 규정
한 재판상 이혼제도의 취지에도 부합하지 아니한다. 혼인관계가 파탄되었음에
도 유책배우자가 이혼을 청구하고 상대방이 이를 거부한다는 사정만으로 일률
적으로 이혼청구를 배척하는 것은 더 이상 이혼을 둘러싼 갈등 해소에 적절하
고 합리적인 해결 방안이라고 보기 어렵다. 부부공동생활관계가 회복할 수 없
을 정도로 파탄된 경우에는 원칙적으로 (vi) 이혼사유에 해당하지만, 이혼으로
인하여 파탄에 책임 없는 상대방 배우자가 정신적·사회적·경제적으로 심히
가혹한 상태에 놓이는 경우, 부모의 이혼이 자녀의 양육·교육·복지를 심각하
게 해치는 경우, 혼인기간 중에 고의로 장기간 부양의무 및 양육의무를 저버린
경우, 이혼에 대비하여 책임재산을 은닉하는 등 재산분할, 위자료의 이행을 의
도적으로 회피하여 상대방 배우자를 곤궁에 빠뜨리는 경우 등과 같이, 유책배
우자의 이혼청구를 인용한다면 상대방 배우자나 자녀의 이익을 심각하게 해치
는 결과를 가져와 정의·공평의 관념에 현저히 반하는 객관적인 사정이 있는

경우에는 헌법이 보장하는 혼인과 가족제도를 형해화할 우려가 있으므로, 그와 같은 객관적인 사정이 부존재하는 경우에 한하여 (vi) 이혼사유가 있다고 해석하는 것이 혼인을 제도적으로 보장한 헌법 정신에 부합한다.'는 입장이다.

　　일본의 경우 신의칙을 판단기준으로 하여 일정한 요건 하에 유책배우자의 이혼 청구를 인용하고 있다. 즉, "이혼청구가 정의·공평의 관념, 사회적 윤리관에 반하지 않아야 하는 것은 당연하고, 이러한 의미에서 이혼청구는 신분법도 포함한 민법 전체의 지도이념인 신의성실의 원칙에 비추어 보았을 때 용인되는 것이어야 한다."고 하면서 부부의 별거가 당사자의 연령 및 동거기간과 대비하여 볼 때 상당한 장기간에 이르는지, 그 사이에 미성년 자녀가 존재하고 있는지, 상대방 배우자가 이혼에 의하여 정신적·사회적·경제적으로 매우 가혹한 상태에 놓여있는지 등 이혼이 현저하게 사회정의에 반하지 아니할 것을 요한다고 판시하고 있다.[411]

　　　　(ㄹ) 중혼취소권의 남용　　　배우자 있는 자는 다시 혼인하지 못하므로 $\binom{\S}{810}$ 당사자 및 그 배우자 등은 중혼의 취소를 청구할 수 있다$\binom{\S}{818}$.[412] 중혼 성립 후 10여 년 동안 혼인취소청구권을 행사하지 아니하였다 하여 권리가 소멸되었다고 할 수 없으나 권리의 행사가 사회생활상 도저히 용인할 수 없는 부당한 결과를 야기하거나 타인에게 손해를 줄 목적만으로 하여지는 것과 같이 공서양속에 위반하고 도의상 허용될 수 없는 때에는 그 행사가 권리남용에 해당한다.[413] 한편 남편이 처를 상대로 한 이혼심판을 청구하여 승소 확정되자 다시 제3자와 결혼하여 혼인신고를 하였으나 그 후 위 이혼심판은 허위주소신고에 기한 부적법 공시송달을 이유로 한 재심청구에 의하여 그 취소심판이 확정되었다면 남편과 제3자 사이의 혼인은 중혼에 해당하고, 처가 실제로는 혼인생활을 계속할 의사가 없다든가, 위 이혼심판을 믿고 혼인한 선의의 제3자

---

411) 日最判 1987(昭 62).9.2, 民集 41-6, 1423.

412) 중혼의 취소가 당사자들에게 지나치게 가혹한 경우와 같이 보호의 필요성이 인정되면 권리남용의 법리에 의해 중혼취소청구를 허용하지 않아야 한다는 견해는, 조미경, "이산가족 중혼문제에 관한 연구", 가연 16-2, 2002, 101 참조.

413) 대판 93.8.24, 92므907(공 93, 2629). 민법 소정의 혼인취소사유 중 동의 없는 혼인, 동성혼, 재혼금지기간위반혼인, 악질 등 사유에 의한 혼인, 사기, 강박으로 인한 혼인 등에 대하여는 제척기간 또는 권리소멸사유를 규정하면서도(§819 내지 §823) 중혼과 연령미달 혼인에 대하여만은 권리소멸에 관한 사유를 규정하지 아니하고 있는데, 이는 중혼 등의 반사회성, 반윤리성이 다른 혼인취소사유에 비하여 일층 무겁다고 본 입법자의 의사를 반영한 것으로 보이고, 그렇다면 중혼의 취소청구권에 관하여 장기간의 권리불행사 등 사정만으로 가볍게 그 권리소멸을 인정하여서는 아니된다고 판시하였다.

나 그 자녀들의 이익이 크게 침해된다는 등의 사유만으로는 중혼의 취소를 구
하는 심판청구가 권리남용이라고 할 수 없다.[414)

　　　㈒ 혼인무효확인청구권의 남용　　　청구인이 갑과 혼인신고를 마치
고 혼인생활을 하던 중 을과 내연관계를 맺고 집을 나가 을과 2중으로 혼인신
고까지 하고 있다가 갑과 내연관계를 맺고 살던 피청구인이 갑 사망 후 청구
인의 사망신고를 하고 갑과의 혼인신고를 하자 청구인이 갑의 상속재산을 탐
하여 자기와 갑 사이의 혼인관계가 유효한 것이었다고 하면서 피청구인과 갑
사이의 혼인이 무효라고 주장함은 결과적으로 자기와 갑, 을 사이의 두개의 혼
인관계가 모두 유효하다고 주장하는 것이 되어 신의에 좇은 권리행사라고 볼
수 없어 이는 권리남용에 해당한다고 본 사례[415)가 있다.

　　　㈏ 양자제도의 남용　　　우리 민법은 1990.1.13. 일부 개정($^{1991.1.1.}_{시행}$)으
로 사후양자제도, 서양자제도, 유언양자제도를 폐지하였고, 2005.3.31. 일부 개
정($^{같은 날}_{시행}$)으로 친양자제도 신설($^{§ 908-2 내}_{지 § 908-8}$)하여 종전 양자제도를 그대로 유지하
면서 양자의 복리를 더욱 증진시키기 위하여, 양친과 양자를 친생자관계로 보
아 종전의 친족관계를 종료시키고 양친과의 친족관계만을 인정하며 양친의 성
과 본을 따르도록 하였으며, 2012.2.10. 일부 개정($^{2013.7.1.}_{시행}$)으로 아동학대 등
미성년자의 복리에 악영향을 끼치는 사례를 방지하기 위하여 미성년자를 입양
할 때에는 가정법원의 허가를 받도록 하고, 미성년자에 대한 파양은 재판으로
만 할 수 있도록 하며, 부모의 소재를 알 수 없는 등의 경우에는 부모의 동의
없이도 입양이 가능하게 하는 등 입양제도를 개선하고, 친양자 입양 가능 연령
을 현행 15세 미만에서 미성년자로 현실에 맞게 완화하였다.

　　　이와 같은 양자제도를 본래의 목적 이외의 목적만을 위하여 이용하는 것
은 양자제도의 남용이 된다. 노동력 공급을 위한 양자, 양자의 가족수당이나
양친의 부양수당을 받기 위한 양자, 해외이민절차의 편의를 위한 양자 등 자
(子)의 복지에 반하는 경우, 양친자 관계의 발생을 목적으로 하지 않는 경우는
양자제도의 남용이다.[416)

　　　양자제도의 남용으로 인정될 경우 입양 자체를 무효로 할지는 별도의 고

---

414) 대판 91.5.28, 89므211(공 91, 1771).
415) 대판 83.4.12, 82므64(집 31-2, 48; 공 83, 815); 이 사건과 관련하여, 청구인과 갑 사
　　　이의 아들인 병이 청구인이 되어 다시 갑과 피청구인 사이의 혼인무효확인을 청구하는 것
　　　도 권리남용이라고 판단한 사례는, 대판 87.4.28, 86므130(집 35-1, 574; 공 87, 890) 참조.
416) 구주해(1), 216(윤용섭).

려가 필요하다. 입양 자체를 무효로 할 경우 오히려 자(子)의 복지에 반할 수 있으므로 부당목적에 관련된 범위 내에서 양친자 관계를 부정하고 그 외에 친권의 제한이나 파양 등을 통하여 자(子)의 복지를 도모해야 한다.[417]

입양무효확인청구,[418] 입양취소청구[419]도 경우에 따라 권리남용이 되는지 문제가 된다.[420] 일본의 경우 입양에 무효원인이 있음을 오랜 기간 알면서도 입양무효확인청구권을 행사하지 않았다는 사정이 있었다고 하더라도 그 행사가 권리남용이라고는 할 수 없다고 판시한 사례[421]가 있다.

㈐ 인지청구권의 남용   혼인 외의 자(子)는 부(父) 또는 모(母)를 상대로 하여 인지청구의 소를 제기할 수 있는데($\frac{\S}{863}$), 인지청구권을 포기하였다가 다시 인지청구를 하는 경우, 장기간 인지청구를 하지 않다가 인지청구를 한 경우가 권리남용이 되는지에 관하여 논의가 있다.[422]

일반적으로 신분상의 권리는 포기가 인정되지 않고, 인지청구권의 포기를 인정한다면 법률지식과 경제력을 가진 부(父)가 포기계약을 강요할 가능성이 있어 자(子)에 대하여 불이익하게 작용할 우려가 크므로 인지청구권의 포기를 인정하지 않는 견해[423]가 있다. 우리 대법원 판례[424]도 인지청구권의 포기를 인정하지 않으면서 혼인 외의 자(子)가 친생자관계의 부존재를 확인하는 대가로 금원 등을 지급받으면서 추가적인 금전적 청구를 포기하기로 합의하였다 하더라도 이러한 합의는 당사자가 임의로 처분할 수 없는 사항에 관한 처분을 전제로 한 것이므로, 이에 반하여 인지청구를 하고 그 확정판결에 따라 상속분 상당가액지급청구를 하더라도 신의칙 위반으로 보기 어렵다고 판단하였다.[425]

일본의 경우 기본적으로 인지청구권은 포기할 수 없는 권리이기 때문에

---

417) 구주해(1), 216(윤용섭).
418) 입양 무효의 원인은 §883 각 호 참조.
419) 입양 취소의 원인은 §884 Ⅰ 각 호 참조; 한편 입양취소 사유가 있더라도 양자가 될 미성년자의 복지를 위하여 그 양육상황, 입양의 동기, 양부모의 양육능력, 그 밖의 사정을 고려하여 사정판결을 할 수 있다(§884 Ⅰ, §867 Ⅱ).
420) 대판 95.1.24, 93므1242(집 43-1, 30; 공 95, 1159)를 근거로, 입양이 무효임을 전제로 재산상의 권리를 주장할 경우 그것이 신의칙에 어긋나거나 권리남용에 해당한다고 하여 배척할 수 있다는 견해는, 윤진수(주 403), 816(현소혜) 참조.
421) 日最判 1956(昭 31).10.4, 家裁月報 8-10, 38.
422) 구주해(1), 216(윤용섭).
423) 김주수, 판례가족법, 1983, 447.
424) 대판 87.1.20, 85므70(집 35-1, 367; 공 87, 308); 대판 99.10.8, 98므1698(공 99, 2320)(인지청구권을 포기할 수 없고, 포기하였다 하더라도 효력이 없다고 판시).
425) 대판 07.7.26, 2006므2757, 2764(집 55-2, 411, 공 07, 1369).

포기의 의사를 표시한 이후에 인지청구를 하였다고 하여 그 인지청구권의 행사를 권리남용으로 볼 수는 없다는 입장[426]이고, 대부분의 학설도 판례의 이러한 입장을 지지하고 있다.[427] 다만, 충분한 금전적 대가를 얻어 자녀의 안전한 성장이 확보되는 경우라면 포기계약도 유효하다고 볼 수 있다는 유력한 견해[428]가 있다. 또, 이러한 포기계약의 무효는 인정하는 입장에서, 인지청구권의 행사가 신의성실에 반할 때는 권리남용이론에 의하여 허용되지 아니하는 것이 타당하다는 견해[429]도 있다.

　　혼외자가 장기간 인지청구를 하지 않고 생부의 형의 호적에 등재된 후 생부로부터 양육비 명목으로 금원을 지급받다가 생부가 사망하자 상속을 받기 위하여 약 38년 만에 인지청구를 한 경우 인지청구권의 행사가 상속재산에 대한 이해관계에서 비롯되었다 하더라도 정당한 신분관계를 확정하기 위해서라면 신의칙에 반하는 것이라 하여 막을 수 없다고 판단한 사례[430]가 있다.

　　다음으로 문제 되는 것은 인지무효확인청구권의 남용이다. 인지가 사실과 다를 때에는 인지무효확인청구[431]를 할 수 있는 것이나, 인지 후 장기간이 경과한 경우에는 문제가 된다. 일본의 경우 인지된 후 57년이 흘렀고, 피인지자가 사망한 지 26년이 된 이후에 검사를 피고로 인지무효확인청구의 소를 제기한 경우 이러한 무효확인청구권의 행사는 권리남용에 해당하지 아니한다고 판단한 사례[432]가 있는 등 인지무효확인청구권의 남용에 대하여는 부정적으로 본다.

　　㈑ 친권의 남용　　　친권의 실질적 내용은 자(子)가 사회인으로서 성숙하도록 부모가 자(子)를 보호, 교양하는 의무 내지 직분이지만($\frac{\S}{913}$) 현행법은 이를 권리의 형태($\substack{거소지정권, 대리권, 재산 \\ 관리권, 혼인동의권 등}$)로 규정하고 있기 때문에 권리남용의 법리의 적용이 문제될 수 있고 §924 Ⅰ에서 '친권남용'이라는 표현을 직접 사용하

---

426) 日東京控判 1931(昭 6).3.5, 新聞 3257, 14; 日大判 1931(昭 6).11.13, 民集 10-12, 1022; 日大阪高判 1968(昭 43).7.30, 家裁月報 12-10, 101; 判時 531, 35.
427) 菅野(주 47), 493.
428) 中川善之助, 親族法 上(1957), 320; 谷口知平, 親族法(1953), 22 등.
429) 岩垂肇, "身分権の濫用について", 民商法雑誌 35-2, 23; 이에 대하여 권리남용의 요건이라는 것이 불명확하기 때문에 문제가 있다고 비판하는 견해는, 於保不二雄, "認知請求権の濫用", 末川先生古稀記念『権利の濫用(下)』, 1962, 74 참조.
430) 대판 01.11.27, 2001므1353(공 02, 172).
431) 인지무효의 소에 대한 민법의 근거규정은 없지만, 가소 §2 Ⅰ(ⅰ)의 가류 가사소송사건 중 하나로 규정되어 있다.
432) 日東京高判 1987(昭 62).9.21, 判夕 664, 191.

고 있다.[433] 즉, 친권의 행사로서 이루어진 신상감호, 재산관리에 관한 행위가
자(子)의 보호육성이라고 하는 사회적 목적을 일탈하는 경우는 물론 부모가 감
호·교육을 할 수 있음에도 불구하고 부득이한 사유 없이 자녀를 방치하고 감
호·교육을 게을리 한 경우에도 친권의 남용이 된다.[434]

　권리남용의 법리는 재산법의 영역에 있어서는 서로 대립하는 권리자와 그
상대방 사이의 이익조정을 목적으로 하고 그와 같은 기능을 하는 것이다.[435]
그러나 친권은 권리자의 부모의 이익이 아니라 그 상대방인 자(子)의 이익을
지향하는 것이므로,[436] 이 영역에 있어 권리남용의 법리는 재산권 남용의 경우
와 달리 친권자와 그 상대방인 미성년의 자(子) 사이에 서로 대립하는 이해조
정이 아니라 오로지 친권에 따르는 자(子)의 이익보호를 위해서만 기능하는 것
임에 유의하여야 한다.[437]

　친권을 남용하여 자녀의 복리를 현저히 해치거나 해칠 우려가 있는 경우
친권의 상실 또는 일시정지의 사유가 된다($§924\atop1$).[438] 친권상실의 선고에 따라
미성년후견인을 선임할 필요가 있는 경우에는 가정법원이 직권으로 미성년후
견인을 선임한다($§\atop932$). 친권의 남용에 친권자의 고의 또는 과실이 필요한지에
관하여 견해의 대립이 있으나[439] 친권의 남용이 불법행위 요건을 충족하는 경
우 자(子)에게 손해배상청구권이 생긴다.[440]

---

433) 구주해(1), 217(윤용섭).
434) 구주해(1), 217(윤용섭).
435) 구주해(1), 217(윤용섭).
436) 윤진수 편, 주해친족법 2, 2015, 989(권재문). ‘아동의 최선의 이익(The Best Interest
　　of the Child)’ 원칙은 유엔 아동권리협약의 기본적 가치를 선언한 일반원칙인데, 이를 친
　　자관계에 반영하면 미성년자인 자녀에게 영향을 미칠 수 있는 법률관계에서는 항상 자녀
　　의 이익을 부모의 이익보다 우선적으로 고려해야 하는 ‘자녀의 복리 원칙’을 의미한다. 친
　　권자의 지정에 관한 §909-2 IV 제1문 전단이 ‘자녀의 복리 원칙’의 구체적인 판단요소
　　를 예시하고, 친권남용에 관한 §924 I과 친권의 일부 제한에 관한 §924-2는 ‘자녀의 복
　　리를 해치거나 해칠 우려가 있는 경우’를 요건으로 규정하고, 대리권·재산관리권의 상실에
　　관한 §925, §925-2는 ‘자녀의 복리를 충분히 보호할 수 없는 경우’를 요건으로 규정하고
　　있다.
437) 구주해(1), 217(윤용섭); 谷田貝三郎, “親權の濫用”, 末川先生古稀記念『權利の濫用 下』,
　　1962, 96 이하.
438) 아동복지법 §18 I, 가정폭력범죄의 처벌 등에 관한 특례법 §40 I, 아동학대범죄의
　　처벌 등에 관한 특례법 §36 I도 친권의 상실 또는 행사제한, 일시정지 등에 관하여 규정
　　하고 있다.
439) 필요하다는 견해는, 김주수·김상용, 친족상속법, 제14판, 2017, 451 참조; 불필요하다는
　　견해는, 최진섭, “친권상실에 관한 비교법적 연구”, 가연 10, 1996, 385 참조.
440) 구주해(1), 217(윤용섭).

친권자인 아버지가 그 아들의 양육비, 학비 등을 대어 주지 아니할 뿐만
아니라 그 생활조차 돌보지 아니하는 등 친권자로서 보호와 교양할 의무를 포
기하고 있어서[441] 그 아버지의 부정행위를 들어 이혼한 바 있는 생모와 외조
부가 양육하고 그 생활을 돌보고 있던 중 그 아버지가 그 아들 소유의 집과
대지를 매각처분하려 한다면 이는 친권자로서 현저한 비행 또는 친권을 행사
할 수 없는 중대한 사유가 있는 때에 해당한다는 사례[442]와 친권자인 적모가
그 자의 부양과 교육에 관하여 책임을 지지 아니하고 그 자가 상속한 부동산을
제3자와 통모하여 이것을 죽은 그 남편이 생전에 제3자에게 매도한 것처럼 허
위의 민사판결을 얻게 하여 제3자의 소유명의로 이전시켜 놓았다면 이것은 친
권자로서 친권을 행사할 수 없는 중대한 사유($^{현저한}_{비행}$)에 해당한다는 사례[443]가
있다.[444] 남편 등과의 불화로 집을 나가 별거한 이후 남편이 교통사고로 사망
하자 보상금을 전부 수령하여 거의 다 소비하여 버리는 등 자녀들의 부양에
대하여 전혀 노력하지 않는 모에게 자식들에 대한 친권을 행사시킬 수 없는
중대한 사유가 있다고 본 사례[445]도 있다.

　　　(ㄱ) 거소지정권의 남용　　　자(子)는 친권자의 지정한 장소에 거주하
여야 하는데($\S_{914}$), 만약 친권자가 금전적 이익을 목적으로 유흥음식점을 거소로
지정하여 여아로 하여금 술시중을 들도록 하는 것은 보호, 교양에 적당하지 않
은 장소를 거소로 지정한 경우에 해당하여 친권의 남용이 되고 거소지정의 효
과는 발생하지 않는다.[446]

　　　(ㄴ) 직업허가권의 남용　　　자(子)의 건강·지능·적성 등을 고려할 때
자(子)의 보호·교양 또는 재산의 보전을 위하여 자(子)에게 적당한 직업이라
고 인정되면 부모는 자(子)의 직업을 허가하여야 하고 그와 같은 고려를 하지
아니한 채 부모의 주관적 기호나 시대에 뒤떨어진 사고에서 허가를 하지 않는

---

441) 자녀에게 의식주를 제공하지 않거나 자녀와의 정서적 교류를 거부하고 냉대하는 것도
　　소극적 남용이 될 수 있다는 견해는, 윤진수(주 436), 1127(권재문) 참조.
442) 대판 68.9.17, 68므27(정보).
443) 대판 68.12.6, 68므39(정보).
444) 2014.10.15. 개정 전 §924는 "친권의 남용" 외에 "현저한 비행 기타 친권을 행사할 수
　　없는 중대한 사유가 있는 때"를 친권상실선고의 사유로 규정하였다. 이를 삭제한 개정에
　　대해서 타당하다는 평가가 대부분이다[윤진수(주 436), 1127(권재문) 참조]. 다만 아동복
　　지법 §18 I은 여전히 '친권의 남용' 외에 '현저한 비행이나 아동학대, 그 밖에 친권을 행
　　사할 수 없는 중대한 사유'를 친권상실선고의 사유로 규정하고 있다.
445) 대판 91.12.10, 91므641(공 92, 517).
446) 구주해(1), 217(윤용섭); 윤진수(주 436), 1049(권재문). 친권자가 지정한 거소가 자녀
　　의 복리에 반하는 경우에 자녀는 이에 따를 의무가 없다.

것에 정당한 사유가 없는 경우에는 허가권의 남용이 된다.[447] 교육상 유해한
직업을 허가하는 경우에는 직업허가권의 남용이 될 수 있다.[448]

또한 자녀들의 보호·교양, 재산보호에 해로운 점이 없음에도 친권자가 한
번 준 허가를 취소하거나 또는 제한하는 것도 남용으로 된다.[449]

㈄ 자(子)의 인도청구권의 남용   친권자는 자녀를 보호·교양할
권리의무가 있으므로 제3자가 자녀를 불법하게 그의 지배하에 두고 친권의 행
사를 방해하고 있는 경우에는 그에 대하여 방해배제청구권의 일환으로 子의
인도를 청구할 수 있다.[450] 하지만, 子의 이익을 고려해서 친권자에 의한 子의
인도청구가 보호·교양의 목적이나 자녀의 복리에 오히려 반하는 경우에는 권
리의 남용이 된다.[451]

우리 대법원 판례의 경우 청구인과 피청구인 사이에 혼인 외의 아들이 출
생하자 청구인이 행방을 감추고 피청구인과 아들을 돌보지 않다가 피청구인으
로부터 혼인빙자간음죄로 고소를 받자 아들을 입적시키고 피청구인과 혼인신
고를 하기로 약속하였음에도 피청구인의 고소취소가 있은 후 아들만 혼인 외
의 아들로 입적시키고 오히려 다른 여자와 혼인신고를 하고 그녀와 미국으로
이민을 가려고 하다가 피청구인의 진정으로 이주허가신청이 보류된 상태에서
피청구인이 사실상 혼인관계해소에 따른 위자료 및 양육비 청구를 하자 이에
대항하여 친권에 기한 유아인도청구를 한 사례에서, 아들을 청구인에게 맡기
는 것은 아들의 복리에도 배치될 뿐만 아니라 청구인이 이제 와서 새삼스럽게
아들의 인도를 구하는 것은 친권의 남용이라고 판시하여 사회적 목적을 벗어
난 친권의 행사는 남용이 된다고 본 사례[452]가 있다.

일본의 경우 의사능력이 있는 자녀가 자신의 의사로 친권이 없는 모친이

---

447) 구주해(1), 218(윤용섭).
448) 菅野(주 47), 484.
449) 주석 총칙(1), 259(제4판/백태승).
450) 윤진수(주 403), 352(이동진). 이와 별도로 형법상 약취죄가 성립할 수 있는데, 부모 사
    이의 자녀 탈취가 약취죄가 되기 위한 요건에 관하여, 대판(전) 13.6.20, 2010도14328(공
    13하, 1399) 참조.
    한편, 양육친과 비양육친 사이의 유아인도의 청구는 가소 § 2 Ⅰ (ii) 나. 3)의 '양육에
    관한 처분'을 근거로 할 수 있고, 가소 § 62의 사전처분 또는 § 63의 가처분에 근거하여
    유아인도를 구할 수도 있다[윤진수(주 403), 353-354(이동진)].
451) 구주해(1), 218(윤용섭); 石本雅南, "身分權の濫用", 家族法大系 1(家族法總論) : 中川善
    之助敎授還曆記念, 1959, 33 참조.
452) 대판 79.7.10, 79므5; 한편 이는 특별한 사정이므로 엄격하게 심사해야 한다는 견해는,
    대판 86.3.11, 86므2 참조.

나 양부의 내연의 처, 자의 고용주 등과 동거하고 있는 경우에, 그 제3자가 친
권자의 보호교육을 부당하게 방해한 것이 아닌 한, 자의 인도를 구할 수 없다
고 판시하여 왔다.[453] 또 자녀 본인의 의사 외에도 그 제3자와 친권자와의 생
활환경을 비교형량하여 인도청구권 행사의 타당성 여부를 판단한 사안[454]도
있다. 다만, 이 경우 자녀 본인의 의사에 의하여 제3자와 동거하고 있는지 판
단하는 것이 어려운 문제가 될 것이다.

　　　　　　(ㄹ) 혼인동의권의 남용　　　　만 18세가 된 사람은 혼인할 수 있으나
$\left(\frac{\S}{807}\right)$ 19세에 이르지 않은 미성년자$\left(\frac{\S}{4}\right)$가 혼인하는 경우 부모의 동의를 받아야
하며, 부모 중 한쪽이 동의권을 행사할 수 없을 때에는 다른 한쪽의 동의를 받
아야 하고, 부모가 모두 동의권을 행사할 수 없을 때에는 미성년후견인의 동의
를 받아야 한다$\left(\frac{\S\,808}{1}\right)$.

　　미성년자가 혼인할 때 필요로 하는 부모의 동의는 부모의 의사를 존중하
여 친족적 협동관계를 유지한다거나 미성년자의 혼인능력의 부족을 보충하는
것을 목적으로 하지 않고, 사려분별이 없는 미성년자의 혼인의 방지를 목적으
로 한다.[455]

　　부모의 동의권은 절대적인 행사의 자유를 전제로 하지 않으므로 부모가
정당한 사유 없이 동의를 거절한 경우, 동의를 거절하여야 하는 데도 동의를
한 경우, 동의를 한 후 정당한 사유 없이 철회한 경우는 동의권 남용이 될 수
있다.[456] 경솔하게 혼인하지 않도록 감독해서 미성년자의 권리를 보호한다는
동의권의 목적과 기능에 적합한 지를 따져 동의권 남용의 여부를 판단한다.[457]
정당한 이유 없는 동의권의 철회는 철회의 효력이 없고, 부동의가 남용으로 되
는 경우에는 동의가 있었던 것으로 되지만, 그렇다 하여 가족관계등록에 적법
한 동의가 있는 것으로 처리할 수는 없으므로 동의에 갈음하는 재판을 받아
혼인신고를 하여야 한다.[458] 또 동의가 남용으로 되는 경우에는 동의가 없었던

---

453) 日大阪地判 1910(明 43).1.28, 新聞 627, 16; 日大判 1923(大 12).11.29, 民集 2, 642;
　　日東京控判 1920(大 9).2.5, 新聞 1667, 22 참조.
454) 日大判 1941(昭 16).9.9, 新聞 4726, 19 참조.
455) 구주해(1), 219(윤용섭); 中川善之助, 身分法的 總則的 課題: 身分権及び身分行為(1941),
　　113 참조.
456) 구주해(1), 219(윤용섭).
457) 구주해(1), 219(윤용섭); 菅野(주 47), 484.
458) 구주해(1), 219(윤용섭).

것으로 되므로 혼인취소사유($\S^{816}_{(i)}$)가 된다.[459]

  (ㅁ) 재산관리권의 남용 자(子)가 자기의 명의로 취득한 재산은 그 특유재산으로 하고 법정대리인인 친권자가 이를 관리하는데($\S_{916}$), 부모가 자기를 위하여 하는 것과 동일한 주의의무로써 미성년자인 자(子)의 재산을 관리하여야 할 직분을 게을리 하여 자(子)에게 불이익이 생기게 하거나 자(子)의 재산을 부당하게 처분하거나[460] 자(子)에게 부당한 채무를 부담하게 하는 행위를 하는 등 관리의 범위를 넘어서 재산보호의 목적에 반하는 행위를 하는 경우 또는 관리권의 제한을 초과하거나 그것을 무시하고 대리권($\S_{920}$)을 행사한 경우, 그밖에 자(子)의 이익에 반하는 동의권($\S^5_I$), 취소권($\S^5_{II}$)의 행사는 남용이 된다.[461]

  그러나, 친권자가 자(子)를 대리하는 법률행위는 친권자와 자(子) 사이의 이해상반행위에 해당하지 않는 한, 그것을 할 것인가 아닌가는 자(子)를 위하여 친권을 행사하는 친권자가 자(子)를 둘러싼 여러 사정을 고려하여 행할 수 있는 재량에 맡겨진 것으로 보아야 하므로, 이와 같이 친권자가 자(子)를 대리하여 행한 자(子) 소유의 재산에 대한 처분행위에 대해서는 그것이 사실상 자(子)의 이익을 무시하고 친권자 본인 혹은 제3자의 이익을 도모하는 것만을 목적으로 하여 이루어졌다고 하는 등 친권자에게 자(子)를 대리할 권한을 수여한 법의 취지에 현저히 반한다고 인정되는 사정이 존재하지 않는 한 친권자에 의한 대리권의 남용에 해당한다고 쉽게 단정할 수 없다.[462]

  법정대리인인 친권자가 부적당한 관리로 인하여 자녀의 재산을 위태롭게 한 경우에는 그 법률행위의 대리권과 재산관리권의 상실을 선고할 수 있다

---

459) 구주해(1), 219(윤용섭); 주석 총칙(1), 260(제4판/백태승).

460) 대판 81.10.13, 81다649(집 29-3, 138; 공 81, 14486)[친권자가 미성년자인 자(子)에게 재산을 증여하였다가 재산관리권에 의하여 이를 그로부터 다시 장남에게 증여한 사안에서, 자(子)가 위 처분 당시 19년 5월 남짓하여 수개월이 지나면 성년이 될 나이에 있었고 위 처분에 강력히 반대하였으며 위 처분도 자(子)를 위한 것이 아니라 장남을 위한 것으로서 위 처분으로 자(子)는 아무런 대가도 지급받지 못한 점이 인정되므로 이는 친권의 남용으로 효과가 없다고 한 사례].

  대판 97.1.24, 96다43928(공 97, 650)[친권자가 미성년자인 자(子)의 법정대리인으로서 자(子)의 유일한 재산을 아무런 대가도 받지 않고 증여하였고 상대방이 그 사실을 알고 있었던 경우 그 증여행위는 친권의 남용에 의한 것이므로 그 효과는 자에게 미치지 않는다고 한 사례].

461) 구주해(1), 219(윤용섭).

462) 대판 09.1.30, 2008다73731(공 09상, 251)(망인 명의의 토지가 명의신탁된 것이었을 가능성이 있다는 점 등을 고려하여, 친권자(망인의 처)가 미성년자인 딸과 공동으로 상속받은 토지를 망인의 형에게 증여한 행위가 친권의 남용에 해당하지 않는다고 한 사례).

($\S_{925}$).463) 그러나 자(子)의 재산을 처분하거나 子로 하여금 제3자에 대한 채무를 부담시키는 것만으로 당연히 친권의 남용이 되는 것은 아니다.464) 친권자가 처분의 대가를 개인적 용도에 소비하는 경우 등이 남용으로 되지만 선대에서 물려받은 부채를 변제하기 위한 경우,465) 자(子) 또는 그 이외의 가족의 생활비로 사용하기 위한 경우466) 등과 같이 친권자의 재산처분행위에 정당한 사유가 있거나 처분된 물건의 상황, 성질로 보아 처분이 상당한 때에는 친권의 남용이 아니라고 보았다.467) 일본의 경우 자녀의 채무를 변제하기 위한 목적468)이라거나 자녀를 위한 재산 증식의 목적469) 또는 미성년자의 여동생을 양육하기 위한 목적470)이 있을 때에는 친권남용이 되지 않는다고 판시하였다. 권리남용을 인정한 경우는 사망한 아버지의 생명보험금을 상속한 자녀의 보험금을 자신의 채무 변제에 사용한 친권자인 모에 대하여, 조부가 친권상실의 심판을 청구한 사안에서, "미성년자의 재산관리권을 남용하였다"고 판단하고, "미성년자에 대한 친권 중 관리권에 한하여 상실시킨다"고 판단한 사례가 있다.471)

한편 친권의 남용으로 인하여 이해관계를 가지게 된 제3자가 있는 경우에는 그의 이익까지 고려하여 권리남용의 효과를 개별적으로 정해야 한다는 견

---

463) 대판 97.1.24, 96다43928(공 97, 650)(주 460 참조)(친권자의 법정대리권의 남용으로 인한 법률행위의 효과가 미성년인 자(子)에게 미치지 아니한다고 하여 그 친권자의 친권이 상실되어야 하는 것은 아니며, 친권자가 자의 법정대리인으로서 소송대리인을 선임하여 그 증여에 기하여 이루어진 소유권이전등기의 말소를 구하는 소를 제기하였다고 하여 이를 금반언의 원칙에 어긋난 것으로 볼 수도 없다고 한 사례).

464) 구주해(1), 219(윤용섭).
대판 91.11.26, 91다32466(공 92, 297)(미성년자의 친권자인 모가 자기 오빠의 제3자에 대한 채무의 담보로 미성년자 소유의 부동산에 근저당권을 설정하는 행위가, 채무자를 위한 것으로서 미성년자에게는 불이익만을 주는 것이라고 하더라도, §921 Ⅰ에 규정된 "법정대리인인 친권자와 그 자 사이에 이해상반되는 행위"라고 볼 수는 없다고 한 사례).
대판 96.11.22, 96다10270(집 44-2, 309; 공 97, 22)(친권자인 모가 자신이 대표이사로 있는 주식회사의 채무 담보를 위하여 자신과 미성년인 자(子)의 공유재산에 대하여 자의 법정대리인 겸 본인의 자격으로 근저당권을 설정한 행위는, 친권자가 채무자 회사의 대표이사로서 그 주식의 66%를 소유하는 대주주이고 미성년인 자(子)에게는 불이익만을 주는 것이라는 점을 감안하더라도, 그 행위의 객관적 성질상 채무자 회사의 채무를 담보하기 위한 것에 불과하므로 친권자와 그 자(子) 사이에 이해의 대립이 생길 우려가 있는 이해상반행위라고 볼 수 없다고 한 사례).

465) 日大判 1904(明 37).9.29, 民錄 10, 1190.
466) 日大判 1903(明 36).5.23, 民錄 9, 615.
467) 구주해(1), 219-220(윤용섭).
468) 日東京控判 1914(大 3).10.10, 新聞 979, 20.
469) 日東京地判 1925(大 14).3.11, 新聞 2445, 10.
470) 日大判 1931(昭 6).12.24, 裁判例(民) 5, 293.
471) 日長崎家佐世保支審 1984(昭 59).3.30, 家裁月報 37-1, 124.

해가 있다.[472] 우리 대법원 판례는 미성년자의 법정대리인인 친권자의 대리행위가 미성년자 본인의 이익에 반하여 친권자 또는 제3자의 이익을 위한 배임적인 것임을 행위상대방이 알았거나 알 수 있었을 경우 §107 Ⅰ 단서의 규정을 유추 적용하여 행위의 효과가 자(子)에게 미치지 않는다고 보았으나,[473] 그에 따라 외형상 형성된 법률관계를 기초로 하여 새로운 법률상 이해관계를 맺은 선의의 제3자에 대하여는 같은 조 Ⅱ의 규정을 유추적용하여 누구도 그와 같은 사정을 들어 대항할 수 없으며, 제3자가 악의라는 사실에 관한 주장·증명책임은 그 무효를 주장하는 자에게 있다고 보았다.[474]

　　　㈕ 친권자 변경 청구권의 남용　　　친권자 변경 청구권은 친권자가되는 사람의 이익을 위한 권리가 아니라 친권에 복종하는 자녀의 복지를 보호하기 위한 권리이기 때문에 이에 상응하지 아니한 상황에서 친권자 변경을 구하는 것은 권리남용으로 허용되지 않는다. 우리나라의 경우 이와 관련된 사례를 찾을 수 없다. 일본의 경우 판례는 일반적으로 친권자 변경 청구권의 행사를 권리남용으로 판단하는 데는 신중한 입장을 보이고 있다.[475] 이혼 후 양육자인 어머니와 친권자인 아버지 사이에 친권자 변경 청구를 하지 아니하기로 약속을 하였음에도, 어머니가 그 약속에 반하여 친권자 변경을 구한 사안에서, 이러한 불신행위는 부모 사이의 책임 문제이고, 이로 인한 불이익을 자녀에게 돌릴 수는 없는바, 따라서 친권자 변경 청구권의 남용에 해당한다고 볼 만한 사정이 인정되지 아니하는 한, 함부로 그 청구를 배척하여서는 아니 된다고 판시하는 등 친권자 변경 청구권을 권리남용으로 인정하지 아니하는 사례가 다수 있다.[476] 다만, 위 판시 이후에는 스스로 부정을 저질러 가정 붕괴의 원인을 제공한 어머니가 협의이혼 시 합의한 내용을 무시하고, 양육자의 지위에 있음을 이용하여 아버지를 상대로 친권자 변경을 구한 사안에서 어머니의 친권

---

472) 구주해(1), 220(윤용섭).

473) 대판 11.12.22, 2011다64669(공 12상, 164)(법정대리인 갑이 미성년자 을, 병을 대리하여 을, 병 소유의 토지를 정에게 매각한 사안에서, 이는 대리권 남용 행위로서 계약상대방이 배임적인 사정을 알고 있었거나 알 수 있었다고 보아 본인인 을, 병에게 매매계약의 효력이 미치지 않는다고 본 사례).

474) 대판 18.4.26, 2016다3201(공 18상, 963); 이에 대하여 §107가 전부 유추적용된다고 하더라도 적어도 제한능력자를 위한 법정대리의 경우에는 제한능력자의 보호를 위하여 같은 조 Ⅱ이 유추적용되어서는 안 된다는 견해는, 지원림, "대리권남용과 선의의 제3자", 신문 18.7.9.자(4619호), 11 참조.

475) 菅野(주 47), 487.

476) 日大阪高決 1972(昭 47).1.4, 家裁月報 25-2, 76; 그 외에 日德島家審 1970(昭 45).1.21, 家裁月報 22-8, 50 참조.

자 변경 청구는 청구권의 남용이라고 판단한 사례[477]가 있다.

　　(ㅅ) 작명권(作名權)의 남용　　우리나라에서 부모가 자녀의 이름을 지을 권리, 이른바 작명권의 남용이 직접 문제된 사례는 없다.

　　다만, 출생신고시 자녀의 이름에 사용할 수 있는 한자의 범위를 총 8,142자의 '인명용 한자'로 제한하는 것과 관련하여, 이는 결코 적지 아니하고, '인명용 한자'의 범위를 일정한 절차를 거쳐 계속 확대함으로써 이름에 한자를 사용함에 있어 불편함이 없도록 하는 보완장치를 강구하고 있으며, 또한 '인명용 한자'가 아닌 한자를 사용하였다고 하더라도, 출생신고나 출생자 이름 자체가 불수리되는 것은 아니고, 가족관계등록부에 해당 이름이 한글로만 기재되어 종국적으로 해당 한자가 함께 기재되지 않는 제한을 받을 뿐이며, 가족관계등록부나 그와 연계된 공적 장부 이외에 사적 생활의 영역에서 해당 한자 이름을 사용하는 것을 금지하는 것도 아니므로 '부모가 자녀의 이름을 지을 자유'가 침해되는 것은 아니라고 한 사례[478][479]가 있다. 한편 부모가 자녀의 이름을 '韓李새봄'으로 짓고 출생신고를 하였는데, '한글과 한자를 혼합하여 자녀의 이름을 표시한 것은 '이름의 기재문자와 관련된 가족관계등록사무(가족관계등록 예규 제109호)' 규정[480]에 위반된다는 이유로 출생신고불수리 처분을 받은 경우 이름에 한글과 한자가 혼용될 경우 성(姓)이 무엇인지 혼동의 여지가 있다고 하더라도 성(姓)은 원칙적으로 부(父)의 성(姓)을 따르게 되어 있고, 성(姓)의 창설이나 변경은 법원의 허가사항일뿐더러, 이름에 한글과 한자가 혼용된다 하여 일반인들이 성(姓)이 무엇인지 혼동할 여지는 그리 크지 않고 가족관계등록법이 한글 '또는' 한자를 사용하여 이름을 정할 수 있도록 규정하고 있음에도 '한글만으로' 또는 '한자만으로' 이름을 짓도록 강제하는 것은 합리적인 범위를 넘어 부모의

---

477) 日仙台高決 1973(昭 48).2.28, 家裁月報 25-11, 88.

478) 헌재 16.7.28, 2015헌마964(헌공 238, 1295).

479) 독일의 경우 부모의 명명권에 관한 한계의 이론적 설명으로, ① 인격성, ② 지칭성, ③ 인식(또는 사용)의 편의성, ④ 전통성 내지 관례성 등이 기준으로 제시된다[양창수, "자의 이름에 관하여", 민법산책(2007), 142-146 참조].

480) 위 규정의 구체적 제한 사항은, ① 출생자에 대한 부와 모의 가족관계증명서에 드러나는 사람과 동일한 이름을 기재한 출생신고, ② 인명용 한자의 범위를 벗어난 한자를 이름에 사용한 출생신고(예외 있음), ③ 이름의 기재 문자수가 5자(姓은 제외)를 초과하는 출생신고, ④ 이름에 한글과 한자(인명용 한자의 제한 범위내의 것)를 혼합하여 사용한 출생신고 등이다. 종전 '이름의 기재문자와 관련된 호적사무처리지침'(호적예규 제485호)에도 같은 제한사항이 있었는데, 이러한 제한사항을 명명권의 한계와 관련하여 논의한 내용은, 양창수(주 479), 142 참조.

작명권을 과도하게 침해한다고 판단한 사례[481]가 있다.

참고로 개명과 관련하여, 이름은 통상 부모에 의해서 일방적으로 결정되어지고 그 과정에서 이름의 주체인 본인의 의사가 개입될 여지가 없어 본인이 그 이름에 대하여 불만을 가지거나 그 이름으로 인하여 심각한 고통을 받은 경우도 있을 수 있는데 그런 경우에도 평생 그 이름을 가지고 살아갈 것을 강요하는 것은 정당화될 수도 없고 합리적이지도 아니한 점, 개명으로 인하여 사회적 폐단이나 부작용이 발생할 수 있다는 점을 지나치게 강조하여 개명을 엄격하게 제한할 경우 헌법상의 개인의 인격권과 행복추구권을 침해하는 결과를 초래할 우려가 있는 점 등을 개명의 요건으로 제시하면서 개명신청권의 남용으로 볼 수 있는 경우가 아니라면, 원칙적으로 개명을 허가해야 한다고 본 사례[482]가 있다.

일본의 경우 부모의 자녀에 대한 명명권(命名權)에 대하여는 친권의 작용으로 보는 견해, 자녀의 권리를 친권자가 대행하는 것이라는 견해, 자녀 자신의 권리를 친권자가 사무관리자로서 대행하는 것이라는 견해 등이 있다.[483] 이러한 명명권은 자녀를 위하여 행사되어야 하는 것이고, 친권자가 개인적인 취향에 따라 자의적으로 이름을 짓는 것은 부당하며, 자녀가 장래 성장하여 사회생활을 할 때 스스로 자신의 이름에 만족감을 느낄 수 있도록 적절한 이름을 선택하여 명명하여야만 하는 것인바, 명명권의 남용은 허용될 수 없다는 견해가 유력하다.[484] 장남에게 '악마(惡魔)'라고 이름을 지어 출생신고를 하여 수리되었으나, 후에 법무국의 지시에 기하여 '악마'라는 이름이 말소되어 '이름 미정'으로 기재되자, 부모가 '악마'라는 이름은 호적법에 위반하지 않고 적법한 것이고, 일단 수리가 되어 호적에 기재된 이름의 말소는 허용될 수 없다고 주장한 사안에서, 이러한 명명은 명명권의 남용이라고 본 사례[485]가 있다.

---

481) 서울동부지결 05.6.2, 2013브17(미간행).
482) 대결 05.11.16, 2005스26(집 53, 273; 공 06, 35).
483) 菅野(주 47), 488.
484) 田中実, "命名の法理", 慶應義塾大学 法學研究 37-10, 1964, 17.
485) 日東京家八王子支審 1994(平 6).1.31, 判時 1486, 56. 명명권 남용의 기준과 관련하여 사회통념상 분명히 이름으로 부적당해 보이면서 일반상식에서 크게 벗어나 이름이 가지는 본래의 기능을 크게 해치는 경우를 제시하였다.
    ① 부(父)가 옛연인을 잊지 못해 옛연인의 이름과 같은 '文子'를 딸의 이름으로 지었고, 모(母)는 이러한 사정을 알지 못하다가 남편이 옛연인에게 보낸 연애편지를 발견한 후 이름을 짓게 된 사정을 알고서 딸의 개명을 신청하자 허가한 사례[日前橋家裁沼田支審 1962(昭 37).5.25, www.mc-law.jp/rikon/25650/], ② 모(母)의 이름이 '伸子'(のぶこ, 노부꼬)인데 딸의 이름을 '伸子'(しんこ, 신꼬)로 지은 경우 동일 호적 내에서 이름

(마) 친자관계부존재확인청구권의 남용   우리나라의 경우 호적상 모 (母)로 기재되어 있는 자가 자신의 호적에 호적상의 자(子)를 친생자로 출생신 고를 한 것이 아니라 자신과 내연관계에 있는 남자로 하여금 그의 호적에 자 신을 생모로 하는 혼인 외의 자로 출생신고를 하게 한 때에는, 설사 호적상의 모(母)와 호적상의 자(子) 사이에 다른 입양의 실질적 요건이 구비되었다 하더 라도 이로써 호적상의 모(母)와 호적상의 자(子) 사이에 양친자관계가 성립된 것이라고는 볼 수 없는데, 이러한 경우 호적상의 부(父)와 호적상의 자(子) 사 이에 입양의 실질적 요건이 갖추어지지 않았다면 호적상 부(父)가 호적상 자 (子)를 혼인 외의 자로 출생신고를 한 것은 아무런 효력이 없는 것이어서 그 출생신고에 관한 호적상의 기재는 두 사람 사이의 친생자관계부존재를 확인하 는 판결에 의하여 말소되어야 하므로, 이처럼 무효인 호적상 부의 출생신고에 기하여 호적상의 모(母)와 호적상의 자(子) 사이에서만 양친자관계를 인정할 수는 없고, 호적상의 부(父)와 호적상의 자(子) 사이에 입양의 실질적 요건이 갖추어진 경우라 하더라도 우리 민법이 부부공동입양의 원칙을 채택하고 있는 점에 비추어 보면, 법률상 부부가 아닌 사람들이 공동으로 양부모가 되는 것은 허용될 수 없다고 보아야 하기 때문이며, 이처럼 법률상 양친자관계의 성립을 인정할 수 없는 경우에도, 호적상의 모(母)와 호적상의 자(子) 사이에는 양친 자관계를 창설하려는 의사가 있었고 다른 입양의 실질적 요건도 갖추어졌으며 그 외에 호적상의 모(母)로서는 그 사망 당시에 호적상의 子로 하여금 자신의 재산을 상속하게 하려는 의사를 가지고 있었다는 등의 사정이 있고, 이를 잘 알고 있는 제3자가 호적상의 모(母)의 상속재산을 탐내어 그 상속재산에 관한 권리를 주장함으로써 분쟁이 생긴 경우에는, 구체적 상황에 따라 그 제3자의 재산상의 권리주장을 신의칙에 어긋나거나 권리남용에 해당한다고 하여 배척 할 수 있는 여지가 있을 것이라고 한 사례[486]가 있다.

일본의 경우 타인의 자녀를 자신의 자녀로 출생신고를 마친 경우 입양신 고의 효력을 인정할 것인지에 대하여 학설은 자녀의 보호를 중심하여 적극적 으로 해석하는 견해($^{무효행위}_{전환론}$)가 우세하나, 최고재판소는 입양요건의 결여를 이

이 같아 식별·특정이 곤란하다는 이유로 명명권 남용으로 본 사례[日名古屋高決 1963(昭 38).11.9, 家裁月報 16-3, 107; 判時 361, 52]가 있다.
486) 대판 95.1.24, 93므1242(집 43-1, 30; 공 95, 1159); 이에 대한 비판적 견해는, 최진섭, "혈연관계 없이 인지신고 또는 친생자출생신고를 한 경우의 법률관계", 민사법의 실천적 관제(정환담 교수 화갑기념), 2000, 554 참조.

유로 소극적($^{권리남용설}_{또는 \ 신의칙설}$)으로 해석하여 왔다.[487] 소극설에 의할 경우에는 호적
상의 부모를 진실한 부모라고 믿어 왔던 자녀의 보호에 문제가 생기기 때문에
허위의 신고를 한 호적상의 부모나 실제 부모가 친자관계부존재확인청구를 한
경우에는 권리남용금지의 법리에 의하여 제한되어야 한다고 주장하는 견
해[488]도 있다. 하급심의 경우 호적상의 부가 호적상의 자를 상대로 하여 제기
한 친생자관계부존재확인청구가 권리남용이라고 하여 허용하지 않은 사례[489]
가 있는 반면, 모자(母子)관계가 없는 것을 알면서 호적상의 모(母) 사망 후 그
동생이 미성년자인 호적상의 자(子)를 양육하면서 후견인으로 취임하였다 하
더라도 호적상의 자(子)가 성년에 달한 후 호적상의 자(子)가 그 모(母)의 친생
자가 아니라고 하는 진실한 신분관계를 주장하는 것이 허용되지 않는 것은 아
니며, 친생자관계부존재확인의 소제기가 클린·핸드의 원칙이나 금반언의 법리
에 반하지 않는다고 하는 판결,[490] 다른 사람의 친생자를 데려다가 혼인중의
자(子)로 출생신고를 하고 이후 20여 년간 친생자로서 양육한 부부가 호적을
정정하여 신분관계를 명확하게 할 필요에서 호적상의 자(子)를 상대로 친생자
관계부존재확인의 소를 제기하여도 현저하게 신의칙에 반하거나 권리남용에
해당하지는 않는다고 하는 판결[491]이 있다. 그 후 최고재판소는 보충의견으로
권리남용설을 언급하였고,[492] AB 부부의 친생자가 아님에도 호적상 AB 부부
의 친생자로 기재되어 있는 Y가 호적상 누나로 기재되어 있는 X로부터 친생
자관계부존재확인의 소를 제기당한 사안에서, Y가 AB 부부와 약 55년 동안
친생자관계와 같은 생활의 실체를 가지고 있었던 점, X가 위와 같은 소송을
제기하게 된 것은 AB 부부의 유산을 상속한 차녀인 C가 사망하여 그 상속이
문제되었기 때문인 점, 만약 판결로 친생자관계 부존재가 확인될 경우 Y가 경
시할 수 없는 정신적 고통 및 경제적 불이익을 받을 가능성이 높은 점, AB 부
부에게는 Y와 친자로서의 관계를 유지하고 싶어할 것이라는 의사가 추인되는
데, 현재 AB 부부가 사망하여 Y가 입양되어 친자로서의 신분을 취득하는 것이

---

487) 日最判 1950(昭 25).12.28, 民集 4-13, 701; 日最判 1975(昭 50).4.8, 民集 29-4, 401;
　　 日最判 1981(昭 56).6.16, 民集 35-4, 791 등.
488) 中川高男, "判例評釋", 判例時報添付の判例評論 199, 22(判時 783, 152); 中川高男, "実
　　 親子関係不存在確認請求が権利の濫用となりうる場合", 民商法雜誌 136-2, 253.
489) 日京都地判 1979(昭 54).10.30, 家裁月報 32-4, 67; 判時 960, 92; 判タ 401, 143.
490) 日東京高判 1982(昭 57).10.28, 判タ 486, 151.
491) 日札幌高判 1982(昭 57).2.25, 判タ 468, 134.
492) 日最判 1997(平 9).3.11, 家裁月報 49-10, 55.

불가능한 점, X가 이 소송을 제기하게 된 동기가 합리적이라고는 말할 수 없는 점 등을 고려하여, X의 소 제기는 권리남용에 해당한다고 판시하였다.[493]

　　㈑ 후견인 지위의 남용　　후견인은 피후견인의 법정대리인이 되므로 ($\S^{938}_{1}$) 미성년후견인의 경우 미성년자를 위한 재산법적 법률행위를 대리할 수 있고($^{대리}_{권}$), 혼인이나 약혼, 입양 등의 신분행위에 관한 대리권과 동의권을 가지며, 미성년자를 갈음하여 친권을 대행하고($\S^{948}_{1}$), 미성년자를 보호·교양할 권리와 의무를 가진다($\S_{945}$).

　　성년후견인의 경우 피후견인의 재산관리권과 법률행위의 대리권을 가지나 ($\S^{949}_{1}$) 이를 남용할 수 있으므로 이를 방지하기 위하여 피후견인의 행위를 목적으로 하는 채무부담행위($^{\S\,949\,\text{II}}_{\S\,920\,\text{단서}}$), 이해상반행위($\S_{949\text{-}3}$), 후견감독인의 동의를 필요로 하는 행위($\S^{950}_{1}$), 제3자가 후견인의 관리에 반대하는 의사를 표시한 경우($^{\S\,956}_{\S\,918}$)에는 대리권이 일부 제한된다. 미성년후견인의 경우와 달리 성년후견인이 피성년후견인의 법률행위에 대해 동의권을 행사할 수 있는 명문의 규정이 없는데, 동의권을 갖는지에 관하여 견해가 나뉜다.[494] 성년후견인이 대리권한을 넘는 대리행위를 한 경우 이는 무권대리로 무효이다.[495]

　　일본의 경우 후견인이 후견의 목적을 일탈하여 대리행위를 한 경우 후견인이 피후견인 명의로 돈을 빌린 행위나 합리적 범위 내에서 피후견인의 재산을 타인에게 증여한 행위 등은 유효한 대리행위로 인정하고 있으나, 실제로는 전혀 피후견인을 위할 의사가 없는 경우에는 후견인 자격의 남용으로 적법한 후견행위라고 할 수 없다고 보고 있다. 후자의 예로는 후견인이 피후견인의 요양보호와 장래의 생활보호를 위한 구체적 조치를 강구하지 않고 피후견인의 재산 전부를 제3자에게 증여한 것은 피후견인을 위한 의사가 없는 것으로 추인되고, 그 대리행위는 무효라고 한 사례[496]가 있다. 피성년후견인의 명의로 물건을 빌린 경우 그것이 피성년후견인의 이익을 직접 목적으로 하지 않고 후견인 자신의 용도에 소비하기 위한 것인 때[497]에는 후견인이 그 지위를 남용한 것으로서 상대방이 그 사정을 알거나 알 수 있었던 때에는 행위의 효력이

---

493) 日最判 2006(平 18).7.7, 民集 60-6, 2307; 家裁月報 59-1, 92.
494) 윤진수(주 403), 1231(현소혜).
495) 윤진수(주 403), 1229(현소혜).
496) 구주해(1), 220(윤용섭); 日大判 1939(昭 14).5.13, 判決全集 6-16, 16. 그 행위가 피성년후견인의 이익을 위한 것이 아니라고 추정한다.
497) 日大判 1932(昭 7).8.9, 裁判例(民) 6, 243.

없다.[498]

　　㈔ 부양청구권의 남용　　　§974 내지 §979는 서로 부양의무가 있는 친족의 범위, 부양의 순위, 부양의무의 발생 요건, 부양의 정도와 방법 등에 관하여 규정하고 있다.[499]

　　부양을 받을 권리는 이를 처분하지 못하는데($\frac{\S}{979}$),[500] 처분금지에는 포기금지도 포함된다고 해석하는 것이 통설이다.[501] 이에 대하여 부양청구권의 포기 가능성을 인정하는 견해가 있고,[502] 부양청구권의 포기는 인정하지 않지만 포기를 한 후에 다시 부양청구권을 행사하는 경우 권리남용의 법리를 적용하는 견해[503]가 있다. 권리남용이론을 적용하려고 하는 견해는 다액의 부양료를 받고서 다시 부양청구를 하지 않을 것을 약속한 자가 나중에 다시 부양청구를 하는 경우를 권리남용이라고 하면서, 권리남용 여부는 부양의무자의 부양가능 상태, 일시 지급금의 액수, 낭비의 기간, 부양권리자의 일시지급금에 대한 합리적 사용가능성 유무 및 그 정도, 과실의 유무 등 일체의 사정을 구체적으로 참작해서 판단하여야 한다고 본다.[504]

　　부양순서($\frac{\S}{976}$)와 관련하여 ① 부양권리자가 동순위 부양의무자 수인 중 상대적으로 부양능력이 없는 자에게 우선하여 이행을 구하는 경우, ② 협의에 참가하지 않았던 부양의무자에게 우선적으로 의무 이행을 구하는 경우, ③ 부양의무자의 부양능력이 부족한 때에 수인의 부양권리자 중 요부호상태가 극심한 상태에 있는 사람이 권리를 행사하여 다른 권리자에 대한 의무를 이행불능하도록 만든 경우 등은 부양청구권의 남용이 되는 경우라 하고, 부양방법($\frac{\S}{977}$)과 관련하여 ① 고의로 부양의무자를 곤혹스럽게 하는 부양방법을 주장하는 경우, ② 부양의무자가 선택한 방법으로도 충분히 부양목적을 달성할 수 있는데도 부양권리자가 정당한 이유 없이 다른 부양방법을 주장하는 경우, ③ 장래의 부양 급부를 일시금으로 청구하여 부양의무자를 불이익한 지위에 놓이게 하는

---

498) 구주해(1), 220(윤용섭).
499) 윤진수(주 436), 1462(최준규).
500) §979의 문언에도 불구하고 부양청구권의 처분이 허용되는 경우는 없는지, 있다면 그 범위는 어디까지인지에 관한 견해의 대립은, 윤진수(주 436), 1536(최준규) 이하 참조.
501) 구주해(1), 221(윤용섭).
502) 谷口知平, "身分権の放棄について―認知請求権・認知権の放棄を中心として",『家族法の諸問題：穂積先生追悼論文集』, 1952,, 307.
503) 岩垂肇, 身分法の研究-離婚権・相続権, 1974, 155.
504) 岩垂(주 503), 164.

경우 등을 들고 있다.[505]

(아) 양육비청구권의 남용   이혼 후 자녀를 양육하는 측에서 비양육
자에 대하여 양육비를 청구하면 인정되는 것이 원칙이나($\substack{\S 837, \\ \S 843}$), 부모 쌍방의
생활사정이나 양육비청구의 숨은 의도 등에 따라 양육비청구가 권리남용이 되
는 경우가 있다. 협의이혼 후 자녀를 양육하는 어머니가 아버지를 상대로 자의
양육비를 청구한 사안에서 그 청구가 어머니가 가지고 있는 빚을 해결할 목적
으로 이루어진 경우 등에 해당하고 이러한 양육비청구는 권리남용이라고 판단
한 사례[506]가 있다.

(자) 상속과 권리남용

(ㄱ) 상속권의 남용   상속권도 타인을 해할 목적으로 본래의 목적에
반하여 행사되는 경우가 있을 수 있고, 이로 인하여 수인한도를 넘는 손실을
발생하게 할 수 있으므로, 경우에 따라 권리남용이 될 수 있을 것이다.

다만 상속인 중의 1인이 피상속인의 생존시에 피상속인에 대하여 상속을
포기하기로 약정하였다고 하더라도, 상속개시 후 민법이 정하는 절차와 방식
에 따라 상속포기를 하지 아니한 이상, 상속개시 후에 자신의 상속권을 주장
하는 것은 정당한 권리행사로서 권리남용에 해당하거나 또는 신의칙에 반하는
권리의 행사라고 할 수 없다.[507]

일본의 경우 이미 법제에서 상속권의 부당한 행사를 막기 위한 여러 제도
들이 있으므로, 판례는 상속권의 남용을 쉽게 인정하지 않고 있다. 이와 관련
하여서는 피상속인과 혼인관계가 이미 파탄상태에 있었던 배우자가 상속권을
주장하는 것은 권리남용에 해당하지 않는다고 판단한 사례[508] 등이 있다.

(ㄴ) 상속포기와 권리남용   일본의 경우 상속포기와 관련하여서는
상속포기가 자기의 의무 이행을 면하고 상대방에게 손해를 가할 목적 등으로
이루어진 경우에 권리남용에 해당한다고 주장하는 예가 있는데, 이에 대하여
판례는 민법에서 상속포기의 자유를 인정하고 있는 이상 권리남용이 되지 않
는다고 판단하였다.[509]

---

505) 松本暉男, "扶養請求權の限界", 末川先生古稀記念『權利の濫用(下)』, 1962, 113. 이하 참
    조.
506) 日札幌家審 1998(平 10).9.14, 家裁月報 51-3, 194.
507) 대판 98.7.24, 98다9021(집 46-2, 38; 공 98, 2212).
508) 日東京高判 1985(昭 60).12.13, 判タ 609, 72.
509) 日最判 1967(昭 42).5.30, 民集 21-4, 988.

㈃ 유류분반환청구권의 남용　　　공동상속인 중 1인이 피상속인으로
부터 약 60년 전에 증여를 받아 현재까지 소유자로서 관리했더라도 유류분은
피상속인의 재산처분의 자유를 제한하여 상속재산 중 일정 부분을 상속인에게
보장하는 제도이고, 공동상속인 중에 피상속인으로부터 재산의 생전 증여에
의하여 특별수익을 한 자가 있는 경우에는 그 증여가 상속개시 1년 전의 것인
지 여부에 관계없이 유류분 산정을 위한 기초재산에 산입되는 것임에 비추어
보면 그 재산에 대한 유류분반환청구가 신의칙에 위반되거나 권리남용에 해당
한다고 보기 어렵고 본 사례510)가 있다.

　　일본의 경우 친족관계의 실질이 결여되어 있다든가 상속관계의 실태로 보
아 유류분반환청구를 인정하기 어려운 경우에는 신의칙 또는 권리남용이론에
의하여 그 제한을 가하고 있다.511) 일본의 판례512)에 의하면, 피상속인과 사실
상 완전히 연을 끊은 상태에 있고, 실질상 양친자관계가 소멸된 양자가 한평생
피상속인을 돌보고 재산을 지켜온 다른 양자에 대하여 유류분반환청구권을 행
사한 사안에서 이러한 청구권의 행사는 유류분제도의 취지에 비추어 보아 권
리남용에 해당되어 허용되지 않는다고 한다.

(9) 상법상의 권리남용

　　㈎ 회사제도의 남용　　　회사의 형성·운영에 참가한 자가 회사 본래의
목적달성을 의도하지 않고 회사제도에 따르는 이점을 이기적 목적을 위하여
추구하는 경우에는 회사제도의 남용이 된다.513) 즉, 개인이 자기의 채권자로부
터 집행을 면하기 위하여 개인재산을 출자해서 회사를 설립하는 경우, 그 밖에
불법한 목적을 가지고 회사를 설립한 경우, 일시적 신용을 얻기 위해서 하는
회사설립과 같이 자본 없이 회사설립의 외관을 갖추는 경우, 회사재산의 관리
또는 처분이 현저하게 부당하여 회사의 존립을 위태롭게 한 경우, 회사재산의
관리 또는 처분이 현저하게 부당하여 회사의 존립을 위태롭게 한 경우, 경업금
지의무가 있는 영업양도인($^{상\ \S 41}_{I,\ II}$)·지배인·무한책임사원($\S^{상}_{198}\ _I$), 업무집행자
($^{상\ \S 287-}_{10\ I}$)·이사($\S^{상}_{397}\ _I$) 등이 경업거래를 하기 위하여 회사를 설립하는 경우,
위장해산 등의 경우에는 모두 회사제도의 남용이 된다.514)

---

510) 서울고판 10.8.12, 2009나49843(정보).
511) 菅野(주 47), 516.
512) 日名古屋地判 1976(昭 51).11.30, 判時 859, 80.
513) 구주해(1), 222(윤용섭).
514) 구주해(1), 222(윤용섭); 西原寬一, "會社制度の濫用", 末川先生古稀記念『権利の濫用

　　법인격부인론은 19세기 후반부터 미국의 판례에 의해 생성·발전되었고,[515] 독일에서는 법인격부인론과 같은 취지의 투시이론($\genfrac{}{}{0pt}{}{\text{Durchgriffslehre,}}{\text{책임실체파악이론}}$)이 1920년대부터 발전하였다.[516] 일본의 경우 1969년 최고재판소판결[517]에서 법인격이 형해화하거나 법인격이 법률적용을 회피하기 위하여 남용된 경우에 법인격이 부인된다고 판시한 이래 회사법의 해석이론으로 수용되었다.[518]

　　법인격부인론은 성문법에 근거한 이론이 아니므로 법리적 근거가 무엇인지 논란이 있는데, 권리남용금지에서 찾는 견해가 대부분이다.[519] 대법원 판례[520]도 '기존회사의 채무면탈을 목적으로 기업의 형태와 내용이 실질적으로 동일하게 설립된 신설회사가 기존회사와 별개의 법인격임을 내세워 그 책임을 부정하는 것은 신의성실에 반하거나 법인격을 남용하는 것으로서 허용될 수 없다'고 판시하여 신의칙 또는 권리남용금지의 원칙에서 법리적 근거를 찾는다.[521]

　　선박회사인 갑, 을, 병이 외형상 별개의 회사로 되어 있지만 갑회사 및 을회사는 선박의 실제상 소유자인 병회사가 자신에 소속된 국가와는 별도의 국가에 해운기업상의 편의를 위하여 형식적으로 설립한 회사들로서 그 명의로 선박의 적을 두고 있고($\genfrac{}{}{0pt}{}{\text{이른바 '편의치}}{\text{적(便宜置籍)'}}$), 실제로는 사무실과 경영진 등이 동일하다면 이러한 지위에 있는 갑회사가 법률의 적용을 회피하기 위하여 병회사가 갑회사와는 별개의 법인격을 가지는 회사라는 주장을 내세우는 것은 신의성실의 원칙에 위반하거나 법인격을 남용하는 것으로 허용될 수 없다는 사례,[522] 회사가 외형상으로는 법인의 형식을 갖추고 있으나 이는 법인의 형태를 빌리고 있는 것에 지나지 아니하고 그 실질에 있어서는 완전히 그 법인격의 배후에 있

　　(中)』, 1962, 111 이하 참조.
　515) 이철송, 회사법강의, 제25판, 2017, 49.
　516) 이철송(주 515), 49-50.
　517) 日最判 1969(昭 44).2.27, 民集 23-2, 511.
　518) 이철송(주 515), 51.
　519) 이철송(주 515), 52.
　520) 대판 95.5.12, 93다44531(공 95, 2090); 대판 04.11.12, 2002다66892(공 04, 2013); 대판 06.7.13, 2004다36130(정보); 대판 08.8.21, 2006다24438(공 08하, 1269); 대판 10.1.14, 2009다77327(공 10상, 330); 대판 11.5.13, 2010다94472(공 11상, 1168) 등; 법인격부인론의 적용에 있어 '법인격 형해화' 또는 '법인격 남용'을 인정하기 위한 요건에 관하여는, 대판 08.9.11, 2007다90982(공 08하, 1365) 참조.
　521) 이철송(주 515), 52.
　522) 대판 88.11.22, 87다카1671(집 36-1, 63; 공 89, 17); 같은 취지의 대판 89.9.12, 89다카678(공 89, 1467).

는 타인의 개인기업에 불과하거나 그것이 배후자에 대한 법률적용을 회피하기
위한 수단으로 함부로 쓰여지는 경우에는, 비록 외견상으로는 회사의 행위라
할지라도 회사와 그 배후자가 별개의 인격체임을 내세워 회사에게만 그로 인
한 법적 효과가 귀속됨을 주장하면서 배후자의 책임을 부정하는 것은 신의성
실의 원칙에 위반되는 법인격의 남용으로서 심히 정의와 형평에 반하여 허용
될 수 없고, 따라서 회사는 물론 그 배후인 타인에 대하여도 회사의 행위에
관한 책임을 물을 수 있다고 본 사례,[523] 친자회사는 상호간에 상당 정도의 인
적·자본적 결합관계가 존재하는 것이 당연하므로, 자회사의 임·직원이 모회
사의 임·직원 신분을 겸유하고 있었다거나 모회사가 자회사의 전 주식을 소
유하여 자회사에 대해 강한 지배력을 가진다거나 자회사의 사업 규모가 확장
되었으나 자본금의 규모가 그에 상응하여 증가하지 아니한 사정 등만으로는
모회사가 자회사의 독자적인 법인격을 주장하는 것이 자회사의 채권자에 대한
관계에서 법인격의 남용에 해당한다고 보기에 부족하고, 적어도 자회사가 독
자적인 의사 또는 존재를 상실하고 모회사가 자신의 사업의 일부로서 자회사
를 운영한다고 할 수 있을 정도로 완전한 지배력을 행사하고 있을 것이 요구
되며, 구체적으로는 모회사와 자회사 간의 재산과 업무 및 대외적인 기업거래
활동 등이 명확히 구분되어 있지 않고 양자가 서로 혼용되어 있다는 등의 객
관적 징표가 있어야 하며, 자회사의 법인격이 모회사에 대한 법률 적용을 회피
하기 위한 수단으로 사용되거나 채무면탈이라는 위법한 목적 달성을 위하여
회사제도를 남용하는 등의 주관적 의도 또는 목적이 인정되어야 한다고 본 사
례[524]가 있다.

(나) 의결권 획득방법의 남용   주주총회의 의결권을 다수 획득하기
위하여 하는 자기주식의 취득, 주주명부폐쇄기간 중에 한 자파주의 명의개서,
자파강화를 위한 증자주식의 불공정한 배분은 의결권획득방법의 남용이 된
다.[525]

(다) 주주총회 의결권의 남용   의결권($\S 369 \, _1^{\text{상}}$)은 주주가 주주총회에서
의사표시를 통해 주주 공동의 의사결정에 지분적으로 참가할 수 있는 권리이

---

523) 대판 01.1.19, 97다21604(집 49-1, 1; 공 01, 485).
524) 대판 06.8.25, 2004다26119(공 06, 1600).
525) 구주해(1), 222(윤용섭); 西原寬一, "商法における権利濫用―特に株式会社法の領域にお
     いて", 法律時報 30-10, 1164.

다.[526] 주주의 가장 중요한 공익권이며, 고유권의 일종으로서 정관의 규정으로
도 이를 박탈하거나 제한할 수 없다.[527] 다른 주주 또는 제3자가 의결권을 행
사를 방해한 경우 불법행위가 될 수 있으며, 회사가 방해한 때에는 결의를 하
자를 주장할 수 있고($\stackrel{\text{상}}{\S 376}$), 이사의 책임을 추궁할 수 있다($\stackrel{\text{상}}{\S 401}$).

　　따라서 주주총회의 결의에 따라 주주 중의 일부가 합리적 이유 없이 이득
을 얻고 다른 주주에게 부당한 손해를 준 경우에는 다수결의 남용이 되고 그
결의는 위법하여 무효가 된다.[528] 남용 여부는 결의에 따른 손해와 이익을 비
교해서 결정해야 한다.[529]

　　회사의 규모, 영업성적, 임원의 직무내용 등을 고려할 때 같은 규모, 같은
업종의 다른 회사의 동등직무를 담당하는 임원의 보수와 비교하여 직무의 대
가로서 상당하지 않은 임원보수의 결의, 거래통념에 비추어 현저하게 불공정
한 계약조건에 의한 합병·영업양도의 결의, 일부의 주주가 이득을 취득하고
다른 일반주주에게는 배당을 주지 않기 위하여 여러 가지 형태의 부당한 고액
의 경비를 계상한 계산서류승인결의, 충분한 이윤을 올리고 있으면서도 장기
간에 걸쳐 배당을 하지 않는 경우의 계산서류의 승인, 일부의 주주만이 부당하
게 싸게 회사재산을 처분받아 그 결과 부당하게 소액의 잔여재산의 분배를 행
한 청산의 승인, 이사인 일부의 주주가 임원의 공로에 대한 보답이라는 명목
으로 제3자로서 다수의 신주를 유리한 조건으로 발행받거나 일부의 주주 또는
그의 연고자가 신주인수권을 부여받아 부당한 이익을 취하거나 또는 자본수요
에 기하지 않은 신주의 발행에 의하여 일부의 주주가 인수권을 부여받아 부당
하게 세력을 확대하는 등에 의해서 일반 주주가 손해를 입은 경우의 신주인수
권을 부여한 총회결의, 회사의 진실한 재산상태를 은폐해서 어떤 종류의 주식
만을 낮은 가격으로 소각한 경우 또는 일부의 주주를 추방할 목적으로 불필요
하게 많은 단주를 만들어 주식합병을 한 경우 등의 감자의 결의는 모두 의결
권의 남용이 될 수 있다.[530]

---

526) 이철송(주 515), 516.
527) 이철송(주 515), 516; 다만 의결권 없는 주식(상 § 344-3 Ⅰ)이 있고, 회사가 가진 자기
　　주식(상 § 369 Ⅱ), 상호주(상 § 369 Ⅲ), 특별이해관계 있는 주주가 가진 주식(상 § 368
　　Ⅲ) 등은 의결권이 일시 제한된다.
528) 구주해(1), 222(윤용섭).
529) 구주해(1), 222(윤용섭).
530) 구주해(1), 222-223(윤용섭); 竜田節, "株主總會における議決権ないし多數決の濫用", 末
　　川先生古稀記念, 『権利の濫用(中)』, 1962, 126 이하 참조; 갑 주식회사가 임시주주총회를

㈘ **소수주주권의 남용**   주주의 권리는 단 1주만을 가진 주주에게도 인정됨이 원칙이지만, 발행주식총수의 일정률에 해당하는 주식을 갖는 주주에 한하여 행사할 수 있는 권리를 소수주주권이라 한다.[531] 주주제안권($\frac{상}{2} \frac{§363-}{I}$), 주주총회소집청구권($\frac{상}{§366}$), 이사해임청구권($\frac{상}{§385}$ II), 회계장부열람청구권($\frac{상}{§466}$ I) 등은 발행주식총수의 100분의 3, 유지청구권($\frac{상}{§402}$), 대표소송제기권($\frac{상}{§403}$)은 100분의 1, 해산판결청구권($\frac{상}{§520}$)은 100분의 10을 요구한다.[532]

총회꾼·매점꾼·정보꾼 등의 이른바 회사소란꾼이 상대파가 취득한 주식의 양도 또는 그 명의변경에 무효원인이 있을 때 그와 같은 주식에 의한 의결권행사를 배제하기 위하여 의결권정지의 가처분을 받은 다음 반대파가 무력하게 된 주주총회에서 불공정한 결의 또는 특별이해관계인에게 불이익한 결의를 한 경우,[533] 회사장부의 열람권 행사와 같이 회사의 이익 특히 회사업무의 정당한 운영 또는 주주공동의 이익을 해하는 권리의 행사, 주주의 자격과 관계없이 개인적 이익을 보호하거나 추구하기 위한 권리의 행사, 주식매수청구권($\frac{상}{25} \frac{§360-}{I}$)의 행사를 위한 서류열람권($\frac{상}{§466}$ I)의 행사, 회사업무집행에 관하여 부정행위 또는 법령이나 정관에 위반한 중대한 사실이 있음을 의심할 사유 없이

개최하여 1주당 액면가를 5,000원에서 50,000,000원으로 인상하는 10,000:1의 주식병합을 하고, 10,000주에 미치지 못하는 주식을 보유한 주주에게 1주당 액면가 5,000원을 지급하기로 하는 내용의 '주식병합 및 자본금감소'를 결의하였고, 이에 따라 을을 포함하여 10,000주 미만의 주식을 보유한 주주들이 주주의 지위를 상실한 사안에서, 위 주식병합은 법에서 정한 절차에 따라 주주총회 특별결의와 채권자보호절차를 거쳐 모든 주식에 대해 동일한 비율로 주식병합이 이루어졌고, 단주의 처리 과정에서 주식병합 비율에 미치지 못하는 주식수를 가진 소수주주가 자신의 의사와 무관하게 주주의 지위를 상실하게 되지만, 이러한 단주의 처리 방식은 상법에서 명문으로 인정한 주주평등원칙의 예외이므로, 위 주식병합의 결과 주주의 비율적 지위에 변동이 발생하지 않았고, 달리 을이 그가 가진 주식의 수에 따라 평등한 취급을 받지 못한 사정이 없는 한 이를 주주평등원칙의 위반으로 볼 수 없으며, 위 주식병합 및 자본금감소는 주주총회 참석주주의 99.99% 찬성(발행주식총수의 97% 찬성)을 통해 이루어졌는데, 이러한 회사의 결정은 지배주주뿐만 아니라 소수주주의 대다수가 찬성하여 이루어진 것으로 볼 수 있고, 이와 같은 회사의 단체법적 행위에 현저한 불공정이 있다고 보기 어려우며, 또한 해당 주주총회의 안건 설명에서 단주의 보상금액이 1주당 5,000원이라고 제시되었고, 이러한 사실을 알고도 대다수의 소수주주가 주식병합 및 자본금감소를 찬성하였으므로 단주의 보상금액도 회사가 일방적으로 지급한 불공정한 가격이라고 보기 어려운데도, 이와 달리 위 주식병합 및 자본금감소가 주주평등의 원칙, 신의성실의 원칙 및 권리남용금지의 원칙에 위배된다고 본 원심판단에 법리오해 등의 위법이 있다고 한 사례는, 대판 20.11.26, 2018다283315(공 21상, 115) 참조.

531) 이철송(주 515), 310.

532) 다만 상 §542-6, §542-7 II, 상령 §32에 의하여 상장회사 중 자본금 1천억 원 이상인 경우 다시 그 2분의 1로 요건이 완화되어 있다.

533) 구주해(1), 223(윤용섭); 西原(주 525), 1166.

검사인선임신청($\S_{467}^{\;\;상}$ Ⅰ)이나 이사해임청구($\S_{385}^{\;\;상}$ Ⅱ), 다른 방법이 있는데도 해산 판결을 청구하는 경우 등은 소수주주권의 남용이 된다.[534]

주주의 회계장부 등의 열람 및 등사청구권과 관련하여, 우리 대법원 판례[535] 는 '상 § 391-3 Ⅲ, § 466 Ⅰ에서 규정하고 있는 주주의 이사회의 의사록 또는 회계의 장부와 서류 등에 대한 열람·등사청구가 있는 경우 회사는 그 청구가 부당함을 증명하여 이를 거부할 수 있는바, 주주의 열람·등사권 행사가 부당한 것인지 여부는 그 행사에 이르게 된 경위, 행사의 목적, 악의성 유무 등 제반 사정을 종합적으로 고려하여 판단하여야 할 것이고, 특히 주주의 이와 같은 열람·등사권의 행사가 회사업무의 운영 또는 주주 공동의 이익을 해치거나 주주가 회사의 경쟁자로서 그 취득한 정보를 경업에 이용할 우려가 있거나 또는 회사에 지나치게 불리한 시기를 택하여 행사하는 경우 등에는 정당한 목적을 결하여 부당한 것'이라고 판시하였다. 갑 주식회사의 엘리베이터 사업부문을 인수할 의도로 갑 회사 주식을 대량 매집하여 지분율을 끌어올려 온 을 외국법인이 갑 회사가 체결한 파생상품계약 등의 정당성을 문제 삼으면서 갑 회사 이사회 의사록의 열람·등사를 청구한 사안에서, 을 법인이 이사에 대한 대표소송 등 주주로서의 권리를 행사하기 위하여 이사회 의사록의 열람·등사가 필요하다고 인정되는 점, 을 법인이 이사회 의사록으로 취득한 정보를 경업에 이용할 우려가 있다거나 갑 회사에 지나치게 불리한 시기에 열람·등사권을 행사하였다고 볼 수 없는 점 등 여러 사정에 비추어 을 법인의 열람·등사청구가 갑 회사의 경영을 감독하여 갑 회사와 주주의 이익을 보호하기 위한 것과 관계없이 갑 회사에 대한 압박만을 위하여 행하여진 것으로서 정당한 목적을 결하여 부당하다고 할 수 없다고 본 사례,[536] 갑 주식회사의 주주인 을이 갑 회사의 회계장부 및 서류의 열람·등사를 청구하는 소를 제기하였는데, 소송 계속 중 갑 회사가 병 주식회사에 공장용지와 공장 건물을 양도하는 과정에서 을이 반대주주의 주식매수청구권을 행사하였고, 주식매수가액의 협의가 이루어지지 않자 을이 법원에 주식매수가액 산정결정 신청을 하여 재판이 계속 중이고, 그 후 을이 갑 회사의 이사들을 상대로 주주대표소송을 제기하고, 갑 회사를 상대로 사해행위취소소송을 제기하여 각 소송이 계속 중인 사안

---

534) 구주해(1), 223(윤용섭); 実方正雄, "少數株主権の濫用", 末川先生古稀記念, 『権利の濫用 (中)』, 1962, 150 이하 참조.

535) 대결 04.12.24, 2003마1575(공 05, 232).

536) 대결 14.7.21, 2013마657(공 14하, 1767).

에서, 을이 주식매수청구권을 행사한 후 주식에 대한 매매대금을 지급받지 아
니한 이상 주주의 지위에 있고, 주식매수가액의 산정에 필요한 갑 회사의 회
계장부 및 서류를 열람·등사할 필요가 있다고 본 원심의 판단에는 권리남용
에 관한 법리를 오해한 위법이 없어 정당하다고 하는 한편, 을은 주주로서 이
사의 책임을 추궁하기 위하여 주주대표소송을 제기하였으므로 갑 회사의 재무
제표에 나타난 재무상태 악화의 경위를 확인하여 주주대표소송을 수행하는 데
필요한 범위에서 갑 회사에 회계장부의 열람·등사를 청구할 권리가 있고, 을
이 주식매수청구권을 행사하였고 주주대표소송을 제기하기 이전에 갑 회사를
상대로 다수의 소송을 제기한 적이 있다는 등의 사정만으로 위와 같은 청구가
부당하다고 볼 수는 없으며, 다만 사해행위취소소송은 을이 갑 회사에 대한 금
전 채권자의 지위에서 제기한 것이지 주주의 지위에서 제기한 것으로 보기 어
려우므로 을이 사해행위취소소송을 제기한 것을 내세워 회계장부열람·등사청
구를 하는 것은 부당하다고 한 사례[537])가 있다.

　　주주총회소집청구와 관련하여, 회사의 발행 주식 4.94%를 취득·보유하
고 있는 주주가 상 §366에 따라 임시주주총회소집을 청구한 것이 권리남용에
해당하는지가 문제된 사안에서, 단순히 정기주주총회가 곧 개최될 예정이라는
이유로 임시주주총회소집 청구권 행사가 권리남용이 될 수 없고, 주주가 단기
차익실현을 위하여 임시주주총회소집을 청구하더라도 그 자체로 권리남용이라
고 할 수 없으며, 주주가 오로지 임원을 괴롭힐 목적으로 해임안의 상정을 요
구한다는 등 특별한 사정이 없는 한 안건 상정 요청을 권리남용이라고 볼 수
없다고 한 사례[538])가 있다.

　　일본의 판례 중에는 회사에 소란을 피워서 부당한 이익을 얻는 것만을 목
적으로 주식을 취득하였더라도 주식의 취득 자체는 유효하고, 회사에 대한 명
의개서청구는 권리남용이 아니라고 한 것이 있다.[539])

　　　㈐ 회사법상의 소권의 남용　　　회사법상의 회사의 설립($^{상§184\ I,}_{§185,\ §328\ I}$), 합병($^{상}_{§236\ I}$), 신주발행, 자본의 증가 또는 감소, 사원총회 또는 주주총회 ($^{상}_{§376\ I}$)의 결의 등에 하자가 있는 때에는 그 효력을 다투는 소권이 인정되지
만, 이와 같은 소권이 회사의 이익을 부당하게 해하는 의도, 인식을 가지고 행

---

537) 대판 18.2.28, 2017다270916(공 18상, 635).
538) 서울고결 11.4.1, 2011라123(각공 11하, 733).
539) 구주해(1), 223-224(윤용섭); 日東京地判 1962(昭 37).5.31, 下民集 13-5, 1142.

사된 경우나 사원 또는 주주의 자격과 관계없이 개인적인 이익의 추구를 위하
여 행사되어 그 때문에 회사의 이익이 침해된 경우에는 소권의 남용이 된
다.540)

(10) 어음·수표법상의 권리남용

어음·수표관계는 무인성·요식성·독립성 등의 유가증권적 특성을 바탕으
로 기술적인 처리가 요구되는 영역이므로 권리남용의 이론이 그대로 적용될
수는 없다.541) 그러나 어음·수표법상의 이론만을 고집하면 구체적 타당성이
결여되고 정의관념에 반하는 결과가 발생할 수 있으므로 권리남용이론의 적용
이 필요한 경우도 있다.542)

피고가 차용금 1,500만 원의 변제이행을 담보하기 위하여 소외인에게 백
지의 약속어음을 발행한 뒤 위 차용금을 모두 변제하였는데 소외인이 그 후
어음을 부당보충하여 아무런 배서원인 없이 이를 원고에게 배서양도하여 원고
가 그 어음금을 청구한 사안에서, 어음행위는 무인행위로서 어음수수의 원인
관계로부터 분리하여 다루어져야 하고 어음은 원인관계와 상관없이 일정한 어
음상의 권리를 표창하는 증권이라 할 것인바, 원인채무가 변제된 백지약속어
음을 소지함을 기화로 이를 부당보충하여 실질적 원인관계 없이 배서양도하였
다 하더라도 무인성의 법리에 비추어 그 양수인의 약속어음금청구가 바로 신
의성실의 원칙에 어긋나는 것으로서 권리남용에 해당한다고 볼 수 없다고 본
사례543)가 있는데, 이에 대하여 우리 대법원 판례가 어음·수표관계에 있어서
원칙적으로 권리남용의 법리가 적용될 수 없다는 입장에 선 듯한 인상을 준다
는 견해544)가 있다. 반면 장래의 채무를 담보하기 위하여 발행된 어음에 발행
인을 위하여 어음보증이 되어 있는 약속어음을 수취한 사람은 어음을 발행한
원인관계상의 채무가 존속하지 않기로 확정된 때에는 특별한 사정이 없는 한
그때부터는 어음발행인에 대해서 뿐만 아니라 어음보증인에 대해서도 어음상
의 권리를 행사할 실질적인 이유가 없어졌다 할 것이므로 어음이 자기수중에
있음을 기화로 하여 어음보증인으로부터 어음금을 받으려고 하는 것은 신의

540) 구주해(1), 224(윤용섭); 大隅健一郎, "會社訴權とその濫用", 末川先生古稀記念, 『權利の
      濫用 (中)』, 1962, 165 이하.
541) 구주해(1), 224(윤용섭).
542) 구주해(1), 224(윤용섭).
543) 대판 84.1.24, 82다카1405(집 32-1, 15; 공 84, 364); 대판 97.7.25, 96다52649(공 97,
      2676).
544) 구주해(1), 224(윤용섭).

성실의 원칙에 비추어 부당한 것으로서 권리의 남용이라 할 것이고, 어음보증인은 수취인에 대하여 어음금의 지급을 거절할 수 있다고 할 것이니, 위 수취인으로부터 배서양도를 받은 어음소지인이 어음 § 17 단서의 요건에 해당되는 때에는 어음보증인은 그러한 악의의 소지인에 대하여서도 권리남용의 항변으로 대항할 수 있다고 사례[545]가 있고, 약속어음은 무인증권으로서 어음의 발행인은 발행에 따른 책임을 진다고 하여야 하나, 약속어음은 어디까지나 원인관계의 결제를 위한 수단에 불과한 것으로 배서의 원인관계가 소멸하여 어음소지인에게 어음금의 지급을 구할 경제적 이익이 없는 경우에는 그 어음을 보유할 정당한 권한은 없어졌다고 보아야 하므로, 이러한 어음소지인에게는 어음상의 권리를 행사할 실질적 이유가 없는바, 어음소지인의 배서인에 대한 원인채권이 모두 소멸된 이상 어음금 채권도 소멸하여 어음소지인이 그 어음상의 권리를 행사할 실질적 이유는 없음에도 불구하고 어음소지인이 단순히 어음을 보유하고 있음을 이유로 발행인에게 그 어음금의 지급을 청구하는 것은 어음소지인이 가지는 권리를 남용한 것으로서 신의성실의 원칙에 반한다고 본 사례[546]가 있다.

　　일본의 경우 채권의 지급확보를 위하여 약속어음을 배서받은 어음소지인이 위 채권을 변제받고서도 그 어음을 배서인에게 반환하지 않고 오히려 발행인에게 어음금의 지급을 청구한 사안에서 자기의 형식적 권리를 이용하여 발행인에게 어음금의 지급을 구하는 것은 권리남용에 해당하고, 발행인은 어음 § 17 단서(인적항변의 제한과 예외에 관한 규정)의 취지에 따라 소지인에 대하여 어음금의 지급을 거절할 수 있다고 판시하여 배서의 무인성을 긍정하면서도 어음소지인의 권리남용을 인정하였다.[547] 그 후에도 어음보증의 원인관계가 발생하지 않은 것으로 확정된 후 어음금을 청구하거나[548] 배서의 원인관계가 무효인데 어음금청구를 하는 경우[549]에도 권리남용이 된다고 판시하고 있다.[550]

(11) 노동법상의 권리남용

　　노동법상의 권리, 예를 들면 해고권, 조합통제권, 조합제명권, 해고동의권,

---

545) 대판 88.8.9, 86다카1858(집 36-2, 64; 공 88, 1207).
546) 서울지판 96.7.9, 95나41276(하집 96, 297).
547) 日最判 1968(昭 43).12.25, 民集 22-13, 3548.
548) 日最判 1970(昭 45).3.31, 判時 589, 67.
549) 日最判 1972(昭 47).11.16, 民集 27-10, 1391.
550) 구주해(1), 225(윤용섭).

쟁의권, 징계권, 인사권 등의 행사가 그 권리의 사회적·경제적 목적에 반하는
경우 남용으로 될 수 있다.551)

　　(개) 조합탈퇴권의 남용　　　노동자가 노동조합으로부터 탈퇴하는 것은
자유이고 노동조합으로부터 탈퇴하는 자유를 박탈하는 조합규약은 공서양속
위반으로 무효일 것이지만, 그 탈퇴의 자유는 무제한적으로 인정되는 것은 아
니고 다른 다수의 조합원의 생존권을 위협하고 노동조합의 조직이나 단체행동
을 저해하는 것과 같은 조합탈퇴,552) 쟁의 중의 공모적 집단탈퇴와 같이 조합
의 단결권, 쟁의권을 침해하는 조합탈퇴, 그 밖에 합리적 이유 없는 조합탈퇴
는 조합탈퇴권 내지 조합탈퇴 자유의 남용이 된다.553) 반면에 객관적으로 합리
적 이유가 있는 조합탈퇴를 조합이 승인하지 않는 경우에도 조합의 권한남용
이 될 수 있다.554)

　　(내) 조합가입승낙권의 남용　　　노동조합은 조합 규약 등에 따라 근로
자의 가입 청약을 거절할 수 있으나, 이러한 권한에는 일정한 한계가 있다.555)
노동조합이 당해 사업장에 종사하는 근로자의 3분의 2 이상을 대표하고 있을
때에는 근로자가 그 노동조합의 조합원이 될 것을 고용조건으로 하는 단체협
약을 체결할 수 있고, 만약 근로자가 노동조합을 탈퇴한 후 새로운 노동조합을
조직하거나 다른 노동조합에 가입하지 않을 경우, 사용자는 해당 근로자를 해
고할 수 있다($\binom{\text{노조}\ \S 81}{\text{(ii)}\ \text{단서}}$). 이와 같이 유니온숍(union shop) 협정 하에서 노동조합
을 탈퇴한 근로자는 해고의 가능성에 놓이게 된다.556) 이와 같은 점을 고려하
여, 유니온숍 협정에 의한 가입 강제가 있는 경우에 노동조합은 노조가입 신청
인에게 제명에 해당하는 사유가 있다는 등의 특별한 사정이 없는 한, 그 가입
에 대하여 승인을 거부할 수 없고, 따라서 노동조합을 탈퇴하였다가 재가입을
신청한 36명 중 8명만을 선별하여 가입을 승낙하고 나머지 탈퇴자에 대해서는
가입 승인을 거부하는 행위는 권리남용에 해당한다고 본 사례557)가 있다.

　　일본의 경우 유니언숍 협정과 관련하여 종래의 하급심은 조합의 제명이

---

551) 구주해(1), 225(윤용섭).
552) 구주해(1), 225(윤용섭); 柳川眞佐夫 外, 判例労働法の研究 上(全訂版, 1959), 756.
553) 구주해(1), 225(윤용섭).
554) 구주해(1), 225(윤용섭); 本多淳亮, "組合脱退の自由と権利濫用", 末川先生古稀記念, 『権
　　利の濫用(下)』, 1962, 146 이하.
555) 도재형, "노동법에서의 권리남용 판례 법리", 노동법연구 29, 2010, 54.
556) 도재형(주 555), 54.
557) 대판 96.10.29, 96다28899(공 96, 3535).

무효이면 유니언숍 협정에 따라 사용자가 한 해고도 무효라고 판시한 것도 있었으나(이른바 '견련설'의 입장과 동일), 통일된 입장을 보이고 있지 아니하였다. 반면, 학설 중에는 제명의 효력 유무와 해고의 효력 유무는 관계가 없다는 견해(이른바 '절단설')도 주장되고 있었다. 이에 대하여 최고재판소는, 사용자가 노동조합으로부터 제명된 노동자를 유니언숍 협정에 의하여 해고하자 위 노동자가 고용관계존재확인의 소를 제기한 사안에서 위 절단설의 입장을 취한 원심을 파기환송하면서 "노동조합의 제명이 무효인 경우에는 사용자에게 해고의무가 발생하지 않기 때문에 객관적으로 합리적인 이유를 결여하여 사회적으로 타당하지 않거나 기타 해고의 합리성을 뒷받침할 특단의 사유가 없는 이상 해고권의 남용으로서 무효가 된다."고 판시하였다.[558] 이에 대하여는 하급심 판례의 혼란의 종지부를 찍은 판례라는 평가도 있지만,[559] 견련설의 입장에서 보면 이론적으로 후퇴하였다거나 차라리 단적으로 무효가 된다고 보는 쪽이 이론구성 측면에서 더 낫다는 등의 비판적 견해[560]도 있다.

㈐ 쟁의권의 남용　　노동자가 직업상의 이익옹호를 위하여 행하는 단체행동으로 인하여 사용자에게 사실상의 손해가 생겼더라도 사용자는 이를 받아들여야 한다.[561] 그러나 쟁의행위에 의하여 노동자가 얻으려는 이익이 미미하거나 반사회적인 경우, 정당한 이익을 목적으로 하지 않고 단지 사용자를 곤혹하게만 하기 위한 경우, 조합간부가 오직 개인적인 원한을 풀기 위하여 쟁의를 행한 경우에는 쟁의권의 남용이 된다.[562] 따라서 노동조건의 개선과는 관계없이 이념적 지원만을 위해서 행해진 동정파업, 사용자에 대하여 일정한 정치적 태도를 요구하거나 위법행위 또는 계약위반을 할 것을 요구하기 위한 파업, 노동조건 및 고용조건에 관하여 사용자가 받아들일 수 없는 과대한 요구를 하거나 경제적으로 실현불가능한 요구를 하고 그 실현을 위하여 행한 파업, 단체협약위반의 파업은 모두 쟁의권의 남용이 된다.[563]

558) 日最判 1975(昭 50).4.25, 民集 29-4, 456(日本食塩製造事件).
　　같은 취지의, 日最判 1989(昭 64).12.14, 民集 43-12, 2051; 判時 1336, 40; 判夕 717, 79(三井倉庫港運事件).
559) 木内降司, "除名の無效とユニオン・ショップ協定に基づく解雇の效力—日本食塩製造事件", 劳働判例百選 第4版(別冊ジュリ 73), 1981, 161.
560) 奥山明良, "除名の無效とユニオン・ショップ協定に基づく解雇の效力", ジュリ 661, 1978, 125.
561) 구주해(1), 225(윤용섭).
562) 구주해(1), 225(윤용섭).
563) 구주해(1), 225-226(윤용섭).

㈐ 징계권, 해고권의 남용[564]　　근로자에게 징계사유가 있어 징계처분을 하는 경우 어떠한 처분을 할 것인가는 원칙적으로 징계권자의 재량에 맡겨져 있는 것이므로, 그 징계처분이 위법하다고 하기 위하여서는 징계처분이 사회통념상 현저하게 타당성을 잃어 징계권자에게 맡겨진 재량권을 남용한 것이라고 인정되는 경우에 한하고, 징계처분이 사회통념상 현저하게 타당성을 잃은 처분이라고 하려면 구체적인 사례에 따라 직무의 특성, 징계사유가 된 비위사실의 내용과 성질 및 징계에 의하여 달성하려는 목적과 그에 수반되는 제반 사정을 참작하여 객관적으로 명백히 부당하다고 인정되는 경우라야 한다.[565]

복무규율에 위반한 노동자에 대하여 사용자가 징계를 하는 경우 질서위반의 내용·정도에 따라서 경고·감봉·승급정지·상여의 감액·출근정지·징계해고 등 최소한의 합리적 제재를 부과하여야 하고 그 정도를 넘어선 징계는 남용이 된다.[566]

해고권은 노동자와 그 가족들의 생활보장이라는 사회적 요청과 사업경영의 유지라는 사업자 측의 요청에 의하여 한계 지워져 있고 그 한도를 넘어서 행사된 경우, 예컨대 정당하지 않은 동기·이유에서 비롯된 해고권의 행사는 남용이 된다.[567] 해고권 남용의 구체적 예로는, 표면상으로는 인원의 정리, 기업재편성 등의 경영합리화를 위한 조치라는 이유를 들고 있지만 실제로는 사용자 측에 협력하지 않는 특정 노동자를 축출하기 위한 목적으로 행한 해고, 기업의 관리·경영상의 필요에 의한 것도 아니고 경영상의 이익도 없는 해고, 객관적으로 보아 충분히 비난받을 만한 경솔한 방법에 의한 해고, 경영합리화를 위한 불가피한 인원감축이지만 아울러 노동조합의 세력을 약화시킬 목적으로 자의적으로 감원대상을 선정한 해고, 그 밖에 정당한 사유가 없는 행고를 모두 해고권의 남용이 된다.[568] 해고권의 남용여부는 해고를 행한 사용자의

---

564) 징계, 해고, 인사처분의 효력과 관련하여 권리남용의 법리를 거론하는 것은 노동법 체계에서 성문법인 근기 §23 Ⅰ이나 §24의 규범력을 침식하는 수단으로 이용되고 있다는 비판은, 도재형(주 555), 59-60 참조.

565) 대판 00.10.13, 98두8858(공 00, 2333); 대판 07.12.28, 2006다33999(정보); 대판 12.9.27, 2010다99279(공 12하, 1728).

566) 구주해(1), 226(윤용섭); 窪田隼人, "懲戒権の根據と限界", 末川先生古稀記念, 『権利の濫用(下)』, 1962, 262 이하 참조.

567) 구주해(1), 226(윤용섭).

568) 구주해(1), 226(윤용섭).

심리·목적의 탐구·평가에 의하여 판정되어야 할 것이고, 권리행사를 할 때의 제반사정으로부터 그 심리·목적이 연역되어질 것이다.[569)

    노조가 업무시간 중에 정기총회를 개최하면서 통상적인 노조활동 외에 대동제를 실행하였지만 그 전후 경위에 비추어 볼 때 위 정기총회의 개최가 불법쟁의 등의 불순한 의도에 의한 것이 아닌 경우 노조원들이 사용자의 지시를 어기고 정기총회에 참석하거나 다른 노조원들에게 참석하도록 하였다는 것을 징계해임사유로 삼은 것은 신의성실의 원칙에 반하는 부당한 것이라고 본 사례,[570) 무단결근 및 지각을 사유로 징계처분을 받은 적이 있는 근로자가 그 후 다시 여러 번에 걸쳐 무단결근 및 지각을 하고 작업장에서 안전모를 착용하지 않았더라도 여러 정상에 비추어 그에 대한 해고처분이 징계권 남용이라고 인정한 사례,[571) 지방공사인 의료원이 약제과장으로 근무하던 근로자에 대한 보직을 일반 약사로 변경하는 인사발령을 한 경우 근로자는 약제과장에서 약사로 보직이 변경되어 직무와 정년 등의 점에서 현저한 불이익을 받는 반면에 경영 혁신의 차원에서 인원을 감축하기 위한 방편으로 그 정년을 단축하려고 하였다는 주장 사유만으로는 그 처분을 하여야 할 업무상의 필요성이 있었다고 인정하기 어렵다는 이유로 그 보직변경 처분은 재량권을 남용한 것으로 무효라고 한 사례,[572) 신문사가 사전에 협의나 동의절차 없이 경영진에 비판적인 입장을 취하였던 기자직 직원을 업무직 직원으로 전직발령한 경우 그 전직발령은 그 업무상 필요성이 그다지 크지 않은데 반하여 근로자에게는 큰 생활상의 불이익을 주는데다 전직발령을 하는 과정에서 신의칙상 요구되는 절차를 거치지 아니하였다는 이유로 위 전직발령이 권리남용에 해당하여 무효라고 본 사례[573)가 있다.

    ㈐ 해고동의권의 남용   사용자가 노동조합의 임원이나 간부 등을 해고하고자 하는 경우 사전에 노동조합의 동의를 얻도록 요구하는 단체협약상의 조항을 흔히 '해고동의 조항'이라고 부르는데, 노동조합의 사전동의 없이 이루어진 해고의 유효 여부와 관련하여 노동조합의 해고동의권 남용 여부가

---

569) 구주해(1), 226(윤용섭); 石崎政一郎, "解雇權の濫用", 末川先生古稀記念, 『權利の濫用 (下)』, 1962, 224 이하; 本多淳亮, "解雇の自由の法理", 民商法雜誌 35, 5.

570) 대판 95.2.17, 94다44422(공 95, 1417).

571) 대판 95.5.26, 94다46596(공 95, 2254).

572) 대판 98.1.20, 97다29417(공 98, 567).

573) 대판 00.4.11, 99두2963(공 00, 1210).

문제된다.[574]

　　해고동의조항의 취지가 노동조합의 사전동의 내지 노동조합과의 사전합의 없는 사용자의 해고권한을 제한하는 의미인 경우 그러한 동의(합의)절차를 거치지 않은 해고는 원칙적으로 무효이다.[575] 해고동의조항에도 불구하고 사용자의 본질적 권한에 속하는 인사권 내지 징계권의 행사 그 자체를 부정할 수 없고,[576] 사용자의 해고권한이 어떠한 경우를 불문하고 노동조합의 동의가 있어야만 행사할 수 있다는 것은 아니다.[577] 노동조합의 사전동의권은 신의성실의 원칙에 입각하여 합리적으로 행사되어야 할 것이고,[578] 노동조합이 사전동의권을 남용하거나 스스로 사전동의권을 포기한 것으로 인정되는 경우에는 노동조합의 동의가 없더라도 사용자의 해고권 행사가 가능하다.[579] 노동조합이 사전동의권을 남용한 경우라 함은 i) 노동조합 측에 중대한 배신행위가 있고 이로 인하여 사용자 측의 절차의 흠결이 초래되었다거나, ii) ① 피징계자가 사용자인 회사에 대하여 중대한 위법행위를 하여 직접적으로 막대한 손해를 입히고 비위사실이 징계사유에 해당함이 객관적으로 명백하며, ② 회사가 노동조합 측과 사전 합의를 위하여 성실하고 진지한 노력을 다하였음에도 불구하고, ③ 노동조합 측이 합리적 근거나 이유 제시도 없이 무작정 반대함으로써 사전합의에 이르지 못하였다는 등의 사정이 있는 경우이다.[580] 단순히 해고사유에 해당한다거나 실체적으로 정당성 있는 해고로 보인다는 이유만으로 노동조합이 사전동의권을 남용하여 해고를 반대하고 있다고 단정하여서는 아니 된다.[581]

　　㈐ 인사권의 남용　　근로자에 대한 전보나 전직은 원칙적으로 인사

---

574) 조용만, "노동법에서의 신의칙과 권리남용금지의 원칙—개별적 노동분쟁사건 적용례의 검토를 중심으로—", 노동법연구 29, 2010. 11.
575) 대판 93.7.13, 92다50263(공 93, 2257); 대판 93.9.28, 91다30620(공 93, 2933); 대판 94.9.13, 93다50017(공 94, 2627); 대판 03.6.10, 2001두3136(공 03, 1537); 대판 07.9.6, 2005두8788(공 07, 1560) 등.
576) 대판 93.7.13, 92다50263(공 93, 2257); 대판 93.9.28, 91다30620(공 93, 2933); 대판 95.3.10, 94다14650(공 95, 1573); 대판 03.6.10, 2001두3136(공 03, 1537) 등.
577) 대판 07.9.6, 2005두8788(공 07, 1560).
578) 대판 93.7.13, 92다45735(공 93, 2249); 대판 93.9.28, 91다30620(공 93, 2933); 대판 03.6.10, 2001두3136(공 03, 1537) 등.
579) 대판 03.6.10, 2001두3136(공 03, 1537); 대판 07.9.6, 2005두8788(공 07, 1560) 등.
580) 대판 93.7.13, 92다50263(공 93, 2257); 대판 93.9.28, 91다30620(공 93, 2933); 대판 03.6.10, 2001두3136(공 03, 1537); 대판 07.9.6, 2005두8788(공 07, 1560); 대판 10.7.15, 2007두15797(공 10하, 1589); 대판 12.6.28, 2010다38007(공 12하, 1279) 등; 해고동의권의 권리남용 여부에 관한 구체적인 사례는, 조용만(주 574), 13-18 참조.
581) 대판 07.9.6, 2005두8788(공 07, 1560).

권자인 사용자의 권한에 속하므로 업무상 필요한 범위 내에서는 사용자는 상당한 재량을 가지며, 그것이 근로기준법에 위반되거나 권리남용에 해당되는 등의 특별한 사정이 없는 한 유효하고, 전보처분 등이 권리남용에 해당하는지 여부는 전보처분 등의 업무상의 필요성과 전보 등에 따른 근로자의 생활상의 불이익을 비교·교량하여 결정되어야 하고, 업무상의 필요에 의한 전보 등에 따른 생활상의 불이익이 근로자가 통상 감수하여야 할 정도를 현저하게 벗어난 것이 아니라면, 이는 정당한 인사권의 범위 내에 속하는 것으로서 권리남용에 해당하지 않는다고 본 사례[582]가 있다. 명예퇴직 신청의 수리를 거부한 것이 권한 남용 아니라고 본 사례[583]도 있다.

(사) 노동조합 전임운용권의 남용　　노동조합은 단체협약 등에 정한 바에 따라 전임자를 지정하고 이들에게 업무명령권을 행사할 수 있다($\S^{노조}_{24}$). 이러한 노동조합의 전임운용권의 권리남용 여부가 문제된 사례에서, 전임운용권 행사에 관한 단체협약의 내용, 그러한 단체협약을 체결하게 된 경위와 당시의 상황, 노조원의 수 및 노조 업무의 분량, 그로 인하여 사용자에게 발생하는 경제적 부담, 비슷한 규모의 다른 노동조합의 전임자 운용 실태 등 제반 사정을 종합적으로 검토하여 판단하여야 한다고 본 판례[584]가 있다.

(아) 단체협약체결권의 남용　　협약자치의 원칙상 노동조합은 사용자와 사이에 근로조건을 유리하게 변경하는 내용의 단체협약뿐만 아니라 근로조건을 불리하게 변경하는 내용의 단체협약을 체결할 수 있다. 따라서 근로조건을 불리하게 변경하는 내용의 단체협약이 현저히 합리성을 결하여 노동조합의 목적을 벗어난 것으로 볼 수 있는 경우와 같은 특별한 사정이 없는 한 그러한 노사 합의를 무효라고 볼 수 없다. 그리고 단체협약이 현저히 합리성을 결하였는지 여부는 단체협약의 내용과 그 체결 경위, 당시 사용자 측의 경영 상태 등

582) 대판 89.2.28, 86다카2567(공 89, 510); 대판 95.10.13, 94다52928(공 95하, 3764); 대판 97.7.22, 97다18165, 18172(공 97, 2647); 대판 09.3.12, 2007두22306(정보); 대판 09.9.10, 2007두10440(공 09하, 1655); 인사명령의 권리남용 여부에 관한 구체적인 사례는, 조용만(주 574), 5-11 참조.
583) 대판 99.12.21, 99다42933(공 00, 276).
584) 대판 09.12.24, 2009도9347(공 10상, 289). 판단 기준으로 객관적 요소만을 검토할 뿐 노동조합의 주관적 의사는 그 기준에서 배제하고 있는데, 이러한 태도는 사용자의 인사처분이나 해고가 부당노동행위에 해당하는지 여부를 판단하는 방식과 대비된다는 측면에서, 노동법 영역에서 대법원의 권리남용여부 판단방식을 비판하는 견해는, 도재형(주 555), 62-63 참조.

여러 사정에 비추어 판단한다.585)

　한편, 사용자가 취업규칙을 근로자에게 불리하게 변경하고자 할 때에는 해당 사업 또는 사업장 근로자의 과반수로 조직된 노동조합이 있는 경우에는 그 노동조합, 근로자의 과반수로 조직된 노동조합이 없는 경우에는 근로자의 과반수의 동의를 받아야 한다($\S 94_{\rm I}^{\rm 근기}$). 만약 과반수로 조직된 노동조합이 없어 근로자 과반수로부터 집단적 동의를 얻은 경우, 그 동의권의 남용 여부가 문제될 소지는 적다. 그러나 과반수로 조직된 노동조합이 있는 경우, 그 노동조합이 취업규칙의 불이익 변경과 관련하여 동의권을 행사한 것이 결과적으로 일부 근로자의 이익을 해친 때에는 권리남용 여부가 문제될 수 있다. 이런 경우에는 단체협약 체결권 남용에 관한 판례 법리를 원용하여 노동조합의 동의권 남용 여부를 판단할 수 있다.

　이와 관련하여, 명예퇴직 대상자가 확정되었지만 아직 명예퇴직일이 이르지 않은 상태에서 노동조합이 종전 보수규정을 소급적으로 불이익하게 변경하는 것에 동의함으로써 명예퇴직자들이 불이익을 입은 경우, 해당 노동조합의 이러한 단체협약 체결권의 행사를 권리남용으로 볼 수 있는지 여부가 문제된 바 있다. 그 사건에서 법원은 취업규칙의 불이익 변경에 대해 과반수 노동조합이 동의함으로써 보수규정이 일부 근로자에게 불리하게 개정되었다 하더라도 이에 동의할 수 있는 권한이 있는 노동조합과 적법한 절차를 거쳐 합의한 이상 일부 근로자들에게 불이익이 발생했다는 사정만으로 그러한 노사 합의가 권리남용에 해당한다고 볼 수는 없다고 본 사례586)가 있다.

　(12) 상표권의 남용

　　㈎ 상표권 남용의 성립요건587)　　미국의 경우 상표권 남용은 상표권자의 침해금지 등의 소송에서 피고의 항변으로 오래 전부터 존재하였지만 특허권 남용 또는 저작권 남용의 항변처럼 광범위하게 인정되는 것은 아니다.588) 상표권 남용의 항변이 인정되는 경우는 형평법상의 "오염된 손의 법리(Unclean hands)"589)에 근거하여 상표권자의 청구를 배척하는 경우와 독점금지

---

585) 대판 00.9.29, 99다67536(공 00, 2195).
586) 대판 97.9.12, 96다56306(공 97, 3086).
587) 상세한 내용은 유대종, "상표무효사유와 상표권 남용에 관한 소고", 산업재산권 30: 한국산업재산권법학회, 2009, 266-278 참조.
588) 유대종(주 587), 266.
589) 형평법상의 "오염된 손의 법리"에 근거한 판례 이론은 상표권 남용의 항변에 관한 초기의 판례들에서 나타나고 있다. 미국에서의 상표권 남용에 관한 최초의 판결은 Manhattan

법 위반에 해당되는 경우이다.[590]

　일본 상표 § 39는 상표권자 또는 전용실시권자의 상표권 행사가 특허 § 104-3[591]에 해당되는 경우에는 이를 준용하도록 하고 있다. 따라서 상표권 침해와 관련 소송에서 당해 상표가 상표무효 심판에 의해 무효가 되어야 할 것이라고 인정되는 때에는 상표권자의 상표권 행사는 상표권 남용에 해당될 수 있다.[592]

　우리 대법원 판례는 상표권 남용에 주관적 요건이 필요한지 여부에 관하여 다른 판시를 내고 있다. "적법하게 출원등록된 상표인 이상 비록 등록취소사유가 있다 하더라도 그 등록취소심결 등에 의하여 그 취소가 확정될 때까지는 여전히 유효한 권리로서 보호받는다 할 것이고, 권리행사가 권리남용에 해당한다고 할 수 있으려면 주관적으로 그 권리행사의 목적이 오직 상대방에게 고통을 주고 손해를 입히려는데 있을 뿐 행사하는 사람에게 아무런 이익이 없을 경우이어야 하고, 객관적으로는 그 권리행사가 사회질서에 위반된다고 볼 수 있는 경우에 한한다."라고 판시[593]하여 상표권에서의 권리남용이 성립되기 위해서는 민법상의 권리남용 요건인 가해의사 내지 목적이라는 주관적 요건과 공서양속 위반이라는 객관적 요건이 필요하다고 보면서도, "상표권자가 당해 상표를 출원·등록하게 된 목적과 경위, 상표권을 행사하기에 이른 구체적·개별적 사정 등에 비추어, 상대방에 대한 상표권의 행사가 상표사용자의 업무상의 신용유지와 수요자의 이익보호를 목적으로 하는 상표제도의 목적이나 기능을 일탈하여 공정한 경쟁질서와 상거래질서를 어지럽히고 수요자 사이에 혼동을 초래하거나 상대방에 대한 관계에서 신의성실의 원칙에 위배되는 등 법적으로 보호받을 만한 가치가 없다고 인정되는 때에는, 그 상표권의 행사는 비록 권리행사의 외형을 갖추었다 하더라도 등록상표에 관한 권리를 남용하는 것으로서 허용될 수 없을 것이고, 이 경우 상표권의 행사를 제한하는 위와 같은 근거에 비추어 볼 때 상표권 행사의 목적이 오직 상대방에게 고통을 주고 손해

　　Medicine Co. v. Wood 108 U.S. 218(1883)이다.

590) William E. Ridgway, "Revitalizing the Dotrine of Trademark Misuse", Berkeley Technology Law Journal(Fall 2006.), 1565[유대종(주 587), 267에서 재인용].

591) 일본 특허 § 104-3(특허권 등 권리행사 제한) I : 특허권 또는 전용실시권의 침해와 관련되는 소송에서 해당 특허가 특허무효심판에 의해 무효가 되어야 할 것이라고 인정되는 때에는 특허권자 또는 전용실시권자는 상대방에 대해 그 권리를 행사할 수 없다.

592) 유대종(주 587), 270.

593) 대판 89.4.24, 89다카2988(공 89, 795).

를 입히려는 데 있을 뿐 이를 행사하는 사람에게는 아무런 이익이 없어야 한다는 주관적 요건을 반드시 필요로 하는 것은 아니다."라고 판시[594]하기도 한다. 따라서 주관적 요건을 제외하면 상표권자의 상표권 행사가 권리남용으로 성립되기 위한 요건은 상표사용자의 업무상의 신용유지와 수요자의 이익보호를 목적으로 하는 상표제도의 목적이나 기능을 일탈하는 형태, 즉 상표권의 사회적·경제적 목적에 반하는 형태로의 행사라고 보아야 할 것이다.[595]

한편 소외 회사의 정수기 국내총판대리점 관계에 있던 원고가 소외 회사의 국내 상표등록이 없음을 기화로 이 사건 등록상표들을 출원·등록해 놓았다가, 소외 회사와의 총판대리점관계가 종료된 후, 이 사건 등록상표들을 실제 상품에 사용하지도 아니하면서 소외 회사의 국내 출자 법인인 피고를 상대로 이 사건 등록상표권을 행사하여 그동안 피고가 정당하게 사용해 오던 상표나 이를 포함한 표장을 피고의 인터넷 도메인 이름 또는 전자우편주소로 사용하거나 피고의 인터넷 홈페이지에서 사용하는 것을 금지해 달라고 청구한 사안에서, 상표권자가 당해 상표를 출원·등록하게 된 목적과 경위, 상표권을 행사하기에 이른 구체적·개별적 사정 등에 비추어, 상대방에 대한 상표권의 행사가 상표사용자의 업무상의 신용유지와 수요자의 이익보호를 목적으로 하는 상표제도의 목적이나 기능을 일탈하여 공정한 경쟁질서와 상거래 질서를 어지럽히고 수요자 사이에 혼동을 초래하거나 상대방에 대한 관계에서 신의성실의 원칙에 위배되는 등 법적으로 보호받을 만한 가치가 없다고 인정되는 경우에는, 그 상표권의 행사는 설령 권리행사의 외형을 갖추었다 하더라도 등록상표에 관한 권리를 남용하는 것으로서 허용될 수 없고, 상표권의 행사를 제한하는 위와 같은 근거에 비추어 볼 때 상표권 행사의 목적이 오직 상대방에게 고통을 주고 손해를 입히려는 데 있을 뿐 이를 행사하는 사람에게는 아무런 이익이 없어야 한다는 주관적 요건을 반드시 필요로 하는 것은 아니라고 판시하였다.[596]

상표 또는 서비스표가 상표 §33 I (iii)의 기술적 표장 또는 상표 §34

---

594) 대판 07.1.25, 2005다67223(공 07, 344); 대판 08.7.24, 2006다40461, 40478(정보) 등; 이와 같이 상충된 판례의 태도에 대하여, 판례가 상표권 남용의 성립요건으로서의 주관적 요건, 즉 상표권자의 가해의사 내지 목적을 상표권 남용의 성립을 강화하는 부차적 요소로 파악한다고 보는 견해는, 유대종(주 587), 277 참조.

595) 유대종(주 587), 278.

596) 대판 07.2.22, 2005다39099(정보); 앞서 본 대판 07.1.25, 2005다67223(공 07, 344) (주 594 참조)을 참조하면서 '주관적 요건'이 필요하지 않다고 명시하고 있다; 김기영, "특허권자의 가처분신청 및 금지청구와 권리남용", 특허판례연구, 2012, 599-608 참조.

Ⅰ (ⅻ) 전단의 품질오인표장에 해당하여 등록이 무효로 될 것임이 명백한 경우 위 상표권 등에 기초한 침해금지, 침해제품의 폐기 및 손해배상 청구는 권리남용에 해당하여 허용되지 않는다.597)

(내) 상표권 남용의 유형598)

㉠ 부정목적으로 상표 등록 후 권리 행사　　상표법은 상표등록이 법정요건에 위반됨에도 불구하고, 심사착오나 일반 공중의 공중심사 간과 등으로 인하여 부실권리를 발생할 소지가 높다.599) 상표법은 이러한 부실 상표권의 발생을 방지하기 위하여 상표무효사유를 제한적으로 열거하고 이해관계인 또는 심사관의 청구에 의해 등록상표를 소급적으로 무효화시킬 수 있도록 하고 있다.600)

우리 대법원 판례601)는 주지성을 획득한 편집음반의 제명을 부정등록한 상표권자가 신청한 가처분사건(이하 "진한커피 사건"이라 한다)에서 상표권자의 상표권 행사가 권리남용에 해당된다고 보아 가처분 신청을 인용하지 아니하였다. 상표권자의 상표권 행사가 "상표사용자의 업무상의 신용유지와 수요자의 이익보호를 목적으로 하는 상표제도의 목적이나 기능을 일탈하여 공정한 경쟁질서와 상거래질서를 어지럽히고 수요자 사이에 혼동을 초래하거나 상대방에 대한 관계에서 신의성실의 원칙에 위배되는 등 법적으로 보호받을 만한 가치가 없다고 인정되는 경우에는, 그 상표권의 행사는 가사 권리행사의 외형을 갖추었다 하더라도 등록상표에 관한 권리를 남용하는 것으로서 허용될 수 없다."고 보았다.

㉡ 공서양속에 반하는 상표 등록 후 권리행사　　앞서 본 부정목적의 출원상표인 경우에는 주지성을 그 요건으로 하고 있어 부정출원의 대상인 미등록 표장이 상표출원 전 주지성을 획득하지 못한 경우에는 부정목적의 출원으로 무효심판을 청구하는 것이 불가능하다.602) 이러한 경우 미등록상표권자는 상표 §34 Ⅰ (ⅳ)에 근거하여 무효심판을 청구하여야 한다. 상표 §34 Ⅰ (ⅳ)에서 규정하고 있는 공서양속에 반하는 상표란 상표의 구성 자체 또는 그

597) 대판(전) 12.10.18, 2010다103000(공 12하, 1880).
598) 상세한 내용은, 유대종(주 587), 278 이하 참조.
599) 유대종(주 587), 278.
600) 상표 §117 Ⅰ(ⅵ) 참조.
601) 대판 07.1.25, 2005다67223(공 07, 344)(주 594 참조). 피신청인이 편집음반의 제명으로 사용하던 '진한커피'가 상표 출원되어 있지 않음을 인지한 신청인(피신청인의 '진한커피' 편집음반 1, 2, 3집의 제작 과정에 상당한 정도로 관여한 자)이 '진한커피'를 출원·등록 후 피신청인의 편집음반 시리즈에 등록상표인 '진한커피'의 사용금지 가처분을 신청한 사건이고, 법원이 상표권 남용을 인정한 최초의 판례로 평가받고 있다.
602) 유대종(주 587), 281.

상표가 지정상품에 사용되는 경우 수요자에게 주는 의미나 내용이 사회공공의
질서에 위반하거나 사회 일반인의 통상적인 도덕관념인 선량한 풍속에 반하는
경우를 의미한다. 우리 대법원 판례[603]는 본 규정이 상표 자체의 성질에 착안
한 규정인 점, 상표법의 목적에 반한다고 여겨지는 상표에 대하여는 상표 § 34
Ⅰ 각 호에 개별적으로 부등록사유가 규정되어 있는 점, 상표법이 상표선택의
자유를 전제로 하여 선출원인에게 등록을 인정하는 선원주의의 원칙을 채택하
고 있는 점 등을 고려하여 보면, 상표의 구성 자체가 공공의 질서 또는 선량한
풍속에 반하는 경우가 아닌 상표의 출원·등록이 위 규정에 해당하기 위해서
는 상표의 출원·등록과정에 사회적 타당성이 현저히 결여되어 그 등록을 인
정하는 것이 상표법의 질서에 반하는 것으로서 도저히 용인할 수 없다고 보이
는 경우에 한하고, 고의로 저명한 타인의 상표·서비스표나 상호 등의 명성에
편승하기 위하여 무단으로 타인의 표장을 모방한 상표를 등록 사용하는 것이
아닌 이상, 주지·저명하지 아니한 타인의 상표를 모방하여 출원·등록한다거
나 또는 상표를 등록하여 사용하는 행위가 특정 당사자 사이에 이루어진 계약
을 위반하거나 특정인에 대한 관계에서 신의성실의 원칙에 위배된 것으로 보
인다고 하더라도 그러한 사정으로는 공서양속에 반하는 상표에 해당되지 않는
다고 보고 있다.[604]

　　부정목적으로 출원한 상표가 상표출원 전 주지성을 획득하지 못한 경우에
도 상표권 남용이 성립될 수 있는가와 관련하여, 우리 대법원 판례[605]는 주지
성을 획득하지 못한 타인의 오피스 소프트웨어의 제명을 부정등록한 상표권자
의 상표침해금지청구사건에서 "원고들이 등록상표와 동일한 표장을 오피스 소
프트웨어에 사용하리라는 것을 피고(상표권자)가 이 사건 등록상표의 출원 전에 알
고 있었던 것으로 보이는 점, 피고가 이 사건 등록상표를 사용한 영업을 한 바
없고 그와 같은 영업을 할 것으로 보이지도 않는 점, 피고가 원고들이 이 사건
등록상표와 동일한 표장을 계속 사용하여 왔음에도 곧바로 이를 문제로 삼지
않고 있다가 이 사건 등록상표와 동일한 표장을 사용한 원고들의 영업활동이
활발해진 시점에서 이를 문제로 삼고, 상당한 돈을 양도대가로 요구한 점 등에
비추어 보면, 피고의 원고들에 대한 이 사건 등록상표권의 행사는 상표사용자

---

603) 대판 06.2.24, 2004후1267(공 06상, 535); 대판 06.4.14, 2004후592(정보); 대판
　　06.7.13, 2005후70(정보); 대판 06.9.14, 2003후137(공 06, 1760) 등.
604) 이에 대한 비판적 견해는, 유대종(주 587), 282-283 참조.
605) 대판 07.2.22, 2005다39099(정보); 대판 08.7.24, 2006다40461, 40478(정보).

의 업무상의 신용유지와 수요자의 이익보호를 목적으로 하는 상표제도의 목적
이나 기능을 일탈하여 공정한 경쟁질서와 상거래질서를 어지럽히는 것이어서
비록 권리행사의 외형을 갖추었다 하더라도 등록상표에 관한 권리를 남용하는
것으로서 허용될 수 없다."라고 하여 상표권 남용을 인정하였다.

ⓒ 미등록 주지상표의 출원 후 상표권 행사   상표무효사유가 있는
상표권 남용과 관련하여 가장 문제가 되는 것은 주지상표를 동종업계에 종사
하는 자가 주지상표가 미처 상표등록이 되어 있지 않음을 기화로 주지상표를
출원하고, 특허청의 과오로 인하여 상표등록을 받고 상표권자가 이에 근거하
여 미등록 주지상표권자에게 상표사용금지청구를 하는 경우이다.[606] 미등록 주
지상표가 등록된 경우 이러한 등록은 무효사유에 해당되나, 무효심결이 확정
되지 않는 한 유효한 권리로 간주된다.[607]

이러한 등록상표권 자체가 유효하게 취급된다 하더라도 등록상표권에 무
효사유가 명백한 경우 미등록 주시상표권자에 대한 권리행사에 대하여 이를
권리남용으로 판단하는 것은 가능하다고 볼 수 있을 것이다.[608] 우리 대법원
판례[609]는 이러한 미등록 주지상표에 대한 부정등록과 관련된 사건에서 "상표
의 등록이 자기의 상품을 다른 업자의 상품과 식별시킬 목적으로 한 것이 아
니고 일반 수요자로 하여금 타인의 상품과 혼동을 일으키게 하거나 타인의 영
업상의 시설이나 활동과 혼동을 일으키게 하여 이익을 얻을 목적으로 형식상
상표권을 취득하는 경우에는 상표의 등록출원 자체가 부정경쟁행위를 목적으
로 하는 것이 되고, 비록 권리행사의 외형을 갖추었다 하더라도 이는 상표법
을 악용하거나 남용한 것이 되어 상표법에 의한 적법한 권리의 행사라고 인정
할 수 없다"라고 보고 있다. 따라서 등록상표권자가 미등록 주지상표를 출원하
여 부정등록을 받았다고 한다면, 이러한 상표등록에 대한 심결이 확정되기 이
전이라 하더라도 무효사유가 명백하기 때문에 상표권 침해소송에서 법원이 독
자적으로 그 사유를 심리하고, 특허법상의 권리남용 법리를 원용하여 상표권
의 행사를 제한할 수 있을 것이다. 또한, 이렇게 해석하는 것이 상표법의 보편

---

606) 미등록 주지상표를 부정한 목적으로 출원하였다는 것을 입증하면, 상표 §34 Ⅰ(xiii)에
근거하여 등록상표를 무효화 시킬 수 있다는 견해는, 유대종(주 587), 285 참조.
607) 유대종(주 587), 285.
608) 유대종(주 587), 285.
609) 대판 95.11.7, 94도3287(공 95, 3954).

적 원리에 부합된다고 보아야 할 것이다.[610]

　　　㉣ 불사용 상표에 기한 상표권 행사　　　상표 § 119 Ⅰ(ⅲ)은 상표권
자, 전용사용권자 또는 통상사용권자 중 어느 누구도 정당한 이유없이 국내에
서 등록상표를 지정상품에 대하여 취소 심판청구일전 계속하여 3년 이상 사용
하지 않는 경우에는 등록취소를 규정하고 있다. 불사용 상표를 장기간 아무런
제한없이 보호하게 되면 공권의 폐해가 크게 증가함으로 상표등록 이후부터
사용개시의 준비에 필요한 적당한 기간 내에까지 한정할 필요가 있고, 합리적
인 저장기간이 경과한 후의 권리행사는 특별히 보호할만한 가치가 있는 이익
이 있는 경우를 제외하고는 이를 억제할 필요가 있다.[611]

　　상표 불사용과 관련된 상표권의 남용은 상표권자가 상표 불사용기간이 도
과하여 취소될 사유가 존재함에도 형식적인 사용 개시 후 상표권을 주장하는
경우 발생할 수 있다. 등록상표가 상표 불사용 심판에 의해 취소가 되기 위해
서는 불사용기간이 상표등록 후 취소심판 청구일전 3년 이상인 경우와 사용을
개시하였으나 3년 이상 계속하여 사용을 중지한 경우도 포함된다. 다만, 취소
심판청구시에 사용하고 있으면, 과거 3년 이상 사용하지 않은 사실이 있다 하
더라도 취소 사유가 되지 않는다.[612]

　　(13) 특허권의 남용[613]

　　　㈎ 특허권 남용이론의 전개　　　1883년에 체결된 산업재산권 보호에
관한 파리협약은 이미 특허권 남용방지를 위하여 강제실시권을 부여할 수 있
고 강제실시권 부여로서 특허권 남용 방지에 충분하지 않은 경우에는 특허권
을 취소할 수 있는 근거[614]를 제공하였다.[615]

　　미국의 경우 당초에는 반독점법에 의하여 특허권 남용을 규제하고자 하였
으나 판례[616]에 의하여 반독점법과 별도로 특허권남용의 법리(patent Misuse
Doctrine)가 발전하였다.[617] 미국 특허 § 154는 특허권자가 제3자의 실시를 배

610) 유대종(주 587), 286.
611) 유대종(주 587), 287.
612) 유대종(주 587), 288.
613) 상세한 내용은, 손경한, "특허권 남용의 법리에 관한 신고찰", 성균관대 법학 21-3,
    2009, 745-802 참조.
614) 파리협약 § 5 A 참조.
615) 손경한(주 613), 748.
616) 미국 연방대법원은 Motion Pictures Patents Co. v. Universal Film Mfg., 243 U.S. 502
    (1917) 사건에서 최초로 특허권 남용 법리를 적용하였다.
617) 최승재, "특허권남용법리의 역사적 전개와 독점금지법", 제5회 중앙대 문화와 법 심포지

척할 수 있는 권리가 있음을 규정하고 있고, §283는 "특허사건에 대하여 관할권을 가지는 법원은 형평의 원리에 따라 특허에 의하여 보호되는 권리의 위반을 방지하기 위하여 법원이 상당하다고 판단하는 내용으로 침해금지명령을 내릴 수 있다."라고 규정하여 침해금지명령의 발령에 있어 형평의 원리를 고려할 것을 규정하고 있다.[618]

우리나라의 경우 1973년 당시 특허법에서 특허권 남용에 관한 일반 규정[619]을 두었으나 미국의 통상압력과 합의에 따라 1987.7.1. 시행된 특허법에서 삭제되었다. 공정거래법은 1980. 제정 때부터 "이 법의 규정은 저작권법, 특허법, 실용신안법, 의장법 또는 상표법에 의한 권리의 행사라고 인정되는 행위에 대하여는 이를 적용하지 아니한다"라고 규정[620] 지적재산권의 행사를 공정거래법의 적용대상에서 제외시켰다. 그런데 공정거래위원회는 공정거래법이 지적재산권의 행사를 절대적 적용제외대상으로 하고 있음에도 불구하고 '지적재산권의 부당한 행사에 대한 심사지침'을 제정(2000.8.30. 공정거래위원회고시 제2000-12호 참조)하여 시행하였고, 특허권 등의 실시허락계약이 불공정할 수 있는 경우로 끼워팔기 등 17개 유형을 열거하였다. 위 지침에 대하여 논란이 있었는데, 2007.8.3. 공정거래법 개정을 통하여 "이 법의 규정은 저작권법, 특허법, 실용신안법, 디자인보호법 또는 상표법에 의한 권리의 정당한 행사라고 인정되는 행위에 대하여는 적용하지 아니한다"라고 규정하여 지적재산권법에 의한 권리의 정당한 행사라고 인정되는 행위만을 동법의 적용제외 대상으로 하여 지적재산권의 행사도 상대적 적용제외로 변경하였다. 이로써 특허권행사에 대한 공정거래법에 의한 제한에 법률적 근거를 부여하는 결과가 되었다.[621]

최근에는 특허기술을 상품화할 생각은 없으면서 오로지 특허권을 선점하여 보상을 받을 목적만으로 특허권을 취득한 자(특허괴물, patent troll)가, 많은 투자를 하여 발명을 완성한 발명자에 대하여 특허권 침해로 인한 손해배상이나 금지청구를 함으로써 오히려 진정한 발명을 위하여 노력하는 사람들의 발명의욕을 저하시키고 이에 따라 산업경쟁력을 약화시킬 수 있다는 우려의 목소리가 커짐에 따라 특허권의 남용을 규제하고 특허괴물의 횡포를 저지할 수 있는 방안에 대한

움(2008. 12.) 발표논문 참조[손경한(주 613), 749에서 재인용].
618) 김기영(주 596), 602.
619) 구 특허(법률 제2658호) §52(특허권의 남용) I 참조.
620) 1980년 독점 §48(무체재산권의 행사행위) 참조.
621) 손경한(주 613), 756-757.

관심이 고조되고 있다.[622]

    (나) 특허권 남용의 유형

      ㉠ 특허발명의 자기실시   특허권자가 특허발명의 실시와 관련되는 제조자, 유통자, 소비자 등의 정당한 이익을 해하는 방식으로 특허권을 실시하는 경우 이는 특허권 남용에 해당될 수 있다.[623] 특허권자가 자기실시에 있어 특허제품을 판매하면서 제3자에게 재판매하지 못하도록 제한하는 것이 그 한 예이다.[624]

      ㉡ 특허발명의 불실시   특허발명의 '실시'에는 특허물의 제조로부터 판매에 이르는 광범위한 권리가 포함되어 있고 특허권은 국가가 특허권자에게 국가의 산업발전을 위해서 독점적 이익을 허용한다는 공공정책에 의해 부여된 특권으로서, 특허권자가 특허권을 행사하지 아니하면 그 권리의 불행사에 그치지 아니하고, 다른 사람이 그 특허발명과 동일 또는 균등 발명을 실시할 수 없어 많은 비용과 시간을 들여 우회발명을 하여야 하는 등 특허권의 존재 자체만으로 큰 경제적 비용이 소요된다는 점에서 특허 발명의 실시여부를 전적으로 특허권자의 자유의사에 맡겼다고 보기 어려우므로 특허방명의 불실시는 특허권 남용에 해당될 수 있다고 보는 견해[625]가 있다. 이러한 견해는 우리 특허법이 구법에서 특허발명의 불실시를 대표적인 특허권 남용의 유형으로 규정하고 있었고 특허권 남용에 관한 규정이 삭제된 현행법에 있어서도 거의 동일한 내용으로 특허권의 불실시에 관하여 통상실시권 설정의 재정을 청구할 수 있도록 규정하고 있는 것을 그 근거로 제시하고 있다.[626]

      ㉢ 특허발명의 실시허락   실시허락은 특허권을 근거로 그 전부 또는 일부에 대하여 실시할 수 있는 권한을 허락하는 것이므로 실시허락이 특허권의 범위를 벗어나는 것은 특허권 남용에 해당된다.[627] 특허권의 범위를 벗어난다는 것은 특허권이 애초에 특허권자에게 부여하고 있는 권리의 내용을 넘어서 다른 특혜나 이익을 추구하는 것을 의미하는데, 특허발명과 관계없는 제품의 구매, 사용을 강제하는 등 권리 범위 외 제품의 구매, 사용 조건을 부과

---

622) 김기영(주 596), 601-602.
623) 손경한(주 613), 777.
624) 손경한(주 613), 777.
625) 김기영, "Patent Troll에 대한 법적 제도적 대응방안 연구", 서울대 LAW&TECHNOLOGY
    4-4, 2008, 82-83.
626) 손경한(주 613), 776.
627) 손경한(주 613), 778.

하는 경우, 다른 특허발명의 실시할 것을 조건으로 하는 실시허락, 즉 끼워팔기를 하는 경우, 특허발명 실시 제품의 판매 가격을 지정하는 경우 등이 이에 해당한다.[628] 특허권에 무효사유가 있음을 알면서 하는 실시허락도 특허권 남용이 된다.[629]

   ㉣ 특허침해주장   특허권자가 특허침해에 대하여 취할 수 있는 법적 구제조치로는 특허침해금지청구와 손해배상청구가 그 대표적인 것이고 그 외 형사상의 구제조치를 허용하는 나라에서는 침해자의 형사책임도 추궁할 수 있다.[630] 그런데 이처럼 특허권침해를 주장하는 특허권자가 특허의 청구항과 침해 제품을 특정하지 아니한 채 다수의 특허를 배경으로 막연히 특허침해를 주장한다거나, 특허발명을 실시하지 않는 특허권자가 그 상대방과 실시허락에 관하여 아무런 협의 없이 대뜸 특허침해금지청구의 소를 제기한다든가, 자신의 특허가 무효임을 알았거나 몰랐더라도 객관적으로 무효로 될 것이 명백함에도 불구하고 특허침해금지청구를 한다면 이는 특허권 남용에 해당할 수 있다.[631] 특허발명을 정당한 이유없이 실시하지 아니하는 특허권자가 특허권 침해금지청구의 소를 제기하는 경우도 마찬가지이다.[632] 이러한 법리는 특허의 취득수단이 부정한 경우와 특허권자에 의한 침해소송 그 자체가 부적절한 경우에도 확대될 수 있다. 예컨대 특허권자가 특허존속기간이 만료되거나 특허가 무효 또는 집행불가능이라는 점 또는 상대방의 기술이 특허청구항의 권리범위에 속하지 않는다는 것을 알면서 특허침해소송을 제기한 경우에는 특허권 남용이 될 수 있다.[633] 이와 관련하여 우리 판례[634]는 "특허의 무효심결이 확정되기 전이라고 하더라도 특허권침해소송을 심리하는 법원은 특허에 무효사유가 있는 것이 명백한지 여부에 대하여 판단할 수 있고, 심리한 결과 당해 특허에 무효사유가 있는 것이 분명한 때에는 그 특허권에 기초한 금지와 손해배

---

628) 손경한(주 613), 778.
629) 특허권남용방지지침 §14 참조.
630) 손경한(주 613), 784.
631) 손경한(주 613), 784.
632) 손경한(주 613), 784.
633) 손경한(주 613), 785.
634) 대판 04.10.28, 2000다69194(공 04, 1915). 이 판결에 대하여, 명확한 이론적 근거, 적용요건 및 적용범위 등에 관한 상세한 설명이 없이 방론을 전개한 것이었고 무효 항변이 허용되는지 여부가 쟁점인 사건에 관한 판시가 아니었다는 견해는, 최성준, "무효사유가 명백한 특허권에 기초한 금지청구 등이 권리남용에 해당하는지 여부", 정보법판례백선(Ⅰ), 2006, 136 참조.

상 등의 청구는 특별한 사정이 없는 한 권리남용에 해당하여 허용되지 아니한다"라고 판시하여 무효사유 있음이 명백한 특허권의 행사는 권리남용에 해당될 수 있음을 선언하였다. 이 판례에 의하여 침해소송법원이 특허에 신규성 부존재 뿐 아니라 진보성 부존재를 비롯한 기타의 특허무효 항변에 대하여 판단할 수 있는 가능성이 열렸다.[635] 따라서 특허발명에 신규성, 진보성 등 특허요건이 흠결되어 무효로 될 것임이 명백한[636] 특허권의 행사는 권리남용이 되며 특허권자가 자신의 특허권에 무효사유가 있음을 알면서 하는 특허권의 행사도 마찬가지이다.[637]

(14) 소송절차와 권리남용

소송당사자와 소송관계인은 신의에 따라 성실하게 소송을 수행해야 하므로($\frac{민소}{\S 1 \, \text{II}}$),[638] 당사자가 이러한 의무에 위반해서 소송상의 권리를 행사한 경우, 예를 들면 관할원인의 부당취득과 같이 당사자 일방이 간계를 써서 소송상태를 소송법상의 요건에 맞도록 만들거나 상대방의 행위를 요건흠결상태로 만들어 부당하게 소송을 자기에게 유리하도록 하는 행위, 탈법의 수단이나 재산상 이득을 목적으로 하는 소송행위, 소송이나 강제집행의 지연만을 목적으로 하는 기피신청이나 증거신청 또는 상소의 제기 등은 소송절차에서 권리남용이 될 수 있다.[639] 소송절차에서 신의칙 적용의 유형화에 따라 소권의 남용이 논의되기도 한다.

　㈎ 소송상태의 부당형성　　국내에 주소도 재산도 없는 사람을 상대

---

635) 손경한(주 613), 785.

636) 손경한(주 613), 786. 그러나 특허무효가 분명한지 여부는 그 판단이 쉽지 않다는 문제가 있다. 일본에서도 日最判 2002(平 14).4.11, 民集 54-4, 1368(이른바 Kilby사건). 이후 그러한 문제를 해결하기 위하여 특허 §104-3 Ⅰ에 "침해소송에 있어서 당해 특허가 특허무효심판에 의하여 무효로 될 것이라고 인정되는 때에는 특허권자는 상대방에 대하여 그 권리를 행사할 수 없다"라고만 규정하여 특허무효의 명백성을 요구하지 않는 것으로 입법하였다.

637) 손경한(주 613), 786; 대판(전) 12.1.19, 2010다95390(공 12상, 299)(특허발명에 대한 무효심결이 확정되기 전이라고 하더라도 특허발명의 진보성이 부정되어 그 특허가 특허무효심판에 의하여 무효로 될 것임이 명백한 경우에는 그 특허권에 기초한 침해금지 또는 손해배상 등의 청구는 특별한 사정이 없는 한 권리남용에 해당하여 허용되지 아니한다고 보아야 하고, 특허권침해소송을 담당하는 법원으로서도 특허권자의 그러한 청구가 권리남용에 해당한다는 항변이 있는 경우 그 당부를 살피기 위한 전제로서 특허발명의 진보성 여부에 대하여 심리·판단할 수 있다고 한 사례).

638) 소송법에서 윤리성이 강조된다고 하더라도 역시 소송법이 투쟁법이라는 성격을 가진다는 점을 부인할 수 없으므로 민사소송에서는 실체법에서보다 신의칙을 더 신중하게 적용해야 한다는 견해는, 호문혁, 민사소송법, 제13판, 2016, 42 참조.

639) 구주해(1), 228(윤용섭); 송상현·박익환, 민사소송법, 신정7판, 2014, 21.

로 국내에서 재산권에 관한 소송을 제기할 수 있도록 억지로 재산을 국내로 끌어들여 재판적($^{민소}_{§11}$)을 만드는 행위($^{재판적의 남용으로 관할원인의 불법}_{내지 부당한 취득,640) 재판적의 절도}$), 상대방의 주소를 알고 있음에도 주소불명으로 만들어 공시송달로 재판이 진행되게 하는 행위($^{판결의}_{편취}$), 선박소유자가 편의상 형식적으로 회사($^{형식상 회사,}_{paper company}$)를 설립하고 그 명의로 선박의 적을 두는 이른바 '편의치적(便宜置籍)'이라는 편법행위를 이용하는 행위($^{편의치적의}_{악용641)}$) 등이 있다.642)

(내) 소권의 남용   소권($^{소송상}_{권능}$)의 남용은 주로 법의 목적, 사법제도의 측면에서 소송상 권능의 행사가 신의칙상 허용되지 않는 경우를 말한다.643) 이와 같이 신의칙을 위반한 소권의 행사는 허용되지 않지만 법원의 재판을 받을 권리는 헌법상 보장된 기본권이므로 실체법상 권리를 실현하기 위한 소제기 등에 대하여 소권의 남용이라고 인정하는 데에 신중을 기해야 하고, 특별한 사정이 없는 한 소권의 남용을 인정해서는 안된다.644)

상대방을 해하기 위한 소의 제기, 실체법상의 권리가 없음을 알고 한 소의 제기, 비록 실체법상의 권리는 있어도 권리자에게 책임 있는 특별사정 때문에 그 권리의 주장이 신의칙에 반하여 사회생활상 용인될 수 없는 소의 제기($^{다만,}_{이 경}$ $^{우에는 실체적 권리남용인지, 절차적}_{권리남용인지 구분이 쉽지 않다645)}$), 그 밖에 소의 이익·권리보호의 이익이 없음을 알고도 한 소의 제기 등 공서양속에 반하는 소의 제기는 소권의 남용으로 부적법 각하된다.646) 아울러 이러한 소의 제기가 불법행위의 요건까지 갖춘 때에는

---

640) 관련재판적, 관할권의 부당한 취득에 관한 대결 11.9.29, 2011마62(공 11하, 2230) 참조(변호사 갑과 을 사찰이, 소송위임계약으로 인하여 생기는 일체 소송은 전주지방법원을 관할 법원으로 하기로 합의하였는데, 갑이 을 사찰을 상대로 소송위임계약에 따른 성공보수금 지급 청구 소송을 제기하면서 을 사찰의 대표단체인 병 재단을 공동피고로 추가하여 병 재단의 주소지를 관할하는 서울중앙지방법원에 소를 제기한 사안에서, 갑의 위와 같은 행위는 관할선택권의 남용으로서 신의칙에 위반하여 허용될 수 없으므로 관련재판적에 관한 민소 § 25는 적용이 배제되어, 서울중앙지방법원에는 갑의 을 사찰에 대한 청구에 관하여 관할권이 인정되지 않는다고 한 사례).

641) 법인격 남용과 관련하여, 주 520 참조.

642) 김홍엽, 민사소송법, 제7판, 2018, 23-24.

643) 김홍엽(주 642), 28.

644) 강현중, 신민사소송법강의, 2015, 52; 김홍엽(주 642), 30; 대결 97.6. 10, 97마814(집 45-2, 293; 공 97, 2253); 대판 00.12.22, 2000다46399(공 01, 348)를 근거로 제시한다.

645) 소송법상의 신의칙 위배와 실체법상 신의칙 위배의 혼동에 관한 견해는, 호문혁(주 638), 48-49 참조.

646) 구주해(1), 226-227(윤용섭); 주석 총칙(1), 270(제4판/백태승); 겉으로 보기에는 법률상 인정된 소송상 권능을 행사하는 것이지만 ① 실제로는 그 권능을 남용하여 타인을 해치는 소송행위, ② 단지 법원의 부담만을 가중시키는 행위, ③ 소송목적에 위반되는 소송행위, ④ 오로지 소송지연이 목적인 소송행위 등을 제시하는 견해는, 호문혁(주 638), 46 참조.

상대방은 응소를 위하여 지출한 비용을 청구할 수 있고 그 밖에 재산적 손해
와 함께 비재산적 손해의 배상도 청구할 수 있다.[647] 그렇지만 소가 부적법 각
하되지 않고 본안판결이 된 경우에는 소의 제기행위 자체는 유효한 것으로 취
급되기 때문에 판결확정 후 불법행위에 의한 손해배상청구의 문제가 생길 수
있을 뿐이다.[648]

　　우리 대법원 판례가 소권의 남용에 해당한다고 본 사례는, 학교법인의 경
영권을 다른데 양도하기로 결의할 때 아무런 이의도 제기하지 않았을 뿐만 아
니라 법인이사직의 사임을 승인한 사람이 법인이사로서의 직무수행의사가 없
으면서 법인으로부터 분배금을 받을 목적으로 소를 제기한 경우,[649] 실질상의
1인 주주로서 대표이사직에 있던 자가 주권을 발행하지 아니하고 있다가 자금
난으로 회사를 경영할 수 없어 그 주식을 모두 양도한 후 그 양수인들이 회사
의 부채를 정리하고 경영한 지 무려 7, 8년이 지난 후에 이르러 주권발행 전
의 주식양도라는 이유로 그 주식양도의 효력을 다투는 경우,[650] 법정지상권을
가진 건물소유권자로부터 건물을 양수하면서 법정지상권까지 양도받기로 한
자는 채권자대위의 법리에 따라 전건물소유자 및 대지소유자에 대하여 차례로
지상권의 설정등기 및 이전등기절차의 이행을 구할 수 있어 법정지상권을 취
득할 지위에 있는데, 그 자에 대하여 대지소유자가 소유권에 기하여 건물철거
의 소를 제기한 경우,[651] A주식회사의 대주주이며 대표이사로서 위 회사를 사
실상 지배하던 갑의 처인 을, 처남인 병 등이 갑을 위하여 회사경영에 참여해
오다가 갑이 정에게 대가를 받고 회사의 소유와 경영을 넘겨주면서 앞으로 어
떠한 권리주장이나 청구도 하지 않기로 확약하였고 그에 따라 을, 병 역시 회
사경영에서 완전히 손을 떼었음에도 불구하고 그로부터 3년 정도나 경과한 뒤

---

647) 구주해(1), 227(윤용섭); 강현중(주 644), 53.
648) 구주해(1), 227(윤용섭); 村松俊夫, "訴訟に現われた權利濫用", 末川先生古稀記念, 『權利
　　の濫用 (中)』, 1962, 298 이하 참조.
649) 대판 74.9.24, 74다767(집 22-3; 공 74, 8059). 학교법인의 이사장직을 물러날 뜻을 분
　　명히 한 자가 오로지 금전상의 욕구를 충족하기 위하여 소를 제기한 경우도 마찬가지라고
　　본 사례는, 대판 77.6.7, 76다558(정보) 참조.
650) 대판 83.4.26, 80다580(집 31-2, 114; 공 83, 877). 주식양도인이 양수인에 대한 주권
　　교부의무를 이행하지 아니하고 있는 상태를 이용하여 그 후의 주주총회결의의 부존재확인
　　을 구하는 경우도 마찬가지라고 본 사례는, 대판 91.12.13, 90다카1158(공 92, 496) 참조.
　　한편 대법원 판례가 부적법 각하한다고 하여 소권의 실효를 인정한 것으로 보이나, 이는
　　어디까지나 소를 제기할 실체법상의 지위가 실효된 것이므로 기각을 해야 한다는 견해는,
　　호문혁(주 638), 49 참조.
651) 대판(전) 85.4.9, 84다카1131, 1132(집 33-1, 174; 공 85, 721).

第 2 條   *429*

에 갑이 정과의 합의를 무시하고 다시 회사의 경영권을 되찾아 보려고 나서자
을, 병 역시 갑의 의도에 부응하여 갑이 제기한 주주총회결의부존재확인소송
에 공동소송참가를 한 경우,652) 일부청구가 사실심에 계속 중이면 청구취지의
확장으로 용이하게 청구할 수 있었는데도 별소로 잔부청구를 하는 경우,653) 어
느 분쟁해결을 위하여 적정한 판단을 받을 수 있도록 마련된 보다 더 간편한
절차를 이용할 수 있었음에도 그 절차를 이용하지 않는 경우,654) 청구인이 망
인과 혼인신고를 마치고 혼인생활을 하던 중 을과 내연관계를 맺고 집을 나가
을과 2중으로 혼인신고까지 하고 있다가 망인과 내연관계를 맺고 살던 피청구
인이 망인의 사망 후 청구인의 사망신고를 하고 망인과의 혼인신고를 하자 청
구인이 상속재산을 탐하여 자기와 망인 사이의 혼인관계가 유효한 것이었다고
하면서 피청구인과 망인 사이의 혼인이 무효라고 주장하는 경우,655) 중혼 성립
후 10여 년 동안 혼인취소청구권을 행사하지 아니하였다가 혼인취소소송을 제
기하는 경우656)가 있다.

　한편 배당받을 권리 있는 채권자가 자신이 배당받을 몫을 받지 못하고 그
로 인해 권리 없는 다른 채권자가 그 몫을 배당받은 경우 배당이의 여부 또는
배당표의 확정 여부와 관계없이 배당받을 수 있었던 채권자가 배당금을 수령
한 다른 채권자를 상대로 부당이득반환 청구를 할 수 있는지 여부를 판단하면
서, '배당이의 등을 하지 않은 채권자의 배당절차 종료 후 부당이득반환 청구
가 허용된다고 하더라도 그러한 부당이득반환 청구권의 행사가 신의성실의 원
칙에 반하거나 권리남용에 해당해서는 안 된다는 내재적 한계가 있다'고 밝힌

) 대판 88.10.11, 87다카113(집 36-3, 23; 공 88, 1399); 이에 대하여 소권의 남용이 아
　니라 소송상태의 부당형성에 해당한다는 견해는, 호문혁(주 638), 43 참조.
653) 대판 96.3.6, 95다46319(미간행).
654) 대판 02.9.4, 98다17145(집 50-2, 76; 공 02, 2300)(위법한 판결로 인하여 불이익을 받
　게 된 당사자는 별소를 제기할 필요가 없이 간편하게 그 소송절차 내에서 상소를 통하여
　그 분쟁해결을 위한 적정한 판단을 구할 길이 열려져 있으며 또한 소송경제에 맞는 그 방
　법을 통하여서만 사실심인 하급심판결에 대하여 새로 올바른 판단을 받도록 마련되어 있
　는 것이기에, 하급심의 판결에 위법한 오류가 있음을 알게 된 당사자가 그를 시정하기 위
　한 상소절차를 이용할 수 있었음에도 그를 이용하지 아니하고 당연무효가 아닌 그 판결을
　확정시켰다면 그 판결은 위법한 오류가 있는 그대로 확정됨과 동시에 당사자로서는 그 단
　계에서 주어진 보다 더 간편한 분쟁해결수단인 상소절차 이용권을 스스로 포기한 것이 되
　어, 그 후에는 상소로 다투었어야 할 그 분쟁을 별소로 다시 제기하는 것은 특별한 사정이
　없는 한, 그의 권리보호를 위한 적법요건을 갖추지 못했기 때문에 허용될 수 없다고 한 사례).
655) 대판 83.4.12, 82므64(집 31-2, 48; 공 83, 815); 혼인무효심판청구가 권리남용에 해당
　한다고 한 사례는 대판 87.4.28, 86므130(집 35-1, 574; 공 87, 890) 참조.
656) 대판 93.8.24, 92므907(공 93, 2629).

경우[657]도 있다.

　　반면 소권의 남용에 해당하지 않는다고 본 사례는, 전소와 후소의 당사자
와 사실관계가 동일하더라도 그 소송물이 다른 후소를 제기하여 전소의 기판
력에 저촉되지 않는 경우,[658] 원고가 종국판결 후 소를 취하하였다가 그 소 취
하의 전제조건인 약정을 피고가 위반하여 약정이 해제 또는 실효되는 사정변
경이 생겼음을 이유로 자신이 주장하는 실체적 권리에 대하여 다시 동일한 소
를 제기하는 경우,[659] 다른 고액의 배당요구 채권자가 있어 경매신청 채권자에
게 배당될 금액이 소액에 불과함에도 경매신청을 하는 경우[660] 등이 있다.

　　한편 여러 번 같은 이유를 들어 재심청구를 기각하였음에도 이미 배척된
이유를 들어 최종의 재심판결에 대하여 다시 재심청구를 거듭하는 것은 소권
의 남용이 된다.[661] 소송지연이나 집행지연을 목적으로 기피권을 남용하거나
상소권을 남용하는 경우도 소권의 남용이 된다.[662]

　　일본에서는 주로 상대방을 해할 목적의 소, 실체법상 권리가 없음을 알고
도 제기한 소, 소의 이익이 없음을 알고도 제기한 소, 기타 공서양속에 반하는
소가 소권의 남용으로 허용되지 않는다는 취지의 판례[663]가 다수 있다.

(15) 판결의 집행과 권리남용

　　판결이 확정되면 기판력에 의하여 대상이 된 청구권의 존재가 확정되고
그 내용에 따라 집행력이 발생한다. 확정판결에 의한 권리라 하더라도 신의에
좇아 성실히 행사되어야 하고 판결에 기한 집행이 권리남용이 되는 경우에는
허용되지 않으므로 집행채무자는 청구이의의 소($\frac{민집}{§44}$), 제3자이의의 소($\frac{민소}{§48}$)에
의하여 집행의 배제를 구할 수 있다.[664] 집행에 관한 이의신청($\frac{민집}{§16}$), 집행문부
여에 관한 이의신청($\frac{민집}{§34}$), 집행문부여에 대한 이의의 소($\frac{민집}{§45}$)에 의하여 구제받
을 수도 있고 이러한 남용행위가 불법행위의 요건을 갖추면 채무자 또는

---

657) 대판(전) 19.7.18, 2014다206983(공 19하, 1617).

658) 대판 06.7.13, 2004다36130(정보).

659) 대판 00.12.22, 2000다46399(공 01, 348)(주 644 참조).

660) 대결 97.6.10, 97마814(집 45-2, 293; 공 97, 2253)(주 644 참조).

661) 대판 97.12.23, 96재다226(공 98, 367); 대판 99.5.28, 98재다275(공 99, 275); 대판
　　01.3.23, 2000재다605(정보); 대판 05.11.10, 2005재다303(정보); 대판 14.9.4, 2014재두
　　262(정보) 등.

662) 강현중(주 644), 52.

663) 日最判 1978(昭 53).7.10, 民集 32-5, 888 등.

664) 대판 84.7.24, 84다카572(집 32-3, 207; 공 84, 1479); 대판 97.9.12, 96다4862(공 97,
　　3072) 등.

제3자는 손해배상을 청구할 수도 있다.[665][666]

그러나 법적 안정성을 위하여 확정판결에 기판력을 인정한 취지 및 확정판결의 효력을 배제하려면 재심의 소에 의하여 취소를 구하는 것이 원칙적인 방법인 점 등에 비추어 볼 때, 확정판결에 따른 강제집행이 권리남용에 해당한다고 쉽게 인정하여서는 안 되고, 또한 확정판결의 내용이 실체적 권리관계에 배치될 여지가 있다는 사유만으로는 그 판결금 채권에 기초한 강제집행이나 권리행사가 당연히 권리남용에 해당한다고 보기 어려우며,[667] 이를 인정하기 위해서는 확정판결의 내용이 실체적 권리관계에 배치되는 경우로서 그 판결에 의하여 집행할 수 있는 것으로 확정된 권리의 성질과 그 내용, 판결의 성립 경위 및 판결 성립 후 집행에 이르기까지의 사정, 그 집행이 당사자에게 미치는 영향 등 제반 사정을 종합하여 볼 때 그에 기한 집행이 현저히 부당하고 상대방으로 하여금 집행을 수인하도록 하는 것이 정의에 반함이 명백하여 사회생

---

665) 구주해(1), 229(윤용섭); 대판 64.7.14, 64아4(집 12-2, 25).

666) 대법원 판례의 "실체적 권리관계와 배치되는 판결" 또는 "실체의 권리관계와 다른 내용의 확정판결"이라는 표현에 대하여 "부당판결"이라는 개념을 사용하기도 한다. 한편, 부당판결에 대한 구제방법에 관하여 확정판결의 기판력과의 관계에서, ① 당사자가 증거를 위조하거나 위증을 이용해서 승소판결을 얻는 경우 부당한 판결들은 무효라고 할 수는 없는 것이지만, 부당판결이라는 것이 실체관계에 들어맞지 아니한 판결을 말하는 것이고 이러한 판결을 집행한다는 것은 민사소송제도의 취지에도 맞지 아니한 것이므로 청구이의의 소를 인정해야 한다는 견해, ② 불법행위의 위법성을 실정법규 위반 외에 선량한 풍속 기타 사회질서 위반도 포함하는 것으로 이해하여, 부당판결에 의한 집행은 선량한 풍속 기타 사회질서에 위반됨으로써 위법성을 띠어 불법행위를 구성한다고 이해할 수 있으므로 편취 여부를 불문하고 확정판결의 집행에 있어서 구체적 정의의 요구가 기판력에 의한 법적 안정의 요구를 압도하는 특별한 사정이 존재하는 경우에는 재심의 소에 의한 판결의 취소가 없더라도 불법행위에 의한 손해배상청구가 인정될 수 있다는 견해를 긍정설로, ① 집행채권자가 판결을 부당하게 취득한 경우에는 그 과정에서 집행채무자의 소송관여가 방해받았거나 집행채권자의 행위가 형사법상 범죄를 구성하게 되면 청구이의의 소에 관한 민집 §44를 유추적용하여 채무자가 구제될 수 있고, 만약 채무자가 이러한 집행법상의 구제절차를 이용하지 않고 강제집행이 실시되도록 방치한 경우에는 채무자의 본안소송 관여가 방해되거나, 재심절차에 의하여 확정판결의 기판력이 제거된 경우에 해당하지 않는 한 불법행위 등 실체법상의 구제수단은 부여되지 않는다고 보는 견해, ② 권리남용에 의한 청구이의의 소가 실질적으로 기판력을 배제하는 기능을 하고 있다면, 기판력 배제를 위한 원칙적 제도인 재심과는 어떠한 관계에 있는지를 처음부터 다시 논의하여야 한다고 하면서, 그러한 논의도 없이 재심의 엄격한 요건이 없더라도 권리남용으로 판단되기만 하면 청구이의의 소를 인용하여 사실상 기판력을 배제할 수 있다는 것은 기판력의 법적 안정이념에 대한 엄청난 침해가 아닐 수 없다고 보는 견해를 부정설로 분류하기도 한다. 상세한 내용은, 권혁재, "판결의 집행에 있어서 권리남용 법리의 적용요건", 인권과 정의 431, 2013, 81-82 참조.

667) 대판 06.7.6, 2004다17436(정보); 대판 14.2.21, 2013다75717(공 14상, 677); 대판 14.5.29, 2013다82043(정보) 등.

활상 용인할 수 없다고 인정되는 것과 같은 특별한 사정이 있어야 한다.[668] 이때 확정판결의 내용이 실체적 권리관계에 배치된다는 점은 확정판결에 기한 강제집행이 권리남용이라고 주장하며 집행 불허를 구하는 자가 주장·증명하여야 한다.[669]

　　확정판결에 기한 강제집행이 권리남용이라고 본 사례는, ① 확정판결의 변론종결 이전에 부진정연대채무자 중의 1인으로부터 금원을 수령하고 더 이상 손해배상을 청구하지 않는다고 합의함으로써 손해배상채무가 소멸한 사실을 스스로 알고 있으면서도 이미 소멸한 채권의 존재를 주장·유지하여 위 확정판결을 받은 경우 위 확정판결을 채무명의로 하는 강제집행을 용인함은 이미 변제, 소멸된 채권을 이중으로 지급받고자 하는 불법행위를 허용하는 결과가 되므로 이와 같은 집행행위는 자기의 불법한 이득을 꾀하여 상대방에게 손해를 줄 목적이 내재한 사회생활상 용인되지 아니하는 행위라 할 것이어서 그것이 신의에 좇은 성실한 권리의 행사라 할 수 없고 그 확정판결에 의한 권리를 남용한 경우에 해당하므로 허용되지 않는다고 본 사례,[670] ② 공사도급계약의 명의대여자에 자에 불과하여 아무런 공사대금채권을 가지고 있지 않다는 것을 알면서도 그로부터 공사대금을 양수받았다는 허위의 주장으로 법원을 기망하고, 상대방의 권리를 해할 의사로 상대방에 대한 소송서류의 송달을 방해하는 부정한 방법으로 실체의 권리관계와 다른 내용의 확정판결을 취득하여 그 판결에 기하여 강제집행을 하는 것은 정의에 반하고, 사회생활상 도저히 용인될 수 없는 것이어서 권리남용에 해당하여 불법행위를 구성한다고 본 사례,[671] ③ 채권자가 연대보증인 중 1인에 대한 소송에서 변론종결일 전에 다른 보증인의 변제 및 담보물건의 경매로 보증채무액의 일부가 변제되었는데도 보증한도액 전부의 지급을 구하는 청구를 유지하여 실체의 권리관계와는 달리 위 금원의 지급을 명하는 판결을 받았고, 그 후 나머지 보증채무도 변제에 의하여 소

---

668) 대판 01.11.13, 99다32899(공 02, 29)(확정판결에 기한 강제집행이 불법행위가 되기 위한 요건을 판시); 대판 09.10.29, 2008다51359(공 09하, 1980); 한편, 대판 91.2.26, 90다6576(공 91, 1070); 대판 92.12.11, 92다18627(공 93, 447) 등은 확정판결의 내용이 단순히 실체적 권리관계에 배치되어 부당하고 또한 확정판결에 기한 집행채권자가 이를 알고 있었다는 것만으로는 집행행위에 대하여 불법행위가 성립하지 않는다고 판시하였다.
669) 대판 17.9.21, 2017다232105(공 17하, 1970).
670) 대판 84.7.24, 84다카572(집 32-3, 207; 공 84, 1479); 이공현, "확정판결의 부당취득과 청구이의", 민판연 7, 206-216 참조.
671) 대판 01.11.13, 99다32899(공 02, 29).

멸하였음에도 불구하고 채무자에 대하여 확정판결을 받아두었음을 기화로 그 판결에 기한 강제경매신청을 하였다가 채무자가 보증채무의 소멸을 이유로 이의를 제기하자 경매신청을 취하한 뒤 다시 채무자 거주의 아파트에 관하여 강제집행을 신청한 사안에서, 그 강제집행은 판결의 변론종결 전에 채무자의 보증채무 중 일부가 이미 소멸한 사실을 알았거나 쉽게 알 수 있었음에도 불구하고 그 보증채무 전액의 지급을 명하는 판결을 받았음을 기화로 채무자의 보증채무가 변제에 의하여 모두 소멸된 후에 이를 이중으로 지급받고자 하는 것일 뿐만 아니라 그 집행의 과정도 신의에 반하는 것으로서 그 부당함이 현저하고, 한편 보증인에 불과한 자로서 그 소유의 담보물건에 관하여 일차 경매가 실행된 바 있는 채무자에게 이미 소멸된 보증채무의 이중변제를 위하여 그 거주의 부동산에 대한 강제집행까지 수인하라는 것이 되어 가혹하다고 하지 않을 수 없으므로, 위 강제집행은 사회생활상 도저히 용인할 수 없다 할 것이어서 권리남용에 해당한다고 본 사례,[672] ④ 명의수탁자와 제3자 사이의 인낙조서에 의해 명의신탁된 토지의 소유권이 제3자에게 이전되었으나 인낙조서의 성립이 명의수탁자의 불법행위에 기한 것이고 제3자가 불법행위에 적극 가담하였다면 제3자가 토지의 소유자임을 전제로 명의신탁자에게 토지의 점유·사용으로 인한 부당이득반환청구를 하는 것은 권리남용에 해당한다고 본 사례,[673] ⑤ 채권자가 채권을 확보하기 위하여 제3자의 부동산을 채무자에게 명의신탁하도록 적극 권유하고 그 절차까지 주선한 다음 위 부동산에 대하여 강제집행을 실시한 것은 신의칙에 반하여 허용될 수 없다고 본 사례[674] 등이 있다. 한편 외국 중재판정의 집행판결에 대한 집행거부사유의 존부가 문제되는 사건에서, 확정판결과 동일한 효력을 갖게 된 외국 중재판정에 따른 권리라 하더라도 신의에 좇아 성실하게 행사되어야 하고 이에 기한 집행이 권리남용에 해당하거나 공서양속에 반하는 경우에는 허용되지 않는다고 판단하면서, 외국 중재판정의 내용이 실체적 권리관계에 배치되는 경우에 권리남용 등에 이르렀는지에 관하여는, 권리의 성질과 내용, 중재판정의 성립 경위 및 성립 후 집행판결에 이르기까지의 사정, 이에 대한 집행이 허가될 때 당사자에게 미치는 영

672) 대판 97.9.12, 96다4862(공 97, 3073); 대판 01.11.13, 99다32899(공 02, 29); 대판 03.2.28, 2000므582(공 03, 923); 대판 07.5.31, 2006다85662(정보) 등.
673) 대판 01.5.8, 2000다43284, 43291, 43307(공 01, 1338)(확정판결에 기한 강제집행의 사례는 아니지만 인낙조서에 기한 부당이득반환청구를 권리남용에 해당한다고 본 사례).
674) 대판 81.7.7, 80다2064(집 29-2, 181; 공 81, 14151).

향 등 제반 사정을 종합하여 살펴보아야 하며, 특히 외국 중재판정에 민사소송
법상의 재심사유에 해당하는 사유가 있어 집행이 현저히 부당하고 상대방으로
하여금 집행을 수인하도록 하는 것이 정의에 반함이 명백하여 사회생활상 용
인할 수 없을 정도에 이르렀다고 인정되는 경우에 중재판정의 집행을 구하는
것은 권리남용에 해당하거나 공서양속에 반하므로 이를 청구이의 사유로 삼을
수 있다고 판단한 사례[675]도 있다.

    일본에서 논의되는 사례는 ① 강제집행이 형식적으로는 적법해도 실체법
상의 권리가 채무명의를 얻을 당시부터 존재하지 않았거나 사후에 소멸하여
집행당시 존재하지 않는 것을 알면서도 집행을 한 경우,[676] ② 집행에 관한 법
정요건·범위·방법·정도 등을 변경할 것을 목적으로 하는 이른바 집행계약을
무시하고 집행이 행하여진 경우[677] 등이 있다. 자동차사고로 상해를 입은 자
가 장래 영업활동불능에 의한 손해배상을 명하는 확정판결을 받은 후 부상이
쾌유되어 영업을 잘 하고 있는 반면, 가해자(미성년자)는 배상의무의 부담으로
괴로워하다가 자살하는 등의 사정이 있는데도, 위 판결 확정 후 5년이 지난 이
후 가해자의 상속인인 부모에 대해 강제집행을 신청한 경우 확정판결에 기한
권리의 행사라고 해도 신의성실의 원칙에 위반하여 권리남용에 해당한다고 판
시한 사례가 있다.[678] 또한, 토지의 소유자 겸 임대인이 임대차기간 종료를 청
구원인으로 하여 건물철거·토지인도 및 연체임료 등의 지급을 구하는 소를
제기하여 승소 확정판결을 받은 뒤, 먼저 금전채권의 강제집행을 위하여 철거
대상인 건물에 대하여 강제경매를 신청하였는데, 그 건물이 철거될 경우 폐자
재 대금으로 약 4만 엔 정도의 가치가 있을 뿐임에도, 148만 엔에 경락받은
자에 대하여 동 건물에 대한 철거집행을 강행하지 않을 것처럼 행동하고 이
를 신뢰한 경락인으로 하여금 위 경락대금을 완납하게 한 후 위 경락대금으로
부터 위 확정판결 상의 금전채권을 완납 받은 토지소유자(채권자)가 위 확정판
결 상의 건물철거 및 토지인도 청구권을 강제집행하기 위하여 위 경락인에 대
하여 승계집행문을 부여받은 뒤 강제집행 신청을 하는 것은 권리남용에 해당
하여 청구이의의 대상이 된다고 한 사례가 있다.[679] 확정판결이 위증에 의하

---

675) 대판 18.12.13, 2016다49931(공 19상, 264).
676) 구주해(1), 228-229(윤용섭); 兼子一, “請求権と債務名義", 民事判例研究 Ⅰ, 1977, 157.
677) 구주해(1), 229(윤용섭); 吉川大二郎, “強制執行における権利濫用", 末川先生古稀記念,
    『権利の濫用(中)』, 1962, 336 이하 참조.
678) 구주해(1), 229(윤용섭); 日最判 1962(昭 37).5.24, 民集 16-5, 1157.
679) 日最判 1968(昭 43).9.6, 民集 22-9, 1862.

여 혹은 피고의 주소를 알면서도 공시송달을 신청하여 피고의 불출석에 편승해서 승소하는 등 부당한 방법으로 취득한 것인 경우 그 판결에 기한 집행에 관하여는 그 자체로서 권리남용이 된다는 견해[680]와 그 확정판결이 재심의 소에 의하여 취소되지 않는 한 집행 자체에 위법성은 없으므로 권리남용이 되지 않는다는 견해[681]가 있다. 한편, 화해 성립 후 화해내용을 이루는 건축금지 경계선을 침범하여 건축을 계속하여 완성에 이르게 한 행위는 명백히 화해의 취지 및 약정내용을 위반한 것으로 볼 수밖에 없으므로, 화해조항에 기하여 건물의 철거를 청구하는 것은 정당한 권리의 행사이고 권리남용이 아니라고 한 사례,[682] 이혼판결과 함께 부(夫)가 처(妻)에게 재산분할로 2억 엔을 지급할 것을 명하는 판결의 강제집행에 대하여, 위 판결 확정 후에 부(夫) 소유의 부동산 가격이 하락하였음을 이유로 한 권리남용 주장이 배척된 사례[683]가 있다.

(16) 파산절차와 권리남용

법원은 채무자에게 파산원인이 존재하는 경우에도 파산신청이 파산절차의 남용에 해당한다고 인정되는 때에는 파산신청을 기각할 수 있다($\S^{도산}_{309\,II}$).

파산절차의 남용은 권리남용금지 원칙의 일종으로서, 파산신청이 '파산절차의 남용'에 해당하는지는 파산절차로 말미암아 채권자와 채무자를 비롯한 이해관계인에게 생기는 이익과 불이익 등 여러 사정을 종합적으로 고려하여 판단하여야 한다.[684] 특히 위 법 규정의 입법 연혁이나 문언 및 규정 체계 등에 비추어 보면, 정직하고 성실한 채무자의 새로운 출발을 도모하면서도 채권자에게 보다 공평한 만족을 보장하려는 파산제도 기타 도산제도의 본래적 기능이 정상적으로 발휘될 수 있도록 하기 위하여, 채무자의 현재 및 장래의 변제능력이 무겁게 고려됨은 물론이고, 그 외에도 파산신청의 동기와 그에 이른 경위, 지급불능의 원인 및 그에 관련한 이해관계인들의 행태, 파산절차와 관련하여 제공되는 각종 정보의 정확성, 채무자가 예정하는 지출 등의 낭비적 요소 유무 등이 문제될 수 있다.[685] 가령 채권자가 파산절차를 통하여 배당받을

680) 구주해(1), 229(윤용섭); 日大判 1914(大 3).3.7, 民錄 20, 195.
681) 구주해(1), 229(윤용섭); 日大判 1938(昭 13).3.8, 法學 7, 1408; 兼子一, 强制執行法, 1958, 146; 菊井維大·村松俊夫, 民事訴訟法 1(全訂版, 1978), 257.
682) 日最判, 1987(昭 62).7.16, 判時 1260, 10.
683) 日東京地判, 1993(平 5).11.24, 判夕 873, 279.
684) 대결 11.1.25, 2010마1554, 1555(공 11상, 345); 대결 17.12.5, 2017마5687(공 18상, 66).
685) 대결 11.1.25, 2010마1554, 1555(공 11상, 345).

가능성이 전혀 없거나 배당액이 극히 미미할 것이 예상되는 상황에서 부당한
이익을 얻기 위하여 채무자에 대한 위협의 수단으로 파산신청을 하는 경우에
는 채권자가 파산절차를 남용한 것에 해당한다.[686] 이처럼 파산절차에 따른 정
당한 이익이 없는데도 파산신청을 하는 것은 파산제도의 목적이나 기능을 벗
어난 것으로 파산절차를 남용한 것이다. 이때 채권자에게 파산절차에 따른 정
당한 이익이 있는지를 판단하는 데에는 파산신청을 한 채권자가 보유하고 있
는 채권의 성질과 액수, 전체 채권자들 중에서 파산신청을 한 채권자가 차지하
는 비중, 채무자의 재산상황 등을 고려하되, 채무자에 대하여 파산절차가 개시
되면 파산관재인에 의한 부인권 행사, 채무자의 이사 등에 대한 책임추궁 등을
통하여 파산재단이 증가할 수 있다는 사정도 감안하여야 한다. 이와 함께 채권
자가 파산신청을 통해 궁극적으로 달성하고자 하는 목적 역시 중요한 고려 요
소가 될 수 있다.[687] 또한 파산신청이 종국적으로 채무자의 면책을 얻기 위한
목적으로 행하여지는 경우에 채무자에게 법이 정한 면책불허가사유의 존재가
인정된다면 이러한 사정도 파산절차의 남용을 긍정하는 요소로 평가될 수 있
음은 물론이다.[688]

　　한편 부인권은 파산채권자의 보호를 위하여 채무자의 행위를 부인함으로
써 파산재단의 충실을 도모함에 그 제도의 취지가 있는 것으로서 채무자와 그
상대방간의 이해를 조절하기 위한 것이 아니므로, 원칙적으로 부인권 행사의
요건이 충족되는 한 파산관재인의 부인권 행사가 부인권제도의 본질에 반한다
거나 신의칙 위반 또는 권리남용에 해당한다고 볼 수 없다.[689]

V. 권리남용금지의 원칙과 신의성실의 원칙과의 관계

　　두 원칙의 상호관계를 어떻게 이해할 것인지에 관하여 크게 중복적용설과
중복적용부정설로 분류할 수 있다.[690]

---

686) 대결 17.12.5, 2017마5687(공 18상, 66).
687) 대결 17.12.5, 2017마5687(공 18상, 66).
688) 대결 11.1.25, 2010마1554, 1555(공 11상, 345).
689) 대판 11.11.10, 2011다55504(정보).
690) 구주해(1), 230(윤용섭); 일본 민법도 우리 민법과 같이 하나의 조문에서 일반조항으로
　　신의성실의 원칙(§1 Ⅱ)과 권리남용금지의 원칙(§1 Ⅲ)을 규정하고 있는데, 그 상호관계
　　나 각각의 기능을 둘러싸고 견해가 대립되고 있다.

1. 입법자의 의사

§2 Ⅰ과 Ⅱ의 관계에 관한 논의는 입법단계에서부터 있었다. 민법안심의록에는 '권리의 행사가 신의성실에 반하는 때에는 권리의 남용이므로 신의성실의 원칙에 권리남용금지의 취지도 당연히 포함되어 있다. 따라서 §2 Ⅱ 권리남용금지 규정은 불필요하다'는 의견이 있었다.[691] 이에 대하여 '종래 입법례에 있어서 신의성실의 원칙은 채무법상의, 권리남용의 원칙은 물권법상의 원칙이었던 것을 스위스민법이 일보전진하여 총칙에 일괄규정함으로써 일반화하였으며 초안도 이를 계승하였다'는 반론이 있었고, 이 반론에 따라 §2 Ⅱ이 존치되었다.[692] 이러한 경위를 고려하면 입법자의 의사는 중복적용설을 부정한 결과가 된다.[693] 하지만 이와 반대되는 평가로서, 중복적용설이 입법자의 의사라고 보는 견해도 있다.[694]

2. 중복적용설

권리의 행사가 신의성실에 반하는 경우에는 권리남용이 된다는 의미에서[695] 신의성실의 원칙과 권리남용금지의 원칙을 서로 안팎의 관계(표리관계)에 있다고 보는 견해,[696] 권리남용금지를 신의칙의 권리소멸적 효과라는 견해,[697] "신의성실이라는 한계를 넘은 권리행사가 바로 권리남용"이며 "권리남용 금지의 원칙은 신의성실 원칙의 이면"이고 "권리남용인지 여부의 기준은 바로 신의성실"이라는 견해,[698] 발생사적으로는 적용영역을 달리하였지만[704] 이제는 신

---

691) 김천수(주 95), 12.

692) 김천수(주 95), 12.

693) 김천수(주 95), 13; 김천수, "권리남용에 관한 한국민법의 규정 및 그 해석과 적용", 민학 85, 2018, 514.

694) 명순구, 실록 대한민국 민법1, 2008, 74.

695) 송덕수(주 90), 67-68.

696) 곽윤직·김재형, 77; 김상용(주 10), 114; 김증한·김학동(주 84), 81; 권리행사가 신의칙에 위반하면 권리남용이 된다는 점에서는 표리관계에 있지만, 신의칙은 당사자 사이에 법적인 특별결합관계가 있는 것을 전제로 하여 인정되는 원칙인 반면 권리남용금지의 원칙은 그러한 결합관계가 없는 경우에는 인정되는 원칙이라는 점에서 표리관계에 있는 것으로만 볼 수 없다는 견해는, 서광민·박주영(주 84), 126 참조; 한편 권리남용금지의 원칙을 신의칙의 효과로 보는 것이 통설이다[주석 총칙(1), 136(제4판/백태승)].

697) 이영준, 84. 이하; 이에 대하여 권리남용이 인정되어도 권리가 소멸하지 않음이 원칙이므로 부적절한 표현이라고 비판하는 견해는, 김천수(주 95), 14 참조.

698) 김증한·김학동(주 84), 81; 주석 총칙(1) 136(제4판/백태승); 권리남용의 기준을 권리행사가 신의칙 위반이 된다는 데에서 찾아야 한다는 견해는 송덕수(주 90), 67-68; 홍성재, 민법총칙, 2009, 438 참조.

의칙이 민법 전체의 원칙이 되었고 이에 권리행사가 신의칙에 반하면 권리남
용이 된다고 설명하면서 권리남용금지의 원칙은 신의칙의 하부원칙이라는 견
해,[700] 권리남용금지의 원칙은 신의칙에 기초를 둔 구체적 원칙이라는 견해[701]
등이 있다. 권리남용금지를 신의칙의 파생원칙으로 파악하는 견해[702]도 있다.
이러한 견해들은 모두 권리행사가 타당한 한계를 초과하는 것인가에 대한 판
단을 당사자 사이의 신의칙 위배 여부에 기초하고 있다.[703]

　　우리 대법원 판례의 경우 '신의칙에 반하여 권리남용으로서 허용될 수 없
다'는 표현을 자주 하는 점을 고려하면, 중복적용설의 입장으로 이해할 수 있
다.[704] 일본 판례의 경우 계약당사자 사이의 권리행사 사례에서 중복적용설의
입장을 따른 것이 다수 있다.[705]

3. 중복적용부정설

　　신의칙은 채권법을 지배하고 권리남용은 물권법을 지배하는 원리라는 견
해,[706] 신의칙은 계약당사자, 부부, 친자 등 특별한 권리의무로써 맺어진 사이

---

699) 두 원칙이 발생사적으로 각각 채권법과 물권법에서 발전하였다[송덕수(주 90), 68].
700) 송덕수(주 90), 82.
701) 김형배, 민법학강의, 2009, 52.
702) 서을오, 109; 이은영, 86; 지원림, 민법강의, 2009, 50.
703) 구주해(1), 230(윤용섭); 각 견해의 실질적 차이에 대한 부정적 견해는, 송덕수(주 90),
　　68 참조.
704) 대판 16.10.27, 2016다224183, 224190(정보); 대판 16.10.13, 2016다231365(정보) 등.
　　종래 우리 대법원 판례는 "제2조가 천명한 신의성실의 원칙은 사적 자치의 원칙이 지
　　배하는 특정 개인간의 거래에 있어서 그 권리의 행사와 의무의 이행에 관하여 사회공동
　　체의 일원으로서 상호간 신뢰를 저버리지 않는 성실성을 요구하는 것이다"고 하여[대판
　　85.4.23, 84다카890(공 85, 780)] 중복적용부정설에 가까운 견해를 밝히기도 했으나, 그
　　반면에 "신의칙은 계약법의 영역에 한정되지 아니하고 모든 법률관계를 규제·지배하는
　　원리이다"라고 판시[대판 83.5.24, 82다카1919(집 31-3, 19; 공 83, 1010)]한 외에 권리
　　남용의 식별기준으로 신의성실의 원칙을 내세워 대체적으로 중복적용설의 견해에 서 있
　　다. 다만, 양자의 적용분야를 엄격하게 구분하는 것은 사실상 어려우며, 또 판례는 반드시
　　위의 구별을 지키고 있지 않다. 이와 같이 많은 판례에서 중복적용이 보이고 있고 두 원칙
　　이 서로 대립적 기능을 가지는 것은 아니므로 중복적용 여부에 관하여 구별할 실익은 적
　　다[구주해(1), 231(윤용섭)]. 한편 우리 대법원 판례가 두 조항의 관계를 명시적으로 언급
　　하지 않았다는 견해는, 김천수(주 693), 517 참조.
705) 다만, 앞서 본 유니언숍과 관련한 판례[日最判 1975(昭 50).4.25, 民集 29-4, 456(주
　　558 참조)] 일본식염제조사건(日本食塩製造事件)에서는 '신의칙에 반하고 권리남용으로서
　　무효이다'라는 상고에 대하여 신의칙에 대하여는 언급하지 않고 '해고권의 남용으로서 무
　　효이다'라고 판시하여 최고재판소의 입장을 알기 어렵다는 평가도 있다[菅野(주 47), 72].
706) 발생사적 측면에서 보면 신의칙은 채권법 분야에서, 권리남용은 물권법 분야에서 발전
　　되어 온 일반조항이라는 설명을 한다[고상룡, 65; 백태승, 88; 송덕수(주 90), 68; 주석 총

에서 적용되고, 권리남용은 그 밖의 관계에서 있는 자들 사이에서 적용된다는
견해,[707] 신의칙은 채권법·물권법·가족법·소송법 등 모든 영역에서 특별관계
내지 사회적 접촉관계에 있는 자들 사이에 적용되는 일반원칙이며, 권리남용
금지의 원칙은 이러한 사회적 접촉관계가 없는 자 사이에 적용되는 원칙이라
고 하여 양자를 구별하는 견해,[708] 신의칙은 민법 전반에 걸치고 그 효과도 권
리남용에 한정되지 않으므로 신의칙은 권리남용금지의 원칙보다 그 적용범위
와 효과가 다양한 기본원칙으로서의 성질을 가진다고 보는 견해,[709] 대인관계
에서는 신의칙이, 대사회관계에서는 권리남용금지의 원칙이 적용된다는 견해
[710] 등이 있다.[711] 이러한 견해들은 비록 그 구별기준은 달리하고 있으나, 두 원
칙의 타당영역을 구별하고 각기 독립적으로 적용하는 것이 이론을 보다 정밀화
하여 일반조항에서의 도피라는 비난을 면할 수 있다는 관점에서 두 원칙의 중복
적용을 부인하면서 그 적용범위를 준별하여야 한다고 주장하고 있다.[712]

Ⅵ. 권리남용의 한계

1. 권리남용의 남용 방지에 관한 견해

우리나라에서는 아직 권리남용금지 법리의 남용이 심각하게 문제된 사례
는 없다.[713] 다만, 권리남용금지 법리의 적용에 대하여, 권리남용금지 법리는

칙(1), 136(제4판/백태승)]. 이러한 견해를 특수법률관계설이라고 설명하기도 한다[김대
정, 124]. 이 견해에 대하여, 신분상의 권리나 토지소유자와 지상권자 사이에 두 원칙의
적용구분이 분명하지 않다는 지적이 있다[구주해(1), 230(윤용섭)].

707) 고상룡, 65(신의칙은 계약관계, 친자관계 등과 같이 특수한 관계가 있는 당사자 사이에
적용되는 원칙으로, 대인관계에서 신의칙이 적용되고, 권리남용금지의 원칙은 위와 같은
특수한 관계가 없는 당사자 사이에 적용되는 원칙으로, 대물관계, 대사회관계에서 권리남
용금지의 원칙이 적용되고, 임대차 관계와 같이 각 관계가 결합되어 있는 경우에는 각 관
계의 측면에 대하여 각각 적용된다고 한다); 장경학(주 98), 160; 한편 이 견해에 대하여,
인접한 토지소유자 사이, 동일기업 종업원 사이 등에 종적 의무를 인정할 수 없게 되는 문
제를 지적하기도 한다[구주해(1), 230(윤용섭)].

708) 이러한 견해를 사회적 접촉관계설이라고 한다(김대정, 125).

709) 주석 총칙(1), 136(제4판/백태승).

710) 김주수·김상용, 75. 임대차관계, 친권 등 두 개의 관계가 결합되어 있는 관계의 경우 각
각의 측면에서 각각의 원칙이 적용된다고 본다. 양자의 적용분야를 엄격하게 구분하는 것
은 사실상 어려우며, 대법원 판례도 반드시 위 구별을 지키고 있지 않다고 본다.

711) 구주해(1), 230-231(윤용섭).

712) 구주해(1), 231(윤용섭).

713) 구주해(1), 231(윤용섭); 다만 '이익형량', '상당성', '과잉금지' 등은 효율성의 개념을 표

일반조항으로서 제정법의 경직성을 완화하고 재판기준의 창조까지도 가능하게 하는 중요한 역할을 하고 있는데, 바로 이 점 때문에 적용에 있어서는 신중한 고려를 할 필요가 있다는 견해가 있다.[714]

　　일본에서는 권리남용이론이 너무 무분별할 정도로 과대 적용하여 권리남용금지 이론의 남용 문제가 심각하게 거론되었고, 이로 인한 폐해를 방지하기 위한 몇 가지 주장이 대두되었다.[715] ① 객관적 요건만이 아니라 주관적 요건도 중요하게 보아 권리남용이론을 적용해야 한다는 견해, ② 권리남용이론이 적용되는 여러 사례를 몇 가지 기능의 유형별로 구분하고, 그 유형별로 적용의 당부를 검토하여 안이하게 권리남용이론을 적용하는 것을 방지하자는 견해, ③ 권리남용이론에 의하여 권리행사를 제한하는 동종의 사례를 축적하면서, 각각의 동종 사례에 적용해야 하는 개별적인 법원리의 형성을 도모하여 그 영역에서는 권리남용이론을 직접 적용하지 않고 해결해야 한다는 견해이다. ① 견해에 대해서는 주관적 요건의 필요 여부에서 본 바와 같으므로, ②, ③ 견해에 대해서 항을 바꾸어 살펴본다.

2. 권리남용이론 기능의 유형화[716]

　　위 ②, ③ 견해는 권리남용금지 이론이 현실적으로 작용하고 있는 기능을 유형화하여 유형마다 적용의 필요성이나 타당성을 검토해야만 한다는 견해이다.[717] 그 대체적인 내용은 ㉠ 평면을 달리하여 각각 독자의 법적 평가를 받아야만 하는 생활관계의 이익이 현실사회에서 충돌하는 경우(^{'신현공기폐송사건[718]' 및
'부전병병원사건[719]'이 이에
해당한다)}와 ㉡ 같은 평면에서의 생활이익을 각자에게 어떻게 분배할 것인가와 관련한 분쟁(^{'우내월온천사건' 및 '고지철도
노선부설사건'이 이에 해당한다)}으로 구분하여, ㉠의 경우는 그 행위가 권리행사로서 적법한 행위인 동시에 타인의 권리를 침해하는 불법행위가 되기 때문에

　　　현한 것이고, 권리남용 여부를 이와 같이 효율성 판단에 따를 경우 송전탑 설치자 등 거대자본을 동원할 수 있는, 그래서 사회의 많은 구성원들의 이해관계에 영향을 미치는 시설을 설치하는 당사자는 타인의 토지 위에 권한 없이 일단 크게 시설물을 설치하기만 하면 토지소유자의 철거청구에 대하여 권리남용주장을 할 수 있게 되며, 이는 통상의 정의관념에 반한다는 견해는, 허성욱(주 121), 225 참조.

714) 김주수·김상용, 75.
715) 상세한 논의 내용은 菅野(주 47), 97 이하 참조.
716) 구주해(1), 231(윤용섭)에도 간략한 내용이 설시되어 있다.
717) 구주해(1), 231(윤용섭).
718) 주 54 참조.
719) 주 154 참조.

권리남용금지의 이론을 구태여 원용할 필요가 없으나, ⓛ의 경우 권리남용금
지의 이론은 이미 형성된 사실상태의 수정, 법률효과의 무효, 성문법규의 구체
적 확정, 법의 흠결의 보충, 새로운 입법기능을 나타내게 된다고 한다는 것이
다. 그 후 위 이론은 ⓛ의 경우를 다시 둘로 나누어 '권리의 새로운 한계의 성
립과정'에서 이용되는 사례720)와 일종의 '강제조정'적 기능을 갖는 사례721)로
나누고 있는데, 일종의 '강제조정'적 기능을 갖는 사례에서 '공공의 복리'를 이
유로 권리남용이론을 적용하는 경우에는 신중을 기하여야 한다고 보고 있다.

다시 위 이론은 ㉠의 경우를 나누어 권리의 내용·범위를 명확하게 하는
기능을 독립시켜, 4가지 유형으로 설정하는 것으로 변화·계승되었다. 즉, (i)
불법행위적 기능('신현공기패송사건'과 같이 행위자의 입장에서 볼 때 적법한 행위이지만 타인에게 손해를 가하는 점에서는 불법행위가 된다고 설득하는 기능), (ii) 권리
범위 명확화 기능(제정법이 개괄적인 경우에 그 권리의 범위를 명확하게 하는 기능), (iii) 권리범위 축소화 기능(시대의 변천에 따라 입법
자의 예상을 넘는 사회의 요구에 부응하기 위하여 권리의 범위를 축소시키는 기능), (iv) 강제조정적 기능('우내월온천사건'과 같이 무권리자에 대한 권리자의 권리행사를 오히려 제
한함으로써 당해 사안 해결의 구체적 타당성을 도모하는 기능)과 같이 유형화하였다.722) 이 중 (ii), (iii)은 권리남용금
지 이론을 적용할 필요성이 크고, 그 남용의 폐해가 적은 반면, (i)의 경우는
단순한 불법행위의 문제로 처리되어야만 할 것이며, (iv)의 경우는 권리남용이
론의 남용 위험이 가장 크기 때문에 본 이론의 적용 시 특별히 주의하여야 한
다고 한다.

또 다른 입장으로는 신의칙의 유형론도 고려하여 일반조항의 기능을 '규범
구체화 기능'과 '규범창조적 기능'으로 이분하고 그 이외의 유형은 '강제조정적
기능'을 하는 경우로서 대립하는 소유자를 공공성의 대소(大小)에 따라 서열화
한다는 점에서 '소유계층화 기능'이라고 부르는 견해가 있다.

마지막으로, '본래적 기능'과 '흠결보충기능'으로 유형화하는 견해가 있는
데, '본래적 기능'은 권리남용법리가 재판규준으로서 직접적으로 적용되어 분
쟁을 해결하는 기능으로 재화의 귀속, 특히 소유권법의 영역에서 사안의 구체
적·개성적인 사실관계에 밀착하여 개별사안마다 타당한 분쟁처리를 도모하는
것이다. 이에 해당하는 사례로는 토지소유권의 행사로서 토지이용행위가 권리
남용이 되는 경우(신현공기패송사건)와 토지소유권에 기한 방해배제청구권의 행사가 권리

720) 그 예로는 日最判 1953(昭 28).9.25, 民集 7-9, 797 참조.
721) 그 예로는 앞서 본 우내월온천사건 및 고지철도노선부설사건.
722) 권리남용의 기능을 '불법행위적 기능', '권리의 축소화 기능', '강제조정의 기능'으로 분
류하여 각각의 유형에 적합한 요건을 개별적으로 구체화할 것을 주장하는 견해는, 고상룡,
61-63 참조.

남용이 되는 경우(`우내월온천사건' 및
`고지철도노선부설사건') 등으로 구분될 수 있다. '흠결보충기능'은
제정법에서 놓치고 있는 사안 유형에 대해 적용 가능한 특수적 재판규준을 형
성하는 기능으로, 이 경우는 권리남용의 법리가 직접적으로 적용되는 것이 아
니라 당해 사안을 보충하기 위한 특수적 재판규준을 구성하기 위하여 이용되
는 것이고, 그 적용영역은 재화귀속의 영역에 한하는 것이 아니라 광범위하다
고 볼 수 있다. 이러한 흠결보충기능에 대해서는 '수인한도' 준칙의 구성, '배
신적 악의자성(性)'에 따른 구성, 소유권유보자를 비소유자로 하는 구성 등 새
로운 법적 구성이 이루어져야 한다고 주장되고 있다.

3. 개별적 법원칙의 형성

권리남용금지 이론은 직접적으로는 제정법을 해석·적용할 때 구체적 타
당성을 실현하면서, 제정법이 예상하지 못하였던 사안이나 사회변화에 의하여
새로이 발생하는 사안을 해결할 수 있도록 다양한 기능을 수행하게 된다.[723]

그 외에 간접적으로는 권리남용금지 이론을 적용하여 해결한 사례를 축
적하여 개별적인 법원칙을 형성시키고, 제정법의 개폐를 촉진하는 역할을 수
행한다. 권리남용금지 이론의 직접적인 적용에만 의존하여서는 법적 안정성을
해할 우려가 있기 때문에 일정한 사안 유형마다 권리남용금지 이론의 이념을
분류하는 개별적 법원칙을 형성해나갈 필요가 있다. 권리남용에 관련하여 개
별적 법원칙으로 수인한도론, 배신적 악의자배제론, 신뢰관계이론, 상관관계이
론 등이 고려되고 있다.[724]

Ⅶ. 소송절차와 관련된 문제

1. 권리남용을 인정한 판결의 기판력

확정판결의 기판력이 미치는 시적 범위는 사실심 변론종결시이므로 권리
남용을 이유로 권리자의 권리행사를 배척하는 판결이 확정된 후 또다시 같은
내용의 권리행사를 한 경우에도 일단 그 확정판결의 기판력이 뒤의 권리행사

---

723) 菅野(주 47), 99.
724) 菅野(주 47), 99.

에 미치지 않는다고 보아야 한다.725) 그러나 확정판결의 변론종결 이후에 새로
운 사정변경이 전혀 없음에도 권리자가 같은 내용의 권리행사를 계속 반복하
는 것은 자체가 신의칙에 반하는 것이므로 그러한 권리행사를 위한 소의 제기
는 소권의 남용이 될 수 있다.726)

변론종결 후에 소송물이 승계된 경우 승계인 사이의 기판력에 관하여 판
례는 원고의 전소유자가 피고의 전소유자를 상대로 한 건물철거청구 소송이
권리남용이라는 이유로 배척되어 확정된 후 원고가 피고를 상대로 같은 내용
의 소송의 제기한 사안에서 구체적인 이유 설시 없이 전소의 기판력은 후소에
미치지 않는다고 판시하고727) 있는데, 그 이유가 후소는 전소의 기판력의 시적
범위를 벗어난 것이기 때문인지 아니면 권리남용에 있어 가해의사를 대항요건
으로 보고 가해의사는 권리자마다 개별적으로 판단하여야 하므로 전소의 기
판력이 권리자의 양수인인 후소의 원고에게는 당연히 미치지 아니한다고 보기
때문인지는 명확하지 않다.728)

2. 권리남용과 주장·입증책임

당사자가 소송에서 권리남용을 주장하지 아니하였더라도 현출된 증거자료
로부터 권리남용을 인정할 수 있는 경우 법원은 이를 직권으로 판단할 수 있
다.729) 다시 말하면 권리행사의 남용여부는 직권탐지사항은 아니나 직권조사사
항이라고 할 수 있기 때문에 판단에 필요한 사실은 당사자의 주장이나 신청을
기다릴 것 없이 증거조사의 결과 법원에 현출된 사실이 있으면 법원이 이를
참작할 수 있다.730)

우리 대법원 판례는 권리남용금지의 원칙을 규정한 §2 Ⅱ은 강행규정이므
로 당사자의 주장이 없더라도 직권으로 판단할 수 있다고 본다.731) 이에 대하여
그 주장을 필요로 하고 사실심법원이 증거조사를 한 결과 원고의 청구가 권리

725) 구주해(1), 232(윤용섭).
726) 구주해(1), 232(윤용섭). 이는 기판력의 문제는 아니다.
727) 대판 71.10.25, 71다1321(집 19-3, 68).
728) 구주해(1), 232-233(윤용섭).
729) 구주해(1), 233(윤용섭).
730) 구주해(1), 233(윤용섭).
731) 구주해(1), 233(윤용섭); 대판 89.8.29, 88다카17181(공 89, 1576); 대판 95.12.22, 94
다42129(공 96, 473); 대판 98.6.26, 97다42823(공 98, 1968); 대판 03.10.10, 2001다
74322(정보) 등.

남용에 해당하는 것으로 인정되는 경우에는 피고에게 그러한 사실을 항변으로
주장하는가의 여부를 석명하고 피고가 그러한 주장을 하는 경우에는 원고에
대하여도 그 점에 대한 방어방법을 강구하도록 하는 등의 조치를 거쳐 판결하
는 것이 바람직하다는 견해[732]가 있고, 권리남용의 태양이나 그 법률효과가 다
종다양하므로 구체적인 사건유형에 따라 변론주의의 적용 여부 내지 직권조사
의 가부를 정함이 타당하다는 견해[733]가 있다. 한편 권리의 행사는 판단의 대상
이 되고 '남용'은 그 판단의 기준으로서 §2 Ⅱ의 법률효과 발생 여부를 판단
하는 법규의 일부가 되므로, 그 권리의 행사요건, 즉 그 권리가 발생하는 본래
의 법률행위 등 법률요건은 당사자가 주장·입증하여야 하고, 그것이 주장·입
증된 후 법원은 직권으로 이에 대하여 구체적인 구성요건에 관한 규범과 함께
§2 Ⅱ을 적용하여 그것이 '남용'에 해당하는지 여부를 판단하여야 하는 견해[734]
가 있다.

   일본의 경우 권리남용의 주장과 권리남용의 판단이 어떠한 관계에 있는
지에 대하여는 세 가지 학설이 있다.[735] ① 당사자가 권리남용을 구성하는 사실
의 주장이나 항변으로서 권리남용 주장(의사표시)을 하지 않아도 법원이 증거
에 의하여 권리남용을 구성하는 사실을 인정한 때에는 이에 의하여 재판을 하
여도 좋다는 견해, ② 당사자가 권리남용을 구성하는 사실을 주장하면 족하고,

---

732) 하철용, "신의칙위반·권리남용 등의 소송상 주장", 민판연 9, 1987, 247-251.
733) 최진수, 요건사실과 주장증명책임, 제5판, 2016, 13-14. 이 견해는, 예를 들어 소제기가
     권리남용이 허용되지 않는지 여부는 직권조사사항에 해당하고, 권리남용으로 권리발생
     의 장애나 소멸의 효과를 초래하는 경우에는 원칙적으로 그 주장을 필요로 하고 다만 간
     접적 주장의 인정이나 적극적인 석명권의 행사 등으로 구체적인 타당성을 꾀해야 한다고
     본다.
734) 양경승, "변론주의와 직권주의의 구별기준 및 상고심의 심리대상", 사론 62, 2017, 489-
     490. 이 견해에 의하면, 권리의 '남용'은 권리 변동의 근거인 법률요건(시효취득, 매매, 증
     여, 저당권설정계약, 상계 등)의 구성요소를 이루는 법률사실이 아니며, 그것이 허용되는
     지 금지되는지 여부를 결정하는 판단 기준이다. 순수판단규범인 §2 Ⅱ은 구체적·개별적
     법률효과를 발생케 하는 구체적 구성요건에 관한 규범이 아니며, 위 법규의 내용인 권리
     의 '남용'은 판단대상인 구체적·역사적 사실이 아니라 판단의 기준인 법규이며 그 법익을
     당사자가 임의로 포기, 처분할 수 없으므로, 당사자(원고)가 본래의 법률행위 등 법률사실
     을 청구원인이나 공격방어방법으로 주장하여 재판을 청구하면 법원은 당사자의 주장 여부
     에 관계없이 §2 Ⅱ을 적용하여 본래의 법률효과 발생 여부를 판단하여야 한다. 결론적으
     로, §2 Ⅱ은 강행법규인 금지법규로서 발견, 인식의 대상인 구체적·역사적 법률사실을 갖
     지 않는 순수판단규범이고, 그에 대하여는 직권주의가 적용되어야 하므로 법원은 당사자
     의 주장 여부에 관계없이 이를 심사·판단하여야 한다는 점에서 대법원의 판례의 입장과
     같다.
735) 상세한 학설 소개는 菅野(주 47), 89 이하 참조.

더 나아가 권리남용을 주장할 필요는 없다고 하는 견해, ③ 당사자가 권리남용을 구성하는 사실을 주장하고 더 나아가 항변으로서 권리남용을 주장할 필요가 있다는 학설이 있다.

①설의 입장을 취한 판례로는 부부계약취소권의 행사에 대하여 "위 취소가 정당한 권리행사인지 권리남용이 되는지는 당사자의 주장을 기다리지 않고 자유롭게 판단할 수 있다"고 한 것을 들 수 있고,[736] 위 판례를 인용한 판례도 다수 있다. ②설의 입장을 취한 판례로는, "권리남용의 주장은 필요하지만 명시적이지 않아도 좋다"고 한 것,[737] "권리남용의 사실(항변)의 기초가 되는 사실관계가 구술변론에 현출된 것으로 족하고 굳이 항변으로서 명확하게 주장할 필요는 없다"고 한 것[738]을 들 수 있다. 다만, 실무에서는 당사자의 주장을 명확하게 하고 당사자 쌍방에게 공격방어 기회를 부여한다는 의미에서 ③설과 같이 권리남용의 주장(의사표시)을 하도록 하는 것이 통례이다.[739]

3. 권리남용의 판단시점

권리의 행사가 남용에 해당하는지 여부를 판단하는 시점은 언제인지 문제가 된다. 소유권에 기한 방해배제 청구권에 대하여 권리남용의 요건을 구비했는지 여부는 권리행사 당시를 기준으로 해야 한다. 한편, 대지와 건물의 가격이 현저하게 차이가 있다는 사정을 이유로 권리남용 주장을 한 경우 부동산의 시가는 권리행사 당시의 시가를 표준으로 해야 한다는 판례[740]에 대하여 여기서 '권리행사 당시'는 '사실심 변론종결시'를 의미한다는 견해가 있다.[741]

[이 정 민]

---

736) 日最判 1944(昭 19).10.5, 民集 23, 579.
737) 日最判 1964(昭 39).10.13, 民集 18-8, 1578.
738) 日名古屋高判 1977(昭 52).3.28, 下民集 28-1-4, 318.
739) 菅野(주 47), 89.
740) 대판 62.6.7, 62다15(집 10-3, 15).
741) 구주해(1), 233(윤용섭).

第2章　人

第1節　能　力

전　론

Ⅰ. 권리의 주체와 인(人)의 개념

　권리(權利)는 일정한 이익을 누릴 수 있게 하기 위하여 법이 인정하는 힘이므로, 권리라는 개념은 당연히 그러한 법적 힘을 갖게 되는 주체를 전제로 한다. '권리의 주체'는 법질서에 의하여 그러한 법적 힘이 주어지는 자, 즉 권리의 귀속자이고, 의무(義務)의 귀속자는 '의무의 주체'이다. 모든 권리·의무에는 그 주체가 있고, 주체가 없는 권리나 의무는 있을 수 없다. 민법학에서는 권리·의무의 귀속주체를 법적 인격(法的 人格)또는 법인격(法人格)이라고 한다.

이러한 권리·의무의 주체는 생존하는 사람인 '자연인(自然人)'과 '법인(法人)'으로 분류할 수 있는데, 후자는 다시 일정한 사람의 집단(^삽)과 일정한 목적을 가진 재산의 집단(^잽)으로 세분된다.

본장에서 '인(人)'이라 함은 사법관계의 중심으로 되는 권리·의무의 주체 중에서 자연인을 지칭한 것이고, 본절의 '능력(能力)'은 자연인의 능력에 관한 것이다. 법인에 관하여는 제3장에서 별도로 규율하고 있다.

본장 이외의 민법 규정을 보면, '인'이라는 용어를 자연인과 법인을 포괄하는 의미로 사용하는 경우가 많다. 예컨대, 본인($\substack{\S\S\,114,\,115,\,116,\,119,\,120,\,121, \\ 123,\,124,\,126,\,130,\,131,\,134,\,135\;\text{등}}$), 타인($\substack{\S\S\,125,\,130,\,131,\,741, \\ 745,\,750,\,753,\,754\;\text{등}}$), 경매인($\substack{\S \\ 363}$), 매도인·매수인($\substack{\S\,568 \\ \text{이하}}$), 보증인($\substack{\S\S\,428, \\ 430\;\text{이하}}$), 임차인·임대인($\substack{\S\,623 \\ \text{이하}}$), 도급인·수급인($\substack{\S\,664 \\ \text{이하}}$), 위임인·수임인($\substack{\S\,680 \\ \text{이하}}$), 임치인·수치인($\substack{\S\,693 \\ \text{이하}}$) 등에서 사용된 '인'이라는 용어는 모두 자연인과 법인의 양자를 포괄하는 개념이다.

II. 권리능력

1. 의 의

권리의 주체가 될 수 있는 지위 또는 자격을 권리능력(權利能力) 또는 인격(人格)라고 한다. 권리능력에 대응하여 의무의 주체가 될 수 있는 지위를 의무능력(義務能力)이라고 한다. 권리능력의 개념은 원칙적으로 사법상 개념이지만, 공법관계에도 적용될 수 있다.

과거에는 노예나 노비와 같이 의무만 부담하고 권리를 가질 수 없는 사람이 있었다. 그러나 개인의 존엄과 가치 및 자유와 평등을 근간으로 하는 자유민주적 기본질서($\substack{\text{헌 전문 및} \\ \S\,10,\,11\;\text{등 참조}}$) 하에서는 권리를 가질 수 있는 모든 사람이 의무도 부담할 수 있다. 즉, 우리 민법상 권리능력은 동시에 의무능력이고, 따라서 '권리능력'을 '권리의무능력'이라고 하는 것이 좀 더 정확한 표현이다. §3은 "사람은 생존한 동안 권리와 의무의 주체가 된다."라고 규정함으로써 이 점을 분명히 하고 있다. 다만, 근대사법은 권리 중심으로 구성되어 있으므로, 통상적으로 이를 함축하여 '권리능력'이라는 용어를 사용한다.

　　주의할 것은 권리능력과 권리를 구별하여야 한다는 점이다. 권리능력을 가지는 자만이 권리를 가질 수 있지만, 권리능력 자체가 권리는 아니다. 권리능력은 어디까지나 권리의 주체가 될 수 있는 추상적·잠재적인 법률상 지위일 뿐이다. 예컨대, 자연인 A, B는 모두 권리능력을 가지고 있지만 그러한 사정만으로 A와 B에게 어떠한 권리나 의무가 발생하는 것은 아니고, 더 나아가서 A가 B로부터 그 소유의 부동산을 매수하는 매매계약을 체결하는 경우에 비로소 매수인 A는 소유권이전등기청구권의 주체가 되고 매도인 B는 소유권이전등기의무의 주체가 되는 것이다.

2. 역사적 발전

　　현대 민법에서 모든 사람이 완전하고 평등한 권리능력을 가진다는 것은 당연하고 자명한 원칙으로 인정되지만, 이는 오랜 동안 역사의 발전을 통하여 확립된 원칙이다.

　　과거 인류가 동족적 협동체(同族的 協同體)를 구성하여 생활하던 시대에는 그들의 생존을 위한 경제활동이 그 협동체에 의하여 이루어졌고, 중요한 생산수단은 협동체가 소유하였으며, 이에 대한 구성원의 개인적 소유는 인정되지 아니하였다. 그 결과 그 구성원의 권리주체성 내지 법적 인격이 제대로 정립될 수 없었다. 한편, 노예제도가 존재하던 고대 로마시대에는 노예에게 권리능력이 인정되지 않았고, 마치 물건과 같은 소유권의 객체로 취급되었다. 대가족제도 하에서는 가장(家長)만이 완전한 권리능력을 가졌고, 처자(妻子)나 그 밖의 가족원들은 가장의 권력에 복종해야 했으며 그 권리능력도 크게 제한되었다. 중세 봉건시대의 장원제도 하에서는 농민 내지 농노(農奴)의 대부분이 토지에 예속되어 어느 정도 토지의 부속물로 취급되면서 영주의 권력에 복종하는 상황이었고, 그 권리능력이 부정되거나 혹은 크게 제한되었다.

　　근대에 이르러 종래의 권리능력에 관한 차별이 타파되고 권리능력 평등의 원칙이 수립되었는데, 여기에는 경제적으로 자본주의적 자유경제가, 법사상적으로 계몽적 자연법사상이, 정치적으로 프랑스 혁명이 각각 공헌하였다고 볼 수 있다. 즉, 산업혁명으로 인하여 자본주의적 자유경제가 발달함으로써 모든 사람을 교환, 매매, 노동계약 등에 관한 독립한 당사자로 파악하여 권리능력의 주체로 인정하게 되었고, 자연법사상은 권리능력 평등의 원칙을 촉진시켰다. 나아가 프랑스 혁명을 계기로 모든 개인은 재산과 가족관계 등 사법관계의 주체가 되고 개인의 생명, 신체, 자유 등의 인격의 존엄을 보호받을 자격이 있다는 원칙이 수립되고, 연령, 성별, 종교, 계급, 신분 등에 따른 권리능력의 불평등이 모두 철폐된 것이다.[1]

우리의 역사를 보더라도, 고려 시대부터 조선 전기까지 노비의 신분을 보면, 이른바 솔거노비(率居奴婢)의 경우 우마(牛馬)와 다름없이 매매의 대상이 되었기 때문에 서구의 노예와 유사한 권리무능력자의 지위였고, 외거노비(外居奴婢)의 경우 상전과 독립하여 토지와 가옥 등을 소유할 수 있기 때문에, 중세 서구의 농노(農奴)와 비슷한 제한권리능력자의 지위에 있었음을 알 수 있다.[2] 그 후 우리나라에서 근대 민법의 법리를 받아들이면서 모든 사람이 권리능력을 가진다는 원칙이 정착된 것이다.

다만, 현대 사회에서도 권리능력 평등의 원칙이 전 세계의 모든 나라에서 확립되었다고 말할 수는 없다. 예컨대, 개인의 존엄과 가치를 부정하고 나아가 창의력을 인정하지 아니하는 일부 공산권국가에서는 개인을 단순한 분배의 객체로 취급하고 있기 때문이다.[3]

3. 입 법 례

위와 같은 역사적 발전과정을 거쳐서 서구 유럽에서는 19세기에 이르러 권리능력 평등의 원칙이 입법화되었다.

1811년 오민은 §16에서 "모든 인간은 태어나면서 이성에 의하여 명백한 권리를 가지고, 따라서 인격자로 본다. 노예와 농노 및 이에 관계된 권리의 행사는 우리 제방(諸邦)에서는 이를 허용하지 않는다."라고 규정하고, §18에서 "누구라도 법률이 정하는 조건 하에서 권리를 취득할 능력이 있다."라고 규정하였다. 프민은 §8 Ⅰ에서 "모든 프랑스인은 사권(私權)을 향유한다."라고 규정하고 있으며, 스민은 §11에서 "누구도 권리능력을 가진다. 모든 인간을 위하여 법질서의 범위 내에서 권리·의무를 가지는 평등한 능력이 성립한다."라고 규정하고 있다. 반면에 독민, 일민 및 우리 민법은 모든 사람에게 권리능력이 있다는 점을 명시적으로 규정하고 있지는 않다. 즉, 독민은 §1-3에서 "사람의 권리능력은 출생이 완료된 때로부터 시작한다."라고 규정하고, 일민은

---

1) 고상룡, 67-69; 김상용, 127-128; 이영준, 843-844; 구주해(1), 235-236(양삼승) 등 참조.
2) 고상룡, 68 참조.
3) 이영준, 843-844 참조.

§1에서 "사권의 향유는 출생으로 시작된다."라고 규정하고 있으며, 우리 민 §3도 "사람은 생존한 동안 권리와 의무의 주체가 된다."라고 규정함으로써 유 사한 형식을 취하고 있다.[4] 그러나 후자의 규정형식이 '권리능력 평등의 원칙' 을 부정하는 취지라고 볼 수는 없다. 오히려 위 원칙은 자명한 것이기 때문에, 이를 당연한 전제로 하고 있는 것으로 해석된다.

모든 자연인에게 권리능력을 인정하고, 또한 권리능력의 범위를 한정하지 않는 것이 근대법의 기본적 요청이다. "모든 국민은 법 앞에 평등하다. 누구든 지 성별·종교 또는 사회적 신분에 의하여 정치적·경제적·사회적·문화적 생 활의 모든 영역에 있어서 차별을 받지 아니한다."라고 규정한 우리 헌 §11 Ⅰ 등에 비추어 보면, 우리나라에서 '권리능력 평등의 원칙'은 헌법원칙과 직접 관련되어 있음을 알 수 있다.

사람에게 권리능력을 인정하는 것이 실정법적인 문제인지 아니면 초국가 적·자연법적인 문제인지에 관하여는 견해의 대립이 있다. 전자의 경우 사람 이 사람이기 때문에 당연히 권리능력을 가지게 되는 것은 아니고, 모든 사람 에게 권리능력이 인정되는 것은 어디까지나 법에 의하여 인정된 것으로서 초 국가적·자연법적인 것이 아니라는 입장을 취하고 있고,[5] 후자의 경우 권리능 력은 사적 자치의 대전제이므로 사람의 권리능력을 부정하는 헌법이나 법률은 그 사명을 일탈한 것이기 때문에, 사람에게 권리능력을 인정하는 것은 개인의 존엄과 가치로부터 당연히 도출되는 것이라는 입장을 취하고 있다.[6]

4. 강행규정성

권리능력에 관한 민법의 규정은 이른바 강행규정이고, 개인의 의사에 의하 여 그 적용을 배제하는 것은 허용되지 않는다. 스민 §27과 같이 이에 관한 명 문의 규정을 두고 있는 입법례도 있는데, 우리 민법에는 그러한 명문의 규정은 없으나 권리능력에 관한 규정이 강행규정이라는 데에는 이견이 없다.[7]

---

4) 김상용, 128-129; 구주해(1), 236-237(양삼승).
5) 고상룡, 67; 곽윤직·김재형, 95.
6) 이영준, 842-843.
7) 김증한·김학동, 105; 이영준, 842.

Ⅲ. 의사능력과 행위능력

1. 의사능력

(1) 의　의

사적 자치(私的 自治)의 원칙은 개인이 자신의 자유로운 의사에 따라 법률관계를 형성할 수 있다는 것이고, 권리능력 평등의 원칙은 모든 사람은 평등하게 권리능력을 가진다는 것이다. 그런데 이는 자연인이 보편적인 이성의 능력을 가지고 이를 토대로 하여 법률관계를 형성한다는 것을 전제로 한다. 만일 개인의 의사가 정신적인 미숙 또는 장애 등과 같은 내적인 불완전함으로 인하여 왜곡되는 경우, 위와 같은 일반원칙이 그대로 적용될 수는 없다.

그러므로 모든 권리능력자가 '자기의 행위에 의하여' 권리를 취득하거나 의무를 부담할 수 있는 것은 아니다. 즉, 권리능력자가 자기의 행위에 의하여 권리를 취득하고 의무를 부담하기 위해서는, 자기의 행위의 의미나 결과를 판단할 수 있는 일정한 정신적 능력을 가지고 있을 것이 요구된다. 이와 같이 '자기의 행위의 의미나 결과를 합리적으로 인식하고, 그에 따라 그 행위를 할 것인지, 어떠한 내용의 행위를 할 것인지를 판단·제어할 수 있는 당사자의 정신적 능력을 의사능력(意思能力) 또는 판단능력(判斷能力)이라고 한다. 이러한 의사능력이 없는 정신상태를 의사무능력(意思無能力)이라고 하는데, 예컨대 유아(幼兒)나 정신병자(精神病者)의 경우, 정상적인 사람이지만 의식을 잃을 정도로 만취한 경우의 상태 등을 예시할 수 있다.

이에 관하여 판례는 "의사능력이란 자신의 행위의 의미나 결과를 정상적인 인식력과 예기력을 바탕으로 합리적으로 판단할 수 있는 정신적 능력 내지는 지능을 말하는 것으로서, 의사능력의 유무는 구체적인 법률행위와 관련하여 개별적으로 판단되어야 할 것이므로, 특히 어떤 법률행위가 그 일상적인 의미만을 이해하여서는 알기 어려운 특별한 법률적인 의미나 효과가 부여되어 있는 경우 의사능력이 인정되기 위하여는 그 행위의 일상적인 의미뿐만 아니라 법률적인 의미나 효과에 대하여도 이해할 수 있을 것을 요한다."라고 판시하고 있다.[8]

(2) 효　과

의사능력을 가지고 있지 못한 의사무능력자(意思無能力者)가 한 행위에 대

---

8) 대판 06.9.22, 2006다29358; 대판 09.1.15, 2008다58367; 대판 12.3.15, 2011다75775 등 참조.

하여는 법률적 효과가 인정되지 아니한다. 즉, 의사무능력자의 법률행위는 무효이다. 독민 § 105, 스민 § 18 등은 이러한 법적 효과에 대하여 명시적으로 규정하고 있는 반면에, 우리 민법에는 이에 관한 명문의 규정이 없다. 그러나 우리 민법의 해석상으로도 의사무능력자의 행위가 무효라는 점은 의사무능력을 이유로 무효임을 주장하는 자에게 증명책임이 있다는 점에 대해서는 학설과 판례가 일치하고 있다.[9]

다만, 이에 관하여 의사무능력자는 물론이고 그 거래상대방이나 제3자도 무효를 주장할 수 있다는 절대적 무효설[10]과 의사무능력자는 무효를 주장할 수 있으나 그 상대방 등은 무효를 주장할 수 없다는 편면적 무효설[11]이 대립하고 있다. 사적 자치의 원칙에 비추어 볼 때 의사무능력자의 법률행위에 대하여 어떠한 효력을 인정하기 어렵기 때문에 절대적 무효설이 타당하다고 본다.

(3) 필 요 성

의사무능력자의 행위에 대하여 법률상 아무런 효과가 발생하지 않게 하는 제도는 사적 자치의 원칙을 토대로 하고 있다. 즉, 근대법의 기본입장은 개인에 대한 국가의 후견적인 역할을 배제하고, 개인의 자유를 존중하는 것이다. 이러한 이유로 모든 사람은 원칙적으로 자기의 의사에 기하여서만 권리를 취득하고 의무를 부담하는 것인데, 위에서 본 바와 같이 의사능력이 없는 사람의 행위는 그 사람의 의사에 기한 것이라고 할 수 없기 때문이다. 결국 의사무능력제도는 궁극적으로 의사무능력자를 보호하는 것이 된다.

(4) 의사능력 유무에 대한 판단

의사능력이 있는지 여부에 대한 판단은 구체적인 행위에 관련하여 개별적으로 판정되는 것이고, 그에 관한 형식적·획일적 기준이 있는 것은 아니며, 의사능력이 없음을 주장하는 사람이 이를 증명해야 한다는 것이 확립된 판례의 입장이다.

이에 관하여 의사능력의 흠결이 증명되었다고 본 판례로는 초등학교 때 열병으로 언어 및 정신적 장애를 겪게 되어 이를 중퇴하고 가족들의 도움을 받으며 생활하고 있고, 신체감정 결과 지능은 64로서 '정신지체'의 범주에 속하는 지적 능력을 가지고 있고, 사회적 연령은 7세, 의사소통 영역은 5.14 내

---

9) 김증한·김학동, 122; 이영준, 859 등 참조.
10) 강태성, 123; 고상룡, 115; 곽윤직·김재형, 110; 김상용, 148; 김준호, 69; 김증한·김학동, 121; 백태승, 134; 송덕수, 154; 이영준, 858; 이은영, 158; 지원림, 민법강의, 제16판, 2019, 61.
11) 김주수·김상용, 99; 김민중, 123.

지 6.19세, 작업 영역은 7.54 내지 10.4세 정도에 해당하며, 일상적인 질문에 대해 말로는 전혀 답을 하지 못하고 동작으로만 "예, 아니오"의 대답이 가능하여 내용전달이 전혀 안 되는 당사자의 경우, 금융회사와의 대출거래약정 및 근저당권설정의 법률적인 의미와 그로 인하여 자신이 부담하게 될 법적인 책임을 정상적인 인식력과 예기력을 바탕으로 합리적으로 판단할 수 있는 정신적 능력을 갖추고 있었다고 볼 수 없으므로, 이러한 대출거래약정 등에 대한 의사능력이 흠결된다고 판시한 사례[12] 등이 있다.

반면에, 의사능력의 흠결에 대한 증명이 부족하다고 본 판례로는 담당공무원이 부동산매도용 인감증명서를 발급받을 때에는 본인이 직접 인감증명 발급대장에 서명하여야 한다는 취지를 당사자에게 설명하였고, 당사자가 이를 알아듣고 인감증명 발급대장에 직접 서명하였으며, 당사자가 비록 고령이고 거동이 불편하기는 하였으나 의사소통에 문제가 있는 정도는 아니었다고 진술하고 있는 점 등 제반 사정에 비추어 볼 때, 당사자에게 부동산매매계약에 관한 의사능력이 없었음을 인정하기 어렵다고 판단한 사례[13] 등이 있다.

(5) 의사능력에 관한 실정법 규정

민법에는 의사능력에 관한 명문의 규정이 없지만, 다른 법령에서 '의사능력'이라는 문구를 사용한 사례가 있다.

예컨대, 상 §732는 "15세 미만자, 심신상실자 또는 심신박약자의 사망을 보험사고로 한 보험계약은 무효로 한다. 다만, 심신박약자가 보험계약을 체결하거나 제735조의3에 따른 단체보험의 피보험자가 될 때에 의사능력이 있는 경우에는 그러하지 아니하다."라고 규정하고 있는데, 이는 해당 보험계약의 체결 당시 심신박약자에게 의사능력이 존재하는지 여부에 따라서 그 보험계약의 효력이 좌우된다는 취지이다. 위와 같이 별도의 정의규정을 두지 않는 채 의사능력이라는 문구를 실정법에 그대로 사용한 경우, 그 의사능력의 존부는 앞서 본바와 같은 민법상 일반원칙과 기준을 토대로 구체적인 법률행위와 관련하여 개별적으로 판단되어야 할 것이다.

한편, 의사능력이 없는 사람의 소송행위는 절대무효이고, 그 의사능력의

---

12) 대판 09.1.15, 2008다58367. 유사한 취지의 판례로는 대판 93.7.27, 93다8986; 대판 02.10.11, 2001다10113; 대판 06.9.22, 2004다51627; 대판 06.9.22, 2006다29358; 대판 07.11.15, 2007다48943 등 참조.

13) 대판 06.10.26, 2005다36069. 유사한 취지의 판례로는 대판 09.2.26, 2008다80616 등 참조.

유무는 구체적인 소송행위와 관련하여 개별적으로 판정해야 한다는 것이 종래 통설, 판례의 입장이었다. 이에 관하여 2016.2.3. 공포되고 2017.2.4. 시행된 개정 민소 §62-2는 "① 의사능력이 없는 사람을 상대로 소송행위를 하려고 하거나 의사능력이 없는 사람이 소송행위를 하는 데 필요한 경우 특별대리인의 선임 등에 관하여는 제62조를 준용한다. 다만, 특정후견인 또는 임의후견인도 특별대리인의 선임을 신청할 수 있다. ② 제1항의 특별대리인이 소의 취하, 화해, 청구의 포기·인낙 또는 제80조에 따른 탈퇴를 하는 경우 법원은 그 행위가 본인의 이익을 명백히 침해한다고 인정할 때에는 그 행위가 있는 날부터 14일 이내에 결정으로 이를 허가하지 아니할 수 있다. 이 결정에 대해서는 불복할 수 없다."라고 규정하였다. 이와 같이 제한능력자를 위하여 법원의 직권 또는 신청에 의하여 선임되는 특별대리인에 관한 규정($\frac{민소}{\S62}$)을 의사무능력자에 대해서 준용하도록 규정함으로써 의사무능력자가 유효하게 소송행위를 할 수 있는 길을 열었다고 볼 수 있다.[14]

2. 행위능력

(1) 의   의

의사능력의 유무는 구체적인 법률행위와 관련하여 개별적으로 판단되어야 하는데, 그 판단의 대상은 외부에서는 확인하기 어려운 내적인 심리적 정신능력이고, 그 의사표시를 한 사람의 정신적 발달의 정도, 행위 당시의 정신상태, 대상이 되는 행위의 난이도 등에 따라서 그 의사능력의 유무가 개별사안 별로 달라질 수 있다.

그런데 의사능력 유무에 대한 판단이 위와 같이 개별적·구체적으로 행해지게 되면 다음과 같은 2가지 측면에서 문제점이 발생한다. 먼저 의사무능력자 본인의 입장에서 보면, 행위 당시에 의사능력이 없었음을 증명하여 보호를 받는다는 것은 쉽지 않다. 다음으로 의사무능력자와 거래한 상대방 기타 제3자의 입장에서 보면, 법률행위 당시에 표의자(表意者)의 의사능력의 유무를 확실히 알기 어렵기 때문에, 나중에 의사능력이 없었음을 이유로 그 행위가 무효로 되면 불측의 손해를 입게 된다.

이와 같이 의사무능력에 관한 원칙만으로 법제도를 운영하는 경우 불편함과 불측의 손해가 발생할 가능성이 있기 때문에, 이러한 폐단을 최소화하기 위하여 현대 민법은 다음과 같은 제도를 채택하고 있다. 즉, 일정한 연령에 도달

14) 이에 관하여는 이시윤, 신민사소송법, 제12판, 2018, 164-166 참조.

하였는지 여부 또는 행위능력 제한에 관한 법원의 재판이 있었는지 여부 등과 같이 외부에서 인식할 수 있는 일정한 표식에 따른 일정한 기준을 정하여, 그 기준이 충족되는 경우에는 구체적인 사안에서 표의자가 해당 법률행위를 하면 서 구체적으로 의사능력을 가지고 있었는지 여부와 관계없이, 즉 표의자의 정신 상태나 해당 법률행위의 난이도 등을 따지지 않고 그 표의자가 행한 법률행위를 취소할 수 있는 것으로 규정하는 것이다.

　　행위능력 제도는 위와 같이 객관적·획일적 기준에 의하여 의사능력의 유무를 객관적으로 획일화하는 것이다. 이러한 획일적 기준에 따라 의사능력이 있는 것으로 인정되는 사람은 행위능력자이고, 그렇지 않은 사람은 제한능력자가 된다. 따라서 행위능력은 표의자의 구체적인 의사능력과는 관계없이, 단독으로 완전하고 유효한 법률행위를 할 수 있는 '지위 또는 자격'을 의미한다. 우리 민법에서 단순히 '능력'이라고 할 경우 이는 '행위능력'을 의미하고, '제한능력자(制限能力者)'는 행위능력이 제한되는 사람을 의미한다.

　(2) 제도의 성격

　　행위능력 제도나 제한능력자 제도의 목적은 한편으로는 의사무능력의 증명을 면제함으로써 본인을 보호하려는 것이고, 다른 한편으로는 거래상대방이나 제3자로 하여금 객관적 기준을 토대로 하여 제한능력자를 구별할 수 있도록 함으로써 상대방 등의 손해를 예방하고 거래의 안전을 도모하는 것이다.

　　그러나 제한능력자에 해당하는지 여부의 판단을 객관적·획일적 기준에 의한다고 하더라도 이를 심사한다는 것이 이론상 가능하기는 하지만, 실무상 쉬운 일이 아니다. 나아가 구체적인 사안에서 이와 같은 행위능력의 유무를 심사하는 것은 가족관계등록부나 후견등기부 등을 통하여 해당 표의자의 연령이나 행위능력 제한에 관한 법원 재판의 존부를 확인하는 방법을 사용할 수밖에 없는데, 그 자체로 거래의 안전 내지 거래의 신속을 해친다고 볼 여지가 있다.

　　한편, 넓은 의미의 성년후견제도를 도입한 개정 민법[15]이 2013.7.1. 시행되었는데, 개정 민법은 법정 후견에 관하여 선의의 제3자를 보호하는 취지의 조문을 마련하고 있지 않다. 이로 인하여 개정 민법상 제한능력자와 거래하는 상대방은 그와 계약을 체결하려는 사람이 제한능력자인지 여부, 만약 제한능력자라면 어느 범위에서 행위능력이 제한되고 있는지 여부, 본인을 대신하여

---

15) 여기에서 '개정 민법'이라 함은 특별한 표시가 없는 이상 2011.3.7. 법률 제10429호로 개정되고 2013.7.1. 시행된 것을 의미한다.

계약을 체결하려는 사람이 제한능력자의 적법한 법정대리인인지 여부 및 그의
대리권의 범위 등을 스스로 조사함으로써 그 위험을 회피하는 수밖에 없다.

그런데 기존의 한정치산(限定治産)·금치산(禁治産) 선고 사실이 가족관계등록
부에 기재되었던 것과 달리, 개정 민법에 의하면 성년후견 또는 한정후견 등은
후견등기부에 의해 공시되고, 후견과 관련된 등기사항증명서의 발급을 청구할 수
있는 사람은 피후견인, 후견인, 후견감독인, 피후견인의 배우자 또는 4촌 이내의
친족 등 일정한 범위 내에 있는 사람으로 한정된다($\frac{후등}{§15}$). 따라서 거래의 상대방
은 제한능력자 또는 그의 후견인 등에게 관련 등기사항증명서를 발급받아 올 것
을 요청하고, 제한능력자 측에서 그 등기사항증명서를 발급받아서 이를 상대방
에게 제시하는 등 간접적인 방법으로 거래의 안전을 도모하는 수밖에 없다.[16]

이와 같이 행위능력 제도나 제한능력자 제도는 거래의 안전 내지 사회일
반의 이익보다는 본인의 보호에 치중하는 제도로서, 이는 개인본위의 사상에
서 출발된 제도이다. 따라서 행위능력에 관한 규정의 적용범위 등에 관하여 검
토하는 경우, 이러한 행위능력 제도의 본질적 성격을 충분히 고려해야 한다.

(3) 적용범위

　　㈎ 재산법상 법률관계와 가족법상 법률관계　　행위능력 제도는 원래
재산법상 법률관계에 대하여 적용되는 것이고, 가족법상 법률관계에 대해서는
원칙적으로 적용되지 않는다고 보는 것이 다수설의 입장이다.[17]

이러한 다수설에 의하면, 신분행위는 이해관계를 떠나 다분히 감정적이고
전적으로 인간적 결합을 지향하는 것이기 때문에 타산적·이성적·경제적 성질
을 갖는 재산행위와는 그 본질을 달리하며, 재산법상 거래행위는 신속한 처리
가 존중되지만, 이에 비하여 신분행위는 본인의 의사의 존중, 즉 개개의 행위
의 진실성을 존중하여야하기 때문에 행위능력을 획일적으로 규율하는 것은 타
당하지 아니하고, 구체적인 사안에서 의사능력만 있으면 유효한 신분법상 행

---

16) 강태성, 159; 지원림(주 10), 81; 윤진수·현소혜, "2013년 개정민법 해설", 법무부,
　　2013, 77-78. 이 부분 논의와 관련하여, 형제자매에게 가족관계등록부 등의 기록사항
　　에 관한 증명서 교부청구권을 부여하는 '가족등'(2007.5.17. 법률 제8435호로 제정된 것)
　　§14 Ⅰ 본문 중 '형제자매' 부분이 과잉금지원칙을 위반하여 청구인의 개인정보자기결정
　　권을 침해한다는 이유로 위헌판단을 한 헌재 16.6.30, 2015헌마924 결정의 법리에 비추어
　　볼 때, 거래상대방이 (제한능력자 측의 도움을 받지 않고) 스스로 후견과 관련된 등기사항
　　증명서를 발급받을 수 있는 제도를 도입하는 것은 쉽지 않을 것으로 판단된다.
17) 강태성, 128; 곽윤직·김재형, 113; 김민중, 129; 김주수·김상용, 103, 112; 김준호,
　　72; 김증한·김학동, 127; 백태승, 140; 송덕수, 157; 지원림(주 10), 74; 구주해(1), 240,
　　269(양삼승); 주석 총칙(1), 282(제5판/신숙희).

위를 단독으로 할 수 있다고 보아야 한다. 따라서 행위능력에 관한 규정은 가
족법상 행위에 적용되지 아니하므로 법정대리인은 원칙적으로 가족법상 행위
에 대하여 대리권 또는 동의권을 행사할 수는 없고, 특별규정이 있는 경우(예컨대, §§ 801, 802, 807, 808, 835, 866, 869, 870, 871, 873, 902, 1061, 1062, 1063 등 참조)에 비로소 행위능력에 관한 규정이 적용되는
예외가 인정된다는 취지이다.

　　이에 대하여 가족법상 법률관계를 법률행위에 관한 일반법리가 적용되지
않는 별도의 범주로 설정하는 것은 바람직하지 않다는 유력한 소수설이 있
다.[18] 소수설에서는 전형적인 신분행위인 혼인에 대해서도 민법이 미성년자에
관하여 별도의 규정을 두고 있는데(§808 등), 거기에서 미성년자는 민법총칙에서
정한 개념이고, 미성년자에게 의사능력만 있으면 혼인을 스스로 할 수 있는 것
이 아니라 부모 또는 미성년후견인의 동의를 얻도록 하고 있는바, 이와 같이
동의를 요구하는 이유는 제한능력자의 능력 보충이라는 제한능력자 제도의 기
본구성과 동일하다는 점 등을 지적하면서, 가족법상 행위에 대하여도 민법총
칙에서 정하는 제한능력자 제도의 기본틀이 바탕에 깔려 있고, 그 바탕 위에
행위의 특성에 따른 특칙이 마련된 것으로 보아야 한다고 주장한다.

　　㈏ 일용품의 구입에 관한 계약, 사회적 계약 및 필수계약에 관하
여　　2011.3.7. 민법이 개정되기 전 학계에서는 정신능력이 불충분한 무산
자(無産者)의 일용품(日用品)에 관한 거래행위에 관한 특별한 법리,[19] 지하철
등과 같은 공중교통수단의 이용 등과 같은 정형적·집단적·대량적 거래관계를
하는 경우에 관한 독일의 사실적 계약관계론,[20] 보호자가 없는 미성년자 등이
생활필수품을 거래하는 경우에 관한 영미의 필수계약(contract for necessaries)
의 법리[21] 등을 우리 민법상 행위능력 제한에 관한 개별 법리 내지 해석론으
로 수용할 수 있는지에 관하여 논의가 이루어졌다.[22]

　　그런데 개정 민법은 피성년후견인(被成年後見人)의 법률행위를 원칙적으로

---

18) 양창수·김재형, 613.

19) 김증한·김학동, 128.

20) 이는 생활필수계약이나 그 밖의 일정한 범위에서 승차, 목적물의 사용·수익과 같은 사
　　실행위에 의하여 계약이 체결된다는 독일의 학설인데, 이에 관하여는 이은영, 154; 이영
　　준, 864-866 등 참조.

21) 이는 미성년자라도 보호자가 없는 경우 확정적으로 일상생활에 필요한 생필품의 공급
　　등에 관한 필수계약을 체결할 수 있다는 영미계약법상의 법리인데, 이에 관하여는 이은영,
　　154; 이영준, 864-866 등 참조.

22) 이에 관하여는 이영준, 864; 지원림(주 10), 75; 구주해(1), 240(양삼승); 주석 총칙(1),
　　278(제5판/신숙희) 등 참조.

취소할 수 있도록 함으로써 그 행위능력이 제한되는 것으로 규정하면서도($^{\S 10}_{I}$),
피성년후견인이 일용품의 구입 등 일상생활에 필요하고 그 대가가 과도하지 아
니한 법률행위를 한 경우 성년후견인이 이를 취소할 수 없다고 규정하고($^{\S 10}_{IV}$),
피한정후견인(被限定後見人)에 대해서도 유사한 취지의 규정을 두었다($^{\S 13}_{VI 단서}$).

　　물론 개정 민법이 종래 학계에서 논의하던 내용을 모두 반영한 것은 아니
지만, 그 논의과정에서 지적된 문제점들 중 상당부분을 입법적으로 해결한 것
이고, 미성년자의 경우에도 개별 사안별로 §5, §6에 대한 해석을 통하여 피성년
후견인이나 피한정후견인에 적용되는 법리를 유추적용할 수 있는 토대가 마련되
었다고 할 수 있다. 따라서 앞으로 이 부분에 관하여는 §10 IV나 §13 VI 단서
등에 대한 해석론을 중심으로 하여 법리가 정리되는 것이 바람직하다고 본다.

　　　　㈐ 법인의 행위능력　　　법인의 경우에는 권리능력이 중요한 의미를
가지지만, 권리능력이 있는 범위 내에서는 행위능력이 인정되고, 구체적인 행
위는 실제로 법인의 대표기관 내지 집행기관이 행하기 때문에 법인의 고유한
행위능력은 크게 문제가 되지 않는다.[23]

3. 제한능력자의 종류 및 입법례

　　앞에서 본 바와 같은 행위능력제도의 근본취지에 따라, 각국의 입법례에
있어서 행위무능력자로 인정되고 있거나, 인정되고 있었던 유형을 그 사유에
따라 분류해 보면 다음과 같이 정리될 수 있으며, 그 각 사유에 따른 취급사례
를 입법례에 따라 나누어 보면 다음과 같다.

　　(1) 연령을 이유로 하는 것

　　제한능력의 사유로서 각국의 민법이 들고 있는 가장 일반적인 부류는 연
령을 이유로 하는 것이다. 일반적으로 사람은 출생 이후 시간이 경과함에 따라
서 점진적으로 그 지적 능력이나 판단능력 등이 향상·발전되어 나아가는 것
이다. 따라서 사회통념상 자기의 재산을 스스로 관리하고 합리적으로 경제활
동을 할 수 있는 연령에 이르기까지에는 그 행위능력을 제한해 온 것이 통상
적으로 받아들여지고 있다. 다만, 어느 정도의 연령에 달하면 위와 같은 능력
이 있는 것으로 인정할 것인가에 관하여는 각국의 현실, 시대의 상황 등에 따
라 결정되어야 할 것인데, 시대의 발전과 함께 점점 낮아지는 경향이 있다.

　　그리고 미성년자를 제한능력자로 취급하는 경우에도 다시 연령에 따라 단

---

23) 동지, 송덕수, 153; 이은영, 123.

계를 두는 경우와, 이러한 구별 없이 일률적으로 다루는 경우가 있다. 전자의 예에 속하는 입법례가 독민의 경우로서 7세 미만의 경우를 절대적 무능력자, 7세 이상의 경우를 제한적 무능력자로 취급하고 있다($_{§ 106}^{독민 § 104,}$).

나아가 미성년자를 위하여 법정대리인을 두는 데에는 모든 입법례가 일치하고 있지만, 미성년자가 그 법정대리인의 동의를 얻어서 단독으로 법률행위를 하는 것을 어느 범위에서 인정할 것이냐는 입법례에 따라 다르다. 예컨대, 독민은 7세 이상의 자에게($_{이하}^{§ 106}$), 스민($_{19}^{§}$) 및 우리 민법은 일정한 연령에 의한 기준은 두지 않고 일반적으로 의사능력이 있는 자에게 이를 인정하고 있으며, 프민은 이러한 제도는 이를 인정하지 아니하지만 사후에 추인을 함으로써 그 행위를 유효하게 하는 방법을 두고 있다($_{1338}^{§}$).

(2) 일반적인 정신능력을 이유로 하는 것

개인의 일반적인 정신적 능력이 불완전·불충분한 경우, 이러한 정신적 제약으로 '사무를 처리할 능력이 지속적으로 결여'된 상태인지, 아니면 '사무를 처리할 능력이 부족'한 상태인지 여부를 불문하고 이를 모두 제한능력자로 취급하는 데에는 입법례가 일치하고 있다. 다만, 양자의 취급방법에 관한 입법례는 차이가 있는데, 양자를 동일하게 다루는 유형, 양자를 동일한 관념으로 파악하지만 능력에 있어서 차등을 두는 유형, 양자를 전혀 다르게 취급하는 유형 등을 예시할 수 있다.

(3) 구체적인 사유나 사정을 이유로 하는 것

개인의 일반적인 정신능력이 아닌 구체적인 사정 등을 이유로 하여 제한능력자로 취급하는 경우도 있다. 예컨대, 낭비벽 있는 사람($_{민 § 9 \ 등 \ 참조}^{2011.3.7. \ 개정 \ 전}$)이나 농자(聾者)·아자(啞者)·맹자(盲者)를 제한능력자로 취급하는 입법례도 있을 수 있다($_{내지 § 13 \ 참조}^{의용민법 § 11}$). 그런데 농자·아자·맹자의 경우도 이러한 신체적 사유로 인하여 정신적인 장애가 발생하지 않았다면 이를 별도의 제한능력사유로 할 필요는 없기 때문에, 우리 민법의 제정 당시에 이는 제한능력사유에서 배제되었고,[24] 낭비자의 경우도 개정 민법상 제한능력사유에 해당하지 않게 되었다.[25]

과거에는 처(妻)를 제한능력자로 취급하는 입법례도 있었는데($_{§ 14}^{의용민}$), 이는 양성의 평등원칙에 반하는 전근대적인 사고방식의 결과이기 때문에, 해방 이후 미군정청(美軍政廳)하의 대법원은 처의 행위능력을 제한한 의용민 § 14의

---

24) 민의원 법제사법위원회 민법안심의소위원회, 민법안심의록(상권), 1957, 11.
25) 이에 관하여는 § 12에 대한 해설부분 참조.

적용을 배제하는 판단을 하였다.[26]

4. 행위능력과 다른 능력과의 비교

(1) 권리능력

권리능력은 권리의무의 귀속주체로 될 수 있는 지위 내지 자격을 말하는
것으로서, 모든 사람과 법인에게 권리능력이 인정된다. 반면에 행위능력은 권
리능력을 전제로 하여 권리의무의 득실변경을 일으키는 법률행위를 할 수 있
는 능력을 말한다. 즉, 권리능력은 권리보유의 가능성에 관한 것인 반면에, 행
위능력은 권리취득을 위한 법률행위의 가능성에 관한 것이다.[27]

(2) 의사능력

⑺ 의사능력은 자기의 행위의 의미나 결과를 정상적인 인식력과 예기력
을 바탕으로 합리적으로 판단할 수 있는 능력으로서,[28] 의사능력의 유무는 구
체적인 법률행위와 관련하여 개별적으로 판단해야 한다. 반면에, 행위능력은
의사능력의 유무를 외부에서 객관적·획일적으로 판단할 수 있도록 획일화한
능력으로서 개개인의 구체적 능력과는 관계가 없는 능력을 말한다.

⑷ 의사무능력과 제한능력의 경합문제   제한능력자가 구체적인 법
률행위에 관하여 의사무능력 상태에 있었음을 이유로 하여 의사표시의 무효를
주장할 수 있는지, 즉 의사무능력자로서 무효주장을 하는 것과 제한능력자로
서 취소주장을 하는 것을 선택적으로 할 수 있는지 여부가 문제가 될 수 있다.

이는 이른바 '무효·취소의 이중효(二重效) 법리'와 관련된 문제로서, 각 법
률요건이 충족된다면 무효의 주장과 취소의 주장을 선택적으로 할 수 있다는
것이 통설의 입장이다.[29] 통설을 취하는 경우에도 취소에 관한 제척기간규정
$\left(\begin{smallmatrix} \S \\ 146 \end{smallmatrix}\right)$ 등은 무효의 주장에는 적용되지 않지만, 취소에 관한 규정 중 제한능력자

---

26) 대판 47.9.2, 4280민상88. 위 판결의 의의에 대하여는 양창수, "우리 나라 최초의 헌
   법재판논의―처의 행위능력 제한에 관한 1947년 대법원판결에 대하여―", 민법연구 6,
   2007, 37-75 참조.

27) 이은영, 127.

28) 대판 06.9.22, 2006다29358; 대판 12.3.15, 2011다75775 등 참조.

29) 강태성, 126; 곽윤직·김재형, 111; 김민중, 126; 김상용, 149; 김주수·김상용, 99; 김준
   호, 71; 김증한·김학동, 122; 백태승, 139; 송덕수, 154; 이영준, 860; 이은영, 158; 지원
   림(주 10), 71; 주석 총칙(1), 277(제5판/신숙희). 이에 관하여 일본에서는 행위능력제도
   는 연혁적으로 거래의 안전을 도모하기 위하여 의사능력제도를 객관적으로 획일화함으로
   써 의사능력제도를 흡수하였으므로, 의사능력제도는 실정법상 존재하지 않는 제도이고, 동
   일한 사실관계가 무효인 동시에 취소할 수 있다는 것은 모순이므로 언제나 행위능력제도
   가 의사능력제도에 우선하여 적용된다는 견해도 제기되어 있다고 한다(이영준, 860 참조).

에게 유리한 것은 의사무능력에 의한 무효에 관하여도 유추적용된다고 해석할
수 있을 것이다. 예컨대, 제한능력을 이유로 하여 법률행위를 취소하는 경우
제한능력자는 그 행위로 인하여 받은 이익이 현존(現存)하는 범위 내에서만 상
환할 책임이 있는데($^\S_{141}$), 이 규정은 의사무능력에 의한 무효의 경우에도 유추
적용될 수 있다고 본다.[30] 판례도 같은 입장이다.[31]

(3) 책임능력

책임능력(責任能力)은 불법행위에 따른 책임에 관한 능력으로서, 자기의 행
위가 불법행위(不法行爲)로서 법률상 책임을 발생한다는 점을 변식(辨識)할 수
있는 정신적 능력 내지 판단능력을 의미한다. 책임능력의 유무는 불법행위자
의 연령 및 불법행위의 모습에 따라서 구체적·개별적으로 판단해야 한다는
측면에서[32] 의사능력과 유사한 점이 있지만, 전자는 과실책임주의와 관련하여
불법행위법의 영역에서 적용되는 능력인 반면에, 후자가 사적 자치의 원칙과
관련하여 법률행위의 영역에서 적용되는 능력이다. 책임무능력자는 손해배상
책임을 부담하지 않고, 그 감독자가 책임을 지는 것이 원칙이다($^\S_{755}$).

(4) 처분능력(재산관리능력)

처분능력(處分能力)은 권리내용의 실현을 목적으로 하여 처분행위를 포함
한 관리행위를 할 수 있는 권한을 말하는 것이다. 원칙적으로 재산의 귀속주체
가 이를 가지는 것이지만, 예외적으로 다른 사람이 이러한 권한을 가지거나 또
는 다른 사람과 함께 이를 가지는 경우가 있다. 후자에 관한 예시로서 제한능력
자의 경우 그 법정대리인이 재산관리권을 가진다고 설명하는 견해도 있다.[33]

---

30) 동지, 김민중, 126; 김상용, 149; 김주수·김상용, 99-100; 김준호, 71; 이영준, 860-
861; 주석 총칙(1), 278(제5판/신숙희).

31) 대판 09.1.15, 2008다58367은 "민법 제141조는 '취소한 법률행위는 처음부터 무효인 것
으로 본다. 그러나 무능력자는 그 행위로 인하여 받은 이익이 현존하는 한도에서 상환할
책임이 있다.'고 규정하고 있는데, 무능력자의 책임을 제한한 위 조항의 단서는 부당이득
에 있어 수익자의 반환범위를 정한 민법 제748조의 특칙으로서 무능력자의 보호를 위해
그 선의·악의를 묻지 아니하고 반환범위를 현존 이익에 한정시키려는 데 그 취지가 있으
므로, 의사능력의 흠결을 이유로 법률행위가 무효가 되는 경우에도 유추적용되어야 할 것
이나, 법률상 원인 없이 타인의 재산 또는 노무로 인하여 이익을 얻고 그로 인하여 타인
에게 손해를 가한 경우, 그 취득한 것이 금전상의 이득인 때에는 그 금전은 이를 취득한
자가 소비하였는가의 여부를 불문하고 현존하는 것으로 추정되므로(대판 96.12.10, 96다
32881 참조), 위 이익이 현존하지 아니함은 이를 주장하는 자, 즉 의사무능력자측에 입증
책임이 있다 할 것이다."라고 판시하였다.

32) 백태승, 115.

33) 구주해(1), 243(양삼승) 참조.

(5) 준법률행위능력

준법률행위(準法律行爲)의 경우 그 능력에 관하여 별도의 규정이 없으므로 개별 행위의 성질에 따라서 이를 정할 수밖에는 없다. 이러한 관점에서 보면, 의사의 통지나 관념의 통지 등과 같은 준법률행위에 대해서는 원칙적으로 행위능력에 관한 규정을 유추적용하는 것이 타당한 반면에, 감정의 표시에 대하여는 이를 유추적용하는 것이 부적절하다고 보아야 하는데, 이에 관하여는 아래 §5에 대한 해설 부분 참조.

(6) 사실행위능력

무주물선점(無主物先占)·유실물습득(遺失物拾得)·매장물발견(埋藏物發見)·첨부(添附) 등과 같은 사실행위의 경우 행위능력에 관한 규정이 일반적으로 유추적용된다고 보기는 어렵다. 왜냐하면 이러한 사실행위는 의사의 표백(表白)을 그 본질로 하고 있지 않아서 의사표시와의 유사성이 결여되어 있기 때문이다.

(7) 의사표시수령능력

의사표시를 수령하는 것은 스스로 어떠한 행위를 하는 것은 아니지만, 이를 토대로 하여 적극적인 조치를 취해야 할 경우가 있다. 따라서 민법은 원칙적으로 법정대리인이 의사표시의 도달을 알지 못하는 이상, 이로써 제한능력자에게 대항하지 못하는 것으로 규정하고 있다(§112. 다만, §16은 §112의 일반 원칙에 대한 예외를 규정하고 있다).

(8) 소송능력

소송능력(訴訟能力)은 단독으로 원고로서 유효하게 소송행위를 하거나 또는 피고로서 유효하게 소송행위를 할 수 있는 능력이다. 소송법상 당사자능력(當事者能力)은 실체법상 권리능력에 상응하는 개념인 반면에,[34] 소송능력은 실체법상 행위능력에 상응하는 개념이다.

소송능력은 소송행위의 결과를 합리적으로 판단할 수 있는 능력을 말하는 것으로서, 어떤 측면에서는 실체법상 개념인 행위능력에 비하여 더욱 고도의 판단능력을 필요로 한다고 볼 수도 있다. 민소법은 민법 기타의 법률에 의하여 행위능력이 있는 사람에게 원칙적으로 소송능력이 있는 것으로 인정하고 있다(민소 §51, §55 등 참조). 다만, 절차법의 특성으로 인하여 소송능력이 없는 자가 한 소송행위는 취소할 수 있는 것이 아니라 무효로 된다는 점이 행위능력과의 차이인데,

---

34) 다만, 실체법상 권리능력이 없는 법인이 아닌 사안이나 재단의 경우에도 대표자 또는 관리인이 있는 경우 당사자능력이 인정되므로(민소 §52), 당사자능력의 범위가 권리능력의 경우와 완전히 일치하는 것은 아니다.

소송능력 등의 흠결에 대하여 소급적 추인이 인정된다($\frac{민소}{\S 60}$).

2011.3.7. 민법 개정을 통하여 넓은 의미의 성년후견제도가 도입된 이후 피성년후견인이나 피한정후견인의 소송능력에 관하여 2016.1.8. 법률 제13952호로 민소법 관련 규정이 개정되었는데($\frac{2017.2.4.}{시행}$), 이에 관하여는 아래 §10에 대한 해설 참조.[35]

(9) 가사사건에 관한 소송능력 및 비송능력

1990.12.31.까지에는 무능력자도 법정대리인의 동의를 얻어서 인사소송에 관한 소송행위를 할 수 있었다($\frac{구\ 인소}{\S 29\ 참조}$). 그러나 1991.1.1.부터 시행되는 가사소송법 규정에 의하면, 위와 같은 예외를 인정하는 규정이 삭제되게 되었으므로, 가소 §12에 의하여 일반의 민사소송법에 따르게 되었고, 그 결과 행위무능력자는 인사소송행위에 관하여도 법정대리인에 의하여서만 소송행위를 할 수 있게 되었다($\frac{민소}{\S 51, \S 55}$).

가사사건에 관한 소송능력 및 비송능력에 관해서도 성년후견제도의 도입 취지를 절차법에 제대로 반영할 필요가 있다. 이러한 문제 등을 해결하기 위하여 정부는 2018.3.2. 국회에 가소법 전부 개정안을 제출한 적이 있는데, 이에 관하여는 아래 §10에 대한 해설 참조.

5. 강행규정성

행위능력에 관한 민법의 규정도 권리능력의 규정과 마찬가지로 강행규정이다. 따라서 개인의 의사에 의하여 그 적용을 배제하는 것은 허용되지 않고, 법률상 근거 없이 행위능력을 제한하는 것은 효력이 없다. 스민 §27과 같이 이에 관한 명문의 규정을 두고 있는 입법례도 있는데, 우리 민법에는 그러한 명문의 규정은 없으나 행위능력에 관한 규정이 강행규정이라는 데에는 이견이 없다.[36] 판례도 행위능력에 관한 규정이 강행규정이라는 점을 분명히 하였다.[37]

[김 시 철]

---

35) 개정 민소 §62-2는 제한능력자를 위하여 법원의 직권 또는 신청에 의하여 선임되는 특별대리인에 관한 규정(민소 §62)을 의사무능력자에 대해서 준용하도록 규정함으로써 의사무능력자가 유효하게 소송행위를 할 수 있는 길을 열었다는 점에 대해서는 앞서 살펴본 바와 같다.

36) 김증한·김학동, 105; 이영준, 842.

37) 이에 관하여 대판 07.11.16, 2005다71659, 71666, 71673은 "행위무능력자 제도는 사적 자치의 원칙이라는 민법의 기본이념, 특히 자기책임 원칙의 구현을 가능케 하는 도구로서

第 3 條 (權利能力의 存續期間)

사람은 生存한 동안 權利와 義務의 主體가 된다.

차   례

인정되는 것이고, 거래의 안전을 희생시키더라도 행위무능력자를 보호하고자 함에 근본적인 입법취지가 있는 것인바, 행위무능력자 제도의 이러한 성격과 입법취지 등에 비추어 볼 때, 신용카드 가맹점이 미성년자와 사이에 신용구매계약을 체결할 당시 향후 그 미성년자가 법정대리인의 동의가 없었음을 들어 스스로 위 계약을 취소하지는 않으리라고 신뢰하였다 하더라도 그 신뢰가 객관적으로 정당한 것이라고 할 수 있을지 의문일 뿐만 아니라, 그 미성년자가 가맹점의 이러한 신뢰에 반하여 취소권을 행사하는 것이 정의관념에 비추어 용인될 수 없는 정도의 상태라고 보기도 어려우며, 미성년자의 법률행위에 법정대리인의 동의를 요하도록 하는 것은 강행규정이라 할 것인데, 위 규정에 반하여 이루어진 신용구매계약을 미성년자 스스로 취소하는 것을 신의칙 위반을 이유로 배척한다면, 이는 오히려 위 규정에 의해 배제하려는 결과를 실현시키는 셈이 되어 미성년자 제도의 입법취지를 몰각시킬 우려가 있다."라고 판시하였다.

Ⅰ. 서　론

본조는 모든 사람이 평등하게 권리·의무능력을 가진다는 것을 규정함과 동시에 '생존한 동안' 이와 같은 권리·의무능력을 가진다고 규정하고 있다.

민법은 사람에 대해서만 권리능력이 인정된다는 것을 규정하고 있다. 동물의 생명보호, 안전 보장 및 복지 증진을 꾀하고 동물의 생명 존중 등 국민의 정서를 함양하는 데에 이바지함을 목적으로 한「동물보호법」의 입법 취지나 그 규정 내용 등을 고려하더라도, 민법이나 그 밖의 법률에 동물에 대하여 권리능력을 인정하는 규정이 없고 이를 인정하는 관습법도 존재하지 아니하므로, 동물 자체가 위자료 청구권의 귀속주체가 된다고 할 수 없고, 이는 그 동물이 애완견 등 이른바 반려동물이라고 하더라도 달리 볼 수 없다.[1]

---

1) 대판 13.4.25, 2012다118594. '동물은 물건이 아니다. 동물은 별도의 법률에 의하여 보호된다. 그에 대한 다른 정함이 없는 한 물건에 관한 규정이 준용된다.'라는 취지의 법률규정을 통하여 동물에 관하여 (일반적인 물건과 구별되는) 고유한 법적 지위를 인정하고 있는 독일, 오스트리아, 스위스 등 유럽 국가들에서도 민사법상 동물을 인간과 동일하게 취급하지 않고, 따라서 동물을 일반적인 권리능력의 주체로 인정하지 않고 있는데, 이에 관하여는 윤철홍, "애완견의 사망시 손해배상청구의 주체와 배상범위", 법조(통권 688), 2014, 239 이하 참조.

한편, 본조는 사람에게 인정되는 권리능력의 '시기(始期)'와 '종기(終期)'를 규정한 것인데, 아래에서는 이 부분에 대하여 구체적으로 검토하기로 한다.

Ⅱ. 권리능력의 시기(始期)

1. 생명의 시점(始點)과 권리능력의 시기(始期)

(1) 논의의 출발점

사람의 생명이 언제부터 시작하는지에 대해서는 견해의 대립이 있을 수 있다. 이는 인간이라는 존재에 관한 근원적 물음과 연관되고,[2] 법철학이나 종교적 쟁점과 관련되는 문제일 뿐만 아니라, 의학과 생명공학의 발전에 따라 논란이 계속되고 있는 영역인 「모자보건법」에 규정된 인공임신중절수술의 허용한계($^{§14}_{등}$), 「생명윤리 및 안전에 관한 법률」에 규정된 인간대상연구($^{§2\ (i),}_{§15\ 이하}$), 배아(胚芽) 등의 생성과 연구의 허용여부($^{§2\ (iii),}_{(iv),\ §20\ 이하}$), 체외수정($^{§22}_{이하}$) 등 실정법상 쟁점들과도 직결되는 견해의 대립이다.

(2) 견해의 대립

이에 관하여 ① 사람의 생명은 수정시점(受精時點)에서 시작된다고 보면서($^{체세포핵이식의\ 경우\ 핵이식}_{시점을\ 수정시점으로\ 본다}$), 수정시점으로부터 14일이 지나지 않은 초기배아(初期胚芽)도 인간으로서의 존엄과 가치를 지닌다는 견해, ② 수정란은 통상적으로 수정으로부터 14일 이후 자궁에 착상되는데, 그 착상시점부터 생명체로 보아야 한다는 견해, ③ 수정시점부터 대체로 14일이 지나면 원시선($^{原始線,}_{\text{primitive streak}}$)이 나타나는데 원시선은 척추와 척수로 발달하고 그때부터 각 세포가 기관으로 발달하기 때문에, 인공수정 등과 관련한 쟁점을 고려한다면 발생학적으로 원시선이 생긴 시점을 생명의 시작으로 보아야 한다는 견해, ④ 수정시점으로부터 3개월까지의 수정란, 초기배아, 태아(胎兒) 등은 원칙적으로 모체의 일부로 파악해야 하지만, 그 이후부터의 태아는 일정한 생명체로 볼 수 있고, 나아가 수정 후 3개월부터 6개월까지의 태아와 6개월 이후의 태아 등에 대하여 단계별로 각각 다른 법적 취급을 해야 한다는 견해,[3] ⑤ 태아가 출생하면서 사람이

---

2) 김재형, "분만계약에서 태아의 법적 지위", 판례실무연구 Ⅹ, 2011, 박영사, 47.
3) 미국 연방대법원의 *Roe v. Wade*, 410 U.S. 165(1973)에서의 판단내용을 요약한 것이다.

되므로 출생시점부터 독립적인 생명체로 보는 것이 타당하다는 견해[4] 등이 대립할 수 있다.[5]

(3) 검　토

자연법사상에 의하면 사람이 수정시점부터 사망시점까지 동일한 존재로서 권리능력을 가진다고 볼 수도 있지만, 이러한 견해를 취하는 경우 권리능력이 시작되는 구체적인 시점의 확정과 증명이 곤란하게 되어 이로 말미암은 법률관계의 불안정을 피하기 어렵다.[6] 이러한 이유에서 세계 각국의 실정법 체계는 대체로 권리능력의 존속기간을 원칙적으로 '출생한 때로부터 사망한 때까지'로 파악하고 있다. 통설이 본조에 관하여, 사람은 '사람으로서 생존하기 시작하는 때', 즉 출생한 때로부터 권리능력을 취득하고, 아직 출생하지 않은 태아 등은 원칙적으로 권리능력이 없다고 해석하고 있는 것도 같은 맥락이다.

이에 관하여 "사람의 권리능력은 출생이 완료된 때로부터 시작한다."라고 규정한 독민 §1이나 "사권의 향유는 출생으로 시작된다."라고 규정한 일민 §1-3의 경우와 달리, 본조는 '출생(birth)'이라는 문구를 사용하고 있지 않기 때문에, 출생 이전 단계인 수정란(fertilized egg), 배아(embryo), 태아(fetus) 등의 경우도 생명체로서 본조에 규정된 권리능력의 주체가 될 수 있다는 해석론을 제기하는 견해가 있다.[7]

그러나 전통적인 관점에 의하면 §3의 '생존'은 모체의 일부로서 생존하는 것이 아니라 독자적으로 생존하는 것을 의미하는 것이고, 따라서 사람으로서 생존하기 시작한 시점은 출생시점이고 생존을 마감하는 시점은 사망시점이라

---

4) 전통적인 통설의 입장이다.

5) 위와 같은 견해의 대립에 관하여는 김민중, 104-107. 체외에서 인공수정된 체외배아의 경우 수정란이 모체에 착상된 경우에만 태아로 보아야 한다는 견해(착상시설)가 다수설이지만(고상룡, 84; 김주수·김상용, 85; 송덕수, 521; 이은영, 130-131), 일반적인 태아와 마찬가지로 나중에 살아서 출생할 것을 조건으로 태아를 위한 개별규정과 관련하여 제한적인 권리능력을 가진다는 견해[최민수, "체외배아의 민법상 지위", 민학 58, 2012. 3, 57-59]도 있다는 점에 관하여는 주석 총칙(1), 262-263(제5판/신숙희) 참조.

6) 이진기, "태아의 권리능력에 관한 이론의 재평가—학설의 유용성에 관한 의문을 계기로—", 가연 27-3, 2013, 82-83.

7) 김천수 교수는 "동조의 문언만 놓고 이를 문리해석한다면, '사람'과 '생존'의 해석이 문제될 것이다. 사람은 태아를 배제한다는 개념 규정이 없는 한 민법 규정자체가 태아를 사람으로 보지 않는다고 주장할 수 없다. 따라서 생존의 시종(始終)을 출생과 사망으로 단정지을 수 없는 것이다. 물론 민법 전체의 체계적 해석을 하게 되면 태아보호에 대한 특별규정이 있다는 점을 근거로 통설과 판례와 같은 해석이 가능해진다."라는 주장을 제기한 바 있다(김천수, "태아의 인권 내지 기본권으로서의 생명권—Williams의 부정론을 반박하면서—", 인권과 법 8호, 2005. 9, 아세아여성법학, 139-140 참조).

고 파악할 수 있는 점, 우리 입법자가 민법을 제정할 당시 위와 같은 독민, 일민의 규정뿐만 아니라 "인격은 생아(生兒)의 출생완료에 시작하여 사망으로써 종료한다."라는 스민 § 31 등 각국의 입법례를 검토하고, "현행법8)이 권리능력의 시기(始期)만을 규정한데 대하여 초안이 능력의 존속기간을 정한 것은 일보 진전한 것이라 하겠다."라는 내용의 심의경과를 거쳐서 원래 초안에 합의한 것이므로,9) 본조가 권리능력의 시점에 관하여 일민 § 1-3과 다른 입장을 취한 것으로 볼 수는 없는 점,10) 권리능력은 사법관계의 초석이 되므로 그 취득시기를 명확하게 할 필요가 있고, 특히 권리능력의 취득시기를 정할 때에는 동일한 법적 이념을 추구하는 세계 각국과 보조를 맞출 필요가 있다는 점11) 등에 비추어 보면, 본조에 규정된 '생존한 동안'을 '출생한 때로부터 사망한 때까지'로 해석하는 통설이 타당하다고 본다.

(4) 관련 헌법재판소 판례

헌법재판소는 본조와 § 762의 위헌 여부에 관한 사건에서, 모든 인간은 헌법상 생명권의 주체가 되며, 형성 중의 생명인 태아에게도 생명에 대한 권리가 인정되어야 하고, 태아도 헌법상 생명권의 주체가 되므로, 국가는 헌 § 10에 따라 태아의 생명을 보호할 의무가 있지만, 그와 같은 국가의 기본권 보호의무로부터 태아의 출생 전에, 또한 태아가 살아서 출생할 것인가와는 무관하게, 태아를 위하여 민법상 일반적 권리능력까지도 인정하여야 한다는 헌법적 요청이 도출되지는 않고, 법치국가원리로부터 나오는 법적 안정성의 요청은 인간의 권리능력이 언제부터 시작되는가에 관하여 가능한 한 명확하게 그 시점을 확정할 것을 요구하기 때문에, 인간이라는 생명체의 형성이 출생 이전의 그 어느 시점에서 시작됨을 인정하더라도, 법적으로 사람의 시기를 출생의 시점에서 시작되는 것으로 보는 것이 헌법적으로 금지된다고 할 수 없고, 위 법률규정들이 권리능력의 존재 여부를 출생시를 기준으로 확정하고 태아에 대해서는 살아서 출생할 것을 조건으로12) 손해배상청구권을 인정한다 할지라도 이

---

8) 우리 민법 제정당시 권리능력에 관한 현행법은 의용민 § 1로서, 일민 § 1-3과 동일한 내용이다.

9) 민의원 법제사법위원회 민법안심의소위원회, 민법안심의록(상권), 1957, 4-6 참조.

10) 김기선, 신민법총칙, 민중서관, 1958, 29-32; 사동천, "타인의 불법행위로 인한 태아의 손해배상", 중앙법학 10-4, 중앙법학, 2008, 45-46 참조.

11) 김민중, 106.

12) 태아에 관하여 예외적으로 권리능력을 인정하는 § 762 등의 해석에 관하여 아래에서 보는 바와 같이 해제조건설과 정지조건설이 대립되고 있지만, 어느 견해에 의하든 본조와

러한 입법적 태도가 입법형성권의 한계를 명백히 일탈한 것으로 보기는 어려
우므로, 위 법률규정들이 국가의 생명권 보호의무를 위반한 것이라 볼 수 없다
고 판시하였다.[13]

　　나아가 헌법재판소는 수정시점으로부터 14일이 경과되지 않은 초기배아가
기본권 주체가 되는지에 대한 판단을 하면서, 출생 전 형성 중의 생명에 대해
서 헌법적 보호의 필요성이 크고 일정한 경우 그 기본권 주체성이 긍정된다고
하더라도, 어느 시점부터 기본권 주체성이 인정되는지, 또 어떤 기본권에 대
해 기본권 주체성이 인정되는지는 생명의 근원에 대한 생물학적 인식을 비롯
한 자연과학·기술 발전의 성과와 그에 터잡은 헌법의 해석으로부터 도출되는
규범적 요청을 고려하여 판단하여야 하는데, 초기배아의 경우 형성 중인 생명
의 첫걸음을 떼었다고 볼 여지가 있기는 하나 아직 모체에 착상되거나 원시선
이 나타나지 않은 이상 현재의 자연과학적 인식 수준에서 독립된 인간과 배아
간의 개체적 연속성을 확정하기 어렵다고 봄이 일반적이라는 점, 배아의 경우
현재의 과학기술 수준에서 모태 속에서 수용될 때 비로소 독립적인 인간으로
의 성장가능성을 기대할 수 있다는 점, 수정 후 착상 전의 배아가 인간으로 인
식된다거나 그와 같이 취급하여야 할 필요성이 있다는 사회적 승인이 존재한
다고 보기 어려운 점 등을 종합적으로 고려할 때, 초기배아에 대한 국가의 보
호필요성이 있음은 별론으로 하고, 초기배아에 대하여 기본권 주체성을 인정
하기는 어렵다고 판시하였다.[14]

　　이러한 헌법재판소 판례는 권리능력의 시기에 관한 전통적인 실정법 체계
및 통설의 입장이 헌법적 차원에서도 정당성을 가진다는 점을 확인하고 있다.

　　함께 적용하여 태아가 살아서 출생할 때에만 권리능력을 인정할 수 있다고 파악하는 것이
　로마법 이래 대륙법계 실정법 체계의 일관된 입장인데(로마법의 내용에 관하여는 현승종,
　"로마법", 일조각, 1983, 52; 황적인, "로마법·서양법제사", 박영사, 1983, 158 참조. 로마
　법을 계수한 스민 § 31 Ⅱ는 "출생 전 태아는 살아서 출생할 것을 조건으로 권리능력을 가
　진다."라고 규정하고 있다). 이에 관하여는 권용우, "태아의 권리능력", 충남대 법학연구
　23-1, 2012. 6, 231 이하 참조. 한편, 이러한 전통적 실정법 체계의 타당성에 대하여 의문
　을 제기하는 견해로는 김천수(주 7), 139 이하; 김천수, "태아의 법적 지위", 비교 10-2,
　한국비교사법학회, 2003. 6, 32 이하; 사동천(주 10), 51 이하 등 참조.
13) 헌재 08.7.31, 2004헌바81. 이에 대한 평석으로는 최희수, "민법 제3조 위헌소원—사산
　태아의 손해배상청구사건—", 헌법재판소결정해설집(2008년), 2009. 12, 295 참조.
14) 헌재 10.5.27, 2005헌마346. 헌법재판소는 위와 같은 판시내용을 전제로 하여 생식세포
　제공자에게 수정란에 대한 관리처분권을 인정하였는데, 이에 대한 평석으로는 김태호, "생
　명윤리 및 안전에 관한 법률 제13조 제1항 등 위헌확인—초기배아가 제기한 헌법소원심
　판 청구가 적법요건을 갖추었는지 여부 등—", 헌법재판소결정해설집(2010년), 2012. 2,
　157 참조.

(5) 입법론 등에 관하여

법질서는 인간에게 봉사하는 것이어야 하므로, 사람은 권리주체의 지위를 가지고, 물권의 객체가 될 수는 없다.[15] 우리 법체계상 출생이 완료된 사람을 완전한 권리주체로 인정해야 한다는 점에 대해서는 의문의 여지가 없지만, 그 이전 단계인 수정란, 배아, 태아 등에 대하여 출생이 완료된 사람의 경우와 다른 법적 규율을 하는 것은 허용된다고 할 수 있다.

인간으로 발전할 잠재성을 갖고 있는 태아 등에 대하여 어떠한 범위 내에서 어떠한 방식으로 권리능력에 관한 예외를 인정할 것인지는 원칙적으로 입법자가 정책적으로 결정할 문제이다. 우리 입법자는 민법의 제정 당시에 이미 불법행위에 기한 손해배상의 청구($\frac{\S}{762}$) 등 일정한 영역에 관하여 '태아는 이미 출생한 것으로 본다.'라고 규정함으로써 그 범위 내에서 예외적으로 태아에게 권리능력을 인정하였는데, 이는 입법정책적인 선택의 결과 중 하나로 예시할 수 있다.

다만, 생명윤리 및 안전에 관한 법률 등과 같은 실정법 개정에 관한 논의 과정에서 위와 같은 예외의 인정범위와 방식 등에 대하여 본격적으로 검토해야 할 필요성이 발생하는 경우, 법치국가원리로부터 나오는 법적 안정성의 요청, 인간의 존엄과 가치가 갖는 헌법적 가치질서로서의 성격, 그 당시까지 이루어진 생명공학 등의 발전내용 및 경과, 세계 각국의 입법경향과 구체적인 입법내용 등을 종합적으로 고려하여 신중하게 정책적 선택을 해야 한다고 본다. 이 영역은 인간의 존재와 본질에 관한 민감한 문제로서 사법체계의 초석이 되는 것이기 때문에, 개별 입법이 헌법에 합치되는지에 대하여 논란이 발생할 수 있고, 나아가 입법정책적으로 적절한 선택이 이루어졌는지에 대해서도 첨예한 견해의 대립이 발생할 수 있기 때문이다.

2. 출생의 의의

(1) 출생시점의 확정

출생이라는 것은 출산이라는 생리적·계속적 현상에 의하여 이루어지기 때문에, 출산과정 중에서 어느 시점을 출생이라고 볼 것인지를 검토할 필요가 있다. 이는 민사법 영역에서 태아가 어느 시점부터 사람이 되어 권리능력을 취득하게 할 것인지를 결정하는 법적 문제이고, 의학적인 개념이 아니다. 이러한

---

15) 지원림, 민법강의, 제16판, 2019, 61.

법적 문제는 연령의 산정이나 출생신고 기간의 시기(始期), 상속관계, 사산(死産)인지 아니면 일단 출생한 다음에 사망한 것인지를 구별해야 하는 상황 등에 관련하여 결정적인 요소로 작용한다.

(2) 견해의 대립

민법에는 출생의 시기에 관한 명시적인 규정은 없고, 이에 관하여 다음과 같은 견해의 대립이 가능하다.

(가) 진통설(분만개시설)   산모가 분만에 앞서서 느끼는 주기적 복통이 있을 때를 출생의 시기로 보는 견해이다. 진통은 태아가 모체로부터 분리하려고 하는 것임을 근거로 한다.

(나) 일부노출설   태아의 일부가 모체로부터 밖으로 드러난 때를 출생의 시기라고 보는 견해이다.

(다) 전부노출설   태아가 모체로부터 밖으로 전부 드러난 때를 출생의 시기라고 보는 견해이다.

(라) 독립호흡설   태아가 모체로부터 완전히 분리된 후, 자기의 폐로 독립하여 호흡하게 된 때(보통 첫 울음이 있을 때)를 출생의 시기로 보는 견해이다.

(3) 검   토

진통설은 현행 형법의 해석에 관한 통설·판례의 입장이다.[16] 구 형법의 해석에 관하여 일부노출설이 통설이었는데, 이 역시 분만 중인 영아(嬰兒)를 사람으로 보아야 하는 등 형사법의 해석상 특별한 사정을 고려한 것이다. 이에 관하여 태아의 권리능력을 예외적·제한적으로만 인정하는 전통적인 입법체계를 바꿀 수 없는 경우라면, 태아의 종기인 사람으로서의 생존의 시기를 가능한 한 앞당길 필요가 있다는 이유 등을 들어서 민법의 해석에 관해서도 형사법과 동일하게 진통설을 취하는 것을 긍정적으로 고려해야 한다는 주장하는 견해도 있다.[17]

---

16) 주석형법, 각칙(3), 한국사법행정학회, 2017, 131-133(제5판/김승주) 참조. 대판 82.10.12, 81도2621은 "태아가 어느 시기에 사람이 되는가에 관하여는 그 출산 과정과 관련하여 여러 가지 설이 있는 바이나 사람의 생명과 신체의 안전을 보호법익으로 하고 있는 형법상의 해석으로는 규칙적인 진통을 동반하면서 태아가 태반으로부터 이탈되기 시작한 때 다시 말하여 분만이 개시된 때(소위 진통설 또는 분만개시설)가 사람의 시기라고 봄이 타당하다고 여겨지며 이는 형 §251(영아살해)에서 분만 중의 태아도 살인죄의 객체가 된다고 규정하고 있는 점을 미루어 보아서도 그 근거를 찾을 수 있다."라고 판시하고 있고, 대판 05.4.15, 선고 2003도2780도 같은 취지이다.

17) 김천수(주 12), 37-38 참조. 한편, 김영규, "분만 중 태아가 사망한 경우의 손해배상액 산정", 월보 318, 1997. 3, 15는 전부노출설에 의하면 주기적 진통이 시작된 이후 전부노

한편, 의학계에서는 독립호흡설의 입장을 취하고 있다. 이는 의용민법이 시행될 당시의 소수설인데, 법적 분쟁에 관련하여 태아가 독립하여 호흡하는 시기를 확인하기 어렵기 때문에 그 시기 확정에 관한 정확성이 부족하다는 단점이 있다.

출생시점을 확정하는 문제는 민사법 영역에서 법적 분쟁이 발생한 경우 어느 시점부터 권리능력을 인정할 것인지를 결정하는 법적 문제로서 민법의 입법취지를 고려해야 한다. 그런데 독민 §1이나 스민 §31 I은 '출생의 완료'를 권리능력의 시점(始點)으로 명시하여 입법적으로 전부노출설을 취하고 있고, 일민 §1-3은 이를 명시하고 있지는 않지만 일본의 통설도 전부노출설을 취하고 있는데,[18] 우리 입법자가 민법을 제정할 당시 위와 같은 독민, 스민, 일민 등 각국의 입법례 등을 검토한 다음 원래 초안에 합의한 것이므로,[19] 이에 관하여 위 각국의 법률규정 내지 통설과 다른 입장을 취한 것으로 보기는 어렵다. 나아가 전부노출설은 물리적으로 그 시기를 쉽게 확인할 수 있어서 가장 명료하게 시기를 확정할 수 있다는 장점이 있다. 그렇다면 민법 해석에 관하여 전부노출설을 취하고 있는 통설[20]이 타당하다고 본다.

다만, 뒤에서 살펴보는 바와 같이 민법은 출생 전의 태아에 대해서도 불법행위에 기한 손해배상청구권을 인정하는 등 특별히 태아를 보호할 필요가 있는 경우에는 개별규정을 두어 태아를 보호하고 있으므로, 실제 사안에서 사소한 시기의 차이가 실질적인 영향을 미치는 경우는 그다지 많지 않다.

3. 사산(死産) 등에 관하여

통설에 의하면, 태아가 모체에서 전부 노출되면 출생이 완료되는 것이고, 탯줄이 끊어지거나 태반이 전부 배출될 것 등을 필요로 하지는 않는다. 나아가

출시점 이전에 의료과오로 인하여 사망한 태아를 보호할 수 없는 불합리한 결과가 발생하므로, 형사법과 마찬가지로 진통설을 채택하는 것을 진지하게 검토해야 한다는 취지로 주장하고 있다.

18) 日注民(1) 改訂版, 252(谷口知平) 참조. 로마법에서도 출생의 시기에 관하여 전부노출설을 취하고 있었다[현승종(주 12), 52; 황적인(주 12), 158 참조].

19) 민의원 법제사법위원회 민법안심의소위원회, 민법안심의록(상권), 1957, 4-6 참조.

20) 강태성, 107; 고상룡, 72; 고창현, 89; 곽윤직·김재형, 97-98; 김대정, 171; 김민중, 104; 김상용, 132; 김주수·김상용, 84; 김준호, 59; 김증한·김학동, 106; 명순구, 민법총칙(초판), 법문사, 2005, 90; 백태승, 117; 송덕수, 520; 양창수·김재형, 민법 I: 642; 이영준, 846; 이은영, 129; 지원림(주 15), 63; 구주해(1), 246(양삼승); 주석 총칙(1), 247(제5판/신숙희).

극히 짧은 기간이라도 모체에서 전부 분리된 이후에 살아 있다는 것은 출생의 요건이지만, 그 이후의 생존능력은 요건이 아니기 때문에, 출생 이후 조금이라도 생존의 징표를 보인 경우에는 출생한 것으로 보아야 한다.[21] 이러한 징표로는 심장의 박동이 있었다는 것, 탯줄의 맥박이 뛰고 있었다는 것, 허파의 호흡이 행해지고 있었다는 것, 근육의 명백한 운동이 있었다는 것, 뇌파가 탐지되었다는 것 등을 예시할 수 있다.

한편, 태아가 생존하여 출생해야만 권리능력을 취득할 수 있다는 것이 통설의 입장이므로, 사산(死産)되거나 혹은 출산 도중에 사망한 태아에 대해서는 권리능력을 인정할 수 없다. 이에 관하여 판례는 "원고의 처가 사고로 사망할 당시 임신 8개월 된 태아가 있었지만, 그 태아가 모체와 같이 사망하여 출생에 이르지 못한 이상 태아의 손해배상청구권은 인정되지 않는다."라고 판시함으로써[22] 이 점을 분명하게 정리하였다. 나아가 태아가 살아서 출생할 것을 조건으로 태아의 권리능력을 예외적으로만 인정하는 법률규정이 헌법에 위반되지 않는다는 점은 위에서 살펴본 바와 같다.[23]

태아가 출생 이전에 사망하였는지 아니면 일단 출생한 이후에 사망하였는지에 따라 상속분의 계산이 달라지는 등 양자의 구별은 법적으로 중요한 의미를 가진다. 이에 관하여 태아는 일단 살아서 출생하였다가 사망한 것으로 추정하고, 만일 사산하였다는 사실을 주장하는 사람이 있다면 이를 주장하는 사람이 그 사실을 증명해야 한다.[24] 실무적으로 의사·한의사 또는 조산사가 의료법 §17에 따라 작성한 사산 증명서의 존부 등이 일반적인 증명방법이 될 수 있다.

4. 관련 문제

태아가 살아서 출생한 이상, 출생 이후의 생존능력, 조산(早産), 기형(畸形),[25] 다태아(多胎兒) 등을 묻지 않고 모두 권리능력을 가지고, 인공수정을 통하여 출생한 경우에도 마찬가지이다.

---

21) 주석 총칙(1), 247(제5판/신숙희).
22) 대판 76.9.14, 76다1365.
23) 헌재 08.7.31, 2004헌바81 참조.
24) 동지, 구주해(1), 246(양삼승); 주석 총칙(1), 248(제5판/신숙희); 日注民(1) 改訂版, 252(谷口知平).
25) 로마법에서는 조산(早産), 기형(畸形)의 경우 권리능력을 인정하지 않았다[현승종(주 12), 52; 황적인(주 12), 158 참조].

모체에서 2인 이상이 출생한 경우에는 모체로부터 먼저 분리된 사람이 먼저 권리능력을 취득한다. 다태아의 출생신고서에는 가족등 § 44 Ⅳ, 가족등규 § 38 (ⅲ)에 따라 그 취지, 출생의 순위 및 출생 시각 등이 기재된 출생증명서를 첨부해야 하고, 거기에 기재된 내용이 가족관계등록부에 기록된다.

Ⅲ. 권리능력의 종기(終期)

1. 사망의 의의

자연인의 권리능력은 '생존한 동안' 인정되는 것이므로, 자연인은 사망에 의하여 권리능력을 상실한다.

고대법이나 중세법에서는 사망 이외의 사유로 권리능력을 소멸시키는 경우가 있었는데, 예컨대 법률상 권리능력을 박탈하는 로마법 제도인 인격대소멸(capitis deminutio maxima), 권리능력을 박탈하는 고대 게르만법 제도인 법외인(exlex, outlaw)이나 평화상실(Friedlosigkeit), 사망과 동일한 효력을 선고하는 프랑스법 제도인 준사(準死, mort civile) 등을 예시할 수 있다.[26]

그러나 현대적 관점에서는 생존하고 있는 사람에 대한 권리능력의 박탈이 인간의 존엄성을 침해하는 것으로 볼 수 있기 때문에, 현행 법체계는 자연인에 대하여 사망을 유일한 권리능력의 소멸원인으로 파악하고 있다.

우리 민법에는 자연인이 생사불명인 경우 일정한 범위의 생활관계에 관하여 그를 사망한 것으로 간주하는 실종선고제도가 있으나, 이는 실종자의 권리능력 자체를 소멸시키는 것은 아니다.

2. 사망시점의 확정

(1) 사망시점의 중요성

사망시점을 확정하는 문제는 출생시점을 확정하는 문제보다 법적으로 중요한 의미를 가지는 경우가 많다. 상속·유언의 효력발생, 잔존 배우자의 재혼, 보험금청구권의 발생, 연금의 지급 등에 관하여 사망의 시점이 언제인지는 당사자의 이해관계에 직접 영향을 미치기 때문이다. 그런데 우리 민법은 사망시점에 관하여 명시적 규정을 두고 있지 않다.

---

26) 구주해(1), 248(양삼승); 日注民(1) 改訂版, 253(谷口知平).

(2) 통설의 입장

종래 통설은 심장정지설(心臟停止說) 내지 3징후설을 취하고 있다. 통설에 따른 사망을 나타내는 3가지 징후는 ① 심장박동의 불가역적 정지(不可逆的 停止), ② 호흡의 불가역적 정지, ③ 동공확대(瞳孔擴大)이다.[27]

그 구체적 내용에 관하여 통설을 취하는 학자들은 "생활기능의 절대적·영구적으로 끝나는 것이 사망이며, 호흡과 혈액순환의 영구적 멈춤(심장이 그 기능을 멈추고 맥박이 정지하는 때가 혈액순환의 멈춤이다)라는 생리적 낌새가 있을 때에 사망이 인정된다."[28] "호흡과 심장의 고동이 완전히 영구적으로 정지한 때를 사망이라고 한다."[29] "심장의 기능이 회복 불가능한 상태로 정지된 때를 사망의 시기로 본다."[30]라는 식으로 설명하고 있다.

(3) 뇌사설(腦死說) 및 「장기등 이식에 관한 법률」에 관하여

㈎ 의학계에서 제기된 뇌사설에 관하여   현대 의학의 발달로 인하여 사망도 출생의 경우와 마찬가지로 어떤 특정한 시점에 일어나는 사건이 아니라 하나의 과정으로 파악하게 되었고, 나아가 뇌와 같이 생존에 필수적인 중요한 기관이 오랫동안 기능을 발휘하지 않더라도 신체의 다른 기관의 기능을 그대로 유지하는 것이 기술적으로 가능하게 되었다. 이로 인하여 의학계에서는 사망시점을 결정하는 과정에서 의학의 발달 정도와 현실적 필요성 등을 고려하여야 한다는 주장이 제기되었다.

의학계에서 제기되는 뇌사설의 구체적인 내용을 살펴보면, ① 일반적으로는 '심장 및 호흡기능과 뇌반사의 영구적 손실을 죽음으로 한다.'라는 내용의 심폐기능설(心肺機能說)을 기준으로 하여 사망을 정의하되, ② 장기이식(臟器移植) 및 연명적(延命的) 치료의 중단 여부 등과 관련해서는 예외적으로 '뇌기능 전체의 영구적 소실'을 의미하는 뇌사(腦死)의 시점을 사망시점으로 보아야 한다는 취지이다. 즉, 뇌사에 빠지면 호흡 및 심박동의 불가역적인 기능정지로 이어져서 결국 심장사(心臟死)에 이르게 되지만, 뇌사와 심장사 사이에 시간적 간격이 있고, 인공호흡기 등을 통하여 그 간격을 어느 정도 확대할 수 있는데, 현대 의학기술에 의하여 뇌사의 시점 이후에도 상당한 시간 동안 다른 장기의 기능을 유지할 수 있기 때문에, 심장사의 앞 단계인 뇌사의 시점을 사망시점으

27) 김민중, 115; 명순구(주 20), 91 참조.
28) 곽윤직·김재형, 105.
29) 백태승, 127.
30) 이영준, 854.

로 파악함으로써 장기이식을 용이하게 할 수 있도록 여건을 조성할 필요가 있음을 강조하는 것이다.[31]

　　㈏ 법학계에서 제기된 뇌사설에 관하여　　법학계에서도 현대 의학의 수준과 장기이식의 필요성을 부인할 수 없는 현재의 상황에서는 뇌파의 발생이 정지된 때, 즉 뇌사를 기준으로 하여 사망의 시점을 정하는 것이 타당하다는 견해,[32]「장기등 이식에 관한 법률」에서 규정한 엄격한 절차를 거친 뇌사판정이 있으면 사망으로 인정된다는 견해, 일반적으로는 심장정지설에 따라 사망시기를 정하지만, 장기이식을 허용하는 경우에는 사망시기도 뇌사의 시점으로 보아야 하며 뇌사판정은 일정한 상황(장기이식의 필요성 등)과 관련하여 의학적 및 윤리적인 판단절차에 따라 이루어져야 한다는 견해 등이 제기되고 있다.

　　㈐「장기등 이식에 관한 법률」에 관하여

　　⒜ 규정내용　　1999.2.8. 법률 제5858호로 제정된 다음 2010.5.31. 법률 제10334호로 전부개정된「장기등 이식에 관한 법률」은 '뇌사자'를 '이 법에 따른 뇌사판정기준 및 뇌사판정절차에 따라 뇌 전체의 기능이 되살아날 수 없는 상태로 정지되었다고 판정된 사람'으로 정의하면서($\S_{(v)}^{4}$) 이를 일반적인 '사망한 자'와 구별하고 있으며($\S_{(vi)}^{4}$), 나아가 뇌사자가 위 법률에 의한 장기등의 적출로 사망한 경우에는 뇌사의 원인이 된 질병 또는 행위로 인하여 사망한 것으로 보고($\S_{I}^{21}$), 뇌사자의 사망시각은 뇌사판정위원회가 뇌사판정을 한 시각으로 한다고 규정하고 있다($\S_{II}^{21}$).[33]

　　⒝ 일반적인 사망시점에 관한 예외를 인정한 특별법　　위 법률의 입법형식과 규정내용 등에 비추어 보면, 뇌사가 일반적인 사망사유로 인정되었다고 볼 수는 없지만, 위 법률은 그 적용범위 내에서 일반적인 사망시점 등에 관한 예외를 인정한 특별법의 성격을 가지므로 위와 같은 사안에서는 뇌

---

31) 문국진, "죽음의 판단 목적과 판정"(6), 의협신보 1999, 1986.7.14, 12 참조.
32) 구주해(1), 248(양삼승).
33) 2010.5.31. 법률 제10334호로 전부개정되기 전의「장기등 이식에 관한 법률」의 경우, 뇌사를 사망과 구별하면서, 뇌사자를 위 법에 의한 뇌사판정기준 및 뇌사판정절차에 따라 뇌 전체의 기능이 되살아 날 수 없는 상태로 정지되었다고 판정된 자로 규정하고[§ 3 (ⅳ)], 나아가 뇌사자가 위 법에 의한 장기 등의 적출로 사망한 때에는 뇌사의 원인이 된 질병 또는 행위로 인하여 사망한 것으로 본다고 규정하고 있었을 뿐이며(§ 17), 뇌사로 인한 사망시각에 관한 명시적인 규정을 두지 않고 있었다. 그런데 2010.5.31. 위 법률이 개정되면서, 뇌사자의 사망시각에 관한 명시적 규정이 추가되었고, 그 규정내용은 현재까지 그대로 유지되고 있다. 이에 관한 형사법적 논의에 관하여는 주석형법, 각칙(3), 한국사법행정학회, 2017, 136-138(제5판/김승주) 참조.

사판정위원회가 뇌사판정을 한 시각을 뇌사자의 사망시각으로 보아야 한다.[34) 다만, 이러한 특별법이 적용되지 않는 일반적인 사안에서는 통설인 심장정지설에 따라 사망시점을 판단하는 것이 타당하다고 본다.[35)

　　　(c) 관련 문제　　　한편, 실무적으로 ① '당사자의 뇌파가 실제로 정지한 시각'과 ② '뇌사판정위원회가 당사자에 대하여 뇌사판정위원회가 뇌사판정을 한 시각'이 동일할 수 없다. 즉, 양자 사이에서 어느 정도 시간적 간격이 발생할 수밖에 없는데, 위 법률이 적용되는 예외적인 사안에서 사망시점은 ① 전자가 아니라 ② 후자를 기준으로 한다는 점을 유의할 필요가 있다. 의학적인 관점에서는 ① 전자의 시점에 당사자가 사망하였다는 주장이 제기될 여지가 있으나,[36) 한편「장기등 이식에 관한 법률」의 해석을 통하여 당사자의 사망시점을 확정하는 것은 당사자의 권리능력 상실시점을 언제로 볼 것인지를 결정하는 법적 문제이고 의학적인 개념이 아니다. 따라서 위 법률이 적용되는 예외적 사안에서도 ① 전자의 시점을 증명하는 방법 등을 통하여 당사자의 사망시점을 위 법률에 명시된 ② 후자의 시점보다 더 앞당길 수 있는 법적 근거는 없다.

　　이러한 현행법 체계에서는 이해관계가 상반될 수 있는 법률관계에 관련된 복수의 당사자들이 같은 시기에 뇌사판정의 대상이 되는 경우, 이해관계자들 사이에서 민감한 법적 분쟁이 발생할 수 있다. 예컨대, 직계혈족이 없고 각각 형제자매만 있는 부부가 교통사고를 당한 다음 남편 A는 a병원에서, 아내 B는 b병원에서 각각 응급치료를 받다가 모두 인공호흡기 등에 의하여 호흡기능 및 순환기능을 유지할 뿐이고 뇌기능이 불가역적으로 상실된 경우, 부부의 재산에 대한 상속문제가 발생할 수 있다. 현행법에 의하면, a병원 뇌사판정위원회에서 A에 대한 뇌사판정을 한 이후에 b병원에서 B에 대한 뇌사판정을 하게 되면 위 부부의 모든 재산은 B를 거쳐서 궁극적으로 B의 형제자매가 상속하게 되는 반면에, B에 대한 뇌사판정이 선행되는 경우 그 재산은 결국 A의 형제자매가 모두 상속하게 된다. 즉, A, B에 대한 뇌사판정 시점의 선후가 상속관계

---

34) 지원림(주 15), 68. 송덕수 527은 사망시기에 관하여는 종래의 통설을 따라야 한다고 주장하고 있는데, 이는 2010.5.31. 위 법률이 개정되기 전의 법률관계에 관한 주장으로 보인다.

35) 동지, 주석 총칙(1), 250(제5판/신숙희).

36) 이은영, 141도 뇌사의 시점을 사망시점으로 보고 있으므로, 이와 유사한 주장을 하는 것으로 볼 수 있다.

에 좌우하는 결정적 요소가 되기 때문에, 부부의 형제자매들이 각각 유리한 상
속관계를 형성하기 위하여 '뇌사판정을 지연하기 위한 경쟁'을 하게 될 위험성
이 있는 것이다.[37]

　　위 법률이 적용되는 사안에서 당사자의 사망시점은 '뇌사판정의 시점'으로
규정되어 있고, 이를 '당사자의 뇌파가 실제로 정지한 시점'으로 대체할 수 있
는 법적 근거가 없기 때문에, 위 부부의 상속관계가 각자에 대한 뇌사판정 시
점의 선후에 따라 좌우된다고 해석할 수밖에 없다고 본다. 다만, 실제로 A의
뇌파가 정지하기 전에 B의 뇌파가 정지하였다는 점을 B의 형제자매 및 b병원
이 충분히 인지하였음에도 불구하고 고의적으로 b병원의 뇌사판정 시기를 지
연하는 방법으로 A에 대한 뇌사판정이 먼저 이루어지도록 조치하는 등 구체
적·개별적 사정에 비추어 볼 때 B의 형제자매 및 b병원의 행위가 §1 Ⅱ에 규
정된 권리남용에 해당한다면, A의 형제자매들이 B의 형제자매 및 b병원을 상
대로 공동불법행위를 이유로 한 손해배상청구와 같은 법적 조치를 취할 가능
성이 있다. 그러므로 위와 같이 이해관계가 상반될 수 있는 법률관계에 관련된
복수의 당사자들이 같은 시기에 뇌사판정의 대상이 된 경우, 해당 병원 및 이
해관계자들은 '각 당사자의 뇌파가 실제로 정지한 시각'을 확인한 다음 그 선
후에 따라서 순차적으로 뇌사판정이 이루어질 수 있도록 조치하는 것이 바람
직하다. 이러한 조치를 통하여 향후 발생할 가능성이 있는 법적 분쟁을 미리
예방할 수 있기 때문이다. 그리고 위 법률의 제정 및 개정 당시에 이러한 법적
분쟁의 발생가능성 등에 대하여 충분히 검토하였다고 보기 어렵기 때문에, 이
부분에 관하여 적절한 입법적 보완조치를 할 필요가 있다고 본다.

　　(4) 응급치료(應急治療)와 연명치료(延命治療)에 관하여

　　　㈎ 논의의 필요성　　　현대 의학의 발달로 인하여 인공호흡기 등과 같
이 생존에 필수적인 중요한 기관의 기능을 보조하거나 대체하도록 하는 조치
가 증가함에 따라서, 뇌사의 인정 여부뿐만 아니라 응급치료나 연명치료의 당
부 및 그 중단의 허용 여부 등에 관한 논의가 계속되고 있다.[38] 이러한 논의는
사망의 시점을 직접 언급하는 것은 아니지만, 실무적으로 매우 밀접한 영역에
관한 것으로 볼 수 있다.

　　　㈏ 관련 판례　　　판례는 기둥과 바닥에 머리를 부딪쳐서 경막외 출혈

---

37) 김민중, 116.
38) 김민중, 117-118.

상 등을 입고 병원으로 응급후송된 환자에 관하여 담당 의사가 수술을 한 다음 환자의 보호자에게 계속적인 입원치료가 필요하다고 권고하였으나, 보호자가 퇴원을 간청하여 병원후송 2일 만에 의사가 치료중단 및 퇴원을 허용하는 조치를 한 다음 퇴원 당일 환자가 사망한 사안에 관하여, 보호자는 부작위에 의한 살인죄, 담당 의사는 살인방조죄의 책임을 진다고 판단하였다(이른바 '보라매병원사건').39) 다만, 위 판결에서는 응급치료의 법적 성격이나 그 중단의 허용여부 등에 관하여 심도 있게 심리한 다음에 해당 사안에서는 보호자나 담당 의사가 위와 같은 법적 책임을 부담해야 한다는 판단이 이루어졌다는 점 등을 유의할 필요가 있다.

그 후 대법원은 환자가 입원치료를 받다가 의식을 상실한 다음 자발호흡이 거의 없고, 인공호흡기의 도움 없이는 호흡을 유지할 수 없는 상태이며, 뇌 컴퓨터단층촬영(CT) 검사 상 광범위한 뇌부종의 소견을 보이고 대뇌의 인지기능을 상실하였으나 자발적으로 눈을 뜨고 외부의 자극에 움직이는 반사반응을 보이는 등 뇌간 기능의 일부가 유지되는 등 의학적으로 환자가 의식의 회복가능성이 없고 생명과 관련된 중요한 생체기능의 상실을 회복할 수 없으며 환자의 신체상태에 비추어 짧은 시간 내에 사망에 이를 수 있음이 명백한 경우(이하 '회복불가능한 사망의 단계'라 한다)에 이루어지는 진료행위(이하 '연명치료'라 한다)는, 원인이 되는 질병의 호전을 목적으로 하는 것이 아니라 질병의 호전을 사실상 포기한 상태에서 오로지 현 상태를 유지하기 위하여 이루어지는 치료에 불과하므로, 그에 이르지 아니한 경우와는 다른 기준으로 진료중단 허용 가능성을 판단하여야 하는데, 이미 의식의 회복가능성을 상실하여 더 이상 인격체로서의 활동을 기대할 수 없고 자연적으로는 이미 죽음의 과정이 시작되었다고 볼 수 있는 회복불가능한 사망의 단계에 이른 후에는, 의학적으로 무의미한 신체 침해 행위에 해당하는 연명치료를 환자에게 강요하는 것이 오히려 인간의 존엄과 가치를 해하게 되므로, 이와 같은 예외적인 상황에서 죽음을 맞이하려는 환자의 의사결정을 존중하여 환자의 인간으로서의 존엄과 가치 및 행복추구권을 보호하는 것이 사회상규에 부합되고 헌법정신에도 어긋나지 않고, 회복불가능한 사망의 단계에 이른 후에 환자가 인간으로서의 존엄과 가치 및 행복추구권에 기초하여 자기결정권을 행사하는 것으로 인정되는 경우에는 특별한 사정이 없는 한 연명치료의 중단이 허용될 수 있지만, 환자가 회복불가능한 사망의 단계에 이르렀는

---

39) 대판 04.6.24, 2002도995 참조.

지 여부는 주치의의 소견뿐 아니라 사실조회, 진료기록 감정 등에 나타난 다른 전문의사의 의학적 소견을 종합하여 신중하게 판단하여야 하는데, 이에 관련하여 우선 연명진료 중단에 관한 환자의 사전의료지시가 존재하는지 여부를 검토해야 하고, 사전의료지시가 없는 경우에도 다른 여러 사정을 고려하여 그 연명치료 중단에 관한 환자의 의사를 추정할 수 있으며, 환자가 회복불가능한 사망의 단계에 이르렀는지 여부에 관하여는 전문의사 등으로 구성된 위원회 등의 판단을 거치는 것이 바람직하다고 판시하였다(이른바 '김'할머니사건).[40] 이에 관한 헌재 09.11.26, 2008헌마385의 경우, 환자가 장차 죽음에 임박한 상태에 이를 경우에 대비하여 미리 의료인 등에게 연명치료 거부 또는 중단에 관한 의사를 밝히는 등의 방법으로 죽음에 임박한 상태에서 인간으로서의 존엄과 가치를 지키기 위하여 연명치료의 거부 또는 중단을 결정할 수 있고, 이는 헌법상 기본권인 자기결정권의 한 내용으로서 보장된다는 취지로 판시하였다.

(다) 정   리   전통적인 관점에 의하면 사망은 특정한 시점에 이루어지는 사건으로 파악되고 있었다. 그런데 현대 의학의 발달로 인하여 사람이 일련의 과정을 거쳐서 사망에 이르게 된다는 사실이 밝혀지면서, 응급치료나 연명치료의 성격이나 당부 등에 관한 법적 분쟁이 발생하게 되었다. 이러한 분쟁은 생명의 종기에 대한 판단과 평가와 관련되는 것이기 때문에, 이에 관한 논의과정에서는 의학적 관점과 법적 쟁점을 종합적으로 고려할 필요가 있다고 본다.

이에 관하여 호스피스·완화의료와 임종과정에 있는 환자에 대한 연명의료와 연명의료중단등결정 및 그 이행에 필요한 사항을 규정함으로써 환자의 최선의 이익을 보장하고 자기결정을 존중하여 인간으로서의 존엄과 가치를 보호하는 것을 목적으로 하여 법률 제14013호로 제정(시행일자 2017.8.4, 2018.3.27, 2018.12.11. 및 2020.4.7. 일부 개정)된 「호스피스·완화의료 및 임종과정에 있는 환자의 연명의료 결정에 관한 법률」

40) 대판(전) 09.5.21, 2009다17417 참조. 위 판결의 구체적인 사안 및 관련 법리, 관련 쟁점 등에 관한 검토에 관하여는 노태헌, "연명치료 중단의 허부 및 허용요건", 사법 9, 2009. 9, 사법발전재단, 181-243; 석희태, "연명의료의 중단", 의료법학 10-1, 2009. 6, 대한의료법학회, 295-302; 정철, "연명치료중단 판결의 헌법적 검토", 서울대 법학 50-4(153호), 2009, 111-140; 박철, "연명치료 중단의 허용기준", 민판연 32, 2010. 2, 53-91; 안성준, "무의미한 연명치료중단의 형사법적 검토", 형사판례연구 18(2010. 6), 박영사, 1-36; 김정중, "연명치료 중단의 허용 근거와 기준", 헌법판례해설 Ⅰ, 2010, 사법발전재단, 155-161; 구상엽, "연명의료중단과 성년후견제도의 시사점", 민판연 38, 2016, 773-820 등 참조.

에는, 담당의사가 환자에 대한 연명의료중단등결정을 이행하기 전에 ① 해당 환자가 '임종과정에 있는 환자'인지, 즉 회생의 가능성이 없고, 치료에도 불구하고 회복되지 아니하며, 급속도로 증상이 악화되어 사망에 임박한 상태에 있다는 의학적 판단을 받은 자인지 여부를 담당의사가 해당 분야의 전문의 1명과 함께 판단하도록 하면서($\S^{2(i),(ii),}_{15,\S16}$), ② 연명의료중단등결정을 원하는 환자의 의사는 ㉮ 의료기관에서 작성된 연명의료계획서, ㉯ 사전연명의료의향서 등, ㉰ 의사를 표현할 수 없는 의학적 상태에 있는 성년 환자의 가족 2명 이상의 연명의료중단등에 관한 일치진술 중에서 하나의 방법으로 확인하되($\S^{17}_1$), 위 3가지 경우에 해당하지 아니하여 환자의 의사를 확인할 수 없고 환자가 의사표현을 할 수 없는 의학적 상태인 경우에 ㉠ 미성년자인 환자의 친권자인 법정대리인이 연명의료중단등결정의 의사표시를 하고 담당의사와 해당 분야 전문의 1명이 확인한 경우, ㉡ 환자 가족 전원의 합의로 연명의료중단등결정의 의사표시를 하고 담당의사와 해당 분야 전문의 1명이 확인한 경우에는, 담당의사 또는 해당 분야 전문의 1명이 환자가 연명의료중단등결정을 원하지 아니하였다는 사실을 확인한 경우를 제외하고, 연명의료중단등결정이 있는 것으로 본다고 규정하고 있다($\S^{18}_1$). 위 법률은 호스피스와 연명치료, 연명의료중단등결정 및 그 이행에 관하여 다른 법률에 우선하여 적용되기 때문에($\S^{}_4$), 앞으로는 관련 쟁점에 관한 논의가 위 법률에 대한 해석을 중심으로 이루어질 것으로 판단된다.

(5) 소 결 론

의학적인 측면에서는 사망의 경우도 출생과 마찬가지로 특정한 시점에 이루어지는 것이 아니라 일련의 과정에 따라 이루어지는 현상으로 볼 수 있다. 그러나 사망의 시점을 확정하는 것은 법적 개념으로서, 현행법의 해석상 일반적인 사안에서는 종래 통설인 심장정지설 내지 3징후설에 의하여 사망시점을 확정하는 것이 타당하다고 본다.

다만, 현대의학의 발달로 인하여 뇌사의 인정 또는 연명치료 등에 관한 예외의 인정범위와 방식 등에 대한 논의의 필요성이 점점 커지고 있다. 현행법의 해석상 사망의 시점에 관하여 「장기등 이식에 관한 법률」이 적용되는 범위 내에서는 예외적으로 '뇌사판정위원회가 뇌사판정을 한 시각'을 사망시점으로 볼 수 있다. 그리고 응급치료가 필요한 환자 등에 대하여 임의로 치료를 중단하는 것은 허용되지 않지만, 회복불가능한 사망의 단계에 이른 환자에 대해서는 죽음이 일련의 과정 중 하나라는 사정을 중시하면서 환자의 의사결정을 존중하여 연명치료를 중단하는 것이 예외적으로 허용될 수도 있다는 것이 판례의 입장이다. 「호스피스·완화의료 및 임종과정에 있는 환자의 연명의료 결정에 관한 법률」은 '임종과정'을 거쳐서 사망에 이르게 된다는 의학계의 연구결과를 토대로 제정된 것으로서, 위와 같은 판례의 연장선상에서 관련 쟁점에 관한 법률관계를 규율하게 되었다.

그런데 위와 같은 예외의 인정에 관한 입법조치 등에 대하여 본격적인 검토가 필요한 경우, 법치국가원리로부터 나오는 법적 안정성의 요청, 인간의 존엄과 가치가 갖는 헌법적 가치질서로서의 성격, 그 당시까지 이루어진 현대의학의 발전내용 및 경과, 우리나라 의료계의 실무, 세계 각국의 입법경향과 구체적인 입법내용 등을 종합적으로 고려하여 신중한 접근을 해야 한다고 본다. 이 영역은 인간의 존재와 본질에 관한 민감한 문제로서 사법체계의 초석이 되는 것이고, 따라서 개별 입법이 헌법에 합치되는지를 검토해야 할 뿐만 아니라 입법정책적으로도 적절한 선택에 해당하는지에 대해서까지 살펴보아야 하기 때문이다.

Ⅳ. 출생·사망의 추정과 증명

1. 가족관계등록부 기록의 추정력

(1) 가족관계의 등록 등에 관한 법률의 규정내용 등

가족등법은 출생에 관하여는 출생 후 1개월 이내에($\S_{44}$), 사망에 관하여는 사망의 사실을 안 날로부터 1개월 이내에($\S_{84}$) 일정한 자에게 신고의무를 부과하면서($\S_{85}^{46}$), 정당한 사유 없이 그 기간 내에 신고를 하지 않는 경우 과태료를 부과하도록 규정하고 있다($\S_{122}$). 그리고 신고의무자가 허위의 신고를 하면 공전자기록 등 불실기재죄로 처벌된다($_{\S 228}^{형}$).

이와 같이 가족관계등록부의 경우 진실한 신고의 이행과 출생 및 사망에 관한 기록의 정확성 등에 관하여 제도적 보장을 하고 있기 때문에, 출생과 사망의 연월일에 관한 가족관계등록부 기록은 일단 진실한 것으로 추정된다.

(2) 출생·사망의 사실에 관한 추정력

㈎ 추정력의 성격   대법원은 구 호적법 당시의 호적기재사항에 관

하여 호적에 기재된 사항은 진실에 부합하는 것이라는 추정을 받는다고 할 것이나, 그 기재에 반하는 증거가 있거나, 그 기재가 진실이 아니라고 볼만한 특별한 사유가 있을 때에는 그 추정을 번복할 수 있다고 판시하였다.[41] 이러한 판례의 법리는 현행 가족관계등록부의 기록에 관하여도 그대로 유지되고 있다.[42]

　　다만, 권리능력의 취득과 상실은 출생과 사망이라는 사실에 기하여 취득·상실되는 것이고, 가족관계등록부 기록에 의하여 권리능력의 유무가 실질적으로 좌우되는 것은 아니다. 예컨대, 신생아의 모친이 출생신고를 하지 않은 상태에서 그 신생아의 법정대리인으로서 부친에 대한 인지청구를 하는 경우($\S_{863}$), 그 모친에 대하여 과태료의 제재가 가해지는 것은 별론으로 하고, 신생아에게 권리능력이 없다는 등의 이유로 소송당사자로서의 자격이 부인될 수는 없을 것이다. 실무적으로 위와 같은 사안에서는 가족관계증명서가 아닌 의사의 출생증명서 등과 같은 신뢰할 수 있는 증거를 첨부하여 소를 제기하게 되는데, 가족관계등록부의 기록이나 주민등록번호 등으로 소송당사자를 특정하는 일반적인 사건과 다른 방식으로 당사자를 특정한 상태에서 해당 소송을 진행하게 된다.

　　㈐ 추정력 번복에 관하여　　가족관계등록부 기록은 위와 같이 추정력이 있지만, 그 기록이 진실한 것이 아니라고 볼만한 특별한 사정이 있으면 그 추정을 번복하여 진실한 출생과 사망의 시점을 확정할 수 있다. 이에 관한 판례로는 구 호적법 당시의 호적기재사항에 관하여 객관적 사실에 반하는 구 호적부상 사망일시 기재의 추정을 번복한 사례[43] 등을 예시할 수 있다.

　　그런데 다른 측면에서, 판례는 구 호적부상 사망일시 기재의 추정력을 번복하기 위해서는 그 기재내용과 상반되는 특별한 사정을 증명할 수 있는 분명한 증거가 제출되어야 한다고 판시하고 있다는 점을 유의해야 한다. 이에 관한 판례로는 "호적부의 기재내용 중 사망이나 출생 등은 매우 중요한 것으로서 사건본인이나 주변관계인들에게 심히 중대한 영향을 미치는 기재내용이고, 또 사망의 사실을 증명할 만한 다른 서면으로 갈음하도록 규정한 구 호적법의 규정 및 실무상의 지침 등에 비추어 볼 때 이 사건 사망 기재도 그와 같은 서

41) 대판 78.11.1, 78다1670, 1671; 대판 87.12.22, 87다카1932 등 참조.
42) 대판 13.7.25, 2011두13309; 대판 17.3.9, 2016다249236; 대결 20.1.9, 2018스40 등 참조.
43) 대판 86.10.28, 다카 296; 대판 94.6.10, 94다1883; 대판 00.11.24, 200다29172 등 참조. 가족관계등록의 기록에 관하여는 대판 13.7.25, 2011두13309 등 참조.

류를 첨부하여 된 것이라고 추정되고, 따라서 호적부의 사망 기재는 쉽게 번
복할 수 있게 해서는 안 되고, 그 기재내용을 뒤집기 위해서는 사망신고 당시
에 첨부된 서류들이 위조 또는 위조 조작된 문서임이 증명되거나 신고인이 공
정증서원본불실기재죄로 처단되었거나 또는 사망으로 기재된 사건본인이 현재
생존해 있다는 사실이 증명되고 있을 때 또는 이에 준하는 사유가 있을 때 등
에 한해서 호적상의 사망기재의 추정력을 뒤집을 수 있을 뿐이고, 그러한 정도
에 미치지 못한 경우에는 그 추정력을 깰 수 없다고 보아야 함이 타당하다."라
고 판시한 사례[44] 등을 예시할 수 있다.[45]

      ㈐ 소 결 론   위와 같은 판례의 법리를 종합적으로 살펴보면, 가족
관계등록부의 기록에 의하여 신분관계가 창설되는 것은 아니지만, 실무적으로
출생과 사망 일시 등과 같은 신분관계의 존부에 관하여 적법하게 기록된 사항
은 진실에 부합되는 것이라고 추정되고, 이를 번복할 만한 특별한 사정을 증명
할 수 있는 분명한 증거가 제출된 경우에 한하여 기록과 다른 내용의 사실을
인정할 수 있다고 보아야 한다.

2. 동시사망(同時死亡)의 추정

상속관계 등에 관련하여 이해관계인들이 사망한 시점의 전후가 중요한 의
미를 가지는 경우가 있다. §30은 "2인 이상이 동일한 위난으로 사망한 경우에
는 동시에 사망한 것으로 추정한다."라고 규정하고 있는데, 그 규정의 의미 및
적용범위 등에 관하여는 §30에 대한 해설 참조.

3. 경험칙에 따른 사망사실의 추인 등

판례에 의하면, 일반적으로 일방 당사자가 내세우는 사람이 실존인물임이
인정되고 그러한 연령의 사람이 생존한다는 것이 매우 이례적이라고 보이는
고령에 해당되지 않는 이상, 특별한 사정이 없는 한 그 사람은 생존한 것으로
추정함이 상당하므로, 그 사람이 사망하였다는 점을 상대방이 적극적으로 증
명하여야 하는 반면에,[46] 그 사람이 생존하는 것 자체가 매우 이례적이라고 볼

---

44) 대결 95.7.5, 94스26.
45) 위와 같은 판례의 입장은 대결 97.11.27, 97스4; 대판 07.8.24, 2006다45817; 대결
    08.9.29, 2006마883 등에서도 계속 유지되고 있다.
46) 대판 94.10.25, 선고 94다18683은 원고가 내세우는 사람이 실존인물이고 그 연령이 80
    세 가량이라면, 오늘날 사람이 80세까지 생존한다는 것이 매우 희귀한 예에 속한다고도

수 있는 110세의 고령자[47] 또는 그 이상의 고령자의 경우에는[48] 그 사망사실을 추인할 수 있다고 한다.

V. 태아(胎兒)의 권리능력

1. 태아의 권리능력에 관한 각국의 입법주의

(1) 권리능력의 시점(始點)에 관한 일반원칙

자연법사상에 의하면, 생명의 출발점은 수정시점(受精時點)이고, 그때부터 사망에 이르기까지 사람은 전체로서 동일한 존재로 볼 수 있다. 이와 같이 자연법은 태아에게 완전한 권리능력을 인정하는 이론적 근거가 될 수 있다. 그러나 만일 사법관계에서 수정시점을 생명의 출발점, 즉 권리능력의 시기(始期)로 파악하는 경우, 그 구체적인 시점의 확정과 증명이 곤란하게 되어 이로 말미암은 법률관계의 불안정을 피하기 어렵다. 이러한 이유에서 각국의 입법례와 통설은 원칙적으로 출생이 완료된 시점에 권리능력을 취득하는 것으로 보고 있다는 점은 앞서 본 바와 같다.

(2) 예외인정의 필요성

그런데 이러한 일반원칙을 그대로 관철하는 경우 태아는 아무런 권리능력을 가지지 못하므로, 나중에 태아가 살아서 출생한 경우 태아에게 지나치게 불리한 상황이 발생할 수 있다. 예컨대, 아버지가 사망한 지 몇 시간 후에 출생한 자는 상속권이 없는 것으로 되고, 태아로 있는 동안에 아버지가 살해되었다고 하더라도 출생 후에 손해배상청구권이 없다는 결론에 이르게 되는 것이다.

출생의 완료 시점부터 권리능력을 인정하는 법제도는 권리능력의 시점(始點)을 가능한 한 명확하게 확정할 것을 요구하는 법치국가원칙 및 법적 안정성의 요청에서 비롯된 것이고, 국가는 헌 § 10에 따라 일정한 범위 내에서 태아를 위하여 보호조치를 할 의무가 있지만, 그 입법재량권은 비교적 광범위하

할 수 없는 것이어서 생존하였을 가능성이 극히 희박하다고 할 정도는 아닌 것으로 인정되는 이상 특별한 사정이 없는 한 그 사람은 현재 생존하고 있는 것으로 추정되고, 오히려 그가 사망하였다는 점을 피고가 적극적으로 증명하여야 한다고 판단하였다.

47) 대판 02.4.26, 2002다5873.
48) 대판 16.1.14, 2014다210968.

다고 할 수 있다.[49] 각국의 입법례를 살펴보면, 그 입법재량권의 범위 내에서 위와 같은 일반원칙을 완화하여 태아가 살아서 출생한 경우를 고려하여 태아의 이익을 보호하기 위한 규정을 두고 있음을 알 수 있다.

(3) 태아의 이익을 보호하는 2가지 입법주의

⑺ 일반적 보호주의와 개별적 보호주의   태아의 이익을 위하여 태아가 살아서 출생하는 것을 조건으로 하여, 모든 법률관계에서 태아가 일반적으로 이미 출생한 것으로 보는 규정방식을 일반적 보호주의라고 한다. 이는 로마법의 원칙이었고, 스민 §31 Ⅱ은 "태아는 살아서 출생할 것을 전제로 하여 출생 전에 권리능력을 갖는다."라고 규정하여 이러한 입장을 명시하고 있다.

반면에 상속·불법행위 등 일정한 법률관계에 관하여서만 법률의 특별규정에 의하여 개별적으로 태아가 출생한 것으로 보는 규정방식을 개별적 보호주의라고 한다. 우리 민법은 개별적 보호주의를 채택하고 있고, 독민($\substack{\S 1912 \ I, \\ \S 1923 \ II,}$ $\substack{\S 2108 \ I, \\ \S 2178}$), 일민($\substack{\S 721, \\ \S 886, \S 965}$), 프민($\substack{\S 725, \\ \S 906}$) 등도 같은 입장을 취하고 있다.

⑻ 검   토   양자의 우열을 한마디로 이야기하기는 어렵다. 일반적 보호주의는 태아의 이익을 포괄적·망라적으로 보호하는 장점은 있으나 구체적으로 어떠한 법률관계에 관하여 어떻게 태아의 이익을 보호하는 것인지가 불명확하다는 단점이 있다. 반면에, 개별적 보호주의는 적용범위가 명확하다는 것이 장점이지만, 태아의 이익보호가 포괄적·망라적인 것이 아니라는 것이 단점이다.

2. 태아에게 권리능력이 인정되는 경우

우리 민법은 개별적 보호주의를 채택하고 있는데,

① 불법행위에 기한 손해배상청구권($\substack{\S \\ 762}$), ② 재산상속($^{\S 1000}_{\ \ III}$),[50] ③ 대습상속($\substack{\S \\ 1001}$), ④ 유증($\substack{\S \\ 1064}$), ⑤ 사인증여($\substack{\S \\ 562}$) 등 5가지 영역에서 해당 사건의 발생 당시에 아직 출생하지 않은 태아를 이미 출생한 것으로 간주하고 그 권리능력을 인정한다는 취지로 규정하고 있다.

---

49) 헌재 08.7.31, 2004헌바81 참조. 앞서 본 바와 같이 헌재 10.5.27, 2005헌마346은 '수정 후 착상 전의 배아'는 인간으로 인식되거나 인간과 같이 취급하여야 할 필요성이 있다는 사회적 합의가 있다고 보기 어렵고, 배아의 기본권 주체성을 인정할 수도 없다는 취지로 판시하였다.

50) 우리나라의 경우 오래 전부터 관습상 상속과 유증의 경우에 태아의 권리능력을 인정하고 있었고(고상룡, 73 참조), 의용민법 시행 당시 대판 49.4.9, 4281민상197은, 유복자(遺腹子)가 부의 사망 당시에 소급하여 상속권을 가지는 관습이 존재한다고 판시하였다.

개별적 보호주의의 단점을 보완하기 위하여 우리 민법에 규정된 보호규정들을 원칙적인 규정으로 보고, 이를 기초로 하여 문제가 되는 그 밖의 경우에 유추 적용하는 것이 타당하다는 견해가 있지만,[51] 우리 민법은 태아의 권리능력을 개별적 보호규정이 적용되는 일정한 경우에 한정하여 예외적·제한적으로만 인정하고 있다고 보아야 한다는 견해가 다수설이다.[52][53]

(1) 불법행위에 기한 손해배상청구권

(가) 일 반 론　　태아는 불법행위에 기한 손해배상청구권에 관하여 이미 출생한 것으로 본다($\frac{\S}{762}$). 판례는 일관하여 부모에 대한 불법행위 당시에 태아였다가 그 뒤에 출생한 자에게 부모의 부상으로 인하여 입게 될 정신적 고통에 대한 손해배상청구권을 인정하여 왔다.[54]

(나) 적용범위　　위 조문에 따른 손해배상청구권은 태아가 불법행위에 의한 직접적인 피해자인 경우의 청구권만을 의미한다. 위 1)항에서 예시한 바와 같이 부모가 부상을 입었다는 점을 청구원인으로 하여 태아 자신의 위자료를 청구하는 사안, 또는 모체에 대한 물리적 공격 또는 약물투여로 인하여 기형(畸形)으로 출생한 경우와 같이 태아 자신에 대한 불법행위가 발생한 사안 등에서, 태아의 지위에서 태아 자신이 입었던 손해에 관한 배상청구권을 행사할 수 있다는 취지이다.

판례는 임신 중의 어머니가 교통사고를 당하여 이 충격 때문에 태아가 미숙아로서 정상기보다 조산이 되었고 또 이것 때문에 제대로 성장하지 못하고 사망하였다면, 이 불법행위는 한편으로 산모에 대한 불법행위인 동시에 한편으로는 태아 자신에 대한 불법행위가 되고 따라서 태어난 아이는 생명침해로 인한 재산상 손해를 청구할 수 있다고 판시하였다.[55]

일본[56]에서는 교통사고를 입은 임신 34주의 여성 태내에 있던 태아가 사고 직후 긴급제왕절개수술로 출생하였으나 중증의 정신운동발달지체(_{지마비}^{경성사})의

---

51) 곽윤직·김재형, 100; 김증한·김학동, 111-113; 김재형, 민법론 Ⅳ, 박영사, 62; 구주해 (1), 253-254(양삼승). 원칙적으로 유추 적용을 긍정하면서, 다만 태아의 인지청구권이 인정되지만 이는 유추 적용의 사례에 해당하지 않는다고 보는 견해로는 이은영, 135.

52) 강태성, 110; 김상용, 138; 김주수·김상용, 87; 김준호, 60; 백태승, 119; 송덕수, 523; 양창수·김재형, 643; 이영준, 848-850.

53) 일본의 해석론에 관하여는 日注民(1) 改訂版, 257(谷口知平) 참조.

54) 대판 62.3.15, 4294민상903; 대판 67.9.26, 67다1684; 대판 93.4.27, 93다4663 등 참조.

55) 대판 68.3.5, 67다2869.

56) 일민 § 721은 우리 민법과 마찬가지로 태아는 손해배상청구권에 대해서 이미 출생한 것으로 본다고 규정한다.

후유장해가 잔존하게 되자 위 출생한 자(子)가 자동차보험회사를 상대로 제기
한 보험금청구소송에서, 위 사고를 보험약관에서 규정하는 '기명피보험자의 동
거 친족에게 발생한 손해 및 후유장해에 의한 손해'에 준하는 것으로 해석하여
보험청구권을 인정한 사례가 있다.[57]

　　㈐ 유 의 점　　위 1) 2)항에서 예시한 사례와 달리 부모에 대한 불법
행위로 인하여 부모가 사망한 경우, 우리 판례의 법리에 의하면 부모의 재산
적 · 정신적 손해배상청구권은 일단 부모에게 귀속되었다가 § 1000 Ⅲ에 의하
여 태아에게 상속된다는 점을 유의할 필요가 있다.

　　그런데 위와 같이 § 762와 § 1000 Ⅲ이 적용될 수 있는 영역에서는 법률
의 체계가 어떠한지, 사안의 법률적 구성을 어떻게 하는지에 따라서 적용 법규
가 달라질 수도 있다. 즉, 타인의 불법행위로 인하여 부모의 생명이 침해되어
사망한 것으로 인하여 그 자녀들이 입은 재산적 손해에 관한 배상청구권이 문
제가 된 사안에 관하여, 우리 판례 및 학설은 일반적으로 사망한 부모에게 불
법행위로 인한 손해배상청구권이 발생하고, 그와 같이 발생된 부모의 청구권
이 상속인인 자녀들에게 상속되는 것으로 법률구성을 하고 있지만, 이와 다른
법률구성을 하는 나라도 있다는 취지이다. 예컨대, 독일의 경우 위와 같은 불
법행위로 인하여 자녀의 부모에 대한 부양청구권이 침해되었다고 이론구성을
함으로써, 이 경우 자녀들이 부모의 손해배상청구권을 상속하는 것이 아니고
자녀들 자신에게 바로 손해배상청구권이 발생한다고 보고 있는데, 이러한 법
률구성을 토대로 하면 태아인 자녀의 손해배상청구는 § 762에 기한 손해배상
청구가 된다.[58]

　　(2) 인　　지

　　㈎ 일 반 론　　포태 중에 있는 자, 즉 태아에 대하여도 인지(認知)를
할 수 있다($\frac{\S}{858}$). 부친이 태내에 있는 자녀를 인지할 때에는 신고서에 그 취지,
모의 성명 및 등록기준지를 기재하여야 하고($\frac{가족}{등 \S 56}$), 인지된 태아가 사체로 분
만된 경우에 출생의 신고의무자는 그 사실을 안 날부터 1개월 이내에 이를 신
고하여야 한다($\frac{가족}{등 \S 60}$).

　　㈏ 태아의 인지청구권의 인정여부　　우리 민법에는 태아에게 부친에

---

57) 日最判 2006(平 18)3.28, 民集 60-3, 875. 위 최고재판소 판결에 관한 평석은 이준현,
　　"가해자의 불법행위로 인한 태아의 손해배상청구권", 전북대 법학연구 24, 2006, 13-32.
　　58) 구주해(1), 250(양삼승) 참조.

대한 인지청구권을 인정하는 규정이 없다. 이에 관하여 민법상 개별적 보호주의의 원칙에 따라 태아의 인지청구권을 부정하는 견해[59]와 유추적용 등을 통하여 이를 긍정하는 것이 타당하다는 견해[60]가 대립하고 있다.

개별적 보호주의의 원칙, 민법 제정 당시에 태아의 인지청구권을 인정할 것인지 여부에 관하여 논의가 있었으나 이에 관한 규정이 포함되지 않은 점[61] 등에 비추어 볼 때 부정설의 입장이 타당하다고 본다.

(3) 상속순위, 대습상속, 유류분

⑦ 상속순위와 대습상속　　태아는 상속순위에 관하여는 이미 출생한 것으로 본다($\S\frac{1000}{III}$). 그러므로 §1000 Ⅰ (ⅰ)에 따라서 태아는 제1순위 상속인인 '피상속인의 직계비속'에 해당한다.

그리고 §1001에서는 §1000 Ⅰ (ⅰ)에 따라 상속인이 될 직계비속이 상속개시 전에 사망하거나 결격자가 된 경우에 그 직계비속이 있는 때에는 그 직계비속이 사망하거나 결격된 자의 순위에 갈음하여 상속인이 된다고 규정하고 있으므로, 위 규정에 따라 태아에게 대습상속(代襲相續)도 인정된다.

㈏ 유류분　　태아에게는 유류분(遺留分)도 인정된다. §1112에는 유류분에 관한 권리를 행사할 수 있는 사람의 범위가 규정되어 있지 않지만, 법정상속인 중 제4순위에 해당하는 피상속인의 4촌 이내의 방계혈족($\S\frac{1000}{I(iv)}$)을 제외한 나머지 재산상속인들은 유류분에 관한 권리를 행사할 수 있고, 앞에서 본 바와 같이 태아는 상속순위에 관하여 이미 출생한 것으로 보기 때문에 제1순위의 유류분권자에 해당한다.[62]

(4) 유　증

§1064는 유언에 있어서 §1000 Ⅲ을 수증자에 준용한다고 규정하고 있으므로, 태아는 유증(遺贈)을 받을 권리능력을 가진다.

59) 강태성, 110; 고상룡, 83; 김민중, 110; 김상용, 138; 김주수·김상용, 87; 김준호, 61; 백태승, 120; 송덕수, 523; 양창수·김재형, 644; 이영준, 850; 지원림(주 15), 65; 양창수, "태아의 권리능력", 고시연구 15-6, 1988. 5, 44.
60) 곽윤직·김재형, 100; 김증한·김학동, 112-113; 이은영, 135(이 견해는 태아의 인지청구권은 유추적용의 사례는 아니라고 주장한다).
61) 민의원 법제사법위원회 민법안심의소위원회, 민법안심의록(상권), 1957, 5.
62) 강태성, 110; 고상룡, 78; 김민중, 109; 김상용, 136; 김주수·김상용, 86; 김준호, 61; 백태승, 120; 송덕수, 522; 양창수·김재형, 643; 이은영, 132; 지원림(주 15), 65; 김능환, "유류분반환청구", 재판자료 78집; 상속법의 제문제, 1998, 7-73.

(5) 사인증여

㈎ 논의의 출발점   § 562는 "증여자의 사망으로 인하여 효력이 생길 증여에는 유증에 관한 규정을 준용한다."라고 규정하고 있는데, 앞서 본 § 1064, § 1000 Ⅲ이 사인증여(死因贈與)에도 준용되어 태아에게 사인증여를 받을 권리능력이 인정되는지에 대하여 아래와 같은 견해의 대립이 있다.

㈏ 긍정설의 논거   긍정설의 논거를 살펴보면, ① 우리 민법은 사인증여에 관하여 유증규정을 준용되는데($\S_{562}$), 이는 사인증여와 유증의 약간의 성질 차이에도 불구하고 그 실체가 같음을 고려한 것이므로, 사인증여에는 § 1064, § 1000 Ⅲ이 그대로 준용되어 태아의 권리능력이 인정된다는 주장과,[63] ② 생전에 표시된 증여라는 청약의 의사표시는 그 통지를 발한 후 도달 전에 증여자가 사망하여도 청약으로서 유효하며($\S_{\text{II}}^{111}$) 상대방에게 도달됨으로써 발효하는바, 사인증여에 있어서 태아에게 청약의 의사표시가 도달하는 점에 관하여 § 112를 유추 적용하거나 또는 가정적 법정대리인이 태아를 향한 사인증여의 청약이 있었음을 안 것을 도달로 의제할 수 있다는 주장,[64] 증여자가 갑자기 사망의 위험에 처하여 유증의 방식을 취할 여유가 없는 경우에는 태아의 수증능력을 인정할 필요가 있다는 주장[65] 등으로 세분할 수 있다.

㈐ 부정설의 논거   준용규정은 준용되기로 포괄적으로 지정된 모든 규정이 그대로 적용되는 것이 아니라 성질상 적용 가능한 규정만이 준용될 수 있는 것인데, 민법이 태아의 권리능력을 인정하는 규정들은 모두 태아의 개입 없이 오로지 타인의 행위에 의하여 태아가 권리를 취득하는 경우이고, 유증은 재산을 무상으로 출연하는 단독행위지만, 사인증여는 증여자의 사후에 효력이 생기는 증여계약으로서 양자는 성질을 달리하므로 태아의 유증 받을 능력을 인정하는 규정은 사인증여에 준용되지 않으며, 태아에게 유증을 받을 권리능력이 인정되는 이상 사인증여에 관한 능력이 별도로 인정되지 않더라도 실질적인 문제가 발생하지 않는다는 취지이다.[66]

㈑ 검   토   견해의 대립이 가능하지만, 개별적 보호주의의 원칙,

---

63) 강태성, 110; 고상룡, 82; 송덕수, 522; 이은영, 133.

64) 김천수, "태아의 법적 지위", 비교 10-2, 2003, 39-40.

65) 김증한·김학동, 112.

66) 김민중, 110; 김상용, 137; 김주수·김상용, 87; 김준호, 62; 백태승, 121; 양창수·김재형, 644; 이영준, 849; 지원림(주 15), 65; 이호정, "태아와 사인증여", 고시계 22-7, 1977, 88-94; 최병조, "사인증여의 개념과 법적 성질", 민판연 29, 2007, 803-874.

사인증여는 증여계약의 일종이라는 점 등에 비추어 볼 때 부정설의 입장이 타당하다고 본다.

(6) 증   여

(개) 논의의 출발점   태아가 증여계약의 당사자로서 수증자가 되는 권리능력을 인정할 수 있는지에 대해서도 견해의 대립이 있다.

(내) 긍정설의 논거와 부정설의 논거   긍정설은 민법상 태아의 권리능력이 인정되는 규정들을 예시적인 것으로 해석하거나 유추적용하자는 주장을 전제로 하여, 태아에게 불법행위 손해배상청구권과 유증을 받을 능력을 인정하고 있는 것과 균형을 생각하면 모친의 대리에 의한 증여계약 당사자로서의 권리능력도 인정하는 것이 타당하다는 취지이다.[67]

반면에 부정설은 민법상 태아의 권리능력을 인정하는 개별규정이 없는 경우에는 이를 인정하기 어렵다는 점을 전제로 하여, 태아에게 재산권을 무상으로 양여하려는 자는 유증제도를 이용할 수 있고, 생전 행위로 태아에게 증여하려면 태아의 부모나 기타의 사람과 태아가 살아서 출생하는 것을 조건으로 하여 태아를 수익자(제3자)로 하는 제3자를 위한 계약을 체결할 수 있으므로, 태아를 보호한다는 이유로 굳이 무리하게 유추적용 등을 시도할 것은 아니라는 취지이다.[68]

(대) 관련 판례   판례는 소외 망인(父)이 의용민법 시행 당시인 1941년 무렵 태아였던 원고에게 부동산을 증여한 다음 사망하였고 원고는 그 사망 후 출생하여 이전등기청구의 소를 제기한 사안에서, "이 사건 증여행위가 있은 당시에 시행되던 의용민법이나 구(舊) 관습 아래에서 태아의 수증능력을 인정하는 근거가 없으며, 더구나 증여는 증여자와 수증자간의 계약으로서 수증자의 승낙을 요건으로 하는 것이므로 태아에 대한 증여에 있어서도 태아의 수증행위가 필요한 것인바, 구법 하에서 개별적으로 태아의 권리능력이 인정되는 경우에도 그 권리능력은 태아인 동안에는 없고 살아서 출생하면 문제된 사건의 시기까지 소급하여 그때에 출생한 것과 같이 법률상 간주되었던 것이므로, 태아인 동안에는 법정대리인이 있을 수 없고, 따라서 법정대리인에 의한 수증행위도 불가능한 것이어서 증여와 같은 쌍방행위가 아닌 손해배상청구권의 취

---

67) 김증한·김학동, 112.
68) 김민중, 110; 김상용, 137; 김주수·김상용, 87; 김준호, 62; 백태승, 121; 송덕수, 522; 양창수·김재형, 644; 이영준, 849; 이은영, 133; 지원림(주 15), 65; 이기영, "태아의 수증능력", 해설 1, 1987, 7-15.

득이나 상속 또는 유증의 경우를 유추하여 태아의 수증능력을 인정할 수 없는
것이다.”라고 판시함으로써 증여계약에 관한 태아의 권리능력을 부정하였다.[69]

위 판례는 의용민법의 해석에 관한 것이지만, 현행 민법의 해석에 대해서
도 그 법리가 동일하게 적용될 수 있다고 본다.[70]

(7) 특별법에 의하여 태아의 권리능력이 인정되는 경우

개별 법령에서 연금 등 급여의 수급권자의 범위를 규정하면서 태아의 권
리능력을 인정하는 경우가 있는데, 대표적인 규정들은 다음과 같다.

공연금 §3 Ⅰ (ⅲ) 나목,[71] 라목[72]; 군인연금법 §3 Ⅰ (ⅳ) 나목,[73] 라목
[74]; 국연금 §3 Ⅲ[75]; 별정우체국법 §2 Ⅰ (ⅷ) 나목,[76] 라목[77]; 사립학교교직
원 연금법 §2 Ⅰ (ⅱ) 나목,[78] 라목[79]; 산재 §63 Ⅱ[80]; 의사상자 등 예우 및
지원에 관한 법률 §10 Ⅱ[81]

3. 태아의 법률상 지위

민법은 개별적으로 일정한 법률관계에 관하여 “태아는 … 이미 출생한 것
으로 본다.”라고만 규정하고 있기 때문에, 태아에게 권리능력이 인정되는 경우
그 지위에 관한 이론구성에 관하여 견해의 대립이 발생할 수 있다.

(1) 정지조건설(停止條件說) 또는 인격소급설(人格遡及說)[82]

㈎ 주장내용   태아인 동안에는 권리능력이 없고, 태아가 살아서 출

---

69) 대판 82.2.9, 81다534.
70) 동지, 주석 총칙(1), 260(제5판/신숙희).
71) 퇴직 당시의 태아는 재직 중 출생한 자녀로 본다.
72) 퇴직 당시의 태아는 재직 중 출생한 손자녀로 본다.
73) 퇴직 후 60세 당시의 태아는 복무 중 출생한 자녀로 본다.
74) 퇴직 후 60세 당시의 태아는 복무 중 출생한 손자녀로 본다.
75) 수급권을 취득할 당시 가입자 또는 가입자였던 자의 태아가 출생하면 그 자녀는 가입자
    또는 가입자였던 자에 의하여 생계를 유지하고 있던 자녀로 본다.
76) 퇴직 당시의 태아는 재직 중 출생한 자녀로 본다.
77) 퇴직 당시의 태아는 재직 중 출생한 손자·손녀로 본다.
78) 퇴직 당시의 태아는 재직 중 출생한 자녀로 본다.
79) 퇴직 당시의 태아는 재직 중 출생한 손자녀로 본다.
80) 제1항을 적용할 때 근로자가 사망할 당시 태아(胎兒)였던 자녀가 출생한 경우에는 출생
    한 때부터 장래에 향하여 근로자가 사망할 당시 그 근로자와 생계를 같이 하고 있던 유족
    으로 본다.
81) 태아는 제1항에 따른 지급 순위에 있어서 이미 출생한 것으로 본다.
82) 김상용, 138; 김주수·김상용, 90; 백태승, 123; 이영준, 850; 지원림(주 15), 66; 이화
    숙, “태아의 법률상의 지위”, 김형배교수화갑기념논문집, 1984, 95-126; 권용우, “태아의
    권리능력”, 충남대 법학연구 23-1, 2012. 6, 251.

생하면(즉, 살아서 태어나는 것을 정지조건으로 하여) 그 권리능력 취득의 효과가 문제된 사건이 발생한 시기(예컨대, 불법행위시점 또는 상속개시시점)까지 소급하여 생긴다. 민법의 개별규정은 태아에게 권리능력을 인정한 것이 아니고, 단지 출생시기가 과거의 일정시기로 소급한다는 취지이다.

(나) 논　　거　　　민법이 규정하는 개별 사항에 관하여 소급적으로 권리능력을 인정하면 태아의 보호에 문제가 없고, 만약 태아인 동안에도 권리능력을 취득한다면 태아가 죽어서 출생하는 경우 그동안 태아의 법정대리인이 한 행위가 소급하여 전부 무효로 되어 그 상대방 또는 제3자가 예측하지 못한 손해를 입게 될 우려가 크다. 또한 설령 태아에게 권리능력을 인정한다고 가정하더라도, 독민(§ 1912, § 1913, § 1960)과 같이 태아를 위한 법정대리인 등 보호기관에 관한 명문규정이 없는 이상, 태아인 동안에 제한적 권리능력을 부여하더라도 태아의 법정대리인 등으로 하여금 태아의 재산을 관리할 수 있게 하는 제도가 있다고 보기 어렵다.

(2) 해제조건설(解除條件說) 또는 제한인격설(制限人格說)[83]

(가) 주장내용　　　태아인 동안에도 이미 출생한 것으로 보는 범위 내에서는 문제의 사건이 발생한 때(예컨대, 불법행위시점 또는 상속개시시점)로부터 제한된 권리능력을 가지고, 다만 사산(死産)인 때에는 그 권리능력 취득의 효과가 문제의 사건이 발생한 시점까지 소급하여 소멸한다. 즉, 태아는 사산을 해제조건으로 하여 불법행위시점 등에 개별 규정에 열거된 권리를 취득하는 것이고, 단지 사산한 경우에만 이미 발생하였던 권리취득의 효과가 소급적으로 소멸한다는 취지이다.

(나) 논　　거　　　태아인 동안에도 제한적으로 권리능력을 인정하지 않으면 태아의 이익이 충분히 보호되지 못한다. 예컨대 배우자와 태아가 상속인인 경우에 태아인 동안에 권리능력이 없다고 하면, 우선 배우자와 직계존속에게 상속시키고 나중에 태아가 출생하면 상속을 회복시키게 되기 때문에 오히려 법률관계가 불안정하게 되고 그 결과도 부당하게 된다.

그리고 태아에게 권리능력을 인정하는 경우에 태아가 사산(死産)되면 거래안전을 해한다고 하지만, 태아는 살아서 출생하는 것이 일반적이고 사산은 예외적인 현상에 불과하여 문제가 생길 소지가 적다. 이 견해에 의하면, 태아에

---

83) 강태성, 113; 고상룡, 77-80; 곽윤직 · 김재형, 102; 김준호, 63; 김증한 · 김학동, 115; 송덕수, 524; 양창수 · 김재형, 645; 이은영, 136.

게 권리능력이 인정되는 범위 내에서 법정대리인도 존재한다고 해석하는 것이
현행법상으로도 타당하다.

　　다만, 예외적이기는 하지만, 사산(死産), 다태아(多胎兒) 등의 가능성이 있
으므로 태아인 동안에는 권리관계가 확정된 것은 아니고 태아의 법정대리인의
권한은 현재의 권리관계를 보전하는 범위에 한정된다.

　　(3) 판　　례

　　판례는 '태아가 손해배상청구권에 관하여는 이미 출생한 것으로 본다는 본
조의 취지는 태아가 살아서 출생한 때에 출생시기가 문제의 사건의 시까지 소
급하여 그 때에 태아가 출생한 것과 같이 법률상 보아 준다고 해석함이 상당
하므로, 그가 모체와 같이 사망하여 출생의 기회를 못 가졌다면 배상청구권을
논할 여지가 없다.'라는 취지로 판시함으로써[84] 정지조건설을 취하고 있다.[85]

　　(4) 검　　토

　　양자의 견해를 비교하여 보면, 이론적으로는 권리능력의 시기가 의제되는
것으로 볼 것인지 아니면 출생사실이 의제되는 것으로 볼 것인지에 관한 문제
가 될 수 있지만, 실제로는 상대방 또는 제3자의 보호에 중점을 둘 것인지, 아
니면 태아의 보호에 중점을 둘 것인지의 문제로 귀착된다.

　　현대의학의 발전으로 인하여 태아의 사산율이 현저하게 낮아졌다는 점 등
에 비추어 보면 해제조건설의 주장에 상당한 설득력이 있음을 부인하기는 어
렵다. 그러나 이 견해에 의하면 태아로서 제한적인 권리능력을 가지는 기간 동
안에 태아가 스스로 권리를 행사할 수 없기 때문에 태아를 위한 법정대리인
등 보호기관이 있어야 하는데, 독민 등의 경우와 달리 우리 민법에는 법정대리
인 등에 관한 제도를 두고 있지 않다는 점이 실질적으로 가장 큰 문제점이 될
수 있다.

　　예컨대, 태아가 출생한 이후 부모가 법정대리인이 될 지위에 있다는 점
($\frac{§911}{참조}$) 등을 고려하여 관련 규정을 유추적용한다고 가정하더라도, 아직 권리관
계가 확정된 것이 아니기 때문에 태아의 법정대리인의 권한은 권리를 보전하
기 위하여 필요한 행위에 한정되어야 하고($\frac{§118, §25}{등 참조}$), 태아에게 불법행위에 기

---

84) 대판 76.9.14, 76다1365.

85) 같은 취지의 판례로는 '관습상의 유복자는 부의 사망 당시에 소급하여 상속권을 가진
　　다.'라는 취지로 판시한 대판 49.4.9, 4281민상197, '태아인 동안에는 법정대리인이 있을
　　수 없으므로 법정대리인에 의한 수증행위도 할 수 없다.'라는 취지로 판시한 대판 82.2.9,
　　81다534 등이 있다.

한 손해배상청구권이 인정될 수 있는 사안에서도 그 법정대리인이 가해자와
사이에서 구체적인 합의를 할 수도 없으며, 태아의 상속지분에 관련된 상속재
산분할을 하는 것은 이해상반되는 행위에 해당하기 때문에 다시 특별대리인을
선임해야 한다($\frac{§}{921}$). 그리고 태아가 부동산을 특정 유증받은 경우에도 현행법상
태아 명의로 소유권이전등기를 할 수도 없고, 같은 맥락에서 태아의 부모가 태
아 명의로 증거보전($\frac{민소}{§375 이하}$)이나 집행을 위한 보전처분($\frac{민집}{§276 이하}$) 등을 하는
것이 실무적으로 허용된다고 보기도 어렵다.

그렇다면 현행법의 해석상 정지조건설을 취한 판례의 입장과 달리 해제조
건설을 취할 실익이 거의 없다.[86] 입법론으로는 독민 §1912, §1913, §1960
등과 같이 태아의 보호기관이 가정법원의 감독을 받아서 적절하게 태아의 재
산 등을 관리하는 방법을 마련하는 것이 바람직하다고 생각한다.[87]

VI. 사자(死者)의 인격권에 관하여[88]

1. 권리주체에 관한 일반원칙

민사상 권리주체에 관한 §3는 "사람은 생존한 동안 권리와 의무의 주체가
된다."라고 규정하고 있다. 이는 자연인이 출생한 때에 권리능력을 취득하고,
사망함으로써 그때까지 가지고 있던 권리능력을 상실한다는 의미이기 때문에,
사망 시점부터 종전에 가지고 있던 재산과 가족관계 등에 관한 권리의무를 상
실하는 것이 원칙이다.

2. 인격권에 관한 예외의 인정 여부

(1) 인격권은 '권리능력자와 분리할 수 없는 그 인격에 전속하는 자유·명

---

86) 동지, 김주수·김상용, 90; 이영준, 851; 지원림(주 15), 66; 권용우(주 82), 251-252.
87) 동지, 강태성, 114; 고상룡, 81; 곽윤직·김재형, 102; 김상용, 140; 김주수·김상용, 90;
   백태승, 123; 이영준, 851; 구주해(1), 253(양삼승); 권용우(주 82), 252.
88) 이에 관한 전반적인 검토에 관하여는 구주해(1), 256-258(양삼승); 김재형, "모델소설과
   인격권", 인권과 정의 255, 1997. 11, 44-71; 장재옥, "사후의 인격과 유족의 인격보호",
   중앙대 법학논문집 24-1, 2000. 2, 141-161; 함석천, "사망한 자에 대한 인격권", 「언론관
   계소송」, 2007, 174-187; 송경근, "제사주재자의 결정방법과 망인 자신의 유체·유골(遺
   體·遺骨)에 관한 처분행위의 효력 및 사자(死者)의 인격권", 해설 77, 2009, 623-686; 김
   국현, "유체인도와 사자의 인격권", 헌법판례해설 Ⅰ, 2010, 146-154 등 참조.

예·신체 등 인격적 이익을 총칭하는 개념'으로서,[89] 성격상 일신전속권이기 때문에 그 권리주체와 분리하여 양도·상속 등의 대상이 될 수 없다.[90] 따라서 인격권에 관하여 위와 같은 일반원칙을 그대로 관철하면 인격권을 향유할 수 있는 사람은 민법상 권리능력을 가지고 있어야 하고, 사람의 인격권 및 여기에서 파생되는 법익들은 원칙적으로 사람의 사망과 동시에 소멸한다고 볼 수 있다.

(2) 그런데 사람은 사후에도 그에 대한 사회적 평가가 후세에 남게 되고, 헌 § 10 및 § 17은[91] 인간의 존엄과 가치 등 인격권을 보호하고 있기 때문에, 이와 같은 보호에 관한 실효성을 확보하기 위하여 적어도 중대한 인격권 침해행위 등에 대하여는 그 사후에도 보호받을 수 있는 제도적 장치가 요구된다고 볼 여지가 있다. 즉, 사망한 사람에 관한 일정한 인격적 이익은 법적으로 보호할 필요성이 있으므로, 당사자가 사망한 시점에 바로 그 법익이 소멸한다고 보기는 어렵다는 주장이 제기될 수 있는 것이다.

(3) 종래 사자의 인격권에 관한 실정법적 근거로 거론되어 왔던 규정은 헌 § 10 및 § 17, 사자(死者)의 명예훼손죄에 관한 형 § 308,[92] 사망한 사람의 저작인격권을 보호하는 저작 § 14[93] 등이었다. 한편, 언론법은 위와 같은 법규정 등을 토대로 하여 § 5, § 5-2에서 '언론등이 사망한 사람의 인격권을 침해하였거나 침해할 우려가 있는 경우에는 이에 따른 구제절차를 유족이 수행한

---

89) 지홍원, "인격권의 침해", 사론 10, 1979, 215-217. 위와 같은 이익을 총칭해서 일반적 인격권이라고도 하고, 이를 자유권, 명예권, 신체권 등으로 분류해서 개별적 인격권이라고 부르기도 하는데, 구체적인 사례에 관하여는 명예권(대판 88.10.11, 85다카29; 대판 97.10.24, 96다17851 등), 저작인격권(대판 89.10.24, 88다카29269; 대판 92.12.24, 92다31309 등), 성적 자기결정권(대판 98.2.10, 95다39533; 대판 07.6.14, 2004두619 등), 환자의 자기결정권[대판 98.2.13, 96다7854; 대판(전) 09.5.21, 2009다17417 등], 사생활의 비밀(대판 98.9.4, 96다11327; 대판 06.12.22, 2006다15922 등), 성명권(대판 05.11.16, 2005스26; 대판 09.9.10, 2007다71 등), 대학교수의 자신의 전공분야에 대한 강의·연구권(대판 08.6.26, 2006다30730) 등에 대한 판례 등을 참고할 수 있다.

90) 장재옥(주 88), 147.

91) 헌 § 10(기본적 인권의 보장) 모든 국민은 인간으로서의 존엄과 가치를 가지며, 행복을 추구할 권리를 가진다. 국가는 개인이 가지는 불가침의 기본적 인권을 확인하고 이를 보장할 의무를 진다.
   헌 § 17(사생활의 자유) 모든 국민은 사생활의 비밀과 자유를 침해받지 아니한다.

92) 형 § 308(사자의 명예훼손) 공연히 허위의 사실을 적시하여 사자의 명예를 훼손한 자는 2년 이하의 징역이나 금고 또는 500만 원 이하의 벌금에 처한다.

93) 저작 § 14(저작인격권의 일신전속성) ① 저작인격권은 저작자 일신에 전속한다.
   ② 저작자의 사망 후에 그의 저작물을 이용하는 자는 저작자가 생존하였더라면 그 저작인격권의 침해가 될 행위를 하여서는 아니 된다. 다만, 그 행위의 성질 및 정도에 비추어 사회통념상 그 저작자의 명예를 훼손하는 것이 아니라고 인정되는 경우에는 그러하지 아니하다.

다. 다만, 다른 법률에서 특별한 규정이 없으면 그 유족은 사망한 사람의 배우자와 직계비속 등 일정한 범위로 한정되고, 사망 후 30년이 경과한 때에는 구제절차를 수행할 수 없다.'라는 취지로 규정하고 있다.[94]

3. 비교법적 검토

(1) 독일의 경우

독일 연방대법원은 1968년 사자(死者)를 모델로 한 소설 '메피스토(Mephisto)'가 사자의 인격권을 침해한다는 이유로 제기된 판매금지청구를 인용한 원심판결에 대하여 "인간은 최소한 사후의 중대한 명예침해적 왜곡에 대하여 그의 생활상의 보호를 신뢰하고 그러한 신뢰에 대한 기대 속에서 생활할 수 있는 경우에만, 생전에 있어서의 인간의 존엄과 자유로운 발현이 기본법의 의미에서 충분히 보장되는 것이라고 확신한다."라는 등의 이유를 들어서 이를 그대로 유지하였다.[95] 한편, 독일 연방헌법재판소는 위와 같이 '직접보호설(直接保護說)'의 입장에서 사자의 인격권을 바로 인정한 연방대법원 판결에 대한 재판소원을 기각하였고,[96] 독일의 다수설도 위와 같은 판례의 입장에 대체로

---

94) 언론 § 5(언론등에 의한 피해구제의 원칙) ① 언론, 인터넷뉴스서비스 및 인터넷 멀티미디어 방송(이하 "언론등"이라 한다)은 타인의 생명, 자유, 신체, 건강, 명예, 사생활의 비밀과 자유, 초상(肖像), 성명, 음성, 대화, 저작물 및 사적(私的) 문서, 그 밖의 인격적 가치 등에 관한 권리(이하 "인격권"이라 한다)를 침해하여서는 아니 되며, 언론등이 타인의 인격권을 침해한 경우에는 이 법에서 정한 절차에 따라 그 피해를 신속하게 구제하여야 한다. ② 인격권 침해가 사회상규(社會常規)에 반하지 아니하는 한도에서 다음 각 호의 어느 하나에 해당하는 경우에는 법률에 특별한 규정이 없으면 언론등은 그 보도 내용과 관련하여 책임을 지지 아니한다.
　1. 피해자의 동의를 받아 이루어진 경우
　2. 언론등의 보도가 공공의 이익에 관한 것으로서, 진실한 것이거나 진실하다고 믿는 데에 정당한 사유가 있는 경우
§ 5-2(사망자의 인격권 보호) ① 제5조 제1항의 타인에는 사망한 사람을 포함한다.
② 사망한 사람의 인격권을 침해하였거나 침해할 우려가 있는 경우에는 이에 따른 구제절차를 유족이 수행한다.
③ 제2항의 유족은 다른 법률에 특별한 규정이 없으면 사망한 사람의 배우자와 직계비속으로 한정하되, 배우자와 직계비속이 모두 없는 경우에는 직계존속이, 직계존속도 없는 경우에는 형제자매가 그 유족이 되며, 같은 순위의 유족이 2명 이상 있는 경우에는 각자가 단독으로 청구권을 행사한다.
④ 사망한 사람에 대한 인격권 침해에 대한 동의는 제3항에 따른 같은 순위의 유족 전원이 하여야 한다.
⑤ 다른 법률에 특별한 규정이 없으면 사망 후 30년이 지났을 때에는 제2항에 따른 구제절차를 수행할 수 없다.
95) BGHZ 50, 133.
96) BVerfG 30, 173. 다만, 독일 연방대법원은 위와 같은 '직접보호설'의 근거로서 독일 기본

동조하면서, 사자는 권리능력은 없지만 생존시에 창출한 가치와 작품이 존속하는 한 이러한 것에 대한 권리(즉 인격권)가 존속하고, 사자의 인격권에 의해 보호하려고 하는 것은 '사자의 이익'이라는 입장을 취하고 있다.[97]

사망 후에 존속하는 인격권의 귀속주체가 누구인지에 관하여는, 무주체 권리설(無主體權利說), 권리주체성설(權利主體性說), 부분적 권리능력설(部分的 權利能力說) 등이 대립하고 있는데, 일반적으로 독일 연방대법원의 '메피스토' 판결은 무주체 권리설을 취한 것으로 평가되고 있다.[98] 그리고 사자의 유족이 사자의 인격권을 행사할 수 있는 근거에 관해서도 수탁자설, 제3자의 소송담당설, 대리인설 등이 대립하고 있는데, 독일에서는 수탁자설이 다수설이다.[99]

(2) 일본의 경우

일본에서는 사자의 인격권을 직접적으로 인정할 수 있는지 여부에 관하여 우선 ① 독일 '메피스토' 판결과 같은 이유를 들어서 사자의 인격권을 바로 인정하는 직접보호설과 ② 사자의 인격권을 부정하고 유족 고유의 법익 침해를 이유로 유족의 보호를 꾀함으로써 간접적으로 사자에 대한 보호를 도모할 수 있다는 간접보호설(間接保護說)이 대립하고 있고, ② 간접보호설의 경우 다시 그 보호법익에 관련하여 ㉮ 사자에 대한 인격권 침해를 매개로 하여 그 유족에 대한 인격권 침해가 성립한다고 보는 견해, ㉯ 유족의 사자에 대한 경애·추모의 정 등의 유족 고유의 인격권이 침해된다고 보는 견해 등으로 세분할 수 있다.[100]

(3) 미국의 경우

보통법(Common Law)에 의하면 사자의 명예가 훼손되었다는 이유로 그 유족이 민사소송을 제기할 수 없고, 다만 사자에 대한 명예훼손이 유족 자신의 명예도 침해하게 되는 경우에는 예외이며, 이는 사자의 프라이버시의 경우에도 마찬가지이다. 한편, 유명인의 성명이나 초상을 상업적으로 이용할 권리, 즉 퍼블리시티권은 재산권적인 측면이 강하므로 이것이 상속될 수 있는지에 관하여는 논란이 되고 있다.[101]

법 §1 I 및 §2 I 을 함께 거시하였는데(BGHZ 50, 133), 독일 연방헌법재판소는 그 중 §1 I 만이 근거가 되고 §2 I 은 근거가 되지 못한다는 취지로 판시하였다(BVerfG 30, 173).

97) 이에 관한 상세한 내용은 김재형(주 88), 51-52; 장재옥(주 88), 144-147 참조.

98) 이에 관한 상세한 내용은 구주해(1), 257(양삼승); 장재옥(주 88), 147 등 참조.

99) 이에 관한 상세한 내용은 장재옥(주 88), 150-152 등 참조.

100) 이에 관한 상세한 내용은 김재형(주 88), 64-65; 장재옥(주 88), 143-144 등 참조.

101) 이에 관한 상세한 내용은 김재형(주 88), 65 참조.

4. 우리나라의 경우

(1) 견해의 대립

⑴ 직접보호설   사망한 사람을 명예의 주체로 보는 견해이다.[102] 그 논거로 예시되는 것은 ① 헌법상 인간의 존엄과 가치를 실효성 있게 보장하기 위해서는 적어도 당사자가 사망한 이후에도 그 인격권을 중대하게 훼손시키는 왜곡으로부터 보호를 받을 수 있는 제도적 장치가 있어야 한다는 점, ② 사자의 명예훼손죄에 관한 형 § 308, 사망한 사람의 저작인격권에 관한 저작 § 14 Ⅱ, 언론 § 5 및 § 5-2 등과 같이 사망한 사람의 인격권을 직접적인 보호대상으로 하는 실정법 규정이 있는 점, ③ 유족의 명예 또는 유족의 추모의 감정만 문제된다고 하면 유족이 없는 경우 사자의 인격권이 침해되더라도 아무런 구제수단이 없기 때문에 보호에 허점이 생길 수 있다는 점, ④ 사자가 인격권에 기해 직접 침해행위의 금지를 청구할 수는 없지만, 저작 § 128 등을 유추적용하여 유족이나 유언집행자가 그러한 청구를 대신할 수 있다는 점 등이다.

직접보호설을 취하는 경우, 사망한 사람에 대한 명예훼손과 그 후손에 대한 명예훼손을 따로 판단해 별도로 위자료를 산정하거나 정정보도 등을 명할 수 있을 것이다.[103] 그런데 직접보호설에 의하면 금지청구권이나 방해배제청구권만이 허용될 수 있고 금전적인 손해배상청구권은 발생될 수 없다. 왜냐하면 사자에 대한 손해배상은 이루어질 수 없기 때문이다. 한편, 직접보호설에 대해서는 사람이 사망한 이상 그 사람이 생존하는 것으로 의제하여 사자에 대한 위자료를 산정하는 것은 권리능력에 관한 민법 규정에 위배된다는 등의 비판이 제기될 수 있다.

⑵ 간접보호설   사망한 사람은 인격권의 주체로 볼 수 없고, 그 유

---

102) 구주해(1), 256(양삼승); 김재형(주 88), 66-67; 손동권, "언론보도와 사자의 명예훼손", 언론중재 12-1, 1992. 3, 8-9.

103) 다만, 손동권(주 102), 8-9는 직접보호설을 취하고 있음에도 불구하고, 손동권(주 102), 9-10은 "우리 형법이 살아있는 사람에 대한 명예훼손죄의 규정과는 별도로 사자명예훼손죄를 규정한 것으로 보아 사자의 명예주체성을 인정하는 우리나라의 통설이 타당하다. 다만, 명예권 주체는 사자이나 그 권리의 행사주체는 보통 유족이 될 뿐이다."라는 입장을 토대로 하여, "사자의 명예도 불법행위책임법으로서 보호되어야 한다. 그 이유는 사자에 대한 명예훼손의 경우에도 명예회복처분에 의해 복원됨이 필요하며, 또한 사자의 명예를 보호하는 형법과의 균형상 타당하기 때문이다. 그러나 사자 자신에 대한 명예훼손이 성립한다고 하더라도 사자는 그의 효과로서 발생하는 청구권의 주체가 될 수 없으므로 그 권리는 상속인이나 근친자에 의해서 행사된다."라는 주장을 하고 있음을 주의할 필요가 있다.

족 등을 권리주체로 파악해야 한다는 견해이다.[104] 그 논거로 예시되는 것은
① 사자(死者)는 사람이 아니므로 인격권의 주체가 될 수 없고, 인격권은 일
신전속권(一身專屬權)이므로 상속인이 사자의 인격권을 행사할 수 없다는 점,
② 사자에 대해서는 사회에서의 존재와 활동의 전제가 되는 가치를 보호할 필
요가 없고, 따라서 법적 보호이익은 유족의 인격권 또는 유족이 사자에 대하여
가지는 존경의 감정이며 사자의 인격권이라고 볼 수 없다는 점, ③ 망자에 대
한 명예 훼손이 그 상속인이나 친권자의 명예 훼손의 파급 효과를 초래한 때
에는 그 생존자에 대한 명예 훼손이 별도로 성립하는데, 망자 자신에 대한 명
예훼손이 성립하더라도 망자는 그 효과로서 발생하는 청구권의 주체가 될 수
없고, 그 권리는 상속인이나 친권자에 의해서 행사되어야 하므로 엄밀한 의미
에서 상속인이나 친권자에 대한 불법행위책임이 발생할 뿐이라는 점, ④ 형법
상 사자의 명예훼손죄가 '사자의 명예'를 보호법익으로 한다고 하더라도 이는
사자의 명예가 법익으로서 보호대상이 된다는 것에 불과하고, 저작권법과 언
론법의 규정은 저작자 인격의 징표로서의 저작물의 보호 가치와 막강한 영향
력을 가진 언론에 의한 사자의 인격적 가치에 대한 침해 가능성 등을 고려하
여 법률에서 특별히 보호규정을 둔 것으로서, 이와 같이 개별 입법을 통하여
사자의 인격권을 보호대상으로 삼았을 뿐이라는 점, ⑤ 인격권은 그 용어 자체
가 불명확한 개념이고 상당히 포괄적인 성격을 가진 권리이므로, 이를 무한정
확대하는 것은 예측 가능성이나 법적 안정성의 관점에서 볼 때 적절치 않은
측면이 있다는 점 등이다.

　　간접보호설을 토대로 하는 경우, 사자의 유족들은 그 법익의 주체로서 당
연히 법익침해로 인한 금지청구권, 방해배제청구권뿐만 아니라 금전적인 손해
배상청구권도 주장할 수 있게 된다. 그리고 사자를 보호법익의 주체로 파악하
지 않는 경우, 사자에 대한 독자적인 위자료 산정 등의 문제는 발생할 여지가
없다. 반면에, 간접보호설에 대해서는 보호의 필요성이 있는 사자의 인격권에
대한 보호의 정도가 상대적으로 두텁지 못하다는 비판이 제기될 수 있다.

　　㈐ 인격권에 대한 보호기간　　사자의 인격권에 관한 보호기간을 정
하는 것은 어려운 일이다. 일반적으로 말하면 사망한 때로부터 시간의 경과가

---

104) 장재옥(주 88), 152-161; 송경근(주 88), 680-682; 지홍원(주 89), 215-226; 권오
　　승, "명예의 의의와 명예훼손의 모습", 언론중재(1983년 가을호), 7; 박용상, 「언론과 개
　　인 법익-명예, 신용, 프라이버시 침해의 구제 제도」, 1997, 108; 이은영, 채권각론, 제5판,
　　2005, 974; 주석 채각(7), 68(제3판/박철우).

오래될수록 인격권 침해를 인정하기 어려울 것이고, 시간의 경과로 인하여 역사적 인물이 되었다면 그에 대한 인격권 침해는 부정되어야 할 것이다.[105]

다만, 언론법은 § 5-2 V에서 다른 법률의 규정이 없으면 사망 후 30년까지 사망한 사람에 대한 인격권을 보호한다고 규정하고 있다($_V^{§5-2}$). 따라서 언론법이 적용되는 범위 내에서 사자의 인격권은 사망 후 30년까지 보호된다고 할 수 있다.[106]

(2) 종래 민·형사 판례 등

대법원은 형 § 308의 보호법익에 관하여 "사자에 대한 사회적, 역사적 평가를 보호법익으로 하는 것"이라고 판시함으로써 그 보호법익이 사자의 명예라는 점을 명시하고 있다.[107] 형법학계의 다수설도 판례의 입장과 같다.[108]

한편, 민사상 사자의 인격권을 인정할 수 있는지 여부를 직접 다룬 판례는 비교적 최근까지 발견하기 어려운 상태였다. 다만, 저작인격권 침해사건에서 대법원은 "저명한 화가의 유족으로서는 고인의 인격권과 유족 자신의 고인에 대한 추모경애의 마음을 침해하는 상표의 사용금지를 청구할 수 있음은 물론 그 등록무효심판을 청구할 이해관계가 있다고 봄이 상당하다."라고 판시하였고,[109]

---

105) 동지, 김재형, "인격권 일반―언론 기타 표현 행위에 의한 인격권 침해를 중심으로―", 민판연 21, 1999, 659. 대판 98.2.27. 97다19038도 같은 취지이다.

106) 한편, 저작권법은 § 39 I에서 저작재산권을 저작권자의 사망 후 70년 동안 보호한다는 명시적인 규정을 두고 있지만, 저작인격권의 보호기간에 관하여는 특별한 규정을 두지 않고 있다. 다만, 우리나라가 1996.5.21. 가입서를 기탁하고 1996.8.21. 조약 제1349호로 발효된 문학·예술적 저작물의 보호를 위한 베른협약(Berne Convention for the Protection of Literary and Artistic Works)은 "저작자의 재산권과 독립하여, 그리고 이 권리의 양도 후에도, 저작자는 저작물의 저작자라고 주장할 권리 및 이 저작물에 관련하여 그의 명예나 명성을 해치는 왜곡·절단·기타 변경 또는 기타 훼손 행위에 대하여 이의를 제기할 권리를 가진다(§ 6-2 I). 전항에 따라 저작자에게 부여되는 권리는 그의 사망 후에 적어도 재산권의 만기까지 계속되고, 보호가 주장되는 국가의 입법에 의한 권한이 있는 사람이나 단체에 의해 행사될 수 있다. 다만, 이 의정서를 비준하거나 또는 이에 가입할 당시에, 저작자의 사망 후에 전항에 규정된 모든 권리의 보호를 입법으로 규정하지 않은 국가는 이러한 권리 중 일부를 저작자가 사망한 후에 존속하지 않도록 할 수 있다(§ 6-2 II). 이 조에 의하여 부여되는 권리를 보전하기 위한 구제방법은 보호가 주장되는 국가의 입법의 지배를 받는다(§ 6-2 III)."라고 규정하고 있으므로, 이를 고려할 필요가 있다[동지, 함석천 (주 88), 183-184].

107) 대판 83.10.25. 83도1520 등 참조.

108) 형 § 308의 보호법익에 관한 형법학계의 학설을 살펴보면, ① 사자에 대한 사회적·역사적 평가라고 보는 견해, ② 유족의 명예 내지 유족과 이해관계인이 사자에 대하여 가지는 추모 또는 존경의 감정이라고 보는 견해 견해 등이 대립하고 있는데 ①견해가 다수설이다. 이에 관한 상세한 내용은 형법 각칙(4), 한국사법행정학회, 2017, 525(제5판/심담) 참조.

109) 대판 00.4.21. 97후860.

'백범 김구 선생 암살사건'의 논픽션드라마에서 배후로 묘사된 자의 명예훼손
여부 판단에 관하여, "적시된 사실이 역사적 사실인 경우 시간이 경과함에 따
라 점차 망인이나 그 유족의 명예보다는 역사적 사실에 대한 탐구 또는 표현
의 자유가 보호되어야 하고 또 진실 여부를 확인할 수 있는 객관적 자료에도
한계가 있어 진실 여부를 확인하는 것이 용이하지 아니한 점을 고려해야 한
다."라고 판시함으로써 사자에 대한 명예훼손 판단에 고려할 사항들을 언급한
사례[110]가 있으며, 고(故) 이승만 전 대통령의 계엄선포가 불법이었다는 언론
보도와 관련하여 이승만 전 대통령의 양자가 명예훼손에 따른 정정보도청구
를 한 사건에서 대법원이 "망 이승만의 사회적 평가와 아울러 그의 유족인 원
고 자신의 사회적 평가 내지 고인에 대한 명예감정, 추모감정을 침해하여 명예
를 훼손하였다."라고 설시한 원심의 판단 부분을 그대로 유지한 사례[111]가 있
었다.

(3) 사자의 인격권에 관한 최근 판례

(가) 피상속인이 생전행위 또는 유언으로 자신의 유체·유골을 처분하거나
매장장소를 지정한 경우, 제사주재자에게 피상속인의 의사에 구속되는 법적
의무가 있는지 아니면 이를 존중해야 하는 도의적인 의무만을 부담하는지 여
부가 쟁점인 사안에서, 대법원 전원합의체 판결의 제1 소수의견과 제2 소수의
견의 경우 앞에서 살펴본 직접보호설의 논거를 토대로 하여 제사주재자의 법
적 의무를 인정해야 한다고 주장한 반면에, 다수의견은 그 보충의견을 통하여
간접보호설을 취하였음을 분명히 하면서 도의적인 의무만을 인정하는 것이 타
당하다는 입장을 밝혔다.[112] 대법원에서 사자의 인격권의 보호필요성에 관하여
대체로 공감하면서도, 실정법의 해석을 토대로 하여 직접보호설과 간접보호설
의 대립에서 비롯된 기존 논의를 종합적으로 검토한 다음 위 전원합의체 판결
을 통하여 간접보호설이 타당하다는 입장을 정리한 것이므로 이론적·실무적
인 측면에서 상당한 의미가 있다. 아래에서 다수의견과 소수의견이 내세운 각
각의 논거를 요약하여 정리하기로 한다.

(나) 간접보호설을 취한 다수의견의 보충의견의 요지는 다음과 같다.

과학기술의 발전과 각종 매스미디어의 발달, 인터넷의 성행 등에 따라 사

---

110) 대판 98.2.27, 97다19038.
111) 대판 01.1.19, 2000다10208.
112) 대판(전) 08.11.20, 2007다27670.

람의 인격적 가치에 대한 침해의 위험성이 높아졌고, 그에 따라 인격권에 대한 보호의 필요성이 커졌으며, 저작권법, 언론법에서는 망인의 저작인격권 침해나 언론기관의 보도로 인한 망인의 인격권 침해에 대비한 보호규정을 두고 있다. 그러나 실정법에서 보호규정을 두고 있지 않은 경우에도 망인의 인격권을 일반적으로 인정할 수 있는지에 관하여는 신중한 접근이 필요하다.

사람은 생존하는 동안 권리주체가 되므로($\frac{\S}{3}$), 사망한 후에는 그 주체가 될 수 없다. 인격권은 일신전속권으로서 그 주체의 인격에 전속하여 그 주체와 분리될 수 없는 것이므로, 재산권과는 달리 양도나 상속의 대상이 될 수 없고, 법률에 특별한 규정이 없는 한 그 귀속주체가 사망함에 따라 소멸한다.

민법이 태아에게 제한적인 권리능력을 인정하는 것은 조만간 권리능력을 취득할 것이 기대되기 때문에 특별규정을 둔 것인 반면, 망인의 경우에는 사망으로 권리능력이 확정적으로 소멸되므로 적절한 비교대상이 될 수 없다.

실정법 규정이 없음에도 망인의 인격권을 일반적으로 인정할 경우, 그 귀속주체가 누구인지(즉, 사망한 사람의 인격권이 사망한 사람에게 귀속될 수 있는지), 누가 이를 행사할 것인지(즉, 사망한 사람이 자신의 인격권을 행사할 수 있는지), 유족이 대신 행사할 수 있다면 그 법률적 근거는 무엇인지, 유족이 없는 사람은 어떻게 되는 것인지 등이 문제되는데, 이에 관한 논거 및 그 타당성이 검증되지 아니한 상태에서 망인의 인격권을 일반적으로 인정할 수는 없다.

따라서 법률에서 망인의 인격권의 행사방법 등을 규정하지 않은 이상 망인의 인격권을 인정할 수 없고, 오히려 유족 고유의 인격권 보호를 통해 망인의 인격권을 간접적으로 보호함으로써 위와 같은 문제점을 해소할 수 있다.

한편, 망인의 인격권을 인정하는 것과 망인이 생전에 자신의 유체·유골의 처분방법 등에 관하여 한 의사표시에 그 제사주재자가 법률상 구속되는지 여부는 또 다른 문제이다. 망인의 인격권이 인정되는 경우에도 그 유족들의 망인에 대한 경애·추모의 감정 등 유족들 고유의 인격권 또한 그와 별개로 보호되어야 함은 명백하기 때문이다.

이미 사망하여 권리능력이 소멸한 사람의 인격권을 인정하여 도덕적인 영역에 속한다고 보이는 사항까지 인격권으로 해결하려는 것은, 오히려 살아있는 권리주체인 제사주재자 등 유족들의 인격권을 침해하는 결과를 가져올 수도 있다. 장기등 이식에 관한 법률(이하 '장기법'이라 한다) §2 Ⅱ에서 장기를 기증하고자 하는 사람이 자신의 장기 기증에 관하여 표시한 자발적인 의사는 존중되어야 한다고 규정하면서도, 장기법 §18 Ⅲ (ⅰ)에서는 본인이 사망 전에 장기 등의

적출에 동의한 경우에도 그 가족 또는 유족이 장기 등의 적출을 명시적으로
거부하는 경우에는 이를 적출할 수 없도록 규정함으로써 망인의 의사에 반하
는 유족의 의사에 법률적 구속력을 인정함과 아울러 장기법 §2 Ⅱ을 선언적
의미의 규정으로 삼은 것은, 위와 같이 유족의 망인에 대한 경애·추모의 감정
등 유족 고유의 인격권을 보호하기 위한 취지라고 볼 수 있다.

  ㈐ 직접보호설을 취한 제1 소수의견의[113] 요지는 다음과 같다.

  자신의 신체에 대한 권리는 인격권의 핵심에 해당하고, 신체에 대한 자기
결정권은 살아있는 동안에는 물론 그 사후에도 최대한 존중되어야 한다. 사망
이후에는 더 이상 권리의무의 주체가 되지 못하는 것이 현행법의 일반원칙이
지만, 생전에 생전행위 또는 유언으로 자기 신체의 처분이나 장례방법·매장장
소 등에 관한 의사를 표시한 경우 그 의사표시의 효력을 사후에까지 유지시켜
법적 구속력을 인정하는 것까지 부정되어야 할 필요는 없다.

  ㈑ 직접보호설을 취한 제2 소수의견의[114] 요지는 다음과 같다.

  사람이 자신의 신체에 대하여 가지는 권리는 인격권적인 성질의 것으로서
자신의 유체에 대한 사후처리에 관한 한, '사후적(事後的) 인격보호'의 한 내용
으로서 법적 효력을 가진다. 이는 사자(死者)에게 인격권이 일반적으로 인정되
어야 하는지 여부와는 별개의 문제이다.

  인간의 존엄은 그의 사망에 의하여 완전한 무로 돌아가는 것은 아니며, 살
아 있는 사람에 대한 인격 보호의 필요는 사망으로 인하여 완전히 소멸하지
않는다. 사자의 명예를 보호하는 형 §308, 저작자 사망 후의 저작인격권 보
호에 관한 저작 §14 Ⅱ, 사망한 자에 대한 인격권의 침해 등에 관한 언론 §5
Ⅲ 내지 Ⅴ 등이 실정법적 근거가 될 수 있다.

  사람이 사망 후 유체의 처리에 대하여 자신의 의사를 종국적으로 정하여
그대로 실행되기를 원하는 것은 자연스러운 일이다. 우리 법은 망인의 생전 재
산에 대한 유언 또는 사인증여에 법적 효력을 준다. 그렇다면 망인의 의사에
의하여 지배되던 그의 몸에 대하여는 그 성질상 더욱 그러하여야 한다. 다만,
그 종국적 의사는 명확하게 표시되어야 한다($^{장기법 §11}_{Ⅰ(ⅰ)}$ 참조).

  망인의 의사를 1차적 기준으로 하는 경우, 유족의 추모·경애라는 인격적
이익과 충돌문제는 망인 의사의 법적 보호의 내용과 한계를 적절하게 정함으

---

113) 대법관 박시환, 대법관 전수안의 의견이다.
114) 대법관 안대희, 대법관 양창수의 의견이다.

로써 충분히 처리될 수 있다.

　장기법 등은 유체에 대한 망인의 의사지배를 기본적으로 인정하고 있다. 장기법 §18 Ⅲ을 보면, 망인이 장기의 적출에 관하여 종국적인 의사를 밝힌 이상 그 의사가 1차적인 기준이 되며 유족의 의사는 부차적으로만 고려된다. 망인이 장기의 적출에 동의하였으면 원칙적으로 그에 따르되, 유족의 명시적 거부가 있으면 장기를 적출할 수 없는데, 이러한 예외의 인정은 마치 재산에 관한 유언에 관하여 유족의 유류분을 인정한 것과 유사하다. 그러므로 이러한 예외규정을 유체의 처리 일반에 관한 유족 의사의 우월성 내지 1차적 기준성을 뒷받침하는 법적 근거로 볼 수는 없다.

　법률상 권리의무의 주체는 살아있는 사람에 한하고, 이는 헌법상 기본권의 주체로서도 마찬가지라는 점에서 사자(死者)가 인격권의 주체가 될 수 있는지 의문이 제기될 수 있다. 그러나 인간의 존엄성을 보호해야 할 국가의 의무는 사후에도 계속 존재한다. 만약 사람의 사후(死後)에 그 인격이 비하된다면 인간의 존엄과 가치는 훼손되고 살아있는 동안의 인간의 존엄성 보장도 유지될 수 없으며, 이는 인간의 존엄성에 기초한 헌법의 기본 정신과 헌 §10에 근거한 개인의 인격권 보장의 이념에 반하는 것으로 받아들일 수 없다.

　따라서 실정법에 명문규정이 있는지 여부를 불문하고 명예와 같은 일반적 인격권은 사후에도 보장되어야 하고, 그 범위 내에서 사자도 인격권의 주체가 된다. 즉, 사자의 권리는 사망 후 단순한 사체로서는 주체성을 인정하기 어렵지만 사자가 생존시에 이루어 놓은 명예, 인격과 의사표시 등은 헌법상 보장의 대상이 된다. 다만, 사자의 인격권은 영원히 보장되는 것이 아니라 망인에 대한 기억이 희미해져가고 시간이 흐름에 따라 그 보호의 필요성은 그만큼 사라져가는 것이다.

　사후에 자신의 유체·유골의 처분이나 매장방법 내지 매장장소를 결정하는 것은 헌 §10의 개인의 인격권에서 파생되는 신체에 대한 자기결정권의 한 내용이므로, 우리 민법을 해석·적용하거나 그 흠결을 보충함에 있어서 망인의 인격권이 침해되지 않도록 해야 한다.

　민법이 제사주재자의 권리에 대한 구체적인 내용과 한계를 규정하지 않고 있고, 유체에 대한 처분이나 매장지 결정을 법정 유언사항으로 규정하고 있지 않지만, 망인이 생전에 유체에 대한 처분 등을 결정하였다면 망인의 인격권이 미치는 범위에서 법적 효력을 갖는다.

Ⅶ. 권리능력의 범위

자연인의 권리능력은 성별·연령·직업·계급·국적 등의 여하를 불문하고
평등한 것이 원칙이다. 이에 관하여 다음과 같은 사항을 검토할 필요가 있다.

1. 성별(性別)에 관련된 문제

(1) 남녀평등

양성은 평등한 것이므로, 남녀의 구별에 따라서 권리능력의 범위에 차이가
없는 것이 원칙이지만, 예외적으로 권리의 성질에 따라서는 남성과 여성 어느
일방만이 향유할 수 있는 권리가 있다. 예를 들면 부권(夫權)과 같은 것은 여
성이 이를 향유할 수 없음을 당연하고, 특히 혼인 및 가족법의 분야에서 성별
이 중요한 의미를 가지는 경우가 많다.

(2) 성전환자(性轉換者, transsexual)에 관하여

⑺ 1958년 민법 제정은 그 당시의 의학적 지식 등을 토대로 하여 이루
어진 것이므로, 남성과 여성은 각기 다른 내부생식기(청소/난소)를 가지고 이에 따라
다른 외부성기가 발현되며, 이러한 남녀의 성별은 출생 당시에 외부적·신체적
인 성적 특성에 따라서 확정되고 평생 동안 변경되지 않는다는 것을 전제하고
있었다. 따라서 그 당시에는 하나의 개체 내에 양성(兩性)의 생식선 조직을 갖
추고 있는 간성(間性, intersexuality) 또는 반음양(半陰陽, hermaphroditism)의[115] 존재나 이에 대한
특별규정의 필요성 등을 인식하기 어려운 상태였다고 할 수 있다.

⑷ 일반적인 관점에서는 현재도 위와 같은 기본관점을 유지할 수 있지
만, 현대 의학의 발달로 인하여 위와 같은 전제가 아무런 예외 없이 모든 사안
에서 그대로 적용된다고 보기는 어렵게 되었다. 예컨대, 종래에는 성염색체를
성 결정에 관한 가장 결정적인 기준으로 보고 있었는데(남성: 46, XY/ 여성 46, XX), 최근 의학
적 연구에 의하면, 일반적인 경우 Y염색체의 존부로 성을 결정하는 것이 타당

---

115) 간성(間性) 또는 반음양(半陰陽)은 다시 ① 한 개체의 체내에 남·녀의 양성의 합한 성
    선, 즉 난소와 고환이 있고, 그 이외의 성기 부분도 모두 존재하는 진성반음양(眞性半陰
    陽)과 ② 생식선 이외의 성기(특히, 외음부)가 그 개체의 생식선과 일치하지 않은 형태를
    나타내는 가성반음양(假性半陰陽) 등으로 세분되는데, 이에 관한 상세한 내용은 민유숙,
    "성전환자에 대한 호적정정의 가부(可否)", 해설 60, 2006, 566-572; 김선일, "미성년자인
    자녀를 둔 성전환자의 성별정정신청을 허용할 것인지 여부", 사법 19, 2012, 173-176 등
    참조.

하지만, 세포분열 등의 과정에서 성염색체가 비정상적으로 분화될 수 있고,[116] 이로 인하여 X 염색체만 나타나면서도 외형상 남성인 경우 등 간성 또는 반음양의 원인 등이 조금씩 규명되고 있기 때문이다.[117]

　　(대) 따라서 현대 의학은 인간의 성이 오로지 외부적·신체적인 특징만으로 확정할 수 없고 '정신의학적 성($\substack{psychosex \\ = gender}$)'까지 함께 고려하여야 한다는 입장을 취하면서, 구체적으로 ① 성 자아($\substack{gender\ identity.\ 자기\ 자신이\ 해부학적인\ 구조와는 \\ 상관없이\ 남성에\ 속하느냐\ 여성에\ 속하느냐에\ 대한\ 것}$), ② 성 역할($\substack{gender\ role.\ 현\ 시점의\ 문화에서\ 남·여\ 역 \\ 할의\ 행동\ 차이에\ 대한\ 자신의\ 견해와\ 선택}$), ③ 성 지향($\substack{gender\ orientation.\ 성 \\ 상대에\ 대한\ 선택과\ 인식}$), ④ 인지적 분별($\substack{cognitive\ differences.\ 자기의\ 성 \\ 에\ 대한\ 확고한\ 신념적\ 인지와\ 분별}$) 등 4가지 요소를 기준으로 '정신적인 성'을 결정하는 것으로 파악하고 있다. 정신적인 성에는 자기 자신에 대한 성정체성의 인식과 더불어 사회 구성원이 그 개인을 어느 성으로 인식하는가 하는 점이 모두 포함된다. 사회의 구성원들이 타인의 성을 인식하는 기준은 염색체 구성보다는 그의 복장, 행동양식과 역할이고, 성적 파트너의 입장에서도 내부생식기보다는 외부생식기가 중요한 요소로 작용한다는 점을 고려한다면 정신적인 성의 결정에 있어서 사회적, 문화적인 다양한 요소들까지 포섭된다는 점을 알 수 있다.[118][119]

　　(라) 같은 맥락에서 성전환의 성격을 어떻게 파악하고 이에 관한 법적 규율을 어떻게 할 것인지에 관한 논의가 서구 유럽국가를 중심으로 시작되었고, 이에 관한 판례가 형성되거나 특별법이 제정된 나라들도 있다.

　　(a) 예컨대, 스웨덴은 유럽국가 중 최초로 1972.4.21. 「특정한 경우에 있어서 성의 확인에 관한 1972년 4월 21일의 법률」을 제정하였는데, 이는 독일 등 다른 유럽국가와 유럽인권재판소의 판결 등에 영향을 미친 것으로 평가되고 있다. 독일의 1971년 이전의 판례는 성전환에 대하여 부정적인 입장을

---

116) 이러한 성염색체의 비정상준화의 사례로는 터너증후군(45, X), 클라인펠터 증후군(47, XXY) 등 성염색체 수의 이상과 성역전(46, XX 남성 또는 46, XY 여성) 등을 예시할 수 있다.

117) 이에 관한 상세한 내용은 민유숙(주 115), 561-564; 김선일(주 115), 172-176 등 참조.

118) 이에 관한 상세한 내용은 민유숙(주 115), 561-564; 김선일(주 115), 172-176 등 참조.

119) Julie A. Greenberg 교수는 인간의 성별을 결정하는 요소로서 ① 유전학적 또는 염색체에 의한 성(genetic or chromosomal sex), ② 생식선(性腺)에 의한 성(gonadal sex), ③ 내부생식기(性器)에 의한 성(internal morphologic sex), ④ 외부생식기(性器)에 의한 성(external morphologic sex), ⑤ 호르몬에 의한 성(hormonal sex), ⑥ 외면적 성(phenotypic sex), ⑦ 지정된 성(assigned sex)과 양육된 성(gender of rearing), ⑧ 자기 정체성의 성(sexual identity) 등 8가지 요소를 지적하고 있다고 한다[이승현, "성별의 법적 결정에 대한 헌법적 고찰―성전환자의 경우를 중심으로―", 연세대학교 대학원 법학과 석사학위논문, 2007, 8 참조].

취하고 있었는데, 그 후 제정된 독일의 성전환법은 1981.1.1. 시행되었다. 그
후 이탈리아($^{1982}_{년}$), 네덜란드($^{1985}_{년}$), 터키($^{1988년}_{및\ 2002년}$), 핀란드($^{2002}_{년}$)와 영국($^{2005}_{년}$)이 순
차적으로 성전환 등에 관한 특별법을 제정하였다.

　　(b) 독일 연방대법원은 1971.9.21. 남성에서 여성으로 성전환을 한 사
람이 출생등록부에 여성으로 등재해 달라고 제기한 신청을 기각하였으나, 독
일 연방헌법재판소는 1978.10.11. 이에 대한 재판소원에서 위 연방대법원의
결정을 파기하였는데, 이러한 판례가 독일 성전환법 제정의 계기가 되었고, 영
국의 입법 역시 유럽인권재판소의 2002.7.11. 판결에 대응한 것이었다.

　　(c) 일본에서는 2003.7.16.「성 동일성 장애자의 성별의 취급의 특례에
관한 법률」이 제정되어 2004.7.16.부터 시행되고 있다. 일본의 위 법률은 처음
에 성별변경의 요건으로 ① 20세 이상일 것, ② 현재 혼인하고 있지 아니할 것,
③ 현재 자녀가 없을 것, ④ 생식기능이 영속적으로 결여된 상태일 것, ⑤ 다른
성의 신체의 성기에 관한 부분과 근사한 외관을 가지고 있어야 할 것 등 5가지
요건을 규정하고 있었고, 일본 최고재판소는 2007.10.19. 위 법률에서 ③ 요건
을 성별변경의 요건으로 규정한 것이 헌법에 위반되지 아니한다고 판시하였는
데,[120] 이에 대한 비판이 강하게 제기된 다음 일본 입법부는 2008.6.8. 위 법률
중 ③ 요건을 '현재 미성년의 자녀가 없을 것'으로 수정하였다.[121]

　　(마) 우리 학계에서도 최근 성전환 등에 관한 논의가 활발하게 이루어지고
있는데, 아직까지 성전환 등에 관한 특별법이 제정되어 있지 않다. 다만, 이에
관한 법적 분쟁이 지속적으로 발생하고 있기 때문에 개별 사안에 따른 판례가
형성되고 있는데, 대표적인 사례 등을 예시하면 다음과 같다.

　　(a) 1990년대까지는 주로 반음양자(半陰陽者)에 대하여 성보완수술을
통하여 하나의 성을 선택한 다음 법원에 호적정정 등을 신청하는 경우가 있었
고, 이러한 신청이 인용되는 경우도 적지 않았다.[122]

　　(b) 1990년대 이후에 학계에서는 성의 결정은 성염색체의 구성을 기본
적 요소로 하여 내부 생식기, 외부성기를 비롯한 신체의 외관은 물론이고, 심
리적·정신적인 성, 그리고 사회생활에서 수행하는 주관적·개인적인 성역할
및 이에 대한 일반인의 평가나 태도 등 모든 요소를 종합적으로 고려하여 사

---

120) 日最決 2007(平 19)10.19, 家庭裁判月報 60-3, 36.
121) 이에 관한 상세한 내용은 민유숙(주 115), 577-585; 김선일(주 115), 179-189; 이승현
　　(주 119), 26-62 및 [별첨 1] 해외 각국의 입법례 등 참조.
122) 김선일(주 115), 175; 이승현(주 119), 98-108 등 참조.

회통념에 따라 결정되어야 한다는 견해가 통설로 정착하게 되었다.

(c) 위와 같은 학계의 입장을 반영하여 대법원은 남성에서 여성으로 성전환수술을 받은 자에 대하여 강간죄가 성립하는가 여부가 문제된 사안에서 "… 여자에 해당하는지의 여부는 발생학적인 성인 성염색체의 구성을 기본적인 요소로 하여 성선, 외부성기를 비롯한 신체의 외관은 물론이고 심리적, 정신적인 성, 그리고 사회생활에서 수행하는 주관적, 개인적인 성역할(성전환의 경우에는 그 전후를 포함하여) 및 이에 대한 일반인의 평가나 태도 등 모든 요소를 종합적으로 고려하여 사회통념에 따라 결정하여야 할 것이다."라고 판시하였다.[123]

(d) 그러던 중 호적상 여성으로 등재되어 있으나, 성장기부터 여성에 대한 불일치감과 남성으로의 귀속감을 나타내면서 성인이 된 후에는 오랜 기간 동안 남성으로서 살다가 성전환수술을 받아 남성의 외부 성기와 신체 외관을 갖춘 사람이 호적정정 및 개명 신청을 한 사안이 발생하였다.

이에 관하여 대법원은 '출생 당시에는 성염색체 및 그 염색체와 일치하는 생식기와 성기가 형성·발달되어 있던 사람이라고 할지라도, 성장에 따라 일관되게 출생 당시의 생물학적인 성에 대한 불일치감 및 위화감·혐오감을 갖고 반대의 성에 귀속감을 느끼면서 반대의 성으로서의 역할을 수행하며 성기를 포함한 신체 외관 역시 반대의 성으로서 형성하기를 강력히 원하여, 정신과적으로 성전환증의 진단을 받고 상당기간 정신과적 치료나 호르몬 치료 등을 실시하여도 여전히 위 증세가 치유되지 않고 반대의 성에 대한 정신적·사회적 적응이 이루어짐에 따라 일반적인 의학적 기준에 의하여 성전환수술을 받고 반대 성으로서의 외부 성기를 비롯한 신체를 갖추고, 나아가 전환된 신체에 따른 성을 가진 사람으로서 만족감을 느끼고 공고한 성정체성의 인식 아래 그

123) 대판 96.6.11. 96도791. 위 판결은 성의 결정에 관한 기준에 관하여 종래 통설이 취하고 있었던 '성염색체설'의 한계를 인정하고 '사회통념설'을 취한 것으로 평가되고 있다. 다만, 대법원은 위 판결의 사안에서 강간죄의 성립을 부정한 원심판단을 그대로 유지하였는데, 이러한 판례의 해석에 관하여 ① 피해자는 본래 남자의 내부생식기, 외부성기를 가지고 있었으며 염색체상 남자(XY)이고 남자중학교를 졸업하였고 32세 때 일본에서 성전환수술을 받았다는 점이 밝혀졌을 뿐이고 사실관계상 완전한 성전환자라고 인정되지 않기 때문에 강간죄를 부정한 것일 뿐이라는 긍정적인 견해[조희대, "남녀의 성전환은 현행법상 허용되는가", 법조 46-5, 1997. 5, 161-199]와 ② 위 사건의 피해자가 어릴 때부터 여성으로서의 성정체감을 가지고 있다가 결국 성전환수술까지 받기에 이르렀고 실질적으로 남성으로서 생활한 기간은 존재하지 않기 때문에 판례가 사회통념설을 일반법리로 판시하였으면서도 사실상 염색체에 따라 성을 결정하고 성전환을 부정한 것과 마찬가지라는 비판적 견해[문유석, "성전환수술을 받은 자의 성별", 인권과 정의 311, 2002. 7, 85-96] 등이 대립하였다.

성에 맞춘 의복, 두발 등의 외관을 하고 성관계 등 개인적인 영역 및 직업 등 사회적인 영역에서 모두 전환된 성으로서의 역할을 수행함으로써 주위사람들로부터도 그 성으로서 인식되고 있으며, 전환된 성을 그 사람의 성이라고 보더라도 다른 사람들과의 신분관계에 중대한 변동을 초래하거나 사회에 부정적인 영향을 주지 아니하여 사회적으로 허용된다고 볼 수 있다면, 이러한 여러 사정을 종합적으로 고려하여 앞서 본 사람의 성에 대한 평가 기준에 비추어 사회통념상 신체적으로 전환된 성을 갖추고 있다고 인정될 수 있는 경우가 있고 성전환자는 이러한 사람을 말한다고 판시하였다. 이러한 성전환자는 출생시와는 달리 전환된 성이 법률적으로도 그 성전환자의 성이라고 평가받을 수 있게 된다. 호적법에는 출생시 호적에 기재된 성별란의 기재를 위와 같이 전환된 성에 따라 수정하기 위한 절차 규정이 따로 마련되어 있지 않다. 그러나 진정한 신분관계가 호적에 기재되어야 한다는 호적의 기본원칙과 아울러 성전환자의 헌법상 기본권이 보장되어야 한다는 점, 개인의 이익과 공공의 이익 사기의 비교형량 등을 종합하여 보면, 구체적인 사안을 심리한 결과 성전환자에 해당함이 명백하다고 증명되는 경우에는 호적 §120의 절차에 따라 그 전환된 성과 호적의 성별란 기재를 일치시키기 위하여 호적정정을 허가하여야 한다. 이러한 호적정정 허가는 성전환에 따라 법률적으로 새로이 평가받게 된 현재의 진정한 성별을 확인하는 취지의 결정이므로 호적정정허가 결정이나 이에 기초한 호적상 성별란 정정의 효과는 기존의 신분관계 및 권리의무에 영향을 미치지 않는다.'라는 취지로 판시하였다.[124)125)]

    (e) 그 후 가해자가 가족관계등록부상 정정을 하지 않은 성전환자인 피해자를 여성으로 인식하고 강간한 형사사건이 발생하였는데, 이에 관하여 대법원은 '피해자가 성장기부터 남성에 대한 불일치감과 여성으로의 성귀속감을 나타냈고, 성전환 수술로 인하여 여성으로서의 신체와 외관을 갖추었으며, 수

---

124) 대결(전) 06.6.22, 2004스42. 위와 같은 다수의견에 대하여, '성전환은 실질적으로는 성변경을 의미하는 것이므로, 성전환자에 대하여 호적 §120에 따라 호적정정을 허가한다면 새로운 성으로의 변경을 허용하는 결과가 되고 따라서 별도의 입법적 조치가 필요하며, 성전환자에 대하여 호적정정을 허용하는 것은 호적에 기재된 사항을 변경하자는 것이므로, 이는 유추해석의 한계를 벗어난다.'라는 취지의 소수의견이 있었다. 위 결정에 대한 평석으로는 민유숙(주 115), 559-618 참조.

125) 위 판례에 대한 비교법적 검토에 관하여는 윤진수, 김수인(역), "성전환자의 인권 보호에 있어서 법원의 역할—한국과 독일·영국의 비교—", 서울대 법학 52-1, 2011, 299-315 참조.

술 이후 30여 년간 개인적·사회적으로 여성으로서의 생활을 영위해 가고 있는 점 등을 고려할 때, 사회통념상 여성으로 평가되는 성전환자로서 강간죄의 객체인 부녀에 해당한다.'라는 취지로 판시하였다.[126)127)]

　　　(f) 한편, A가 B와 혼인을 하여 미성년자인 자녀 C를 두고 있었는데 성전환수술 등을 받고 가족관계등록부상의 성별란 정정을 신청한 사안이 발생하였는데, 이에 관하여 대법원은 '성전환수술 등으로 신체적 특성이나 사회적 활동을 함에 있어서는 전환된 성이 그 사람의 성으로 인식되더라도, 가족관계등록부상의 성별 표시에 대한 정정을 허가하기 위해서는, 다른 사람들과의 신분관계에 변동을 초래하거나 사회에 부정적인 영향을 주지 아니하여 사회적으로 허용된다고 볼 수 있는 등 여러 사정을 종합적으로 고려하여야 하므로, 성별정정으로 배우자나 자녀와의 신분관계에 중대한 변경을 초래하거나 사회에 미치는 부정적 영향이 현저한 경우 등 특별한 사정이 있다면, 성별정정을 허용하여서는 아니 된다."라고 전제한 다음, '현재 혼인 중에 있거나 미성년자인 자녀를 둔 성전환자의 성별정정은 허용되지 않기 때문에, 하급심에서 A의 성별정정을 불허한 것은 정당하다.'라는 취지로 판시하였다.[128)]

126) 대판 09.9.10, 2009도3580. 위 판결에 대한 평석으로는 곽병훈, "성전환자가 강간죄의 객체인 '부녀'에 해당한다고 한 사례", 해설 82, 2010, 705-720.

127) 위 판결에 대하여 '성전환자가 강간죄의 피해자가 될 수 있다는 점을 인정하였다는 점에서는 성전환자의 보호를 위하여 진일보하였다고 평가될 수 있지만, 법원에 의한 성별정정의 허가가 있기 전에도 강간죄가 성립할 수 있다고 본 것은 이론상 및 실제상의 문제점이 있다.'라는 취지의 비판이 제기되고 있는데, 이에 관하여는 윤진수, "성별정정 허가가 있기 전의 성전환자의 법적 지위", 가연 23-3, 2009, 239-260 참조.

128) 대결(전) 11.9.2, 2009스117. 위와 같은 다수의견에 대하여 ① '미성년자인 자녀가 있다는 사정은 이와 더불어 그 자녀의 연령과 취학 여부, 부모의 성별정정에 대한 자녀의 이해나 동의 여부, 자녀에 대한 보호·교양·부양의 모습과 정도, 기타 가정환경 등 제반사정과 함께 그 성전환자가 사회통념상 전환된 성을 가진 자로서 인식될 수 있는지 여부를 결정하는 여러 가지 요소들의 일부로 포섭하여 법원이 구체적 사안에 따라 성별정정의 허가 여부를 결정하면 충분하고, 미성년자인 자녀가 있다는 사정을 성별정정의 독자적인 소극적 요건으로 설정할 것이 아니다.'라는 취지의 제1 소수의견과, ② '미성년자인 자녀가 있는 성전환자의 경우 성별정정을 허용할 것인지는 입법정책의 문제에 속하는 것이고, 나아가 이미 부모의 전환된 성에 따라 자연스러운 가족관계가 형성된 경우 등에서는 성별정정을 허용하지 않는 것이 오히려 미성년자의 복리에 장애가 될 수 있다. 한편 다수의견이 과거의 혼인사실을 이유로 성별정정이 제한되는 것은 아니라고 본 점에 대하여는 견해를 같이 하나, 현재 혼인 중에 있다는 사정을 성별정정의 독자적인 소극적 요건으로 보는 데에는 찬성할 수 없다. 혼인 중에 있다고 하더라도, 성별정정신청 당시 그 혼인관계의 실질적 해소 여부와 그 사유, 혼인관계의 실질적 해소로부터 경과한 기간, 실질적으로 해소된 혼인관계의 부활가능성 등 제반사정을 종합적으로 고려하여 가족관계등록부상의 성별란 정정이 신분관계에 혼란을 줄 염려가 있는지를 가리고 그에 따라 성별정정 여부를 결정하면 충분하다.'라는 취지의 제2 소수의견 등이 있었다. 위 결정에 대한 평석으로는 김선일(주

위 결정은 ① 현재 혼인 중에 있는 성전환자의 성별정정신청이나 ② 현재
미성년자인 자녀를 둔 성전환자의 성별정정신청은 허용될 수 없다고 선언하였
다는 점에서 의미가 있다.[129]

　　㈒ 성전환(性轉換) 등에 관한 법적 규율의 문제는 인간의 존재와 본질에
관련된 민감한 문제이기 때문에, 궁극적으로는 다각적인 여론수렴과정을 거쳐
서 적절한 입법을 통하여 문제를 해결하는 것이 바람직하다.[130] 다만, 성전환
등에 관한 특별법이 아직까지 제정되어 있지 않은 상태에서 법적 분쟁들이 지
속적으로 발생하고 있기 때문에 사법적인 측면에서도 적절한 대응을 할 필요
가 있다. 그런데 개별 사안별로 법적 분쟁을 해결하는 사법의 본질을 감안한다
면, 위와 같은 상황에서 의학적 관점과 법적 쟁점, 사회적으로 새롭게 직면한
현상에 대한 일반인들의 의식, 각국의 입법례와 판례 등을 종합적으로 고려하
여 관련 제도를 신중하게 운영해야 한다는 입장을 취한 판례의 태도를 수긍할
수 있다고 본다.

2. 외국인의 권리능력

(1) 평등주의와 상호주의

　　㈎ 외국인의 권리능력 인정범위는 시대에 따라 변화되어 왔다. 역사적으
로 외국인에게는 권리능력을 인정하지 않은 시대도 있었고(이른바 적대주의(敵對主義)), 외국인
의 법률상 지위를 내국인에 비하여 극도로 제한한 경우도 있었다(이른바 배외주의(排外主義)).[131] 그러나 교통·통신의 발달과 문화의 발전에 따라 국제적 교류가 빈번
해 지면서 내외국인에게 평등한 권리능력을 인정하는 것이 현대 사법상 원칙이
되기에 이르렀다(평등주의). 그러나 원칙적으로 평등주의를 토대로 하는 경우에도 각
나라마다 정치적·경제적 사정에 따라 예외적으로 구체적인 권리관계에 관하여
외국인의 권리능력에 제한을 두거나 상호주의를 채택하는 것이 일반적 경향이다.

　　국가에 따라서 이른바 상호주의(相互主義)를 취하는 나라도 있다. 상호주의
란 외국인의 권리능력을 그의 본국이 자국민에게 인정하는 것과 같은 정도로
인정하는 것을 말한다.

　　㈏ 그러나 상호주의의 경우에도 실제로 외국인에 대하여 내국인과 차별

---

　　115), 162-232 참조.
129) 김선일(주 115), 230 참조.
130) 동지, 윤진수(주 127), 258.
131) 김주수·김상용, 95.

하지 않는 경우가 많다. 예컨대, 프민 §11는 이른바 조약상의 상호주의를 채택하고 있지만, 해석상으로는 평등주의에 의하고 있다.[132]

(2) 우리나라의 법체계

우리 민법에는 외국인의 권리능력에 관하여 명문의 규정이 없고, 다만 헌 §2 Ⅱ에는 "국가는 법률이 정하는 바에 의하여 재외국민을 보호할 의무를 진다."라고 규정되어 있으며, 헌 §6 Ⅱ에는 "외국인은 국제법과 조약이 정하는 바에 의하여 그 지위가 보장된다."라고 규정되어 있고, 국사 §11에는 "사람의 권리능력은 그의 본국법에 의한다."라고 규정되어 있다.

이에 관하여 판례는 '헌 §2 Ⅱ은 국가는 법률이 정하는 바에 의하여 재외국민을 보호할 의무를 진다고 규정하고 있는데, 이러한 헌법정신은 재외국민의 가족이 외국인 또는 외국국적동포인 경우에도 관철되어야 실질적으로 실현될 수 있다. 아울러 헌 §6 Ⅱ은 외국인은 국제법과 조약이 정하는 바에 의하여 그 지위가 보장된다고 규정함으로써 외국인에 대한 차별대우를 금지하고 있고, 특히 주거의 안정과 보호의 필요성은 본질적으로 대등하다고 할 것이다. 따라서 외국인 및 외국국적동포의 주거생활에 관련된 법률관계에 대한 규정 및 법리를 해석·적용할 때에는 위와 같은 헌법적 이념이 가능한 한 구현될 수 있도록 하여야 한다.'라고 판시하고 있다.[133]

위와 같은 헌법규정 등을 토대로 하여 우리 민법 체계가 외국인의 권리능력에 관하여 평등주의를 기본으로 하고 있다고 보는 것이 통설의 입장이다.[134]

3. 외국인의 권리가 제한되는 경우

우리나라는 평등주의를 원칙으로 하면서 예외적으로 개별 규정을 통하여 외국인의 권리능력을 제한하고 있다. 위와 같은 개별 규정들은 모두 민법이 아닌 특별법의 규정인데, 경제적 개방정책에 따라 그 제한이 점차 축소되고 있다. 대표적인 관련 규정들의 주요내용은 다음과 같다.

(1) 소유·취득의 제한

㈎ 외국인은 원칙적으로 대한민국 선박을 소유할 수 없다(선박§2(ⅱ)). 다만,

---

132) 김상용, 141; 구주해(1), 259(양삼승); 주석 총칙(1), 264(제5판/신숙희) 등.

133) 대판 16.10.13, 2014다218030, 218047.

134) 강태성, 115; 고상룡, 112; 곽윤직·김재형, 102; 김민중, 122; 김상용, 140; 김주수·김상용, 96; 김준호, 65; 김증한·김학동, 118; 백태승, 125; 송덕수, 525; 이영준, 852; 이은영, 148; 지원림(주 15), 67; 구주해(1), 259(양삼승); 주석 총칙(1), 264(제5판/신숙희) 등.

대한민국의 법률에 의하여 설립된 상사법인의 경우 대한민국 선박을 소유할 수 있는 요건은 점차 완화되고 있다. 예컨대, 1999.4.15. 법률 제5972호로 개정되기 전의 구 선박 § 2 (ⅲ)는 대한민국 선박을 소유할 수 있는 상사법인은 출자의 과반수와 이사회 의결권의 3/5 이상이 대한민국 국민에서 속할 것을 요구하였으나, 1999.4.15. 개정된 선박 § 2 (ⅲ)는 대한민국의 법률에 의하여 설립된 상사법인이 소유하는 선박에 해당하기만 하면 대한민국 선박으로 인정하고 있다. 이러한 입법조치는 국제협정의 이행과 외국자본 유치를 촉진하기 위한 것으로 이해되고 있다.

⑷ 항공안전법 § 10 Ⅰ은 대한민국 국민이 아닌 사람 등이 소유하거나 임차한 항공기는 등록할 수 없도록 규정하고 있는데, 국토교통부장관은 항공안전법 § 10 Ⅰ에 해당하는 자에게는 항공운송사업의 면허를 해서는 아니 된다(항공사 § 9).

⑸ 자본시장 § 168 Ⅰ은 외국인(국내에 6개월 이상 주소 또는 거소를 두지 아니한 개인을 말한다) 또는 외국법인등에 의한 증권 또는 장내파생상품의 매매, 그 밖의 거래에 관하여는 대통령령으로 정하는 기준 및 방법에 따라 그 취득한도 등을 제한할 수 있도록 규정하고 있다.

⑹ 1999.2.8. 법률 제5824호로 삭제되기 전의 구 광업 § 6은 외국인의 광업권 취득을 금지하였는데, 1999.2.8. 위 법률규정이 삭제되었는데, 그 이유는 외국인에 대한 광업권향유의 제한을 폐지함으로써 외국인투자를 촉진시키고 국내광업의 대외경쟁력을 높이는 데에 있다. 또한 1995.12.30. 법률 제5131호로 개정되기 전의 구 수산 § 5는 외국인에 대하여 수산업 면허 또는 허가를 할 때에는 그 조건을 명시하여 국회 동의를 얻어야 한다고 규정하고 있었으나, 1995.12.30. 개정된 수산 § 5는 시·도지사 또는 시장·군수·구청장은 외국인에 대하여 대통령령으로 정하는 어업면허나 어업허가를 하려면 미리 해양수산부장관과 협의하여야 하는 것으로 그 제한이 완화되었다.

⑺ 부동산 거래신고 등에 관한 법률은 § 8에서 외국인이 대한민국 안의 부동산을 취득하는 계약을 체결하였을 때에는 계약체결일부터 계약체결일로부터 60일 이내에 신고관청에 신고하도록 규정하고 있고, § 9에서 해당 토지가 군사기지 및 군사시설 보호구역, 지정문화재와 이를 위한 보호물 또는 보호구역, 생태·경관보전지역, 야생생물 특별보호구역 등에 있으면 계약 체결 전에 신고관청으로부터 토지취득의 허가를 받아야 한다고 규정하고 있다.

㈒ 한편, 판례는 외국인 등의 주택임대차의 대항력 취득 요건과 관련하여, '외국인 또는 외국국적동포가 출입국관리법이나 재외동포법에 따라서 한 외국인등록이나 체류지변경신고 또는 국내거소신고나 거소이전신고에 대하여는, 주임 §3 Ⅰ에서 주택임대차의 대항력 취득 요건으로 규정하고 있는 주민등록과 동일한 법적 효과가 인정된다고 보아야 한다. 이는 외국인등록이나 국내거소신고 등이 주민등록과 비교하여 그 공시기능이 미약하다고 하여 달리 볼 수 없다.'라는 취지로 판시하고 있다.[135]

(2) 상호주의에 의한 제한

㈎ 부동산 거래신고 등에 관한 법률은 §7에서, 국토교통부장관은 원칙적으로 상호주의에 따라 외국인의 대한민국 내 토지의 취득 등을 금지하거나 제한할 수 있도록 규정하면서, 헌법과 법률에 따라 체결된 조약의 이행에 필요한 경우를 상호주의 적용의 예외로 규정하고 있다. 이는 세계무역기구 협정의 기본원칙 중 하나인 최혜국대우 원칙에 맞추기 위한 것으로 이해되고 있다.

㈏ 국배 §7도 외국인이 피해자인 경우 해당 국가와 상호 보증이 있을 때에만 적용한다고 규정함으로써 국가 또는 지방자치단체의 손해배상책임에 관하여 상호주의를 취하고 있다.

이에 관하여 판례는 일본인이 대한민국 소속 공무원의 위법한 직무집행에 따른 피해에 대하여 국가배상청구를 한 사안에서, 일본 법률이 국가배상청구권의 발생요건 및 상호보증에 관하여 우리나라 국배법과 동일한 내용을 규정하고 있는 점 등에 비추어 우리나라와 일본 사이에 국배 §7가 정하는 상호보증이 있다고 판시하였다.[136]

㈐ 수산 §5 Ⅲ은 대한민국 국민 또는 대한민국의 법률에 따라 설립된 법인이나 단체에 대하여 자국 내의 수산업에 관한 권리의 취득을 금지하거나 제한하는 국가의 개인 또는 법인이나 단체에 대하여는 대한민국 안의 수산업에 관한 권리의 취득에 관하여도 같거나 비슷한 내용의 금지나 제한을 할 수 있다고 규정하고 있다.

㈑ 전자문서 및 전자거래 기본법 §40도 원칙적으로 평등주의가 적용된다고 규정한 다음, 예외적으로 상호주의에 의하여 외국인 등에 대한 보호를 제한할 수 있다고 규정하고 있다.

---

135) 대판 16.10.13, 2014다218030, 218047.
136) 대판 15.6.11, 2013다208388.

(3) 지적재산권 분야

⑺ 특허법은 § 5에서 국내에 주소 또는 영업소가 없는 자를 재외자(在外者)로 규정한 다음, § 25에서 재외자인 외국인이라도 해당 외국인이 속한 나라가 우리나라 국민에 대하여 그 나라의 국민과 같은 조건으로 특허에 관한 권리의 향유를 인정하고 있는 경우에 그 외국인에 대하여 권리능력을 인정하고 ($\binom{\text{(i)의}}{\text{평등주의}}$), 해당 외국인이 속한 나라가 우리나라에서 그 나라 국민의 권리 향유가 인정되는 것을 조건으로 우리나라 국민에게 권리의 향유를 인정하고 있는 경우에 한하여 해당 외국인에게 권리능력을 인정하며($\binom{\text{(ii)의}}{\text{상호주의}}$), 조약 등에 따라서 권리가 인정되는 경우 해당 외국인에게 권리능력을 인정한다고 규정하고 있다($\binom{\text{(iii)의 조약에 의해 권리가}}{\text{인정되는 경우. § 26 참조}}$).[137]

⑴ 실용신안에 관하여는 실용 § 3에 의하여 특허 § 5, § 25 등이 준용된다. 그리고 상표 § 27, 디보 § 6, § 27 등에도 위 ⑺항과 같은 취지의 규정들이 있다.[138]

⑴ 저작 § 3은 외국인의 저작물을 일정한 범위 내에서 보호하는 규정을 두고 있다.

4. 국적의 취득 및 상실

(1) 외국인의 개념

외국인은 대한민국의 국적을 가지고 있지 아니한 자인데, 이는 ① 외국의 국적을 가지는 자와 ② 무국적자(無國籍者)로 구성된다. 대한민국의 국민에는 대한민국의 국적만을 가지는 자와 외국의 국적도 가지는 자($\binom{\text{이중국적자}}{\text{二重國籍者}}$)가 있다. 국적의 득실에 관하여는 국적법이 규정하고 있는데, 이중국적자는 정해진 기간 내 국적을 선택하도록 되어 있다($\begin{smallmatrix}\text{국적}\\\S 12\end{smallmatrix}$).

(2) 대한민국의 국적을 상실하면 외국인이 되므로 한국인이 아니면 누릴 수 없는 권리를 누릴 수 없게 된다. 그러나 종래 이러한 권리를 가지고 있었던 자가 국적상실과 동시에 바로 이를 잃게 하는 것은 타당하지 아니하므로 국적 § 18 Ⅱ은 대한민국의 국민이었을 때 취득한 것으로서 양도할 수 있는 것은 그 권리와 관련된 법령에서 따로 정한 바가 없으면 3년 내에 대한민국의 국민

---

137) 정상조, 박성수, 특허법 주해 Ⅰ, 2010, 111-118, 250-255; 대판 82.9.28, 80누414 참조.
138) 정상조, 설범식, 김기영, 백강진, 디자인보호법 주해, 2015, 108-112, 242-245; 대판 76.4.27, 74후61 참조.

에게 양도하도록 규정하고 있다.

　　부동산 거래신고 등에 관한 법률 §8 Ⅲ은 대한민국 안의 부동산 등을 가지고 있는 대한민국국민 등이 외국인 등이 된 경우 해당 부동산 등을 계속 보유하고자 하는 때에는 외국인 등으로 변경된 날부터 6개월 이내에 대통령령으로 정하는 바에 따라 신고관청에 신고하도록 규정하고 있는데, 이는 부동산 등의 소유에 관하여 관련 법령에서 특별한 규정을 둔 것으로 볼 수 있다.

[김　시　철]

제 4 조(성년)

　　사람은 19세로 성년에 이르게 된다.

Ⅰ. 성년에 관한 연령기준의 의의

　　민법은 성년자에게 독립하여 법률행위를 할 수 있는 완전한 행위능력(行爲能力)을 부여하는 한편, 성년에 이르지 못한 사람, 즉 미성년자가 법정대리인의 동의 없이 한 법률행위는 취소할 수 있다고 규정하고 있다. 여기에서 성년이 되는 연령기준(年齡基準)을 구체적으로 어떻게 정하는 것이 적절한지가 문제될 수 있다.

　　원래 사람의 정신능력은 점진적으로 발달하는 것이고, 또한 그 발달에도

소질이나 환경에 따라서 개인적인 차이도 있으므로 어느 일정한 연령을 기준
으로 하여 획일적으로 성년자와 미성년자를 구별하는 것이 반드시 타당하다고
단정하기는 어렵다. 그러나 이러한 개인적인 차이를 고려해서 개별적으로 성
년이 되는 기준연령을 정하게 되면 거래의 안전을 해치고 법률관계를 복잡하
게 만들 위험성이 있다.

개정 민법상 행위능력을 제한하는 제한능력자(制限能力者) 제도는 위와 같
은 사정들을 고려하여 행위자를 보호함과 동시에 거래상대방에게 불측의 손해
를 주지 않기 위하여 규정된 것으로서 사적 자치의 대전제이자 강행규정으로
인정되고 있다.[1] 이러한 제한능력자 제도의 목적에 비추어 볼 때, 성년에 관
한 연령기준은 사회 일반의 기준에 의하여 객관적이고 획일적인 기준을 정할
필요가 있고, 이는 사법제도상 중요한 의미를 가진다. 성년에 관한 연령기준을
정하고 있는 민법은 기본법이기 때문에, 이에 관한 민법의 개정은 다른 법률에
파급효과를 미친다.[2]

II. 입 법 례

성년이 되는 기준연령은 경제·사회·문화의 발달에 따라 나라마다 차이가
있는데, 일반적으로 사회의 발전에 따라 그 연령을 하향하는 것이 세계적인 추
세이다. 성년 기준연령은 경제·사회·문화 등에 관한 각국의 여건에 따라 결
정되는데, 일반적으로 사회의 발전에 따라 그 기준연령이 내려가는 경향이 있
음을 알 수 있다. 예컨대, 로마법에서는 25세를 성년 기준연령으로 정하고 있
었는데,[3] 현재 독민 § 2, 스민 § 14, 프민 § 388, § 488 등은 18세를 성년 기준
연령으로 규정하고 있고, 미국 상당수의 주 등에서도 같은 기준을 설정하고 있
다.[4] 반면에, 일민 § 4와 대만 민법 § 12 등은 20세를 성년 기준연령으로 규정
하고 있다.

---

1) 양창수·김재형, 612; 이영준, 863. 본조에 대한 해설에서 '개정 민법'이라 함은 특별한
   표시가 없는 이상 2011.3.7. 법률 제10429호로 개정되고 2013.7.1. 시행된 것을 의미한다.
2) 법무부(민법개정자료발간팀 편), "2013년 개정민법 자료집(이하 '자료집')", 2012, 111
   참조.
3) 김상용, 152.
4) 이에 관하여는 자료집(주 2), 109-110 참조.

우리나라에서는 1958년 민법을 제정하면서 그 당시 평균적인 사회적·경제적 상황들을 종합적으로 검토한 다음 본조에서 만 20세로 성년이 된다고 규정하였는데($^{1960.1.1.}_{시행}$), 2011.3.7. 개정 민법을 통하여 성년이 되는 기준연령을 19세로 낮추었는데, 개정 조문은 2013.7.1. 시행되었다.

본조의 개정에 관한 논의과정에서 우리 사회의 청소년의 정신능력 향상추세 등을 반영하여 성년기준 연령을 18세로 낮추어야 한다는 견해도 제기되었으나, 고등학교 3학년생은 미성년자와 성년자가 혼재하게 되어 교육현장에서의 교육·지도가 어려워질 수 있고, 청소년보호법 등 다른 법률과의 관계 등을 고려하여 19세로 하향하는 견해를 채택한 것으로 볼 수 있다.[5] 개정 민법의 시행일자인 2013.7.1. 당시 19세 이상인 사람이라면, 설령 19세가 될 당시에 민법 규정에 따라 성년으로 인정받지 못한 사람이라도, 위 개정 조문의 시행일과 동시에 성년으로서의 지위를 취득한다.

Ⅲ. 19세의 계산방법

연령의 계산은 기간계산에 관한 원칙을 규정한 §157에 의하지 않고, §158에 의하여 초일인 출생일을 산입하며 역(曆)에 따라 계산한다($^{§}_{160}$). 예컨대, 1996.5.1.에 출생한 사람은 2015.4.30.이 만료됨으로써 성년이 되므로, 2015.5.1.부터 성년이 되는 것이다.

Ⅳ. 19세 성년의 예외

1. 예외인정의 필요성 등

제한능력자 제도의 목적에 따라 객관적이고 획일적 기준에 의하여 능력의 유무를 결정하는 것이 불가피하지만, 특수한 사정이 있는 경우 19세가 되기

---

5) 본조의 개정경위 및 입법취지에 대하여는 자료집(주 2), 104-111, 윤진수·현소혜, 2013년 개정민법해설(2013), 법무부, 24 등 참조. 이에 대하여 성년기준 연령을 오히려 상향조정하는 것이 타당하다는 견해로는 김판기, "2011년 민법개정과 향후 과제 : 제한능력자제도로의 전환을 중심으로", 법학연구 19집 2호, 경상대학교 법학연구소, 2011. 8, 43-66 중 46-47 참조.

전이라도 예외적으로 성년으로 인정하는 제도적 보완이 필요할 수도 있다.

예컨대, 프민 § 477 내지 § 482에는 후견법관이 16세 이상의 미성년자에 대하여 일정한 범위 내에서 친권을 해제하여 행위능력을 인정하는 '친권해제 (l'émancipation) 제도'가 규정되어 있는데, 친권해제의 미성년자는 그 범위 내에서 성년자와 마찬가지로 민사상 법률행위를 할 수 있다.[6] 그러나 우리민법은 위와 같은 제도를 인정하지 않고, 혼인으로 인한 성년의제제도($§_{826-2}$)와 영업허락제도($§_{81}$)만을 규정하고 있으며, 국사 § 13 이하에서 미성년 외국인의 행위능력에 대한 특례규정을 두고 있다.

2. 혼인으로 인한 성년의제제도

(1) 제도의 의미

§ 807은 만 18세가 된 이후에 혼인할 수 있도록 규정하고 있는데, 미성년자가 혼인을 한 때에는 이로써 성년에 달한 것으로 본다($§_{826-2}$).

이 제도는 혼인생활에 독립성을 부여하여 부부관계에 제3자가 관여 하는 것을 막고 원만한 부부생활의 일체로서의 활동이 저해되지 않도록 하기 위하여 1977.12.31. 민법 개정에 의하여 도입되었다($^{1979.1.1.부}_{터 시행}$).[7] 프민 § 476, 스민 § 14 Ⅱ, 일민 § 753에도 같은 취지의 제도가 규정되어 있다.

(2) 성년의제의 적용범위 등

⑺ 혼인으로 인하여 성년으로 의제된 미성년자가 성년기준 연령인 19세가 되기 전에 배우자의 사망이나 이혼, 혼인취소 등으로 그 혼인이 해소된 때에 성년의제(成年擬制)가 계속 유지되는지 여부가 문제된다.

이에 관하여 ① 성년의제가 계속 유지된다는 견해, ② 당연히 미성년자로 돌아가게 된다는 견해, ③ 혼인이 취소된 경우에는 미성년자로 돌아간다는 견해 등이 대립할 수 있는데,[8] 우리나라에서는 ① 성년의제 계속설이 통설이다.[9] 일단 성년으로 의제되면 당사자는 그 시점부터 다시 완전한 행위능력을

---

6) 명순구, 프랑스민법전 제1권, 2000, 306-309 참조. 고상룡, 120; 김민중, 128, 이영준, 868 등에서는 이 제도를 '자치산제도(自治産制度)'로 번역하고 있다.

7) 혼인으로 인한 성년의제제도의 의의에 관련하여, 부부의 일방이 미성년자인 경우 다른 일방이 후견인이 되는 것은 부부평등의 원칙에 위배된다는 점 등에 관하여는 김주수·김상용, 111; 양창수·김재형, 615 등 참조.

8) 일본에서의 견해 대립에 관하여는 日注民(1) 改訂版, 298(谷口知平) 참조.

9) 강태성, 133; 고상룡, 122; 곽윤직·김재형, 117; 김민중, 129; 김상용, 152; 김주수·김상용, 111; 김준호, 75; 김증한·김학동, 129; 백태승, 146; 송덕수, 159; 이영준, 868; 이

취득하여 경제활동을 하게 될 것인데, 사후에 발생한 배우자의 사망이나 이혼 등을 이유로 하여 배우자의 사망 등의 시점으로부터 제한능력자로 되돌아간다고 보는 경우, 본인의 생활을 파괴할 뿐만 아니라 일반의 신뢰를 침해하는 결과를 초래한다. 따라서 통설의 입장이 타당하다고 본다.

다만, 혼인이 원래부터 무효의 경우에는 성년의제의 효과가 발생하지 않는다. 그리고 혼인으로 인한 성년의제제도는 사법관계에 관해서만 적용되는 것일 뿐이고, 공직선거법 등 공법관계에서는 성년으로 의제되지 않는다.[10]

(나) 혼인에 의한 성년의제제도의 적용범위에 관하여, 법률혼(法律婚)에 국한되고 사실혼(事實婚)에는 적용되지 않는다는 적용부정설[11]과 사실혼에도 적용된다는 적용긍정설[12]이 대립하고 있다. 사실혼관계의 인정 여부는 구체적인 사안에서 개별적인 판단을 해야 하는데, 성년의제제도의 범위를 사실혼에도 적용하면 성년이 되는 시기가 매우 불명확해 진다는 점, 객관적이고 획일적인 기준을 정하는 것을 원칙으로 하는 제한능력자 제도의 목적과 취지 등에 비추어 볼 때 적용부정설이 타당하다고 본다.

(다) 혼인을 한 미성년자는 사법상으로 성년자와 동일한 능력을 가지게 되므로, 그에 대한 친권은 소멸하고 후견은 종료하며, 자기의 자(子)에 대하여 친권을 행사할 수 있고(즉, §910의 적용이 배제된다), 타인의 후견인이 될 수 있으며, 유언의 증인이나 유언집행자도 될 수 있고(§1072, §1098 참조), 소송능력도 인정할 수 있다(민소 §51 참조). 이에 관하여 입양을 하는 능력에 관하여 긍정설[13]과 부정설[14]이 대립하고 있는데, §866이 '19세 이상의 사람'이라는 문구가 아니라 '성년이 된 사람'이라는 문구를 사용하고 있으므로, 긍정설이 타당하다고 본다. 18세 이상인 사람만이 혼인을 할 수 있고(§807), 18세 이상 19세 미만의 사람이 혼인을 하여 성년자로 의제된 경우에도 자신보다 연장자를 입양할 수는 없으며(§877), 자신보다 연하인 미성년자를 입양하기 위해서는 가정법원의 허가를 받아야 하

은영, 163; 구주해(1), 263(양삼승); 주석 총칙(1), 270(제5판/신숙희).

10) 동지, 고상룡, 121; 김상용, 152; 김준호, 81; 김주수·김상용, 111; 김증한·김학동, 129; 백태승, 146; 송덕수, 202; 양창수·김재형, 615; 이영준, 868; 이은영, 163.

11) 강봉석, 62; 김민중, 129; 곽윤직·김재형, 117; 김증한·김학동, 129; 백태승, 146; 송덕수, 159; 이영준, 868; 지원림, 민법강의, 제16판, 2019, 75.

12) 강태성, 133; 고상룡, 122; 명순구, 106; 이은영, 162.

13) 김준호, 75; 백태승, 146; 양창수·김재형, 615; 이은영, 163; 주석 총칙(1), 270(제5판/신숙희). 김민중, 129은 혼인에 의한 성년의제의 효과에 관하여 무제한설을 취하고 있으므로, 긍정설을 취한 것으로 보인다.

14) 고상룡, 121; 김상용, 151; 김주수·김상용, 111; 지원림(주 11), 1902.

고, 가정법원이 양자가 될 미성년자의 복리를 위하여 입양허가를 하지 않을 수
도 있기 때문에($\S_{867}$), 긍정설을 취하더라도 실질적인 부작용이 발생할 가능성은
거의 없을 것이다.

3. 영업허락의 제도

이에 관하여는 §8에 대한 해설 부분 참조.

4. 외국인에 관한 특례규정

외국인의 행위능력은 본국법(本國法)에 따르도록 되어 있고, 행위능력이
혼인에 의하여 확대되는 경우에도 마찬가지이다($_{\S13}^{\text{국사}}{}_{\text{I}}$). 따라서 외국인에 대하
여 미성년자라는 이유로 행위능력이 부정되는지 여부는 원칙적으로 본국법에
따라서 결정된다. 예컨대, 19세인 일본인은 본국법상 미성년자이므로($_{\S4}^{\text{일민}}$), 원
칙적으로 그 행위능력이 인정될 수 없다.

그런데 국사 §15는 "법률행위를 행한 자와 상대방이 법률행위의 성립 당
시 동일한 국가 안에 있는 경우에 그 행위자가 그의 본국법에 의하면 무능력
자이더라도 법률행위가 행하여진 국가의 법에 의하여 능력자인 때에는 그의
무능력을 주장할 수 없다. 다만, 상대방이 법률행위 당시 그의 무능력을 알았
거나 알 수 있었을 경우에는 그러하지 아니하다($_{\text{항}}^{\text{제1}}$). 제1항의 규정은 친족법
또는 상속법의 규정에 의한 법률행위 및 행위지 외의 국가에 있는 부동산에
관한 법률행위에는 이를 적용하지 아니한다($_{\text{항}}^{\text{제2}}$)."라고 규정하고 있다. 따라서
19세인 일본인이 우리나라 안에서 법률행위를 한 경우 우리 민법상 성년에 해
당하므로, 그 거래상대방이 법률행위 당시에 위 일본인이 제한능력자임을 알
았거나 알 수 있었을 경우가 아닌 이상, 위 일본인은 본국법상 미성년자임을
이유로 법률행위를 취소할 수 없고($_{\S15}^{\text{국사}}{}_{\text{I}}$), 다만 그 법률행위가 친족법 또는
상속법의 규정에 의한 법률행위 및 일본 등 외국에 있는 부동산에 관한 법률
행위인 경우에는 본국법상 미성년자임을 이유로 법률행위를 취소하는 것이 전
면적으로 허용된다고 볼 수 있다($_{\S15}^{\text{국사}}{}_{\text{II}}$).

V. 성년의 효과와 기준연령 등에 관한 다른 법률규정

1. 성년의 효과

(1) 사람은 19세가 됨과 동시에 성년자가 되고, 성년후견 또는 한정후견개시심판을 받지 않는 이상 완전한 행위능력을 갖는다. 그에 대한 친권은 종료하고, 그는 단독으로 유효한 법률행위를 할 수 있다.

(2) 이에 관하여 대결 16.4.22, 2016으2는 "이혼한 부부 중 일방이 미성년자의 자녀에 대한 양육자 지정청구와 함께 장래의 이행을 청구하는 소로서 양육비 지급을 동시에 청구할 수 있고, 위와 같은 청구에 따라 장래의 양육비 지급을 명한 확정판결이나 이와 동일한 효력이 있는 조정조서나 화해권고결정 등에서 사건본인이 성년에 이르는 전날까지 양육비 지급을 명한 경우 그 재판의 확정 후 사건본인이 성년에 도달하기 전에 법률의 개정으로 성년에 이르는 연령이 변경되었다면 변경된 성년 연령이 양육비를 지급하는 종료 기준시점이 된다고 할 것이다. 따라서 2011.3.7. 법률 제10429호로 개정되어 2013.7.1.부터 시행된 민 § 4에 의하여 성년에 이르는 연령이 종전 20세에서 19세로 변경되었으므로 위 법 시행 이전에 장래의 양육비 지급을 명하는 재판이 확정되었더라도 위 법 시행 당시 사건본인이 아직 성년에 도달하지 아니한 이상 양육비 종료 시점은 개정된 민법 규정에 따라 사건본인이 19세에 이르기 전날까지로 봄이 타당하다."라고 판시하였다.

(3) 사람이 성년이 되는 등 일정한 연령이 됨으로써 법률상 여러 가지의 효과가 발생하는 경우가 있는데, 아래에서는 그 대표적인 사례들을 살펴본다.

2. 민법의 다른 규정에서 '성년'이라는 용어를 사용한 경우

민법의 규정 중 본조가 아닌 다른 법조항에 '성년'이라고 용어를 사용함으로써 § 4의 규정내용이 그대로 영향을 미치는 경우가 있다.

예컨대, 약혼의 자유 연령에 관한 § 800, 입양의 자유 연령에 관한 § 866 등은 '성년'이라는 용어를 사용하고 있기 때문에, 2011.3.7.자로 개정된 본조가 시행되기 전에는 20세 이상의 사람만이 약혼과 입양을 자유롭게 할 수 있었지만, 2013.7.1.부터 개정된 본조가 시행됨으로써 19세 이상인 성년자는 약혼 등을 자유롭게 할 수 있게 되었다.

3. 각종 특별법에서 민법상 성년 규정을 인용한 경우

민법이 아닌 특별법에서 연령에 관한 규율을 하면서 민법의 성년 규정을 그대로 인용하거나 민법상 미성년자의 정의에 따라서 연령기준을 설정하는 경우가 있다.

예컨대, 국적 §5 (ii)는 외국인의 귀화 가능연령에 관하여 '대한민국의 민법상 성년일 것'으로 규정함으로써 민법의 성년규정을 그대로 인용하고 있고, 공인노무사법 §4 (i)와 변리사법 §4 (iii), 마약류 관리에 관한 법률 §6 Ⅲ (i) 등과 같이 일정한 자격요건에 관하여 '미성년자'를 결격사유로 규정함으로써 연령 제한에 관한 기준을 설정하는 경우도 적지 않다.

4. 연령 제한에 관한 다양한 특별법의 규정

우리나라 법령을 살펴보면, 사람의 연령에 따라서 그 법적인 취급을 달리하는 경우가 많이 있는데, 아래에서는 대표적인 사례 등을 예시하기로 한다.

(1) 3세

① 유아교육법상 유아의 정의$\left(\substack{\text{만 3세부터 초등학교 취학 전}\\\text{까지의 어린이, 위 법 §2 (i)}}\right)$

(2) 9세

① 청소년기본법 적용대상$\left(\substack{\text{9세 이상 24세 이}\\\text{하, 위 법 §3 (i)}}\right)$

(3) 10세

① 소년법상 소년부의 보호사건대상자$\left(\substack{\text{10세 이상 14세 미만, 위}\\\text{법 §4 Ⅰ (ii), §38 Ⅱ}}\right)$

(4) 13세

① 법정대리인이 미성년자를 갈음하여 입양승낙$\left(\substack{\text{13세 미만,}\\\text{§869 Ⅱ}}\right)$

② 미성년자 간음·추행의 대상자$\left(\substack{\text{13세 미만,}\\\text{형 §305}}\right)$

③ 입양승낙 법정대리인의 동의 필요$\left(\substack{\text{13세 이상,}\\\text{§869 Ⅰ}}\right)$

④ 입양특례법에 따라서 입양될 아동의 동의 필요$\left(\substack{\text{13세 이상,}\\\text{위 법 §12 Ⅳ}}\right)$

(5) 14세

① 형사미성년자$\left(\substack{\text{14세 미}\\\text{만, 형 §9}}\right)$

(6) 15세

① 근로자로 사용할 수 없는 대상자$\left(\substack{\text{15세 미만,}\\\text{근기 §64 Ⅰ}}\right)$

② 근로시간 제한$\left(\substack{\text{15세 이상 18세}\\\text{미만, 근기 §69}}\right)$

(7) 16세

① 선서무능력자$\left(\substack{\text{16세 미만, 형소 §159 (i); 민소 §322 (i); 군사법원법}\\\text{§199 (i); 국회에서의 증언·감정 등에 관한 법률 §3 Ⅳ}}\right)$

② 아동혹사죄의 대상($^{16세\ 미만,}_{형\ §274}$),

③ 선원사용 불가($^{16세\ 미만,\ 선}_{원법\ §91\ I}$)

④ 원동기장치자전거 운전면허취득 가능($^{16세\ 이상,\ 도}_{교\ §82\ I\ (i)}$)

(8) 17세

① 유언적령($^{만\ 17세,}_{§1061}$)

② 사관학교 입학 가능연령($^{17세\ 이상\ 21세\ 미만,\ 사관학교설치법}_{§3\ I\ (i);\ 국군간호사관학교\ 설치법\ §3\ (i)}$)

③ 주민등록증 발급대상, 주민등록증에 따른 확인 대상, 주민등록증의 제시요구의 대상 등($^{17세\ 이상,\ 주민등록법}_{§24\ I,\ §25,\ §26\ I}$),

(9) 18세

① 입양특례법상 아동의 범위($^{18세\ 미만,}_{위\ 법\ §2\ (i)}$)

② 아동복지법상 아동의 범위($^{18세\ 미만,}_{위\ 법\ §3\ (i)}$), 가정폭력방지 및 피해자보호 등에 관한 법률상 아동의 범위($^{18세\ 미만,}_{위\ 법\ §2\ (iv)}$)

③ 한부모가족지원법상 아동($^{18세\ 미만,\ 다만\ 취학\ 중인\ 경우)}_{에는\ 22세\ 미만,\ 위\ 법\ §4\ (v)}$)

④ 소년법상 특별취급($^{18세\ 미만,\ 위\ 법\ §59,\ §62;\ 특정강}_{력범죄의\ 처벌에\ 관한\ 특례법\ §4\ I}$)

⑤ 근로자로 사용할 수 없는 대상자($^{중학교에\ 재학\ 중인\ 18세}_{미만인\ 자,\ 근기\ §64\ I}$)

⑥ 근로자로 도덕상 또는 보건상 유해·위험한 사업에 사용할 수 없는 대상자, 근기법상 연소자 증명서, 근로조건 서면 명시 대상($^{18세\ 미만,\ 근}_{기\ §66,\ §67\ Ⅲ}$)

⑦ 야간근로 제한대상자($^{18세\ 미만,}_{근기\ §70\ Ⅱ}$)

⑧ 위험한 선내 작업과 위생상 해로운 작업 선원 종사 불가($^{18세\ 미만,\ 선}_{원법\ §91\ Ⅲ}$)

⑨ 경범죄처벌법상 특별취급($^{18세\ 미만,\ 위}_{법\ §6\ Ⅱ\ (iv)}$)

⑩ 공직선거법상 선거권($^{18세\ 이상,\ 위}_{법\ §15\ I,\ Ⅱ}$), 국회의원, 지방의회 의원 및 지방자치단체의 장 피선거권($^{18세\ 이상,\ 위}_{법\ §16\ Ⅱ,\ Ⅲ}$)

⑪ 공연법상 연소자($^{18세\ 미만,}_{위\ 법\ §2\ (vi)}$)

⑫ 원자력 면허에 관한 결격사유, 원자력이용시설 등에 대한 취급 불가 연령($^{18세\ 미만,\ 원자력안}_{전법\ §85\ (i),\ §96}$), 건설기계조종사면허 결격사유($^{건설기계관}_{리법\ §27\ (i)}$), 해기사 자격 결격사유($^{선박직원}_{법\ §6\ (i)}$)

⑬ 국민연금법상 가입대상($^{18세\ 이상\ 60세}_{미만,\ 위\ 법\ §6}$), 국민연금법상 특별취급($^{18세\ 이상\ 또}_{는\ 18세\ 미만,}$ $^{위\ 법\ §8,}_{§10\ I\ 등}$)

⑭ 자동차 등 운전면허취득 가능($^{18세\ 이상,\ 도}_{교\ §82\ I\ (i)}$)

⑮ 제1국민역 편입대상($^{18세부터의\ 남}_{성,\ 병역법\ §8}$), 부사관의 최초 임용 최저연령($^{18세\ 이}_{상,\ 군인사}$ $^{법}_{§15\ I}$)

⑯ 일정한 직종에 취임·취업하는 것에 관한 제한 연령(18세 이상, 전투경찰대설치 법 § 3 Ⅱ; 경비업법 § 10 Ⅰ (i); 총포·도검·화약류 등 단속법 § 19 (i); 선 박직원법 § 6 (i); 집회 및 시위에 한 법률 § 16 Ⅱ)

(10) 19세

① 소년법상 소년(19세 미만, 위 법 § 2)

② 청소년보호법의 적용대상(19세 미만, 위 법 § 2 (i)), 아동청소년의 성보호에 관한 법률의 적용대상(19세 미만, 위 법 § 2 (i))

③ 출입국관리법상 특별취급대상(19세 미만, 위 법 § 56-3 Ⅱ (iv))

④ 공무원연금법상 손자녀 연령 규정(19세, 위 법 § 3 Ⅱ, § 59 Ⅰ (iv)), 군인연금법상 손자녀 연령 규정(19세, 위 법 § 3 Ⅲ), 사립학교 교직원연금법상 손자녀 연령 규정(19세, 위 법 § 2 Ⅲ)

⑤ 형의 집행 및 수용자의 처우에 관한 법률의 적용대상(교도소의 수용대상은 19세 이상, 소년교도소의 수용대상은 19세 미만, 위 법 § 11 Ⅰ)

⑥ 보호처분변경신청대상자(19세 이상, 보호관찰 등에 관한 법률 § 49 Ⅱ)

⑦ 국민투표 가능연령(19세 이상, 국민투표법 § 7), 주민소환투표 가능연령(19세 이상, 주민소환에 관한 법률 § 3 Ⅰ)

⑧ 제1종 대형면허 또는 제1종 특수면허 대상자(19세 이상, 도교 § 82 Ⅰ (vi))

⑨ 감사원에 감사청구연령(19세 이상, 부패방지 및 국민권익위원회의 설치와 운영에 관한 법률 § 72 Ⅰ)

⑩ 징병검사연령(19세 되는 해, 병역법 § 11)

⑪ 비상대비자원 관리법상 인력자원 해당(19세가 되는 해의 1. 1.부터 60세가 되는 해의 12. 31.까지, 위 법 § 2 Ⅰ (ii))

⑫ 육군3사관학교설치법상 입학 가능자(19세 이상 25세 미만, 위 법 § 3 (i))

(11) 20세

① 상속세 인적공제 계산의 기준연령(20세에 달하기까지, 상증세 § 20 Ⅰ (ii))

② 거주자의 직계비속과 형제자매의 소득세 기본공제(20세 이하, 소세 § 50 Ⅰ (iii))

③ 배심원의 자격(20세 이상, 국민의 형사재판 참여에 관한 법률 § 16)

④ 민방위대의 조직대상(20세가 되는 해의 1. 1.부터, 민방위기본법 § 18 Ⅰ)

⑤ 소위와 준위의 최초 임용 최저연령(20세 이상, 군인사법 § 15 Ⅰ)

⑥ 복수국적자의 국적선택시점(만 20세가 된 후에 복수국적자가 된 자는 그 때부터 2년 내에 하나의 국적을 선택하여야 함, 국적 § 12 Ⅰ)

(12) 22세

① 소년원 퇴원 연령(22세에 달할 때, 보호소년 등 처우에 관한 법률 § 43 Ⅰ)

② 복수국적자의 국적 선택시점(만 20세가 되기 전에 복수국적자가 된 자는 만 22세가 되기 전까지 하나의 국적을 선택하여야 함, 국적 § 12 Ⅰ)

③ 한부모가족지원법상 아동(18세 미만, 다만 취학 중인 경우에는 22세 미만, 위 법 § 4 (v))

(13) 23세

① 소년의 형 집행 중에 일반 교도소로 보낼 수 있는 연령(소년이 형의 집행 중에 23세가 되면 일반

교도소에서 집행할 $\big)$
수 있음, 소년법 § 63 $\big)$

(14) 24세

① 청소년기본법 적용대상$\big(\substack{9세 \text{ 이상 } 24세 \text{ 이}\\ 하, \text{ 위 법 } §3 \text{ I}}\big)$

② 한부모가족지원법상 청소년 한부모 적용대상$\big(\substack{24세 \text{ 이하 모 또는}\\ 부, \text{ 위 법 } §4\,(\,i\,-2)}\big)$

(15) 27세

① 소위, 부사관의 최초 임용 최고연령$\big(\substack{27세 \text{ 미만, 군}\\ 인사법 §15 \text{ I}}\big)$

(16) 29세

① 중위의 최초 임용 최고연령$\big(\substack{29세 \text{ 미만, 군}\\ 인사법 §15 \text{ I}}\big)$

(17) 32세

① 대위의 최초 임용 최고연령$\big(\substack{32세 \text{ 미만, 군}\\ 인사법 §15 \text{ I}}\big)$

(18) 36세

① 소령의 최초 임용 최고연령$\big(\substack{36세 \text{ 미만, 군}\\ 인사법 §15 \text{ I}}\big)$

(19) 40세

① 대통령 피선거권$\big(\substack{40세 \text{ 이상,}\\ \text{IV, } \text{헌 } §67\\ \text{공직선거법 } §16 \text{ I}}\big)$

② 헌법재판관의 자격$\big(\substack{40세 \text{ 이상,}\\ \text{헌재 } §5 \text{ I}}\big)$

③ 민방위대의 조직대상$\big(\substack{40세가 \text{ 되는 해의 } 12.\,31.까\\ 지, \text{ 민방위기본법 } §18 \text{ I}}\big)$

④ 현역·예비역·보충역의 병과 제2국민역의 병역의무 종료$\big(\substack{40세, \text{ 병역}\\ \text{법 } §72 \text{ I}}\big)$

⑤ 하사의 정년$\big(\substack{40세, \text{ 군인}\\ \text{사법 } §8 \text{ I}}\big)$

(20) 43세

① 대위, 중위, 소위의 정년$\big(\substack{43세, \text{ 군인}\\ \text{사법 } §8 \text{ I}}\big)$

(21) 45세

① 대법관의 자격$\big(\substack{45세 \text{ 이상,}\\ \text{법조 } §42 \text{ I}}\big)$

② 소령, 중사의 정년$\big(\substack{45세, \text{ 군인}\\ \text{사법 } §8 \text{ I}}\big)$

(22) 50세

① 민방위대상자$\big(\substack{50세가 \text{ 되는 해의 } 12.\,31.까\\ 지, \text{ 민방위기본법 } §18 \text{ III}}\big)$

② 준위의 최초 임용 최고연령$\big(\substack{50세 \text{ 미만, 군}\\ 인사법 §15 \text{ I}}\big)$

(23) 53세

① 중령, 상사의 정년$\big(\substack{53세, \text{ 군인}\\ \text{사법 } §8 \text{ I}}\big)$

(24) 55세

① 국민연금법상 노령연금액 산정 기준연령$\big(\substack{55세, \text{ 위 법}\\ §63 \text{ II }(i)}\big)$

② 준위, 원사의 정년$\big(\substack{55세, \text{ 군인}\\ \text{사법 } §8 \text{ I}}\big)$

(25) 56세

① 국민연금법상 노령연금액 산정 기준연령$\left(\substack{56세, \ 위 \ 법 \\ \S 63 \ Ⅱ \ (ⅱ)}\right)$

② 대령의 정년$\left(\substack{56세, \ 군인 \\ 사법 \S 8 \ Ⅰ}\right)$

(26) 57세

① 국민연금법상 노령연금액 산정 기준연령$\left(\substack{57세, \ 위 \ 법 \\ \S 63 \ Ⅱ \ (ⅲ)}\right)$

(27) 58세

① 국민연금법상 노령연금액 산정 기준연령$\left(\substack{58세, \ 위 \ 법 \\ \S 63 \ Ⅱ \ (ⅳ)}\right)$

② 준장의 정년$\left(\substack{58세, \ 군인 \\ 사법 \S 8 \ Ⅰ}\right)$

(28) 59세

① 국민연금법상 노령연금액 산정 기준연령$\left(\substack{59세, \ 위 \ 법 \\ \S 63 \ Ⅱ \ (ⅴ)}\right)$

② 소장의 정년$\left(\substack{59세, \ 군인 \\ 사법 \S 8 \ Ⅰ}\right)$

(29) 60세

① 각종 정년$\left(\substack{60세, \ 국가공무원법 \S 74 \ Ⅰ; \ 지방공무원법 \S 66 \ Ⅰ; \ 외무공 \\ 무원법 \S 27 \ Ⅰ; \ 경찰공무원법 \S 24 \ Ⅰ; \ 군무원인사법 \S 31}\right)$

② 조기노령연금 지급에 관한 규정$\left(\substack{60세, \ 국 \\ 연금 \S 66}\right)$, 장애연급 수급권자에 관한 규정$\left(\substack{60세, \ 국연 \\ 금 \S 67 \ Ⅲ}\right)$

③ 거주자의 형제자매의 소득세 기본공제$\left(\substack{60세 \ 이상, \ 소 \\ 세 \S 50 \ Ⅰ (ⅲ)}\right)$

(30) 61세

① 중장의 정년$\left(\substack{61세, \ 군인 \\ 사법 \S 8 \ Ⅰ}\right)$

(31) 63세

① 검찰총장 이외의 검사의 정년$\left(\substack{63세, \ 검찰 \\ 청법 \S 41}\right)$

② 대장의 정년$\left(\substack{63세, \ 군인 \\ 사법 \S 8 \ Ⅰ}\right)$

(32) 65세

① 각종 정년$\left(\substack{65세, \ 법조 \S 45 \ Ⅳ(대법원장 \ 및 \ 대법관 \ 이외의 \ 법관); \\ 검찰청법 \S 41(검찰총장); \ 감사원법 \S 6 \ Ⅱ(감사위원)}\right)$

② 노인복지법상 생업지원신청 우선반영 대상$\left(\substack{65세 \ 이상, \\ 위 \ 법 \S 25}\right)$

(33) 70세

① 각종 정년$\left(\substack{70세, \ 법조 \S 45 \ Ⅳ(대법관 \ 및 \ 대법원장의 \ 정년); \ 헌 \\ 재 \S 7 \ Ⅱ(헌법재판관); \ 감사원법 \S 6 \ Ⅱ(감사원장)}\right)$

② 고령자의 특별취급$\left(\substack{70세 \ 이상, \ 형소 \S 33 \ Ⅰ \ (ⅲ), \ \S 471 \ Ⅰ \\ (ⅱ), \ (ⅴ); \ 군사법원법 \S 514 \ Ⅰ \ (ⅱ), \ (ⅴ)}\right)$

[김 시 철]

第 5 條(未成年者의 能力)

① 未成年者가 法律行爲를 함에는 法定代理人의 同意를 얻어
   야 한다. 그러나 權利만을 얻거나 義務만을 免하는 行爲
   는 그러하지 아니하다.

② 前項의 規定에 違反한 行爲는 取消할 수 있다.

I. 법률행위

미성년자(未成年者)가 법정대리인(法定代理人)의 동의(同意)를 얻는 것이 유
효한 행위에 관한 요건이 되는 것은 법률행위(法律行爲)에 한정되는 것이 원칙
이다. 왜냐하면 행위자의 의사에 따라 법적 효과를 부여하는 것은 법률행위만
이고, 따라서 미성년자 보호의 필요성이 인정되는 것은 원칙적으로 이 경우에

한정되는 것으로 보아야 하기 때문이다. 한편, 미성년자가 한 행위인지 여부는 이를 실질적으로 고찰하여 결정하여야 한다. 예컨대, 계약서 등이 미성년자의 명의로 작성되어 있다는 사실만으로 바로 취소할 수 있는 행위라고 볼 수는 없다. 문서상 미성년자 명의로 행해진 법률행위라고 하더라도, 실질적으로 적법한 대리인이 그 행위를 한 경우 다른 사정이 없는 이상 취소하지 못하는 유효한 행위가 되는 것이다.[1] 이 점에 관하여 다음과 같은 사항들이 문제가 될 수 있다.

1. 의사능력이 없는 미성년자의 행위

미성년자 중 행위의 본질을 이해할 수 없는 자, 예컨대 유아(幼兒)의 행위는 민사상 법률행위에 관한 의사능력(意思能力)이 없어서 무효이기 때문에[2] 원칙적으로 취소의 문제는 생기지 않는다. 의사무능력자의 경우 설령 법정대리인의 동의를 얻은 경우라도 그가 직접 한 행위는 무효이다. 따라서 본조가 적용되는 것은 의사능력 있는 미성년자가 한 법률행위에 한정된다고 보는 것이 통설이다.[3]

그런데 일본에서는 미성년자가 어느 정도 연령이 되었을 때 의사능력을 가진다고 볼 것인지는 일률적으로 정할 수 없고 실무상 이를 확인하기도 어렵기 때문에, 미성년자에 대하여는 의사능력의 존부를 문제 삼지 말고 의사능력 없는 미성년자의 행위도 취소대상으로 삼자는 소수설 등도 제기되고 있다.[4]

---

1) 곽윤직·김재형, 114-115. 한편, 대판 62.9.20, 62다333은 '친권자는 미성년자의 법정대리인이 되며 그 법정대리인은 미성년자의 승낙을 받을 필요 없이 법정대리인의 이름으로 법률행위를 할 수 있음은 물론 미성년자 본인 이름으로 법률행위를 한 경우에도 법정대리인이 그 행위를 한 이상 미성년자에게 대하여 법률행위의 효과가 발생한다.'라는 취지로 판시하였다. 위 판결에 대하여 찬성하는 견해로는 고상룡, 122; 김주수·김상용, 114; 백태승, 147 등이 있고, 위 판결의 경우 대리인이 본인 명의로 법률행위를 한 경우에 그 행위의 효과가 직접 본인에게 귀속한다고 하는 태도의 일환이라고 파악하는 견해로는 송덕수, 161이 있다. 반면에 위 판결이 미성년자 보호를 소홀히 하고 있다는 비판적 견해로는 김상용, 153이 있다.
2) 예컨대, 독민 § 104, § 105에는 '7세 미만인 사람의 의사표시는 무효이다.'라는 취지가 규정되어 있는데, 이는 7세 미만인 유아(幼兒)는 민사상 법률행위에 관하여 의사능력이 없음을 전제로 한 것이다.
3) 김주수·김상용, 112; 구주해(1), 269(양삼승); 주석 총칙(1), 282(제5판/신숙희).
4) 일본의 소수설의 경우 다시 ① 의사능력에 관련하여 객관적·획일적인 규율을 할 필요가 있기 때문에 행위능력 제도가 설정된 것이므로 실정법상으로 재산상 법률행위에 대해서는 의사능력 제도가 부정된다는 견해, ② 의사능력 제도가 다른 법 영역에서는 여전히 유용한 것이므로 전적으로 부인할 것이 아니고, 다만 미성년자에 대하여는 의사능력의 존재를 의제하고 그에 의한 불이익은 취소를 인정함으로써 해결하자는 견해 등으로 세분할 수 있다.

이러한 논의는 개정 민법상[5] 제한능력자가 구체적인 법률행위 당시에 의
사능력이 없었음을 이유로 하여 의사표시의 무효를 주장할 수 있는지, 즉 의사
무능력자로서 무효주장을 하는 것과 제한능력자로서 취소주장을 하는 것을 선
택적으로 할 수 있는지 여부와 관련되는 문제이다.[6]

이는 이른바 '무효·취소의 이중효(二重效) 법리'와 관련된 문제로서, 각 법
률요건이 충족된다면 무효의 주장과 취소의 주장을 선택적으로 할 수 있다는
것이 통설의 입장이다.[7] 이에 대하여 행위능력제도가 의사능력제도에 우선하
여 적용되어야 하므로 취소만을 주장할 수 있다는 소수설의 주장도 제기될 수
있다. 다만, 통설을 취하는 경우에도 취소에 관한 제척기간규정($\S_{146}$) 등은 무효
의 주장에는 적용되지 않지만, 취소에 관한 규정 중 제한능력자에게 유리한 것
은 의사무능력에 의한 무효에 관하여도 유추적용된다고 해석할 수 있을 것이
다. 예컨대, 제한능력을 이유로 하여 법률행위를 취소하는 경우 제한능력자는
그 행위로 인하여 받은 이익이 현존하는 범위 내에서만 상환할 책임이 있는데
($\S_{141}$), 이 규정은 의사무능력에 의한 무효의 경우에도 유추적용될 수 있다고 본
다.[8] 판례도 같은 입장이다.[9]

5) 본조의 해설에서 '개정 민법'이라 함은 특별한 표시가 없는 이상 2011.3.7. 법률 제
  10429호로 개정되고 2013.7.1. 시행된 것을 의미한다.
6) 이에 관한 자세한 논의는 김주수·김상용, 99; 이영준, 860-861; 주석 총칙(1),
  277(제5판/신숙희) 등 참조.
7) 강태성, 126; 곽윤직·김재형, 111-112; 김민중, 126; 김상용, 149; 김주수·김상용, 99;
  김준호, 71; 김증한·김학동, 122; 백태승, 139; 송덕수, 154; 이영준, 860; 이은영, 158;
  지원림, 민법강의, 제16판, 2019, 71; 주석 총칙(1), 277(제5판/신숙희). 이에 관하여 일
  본에서는 행위능력제도는 연혁적으로 거래의 안전을 도모하기 위하여 의사능력제도를 객
  관적으로 획일화함으로써 의사능력제도를 흡수하였으므로, 의사능력제도는 실정법상 존재
  하지 않는 제도이고, 동일한 사실관계가 무효인 동시에 취소할 수 있다는 것은 모순이므
  로 언제나 행위능력제도가 의사능력제도에 우선하여 적용된다는 견해도 제기되어 있다고
  한다(이영준, 860 참조).
8) 동지, 김민중, 126; 김상용, 149; 김주수·김상용, 99-100; 김준호, 71; 이영준, 860-
  861; 주석 총칙(1), 277-278(제5판/신숙희).
9) 대판 09.1.15, 2008다58367은 "민법 제141조는 '취소한 법률행위는 처음부터 무효인 것
  으로 본다. 그러나 무능력자는 그 행위로 인하여 받은 이익이 현존하는 한도에서 상환할
  책임이 있다.'고 규정하고 있는데, 무능력자의 책임을 제한한 위 조항의 단서는 부당이득
  에 있어 수익자의 반환범위를 정한 민법 제748조의 특칙으로서 무능력자의 보호를 위해
  그 선의·악의를 묻지 아니하고 반환범위를 현존 이익에 한정시키려는 데 그 취지가 있으
  므로, 의사능력의 흠결을 이유로 법률행위가 무효가 되는 경우에도 유추적용되어야 할 것
  이나, 법률상 원인 없이 타인의 재산 또는 노무로 인하여 이익을 얻고 그로 인하여 타인에
  게 손해를 가한 경우, 그 취득한 것이 금전상의 이득인 때에는 그 금전은 이를 취득한 자
  가 소비하였는가의 여부를 불문하고 현존하는 것으로 추정되므로(대법원 1996.12.10. 선
  고 96다32881 판결 참조), 위 이익이 현존하지 아니함은 이를 주장하는 자, 즉 의사무능

대법원은 구 민소법상 경락허가결정 당시 경락자가 유아(幼兒)로서 의사능력이 없는 미성년자라는 이유로 그 경락행위는 무효라고 판시하였는데,[10) 이는 해당 미성년자에게 의사능력이 없다는 사유로 경락행위의 효력을 부정할 수 있다는 취지로 볼 수 있다.[11) 다만, 이러한 판례에 관하여 경매에서는 미성년자의 매수신청행위가 무효이기 때문에, 위 판시 내용이 반드시 유아의 법률행위는 의사능력 없는 자에 의한 것으로서 당연무효라는 취지인지 여부가 분명하지는 않다는 지적도 있다.[12)

2. 미성년자의 신분행위

미성년자가 단독으로 행하였기 때문에 취소대상이 되는 것은 원칙적으로 재산행위(財産行爲)에 한정되고, 신분행위(身分行爲)[13)에는 직접 영향을 미치지 않는다는 것이 다수설의 입장이다.[14)15) 다수설에 의하면, 신분행위능력은 개개의 사항에 관하여 개별적으로 판단할 것이고, 획일적으로 성년기준 연령을 19세 이상으로 규정한 민법총칙의 규정이 신분행위에 바로 적용되지는 않는다는 취지이다. 즉, 신분행위는 이해관계를 떠나 다분히 감정적이고 전적으로 인간

력자측에 입증책임이 있다 할 것이다.”라고 판시하고 있다.

10) 대결 67.7.12, 67마507.

11) 동지, 이시윤, 신민사소송법, 제12판, 2018, 165. 대결 68.2.8, 67마1351은 “미성년자는 경락부동산을 취득할 능력이 없다.”라고 판시하고, 대결 69.11.19, 69마989(집17-4, 민, 17)는 “미성년자는 법정대리인의 관여 없이 부동산 경매절차에서 경락인이 될 수 없다.”라고 판시하고 있다.

12) 주석 총칙(1), 282(제5판/신숙희).

13) 이에 관하여, 이른바 재산법(총칙편, 물권편, 채권편)과 가족법(친족ㆍ상속편)을 이론상ㆍ체계구성상으로 준별하면서, 그러한 준별을 지탱하는 ‘신분행위’라는 개념 자체를 인정하여야 할 것인지, 상속법은 신분법인지 아니면 재산법인지 등에 관하여 논란이 있는데, 이에 관하여는 윤진수, “상속법상의 법률행위와 채권자취소권—상속 포기 및 상속재산 협의분할을 중심으로—”, 사법연구 6, 2001, 1-38, 양창수, “가족법상의 법률행위의 특성”, 민법연구 8, 2007, 321-352 등 참조.

14) 김주수ㆍ김상용, 112; 구주해(1), 269(양삼승); 주석 총칙(1), 282(제5판/신숙희).

15) 일본에서는 종래 신분행위가 재산법상의 법률행위(재산행위)와는 다른 특성이 있다고 지적하면서, 신분행위를 ① 혼인ㆍ입양ㆍ인지 등과 같이 직접 신분의 창설ㆍ폐지ㆍ변경을 지향하는 ‘형성적 신분행위’, ② 친권자로서의 행위 등과 같이 자기의 신분에 기하여 타인의 신상(身上)에 신분적 지배를 하는 ‘지배적 행위’, ③ 부부재산계약ㆍ이혼에서의 재산분할이나 자의 감호자(監護者)에 관한 합의ㆍ상속의 승인포기 등과 같이 신분행위에 부수하는 ‘부수적 신분행위’ 등 3가지 유형으로 나누는 등 신분행위의 개념을 체계적으로 정리하고, 이를 토대로 하여 개별 신분행위에 관하여 재산행위로서의 성격이 어느 정도인지에 따라서 행위능력에 관한 본조의 적용 여부를 결정해야 한다는 학설이 유력하게 제기되고 있었는데, 최근에는 이러한 신분행위 개념 자체에 대하여 비판적인 견해가 제기되고 있다는 점 등에 대해서는 윤진수(주 13), 26 참조.

적 결합을 지향하는 것이기 때문에 타산적·이성적·경제적 성질을 갖는 재산
행위와는 그 본질을 달리하기 때문에, 행위자에게 의사능력만 있으면 되고 성
년에 이를 정도로 성숙할 것을 요구하지 않는다는 것이다.[16]

　(1) 이러한 일반론이 가장 전형적으로 적용되는 것은 협의의 신분행위에
관한 것이다. 예컨대, 혼인·이혼·인지 등과 같이 일정한 신분의 득실을 목적
으로 하는 행위 등의 경우 원칙적으로 의사능력만 있으면 단독으로 할 수 있고
법정대리인에 의한 대리가 허용될 수 없다고 해석하는 것이 다수설의 입장이
다. 다만, 개별 사항에 관하여는 아래와 같이 구체적·개별적 검토가 필요하다.

　㈎ 혼인적령(婚姻適齡)은 남녀 모두 18세 이상으로 규정되어 있지만($\S_{807}$),
이를 위반하여 이루어진 혼인도 일단 유효하고 다만 취소의 대상이 될 뿐이고
($\S_{817}$), 혼인능력 자체가 흠결되는 것은 아니다. 또한 미성년자가 혼인하기 위해
서는 부모의 동의가 필요하지만($\S_{808}$), 이는 혼인에 관한 행위능력의 보충으로
보는 것보다는 오히려 넓은 의미로 부모의 감호권(監護權)의 작용으로 보는 것
이 적절하다는 견해가 유력하다.[17]

　㈏ 입양(入養)은 원칙적으로 양친이 될 자와 양자가 될 자의 합의로 성
립하지만, 이에 관한 모든 종류의 합의가 적법·유효한 것은 아니다. 예컨대,
민법에 의하면 존속(尊屬)이나 연장자(年長者)는 입양할 수 없고($\S_{877}$), 성년이
된 사람만이 양친으로서 입양을 할 수 있는데($\S_{866}$), 존속이나 연장자를 입양한
것은 무효사유인 반면에($\S_{883}$), 미성년자가 양친이 된 입양은 취소의 대상이 될
뿐이다($\S_{884}$). 즉, 후자의 경우 양친으로서 신분적 지배권을 갖는 점을 고려한
것이기 때문에 이에 어긋난 입양도 일단 유효하다고 본다는 점에서 전자와는
차이가 있다. 한편, 혼인에 의한 성년자로 의제된 19세 미만의 사람이 양친이
될 수 있는지에 대하여는 긍정설[18]과 부정설[19]이 대립하고 있는데, $\S 866$이
'19세 이상의 사람'이라는 문구가 아니라 '성년이 된 사람'이라는 문구를 사용
하고 있으므로, 긍정설이 타당하다고 본다. 19세 미만의 사람이 혼인을 하여
성년자로 의제된 경우에도 연장자를 입양할 수는 없고($\S_{877}$), 자신보다 연하인

---

16) 한편, 가족법상 법률관계를 법률행위에 관한 일반법리가 적용되지 않는 별도의 범주로
　　설정하는 것은 바람직하지 않다는 유력한 소수설이 있는데, 이에 관하여는 양창수·김재
　　형, 613 참조.
17) 구주해(1), 270(양삼승); 주석 총칙(1), 283(제5판/신숙희).
18) 김준호, 75; 백태승, 146; 양창수·김재형, 615; 이은영, 163. 김민중, 129은 혼인에 의한
　　성년의제의 효과에 관하여 무제한설을 취하고 있으므로, 긍정설을 취한 것으로 보인다.
19) 고상룡, 121; 김상용, 151; 김주수·김상용, 111; 지원림(주 7), 1902.

미성년자를 입양하기 위해서는 가정법원의 허가를 받아야하기 때문에($\S_{867}$), 긍정설을 취하더라도 실질적인 부작용이 발생할 가능성은 거의 없을 것이다.

(다) 종래 미성년자가 양자가 되는 입양에 관한 미성년자의 신분행위능력에 관련하여, 혼인과 마찬가지로 입양능력 자체를 흠결되는 것은 아니라는 것이 통설이었다.[20]

그런데 2012.2.10.자 민법 개정($^{2013.7.1.}_{시행}$)에 의하여, 미성년자를 입양할 때에는 가정법원의 허가를 받도록 하고($\S^{867}_{I}$), 가정법원은 양자가 될 미성년자의 복리를 위하여 양육능력, 입양동기 등을 고려하여 허가 여부를 결정하도록 하는 한편($\S^{867}_{II}$), 위와 같은 가정법원의 허가를 받지 않은 입양으로 무효로 보고 ($\S^{883}_{(ii)}$), 미성년자인 양자에 대해서는 협의상 파양을 인정하지 않고 재판으로만 파양(罷養)할 수 있도록 규정되는 등($\S_{898}$) 입양 및 파양제도의 주요내용이 변경되었다.

이와 같이 새로운 제도의 도입에 따라 미성년자의 입양 및 파양에 대하여 모두 가정법원의 재판을 필수요건으로 하는 등 가정법원의 후견적 감독기능이 대폭 강화되었다. 그렇다면 미성년자의 입양 및 파양에 관련된 종래의 학설이나 판례가 그대로 유지된다고 보기는 어렵다. 예컨대, 2012.2.10.자 민법 개정 이전에 판례는 당사자 사이에 양친자 관계를 창설하려는 명백한 의사가 있고 나아가 기타 입양의 성립요건이 모두 구비된 경우에 입양신고 대신 친생자 출생신고가 있다면 형식에 다소 잘못이 있더라도 입양의 효력이 있다고 해석함이 타당하다는 판시하였으나,[21] 현행법 하에서는 미성년자가 양자인 사안에서 가정법원의 입양허가를 받지 않으면 입양 자체가 무효에 해당하기 때문에 ($\S^{883}_{(ii)}$), 종래 판례가 그대로 유지된다고 단정하기 어렵다.[22]

오히려 개정된 현행법 규정을 토대로 한 새로운 검토가 필요하다고 본다. 예컨대, 양자가 될 사람이 13세 이상 19세 미만의 미성년자인 경우 원칙적으로 법정대리인의 동의가 있어야만 가정법원으로부터 입양의 허가를 받을 수 있고($\S^{869}_{I}$), 양자가 될 사람이 13세 미만일 때에는 원칙적으로 법정대리인이 그에 갈음하여 입양에 대하여 승낙해야만($^{\S 869 \, II, \, 이른}_{바 \, 대락(代諾)}$) 가정법원으로부터 입양의 허가를 받을 수 있다($^{그 \, 예외에 \, 관하여}_{는 \, \S 869 \, III \, 참조}$). 위와 같이 민법이 13세 이상의 미성년

---

20) 구주해(1), 270(양삼승).

21) 대판(전) 77.7.26, 77다492; 대판 00.6.9, 99므1633, 1640; 대판 14.7.24, 2012므806 등 참조.

22) 사법연수원, 가족법연구, 2014, 77. 지원림(주 7), 1985도 같은 취지로 보인다.

자 입양절차에 관하여 법정대리인의 동의권을 규정한 것은 법정대리인의 감호권(監護權)을 고려한 것으로 볼 수 있고, 더 나아가 13세 미만자의 입양절차에 대하여는 13세 미만자에게 입양에 관한 독자적인 의사능력을 인정하지 않고 법정대리인으로 하여금 그에 대한 제1차적 판단을 대신하도록 규정한 것으로 파악할 수 있다.[23]

　　(라) 인지(認知)에 관하여 민법은 피성년후견인의 인지에 대하여만 성년후견인의 동의를 받도록 하였고($\frac{§}{856}$) 그 밖의 명문규정이 없으므로, 의사능력 있는 미성년자에게 인지능력이 있다고 볼 수 있다.

　　(마) 유언(遺言)의 경우 단순히 신분에 관한 문제라고 보기는 어렵다. 민법은 17세 미만자에 대해서 유언에 관한 행위능력을 인정하지 않고($\frac{§}{1061}$), 유언에 관하여는 본조가 적용되지 않는다($\frac{§}{1062}$).

　(2) 신분행위를 넓게 파악하여 친족법·상속법상의 법률효과를 발생시키는 모든 법률행위를 의미하는 것으로 보는 경우, 의사능력이 있다는 사정만으로 광의의 신분행위에 관한 행위능력을 바로 인정할 수는 없다.

　광의의 신분행위 중에는 그 성격상 협의의 신분행위와 밀접한 위치에 있는 경우도 있고, 재산행위로서의 색채가 강한 경우도 있다. 미성년자의 친권행사가 그 친권자에 의하여 대행되는 것은 전자의 사례이고($\frac{§}{910}$), 상속재산분할협의(相續財産分割協議), 재산상속의 한정승인(限定承認)이나 포기(抛棄) 등은 후자의 사례이다($\frac{§\,1013,}{§\,1028,\,§\,1041}$).

　그런데 양자를 구별할 수 있는 기준을 쉽게 설정하기는 어렵다. 예컨대, 통설은 부부재산계약(夫婦財産契約)의 경우 재산행위의 성격이 강하다는 이유로 성년자만이 행위능력을 가진다고 보고 있지만, 이는 혼인이라는 신분행위에 부종하는 행위이기 때문에 의사능력만 있으면 충분하다는 반대견해도 있기 때문이다.[24]

　한편, 이혼에 관련된 재산적 계약에 관하여도 위와 같은 구조의 견해 대립이 발생할 수 있다는 주장이 있으나,[25] 현행법 해석상 이러한 주장에 대하여 찬성하기는 어렵다. 예를 들어, 19세 미만의 미성년자가 혼인을 하는 경우 1977.12.31. 도입된 혼인으로 인한 성년의제조항($\frac{§}{826\text{-}2}$)에 의하여 바로 성년으

---

23) 주석 총칙(1), 283-284(제5판/신숙희).
24) 구주해(1), 271(양삼승); 주석 총칙(1), 284(제5판/신숙희) 참조.
25) 구주해(1), 271(양삼승); 주석 총칙(1), 284(제5판/신숙희).

로 의제되고, 나중에 이혼함으로써 그 혼인이 해소되는 경우에도 행위능력을 그대로 유지한다는 통설의 관점에서 보면, 이혼에 관한 재산분할협의($^{§}_{839-2}$)에 관하여 19세 미만의 기혼자에게도 완전한 행위능력을 인정해야하기 때문이다.

(3) 1990.12.31.까지에는 무능력자도 법정대리인의 동의를 얻어서 인사소송에 관한 소송행위를 할 수 있었으나($^{구인}_{소§29}$), 1991.1.1.부터는 가사소송법에 의하여 위 규정이 삭제되어 민소법의 일반원칙에 따라서 제한능력자의 법정대리인만이 소송행위를 할 수 있게 되었다($^{가소§12, 민}_{소§51, §55}$).

다만, 가사사건의 소송능력 및 비송능력에 관해서도 2011.3.7. 민법 개정에 따른 성년후견제도의 도입취지를 절차법에 제대로 반영할 필요가 있다. 이러한 문제 등을 해결하기 위하여 정부는 2018.3.2. 국회에 가소법 전부 개정안을 제출하였고 국회의원들도 일부 개정안을 제출한 적이 있는데, 이에 관하여는 아래 §10에 대한 해설 참조.

3. 미성년자의 준법률행위·사실행위·법률행위 이외의 적법행위

미성년자의 준법률행위(準法律行爲), 사실행위(事實行爲) 등과 같이 법률행위 이외의 적법행위에 대해서는 능력규정이 없어 개별 행위의 성질에 따라 능력을 정할 수밖에 없다.

(1) 준법률행위

(개) 최고·통지·승인 등과 같은 의사의 통지와 관념의 통지에 대해서는 원칙적으로 능력규정이 유추적용된다.[26] 이러한 행위는 표의자(表意者)에 기하지 않은 별개의 법률효과를 부여한다는 점이 다를 뿐 의사의 표현을 본질로 하는 점은 의사표시와 다르지 않고, 실제적으로도 그 효과를 알고 바라면서 행하는 경우가 많아 준용하는 것이 적절하기 때문이다.

(내) 관념의 통지의 성격을 가지는 채무의 승인[27]에 대하여 본조의 적용을 인정한 일본 판례[28]가 있다.

(대) 민법은 수증자가 증여자 또는 그 배우자나 직계혈족에 대한 범죄행위를 하거나 증여자에 대한 부양의무를 이행하지 아니하는 때에는 증여자가 증여를 해제할 수 있지만($^{§556}_{1}$), 증여자가 수증자에 대하여 용서(容恕)의 의사를

---

26) 곽윤직·김재형, 115; 김상용, 154; 김증한·김학동, 131.
27) 대판 13.2.28, 2011다21556.
28) 日大判 1938(昭 13).2.4, 民集 17, 87.

표시한 때에는 위와 같은 해제권이 소멸된다고 규정하고 있다($\S 556 \atop II$). 이 경우 법률적 의미가 있는 '용서의 의사'는 준법률행위($^{감정}_{의표시}$)에 해당되는 것이지만, 이는 인격적 요소가 매우 강한 행위로서 그 본인만이 할 수 있는 것이고, 법정대리인이 이를 대리하거나 동의할 수 있는 성질의 것이 아니다. 따라서 미성년자가 이러한 '용서의 의사'를 표시한 경우에는 당사자가 그 의미를 이해할 수 있는 상태에서 이루어진 경우에만 유효하다고 볼 수 있다.[29]

(2) 사실행위

사실행위에 대하여 일반적으로 행위능력규정이 유추적용된다고 보기는 어렵다. 다만, 아래에서 보는 바와 같이 개별 행위의 성격상 미성년자를 보호할 필요성이 있는지 여부에 따라서 검토할 필요성이 있다고 본다.

(가) 무주물선점($\S \atop 252$), 유실물습득($\S \atop 253$), 매장물발견($\S \atop 254$), 첨부($\S \atop 260$) 등과 같은 사실행위는 의사의 표현을 본질로 하지 않고 따라서 의사표시와 유사성을 인정할 수 없기 때문에, 일반적으로 행위능력규정이 유추적용된다고 보기는 어렵다.[30]

(나) 자주점유(自主占有)나 점유의 취득 또는 포기 등도 자연적인 의사를 요소로 하는 것이므로 마찬가지로 행위능력이 일반적으로 요구되지는 않는다. 다만, 점유의 포기로 인하여 유치권의 소멸을 가져오는 경우($\S \atop 328$)에는 일반적인 경우와 달리 취급하여, 미성년자가 스스로 이러한 행위를 할 경우에는 법정대리인의 동의를 필요로 하고, 같은 맥락에서 소유권의 포기에 대해서도 법정대리인의 동의가 필요하다는 견해가 있다.[31]

(3) 변　　제

(가) 미성년자가 변제(辨濟)를 받는 행위의 내용이 법률행위인 경우, 이로 인하여 채권이 소멸되는 이상 법정대리인의 동의가 필요하다는 것이 통설의 입장이다.

(나) 그리고 권리만을 얻거나 의무만을 면하는 계약에 의하여 취득한 채권의 이행으로서 미성년자가 변제를 수령하는 경우는 미성년자에게 불이익이 발생할 여지가 없으므로 단독으로 변제받을 수 있다는 점에 대해서도 학설상 이견이 없다.

---

29) 주석 총칙(1), 285(제5판/신숙희).
30) 주석 총칙(1), 285(제5판/신숙희).
31) 구주해(1), 272(양삼승).

㈐ 미성년자가 채무이행을 위하여 법률행위가 아닌 사실행위 등에 해당하는 변제를 하거나 그러한 변제를 수령하는 것을 법정대리인의 동의 없이 단독으로 할 수 있는지 여부에 관하여는 견해의 대립이 있다.

⒜ 다수설은 ① 변제의 수령은 이익을 얻는 동시에 채권을 상실하므로 미성년자에 대한 변제는 법정대리인의 동의가 없는 한 효력이 없고, ② 미성년자가 단독으로 사실행위를 내용으로 하는 변제를 하는 경우에도 그 변제로 인해 권리를 잃을 수 있다는 점에서 법정대리인의 동의가 필요하다는 입장을 취하고 있다.[32] 다수설의 근거에 대하여는 채무자가 미성년자에게 제공한 이행이 과연 '채무의 내용에 좇은 것'인지를 판단하여 그 수령 여부를 결정할 필요가 있다는 실제적 사정이 고려되고 있다는 주장,[33] 변제는 법률행위가 아니지만 그 성질상 본조를 유추적용하는 것이 타당하다는 주장[34] 등이 제기되고 있다.[35] 예컨대, 미성년자가 특정 부동산에 관한 매수인의 지위에 있는 경우, 대금을 지급하는 변제행위를 함으로써 그 대금에 관한 소유권을 상실하게 되는데, 이와 동시이행관계에 있는 매도인의 위 부동산에 관한 소유권이전등기이전의무가 그 채무의 내용에 따라서 제대로 이행되고 있는지 여부를 판단한 다음, 이를 토대로 하여 매도인의 변제를 수령할 것인지 나아가 자신의 변제를 할 것인지 여부를 결정해야 하기 때문에, 거기에 원칙적으로 법정대리인의 동의가 필요하다는 취지이다.

⒝ 한편, 위와 같은 다수설에 관하여 의문을 제기하면서, ㉮ 변제의 수령 내지 변제의 성질이 법률행위가 아닌 사실행위임에도 불구하고, 이에 대해 법률행위를 전제로 하는 제한능력자제도를 적용하는 것이 타당하지 않을 수 있고, ㉯ 매매나 금전소비대차에 대해 미성년자의 법정대리인이 동의를 한 때

---

32) 고상룡, 123; 곽윤직·김재형, 115; 김민중, 130; 김상용, 153; 김증한·김학동, 131; 백태승, 147; 송덕수, 162; 양창수·김재형, 620; 이영준, 869; 구주해(1), 278-279(양삼승); 주석 총칙(1), 295(제5판/신숙희).

33) 양창수·김재형, 620.

34) 김상용 154에는 "변제는 법률행위가 아닌데도 미성년자가 기존채권을 변제받는 때에는 법정대리인의 동의를 요한다는 해석은 바로 준법률행위에 민법 제5조의 규정이 유추적용된다는 것을 전제로 하는 것이다."라고 기재되어 있고, 송덕수, 162에는 "채무의 변제를 수령하는 행위는 법률행위는 아니지만 채권상실이라는 불이익을 가져오므로 제5조를 유추적용하여 역시 미성년자가 단독으로 할 수 없다고 하여야 한다."라고 기재되어 있다.

35) 이은영, 172는 본문 ② 기재와 같은 변제의 이행에 관하여는 이미 법률행위에 의하여 발생한 채무를 이행에 의해 소멸시키는 것인 점에서 미성년자가 단독으로 할 수 있다고 하면서, 구주해(1), 278(양삼승)도 같은 입장이라고 주장하고 있다. 그러나 구주해(1), 278(양삼승)은 다수설의 입장을 취하고 있다.

에는, 그에 수반하는 변제의 수령이나 변제에 관해서도 포괄적으로 동의한 것으로 볼 수 있기 때문에, 이를 무시하고 변제의 수령 내지 변제에 관해 획일적으로 따로 법정대리인의 동의를 얻어야 한다고 보는 것은 문제가 있으며, ⓒ 특히 변제의 수령과 관련하여, 제한능력자는 관리능력이 없으므로 변제수령권한이 없는 것이 원칙이고, 따라서 제한능력자에 대한 변제는 $\left(\begin{smallmatrix}법정대리인의\\동의가\ 없는\ 한\end{smallmatrix}\right)$ 무효가 되는데, 이는 변제수령권한의 유무에서 생기는 문제이고, 본조 Ⅰ 단서가 적용될 성질의 것은 아니라고 주장하는 소수설도 있다.[36)

　　(c) 소수설의 구체적인 논거에 대하여 차례로 검토한다.

　　우선 ⓐ 논거의 경우, 변제의 내용이 법률행위가 아니라 사실행위 등에 해당하는 경우, 본조 Ⅰ 단서가 바로 적용될 수는 없지만 그 성질상 이를 유추적용할 필요가 있다는 것이 다수설의 입장이기 때문에, 이 부분 주장을 설득력 있는 논거라고 보기는 어렵다.

　　다음으로 ⓑ 논거의 경우, 법정대리인이 미성년자에게 특정 매매계약의 체결 등에 관하여 동의를 한 경우 사안에 따라서 그에 수반하는 변제의 수령이나 변제에 대해서까지 포괄적으로 동의한 것으로 의사해석을 하는 것이 타당한 경우가 있을 수 있지만, 이러한 경우에는 변제에 대하여 미성년자가 이미 동의를 받은 것이기 때문에 다수설의 관점에서도 아무런 문제가 없다. 반면에, 특정 부동산에 관한 매매계약상 매수인의 지위를 미성년자가 상속받은 경우 등과 같이 법정대리인의 동의가 선행되지 않더라도 미성년자가 매매계약의 당사자로서 변제 내지 변제의 수령 여부를 결정해야 하는 경우가 발생할 수 있기 때문에, 변제 내지 변제의 수령 자체에 대하여 일반적으로 법정대리인의 동의가 필요한지 여부는 별도로 검토해야 한다고 볼 수 있다.

　　마지막으로 ⓒ 논거의 경우, 제한능력자에게는 일반적으로 관리능력이 없다는 사정을 고려하여 미성년자의 변제 내지 변제의 수령에 대하여 본조 Ⅰ 단서를 유추적용하여 법정대리인의 동의를 필요로 한다는 것이 바로 다수설의 입장이라고 할 수 있다.[37) 즉, 가)항에서 살펴본 바와 같이 일반적으로 재산관리능력을 인정할 수 없는 미성년자를 보호할 필요가 있고, 따라서 이러한 변제 내지 변제의 수령의 성격에 비추어 볼 때 원칙적으로 이에 대하여 법정대리인

---

36) 김준호, 77. 지원림(주 7), 76에는 "변제는 행위능력의 적용범위를 벗어나므로 변제수령자에게 행위능력이 없다고 하여 변제 자체를 취소할 수는 없다."라고 기재되어 있는데, 이는 김준호, 77의 기재내용과 유사한 주장이라고 할 수 있다.

37) 양창수·김재형, 620 참조.

의 동의가 필요하다고 볼 수 있는 것이다.

　그렇다면 변제 내지 변제의 수령의 내용이 사실행위 등에 해당하는 경우에도 그 성질상 미성년자의 변제 등에 대하여 본조 Ⅰ 단서를 유추적용할 필요가 있다는 다수설의 입장이 타당하다고 생각한다.

4. 미성년자의 의사표시수령능력 등

　(1) 의사표시를 수령하는 것은 능동적인 행위와는 그 성격이 다르지만 이를 수령함으로써 적극적 조치를 취할 필요가 발생할 수 있기 때문에, 법정대리인이 모르는 경우에는 원칙적으로 미성년자에 대항하지 못하도록 규정되어 있다($_{112}^{§}$). 다만, 아래에서 보는 바와 같이 §16 Ⅰ의 철회나 §16 Ⅱ의 거절의 의사표시는 제한능력자에게도 할 수 있는데($_{Ⅲ}^{§16}$), 이는 §112의 일반원칙에 대한 예외규정이다.

　(2) 소송서류 등의 수령

　민소 §186 Ⅰ, Ⅱ은 보충송달을 받을 동거인 등에 관하여 '사리를 분별할 지능이 있는 사람'이라고 규정하고 있다.

　이에 관하여 판례는 경매기일통지서를 수령한 재항고인의 아들이 14세의 미성년자라 할지라도 그 연령으로 보아 의사능력이 있음이 추정되는 한 그 송달은 효력이 발생하고,[38] 미성년자인지 여부를 불문하고 송달의 취지를 이해하고 영수한 서류를 수송달자에게 교부하는 것을 기대할 수 있는 정도의 능력이 있으면 족하다고 판시하였다.[39]

5. 미성년자의 소송능력

　개정 민법에 의하면, 미성년자는 소송능력(訴訟能力)이 없고 그 법정대리인만이 소송행위를 할 수 있는 것이 원칙이다.

　다만, 민소법은 미성년자가 독립하여 법률행위를 할 수 있는 경우($_{§8\;Ⅰ등}^{예컨대}$)에는 소송능력을 인정하고 있는데($_{§55\;등}^{민소\;§51,}$),[40] 권리만을 얻거나 의무만을 면하

---

38) 대결 64.12.26, 64마842.
39) 대결 00.2.14, 99모225; 대결 05.12.5, 2005마1039 등 다수 판례.
40) 개정 민법을 통하여 성년후견제도가 도입된 이후 발생한 실체법과 절차법의 괴리현상을 해결하기 위하여 2016.1.8. 법률 제13952호로 민소법 개정이 이루어졌는데(2016.2.3. 공포된 개정 민소 규정은 2017.2.4. 시행되었다), 이에 관하여는 §10에 대한 해설 부분 참조. 다만, 미성년자에 관한 개정 법률의 규정내용은 종전 규정과 크게 다르지 않다.

는 경우도 여기에 포함되는지에 대해서 검토할 필요가 있다. 문리해석으로는 이 경우에도 소송능력이 인정되는 것으로 해석할 여지가 있다. 그러나 위 규정의 취지는 영업자 등과 같이 적어도 어느 영역에서 제한능력이 해제된 경우에 한정하는 것으로 보아야 할 것이고 소송행위의 고도의 기술성·복잡성을 아울러 참작하면 처분을 허락한 재산에 관해서조차 소송능력을 인정하지 아니하여야 할 것이므로, 이 경우의 미성년자에게는 소송능력을 인정할 수 없을 것이다.[41]

　　반면에 미성년자 자신의 근로계약 체결 및 노무제공에 따른 임금의 청구는 근기 §67, §68의 규정에 의하여 미성년자가 독자적으로 할 수 있다.[42] 그리고 미성년자가 법정대리인을 상대로 입양무효의 소를 제기할 경우 개정 민법에 따라서 친족회가 아닌 후견감독인($^{§\,950}_{Ⅰ}$)의 동의를 받으면 된다.

Ⅱ. 미성년자의 법정대리인

　　미성년자의 보호기관은 제1차적으로는 친권자이고, 제2차적으로는 후견인이다. 양자 모두 법정대리인의 지위에 있다.

1. 친권자와 그 동의권

　　미성년자인 자(子)를 보호하고 교양하기 위하여 그의 부모에게 인정되는 권리·의무를 총칭하여 '친권(親權)'이라고 한다($_{913}^{§}$). 친권을 누가 어떻게 행사하느냐에 관하여 민법 제정 이후에 상당한 변천이 있었으나, 현재 개략적인 규정내용은 다음과 같다.

　　미성년자인 자의 부모가 모두 생존하고 또한 혼인 중인 때(즉, 정상적인 부부관계를 계속하고 있을 때)에는, 그 부모(양자의 경우에는 양부모. § 909 Ⅰ)가 공동으로 친권을 행사하여야 한다($^{§\,909}_{Ⅱ}$). 이 경우 부모의 의견이 일치하지 않는 경우에는, 당사자의 청구에 의하여 가정법원이 이를 정한다($^{§\,909}_{Ⅱ 단서}$). 그러나 부모의 일방이 친권을 행사할 수 없을 때(예컨대, 부모 중 일방의 사망·행방불명·장기의 출타·친권상실 등)에는 다른 일방이 단독으로 행사한다($^{§\,909}_{Ⅲ}$). 혼인 외 자가 인지된 경우와 부모가 이혼한 경우, 부모의 협의로 미성년자인 자의 친권자를

---

41) 동지, 구주해(1), 272(양삼승); 주석 총칙(1), 286(제5판/신숙희); 전원열, 민사소송법강의, 박영사, 2020, 175.

42) 동지, 구주해(1), 273(양삼승); 주석 총칙(1), 286(제5판/신숙희); 이시윤(주 11), 165-166; 전원열(주 41), 175. 대판 81.8.25, 80다3149도 같은 취지이다.

정하여야 하나, 협의할 수 없거나 협의가 이루어지지 않으면 가정법원은 직권으로 또는 당사자의 청구에 따라서 친권자를 정하고, 부모의 협의가 자(子)의 복지에 반하는 경우에는 직원으로 친권자를 정할 수 있다($\S^{909}_{IV}$). 혼인의 취소, 재판상 이혼 또는 인지청구의 소의 경우에는 가정법원이 직권으로 친권자를 정한다($\S^{909}_{V}$). 가정법원은 자(子)의 복리를 위하여 필요하다고 인정하는 경우에는 자(子)의 4촌 이내 친족의 청구에 의하여 친권자를 변경할 수 있다($\S^{909}_{VI}$).

부모가 공동으로 친권을 행사하는 경우, 이른바 '공동대리'가 된다는 점을 주의해야 한다. 그러므로 부모 중 일방이 단독으로 대리나 동의를 한다면, 법정대리인으로서의 부모의 대리 또는 동의의 효과는 생기지 않는다(즉, 대리는 무권대리가 되고, 동의는 취소할 수 있게 된다). 다만, 민법은 선의의 제3자 보호를 위하여, 부모의 일방이 공동명의로 자를 대리하거나 또는 자의 법률행위에 동의한 때에는, 그 공동행위가 부모 중 다른 일방의 의사에 반하는 때에도 원칙적으로 공동행사의 효과가 생기는 것으로 하고 있다($\S_{920-2}$). 부모가 공동으로 친권을 행사하는 경우, 취소권도 공동으로 행사하여야 하는지에 관하여 논의가 가능하지만, 원래 부모는 각자 동의권이 있는 것이므로 취소권의 행사는 단독으로 할 수 있다고 해석하는 것이 타당하다.[43]

2. 후견인과 그 동의권[44]

(1) 미성년자에게 친권자가 친권의 전부 또는 일부를 행사할 수 없는 경우에는 후견인을 두어야 한다($\S_{928}$). 미성년자에게 친권을 행사하는 부모는 유언으로 미성년후견인을 지정할 수 있는데($\S^{931}_{I}$), 이러한 경우에도 가정법원은 미성년자의 복리를 위하여 필요하면 생존하는 부 또는 모, 미성년자의 청구에 의하여 후견을 종료하고 생존하는 부 또는 모를 친권자로 지정할 수 있고($\S^{931}_{II}$), 위와 같이 지정된 미성년후견인이 없을 경우 가정법원은 직권 또는 미성년자 등의 청구에 의하여 미성년후견인을 선임한다($\S_{932}$).

(2) 미성년후견인은 미성년자의 재산을 관리하고 그 재산에 관한 법률행위에 대하여 피후견인을 대리하지만($\S_{949}$), 부모와 같은 애정관계를 기대하기 어

---

43) 곽윤직·김재형, 121; 주석 총칙(1), 288(제5판/신숙희).
44) 개정 민법에 따른 미성년후견사건의 실무에 관하여는 김성우, 성년후견실무, 2018, 203-235 참조.

렵기 때문에 약간의 제한이 가해져 있다. 예컨대, 후견인이 미성년자를 대리하여 일정한 중요 법률행위를 하거나 이에 동의를 할 때는 후견감독인이 있으면 그의 동의를 받아야 한다($\S\,^{950}_{I}$).

3. 기타 법정대리인

친권자가 친권에 따르는 자에 갈음하여 친권을 행사하는 경우($\S\,_{910}$), 미성년 후견인이 미성년자에 갈음하여 미성년자의 자녀에 대한 친권을 행사하는 경우($\S\,_{948}$)가 있다. 이때의 친권대행자는 각각 친권자·후견인과 동일하다. 또한 제3자가 자(子)에게 무상으로 수여한 재산에 관하여 친권자의 관리를 반대하는 의사를 표시하는 경우 관리인을 선임해야 하는 경우도 있다($\S\,_{918}$). 이 관리인에 대해서는 부재자재산관리인에 관한 규정을 준용한다($\S\,^{918}_{IV}$).

4. 대리권의 범위 등

미성년자의 법정대리인은 미성년자를 대리하여 재산상의 행위를 할 권한이 있는데($\S\,920,\,\S\,938,$ $\S\,949$ 등 참조), 이러한 대리권은 일반적으로 동의권과 함께 성립할 수 있다. 다만, 미성년자에게 의사능력이 없으면, 동의 등을 통하여 미성년자에게 직접 행위를 하게 할 수 없으므로, 그러한 경우에는 법정대리인이 대리권을 행사할 수 있을 뿐이다.[45] 이 부분에 관하여 근로기준법에 특례규정이 있음은 아래 IV. 2., 3.에서 살펴보는 바와 같다.

한편, 판례는 미성년자의 법정대리인인 친권자의 대리행위가 객관적으로 볼 때 미성년자 본인에게는 경제적인 손실만을 초래하는 반면, 친권자나 제3자에게는 경제적인 이익을 가져오는 행위이고 그 행위의 상대방이 이러한 사실을 알았거나 알 수 있었을 때에는 민 §107 I 단서의 규정을 유추적용하여 행위의 효과가 자에게는 미치지 않는다고 해석함이 상당하나,[46] 그에 따라 외형상 형성된 법률관계를 기초로 하여 새로운 법률상 이해관계를 맺은 선의의 제3자에 대하여는 민 §107 II의 규정을 유추적용하여 누구도 그와 같은 사정을 들어 대항할 수 없으며, 제3자가 악의라는 사실에 관한 주장·증명책임은 그 무효를 주장하는 자에게 있다고 판시하고 있다.[47]

---

45) 곽윤직·김재형, 120-121.
46) 대판 11.12.22, 2011다64669.
47) 대판 18.4.26, 2016다3201. 이러한 판례의 입장에 대하여 비판적인 견해로는 지원림, "대리권의 남용과 선의의 제3자", 신문 4619, 2018. 7. 9.자, 11 참조.

Ⅲ. 미성년자의 행위에 대한 동의

1. 동의의 의의

(1) 법정대리인의 동의는 미성년자의 재산행위능력을 보충하는 것으로서, 사전에 미성년자 또는 그 상대방에 대하여 이루어지는 단독행위이다. 즉, 일정한 미성년자의 행위를 찬성하는 성격을 가진 법정대리인의 단독행위이다.

(2) 동의는 법정대리인의 독립한 단독행위이고, 미성년자의 행위와 합체하여 그 일부로 되는 것이 아니다. 따라서 동의가 착오·사기·강박으로 취소되더라도 미성년자의 행위 자체는 이와 별도로 존재한다.

2. 동의의 시기와 방법

(1) 동의는 원칙적으로 사전에 이루어져야 하고, 적어도 미성년자의 행위와 동시에 행해져야 한다는 것이 통설이다.[48] 사후에 이루어지는 동의는 추인에 해당한다($\frac{\S 143}{참조}$). 동의는 미성년자에 대해서 이루어져도 되고, 그 상대방에 대하여 이루어져도 된다.

(2) 동의는 일정한 형식을 요하지 않는 행위이다. 따라서 미성년자가 행하는 행위 자체가 어떤 형식을 필요로 하는 행위라고 할지라도, 이와는 별개의 행위인 동의는 그러한 형식을 필요로 하지 않는다.

(3) 동의가 반드시 명시적으로 이루어져야 하는 것은 아니고, 경우에 따라서는 묵시적·추정적으로 이루어질 수도 있다.[49] 예컨대, 미성년자가 특정 부동산을 매각하는 것에 대하여 그 법정대리인이 협력한 경우, 법정대리인이 묵시적으로 그 매매에 대하여 동의하였다고 볼 수 있다. 이에 관하여 판례는 위와 같은 묵시적 동의가 있다고 볼 수 있는지 여부를 판단함에 있어서, 미성년자의 연령·지능·직업·경력, 법정대리인과의 동거 여부, 독자적인 소득의 유무와 그 금액, 경제활동 여부, 계약의 성질·체결경위·내용, 기타 제반 사정을 종합적으로 고려하여야 하고,[50] 미성년자가 지불각서를 작성, 교부할 당시 그의 법정대리인이 그 자리에 함께 있었고 위 지불각서 다음에 법정대리인 본인

---

48) 김준호, 75; 이은영, 168; 구주해(1), 275(양삼승); 주석 총칙(1), 291(제5판/신숙희).

49) 김민중, 130; 김상용, 152; 김주수·김상용, 112; 이은영, 168; 지원림(주 7), 79; 구주해(1), 275(양삼승); 주석 총칙(1), 291(제5판/신숙희).

50) 대판 07.11.16, 2005다71659, 71666, 71673.

의 주민등록등본을 첨부하였다면, 법정대리인은 미성년자의 지불각서상 금전
지급 약정의 의사표시에 대하여 묵시적으로 동의한 것으로 볼 여지가 있다고
판시하였다.[51]

(4) 동의는 반드시 특정 법률행위에 대하여 개별적으로 이루어질 필요는
없고, 일정한 범위가 설정되어 있다면 일반적·포괄적인 동의가 이루어질 수도
있다.[52] 다만, 이와 같이 일반적·포괄적인 동의를 하는 경우에는 내재적 한계
가 있다고 보아야 한다. 즉, 미성년자의 모든 행위에 대하여 무제한적으로 일
반적 동의를 하는 것은 허용되지 않는다. 왜냐하면 이를 허용하게 된다면 법
정대리인이 미성년자에 대한 교육의무를 완전히 면하는 결과를 초래하기 때문
이다. 그리고 법정대리인이 미성년자의 어떠한 행위에 대하여 동의를 한 경우,
통상 이러한 미성년자의 행위와 관련이 있는 범위 내에서는 역시 묵시적·일
반적으로 동의를 한 것으로 보아야 할 경우가 있다. 그 묵시적·일반적 동의의
범위가 어느 정도에까지 미칠 것인지는 '의사표시의 해석'에 관한 일반원칙에
따라 결정될 것이다.

구체적인 사례를 예시하여 보면, 예컨대 미성년자가 운전면허를 취득하는
데에 동의하였다고 하여 자동차를 임차하는 것까지 동의하였다고는 볼 수 없
고, 미성년자가 다른 도시에서 직장을 가지는 것을 동의하였거나 약혼을 위하
여 금전을 차용하는 데에 동의하였다고 하여 신용으로 주거용 부동산을 구입
하는 것까지 동의하였다고는 볼 수 없으며, 미성년자가 혼인하는 것을 동의하
였다 하여 주거의 임차까지를 동의하였다고는 할 수 없을 것이다.[53]

3. 동의의 효과

(1) 법정대리인의 동의가 있다고 해서 미성년자의 제한된 행위능력을 가
지는 지위에 어떠한 변동이 생기는 것이 아니다. 즉, 본조의 동의는 §8의 영
업허락의 경우와는 그 법적 성질이 다르다. 따라서 법정대리인이 특정 법률행
위에 관하여 동의하였다고 하더라도 미성년자가 스스로 완전한 행위능력을 가
지고 독립해서 법률행위를 할 수 있게 되는 것은 아니고, 법정대리인의 해당

---

51) 대판 00.4.11, 2000다3095.
52) 동지, 양창수·김재형, 618; 이은영, 168; 구주해(1), 276(양삼승); 주석 총칙(1),
    292(제5판/신숙희). 이에 반대하는 견해로는 김상용, 153.
53) 구주해(1), 276(양삼승).

법률행위에 관한 법정대리권은 소멸되지 않는다.[54]

　(2) 따라서 법정대리인이 동의를 한 이후에도, 미성년자가 스스로 법률행위를 하기 이전에는 언제든지 그 동의를 철회하고 법정대리인이 스스로 그 행위를 할 수 있다.[55]

　(3) 종래 통설은 동의를 할 것인지 아닌지 여부는 원칙적으로 법정대리인의 재량에 속하는 문제로서 미성년자가 법정대리인에 대하여 동의를 청구할 권리를 가지는 것은 아니라는 입장을 취하였고,[56] 이에 관하여 법정대리인이 동의를 해주지 아니한 것이 법정대리인의 의무에 위배되는 것임이 나중에 밝혀지게 된 경우, 법정대리인이 손해배상책임을 부담해야 하는지는 별개의 문제가 될 수 있다는 주장이 제기되기도 하였다.[57] 미성년자의 재산을 관리함에 있어서 법정대리인인 친권자는 자기의 재산에 관한 행위와 동일한 주의를 하여야 하고($\S_{922}$), 후견인은 선량한 관리자의 주의로서 이를 하여야 할 의무가 있기 때문에($\S 956, \S 681$ 등 참조), 법정대리인이 동의 여부를 판단하는 과정에서 그 권한을 남용해서는 안 된다. 즉, 법정대리인이 동의를 하지 않는 것이 오로지 미성년자에게 손해만을 주기 위한 것이라면 이는 권리남용 등에 해당할 수 있다는 점을 고려한다면, 종래 통설이나 이를 토대로 한 위와 같은 주장은 상당한 설득력을 가지는 것이었다.

　그런데 2014.10.15. 개정된 §922-2, §924($^{2015.10.16.}_{시행}$) 등에 의하면, 가정법원은 미성년자 등의 청구를 토대로 하여 법정대리인이 동의를 거부한 것이 정당한지 여부 등에 대한 심리·판단할 수 있고, 사안에 따라서 친권자의 동의에 갈음하는 결정을 할 수도 있기 때문에, 이에 관하여 미성년자 등에게 법원에 대한 일정한 절차적 청구권이 인정된다고 볼 수 있다. 예컨대, 법정대리인이 미성년자의 법률행위에 관한 동의 여부를 판단하는 과정에서 그 권한을 남용하여 미성년자의 복리를 현저히 해치거나 해칠 우려가 있는 경우, 가정법원은 친권자인 법정대리인에 대하여는 미성년자녀 등의 청구에 의하여 그 친권의 상실 또는 일시 정지를 선고할 수도 있고($\S_{924}$), 만일 친권자의 동의가 필요한

---

54) 동지, 김준호, 75; 김증한·김학동, 130; 구주해(1), 275(양삼승); 주석 총칙(1), 292(제5판/신숙희).
55) 동지, 김증한·김학동, 130; 양창수·김재형, 618; 구주해(1), 275(양삼승); 주석 총칙(1), 292(제5판/신숙희).
56) 구주해(1), 275(양삼승); 주석 총칙(1), 292(제5판/신숙희).
57) 구주해(1), 275(양삼승).

행위에 대하여 친권자가 정당한 이유 없이 동의하지 아니함으로써 자녀의 재산에 중대한 손해가 발생할 위험이 있는 경우에는 가정법원이 자녀, 자녀의 친족, 검사 또는 지방자치단체의 장의 청구에 의하여 친권자의 동의를 갈음하는 재판을 할 수도 있기 때문이다($\frac{\S}{922-2}$). 한편, 후견인의 성격상 그 권한범위는 친권자의 경우에 비하여 상대적으로 좁다고 보아야 하고, 후견인인 법정대리인에 대하여는 가정법원이 직권으로 또는 피후견인 등의 청구에 의하여 후견인을 변경할 수 있다($\frac{\S}{940}$). 그렇다면 현행법의 해석상 미성년자 등에게 위와 같은 내용의 절차적 청구권이 인정되고, 같은 맥락에서 이 부분에 관한 친권자 등 법정대리인의 재량권 행사는 정당한 이유가 인정되는 범위 내에서만 허용되는 것이라고 볼 수 있다. 그리고 법정대리인이 정당한 이유 없이 동의를 하지 않은 경우에는 개별 사안의 구체적인 사정에 따라서 법정대리인이 손해배상책임을 부담할 수도 있을 것이다.

4. 증명책임

미성년자가 그가 행하였다고 주장되고 있는 행위를 부인하고 있는 경우에는, 미성년자가 그 법정대리인의 동의를 얻었다는 점에 관한 증명책임은 미성년자에게는 없고, 이를 주장하는 상대방에게 있다.[58][59]

한편, 판례는 미성년자 소유의 토지가 미성년자 명의의 매매계약서 등 등기에 필요한 문서에 의하여 다른 사람에게 이전 등기된 경우에도 그 등기는 적법하게 경료된 것으로 추정된다고 판시하고 있는데,[60] 이는 등기추정력에 의하여 적법한 대리행위가 있었던 것으로 추정된다는 취지일 뿐이고,[61] 위 판례가 미성년자 명의의 법률행위를 일단 적법한 대리행위로 추정된다고 판시한 것으로 보기는 어렵다.[62]

---

58) 대판 70.2.24, 69다1568.
59) 동지, 고상룡, 123; 곽윤직·김재형, 114; 김상용, 153; 김주수·김상용, 112; 김준호, 75; 김증한·김학동, 130; 백태승, 146; 송덕수, 160; 양창수·김재형, 616; 이영준, 869; 이은영, 168; 지원림(주 7), 75; 구주해(1), 268(양삼승); 주석 총칙(1), 292(제5판/신숙희).
60) 대판 69.2.4, 68다2147; 대판 91.7.9, 91다11001 등 참조.
61) 동지, 곽윤직·김재형, 115; 김상용, 153; 백태승, 146; 이영준, 869; 이은영, 169; 지원림(주 7), 75; 주석 총칙(1), 293(제5판/신숙희).
62) 고상룡, 123에는 대판 69.2.4, 68다2147이 미성년자 명의의 법률행위를 일단 적법한 대리행위로 추정된다고 판시하였다는 취지가 기재되어 있으나, 이러한 주장은 타당하다고 보기 어렵다.

Ⅳ. 동의를 요하지 않는 행위

미성년자가 재산행위인 법률행위를 하는 것에 대하여 법정대매인의 동의
를 얻어야 한다는 원칙에 대한 예외로서, 위와 같은 동의 없이 미성년자가 완
전하게 유효한 법률행위를 할 수 있는 경우로서 다음과 같은 것들을 예시할
수 있다.

1. 권리만을 얻거나 의무만을 면하는 행위

권리만을 얻거나 의무만을 면하는 행위의 경우 미성년자에게 불이익이 있
을 수가 없으므로 특별히 미성년자를 보호할 필요가 없기 때문이다.

(1) 원   칙

어떤 행위에 의하여 미성년자가 권리만을 얻거나 의무만을 면하는지를 판
단하는 경우 가장 중요한 것은 오로지 '법률적인 결과'만을 가지고 판단한다
는 것이다. 따라서 '경제적으로는' 미성년자에게 유리하다고 할지라도 이에 의
하여 어떠한 법률적인 불이익이 초래되는 경우에는 미성년자가 이를 단독으로
할 수 없다.[63]

예컨대, 미성년자가 부동산을 증여받아서 이에 관한 소유권을 이전받는 행
위나 미성년자가 친권자에게 부양료를 청구하는 행위[64] 등은 이를 단독으로
할 수 있다.

반면에, 어떤 법률행위의 결과 권리를 얻음과 동시에 아울러 부수적으로
의무를 부담하는 경우에는 여기에 해당되지 않는다. 나아가 부수적으로 부담
하게 되는 의무가 그 권리에 비하여 사소한 것인 경우에도 미성년자가 독립해
서 이러한 행위를 할 수 없다. 그러나 미성년자에게 부당이득반환청구권이나
불법행위로 인한 손해배상청구권이 행사될 수도 있다는 것은 고려할 필요가
없다. 따라서 미성년자는 쌍무계약(雙務契約)을 단독으로 체결할 수가 없으며,
편무계약(片務契約)인 경우에 있어서도 미성년자에게 법률의 규정에 의하여 어
떠한 의무가 발생하는 경우에는 권리만을 얻는 행위라고 할 수가 없다. 이와
같은 취지에서 무상임치, 사용대차, 이자 없는 소비대차에 관한 계약도 미성년

---

63) 동지, 김준호, 76; 백태승, 147; 지원림(주 7), 76.
64) 대판 72.7.11, 72므5.

자가 단독으로 이를 체결할 수 없다.[65]

(2) 공적 부담

어떠한 권리를 취득함으로써 이와 동시에 세금 수수료 등의 공적 부담(公的 負擔)을 수반하는 경우에도 법률적으로는 불이익한 것이라고 할 수 없다.[66] 이러한 것은 특히 부모가 자녀에게 부동산을 증여하는 경우에서 문제가 될 수 있다. 그러나 이러한 경우에서 미성년자에게 부과되는 부담이라는 것은 공법에 의하여 발생하는 것일 뿐이고, 그 법률행위에 의하여 발생하는 것은 아니다. 즉, 여기에서 법률적으로 불이익을 받는다고 하는 의미는 사법상의 의무를 부담하는 것만을 가리키는 것이다.

(3) 물적 부담

물적으로 이미 부담이 있는 목적물을 취득하는 것도 역시 법률적으로 어떠한 불이익을 초래하는 것이 아니다. 왜냐하면 목적물에 어떠한 물적 부담(物的 負擔)이 있으면, 그로써 이미 목적물의 가치가 감소되어 있는 것이고, 이와 같이 가치가 감소된 목적물을 취득한다고 해서 미성년자에게 어떠한 법률적 불이익이 발생하는 것은 아니기 때문이다. 즉, 저당권이 설정되어 있는 목적물을 취득한 미성년자는 단지 저당권에 기한 경매를 감수하면 되는 것이고, 기껏해야 취득 한 목적물을 다시 잃는 것만을 감수하면 되는 것이다. 나아가 같은 이유로 목적물을 취득함과 동시에 물적인 부담을 설정하기로 하는 경우에도 미성년자는 단독으로 그 목적물을 취득할 수 있다.[67]

그러나 목적물을 취득한 이후에 물적 부담을 설정해 주기로 하는 경우에는 미성년자가 인적인 채무를 안게 되므로 이 경우에는 법률적인 불이익이 있는 것이고, 따라서 이에 대한 법정대리인의 동의가 있어야 한다.

(4) 중성적 행위

미성년자에 대하여 어떠한 법률적 이익이나 또는 불이익을 초래하지 아니하는 중성적 행위(中性的 行爲)를 미성년자가 하는 경우, 미성년자를 특별히 보호하여야 할 필요가 없으므로 법정대리인의 동의를 요하지 아니한다. 이와 같은 중성적인 행위에 해당되는 것으로서는 미성년자가 타인의 대리인으로서 법률행위를 하는 경우, 또는 타인의 물건에 대하여 처분행위를 하는 경우를 들

---

65) 구주해(1), 277(양삼승); 주석 총칙(1), 294(제5판/신숙희).
66) 동지, 백태승, 147.
67) 동지, 김증한·김학동, 131.

수 있을 것이고, §383의 규정에 의하여 종류채권의 목적물의 특정권한이 미성
년자에게 맡겨져 있는 경우도 여기에 해당한다.

　(5) 동의 없이 단독으로 할 수 있는 사례 예시

① 부담 없는 증여나 유증의 수락

② 제3자를 위한 계약에서 부담 없는 수익의 의사표시

③ 유상계약에서 출연 없이 채무가 소멸한 경우의 추인

④ 담보물권의 설정을 받고, 보증을 받는 계약의 체결

⑤ 의무만을 부담하는 계약의 해약, 이자 없는 소비대차의 해약

⑥ 미성년자에 대한 채권의 양도

⑦ 특허권 및 상표권의 신고

⑧ 무주물의 선점

　(6) 단독으로 할 수 없는 사례 예시

① 부담부증여(負擔附贈與)

② 해약·포기·취소·철회

③ 호의동승자(好意同乘者)로서의 책임의 포기 또는 경감

④ 상계

⑤ 보증

2. 임금의 청구

　근로기준법은 법정대리인이 그 권한을 남용하여 임금을 영득하는 것을 우
려하여 미성년근로자는 그 임금을 독자적으로 청구할 수 있고($\frac{근기}{§68}$), 사용주는
임금을 직접 근로자에게 전액 지급하도록 규정하고 있다($\frac{근기}{§43}$). 따라서 미성년
자가 임금을 청구하거나 수령함에는 동의가 필요 없고 임금청구소송도 미성년
자가 독립하여 법률행위를 할 수 있는 경우에 해당되기 때문에 독립하여 소제
기가 가능할 것이다.[68]

3. 근로계약의 체결

　친권자나 후견인은 미성년자의 근로계약을 대리할 수 없다고 규정되어 있
는데($\frac{근기}{§67}$①), 그 규정취지가 미성년자가 법정대리인의 동의 없이 근로계약을

―――――――――
68) 동지, 구주해(1), 273(양삼승); 주석 총칙(1), 286, 296(제5판/신숙희); 이시윤(주 11),
　　165-166. 대판 81.8.25, 80다3149도 같은 취지이다.

단독으로 체결할 수 있다는 것인지 여부에 대하여 견해의 대립이 가능하다.

이에 관하여 ① 민법과 근기법의 해석상 법정대리인의 동의를 면제하는 규정이 없으므로 일반 원칙에 따라서 모든 미성년자가 법정대리인의 동의를 받아서 스스로 근로계약을 체결해야 한다는 견해,[69] ② 법정대리인이 미성년자의 근로계약을 대리할 수 없다고 규정한 근기법 규정에 비추어 볼 때 근로계약의 체결에 관하여 법정대리인의 동의가 필요 없다는 견해,[70] ③ 사용자는 18세 미만자에 대하여는 그 연령을 증명하는 가족관계기록사항에 관한 증명서와 친권자 또는 후견인의 동의서를 사업장에 갖추어 두어야 한다는 규정($\frac{근기}{§66}$)이 있는 것을 고려하면, 18세 미만의 근로자의 경우 법정대리인의 동의가 필요하지만 18세 이상의 경우에는 동의가 필요 없다는 견해[71] 등이 대립한다.

일정한 법률행위에 관하여 '대리'할 수 있다는 것과 이에 대하여 '동의'가 필요하다는 것은 법적으로 구별되는 것이므로, 전자에 관하여 일반원칙에 관한 특별규정이 있다고 하더라도 이를 후자에 관한 예외규정으로 보기는 어려운 점, 근기 §66은 사법상 효력에 관한 규정이라기보다는 행정적 필요에 관한 규정이라고 볼 수 있는 점 등에 비추어 보면, ① 견해가 타당하다고 생각한다.

4. 처분이 허락된 재산의 처분행위($\frac{§}{6}$)

이에 관하여는 §6에 대한 해설 부분 참조.

5. 영업이 허락된 미성년자의 그 영업에 관한 행위($\frac{§}{8}$)

이에 관하여는 §8에 대한 해설 부분 참조.

6. 법정대리인의 허락을 얻어 회사의 무한책임사원(無限責任社員)이 된 미성년자가 그 사원자격에 기하여 행하는 행위($\frac{상}{§7}$)

V. 동의 없는 행위의 취소

미성년자가 법정대리인의 동의를 얻지 않고 한 재산에 관한 법률행위는

---

69) 고상룡, 125; 곽윤직·김재형, 122; 송덕수, 164; 양창수·김재형, 619; 이은영, 173.
70) 이영준, 871.
71) 강태성, 148; 김준호, 80; 구주해(1), 280(양삼승).

552 第 2 章 人

일단 유효하지만 취소되면 소급하여 효력을 잃는다. 상세한 것은 § 141에 대한 해설 부분 참조.

1. 취소권자

취소권자는 제한능력자, 그 법정대리인 또는 임의대리인 및 승계인이다($\S_{140}$). 제한능력자 자신도 독립하여 취소를 할 수 있다(즉, 제한능력자가 취소를 하였다는 사정만으로 그 취소행위가 다시 취소대상이 되는 것은 아니다). 승계인은 상속인과 같은 포괄승계인은 물론 취소에 의해 보호하려는 지위를 승계한 특정승계인도 포함된다. 예를 들면 취소할 수 있는 행위에 의해 차지권(借地權)을 설정한 토지소유자로부터 그 토지를 양수한 자도 취소권자이다. 제한능력자의 상대방은 무권대리의 경우와 달리($\S_{134}$) 취소권이 인정되지 않는다.

2. 취소권의 행사

(1) 상대방이 확정되어 있으면 그 자에 대한 의사표시로 한다($\S_{142}$) 상대방이 확정되어 있지 않을 때는 적당한 방법으로 의사를 외부에 객관화시키면 충분하다.

(2) 취소권행사의 시기는 제한이 없다. 취소할 수 있는 행위에 의하여 소가 제기되어 확정판결이 있은 후에도 가능하다. 물론 이 때에 판결이 그 취소 때문에 실효되는 것은 아니고 청구이의의 소가 가능하여질 뿐이다(민집 § 44).

3. 취소의 효과

취소된 법률행위는 처음부터 무효인 것으로 본다($\S_{141}$). 즉, 발생되었던 채권·채무는 처음부터 없었던 것으로 되고 이미 이행된 것은 부당이득이 될 것이다. 그 이득의 반환에 관하여 제한능력자는 이익이 현존(現存)하는 한도에서 상환하면 된다(§ 141 단서). 취소의 효과는 절대적이어서 제3자에게도 대항할 수 있다. 이는 민법의 취지가 거래의 안전보다도 미성년자를 더 강력하게 보호하려는 것이라는 의미이다.[72]

판례는 이에 관하여, 미성년자가 신용카드발행인과 사이에 신용카드 이용계약을 체결하여 신용카드거래를 하다가 신용카드 이용계약을 취소한 경우 그 미성년자는 자신의 가맹점에 대한 매매대금 지급채무를 법률상 원인 없이 면

---

[72] 구주해(1), 281(양삼승).

제받는 이익을 얻었고, 이러한 이익은 금전상의 이득으로서 특별한 사정이 없는 한 현존하는 것으로 추정된다는 이유로 미성년자에게 물품 및 용역대금 상당의 반환의무를 인정하는 취지로 판시하였다.[73] 이는 개별 사안에서 '미성년자의 보호'와 '거래의 안전'이라는 2가지 이익을 구체적·개별적으로 형량하여 해당 분쟁을 적절하게 해결해야 한다는 취지로 볼 수 있다.

[김 시 철]

第 6 條(處分을 許諾한 財産)

法定代理人이 範圍를 定하여 處分을 許諾한 財産은 未成年者가 任意로 處分할 수 있다.

I. 본조의 성격

1. 입법취지

본조의 입법취지는 다음과 같은 2가지 측면을 고려하고 있다.

먼저 미성년자(未成年者)의 재산관리능력이 불충분함을 고려해서 미성년자의 재산에 대한 손해가 발생하여 그 재산이 감소되는 것을 방지하는 것인데, 이는 §5 본문의 입법취지와 같다.

다음으로 본조는 법정대리인(法定代理人)이 범위(範圍)를 정하여 처분을 허락(許諾)한 한도 내에서는 미성년자에게 경제적인 행동의 자유를 인정해 주는 것이 교양(敎養)의 목적상으로도 적합하다는 입장을 취하고 있다. 이는 위와 같은 범위 내에서는 미성년자의 재산에 대한 피해의 위험성이 크지 않다는 점

---

73) 대판 05.4.15, 2003다60297, 60303, 60310, 60327.

을 고려한 것으로서 §5 단서의 입법취지와 같은 맥락이다.

2. 본조와 §5와의 관계

이에 관하여는 견해의 대립이 있다.

본조가 적용되는 경우 미성년자가 법정대리인의 동의(同意) 없이 법률규정에 의하여 독자적으로 법률행위를 할 수 있으므로, 이를 미성년자가 법률행위를 함에는 법정대리인의 동의를 얻어야 한다는 원칙을 규정한 §5 본문에 대한 예외규정으로 파악하는 것이 다수설이다.[1]

반면에, 본조는 법정대리인이 범위를 정하여 재산의 처분을 허락한 경우, 그 허락에는 §5 본문의 동의가 포함되어 있는 것으로 추정된다는 취지를 일반적으로 선언하고 있는 주의규정에 불과하다는 견해[2] 등과 같은 소수설도 있다.[3]

소수설의 입장이나 다수설 중에서 본조의 '허락'과 §5 본문의 '동의'의 법적 성질을 동일한 것으로 파악하는 견해[4]를 토대로 하는 경우, 본조의 법적 성격은 §8의 법정대리인이 미성년자에게 영업을 허락한 경우에서 미성년자가 그 행위능력을 인정받은 경우와는 구별된다고 보아야 한다. 위와 같은 법적 성격의 차이는 구체적으로 그 허락의 효과가 어느 범위에 미치는 것인지(즉, 허락의 결과로서 법정대리인의 대리권이 소멸되는지) 등에 관한 이론구성의 차이에 영향을 미친다. 사견으로는 법적으로 본조의 '허락'과 §5 본문의 '동의'의 성질을 동일하게 파악해야 한다는 입장이 타당하다고 보기 때문에, 소수설 등의 입장에 찬성한다.

---

1) 고상룡, 123; 곽윤직·김재형, 115-116; 김민중, 130; 김상용, 154; 김주수·김상용, 114; 김증한·김학동, 130-131; 백태승, 148; 송덕수, 162; 양창수·김재형, 619-620; 이영준, 869; 이은영, 170; 지원림, 민법강의, 제16판, 2019, 76 등.

2) 강태성, 145; 김준호, 78; 구주해(1), 282(양삼승).

3) 이에 관하여 본조에 의하여 미성년자가 임의로 재산을 처분할 수 있는 이유는 실제로 법정대리인이 이를 허락을 하였기 때문이므로 본조를 단지 §5의 예외규정이라고 볼 수 없고, §5의 동의와 본조의 허락은 다른 내용을 갖고 있으므로, 본조는 독자적인 적용범위를 갖는 특별규정이라고 해석하는 견해도 있다. 이기수·이병준, "민법 제6조의 의미와 법적 성질", 경영법률연구총서 4, 2004, 353-374 참조.

4) 예컨대, 양창수·김재형, 621은 본조의 허락이 §5 본문의 동의와 같은 법적 성질을 가진다는 입장을 취하고 있다.

II. 허락의 대상

본조에 규정된 허락의 대상은 재산의 '처분(處分)'이다. 재산의 처분에는 재산의 소비·파괴와 같은 사실적 처분과 재산권의 설정·변경·소멸 등과 같은 법률적 처분이 있으나, 법률적으로 의미가 있는 것은 후자의 경우이다.

법률적 처분에는 물권행위(物權行爲)뿐만 아니라 채권의 양도, 채무의 인수, 변제의 수령, 상계, 화해 등도 포함된다.

그리고 위 처분에는 물권적 처분뿐만 아니라 이보다 널리 권리변동의 원인이 되는 채권행위(債權行爲)까지도 포함하는 취지로 보아야 한다. 예컨대, 법정대리인이 A부동산에 관한 처분을 허락한 경우, 미성년자는 단독으로 A부동산에 관한 매매계약을 체결할 수 있는데, 본조의 고유한 의미는 바로 이 점에 있다.[5] 그리고 여기에 규정된 처분은 '사용·수익'도 포함하는 의미라고 해석하여야 한다.[6]

III. 허락의 방법

1. 본조의 규정상 법정대리인이 미성년자에 재산의 처분을 허락하는 경우 반드시 '범위를 정하여' 하도록 규정하고 있는데, 그 '범위'의 의미에 관하여는 견해의 대립이 있다. 이는 법정대리인이 목적을 정하여 처분을 허락한 사안에서, 나중에 법정대리인은 처분목적이 허락과 다르다는 이유로 취소를 주장할 수 있는지에 관한 문제이다.

소수설은 처분의 범위를 정하는 방법에는 ① 사용목적(使用目的)을 정하는 경우(예컨대, 등록금, 여비 등)와 ② 사용목적을 정하지 않고 다만 처분할 재산의 범위만을 정하는 두 가지가 있을 수 있는바, ①의 경우에는 그 사용목적의 범위 안에서만 처분할 수 있고, ②의 경우에는 임의로 그 목적과 상관없이 자유로이 처분할 수 있다고 한다.[7] 반면에, 다수설은 처분을 허락한 재산에 비록 사용목적이 정해져 있는 경우라 할지라도 그 목적과는 상관없이 임의로 처분할 수 있다고

---

5) 양창수·김재형 621.
6) 강태성, 137; 고상룡, 124; 곽윤직·김재형, 116; 김민중, 130; 송덕수, 162; 이영준, 870; 구주해(1), 283(양삼승); 주석 총칙(1), 300(제5판/신숙희).
7) 김상용, 154.

한다.[8]

비교법적으로 살펴보면, 독민 § 110이나 일민 § 5 Ⅲ의 경우에는 법정대
리인이 목적을 정하여 처분을 허락한 ①의 경우와 목적을 정하지 아니한 ②의
경우를 구분하여 규정하고 있다. 그러나 우리 민법 제정을 위한 심의과정에서
부터 거래의 안전을 위하여 종래 의용민법에 규정되어 있던 '목적'이라는 주관
적 요소를 의도적으로 배제한 것으로 볼 수 있고,[9] 위와 같은 경위로 제정된
민법에서 처음부터 위와 같은 유형별 구분을 하지 않은 것이므로,[10] 목적에 의
한 차이를 인정하기는 어렵다. 다수설이 타당하다고 본다.

다수설에 의하면, 예컨대, 법정대리인이 생활비에 사용하라는 목적을 정하
여 미성년자에게 처분을 허락한 재산을 유흥비에 탕진해 버렸다고 하더라도,
그 법정대리인은 나중에 목적에 반하는 처분행위라는 이유로 이를 취소할 수
없게 된다.

2. 우리 민법은 '범위를 정하여' 처분을 허락하도록 규정하고 있고, 그 입
법취지가 제한능력자 보호라는 제도의 근본목적에서 비롯되는 것인 만큼, 위
제도의 근본목적에 반할 정도로 '포괄적으로' 처분을 허락하는 것은 허용될 수
없다. 예컨대, 미성년자에게 전(全) 재산의 처분을 허락하는 것은 허용되지 아
니한다.[11]

3. 처분허락은 명시적 또는 묵시적으로 할 수 있다. 묵시적 처분허락이 있
다고 볼 수 있는지 여부를 판단하는 기준에 관하여, 판례는 미성년자의 연령·
지능·직업·경력, 법정대리인과의 동거 여부, 독자적인 소득의 유무와 그 금
액, 경제활동 여부, 계약의 성질·체결경위·내용, 기타 제반 사정을 종합적으
로 고려하여야 한다고 판시하고 있다.[12]

---

8) 강태성, 138; 고상룡, 124; 곽윤직·김재형, 116; 김민중, 132; 김주수·김상용, 114; 김
   증한·김학동, 132; 송덕수, 162; 백태승, 148; 양창수·김재형, 621; 이영준, 869; 이은영,
   171; 지원림(주 1), 77; 구주해(1), 284(양삼승); 주석 총칙(1), 301(제5판/신숙희) 등.
9) 민의원 법제사법위원회 민법안심의소위원회, 민법안심의록(상권), 1957. 8.
10) 동지, 김준호, 77; 지원림(주 1), 77 참조.
11) 고상룡, 124; 곽윤직·김재형, 116; 김민중, 132; 김주수·김상용, 114; 김준호, 77; 김
    증한·김학동, 132; 송덕수, 162; 백태승, 148; 양창수·김재형, 621; 이영준, 870; 이은영,
    170; 지원림(주 1), 76; 구법주해(1), 284(양삼승); 주석 총칙(1), 301(제5판/신숙희) 등.
12) 대판 07.11.16, 2005다71659, 71666, 71673 참조. 위 판례는 미성년자가 19세 2개월
    내지 4개월에 이르는 나이였고, 경제활동을 통해 월 60만 원 이상의 소득을 얻고 있었으
    며, 문제된 신용구매계약은 대부분 식료품·의류·화장품·문구 등 비교적 소규모의 일상적
    인 거래행위인 사안에서, 미성년자가 당시 스스로 얻고 있던 소득에 대하여는 법정대리인
    의 묵시적 처분허락이 있었다고 보아야 한다고 판단하였다.

4. 앞에서 본 바와 같이 본조와 §5의 관계에 관한 견해의 대립에 따라 본조의 '허락'과 §5 본문의 '동의'의 법적 성격을 동일하게 볼 것인지 여부에 대하여 견해의 대립이 가능하다. 다만, 이러한 견해의 대립과 관계없이, 본조의 '허락'은 사전에 하여야 하고, 이는 미성년자 본인 또는 그 상대방에 대해서 할 수 있으며, 이러한 허락은 미성년자가 이에 따라 현실적으로 행위를 하기 이전에는 이를 철회할 수 있다고 보아야 한다.[13]

Ⅳ. 허락의 효과

1. 본조의 '허락'과 §5 본문의 '동의'의 법적 성격이 같다고 보는 입장을 토대로 하면, 본조는 법정대리인의 동의가 추정되는 것으로 보아야 하는 경우를 주의적으로 규정한 것이고, 미성년자의 행위능력을 예외적으로 확장해서 인정한 경우는 아니다.[14]

한편, 본조의 처분의 허락에 의하여 미성년자는 법정대리인의 동의 없이 독자적으로 법률행위를 할 수 있는 것을 뿐이고, 더 나아가 법정대리인의 대리권이 소멸되는 것은 아니다. 이 점에서 법정대리인이 §8에 따라서 미성년자에 대하여 영업을 허락한 경우와는 근본적으로 다르다.[15]

2. 법정대리인이 처분의 허락을 하였다는 사정만으로 미성년자에게 소송능력이 인정되는 것도 아니다. 소송의 복잡성과 기술성 등에 비추어 보면, 소송능력을 인정하는 것은 오히려 미성년자 보호에 불리하게 될 것이기 때문이다.[16]

3. 허락된 재산으로 다시 취득한 재산을 또다시 처분하는 경우에 다시 법정대리인의 동의를 얻을 필요가 있는지 여부가 문제가 될 수 있다. 이는 법정대리인이 미성년자에게 최초로 처분을 허락하는 행위에 관한 의사표시의 해석 문제로 볼 수 있다.

원칙적으로 최초의 처분의 허락이 이로 인한 대체물의 처분을 특별히 금지하는 것이라고 해석되지 아니하는 이상, 다시 허락을 필요로 하지는 않는다

---

13) 동지, 구주해(1), 284(양삼승); 주석 총칙(1), 300(제5판/신숙희) 등.
14) 구주해(1), 284(양삼승).
15) 동지, 김민중, 132; 구주해(1), 284(양삼승); 주석 총칙(1), 301(제5판/신숙희).
16) 동지, 김민중, 132; 구주해(1), 284(양삼승); 주석 총칙(1), 301(제5판/신숙희).

고 해석할 수 있다고 본다. 예컨대, 미성년자가 처분이 허락된 재산, 즉 용돈
으로 어떤 책을 구입하였다가 이를 다시 처분하여 얻은 돈은 이를 미성년자가
자유로이 사용할 수 있다고 보아야 할 것이다. 그러나 예외적으로 그 대체물의
가격이 처분이 허락된 재산의 가격을 현저히 초과하는 경우, 예를 들면 미성
년자가 용돈으로 복권을 구입하였는데 그 복권이 당첨되어 사회통념에 비추어
볼 때 거액의 당첨금을 받게 된 경우에는, 그 당첨금의 처분에는 법정대리인의
허락이 필요하다고 볼 수 있다.[17]

4. 처분의 허락과 범위를 달리한 처분에 대하여는 표현대리의 성립을 인
정할 것인지 여부에 관하여 긍정설이 제기될 수도 있지만, 긍정설을 취하면 선
의·무과실의 상대방은 보호될 수 있지만 미성년자의 보호가 약화된다는 점
등을 강조하는 부정설이 제기될 수도 있다.

우리 민법상 제한능력자 제도 자체가 거래의 안전보다는 제한능력자를 우
선적으로 보호하는 것을 근본 목적으로 하고 있으므로, 부정설의 입장이 타당
하다고 본다.[18]

V. 증명책임

본조의 증명책임, 즉 미성년자가 처분에 관하여 범위를 정하여 법정대리인
의 허락을 받았다는 사실에 관한 증명책임은 미성년자의 처분행위가 유효하다
고 주장하는 사람에게 있다.[19]

[김 시 철]

---

17) 동지, 김준호, 78; 백태승, 148-149; 구주해(1), 285(양삼승); 주석 총칙(1), 301
(제5판/신숙희).
18) 동지, 구주해(1), 285(양삼승); 주석 총칙(1), 301(제5판/신숙희); 윤진수, "친족회의 동
의를 얻지 않은 후견인의 법률행위에 대한 표현대리의 성립 여부", 민학 19, 2001, 138-
168.
19) 동지, 김준호, 78; 구주해(1), 286(양삼승); 주석 총칙(1), 302(제5판/신숙희).

第 7 條(同意와 許諾의 取消)

　　法定代理人은 未成年者가 아직 法律行爲를 하기 前에는 前2
　　條의 同意와 許諾을 取消할 수 있다.

Ⅰ. 본조의 입법취지와 취소의 성격

1. 입법취지

　법정대리인이 미성년자에 대하여 한 §5의 동의(同意)나 일정 범위의 재산
처분에 대한 §6의 허락(許諾)은 원래 미성년자의 보호를 목적으로 하는 것이
다. 따라서 미성년자의 이익을 보호하기 위하여 법정대리인이 한번 준 동의나
허락을 취소할 필요가 있다고 생각하는 경우, 거기에 하자가 있는지 여부와 관
계없이 항상 이를 취소할 수 있도록 한 것이다.

2. 취소의 성격

　본조의 취소는 그 하자의 유무와는 무관하게 미성년자가 법률행위를 하기
이전에 그 법률행위를 장래에 하지 못하도록 조치하는 것을 목적으로 하는 것
일 뿐이고, 처음부터 그러한 동의나 허락이 없었던 것으로 하려는 취지가 아니
다. 즉, 소급효(溯及效)가 있는 것은 아니다. 따라서 위 취소의 법적 성격은 '철
회(撤回)'에 해당한다고 보는 것이 통설이다.[1]

---

[1] 고상룡, 126; 곽윤직·김재형, 118; 김민중, 134; 김상용, 157; 김주수·김상용, 116; 김
준호, 78; 김증한·김학동, 134; 송덕수, 165; 백태승, 152; 양창수·김재형, 621; 이영준,
871; 이은영, 175; 지원림, 민법강의, 제16판, 2019, 78; 구주해(1), 286(양삼승); 주석 총
칙(1), 303(제5판/신숙희). 다만, 이에 관하여 강태성, 141은 위 취소에 소급효가 있고,
따라서 그 성격을 '철회'로 볼 수 없다는 반대 견해를 취하고 있다.

II. 취소의 방법

취소의 의사표시는 동의나 허락의 경우와 마찬가지로 미성년자 또는 그 상대방에 대하여 할 수 있다. 다만, 미성년자가 법률행위를 하기 이전에 해야 한다.

동의나 허락을 받은 법률행위의 일부만이 이미 행하여지고 나머지 일부가 아직 행하여지지 아니한 경우에 대하여 어떻게 규율할 것인지가 논란이 될 수 있는데, 남은 부분에 대해서만 취소할 수 있다고 보아야 한다.[2] 예컨대, 금전 4만원의 처분을 허락하였는데, 이 중 3만원만 처분되고 나머지 1만원은 그대로 남아 있는 경우에는, 위 1만원 부분에 대하여만 취소할 수 있는 취지이다.

III. 취소의 효과

본조의 취소의 법적 성격이 철회에 해당하는 이상, 그 취소의 효과는 장래에 향해서만 발생한다.[3] 그런데 위 취소의 의사표시를 미성년자에 대해서만 하고 그 상대방이 이를 알지 못한 경우, 이러한 취소의 효과를 제3자에게도 대항할 수 있는지가 문제될 수 있다. 법정대리인의 동의나 허락을 공시하는 방법이 없고 그 취소에 관한 공시방법도 없는 상태에서, 취소의 효과를 선의의 제3자에게 대항할 수 있다면, 거래의 안전이 위협받는 결과가 발생할 수 있기 때문이다. 즉, 이러한 경우에 관하여 권리남용(權利濫用)이나 표현대리(表見代理)의 법리 또는 미성년자의 속임수에 의한 취소권의 배제 등의 이론을 활용하여 거래의 안전을 보호할 필요가 있다는 견해 등 다양한 주장이 제기될 수 있다는 취지이다.

이에 관하여 §8 II 단서가 거래의 안전을 우선적으로 고려해야 하는 영역에 관한 것이라는 점을 고려한다면, 거래의 안전과 무관한 동의나 허락이 철회된 경우에 미성년자의 보호를 위하여 선의의 제3자에게 대항할 수 있다고 보아야 한다고 주장하는 소수설이 있다.[4]

---

2) 동지, 구주해(1), 287(양삼승); 주석 총칙(1), 303(제5판/신숙희).
3) 이에 관하여 강태성, 141은 위 취소에 소급효가 있다는 반대 견해를 취하고 있다.
4) 지원림(주 1), 78.

　　그러나 다수설은 아래에서 보는 바와 같이 §8 Ⅱ 단서가 미성년자에 대한 영업허락의 취소를 선의의 제3자에게 대항하지 못한다고 규정하고 있는 점과 균형을 맞출 필요가 있다고 보고, §8 Ⅱ 단서를 유추적용하여 위와 같은 경우에도 선의의 제3자에게 대항할 수 없다는 입장을 취하고 있다(§8 Ⅱ 단서/유추적용설).[5] 전체적인 민법체계에 비추어 볼 때 다수설이 타당하다고 생각한다.

[김 시 철]

第 8 條(營業의 許諾)

　① 未成年者가 法定代理人으로부터 許諾을 얻은 特定한 營業에 關하여는 成年者와 同一한 行爲能力이 있다.

　② 法定代理人은 前項의 許諾을 取消 또는 制限할 수 있다. 그러나 善意의 第三者에게 對抗하지 못한다.

Ⅰ. 본조의 입법취지 및 법적 성격

　　미성년자(未成年者)가 영업(營業)을 하는 경우에도 미성년자의 보호를 위한 행위능력 제도의 취지를 일관되게 관철하여 계속적·반복적으로 이루어지는

---

5) 강태성, 142; 고상룡, 126; 곽윤직·김재형, 118; 김상용, 157; 김주수·김상용, 117; 김준호, 76-78; 김증한·김학동, 135; 송덕수, 165; 백태승, 152; 양창수·김재형, 621; 이영준, 871; 이은영, 175; 구주해(1), 287(양삼승); 주석 총칙(1), 304(제5판/신숙희).

영업상 모든 거래행위에 대하여 개별적으로 법정대리인의 동의와 허락을 받게
한다면, 영업행위에 관련하여 지나치게 번잡한 결과로 발생하고, 나아가 영업
상 발생하는 개별 사정에 탄력적으로 대응하면서 신속한 의사결정을 하는 데
에 막대한 지장을 초래하게 될 것이다. 본조의 입법취지는 이러한 점을 고려하
여, 법정대리인이 미성년자에게 한번 영업을 허락하면 이로써 충분한 것으로
본다는 취지이다.

　　따라서 본조는 법정대리인으로부터 허락받은 영업에 관한 것인 이상, 그
범위에서는 미성년자에게 성년자와 마찬가지의 행위능력을 포괄적으로 인정한
다는 취지를 규정한 것이다.[1] 즉, 본조의 법적 성격은 개개의 행위에 대하여
법정대리인의 동의가 추정적 또는 묵시적으로 부여되는 경우를 예시적으로 규
정한 것이 아니고, 이러한 측면에서 §6의 경우와는 그 성격을 달리 한다.

II. 영업의 의미

　　원래 '영업(營業)'은 이익을 얻을 목적으로 동종의 행위를 반복해서 수행하
는 것을 의미한다. 동종의 행위를 계속적·반복적으로 한다는 점에서는 직업(職
業)과 같지만, 스스로의 영리를 목적으로 한다는 점에서는 직업과 구별된다.

　　여기서 영업은 이익을 목적으로 하는 이상 상업(商業)만을 의미하는 것은
아니고, 미성년자 자신이 이익추구의 주체가 되는 모든 계속적 사업을 의미하
는 것으로서, 공업(工業)이나 농업(農業)과 같은 실업(實業)은 물론이고 널리
자유업(自由業)까지도 포함되는 것으로 해석하는 것이 통설이다.[2] 그렇다고 해
서 영업이 완전히 독자적이어야 할 필요는 없고, 타인의 영업의 일부를 이루고
있어도 무방하다.

　　이와 같이 여기의 영업은 미성년자 자신이 이익추구의 주체가 되어야 하
므로, 미성년자가 타인의 종업원으로서 타인의 계산 아래 노무를 제공하는 데

---

　1) 강태성, 139; 고상룡, 125; 곽윤직·김재형, 116; 김민중, 132; 김상용, 155; 김주수·김
　　상용, 116; 김준호, 79; 김증한·김학동, 132; 송덕수, 163; 백태승, 150; 양창수·김재형,
　　621; 이영준, 870; 이은영, 171; 지원림, 민법강의, 제16판, 2019, 77; 구주해(1), 288(양
　　삼승); 주석 총칙(1), 305(제5판/신숙희).
　2) 강태성, 139; 곽윤직·김재형, 116; 김민중, 132; 김상용, 155; 김주수·김상용, 115; 김
　　준호, 79; 김증한·김학동, 132; 백태승, 150; 송덕수, 163; 이영준, 870; 이은영, 171; 지
　　원림(주 1), 77; 구주해(1), 288(양삼승); 주석 총칙(1), 305(제5판/신숙희).

에 그치는 경우는 이에 해당되지 않는다고 보는 것이 다수설이다.[3]

이에 대하여, 영업에 종사하는 미성년자와 영업에 해당하지 않는 업무에 종사하는 미성년자를 구별할 필요나 이유가 없으므로 어떠한 업무이든 이에 종사하는 미성년자에 대하여는 적어도 본조를 유추적용해야 한다는 소수설이 있다.[4]

위와 같은 소수설은 미성년자인 근로자가 법정대리인과 독립하여 생활하는 경우가 점차로 늘어나고 있는 오늘날의 생활양식의 변화에 부응하고자 하는 취지로 볼 여지가 있지만, 이러한 견해를 취하면 본조의 적용범위를 지나치게 확대하여 제한능력자 제도의 존재의의를 크게 감소하게 할 우려가 있다. 따라서 다수설이 타당하다고 본다.[5]

Ⅲ. 특정한 영업의 의미

법정대리인이 영업을 허락하는 경우 반드시 영업의 종류를 특정할 필요가 있다. 여기에서 특정한 영업이라고 하는 것은 사회통념상 하나로 파악할 수 있는 영업의 단위를 말하는 것으로서, 영업의 단위가 1개 또는 2개라는 식으로 그 종류가 특정되어 있는 영업을 의미한다.[6] 영업의 종류를 특정하지 아니한 허락, 즉 모든 종류의 영업을 하여도 좋다고 하는 허락은 미성년자를 보호하려는 행위능력 제도의 목적에 정면으로 배치되는 것이기 때문이다.

한편, 학용품의 소매를 허락하면서 물건의 가격이 10,000원을 넘는 것의 거래는 법정대리인의 동의를 필요로 한다는 방식과 같이 1개의 단위가 되는 영업 중 일부만을 허락하거나 제한할 수는 없다. 왜냐하면 이와 같은 영업 중 일부의 허락은 영업 자체에도 곤란할 뿐만 아니라 상대방에게도 불측의 손해

---

3) 강태성, 139; 곽윤직·김재형, 116; 김민중, 132; 김상용, 155; 김주수·김상용, 115; 김준호, 79; 김증한·김학동, 132; 백태승, 150; 송덕수, 163; 이은영, 171; 지원림(주 1), 77; 구주해(1), 288(양삼승); 주석 총칙(1), 306(제5판/신숙희).
4) 고상룡, 124. 이영준, 870은 법정대리인의 허락을 얻어 근로하는 미성년자에게 본조를 유추적용하는 것은 허용된다는 입장을 취하고 있다.
5) 김민중, 132; 김상용, 155; 송덕수, 163; 구주해(1), 289(양삼승); 주석 총칙(1), 306(제5판/신숙희).
6) 김주수·김상용, 115; 김준호, 79; 송덕수, 163; 구주해(1), 290(양삼승).

를 가할 우려가 있기 때문이다.[7]

Ⅳ. 허락의 방법

본조의 '허락'은 '동의'를 의미하는데, 영업을 허락하는 방법에 특별한 방식이 요구되지 아니하므로 묵시적인 허락도 허용된다.[8] 예컨대, 법정대리인이 미성년자의 영업소에서 금전을 출납하거나 그 업무를 감독한다면, 묵시적 허락으로 볼 수 있을 것이다.[9] 다만, 후견인이 미성년자의 영업을 허락하는 경우 후견감독인이 있으면 이에 대한 후견감독인의 동의를 받아야 한다($\S_{950}$).

위 허락은 공시될 필요는 없으나, 다만 허락의 대상인 영업이 상업인 경우에는 선의의 제3자에게 대항하기 위하여 상업등기라는 공시방법을 취하여야 한다($\S_{34}^{\, \text{상}\S 6,}\,_{\text{이하 등}}$).[10] 이 경우 미성년자 본인이 상§6에 따른 미성년자등기를 신청하면, 등기부에 미성년자라는 사실, 미성년자의 성명, 주민등록번호 및 주소, 영업소의 소재지, 영업의 종류에 관한 사항이 등기된다($_{\text{등규}\S 84 \text{ 등 참조}}^{\text{상등}\S 46,\S 47,\,\text{상}}$). 따라서 상업인 경우에는 제3자가 허락이 있었는지의 여부를 알 수 있으나, 상업 이외의 영업이 허락된 경우에는 이를 제3자에게 알리는 방법이 없게 된다.[11] 거래의 안전을 위하여 입법적으로 적절한 보완조치가 필요하다고 생각한다.

Ⅴ. 허락의 효과

1. 영업의 허락이 있으면, 미성년자는 그 영업에 관하여 포괄적으로 성년자와 동일한 행위능력을 가지게 된다. '영업에 관하여'라는 것은 영업을 함에

---

7) 강태성, 139; 고상룡, 125; 곽윤직·김재형, 116; 김민중, 133; 김상용, 155; 김주수·김상용, 115; 김준호, 79; 김증한·김학동, 132; 백태승, 150; 송덕수, 163; 양창수·김재형, 622; 이영준, 870; 지원림(주 1), 77; 구주해(1), 288(양삼승); 주석 총칙(1), 306(제5판/신숙희).

8) 강태성, 139; 고상룡, 125; 곽윤직·김재형, 117; 김민중, 133; 김상용, 155; 김주수·김상용, 115; 김준호, 79; 김증한·김학동, 132; 백태승, 150; 이영준, 870; 이은영, 171; 지원림(주 1), 77; 구주해(1), 290(양삼승); 주석 총칙(1), 306(제5판/신숙희).

9) 김상용, 155; 이영준, 870; 이은영, 171; 주석 총칙(1), 306(제5판/신숙희).

10) 강태성, 139; 송덕수, 164; 지원림(주 1), 77.

11) 김주수·김상용, 115; 구주해(1), 290(양삼승); 주석 총칙(1), 307(제5판/신숙희).

있어서 직접, 간접으로 필요하다고 여겨지는 일체의 행위를 포함한다. 따라서 영업 자체는 물론이고, 자금의 차입, 점포의 구입, 점원의 고용, 신문광고 등 영업의 준비행위 및 보조행위에도 미친다.[12]

2. 성년자와 동일한 행위능력을 가진다는 것은 그 범위 내에서 법정대리인의 동의를 필요로 하지 아니할 뿐만 아니라 법정대리인의 대리권도 소멸된다는 의미이다. 이 점에서 법정대리인이 허락 또는 동의를 한 경우에도 법정대리인이 스스로 미성년자의 행위를 대리해서 할 수 있는 §6의 경우와는 그 법적 성격이 다르다. 같은 맥락에서 그 영업의 범위 내에서는 개개의 행위에 대하여 법정대리인이 부동의(不同意)를 하는 것도 허용되지 않는다.[13]

3. 영업의 허락이 있게 되면 이에 관련하여 소송능력도 갖게 된다($\frac{민소}{\S55}$).[14]

VI. 증명책임

영업의 허락에 관한 증명책임은 미성년자의 행위가 허락된 영업에 관한 것이라는 것을 주장하는 사람이 부담한다는 것이 통설의 입장이다.[15] 이에 대하여는 거래의 안전을 보호해야 한다는 관점에서 영업을 하는 미성년자에게는 허락이 있는 것으로 추정하고 이를 다투는 사람이 허락이 없다는 점에 대한 증명책임을 부담해야 한다는 반대설이 제기될 수도 있으나, 법문의 규정형식 등에 비추어 볼 때, 통설이 타당하다.[16]

---

12) 강태성, 139; 고상룡, 124; 곽윤직·김재형, 117; 김민중, 133; 김상용, 155; 김주수·김상용, 116; 김준호, 79; 백태승, 150; 송덕수, 164; 양창수·김재형, 622; 이영준, 870; 이은영, 171; 지원림(주 1), 77; 구주해(1), 290(양삼승); 주석 총칙(1), 307(제5판/신숙희).

13) 동지, 구주해(1), 290-291(양삼승); 주석 총칙(1), 306-307(제5판/신숙희).

14) 동지, 구주해(1), 290-291(양삼승); 주석 총칙(1), 307(제5판/신숙희). 2016.1.8. 법률 제13952호로 민소 §55 등이 개정되었는데(2016.2.3. 공포된 개정 민소법 규정은 2017.2.4. 시행되었다), 이에 관하여는 §10에 대한 해설 부분 참조. 다만, 미성년자의 소송능력에 관한 개정 민소 §55 Ⅰ(ⅰ)의 규정내용은 종전 규정과 크게 다르지 않기 때문에, 개정 민소법의 시행이후에도 미성년자가 영업의 허락을 받으면 이에 관하여 독자적인 소송능력을 가진다는 종전 규정에 대한 해석을 그대로 유지하는 것이 타당하다고 본다.

15) 강태성, 139; 고상룡, 125; 곽윤직·김재형, 117; 김주수·김상용, 115; 백태승, 150; 이은영, 171; 지원림(주 1), 77.

16) 동지, 구주해(1), 291(양삼승); 주석 총칙(1), 307(제5판/신숙희).

Ⅶ. 영업허락의 취소와 제한

1. 의   의

법정대리인은 미성년자에 대한 영업의 허락을 취소(取消) 또는 제한(制限)할 수 있다. 이는 § 7과 마찬가지로 법적으로는 장래에 향하여 허락의 효력을 상실시키는 이른바 '철회(撤回)'의 성격을 가지는 것으로서 취소에 의하여 그 전에 한 행위는 아무런 영향도 받지 않는다.[17]

그리고 '제한'은 수개의 영업을 허락한 경우에 그 일부에 대한 허락을 철회하고 나머지에 대하여만 허락을 존속시키는 것을 의미한다. 1개의 영업의 일부에 대하여는 그 허락이 있을 수 없는 것과 마찬가지로 1개의 영업의 일부에 대해서만 제한하는 것은 허용될 수 없다.

2. 사   유

취소 또는 제한의 사유에는 아무런 제한이 없다. 일민 § 6 Ⅱ은 '미성년자가 그 영업을 감당하기 어려운 사정이 있을 때'에 한정하여 취소할 수 있도록 규정함으로써 그 취소의 사유를 제한하고 있으나, 우리 민법은 이러한 제한규정이 없으므로 미성년자가 영업을 원만히 운영하고 있는 경우에도 이를 취소할 수 있다. 즉, § 8 Ⅱ 단서는 그 취소 또는 제한으로 선의의 제3자에게 대항할 수 없다는 규정을 두고 있으므로 그 취소의 사유를 특별히 제한할 필요가 없고, 이러한 측면에서 일본과는 다른 법제도를 취하고 있다고 보아야 한다.[18]

3. 법정대리인의 영업허락 내지 그 취소 및 제한에 관한 재량권

법정대리인이 미성년자의 영업을 허락하거나 혹은 이를 취소 또는 제한하는 과정에서 그 권한을 남용해서는 안 된다. 미성년자의 재산을 관리함에 있어서 법정대리인인 친권자는 자기의 재산에 관한 행위와 동일한 주의를 하여야 하고($\S 922$), 후견인은 선량한 관리자의 주의로서 이를 하여야 할 의무가 있기 때문이다($\S 956, \S 681$ 등 참조). 따라서 예컨대, 그 영업의 허락 여부에 관한 법정대리인의 결정이나 그 취소와 제한이 오로지 미성년자에게 손해만을 주기 위한 것이라

---

17) 주석 총칙(1), 308(제5판/신숙희). 다만, 이에 관하여 강태성, 143-144은 위 취소에 소급효가 있고, 따라서 그 성격을 '철회'로 볼 수 없다는 반대 견해를 취하고 있다.

18) 구주해(1), 292(양삼승); 주석 총칙(1), 308(제5판/신숙희).

면 이는 권리남용 등에 해당될 수도 있을 것이다.

　종래 통설은 법정대리인이 §5의 동의를 할 것인지 아닌지 여부는 원칙적으로 법정대리인의 재량에 속하는 문제로서 미성년자가 법정대리인에 대하여 동의를 청구할 권리를 가지는 것은 아니라는 입장을 취하였다(이에 관하여는 §5에 대한 해설 부분 참조).[19]

　그런데 2014.10.15. 개정된 §922-2, §924($^{2015.10.16.}_{시행}$) 등에 의하면, 가정법원은 미성년자 등의 청구를 토대로 하여 그 영업의 허락 여부에 관한 법정대리인의 결정이나 그 취소와 제한이 정당한지 여부 등에 대한 심리·판단할 수 있기 때문에, 이에 관하여 미성년자 등에게 법원에 대한 일정한 절차적 청구권이 인정된다고 볼 수 있다. 예컨대, 그 영업의 허락 여부에 관한 법정대리인의 결정이나 그 취소와 제한에 대하여 판단을 하는 과정에서 그 권한을 남용하여 미성년자의 복리를 현저히 해치거나 해칠 우려가 있는 경우, 가정법원은 친권자인 법정대리인에 대하여는 미성년자녀 등의 청구에 의하여 그 친권의 상실 또는 일시 정지를 선고할 수 있는 것이다($^{§}_{924}$).

　한편, 현행법의 해석상 §5의 동의에 대하여 적용되는 §922-2가 본조의 영업에 관한 허락에 대해서도 유추적용되는지에 대해서는 견해의 대립이 가능한데, 만일 긍정설을 취하는 경우 친권자의 영업허락이 필요한 행위에 대하여 친권자가 정당한 이유 없이 허락을 하지 아니함으로써 자녀의 재산에 중대한 손해가 발생할 위험이 있는 경우에는 가정법원이 자녀, 자녀의 친족, 검사 또는 지방자치단체의 장의 청구에 의하여 친권자의 허락에 갈음하는 재판을 할 수도 있을 것이다($^{§}_{922-2}$). 그리고 친권자의 경우에 비하여 상대적으로 재량권의 범위가 좁은 후견인인 법정대리인에 대하여는 가정법원이 직권으로 또는 피후견인 등의 청구에 의하여 후견인을 변경할 수 있다($^{§}_{940}$). 이 부분에 관하여는 향후 학계와 실무에서 지속적인 검토와 논의가 이루어져야 할 것으로 보인다.

4. 방　법

　친권자가 법정대리인일 때에는 위 취소 및 제한의 방법에 관하여 아무런 제한이 없으나, 후견인이 법정대리인인 경우에는 일정한 제한이 있다.[20] 즉, 친권자가 허락한 영업을 취소하거나 제한하는 경우 후견감독인이 있으면 이에

---

19) 구주해(1), 275(양삼승); 주석 총칙(1), 292(제5판/신숙희).

20) 2011.3.7. 법률 제10429호로 개정되고 2013.7.1. 시행된 개정 민법에 따른 미성년후견 사건의 실무에 관하여는 김성우, 성년후견실무, 2018, 203-235 참조.

대한 후견감독인의 동의를 받아야 한다($\S_{945}$).

5. 효   과

영업허락의 취소나 제한은 선의의 제3자, 즉 미성년자와 거래한 선의의 상대방에게 대항하지 못한다($\S_{단서}^{8\,II}$). 앞에서 설명한 바와 같이 미성년자가 허락을 얻어 상업을 하는 때에는 등기하여야 하고, 상업허락을 취소 또는 제한하는 경우에는 지체 없이 등기를 말소하거나 변경등기를 하여야 하며, 말소등기나 변경등기가 있기 전에는 선의의 제3자는 보호된다($\S_{37\,참조}^{상\,\S\,40,}$). 이와 같이 상업에 관하여는 허락을 취소 또는 제한하여도 선의의 제3자에게 불측의 손해를 주지 않으나, 상업 이외의 영업허락의 취소나 제한은 공시방법이 없으므로 제3자에게 불측의 손해를 주고 거래의 안전을 해할 수 있다. 이러한 결과를 막기 위해서 두고 있는 것이 §8 II 단서이다. 따라서 법정대리인이 영업허락을 취소 또는 제한하여도, 그 사실을 알지 못하는 제3자에게는 대항하지 못하며, 그 제3자와 미성년자와의 거래행위는 그대로 유효하다. 거래의 안전을 고려한 제도라고 할 수 있다.

6. 근로계약의 경우

근기 §67 II은 "친권자, 후견인 또는 고용노동부장관은 근로계약이 미성년자에게 불리하다고 인정되는 경우에는 이를 해지할 수 있다."라고 규정하고 있다. 이는 근로계약에 관한 특별규정이다.

VIII. 무한책임사원의 허락

미성년자가 법정대리인의 허락을 얻어 회사의 무한책임사원(無限責任社員)이 된 때에는 그 사원자격으로 인한 행위는 능력자로 본다($\S_{7}^{상}$). 따라서 일단 미성년자가 법정대리인의 허락을 얻어서 무한책임사원이 된 경우, 그 미성년자가 무한책임사원으로서 출자의무의 이행이나 지분양도 등을 하는 것에 대하여는 별도의 동의가 필요하지 않다.

[김 시 철]

제 9 조(성년후견개시의 심판)

① 가정법원은 질병, 장애, 노령, 그 밖의 사유로 인한 정신적 제약으로 사무를 처리할 능력이 지속적으로 결여된 사람에 대하여 본인, 배우자, 4촌 이내의 친족, 미성년후견인, 미성년후견감독인, 한정후견인, 한정후견감독인, 특정후견인, 특정후견감독인, 검사 또는 지방자치단체의 장의 청구에 의하여 성년후견개시의 심판을 한다.

② 가정법원은 성년후견개시의 심판을 할 때 본인의 의사를 고려하여야 한다.

Ⅰ. 본조의 개정경위 및 개정내용

1. 개정 민법상 성년후견제도의 도입 경위[1]

(1) 개정 민법 이전의 제도

2011.3.7. 법률 제10429호로 민법이 개정되기 전 우리 민법상 성년자에 관한 행위무능력 제도는 크게 금치산제도(禁治産制度)와 한정치산제도(限定治産制度)로 분류할 수 있다. 양자의 요건과 효과는 약간의 차이가 있지만, 종전 제도는 모두 사건본인의 행위능력을 포괄적·전면적으로 제한하는 특징이 있었다. 즉, 심신상실 또는 심신미약 상태에 있는 사람에 관하여 제3자인 후견인이

---

[1] 본조에 대한 해설에서 '개정 민법'이라 함은 특별한 표시가 없는 이상 2011.3.7. 법률 제10429호로 개정되고 2013.7.1. 시행된 것을 의미하는데, 개정 민법의 입법과정에 관한 상세한 내용은 법무부(민법개정자료발간팀 편), "2013년 개정민법 자료집(이하 '자료집')", 2012, 46-52; 구상엽, "개정 민법상 성년후견제도에 대한 연구", 서울대학교 대학원 박사학위논문, 2012, 4-53; 윤진수·현소혜, 2013년 개정민법 해설, 법무부, 2013, 17-23; 법원행정처, 성년후견제도 해설, 법원행정처, 2013, 3-7; 배인구, "성년후견제도에 관한 연구—시행과 관련된 이론적·실무적 쟁점을 중심으로—", 고려대학교 대학원 석사학위논문, 2013, 1-3 등 참조.

그 의사결정을 대신 하도록 하거나, 혹은 후견인의 동의를 받아야만 의사결정
을 할 수 있도록 하는 등의 방법으로 비합리적인 판단에 따른 각종의 위험으
로부터 사건본인을 보호하는 제도였다. 그러나 이는 사건본인의 의사와 장애
의 정도에 대한 세심한 고려 없이 행위능력을 획일적으로 제한하여 사회적 편
견을 일으키는 한편, 보호의 대상을 원칙적으로 재산적 법률행위로 한정함으
로써 사건본인의 복리에 관한 실질적 도움을 제공할 수 없는 등의 문제를 안
고 있었기 때문에, 그다지 활발하게 이용되지 못하였다.

(2) 종전 금치산제도 및 한정치산제도의 문제점

종전 행위무능력 제도의 문제점으로 다음과 같은 사항을 예시할 수 있다.[2]

(가) 금치산자 및 한정치산자의 행위능력을 전면적으로 제한함으로써 그
들을 보호한다는 미명 하에 오히려 그들의 자기결정권을 침해하는 결과를 발
생한다. 행위무능력자로 선고된 사람은 더 이상 자신의 의사에 따라 일상생활
을 향유할 수 없고, 행위무능력자의 법률관계 형성에 관한 주도권은 거의 전적
으로 타인(후견인)에게 넘어가게 된다.

(나) 정신장애 등을 이유로 금치산자나 한정치산자의 행위능력을 포괄적
으로 제한함으로써 그들의 잔존능력(殘存能力)[3]을 부인한다. 그런데 어떤 개인
에게 의사능력이 있는지 여부를 '전부 또는 전무(all or nothing)'의 기준에 의
하여 일률적으로 판단하기는 어렵다. 개인의 의사능력은 연령, 지능, 정신질환
의 종류와 정도 등에 따라 탄력적으로 변화하지만, 종전 제도는 이러한 가변적
성격을 고려하지 않고 일률적으로 행위능력을 부정하므로, 구체적 사정 변경
에 따른 제도의 탄력적 운영이 불가능하다.

(다) 금치산·한정치산의 선고 사실이 가족관계등록부에 기재되고, 이를
토대로 공무원법 등과 같은 관계 법령에 의해 기존의 지위가 당연히 박탈되거
나 신규 자격을 취득하는 것 자체가 금지되는 경우가 많았다. 이와 같은 '낙인
(烙印)'과 '사회로부터의 격리'는 정신장애를 가진 사람들에 대한 차별로써「유

---

2) 개정 민법 이전의 행위무능력 제도의 문제점을 지적하고 있는 문헌으로 성년후견제도
　연구회, 성년후견제도 연구, 사법연구지원재단, 2007, 19-21; 남윤봉, "고령화 사회에서의
　성년후견에 관한 연구", 법과 정책연구 8-2, 2008, 707-710; 박인환, "새로운 성년후견제
　도입을 위한 민법개정안의 검토", 가연 24-1, 2010, 34-37; 신은주, "우리나라에서 성년
　후견제도의 도입", 한국의료법학지 17-6, 2009, 34-39 등 참조. 종전 제도의 문제점과 현
　행 제도와의 비교 등에 관하여는 주석 총칙(1), 279-282, 311-312(제5판/신숙희) 참조.
3) '잔존능력'이라는 용어보다는 적극적이고 긍정적인 뜻을 나타내는 '현존능력(現存能力)'
　이라는 용어를 사용해야 한다는 견해도 있다(구상엽(주 1), 7-8).

엔장애인권리협약(The Convention on the Rights / of Persons with Disabilities)」에 위반된다는 주장도 제기되었다.

(라) 법정대리인인 후견인의 숫자를 1인으로 한정하고, 그 자격을 행위무 능력자의 근친자, 최연장자 또는 배우자 등의 순으로 엄격하게 법정하였기 때 문에, 적절한 보호를 제공할 것으로 기대할 수 없는 사람이 후견인으로 되는 경우가 적지 않았다.

(마) 후견인에 대한 감독기관으로 친족회(親族會) 제도가 있었으나, 사실상 유명무실한 경우가 많았다. 친족회가 소집된 경우라도 후견인과의 밀접한 관 계 등으로 인해 실질적인 감독기능을 수행하지 못하였기 때문이다.

(바) 종전 제도는 재산관리를 중심으로 한 것이었기 때문에, 사건본인의 신 상(身上)에 관한 보호 등과 같은 실질적 수요에 부응하지 못하는 경우가 많았다.

(3) 개정 민법의 입법과정 등

종전 제도의 문제점을 해결하기 위하여 새로운 후견제도를 도입하자는 주 장이 1990년대 이후 꾸준히 제기되었다. 사회의 고령화가 급속히 진행되면서 인지증(認知症, / 치매(癡呆)) 환자의 수가 증가하고 정신장애인의 인권에 대한 민감성이 높 아졌는데, 이로 인하여 보호가 필요한 성년자가 자신의 잔여 생애를 존엄하게 사는 것을 보장하기 위하여 그 재산행위뿐만 아니라 치료, 요양 등 복리에 관 하여 폭넓고 효율적인 보호를 제공할 수 있는 제도를 도입할 필요성이 부각되 었기 때문이다.[4]

학계에서는 새로운 제도의 도입에 관하여 '일원적 구성(一元的 構成)'[5]을 선택할 것인지 아니면 '다원적 구성(多元的 構成)'[6]을 선택할 것인지를 두고

---

4) 개정 민법의 시행 이전에 입법론으로 성년후견제도를 주장하였던 견해로는 고상룡, 153; 제철웅, "성년후견제도의 개정방향", 민학, 42, 2008, 136-138 등 참조.
5) 일원적 구성은 후견대상에 대하여 일정한 기준에 따라서 후견의 유형을 사전에 구분하 지 않고 보호를 요하는 성년자를 하나의 요건으로 한 다음, 재판부가 사안별로 구체적인 후견의 내용을 정하는 방식을 말하는데, 독일의 'Betreuung'이 이러한 구성을 채택하고 있 다. 일원적 구성의 의의와 장단점에 대해서는 구상엽(주 1), 33-34 참조. 입법론으로서 일 원적 구성을 지지한 문헌으로 엄덕수, "성년후견 법안, 그 쟁점과 입법 방향", 법무사 516, 2010, 20; 이영규, "성년후견법안의 검토 및 향후과제", 경남법학 26, 2010, 222-223 등 참조.
6) 다원적 구성은 후견대상에 대하여 일정한 기준에 따라서 여러 유형으로 구분하여 놓고 각 유형에 대해 각각의 기준을 마련하여 후견의 내용과 범위를 정하는 것인데, 프랑스와 일본이 이러한 구성을 채택하고 있다. 다원적 구성의 의의와 구체적인 내용에 대해서는 김형석, "민법개정안에 따른 성년후견법제", 가연 24-2, 2010, 113-116 참조. 입법론으 로서 다원적 구성을 지지한 문헌으로 남윤봉(주 2), 722-723; 신은주(주 2), 41; 송호열, "성년후견법제화의 기본원칙과 방향", 동아법학 33, 2003, 211; 제철웅, "성년후견제도의 개정방향", 민학, 42, 2008, 141 등 참조. 한편 다원적 구성을 지지하면서 보조 및 한정치

많은 논의가 있었고, 국회에서도 종래 금치산 및 한정치산 제도를 그대로 유지하는 것을 전제로 특별법을 통하여 정신장애인 등에 관한 성년후견제도 등을 도입하는 개정안, 기존 행위무능력 제도를 성년후견 제도로 대체하는 민법 자체에 대한 개정안 등을 심의하는 등 제도개선을 위한 노력을 계속하였다.[7]

이러한 과정을 거쳐서 국회는 2011.3.7. 민법을 개정하는 방법으로 가능한 범위 내에서 요보호성년(要保護成年)의 의사와 능력을 적극적으로 존중하면서 재산행위뿐만 아니라 치료, 요양 등 복리에 관하여 폭넓고 효율적인 보호를 제공할 수 있는 제도를 도입하였는데, 그 시행일자는 2013.7.1.이다(법률 제10429호 부칙 §1).

개정 민법을 통하여 새로 도입된 제도를 통칭하여 보통 '성년후견제도(成年後見制度)'라고 부르는데, 이는 성년후견, 한정후견, 특정후견, 임의후견 등 새로운 유형의 보호제도를 모두 포괄하는 개념이고(넓은 의미의 성년후견제도), 그 중에서 특정한 보호유형으로서 본조 내지 §11 등에 규정된 제도를 '좁은 의미의 성년후견제도'라고 정의할 수 있다.[8]

2. 넓은 의미의 성년후견제도의 주요 내용[9]

(1) 성년후견 · 한정후견 · 특정후견 제도의 도입(본조, §12, §14-2)

종전 금치산 · 한정치산제도를 폐지하고 능동적이고 적극적인 사회복지시스템인 성년후견제도를 도입하였다. 질병, 장애, 노령, 그 밖의 사유로 인한 정신적 제약으로 ① 사무를 처리할 능력이 지속적으로 결여된 경우(성년후견(成年後見)), ② 사무처리 능력이 부족한 경우(限定後見(한정후견)), ③ 일시적 후원 또는 특정한 사무에 관한 후원이 필요한 경우(특정후견(特定後見)) 등을 나누어서 이용 대상자 및 범위를 넓히고, '후견감독인'과 '지방자치단체의 장'도 후견개시 심판의 청구권자의 범위에 포함시켰다.

(2) 제한능력자의 자기결정권 존중과 능력의 확대(§9, §10, §13, §14-2, §936 §959-4)

제한능력자의 자기결정권을 최대한 보장하기 위하여 가정법원은 성년후견

산 후견의 이원체계를 택할 것을 주장하였던 견해로는 정남휘, "성인후견제도의 입법적 고찰", 법무사 506, 2009, 24 참조.

7) 개정 민법이 시행되기 이전에 국회에 제출되었던 법률 개정안의 요지 등에 관하여는 구상엽(주 1) 30-54; 윤진수 · 현소혜(주 1) 19-20 등 참조.

8) 김주수 · 김상용, 129. 김성우, 성년후견실무, 2018, 1에서는 전자를 '광의의 성년후견제도'로, 후자를 '협의의 성년후견제도'라고 부르고 있다.

9) 이에 관하여는 법원행정처(주 1), 3-7; 김성우(주 8), 1-11; 주석 총칙(1), 313(제5판/신숙희) 등 참조.

개시 심판 및 성년후견인 선임 과정에서 본인의 의사를 고려하도록 규정하였다. 또한 피성년후견인의 법률행위 중 일용품의 구입 등 일상생활에 필요한 행위나 후견개시의 심판에서 가정법원이 별도로 취소할 수 없도록 규정한 행위에 관하여 피성년후견인이 유효한 법률행위를 할 수 있도록 하였다. 피한정후견인의 법률행위는 가정법원에서 한정후견인의 동의를 받아야 하는 것으로 정한 행위의 범위에 포함되지 않는 이상 유효한 것으로 인정되고, 한정후견인에게 대리권을 부여하는 가정법원의 심판을 통하여 개별적으로 대리권의 범위를 정하도록 하는 등 피한정후견인의 잔존능력을 고려하여 대리권 내지 동의권을 부여하고 있다. 피특정후견인의 법률행위에 대해서는 어떠한 법적 제약도 가해지지 않는다.

(3) 후견을 받는 사람의 복리, 치료행위, 주거의 자유 등에 관한 신상보호 규정의 도입(§ 947, § 947-2, § 959-6)

피후견인의 복리에 대한 후견인의 폭넓은 조력이 가능하도록 하되, 피후견인의 신상(身上)에 관한 결정권은 피후견인 본인에게 있다는 원칙과 후견인이 임무 수행 시 피후견인의 의사를 존중할 의무를 명시하는 등 피후견인의 복리를 실질적으로 보장할 수 있도록 하였다.

(4) 복수(複數)·법인(法人) 후견인 제도 도입 및 동의권·대리권의 범위에 대한 개별적 결정(§ 930, § 938, § 959-4 § 959-11)

종래 후견인에 관한 법정 순위를 폐지하고, 복수(複數)의 후견인·법인(法人) 후견인의 선임을 허용하면서, 가정법원이 피후견인의 의사 등을 고려하여 후견인과 그 대리권·동의권의 범위 등을 개별적으로 결정하고, 제반사정을 종합적으로 고려하여 가장 적절한 성년후견인을 선임하도록 하였다.

(5) 신상보호의 개념 도입(§ 947-2, § 959-5 Ⅱ)

후견인이 피후견인의 재산뿐만 아니라 신상(身上) 역시 보호할 의무를 규정하였다. 개정 민법에 이에 관한 구체적인 개념정의는 없지만, 후견인이 비재산적·비법률행위 영역까지 후견의 대상을 확대할 수 있도록 위 용어를 사용한 것으로 볼 수 있다. 따라서 일단 '신상'이란 재산관리의 대상과 대비되는 영역으로서 피후견인의 프라이버시와 자기결정권이 중요시되는 신체적, 정신적 복리에 관한 사항이라고 할 수 있다.

(6) 후견감독인제도의 도입(§ 940-2 내지 § 940-7, § 959-5, § 959-10)

종래 실질적인 감독기능을 수행하지 못한다는 비판을 받아왔던 친족회를 폐지하고 그 대신 가정법원이 사안에 따라 후견감독인(後見監督人)을 개별적으로 선임할 수 있도록 함으로써 후견인의 임무 해태, 권한 남용에 대한 실질적인 견제가 가능하도록 하였다.

(7) 후견계약제도의 도입($^{§\,959-14\ 내}_{지\ §\,959-20}$)

후견을 받으려는 사람이 사무를 처리할 능력이 부족한 상황에 있거나 부족하게 될 상황에 대비하여 재산관리 및 신상보호에 관한 사무의 전부 또는 일부를 자신이 원하는 후견인에게 위탁하는 내용의 계약을 체결할 수 있도록 하는 한편, 후견계약(後見契約)은 공정증서에 의하여 체결하도록 하고, 그 효력 발생 시기를 '가정법원의 임의후견감독인 선임 시'로 규정하는 등 피후견인의 권익을 보호할 수 있는 제도적 장치를 마련하였다.

(8) 제3자 보호를 위하여 성년후견 등에 관한 사항을 등기를 통하여 공 시($^{§\,959-15,\ §\,959-}_{19,\ §\,959-20}$)

거래의 안전을 보호하고 피성년후견인 등과 거래하는 상대방인 제3자를 보호하기 위하여 성년후견, 한정후견, 특정후견 및 후견계약에 관한 사항을 등기하여 공시하도록 하였다. 종전 금치산·한정치산의 경우, 그 선고 사실을 전반적·망라적인 신분관계를 증명하는 일반적인 공문서인 가족관계등록부에 기재하도록 규정되어 있었는데, 개정 민법은 성년후견 등에 관한 사항만을 한정적으로 등재하는 후견등기부에 이를 별도로 기재하도록 규정하였다는 점에서 피후견인에 관한 사생활의 보호와 낙인효과(烙印效果)의 억제를 위한 제도적 보완을 하였다고 볼 수 있다.[10] 이에 관하여 후견등기에 관한 법률($^{법률\ 제}_{11732호}$)이 제정되어 2013.7.1. 시행되었다.

3. 넓은 의미의 성년후견제도의 이념[11]

(1) 넓은 의미의 성년후견제도는 '본인의 의사와 잔존능력의 존중'을 기본 이념으로 하고 있다. '본인의 의사 존중'이란 피후견인이 후견의 일방적인 객체로서가 아니라 존엄한 인격체로서 주체적으로 후견제도를 이용하고 자신의 삶을 영위해 나갈 수 있도록 하여야 한다는 것을 의미한다. 그리고 '잔존능력

---

10) 신은주(주 2), 42-43 참조.
11) 법원행정처(주 1), 6-7. 프랑스, 영국, 미국 독일, 일본 등 외국 성년후견제도의 이념에 관한 보다 자세한 내용은 구상엽(주 1), 8; 배인구(주 1), 4-6; 송호열(주 6), 185-210; 김성우(주 8), 3-4; 이현곤, 성년후견제도의 이해와 활용, 고시계사, 2018, 22-25; 주석 총칙(1), 278-282(제5판/신숙희) 참조.

의 존중'이란 현재 본인이 보유하고 있는 정신적 능력을 최대한 존중하고 활용할 수 있는 방향으로 후견제도가 운영되어야 한다는 것이다. 이는 우리나라가 2008년에 가입한 UN장애인권리협약 제12조가 정한 '장애인의 법적 능력 향유에 있어서의 차별금지'와 기본적으로 그 맥락을 같이 한다.

(2) 종전의 행위무능력자 제도와 대비하여 볼 때, 필요성(必要性)의 원칙, 보충성(補充性)의 원칙, 보편성($^{普遍性,}_{normalization}$)의 원칙 등이 성년후견제도의 기초이념이 된다고 보는 견해가 일반적이다.

(가) 필요성의 원칙은 피후견인의 필요에 의하여 후견이 행해져야 한다는 원칙이다. 따라서 피후견인이 필요로 하는 이상으로 후견인이 간섭해서는 안 되고, 피후견인의 가족 등 주변인의 필요에 의해 후견이 이용되어서도 안 된다.[12]

(나) 보충성의 원칙은 피후견인의 사적 자치를 존중하는 것으로서, 법정후견 보다는 임의후견이, 의사결정대행($^{substituted}_{decision-making}$) 보다는 의사결정지원($^{supported}_{decision-making}$)이 우선적으로 활용되어야 한다는 원칙이다.[13]

(다) 보편성의 원칙(이를 '정상화의 원칙'이라고도 한다)[14]은 피후견인이 자신이 속한 사회의 다른 구성원들과 대등하고 조화롭게 살 수 있도록 도와야 하고, 함부로 격리하거나 배제해서는 안 한다는 원칙을 말한다.[15]

(3) 개정 민법은 위 3가지 원칙들에 대한 일반규정을 따로 두고 있지는 않으나, 여러 개별규정에서 이러한 원칙들이 반영되었음을 확인할 수 있다. 예컨대, 가정법원이 피후견인의 재산이나 신상에 관한 후견인의 권한을 필요한 범위 내에서 결정하도록 하고, 임의후견이 개시될 경우 종전의 법정후견을 종료하도록 하며, 후견계약이 등기되어 있는 경우에는 본인의 이익을 위하여 특별히 필요할 때에만 법정후견이 개시될 수 있도록 한 것 등은 필요성의 원칙

---

12) 프민 §428 Ⅱ에서 개인의 능력이 부족한 정도에 비례하여 개별적으로 보호조치를 하도록 한 것이나, 독민 §1896 Ⅱ에서 후견이 필요한 임무에 한해 성년후견인이 선임될 수 있도록 한 것은 필요성의 원칙을 나타낸 것이다.

13) 프민 §428 Ⅰ에서 성년자에 대한 재판상 보호조치는 임의대리, 장래보호위임계약 등 본인이 주도적으로 이용할 수 있는 수단에 의한 보호가 충분하지 않은 경우에만 이용할 수 있도록 한 것이나, 독민 §1896 Ⅱ에서 법정대리인이 아닌 사람이 성년후견인과 마찬가지로 사무를 처리할 수 있는 경우에는 성년후견이 필요하지 않다고 규정한 것은 보충성의 원칙을 나타낸 것이다.

14) Normalization(보편성의 원칙 또는 정상화의 원칙)은 덴마크의 지적 장애자 부모들의 운동에서 제창되어 온 것으로 장애인들을 특별한 그룹으로서 사회에서 격리하는 것이 아니라 사회의 일환으로 생활할 수 있도록 하자는 이념이다(이주형, "성년후견제도", 민족법학논집 4, 민족법학연구소 법학연구회, 2003, 234).

15) 구상엽(주 1), 8-9; 박인환(주 2), 36 등 참조.

내지 보충성의 원칙이 반영된 것이다($\S$938, $\S$959-4, $\S$959-20 등 참조). 그리고 피후견인이 후견 개시 후에도 종래의 생활을 유지하면서 계속 사회의 일원으로서 살아갈 수 있기 위해서는 그를 위한 재산관리에 관한 규율뿐만 아니라 신상감호에 관한 적절하게 규율이 필요한데, 개정 민법은 법정후견이 개시된 경우 신상보호에 관한 다수의 조문을 별도로 마련함으로써 보편성의 원리를 실현하였다($\S$947-2, $\S$959-5 II 등 참조).

(4) 위 3가지 원칙들은 모두 본인(피후견인)의 의사를 존중하고 잔존능력을 활용함으로써 그의 복리를 극대화하는 것을 지향하고 있다. 여기서 복리에 대한 판단기준으로 산술적 가치보다는 본인의 주관적 가치관과 행복이 우선되어야 한다. 또한 후견의 필요성과 보충성 등을 판단할 때에는 법률상 조력이라는 관점이 강조되어야 한다. 따라서 후견인 없이도 스스로 처리할 수 있는 사무영역이 존재하고 그로써 본인의 생활을 영위하는 데 큰 문제가 없거나, 친족 등에 의하여 충분한 보호를 받고 있다면 후견제도를 이용할 필요가 없지만, 정신적 장애가 있는 사람을 돌봐 줄 친족이 없거나 친족들 사이에서 그 재산관리나 신상보호에 대하여 다툼이 있는 경우, 주변인이 어느 정도의 도움은 줄 수 있지만 피후견인의 복리를 최적화하기 위하여 후견인의 체계적이고 적절한 지원과 보호가 필요한 경우 등에는 후견제도가 활용될 필요가 있다.[16]

4. 성년후견제도의 체계[17]

개정 민법상 후견은 크게 미성년후견과 성년후견으로 분류할 수 있는데, 미성년자에 대해서는 여전히 포괄적인 보호와 교양이 필요하므로($\S$913), 친권자가 더 이상 미성년자를 위해 친권을 행사할 수 없는 경우에 비로소 미성년후견이 개시되도록 하였다. 반면에 성년후견의 경우 자기결정권 존중의 이념 하에 필요성·보충성·보편성의 원리에 따라 후견의 종류를 다원화하는 한편, 그 내용 역시 탄력적으로 구성하였다.

넓은 의미의 성년후견 중 성년후견, 한정후견, 특정후견은 법원의 선고를 요하는 법정후견인 반면, 후견계약은 본인의 의사에 따라 체결되는 임의후견이다. 법정후견은 원칙적으로 임의후견이 존재하지 않는 경우에만 개시될 수 있도록 함으로써 보충성의 원리를 실현하고, 자기결정권을 최대한 보장하였다($\S$959-20).

한편, 종전의 금치산·한정치산 제도와의 연속성 및 법원의 심리부담 등을

---

16) 김성우(주 8), 14; 이현곤(주 11), 25.
17) 윤진수·현소혜(주 1), 22-23.

고려하여 개정 민법은 '다원적 구성'을 토대로 하여 성년후견제도를 설계하였다. 그 결과 법정후견은 본인의 사무처리 능력과 후견인에 의한 개입의 필요성의 정도에 따라 성년후견, 한정후견, 특정후견으로 나누어진다.

성년후견은 일반적으로 지속적 보호필요성이 있는 피성년후견인의 행위능력을 제한하면서 성년후견인에게 포괄적 재산관리와 대리권을 부여하지만, 가정법원이 필요한 한도 내에서 피성년후견인이 단독으로 할 수 있는 법률행위의 범위를 정할 수 있도록 허용함으로써 탄력적 운용이 가능하도록 하였다. 한정후견은 가장 탄력적인 보호유형으로서, 가정법원은 한정후견인의 동의를 받아야 하는 행위의 범위를 결정할 수도 있고 일정한 유형의 사무에 관한 포괄적 대리권을 한정후견인에게 부여할 수도 있다. 즉, 한정후견은 위와 같이 한정후견인의 동의를 받아야 하는 행위의 범위를 결정하거나 포괄적 대리권의 대상이 되는 사무유형을 확장 또는 축소함으로써 성년후견과 특정후견의 양극단의 보호 조치를 모두 포괄할 여지도 있다. 한편, 특정후견은 일시적 후원 혹은 특정사무에 대한 보호조치가 필요한 경우에 그에 맞는 개별적 조치를 취할 수 있도록 하였다.

결국 개정 민법은 종전 행위무능력자제도와의 제도적 연속성을 고려하여, 형식적으로는 범주적 유형적 보호제도($^{다원적}_{구성}$)를 취하면서도, 실질적으로는 각 유형을 매우 탄력적인 것으로 규정함으로써 그 보호의 연속성을 유지할 수 있도록 설계되었다고 볼 수 있다. 이로써 범주적 유형적 보호에 수반되는 획일적 보호의 문제점을 제거하고 요보호성년자의 개별 구체적 사정에 따라 필요최소한의 최적의 개입과 보호를 제공함으로써, 그의 잔존능력의 활용과 자기결정을 존중하고자 하는 일원적 구성의 장점을 아울러 지향하고 있는 것으로 평가할 수 있다. 이러한 특징은 제도적 연속성과 필요최소한의 최적의 개입을 요구하는 새로운 성년 후견제도의 이상 사이의 타협점이자, 비교법적으로는 다원적 구성과 일원적 구성 사이의 절충적 형태라고 할 수 있다.[18)19)]

---

18) 박인환(주 2), 41-42. 이 견해의 경우, 구체적인 제도의 상세 규정에 관하여 일민의 법정후견(후견, 보좌, 보조)과 특별법의 내용이 상당 부분 참고가 되었음을 알 수 있기 때문에, 향후 제도의 시행과정 및 구체적인 규정의 해석 적용에 있어서는 일본 사회의 경험과 일본법의 해석론으로부터 상당한 시사를 얻을 수 있을 것이라는 취지로 주장한다.

19) 개정 민법상 성년후견제도의 체계에 관하여 그 본질은 '일원적 구성'과 유사하고, 전반적으로 필요한 한도 내에서 후견이 개시된다고 하는 필요성의 원리가 실현되고 있다는 견해로는 윤진수·현소혜(주 1), 23 참조. 현행 성년후견제도의 문제점 등에 대한 지적 및 비판에 관하여는 김성우(주 8), 4-6; 서울대 산학협력단(이동진, 김수정), "임의후견제도

5. 경과규정

개정 민법의 시행일은 2013.7.1.이고($\frac{부칙}{\S 1}$), 그 당시에 이미 금치산 또는 한정치산의 선고를 받은 사람에 대하여는 종전의 규정을 적용한다($\frac{부칙}{\S 2 \text{ I}}$). 그런데 부칙 §2 I의 금치산자 또는 한정치산자에 대하여 개정 민법에 따라 성년후견, 한정후견, 특정후견이 개시되거나 임의후견감독인이 선임된 경우 또는 개정 민법의 시행일인 2013.7.1.부터 5년이 경과한 때에는 그 금치산 또는 한정치산의 선고는 장래를 향하여 그 효력을 잃는다($\frac{부칙}{\S 2 \text{ II}}$). 그러므로 2018.6.30.까지는 종전 금치산·한정치산제도의 효력이 일정한 범위 내에서 유지되었지만, 2018.7.1. 이후에는 종전 제도의 효력이 더 이상 인정되지 않고, 후견사무의 존속이 필요한 경우 새로이 성년후견청구 등을 해야 한다.

한편, 2013.7.1. 당시 다른 법령에서 '금치산' 또는 '한정치산'을 인용한 경우에는 성년후견 또는 한정후견을 받는 사람에 대하여 부칙 §2 II에 따른 5년의 기간에 한정하여 '성년후견' 또는 '한정후견'을 인용한 것으로 본다($\frac{부칙}{\S 3}$). 입법론으로는 '금치산' 또는 '한정치산'의 용어를 사용한 상법 등 관련 법률이 조속히 개정되는 것이 바람직한데(이에 관한 개정 민소법 규정은 2017.2.4. 시행되었고, 개정 상법 §542-8 II (i)은 2018.12.19. 시행되었는데, 가사사건에 관한 소송능력 및 비송능력에 관한 정부의 가사소송법 개정안은 2018.3.2. 국회에 제출된 적이 있다. 이에 관하여는 아래 §10에 대한 해설 참조), 이러한 법률개정이 지연되는 경우 부득이 해당 조문에 대한 해석 또는 유추적용을 통하여 입법의 흠결을 보충해야 한다.

II. 입 법 례

1. 의용민법(依用民法)[20]

(1) 우리 민법이 1958.2.22. 제정되어 1960.1.1. 시행되기 이전에는 일본 민법 규정을 의용(依用)하였는데, 이러한 의용민법에는 성년에 관한 행위능력 제한에 관하여 금치산제도(禁治産制度, 의용민 법 §7 내지 §10 참조)와 준금치산제도(準禁治産制度, 의용민 법 §11 내지 §13 참조)를 규정하고 있었다.

(2) 의용민법의 규정을 2011.3.7. 개정 전의 민법 규정을 비교하여 보면,

발전방안에 관한 연구", 법원행정처, 2017, 177-191 참조.
20) 의용민법의 내용에 관하여는 구주해(1), 295(양삼승); 주석 총칙(1), 325-326(제4판/김상호).

금치산제도의 경우 양자 사이에 약간의 차이가 있기는 하지만, 대체로 유사한 내용을 규정하고 있다는 점을 알 수 있다.

(3) 반면에 개정 전 민법상 한정치산제도와 의용민법상 준금치산자제도를 비교하여 보면, 양자 사이에는 선고의 요건·행위능력의 범위 등에 관하여 상당한 차이가 있다. 우선 의용민법상의 준금치산제도는 심신박약자(心神薄弱者)·농자(聾者)·아자(啞者)·맹자(盲者)·낭비자(浪費者) 중 어느 하나에 해당할 때에 준금치산 선고를 할 수 있었는데 비하여, 한정치산제도의 경우 그 중 농자·아자·맹자를 그 대상에서 제외하면서, 심신박약자와 낭비자에 한정하여 한정치산선고를 할 수 있도록 하고 있다. 한편, 한정치산자는 미성년자와 같은 능력을 갖는 것으로 규정되어 있는 반면에, 준금치산자는 중요한 일정의 재산상의 행위에 관하여서만 보호기관인 보좌인(保佐人)의 동의를 필요하는 것으로 되어 있어, 미성년자의 경우보다 상대적으로 넓은 행위능력을 가지는 것이었다($\frac{의용민}{법 \S 12}$).

2. 프 랑 스[21]

프랑스는 1968년에 민법상 금치산·준금치산제도 대신 새로운 성년후견제도를 도입하였다. 구체적으로는 기존의 금치산(interdiction), 준금치산(quasi-interdiction) 제도를 후견(tutelle), 부조(curatelle) 제도로 개선하고, 사법보우($\frac{司法保佑,}{sauvegarde\ de\ justice}$)를 도입하였는데, 다른 서구 국가들이 1980년대 이후부터 비로소 성년후견제도를 본격적으로 제도화한 것에 비교하면 선도적 입법이라고 할 수 있다. 1968년 입법의 특징은 가족의 역할이 축소되고 후견법원 및 의사의 역할이 강화된 것이다. 그러나 인구 고령화 현상이 더욱 심화되면서 성년후견제도를 필요로 하는 사람은 급증하는 반면 후견법관 등 전문인력은 부족하다는 문제점과 본인이 사전에 실질적으로 필요한 보호조치를 마련할 수 있는 후견위임계약을 도입할 필요가 있다는 지적이 제기되어 왔다.

그래서 2007년에는 민법전의 "성년 및 법률에 의하여 보호되는 성년자($\frac{De}{la}$ $\frac{majorité\ et\ des\ majeurs}{protégés\ par\ la\ loi}$)" 관련 규정이 대폭 정비되었다. 2007년 개정법에서는 성년후견의 기본틀인 후견, 부조, 사법보우의 형태는 그대로 유지하면서 필요성,

---

21) 이하, 프랑스, 영국, 미국, 독일, 일본의 입법례와 유엔장애인권리협약의 상세한 내용 등에 관하여는 구상엽(주 1), 20-27; 배인구(주 1), 6-13, 서울대 산학협력단(주 19), 13-14, 77-174 등 참조.

보충성, 비례성의 원칙을 강조하였다. 즉, 낭비(prodigalité), 게으름(oisiveté) 등을 보호조치의 개시 사유에서 배제하였고, 장래보호위임계약 등에 의해서 보호가 불충분할 경우에만 강제성이 강한 보호조치를 선고할 수 있도록 하였으며, 피후견인의 능력이 부족한 정도에 따라 보호의 방식과 내용을 개별적으로는 정하도록 규정했다. 피보호자가 원칙적으로 자신의 신상에 관한 사항을 단독으로 정하도록 하고 장래보호위임계약을 신설하는 등 피보호자의 신상(personne)에 대한 보호도 강화하였다. 또한 후견관리인 등 전문적으로 후견업무를 담당하는 직업인의 자격과 요건을 통일적으로 규율하기 위하여 성년보호사법수임인($\binom{\text{mandataire judiciaire à}}{\text{la protection des majeurs}}$)으로 단일화하면서 그 자격 요건을 특별법으로 정하였으며, 검사에게도 후견법관처럼 보호조치에 대한 일반적인 감독권한을 부여하는 등 후견과 관련된 주체들의 전문성을 제고하고자 하였다.

3. 영   국

영국은 1983년 법정후견에 해당하는 정신보건법($\binom{\text{The Mental}}{\text{Health Act}}$)을 제정하였으나, 탄력성이 없는 경직된 후견이라는 문제를 해결하기 위해서 1985년에 지속적 대리권법($\binom{\text{The Enduring Power of}}{\text{Attorney Act, 이하 'EPA'}}$)을 제정하였다. 기존의 대리인제도는 본인이 무능력자가 되면 대리권도 소멸하였으나, EPA에 의하면 본인의 판단능력이 소멸되더라도 대리인이 활동할 수 있도록 한 것인데, 이러한 지속적 대리권의 수여는 서면에 의하여야 한다. 그런데 EPA의 경우 재산관리만 보호영역으로 할 수 있어 신상보호에 대한 필요성이 계속 제기되었고, 법원의 감독기능이 제대로 작용하지 않는다는 문제점이 지적되어 왔다. 이를 해결하기 위하여 법률위원회($\binom{\text{Law}}{\text{Commission}}$)의 장기적인 검토를 거쳐 2005년에 정신능력법($\binom{\text{The Mental}}{\text{Capacity Act}}$)이 제정되었다. 이러한 입법을 통하여 영국에서는 법원이 재산관리뿐만 아니라 신상보호까지 포괄하는 특정명령을 할 수 있게 되었고, 필요한 경우 대리권의 범위를 정하여 법정대리인(deputy)를 선임할 수 있는 등 새로운 제도를 도입한 영속적 대리권제도($\binom{\text{The Lasting}}{\text{Powers of Attoney}}$)를 창설하였다.

4. 미   국

미국에서는 후견제도의 뿌리를 이른바 '국친관할권($\binom{\text{國親管轄權,}}{\text{parens patriae}}$)'에서 찾을 수 있다. 국친관할주의에 의하여 미국의 주(state)는 강력한 후견적 역할을 할 수 있는 근거를 가지게 되었고 그 결과 후견인을 임명하는 것도 주의 검인법원($\substack{\text{檢認法院,} \\ \text{Probate Court}}$)의 관할에 속해왔다. 1969년 통일 검인법($\substack{\text{Uniform Probate} \\ \text{Code 1969}}$)도 위와 같은 국친관할 정신이 반영된 것으로 피보호자의 수혜(beneficence)와 보호(protection)를 강조했고 성년 장애인의 후견인은 미성년자의 부모와 같은 권한과 의무를 지니는 것으로 보았다. 이러한 전통적 후견제도에 대한 새로운 접근과 개혁은 1970년대부터 시작되었다.

통일주법(州法)위원회와 같은 국가협의회가 이를 주도하였고 미국법률가협회도 성년후견제도가 가지는 파급력과 현행 제도의 문제점을 지적하였다. 그 결과 1979년에는 통일 지속적 대리권법($\substack{\text{Uniform Durable Power} \\ \text{of Attorney Act 1979}}$)이 제정되었다. 이후 후견 감독 등에 대한 보다 발전적인 논의가 계속되었고, 1997년에는 성년후견제도의 절차적 개선 방향과 모델을 제시하는 통일 후견보호절차법($\substack{\text{Uniform Guardianship and} \\ \text{Protective Proceedings Act 1997}}$) 개정이 이루어졌다. 이러한 개정의 주요내용은 피후견 대상자에 대한 적정절차의 보장을 강조하고, 의료적 기준 이외에 기능적 기능으로 무능력을 정의하여 피후견인의 사적 자치를 고양시키는 것이다. 그 후 2011년에는 27개 주에서 성인후견법($\substack{\text{State Adult Guardianship Legislation:} \\ \text{Directions of reform-2011}}$)이 통과되었는데, 그 주요내용은 후견인의 책무에 관한 것이다.

5. 독   일

독일은 1990년에 현행 성년후견제도의 기틀이 되는 성년후견·감호개정법($\substack{\text{Gesetz zur Reform der Vormundschaft} \\ \text{und Plflegschaft für Volljährige}}$)을 제정하여 1992년부터 시행하였는데, 이는 민법상 무능력자제도, 후견제도 등을 대폭 개정하는 것이었다. 여기서는 후견(Vormundschaft)과 감호(Pflegschaft)를 부조(Betreuung)라는 개념으로 통합하였다. 즉, 후견의 유형을 법에서 구분하지 않고 재판부에서 사안별로 후견의 내용을 정하는 일원적 후견제도를 지향하고 있으며 행위능력을 박탈하지 않는 것을 원칙으로 하고 있다. 또한 프랑스의 성년후견제도 발전 과정에서와 마찬가지로 필요한 범위에서만 후견인의 도움을 받도록 한 '필요성의 원칙', 다른 법적 보호장치가 없을 때 비로소 후견이 개시될 수 있다는 '보충성의 원칙'도 강조되었다. 이러한 새로운 성년후견법의 시행 이후 사회가 급속히 고령화되어 요보호자가 증가하고 성년후견제도 이용이 비교적 쉬워져서 그 이용건수가 급증하고 실무상 절차도 정착하는 등 일정한 효과가 거두었다. 그러나 후견의 급속한 보급으로 사회적으로 후견 관련 비용이 가중되는 한편, 결과적으로 국고의 보수부담과 법원의 업무부담도 증가하였다. 이로 인하여 1999년과 2005

년 두 차례에 걸쳐 성년후견제도를 개정하여 보수와 비용에 관한 규제, 전문적 직업후견인의 자격, 후견인의 보수 등에 관한 규정을 재정비하였다. 또한 2009년의 제3차 개정에서는 피후견인에 대한 의료행위에 관한 구체적인 규정까지 두게 되었다.

독일의 성년후견제도의 이해와 관련하여 한 가지 유념할 것이 있다. 성년후견인이 선임되었다는 것만으로 피후견인의 행위능력이 제한되지 않는 것은 분명하나, 피후견인의 신상이나 재산에 대한 현저한 위험을 피하기 위해서 후견인의 사전동의를 받도록 하는 동의 유보가 가능하기 때문에 사실상 부분적으로는 행위능력의 제한을 가할 수 있다는 것이다. 결국 독일의 성년후견제는 성년후견 그 자체만으로 '신분'으로서 행위능력을 제한하지 않겠다는 것이지 개별 사안에서까지 전혀 행위능력이 제한될 수 없음을 의미하는 것은 아니다. 따라서 독일의 일원적 성년후견제가 행위능력의 제한과 전혀 무관하다고 표현하는 데에는 신중해야 한다.

6. 일　　본

일본은 1999년에 민법(총칙편의 금치산·준금치산 제도 및 친족편의 후견제도), 「임의후견계약을 위한 법률」, 「민법의 일부를 개정하는 법률의 시행에 수반하는 관계 법률의 정비 등에 관한 법률」, 「후견등기 등에 관한 법률」 등 총 4개의 법률이 제정 또는 개정되었다. 일본의 성년후견은 민법에 후견, 보좌, 보조의 3가지 유형의 법정후견을 규정하고 있고, 임의후견계약을 위한 법률에 임의후견제도를 규정하고 있다.

우리 성년후견제도는 3가지 법정후견 유형을 두고 있다는 점에서는 일본과 유사하지만, 일본의 보좌, 보조를 통합한 것에 해당하는 한정후견을 두고 일본에는 없는 특정후견을 신설했다는 점에서 차이가 있다. 또한 임의후견을 별도의 특별법에서 규율하지 않고 민법전에서 법정후견과 같이 규율하고 있다는 점도 일본과 다른 점이다.

7. 유엔장애인권리협약

장애인의 권익 보호를 위한 위와 같은 각국의 노력과 더불어 2006년에는 유엔 총회에서 장애인의 권리와 존엄을 보호하기 위한 장애인권리협약을 채택하였다. 구체적으로 살펴보면, 협약 참가국들은 장애인이 인권과 법적 평등권을 온전히 향유하도록 할 책무를 가지고, 평등, 차별금지, 법 앞의 동등한 인정

$\left(\begin{smallmatrix} \text{Article 12 Equal} \\ \text{Recognition Before the Law} \end{smallmatrix}\right)$ 등을 강조하면서 장애인의 법적 능력$\left(\begin{smallmatrix} \text{legal} \\ \text{capacity} \end{smallmatrix}\right)$을 차별하는 것을 금지하고 있다. 우리나라는 2008.12. 위 협약을 비준하였고$\left(\begin{smallmatrix} \text{2009.1.10.} \\ \text{발효} \end{smallmatrix}\right)$, 정기적으로 협약의 이행 상황을 유엔에 보고하도록 되어 있다. 정부는 기존 금치산·한정치산 제도가 장애인의 법적 능력을 차별한다는 의문을 불식시키기 위하여 성년후견제도의 도입을 적극적으로 검토하게 되었다.

Ⅲ. 실체적 요건

1. 개   관

(1) 성년후견의 의의

성년후견의 대상은 '질병, 장애, 노령, 그 밖의 사유로 인한 정신적 제약으로 사무를 처리할 능력이 지속적으로 결여된 사람'이다$\left(\begin{smallmatrix} \text{본조} \\ \text{①} \end{smallmatrix}\right)$. 즉, 성년후견이 개시되기 위해서는 대상자에게 '정신적 제약이 있을 것'과 '그로 인해 사무를 처리할 능력이 지속적으로 결여될 것'이라는 2가지 요건이 모두 충족되어야 한다.[22]

가정법원의 심리결과 위 2가지 요건이 모두 충족되었다고 인정되면 성년후견개시의 심판을 하게 되는데, 이는 대상자$\left(\begin{smallmatrix} \text{사건} \\ \text{본인} \end{smallmatrix}\right)$의 재산과 신상을 보호하는 넓은 의미의 성년후견제도 중 하나의 유형이다. 가정법원으로부터 위와 같은 심판을 받은 사건본인을 '피성년후견인'이라고 하고, 사건본인을 보호하기 위하여 가정법원으로부터 선임된 후견인을 '성년후견인'이라고 한다.

위와 같이 가정법원의 심판을 받은 피성년후견인은 아니지만, 실체법적으로 위 2가지 요건이 모두 충족되는 '사실상의 제한능력자'가 법률행위를 한 경우에 상대방이 그것을 알고 있었거나 중과실로 알지 못한 때에 피성년후견인에 관한 민법 규정이 유추적용된다고 해석하는 견해가 있다.[23] 그러나 개정 민법에 도입된 성년후견제도는 당사자의 청구와 가정법원의 후견 개시 등 심판에 의하여 개시되고 후견등기부에 의해 공시되는 특성이 있음에도, 대상자의 행위능력 결여 정도가 그와 유사한 특성을 가졌다는 이유만으로 유추적용될

---

22) 헌재 19.12.27, 2018헌바130은 본조의 규정이 과잉금지원칙에 위배되지 않고 따라서 피성년후견인이 될 사람의 자기결정권 및 일반적 행동자유권을 침해하였다고 볼 수 없다고 판단하였고, 헌재 19.12.27, 2018헌바161은 위와 같은 성년후견개시 심판의 실체법적 2가지 요건에 관한 본조의 규정이 명확성의 원칙에 위배되지 않는다고 판단하였다.
23) 김주수·김상용, 108-110.

수는 없다. 즉, 실체법적으로 위 2가지 요건이 모두 충족되는 대상자의 경우에
도, 성년후견개시의 심판을 받기 전에는 피성년후견인이 될 수 없다고 본다.[24]

(2) 종전 금치산제도와의 차이점

개정 전 민법은 '심신상실(心神喪失)의 상태(常態)에 있는 자'를 금치산제도
의 대상자로 규정하고 있었다(개정 전 §12). 여기서 '심신상실'이란 자신이 하는 행위
의 내용과 결과에 대해서 합리적으로 판단할 능력이 결여된 것으로 의사무능
력과 같은 의미이고, 심신상실의 '상태(常態)'에 있다는 것은 단속적(斷續的)으
로 의사능력이 회복되는 경우가 있더라도 전반적으로 의사무능력 상태에 있다
고 볼 수 있는 상황을 말한다고 해석되었다.[25] 즉, 종전 제도는 '심신상실' 또
는 '심신미약'과 같은 인간의 정신 상태를 기준으로 금치산 또는 한정치산 선
고 여부를 결정한 것이다.

그런데 개정 민법은 '정신적 제약'이 있는 것만으로 충분하지 않고, 더 나
아가서 '그로 인하여 사무를 처리할 능력이 지속적으로 결여되었다는 점'까지
인정되어야만 성년후견개시의 심판개시가 가능하도록 규정하였다.[26]

2. 정신적 제약 요건

(1) 개　　념

먼저 대상자에게 '정신적 제약'이 있어야 한다. 이는 정신적으로 자신이 하
는 행위의 내용과 결과에 대해서 합리적으로 판단할 능력이 결여된 상태, 즉
의사무능력 내지 이에 준하는 정도를 의미하는 것으로 볼 수 있다. 질병, 장애,
노령은 정신적 제약의 원인에 관한 예시로서, '그 밖의 사유'로 인하여 정신적
인 제약이 있는 경우에도 성년후견의 요건이 충족되는데, 실무적으로 인지장
애를 겪는 고령자와 지적 장애인 등이 주된 대상자가 될 것이다.[27]

---

24) 동지, 강태성, 155; 송덕수, 167; 주석 총칙(1), 281-282(제5판/신숙희). 이에 관하여
　　개정 전 민법 관련 규정에 관하여 "표의자가 법률행위 당시 심신상실이나 심신미약상태에
　　있어 금치산 또는 한정치산선고를 받을 만한 상태에 있었다고 하여도 그 당시 법원으로부
　　터 금치산 또는 한정치산선고를 받은 사실이 없는 이상 그 후 금치산 또는 한정치산선고
　　가 있어 그의 법정대리인이 된 자는 금치산 또는 한정치산자의 행위능력 규정을 들어 그
　　선고 이전의 법률행위를 취소할 수 없다."라고 판시한 대판 92.10.13, 92다6433 등 참조.

25) 법원행정처(주 1), 11; 김성우(주 8), 22; 이현곤(주 11), 34.

26) 김판기, "2011년 민법개정과 향후 과제: 제한능력자제도로의 전환을 중심으로", 경상대
　　법학연구 19-2, 2011, 48; 백승흠, "성년후견제도의 도입과 과제", 한양대 법학논총 27-1,
　　2010, 31; 김민중, 139.

27) 박인환(주 2), 43; 강태성, 156; 곽윤직·김재형, 123; 김민중, 138; 김상용, 174; 김주
　　수·김상용, 132; 김준호, 83; 백태승, 155; 송덕수, 167; 지원림, 민법강의, 제16판, 2019,

　　다만, 성년후견개시의 요건으로서 '정신적 제약'의 정도가 종래 금치산선고
의 요건인 '심신상실(心神喪失)의 상태(常態)'의 정도와 완전히 동일한 것은 아
니다.[28] 개정 민법에서 성년후견제도를 도입한 취지는 정신능력 또는 의사결
정능력의 유무(有無)나 정도가 시기·사안 또는 환경에 따라 유동적으로 변화
할 수 있음을 고려한 것으로서, 가정법원에서 기능적인 관점에서 대상자의 사
무처리 능력이 지속적으로 결여되었는지 여부에 대한 심리해야 한다는 점을
명시한 것으로 볼 수 있다.[29] 따라서 '정신적 제약 요건'의 경우, 가정법원에서
'사무처리 능력의 지속적 결여 요건'에 대한 심리를 통하여 궁극적으로 대상자
에게 성년후견개시의 심판을 해야 할 필요가 있는지 여부를 판단하는 전제가
되는 것일 뿐이다.

　　민법개정위원회 논의 초기에는 '정신적 장애로 인하여 사리를 변별할 능력
을 잃은 상태에 있는 사람'이라는 표현을 고려하기도 하였으나, 이러한 표현을
쓸 경우 법원이 장애인복지법 §2의 '장애' 및 '정신질환', 정신보 §3의 '정신
질환자'의 개념에 구속될 우려가 있다는 이유로 '정신적 제약'이라는 포괄적인
표현으로 바꾸고 '장애'는 정신적 제약의 하나의 예시로서 규정하게 되었다.[30]
따라서 정신적 제약 요건은 의학적 개념이 아니라 민법의 해석을 통하여 정리
되어야 하는 법적 개념이다.[31]

(2) 신체적 장애에 관련된 문제

　　신체적 장애로 인하여 사무를 처리할 능력이 지속적으로 결여된 경우에도
성년후견개시심판을 할 수 있는지에 관하여, 개정 민법이 후견의 복지적 측면
과 신상보호적 요소를 강조하고 있음을 근거로 긍정하는 견해[32]도 있다.

　　그러나 입법자는 1958년 민법 제정 당시 '농자(聾者), 아자(啞者), 맹자(盲
者)'를 준금치산자의 사유로 규정한 의용민법의 규정을 폐지하였을 뿐만 아니
라 '신체에 중대한 결함' 있는 자를 한정치산의 원인으로 규정하지 않기로 결

80; 김형석, "성년후견·한정후견의 개시심판과 특정후견의 심판", 서울대 법학 55-1,
　　2014, 445. 실무에서 나타나는 주된 정신적 제약의 원인은 뇌병변, 인지증(치매), 발달장
　　애, 정신장애 등이라고 하는데, 이에 관하여는 김성우(주 8), 18-19 참조.
28) 김상용, 174.
29) 윤진수·현소혜(주 1), 25-26; 백승흠(주 26), 31; 주석 총칙(1), 315(제5판/신숙희) 참조.
30) 법원행정처(주 1), 12.
31) 동지, 곽윤직·김재형, 123; 김주수·김상용, 132.
32) 신은주(주 2), 48-49; 백승흠(주 26), 31; 윤일구, "성년후견제도 도입에 따른 문제점과
　　과제", 전남대 법학논총 32-2, 2012, 183. 입법론으로서 신체적 장애를 후견개시사유로
　　인정해야 한다는 견해로는 엄덕수(주 5), 20; 김판기(주 26), 59 등 참조.

정하였는데,[33] 개정 민법 역시 이와 같은 제정 민법의 태도를 존중하여 신체장애를 성년후견의 개시원인으로 열거하지 아니하였다.[34][35] 정신능력이 온전한 신체 장애인은 독자적으로 임의대리인을 선임하여 사무를 처리하는 것이 가능하므로, 신체적 장애가 있다는 사정만으로 성년후견이 개시될 수 없다는 견해가 타당하다는 것이 다수설의 입장이다.[36]

그런데 다수설에 의하더라도, 정신적 제약의 사유는 포괄적이므로 신체적 장애로 인하여 정신적 제약이 생겼다면 성년후견 개시의 사유가 된다.[37] 예컨대, 뇌손상으로 인한 인지, 언어, 사고, 정서 내지 행위의 장애와 같은 '기질적 장애($^{organic}_{disturbance}$)'의 경우 관점에 따라 신체적 장애로 볼 수도 있지만, 이를 신체적 장애로 보더라도 이로 인해 정신적 제약이 초래되어 사무를 처리할 능력이 결여되기에 이르렀다면 성년후견 개시의 사유가 될 수 있다는 취지이다. 그러나 신체적 장애로 인해 의사소통이나 의사표현의 어려움이 있는 데 그치고 판단능력 등의 정신적 제약이 없다면 성년후견 개시의 사유가 될 수 없다고 보아야 한다.[38]

3. 사무처리 능력의 지속적 결여 요건

(1) 일 반 론

정신적 제약으로 인하여 사무를 처리할 능력이 지속적으로 결여될 정도에 이를 것을 요한다. 즉, 정신적 제약과 위와 같은 정도의 사무처리 능력의 결여 사이에는 인과관계가 있어야 하는 것이다. 따라서 사무처리능력의 결여가 다

---

33) 우리 민법의 제정과정에서 제출되었던 민법안에는 '신체에 중대한 결함이 있는 경우'도 한정치산 선고의 사유가 된다는 규정이 포함되어 있었으나(민법안 § 8), 심의과정에서 한정치산자의 범위를 위와 같이 확대하는 것은 바람직하지 않다는 이유로 삭제되었다. 민의원 법제사법위원회 민법안심의소위원회, 민법안심의록(상권), 1957, 11 참조.

34) 김형석(주 6), 125; 구상엽(주 1), 40-41; 윤진수·현소혜(주 1), 26.

35) 외국의 입법례 중에는 일정한 신체적 장애도 성년후견의 개시 요건으로 하는 사례(독민 § 1896 Ⅰ, 프민 § 425)가 없지 않으나, 개정 민법은 신체적 장애를 별도의 성년후견 개시의 요건으로 채택하지 않았다.

36) 구상엽(주 1) 63; 윤진수·현소혜(주 1) 26; 법원행정처(주 1), 12; 배인구(주 1), 18; 김성우(주 8), 18; 김형석(주 27), 445; 강태성, 157; 곽윤직·김재형, 123; 김주수·김상용, 132; 김준호, 83; 백태승, 155; 송덕수, 167; 주석 총칙(1), 314(제5판/신숙희); 주해 친족법(2), 박영사, 2015, 1184(현소혜). 지원림(주 27), 80은 '신체적 제약이 있는 경우를 포함시키는 것이 바람직하다.'라는 취지의 입법론을 제시하고 있다.

37) 박인환(주 2), 43; 김성우(주 8), 18; 김형석(주 27), 445; 주석 총칙(1), 314(제5판/신숙희).

38) 법원행정처(주 1), 11-12.

른 사회경제적인 사정에 의한 경우, 예컨대 특별한 사정으로 무경험하다거나
귀화한 사람이 한국어를 구사할 수 없어 사무처리를 할 수 없는 사안 등에서
는 성년후견의 요건이 충족되지 아니한다.[39]

  (2) 사무처리 능력에 관한 판단기준 등

  사무처리능력의 유무는 사건본인의 구체적·개별적 상황, 즉 사회적 지위,
살아온 배경, 생활의 모습, 직업의 종류와 담당업무 등에 따라서 통상적으로
처리하는 사무를 기준으로 판단하여야 한다. 본인이 통상적으로 처리하는 사
무가 아닌 특별한 사무(예컨대 평범한 사무직 회사원의 경우 민사소송이나 선물거래 등)와 관련해 사무처리능력이 없다
는 이유로 성년후견을 개시할 수는 없다.[40]

  그러므로 개별사안에서 구체적으로 어느 정도의 정신적 제약이 있어야 성
년후견의 대상이 될 수 있는지 일률적으로 말하기는 어렵다. 다만, 식물인간
상태(vegetative state, 의식이 없어 의사소통이 전혀 되지 않고 사지가 강직되어 스스로 신체를 움직일 수 없는 상태)에 있다든지, 가족의 이름이나 거
소(居所)도 기억하지 못할 정도로 일상적인 인지 능력이 떨어진다든지, 정신적
제약으로 인하여 통상적인 사회활동이나 경제활동을 혼자서 전혀 할 수 없는 경
우[41] 등과 같이 종전 금치산선고의 대상이었던 의사무능력 상태에 있는 경우,
성년후견절차의 대상이 되는 대표적인 사례가 될 수 있다. 한편, 사건본인이 회
사의 대표 등의 자격으로 회사를 경영하고 있는 경우, 위와 같은 회사경영은 사
건본인의 일상적인 사무에 해당하므로, 향후에도 계속 회사를 경영할 것으로 예
상된다면, 사건본인의 후견개시에 대한 의사, 회사경영에 대한 실질적 참여 정
도, 회사의 규모와 경영의 난이도, 회사경영권에 대한 다툼이 있는지 여부 등을
종합적으로 고려하여 사무처리능력에 대한 판단을 하는 것이 타당하다.[42]

  그리고 사무처리능력을 판단할 때에 고려되는 사무에는 재산관리에 관한
사무뿐만 아니라 신상결정에 관한 사무 등도 포함되며, 사무처리로서 법률행
위, 준법률행위, 사실행위가 모두 고려된다.[43] 개정 민법상 일반규정은 따로

  39) 김형석(주 27), 447; 강태성, 156; 송덕수, 167.
  40) 김성우(주 8), 21; 김형석(주 27), 446-447;주석 총칙(1), 315(제5판/신숙희).
  41) 위 사례들은 개정 민법상 성년후견과 유사한 일본의 제도인 '후견'의 대표적 예시로 들
      고 있는 것이다. 日注民(1) 改訂版, 323-326(鈴木ハツヨ). 이에 관한 국내 문헌으로는 윤
      진수·현소혜(주 1), 26; 법원행정처(주 1), 12; 구상엽(주 1), 62-63 등 참조
  42) 김성우(주 8), 21; 주석 총칙(1), 315(제5판/신숙희). 참고로 상 §542-8 Ⅱ (ⅰ)은 피
      성년후견인과 피한정후견인을 상장이사의 사외이사의 결격사유로 규정하면서, 이에 해당
      하게 된 경우에는 그 직을 상실한다고 규정하고 있다.
  43) 김성우(주 8), 21; 김형석(주 27), 446; 주석 총칙(1), 315(제5판/신숙희).

없으나, 잔존능력의 활용이라는 성년후견제도의 지도 이념에 비추어 성년후견의 요건을 판단할 때 필요성과 보충성의 원칙도 고려해야 할 것이다.[44]

(3) 지속적 결여에 관한 판단기준 등

개정 민법은 사무처리능력의 결여가 계속되어야 한다는 요건에 관하여 법문에 '지속적으로'라는 표현을 통해 명시하였는데, '지속적'이라는 말은 일반적으로 그러한 상태에 있다는 의미이다.[45] 그러므로 단속적(斷續的)으로 의사능력이 회복되더라도 전반적으로 의사무능력 상태가 계속되고 있다고 볼 수 있는 경우 금치산선고의 요건을 만족시킨다는 종래 금치산제도와 관련된 해석론은 성년후견제도에 관하여도 상당부분 원용할 수 있다.[46] 성년후견의 요건 중 일부인 '결여'는 그러한 능력이 없는 상태를 말하고, 한정후견의 요건인 '부족'과 대비되는 개념이다.[47]

'지속적 결여'라는 성격 이외에 성년후견은 한정후견과 그 요건에 있어서 본질적인 차이가 없다.[48] 이에 관하여 종전의 금치산 제도와의 연속성을 유지하기 위해 한정후견과 별도의 제도로 규정한 것에 불과하고 이러한 의미에서 성년후견은 '강화된 한정후견'으로서의 성격을 갖는다는 견해,[49] 다원적 구성을 채택한 개정 민법의 해석상 성년후견과 한정후견, 특정후견 등은 실체적·절차적인 측면에서 구별되어야 한다는 견해[50] 등이 있다.

4. 피한정후견인, 피특정후견인, 미성년자에 대한 청구의 당부

(1) 피한정후견인과 피특정후견인

피특정후견인(被特定後見人)이나 피한정후견인(被限定後見人)도 성년후견개시의 심판청구의 대상이 될 수 있다. 대상자에게 일시적 후원 또는 특정사무에 관한 후원만으로도 충분한 보호를 제공할 수 있었거나 정신적 제약으로 사무

---

44) 구상엽(주 1), 62-63.
45) 김성우(주 8), 22.
46) 강태성, 156; 곽윤직·김재형, 123; 김주수·김상용, 132.
47) 김성우(주 8), 19, 22 참조. 강태성, 156의 경우, 성년후견의 요건인 '결여된'은 '없거나 현저히 부족한'을 뜻하는 것으로 해석하고, 한정후견의 요건인 '부족'은 '현저한 부족을 제외한 부족'이라고 해석해야 한다는 견해를 취하고 있다.
48) 강태성, 156; 김상용, 174; 주석 총칙(1), 315(제5판/신숙희). 김성우(주 8), 52에는 '특정후견은 성년후견과 한정후견 사이의 관계처럼 피후견인의 정신적인 제약의 정도라는 양적인 차이만 있는 것이 아니라 제도의 목적이나 구조와 같은 질적인 차이가 있다.'는 취지가 기재되어 있다.
49) 김형석(주 6), 123; 윤진수·현소혜(주 1), 26.
50) 구상엽(주 1), 36 참조.

를 처리할 능력이 부족하였다가 나중에 사정변경으로 인하여 그 대상자의 사무처리 능력이 지속적으로 결여된 상태가 된 경우 성년후견을 개시할 필요가 있기 때문이다.

(2) 미성년자

(개) 미성년자의 행위능력과 피성년후견인의 행위능력   개정 전 민법상 금치산제도에 관하여, 종래 다수설은 미성년자에 대해서도 금치산선고가 허용된다는 입장을 취하면서, 그 근거로서 미성년자의 능력의 범위가 금치산자의 경우보다 넓기 때문에 심신상실의 상태에 있는 미성년자를 보호할 필요가 있다는 점 등을 제시하였다.[51]

그런데 개정 민법에 의하면, 성년후견이 개시된 경우에도 가정법원이 필요한 한도 내에서 피성년후견인이 단독으로 할 수 있는 법률행위의 범위를 정할 수 있어서 그 행위능력의 범위가 탄력적이기 때문에, 이를 획일적으로 미성년자의 경우보다 좁다고 단정할 수 없다.

한편, 개정 민법에 의하면, 미성년후견은 포괄적 보호를 그 내용으로 하는 반면에 성년후견은 필요에 따른 탄력적 보호만을 제공한다는 점, 개정 민법이 미성년후견과 성년후견을 체계적으로 구별하고 있다는 점, 성년후견과 친권·미성년후견의 권한이 병존하게 될 경우 그들 사이의 권한의 분장범위가 중복되어 복잡한 법적 문제가 발생할 수 있다는 점 등 다양한 관점을 검토해야 하기 때문에, 미성년자의 경우 성년후견의 대상이 될 수 있는지 여부에 관하여는 견해의 대립이 발생한다.

이러한 견해의 대립은 미성년자를 대상으로 하여 실제로 성년후견이 개시될 경우 친권이 종료되는 것인지 또는 친권과 후견이 병존하는 것인지 여부, 만약 친권이 종료된다면 미성년자인 피성년후견인에 대한 신상감호의무를 누가 부담할 것인지, 친권이 종료되지 않는다면 친권자와 후견인 사이의 관계는 어떻게 되는지 여부 등 세부적인 사항에 대해서도 영향을 미칠 수 있다.

(나) 견해의 대립에 관하여

(a) 견해 대립의 전체적인 구도   이에 관하여 성년후견은 친권이나 미성년후견과 병존할 수 없다고 전제한 다음 미성년자에 대해서는 성년후견을 개시할 수 없고, 미성년자에 대한 성년후견청구는 성년기가 임박한 경우에 한

---

51) 곽윤직, 민법총칙, 제7판, 2002, 98; 김증한·김학동, 민법총칙, 제9판, 1995, 128; 이은영, 민법총칙, 제4판, 2005, 165; 주석 총칙(1), 345(제4판/김상호) 등 참조.

하여 가능하며, 미성년자에 대한 성년후견개시의 심판은 성년자가 될 것을 정지조건으로 하여 그 효력을 발생하도록 하거나 그 심판 당시 성년후견개시 시점을 특정하여 시기의 도래와 동시에 성년후견의 효력이 발생하도록 해야 한다는 부정설[52]과, 법문상 미성년자에 대한 성년후견개시를 위와 같은 범위로 제한할 근거가 없고 피성년후견인에 대한 능력제한의 정도와 범위 등이 미성년자의 경우와 달라질 수 있기 때문에 성년후견 개시의 필요가 있는 미성년자의 경우 성년후견개시의 대상에서 배제할 수 없다는 긍정설[53] 등이 대립하고 있다.

　　　　(b) 양자의 견해의 공통점　　　양자의 견해를 살펴보면, 정신적 제약으로 인하여 사무처리 능력이 지속적으로 결여된 미성년자의 경우 성년이 된 직후부터 실제로 성년후견개시심판이 내려질 때까지 보호의 공백이 발생할 수 있으므로, 성년에 임박한 미성년자에 대하여 미리 성년후견개시심판을 할 수 있도록 하여 성년이 된 시점부터 바로 성년후견인의 보호를 받을 수 있도록 할 필요가 있다는 점에 대해서는 다툼이 없다. 즉, 위와 같이 한정된 범위 내에서 미성년자를 성년후견 개시절차의 대상자로 삼을 수 있다는 점에 대해서는 학설이 일치하고 있다.

　　　　(c) 양자의 견해의 차이점

　　　　　(i) 그렇다면 실질적으로 논란이 되는 것은 위 (b)항과 같이 한정된 범위를 벗어나는 영역에서 미성년자를 대상자로 하는 성년후견개시의 심판이 허용되는지 여부이다.

　　　　　(ii) 부정설은 위 (b)항과 같은 한정된 범위를 벗어나는 영역에서는 미성년자를 직접 대상으로 하는 성년후견개시가 허용될 수 없다는 입장인데, 그 구체적인 논거는 다음과 같다.

　　　　만일 친권자나 미성년후견인이 있는 미성년자에 대한 성년후견개시를 허

---

52) 윤진수·현소혜(주 1), 28; 김형석(주 6), 127; 강태성, 157; 김상용, 175, 186; 김주수·김상용, 133. 독민은 미성년자에 대한 성년후견의 개시결정은 미성년자가 성년자로 될 때에 비로소 그 효력을 발생하도록 하면서(독민 §1909a), 미성년자에 대한 성년후견의 개시결정은 만 17세에 달한 미성년자에 한정하도록 규정하고 있고(독민 §1908a), 프민은 미성년자를 사건본인으로 하는 성년후견신청에 대하여는 미성년기 마지막 해에 신청, 심판할 수 있으나, 후견개시 심판 등의 효과는 성년기 첫날부터 효력을 가진다고 규정하고 있다(프민 §429 Ⅱ).

53) 곽윤직·김재형, 123-124; 김민중, 139; 김준호, 83; 송덕수, 168; 이진기, "개정민법 규정으로 본 성년후견제도의 입법적 검토와 비판", 가연 26-2, 2012, 90-91 참조.

용하는 경우, 법문상 친권·미성년후견은 종료하고 성년후견이 개시하여 성년
후견인이 새로 선임되어야 한다고 보아야 하는데($\S_{929}$), 성년후견인에게는 신상
감호의 권한($\S913, \S914, \atop \S915, \S945$)이 인정되지 아니하므로 미성년자의 복리의 관점에서
받아들일 수 없다. 그렇다고 해서 친권·미성년후견이 존속하면서 행위능력 제
한만이 발생한다고 볼 만한 법률상 근거가 없고, 신상감호 권한과 관련해서는
친권·미성년후견이 존속하지만 재산관리에 대해서는 성년후견인이 권한을 가
진다고 볼 만한 법률상 근거가 없으며, 친권·미성년후견과 성년후견이 병존한
다는 결과도 받아들이기 어렵다. 그렇다면 이러한 예민한 문제에 대한 명확한
입법적 결단이 없는 이상, 미성년자에 대해 성년후견을 개시할 수 있다는 견해
를 채택할 수는 없다. 결국 미성년자의 보호는 친권·미성년후견의 범위 내에
서 시도해야 할 것이고, 대부분의 경우 그것으로 충분하다. 친권자나 미성년후
견인은 미성년자의 법률행위에 동의하지 않고, 재산의 처분을 허락하지 않으
며, 영업을 허락하지 않음으로써 종래 금치산자와 동일한 상태로 미성년자를
둘 수 있는 것이다. 이러한 견해에 따른다면 위 (b)항의 한정된 범위 내에서만
미성년자를 대상으로 하는 성년후견개시가 허용된다고 보아야 한다.[54]

　　　　(iii) 반면에 긍정설은 위 (b)항과 같은 한정된 범위를 벗어나는 영역
에서도 미성년자에 대한 성년후견개시가 허용될 수 있다는 입장이다.

이를 다시 세분하면 ① 이론상으로는 미성년자에 대해서도 성년후견개시
의 심판을 하는 것이 가능하지만, 미성년후견은 미성년자의 성장 과정에서 온
전한 인격체로 완성되어갈 수 있도록 돌보는 것이라는 특성 때문에 미성년자
는 친권자 내지 미성년후견인의 보호를 받도록 하는 것이 바람직하다는 견
해,[55] ② 미성년후견인이나 미성년후견감독인을 청구권자로 명시한 규정($본존 \atop 1$)
이 있는 이상 미성년자에 대해서도 성년후견이 개시될 수 있고, 성년후견인에
게 신상감호의 권한($\S913, \S914, \atop \S915, \S945$)이 인정된다는 명문규정이 없다는 문제점이 있
기는 하지만, 미성년자에 대한 성년후견이 개시된 경우 위 규정들을 유추적용
하여 이에 근거한 친권자나 미성년후견인의 권한을 성년후견인이 행사한다고
해석할 수 있다는 견해,[56] ③ 미성년자가 제한행위능력을 가진다는 사실($\S_5$)과

---

54) 김형석(주 6), 127; 김형석(주 27), 448-449. 같은 취지의 견해로는 윤진수·현소혜(주
　　1), 28; 강태성, 157; 김상용, 175.
55) 구상엽(주 1), 57-58.
56) 송덕수, 168. 다만, 송덕수, 168은 이 문제를 입법적으로 해결하는 것이 바람직하다는
　　입장을 밝히고 있다.

그 범위에서 후견인에게 권한이 부여된다는 점, 미성년후견인과 성년후견인의 권한이 서로 다르고, 미성년후견인과 미성년후견감독인을 성년후견개시의 심판청구권자로 명시한 점(본조) 등에 비추어 보면, 미성년자에 대한 성년후견개시도 허용된다는 견해,[57] ④ 법문상 미성년자에 대한 성년후견청구를 제한할 근거가 없고, 성년후견의 필요성이 인정되는데 미성년자라는 이유만으로 성년후견을 할 수 없다는 것은 타당하지 않지만, 성년후견과 친권·미성년후견의 권한이 병존하게 될 경우 그들 사이의 권한의 분장범위가 중복되어 복잡한 법적 문제가 발생할 수 있으므로 미성년자에 대한 성년후견개시 심판에는 신중을 기하여야 하고, 미성년자에 대하여 성년후견개시 심판을 할 경우 보충성의 원칙을 고려하여 당사자에게 성년후견의 필요성을 충분히 소명하게 한 후 성년이 임박하거나 친권·미성년후견의 방식으로 사건본인의 보호가 충분치 않다고 인정되는 예외적인 경우에만 성년후견을 개시하도록 함이 타당하다는 견해[58] 등이 대립하고 있다.

　　　　(iv) 실무에서는 미성년자에 대하여 성년후견개시청구가 있으면, 친권 또는 미성년후견으로는 미성년자에 대한 보호가 미흡하여 성년후견이 즉시 개시되어야 하는 등의 특별한 사정이 없는 한, 원칙적으로 성년에 임박하여 보호의 공백을 막기 위한 경우에 한하여 심리를 진행하되, 심판은 미성년자가 성년이 이른 후에 하는 방식으로 절차를 운영하고 있다.[59]

Ⅳ. 절차적 요건

1. 개시요건인 청구

　개정 민법은 성년후견의 개시를 위해 반드시 일정한 사람의 청구를 요건으로 규정하고 있다.

　외국 입법례의 경우 법원이 직권으로 후견을 개시할 수 있도록 하는 경우가 많고, 개정 민법의 입법을 위한 논의과정에서도 직권개시 규정을 두어야 한다는 주장[60]이 있었다. 그러나 법원이 직접 후견이 필요한 상황을 인지할 수

---

57) 이진기(주 53), 90-91.
58) 법원행정처(주 1), 13; 배인구(주 1), 22.
59) 김성우(주 8), 22-23; 주석 총칙(1), 317(제5판/신숙희).
60) 자료집(주 1), 227; 김형석(주 6), 127의 각주 25) 참조.

있는 경우가 드물고, 직권에 의한 후견개시 심판을 인정할 경우 이해관계인들이 무분별하게 후견개시 심판을 신청할 우려가 있으며, 우리 사회의 현실상 일정 범위의 근친이 실질적으로 절차의 개시를 주도할 가능성이 높고, 그렇다면 근친을 청구권자로 규정함으로써 불복이 가능하도록 할 필요가 있다는 점, 외국의 사례를 보더라도 직권개시가 남용(濫用)되거나 형해화(形骸化)되는 경우가 많다는 점 등을 고려하여 일정한 청구권자의 청구를 요건으로 하는 것으로 규정하였다.[61][62]

2. 청구권자의 범위

(1) 일 반 론

성년후견개시심판을 청구할 수 있는 사람으로 본조 I에 규정된 것은 '본인, 배우자, 4촌 이내의 친족, 미성년후견인, 미성년후견감독인, 한정후견인, 한정후견감독인, 특정후견인, 특정후견감독인, 검사 또는 지방자치단체의 장'이다. 한편, 임의후견인과 임의후견감독인은 별도의 조문인 §959-20 I에 근거하여 성년후견개시심판의 청구인이 될 수 있다.

(2) 본　인

⑺ 본인이 직접 성년후견개시 심판을 청구하기 위해서는 종전 금치산제도에서와 마찬가지로 그 심판청구 시점에 의사능력이 있어야 한다. 성년후견이 필요한 사람은 대부분 의사무능력 상태에 있을 가능성이 크기 때문에 사실상 본인이 직접 성년후견을 청구하는 경우는 그리 많지 않을 것으로 보인다. 그러나 정신적 제약으로 사무를 처리할 능력이 지속적으로 결여된 사람 중에도 의사무능력에는 이르지 않은 경우가 있을 수 있고, 의사무능력자라 하더라도 심판청구 당시 일시적으로 의사능력이 회복될 수도 있으므로 이러한 경우 본인에 의한 성년후견개시 심판청구가 가능하다.[63] 이에 관하여 심판절차 중

---

61) 윤진수·현소혜(주 1), 27; 법원행정처(주 1), 13; 김형석(주 6), 126; 김형석(주 27), 450; 백승흠(주 26), 31-32; 주석 총칙(1), 313(제5판/신숙희). 그 밖에 송호열(주 6), 188은 ① 법원의 직권발동의 적부(適否), 심판내용의 적부(適否) 등을 통제할 수 있는 기구가 없고, ② 또한 가정법원의 직권에 의한 심리개시를 원칙으로 하면 감정 등의 비용을 국가가 부담하여야 하는데, 이는 비효율적이라는 점 등을 근거로 들고 있다.

62) 한편, 가사비송사건에서의 처분권주의와 관련하여, 입법론으로 성년후견에 관한 청구취하에 대하여 가정법원의 허가 등을 요건으로 하는 등 일정한 제한을 두는 것이 바람직하다는 견해(정부가 2018.3.2. 국회에 제출한 가소법 개정안 §62 등 참조)로는 김성우(주 8), 23-24.

63) 윤진수·현소혜(주 1), 27; 법원행정처(주 1), 13; 구상엽(주 1), 65; 김성우(주 8), 24;

본인의 의사가 충분히 반영될 수 있도록 절차보조인의 조력을 받을 수 있도록 하는 제도의 신설이 요망된다는 주장이 있다.[64]

(나) 피한정후견인, 피특정후견인이 후견인에 의하지 않고 직접 성년후견개시 심판청구를 할 수 있는지 여부가 문제될 수 있는데, 성년후견개시의 청구는 관련 절차의 개시를 요구하는 것에 불과하고 성년후견개시 심판청구 사건은 비송사건으로서 가정법원의 후견적 역할이 강조되므로 위와 같은 사람도 의사능력만 있으면 직접 성년후견개시 심판을 청구할 수 있다고 해석하여야 할 것이다.[65] 미성년자 본인이 직접 성년후견개시 심판을 청구할 수 있는지 여부에 관해서는 법정대리인이 심판절차를 대리해야 한다는 견해와 본인이 직접 성년후견개시를 청구할 수 있다는 견해가 대립된다.[66]

(다) 피한정후견인, 피특정후견인, 미성년자 등이 독자적으로 성년후견개시청구를 할 수 있도록 허용할 것인지 등에 관한 문제에 관하여 정부는 2018.3.2. 국회에 가사소송법 전부 개정안을 제출한 적이 있는데, 이에 관하여는 아래 §10에 대한 해설 참조.

(3) 배 우 자

'배우자'는 본인의 법률혼 배우자를 의미한다. 사실상 이혼 상태에 있는 배우자라도 성년후견개시심판을 청구할 수 있다. 다만, 가정법원은 성년후견의 개시 여부 및 후견인을 결정함에 있어서 사실상 이혼 상태에 있는 배우자가 성년후견제도를 남용하여 부당한 이득을 취하는 일이 발생하지 않도록 유의하여야 할 것이다. 실무상 가정법원은 사건본인의 자녀나 부모형제 등 친족에게 직권으로 후견개시에 대한 의견을 조회하는 방법으로 절차 계속 사실을 알리

김형석(주 27), 451; 강태성, 157; 곽윤직·김재형, 123; 송덕수, 168; 지원림(주 27), 80.

64) 윤진수·현소혜(주 1), 27.

65) 법원행정처(주 1), 13; 배인구(주 1), 20. 독민에서는 후견의 요건 규정에 행위무능력자도 후견인의 선임을 신청할 수 있도록 명시하고 있다(§1896 I). 가사사건 및 비송사건절차법(FamFG) §275는 후견사건과 관련해서 본인은 그의 행위능력을 고려하지 않고 절차능력이 있다고 규정하고 있다. 또한 일본 민법에는 명문의 규정은 없으나 가사사건수속법 §118은 후견개시의 심판, 후견개시취소의 심판 등에 있어서 '성년피후견인이 될 사람 및 성년피후견인은 §17 I에 의하여 준용되는 민소법 §31의 규정에도 불구하고 법정대리인에 의하지 않고 스스로 절차행위를 할 수 있다. 그 사람이 피보좌인 또는 피보조인(절차행위를 할 당시의 그 보조인의 동의가 필요한 경우에 한한다)에 있어서, 보좌인, 보좌감독인, 보조인 또는 보조감독인의 동의가 없는 경우에도 동일하다.'고 규정하고 있다(그 밖에도 같은 법 §129, §137에서 각각 보조와 보좌의 경우 동일하게 규정하고 있다).

66) 이에 관하여는 배인구(주 1), 20 참조.

고 참가 및 의견진술 기회를 줌으로써 청구권이 남용되지 않도록 하고 있다.[67]

사실혼 배우자의 경우 청구권자에 포함되는지 여부에 대하여 견해의 대립이 가능하지만, 명문의 규정에 비추어 볼 때 부정설이 타당하다.[68] 부정설을 취하더라도, 사실혼 배우자가 검사 또는 지방자치단체의 장 등에게 그 청구를 하여줄 것을 촉구하는 간접적인 방법을 활용함으로써 이 부분에 관하여 실무적인 보완을 하는 것이 가능할 것이다.[69]

(4) 4촌 이내의 친족

4촌 이내의 친족은 §777의 친족의 범위 중 4촌 이내의 혈족과 4촌 이내의 인척을 말한다.

(5) 후견인과 후견감독인

한정후견인, 한정후견감독인, 특정후견인, 특정후견감독인, 미성년후견인, 미성년후견감독인, 임의후견인, 임의후견감독인은 해당 미성년자 또는 피후견인에 대하여 성년후견개시 심판을 청구할 수 있다.

정신적 제약으로 사무를 처리할 능력이 부족한 피한정후견인이나 일시적 후원 또는 특정사무에 관한 후원만으로도 충분한 보호를 제공할 수 있었던 피특정후견인의 경우, 나중에 사정변경으로 인하여 그 대상자의 사무처리 능력이 지속적으로 결여된 상태가 되면 성년후견으로 전환할 필요가 있을 수 있다.[70] 다만, 일시적이고 특정한 사무를 위해서만 권한을 주는 특정후견제도의 본질에 비추어 볼 때, 개정 민법에서 성년후견 등의 청구권자로 특정후견인이나 특정후견감독인을 규정하였다고 하더라도, 개별 특정후견심판에서 사건본인에 관한 성년후견 등의 개시청구에 관한 권한을 부여하지 않은 이상 해당 특정후견인 등에게 그 권한을 인정할 수는 없고, 따라서 가정법원이 특정후견인 등에게 위와 같은 권한을 부여한 사안에 한정하여 해당 특정후견인 등에게 청구권을 인정함이 타당하다.[71]

한편, 미성년후견인이나 미성년후견감독인이 어느 범위에서 미성년자를 사건본인으로 한 성년후견개시의 심판청구를 할 수 있는지에 대해서는 견해의 대립이 있다는 점은 앞서 본 바와 같다. 그리고 본조의 규정만으로는 드러나지

---

67) 김성우(주 8), 25.
68) 배인구(주 1), 21; 김성우(주 8), 24; 주석 총칙(1), 317(제5판/신숙희).
69) 윤진수·현소혜(주 1), 27; 김성우(주 8), 24.
70) 법원행정처(주 1), 14-15; 김성우(주 8), 25.
71) 김성우(주 8), 25. 김형석(주 27), 452도 같은 취지로 보인다.

않지만, 임의후견인 또는 임의후견감독인도 성년후견개시심판을 청구할 수 있다. 민 §959-20 I 의 경우, 사건본인의 정신적 제약의 정도 및 후견계약과 사건본인을 둘러싼 제반 사정 등을 종합하면, 사건본인에 대하여는 후견계약의 등기에 불구하고 성년후견에 의한 보호가 필요하다고 인정되는 경우, 후견계약이 등기되어 있는 경우라도 임의후견인 또는 임의후견감독인의 청구에 의하여 가정법원이 성년후견을 개시할 수 있도록 규정하고 있기 때문이다.[72]

후견인에게 피후견인의 상태를 관찰하고, 그에 상응하여 후견의 유형과 내용을 적절하게 변경할 수 있는 권한을 부여한 것은 다른 한편으로 피후견인의 복리 실현을 위한 의무로서의 성격도 갖는다. 따라서 피후견인에게 성년후견 개시 사유가 발생하였음에도 불구하고, 후견인이 성년후견개시심판을 청구하지 않은 때에는 후견감독인이 대신 성년후견청구를 할 수 있도록 규정한 것이다.[73]

(6) 검사 또는 지방자치단체의 장

본조는 성년후견개시심판 청구권자로 검사 또는 지방자치단체의 장을 열거하고 있는데, 이는 본인의 보호와 거래의 안전을 위하여 공익의 대표자로서 성년후견개시의 심판청구를 할 수 있도록 한 것이다.[74]

공익의 대표자로서의 검사에게 청구권한을 인정한 것은 종래 금치산 제도 때에도 마찬가지였다. 그러나 활용도가 그다지 높지 않았다는 점, 사회복지 현장에서 무연고노인이나 장애인과 같은 요보호성년을 인지한 지방자치단체 장이 직접 성년후견개시심판을 청구할 수 있도록 함으로써 제도의 실효성을 담보할 필요가 있다는 점 등을 고려하여 국회 심의과정에서 지방자치단체의 장이 청구권자로 추가되었다.[75] 지방자치단체의 장은 일정한 경우 발달장애인 권리보장 및 지원에 관한 법률 §9에 근거하여 발달장애인을 위하여 성년후견개시, 한정후견개시 또는 특정후견의 심판을 청구할 수 있고, 치매관리법 §12-3에 근거하여 치매환자를 위하여 성년후견개시 등의 심판을 청구할 수 있다.

한편 사회복지시설의 장 등 요보호성년을 직접 보호하고 있는 사람으로서

---

72) 대결 17.6.1, 2017스515 참조.
73) 윤진수·현소혜(주 1), 28-29.
74) 강태성, 157; 곽윤직·김재형, 123; 송덕수, 169; 지원림(주 27), 80.
75) 자료집(주 1), 57-58 참조. 지방자치단체장을 청구권자로 추가할 것을 주장한 견해로 정남휘(주 6), 25; 박인환(주 2), 44-45; 구상엽(주 1), 31 참조. 그 밖에 특별법 제정 대신 민법 개정을 지지한 문헌으로 남윤봉(주 2), 720-721; 엄덕수(주 5), 20; 이영규(주 5), 221-222 참조.

본조에 열거된 자격을 갖추지 못한 사람은 성년후견개시심판을 청구할 권한이
없으므로, 검사 또는 지방자치단체의 장에게 그 권한의 발동을 촉구할 수 있을
뿐이다.[76]

V. 성년후견 개시심판

1. 가정법원의 관할

(1) 피후견인의 주소지 가정법원 관할

가소법은 후견에 관한 사건을 모두 피후견인($^{피후견인이 될}_{사람을 포함한다}$)의 주소지 가정법
원이 관할하도록 하였다($^{가소 § 44}_{I (i -2)}$).

따라서 성년후견에 관한 사건은 피성년후견인($^{피성년후견인이 될}_{사람을 포함한다}$)의 주소지 가
정법원이 관할한다. 성년후견에 관한 사건은 가사비송사건 중 라류사건으로서
가정법원의 전속관할이다($^{가소 § 2 I}_{(ii) 가목}$). 본래 가소법 개정안은 후견인이 될 자의
주소지를 관할하는 가정법원에 대해서도 관할권을 인정함으로써 피후견인의
주소지 변경과 무관하게 후견인 주소지 관할 가정법원이 후견 관련 사건을 연
속성 있게 처리할 수 있도록 하였으나, 국회 심의 과정에서 삭제되었다. 이는
피후견인의 절차적 참여권 보장을 위한 것이다.

한편, 가소 § 44 I (i -2) 단서의 경우 성년후견·한정후견 개시의 심판,
특정후견의 심판 등이 확정된 이후의 후견에 관한 사건($^{기본후견감독사건이나}_{후견감독부수사건 등}$)은 후
견개시 등의 심판을 한 가정법원($^{항고법원이 후견개시 등의 심판을 한}_{경우에는 그 제1심 법원인 가정법원}$)이 관할하도록 규
정하고 있다. 후견개시 이후에도 후견감독이 상당기간 계속되는데, 그 관할이
항정되도록 함으로써 가정법원에게는 일관되고 지속적인 감독이 가능하도록
하고, 후견인 등에게는 후견감독기관인 가정법원에 관하여 착오를 일으키지
않도록 한 것이다.[77] 그리고 가소 § 44 II는 "가정법원은 피후견인의 이익을
위하여 필요한 경우에는 직권 또는 후견인, 후견감독인, 피후견인, 피후견인의
배우자·4촌 이내의 친족, 검사, 지방자치단체의 장의 신청에 따른 결정으로

---

76) 윤진수·현소혜(주 1), 29; 김형석(주 27), 452-453. 이러한 개정 민법의 입장에 대하여
   찬성하는 견해로 신은주(주 2), 34-35 참조. 이에 대하여 사회복지시설의 장까지도 청구
   권자에 포함시켜야 한다는 견해로는 엄덕수(주 5), 21.

77) 김성우(주 8), 26; 주석 총칙(1), 320(제5판/신숙희). 가소 § 44 I (i -2) 단서, II, III
   은 2017.10.31. 법률 제14961호로 일부 개정된 규정으로서 2018.5.1. 시행되었다.

제1항 제1호의2 단서의 관할 가정법원을 피후견인의 주소지의 가정법원으로 변경할 수 있다."라고 규정하고 있다. 이는 가소 §44 Ⅰ(ⅰ-2) 단서에 따른 관할 항정으로 인하여 피후견인의 이익을 해할 우려가 있거나 가정법원의 적정한 감독이 어려울 경우에 가정법원이 직권 또는 청구에 의하여 관할을 변경하는 결정을 할 수 있도록 한 것이다.[78) 가정법원의 기각결정에 대해서는 신청인이, 변경결정에 대해서는 후견인 등이 즉시항고를 할 수 있다($\binom{가소}{§44 Ⅲ}$).

(2) 외국인에 대한 관할 및 준거법 등

개정 전 국사 §14는 "법원은 대한민국에 상거소 또는 거소가 있는 외국인에 대하여 대한민국 법에 의하여 한정치산 또는 금치산선고를 할 수 있다."라고 규정하고 있었는데, 개정 국사($\binom{2022. 1. 4. 법률 제18670호로}{전부 개정, 2022. 7. 5. 시행 예정}$) §61 Ⅰ은 성년인 피후견인($\binom{피후견인이 될 사람을}{포함한다. 이하 같다}$)의 일상거소가 대한민국에 있는 경우, 피후견인이 대한민국 국민인 경우 및 피후견인의 재산이 대한민국에 있고 피후견인을 보호하여야 할 필요가 있는 경우에 대한민국 법원에 국제재판관할이 있다고 규정함으로써 개정 민법의 취지를 반영하였다. 후등 §25 Ⅰ(ⅱ)는 '피성년후견인 등이 외국인인 경우에는 주민등록번호 및 등록기준지를 갈음하여 국적 및 외국인등록번호를 기록한다.'라고 규정하고 있는데, 이는 외국인에 대하여도 성년후견 등이 가능함을 전제로 한 규정이다.

후견에 대한 준거법은 원칙적으로 피후견인의 본국법인데($\binom{개정 국사}{§75 Ⅰ}$), 그 준거법이 규율하는 사항은 후견의 종류, 후견의 개시와 원인, 피후견인과 후견인 사이의 권리의무관계, 후견의 선임과 직무, 후견의 내용 등이다. 개정 국사 §75 Ⅱ는 이러한 일반원칙에 대한 예외에 관하여 규정하고 있는데, 대한민국 법원이 개정 국사 §75 Ⅱ, §61에 근거하여 외국인의 후견사건에 관한 재판을 하는 때에 ① 피후견인의 본국법에 따른 후견개시의 원인이 있더라도 그 후견사무를 수행할 사람이 없거나, 후견사무를 수행할 사람이 있더라도 후견사무를 수행할 수 없는 경우, ② 대한민국에서 후견개시의 심판($\binom{임의후견감독인선임}{심판을 포함한다}$)을 하였거나 하는 경우, ③ 피후견인의 재산이 대한민국에 있고 피후견인을 보호하여야 할 필요가 있는 경우에는 대한민국 법이 준거법이 된다는 취지이다. 이는 후견제도의 특수성을 감안하여, 피후견인의 보호와 후견개시심판 국가에서의 후견사무 및 감독업무의 원활한 처리를 목적으로 한 규정이라고 할 수 있다.[79)

---

78) 김성우(주 8), 26-27.
79) 이에 관한 상세한 설명은 김성우(주 8), 27-28; 주해친족법(2), 1772-1779(석광현) 참조.

(3) 외국법원의 후견인선임재판의 승인 등[80]

후견인선임은 비송사건인데, 외국법원의 후견인선임재판이 있는 경우 이에 대한 승인 및 집행이 문제가 될 수 있다. 다수설은 비송사건도 본법 §217를 유추적용하여 외국재판에 대한 승인이 가능하다고 보고 있는데, 이를 토대로 하면, ① 국제재판관할이 있고, ② 송달이 적법하게 이루어졌으며, ③ 판결의 효력을 인정하는 것이 대한민국의 공서양속에 반하지 않고, ④ 상호보증이 있는 경우 외국법원의 후견에 관한 확정판결의 승인이 가능하고, 외국재판에 의하여 선임된 후견인의 권한은 한국 내 재산 및 후견사무에도 미친다.

다만, 현재 실무적으로 외국법원에서 받은 후견재판만을 근거로 한 후견등기는 허용되지 않고 있으므로, 후견등기와 실질적인 후견인의 권한행사를 위해서는 별도로 우리 민법에 따라 가정법원에서 후견재판을 받아야 한다.

2. 가정법원의 심리

(1) 실체적 요건에 대한 심리 등

가정법원은 질병, 장애, 노령, 그 밖의 사유로 인한 정신적 제약으로 사무를 처리할 능력이 지속적으로 결여된 사람에 대한 성년후견개시심판 청구가 있는 경우, 그 요건에 부합할 때에는 성년후견개시심판을 한다. 요건이 갖추어진 경우 가정법원은 필수적으로 개시심판을 하여야 하며, 개시여부에 대해 재량권을 갖는 것은 아니다.[81]

(2) 정신 상태에 대한 감정절차

⑺ 원칙적 실시　　가정법원의 입장에서는 피성년후견인이 될 사람에게 사무를 처리할 능력이 지속적으로 결여되었는지 여부를 정확하게 판단함과 동시에 이해관계인에 의한 증거조작으로 인한 성년후견제도의 악용을 방지할 필요가 있으므로, 가소법은 원칙적으로 피성년후견인이 될 사람의 정신 상태에 관하여 의사의 감정을 받도록 규정하였다(가소 §45-2 본문).[82][83]

---

80) 이에 관한 상세한 설명은 김성우(주 8), 29-30; 주해친족법(2), 1779-1782(석광현) 참조.
81) 동지, 자료집(주 1), 176; 곽윤직·김재형 124; 김민중, 139; 주석 총칙(1), 313(제5판/신숙희).
82) 의사의 감정을 필수적 절차로 두는 것에 반대하는 견해로는 제철웅, "요보호성인의 인권 존중의 관점에서 본 새로운 성년후견제도", 민학 56, 2011, 312.
83) 가소법은 성년후견 또는 한정후견개시의 심판을 할 경우에는 원칙적으로 정신상태에 대하여 의사의 감정을 받도록 규정한 반면에, 특정후견의 심판을 할 경우에는 의사나 그 밖의 전문지식이 있는 사람의 의견을 듣도록 하고, 그 의견은 진단서 또는 그 밖에 이에 준

종전 금치산선고와 마찬가지로 가정법원은 감정인의 감정결과에 구속되지 않고 법률적 관점에서 후견의 필요성 유무와 그 범위를 판단할 수 있지만,[84] 정확한 결정을 위해서 전문가의 의견을 충분히 고려하여 심판하는 것이 바람직하다.[85]

　　⒩ 예외적 생략　　　피성년후견인이 될 사람의 정신상태를 판단할 만한 다른 충분한 자료가 있는 때에는 가정법원이 위와 같은 의사의 감정을 받지 않은 상태에서 심판할 수 있다($\substack{가소 \S 45-2 \\ I \ 단서}$).[86]

　　예컨대, ① 외견상 정신적 장애가 있음이 명백하고, ② 사건본인을 둘러싼 사람들 사이에 이해관계의 대립이 없으며, ③ 다른 사건에서 제출된 사건본인에 대한 최근의 감정서 또는 공신력 있는 의료기관에서 작성한 진단서에 이른바 '식물인간 상태($\substack{vegetative \ state, \ 의식이 \ 없어 \ 의사소통이 \ 전혀 \ 되지 \ 않 \\ 고 \ 사지가 \ 강직되어 \ 스스로 \ 신체를 \ 움직일 \ 수 \ 없는 \ 상태}$)'에 있다는 취지의 기재가 있거나, "대상자의 증상이 고정되어 인지결핍 상태 또는 정신적 제약 상태에서 회복될 가능성이 거의 없다"라는 취지의 기재가 있는 경우 등이 이에 해당할 수 있다.[87] 피성년후견인에 대하여 장애인복지법상 장애등급심사규정에 의한 장애판정이 있는 경우 그 자료를 활용할 수도 있을 것이다. 장애판정을 한 해당 기관에 사실조회를 하는 등으로 판단자료를 확보하고, 충분한 자료가 된다고 판단되면 감정절차를 생략할 수 있다. 그러나 정신감정이 아닌 다른 자료에 의하여 정신상태를 판단할 때에는 더욱 신중을 기할 필요가 있다. 상대적으로 간이한 증명방법을 사용한다는 사정만으로 사건본인의 정신상태를 판단하는 심증의 정도를 달리 할 수는 없기 때문이다.[88]

　　⒟ 절차구조　　　가소법은 가사비송사건에의 절차구조에 관한 조항을 신설하였다. 즉, 가정법원은 가사비송사건의 절차에 소요되는 비용을 지출할 자금능력이 없거나 그 비용을 지출하면 생활에 현저한 지장이 있는 사람에 대해서 그 사람의 신청에 따라 또는 직권으로 절차구조(節次救助)를 할 수 있다($\substack{가소 \\ \S 37-2}$).[89] 실무에서는 부당한 목적의 청구가 아니고 자력이 없다는 등의 절차

하는 서면이나 말로 진술하게 할 수 있도록 완화해서 규정하고 있다(가소 § 45-2 Ⅰ, Ⅱ 참조).

84) 곽윤직·김재형, 123; 주석 총칙(1), 322(제5판/신숙희).

85) 동지, 법원행정처(주 1), 17; 구상엽(주 1), 71; 배인구(주 1), 27; 김형석(주 27), 454.

86) 김성우(주 8), 40.

87) 윤진수·현소혜(주 1), 30; 구상엽(주 1), 70.

88) 동지, 배인구(주 1), 28.

89) 가소 § 37-2가 신설되기 전까지는 비송사건절차법이 적용 또는 준용되는 비송사건은 소

구조 요건을 갖추었다고 인정되는 사안에서, 감정비용 등 성년후견 등 사건에
서 소요되는 비용에 대하여 폭넓게 절차구조를 하고 있다.[90]

(3) 청구취지에 대한 구속력

　　(가) 쟁　　점　　　성년후견개시의 심판청구에 관한 실체적 요건에 대하
여 심리한 결과 그 요건이 모두 충족되는 것으로 인정되면, 가정법원은 성년후
견개시심판을 하여야 한다.

　　그런데 ① 청구인이 성년후견개시 심판을 청구하였으나 가정법원에서 심
리한 결과 성년후견개시의 요건에는 미달하지만 한정후견개시의 요건은 충족
할 정도라고 판단한 경우, ② 또는 청구인이 한정후견개시 심판을 청구하였으
나 가정법원의 심리결과 성년후견이 필요할 정도라고 판단한 경우, 청구취지
에 구애받지 않고 다른 종류의 후견을 개시하는 심판을 할 수 있는지 여부가
문제될 수 있다. 이에 대하여 견해의 대립이 있다.

　　(나) 긍 정 설　　　위와 같은 경우 성년후견개시의 심판청구를 기각하기
보다는 한정후견개시심판을 하여야 하고, 그 역의 경우도 마찬가지라는 견해
가 있는데,[91)92)] 그 구체적인 논거는 다음과 같다.

　　가사비송사건의 경우에는 법원이 청구취지에 구속되지 아니하므로, 청구
취지의 구속력을 인정하지 않는다는 것 자체에 법리적 문제점이 있는 것은 아
니다. 개정 전 민법상 금치산·한정치산 선고 간의 관계에 대해서도 통설과 실
무는 금치산선고와 한정치산선고의 차이는 심신장애 정도의 차이에 지나지 않
다고 보아 이를 긍정하였다.[93)] 법정 청구권자의 '청구'가 없었음에도 불구하고
성년후견개시심판 청구에 대해 가정법원이 '직권으로' 한정후견개시심판을 내
릴 수 있다는 것은 본조 I 의 규정에 정면으로 반하는 것이 아닌지 여부에 대
해 의문이 제기될 수 있으나, 성년후견은 '강화된 한정후견'으로서의 성격을
가지고 있으므로, 성년후견개시심판 청구(大)에 한정후견개시심판 청구(小)의

　　송구조의 대상이 아니었다(대결 09.9.10, 2000스89 참조).
　90) 김성우(주 8), 43.
　91) 윤진수·현소혜(주 1), 30-31, 윤일구(주 32), 187; 김형석(주 27), 457-458; 이진기(주
　　　53), 102; 강태성, 156; 곽윤직·김재형, 127; 김민중, 142; 김상용, 175, 185; 김주수·김
　　　상용, 133-134; 송덕수, 168; 양창수·김재형, 632.
　92) 민법 개정작업 당시 성년후견과 한정후견 심판절차를 통합 내지 연계하여 당사자의 신
　　　청에 구애받지 아니하고, 법원이 성년후견 또는 한정후견개시심판을 할 수 있도록 하는
　　　방안이 논의되었으나, 이 부분이 명문으로 규정되지는 아니하였다는 점에 대하여는 자료
　　　집(주 1), 234-237 참조.
　93) 법원실무제요 가사[Ⅱ], 2010, 234.

의사가 포함되어 있다고 볼 수 있고, 그 역의 경우도 마찬가지이다. 물론 위와 같은 심판을 내릴 때에는 정당한 이유 없이 본인의 의사에 반하는 일이 없도록 신중을 기하여야 할 것이다.[94]

㈐ 부 정 설   이에 대하여 성년후견개시의 심판청구에 대해 한정후견개시의 심판이나 특정후견개시의 심판을 할 수 없고, 그 역의 경우도 마찬가지라는 견해가 있다.[95] 이는 실무적으로 청구인으로 하여금 청구변경을 하도록 조치한 다음, 변경된 청구를 토대로 하여 심리해야 한다는 입장인데,[96] 그 논거는 다음과 같다.

개정 전 민법상 금치산·한정치산제도에서는 가정법원이 단순히 사건본인의 정신상태가 심신상실인지 아니면 심신박약인지 등에 대해서만 판단하면 충분하였다. 그러나 개정 민법에서는 대상자의 구체적 보호 필요성에 따른 개별적인 보호조치를 제공하기 위하여, 그 정신상태에 대한 감정뿐만 아니라, 생활여건, 본인의사 등을 면담과 실지조사 등의 방법을 통하여 면밀히 파악하지 않으면 안 된다. 가정법원이 성년후견 개시의 심판을 하는 경우에도 필요한 한도 내에서 피성년후견인이 단독으로 할 수 있는 법률행위의 범위를 정할 수 있어서 그 행위능력의 범위가 탄력적이기 때문이다. 위와 같이 필요성과 보충성을 이념으로 한 성년후견제도의 취지를 살리기 위해서는 청구인에게 그 취지를 알리고 사전에 청구를 변경하도록 해야 한다. 특히 한정후견개시 심판의 경우에는 종래의 한정치산선고와 달리 제한되는 행위를 개별적으로 정해야 하므로 이에 대한 조사 및 의견 진술의 기회를 충분히 부여해야 한다.

㈑ 2020년경까지 서울가정법원에서는 후견개시 여부에 대한 결정과 후견유형의 선택에 있어서 가장 존중되어야 할 것은 사건본인의 의사이고, 사건본인의 잔존능력의 활용이라는 측면에서도 필요최소한의 범위에서 후견이 개

---

94) 김형석(주 27), 457-458; 곽윤직·김재형, 127-128은 기본적으로 긍정설을 취하면서도, 한정후견의 개시를 청구한 사건에서 본인 기타 이해관계인에게 불의의 결과가 될 수 있으므로 절차상 주의가 필요하고, 따라서 의사의 감정결과에 비추어 성년후견 개시의 요건을 충족하고 본인도 성년후견의 개시를 희망한다면 성년후견을 개시할 수 있다고 주장하는 등 본인의 의사와 성년후견제도와 한정후견제도의 목적을 고려해야 하고, 본인과 청구인에게 관련 가능성을 충분히 알려 청구를 취하할 기회를 부여하는 것이 바람직하다는 견해를 밝히는 등 신중한 입장을 취하고 있다.

95) 구상엽(주 1), 36 참조.

96) 배인구(주 1), 30은 명시적으로 부정설을 취한 것은 아니지만, "가능한 한 성년후견제도의 이념에 비추어 본인의 의사를 존중하도록 하고 사건 계속 중 밝혀진 본인의 정신적 제약의 정도를 고려하여 청구인이 사전에 청구를 변경하는 것이 바람직하다고 생각한다."라는 입장을 취하고 있다.

시되어야 하며, 한정후견과 특정후견 심판의 경우에는 제한되는 행위 또는 후원되어야 할 사무를 구체적으로 정하여야 하는 실제적인 필요가 있다는 등의 이유를 들어서, 원칙적으로 당사자가 청구하는 유형의 후견심판만이 가능하다는 입장을 토대로 하여 실무를 운영하고 있었다. 그런데 대결 21.6.10, 2020스596은 "성년후견이나 한정후견에 관한 심판 절차는 가사소송법 제2조 제1항 제2호 (가)목에서 정한 가사비송사건으로서, 가정법원이 당사자의 주장에 구애받지 않고 후견적 입장에서 합목적적으로 결정할 수 있다. 이때 성년후견이든 한정후견이든 본인의 의사를 고려하여 개시 여부를 결정한다는 점은 마찬가지이다(제9조 제2항, 제12조 제2항). 위와 같은 규정 내용이나 입법 목적 등을 종합하면, 성년후견이나 한정후견 개시의 청구가 있는 경우 가정법원은 청구 취지와 원인, 본인의 의사, 성년후견 제도와 한정후견 제도의 목적 등을 고려하여 어느 쪽의 보호를 주는 것이 적절한지를 결정하고, 그에 따라 필요하다고 판단하는 절차를 결정해야 한다. 따라서 한정후견의 개시를 청구한 사건에서 의사의 감정 결과 등에 비추어 성년후견 개시의 요건을 충족하고 본인도 성년후견의 개시를 희망한다면 법원이 성년후견을 개시할 수 있고, 성년후견 개시를 청구하고 있더라도 필요하다면 한정후견을 개시할 수 있다고 보아야 한다."라고 판시함으로써 긍정설을 취한다는 점을 분명히 하였다.[97]

(4) 후견기간의 제한

㈎ 가정법원은 성년후견개시심판 당시 미리 후견기간을 정할 수 있는지

---

97) 위 판례에 관하여 오진숙, "성년후견개시심판에서 처분권주의—대법원 2021.6.10.자 2020스596 결정에 관하여—", 신문(2022.1.10.자), 13은 '대상 판례와 같이 청구인이 성년후견 개시를 청구하였으나 법원이 직권탐지주의에 의한 사실조사 등의 심리 결과 성년후견개시의 요건을 충족하지 못하였거나 법원이 후견적 입장에서 한정후견을 개시함이 상당하다고 판단하는 경우 석명 등을 통하여 청구인이 청구취지 변경을 할 수 있도록 하고, 사건본인의 복리와 보호를 위하여 한정후견의 개시가 필요함에도 불구하고, 청구인이 청구취지 변경에 응하지 않는 예외적인 경우에도 법원이 직권으로 한정후견개시 결정을 하기보다는 청구를 기각해야 한다. 한정후견제도는 단순히 성년후견제도와 사무처리 능력 정도의 양적인 차이가 있는 것이 아니라 다른 목적을 가진 별개의 제도로 이해해야 하고, 특히 한정후견개시심판을 청구한 사건에서 성년후견을 개시하는 심판은 경계해야 하며, 위 판례가 앞으로 법원이 당사자가 신청한 후견제도의 종류 및 실체법상 청구권자와 무관하게 직권으로 성년후견을 개시할 수 있는 근거가 되지 않기를 바란다.'는 취지의 주장을 하고 있다. 한편, 김성우(주 8), 52에는 '특정후견은 성년후견과 한정후견 사이의 관계처럼 피후견인의 정신적인 제약의 정도라는 양적인 차이만 있는 것이 아니라 제도의 목적이나 구조와 같은 질적인 차이가 있기 때문에, 청구취지대로의 특정후견심판이 사건본인의 복리나 보호에 위험을 발생시킬 것이 명백하다면 청구를 기각하는 것이 바람직하다.'는 취지가 기재되어 있다.

에 대해서도 견해가 대립하고 있다.

    ㈏ 긍 정 설   가정법원이 임의로 성년후견 기간을 정할 수 있다는 긍정설은 가정법원의 후견적 기능 내지 비송적 성격에 비추어 볼 때 피후견인의 의사, 정신능력의 호전가능성, 경제적 여건 등을 고려해 가정법원이 심판에 의해 후견의 기간을 정할 수 있도록 해야 한다는 점, 성년후견 개시사유가 소멸하였거나 임의후견이 개시될 수 있는 상태에 도달하였음에도 불구하고 성년후견의 효력이 계속되도록 하는 것은 필요성의 원칙 또는 보충성의 원칙에 반하고, 이와 같은 경우에 대비하여 미리 성년후견의 기간을 정해 놓을 실무상의 필요성이 있다는 점 등을 근거로 하고 있다.[98]

    ㈐ 부 정 설   이에 대하여 가정법원이 임의로 성년후견 기간을 정할 수 없다는 부정설이 있는데, 그 근거는 다음과 같다.

    일부 입법례는 성년후견의 효력기간을 법정하고 있으나,[99] 개정 민법은 이러한 규정을 두고 있지 않으며, 오로지 특정후견에 대해서만 가정법원이 그 기간 또는 사무의 범위를 정하도록 하고 있다는 점($\frac{\S}{14-2}$), 성년후견의 '지속적 성격'은 특정후견에 대해서는 '특정후견의 심판'이라는 표현을, 성년후견에 대해서는 '성년후견개시의 심판'이라는 표현을 사용하면서 성년후견종료 심판에 관한 규정을 별도로 두고 있다.

    가정법원의 예측과는 달리 그 기간의 도과에도 불구하고 여전히 후견의 필요성이 존속하는 경우, 후견개시절차를 재차 거칠 것을 요구하는 것은 당사자 등에게 지나친 부담이 될 뿐만 아니라, 후견의 갱신이 제때 이루어지지 않을 경우 피성년후견인의 보호에 공백이 발생할 우려도 있다. 결국 피후견인의 상태에 따라 적절한 시기에 성년후견을 종료시키거나 임의후견을 개시시키는 등 성년후견의 이념을 실현하는 것은, 가정법원보다는 성년후견인 또는 후견감독인 등의 역할로 귀결되어야 한다.[100]

    ㈑ 2021.9. 현재 서울가정법원에서는 부정설을 토대로 하여 실무를 운영하고 있다.[101]

---

98) 구상엽(주 1), 46 참조.
99) 입법론으로서 원칙적으로 성년후견기간이 5년을 넘지 못하도록 규정한 프민 등과 같이 성년후견의 효력기간을 미리 정해둘 필요가 있다는 견해로 엄덕수(주 5), 22; 이영규(주 5), 236 참조.
100) 윤진수·현소혜(주 1), 31-32.
101) 김성우(주 8), 138에는 ① 성년후견과 한정후견의 종료사유에 관하여 ㉮ 개시원인이 소멸한 경우(§11, §14), ㉯ 피후견인에게 다른 유형의 후견이 개시되는 경우(§14-3,

(5) 본인의 의사에 대한 고려

⑺ 가정법원은 성년후견개시의 심판을 함에 있어 본인의 의사를 고려하여야 한다($^{본조}_{II}$). 개정 전 민법과 가사소송법에 대해서는 본인의 의사를 존중할 수 있는 장치가 부족하다는 비판이 있었기 때문에, 개정 민법에서는 성년후견개시의 심판을 할 때 본인의 의사를 고려해야 할 의무를 가정법원에 부과하고 있다.

⑻ 이는 피후견인 될 사람의 자기결정권을 최대한 보장하기 위한 것이므로, 본인의 자기결정권은 후견제도의 유형 선택, 후견 범위의 선택 및 후견인의 선택 등의 영역에서 두루 관철되어야 한다. 이 중 후견인의 선택에 대해서는 §936 IV에 특칙이 마련되어 있다. 결국 본조 II은 후견제도의 유형선택 및 후견범위의 선택과 관련하여 본인의 의사를 고려할 것을 요청하는 의미를 갖는다.[102]

⑼ 가정법원은 성년후견개시 심판을 하는 경우 원칙적으로 피성년후견인이 될 사람의 진술을 들어야 한다($^{가소 §45-3}_{I (ⅰ)}$). 다만, 피성년후견인이 될 사람이 의식불명 그 밖의 사유로 자신의 의사를 표명할 수 없는 경우에는 그러하지 아니하다($^{가소 §45-3}_{I 단서}$). 이에 따라 가정법원이 진술을 들을 경우에는 피성년후견인이 될 사람을 심문하여야 한다($^{가소 §45-3}_{II 본문}$). 다만, 그 사람이 자신의 의사를 밝힐 수 없거나 출석을 거부하는 등 심문할 수 없는 특별한 사정이 있는 때에는 그러하지 아니하다($^{가소 §45-3}_{II 단서}$). 후견계약이 등기되어 있는 경우 임의후견인의 진술도 들어야 한다($^{가소 §45-3}_{I (ⅰ) 단서}$).

가정법원은 성년후견개시 심판을 함에 있어 실체적으로는 사건본인의 의사를 고려하여야 하고 절차적으로는 사건본인을 심문하여 진술을 들어야 한다. 성년후견개시 심판을 함에 있어 사건본인의 의사를 고려하여야 한다는 것은 성년후견개시 여부에 대한 사건본인의 의견을 청취하고 사건본인의 복리에 부합하는 한도에서 그것을 적극적으로 고려해야 함을 의미한다. 다만, 특정후견은 본인의 의사에 반하여 할 수 없다는 명문의 규정이 있는 반면에($^{§}_{14-2}$), 성년후견의 경우 위와 같은 규정이 없기 때문에, 사건본인의 복리를 위하여 필요한 때에는 사건본인의 의사에 반하여 성년후견개시 심판을 할 수 있다고 본다.[103]

사건본인의 의사를 확인하는 방법으로는 당사자를 직접 대면하여 의사를

---

§959-20 II 참조), ⑭ 피후견인의 사망만을 거시하는 반면에, ② 특정후견의 종료사유에 관하여는 그 목적이 된 사무의 처리 완료 또는 기간의 만료를 명시하고 있다.

102) 박인환(주 2), 38; 이현곤(주 11), 99.

103) 동지, 배인구(주 1), 26; 김성우(주 8), 48; 강태성, 158; 이현곤(주 11), 99; 주석 총칙(1), 323(제5판/신숙희).

청취하는 심문을 원칙으로 한다. 사건본인의 정신능력이나 의사표현력이 미숙한 경우에는 주변인이 진술이나 서면의 내용을 조작하여 사건본인의 의사를 왜곡할 우려가 있기 때문에, 이로 인한 왜곡가능성을 사전에 봉쇄하기 위한 것이다.[104] 다만, 사건본인이 장기간 의식불명의 상태에 있다든지 의도적으로 법원의 출석요구에 불응하는 경우 등 심문할 수 없는 특별한 사정이 있는 때에는 심문 없이 절차를 진행할 수 있다. 하지만 이 경우에도 심문을 생략할 만한 사정이 있는지 여부는 주변인의 주관적 진술에 의존하기보다는 의사의 진단 등 객관적 자료를 토대로 판단해야 하고, 필요한 경우 가사조사관의 출장조사 등을 활용할 수도 있다.

　　㈐ 가정법원은 사건본인의 심문을 위하여 검증이 필요한 경우 민소 §365 및 §366 Ⅰ, Ⅲ에 정한 검증절차에 따라 검증을 실시할 수 있다(§가소45-3 Ⅲ).

(6) 피한정후견인 또는 피특정후견인에 대한 성년후견개시심판

가정법원은 피한정후견인 또는 피특정후견인에 대해 성년후견개시심판을 할 때 종전의 한정후견 또는 특정후견 종료심판을 하여야 한다(§14-3 Ⅰ).

(7) 후견계약이 등기된 경우 성년후견개시심판

§959-20 Ⅰ은 "후견계약이 등기되어 있는 경우에는 가정법원은 본인의 이익을 위하여 특별히 필요할 때에만 임의후견인 또는 임의후견감독인의 청구에 의하여 성년후견, 한정후견 또는 특정후견의 심판을 할 수 있다. 이 경우 후견계약은 본인이 성년후견 또는 한정후견 개시의 심판을 받은 때 종료된다."라고 규정하고, §959-20 Ⅱ은 "본인이 피성년후견인, 피한정후견인 또는 피특정후견인인 경우에 가정법원은 임의후견감독인을 선임함에 있어서 종전의 성년후견, 한정후견 또는 특정후견의 종료 심판을 하여야 한다. 다만, 성년후견 또는 한정후견 조치의 계속이 본인의 이익을 위하여 특별히 필요하다고 인정하면 가정법원은 임의후견감독인을 선임하지 아니한다."고 규정하고 있다. 이와 같은 민법 규정은 후견계약이 등기된 경우에는 사적자치의 원칙에 따라 본인의 의사를 존중하여 후견계약을 우선하도록 하고, 예외적으로 본인의 이익을 위하여 특별히 필요할 때에 한하여 법정후견에 의할 수 있도록 한 것이다.[105]

---

104) 윤진수·현소혜(주 1) 32-33; 구상엽(주 1), 68-69.
105) 사건본인의 여동생의 청구를 토대로 하여 제1심법원에서 사건본인에 대한 한정후견개시심판을 한 다음, 항고심이 계속되던 중 사건본인이 후견계약을 체결하고 후견계약을 등기한 후 사건본인의 장남이 바로 임의후견감독인 선임을 청구한 사안에 관한 대결 17.6.1, 2017스515 참조.

제1심법원이 사건본인에 대한 법정후견을 개시하는 심판을 한 이후에 비로소 후견계약이 등기된 사안에도 위와 같은 법리가 적용되는지 여부 등에 대하여 논란이 있을 수 있지만,[106] 대법원은 §959-20 I 에서 후견계약의 등기 시점에 특별한 제한을 두지 않고 있고, §959-20 II 본문이 본인에 대해 이미 한정후견이 개시된 경우에는 임의후견감독인을 선임하면서 종전 한정후견의 종료 심판을 하도록 한 점 등에 비추어 보면, §959-20 I 은 본인에 대해 한정후견 개시심판 청구가 제기된 후 그 심판이 확정되기 전에 후견계약이 등기된 경우에도 그 적용이 있다고 보아야 하므로, 그와 같은 경우 가정법원은 본인의 이익을 위하여 특별히 필요하다고 인정할 때에만 법정후견개시심판을 할 수 있다고 판시하였고, 나아가 위 규정에서 정하는 후견계약의 등기에 불구하고 법정후견의 심판을 할 수 있는 '본인의 이익을 위하여 특별히 필요할 때'란 후견계약의 내용, 후견계약에서 정한 임의후견인이 그 임무에 적합하지 아니한 사유가 있는지, 본인의 정신적 제약의 정도, 기타 후견계약과 본인을 둘러싼 제반 사정 등을 종합하여, 후견계약에 따른 후견이 본인의 보호에 충분하지 아니하여 법정후견에 의한 보호가 필요하다고 인정되는 경우를 말한다고 판시하였다.[107]

3. 성년후견개시심판의 효력

(1) 형성적 효력

가정법원의 심리결과 성년후견개시의 심판이 확정되면 형성적 효력이 발생한다. 따라서 위 심판의 확정으로 인하여 비로소 사건본인은 '피성년후견인'의 지위를, 사건본인을 보호하기 위하여 가정법원으로부터 선임된 후견인은 '성년후견인'의 지위를 취득하게 된다.

실체법적으로 '정신적 제약이 있을 것'과 '그로 인해 사무를 처리할 능력이 지속적으로 결여될 것'이라는 2가지 요건이 모두 충족되는 '사실상의 제한능력자'에 대하여 피성년후견인에 관한 민법 규정이 유추적용된다고 해석하는 견

106) 위 대결 17.6.1, 2017스515의 하급심(항고심) 결정인 서울가결 17.1.13, 2016브30098 참조.

107) 위 대결 17.6.1, 2017스515. 한편, 위 사안에서 사건본인의 장남이 제기한 임의후견감독인 선임청구사건의 제1심법원은 2017.8.24. '사건본인에 대한 사건본인에 대한 한정후견이 개시되어 임의후견 종료등기가 마쳐진 이상 임의후견감독인의 선임을 구하는 청구는 받아들일 수 없다.'라는 등의 이유로 위 선임청구를 기각하였고(서울가결 17.8.24, 2016느단11312), 이에 대한 청구인의 항고 및 재항고는 모두 기각되었다(서울가결 18.2.21, 2017브30149 및 대결 18.6.22, 2018스541 참조).

해가 있으나,[108] 개정 민법에 도입된 성년후견제도는 당사자의 청구와 가정법원의 후견 개시 등 심판에 의하여 개시되고 후견등기부에 의해 공시되는 특성이 있음에도, 대상자의 행위능력 결여 정도가 그와 유사한 특성을 가졌다는 이유만으로 유추적용될 수는 없고, 따라서 실체법적으로 위 2가지 요건이 모두 충족되는 대상자의 경우에도, 성년후견개시의 심판을 받기 전에는 피성년후견인이 될 수 없다는 점은 위에서 본 바와 같다.[109]

(2) 피성년후견인에 관한 실체적 요건 흠결

① 애당초 사건본인에 관하여 성년후견개시의 실체적 요건이 충족되지 않았음에도 불구하고 가정법원의 잘못된 판단으로 성년후견개시의 심판이 확정된 경우(예컨대, 사건본인의 정신적 제약으로 사무를 처리할 능력이 지속적으로 결여된 것은 아니고 단순히 위와 같은 사무처리 능력이 부족한 상태임에도 불구하고 사건본인에 대하여 성년후견개시의 심판이 확정된 경우), 위와 같은 심판을 당연무효로 볼 것인지(즉, 사건본인의 행위능력을 그대로 인정할 것인지), ② 나아가 처음에는 사건본인의 사무처리 능력이 '지속적으로 결여'된 상태였다가 사후적으로 ㉮ 그 사무처리 능력이 단순히 '부족'한 상태로 변경되거나 ㉯ 사무처리 능력이 완전히 회복된 경우, 별도의 심판 없이 당초의 성년후견개시 심판의 효력이 당연히 소멸한다고 볼 것인지에 관하여 이론적으로 긍정설과 부정설의 견해 대립이 가능할 수 있다.

개정 민법에 도입된 성년후견제도와 가사비송사건의 절차적 특성상 청구권자의 청구에 따른 가정법원의 성년후견 개시의 심판이 확정되어야만 그 형성적 효력을 발생하고, 이에 의하여 비로소 사건본인은 '피성년후견인'의 지위를, 가정법원으로부터 선임된 후견인은 '성년후견인'의 지위를 취득하게 된다는 점, 위와 같이 확정된 심판에 의하여 형성된 내용을 가정법원의 촉탁에 의하여 후견등기부에 공시하는 현행 제도는 피성년후견인의 보호와 거래의 안전을 모두 중시하는 것이라는 점, 긍정설은 '사실상의 제한능력자'에 관한 견해와 유사한 맥락인데, '사실상의 제한능력자'에 관한 견해에 찬성하지 않으면서 긍정설을 취하는 것은 일관성이 없다는 점 등을 종합적으로 고려하는 경우, 이미 확정된 심판에 따른 형성적 효력을 배제하기 위해서는 실체적 요건의 흠결을 이유로

---

108) 김주수·김상용, 108-110.

109) 동지, 강태성, 155; 송덕수, 167; 주석 총칙(1), 281-282(제5판/신숙희). 이에 관하여 개정 전 민법 관련 규정에 관하여 "표의자가 법률행위 당시 심신상실이나 심신미약상태에 있어 금치산 또는 한정치산선고를 받을 만한 상태에 있었다고 하여도 그 당시 법원으로부터 금치산 또는 한정치산선고를 받은 사실이 없는 이상 그 후 금치산 또는 한정치산선고가 있어 그의 법정대리인이 된 자는 금치산 또는 한정치산자의 행위능력 규정을 들어 그 선고 이전의 법률행위를 취소할 수 없다."라고 판시한 대판 92.10.13, 92다6433 등 참조.

하는 성년후견종료의 심판 등 별도의 심판이 있어야 하고($ \genfrac{}{}{0pt}{}{\text{성년후견종료의 심판의 성격}}{\text{과 요건 등에 관해서는 §11에}} $ 관한 해설 부분 참조), 이러한 별도의 심판이 있기 전에는 사건본인의 정신능력이 회복되었 다는 등의 사정만으로 바로 행위능력자가 되는 것은 아니라는 취지의 부정설 이 타당하며,[110] 현재 이에 대하여 반대하는 학설($ \genfrac{}{}{0pt}{}{\text{긍정}}{\text{설}} $)은 발견하기 어렵다.

(3) 성년후견인의 결격사유

애당초 §937에 규정된 후견인 결격사유가 있는 사람을 성년후견인으로 선임 한 가정법원의 심판이 확정된 경우 이러한 심판을 당연무효로 볼 것인지, 나아가 위와 같은 결격사유가 없는 사람이 성년후견인으로 선임된 다음 사후적으로 결 격사유가 발생하는 경우 별도의 심판이 없이도 그 후견인 선임의 효력이 당연히 소멸한다고 볼 것인지에 관해서도 긍정설과 부정설의 견해 대립이 가능하다.

긍정설을 취하는 견해가 다수설이지만,[111] 위와 같은 긍정설을 취하는 경우 피후견인의 보호에 공백이 발생할 우려가 높고 공시되지 않은 후견인의 결격 사유 등으로 인하여 거래의 안전이 위협받을 수 있기 때문에 후견인 변경 등 별도의 심판이 있어야만 후견인으로서의 자격과 권한이 상실된다는 부정설이 유력하게 제기되고 있다.[112]

앞서 본 바와 같이 개정 민법에 도입된 성년후견제도와 가사비송사건의 절차적 특성상 청구권자의 청구에 따른 가정법원의 성년후견개시의 심판이 확 정되어야만 그 형성적 효력을 발생하고, 이에 의하여 비로소 사건본인은 '피성 년후견인'의 지위를, 가정법원으로부터 선임된 후견인은 '성년후견인'의 지위를 취득하게 된다는 점, 피성년후견인에 관한 실체적 요건 흠결에 관하여 위 나.항과 같이 부정설을 취하는 경우, 성년후견인의 결격사유에 관하여도 부정 설을 취하는 것이 법리적으로 일관성이 있다는 점, 위와 같이 확정된 심판에 의하여 형성된 내용을 가정법원의 촉탁에 의하여 후견등기부에 공시하는 현행

---

110) 윤진수·현소혜(주 1) 58; 법원행정처, 성년후견제도 해설, 법원행정처, 2013, 26; 양창 수·김재형, 635; 주석 총칙(1), 380(제5판/신숙희) 341, 371-372 참조.

111) 김주수·김상용, 친족·상속법, 제14판, 2017, 494-495; 주해친족법(2), 1222(현소혜) 등 참조.

112) 김성우(주 8), 56-57 참조. 김성우(주 8), 56-57은 ① 가정법원에서 처음부터 결격사 유가 있는 사람을 후견인으로 선임하는 심판을 한 경우에도 그 심판을 당연무효라고 볼 수 없고, ② 후발적으로 결격사유가 발생하거나 결격사유가 있음이 밝혀진 경우에도, 그러 한 사정만으로 후견인 선임심판이 무효가 되거나 후견인으로서의 자격을 잃는 것은 아니 며, ①②의 경우 모두 위와 같은 사정을 이유로 하여 후견인변경 등의 심판을 해야만 후견 인으로서의 자격과 권한이 상실되는 것으로 보아야 한다는 부정설을 취하고 있는데, 이는 확정된 성년후견개시의 심판이 형성적 효력을 발생함을 전제로 하는 것이다.

제도는 피성년후견인의 보호와 거래의 안전을 모두 중시하는 것이라는 점($^{만일}_{긍정설}$
에 따르는 경우, 성년후견인 결격사유가 사후적으로 발생한 이후 후견등기부에 후견인으로 등기되어 있는 사람이 피
성년후견인의 대리인으로 행한 모든 법률행위의 효력이 부정되는 한편, 피성년후견인과 거래한 사람의 입장에서는
§ 15 Ⅱ에 규정된 확답 촉구의 상대방의 부존재로 인하여 확답 촉구를 할 수조차 없는 상황이 발생할 수 있다) 등을 종합적으로 고려하는 경우, 이미
확정된 심판에 따른 후견인 선임에 관한 형성적 효력을 배제하기 위해서는 후
견인의 결격사유를 이유로 하는 후견인변경 등 별도의 심판이 있어야 한다는
부정설이 타당하다고 본다.

(4) 후견인의 선임과 피성년후견인의 행위능력 제한 등

⑺ **필요적 선임 등**　　가정법원은 성년후견개시심판을 하면서 반드시
후견인을 선임해야 하므로($^{§}_{929}$), 직권으로 후견인을 선임해야 한다($^{§\,936}_{Ⅰ}$). 가정
법원은 직권 또는 친족 등의 청구에 의하여 성년후견인을 변경할 수 있는데
($^{§}_{940}$), 특별한 사정이 없는 한 성년후견인 변경사유를 판단함에 있어서는 재산
관리와 신상보호의 양 업무의 측면을 모두 고려하여야 한다.[113]

성년후견인은 그 선임을 받은 후 지체 없이 피성년후견인의 재산을 조사
하여 2개월 이내에 그 목록을 작성해야 하는 등 법률에 규정된 임무를 수행해
야 하는데($^{§\,941\,내지}_{§\,956\,참조}$), 이러한 임무수행에 관하여 후견인에게 선관의무에 관한
§ 681의 규정과 제3자가 무상으로 자(子)에게 수여한 재산의 관리에 관한
§ 918의 규정이 준용된다($^{§}_{956}$).

⑻ **재산에 관한 피성년후견인의 행위능력 제한**　　피성년후견인은 성
년후견개시심판에 의하여 재산에 관한 행위능력에 제한을 받게 된다. 즉, 성년
후견이 개시되면 피성년후견인은 원칙적으로 단독으로 유효한 법률행위를 할
수 없고, 법정대리인인 성년후견인의 대리행위를 통해서만 법률행위를 할 수
있으며($^{§\,938\,Ⅰ}_{§\,949\,Ⅰ}$), 소송행위도 법정대리인에 의하여서만 할 수 있다($^{민소§\,55}_{Ⅰ\,본문}$).[114]
같은 맥락에서 성년후견인은 피성년후견인이 한 법률행위에 대하여 일반적으
로 취소권을 행사할 수 있고($^{§\,10}_{Ⅰ}$), 다만 가정법원이 취소할 수 없는 법률행위
로 정한 범위에 있는 행위($^{§\,10}_{Ⅱ}$) 또는 일상적 법률행위($^{§\,10}_{Ⅳ}$) 등은 예외로 하는
데, 이에 관하여는 § 10에 대한 해설 참조.

⑼ **신상보호에 관한 피성년후견인의 결정권한 등**　　성년후견이 개시

---

113) 대결 21.2.4, 2020스647.
114) 따라서 소 제기 이후 성년후견이 개시되어 피성년후견인이 소송능력을 상실한 경우 소
송절차는 중단되나, 성년후견인이 법정대리인으로 소송절차를 수계하게 된다(민소 § 235).
이러한 경우 소송절차에서 당사자는 여전히 피성년후견인이고, 성년후견인은 피성년후견
인의 법정대리인으로서 소송절차를 수계하는 것이지 당사자적격을 가지게 되는 것은 아니
다(대판 17.6.19, 2017다212569).

된 경우에도 피성년후견인은 자신의 신상에 관하여 그의 상태가 허락하는 범위 내에서 단독으로 결정할 수 있고($^{§\,947-}_{2\,\,I}$), 성년후견인은 필요한 범위 내에서 가정법원의 허가를 받아 피성년후견인의 신상에 관여할 수 있을 뿐이다($^{§\,947-}_{2}$ $^{II\,\,내}_{지\,\,V}$). 피성년후견인은 유언 등 일부 가족법상 행위에 관하여 일정한 요건 하에 단독으로 행위를 하거나 성년후견인의 동의를 얻어서 행위를 할 수 있는데, 이에 관하여는 § 10에 대한 해설 참조.

한편, 성년후견인이 이러한 신상보호 업무를 수행할 때에는 피성년후견인의 의사를 존중하고 그 복리에 부합하는 방법으로 사무를 처리해야 하는데($^{§}_{947}$), 위 각 규정들은 한정후견사무에 관하여 그대로 준용된다($^{§}_{959-6}$).

⒟ 성년후견감독인의 선임 여부 결정　　　성년후견감독인은 개정 민법에서 새로이 도입된 후견감독기관이다. 개정 전 민법은 후견인의 감독기관으로 친족회를 규정하고 있었는데, 친족회가 그 기능을 제대로 수행하지 못한다는 비판이 많았기 때문에, 개정 민법은 이를 폐지하였다. 성년후견감독인은 성년후견인과 같은 필수기관이 아니라 임의기관이므로($^{§\,940-}_{4\,\,I}$), 가정법원의 판단에 따라서 이를 선임하지 않을 수도 있다.

4. 후견등기부 기록의 촉탁

성년후견개시 심판이 확정된 경우 후견등기부에 이를 등기하여야 하므로, 가정법원은 후견등기 사무를 처리하는 사람에게 등기할 것을 촉탁하여야 한다($^{가소\,§\,9}_{§\,5-2\,\,I}$ $^{가소규}_{(i)\,가목}$). 종래 금치산 선고의 경우 그 사실을 가족관계등록부에 기재하도록 규정하고 있었는데, 민법 개정을 통하여 성년후견제도를 도입하면서 그 공시방법을 변경한 것이다($^{후등\,§\,1,\,§\,2}_{§\,20,\,§\,25\,등\,참조}$).[115]

가정법원이 성년후견을 개시하면서 성년후견인, 성년후견감독인을 선임한 경우, 그 사항에 관하여도 후견등기부에 등기할 수 있도록 촉탁해야 한다($^{가소}_{규}$ $^{§\,5-2\,\,I}_{(i)\,나목}$). 그밖에 성년후견 등에 관한 촉탁이나 신청 등을 통하여 후견등기부에 기록해야 하는 사항에 관하여는 후등 § 20, § 25, § 27 내지 § 31, 가소규 § 5-2 등 참조.

[김 시 철]

---

115) 한편, 현행법상 미성년후견에 관한 사항은 가족관계등록부에 공시된다는 점을 유의할 필요가 있다(가족등 § 9, § 80 참조).

제 10 조(피성년후견인의 행위와 취소)

① 피성년후견인의 법률행위는 취소할 수 있다.

② 제1항에도 불구하고 가정법원은 취소할 수 없는 피성년후견인의 법률행위의 범위를 정할 수 있다.

③ 가정법원은 본인, 배우자, 4촌 이내의 친족, 성년후견인, 성년후견감독인, 검사 또는 지방자치단체의 장의 청구에 의하여 제2항의 범위를 변경할 수 있다.

④ 제1항에도 불구하고 일용품의 구입 등 일상생활에 필요하고 그 대가가 과도하지 아니한 법률행위는 성년후견인이 취소할 수 없다.

I. 일반론

1. 개관

(1) 개정 민법의 입법취지

제한능력자(制限能力者)의 법률행위(法律行爲)는 일정한 경우 취소(取消)될 수 있다. 이는 제한능력자를 보호하기 위한 것인데, 그 결과 제한능력자와 거래한 상대방은 법률행위가 취소될 위험을 부담하게 된다. 결국 제한능력자 제도는 거래(去來)의 안전(安全)을 해한다고 할 수 있다.

입법론으로 거래의 안전을 보호하기 위해 후견인의 동의를 받아야 하는
행위의 범위에 관한 가정법원의 결정을 등기하지 않는 이상 거래 상대방에게
대항할 수 없도록 해야 한다는 주장[1]이 제기된 적이 있으나, 2011.3.7. 법률
제10429호로 개정되고 2013.7.1. 시행된 '개정 민법'은 임의후견에 대해서만
그 종료를 등기하지 않으면 선의의 제3자에게 대항할 수 없도록 규정하였을
뿐이고($\S^{950-}_{19}$), 법정후견과 관련하여서는 이러한 취지의 조문을 마련하고 있지
않다.[2] 즉, 개정 민법은 법정후견에 관하여 상대적으로 거래의 안전보다 제한
능력자의 보호를 더 중시한다고 할 수 있다.

　그렇다면 개정 민법 하에서 제한능력자와 거래하는 상대방은 그와 계약을
체결하려는 사람이 제한능력자인지 여부 등을 스스로 조사함으로써 그 위험을
회피하는 수밖에 없다. 그런데 종전 금치산·한정치산 제도는 가족관계등록부
에 그 사실이 기재되었지만, 성년후견 등에 관한 사항은 후견등기부에 의해 공
시되고, 후견과 관련된 등기사항증명서의 발급을 청구할 수 있는 사람은 피후
견인, 후견인, 후견감독인, 피후견인의 배우자 또는 4촌 이내의 친족 등 일정
한 범위 내에 있는 사람으로 한정된다($^{후등}_{\S 15}$).[3] 따라서 거래의 상대방은 제한능
력자 또는 그의 후견인 등에게 관련 등기사항증명서를 발급받아 올 것을 요청
하고, 제한능력자 측에서 그 등기사항증명서를 발급받아서 이를 상대방에게
제시하는 등 간접적인 방법으로 거래의 안전을 도모하는 수밖에 없다.[4]

　1) 대표적으로 「장애성년후견법안」(대표발의: 나경원의원) §12가 이러한 입장을 취하였는
　　데, 이에 관하여는 윤진수·현소혜, 2013년 개정민법 해설, 법무부, 2013, 20 등 참조.
　2) 본조에 대한 해설에서 '개정 민법'이라 함은 특별한 표시가 없는 이상 2011.3.7. 법률 제
　　10429호로 개정되고 2013.7.1. 시행된 것을 의미하는데, 위와 같은 개정 민법의 태도에
　　찬성하는 견해로는 엄덕수, "성년후견 법안, 그 쟁점과 입법 방향", 법무사 516, 2010, 24
　　참조. 배인구, 성년후견제도에 관한 연구—시행과 관련된 이론적·실무적 쟁점을 중심으
　　로—, 고려대학교 대학원 석사학위논문, 2013, 31에는 '성년후견개시 심판내용이 등기되
　　어 있다고 하더라도 그 점만으로 바로 거래 상대방의 악의가 추정된다고 할 수 없고, 이러
　　한 해석이 유엔장애인권리협약상의 원칙을 승계한 2010년 요코하마 제1회 세계성년후견
　　대회의 선언내용과 조화된다.'는 취지가 기재되어 있다.
　3) 이와 같은 후견등기 제도의 도입에 찬성하였던 견해로 엄덕수(주 2), 24; 황영두, "민법
　　상 성년후견제도에 관한 고찰", 경성법학 20-2, 2011, 18-19 등. 반면에 개정 민법의 시
　　행 이전에 가족관계등록부에 공시하는 방안을 찬성하였던 견해로 김형석, "민법 개정안
　　에 따른 성년후견법제", 가연 24-2, 2010, 163. 새로운 성년후견등록제도의 창설을 주장
　　하였던 견해로 신은주, "우리나라에서 성년후견제도의 도입", 한국의료법학지 17-6, 2009,
　　28-31; 정남휘, "성인후견제도의 입법적 고찰", 법무사 506, 2009, 24 참조.
　4) 강태성, 159; 지원림, 민법강의, 제16판, 2019, 81; 윤진수·현소혜(주 1), 57-58. 이 부
　　분 논의와 관련하여, 형제자매에게 가족관계등록부 등의 기록사항에 관한 증명서 교부청
　　구권을 부여하는 '가족관계의 등록 등에 관한 법률'(2007.5.17. 법률 제8435호로 제정된

위와 같은 새로운 제도의 도입으로 인하여 취소대상의 범위 등에 관한 본조의 규정내용은 상당히 중요한 의미를 가지게 되었다.[5] 피성년후견인의 법률행위 중 처음부터 취소대상에서 제외되는 법률행위에 관하여는 거래상대방이 그 거래의 유효성을 주장할 수 있기 때문이다. 이러한 측면에서 본조의 해석에 관하여는 행위능력제도의 체계 및 공시방법 등이 변경되었다는 점을 충분히 고려해야 한다. 종전 제도에 관한 법해석을 그대로 답습하는 경우 잘못하면 새로운 제도와 쉽게 조화되기 어려운 상황이 발생할 수도 있다는 취지이다.

(2) 본조의 규정내용

피성년후견인이 한 법률행위는 취소할 수 있다($\frac{본조}{I}$). 피성년후견인은 §9에 따른 성년후견개시심판의 확정과 동시에 재산에 관한 행위능력을 제한받기 때문에, 성년후견이 개시되면 피성년후견인은 원칙적으로 이에 관하여 단독으로 유효한 법률행위를 할 수 없고, 법정대리인인 성년후견인의 대리행위를 통해서만 법률행위를 할 수 있으며($\frac{\S 938}{\S 949}\frac{I}{I}$), 피성년후견인이 단독으로 행한 법률행위는 취소의 대상이 된다.

그러나 종전의 금치산자의 경우와 달리, 피성년후견인의 법률행위의 효력에 관하여는 2가지 예외가 인정된다. 첫째, 가정법원은 취소할 수 없는 피성년후견인의 법률행위의 범위를 정할 수 있고($\frac{본조}{II}$), 본인, 배우자, 4촌 이내의 친족, 성년후견인, 성년후견감독인, 검사 또는 지방자치단체의 장의 청구에 의하여 위 범위를 변경할 수 있다($\frac{본조}{III}$). 둘째, 일용품의 구입 등 일상생활에 필요하고 그 대가가 과도하지 않은 법률행위는 취소할 수 없다($\frac{본조}{IV}$). 이와 같이 개정 민법은 피성년후견인의 경우에도 재산법상 행위에 관하여 일정한 범위에서는 단독으로 유효한 법률행위를 할 수 있도록 규정한 것이다.

2. 취소권자

법률행위를 취소할 수 있는 자는 피성년후견인 본인과 그의 법정대리인인 성년후견인이다($\S 140$).

것) §14 I 본문 중 '형제자매' 부분이 과잉금지원칙을 위반하여 청구인의 개인정보자기결정권을 침해한다는 이유로 위헌판단을 한 헌재 16.6.30, 2015헌마924의 결정의 법리에 비추어 볼 때, 거래상대방이 (제한능력자 측의 도움을 받지 않고) 스스로 후견과 관련된 등기사항증명서를 발급받을 수 있는 제도를 도입하는 것은 쉽지 않을 것으로 판단된다.

5) 동지, 윤진수·현소혜(주 1), 58.

(1) 본　　인

피성년후견인 본인도 스스로의 행위를 취소할 수 있으나, 의사능력을 회복한 상태에서 하지 않으면 그 취소는 효력이 없다. 한편, 피성년후견인이 속임수로써 자신을 능력자로 믿게 한 경우에는 제한능력을 이유로 하여 해당 법률행위를 취소할 수는 없다($\S\frac{17}{1}$).

(2) 성년후견인의 지위와 권한 등

㈎ 성년후견인의 지위　　　성년후견을 개시하는 경우에 피성년후견인에게는 성년후견인을 두어야 한다($\S_{929}$). 성년후견인은 가정법원이 직권으로 선임하는데($\S\frac{936}{1}$), 그 과정에서 피성년후견인의 의사를 존중하여야 하며, 그 밖에 피성년후견인의 건강, 생활관계, 재산상황, 성년후견인이 될 사람의 직업과 경험, 피성년후견인과의 이해관계의 유무(법인이 성년후견인이 될 때에는 사업의 종류와 내용, 법인이나 그 대표자와 피성년후견인 사이의 이해관계의 유무를 말한다) 등의 사정도 고려하여야 한다($\S\frac{936}{IV}$).

성년후견인이나 한정후견인은 필요적으로 선임해야 한다는 점에서, 후견인을 선임하는 것이 임의적인 특정후견의 경우와 구별된다. 한편, 피성년후견인에 대하여 성년후견인은 반드시 선임해야 하는 반면에 성년후견감독인의 선임은 임의적이기 때문에($\S\frac{940-}{4\ 1}$), 양자는 구별된다.

피성년후견인의 신상과 재산에 관한 모든 사정을 고려하여 여러 명의 성년후견인을 둘 수 있고($\S\frac{930}{II}$), 법인도 성년후견인이 될 수 있다($\S\frac{930}{III}$). 따라서 복수의 성년후견인이 재산관리업무와 신상감호업무를 분장하여 권한을 행사하는 것도 허용된다($\S\frac{949-}{2\ 1}$). 성년후견인의 선임에 관해서는 친족편에서 자세하게 규정하고 있다($\S\frac{936\ 의}{하\ 참조}$).

㈏ 성년후견인의 권한 등

(a) 일 반 론　　　성년후견인은 원칙적으로 피성년후견인에 관하여 재산법상 대리권과 취소권, 가족법상 행위에 대한 동의권, 신상보호에 관한 권한 등을 가진다.

(b) 재산법상 대리권과 취소권[6]

(i) 피성년후견인은 원칙적으로 재산에 관한 행위능력이 없으므로, 성년후견인은 피성년후견인의 법정대리인으로서($\S\frac{938}{1}$), 피성년후견인의 재산을

---

6) 이에 관하여는 김시철, "후견인의 동의권·대리권·취소권—넓은 의미의 성년후견제도의 도입으로 인한 변화를 중심으로—", 자율과 정의의 민법학(양창수 교수 고희 기념 논문집), 박영사(2021), 215-216, 224-227 등 참조.

관리하고 그 재산에 관한 법률행위에 대하여 피성년후견인을 대리하며($\S^{949}_{\text{I}}$),[7] 가정법원은 성년후견인이 가지는 법정대리권의 범위를 정할 수 있다($\S^{938}_{\text{II}}$).

(ii) 취소할 수 없는 법률행위에 대해서 성년후견인이 대리권을 행사할 수 있는지에 관하여 민법상 명확한 규정이 없기 때문에 견해의 대립이 가능한데, 이에 관하여는 아래에서 살펴본다.

(iii) 성년후견인이 대리권을 행사하는 경우에도 미성년자의 후견인이 대리권을 행사하는 경우와 유사한 제한이 있다. 예컨대, 성년후견감독인이 있는 경우 성년후견인은 일정한 범위의 법률행위에 대하여 성년후견감독인의 동의를 받아야 한다($\S^{949}_{\S950}$ 참조). 한편, 피성년후견인은 원칙적으로 후견인의 동의를 받더라도 유효한 행위를 할 수 없으므로, 피성년후견인은 동의권이 없고 대리권만 가진다(다만, 피성년후견인의 가족법상 행위능력 에 관하여는 특칙이 별도로 마련되어 있다). 피성년후견인의 재산법상 행위는 원칙적으로 취소할 수 있고, 성년후견인은 이에 관한 취소권을 가진다($\S^{본조}_{140}$ 참조).

(c) 가족법상 행위에 대한 동의권　　성년후견인은 피성년후견인의 약혼, 혼인, 협의상 이혼, 인지, 입양, 협의상 파양 등 일정한 친족법상 행위에 대하여 동의권을 행사할 수 있다($\S^{802,\ \S808\ \text{II},\ \S835,}_{856,\ \S873\ \text{I},\ \S902\ 등}$).[8]

(d) 신상보호에 관한 권한

(i) 신상에 관한 결정권이란 피후견인이 자신의 신체, 행동의 자유, 거주이전, 치료 여부의 결정, 통신물의 열람 등에 관한 사항을 선택할 권리를 말한다. §947-2 I은 "피성년후견인은 자신의 신상에 관하여 그의 상태가 허락하는 범위에서 단독으로 결정한다."라고 규정함으로써, 성년후견이 개시된 경우에도 법률행위가 아닌 신상에 관한 사항은 원칙적으로 피후견인 스스로 결정하도록 규정하고 있다.

(ii) 다만 가정법원은 성년후견인이 피성년후견인의 신상에 관하여 결정할 수 있는 권한의 범위를 정할 수 있고($\S^{938}_{\text{III}}$), 만일 법정대리인의 권한의 범위가 적절하지 않게 된 경우에는 본인, 배우자, 4촌 이내의 친족, 성년후견인, 성년후견감독인, 검사 또는 지방자치단체의 장의 청구에 의하여 그 범위를

---

7) 따라서 소 제기 이후 성년후견이 개시되어 피성년후견인이 소송능력을 상실한 경우 소송절차는 중단되나, 성년후견인이 법정대리인으로 소송절차를 수계하게 된다(민소 §235). 이러한 경우 소송절차에서 당사자는 여전히 피성년후견인이고, 성년후견인은 피성년후견인의 법정대리인으로서 소송절차를 수계하는 것이지 당사자적격을 가지게 되는 것은 아니다(대판 17.6.19, 2017다212569).

8) 김민중, 139-140; 송덕수 170.

변경할 수 있다($\S{938 \atop IV}$). 이와 같이 가정법원이 보충적으로 성년후견인에게 피성
년후견인의 신상결정에 관한 대행권한을 부여할 수 있는데, 이러한 경우 그러
한 신상결정이 효율적으로 기능할 수 있도록 그에 상응하는 재산관리에 관한
법정대리권도 함께 가질 수 있도록 배려하는 것이 바람직하다.[9]

(iii) 성년후견인의 신상결정 대행결정 중 특히 중요한 결정에 대하
여 가정법원의 허가를 받아야 하는데, 이러한 허가 청구는 해당 행위가 완료되
기 전에 하여야 할 것이다.[10]

(ㄱ) 피성년후견인의 치료 목적 격리   치료 등 목적으로 피성년
후견인을 정신병원 등에 격리하려는 경우에는 가정법원의 허가를 받아야 한다
($\S{947- \atop 2 \ II}$). 이러한 허가를 받지 않는 경우 위법한 감금행위가 될 수 있다.

(ㄴ) 의학적 침습에 대한 동의   피성년후견인의 신체를 침해하
는 의료행위에 대하여 피성년후견인이 동의할 수 없는 경우에는 성년후견인이
그를 대신하여 동의할 수 있고($\S{947- \atop 2 \ III}$), 그 직접적인 결과로 사망하거나 상당한
장애를 입을 위험이 있을 때에는 원칙적으로 가정법원의 사전 허가를 받아야
한다(§ 947-2 Ⅳ 본문 참조. 허가절차로 의료행위가 지체되어 피성년후견인의 생명에 위험을 초래하거
나 심신상의 중대한 장애를 초래할 때에는 사후에 허가를 청구할 수 있다. § 947-2 Ⅳ 단서 참조).

(ㄷ) 거주건물 처분 등에 대한 동의   성년후견인이 피성년후견
인을 대리하여 피성년후견인이 거주하고 있는 건물 또는 그 대지에 대한 매도,
임대 기타 처분행위를 하는 경우 가정법원의 허가를 받아야 한다($\S{947- \atop 2 \ V}$).

(ㄹ) 성년후견인은 피성년후견인의 재산관리와 신상보호를 할 때 여러
사정을 고려하여 그의 복리에 부합하는 방법으로 사무를 처리하여야 한다. 이
경우 성년후견인은 피성년후견인의 복리에 반하지 아니하면 피성년후견인의
의사를 존중하여야 한다($\S{\atop 947}$).

3. 취소대상 법률행위의 범위

(1) 재산법상 법률행위

성년후견개시심판의 확정과 동시에 제한되는 피성년후견인의 행위능력은
원칙적으로 재산법상 법률행위에 관한 부분으로 한정된다. 가족법상 법률행위
에 대해서는 별도의 특칙이 마련되어 있기 때문이다.

---

9) 김형석, "피후견인의 신상결정과 그 대행", 가연 28-2, 2014, 250.
10) 이현곤, "성년후견제도의 이해와 활용—치매노인과 발달장애인의 신상보호와 재산관
리—", 고시계사, 2018, 197.

(2) 가족법상 법률행위

약혼, 혼인, 협의이혼, 인지, 입양, 협의파양 등 일정한 친족법상 행위의 경우, 그 특수성으로 말미암아 피성년후견인도 후견인의 동의를 받아 스스로 유효한 법률행위를 할 수 있는 경우가 있다($\S 802, \S 808 \, \text{II}, \S 835, \atop \S 856, \S 873 \, \text{I}, \S 902 \, \text{등}$).[11] 또한 상속법도 유언에 관해서도 특별규정을 두고 있고, 피성년후견인이 만 17세가 되면 의사능력이 회복된 때에 단독으로 유언을 할 수도 있다($\S 1062, \atop \S 1063 \, \text{I}$). 다만, 의사능력을 회복하고 있다는 것을 반드시 의사가 증명하여야 하는데, 이를 명백히 하기 위하여 유언서에는 피성년후견인이 심신회복의 상태임을 의사가 부기(附記)하고 서명날인을 하여야 한다($\S 1063 \atop \text{II}$).

4. 성년후견인의 동의를 받은 재산법상 법률행위에 관하여

종전 금치산제도에 관하여, 금치산자가 설령 후견인의 동의를 얻고 재산법상 법률행위를 하였다고 하더라도 이를 취소할 수 있다는 것이 통설의 입장이었다.[12]

개정 민법은 한정후견의 경우와 달리, 성년후견에 대해서는 후견인의 동의를 받아야 하는 행위의 범위에 관하여 가정법원이 결정하는 제도를 도입하지 아니하였는데, 이 부분은 종전 금치산제도의 경우와 유사하다고 볼 수 있다. 즉, 입법자가 성년후견제도를 새로 도입하는 과정에서, 피성년후견인의 경우에는 위와 같은 사항에 관하여 가정법원이 결정하도록 하는 제도만으로 충분한 보호를 제공할 수 없는 경우가 많고, 성년후견에 대해서 한정후견의 경우와 유사한 제도를 도입하는 경우 양자의 경계가 불분명해지고 법률관계가 복잡해질 우려가 있다고 판단하였다고 평가할 수 있다. 따라서 개정 민법 하에서도 성년후견인은 피성년후견인의 재산법상 법률행위에 대하여 동의권을 가질 수 없고, 가정법원도 이러한 동의권을 부여할 수 없다.[13] 이와 같이 성년후견인은 피성년후견인의 재산법상 법률행위에 대한 동의권이 인정되지 않으므로, 원칙적으로 성년후견인의 동의를 받은 피성년후견인의 법률행위도 이를 취소할 수 있다는 점에 대해서는 학설상 이견이 없다.[14]

11) 김민중, 139-140; 송덕수 170.
12) 구주해(1), 311(양삼승); 주석 총칙(1), 357-358(제4판/김상호) 참조.
13) 윤진수 · 현소혜(주 1), 91; 법원행정처, 성년후견제도 해설, 법원행정처, 2013, 23; 구상엽, "개정 민법상 성년후견제도에 대한 연구", 서울대학교 대학원 박사학위논문, 2012, 74; 김성우, 성년후견실무, 2018, 83-84, 99, 104.
14) 강태성, 158; 곽윤직 · 김재형, 124; 김민중, 140; 김상용, 165; 김주수 · 김상용, 136; 김

II. 취소권 제한결정에 관한 예외

1. 가정법원의 취소권 제한결정

본조 I에도 불구하고 가정법원은 취소할 수 없는 피성년후견인의 법률행위의 범위를 정할 수 있다($^{본조}_{II}$). 즉, 가정법원이 피성년후견인에게 위와 같은 범위 내에서 피성년후견인은 단독으로 유효하게 법률행위를 할 수 있고, 그 범위 내에서 성년후견인의 취소권이 소멸한다. 이와 같은 규정을 통해 개정 민법은 피성년후견인의 자기결정권을 존중하고, 그의 잔존능력을 활용할 수 있도록 함으로써 성년후견제도의 탄력적 운영을 꾀하였다.[15]

위와 같이 가정법원이 취소할 수 없는 피성년후견인의 법률행위의 범위를 정한 경우, 이에 관하여 성년후견인의 대리권이 소멸하는지 여부에 대하여는 개정 민법상 명확한 규정이 없기 때문에 견해의 대립이 가능하다. 적극설은 가정법원이 취소할 수 없는 피성년후견인의 법률행위의 범위를 정하는 것을 그 범위 내에서 피성년후견인에게 완전한 행위능력을 인정하는 것으로 전제한 다음 이에 대해서는 법정대리권이 소멸한다고 보고 있다.[16] 반면에 소극설은 개정 민법이 §938 I에서 성년후견인에게 포괄적 대리권을 인정한 다음 §938 II에서 가정법원이 그 법정대리권의 범위를 정할 수 있도록 규정하고 있고, 위와 같은 가정법원의 심판은 규범적으로 §5 I에 규정된 '미성년자 법률행위에 대한 동의'와 유사한 성격으로 보는 것이 타당하므로, 가정법원이 §938 II에 근거하여 특별히 제한하지 않는 이상 성년후견인의 법정대리권이 소멸한다고 볼 수는 없다는 입장을 취하고 있다.[17]

그런데 성년후견개시의 심판은 '질병, 장애, 노령 그 밖의 사유로 인한 정신적 제약으로 사무를 처리할 능력이 지속적으로 결여된 경우'라는 실체적 요건이 충족된 경우에만 이루어질 수 있으므로, 현실적으로 피성년후견인이 단독으로 유효하게 법률행위를 할 수 있는 경우는 많지 않을 것이다.[18] 그렇다면

준호, 84; 백태승, 155; 송덕수, 169; 지원림(주 4), 81; 윤일구, "성년후견제도 도입에 따른 문제점과 과제", 법학논총 32-2, 2012, 189; 윤진수·현소혜(주 1), 26; 주석 총칙(1), 332(제5판/신숙희).

15) 배인구(주 2), 33; 법무부(민법개정자료발간팀 편), "2013년 개정민법 자료집(이하 '자료집')", 2012, 118; 주석 총칙(1), 333(제5판/신숙희) 참조.

16) 윤진수·현소혜(주 1), 34; 구상엽(주 12), 73.

17) 배인구(주 2), 34; 김시철(주 6), 225; 주석 총칙(1), 337(제5판/신숙희).

18) 윤진수·현소혜(주 1), 34-36 참조.

가정법원이 위와 같은 경우를 예상하여 위와 같은 예외를 인정하는 심판을 할 가능성이 크지 않고,[19] 따라서 실무적으로는 논의의 실익이 거의 없다고 본다.

2. 소송행위 등과 관련된 쟁점

가정법원이 본조 Ⅱ에 근거하여 취소할 수 없는 피성년후견인의 법률행위의 범위를 정한 경우, 그 한도 내에서 피성년후견인은 단독으로 유효한 법률행위를 할 수 있는데, 그 법률행위와 관련된 소송행위도 단독으로 할 수 있는지에 대해서 이론적으로 견해의 대립이 가능하다. 행위능력 제도와 소송능력 제도를 연계시키고 있는 종전 민소 §55의 해석상으로 긍정설이 제기될 여지도 있지만,[20] 소송행위가 가지고 있는 절차적 연쇄성과 소송단계별로 행해지거나 행해지지 않은 소송행위의 당부가 향후의 법률관계에서 미칠 중대한 영향 등을 고려해 볼 때, 소송행위는 일상의 법률행위와는 다른 특수한 영역에 있으므로 예외적으로 피성년후견인의 행위능력이 인정된다고 하더라도 반드시 소송능력을 인정해야 하는 것은 아니라는 부정설도 충분히 제기될 수 있기 때문이다.[21]

따라서 이 부분에 관하여 개정 민법의 취지를 절차법에 반영하는 입법조치가 필요한 상태였는데, 2016.1.8. 법률 제13952호로 민소법 관련 규정에 대하여 다음과 같은 법률개정이 이루어졌다(2016.2.3. 공포된 개정 민소법 규정은 2017.2.4. 시행되었다).[22]

> 「민소 §55(제한능력자의 소송능력) ① 미성년자 또는 피성년후견인은 법정대리인에 의해서만 소송행위를 할 수 있다. 다만, 다음 각 호의 경우에는 그러하지 아니하다.
> 1. 미성년자가 독립하여 법률행위를 할 수 있는 경우
> 2. 피성년후견인이 「민법」 제10조 제2항에 따라 취소할 수 없는 법률행위를 할 수 있는 경우
> ② 피한정후견인은 한정후견인의 동의가 필요한 행위에 관하여는 대리권 있는 한정후견인에 의해서만 소송행위를 할 수 있다.

---

19) 동지, 김주수·김상용, 134; 김형석(주 3), 117 각주 9). 실무에서 성년후견인의 취소권의 범위에 제한을 두는 경우는 거의 없다는 점에 관하여는 김성우(주 13), 83 참조.

20) 긍정설의 논거 등에 관하여는 김형석, "피성년후견인과 피한정후견인의 소송능력", 가연 27-1, 2013, 62-67 등 참조. 소송능력이 없는 미성년자라도 근로기준법에 따라 독자적으로 임금청구를 할 수 있는 경우라면 그와 관련된 소송행위도 단독으로 할 수 있다고 보고 있는 대판 81.8.25, 80다3149는 긍정설의 입장과 일맥상통한다고 볼 수도 있다.

21) 부정설의 논거 등에 관하여는 배인구, "성년후견제도에 관한 실무상 쟁점―피성년후견인 등의 행위능력과 소송능력을 중심으로―", 제문제 22, 2013. 12, 163-172; 정선주, "행위능력제도의 변화에 따른 소송능력의 재검토", 민사소송 18-1, 2015, 51-78 등 참조.

22) 개정 민소법의 해석 등에 관하여는 이시윤, 신민사소송법, 제12판, 2018, 164-166; 김경욱, "2015년 민사소송법 개정안의 주요내용과 쟁점", 민사소송 19-2, 2016, 9-57 참조.

§56(법정대리인의 소송행위에 관한 특별규정) ① 미성년후견인, 대리권 있는 성년후
견인 또는 대리권 있는 한정후견인이 상대방의 소 또는 상소 제기에 관하여 소송
행위를 하는 경우에는 그 후견감독인으로부터 특별한 권한을 받을 필요가 없다.

② 제1항의 법정대리인이 소의 취하, 화해, 청구의 포기·인낙(認諾) 또는 제80조
에 따른 탈퇴를 하기 위해서는 후견감독인으로부터 특별한 권한을 받아야 한다.
다만, 후견감독인이 없는 경우에는 가정법원으로부터 특별한 권한을 받아야 한다.

§62(제한능력자를 위한 특별대리인) ① 미성년자·피한정후견인 또는 피성년후견인
이 당사자인 경우, 그 친족, 이해관계인(미성년자·피한정후견인 또는 피성년후견
인을 상대로 소송행위를 하려는 사람을 포함한다), 대리권 없는 성년후견인, 대
리권 없는 한정후견인, 지방자치단체의 장 또는 검사는 다음 각 호의 경우에 소
송절차가 지연됨으로써 손해를 볼 염려가 있다는 것을 소명하여 수소법원(受訴法
院)에 특별대리인을 선임하여 주도록 신청할 수 있다.

1. 법정대리인이 없거나 법정대리인에게 소송에 관한 대리권이 없는 경우
2. 법정대리인이 사실상 또는 법률상 장애로 대리권을 행사할 수 없는 경우
3. 법정대리인의 불성실하거나 미숙한 대리권 행사로 소송절차의 진행이 현저하
   게 방해받는 경우

② 법원은 소송계속 후 필요하다고 인정하는 경우 직권으로 특별대리인을 선임·
개임하거나 해임할 수 있다.

③ 특별대리인은 대리권 있는 후견인과 같은 권한이 있다. 특별대리인의 대리권
의 범위에서 법정대리인의 권한은 정지된다.

④ 특별대리인의 선임·개임 또는 해임은 법원의 결정으로 하며, 그 결정은 특별
대리인에게 송달하여야 한다.

⑤ 특별대리인의 보수, 선임 비용 및 소송행위에 관한 비용은 소송비용에 포함된다.

§62-2(의사무능력자를 위한 특별대리인 선임 등) ① 의사능력이 없는 사람을 상대
로 소송행위를 하려고 하거나 의사능력이 없는 사람이 소송행위를 하는 데 필요
한 경우 특별대리인의 선임 등에 관하여는 제62조를 준용한다. 다만, 특정후견인
또는 임의후견인도 특별대리인의 선임을 신청할 수 있다.

② 제1항의 특별대리인이 소의 취하, 화해, 청구의 포기·인낙 또는 제80조에 따
른 탈퇴를 하는 경우 법원은 그 행위가 본인의 이익을 명백히 침해한다고 인정할
때에는 그 행위가 있는 날부터 14일 이내에 결정으로 이를 허가하지 아니할 수
있다. 이 결정에 대해서는 불복할 수 없다.

§143-2(진술 보조) ① 질병, 장애, 연령, 그 밖의 사유로 인한 정신적·신체적 제약
으로 소송관계를 분명하게 하기 위하여 필요한 진술을 하기 어려운 당사자는 법
원의 허가를 받아 진술을 도와주는 사람과 함께 출석하여 진술할 수 있다.

② 법원은 언제든지 제1항의 허가를 취소할 수 있다.

③ 제1항 및 제2항에 따른 진술보조인의 자격 및 소송상 지위와 역할, 법원의
허가 요건·절차 등 허가 및 취소에 관한 사항은 대법원규칙으로 정한다.」

위와 같이 개정 민소 §55 Ⅰ은 피성년후견인은 원칙적으로 법정대리인에 의해서만 소송행위를 할 수 있도록 규정한 다음(본문), 피성년후견인이 §10 Ⅱ에 따라서 취소할 수 없는 법률행위를 할 수 있는 경우 예외적으로 독자적인 소송능력이 인정된다고 규정하였으므로($\binom{단서}{ii}$), 본조 Ⅱ에 관한 부분에 대하여는 피성년후견인에게 독자적인 소송능력이 인정된다.[23] 다만, 실무적으로 가정법원이 성년후견인의 취소권의 범위에 제한을 두는 경우는 거의 없기 때문에,[24] 이 부분 민소법의 규정 취지는 피성년후견인의 대해서도 제한적 범위에서 독자적인 소송능력을 인정할 가능성을 열어둔다는 선언적인 의미를 가지는 것으로 보는 것이 타당하다.[25]

한편, 피성년후견인의 가사사건에 관한 소송능력 및 비송능력에 관해서도 성년후견제도의 도입취지를 절차법에 적절하게 반영할 필요가 있다.[26] 이러한 문제 등을 해결하기 위하여 정부는 2018.3.2. 국회에 가소법 전부 개정안을 제출한 적이 있는데, 관련 부분의 규정내용은 다음과 같다.

「§28(소송능력) ① 의사능력이 있는 사람은 가족관계 가사소송사건의 소송행위를 할 수 있다. 다만, 의사능력의 회복이 일시적인 때에는 그렇지 않다.
② 제1항에도 불구하고 미성년자, 피성년후견인 또는 피한정후견인(한정후견인의 동의가 필요한 행위만 해당한다. 이하 이 조에서 같다)은 원고로서 소의 제기, 그에 따른 제1심 소송행위[반소에 대한 응소(應訴)를 포함한다] 및 항소 또는 항고만 할 수 있다.
③ 미성년자, 피성년후견인 또는 피한정후견인이 소송행위를 할 수 있는 사건과 법정대리인에 의해서만 소송행위를 할 수 있는 사건이 병합된 경우에는 그 미성년자, 피성년후견인 또는 피한정후견인은 법정대리인에 의해서만 소송행위를 할 수 있다.

---

23) 이시윤(주 22), 164-165; 김경욱(주 22), 15-18. 반면에, 개정 민소법은 §10 Ⅳ에 규정된 피성년후견인의 일상적 법률행위에 대해서는 §10 Ⅱ의 경우에 인정되는 예외규정이 적용되지 않도록 규정하였으므로, 피성년후견인에게 §10 Ⅳ에 규정된 일상적 법률행위에 관한 독자적인 소송능력을 인정할 수는 없다.
24) 김성우(주 13), 83 참조.
25) 동지, 김경욱(주 22), 17. 한편, 위와 같이 제한적인 범위 내에서도 성년후견인의 소송대리권이 완전히 배제되는 것은 아니고, 가정법원의 심판에 의하여 소송행위에 대한 대리권 행사가 법원의 허가사항으로 되어 있는 경우에는 법원의 허가를, 성년후견감독인이 있는 경우에는 성년후견감독인의 동의(§950 Ⅰ(ⅴ))를 요건으로 하여 성년후견인의 소송대리권이 인정된다는 견해에 대해서는 김성우(주 13), 86.
26) 이에 관한 비교법적 검토 및 입법 제안 등에 대하여는 김원태, "가사소송에서의 소송능력", 민사소송 18-1, 2015, 279-311 등 참조.

④ 제2항의 경우에도 법정대리인은 가정법원의 허가를 받아 미성년자, 피성년후견인 또는 피한정후견인을 대리하여 소송행위를 할 수 있다. 이 경우 법정대리인이 소송행위의 대리를 시작한 때부터 미성년자, 피성년후견인 또는 피한정후견인은 소송능력이 없는 것으로 본다.

⑤ 당사자능력, 소송능력, 소송무능력자의 법정대리와 소송행위에 필요한 권한의 수여에 관하여 이 법에 특별한 규정이 없으면「민법」,「민사소송법」, 그 밖의 법률에 따른다.

§ 50(비송능력) ① 의사능력이 있는 사람은 비송행위를 할 수 있다. 다만, 의사능력의 회복이 일시적인 때에는 그렇지 않다.

② 제1항에도 불구하고 미성년자, 피성년후견인 또는 피한정후견인(한정후견인의 동의가 필요한 행위만 해당한다)은 다음 각 호의 사건의 경우 법정대리인에 의해서만 비송행위를 할 수 있다.

1. 상대방이 없는 가사비송사건 중 별표 2 25), 26), 30) 및 47)부터 65)까지의 각 사건

2. 상대방이 있는 가사비송사건 중 별표 3 1), 2), 3) 및 8)부터 10)까지의 각 사건. 다만, 별표 3 1)에 따른 사건 중 부부의 동거·부양·협조에 관한 처분 사건은 그렇지 않다.

③ 가사비송절차의 비송능력에 관하여는 제28조 제3항부터 제5항까지의 규정을 준용한다.」

3. 취소권 제한결정의 시기

취소할 수 없는 법률행위의 범위를 정하는 결정은 반드시 성년후견개시심판과 동시에 해야 하는 것은 아니고, 성년후견개시심판 이후 별도로 하는 것도 가능하다($\frac{가소§2}{(ii) 1)의2}$ 참조). 다만, 본조 Ⅲ과의 균형상 성년후견개시심판 이후에 별도로 그 범위를 정하는 결정을 할 때에는 본조 Ⅲ에서 정한 사람의 청구가 있어야 할 것이다.

4. 취소권 제한결정에 대한 변경

가정법원이 취소할 수 없는 피성년후견인의 법률행위의 범위를 정한 경우, 일정한 자의 청구가 있는 때에는 언제든지 그 범위를 변경할 수 있다($\frac{본조}{Ⅲ}$). 피성년후견인의 정신능력 상태가 시기에 따라 유동적일 수 있음을 고려하여 행위능력이 제한되는 정도를 탄력적으로 조정함으로써 필요성의 원칙을 구현함과 동시에 피성년후견인에게 적절한 보호를 제공하기 위한 규정이다.[27]

---

27) 동지, 김주수·김상용, 136.

이 때 그 범위의 변경을 청구할 수 있는 사람은 본인, 배우자, 4촌 이내의 친족, 성년후견인, 성년후견감독인, 검사 또는 지방자치단체의 장이다. 각 청구권자의 의미는 §9에 대한 해설에서 살펴본 바와 같다. 특히 성년후견인은 언제나 후견인에 의한 피후견인의 삶에 대한 간섭이 필요최소한으로 유지될 수 있도록 면밀히 주의할 의무가 있으므로, 취소할 수 없는 법률행위의 범위를 확대 또는 축소하여 줄 것을 가정법원에 청구하여야 할 사정변경이 있었음에도 불구하고 성년후견인이 그와 같은 청구를 하지 않을 경우에 대비하여 성년후견감독인이나 검사 또는 지방자치단체의 장에게도 청구권한을 부여하였다.

취소권 제한의 범위를 변경하는 심판은 피성년후견인의 주소지 가정법원의 관할에 속하고($^{가소\,§44}_{\,I(\,i\,-2)}$), 이는 전속관할이다($^{가소\,§2\,\,I}_{\,(ii\,)\,가목}$).

Ⅲ. 일상적 법률행위에 관한 예외

1. 일상적 법률행위에 관한 예외의 인정취지

피성년후견인의 법률행위라도 그것이 일용품의 구입 등 일상생활에 필요하고 그 대가가 과도하지 않은 경우($^{이하\,'일상적\,법}_{률행위'라고\,한다.}$)에는 성년후견인이 이를 취소할 수 없다($^{본조}_{Ⅳ}$).

이와 같은 일상적 법률행위는 그 성격상 성급하고 비합리적인 결정으로부터 피성년후견인을 보호할 필요성이 크지 않을 뿐만 아니라, 대가가 과도하지 않은 이상 피성년후견인에게 특별한 불이익이 발생하였다고 볼 수도 없다. 그럼에도 불구하고 일상적 법률행위에 대해서까지 취소권을 인정할 경우 피성년후견인과 거래하는 것을 기피하게 되어 오히려 피성년후견인의 불편과 사회적 고립을 초래할 수 있다. 따라서 개정 민법은 피성년후견인의 자기결정권과 잔존능력을 존중하고 보편성의 이념을 실현하기 위하여 일상적 법률행위에 대하여는 행위능력을 인정하였고, 그 부수적 효과로서 거래안전에도 기여할 것으로 예상된다.[28]

---

28) 동지, 윤진수·현소혜(주 1), 36; 지원림(주 4), 81; 법원행정처(주 13), 23-24; 구상엽 (주 13), 71-72; 박인환, "새로운 성년후견제 도입을 위한 민법개정안의 검토", 가연 24-1, 2010, 46-47; 주석 총칙(1), 334(제5판/신숙희).

2. 일상적 법률행위의 개념과 범위

일상적 법률행위에 해당하는지 여부는 피성년후견인의 직업, 자산, 당해 행위의 목적과 규모 등 제반 사정을 종합하여 판단해야 하는데,[29] 예컨대, 식료품 구입이나 간단한 공과금 납부, 식당이나 대중교통의 이용, 적정한 가격의 소지품 구입 등은 이에 해당할 가능성이 높을 것이다.[30]

2011.3.7. 민법이 개정되기 전 학계에서는 정신능력이 불충분한 무산자(無産者)의 일용품(日用品)에 관한 거래행위에 관한 특별한 법리,[31] 지하철 등과 같은 공중교통수단의 이용 등과 같은 정형적·집단적·대량적 거래관계를 하는 경우에 관한 독일의 사실적 계약관계론,[32] 보호자가 없는 미성년자 등이 생활 필수품을 거래하는 경우에 관한 영미의 필수계약($\begin{smallmatrix} contract\ for \\ necessaries \end{smallmatrix}$)의 법리[33] 등을 우리 민법상 행위능력 제한에 관한 개별 법리 내지 해석론으로 수용할 수 있는지에 관하여 논의가 이루어졌다.[34]

그런데 개정 민법은 피성년후견인의 법률행위를 원칙적으로 취소할 수 있도록 함으로써 그 행위능력이 제한되는 것으로 규정하면서도($\begin{smallmatrix} \S 10 \\ I \end{smallmatrix}$), 피성년후견인이 일용품의 구입 등 일상생활에 필요하고 그 대가가 과도하지 아니한 법률행위를 한 경우 성년후견인이 이를 취소할 수 없다고 규정하고($\begin{smallmatrix} \S 10 \\ IV \end{smallmatrix}$), 피한정후견인에 대해서도 유사한 취지의 규정을 두었다($\begin{smallmatrix} \S 13 \\ VI\ 단서 \end{smallmatrix}$). 한편, 본조 VI의 적용범위가 §827 소정의 '일상가사'와 일치하는 것이 아님을 유의할 필요가 있다.[35]

개정 민법이 종래 학계에서 논의하던 내용을 모두 반영한 것은 아니지만,

---

29) 윤진수·현소혜(주 1), 36; 법원행정처(주 13), 23.
30) 동지, 배인구(주 2), 33. 이러한 법률행위에서 피성년후견인에게 의사능력이 없는 경우 의사무능력과 행위무능력의 경합을 인정하는 일반론에 따르면 그 행위는 무효라고 볼 것이나, 의사능력의 유무와 관계없이 유효로 보는 견해도 있다.
31) 김증한·김학동, 115.
32) 이는 생활필수계약이나 그 밖의 일정한 범위에서 승차, 목적물의 사용·수익과 같은 사실행위에 의하여 계약이 체결된다는 독일의 학설인데, 이에 관하여는 이은영, 154; 이영준, 864-866 등 참조.
33) 이는 미성년자라도 보호자가 없는 경우 확정적으로 일상생활에 필요한 생필품의 공급 등에 관한 필수계약을 체결할 수 있다는 영미계약법상의 법리인데, 이에 관하여는 이은영, 154; 이영준, 864-866 참조.
34) 이에 관하여는 이영준, 864; 지원림(주 4), 75; 구주해(1), 240(양삼승); 주석 총칙(1), 299(제4판/민유숙) 등 참조.
35) 윤진수·현소혜(주 1), 36; 구상엽(주 13), 72; 박인환(주 28), 46-47; 주석 총칙(1), 334(제5판/신숙희).

그 논의과정에서 지적된 문제점들 중 상당부분을 입법적으로 해결한 것이고, 미성년자의 경우에도 개별 사안별로 §5, §6에 대한 해석을 통하여 피성년후견인이나 피한정후견인에 적용되는 법리를 유추적용할 수 있는 토대가 마련되었다고 할 수 있다. 따라서 앞으로 이 부분에 관하여는 §10 Ⅳ나 §13 Ⅵ 단서 등에 대한 해석론을 중심으로 법리가 정리되는 것이 바람직하다고 생각한다.

다만, 본조 Ⅱ에 관하여 살펴본 바와 같이 피성년후견인은 사무처리능력이 지속적으로 결여된 상태이기 때문에, 그가 스스로 일상적 법률행위를 하는 경우가 현실적으로 많지는 않을 것이므로,[36] 실무적으로 그 논의의 실익이 크지는 않다고 본다.

3. 일상적 법률행위에 관한 성년후견인의 대리권

피성년후견인의 일상적 법률행위에 관하여도 견해의 대립이 가능하다. 적극설은 일상적 법률행위에 관하여 피성년후견인에게 독자적인 행위능력이 인정되는 이상, 이에 대해서는 성년후견인의 법정대리권이 소멸한다고 보고 있는 반면에,[37] 소극설은 §938 Ⅰ에 의하여 성년후견인은 피성년후견인의 법률행위 전반에 대해 포괄적인 법정대리권을 가지고 있기 때문에, 가정법원에서 §938 Ⅱ에 근거하여 특별한 제한을 하지 않는 이상 일상적 법률행위에 대해서도 성년후견인이 법정대리권을 행사할 수 있다고 본다.[38]

4. 소송행위 등과 관련된 쟁점

피성년후견인은 본조 Ⅳ의 적용범위 내에서 단독으로 일상적 법률행위를 할 수 있는데, 이 부분에 관련된 소송능력까지 인정할 수 있는지에 대하여 이론적으로는 견해의 대립이 있을 수 있다.

그런데 개정 민소 §55 Ⅰ은 피성년후견인은 원칙적으로 법정대리인에 의해서만 소송행위를 할 수 있도록 규정한 다음(본문), 피성년후견인이 §10 Ⅱ

---

36) 윤진수·현소혜(주 1), 34-36 참조.
37) 구상엽(주 13), 73. 적극설은 피성년후견인이 독자적으로 사무 처리를 할 수 있는 영역에 후견인이 대리의사결정을 통해 간섭하는 것은 성년후견제도의 지도이념인 '필요성·보충성의 원칙'에 반하는 것이라는 입장을 취하고 있다.
38) 윤진수·현소혜(주 1), 90; 배인구(주 2), 34; 김시철(주 6), 226. 소극설은 본조 Ⅳ가 피성년후견인이 성년후견인의 동의 없이 일상적 법률행위를 할 수 있고, 성년후견인이 이를 취소할 수 없음을 의미할 뿐이며, 성년후견인이 일상적 법률행위를 대리할 수 없다는 의미는 아니라는 입장을 취한다.

에 따라서 취소할 수 없는 법률행위를 할 수 있는 경우 예외적으로 독자적인 소송능력이 인정된다고 하면서도(_ⅱ^{단서}), §10 Ⅳ에 규정된 피성년후견인의 일상적 법률행위의 경우 이러한 예외규정이 적용되지 않도록 하였으므로, 피성년후견인에게 §10 Ⅳ에 규정된 일상적 법률행위에 관한 독자적인 소송능력을 인정할 수는 없다.[39]

Ⅳ. 증명책임

피성년후견인의 법률행위를 취소하고자 하는 사람은 그 행위가 피성년후견인에 의하여 이루어진 것임을 증명해야 한다. 반면에, 피성년후견인의 행위가 ① 본조 Ⅱ에 근거한 예외에 해당한다는 점이나, ② 본조 Ⅳ에 근거한 예외에 해당한다는 점 등에 대한 증명책임은 피성년후견인의 법률행위의 유효를 주장하는 사람에게 있다고 보아야 한다.[40]

[김　시　철]

---

39) 이시윤(주 22), 164-165; 김경욱(주 22), 18-19.
40) 송덕수, 170.

제 11 조(성년후견종료의 심판)

성년후견개시의 원인이 소멸된 경우에는 가정법원은 본인,
배우자, 4촌 이내의 친족, 성년후견인, 성년후견감독인, 검사
또는 지방자치단체의 장의 청구에 의하여 성년후견종료의 심
판을 한다.

I. 의   의

개정 민법[1])에 의하면, 성년후견개시의 원인이 소멸된 경우 가정법원은 일
정한 자의 청구에 의하여 성년후견종료의 심판을 한다.

개정 전 민 §14, §11에서는 금치산의 원인이 소멸한 때에는 금치산 선고
를 취소하도록 규정하고 있었는데, 이 경우 취소는 장래에 대해서만 효력이 있
고 소급효가 없다는 것이 통설의 입장이었기 때문에[2]) '취소(取消)'라는 용어
는 적절하지 않았다고 할 수 있다. 따라서 개정 민법은 그 용어를 '종료(終了)'
로 변경하였다.[3])

성년후견종료의 심판은 장래에 향하여 피성년후견인의 행위능력을 회복시
키는 등의 효력을 갖는 것일 뿐이고, 소급효를 갖지는 않는다. 따라서 성년후
견종료심판이 있는 경우에도 그 확정 이전에 피성년후견인이 하였던 법률행위

---

1) 본조에 대한 해설에서 '개정 민법'이라 함은 특별한 표시가 없는 이상 2011.3.7. 법률 제
   10429호로 개정되고 2013.7.1. 시행된 것을 의미한다.
2) 구주해(1), 304-305(양삼승); 주석 총칙(1), 339-341, 353(제4판/김상호) 참조.
3) 본조의 개정경위에 대한 상세한 내용은 법무부(민법개정자료발간팀 편), "2013년 개정
   민법 자료집(이하 '자료집')", 2012, 229; 윤진수·현소혜, 2013년 개정민법 해설, 법무부,
   2013, 37 등 참조.

는 취소의 대상이 될 수 있고, 그 확정 이전에 성년후견인이 피성년후견인을 위하여 하였던 대리행위의 효력은 그대로 유지된다.[4] 즉, 성년후견종료의 심판의 경우 원칙적으로 종전의 성년후견개시심판이 정당함을 전제로 하여 가정법원이 사후적으로 변경된 사정을 반영하는 새로운 심판을 하는 취지이다.

한편, 민법에는 피성년후견인의 사망을 후견종료 사유로 정한 명시적 규정이 없지만, 피성년후견인이 사망하면 보호대상자가 존재하지 않게 되기 때문에 후견은 당연히 종료하게 된다($\S 29 \frac{후등}{참조}$).[5]

II. 요　　건

1. 실체적 요건

(1) 성년후견개시의 원인은 질병, 장애, 노령, 그 밖의 사유로 인한 정신적 제약으로 사무를 처리할 능력이 지속적으로 결여된 것을 말하고, 실체법적으로 그 원인이 소멸하였다는 것은 더 이상 성년후견을 받을 필요성이 없을 만큼 정신 상태가 호전된 경우 등을 말한다.

(2) 피성년후견인의 사무처리 능력이 완전히 회복된 경우뿐만 아니라, 사무처리 능력의 '지속적 결여'라는 속성이 소멸한 경우에도 가정법원은 성년후견을 종료하는 심판을 하여야 한다. 다만, 후자의 경우 필요에 따라 한정후견개시심판을 내릴 수도 있을 것인데, 이를 위해서는 §12 등에 규정된 법정 청구권자에 의한 별도의 청구가 있어야 한다.

(3) 일반적으로 성년후견개시 심판의 확정 이후에 성년후견개시의 원인을 소멸시키는 후발적 사유가 발생한 경우에 성년후견종료의 심판을 하게 된다. 이러한 점에서 종료심판의 효과가 장래에 향해서만 미치는 것이라고 함은 앞에서 본 바와 같다.

(4) 성년후견개시의 원인이 사후적으로 소멸된 것이 아니라, 애당초 성년후견개시의 실체적 요건이 충족되지 않았음에도 불구하고 가정법원의 잘못된 판단으로 성년후견개시의 심판이 확정된 상태인 경우에 어떻게 할 것인지에

---

4) 동지, 강태성, 163; 곽윤직·김재형, 126; 김준호, 85; 백태승, 157; 송덕수, 171; 지원림, 민법강의, 제16판, 2019, 82; 주석 총칙(1), 342(제5판/신숙희).

5) 배인구, "성년후견제도에 관한 연구―시행과 관련된 이론적·실무적 쟁점을 중심으로―", 고려대학교 대학원 석사학위논문, 2013, 56; 김성우, 성년후견실무, 2018, 138.

관하여 검토할 필요가 있다. 개정 민법에 도입된 성년후견제도와 가사비송사
건의 절차적 특성상 청구권자의 청구에 따른 가정법원의 성년후견 개시의 심
판이 확정되어야만 그 형성적 효력을 발생하고, 이에 의하여 비로소 사건본인
은 '피성년후견인'의 지위를, 가정법원으로부터 선임된 후견인은 '성년후견인'
의 지위를 취득하게 된다는 점, 위와 같이 확정된 심판의 내용을 가정법원의
촉탁에 의하여 후견등기부에 공시하는 현행 제도는 피성년후견인의 보호와 거
래 안전을 모두 중시하는 것이라는 점 등을 종합적으로 고려하는 경우, 이러한
사안에서도 종전에 이루어진 성년후견개시 심판의 확정으로 인하여 형성적 효
력이 이미 발생한 것으로 보아야 한다는 점은 §9에 대한 해설에서 본 바와 같
다. 따라서 위와 같은 사안에서도 이미 발생한 성년후견개시 심판의 확정으로
인한 형성적 효력을 배제하기 위해서는 본조에 근거한 성년후견종료의 심판을
해야 한다는 견해가 타당하다.[6] 즉, 본조에서 성년후견개시의 원인이 '소멸(消
滅)'된 경우라는 것은 성년후견종료의 심판절차 당시를 기준으로 할 때 성년후
견개시의 원인이 '부존재(不存在)'한 경우를 의미하는 것이다.[7]

2. 절차적 요건

성년후견종료심판을 하기 위해서는 본인, 배우자, 4촌 이내의 친족, 성년
후견인, 성년후견감독인, 검사 또는 지방자치단체의 장의 청구가 필요하다. 각
청구권자의 의미와 규정 취지는 §9 Ⅰ 및 §10 Ⅲ에 대한 해설에서 설명한 바
와 같다. 원칙적으로 가정법원이 직권으로 종료심판을 할 수는 없다.

그러나 위 청구권자 중 한 명이 §12에 의해 한정후견개시심판을 청구하
고, 가정법원이 이에 따라 피성년후견인에 대해 한정후견개시심판을 할 때에
는 §14-3 Ⅱ에 의해 반드시 종전의 성년후견종료심판을 하여야 한다. 따라서
이때에는 별도의 성년후견종료심판 청구가 없는 경우라도 가정법원이 직권으

---

6) 김성우(주 5), 56-57은 ① 가정법원에서 처음부터 결격사유가 있는 사람을 후견인으로
  선임하는 심판을 한 경우에도 그 심판을 당연무효라고 볼 수 없고, ② 후발적으로 결격사
  유가 발생하거나 결격사유가 있음이 밝혀진 경우에도, 그러한 사정만으로 후견인 선임심
  판이 무효가 되거나 후견인으로서의 자격을 잃는 것은 아니며, ①②의 경우 모두 위와 같
  은 사정을 이유로 하여 후견인변경 등의 심판을 해야만 후견인으로서의 자격과 권한이 상
  실되는 것으로 보아야 한다는 부정설을 취하고 있는데, 이는 확정된 성년후견개시의 심판
  이 형성적 효력을 발생함을 전제로 하는 것이다.
7) 개정 전 민법상 한정치산선고·금치산선고의 취소에 관해서도 유사한 견해를 취하고 있
  는 구주해(1), 304, 314(양삼승) 참조.

로 종료심판을 하여야 한다.[8)]

　성년후견개시의 원인이 소멸하였다는 점에 대한 증명책임은 청구권자가 부담한다. 즉, 성년후견개시의 원인이 그대로 유지되고 있는지 여부가 분명하지 않은 경우에는 가정법원이 성년후견종료의 심판청구를 기각해야 한다.

Ⅲ. 가정법원의 심리절차 등

1. 관　　할

　가소법은 후견에 관한 사건은 모두 피후견인($\binom{피후견인이\ 될}{사람을\ 포함한다}$)의 주소지의 가정법원이 관할하도록 하였으므로($\frac{가소\ \S 44}{I\ (i-2)}$), 성년후견종료심판도 피성년후견인의 주소지의 가정법원이 관할한다. 이에 관하여는 §9에 대한 해설 참조.

2. 의견청취

　가정법원은 성년후견 종료의 심판을 하는 경우 피성년후견인과 성년후견인의 진술을 들어야 하되, 피성년후견인이 의식불명, 그 밖의 사유로 그 의사를 표명할 수 없는 경우에는 그러하지 아니하다($\frac{가소\ \S 45-3}{I\ (ii)}$). 위 진술을 들을 경우에는 피성년후견인을 심문하여야 한다.

　다만, 피성년후견인이 자신의 의사를 밝힐 수 없거나 출석을 거부하는 등 심문할 수 없는 특별한 사정이 있는 때에는 그러하지 아니하다($_{\S 45-3\ Ⅱ}^{가소}$). 위 심문을 위하여 검증이 필요할 경우 그 검증에 관하여는 민소 §365 및 §366 Ⅰ, Ⅲ을 준용한다($_{\S 45-3\ Ⅲ}^{가소}$). 이는 종료심판이 본인에게 미치는 영향이 중대하다는 점을 고려한 규정이다.

3. 감　　정

　성년후견의 종료와 관련해서는 성년후견개시 심판을 할 때 정신감정이 원칙적으로 필요하다는 가소법 §45-2 Ⅰ을 준용하고 있지 않으므로, 필수적으로 감정을 거쳐야 하는 것은 아니다. 그러나 성년후견개시의 원인이 소멸했는지 여부에 대한 심리를 하여야 하므로 진단서 등에 의해 본인의 정신 상태를

---

8) 동지, 김성우(주 5), 139; 강태성, 162; 곽윤직·김재형, 126; 김상용, 184; 김준호, 85; 지원림(주 4), 82.

확인하고, 필요한 경우 정신감정을 받게 할 수 있다($\frac{가소}{규 §38}$). 실무에서는 거의 예외 없이 감정이 실시되고 있다.[9]

4. 후견등기부기록 촉탁

성년후견종료의 심판이 확정되거나 효력을 발생한 경우에는 가정법원의 법원사무관 등은 재판장의 명을 받아 지체 없이 후견등기관에게 후견등기부에 기록할 것을 촉탁하여야 한다($\frac{가소 §9, 가소규}{§5-2 ⓘ(ⅰ) 가목}$).

Ⅳ. 효   력

1. 일반적 효력

성년후견종료의 심판은 확정된 경우에 비로소 형성적 효력을 발생하므로, 그 심판의 확정으로 인하여 피성년후견인은 완전한 능력자가 된다. 즉, 성년후견에 관한 실체법적 요건이 소멸한 경우에도 성년후견종료의 심판을 받아야만 비로소 행위능력자로 인정될 수 있다.[10]

한편, 성년후견 종료심판의 사유에는 피성년후견인의 사무처리능력이 완전히 회복된 경우뿐만 아니라 사무처리 능력의 '지속적 결여'라는 속성이 소멸하여 성년후견이 종료된 경우도 있는데, 후자의 경우에도 원칙적으로 피성년후견인은 완전한 행위능력자가 된다. 다만, 후자의 사안에서 피성년후견인에 대하여 한정후견개시청구를 하여 가정법원이 한정후견개시의 심판을 할 때에는 §14-3 Ⅱ에 따라서 가정법원이 직권으로 성년후견 종료심판을 하기 때문에, 피성년후견인의 지위가 피한정후견인으로 바뀌는 결과가 발생하게 된다.[11]

2. 피성년후견인이 미성년자인 경우

미성년자에 대해서는 일반적으로 성년후견개시의 심판이 허용되지 않는다는 부정설에 의하면, 미성년자가 피성년후견인이 될 수는 없다.[12]

---

9) 김성우(주 5), 139.
10) 법원행정처, 성년후견제도 해설, 법원행정처, 2013, 26; 양창수·김재형, 635; 주석 총칙 (1), 380(제5판/신숙희) 341.
11) 동지, 송덕수, 171.
12) 다만, 부정설도 성년에 임박한 미성년자에 대하여 미리 성년후견개시심판을 할 수 있도

반면에 미성년자에 대해서 성년후견개시의 심판이 허용된다는 긍정설을 취하는 경우, 피성년후견인이 미성년자일 경우에는 성년후견 종료심판이 확정되더라도 완전한 행위능력을 가질 수 없음은 당연하다. 이러한 경우 종전에 미성년자에게 친권자가 있을 때에는 친권이 완전히 그 기능을 회복하게 되고, 종전에 미성년자에게 후견인이 있는 경우에는 그 후견인이 권한을 회복한다고 볼 수 있다.

3. 성년후견 종료심판에 대한 불복여부

성년후견 종료심판의 효력은 소급하지 아니하고 장래에 대하여만 그 효력이 있다는 점은 위에서 본 바와 같고, 이에 대해서는 불복의 방법이 없다. 따라서 성년후견 개시심판의 경우와는 달리, 성년후견 종료심판에 대해서는 즉시항고가 허용되지 않는다.[13] 만일 그 종료심판이 잘못된 경우, §9 등에 규정된 청구권자들이 다시 성년후견개시의 심판청구를 할 수 있을 뿐이다.

4. 성년후견사무의 종료와 계산

성년후견인의 임무가 종료한 때에는 성년후견인 또는 그 상속인은 1개월 내에 피성년후견인의 재산에 관한 계산을 하여야 하는 등 법률에 규정된 사무를 처리해야 하는데($\S 957$ 내지 $\S 959$ 참조), 이러한 후견의 종료에 대하여 위임종료시의 긴급처리에 관한 §691의 규정과 위임종료시의 대항요건에 관한 §692의 규정이 준용된다($\S 959$).[14]

[김 시 철]

록 한 다음 성년이 된 시점부터 바로 성년후견인의 보호를 받을 수 있도록 할 필요가 있기 때문에, 위와 같이 한정적인 범위에서는 미성년자에 대한 성년후견개시의 심판이 허용된다는 입장을 취하고 있다는 점에 대해서는 §9에 대한 해설 부분 참조. 따라서 부정설의 입장에서는 미성년자의 지위에서 피성년후견인이 될 수는 없고, 나중에 성년이 된 이후의 시점에 피성년후견인이 될 수 있을 뿐이다.

13) 김성우(주 5), 139; 주석 총칙(1), 380(제5판/신숙희) 342.
14) 이에 관한 실무적인 사무처리 요령 등에 관하여는 김성우(주 5), 138-143 참조.

제 12 조(한정후견개시의 심판)

　① 가정법원은 질병, 장애, 노령, 그 밖의 사유로 인한 정신적 제약으로 사무를 처리할 능력이 부족한 사람에 대하여 본인, 배우자, 4촌 이내의 친족, 미성년후견인, 미성년후견감독인, 성년후견인, 성년후견감독인, 특정후견인, 특정후견감독인, 검사 또는 지방자치단체의 장의 청구에 의하여 한정후견개시의 심판을 한다.

　② 한정후견개시의 경우에 제9조 제2항을 준용한다.

Ⅰ. 본조의 개정경위 및 개정내용

1. 민법 제정 이전의 상황

　우리 민법이 1958.2.22. 제정되어 1960.1.1. 시행되기 이전에는 일본 민법 규정을 의용(依用)하였는데, 이러한 의용민법에는 성년에 관한 행위능력 제한에 관하여 금치산제도(의용민법 §7 내지 §10 참조)와 준금치산제도(의용민법 §11 내지 §13 참조)를 규정하고 있었다.

의민법상 준금치산자제도를 2011.3.7. 법률 제10429호로 개정되기 전 민법상 한정치산제도를 비교해 보면, 양자의 요건 · 행위능력의 범위 등에 상당한 차이가 있음을 알 수 있다. 우선 준금치산제도는 심신박약자(心神薄弱者) · 농자(聾者) · 아자(啞者) · 맹자(盲者) · 낭비자(浪費者) 중 어느 하나에 해당할 때에 준금치산 선고를 할 수 있었는데 비하여, 한정치산제도의 경우 농자 · 아자 · 맹자를 그 대상에서 제외하면서, 심신박약자와 낭비자에 한정하여 한정치산선고를 할 수 있도록 하고 있다. 한편, 한정치산자는 미성년자와 같은 능력을 갖는 것으로 규정되어 있는 반면에, 준금치산자는 중요한 일정의 재산상의 행위에 관하여서만 보호기관인 보좌인(保佐人)의 동의를 필요하는 것으로 되어 있어, 미성년자의 경우보다 상대적으로 넓은 행위능력을 가지는 것이었다(의용민 §12).

2. 개정 민법상 한정후견제도의 도입 경위[1]

2011.3.7. 개정 전 민법상 성년자에 관한 행위무능력 제도는 금치산제도와 한정치산제도로 분류할 수 있다는 점, 개정 민법을 통하여 넓은 의미의 성년후견제도가 도입되었는데, 그 중 하나의 보호유형인 한정후견제도는 §12 내지 §14 등에 규정된 것으로서 질병, 장애, 노령, 그 밖의 사유로 인한 정신적 제약으로 사무처리 능력이 부족한 사람을 대상으로 하는 것이라는 점, 피한정후견인의 법률행위는 가정법원에서 한정후견인의 동의가 필요한 사항으로 결정한 것이 아닌 이상 유효한 것으로 인정되고, 한정후견인에게 대리권을 부여하는 가정법원의 심판을 통하여 개별적으로 대리권의 인정 범위를 정하도록 하는 등 피한정후견인의 잔존능력을 고려하고 있다는 점, 개정 민법은 종전 무능력자제도와의 제도적 연속성을 고려하여 형식적으로는 유형적 보호제도(다원적 구성)를 취하면서도, 실질적으로는 각 유형을 매우 탄력적인 것으로 규정함으로써 보호의 연속성을 유지할 수 있도록 설계하였다는 점 등 한정후견제도의 도입 경위에 관한 상세한 내용은 §9에 대한 해설 참조.

---

1) 본조에 대한 해설에서 '개정 민법'이라 함은 특별한 표시가 없는 이상 2011.3.7. 법률 제10429호로 개정되고 2013.7.1. 시행된 것을 의미한다.

II. 실체적 요건

1. 개   관

(1) 한정후견의 의의

한정후견의 대상은 '질병, 장애, 노령, 그 밖의 사유로 인한 정신적 제약으로 사무를 처리할 능력이 부족한 사람'이다(^{본조}). 즉, 한정후견이 개시되기 위해서는 대상자에게 '정신적 제약이 있을 것'과 '그로 인해 사무를 처리할 능력이 부족할 것'이라는 2가지 요건이 모두 충족되어야 한다. '정신적 제약으로 사무를 처리한 능력이 결여된 사람'을 대상으로 하는 성년후견의 경우와 비교하여 볼 때, 상대적으로 경미한 정신적 제약을 가진 사람이 한정후견의 주된 대상이 될 것이다.[2]

가정법원의 심리결과 위 2가지 요건이 모두 충족되었다고 인정되면 한정후견개시의 심판을 하게 되는데, 이는 대상자의 재산과 신상을 보호하는 넓은 의미의 성년후견제도 중 하나의 유형이다. 가정법원으로부터 위와 같은 심판을 받은 사건본인을 '피한정후견인(被限定後見人)'이라고 하고, 사건본인을 보호하기 위하여 가정법원으로부터 선임된 후견인을 '한정후견인(限定後見人)'이라고 한다. 다만, 실체법적으로 위 2가지 요건이 모두 충족될 수 있는 경우에도, 대상자가 한정후견개시의 심판을 받기 전에는 피한정후견인이 될 수 없다.[3]

(2) 종전 한정치산제도와의 차이점

2011.3.7. 개정 전 민법은 '심신(心神)이 미약(微弱)하거나 재산의 낭비(浪費)로 자기나 가족의 생활을 궁박하게 할 염려가 있는 자'를 한정치산제도의 대상자로 한 다음, 한정치산자에 대하여 일률적으로 행위능력을 제한하도록 규정하고 있었다($^{개정 전 민}_{§9 내지 §11}$). 여기서 '심신미약'이란 의사능력을 완전히 상실한 상태에 있는 것은 아니지만, 자신이 하는 행위의 내용과 결과에 대해서 합리적으로 판단할 능력이 부족한 경우를 의미하는 것이고, 낭비는 본인의 재산적 상

---

2) 김형석, "성년후견·한정후견의 개시심판과 특정후견의 심판", 서울대 법학 55-1, 2014, 460.

3) 강태성, 163; 송덕수, 167; 주석 총칙(1), 281-282(제5판/신숙희). 2011.3.7. 민법 개정 전 관련 규정에 관하여 "표의자가 법률행위 당시 심신상실이나 심신미약상태에 있어 금치산 또는 한정치산선고를 받을 만한 상태에 있었다고 하여도 그 당시 법원으로부터 금치산 또는 한정치산선고를 받은 사실이 없는 이상 그 후 금치산 또는 한정치산선고가 있어 그의 법정대리인이 된 자는 금치산 또는 한정치산자의 행위능력 규정을 들어 그 선고 이전의 법률행위를 취소할 수 없다."라고 판시한 대판 92.10.13, 92다6433 등 참조.

황에 비추어 볼 때 분별없이 재산을 함부로 소비하는 습벽을 의미한다고 해석
되었다.[4] 즉, 종전 한정치산제도는 '심신미약'나 '낭비의 습벽'을 기준으로 결
정된 한정치산자를 대상으로 하여 그 행위능력을 미성년자의 경우와 동일한
정도로 광범위하게 제한하는 것이었다. 그런데 합리적 판단능력이 완전히 결
여된 상태가 아니라 단지 부족한 상태에 있는 성년자에 대하여 구체적인 사정
을 고려하지 않고 그 행위능력을 일률적으로 제한하는 한정치산제도 자체에
문제가 있다는 비판이 계속 제기되었고, 낭비의 습벽을 한정치산 사유로 규정
한 것도 일반적인 추세에 어긋난다는 주장도 제기되고 있었다.[5]

위와 같은 기존 제도의 문제점을 해결하기 위하여 도입된 한정후견제도는
정신적 제약으로 사무를 처리할 능력이 부족한 사람에게 한정후견개시심판을
하는 경우에도 피한정후견인의 행위능력을 원칙적으로 인정하고, 다만 개별
적·구체적인 사정을 고려하여 예외적으로만 그 행위능력을 제한할 수 있도록
한 다음, '낭비'를 해당 사유에서 배제하는 입장을 취하였다.[6] 다만, 낭비의 원
인이 정신적 제약에 기인한 것이라면 한정후견의 대상이 될 수 있다.[7]

2. 정신적 제약 요건

먼저 대상자에게 '정신적 제약'이 있어야 한다. 이는 정신적으로 자신이 하
는 행위의 내용과 결과에 대해서 합리적으로 판단할 능력이 부족한 상태를 의
미하는 것으로 볼 수 있다. 신체적 장애가 있다는 사정만으로는 한정후견을 개
시할 수 있는지 여부에 관하여 견해의 대립이 있다는 점 등은 성년후견에 관
한 §9에 대한 해설 참조. 실무에서는 신체적 장애가 있다는 사정만으로 성년
후견이 개시될 수 없다는 다수설의 입장을 따르고 있다.[8]

한정후견제도는 정신적 제약으로 사무를 처리할 능력이 부족한 사람이라
면 그 부족의 정도를 불문하고 누구나 이용할 수 있는 포괄적이고도 탄력적인
보호유형이다. 질병, 장애, 노령은 정신적 제약의 원인에 관한 예시로서, 인지

---

4) 구주해(1), 297-298(양삼승); 주석 총칙(1), 329-330(제4판/김상호) 참조.
5) 이에 관하여는 이영규, "성년후견법안의 검토 및 향후과제", 경남법학 26, 2010, 232 참조.
6) 김판기, "2011년 민법개정과 향후 과제—제한능력자제도로의 전환을 중심으로—", 경상
대 법학연구 19-2, 2011, 48, 54; 백승흠, "성년후견제도의 도입과 과제", 한양대 법학논
총 27-1, 2010, 31, 39. 김성우, 성년후견실무, 2018, 19.
7) 김성우(주 6), 19; 법원행정처, 성년후견제도 해설, 법원행정처, 2013, 90; 주석 총칙(1),
345(제5판/신숙희).
8) 김성우(주 6), 18.

능력의 감퇴가 매우 경미한 정도에 불과한 사람부터 상당한 정도의 정신장애를 가지고 있는 사람까지 다양한 유형의 사람이 대상자가 될 수 있다. 즉, 개정 전 민법상 한정치산의 경우와 비교하여 볼 때, 그 대상이 다양해지고 효과의 범위도 넓어졌다고 할 수 있다.[9]

한정후견개시의 요건으로서 '정신적 제약'의 정도가 종래 한정치산선고의 요건인 '심신미약'의 정도와 완전히 동일한 것은 아니다. 개정 민법에서 성년후견제도를 도입한 취지는 정신능력 또는 의사결정능력의 유무(有無)나 정도가 시기·사안 또는 환경에 따라 유동적으로 변화할 수 있음을 고려한 것으로서, 가정법원에서 기능적인 관점에서 대상자의 사무처리 능력이 부족한지 여부에 대한 심리해야 한다는 점을 명시한 것으로 볼 수 있기 때문이다.[10] 따라서 '정신적 제약 요건'의 경우, 가정법원에서 '사무처리 능력의 부족 요건'에 대한 심리를 통하여 궁극적으로 대상자에게 한정후견개시의 심판을 해야 할 필요가 있는지 여부를 판단하는 전제가 되는 요건일 뿐이고, 의학적 개념이 아니라 민법의 해석을 통하여 정리되어야 하는 법적 개념이다.

3. 사무처리 능력의 부족 요건

다음으로 정신적 제약으로 인하여 사무를 처리할 능력이 부족할 정도에 이르러야 한다. 성년후견의 요건 중 일부인 '결여'는 그러한 능력이 없는 상태인 반면에, 한정후견의 요건인 '부족'은 상대적으로 경미한 정도를 의미하는 것이지만,[11] '지속적 결여'라는 성격 이외에 성년후견은 한정후견과 그 요건에 있어서 본질적인 차이가 없다.[12] 이에 관하여 종전의 금치산 제도와의 연속성을 유지하기 위해 한정후견과 별도의 제도로 규정한 것에 불과하고 이러한 의미에서 성년후견은 '강화된 한정후견'으로서의 성격을 갖는다는 견해,[13] 다원적

---

9) 배인구, "성년후견제도에 관한 연구―시행과 관련된 이론적·실무적 쟁점을 중심으로―", 고려대학교 대학원 석사학위논문, 2013, 57.

10) 윤진수·현소혜, 2013 개정민법 해설, 법무부, 2013, 25-26, 38-39; 백승흠(주 6) 31, 39 참조.

11) 김성우(주 6), 19, 22. 강태성, 156에는 성년후견의 요건인 '결여된'은 '없거나 현저히 부족한'을 뜻하는 것으로 해석하고, 한정후견의 요건인 '부족'은 '현저한 부족을 제외한 부족'이라고 해석해야 한다는 견해를 취하고 있다.

12) 강태성, 156; 김상용, 174. 김성우(주 6), 52에는 '특정후견은 성년후견과 한정후견 사이의 관계처럼 피후견인의 정신적인 제약의 정도라는 양적인 차이만 있는 것이 아니라 제도의 목적이나 구조와 같은 질적인 차이가 있다.'는 취지가 기재되어 있다.

13) 윤진수·현소혜(주 10), 26; 김형석, "민법개정안에 따른 성년후견법제", 가연 24-2, 2010, 123.

구성을 채택한 개정 민법의 해석상 성년후견과 한정후견, 특정후견 등은 실체적·절차적인 측면에서 구별되어야 한다는 견해[14] 등이 있다.

한편, 정신적 제약과 위와 같은 정도의 사무처리 능력의 부족 사이에는 인과관계가 있어야 한다.[15] 실무에서는 정신적인 제약과의 인과관계를 인정하기 어려운 낭비벽이 있다는 이유만으로 사건본인의 재산처분을 제한하려고 하거나 기왕의 처분행위를 취소하기 위한 목적으로 한정후견을 개시하여 달라는 청구를 하는 경우가 종종 있지만,[16] 이러한 청구는 배척되어야 한다.

또한 법문상 명백하게 드러나지는 않지만, 그 사무처리 능력이 부족한 상태가 어느 정도 지속되어야 한다.[17] 정신적 제약으로 인하여 사무처리 능력에 일회적이거나 일시적인 문제가 발생하였을 뿐이라면 특정후견만으로 충분한 보호를 제공할 수 있으므로, 이러한 경우에까지 한정후견을 개시하는 것은 필요성의 원칙에 반하기 때문이다. 다만, 단속적(斷續的)이라 할지라도 사무처리를 적절하게 할 수 없는 상태가 어느 정도 계속된다면 한정후견이 개시될 수 있다.[18]

4. 성년후견제도와의 유사점과 차이점 등

(1) 성년후견은 정신적 제약으로 사무를 처리할 능력이 지속적으로 결여된 사람을 대상으로 하는 반면에($\S_I^9$), 한정후견은 정신적 제약으로 사무를 처리할 능력이 지속적으로 부족한 사람을 대상으로 한다($\S_I^{본조}$). 사무처리 능력의 정도에 따라서 양자가 구별되는 것이기 때문에 그 밖의 사항이나 절차 등에 관하여는 대체로 유사한 점이 많다.[19]

(2) 성년후견의 대상이 되는 사람, 즉 정신적 제약으로 사무를 처리할 능력이 지속적으로 결여된 사람을 대상으로 하여 한정후견 개시심판을 청구할 수 있는지에 대하여 견해가 대립한다. 긍정설은 사무처리 능력이 지속적으로 결여된 대상자에 대해서도 §13 Ⅰ에 따라서 가정법원에서 한정후견인의 동의

---

14) 구상엽, "개정 민법상 성년후견제도에 대한 연구", 서울대학교 대학원 박사학위논문, 2012, 36.
15) 김형석(주 2), 460; 강태성, 156; 송덕수, 167.
16) 김성우(주 6), 19.
17) 동지, 김형석(주 2), 460; 김성우(주 6), 19, 22; 윤진수·현소혜(주 10), 39; 법원행정처 (주 7), 90; 구상엽(주 14), 112; 강태성, 164; 주석 총칙(1), 345(제5판/신숙희).
18) 김성우(주 6), 22.
19) 곽윤직·김재형, 127; 김상용, 185; 송덕수 171.

를 받아야 하는 것으로 정하는 행위의 범위를 포괄적으로 규정함으로써 충분한 보호를 제공할 수 있다면, 굳이 한정후견제도의 이용을 금지할 필요는 없다고 주장한다.[20] 이에 대하여 부정설의 경우, 한정후견은 가정법원이 사건본인의 상태에 맞게 행위능력을 제한할 수 있는 탄력적 후견유형으로서, 정신적 제약으로 인하여 사무처리 능력이 부족한 자 중에서 성년후견의 원인이 있는 경우를 제외한 모든 자를 대상으로 하는 것이라고 주장한다.[21]

　이론적으로 견해의 대립이 가능할 수 있다. 그러나 긍정설의 입장에서도 성년후견의 요건에 해당하는 사람이라면 독자적으로 법률행위를 할 수 없는 상태(예컨대 식물)인간의 상태)일 가능성이 높으므로, 한정후견만으로 충분한 보호를 제공할 수 없는 경우가 많을 것이라는 점을 인정하고 있기 때문에,[22] 실무적으로는 대체로 부정설의 입장에서 사건을 처리하게 될 개연성이 높고, 이로 인한 실질적인 문제도 거의 발생하지 않을 것으로 판단된다.

　(3) 종전 한정치산제도의 대상으로 규정되어 있던 '낭비자'에 대해서도 한정후견개시심판이 가능한지 여부에 대해서도 견해의 대립이 있다. 한정후견개시심판절차에서도 재산의 낭비로 자기나 가족의 생활을 궁박하게 할 수 있는 경우에는 한정후견의 대상이 될 수 있다는 긍정설[23]을 주장하는 학자도 있다. 그러나 다수설은 개정 민법에서 이를 별도의 요건으로 규정하고 있지 않으므로, 위와 같은 사정만으로 당연히 한정후견개시심판이 인정되기 어렵다는 부정설을 취하고 있다.[24] 민법의 개정경위에 비추어 볼 때, 부정설이 타당하다고 본다. 다만, 낭비의 원인이 정신적 제약에 기인한 것이라면 한정후견의 대상이 될 수 있다는 점은 앞서 본바와 같다.

5. 피성년후견인, 피특정후견인, 피한정후견인, 미성년자를 대상으로 하는 청구의 당부

(1) 피성년후견인과 피특정후견인

피특정후견인이나 피성년후견인도 한정후견개시의 심판청구의 대상이 될

---

20) 김형석(주 2), 460-461; 윤진수·현소혜(주 10), 39.
21) 법원행정처(주 7), 89
22) 김형석(주 2), 460-461; 윤진수·현소혜(주 10), 39.
23) 윤일구, "성년후견제도 도입에 따른 문제점과 과제", 전남대 법학논총 32-2, 2012, 185.
24) 김형석(주 2), 461; 이영규(주 5), 232; 윤진수·현소혜(주 10), 39; 법원행정처(주 7),
　　90; 곽윤직·김재형, 127.

수 있다. 대상자에게 일시적 후원 또는 특정사무에 관한 후원만으로도 충분한
보호를 제공할 수 있었거나 정신적 제약으로 사무를 처리할 능력이 지속적으
로 결여되었다가 나중에 사정변경으로 인하여 그 대상자의 사무처리 능력이
부족한 상태가 된 경우에는 한정후견을 개시할 필요가 있기 때문이다.

(2) 피한정후견인

이미 한정후견개시의 심판을 받은 사람에 대하여는 다른 이유로 다시 한
정후견개시의 심판을 청구할 수는 없다. 이미 행위능력이 제한되어 있기 때문
에 실익이 없기 때문이다.[25]

(3) 미성년자

⑺ 개정 전 민법상 한정치산 제도 하에서는 한정치산자와 미성년자 간에
행위능력 박탈의 범위와 법정대리인의 권한이 거의 완벽하게 일치하였으므로,
이러한 측면에서 미성년자에 대한 한정치산선고가 가능한지 여부가 논란이 되
었다.

⑷ 그런데 개정 민법에 의하면, 미성년후견은 포괄적 보호를 그 내용으
로 하는 반면에 한정후견은 필요에 따른 탄력적 보호만을 제공한다는 점, 미성
년후견과 한정후견을 체계적으로 구별하고 있다는 점, 한정후견과 친권·미성
년후견의 권한이 병존하게 될 경우 그들 사이의 권한의 분장범위가 중복되어
복잡한 법적 문제가 발생할 수 있다는 점 등 다양한 관점과 내용을 검토해야
하기 때문에, 미성년자가 한정후견의 대상이 될 수 있는지 여부에 관하여 견해
의 대립이 발생할 수 있다.

⑸ 다만, 정신적 제약으로 인하여 사무처리 능력이 지속적으로 부족한
미성년자의 경우 성년이 된 직후부터 실제로 한정후견개시심판이 내려질 때까
지 보호의 공백이 발생할 수 있으므로, 성년에 임박한 미성년자에 대하여 미리
한정후견개시심판을 할 수 있도록 한 다음 성년이 된 시점부터 바로 한정후견
인의 보호를 받을 수 있도록 할 필요가 있다는 점에 대해서는 국내 학계에서
이견이 없다. 즉, 위와 같이 한정된 범위 내에서 미성년자를 한정후견 개시절
차의 대상자로 삼을 수 있다는 점에 대해서는 학설이 일치하고 있다고 볼 수
있다.[26]

⑹ 따라서 실질적으로 논란이 되는 것은 위 ⑸항과 같이 한정된 범위를

---

25) 양창수·김재형, 631.
26) 곽윤직·김재형, 128; 김주수·김상용, 142 등 참조.

벗어나는 영역에서 미성년자를 대상자로 하는 한정후견개시의 심판이 허용되는지 여부이다. 이에 관한 견해의 대립은 미성년자를 대상자로 하는 성년후견개시의 심판이 일반적으로 허용되는지에 관한 논의와 동일한 구조인데, 부정설과 긍정설의 대립 등에 관하여는 성년후견에 관한 §9에 대한 해설 참조.

Ⅲ. 절차적 요건

1. 개시요건인 청구

한정후견의 개시를 위해 반드시 일정한 자에 의한 청구가 있어야 하고, 가정법원이 직권으로 절차를 개시할 수는 없다. 외국 입법례의 경우 법원이 직권으로 후견을 개시할 수 있도록 하는 경우가 있지만, 개정 민법은 일정한 사람의 청구를 한정후견의 개시요건으로 규정하였다는 점에 대해서는 §9에 대한 해설 참조.

2. 청구권자의 범위

한정후견개시심판을 청구할 수 있는 사람으로 본조 Ⅰ에 규정된 것은 '본인, 배우자, 4촌 이내의 친족, 미성년후견인, 미성년후견감독인, 성년후견인, 성년후견감독인, 특정후견인, 특정후견감독인, 검사 또는 지방자치단체의 장'이다. 한편, 임의후견인과 임의후견감독인은 별도의 조문인 §959-20 Ⅰ에 근거하여 한정후견개시심판의 청구인이 될 수 있다.

청구권자에 '한정후견인', '한정후견감독인' 대신 '성년후견인', '성년후견감독인'이 대체된 것 외에는 성년후견개시심판의 청구권자에 대한 §9의 해설부분을 본조에 대하여 그대로 원용할 수 있다.

Ⅳ. 한정후견 개시심판

1. 가정법원의 관할

이에 관하여는 성년후견에 관한 §9에 대한 해설 참조.

2. 가정법원의 심리

(1) 실체적 요건에 대한 심리 등

가정법원은 질병, 장애, 노령, 그 밖의 사유로 인한 정신적 제약으로 사무를 처리할 능력이 부족한 사람에 대한 한정후견개시심판 청구가 있는 경우, 그 요건에 부합할 때에는 한정후견개시심판을 한다. 요건이 갖추어진 경우 가정법원은 필수적으로 개시심판을 하여야 하며, 개시여부에 대해 재량권을 갖는 것은 아니다.

한정후견개시 사건의 심리방법, 절차구조제도, 후견기간의 제한 등이 가능한지 여부 등에 대한 논의는 성년후견의 경우와 동일하므로, 이에 관하여는 성년후견에 관한 §9에 대한 해설 참조.

(2) 청구취지에 대한 구속력

청구인이 한정후견개시 심판을 청구하였으나 심리결과 성년후견이 필요할 정도라고 판단한 경우, 청구취지에 구애받지 않고 다른 종류의 후견을 개시하는 심판을 할 수 있는지 여부가 문제될 수 있다. 이에 대한 긍정설과 부정설의 대립 등 논의의 구조는 성년후견의 경우와 동일하므로, 성년후견에 관한 §9에 대한 해설 참조.

(3) 본인의 의사에 대한 고려

한정후견개시의 경우 §9 Ⅱ이 준용되므로($\substack{본조 \\ Ⅱ}$), 가정법원은 한정후견개시의 심판을 함에 있어 본인의 의사를 고려하여야 한다. 개정 전 민법과 가사소송법에 대해서는 본인의 의사를 존중할 수 있는 장치가 부족하다는 비판이 있었기 때문에, 개정 민법에서는 한정후견개시의 심판을 할 때 본인의 의사를 고려해야 할 의무를 가정법원에 부과하고 있는 것이다. 다만, 특정후견은 본인의 의사에 반하여 할 수 없다는 명문의 규정이 있는 반면에($\substack{§ \\ 14-2}$), 한정후견의 경우 성년후견과 마찬가지로 위와 같은 규정이 없기 때문에, 사건본인의 복리를 위하여 필요한 때에는 사건본인의 의사에 반하여 한정후견개시 심판을 할 수 있다고 본다. 이와 관련된 논의와 구체적인 절차 등에 관하여는 성년후견에 관한 §9에 대한 해설 참조.[27]

---

27) 이에 관하여 김민중, 142는 사건본인이 한정후견개시를 원하지 아니한다고 하면 가정법원이 그에 대하여 한정후견개시의 심판을 내릴 수 없다는 주장을 하고 있다. 그러나 한정후견의 경우에는 가정법원이 본인의 의사를 고려하여야 한다는 규정만 있을 뿐이고, 본인의 의사에 반하여 할 수 없다는 명문의 규정이 있는 특정후견의 경우와 차이가 있기 때문에, 이러한 주장을 그대로 수용하기는 어렵다.

3. 한정후견개시심판의 효력 등

가정법원의 심리결과 한정후견개시의 심판이 확정되면 형성적 효력이 발생한다. 즉, 위 심판의 확정으로 인하여 비로소 사건본인은 '피한정후견인'의 지위를, 사건본인을 보호하기 위하여 가정법원으로부터 선임된 후견인은 '한정후견인'의 지위를 취득하게 된다.

한정후견개시의 실체적 요건이 충족되지 않았음에도 불구하고 가정법원의 잘못된 판단으로 한정후견개시의 심판이 확정된 경우에도 그 심판의 확정으로 인한 형성적 효력을 배제하기 위해서는 §14에 근거한 한정후견종료의 심판이 있어야 하는데, 그 논의 구조 등에 관하여는 성년후견에 관한 §9에 대한 해설 참조.

피한정후견인은 원칙적으로 유효하게 법률행위를 할 수 있다. 이 점에서 한정치산자의 행위능력을 광범위하게 제한하고 있던 종전 한정치산제도와 구별된다. 한정후견인은 가정법원이 피한정후견인이 한정후견인의 동의를 받아야 하는 행위의 범위를 정한 것에 대하여 동의권과 취소권 등을 행사할 수 있고($\S^{13}_{}$), 가정법원의 심판을 통하여 개별적으로 대리권을 수여받을 수 있다 ($\S 959\text{-}4, \S 938$).

한편, 한정후견인의 사무에 관하여는 §681, §920 단서, §947, §947-2, §949, §949-2, §949-3, §950 내지 §955, §955-2의 규정들이 준용된다 ($\S 959\text{-}6$). 성년후견인의 경우와 달리, 한정후견인의 경우 재산조사와 목록작성에 관한 §941의 규정과 후견인의 채권·채무의 제시에 관한 §942의 규정이 준용되지 않기 때문에, 취임 이후 재산조사의무, 재산목록을 작성할 의무, 채권·채무의 제시의무 등을 부담하지는 않는다.

4. 후견등기부 기록의 촉탁

한정후견개시 심판이 확정된 경우 후견등기부에 이를 등기하여야 하므로, 가정법원은 후견등기 사무를 처리하는 사람에게 등기할 것을 촉탁하여야 한다 (가소 §9, 가소규 §5-2 1 (ⅰ) 가목). 이에 관하여는 §9에 대한 해설 참조.

[김 시 철]

제 13 조(피한정후견인의 행위와 동의)

　① 가정법원은 피한정후견인이 한정후견인의 동의를 받아야
　하는 행위의 범위를 정할 수 있다.

　② 가정법원은 본인, 배우자, 4촌 이내의 친족, 한정후견인,
　한정후견감독인, 검사 또는 지방자치단체의 장의 청구에
　의하여 제1항에 따른 한정후견인의 동의를 받아야만 할
　수 있는 행위의 범위를 변경할 수 있다.

　③ 한정후견인의 동의를 필요로 하는 행위에 대하여 한정후
　견인이 피한정후견인의 이익이 침해될 염려가 있음에도
　그 동의를 하지 아니하는 때에는 가정법원은 피한정후견
　인의 청구에 의하여 한정후견인의 동의를 갈음하는 허가
　를 할 수 있다.

　④ 한정후견인의 동의가 필요한 법률행위를 피한정후견인이
　한정후견인의 동의 없이 하였을 때에는 그 법률행위를 취
　소할 수 있다. 다만, 일용품의 구입 등 일상생활에 필요
　하고 그 대가가 과도하지 아니한 법률행위에 대하여는 그
　러하지 아니하다.

I. 일 반 론

1. 피한정후견인(被限定後見人)의 행위능력

한정후견이 개시된 이후에도 피한정후견인에게 행위능력이 인정되는 것이 원칙이다. 다만, 가정법원은 예외적으로 피한정후견인이 한정후견인의 동의를 받아야 하는 행위의 범위를 정할 수 있고($\frac{본조}{I}$), 그 범위 내에서만 피한정후견 인의 행위능력이 일부 제한되는 것이다. 한편, 가정법원이 동의를 받도록 정한 행위 중에서도 일용품의 구입 등 일상생활에 필요하고 그 대가가 과도하지 아 니한 법률행위에 관하여는 피한정후견인이 완전한 행위능력을 보유한다 ($\frac{본조}{IV 단서}$).

2. 종전 한정치산제도와의 차이점

종래 한정치산제도의 경우 한정치산자의 행위능력을 미성년자의 경우와 동일하게 취급되었기 때문에($\frac{개정 전}{민법 § 10}$) 후견인은 포괄적인 동의권과 대리권을 가지고 있었고($\frac{개정 전 민법}{§ 929, § 938}$), 후견인의 동의를 받지 않은 한정치산자의 재산상 법률행위는 취소될 수 있었다. 그러나 이와 같이 피한정후견인의 구체적 사정 을 고려하지 아니하고 획일적으로 그 행위능력을 제한하는 것은 개정 민법[1]을 통하여 도입한 성년후견제도의 이념에 맞지 않는다. 따라서 피한정후견인의 잔존능력(殘存能力)을 최대한 활용할 수 있는 여건을 마련하기 위하여 가정법 원이 구체적인 사정에 따라서 동의가 필요한 범위를 따로 정하도록 본조를 개 정한 것이다.

3. 한정후견제도의 도입취지

가정법원이 일정한 범위 내에서 피한정후견인으로 하여금 한정후견인의 동의를 얻어야만 유효한 법률행위를 할 수 있도록 결정할 수 있다. 이러한 가 정법원의 결정을 통해 피한정후견인의 행위능력을 필요한 한도 내에서만 제한 하고, 그의 잔존능력을 최대한 활용할 수 있도록 한다는 점에서 한정후견제도 및 한정후견인의 동의에 관한 가정법원의 결정절차 등은 넓은 의미의 성년후 견제도의 핵심적 부분 중 하나이다.

---

1) 본조에 대한 해설에서 '개정 민법'이라 함은 특별한 표시가 없는 이상 2011.3.7. 법률 제 10429호로 개정되고 2013.7.1. 시행된 것을 의미한다.

4. 유 의 점

개정 민법은 한정후견에 관하여 선의의 제3자를 보호하는 규정을 두지 않고 있기 때문에, 피한정후견인과 거래하는 상대방은 어느 범위에서 행위능력이 제한되고 있는지를 스스로 조사해야 한다. 그런데 종전 금치산·한정치산 제도는 가족관계등록부에 그 선고사실이 기재되었지만, 한정후견 등에 관한 사항은 후견등기부에 의해 공시되고, 후견과 관련된 등기사항증명서의 발급을 청구할 수 있는 사람은 피후견인, 후견인, 후견감독인, 피후견인의 배우자 또는 4촌 이내의 친족 등 일정한 범위 내에 있는 사람으로 한정된다(후등 § 15). 따라서 거래의 상대방은 제한능력자 또는 그의 후견인 등에게 관련 등기사항증명서를 발급받아 올 것을 요청하고, 제한능력자 측에서 그 등기사항증명서를 발급받아서 이를 상대방에게 제시하는 등 간접적인 방법으로 거래의 안전을 도모하는 수밖에 없다.[2]

위와 같이 새로운 한정후견제도의 도입으로 인하여 취소대상의 범위 등에 관한 본조의 규정내용은 상당히 중요한 의미를 가지게 되었는데,[3] 이에 관하여는 § 10에 대한 해설 참조.

II. 피한정후견인의 행위능력에 대한 제한

1. 한정후견인의 동의가 필요한 사항으로 정하는 가정법원의 결정

(1) 한정후견인의 동의가 필요한 사항으로 정하는 가정법원의 결정 및 변경의 의미

가정법원은 피한정후견인이 한정후견인의 동의를 받아야 하는 행위의 범위를 정할 수 있고($본조_I$), 본인, 배우자, 4촌 이내의 친족, 한정후견인, 한정후견감독인, 검사 또는 지방자치단체의 장의 청구에 의하여 본조 I에 따른 한정후견인의 동의를 받아야만 할 수 있는 행위의 범위를 변경할 수 있다($본조_II$).

피한정후견인의 구체적인 사정에 따라서 가정법원이 한정후견인의 동의가 필요한 사항의 범위를 결정하고 나아가 이를 탄력적으로 변경할 수 있어야만 새로운 제도의 도입취지가 제대로 구현될 수 있기 때문에, 가정법원은 이에 관하여 폭넓은 재량권을 가지는 것으로 보아야 한다. 이러한 관점에서 본조 II의

---

2) 강태성, 159; 지원림, 민법강의, 제16판, 2019, 81.
3) 동지, 윤진수·현소혜, 2013년 개정민법 해설, 법무부, 2013, 56-58.

규정내용을 살펴보면, 피한정후견인의 정신능력 상태가 시기에 따라 유동적일 수 있음을 고려하여 가정법원에서 그 행위능력의 제한 정도를 적절하게 조정할 수 있도록 하였음을 알 수 있다.

따라서 가정법원은 그 재량권을 행사하면서 특정 부동산에 관한 매매계약 체결 등과 같은 특정 법률행위를 한정적으로 열거하여 가정법원에서 한정후견인의 동의가 필요한 사항으로 결정할 수도 있고, 일정 금액 이상의 거래행위 등과 같이 특정 기준을 상회하는 법률행위에 대하여 포괄적으로 한정후견인의 동의가 필요하다는 취지의 결정을 할 수도 있으며, 사후적 사정변경에 따라서 기존 결정의 내용을 적절하게 변경할 수도 있다. 이에 관하여 가정법원이 소송행위의 특수성을 고려하여 피한정후견인의 소송행위 자체를 가정법원에서 한정후견인의 동의가 필요한 사항으로 결정하는 것도 가능할 것이다.[4]

(2) '자기결정권과 잔존능력의 존중' 내지 '후견의 필요성·보충성'의 원칙

가정법원은 한정후견인의 동의가 필요한 사항에 관한 결정을 하거나 이를 변경하는 과정에서 '자기결정권(自己決定權)과 잔존능력의 존중' 내지 '후견의 필요성·보충성' 등 성년후견제도의 기본원칙을 준수함으로써 피한정후견인의 권익 보호를 위하여 필요한 사항만을 대상으로 삼아야 한다.[5] 개정 민법이 가정법원에 폭넓은 재량권을 인정한 이유는 개별 사안의 구체적 사정을 고려하는 방법으로 가능한 범위 내에서 피한정후견인의 자기결정권을 최대한 존중할 수 있는 여건을 마련하기 위한 것이기 때문이다.

이에 관하여 가정법원이 피한정후견인이 스스로 법률행위를 할 수 있는 범위와 그렇지 않은 범위를 정확하게 판단할 수 있는지 여부, 즉 필요한 범위 내에서만 피한정후견인의 행위능력을 제한하는 것이 실무적으로 쉽지 않은 문제가 될 수 있다.[6] 그래서 가소법은 가정법원이 한정후견개시심판을 하기 전에 원칙적으로 피한정후견인이 될 사람의 정신상태에 관하여 의사의 감정이 이루어지도록 규정함으로써($\substack{가소 \S 45-2 \\ 1 본문}$),[7] 사건본인의 구체적 사정을 파악할 수

---

4) 김형석, "피성년후견인과 피한정후견인의 소송능력—해석론과 입법론—", 가연 27-1, 2013, 67-71; 배인구, "성년후견제도에 관한 실무상 쟁점—피성년후견인 등의 행위능력과 소송능력을 중심으로—", 제문제 22, 2013. 12, 173-174.

5) 법원행정처, 성년후견제도 해설, 법원행정처, 2013, 93; 구상엽, "개정 민법상 성년후견제도에 대한 연구", 서울대학교 대학원 박사학위논문, 2012, 115.

6) 개정 민법의 시행 이전에 위와 같은 실무적 문제점을 지적한 견해로는 김상용, "성년후견법안의 문제점", 신문 3787, 2009.10.22, 15; 김은효, "민법(성년후견)일부 개정안에 대한 소론", 신문 3793, 2009.11.16, 15 참조.

7) 성년후견제도에 관하여도 의사의 감정을 필수적 절차로 두는 것에 반대하는 견해로는

있는 절차적 장치를 마련하였다.

피한정후견인이 될 사람의 정신상태를 판단할 만한 다른 충분한 자료가 있는 때에는 그 절차가 생략될 수 있다는 점($^{가소 \S 45-2}_{단서}$), 당사자의 비용부담을 경감하기 위해 절차구조제도가 신설되었다는 점 등에 관하여는 §9에 대한 해설 참조.

(3) 적용범위

(개) 법률행위 또는 준법률행위   가정법원에서 한정후견인의 동의가 필요한 것으로 정할 수 있는 피한정후견인의 행위는 원칙적으로 재산상 법률행위(法律行爲) 또는 준법률행위(準法律行爲)로 한정된다. 따라서 피한정후견인의 공법상의 행위 또는 일정한 법률효과의 발생을 목적으로 하지 않는 단순한 사실행위 등에 대하여 위와 같은 결정을 할 수 없는 것이 원칙이다.

(나) 신분행위   한편, 피한정후견인의 자기결정권이 존중되는 신분행위(身分行爲)에 관해서는 완전한 행위능력을 가지므로, 가정법원에서 이러한 행위를 한정후견인의 동의가 필요한 행위의 범위에 포함시킬 수는 없다고 본다.[8] 예컨대, 가정법원에서 피한정후견인이 혼인을 할 경우 한정후견인의 동의를 받도록 결정하는 것은 허용될 수 없다는 취지이다.

(다) 소송능력 및 비송능력 등   일정한 범위의 법률행위에 관하여 가정법원에서 한정후견인의 동의가 필요하다는 취지의 결정을 한 경우, 그 결정 범위 내에 있는 법률행위에 관하여 피한정후견인의 소송능력(訴訟能力) 등을 인정할 수 있는지 여부에 관하여, 2017.2.4. 개정 민소법의 시행 이전에는 다음과 같은 견해의 대립이 있었다.

전면적 인정설은 위와 같은 가정법원의 결정에도 불구하고 한정후견인의 대리권의 범위는 §959-4에 따라 별도로 정해진다는 점, 따라서 위와 같은 결정이 내려지더라도 그 한도 내에서 한정후견인에게 법정대리권이 반드시 부여되어 그가 소송행위를 대리하리라고 담보할 수 없다는 점, 가정법원의 결정에

제철웅, "요보호성인의 인권존중의 관점에서 본 새로운 성년후견제도", 민학 56, 2011, 312 참조. 한편, 원칙적으로 요보호자의 행위능력이 제한되는 성년후견의 경우와 달리, 한정후견의 경우 요보호자의 행위능력에 대한 제약이 거의 없다는 점 등을 고려한다면 한정후견절차에서 의사의 감정을 필수절차로 규정하고 그 예외적인 절차 면제를 엄격한 요건 하에서만 인정하는 것은 후견의 접근성을 감소시킬 부작용이 있고, 따라서 한정후견절차에서는 그 예외사유를 상대적으로 넓게 인정하는 것이 바람직하다는 견해로는 구상엽(주 5), 114-115 참조.

8) 강태성, 167; 곽윤직·김재형, 130; 김민중, 143; 김상용, 188; 송덕수, 173; 양창수·김재형, 634; 지원림(주 2), 84; 윤진수·현소혜(주 3), 43; 법원행정처(주 5), 93; 구상엽(주 5), 115-116; 김성우, 성년후견실무, 2018, 85; 주석 총칙(1), 352(제5판/신숙희).

의해 사인의 소송능력을 제한하는 것은 법률유보의 원칙에 반한다는 점 등을
고려하면, 피한정후견인은 위와 같은 가정법원의 결정과 무관하게 언제나 소
송능력을 가지는 것으로 보아야 하고, 다만 소송행위의 특수성을 고려할 때 부
정설을 취하면 피한정후견인의 복리에 반하는 결과를 가져올 수도 있기 때문
에, 가정법원이 한정후견인의 대리권($^{특히소}_{송대리권}$)의 범위와 동의권의 범위를 일치
시키는 수밖에 없다고 주장하였다.[9]

　반면에 제한적 인정설은 민법 부칙($^{2011.3.7.\ 법}_{률\ 제10429호}$) § 3의 규정[10]과 종전 민소
§ 55[11]의 규정을 종합적으로 살펴보면, 개정 민법의 시행일자인 2013.7.1.부터
5년 동안 피한정후견인은 가정법원에서 한정후견인의 동의가 필요하다고 결정
한 행위의 범위에서는 한정후견인의 동의를 받아 소송행위를 할 수 있다는 제
한소송능력을 인정하는 것이 성년후견제도의 취지에 비추어 타당하다고 주장
하였다.[12]

　한편, 원칙적 부정설은 가정법원이 원칙적으로 행위능력이 인정되는 피한
정후견인에게 한정후견인의 동의를 받도록 한 법률행위는 한정후견인의 도움
이 필요하다고 인정했기 때문이므로, 소송행위의 특성에 비추어 위 범위 내에
있는 법률행위에 관하여 피한정후견인의 소송능력은 원칙적으로 인정되기 어렵
고, 한정후견인의 동의가 없어도 유효하게 법률행위를 할 수 있는 경우 등 예외
적인 경우에만 소송능력을 인정할 수 여지가 있다는 입장을 취하고 있었다.[13]

　그 후 새로 도입된 한정후견제도의 취지를 반영하여 2016.1.8. 법률 제
13952호로 민소법 관련 규정에 대하여 법률개정이 이루어졌는데($^{2016.2.3.\ 공포된}_{개정\ 민소법\ 규정}$
$^{은\ 2017.2.4.}_{시행되었다}$), 상세한 규정 내용에 대해서는 § 10에 대한 해설 참조.

　개정 민소법은 피한정후견인에 대하여 원칙적으로 소송능력을 인정하면서,
예외적으로 한정후견인의 동의를 필요로 하는 행위($^{§\ 13}_{I}$)에 관하여는 소송능력

　9) 윤진수·현소혜(주 3), 44.
　10) 민법 부칙(2011.3.7. 법률 제10429호) § 3(다른 법령과의 관계) 이 법 시행 당시 다른
　　법령에서 "금치산" 또는 "한정치산"을 인용한 경우에는 성년후견 또는 한정후견을 받는 사
　　람에 대하여 부칙 제2조 제2항에 따른 5년의 기간에 한정하여 "성년후견" 또는 "한정후
　　견"을 인용한 것으로 본다.
　11) 종전 민소 § 55(미성년자·한정치산자·금치산자의 소송능력) 미성년자·한정치산자 또
　　는 금치산자는 법정대리인에 의하여서만 소송행위를 할 수 있다. 다만, 미성년자 또는 한
　　정치산자가 독립하여 법률행위를 할 수 있는 경우에는 그러하지 아니하다.
　12) 김형석(주 4), 67-71.
　13) 배인구(주 4), 163-172 참조. 정선주, "행위능력제도의 변화에 따른 소송능력의 재검
　　토", 민사소송 18-1, 2015, 51-78은 위와 같은 예외를 인정하는 것도 타당하지 않다는 입
　　장을 밝히고 있다.

을 부정함으로써 대리권이 있는 한정후견인의 대리에 의해서만 소송행위를 할
수 있도록 규정하였다($_{\S55\,II}^{민소}$).[14] 이에 관하여 가정법원에서 피한정후견인의 소
송행위 자체를 한정후견인의 동의가 필요한 사항으로 정한 경우, 피한정후견
인은 한정후견인의 동의가 없는 한 소송능력이 없는 것으로 보아야 한다는 견
해가 있으나,[15] 개정 민소 §55 II의 규정취지에 비추어 볼 때 위와 같은 경우
에 피한정후견인에게 소송능력을 인정하기는 어렵고, 대리권이 있는 한정후견
인에 의해서만 소송행위를 할 수 있다고 해석하는 것이 타당하다고 본다.[16]

　　한편, 피한정후견인의 가사사건에 관한 소송능력 및 비송능력에 관해서도
성년후견제도의 도입취지를 절차법에 적절하게 반영할 필요가 있는데,[17] 정
부가 2018.3.2. 국회에 제출했던 가소법 전부 개정안의 규정내용에 대해서는
§10에 대한 해설 참조.

　　㈃ 근로계약의 체결과 임금의 청구　　종전 한정치산제도에서는 한정
치산자의 행위능력을 미성년자의 경우와 동일하게 규율하고 있었기 때문에,
친권자나 후견인은 미성년자의 근로계약을 대리할 수 없다는 규정($_{\S67\,I}^{근기}$)이나
미성년근로자가 임금을 독자적으로 청구할 수 있다는 규정($_{\S68}^{근기}$)이 한정치산자
에게 적용되는지 여부가 논란이 되었다.

　　그러나 한정후견제도의 경우 가정법원에서 한정후견인의 동의가 필요한
사항으로 결정한 것이 아닌 이상 피한정후견인은 행위능력을 가지고 있기 때
문에, 미성년자를 보호하기 위한 위 법률규정들이 피한정후견인에게 적용되지
않는다고 보아야 한다.[18]

2. 한정후견인의 동의에 갈음하는 가정법원의 허가

　　피한정후견인은 한정후견인의 동의를 받도록 가정법원이 정한 범위 내에
서만 §15 이하의 제한능력자에 해당하기 때문에, 한정후견인은 그 범위 내에
서 위와 같은 동의권을 피한정후견인의 복리에 부합하게 행사하여야 한다

---

14) 개정 민소법의 해석 등에 관하여는 이시윤, 신민사소송법, 제12판, 2018, 164-166; 전
　　원열, 민사소송법강의, 2020, 174-176; 김경욱, "2015년 민사소송법 개정안의 주요내용과
　　쟁점", 민사소송 19-2, 2016, 9-57 참조.
15) 김형석(주 4), 70-72; 김성우(주 8), 87; 주석 총칙(1), 352(제5판/신숙희).
16) 전원열(주 14), 175-176. 김경욱(주 14), 21-23도 같은 취지로 보인다.
17) 이에 관한 비교법적 검토 및 입법 제안 등에 대하여는 김원태, "가사소송에서의 소송능
　　력", 민사소송 18-1, 2015, 279-311 등 참조.
18) 동지, 강태성, 167; 곽윤직·김재형, 129; 김민중, 143; 지원림(주 2), 84.

$\left(\begin{smallmatrix} \S\,959\text{-}6에\ 의 \\ 한\ \S\,947의\ 준용 \end{smallmatrix}\right)$.

그런데 한정후견인이 피한정후견인의 이익이 침해될 염려가 있음에도 불구하고 그 동의를 하지 않을 경우가 있다. 이와 같이 한정후견인이 임무를 해태할 때에는 가정법원은 피한정후견인의 청구에 의하여 한정후견인의 동의를 갈음하는 허가를 할 수 있다($\begin{smallmatrix} 본조 \\ \text{III} \end{smallmatrix}$). 이러한 가정법원의 허가제도는 한정후견인의 행위에 의해 피한정후견인의 법률관계가 좌우될 수 있는 것으로 인한 위험성을 최소화함과 동시에 피한정후견인 본인의 복리를 도모하기 위하여 도입된 것이다.[19]

III. 한정후견인의 지위와 권한

1. 한정후견인의 지위

한정후견을 개시하는 경우에 사건본인의 한정후견인을 두어야 한다($\begin{smallmatrix} \S \\ 959\text{-}2 \end{smallmatrix}$). 피한정후견인에 대하여 한정후견인은 반드시 선임해야 하는 반면에 한정후견감독인의 선임은 임의적이기 때문에($\begin{smallmatrix} \S\,959\text{-} \\ 5\ \text{I} \end{smallmatrix}$), 양자는 구별된다. 한편, 한정후견인을 반드시 선임해야 한다는 측면에서 성년후견의 경우와 유사하고, 후견인을 선임하는 것이 임의적인 특정후견의 경우와 구별된다.

한정후견 개시에 따른 한정후견인은 가정법원이 직권으로 선임한다($\begin{smallmatrix} \S\,959\text{-} \\ 3\ \text{I} \end{smallmatrix}$). 한정후견인에 관해서는 성년후견인에 관한 여러 규정이 준용된다($\begin{smallmatrix} \S\,959\text{-}3\ \text{II}에\ 의하 \\ 여\ \S\,930\ \text{II}\cdot\text{III}, \end{smallmatrix}$ $\begin{smallmatrix} \S\,936\ \text{II}부터\ \text{IV}까지,\ \S\,937, \\ \S\,939,\ \S\,940\ 및\ \S\,949\text{-}3이\ 준용됨 \end{smallmatrix}$). 따라서 여러 명의 한정후견인을 둘 수 있고, 법인이 한정후견인이 될 수도 있다.

2. 한정후견인의 권한

(1) 동의권, 취소권 및 추인권[20]

㉮ 가정법원에서 한정후견인의 동의가 필요한 것으로 결정한 범위 내의

---

19) 동지, 윤진수·현소혜(주 3), 45. 적극적으로 피한정후견인의 이익이 침해될 염려가 있을 때뿐만 아니라, "피한정후견인의 이익이 침해될 염려가 없음에도 불구하고" 한정후견인이 동의하지 않고 있는 때까지 포함될 수 있도록 위 규정을 개정하는 바람직하다는 입법론을 제시하는 견해로는 구상엽(주 5), 116-117 참조.

20) 이에 관하여는 김시철, "후견인의 동의권·대리권·취소권—넓은 의미의 성년후견제도의 도입으로 인한 변화를 중심으로—", 자율과 정의의 민법학(양창수 교수 고희 기념 논문집), 박영사(2021), 216-218, 226-240 등 참조.

법률행위   가정법원에서 한정후견인의 동의가 필요하다고 정한 재산상의 법률행위를 피한정후견인이 한정후견인의 동의 없이 한 때에는 그 법률행위를 취소할 수 있다($_{\text{IV 본문}}$). 즉, 한정후견인은 위와 같은 가정법원의 결정의 범위 내에서 동의권과 취소권을 가지는 것이고($_{\text{II. IV}}^{\S 13 \text{ I.}}$),[21] 그 범위 내에서 피한정후견인이 한정후견인의 동의 없이 한 법률행위라도 한정후견인이 나중에 추인하면 유효하게 된다.[22] 취소할 수 있는 법률행위의 추인은 위 법률행위를 취소하지 않겠다는 취소권자의 의사표시로서 취소권의 포기에 해당하므로, 위 법률행위에 관하여 취소권자의 지위에 있는 한정후견인은 추인 여부에 관한 권한을 행사할 수 있다고 보아야 하기 때문이다.[23]

      (나) 일상적 법률행위에 관하여   그런데 피한정후견인이 위와 같은 가정법원의 결정의 범위 내에 속하는 법률행위를 한정후견인의 동의 없이 한 경우에도, 그 법률행위가 일용품의 구입 등 일상생활에 필요하고 그 대가가 과도하지 아니한 법률행위인 경우에는 이를 취소할 수 없다($_{\text{IV 단서}}^{\text{본조}}$).

      일상적 법률행위의 의미와 입법취지 등에 대해서는 성년후견에 관한 §10 Ⅵ의 해설 참조.

      다만, 피한정후견인이 원칙적으로 행위능력을 보유한다는 점에 비추어 볼 때, 이 규정은 일반원칙에 대한 예외의 성격을 가지는 피성년후견인에 관한 §10 Ⅳ의 경우와 동일한 의미를 가진다고 볼 수는 없다. 포괄적 후견이 개시되는 피성년후견인의 일상적 법률행위도 취소대상에서 배제된다는 점에 비추어 볼 때, 피한정후견인의 일상적 법률행위에 대하여 가정법원에서 한정후견인의 동의가 필요한 사항으로 결정하는 경우는 통상적으로 상정하기 어렵기

---

21) 곽윤직·김재형, 130; 김형석, "피한정후견인의 행위능력", 법학연구 27-1, 2016, 12; 주석 총칙(1), 349(제5판/신숙희. 윤진수·현소혜(주 3), 82는 해당 법률행위에 관하여 대리권은 없고 동의권만 있는 한정후견인의 경우에도 취소권을 행사할 수 있다고 하면서, 입법론으로 §140상 취소권자에 '후견인' 부분을 추가하는 것이 바람직하다는 입장을 취하고 있다.

22) 지원림(주 2), 83; 윤진수·현소혜(주 3), 84; 김형석(주 21), 12. 이에 관하여, 한정후견인에게 동의권만 있고 대리권이 없는 경우, 추인권자는 제한능력자와 그 대리인 또는 승계인만으로 제한되는데(§140 참조) 여기서의 한정후견인은 피한정후견인의 법률행위에 대한 동의권을 가질 뿐 대리권을 가지지 않기 때문에 추인권을 인정하기 어렵다는 견해로는 주석 총칙(1), 349(제5판/신숙희 참조.

23) 지원림(주 2), 366-367. 윤진수·현소혜(주 3), 84는 개정 민법에서 §144 Ⅱ에 '후견인' 부분을 추가한 것은 피한정후견인이 한정후견인의 동의 없이 동의유보결정 범위 내에서 법률행위를 한 경우 한정후견인이 이를 추인함으로써 유효하게 만들 수 있다는 점을 예정한 것이라는 입장을 취하고 있다.

때문이다.[24][25]

  (2) 대 리 권

  종래 금치산·한정치산제도에서는 후견인이 당연히 무능력자의 법정대리
인이 되기 때문에, 의사결정능력이 있는 무능력자의 자기결정권을 침해할 수
있다는 비판이 제기되었다.[26]

  그래서 개정 민법은 한정후견인에게 가정법원의 결정에 의해 피한정후견
인에 대한 동의권만을 부여하는 것을 원칙으로 하고($\overset{\S\,13}{_1}$), 피한정후견인에 관
한 대리권을 당연히 부여하지는 않는 것으로 규정하였다. 다만, 피한정후견인
의 보호를 위하여 필요한 경우 가정법원은 한정후견인에게 대리권을 수여하는
심판을 할 수 있고($\overset{\S\,959-}{_4\,\,1}$), 본인, 배우자, 4촌 이내의 친족, 한정후견인, 한정후
견감독인, 검사 또는 지방자치단체의 장의 청구 또는 직권에 의하여 대리권의
범위를 변경할 수 있도록 규정하고 있는데($\overset{\S\,959-4\,\,\mathrm{II}\,\text{에 의하여}}{\S\,938\,\,\mathrm{III},\,\mathrm{IV}\text{이 준용됨}}$), 피한정후견인의
자기결정권 존중과 피한정후견인의 권익보호의 조화를 위한 제도라고 할 수
있다. 즉, 한정후견인은 가정법원에 의한 별도의 심판이 있을 때에만 피한정후
견인에 대한 대리권을 행사할 수 있는 것이다.[27]

  한정후견인의 대리권 행사 및 제한 등에 관하여 성년후견에 관한 규정이
준용된다($\overset{\S\,959-6\text{에 의하여}\,\S\,949,\,\S\,949-}{2,\,\S\,949-3,\,\S\,950\text{가 준용됨}}$).

  (3) 동의권과 대리권의 상호관계

  가정법원이 별도의 심판을 통하여 한정후견인에게 대리권을 부여하는 경
우 그 법정대리권의 범위는 본조 I에 따른 동의권 수여의 범위와 일치하여야
하는지 등에 관하여 긍정설과 부정설이 대립하고 있다.

  긍정설은 가정법원에서 한정후견인에게 피한정후견인의 특정한 행위에 동
의권을 부여하는 결정을 한 것은 그러한 행위가 일용품의 구입과 같은 단순한
법률행위가 아니라 중요한 법률행위라고 판단한 것이므로 그 범위 내에서 한
정후견인에게 대리권이 인정된다고 보아야 하는 한편, 이러한 가정법원의 결

---

  24) 윤진수·현소혜(주 3), 45.
  25) 피한정후견인이 일용품의 구입까지 한정후견인의 동의를 받아야 할 정도라면, 한정후견
    이 아니라 성년후견이 개시되어야 할 것이므로, 본조 Ⅳ 단서의 규정은 한정후견의 취지
    와 맞지 않을 뿐 아니라 불필요한 규정이라는 취지의 견해로는 강태성, 167; 김주수·김상
    용, 145; 지원림(주 2), 84.
  26) 구상엽(주 5), 55 참조.
  27) 위와 같은 한정후견인의 대리권에 관한 규정은 포괄적인 법정대리권이 인정되는 성년후
    견인의 대리권에 관한 규정(§ 938 I), 기간이나 범위를 정하는 등 일정한 제한이 있는 특
    정후견인의 대리권에 관한 규정(§ 959-11 I)과는 차이가 있음을 유의할 필요가 있다.

정 범위에서 제외된 행위에 대하여 한정후견인에게 대리권을 인정할 필요가
없다고 주장한다.[28]

그러나 민법은 한정후견인의 동의권에 관한 규정과 대리권 수여에 관한
규정을 두면서, 양자의 관계에 관하여는 따로 정하고 있지 않다. 또한 대리인
의 일방적인 의사결정이 가능하도록 하는 법정대리제도와 본인의 의사결정을
전제로 이를 보완하도록 하는 동의가 필요한 행위를 정하는 제도는 그 목적이
나 성질, 취지 등이 다르다. 따라서 이론적으로는 동의권의 범위와 대리권의
범위가 서로 중첩될 수도 있지만, 양자가 당연히 일치하는 것은 아니라고 보는
부정설이 타당하다고 생각한다.[29]

다만, 부정설을 토대로 하는 경우, 동의권의 범위와 법정대리권의 범위가
불일치함으로써 실무적으로 다양한 문제가 발생할 수 있다. 예컨대, 가정법원
이 특정 법률행위에 한정후견인의 동의를 받아야 한다고 명하면서도 한정후견
인에게 취소와 관련된 원상회복관계를 대리할 법정대리권을 부여하지 않은 경
우, 한정후견인은 피한정후견인의 동의 없이 한 법률행위를 취소할 수 있지만,
법정대리권이 없어 피한정후견인이 급부한 것에 관한 반환을 청구할 수는 없
는 경우가 발생할 수 있는 것이다. 이러한 문제는 가정법원이 동의를 받도록
규정한 행위를 정하면서 반드시 취소에 따른 원상회복에 관한 법정대리권을
부여하는 심판을 함으로써 회피할 수 있지만, 해석상 가정법원이 동의를 받도
록 정한 취지에는 그 법정대리권이 당연히 포함된 것으로 볼 수 있다는 견해
도 있고,[30] 동의를 받도록 규정한 행위와 법정대리권은 서로 구별되고 취지를
달리하므로, 사후적 대리권 수여에 의해 해결해야 한다는 견해도 있다.[31]

28) 윤일구, "성년후견제도 도입에 따른 문제점과 과제", 전남대 법학논총 32-2, 2012, 189-190.
29) 동지, 송덕수, 174; 윤진수·현소혜(주 3), 45, 130-132; 구상엽(주 5), 119; 법원행정처 (주 5), 94; 김형석(주 21), 12; 백승흠, "성년후견제도의 도입과 과제", 한양대 법학논총 27-1, 2010, 40, 각주 23).
30) 김형석(주 21), 12, 각주 22)는 가정법원에서 피한정후견인에게 한정후견인의 동의를 받도록 명하는 범위에는 한정후견인에게 법정대리권도 부여되었다고 보아야 하고(가정법원이 이를 간과한 경우에도 동의권을 부여하는 심판의 취지상 법정대리권도 부여되었다고 보아야 한다), 따라서 ① 한정후견인의 법정대리권의 범위는 동의권의 범위와 일치하거나, ② 행위능력 제한의 필요성은 없으나 한정후견인의 법정대리 필요성이 있어 가정법원이 그에 따른 심판을 하는 경우에는 법정대리권의 범위가 동의권의 범위보다 넓어질 수는 있지만, ③ 법정대리권의 범위가 동의권의 범위보다 좁은 경우는 발생하지 않는다고 보아야 한다는 입장을 취하고 있다.
31) 박인환, "새로운 성년후견제 도입을 위한 민법개정안의 검토", 가연 24-1, 2010, 58-59은 가정법원이 한정후견인에게 사후적으로 대리권을 수여해야 한다는 입장을 취하고 있다.

이러한 견해 대립에 관하여 형식적인 측면에서 동의권과 대리권의 범위 설정에 관한 가정법원의 심판유형을 구분하여 보면, ⓐ 양자의 범위를 일치시켜서 설정하는 유형, ⓑ 대리권의 범위를 더 넓게 설정하는 유형(즉, 동의권을 인정하지 않은 영역에 대해서까지 대리권을 수여하는 유형), ⓒ 동의권의 범위를 더 넓게 설정하는 유형(즉, 동의권을 인정한 영역에 대하여 대리권은 수여하지 않는 유형) 등 3가지 유형으로 구분할 수 있으므로, 차례로 살펴본다.

먼저 ⓐ유형에서는 법리적으로나 실무적으로 별다른 문제가 발생하지 않는다. 따라서 특별한 사정이 없는 이상 가정법원에서 ⓐ유형을 선택하는 것이 실무적인 측면에서 적절하다고 볼 수 있다.[32]

다음으로 개정 민법에서 후견인에게 사건본인에 대한 법정대리권을 인정하면서도 동의권을 인정하지 않는 경우가 있다는 점($\S 5$ 등 참조), 피한정후견인의 사무처리능력이 정신적 제약으로 인해 부족해진 사안이 아니라도 그의 사무처리의 편의를 위해 한정후견인에게 대리권을 수여하는 것이 필요할 수 있다는 점 등에 비추어 보면, 특별한 사정이 인정된다면 가정법원이 ⓑ유형 심판을 할 수 있다고 본다.[33]

---

32) 예컨대, 서울가결 18.1.17, 2017브30016[대결 18.4.4, 2018스517(심리불속행)으로 사건 본인 甲의 재항고가 기각되어 확정]은 '甲이 정신적 제약으로 인하여 사무를 처리할 능력이 부족하다는 이유로 받은 한정후견 개시 및 한정후견인 선임 심판에 대하여 취소를 구한 사안에서, 甲이 양극성장애1형의 진단을 받은 사실이 있는 점, 제1심법원의 정신감정 결과에서 甲은 양극성정동장애로 인한 정신적 제약으로 인하여 금전관리에 필요한 자기의사결정 및 사무처리에서 타인의 도움이 필요한 상태로, 정신적 제약으로 사무를 처리할 능력이 부족하고, 병식과 치료에 대한 순응도가 떨어지는 사건본인의 회복을 예측하기는 어렵다는 평가를 받은 점, 그 후 현재까지 甲의 상태가 호전되었다고 볼 만한 의미 있는 자료도 없는 점 등을 종합하면, 甲이 현재 정신적 제약으로 인하여 사무를 처리할 능력이 부족한 사실을 인정할 수 있으므로, 甲에 대하여 한정후견이 개시되어야 하고, 제1심법원이 甲의 복리를 위하여 중립적이고 객관적인 입장에서 후견사무를 수행할 수 있는 사회복지법인을 甲의 한정후견인으로 선임하여 甲의 법률행위에 대한 일정한 범위의 동의권을 부여한 것은 타당하나, 한정후견이 개시된다고 하더라도 피한정후견인은 가정법원이 한정후견인의 동의를 받도록 따로 정한 행위에 대해서만 행위능력이 제한되고, 그 외의 법률행위에 대하여는 완전한 행위능력을 갖게 되는바, 비록 동의권과 대리권이 기본적으로 구별되고 목적하는 취지가 다르다고 하더라도, 피한정후견인이 완전한 행위능력을 갖게 되는 부분에도 한정후견인에게 법정대리권을 부여하게 된다면, 피한정후견인의 행위능력을 다시 한 번 불필요하게 제한하게 되고, 후견제도의 이념인 '잔존능력의 존중'에도 위배되는 결과를 낳게 되므로, 법원이 한정후견인에게 부여한 동의권의 범위를 초과하는 사항에 관하여 대리권을 부여하는 것은 부적법하다는 이유로 제1심법원이 한정후견인에게 부여한 동의권의 범위와 같이 한정후견인의 대리권의 범위를 변경하여야 한다.'라는 취지로 판단하였다. 이러한 결정 사례는 가정법원에서 개별 사안의 구체적인 사정을 토대로 하여 한정후견인의 동의권과 대리권의 상호관계에 관한 법률관계를 검토한 다음, 특별한 사정이 없는 이상 ⓐ유형 심판을 선택하는 것이 적절하다는 입장을 취한 것으로 해석할 수 있다.

33) 다만, ⓑ유형 심판이 이루어진 경우, 해당 법률행위에 관하여 피한정후견인은 독자적인

마지막으로 가정법원에서 ⓒ유형 심판을 한 경우, 그 동의권을 인정한 범위에 관하여 법정대리권도 당연히 수여되었다고 보아야 할 것인데,[34] 다만 ⓒ유형 심판을 하는 경우 관련 당사자들 사이에서 불필요한 논란이 발생할 위험성이 있다는 점 등을 고려할 때, 형식적인 측면에서 ⓒ유형 심판을 하는 것은 실무적으로 바람직하지 않다고 생각한다.

따라서 가정법원이 한정후견인의 동의가 필요한 사항을 정하는 결정을 하면서, 위와 같은 동의권과 대리권의 상호관계에 관한 법률관계를 충분히 검토하고 사전에 적절한 조치를 취하는 것이 바람직하다고 본다.[35]

한편, 피한정후견인의 소송행위에 관하여 개정 민소법은 피한정후견인에 대하여 원칙적으로 소송능력을 인정하되, 예외적으로 한정후견인의 동의를 필요로 하는 행위($^{§13}_{1}$)에 관하여는 피한정후견인의 소송능력을 부정하면서 대리권이 있는 한정후견인의 대리에 의해서만 소송행위를 할 수 있도록 규정하고 있는데($^{민소}_{§55\,Ⅱ}$),[36] 이는 소송행위에 관하여 실무적인 문제 발생을 최소화하는 입법적 조치라고 볼 수 있다.

가정법원이 ⓑ유형 심판을 한 경우, 해당 법률행위에 관하여 피한정후견인은 독자적인 행위능력을 가지기 때문에 이에 관한 피한정후견인의 법률행위는 유효한 것이고, 나중에 한정후견인이나 피한정후견인이 이를 취소할 수 없다. 한편 한정후견인의 동의가 필요한 영역에서 피한정후견인이 한정후견인의 동의를 받지 않고서 위 법률행위를 한 경우, 그 상대방이 §15에 따른 확답을 촉구할 수 있는 권리를 행사하는 문제에 관하여는 §15에 관한 해설 참조.

행위능력을 가지기 때문에 피한정후견인의 법률행위는 완전히 유효하고, 한정후견인이나 피한정후견인이 나중에 이를 취소할 수 없고, 피한정후견인과 한정후견인, 상대방 사이의 법률관계는 결국 일반적인 임의대리에서 본인과 대리인의 법률행위가 중첩되는 경우와 동일한 법리(예컨대, §186에 따른 성립요건주의, 채권의 상대적 효력 등)에 따라 해결된다는 점을 유의해야 한다[주석 총칙(1), 363(제5판/신숙희) 참조].

34) 김형석(주 21), 12. 이러한 견해의 근거로는, 개정 민법에서 후견인에게 동의권을 인정하는 범위 내에서 대리권을 인정하지 않는 경우를 발견하기 어렵다는 점, §13은 한정후견인의 취소권은 동의권과 같은 범위 내에서 인정된다고 규정하고 있는데, 한정후견인에게 특정 법률행위에 관하여 동의권을 인정하면서 이에 관한 법정대리권이 인정되지 않는다고 해석하는 경우, 피한정후견인과 관련된 법률관계를 원만하게 해결할 수 없다는 점, 이와 다른 견해를 취하는 경우, 피한정후견인이 한정후견인의 동의를 받지 않고 해당 법률행위를 하였을 때, 그 거래상대방은 한정후견종료 등의 사유로 피한정후견인이 행위능력을 회복하기 전까지는 §15에 따른 확답을 촉구할 수 있는 권리를 행사할 수조차 없게 되는 현저히 부당한 결과가 발생한다는 점 등을 예시할 수 있다.

35) 이에 관한 상세한 논의는 김시철(주 20), 226-240 참조.

36) 이시윤(주 14), 164-166; 전원열(주 14), 175-176; 김경욱(주 14), 9-57 참조.

(4) 신상결정에 관한 권한

가정법원은 한정후견인이 피한정후견인의 신상에 관하여 결정할 수 있는 권한의 범위를 정할 수 있고, 한정후견인의 법정대리권 또는 신상에 관한 결정 권한의 범위가 적절하지 않게 된 경우 일정한 자의 청구에 의해 그 범위를 변경할 수도 있다($\frac{\S 959\text{-}4\ II 에\ 의함.}{\S 938\ III,\ IV\ 준용}$). 따라서 한정후견인이 가정법원의 심판에 의해 신상보호의 권한을 가질 수 있다고 본다.[37] 한편, 피한정후견인의 신상결정 등에 관해서는 피성년후견인의 신상결정 등에 대한 §947-2가 준용되므로($\frac{\S}{959\text{-}6}$), 이 부분에 관하여는 피성년후견인의 경우와 동일한 규율을 하게 된다.[38]

IV. 증명책임

피한정후견인은 원칙적으로 단독으로 유효한 법률행위를 할 수 있기 때문에, 한정후견개시의 심판이 있었다는 점을 증명하는 것만으로 피한정후견인의 법률행위를 취소할 수는 없다. 이 부분이 종전 한정치산제도와 가장 큰 차이점이다.

따라서 피한정후견인의 법률행위를 취소하고자 하는 사람은 그 행위가 피한정후견인에 의하여 이루어진 점뿐만 아니라 그 행위가 가정법원에서 한정후견인의 동의가 필요하다고 결정한 범위 내에 있는 점까지 증명해야 한다.

한편, 일상적 법률행위에 대하여 가정법원이 위와 같은 결정을 하는 경우는 통상적으로 상정하기 어렵다는 점은 앞서 본 바와 같다. 다만, 외견상 그 법률행위가 가정법원의 위와 같은 결정의 범위 내에 포함된다고 볼 수 있는 지극히 예외적인 사안이 발생하는 경우, 그 법률행위에 관한 취소권 행사가 부적법하다고 주장하는 사람이 피한정후견인의 구체적·개별적 사정에 비추어 보면 이는 일상적 법률행위에 해당한다는 점을 주장·증명함으로써 이를 취소 대상에서 배제할 수 있을 것이다.[39]

[김 시 철]

---

37) 동지, 윤진수·현소혜(주 3), 45, 132.
38) 백태승, 158; 지원림(주 2), 84; 주석 총칙(1), 353(제5판/신숙희).
39) 송덕수, 170; 김형석(주 21), 15.

제 14 조(한정후견종료의 심판)

　　한정후견개시의 원인이 소멸된 경우에는 가정법원은 본인,
배우자, 4촌 이내의 친족, 한정후견인, 한정후견감독인, 검사
또는 지방자치단체의 장의 청구에 의하여 한정후견종료의 심
판을 한다.

1. 일 반 론

　　한정후견개시 원인이 소멸된 경우 가정법원은 일정한 자의 청구에 의하여
한정후견종료의 심판을 한다. 한정후견종료심판을 청구할 수 있는 사람은 본
인, 배우자, 4촌 이내의 친족, 한정후견인, 한정후견감독인, 검사 또는 지방자
치단체의 장이다.

2. 실체적 요건과 절차적 요건

　　피한정후견인의 상태가 질병, 장애, 노령, 그 밖의 사유로 인한 정신적 제
약으로 사무를 처리할 능력이 부족한 상태가 아니라는 요건을 충족해야 한다.
정신적 제약이 없어진 경우에도 한정후견의 종료 심판을 받아야 행위능력자로
인정받을 수 있다.

　　대결 17.6.1, 2017스515은 이에 관하여, "민법 제959조의20 제1항은 '후
견계약이 등기되어 있는 경우에는 가정법원은 본인의 이익을 위하여 특별히
필요할 때에만 임의후견인 또는 임의후견감독인의 청구에 의하여 성년후견,
한정후견 또는 특정후견의 심판을 할 수 있다. 이 경우 후견계약은 본인이 성
년후견 또는 한정후견 개시의 심판을 받은 때 종료된다.'라고 규정하고, 같은
조 제2항은 '본인이 피성년후견인, 피한정후견인 또는 피특정후견인인 경우에
가정법원은 임의후견감독인을 선임함에 있어서 종전의 성년후견, 한정후견 또
는 특정후견의 종료 심판을 하여야 한다. 다만 성년후견 또는 한정후견 조치의
계속이 본인의 이익을 위하여 특별히 필요하다고 인정하면 가정법원은 임의
후견감독인을 선임하지 아니한다.'라고 규정하고 있다. 이와 같은 민법 규정은

후견계약이 등기된 경우에는 사적자치의 원칙에 따라 본인의 의사를 존중하여 후견계약을 우선하도록 하고, 예외적으로 본인의 이익을 위하여 특별히 필요할 때에 한하여 법정후견에 의할 수 있도록 한 것으로서, 민법 제959조의20 제1항에서 후견계약의 등기 시점에 특별한 제한을 두지 않고 있고, 같은 조 제2항 본문이 본인에 대해 이미 한정후견이 개시된 경우에는 임의후견감독인을 선임하면서 종전 한정후견의 종료 심판을 하도록 한 점 등에 비추어 보면, 위 제1항은 본인에 대해 한정후견개시심판 청구가 제기된 후 심판이 확정되기 전에 후견계약이 등기된 경우에도 적용이 있다고 보아야 하므로, 그와 같은 경우 가정법원은 본인의 이익을 위하여 특별히 필요하다고 인정할 때에만 한정후견개시심판을 할 수 있다."라고 판시하였는데, 이는 한정후견 개시심판의 확정 이전에 후견계약이 등기된 경우 임의후견감독인이 선임되기 전이라도 한정후견 종료의 심판을 하는 것이 원칙이라는 점을 분명히 밝힌 것이다.

피한정후견인의 사무처리 능력이 완전히 회복된 경우뿐만 아니라, 사무처리 능력이 '지속적으로 결여된 상태'에 이른 경우, 즉 성년후견을 개시하는 것이 피후견인의 복리에 더욱 부합하는 경우에도 한정후견을 종료하여야 한다. 후자의 경우 한정후견의 종료와 별도로 성년후견개시심판을 하기 위해서는 §9에 따른 청구가 있어야 한다.

한정후견 종료심판의 효력, 실체적 요건, 절차적 요건 등에 관하여는 성년후견종료의 심판에 관한 §11에 대한 해설 참조.

3. 청구권자 등

한정후견종료의 심판청구권자의 의미와 규정 취지에 관하여도 성년후견종료의 심판에 관한 §11에 대한 해설 참조. 원칙적으로 가정법원이 직권으로 종료심판을 할 수는 없다. 다만, 피한정후견인에 대하여 §9에 따른 성년후견개시의 청구를 하고 가정법원이 이에 따라 피한정후견인에 대해 성년후견개시심판을 할 때에는 §14-3 I에 의해 반드시 종전의 한정후견종료심판을 하여야 한다. 따라서 이때에는 별도의 한정후견종료심판 청구가 없는 경우라도 가정법원이 직권으로 종료심판을 하여야 한다.

4. 관할법원 및 심리절차 등

한정후견종료심판의 관할법원, 심리절차, 후견등기부기록 촉탁, 효력 등에 대해서도 성년후견종료의 심판에 관한 §11에 대한 해설 참조.

[김　시　철]

제 14 조의 2 (특정후견의 심판)

① 가정법원은 질병, 장애, 노령, 그 밖의 사유로 인한 정신적 제약으로 일시적 후원 또는 특정한 사무에 관한 후원이 필요한 사람에 대하여 본인, 배우자, 4촌 이내의 친족, 미성년후견인, 미성년후견감독인, 검사 또는 지방자치단체의 장의 청구에 의하여 특정후견의 심판을 한다.

② 특정후견은 본인의 의사에 반하여 할 수 없다.

③ 특정후견의 심판을 하는 경우에는 특정후견의 기간 또는 사무의 범위를 정하여야 한다.

I. 본조의 개정경위 및 개정내용

2011.3.7. 법률 제10429호로 개정되기 전 우리 민법상 성년자에 관한 행위무능력 제도는 크게 금치산제도와 한정치산제도로 분류할 수 있다는 점, 개정 민법[1]을 통하여 넓은 의미의 성년후견제도가 도입되었는데, 그 중 하나의 보호유형인 특정후견제도는 §14-2 내지 §14-3 등에 규정된 것으로서 질병, 장애, 노령, 그 밖의 사유로 인한 정신적 제약으로 일시적 후원 또는 특정한 사무에 관한 후원이 필요한 경우에 관한 것이라는 점, 피특정후견인의 법률행위에 대해서는 법적 제약을 두지 않는 등 피특정후견인의 잔존능력을 고려하고 있다는 점, 개정 민법은 종전 행위무능력자제도와의 제도적 연속성을 고려하여 형식적으로는 범주적 유형적 보호제도(다원적 구성)를 취하면서도, 실질적으로는 각 유형을 매우 탄력적인 것으로 규정함으로써 그 보호의 연속성을 유지할 수 있도록 설계하였다는 점 등 특정후견제도의 도입경위에 관한 상세한 내용은 §9에 관한 해설 참조.

II. 실체적 요건

1. 특정후견의 의의

특정후견의 대상은 '질병, 장애, 노령, 그 밖의 사유로 인한 정신적 제약으로 일시적 후원 또는 특정한 사무에 관한 후원이 필요한 사람'이다(본조). 즉, 특정후견이 개시되기 위해서는 대상자에게 '정신적 제약이 있을 것'과 '그로 인해 일시적 후원 또는 특정한 사무에 관한 후원이 필요할 것'이라는 2가지 요건이 모두 충족되어야 한다.

개정 민법을 통하여 도입된 성년후견제도와 한정후견제도의 경우 포괄적인 보호를 전제로 한다는 점에서 종전 금치산제도나 한정치산제도와 다소간의 유사점이 있다고 할 여지가 있으나, 일시적 후원 또는 특정한 사무에 대한 후원이 필요한 경우 그 기간과 사무 처리의 범위를 정하여 일정한 보호조치를 할 수 있는 특정후견제도는 임의후견제도와 함께 개정 전 민법에는 존재하지

---

[1] 본조에 대한 해설에서 '개정 민법'이라 함은 특별한 표시가 없는 이상 2011.3.7. 법률 제10429호로 개정되고 2013.7.1. 시행된 것을 의미한다.

않았던 전혀 새로운 제도라고 할 수 있다.[2]

가정법원의 심리결과 위 2가지 요건이 모두 충족되었다고 인정되면 특정 후견의 심판을 하게 되는데, 이는 대상자의 재산과 신상을 보호하는 넓은 의미 의 성년후견제도 중 하나의 유형이다. 가정법원으로부터 위와 같은 심판을 받은 사건본인을 '피특정후견인(被特定後見人)'이라고 하고, 사건본인을 보호하기 위 하여 가정법원으로부터 선임된 후견인을 '특정후견인(特定後見人)'이라고 한다.

2. 정신적 제약 요건

먼저 대상자에게 '질병, 장애, 노령, 그 밖의 사유로 인한 정신적 제약'이 있어야 하므로, 신체적 장애가 있다는 사정만으로 특정후견이 개시될 수 없다 는 점은 성년후견, 한정후견 등의 경우와 같다.[3] 다만, 특정후견의 대상이 되 는 정신적 제약의 정도의 기준을 일률적으로 정하는 것은 쉽지 않다. 일반적으 로 지적 능력이 저하되어 있지만 일상적인 사회생활에 지장이 없는 사람이 대 상이 될 것인데, 정신적으로 자신이 하는 행위의 내용과 결과에 대해서 합리적 으로 판단할 능력이 결여되거나 부족한 상태에 이르러야 하는 것은 아니고, 다 소 경미한 정신적 제약을 가진 사람에 대해서도 특정후견을 할 수 있다.[4]

개정 민법에서 성년후견제도를 도입한 취지는 정신능력 또는 의사결정능 력의 유무(有無)나 정도가 시기·사안 또는 환경에 따라 유동적으로 변화할 수 있음을 고려한 것으로서, 가정법원에서 기능적인 관점에서 대상자에게 일시적 후원 또는 특정한 사무에 관한 후원이 필요한지 여부에 대한 심리해야 한다는 점을 명시한 것으로 볼 수 있다. 따라서 '정신적 제약 요건'의 경우, 가정법원 에서 '일시적 후원 또는 특정한 사무에 관한 후원의 필요성 요건'에 대한 심리 를 통하여 궁극적으로 대상자에게 특정후견의 심판을 해야 할 필요가 있는지 여부를 판단하는 전제가 되는 것일 뿐이고, 의학적 개념이 아니라 민법의 해석 을 통하여 정리되어야 하는 법적 개념이다.

---

2) 김민중, 145; 김상용, 192; 김주수·김상용, 149-150; 송덕수, 175.
3) 법원행정처, 성년후견제도 해설, 법원행정처, 2013, 123.
4) 동지, 곽윤직·김재형, 132; 윤진수·현소혜, 2013년 개정민법 해설, 법무부, 2013, 47; 배인구, "성년후견제도에 관한 연구—시행과 관련된 이론적·실무적 쟁점을 중심으로—", 고려대학교 대학원 석사학위논문, 2013, 64; 김성우, 성년후견실무, 2018, 22; 주석 총칙 (1), 358(제5판/신숙희); 법원행정처(주 3), 123-124.

3. 일시적 후원 또는 특정한 사무에 관한 후원의 필요성 요건

(1) 일 반 론

질병, 장애, 노령, 그 밖의 사유로 인한 정신적 제약으로 일시적 후원 또는 특정한 사무에 관한 후원이 필요한 사람에 대해서만 특정후견의 심판을 할 수 있다. 어떠한 정신적 제약으로 말미암아 반드시 그의 사무처리 능력이 부족해질 것을 요하는 것은 아니고, 미약한 정도의 정신적 제약이 있는 것만으로도 특정후견은 개시될 수 있다. 특정후견제도는 프랑스 민법상 사법적 보우 ($\begin{smallmatrix} sauvegarde \\ de\ justice \end{smallmatrix}$) 제도 또는 영국 정신능력법상 특정명령 제도를 모델로 삼고 있다. 즉, 일상적인 거래는 가족의 도움을 받아 충분히 감당할 수 있으나, 중요한 부동산의 매매나 유언과 같이 본인과 이해관계인의 삶에 중대한 영향을 미칠 수 있는 사안이 발생한 경우 그와 같은 개별적 법률행위만을 특정하여 일회적으로 가정법원의 도움을 받을 수 있도록 함으로써 정신장애인의 보호에 만전을 기하고자 하는 것이 특정후견제도이다.[5] 따라서 피후견인에 대한 계속적 보호를 목적으로 하는 성년후견이나 한정후견의 경우와 달리, 특정후견의 경우 '지속성'의 요건은 요구되지 않는다는 점이 특징이다.[6]

(2) 성년후견·한정후견 개시원인과의 경합관계

질병, 장애, 노령, 그 밖의 사유로 인한 정신적 제약으로 인해 사무를 처리할 능력이 지속적으로 결여되어 있는 사람 또는 그 능력이 부족한 사람의 경우라도, 후원이 필요한 경우라면 특정후견의 대상이 될 수 있는지에 대해서는 견해가 대립할 수 있다.

먼저 성년후견 또는 한정후견 개시원인에 해당하는 사유가 존재함에도 불구하고 그와 같은 제도의 도움을 받지 못하고 있는 사람이라면 누구나 특정후견 제도를 이용할 수 있다는 견해가 있다.[7] 이러한 견해에 의하면, 특정후견과 한정후견·성년후견 등은 그 개시원인에 있어서 반드시 단계적 차이가 존재하는 것은 아니며, 수범자가 서로 중복될 수도 있다. 한편, 요보호인의 정신적 제약이 매우 심한 경우에도 특정후견만을 사용한다면, 가정법원에 부담이

---

5) 윤진수·현소혜(주 4), 47-48; 주석 총칙(1), 357(제5판/신숙희).
6) 법원행정처(주 3), 123.
7) 김준호, 87; 백태승, 158; 김형석, "민법개정안에 따른 성년후견법제", 가연 24-2, 2010, 147; 백승흠, "성년후견제도의 도입과 과제", 한양대 법학논총 27-1, 2010, 41; 제철웅, "요보호성인의 인권존중의 관점에서 본 새로운 성년후견제도", 민학 56, 2011, 298-299; 구상엽, "개정 민법상 성년후견제도에 대한 연구", 서울대학교 대학원 박사학위논문, 2012, 124.

될 수 있고 본인의 보호나 관리감독의 문제 등이 생길 수 있으므로, 이런 경우
에는 성년후견이나 한정후견을 이용하도록 권유하여야 한다는 견해도 있다.[8]

위에서 본 바와 같이 3가지 유형의 법정후견제도간의 경계획정이 명확하
지 않을 수 있는데, 이러한 문제가 야기될 위험성이 있음에도 불구하고 민법
개정 당시에 특정후견 제도를 도입한 것이다. 이는 피특정후견인 본인과 가족
의 의사를 존중하는 한편, 성년후견 제도의 이념인 필요성의 원칙과 보충성의
원칙을 충실하게 실현하기 위한 것으로 볼 수 있다.[9] 실체적 요건에 관련하여
성년후견 또는 한정후견 제도를 이용할 수 있는 상황임에도 불구하고 본인과
가족이 지속적이고 포괄적인 후견 제도의 이용을 원하지 않는 경우 이러한 의
사를 존중하고, 요보호자(要保護者)에 대한 보호기능이 여전히 사적 영역에서
담당될 수 있도록 존중해야 한다는 입장이 어느 정도 반영되어 있다고 할 수
있다. 이와 같이 특정후견은 일시적 기간에 한하여 또는 특정한 사무에 한정하
여 피후견인에 대한 후원이 가능하도록 함으로써 피후견인에 대해 필요한 보
호를 제공하면서도 성년후견 또는 한정후견과 같은 지속적·포괄적 후견의 개
시를 최대한 억지하는 일회적·특정적 구제수단으로서의 성격을 갖는다.[10]

4. 피성년후견인, 피한정후견인, 임의피후견인, 미성년자에 대한 청구 의 당부

(1) 피성년후견인과 피한정후견인에 대한 청구

피성년후견인 또는 피한정후견인에 대해서 특정후견심판을 할 수 있는지
에 대하여 이론적으로 견해의 대립이 가능하다. 긍정설은 특정후견의 경우 '후
원'을 받는 것에 불과하므로 긍정하는 것이 옳다는 입장이다.[11] 그러나 특정후
견 청구권자에서 성년후견(갈독)인·한정후견(갈독)인이 배제된 개정 민법의 해석상

---

8) 배인구(주 4), 64.
9) 법무부(민법개정자료발간팀 편), "2013년 개정민법 자료집(이하 '자료집')", 2012, 195-
   207 참조. 이와 같은 일시적·특정적 보호제도의 도입을 주장하였던 견해로 제철웅, "성년
   후견제도의 개정방향", 민학 42, 2008, 113 참조. 이에 반하여 성년후견·한정후견 제도와
   의 경계가 불분명하다는 이유로 특정후견 제도의 도입에 반대하는 견해로 자료집, 200-
   201, 205 참조(이 견해는 특정후견의 대상이 되는 사람들은 본래 성년후견 또는 한정후견
   이 개시되어야 하는 경우에 해당하므로, 원칙적으로 성년후견·한정후견을 활용하도록 하
   되, 긴급하게 특정한 사안에 대한 보호를 필요로 하는 경우에는 가소 §62에 따른 사전처
   분 제도를 활용하여 특정후견과 유사한 효과를 누릴 수 있도록 하는 것이 사건본인을 위
   해서도 더 바람직하다고 주장한다).
10) 자료집(주 9), 120-121; 주석 총칙(1), 358(제5판/신숙희) 참조.
11) 강태성, 171.

성년후견·한정후견제도에 의하여 이미 지속적·포괄적 보호를 제공받고 있는
피성년후견인·피한정후견인은 특정후견제도에 따른 별도의 후원이 필요하지
않다고 해석하는 부정설이 타당하다고 본다.[12][13] 이러한 부정설을 토대로 하
면, §10 Ⅱ 또는 §13 Ⅰ에 따라 피성년후견인·피한정후견인이 단독으로 유
효하게 법률행위를 할 수 있는 범위 내에서 제3자에 의한 후원이 필요한 경
우, 가정법원에서 특정후견심판을 개시할 수는 없고, 피성년후견인의 취소할
수 없는 법률행위의 범위 또는 피한정후견인의 한정후견인으로부터 동의를 받
아야 하는 법률행위의 범위를 변경함으로써 필요한 보호를 제공하여야 한다
($\binom{§10\ Ⅲ,}{§13\ Ⅱ}$).[14]

한편, 피성년후견인 또는 피한정후견인에 대한 보호의 정도가 사후적 사정
변경 등으로 인하여 특정후견만으로도 충분하게 된 경우, 일정한 자의 청구에
의해 이미 개시된 성년후견 또는 한정후견을 종료한 후 새롭게 특정후견의 심
판을 하여야 할 것이다.

(2) 피임의후견인에 대한 청구

반면에 임의후견이 개시된 사람에 대해서는 특정후견 심판을 하는 것이
가능하다. 임의후견인의 권한은 후견계약에 의해 확정되어 있으므로, 더 이상
변경이 불가능하다. 따라서 임의후견계약에 의해 적절한 보호가 제공되어 있
지 않은 경우 특정후견을 개시함으로써 일시적 사무 또는 특정 사무에 대한
후원이 가능하도록 할 필요가 있다.

---

12) 동지, 백태승, 158; 윤진수·현소혜(주 4), 48; 자료집(주 9), 120-121, 190, 193-194;
이진기, "개정민법 규정으로 본 성년후견제도의 입법적 검토와 비판", 가연 26-2, 2012,
102-103. 배인구(주 4), 72는 특정후견의 특성상 이를 이용할 수 있는 대상자의 폭이 넓
지만 그렇다고 하여 성년후견이 필요한 요보호자에게 특정후견을 유지할 실익이 적다고
주장하고 있는데, 이는 실무적으로 부정설에 가까운 입장이라고 할 수 있다.

13) §14-3 Ⅰ, Ⅱ에 의하면, 가정법원이 피특정후견인에 대하여 성년후견 개시 또는 한정후
견 개시의 심판을 할 때에는 종전의 특정후견의 종료 심판을 해야 하는데, 이러한 규정도
부정설을 전제로 하고 있는 것으로 볼 수 있다. 다만, 성년후견인·한정후견인이라고 하더
라도 모든 유형의 후견 업무에 대해 고도의 전문성을 가지는 것은 아니므로, 고도의 전문
성이 필요한 사무를 보다 효율적으로 처리하기 위해 특정후견인의 도움을 받도록 할 필
요가 있다는 점 등을 강조하면서, 입법론으로서 성년후견·한정후견과 특정후견이 병존할
수 있도록 하는 입법이 바람직하다는 견해에 관하여는 구상엽(주 7), 109-110; 제철웅(주
7), 318-319 참조.

14) 자료집(주 9), 121, 232-233. 이에 대해 제철웅(주 7), 318-319는 일회적 또는 일시적
사무를 위해 기존 후견인의 권한범위를 변경할 필요가 없으므로, 가정법원은 필요한 경우
종전의 성년후견 또는 한정후견에 병행하여 특정후견을 개시할 수 있도록 법률을 개정하
는 것이 바람직하다는 입장이다.

　　물론 이 때 특정후견의 심판 대신 성년후견 또는 한정후견을 개시함으로
써 보다 포괄적인 보호가 제공되도록 할 수도 있을 것이다. 그러나 후견계약의
본인에 대해 성년후견 또는 한정후견 개시심판이 있는 경우에는 후견계약이
종료되지만($\S_{1\ 후문}^{959\text{-}20}$), 특정후견의 심판이 있는 경우에는 후견계약이 종료되지
않는다. 이러한 측면에서 임의후견이 개시된 사람에 대하여 특정후견 심판을
하는 것은 실질적인 의미가 있고, 이러한 경우 법정후견과 임의후견의 공존이
라는 예외적인 현상이 발생한다.

(3) 미성년자에 대한 청구

　　특정후견심판의 청구권자에 포함되어 있는 미성년후견인과 미성년후견감
독인의 경우, 성년에 임박한 미성년자 중 경미한 정신적 제약이 계속될 사람에
대하여 보호의 공백이 생기지 않도록 미성년후견의 종료와 더불어 특정후견이
개시될 수 있도록 청구권을 행사할 수 있을 것이다.[15] 따라서 위와 같이 한정
된 범위 내에서 미성년자를 특정후견 개시절차의 대상자로 삼을 수 있다는 점
에 대해서는 실질적으로 학설상 이견이 없다.[16]

　　다만, 위와 같은 한정된 범위를 벗어나서 미성년자에 대한 특정후견의 심
판이 허용되는지 여부에 대해서는 긍정설[17]과 부정설[18]의 대립이 가능할 것인
데, 이에 관하여는 §9에 대한 해설 중 미성년자의 성년후견개시의 심판청구가
어느 범위에서 허용되는지 등에 관한 견해의 대립에 관한 부분 참조.

Ⅲ. 절차적 요건

1. 청구요건

　　특정후견의 심판을 하기 위해서는 반드시 일정한 사람에 의한 청구가 있
어야 하고, 가정법원이 직권으로 절차를 개시할 수는 없다. 외국 입법례의 경
우 법원이 직권으로 후견을 개시할 수 있도록 하는 경우가 있지만, 개정 민법

---

15) 구상엽(주 7) 108, 125.
16) 곽윤직·김재형, 132; 김민중, 146; 김상용, 193; 김주수·김상용, 150; 백태승, 159; 송
　　덕수, 175; 윤진수·현소혜(주 4), 49.
17) 긍정설을 취한 견해로는 강태성, 171; 송덕수, 175 등 참조.
18) 부정설을 취한 견해로는 곽윤직·김재형, 132; 김민중, 146; 김상용, 193; 김주수·김상
　　용, 150; 백태승, 159; 윤진수·현소혜(주 4), 49 등 참조.

은 일정한 사람의 청구를 요건으로 규정하였다는 점에 대해서는 §9에 대한 해설 참조.

2. 청구권자의 범위

특정후견심판을 청구할 수 있는 사람으로 §14-2 Ⅰ에 규정된 것은 '본인, 배우자, 4촌 이내의 친족, 미성년후견인, 미성년후견감독인, 검사 또는 지방자치단체의 장'이다. 한편, 임의후견인과 임의후견감독인은 별도의 조문인 §959-20 Ⅰ에 근거하여 특정후견심판의 청구인이 될 수 있고, 이 경우 본인의 이익을 위하여 특별히 필요한 경우에만 특정후견의 심판을 할 수 있는데 ($^{§\,959-}_{20\,Ⅰ\,전문}$), 다만 성년후견, 한정후견의 경우와는 달리 특정후견이 개시되어도 후견계약은 종료되지 않는다($^{§\,959-20}_{Ⅰ\,후문}$).

'성년후견인, 한정후견인, 성년후견감독인, 한정후견감독인'은 특정후견심판의 청구권자에서 배제되었기 때문에, 개정 민법의 해석상 피성년후견인 · 피한정후견인에 대해서는 특정후견의 심판청구가 허용되지 않는다는 부정설이 타당하다는 점은 앞서 본 바와 같다.[19] 그 밖의 점에 대해서는 대체로 성년후견개시심판 청구권자에 관한 §9에 대한 해설이 본조에서도 그대로 원용될 수 있다.

Ⅳ. 특정후견심판

1. 가정법원의 관할

이에 관하여는 성년후견에 관한 §9 Ⅰ에 대한 해설 참조.

2. 가정법원의 심리

(1) 실체적 요건에 대한 심리 등

가정법원은 질병, 장애, 노령, 그 밖의 사유로 인한 정신적 제약으로 일시

---

19) 윤진수 · 현소혜(주 4), 50; 주석 총칙(1), 359(제5판/신숙희). 이에 대해서는 성년후견 · 한정후견의 종료와 더불어 특정후견의 개시가 이루어지도록 함으로써 요보호성년자의 보호에 만전을 기할 필요가 있다는 점을 지적하면서 성년후견인 · 한정후견인과 성년후견감독인 · 한정후견감독인에 대해서도 특정후견 청구권자로서의 지위를 인정할 필요가 있다는 비판이 있다. 구상엽(주 7), 108, 125-126 참조

적 후원 또는 특정한 사무에 관한 후원이 필요한 사람에 대한 특정후견심판
청구가 있고, 그 실체적 요건이 충족될 뿐만 아니라 특정후견의 개시가 본인의
의사에 반하지 않는 경우($\S^{14-2}_{II}$), 특정후견심판을 한다. 요건이 갖추어진 경우
가정법원은 필수적으로 특정후견의 심판을 하여야 하며, 이에 대해 재량권을
갖는 것은 아니다.[20]

　가정법원으로서는 사건본인이 특정후견의 요건을 갖추었는지 여부 또는
보호의 필요 정도 등을 판단하기가 쉽지 않기 때문에, 특정후견의 심판을 할
경우에는 의사나 그 밖에 전문지식이 있는 사람의 의견을 들어야 한다. 이 경
우 가정법원은 의견을 말로 진술하게 하거나 진단서 또는 이에 준하는 서면으
로 제출하게 할 수 있다($\S^{가소}_{45-2\ II}$). 사건본인에 대하여 원칙적으로 의사에게 감
정을 시켜야 하는 성년후견이나 한정후견의 경우($^{가소\ \S45-2}_{I\ 참조}$)와 비교하여 볼 때,
상대적으로 심리요건을 완화한 것이다. 특정후견의 경우 피특정후견인의 행위
능력에 아무런 영향이 없고, 임시적이고 제한적인 범위 내에서 후원이 이루어
지기 때문에, 비용절감이나 제도이용의 활성화 등을 위하여 위와 같이 심리요
건을 완화한 것으로 볼 수 있다.[21][22]

　그 밖에 특정후견 사건의 심리방법, 절차구조제도 등에 대한 논의는 성년
후견의 경우와 대체로 유사하므로, 이에 관하여는 성년후견에 관한 §9에 대한
해설 참조.

(2) 청구취지에 대한 구속력

　⑷ 특정후견만으로는 피후견인을 위한 적절한 보호를 제공할 수 없는 경
우, 가정법원은 특정후견 심판의 청구에도 불구하고 성년후견 또는 한정후견
개시심판을 할 수 있는지, 나아가 그 역의 경우가 허용되는지 등에 대해서도
견해의 대립이 가능할 수 있다.

　⑷ 그런데 성년후견과 한정후견 상호간에는 긍정설을 취한 입장[23]에서
도 대체로 특정후견과 성년후견·한정후견 상호간에 대해서는 부정설을 취하

---

　20) 강태성, 171; 김주수·김상용, 151; 지원림, 민법강의, 제16판, 2019, 85.

　21) 김성우(주 4), 41.

　22) 특정후견에 대해서도 절차의 남용을 방지하기 위해 감정절차가 요구된다고 하면서, 다
　　만 긴박한 경우에는 가사소송법상 사전처분 제도 등을 활용하여 대처할 필요가 있다는 견
　　해로 김형석(주 7), 147; 백승흠(주 7), 41 참조. 이에 반해 특정후견의 경우에는 감정의
　　필요성을 유연하게 판단할 필요가 있다는 견해로는 구상엽(주 7), 128 참조.

　23) 예컨대, 윤진수·현소혜(주 4), 30-31.

고 있다.[24] 그 구체적인 논거를 살펴보면, 처분권주의가 적용되지 않는 가사비송사건의 특성에 비추어 볼 때 특정후견의 심판을 청구한 경우 가정법원이 직권으로 성년후견·한정후견의 개시심판을 하는 것은 허용될 수 있지만, 본인의 의사에 반하는 특정후견의 심판을 배제한 §14-2 Ⅱ의 입법취지상 성년후견·한정후견의 심판청구에 대하여 특정후견의 심판을 하는 것은 허용되지 않는다고 설명하기도 하고,[25] 성년후견과 한정후견이 '정도'의 차이에 불과한 반면에, 특정후견은 양자와 전혀 다른 유형의 후견이고, 개정 민법이 후견개시에 관하여 직권주의를 포기하고 신청주의를 채택한 이상, 당사자가 특정후견을 원하고 있음에도 불구하고 가정법원이 임의로 성년후견·한정후견의 개시심판을 하는 것은 허용될 수 없다고 설명하기도 한다.[26]

㈐ 한편, 성년후견과 한정후견 상호관계에 대해서도 부정설을 취한 입장[27]에서는, 특정후견이 행위능력의 제한이 전혀 없고 본인의 동의를 전제로 한다는 점 등 여러 측면에서 성년후견·한정후견과는 질적으로 다르기 때문에, 특정후견과 성년후견·한정후견 상호간에 대해서는 부정설의 논거를 더욱 강력하게 주장하게 된다.[28]

㈑ 따라서 청구인이 특정후견을 원하고 있음에도 불구하고 가정법원이 직권으로 성년후견 또는 한정후견 개시심판을 하는 것은 허용될 수 없고, 그 역의 경우도 마찬가지라는 것이 국내의 통설이고, 실무의 입장도 같다.[29] 이러한 통설에 의하면, 특정후견 심판의 청구를 접수한 가정법원에서 성년후견·한정후견 제도에 의한 보호가 더 긴요한 것으로 판단되는 경우에도, 성년후견·한정후견의 개시심판을 할 수는 없다. 이러한 사안에서 일단 특정후견의 심판을 하여 일시적으로 필요한 보호를 제공한 다음, 특정후견인, 특정후견감독인, 검사 또는 지방자치단체의 장 등에 의한 청구를 기다려 새롭게 성년후견 또는 한정후견개시심판을 하면서 특정후견을 종료하는 것이 바람직하다는 견해가 있고($^{§}_{14-3}$),[30] 특정후견은 성년후견과 한정후견 사이의 관계처럼 피후견인의 정신적인 제약의 정도라는 양적인 차이만 있는 것이 아니라 제도의 목적이나 구

---

24) 윤진수·현소혜(주 4), 50.
25) 이진기(주 12), 102.
26) 윤진수·현소혜(주 4), 50.
27) 구상엽(주 7), 36.
28) 구상엽(주 7), 130-131.
29) 김성우(주 4), 51-52; 주석 총칙(1), 361(제5판/신숙희).
30) 김형석(주 7), 147; 백승흠(주 7), 41 참조.

조와 같은 질적인 차이가 있기 때문에, 청구취지대로의 특정후견심판이 사건
본인의 복리나 보호에 위험을 발생시킬 것이 명백하다면 그 청구를 기각하는
것이 바람직하다는 견해도 있다.[31]

(3) 본인의 의사 확인 등

특정후견은 본인의 의사에 반하여 할 수 없다($§_{{\rm II}}^{14-2}$). 이는 본인의 특정후
견에 동의할 것을 요구하는 것이 아니라, 특정후견에 반대하는 본인의 의사가
확인되는 경우에는 가정법원이 특정후견의 심판을 할 수 없다는 의미이다.[32]
성년후견·한정후견을 개시하는 경우에도 사건본인의 의사를 고려하도록 규정
하고 있지만($§_{12\,{\rm II}}^{9\,{\rm II}}$), 성년후견·한정후견절차에서 사건본인의 복리를 위하여
필요한 때에는 사건본인의 의사에 반하여 후견개시 심판을 할 수도 있다는 점
은 §9, §12에 대한 해설부분에서 살펴본 바와 같다.

특정후견에 관하여 사건본인의 의사에 반하여 할 수 없다는 명문의 규정
을 둔 것은 특정후견의 고유한 특성을 감안한 것으로 볼 수 있다.[33] 특정후견
의 경우 상대적으로 경미한 정신적 제약을 가진 사람을 대상으로 하여 그 의
사를 존중하여 행해지는 특정적 보호제도이기 때문이다.

특정후견의 심판을 할 때에는 피특정후견인이 될 사람의 진술을 들어야
하고($_{\rm I\,(i)}^{{\rm 가소}\,§45-3}$), 그 진술은 피특정후견인을 심문하는 방식으로 행해져야 한다
($_{§45-3\,{\rm II}}^{{\rm 가소}}$). 다만, 그 사람이 자신의 의사를 밝힐 수 없거나 출석을 거부하는 등
심문할 수 없는 특별한 사정이 있는 때에는 그러하지 아니하다.

의식불명 등으로 인해 본인의 의사를 전혀 확인할 수 없는 사안에 관하여
는 견해의 대립이 있다. 이에 관하여 §14-2 II은 본인의 의사에 반하지 않을
것을 요구하고 있을 뿐이고, 특정후견에 적극적으로 동의하는 것을 요건으로
하고 있지는 않기 때문에,[34] 이러한 사안에서도 특정후견을 할 수 있다는 긍정
설이 제기되고 있고,[35] 개정 민법만의 해석으로는 긍정설도 상당한 설득력을
가진다. 반면에 가소 §45-3 I 단서는 피성년후견인이 의식불명, 그 밖의 사
유로 자신의 의사를 표명할 수 없는 경우에 관한 예외 규정을 피특정후견인까

---

31) 김성우(주 4), 52.
32) 주석 총칙(1), 360(제5판/신숙희)
33) 김성우(주 4), 48.
34) 법원행정처(주 3), 125.
35) 강태성, 171; 김민중, 145; 송덕수 176; 지원림(주 20), 85; 김형석(주 7), 147; 김형석,
    "성년후견·한정후견의 개시심판과 특정후견의 심판", 서울대 법학 55-1, 2014, 470.

지 확대하지 않고 있기 때문에 위와 같은 사안에서 가소법에 따른 절차를 거칠 수 없고, 따라서 실무적으로 특정후견의 심판을 하는 것이 사실상 불가능할 것이라는 주장도 제기된다.[36] 2021.9. 현재 서울가정법원에서 사건본인의 의사를 확인할 수 없는 경우 청구인으로 하여금 성년후견 또는 한정후견 등의 심판청구로 청구를 변경하도록 권고하고 있는데, 이는 위와 같은 실무적인 어려움을 반영하고 있는 것이라고 할 수 있다.

(4) 특정후견의 기간 또는 사무의 범위

특정후견의 시작 및 종료는 처리하여야 할 사무의 성질에 의하여 정해진다. 따라서 특정후견의 심판을 하는 경우 가정법원은 특정후견의 기간 또는 사무의 범위를 정하여야 한다($\S^{14-2}_{III}$). 이러한 규정은 지속적·포괄적 보호를 특성으로 하는 성년후견 또는 한정후견과 달리, 특정후견은 일회적·특정적 보호를 목적으로 한다는 점을 선명하게 보여준다.

특정후견의 존속기간에 어떠한 상한선이 있는 것은 아니다. 이와 같이 특정후견은 일정한 기간 또는 특정 사무에 관해서만 가능하므로, 그 기간이 도과하거나 정해진 사무가 종료됨과 동시에 특정후견심판도 당연히 효력을 잃는다. 따라서 본인, 특정후견인, 특정후견감독인 등은 별도로 특정후견종료심판을 청구할 수 없다. 다만, 특정후견이 아직 효력을 갖고 있는 상태에서 성년후견 또는 한정후견 개시심판이 내려지거나, 후견계약이 효력을 발생한 때에는 가정법원은 직권으로 특정후견종료심판을 하여야 한다($^{\S 14-3,}_{\S 959-20}$ II).

(5) 특정후견의 심판의 내용

⑺ 일 반 론   본조에 의해 특정후견의 심판을 하는 경우 가정법원은 피특정후견인의 후원을 위하여 필요한 처분을 명할 수 있다($\S_{959-8}$).

⑻ 특정후견인을 통한 후원방식과 가정법원의 직접적인 후원방식   가정법원은 피특정후견인의 법률행위를 대리할 특정후견인을 선임하는 방식으로 피특정후견인을 후원할 수도 있는데($^{\S 959-9\ \ 및}_{\S 959-11\ 참조}$), 실무적으로는 거의 모든 특정후견사건에서 특정후견인을 선임하고 피특정후견인의 후원에 필요한 범위의 대리권을 수여하고 있다.[37]

한편, 가정법원이 특정후견인을 통하지 않고 직접 피특정후견인의 후원 사

---

36) 윤진수·현소혜(주 4), 59.
37) 김성우(주 4), 113; 주석 총칙(1), 362(제5판/신숙희). 특정후견은 §949를 준용하고 있지 않기 때문에, 위와 같은 경우에 특정후견인은 포괄적인 대리권을 가지는 것은 아니고, 일정한 기간 또는 범위에 한정하여 대리권을 가지게 된다.

무를 처리함으로써 피특정후견인을 위한 즉각적인 보호를 제공할 수도 있다.[38]
예컨대, 가정법원이 이해관계인에 대해 특정한 행위를 명하거나 부작위를 명
하는 내용의 처분을 할 수도 있다. 요보호자의 배우자가 자신의 개인적인 이익
을 위해 요보호자 명의의 부동산에 저당권을 설정하고자 하는 경우, 요보호자
자신 또는 그 친족 등의 청구에 의해 가정법원이 특정후견의 심판으로써 배우
자에게 저당권설정을 금지하는 내용의 처분을 명하는 사안을 예로 들 수 있을
것이다.[39]

　　　㈐ 재산관리에 관한 처분에 관하여　　재산관리에 관하여 가정법원
이 할 수 있는 처분에는 소극적인 보존·관리행위 뿐만 아니라, 적극적인 처분
행위도 포함된다.[40] 다만, 가정법원은 특정후견인에게 피특정후견인의 법률행
위에 대한 동의권 또는 취소권을 부여하는 처분으로써 피특정후견인을 후원할
수 있는지에 대해서는 긍정설[41]과 부정설[42]의 대립이 있다.

　　부정설의 경우, 가정법원의 처분이 '의사표시를 갈음하는 재판'이어서는 안
된다고 보는 것인데, 의사표시를 갈음하는 재판은 의사표시의 의무 있는 채무
자에 대한 이행판결로서의 성격을 갖고 있으므로, 특정후견의 심판에서는 그
와 같은 처분을 허용하는 것은 비송사건의 본질에 반한다고 주장한다.[43] 부정
설에 의하면, 위와 같은 심판이 필요한 경우 §959-9에 따라 특정후견인을 선
임하고, §959-11에 의해 그에게 관련 대리권을 수여함으로써 피특정후견인을
위한 의사표시를 대리하도록 하여야 할 것이다.

　　반면에, 긍정설은 가정법원의 권한행사방법에 관하여 특별한 제한이 없으
므로 가정법원이 피특정후견인의 법률행위에 대한 동의권 등을 부여하는 처분
을 직접 할 수 있다고 본다.

　　2021.9. 현재 서울가정법원에서는 원칙적으로 긍정설에 입각하여 실무를
처리하고 있다.

---

38) 자료집(주 9), 120에는 '특정후견의 일회적·특정적 성격을 반영하여 특정후견인 선임
　　등 일반적인 수단뿐만 아니라 가정법원이 필요한 처분을 직접 내릴 수 있는 길을 열어 둠'
　　이라고 기재되어 있다.
39) 자료집(주 9), 197.
40) 김형석(주 7), 121, 148-150.
41) 긍정설에 관하여는 김주수·김상용, 152; 자료집(주 9), 203 중 민유숙 분과위원의 의
　　견; 이진기(주 12), 96 등 참조.
42) 부정설에 관하여는 자료집(주 9), 198-199 김형석 분과위원의 의견 참조.
43) 김형석(주 7), 121, 148-150.

㈃ 신상보호에 관한 처분에 관하여   신상보호(身上保護) 사항에 관
하여도 가정법원의 처분이 가능한지 여부에 관하여는 부정설[44]과 긍정설[45]이
대립할 수 있다.[46]

부정설은 특정후견에 관하여 §938 Ⅲ, Ⅳ 및 §947-2를 준용하지 않고 있
는 개정 민법에 대한 문리해석을 강조하면서, 신상보호를 가정법원의 처분대
상에 포함시킬 수 없다고 주장한다.[47] 반면에 긍정설의 입장에서는 재산관리
와 신상보호 2가지 영역이 모두 처분의 대상이 될 수 있다고 보고, 그 근거로
서 특정후견사무에 관하여 신상보호의무의 도출근거가 되는 §947을 준용하고
있다는 점($\S_{959-2}$) 등을 지적하고 있다.[48]

부정설의 논거는 특정후견인에게 피특정후견인의 신상에 관한 결정대행권
한을 부여하는 것이 허용되지 않는다는 점에 관한 근거가 될 여지는 있다. 그
러나 특정후견제도의 입법과정을 살펴보면, 재산관리뿐만 아니라 신상보호를
포괄해야 한다는 점을 전제로 하여 새로운 제도가 도입되었고, 사건본인에 대
한 특정한 치료나 투약행위에 관하여 가정법원이 특정 명령을 통하여 직접 필
요한 처분을 명하는 방식 등이 개정안의 검토과정에서 논의되었음을 알 수 있
는데,[49] 부정설이 제시하는 사정만으로 가정법원에서 피특정후견인의 신상보

---

44) 배인구(주 4), 68-69; 박인환, "새로운 성년후견제도에 있어서 신상보호", 가연 25-2,
　　2011, 180-181 참조.
45) 김주수·김상용, 152; 구상엽(주 7), 134-135; 제철웅(주 7), 306-307; 김형석(주 7),
　　147-150; 현소혜, "의료행위 동의권자의 결정", 홍익법학 13-2, 2012, 193-194.
46) 부정설과 긍정설의 대립에 관한 구체적인 논의에 관하여는 법원행정처(주 3), 127,
　　135-136 참조.
47) 후등 §25는 성년후견에 관하여 '성년후견인이 피성년후견인의 신상에 관하여 결정할 수
　　있는 권한의 범위를 정한 경우에는 그 범위, 그 범위를 변경한 경우에는 그 변경된 범위'
　　를 기록사항으로 명시하고 있고(Ⅰ (ⅴ) 다.), 한정후견에 관하여도 '한정후견인이 피한정
　　후견인의 신상에 관하여 결정할 수 있는 권한의 범위를 정한 경우에는 그 범위, 그 범위를
　　변경한 경우에는 그 변경된 범위'를 기록사항으로 명시하고 있는 반면에(Ⅰ (ⅵ) 다.), 특
　　정후견에 관하여는 피특정후견인의 신상에 관한 사항을 기록사항으로 규정하지 않고 있다
　　(Ⅰ (ⅶ) 참조). 이러한 후등법의 규정내용은 개정 민법에 대한 문리해석을 강조하는 부정
　　설과 같은 맥락이라고 할 수 있다(배인구(주 4), 69).
48) 이에 관하여 현소혜(주 45), 193-194는 오로지 특정의 치료행위와 관련하여서만 법정
　　대리인의 선임이 필요한 경우도 있다는 점, 이러한 경우 굳이 포괄적인 성년후견 또는 한
　　정후견을 개시하는 것은 보충성 및 필요성의 원칙에 반한다는 점, 특정후견감독인에 대해
　　서는 §940-6이 준용되고 있는바, 동 조문은 후견감독인이 신상에 관한 처분을 할 수 있
　　음을 규정하고 있다는 점(§959-10) 등을 종합적으로 고려하여 보면, 개정 민법이 특정후
　　견에 관해 §938 Ⅲ 및 §947-2를 준용하지 않은 것은 입법상의 과오이고, 특정후견에 관
　　해 §938 Ⅲ 및 §947-2를 유추적용하여 긍정설을 취하는 것이 타당하다고 주장한다.
49) 자료집(주 9), 196-199.

호에 관하여 직접 보호조치를 하는 것이 금지된다고 보기는 어렵다. 즉, 위와 같은 검토과정을 거쳐서 입법화된 §959-8은 "가정법원은 피특정후견인의 후원을 위하여 필요한 처분을 명할 수 있다."라고 규정하고 있고, 위와 같은 처분의 범위에 피후견인의 신상보호에 관한 사항이 배제된다고 볼 수 없는 이상, 가정법원이 피특정후견인의 신상보호에 관하여 심판을 하는 등의 방식으로 직접 보호조치를 하는 것은 허용된다고 보는 견해가 타당하다고 생각한다. 2021.9. 현재 서울가정법원에서는 원칙적으로 위와 같은 견해에 입각하여 실무를 처리하고 있다.[50]

같은 맥락에서 가정법원은 피특정후견인을 위하여 필요한 범위 내에서 특정의 의료행위를 시행할 것을 명하는 처분을 할 수 있는지 여부에 대해서도 이론적으로 견해의 대립이 가능하지만, 가정법원이 특정한 의료행위를 직접 명하는 방식으로 피특정후견인의 신상에 관한 보호조치를 하는 것은 허용된다고 보는 견해가 타당하다고 생각한다. 이러한 입장을 취하는 경우, 가정법원에서 피특정후견인을 위해 의료행위의 시행을 직접 명하게 되면 그의 생명·신체에 대한 직접적인 침습(侵襲)을 강제하는 효과를 발생한다는 점, 그러한 처분이 사건본인의 의사에 반하여서 할 수 없다는 특정후견의 특성, 해당 사건의 개별적·구체적인 사정 등을 종합적으로 고려하여 신중하게 업무를 처리하는 것이 바람직하다($\S959-11$ 참조).[51]

가정법원이 피특정후견인의 의료행위에 대한 동의의 의사표시를 갈음하는 심판을 내리는 방식으로 개입하는 것이 허용되는지 여부에 관하여도 견해의 대립이 가능하다. 부정설은[52] 위 3)에서 살펴본 바와 유사한 이유로 이러한 처분은 비송사건의 본질에 반할 뿐만 아니라, 그러한 심판에도 불구하고 실제로 의료계약의 체결이 행해지지 않는 경우 결국 피특정후견인을 위한 즉각적인 치료가 불가능하여 실효성이 없다고 주장한다. 반면에 긍정설[53]은 1회의 의료행위의 경우까지 가정법원의 처분에 의해 의료행위 동의를 갈음하지 못하고 반드시 특정후견인을 선임해 오도록 강요하는 것은 과도하므로, 적어도 신상보호의 영역에 관해서는 위와 같은 동의권을 부여하는 가정법원의 처분이 가능하다고 주장한다. 앞서 본바와 같은 이유로 원칙적으로 긍정설을 취하되,

50) 김성우(주 4), 114 참조.
51) 배인구(주 4), 67.
52) 김형석(주 7), 121, 148; 백승흠(주 7), 43.
53) 김주수·김상용, 154; 구상엽(주 7), 129-130; 현소혜(주 45), 193-194.

특정후견의 특성, 해당 사건의 개별적·구체적인 사정 등을 종합적으로 고려하여 신중하게 업무를 처리하는 것이 바람직하다고 생각한다.

㈑ 사전처분　　§959-8은 피특정후견인을 위해 가정법원이 직접 개입하여 즉각적이고도 실효성 있는 보호를 제공하는 것을 목적으로 한다. 따라서 특정후견의 심리가 장기화되어 즉각적인 보호를 제공하지 못할 우려가 있을 때에는 직권으로 또는 당사자의 신청에 의해 가소 §62에 따른 사전처분이 가능하다고 보아야 할 것이다.[54]

3. 특정후견 심판의 효력

(1) 특정후견 심판의 형성적 효력

가정법원의 심리결과 특정후견 심판이 확정되면 형성적 효력이 발생한다. 즉, 위 심판의 확정으로 인하여 비로소 특정후견 심판에서 정한 보호조치의 효력이 발생한다.

(2) 가정법원의 처분

가정법원은 피특정후견인을 후원을 위하여 필요한 처분으로 피특정후견인을 후원하거나 대리하기 위한 특정후견인을 선임할 수 있고($_{959-9}^{\S}$), 필요하다고 인정되는 기간이나 범위를 정하여 특정후견인에게 대리권을 수여하는 심판을 할 수도 있으며, 특정후견인의 대리권행사에 가정법원이나 특정후견인의 동의를 받도록 명할 수도 있다($_{959-11}^{\S}$).[55]

가정법원이 특정후견인을 필요적으로 선임해야 하는 것이 아니고, 특정후견인을 통하지 않고 직접 피특정후견인의 후원을 위하여 필요한 처분을 명할 수 있다($_{959-8}^{\S}$). 일회적 후원이나 급박한 조치가 필요한 경우 가정법원이 직접 즉각적인 조치를 취함으로써 요보호자를 원조하기 위한 것이다. 처분의 대상 및 방법에 관하여는 규정되어 있지 않지만, 부재자 재산관리를 위한 법원의 처분과 유사한 측면이 있으므로 가정법원이 적절하게 처분의 대상 등을 정할 수 있다고 본다.[56]

(3) 특정후견인의 선임

성년후견·한정후견의 경우와 달리 특정후견의 심판을 하는 경우에는 반드

---

54) 자료집(주 9), 199; 주석 총칙(1), 359-360(제5판/신숙희).
55) 김민중, 146; 김상용 195.
56) 배인구(주 4), 66; 구상엽(주 7), 130.

시 특정후견인을 두어야 하는 것은 아니고, 가정법원은 특정후견에 따른 보호 조치로 피특정후견인을 후원하거나 대리하기 위하여 특정후견인을 선임할 수 있을 뿐이다($\S^{959-9}_1$). 다만, 실무적으로는 피특정후견인의 원활한 후원을 위하여 특정후견인을 선임한 다음 이를 통하여 피특정후견인을 후원하는 것을 일반적이라는 점은 앞서 본 바와 같다.[57]

가정법원이 특정후견인을 선임하는 경우, 이에 대하여는 § 930 Ⅱ·Ⅲ, § 936 Ⅱ부터 Ⅳ까지, § 937, § 939조 및 § 940이 준용된다.

(4) 특정후견감독인의 선임

한편, 가정법원은 필요하다고 인정하면 직권으로 또는 피특정후견인, 친족, 특정후견인, 검사, 지방자치단체의 장의 청구에 의하여 특정후견감독인을 선임할 수도 있다($\S^{959-10}_1$).

(5) 피특정후견인의 행위능력

특정후견 심판이 있더라도 피특정후견인의 행위능력에는 아무런 영향이 없다. 피특정후견인은 일시적으로 또는 특정사무에 관하여 후원을 받을 뿐이다. 즉, 피특정후견인은 § 15 이하의 제한능력자에 해당하지 않고, 특정후견인의 동의 또는 대리에 의하지 않고도 자유롭게 법률행위를 할 수 있다.[58]

예컨대, 특정 법률행위를 위하여 특정후견인이 선임되고 그 범위에서 법정대리권을 부여받은 경우에도, 당해 법률행위와 관련된 피특정후견인의 행위능력은 제한되지 않는다. 그 결과 피특정후견인과 가정법원으로부터 대리권을 수여받은 특정후견인이 서로 양립할 수 없는 내용의 법률행위를 각자 성립시키는 것도 가능하고, 이 때 두 개의 법률행위는 모두 유효하다. 피특정후견인과 특정후견인, 그리고 상대방 사이의 법률관계는 결국 일반적인 임의대리에서 본인과 대리인의 법률행위가 중첩되는 경우와 동일한 법리(예컨대, § 186에 따른 성립요건주의, 채권의 상대적 효력 등)에 따라 해결될 것이다.[59] 다만, 피특정후견인에게 의사능력이 없는 경

---

57) 이러한 경우 특정후견인의 동의권 내지 취소권에 관하여는 김시철, "후견인의 동의권·대리권·취소권—넓은 의미의 성년후견제도의 도입으로 인한 변화를 중심으로—", 자율과 정의의 민법학(양창수 교수 고희 기념 논문집), 박영사(2021), 222-224 등 참조.

58) 법원행정처(주 3), 127; 윤진수·현소혜(주 4), 51; 자료집(주 9), 120-121; 주석 총칙 (1), 362-363(제5판/신숙희). 다만, 이 때 피특정후견인의 행위를 무효로 돌릴 수 없다면 사실상 성년후견 또는 한정후견의 이용을 강제할 우려가 있다는 이유로 피특정후견인의 법률행위를 취소할 수 있도록 하는 조문을 마련해야 한다는 견해로는 제철웅(주 7), 139 참조.

59) 동지, 김상용, 194; 김주수·김상용, 152; 윤진수·현소혜(주 4), 51; 김성우(주 4), 84; 배인구(주 4), 65; 김형석(주 7), 122; 지원림(주 20) 85; 주석 총칙(1), 363(제5판/신숙

우라면 그의 법률행위는 무효가 되므로, 당연히 특정후견인에 의한 대리행위에 따른 효력만 발생할 것이다.

4. 후견등기부 기록의 촉탁

특정후견의 심판이 확정된 경우 후견등기부에 이를 등기하여야 하므로, 가정법원은 후견등기 사무를 처리하는 사람에게 등기할 것을 촉탁하여야 한다$\left(\begin{smallmatrix} 가소 \S 9, 가소규 \\ \S 5\text{-}2\ I\ (i)\ 가목 \end{smallmatrix}\right)$. 이에 관하여는 §9에 대한 해설 참조.

V. 특정후견 종료의 심판

원칙적으로 특정후견종료의 심판이 필요하지는 않다. 일시적 후원을 위한 특정후견의 경우 기간의 경과로 종료하고, 특정한 사무에 관한 특정후견의 경우에는 그 사무 처리의 종료로 종료되기 때문이다.[60] 이에 관하여 목적한 사무 처리가 완료되었는지에 관하여 다툼이 있을 수 있다는 이유를 들어 피후견인의 배우자, 4촌 이내의 친족, 후견감독인이 특정후견의 사유가 종료하였을 때 가정법원으로부터 특정후견이 종료되었다는 취지의 처분$\left(\begin{smallmatrix} \S 954에\ 기초한\ 후 \\ 견사무에\ 관한\ 처분 \end{smallmatrix}\right)$을 구하여 그 처분으로 종료사유를 증명하여 종료등기를 함으로써 제3자에게 대항할 수 있다는 견해가 있고,[61] 후등법이 특정후견의 종료에 대해 등기사항으로 정하지 않고 있고, 일시적 후원과 특정한 사무의 성질상 그 종료의 시점 등이 명확하다고 볼 수 있는지 여부가 실무적으로 문제가 될 수도 있기 때문에, 입법적인 보완이 필요하다는 견해도 있다.[62]

가정법원이 피특정후견인에 대하여 성년후견 개시 또는 한정후견 개시의 심판을 할 때에는 종전의 특정후견에 대한 종료심판을 해야 한다$\left(\begin{smallmatrix} \S 14\text{-}3 \\ I, II \end{smallmatrix}\right)$.

[김 시 철]

희). 이에 반해 특정후견인에 의한 법률행위에 본인에 의한 법률행위보다 우선적 효력을 부여해야 하고, 피특정후견인이 제한적 행위무능력자에 해당하지 않는다는 해석론은 개정 민법의 체계, 후견등기제도의 취지와 목적 등과 배치된다는 견해로 이진기(주 12), 96-99 참조.

60) 강태성, 173; 김민중, 146; 김상용, 195; 송덕수, 176; 주석 총칙(1), 364(제5판/신숙희).

61) 이현곤, 성년후견제도의 이해와 활용—치매노인과 발달장애인의 신상보호와 재산관리—, 고시계사, 2018, 291-292.

62) 배인구(주 4), 71.

제 14 조의 3 (심판 사이의 관계)

① 가정법원이 피한정후견인 또는 피특정후견인에 대하여 성
년후견개시의 심판을 할 때에는 종전의 한정후견 또는 특
정후견의 종료 심판을 한다.

② 가정법원이 피성년후견인 또는 피특정후견인에 대하여 한
정후견개시의 심판을 할 때에는 종전의 성년후견 또는 특
정후견의 종료 심판을 한다.

1. 본조의 의의

개정 민법[1]은 법정후견제도에 관하여 성년후견·한정후견 및 특정후견 등
과 같은 다원적 구성을 선택하였다. 본조는 위와 같이 3가지 종류의 법정후견
제도가 운용됨으로써 발생할 수 있는 혼란을 방지하고, 절차의 간명·명확화를
위하여 각 심판간의 관계를 정리한 것이다.

2. 피한정후견인 또는 피특정후견인에 대한 성년후견개시심판

먼저 가정법원은 피한정후견인 또는 피특정후견인에 대해 성년후견개시심판
을 할 때 종전의 한정후견 또는 특정후견 종료심판을 하여야 한다(본조①). 피성년
후견인의 경우 피한정후견인이나 피특정후견인보다 행위능력이 제한되는 범위
가 넓고 그만큼 포괄적인 보호를 받게 되므로, 피한정후견인 또는 피특정후견
인에 대하여 성년후견이 개시되면 종전의 한정후견 또는 특정후견은 불필요하
다.[2] 그렇기 때문에 동일인에 대해 성년후견과 한정후견 또는 특정후견이 중

---

1) 본조에 대한 해설에서 '개정 민법'이라 함은 특별한 표시가 없는 이상 2011.3.7. 법률 제
10429호로 개정되고 2013.7.1. 시행된 것을 의미하는데, 본조의 입법취지 등에 관하여는
법무부(민법개정자료발간팀 편), "2013년 개정민법 자료집(이하 '자료집')", 2012, 121-
122; 윤진수·현소혜, 2013년 개정민법 해설, 법무부, 2013, 53-54 등 참조.
2) 주석 총칙(1), 366(제5판/신숙희).

복하여 개시되는 일이 발생하지 않도록 직권으로 기존의 후견을 종료시키는 것
이다. 이 경우 §14에 따른 한정후견종료심판의 청구를 별도로 할 필요가 없다.

3. 피성년후견인 또는 피특정후견인에 대한 한정후견개시심판

다음으로 가정법원은 피성년후견인 또는 피특정후견인에 대하여 한정후견
개시심판을 할 때 종전의 성년후견 또는 특정후견 종료심판을 하여야 한다
(본조). 이 경우에도 §11에 따른 성년후견종료심판의 청구를 별도로 할 필요가
없다. 이 규정 역시 후견의 중복 이용을 방지함으로써 절차를 명확하기 하기
위함이다.

4. 피성년후견인 또는 피한정후견인에 대한 특정후견의 심판

한편, 가정법원은 피성년후견인 또는 피한정후견인에 대해 특정후견의 심
판을 할 때 종전의 성년후견 · 한정후견 종료심판을 하여야 하는지에 대하여
이론적으로 견해의 대립이 가능하다. 특정후견의 잠정적 성격에 비추어 볼
때 기존 성년후견 · 한정후견 종료심판은 필요하지 않다는 견해가 있지만,[3]
§14-2에 대한 해설에서 본 바와 같이 개정 민법의 해석상 성년후견 · 한정후
견제도에 의하여 이미 지속적 · 포괄적 보호를 제공받고 있는 피성년후견인 · 피
한정후견인은 특정후견제도에 따른 별도의 후원이 필요하지 않다고 해석하는
부정설이 타당하므로,[4] 현 단계에서는 논의의 실익이 없다.[5]

따라서 피성년후견인 또는 피한정후견인에 대하여 특정후견이 필요한 경
우라면, 먼저 §11 또는 §14 등에 따른 일정한 자의 청구에 의해 성년후견 또

---

3) 자료집(주 1), 122.
4) 따라서 자료집(주 1), 122의 기재내용은 '피성년후견인 · 피한정후견인은 가정법원이 기존 성년후견인 또는 한정후견인의 권한범위를 변경함으로써 특정후견이 필요한 상황에 대처할 수 있으므로 성년후견인 및 성년후견감독인, 한정후견인 및 한정후견감독인을 특정후견의 청구권자에서 배제한다는 부정설의 입장'을 취한 자료집(주 1), 120-121의 기재내용과 모순된다.
5) 윤진수 · 현소혜(주 1), 54. 다만, 이에 대한 입법론으로서 ① 구상엽, "개정 민법상 성년후견제도에 대한 연구", 서울대학교 대학원 박사학위논문, 2012, 108-109은 성년후견의 종료에 대비하여 미리 특정후견 심판을 청구할 필요가 있으므로, 특정후견의 심판이 있을 때에는 성년후견 종료심판을 해야 한다는 취지의 규정을 신설하여 그 취지를 명확히 할 필요가 있다고 주장하고 있고, ② 제철웅, "요보호성인의 인권존중의 관점에서 본 새로운 성년후견제도", 민학 56, 2011, 318-319는 일회적 또는 일시적 사무를 위해 기존 후견인의 권한범위를 변경할 필요가 없으므로, 가정법원은 필요한 경우 종전의 성년후견 또는 한정후견에 병행하여 특정후견을 개시할 수 있도록 법률을 개정하는 것이 바람직하다고 주장하고 있다.

는 한정후견종료심판을 한 후 비로소 특정후견의 심판을 하거나, §10 Ⅲ 또는
§13 Ⅱ에 따라 피성년후견인 또는 피한정후견인의 행위능력 제한과 관련된
가정법원의 결정을 변경하는 심판을 하여야 한다.

5. 특정후견제도와 사전처분

그 밖에 성년후견 또는 한정후견의 청구 후 개시심판이 있기 전까지 요보
호자(要保護者)의 즉각적인 보호를 위해 특정후견제도를 활용할 수 있도록 해
야 한다는 견해[6]가 있다.

그러나 의사, 피특정후견인 등의 진술을 들을 것을 요건으로 규정하고 있는
가소법상 특정후견의 심리절차에 비추어 볼 때 과연 성년후견 등의 심리종결 전
에 특정후견의 심리가 종결될 수 있을지 의문이고, 오히려 당사자들에게 중복진
술의 불편을 끼칠 수 있다는 점, 가소 §62의 사전처분(事前處分) 제도의 경우
적극적인 처분을 하는 것이 가능하다는 점 등에 비추어 볼 때 특정후견제도보
다는 사전처분제도로 대응하는 것이 사건본인 보호에 더 적합하다고 본다.[7]

[김　시　철]

---

6) 구상엽(주 5), 131.
7) 윤진수·현소혜(주 1) 54; 이진기, "개정민법 규정으로 본 성년후견제도의 입법적 검토
   와 비판", 가연 26-2, 2012, 106 참조.

제 15 조(제한능력자의 상대방의 확답을 촉구할 권리)

① 제한능력자의 상대방은 제한능력자가 능력자가 된 후에 그에게 1개월 이상의 기간을 정하여 그 취소할 수 있는 행위를 추인할 것인지 여부의 확답을 촉구할 수 있다. 능력자로 된 사람이 그 기간 내에 확답을 발송하지 아니하면 그 행위를 추인한 것으로 본다.

② 제한능력자가 아직 능력자가 되지 못한 경우에는 그의 법정대리인에게 제1항의 촉구를 할 수 있고, 법정대리인이 그 정하여진 기간 내에 확답을 발송하지 아니한 경우에는 그 행위를 추인한 것으로 본다.

③ 특별한 절차가 필요한 행위는 그 정하여진 기간 내에 그 절차를 밟은 확답을 발송하지 아니하면 취소한 것으로 본다.

I. 제한능력자의 상대방의 보호필요성

개정 민법[1]에 의하면, 제한능력자(制限能力者)의 법률행위(法律行爲)는 일정한 경우에 제한능력자 자신이나 그 법정대리인이 취소(取消)할 수 있다. 미성년자가 법정대리인의 대리 또는 동의에 의하지 아니하고 한 법률행위, 피성년후견인이 한 법률행위로서 가정법원이 §10 Ⅱ에 따라 취소할 수 없는 법률행위로 정하지 않은 경우, 피한정후견인이 한 법률행위로서 가정법원이 §13 Ⅰ에 따라 한정후견인의 동의를 받도록 정하였음에도 불구하고 그 동의를 받지 않은 법률행위 등의 경우, 그 취소권자가 일방적으로 취소하면 그 효력이 상실되지만, 만약 취소하지 아니하고 이를 그대로 두면 그 행위는 유효한 상태로 남게 된다. 이와 같이 제한능력자의 법률행위는 취소할 수 있고 그 취소권은 제한능력자 쪽에서만 가지고 있으며 그 취소권의 행사 여부는 자유이다. 본래 제한능력자 제도는 제한능력자의 보호를 위한 것이므로, 이는 부득이한 상황이라고 할 수도 있다.

그런데 이와 같이 되면 2가지 측면에서 불편이 생기게 된다. 먼저 제한능력자와 거래한 상대방은 스스로 그 거래행위의 구속으로부터 벗어 날 수는 없고, 전적으로 제한능력자 측의 의사에 의하여 그의 지위가 좌우되는 결과가 발생한다($\S 140$ 참조). 다음으로 취소의 법률적 효과는 처음부터 무효로 하는 소급효가 있기 때문에($\S 141$ 참조) 거래의 상대방 이외의 제3자도 역시 마찬가지로 불안한 지위에 놓이게 되어 거래(去來)의 안전(安全)을 해칠 우려가 있다.

결과적으로 제한능력자와 거래한 상대방 등은 법률행위가 취소될 위험을 부담한다. 민법 개정에 관한 논의과정에서 거래의 안전을 보호하기 위하여 한정후견인의 동의가 필요한 피한정후견인의 행위에 관한 가정법원의 결정을 등기하지 않는 한 거래 상대방에게 대항할 수 없도록 해야 한다는 주장[2]이 제기되기도 하였지만, 개정 민법은 임의후견에 대해서만 그 종료를 등기하지 않으면 선의의 제3자에게 대항할 수 없도록 하였을 뿐이고($\S 959$-19), 법정 후견과 관련하여 이러한 취지의 조문을 마련하고 있지는 않다.

이로 인하여 제한능력자와 거래하는 상대방은 그와 계약을 체결하려는 사

---

1) 본조에 대한 해설에서 '개정 민법'이라 함은 특별한 표시가 없는 이상 2011.3.7. 법률 제10429호로 개정되고 2013.7.1. 시행된 것을 의미한다.
2) 대표적으로 「장애성년후견법안」(대표발의: 나경원의원) §12가 이러한 입장을 택하였다.

람이 제한능력자인지 여부, 만약 제한능력자라면 어느 범위에서 행위능력이 제한되고 있는지 여부, 본인을 대신하여 계약을 체결하려는 사람이 제한능력 자의 적법한 법정대리인인지 여부 및 그의 대리권의 범위 등을 스스로 조사함 으로써 그 위험을 회피하는 수밖에 없다. 그런데 과거 한정치산·금치산 선고 사실이 가족관계등록부에 기재되었던 것과 달리, 개정 민법에 의하면 성년후 견 또는 한정후견 등은 후견등기부에 의해 공시되고, 후견과 관련된 등기사항 증명서의 발급을 청구할 수 있는 사람은 피후견인, 후견인, 후견감독인, 피후 견인의 배우자 또는 4촌 이내의 친족 등 일정한 범위 내에 있는 사람으로 한 정된다($\frac{후등}{\S15}$). 따라서 거래의 상대방은 제한능력자 또는 그의 후견인 등에게 관 련 등기사항증명서를 발급받아 올 것을 요청하고, 제한능력자 측에서 그 등기 사항증명서를 발급받아서 이를 상대방에게 제시하는 등 간접적인 방법으로 거 래의 안전을 도모하는 수밖에 없다.[3]

즉, 개정 민법은 법정후견과 관련하여 거래의 안전보다 제한능력자의 보호 를 더욱 중시하고 있기 때문에 취소할 수 있는 행위의 불확정 상태는 가능한 한 빨리 해소하여 이를 안정된 상태로 만들어 놓을 필요성이 있고, 개정 민법 의 시행 이후 거래의 상대방 보호와 관련된 기존 민법상의 제도가 더욱 중요 한 의미를 갖게 되었다. 거래상대방이 거래 후 뒤늦게 제한능력자인 사실 또는 그 제한의 범위 등을 알게 된 경우 그를 보호할 수 있는 장치이기 때문이다. 이를 위한 방법으로서 민법은 종래부터 다음과 같은 제도들을 규정하고 있었 는데, 개정 민 §15 내지 §17은 그 용어만 '무능력자'에서 '제한능력자'로 변경 하고 나머지 규정내용은 그대로 유지하였다. 그러나 행위능력 제도 자체가 변 경되었기 때문에, 위 조문들이 갖는 의미도 어느 정도 변화할 수밖에 없다.[4]

II. 일반적인 상대방의 보호방법과 특별규정의 필요성

1. 취소할 수 있는 행위에 대한 일반적인 규정

(1) 취소권의 단기소멸시효기간

민법은 취소할 수 있는 행위에 관하여 이를 추인($\frac{\S143\,의}{하\,참조}$)할 수 있는 날로부

---

3) 강태성, 159; 지원림, 민법강의, 제16판, 2019, 81; 윤진수·현소혜, 2013년 개정민법 해 설, 법무부, 2013, 57-58 참조.

4) 이에 관하여는 §10에 대한 해석 부분 참조.

터[5] 3년 이내, 행위를 한 날로부터 10년 이내에 취소하지 아니하면 취소권이 소멸하도록 규정하고 있다($\S^{143}_{146}$). 그러나 이러한 방법은 취소권의 소멸기간이 비교적 장기간이어서 상대방은 상당히 오랜 기간 동안 불안정한 상태에 놓이게 된다는 단점이 있다.[6]

(2) 법정추인

다음으로 민법에는 취소할 수 있는 행위에 관하여 일정한 사유가 있으면 추인($^{취소권}_{의 포기}$)을 한 것으로 간주함으로써 취소할 수 있는 행위를 확정적으로 유효하도록 규정하는 법정추인(法定追認)의 제도($\S_{145}$)가 있다. 그러나 법정추인은 취소의 원인($^{제한}_{능력}$)이 종료한 이후에만($\S_{144}$) 인정될 수 있고 또한 법정추인사유가 존재해야 한다는 등의 제한이 있을 뿐만 아니라, 어디까지나 예외적 상황을 규율하는 것이기 때문에 실효성이 크지 않다.[7]

2. 제한능력자에 대한 특별한 규정의 필요성

위와 같이 취소할 수 있는 행위에 대한 일반적인 규정만으로는 제한능력자의 상대방에 대한 충분한 보호수단이 된다고 할 수 없다. 특히 취소할 수 있는 행위의 상대방 중에서 사기나 강박을 한 자($^{\S 110}_{참조}$)는 그러한 불이익한 지위에 있게 되더라도 이러한 상황을 스스로 야기한 것이기 때문에 이를 자업자득이라고 볼 수 있지만, 제한능력자의 상대방은 그에게 책임을 물을 만한 직접적인 사정이 없다. 그럼에도 불구하고 제한능력자의 상대방을 사기나 강박을 한 자와 같이 취급하는 것은 부당하다. 그는 제한능력자의 보호라는 목적을 위하여 희생되는 자이므로, 그 지위를 좀 더 두텁게 보호할 필요가 있다.

이러한 이유로 민법은 제한능력자의 상대방의 위와 같은 지위의 특수성을 고려하여, 이들을 특별히 보호하기 위한 3가지의 특례, 즉 상대방의 확답촉구

5) 개정 전 민법의 해석에 관하여 대판 97.6.27, 97다3828은 "한정치산자의 후견인이 친족회의 동의 없이 그 피후견인인 한정치산자의 부동산을 처분한 경우에 발생하는 취소권은 민법 제146조에 의하여 추인할 수 있는 날로부터 3년 내에, 법률행위를 한 날로부터 10년 내에 행사하여야 하지만, 여기에서 '추인할 수 있는 날'이라 함은 취소의 원인이 종료한 후를 의미하므로 피후견인이 스스로 그 법률행위를 취소함에 있어서는 한정치산선고가 취소되어 피후견인이 능력자로 복귀한 날로부터 3년 내에 그 취소권을 행사하여야 한다."라고 판시하고 있다.
6) 이에 관하여는 곽윤직·김재형, 134; 이은영, 185; 주석 총칙(1), 369(제5판/신숙희) 등 참조.
7) 동지, 곽윤직·김재형, 134; 주석 총칙(1), 369(제5판/신숙희). 이에 대하여 이은영, 186은 법정추인제도는 제한능력자의 법률행위가 갖는 불확정성을 제거하여 법률관계를 안정시키는 데에 중요한 역할을 담당한다는 입장을 취하고 있다.

권(確答促求權)과 철회권(撤回權)·거절권(拒絶權) 및 제한능력자의 취소권의 상실규정을 두고 있다.[8][9]

위와 같이 개략적으로 살펴본 바와 같은 제한능력자의 상대방의 보호를 위한 여러 제도 중에서, 취소권의 단기소멸과 법정추인에 관한 설명은 해당 부분으로 미루고, 아래에서는 위 3가지 특별규정에 대하여 살펴본다.

Ⅲ. 상대방의 확답촉구권의 의의 및 성질

1. 의 의

개정 전 민법에는 최고권(催告權)이라는 용어를 사용하고 있었는데, 개정 민법에서는 그 용어를 '확답을 촉구할 권리'로 수정하였다(이를 줄여서 '확답촉구권'이라고 한다. 그러나 민법의 여러 다른 규정에서는 여전히 최고권이라는 용어를 사용하고 있다).[10] 일반적으로 '최고'는 '어떠한 행위를 할 것을 타인에게 요구하는 것'을 가리킨다(예컨대, 채권자가 채무자에 대하여 이행을 독촉하는 것을 예시할 수 있다). 이는 제한능력자의 상대방이 제한능력자 측에 대하여 취소할 수 있는 행위를 취소할 것인지 아니면 추인할 것인지에 관한 확답을 촉구하는 것을 말한다.

2. 성 질

일반적으로 거래 당사자들 사이에서 확답을 촉구하는 경우, 이를 법률에 특별한 근거규정을 토대로 하는 경우와 법률상 근거가 없는 상태에서 당사자

---

8) 강태성, 175; 고상룡, 140; 곽윤직·김재형, 134; 김민중, 147; 김상용, 166-167; 김준호, 89-90; 백태승, 160; 송덕수, 177; 양창수·김재형, 636; 이영준, 878; 이은영, 180; 지원림(주 3), 86-87; 구주해(1), 316(양삼승); 주석 총칙(1), 369(제5판/신숙희).

9) 위와 같은 상대방의 확답촉구권과 철회권·거절권에 관한 규정을 긍정적으로 평가하는 다수설의 경향에 대하여 의문을 제기하는 견해가 있다(김증한·김학동, 148-149). 이 견해는 민법상 취소사유 중 하나인 착오의 경우에도 상대방에게 책임을 물을 아무런 사정이 없고 그 상대방이 행위자의 착오를 인식할 가능성은 행위자의 제한능력을 인식할 가능성보다도 적음에도 불구하고 착오를 이유로 취소하는 경우에는 상대방을 보호하는 규정을 두고 있지 않으면서, 유독 제한능력자의 경우에 상대방보호를 위한 규정을 두는 것은 균형이 맞지 않는데, 이러한 우리 민법 규정은 독민의 입법례를 모델로 한 것이지만, 독민은 제한능력자의 행위를 부동적 무효(浮動的 無效)로 하고 착오를 안 후에 지체 없이 취소하지 않으면 취소할 수 없게 규정하고 있다는 점 등을 간과한 것으로 보이며, 굳이 상대방보호규정을 두고자 한다면 취소에 관한 일반적 규정의 개선이 그보다 선행되어야 할 것이라고 주장한다. 이 주장에 대하여 부분적으로 동조하는 견해로는 송덕수, 177 참조.

10) 이에 관하여는 구상엽, "개정민법상 성년후견제도에 대한 연구—입법 배경, 입법자의 의사 및 향후 과제를 중심으로—", 서울대학교 대학원 박사학위논문, 2012. 2, 75 등 참조.

가 필요하다고 판단하고 행하는 경우로 구분할 수 있다. 그런데 전자의 경우에
는 근거법률규정에 의하여 일정한 법률효과가 직접 발생한다는 점에서 후자의
경우와 다르다.[11]

본조에 근거하여 제한능력자의 상대방이 확답의 촉구를 하는 경우 이에
대하여 제한능력자 쪽에서 아무런 행위를 하지 않아도 본조에 의하여 일정한
법적 효과가 발생하는 것으로 하고 있다. 즉, 제한능력자의 상대방이 하는 확
답촉구는 법률상 근거가 없는 일반적인 확답의 촉구와는 다르고, 법률의 규정
에 의하여 일정한 효과가 발생한다는 점에서 이는 하나의 권리라고 할 수 있다.

그런데 이러한 확답의 촉구에 의하여 생기는 일정한 법률효과는 확답을 촉구
한 사람의 의사에 의하여 정해지는 것은 아니고, 그의 의사와는 관계없이 법률 자
체에 의하여 정해지는 것이기 때문에, 이는 준법률행위(準法律行爲)의 일종인 '의사
의 통지'에 해당한다. 그리고 제한능력자의 상대방이 권리자로서 행하는 일방적
행위에 의하여 법률관계의 변동을 가져오기 때문에, 형성권의 성격을 가진다.[12]

이 권리는 제한능력자 쪽에 대하여 취소할 수 있는 행위를 취소 또는 추
인하겠는지 여부에 관한 확실한 대답을 할 것을 재촉하고, 이에 대하여 아무런
대답이 없을 때에는, 경우에 따라서 취소 또는 추인의 효과를 발생시킨다.

제한능력자와의 계약 상대방은 물론 제한능력자의 단독행위 상대방이라도
이를 행사할 수 있다. 그리고 그 상대방이 확답의 촉구에 응하여 어떤 의사표
시를 해야 할 의무를 지는 것은 아니지만, 그렇게 하지 않으면 일정한 불이익
을 입게 된다.

Ⅳ. 확답촉구권의 요건

제한능력자의 상대방이 확답을 촉구할 권리를 행사하는 경우, ① 문제의

---

11) 한편, 후자의 경우에도 일반적인 독촉의 의미 이외에, '기한 없는 채무의 이행지체책
   임의 발생'(§ 387), '전보배상청구의 요건'(§ 395), '연대채무에서 이행지체의 절대적 효
   력'(§ 416), '해제권의 발생요건'(§ 544) 등과 같은 법적인 효과가 발생할 수 있다.
12) 강태성, 176; 곽윤직·김재형, 135; 김상용, 167; 김준호, 90; 백태승, 160-161; 송
   덕수, 178; 양창수·김재형, 637; 이영준, 878; 구주해(1), 317(양삼승); 주석 총칙(1),
   370(제5판/신숙희). 반면에, 이은영, 180은 2011.3.7. 개정되기 전 본조에 규정된 '최고권'
   의 성질에 관하여, 최고를 받은 상대방이 취소 또는 추인의 의사표시를 하지 않는 경우에
   한하여 보충적인 효과를 발생하는 것일 뿐이므로, 이러한 사정만으로 이를 형성권으로 파
   악하는 것은 옳지 않다고 주장하고 있다.

취소할 수 있는 행위를 지적하여 가리키고, ② 1개월 이상의 유예기간을 정하여, ③ 추인하겠는지 여부의 확답을 요구해야 한다($^{§\,15}_{\,I}$).

② 요건에 관련하여, 1개월 이상의 유예기간의 기산점은 확답촉구의 의사표시가 제한능력자 측에게 도달된 때이고 따라서 다음날을 초일로 계산한다. 그리고 이 유예기간의 마지막 시점은 확답이 발하여진 때를 기준으로 하여 계산한다. 기간을 전혀 정하지 아니하고 확답을 촉구하거나 또는 1개월 미만의 기간을 정하여 확답을 촉구한 경우의 효력에 관하여, 이는 본조의 규정에 명백히 위배되는 것이므로 확답의 촉구로서의 효력이 없다는 다수설[13]과 이러한 경우에도 1개월이 지나면 효력이 생긴다는 취지로 주장하는 소수설[14]이 대립하고 있는데, 다수설이 타당하다고 본다.

같은 맥락에서 기간에 관한 ② 요건이 충족되지 않은 확답의 촉구를 한 다음, 실제로 1개월 이상이 경과하였다는 사정만으로 본조에 규정된 확답의 촉구의 효력이 발생한다고 볼 수도 없다.

V. 확답촉구권의 상대방

확답촉구의 상대방은 확답촉구를 수령할 능력이 있고($^{§\,112}_{참조}$), 또한 취소 또는 추인을 할 수 있는 자에 한정된다($^{§\,140,}_{§\,143\,참조}$). 민법은 이러한 확답촉구의 상대방에 관하여 이를 2가지의 경우로 나누어 규정하고 있다.

즉, 제한능력자는 그가 능력자가 된 후에만 확답촉구의 상대방이 될 수 있고($^{§\,15}_{\,I}$), 아직 능력자가 되지 못한 때에는 그의 법정대리인이 확답촉구의 상대방이다($^{§\,15}_{\,II}$). 따라서 능력자가 되지 못한 제한능력자에 대하여 확답촉구를 하여도 확답 촉구의 효과는 생기지 않는다.

1. 제한능력자가 능력자로 된 이후의 확답 촉구

제한능력자가 능력자로 된 경우에는, 그 능력자로 된 사람에 대하여 그 행위를 추인할 것인지 여부를 확답하라고 촉구하는 뜻을 통지해야 한다. 여기에

---

13) 강태성, 179; 송덕수, 178; 구주해(1), 318(양삼승); 주석 총칙(1), 371(제5판/신숙희).
일본에서의 학설대립에 관하여는 日注民(1) 改訂版, 389(磯村 保) 참조.
14) 김준호, 90.

서 '제한능력자가 능력자로 된 경우'라 함은 ① 미성년자가 성년이 되었거나, ② 미성년자가 영업의 허락을 얻어 그 영업의 내용 중에 취소할 수 있는 행위가 포함된 경우, ③ 피성년후견자에 대한 성년후견 종료심판이 이루어진 경우, ④ §10 Ⅲ 또는 §13 Ⅱ에 따른 변경심판에 의해 당해 법률행위에 대해 제한되었던 행위능력이 회복된 경우를 말하는 것이다. 위 ③④의 경우 개정 민법의 규정에 따라서 변경되거나 추가된 내용인데, 위와 같은 가정법원의 심판이 있기 이전에 제한능력자의 정신능력이 회복되었다는 등의 이유만으로 능력자가 되었다고 할 수는 없다.[15]

또한 '확답을 발하지 아니한 때'라고 규정되어 있기 때문에(§111의 도달주의에 관한 예외적 규정), 한번 확답의 통지를 발송한 이상 그 통지가 상대방에게 도달하지 않더라도 확답을 하지 않은 것과 동일하게 취급할 수는 없다.[16]

2. 제한능력 상태가 계속 중에 있는 경우의 확답 촉구

이 경우 제한능력자에 대하여 확답촉구를 하여도 확답촉구의 효과는 생기지 않는다. 이에 관하여 개정 민법 §15 Ⅱ는 '제한능력자의 법정대리인'에 대하여 확답의 촉구를 하여야 한다고 규정하고 있는데, 이는 개정 전 민법 §15의 규정내용 중 '무능력자' 부분을 '제한능력자'로 변경하고 '법정대리인' 부분을 그대로 유지한 것이기 때문에, §13, §14-2에 관한 해설에서 살펴본 바와 같이 가정법원이 한정후견인이나 특정후견인 등에 관하여 ⓐ 동의권과 대리권의 범위를 일치시켜서 설정하는 심판유형, ⓑ 대리권의 범위를 더 넓게 설정하는 심판유형(즉, 동의권을 인정하지 않은 영역에 대해서까지 대리권을 수여하는 유형), ⓒ 동의권의 범위를 더 넓게 설정하는 심판유형(즉, 동의권을 인정한 영역에 대하여 대리권은 수여하지 않는 유형) 등 3가지 유형에 대하여 구체적인 검토를 할 필요가 있다.[17]

ⓐ유형 심판의 경우 해당 법률행위에 관하여 한정후견인 등에게 동의권과 대리권이 모두 인정되는 것이 분명하기 때문에 종래 제도에 관한 해석을 원용할 수 있고, 해석상 별다른 문제가 발생하지 않는다. 거래상대방이 피한정후견

---

15) 구상엽(주 10), 76; 윤진수·현소혜(주 3), 58; 주석 총칙(1), 371-372(제5판/신숙희).

16) 동지, 강태성, 180; 송덕수, 179; 지원림(주 3), 87; 주석 총칙(1), 372(제5판/신숙희). 반대 견해로는 김주수·김상용, 157-158.

17) 이에 관한 상세한 논의는 김시철, "후견인의 동의권·대리권·취소권—넓은 의미의 성년후견제도의 도입으로 인한 변화를 중심으로—", 자율과 정의의 민법학(양창수 교수 고희 기념 논문집), 박영사(2021), 232-236, 238-240 등 참조.

인 등의 해당 법률행위에 관하여 한정후견인 등에게 확답촉구를 할 수 있다는
점에 대하여 의문의 여지가 없기 때문이다.

가정법원이 ⓑ유형 심판을 한 경우, 해당 법률행위에 관하여 피한정후견인
등은 독자적인 행위능력을 가지기 때문에 이에 관한 피한정후견인 등의 법률
행위는 유효하고, 따라서 § 15의 적용대상이 될 수 없음을 유의해야 한다. 이
에 관하여 피한정후견인 등은 제한능력자가 아니기 때문이다. 한정후견인 등
은 해당 법률행위에 관하여 동의권한이 없으므로 이에 대한 추인 여부를 결정
할 권한이 없음은 분명하다.

이론적으로 견해의 대립이 있을 수 있는 것은 ⓒ유형 심판이 이루어진 경
우인데, 동의유보결정의 범위에 관하여 당연히 법정대리권도 수여되었다고 보
는 것이 타당하다고 생각한다(상세한 논의는 § 13 에 관한 해설 참조).[18][19] 만일 이에 관하여 한정후견
등이 종료되기 전에는 피한정후견인 등이 여전히 제한능력자에 해당한다고 보
면서 본조를 엄격하게 해석하는 견해를 취하는 경우, 법정대리인만이 확답촉
구의 대상이 된다고 보아야 하는데(§ 15 Ⅱ), 한정후견인 등은 위 법률행위에 관하
여 법정대리인의 지위에 있지 않기 때문에, 그 단계에서 상대방이 본조에 따른
확답촉구를 통지할 수 있는 대상은 존재하지 않는다는 결론에 이르게 된다.[20]
그러나 위와 같은 사안에서 한정후견인 등은 한정후견이 종료되기 전에 피한
정후견인의 위 법률행위를 취소하거나(§ 13 Ⅳ) 이를 추인할 수 있는데,[21] 본조는

---

18) 김형석, "피한정후견인의 행위능력", 충북대 법학연구 27-1, 2016. 12, 각주 22)는 가정
    법원에서 피한정후견인에게 한정후견인의 동의를 받도록 명하는 범위에는 한정후견인에게
    법정대리권도 부여되었다고 보아야 하고(가정법원이 이를 간과한 경우에도 동의권을 부
    여하는 심판의 취지상 법정대리권도 부여되었다고 보아야 한다), 따라서 ① 한정후견인의
    법정대리권의 범위는 동의권의 범위와 일치하거나, ② 행위능력 제한의 필요성은 없으나
    한정후견인의 법정대리 필요성이 있어 가정법원이 그에 따른 심판을 하는 경우에는 법정
    대리권의 범위가 동의권의 범위보다 넓어질 수는 있지만, ③ 법정대리권의 범위가 동의권
    의 범위보다 좁은 경우는 발생하지 않는다고 보아야 한다는 입장을 취하고 있다.
19) 윤진수·현소혜(주 3), 59에는 '가정법원이 한정후견인에게 수여한 대리권에는 추인에
    관한 대리권이 함께 포함되어 있다고 해석하여야 할 것이다.'라고 기재되어 있는데, 가정
    법원이 피한정후견인의 특정 법률행위에 관한 대리권을 한정후견인에게 부여하면서도 이
    에 관한 동의권을 한정후견인에게 부여하지 않은 경우, 해당 법률행위에 관한 피한정후견
    인의 법률행위는 유효한 것으로서 애당초 본조의 적용대상이 될 수 없기 때문에, 한정후
    견인의 동의권한에 추인에 관한 대리권이 포함되어 있다고 정리하는 것이 좀 더 적절한
    표현이라고 생각한다[윤진수·현소혜(주 3), 63 등 참조].
20) 거래상대방은 한정후견종료의 심판을 청구할 수 있는 자격이 없고(§ 14 참조), 한정후견
    인의 대리권의 범위에 관한 변경청구를 할 수도 없기 때문에(§ 959-4 Ⅱ, § 938 Ⅳ), 위와
    같은 문제를 해결할 방법이 없게 된다.
21) 지원림(주 3), 83; 윤진수·현소혜(주 3), 84; 김형석(주 18), 12. 이에 관하여, 한정후견

제한능력자 측에 대하여 '그 취소할 수 있는 행위를 추인할 것인지 여부의 확답을 촉구할 수 있는 권리'를 상대방에게 인정한 것이고, 한정후견인 등은 위 법률행위의 추인 여부를 결정할 수 있는 권한을 가지고 있기 때문에, 해석론으로는 한정후견인 등이 확답촉구의 대상이 된다는 보는 것이 타당하다고 생각한다(입법론으로는 §15 Ⅱ, §140 등에 관한 법률 개정을).[22]
(통하여 적절한 보완 입법을 할 필요가 있다고 본다)

3. 제한능력자가 의사능력 없이 한 법률행위에 관해서 본조의 확답의 촉구를 할 수 있는지 여부

이는 의사능력이 없는 사람이 한 법률행위에 대하여 취소 또는 추인을 할 수 있을 것인지와 관련된 쟁점이다.

부정설은 의사능력을 결여한 자가 한 법률행위는 당연 무효로서 취소 또는 추인을 할 여지가 없기 때문에 이에 대하여 본조에 의한 확답의 촉구를 하여도 무의미하다고 주장한다. 반면에 긍정설은 의사무능력자의 행위가 무효라 하더라도 의사무능력자는 의사능력을 충분히 회복하여 자기의 행위를 인식한 후에 법률행위를 추인함으로써 유효하게 할 수 있다고 보아야 하고(다만 이 경우 그 효력은 소급 하지 않는다고 한다(§139 참조)), 이와 같이 해석하더라도 상대방에게 이익이 될지언정 상대방에게 불이익을 줄 염려가 없으므로, 상대방은 의사능력을 회복한 사람에 대하여 본조에 의한 확답의 촉구를 할 수 있다고 주장한다.[23] 이론적으로는 견해의 대립이 가능할 수 있지만,[24] 긍정설도 의사무능력자의 추인에 대하여 소급효를 인정하지 않기 때문에, 실무상으로는 논의의 실익이 크지 않다고 본다. 부정설을 토대로 하더라도, 개별 사안의 구체적인 사정에 따라서 상대방의 확답의 촉구를 새로운 청약으로 보고 의사능력을 회복한 사람 사이에 새로운 법률행위를 한 것으로 파악할 여지가 있기 때문이다.

인에게 동의권만 있고 대리권이 없는 경우, 추인권자는 제한능력자와 그 대리인 또는 승계인만으로 제한되는데(§140 참조) 여기서의 한정후견인은 피한정후견인의 법률행위에 대한 동의권을 가질 뿐 대리권을 가지지 않기 때문에 추인권을 인정하기 어렵다는 견해로는 주석 총칙(1), 349(제5판/신숙희) 참조.

22) 윤진수·현소혜(주 3), 82도 유사한 입법론을 제시하고 있다.

23) 김주수·김상용, 158. 위 견해에 의하면, 의사능력을 회복한 자가 유예기간 내에 확답을 발하지 않았을 경우에는 추인을 한 것으로 보게 되고, 아울러 사실상의 제한능력자의 경우에도 의사무능력의 경우와 마찬가지로 §15를 유추적용하게 된다고 한다.

24) 일본에서의 견해의 대립에 관하여는 日注民(1) 改訂版, 393(磯村 保) 참조.

Ⅵ. 확답 촉구의 효과

1. 확답이 있는 경우

(1) 원   칙

확답의 촉구를 받은 사람이 유예기간 내에 추인 또는 취소의 확답을 하면 각각 그 확답의 내용에 따라 추인 또는 취소의 효과가 발생한다. 즉, 추인의 확답이 있을 경우 법률행위는 확정적으로 유효하고, 장래에는 행위능력을 문제 삼아 취소할 수 없게 되며, 취소의 확답이 있을 경우에는 법률행위는 소급적으로 효력을 상실하고, 당사자는 상대방으로부터 받은 것을 부당이득으로서 반환할 의무를 진다(다만, 제한능력자는 현존이익의 범위에서만 반환의무를 진다. § 141 참조). 그러나 이는 추인 또는 취소라는 의사표시 자체의 효과일 뿐이고, 확답촉구권 행사의 효과는 아니다.

(2) 문제가 되는 경우

제한능력자의 법정대리인 등이 확답을 발하려고 준비하고 있는데 그 상대방이 이를 사기·강박에 의하여 저지하고 있는 경우에, 이를 기간 내에 확답이 있었던 것으로 볼 것인지, 아니면 확답이 없었던 것으로 볼 것인지에 관하여 견해의 대립이 가능하다.

확답을 촉구한 사람이 스스로 사기·강박의 방법으로 확답을 저지하고 있는 데에도 불구하고 그 기간 내에 확답이 없다고 하여 확답이 없는 경우의 법정 효과를 인정하는 것은 타당하다고 보기 어렵다. 그렇다고 하여 사기·강박에 의한 의사표시를 취소할 수 있는 규정에 따라서 그 저지당하고 있는 행위를 취소함으로써 원래 하려고 한 의사표시, 즉 취소 또는 추인의 효력을 그대로 인정하는 것도 타당하지 않다. 왜냐하면 여기에서 확답의 촉구에 대하여 부여하는 효과는 법률의 규정에 의한 것일 뿐이고 효과의사의 내용에 따라 부여되는 것이 아니기 때문이다. 따라서 이 경우에는 확답의 촉구를 한 사람이 그 확답촉구의 효력을 주장할 수 없도록 하는 것, 즉 확답의 촉구가 없었던 것으로 보는 것이 타당하다고 생각한다.[25]

2. 확답이 없는 경우

확답의 촉구 자체의 효과는 유예기간 중에 확답을 발하지 아니한 경우에

---

25) 동지, 구주해(1), 319(양삼승).

한하여 발생한다. 즉, 민법상 의사표시의 효력발생시기에 관한 일반원칙인 '도달주의($^\S_{111}$)'에 의하지 아니하고 '발신주의'에 따른다. 이는 제한능력자의 상대방을 특별히 보호하기 위하여 일반원칙에 관한 예외를 인정한 것으로서, 입법정책적인 선택의 결과라고 할 수 있다. 확답의 촉구의 효과에 관하여 민법은 이를 다시 2가지로 나누어 규정하고 있다.

(1) 확답의 촉구를 받은 사람이 단독으로 추인할 수 있는 경우

㈎ 확답의 촉구를 받은 사람이 단독으로 추인할 수 있는 경우에 확답을 발하지 않으면 추인한 것으로 본다. 이러한 지위에 있는 사람이 확답의 촉구를 받고도 아무런 조치를 취하지 아니한 경우, 그 법률관계를 그대로 확정시키더라도 이의가 없다는 의사로 보는 것이 일반적으로 타당할 것이라는 의사의 추측 내지는 추정에 기초한 것이다.[26)27)]

㈏ 여기에서 단독으로 추인할 수 있는 경우는 ① 제한능력자(즉, 미성년자, 피성년후견자 등)가 능력자로 된 경우와 ② 제한능력자가 아직 능력자로 되지는 아니하였으나 그 제한능력자의 법정대리인이 '특별한 절차를 밟지 아니하고' 단독으로 추인할 수 있는 경우 등 2가지가 있을 수 있다.

㈐ 특별한 절차를 밟지 아니하고 추인할 수 있는 경우가 무엇인지가 문제가 될 수 있는데, 개정 민법상 후견감독인이 있는 사안에서 법정대리인인 후견인이 후견감독인의 동의를 받지 않고 단독으로 추인할 수 있는 경우(즉, 아래 나.항에 해당하지 않는 경우) 등을 가리킨다는 데에 학설이 일치하고 있다.[28)]

㈑ 위 확답이 없는 경우에는 추인한 것으로 '본다'고 규정한 것은 법률상 당연히 그와 같은 효력이 생긴다는 의미이다. 이는 나중에 추인의 의사가 없다는 것을 증명하여 번복할 수 있는 '추정'과는 다르다.

(2) 확답의 촉구를 받은 사람이 단독으로 추인할 수 없는 경우

제한능력자의 법정대리인인 후견인은 '영업, 금전차용, 의무부담, 부동산

---

26) 동지, 구주해(1), 320(양삼승). 민의원 법제사법위원회 민법안심의소위원회, 민법안심의록(상권), 1957, 14의 제안이유에는 "무능력자의 상대방의 최고권(불확정한 상태를 종료시킴으로써 상대방의 보호를 기함)이다."라고 기재되어 있다.

27) 이에 대하여는 '입법자는 상대방의 확답최고에 대한 침묵을 추인이 아니라 취소를 규정해야 했다.'라는 취지로 비판하는 견해가 있다(조규창, 고시연구, 21-12, 1994. 12, 15 이하 참조). 이 견해의 경우, 본조에서 침묵을 추인으로 보는 것은 §131과 §544에서 당사자의 침묵을 모두 추인거절이나 승낙거절의 의사표시로 간주하는 태도와 논리적 일관성을 상실한 것이기 때문에 부당하고, 무능력자의 재산을 거래의 안전에 우선하여 보호하여야 한다는 규범 목적에도 반한다는 취지이다.

28) 주석 총칙(1), 373(제5판/신숙희).

또는 중요한 재산에 관한 권리의 변동, 소송행위, 상속의 승인 또는 포기 및 상속재산분할협의' 등 일정한 행위를 하기 위해서는 후견감독인의 동의를 얻어야 하는데($\S_{\text{I}}^{950}$), 이와 같이 후견감독인의 동의가 필요한 법률행위에 관하여 후견인이 후견감독인의 동의를 얻지 않은 경우 피후견인 또는 후견감독인이 그 행위를 취소할 수 있다($\S_{\text{III}}^{950}$). 이러한 경우가 '특별한 절차를 거쳐야 하는 경우'에 해당한다.[29] 확답의 촉구를 받은 법정대리인은 단독으로 추인할 수는 없는 입장이고, 단독으로 취소를 할 수는 있는 지위에 있기 때문에, 위와 같은 경우에 확답이 없으면 취소가 있는 것으로 의제한다는 취지이다.

그밖에 ① 미성년후견인이 친권자가 정한 교육방법, 양육방법 또는 거소를 변경하거나, 미성년자를 감화기관이나 교정기관에 위탁하거나, 친권자가 허락한 영업을 취소 또는 제한하는 경우($\S_{945}$), ② 후견인이 피후견인에 대한 제3자의 권리를 양수하는 경우($\S_{951}$), ③ 법정대리인인 친권자와 그 자(子) 사이에서 이해상반되는 행위를 하는 결과가 되어 그 자(子)의 특별대리인을 선임하여야될 경우($\S_{921}$) 등도 법정대리인이 단독으로 추인할 수 있는 경우에 해당하지 않으므로, 같은 법리가 적용된다.

(3) 단독으로 추인할 수 있는 경우인지 여부가 문제로 되는 사례

법정대리인에 대하여 확답 촉구를 하였는데, 정해진 확답을 위한 유예기간 중에 그 사람이 법정대리인의 자격을 상실한 때에는 확답촉구의 효력을 잃는지에 관하여, 일본에서는 긍정설과 부정설이 대립한다.[30]

긍정설은 이 경우 확답의 촉구는 해당 기간 중에 확답의 촉구를 받은 사람이 제한능력자의 행위에 대하여 취소권 또는 추인권을 갖고 있을 것을 전제로 하여 그 효력이 발생하기 때문에, 법정대리인의 자격상실에 의해서 그 효과는 발생하지 아니하는 것으로 보아야 한다고 주장한다.

이에 대하여 부정설은 다음과 같이 설명한다. 확답의 촉구의 효력은 제한

---

29) 개정 민법을 통하여 '후견감독인 제도'가 도입되기 이전의 '친족회 제도'에 관하여 대판 97.6.27, 97다3828은 "민법 제126조 소정의 권한을 넘는 표현대리 규정은 거래의 안전을 도모하여 거래상대방의 이익을 보호하려는 데에 있으므로 법정대리라고 하여 임의대리와는 달리 그 적용이 없다고 할 수 없고, 따라서 한정치산자의 후견인이 친족회의 동의를 얻지 않고 피후견인의 부동산을 처분하는 행위를 한 경우에도 상대방이 친족회의 동의가 있다고 믿은 데에 정당한 사유가 있는 때에는 본인인 한정치산자에게 그 효력이 미친다 할 것이다. (중략) 민법 제966조에 의하면, 친족회는 본인 기타 이해관계인 등의 청구에 의하여 가정법원이 이를 소집하도록 규정되어 있으므로, 가정법원이 소집하지 아니한 친족회의 결의는 중대한 절차상의 하자가 있어 부존재 내지는 무효(이다)."라고 판시하고 있다.

30) 일본에서의 견해 대립에 관하여는 日注民(1) 改訂版, 391(磯村 保) 참조.

능력자 측인 법정대리인의 자격상실에 의하여 변동되어서는 아니 된다. 후임
의 법정대리인이 확답의 촉구에 대하여 어떻게 대처할 것인가를 결정해야 하
고 또 응분의 조치를 해야 할 것이다. 만일 법정대리인의 자격소멸 후 후임자
가 없다든가 제한능력자의 지위에서 벗어난 본인이 적당한 조치를 취하지 않는
사이에 확답의 기간이 다 되어간다고 하는 급박한 사정이 있는 때에는 자격을
상실한 법정대리인이 능력자 또는 후임의 법정대리인이 확답을 할 수 있게 될
때까지 응급조치를 할 수 있을 것이다($\S_{691}$). 따라서 확답촉구의 효력이 상실되
지 않는 것으로 해석하더라도 제한능력자의 보호에 아무런 차질이 생기지 않
는다. 따라서 확답촉구는 유효하다고 볼 수 있다는 것이다.

   제한능력자의 상대방을 보호하려는 본조의 입법취지나 또한 법정대리인의
자격상실이라고 하는 것은 오로지 제한능력자 측의 사정일 뿐이라는 점에 비
추어 부정설이 타당하다고 본다.[31]

                                                    [김 시 철]

제 16 조(제한능력자의 상대방의 철회권과 거절권)

   ① 제한능력자가 맺은 계약은 추인이 있을 때까지 상대방이
      그 의사표시를 철회할 수 있다. 다만, 상대방이 계약 당
      시에 제한능력자임을 알았을 경우에는 그러하지 아니하
      다.
   ② 제한능력자의 단독행위는 추인이 있을 때까지 상대방이
      거절할 수 있다.
   ③ 제1항의 철회나 제2항의 거절의 의사표시는 제한능력자
      에게도 할 수 있다.

31) 동지, 구주해(1), 321(양삼승).

I. 본조의 의의와 입법취지

개정 민법상[1] 제한능력자와 거래한 상대방을 불확정한 법률상태로부터 구제하기 위하여 §15에 규정된 확답촉구권의 경우, 1개월 이상의 유예기간이 있어야 하고 또한 그 행위의 효력의 확정이 전적으로 제한능력자 측에 의하여 좌우된다는 점에서, 제한능력자의 상대방을 보호하기에 충분하지 않다. 특히 제한능력자의 상대방이 적극적으로 행위의 효력발생을 원하지 아니하는 경우에는 유용한 방법이 되지 못한다. 따라서 개정 민법은 제한능력자의 상대방 측에서 그 행위의 효력발생을 원하지 아니하는 경우에 스스로 그 효력발생을 부인하여 계약의 구속으로부터 벗어날 수 있는 제도를 마련하여, 제한능력자의 보호에 대응되는 방법을 그 상대방에게도 부여하였는바, 이것이 바로 상대방의 ① 철회권(撤回權)과 ② 거절권(拒絶權)이다.

즉, 제한능력자의 상대방은 추인(追認)이 있기 전까지는 ① 계약의 경우에는 그 의사표시를 철회할 수 있고, ② 단독행위의 경우에는 이를 거절할 수 있도록 규정한 것이다. 의용민법에는 위와 같은 규정이 없었는데, 1958년 민법을 제정하면서 독민 §109$\left(\begin{smallmatrix}\text{계약의}\\\text{경우}\end{smallmatrix}\right)$, §111$\left(\begin{smallmatrix}\text{단독행위}\\\text{의 경우}\end{smallmatrix}\right)$ 등을 본받아 신설한 것으로서,[2] 개정 민법도 같은 취지를 규정하고 있다.

II. 요   건

1. 공통적인 요건

철회권 및 거절권은 그 계약이나 단독행위가 아직 추인되지 아니하여 불확정한 상태에 있을 경우에만 행사될 수 있다. 즉, 추인이 행해지면 그 법률행위는 확정적으로 유효한 것이 되므로 철회권 및 거절권이 소멸하는 것이다. 여기에서 아직까지 추인되지 아니한 사정이 무엇인지는 철회권 및 거절권의 행사에 영향을 미치지 않는다.

---

1) 본조에 대한 해설에서 '개정 민법'이라 함은 특별한 표시가 없는 이상 2011.3.7. 법률 제10429호로 개정되고 2013.7.1. 시행된 것을 의미한다.

2) 민의원 법제사법위원회 민법안심의소위원회, 민법안심의록(상권), 1957, 15에는 "무능력자의 상대방의 철회권과 거절권(불확정한 상태를 종료시킴으로써 상대방의 보호를 기함)"이라는 제안이유와 함께 본조가 신설조문이라는 점이 명시되어 있다.

2. 철회권에 관하여

본조는 제한능력자가 체결한 모든 계약에 적용되는 것은 아니다. 본조의
적용범위는 미성년자, 피성년후견인 또는 피한정후견인의 행위능력이 제한되
는 범위 내에서 체결된 계약에 한정된다.[3] 법정대리인의 동의·허락을 얻었거
나 또는 얻을 필요가 없는 계약은 확정적으로 유효하므로 상대방도 이에 대해
철회권을 행사할 수 없다고 봄이 타당하기 때문이다.

한편, 계약의 경우 제한능력자의 상대방이 그 계약체결 당시에 제한능력자
임을 알지 못한 경우에만 철회권을 행사할 수 있다($_{\text{I}}^{\text{본조}}$단서). 만약 상대방이 제
한능력자임을 알고 있었다면, 이러한 경우에는 상대방을 특별히 보호할 필요
가 없기 때문이다. "상대방이 계약 당시에 제한능력자임을 알았을 때"라는 단
서 규정의 경우, 제한능력자가 미성년자나 피성년후견인의 사안에서는 그 상
대방은 미성년이라는 사실과 성년후견 개시심판이 있음을 알면 충분하지만,
피한정후견인의 사안에서는 한정후견 개시의 심판이 있음을 알았을 뿐만 아니
라, 당해 법률행위에 관하여 피한정후견인의 행위능력이 제한된다는 사실까지
도 알고 있어야 함을 의미한다.[4] 피특정후견인과 피임의후견인은 원칙적으로
행위능력이 있으므로 위 단서 규정의 적용을 받지 않는다.

제한능력자의 상대방이 계약체결 당시 제한능력자임을 알고 있었으나, 상
대방에 대하여 제한능력자가 자신이 능력자인 것으로 믿게 하였거나 또는 법
정대리인의 동의가 있는 것으로 믿게 한 경우($^{\text{이는 미성년자의 경우 또는 피한정후견인에}}_{\text{관하여 동의유보가 있었던 부분에 대한 경}}_{\text{우 등}}_{\text{이다}}$)에는 이를 철회할 수 있는지 여부가 논란이 될 수 있다. 이러한 경우 §17
의 규정에 의하여 제한능력자 측에서 그 행위를 취소할 수 없으므로, 제한능력
자의 상대방의 법적 지위의 불안전성은 존재하지 아니하고, 따라서 이를 해소
시키기 위한 본조의 철회권을 인정할 필요가 없다고 본다.[5]

철회는 상대방이 제한능력자 또는 법정대리인에 대하여 일방적 의사표시
를 하는 것이다($_{\text{III}}^{\text{본조}}$). 따라서 이는 상대방 있는 단독행위이고, 특별한 형식이
요구되지 않는다. 철회의 의사표시는 그 의사표시의 수령능력이 있는 법정대

---

3) 윤진수·현소혜, 2013년 개정민법 해설, 법무부, 2013, 59 참조.
4) 동지, 주석 총칙(1), 380(제5판/신숙희) 376. 제한능력자가 피성년후견인 사안에서도
　성년후견 개시의 심판이 있음을 알았을 뿐만 아니라, 당해 법률행위에 관하여 피성년후견
　인의 행위능력이 제한된다는 사실까지 알고 있어야만 위 단서 규정이 적용된다는 견해로
　는 윤진수·현소혜(주 3), 59 참조.
5) 동지, 구주해(1), 323(양삼승).

리인에 대하여 행사할 수 있을 뿐만 아니라, 수령능력이 없는 제한능력자에 대하여서도 유효하게 행사할 수 있다. 철회는 제한능력자를 그 법률관계의 구속력으로부터 벗어나게 하는 것일 뿐이고, 제한능력자에게 어떠한 권리의무를 부담시키는 것은 아니기 때문에, §112의 예외를 인정한 것으로 볼 수 있다.

철회가 있으면 취소와 마찬가지로 제한능력자와 상대방 사이의 계약은 소급적으로 그 효력이 소멸된다. 이 경우 제한능력자의 부당이득반환의 범위는 §141을 유추하여 현존이익(現存利益)의 한도로 축소된다고 해석해야 하고,[6] 신뢰이익에 기한 계약체결상의 과실 등에 관련된 법적 청구권의 문제는 발생하지 않는다고 본다.[7]

3. 거절권에 관하여

제한능력자와의 법률행위가 단독행위일 때에는 상대방은 제한능력자 측에서 추인할 때까지 이를 거절할 수 있다($\substack{본조 \\ II}$). 이 때 상대방이 거절할 수 있는 단독행위 역시 피한정후견인 등의 행위능력이 제한되는 범위 내의 행위인 경우만을 의미한다.[8]

여기서 단독행위는 그 성질상 '상대방 있는 단독행위'를 의미하고, 채무면제($\substack{\S \\ 506}$), 상계($\substack{\S \\ 493}$) 등과 같이 상대방에 대하여 일방적인 의사표시가 도달하면 즉시 그 효력이 발생하는 법률행위 등을 예시할 수 있다. 반면에 유언($\substack{\S 1060 \\ 이하}$), 재단법인설립행위($\substack{\S \\ 43}$) 등과 같은 상대방 없는 단독행위는 포함되지 않는다.

제한능력자의 상대방이 거절권을 행사하면 단독행위는 무효가 된다. 거절의 의사표시를 법정대리인 뿐만 아니라 제한능력자에 대하여도 할 수 있고

---

6) 동지, 주석 총칙(1), 376(제5판/신숙희). 이에 관하여 개정 전 민법에 관한 대판 09.1.15, 2008다58367도 "민법 제141조는 '취소한 법률행위는 처음부터 무효인 것으로 본다. 그러나 무능력자는 그 행위로 인하여 받은 이익이 현존하는 한도에서 상환할 책임이 있다.'고 규정하고 있는데, 무능력자의 책임을 제한한 위 조항의 단서는 부당이득에 있어 수익자의 반환범위를 정한 민법 제748조의 특칙으로서 무능력자의 보호를 위해 그 선의·악의를 묻지 아니하고 반환범위를 현존 이익에 한정시키려는 데 그 취지가 있으므로, 의사능력의 흠결을 이유로 법률행위가 무효가 되는 경우에도 유추적용되어야 할 것이나, 법률상 원인없이 타인의 재산 또는 노무로 인하여 이익을 얻고 그로 인하여 타인에게 손해를 가한 경우, 그 취득한 것이 금전상의 이득인 때에는 그 금전은 이를 취득한 자가 소비하였는가의 여부를 불문하고 현존하는 것으로 추정되므로(대판 96.12.10, 96다32881 참조), 위 이익이 현존하지 아니함은 이를 주장하는 자, 즉 의사무능력자측에 입증책임이 있다."라고 판시함으로써 같은 입장을 취하고 있다.

7) 동지, 구주해(1), 324(양삼승).

8) 동지, 윤진수·현소혜(주 3), 59.

($\overset{본조}{III}$), 특별한 형식을 요구하지 않는다는 점 등은 철회권 행사의 경우와 같다.

　　단독행위의 상대방이 그 의사표시를 수령할 당시에 표의자(表意者)가 제한능력자인 사실을 알았을 경우에도 거절권을 행사할 수 있는지에 관하여 민법은 명문의 규정을 두고 있지 않아서 논란의 여지가 있다. 과거에 상대방이 제한능력자임을 알았을 경우에는 거절권을 행사 할 수 없다는 부정설이 제기된 적이 있으나,[9] 현재 통설은 상대방이 제한능력자임을 알았더라도 거절권을 행사할 수 있다고 하는 긍정설을 취하고 있다.[10] 쌍방의 의사표시의 합치로 성립하는 계약에서는 제한능력자의 의사표시뿐만 아니라 상대방의 의사표시도 있으므로 책임이 있게 되어 그 철회를 금지하는 것이지만, 단독행위의 경우에는 제한능력자의 의사표시만이 있고 상대방은 다만 그 의사표시를 수령하는 것에 불과하므로 제한능력자임을 알고 있었다고 해서 책임을 물을 수는 없을 것이다. 따라서 통설인 긍정설이 타당하다고 본다.[11] 통설에 의하면, 철회권의 경우와 달리, 거절권은 제한능력자의 상대방이 의사표시를 수령할 때에 표의자가 제한능력자임을 알고 있었더라도 행사할 수 있다.

III. 유사제도

　　무권대리인과 계약한 상대방은 본인의 추인이 있을 때까지는 이를 철회할 수 있다는 §134 및 §136 등은 본조의 입법취지와 유사한 제도에 관한 것이다.[12][13]

---

　9) 이영섭, 신민법총칙, 1962, 132.

10) 강태성, 183-184; 고상룡, 143; 곽윤직 · 김재형, 137; 김민중, 149; 김상용, 169; 김주수 · 김상용, 160; 김준호, 92; 김증한 · 김학동, 152; 백태승, 162; 송덕수, 180; 양창수 · 김재형, 639; 이영준, 880; 이은영, 183; 지원림, 민법강의, 제16판, 2019, 88.

11) 동지, 구주해(1), 323(양삼승); 주석 총칙(1), 377(제5판/신숙희).

12) 동지, 구주해(1), 324(양삼승); 주석 총칙(1), 375(제5판/신숙희).

13) 의사무능력자의 상대방에 대하여도 본조를 유추적용하여 철회권과 취소권을 인정하는 것이 타당하다는 견해로는 김주수 · 김상용, 161 참조.

Ⅳ. 증명책임

철회나 거절이 행해질 때까지 추인이 행해지지 아니하였다는 사실은 제
한능력자의 상대방이 이를 증명하여야 하고, 반대로 상대방이 제한능력자임을
알았다는 사실은 제한능력자 측에서 이를 증명하여야 한다.[14]

[김 시 철]

제 17 조(제한능력자의 속임수)

① 제한능력자가 속임수로써 자기를 능력자로 믿게 한 경우
　에는 그 행위를 취소할 수 없다.
② 미성년자나 피한정후견인이 속임수로써 법정대리인의 동
　의가 있는 것으로 믿게 한 경우에도 제1항과 같다.

---

14) 동지, 구주해(1), 324(양삼승).

I. 취소권 배제의 의의

　　개정 민법상[1] 제한능력자가 거래행위를 하면서 자기의 능력에 관하여 속임수로써 상대방을 잘못 믿게 한 경우에는 그 제한능력자를 보호할 필요가 없다. 이러한 경우에까지 제한능력자에게 취소권을 인정하는 것은 취소권의 남용이라는 범위를 넘어서, 오히려 제한능력자 제도를 둔 입법취지와 배치되기 때문이다.

　　한편, 이와 같은 경우에 제한능력자의 상대방을 보호하는 방법으로서, 사안에 따라서 사기에 의한 의사표시로서 자기의 행위를 취소할 수도 있고($\S_{110}$), 불법행위를 이유로 손해배상을 청구할 수도 있을 것이다($\S_{750}$). 그러나 위와 같은 방법들은 간접적인 구제수단이거나 또는 그 행위 본래의 효과를 거둘 수 없는 것이기 때문에 충분하지 못한 측면이 있다. 그리하여 민법은 상대방이 본래 의도하였던 행위의 효과 그 자체를 얻을 수 있도록 하기 위하여 위와 같은 경우에는 제한능력자가 갖는 취소권 자체를 행사하지 못하도록 하여 거래의 안전을 도모하려고 한 것이다.

　　이 제도는 원래 미성년자에 의한 '성년자라는 단순한 진술(la simple déclaration de majorité)'은 취소의 방해가 되지 않는다고 규정한 프민 § 1307을 모델로 한 것으로서, 이를 제한능력자 일반에 확장한 것이다.[2] 1958년 민법 제정당시에는 본조에서 '사술(詐術)'이라는 용어를 사용하였는데, 개정 민법에서는 이를 '속임수'로 변경하였다.[3]

II. 취소권 배제의 요건

1. 개　　설

　　(1) 제한능력자의 취소권이 배제되는 요건은 제한능력자가 능력자임을 믿게 하였거나, 또는 법정대리인의 동의가 있는 것으로 믿게 한 것이다.

　　본조 I의 적용범위인 제한능력자가 능력자임을 믿게 하는 경우에는 피성

---

[1] 본조에 대한 해설에서 '개정 민법'이라 함은 특별한 표시가 없는 이상 2011.3.7. 법률 제10429호로 개정되고 2013.7.1. 시행된 것을 의미한다.
[2] 본조의 입법 연혁에 관하여는 日注民(1), 改訂版, 394(磯村 保), 고상룡, 144 참조.
[3] 윤진수·현소혜, 2013년 개정민법 해설, 법무부, 2013, 59 참조.

년후견인도 포함된다. 예컨대, 피성년후견인이 자기는 미성년자 또는 피한정후견인이라고 말하면서 법정대리인의 동의서를 제시하여 법률행위를 하고, 상대방이 이를 믿은 경우에는 제한능력자가 속임수로써 능력자임을 믿게 한 것이기 때문에 본조 I에 의하여 제한능력자 측의 취소권이 배제된다.

본조 II의 경우, 의용민법에 규정되지 않았지만 그 당시 판례에 의하여 취소권이 배제되고 있었던 내용을 민법 제정 당시에 명문화한 것이다.[4] 그 사례로는 미성년자나 피한정후견인이 위조의 동의서를 상대방에게 제시하여 마치 법정대리인의 동의가 있었던 것처럼 믿게 하는 경우 등을 예시할 수 있다.

본조 I의 요건은 모든 제한능력자에게 일반적으로 적용될 수 있는 것이지만, 본조 II의 요건은 원칙적으로 미성년자의 경우와 피한정후견인에 관하여는 한정후견인의 동의를 필요로 하는 법률행위에 관한 가정법원 심판이 있는 경우 등에서만 적용될 수 있는 것이다. 왜냐하면 피성년후견인은 단독으로 재산상 법률행위를 할 수 있는 예외($\frac{\S 10 \text{ II}}{\text{VI 등 참조}}$)를 제외하고는 단독으로 유효한 법률행위를 할 수 없고($^{\text{이 경우 법정대리인의 동의 여부와 관계없}}_{\text{이 나중에 그 법률행위를 취소할 수 있다}}$), 예외적으로 가정법원이 취소할 수 없는 피성년후견인의 법률행위의 범위를 정한 심판을 한 경우($\frac{\S 10}{\text{II}}$)에 해당하거나 일상생활에 필요하고 그 대가가 과도하지 아니한 법률행위를 한 경우($\frac{\S 10}{\text{VI}}$)에 해당하면 그 법률행위에 대해서는 본조가 아니라 §10 II 또는 VI가 적용되어 애당초 취소대상에서 배제되기 때문이다.

(2) 위와 같은 요건들을 분석하여 보면 그 요건은 ① 제한능력자가 속임수를 사용할 것, ② 그 속임수가 '능력'에 관한 것일 것, ③ 상대방이 이러한 속임수를 믿어서 오신하였을 것, ④ 제한능력자의 속임수와 상대방의 오신 사이에 인과관계가 있을 것, ⑤ 상대방의 오신과 법률행위 사이에 인과관계가 있을 것 등이다.

위 요건의 각각에 관하여 그 구체적 내용은 아래에서 살펴보겠지만, 위 요건을 판단하면서 특히 다음의 사항을 염두에 두고 종합적으로 고찰하여야 하는 것이 중요하다. 본조는 일종의 일반조항이므로, 위 각각의 요건을 개별적으로 분리하여 생각하는 것은 구체적인 타당성을 잃게 될 염려가 있기 때문이다.

---

4) 입법자는 민법 제정 당시 본조 I에서 의용민법의 내용을 그대로 유지하면서 본조 II을 신설하였는데, 그 이유에 관하여 민의원 법제사법위원회 민법안심의소위원회, 민법안심의록(상권), 1957, 15에는 "사술로써 법정대리인의 동의 있는 것으로 믿게 한 때에도 역시 본조에 해당하는 것으로 해석하는 것이 학설상 통설이며 판례도 그러하다."라고 기재되어 있다.

따라서 제한능력자와 그 상대방 사이의 관계는 단지 1회적인 것이었는지, 아니면 종래부터 일정한 단계가 계속되어 왔는지, 그 행위가 행해질 당시의 양자의 직업·사회적 지위 등 구체적인 사정은 어떠하였는지, 또한 속임수의 주체가 미성년자, 피성년후견자, 피한정후견자 중 어느 쪽이었는가(예를 들어 일반적으로 외견상 제한능력자임이 쉽게 드러나는 경우 제한능력자의 속임수 및 상대방의 믿음은 특별한 사정이 인정되는 경우에만 긍정될 수 있을 것이다) 등을 종합적으로 판단하여야 한다.

2. 제한능력자가 속임수를 사용할 것

(1) '속임수'는 상대방을 착오에 빠뜨리게 하기 위하여 기망적인 수단을 쓰는 것을 말하고, 그 기망의 정도는 일반인으로서 통상의 지능을 갖는 사람이 기망당할 수 있는 것이면 충분하다. 따라서 기망의 방법에는 아무런 제한이 없다.

예컨대, 자기를 '일반적으로' 능력자로 믿게 하거나(예컨대, 미성년자가 19세 이상이라고 속이거나, 피성년후견인이 성년후견개시심판 등이 있었음을 속이고 능력자로 믿게 한 경우, 혹은 성년후견 종료심판이 있었다고 기망하는 경우 등), 또는 '구체적인 개별 법률행위'에 관해서는 행위능력을 갖고 있다고 믿게 하거나(예컨대, 미성년자가 해당 개별 행위에 관하여 영업의 허락을 받았다고 기망하는 경우 등), 혹은 법정대리인의 동의가 있는 것으로 믿게 한 경우(예컨대, 미성년자가 해당 개별 행위에 대하여는 법정대리인의 동의를 얻었다고 속이는 경우 등) 등을 모두 포함한다. 그리고 그 기망의 수단에 의하여 비로소 잘못 믿게 된 경우는 당연히 포함되고, 사안에 따라서 상대방이 이미 가지고 있던 잘못된 믿음을 더욱 강하게 하는 경우도 포함될 여지가 있다.

실제로 어떠한 행위를 속임수에 해당한다고 볼 것인지 여부에 관하여는 제한능력자의 보호를 중요시 할 것인지 아니면 상대방의 보호 및 거래의 안전을 중요시 할 것인지, 그리고 양자의 조화점을 어디에 둘 것이냐에 따라 견해가 나뉠 수 있는 것이고, 또 제반 사회사정의 변화에 따라 그 해석이 달라질 수도 있다.[5]

(2) 기망의 방법과 관련하여 가장 문제로 되는 것은 '적극적인 속임수'가 있는 경우에만 여기에 해당하는지, 아니면 '소극적인 속임수'만 있는 경우에도 여기에 해당할 수 있는지 여부이다. 위 조문이 개정되기 전에는 '사술(詐術)'이라는 용어를 사용하였는데, 어떠한 기망수단을 사술이라고 볼 것인지에 관하여, 견해의 대립이 있었다.

의용민법 시대의 판례·다수설은 '적극적인 기망수단'을 사술이라고 보고 있었는데, 그 대표적인 사례로는 호적등본·초본 또는 법정대리인의 동의서(허락서)를 위조하여 적극적으로 제시하는 방법 등을 예시할 수 있다. 본조는 앞

---

5) 동지, 고상룡, 144; 주석 총칙(1), 380(제5판/신숙희).

서 본바와 같이 원래 프민 § 1307를 모델로 한 것인데, 거기에는 적극성이 필
요하다는 명문의 규정이 있다. "무능력자가 상대방으로 하여금 그 능력자임을
믿게 하기 위하여 적극적으로 그 기망수단을 쓴 것을 말하고, 단순히 자기가
능력자라고 칭한 것만으로는 사술을 쓴 것이라 할 수 없다."라는 의용민법 시
행 당시의 판례는[6] 이러한 연혁적인 이유 등을 근거로 한 것이다. 2011.3.7.
민법 개정 전 본조의 해석에 관한 대법원 판례도 '적극적인 기망수단'을 사술
로 보는 적극설을 취하고 있었다.[7]

　　학설 중에서도 '속임수'는 상대방에게 능력자라고 믿게 하기 위한 적극적
수단이라고 주장하는 적극설이 있는데,[8] 이는 모두 제한능력자의 보호에 중점
을 두어 속임수의 의미를 엄격히 해석해야 한다는 취지이다. 반면에 다수설은
적극성이 필요하지 않다는 소극설을 취하고 있다.[9] 즉, 다수설의 입장은 속임
수라는 개념을 넓게 해석하는 것으로서, 적극적으로 부정한 기망수단을 쓰는
경우는 물론이고, 타인을 오신케 할 목적으로 보통 사람을 오신케 할 만한 방
법으로 오신을 유발하거나 오신을 강하게 하는 것도 속임수를 쓴 것으로 보기
때문에, 경우에 따라서 제한능력자가 단순히 자기가 능력자라고 칭하는 것도

---

6) 대판 55.3.31, 4287민상77.
7) 대판 71.12.14, 71다2045는 "민법 제17조에 이른바 '무능력자가 사술로써 능력자로 믿
　　게한 때'라 함은 무능력자가 상대방으로 하여금 그 능력자임을 믿게 하기 위하여 적극적
　　으로 사기수단을 쓴 것을 말하는 것으로서 단순히 자기가 능력자라 사언함은 동조에 이른
　　바 사술을 쓴 것이라고 할 수 없다 할 것이므로, 본건에 있어서 미성년자인 원고가 본건
　　매매계약당시 원고 본인이 스스로 사장이라고 말하였다거나 또는 동석한 소외인이 상대방
　　인 피고에 대하여 원고를 중앙전선 주식회사의 사장이라고 호칭한 사실이 있었다 하더라
　　도 이것만으로서는 이른바 사술을 쓴 경우에 해당되지 아니한다."라고 판시하고 있다.
8) 지원림, 민법강의, 제16판, 2019, 89은 본조의 해석에 관하여 "속임수는 원칙적으로 적
　　극적 기망수단을 의미하고, 특히 단순한 침묵은 속임수에서 제외되어야 할 것이다. 왜냐하
　　면 단순한 침묵도 속임수에 해당하여 취소권이 배제된다면, 상대방이 제한능력자에게 능
　　력자인지 여부를 확인하는 것만으로—제한능력자가 그에 대하여 침묵한다면—제한능력자
　　의 취소권을 박탈할 수 있게 되어, 행위능력제도의 취지에 반하기 때문이다."라는 이유로
　　적극설을 취하고 있고, 이은영, 184는 2013.3.7. 민법 개정 전 본조의 해석에 관하여 "무
　　능력자제도의 핵심적 효과인 취소권의 발생을 배척하기 위해서는 무능력자보호를 포기할
　　만한 사정이 있어야 할 것이며, 그 사정은 무능력자의 적극적 기망행위라고 본다. 단순히
　　상대방의 오신을 방임·강화하는 것만으로 사술이라고 보아 취소권을 박탈한다면 민법이
　　무능력자보호제도를 두고 있는 입법취지에 어긋나게 될 것이다. 소극설을 취하는 경우 대
　　부분의 사례에서 사술이 인정되어 무능력자의 취소권이 배제되는 결과로 되어 부당하다."
　　라는 이유로 적극설을 취하고 있다.
9) 강태성, 185; 고상룡, 146; 곽윤직·김재형, 138-139; 김민중, 151; 김상용, 170; 김주
　　수·김상용, 162; 김준호, 93; 김증한·김학동, 152; 백태승, 163; 송덕수, 181-182; 양창
　　수·김재형, 624-625; 이영준, 881.

속임수가 될 수 있는 취지이다. 요컨대, 다수설은 속임수를 넓게 해석함으로써 제한능력자 본인의 보호보다 상대방의 보호·거래의 안전을 더 중요시하는 견해라고 할 수 있다.

　　제한능력자 제도가 거래의 안전을 희생해 가면서 개인의 재산적 이익의 보호에 치중하고 있기 때문에 문제가 있다는 점 등을 고려한다면 거래의 안전과 선의자의 보호를 위하여 속임수의 범위를 넓게 새기려는 다수설의 입장을 어느 정도 수긍할 수 있고,10)11) 이러한 다수설을 토대로 하면 개별 사안에 따라서 단순한 침묵(沈黙)이나 내지 묵비(黙秘)도 속임수가 될 수도 있다. 그러나 다수설에 의하더라도, 침묵이나 묵비가 언제나 속임수가 된다는 것을 의미하지는 않음을 주의하여야 한다.12) 만일에 침묵이나 묵비가 항상 속임수가 된다면, 그것은 제한능력자임을 선의의 제3자에게 대항하지 못한다는 것과 같은 결과가 되어 지나친 해석론이 될 수 있기 때문이다. 즉, 다수설의 입장은 어디까지나 개별 사안의 구체적인 사정에 따라서 침묵 또는 묵비가 속임수가 될 수도 있다는 것을 의미하는 것에 불과하다.

　　한편, 과거 한정치산·금치산 선고 사실이 가족관계등록부에 기재되었던 것과 달리, 개정 민법에 의하면 성년후견 또는 한정후견 등은 후견등기부에 의해 공시되고, 후견과 관련된 등기사항증명서의 발급을 청구할 수 있는 사람은 피후견인, 후견인, 후견감독인, 피후견인의 배우자 또는 4촌 이내의 친족 등 일정한 범위 내에 있는 사람으로 한정된다(후등§15). 따라서 거래의 상대방은 제한능력자 또는 그의 후견인 등에게 관련 등기사항증명서를 발급받아 올 것을 요청하고, 제한능력자 측에서 그 등기사항증명서를 발급받아서 이를 상대방에게 제시하는 등 간접적인 방법으로 거래의 안전을 도모하는 수밖에 없다.13)

　　개정 민법에 의하면, 피한정후견인이 가정법원에서 한정후견인의 동의

10) 동지, 구주해(1), 327(양삼승); 주석 총칙(1), 380(제5판/신숙희).

11) 일본 판례는 당초 '사술'의 요건에 관하여 엄격하게 해석하여, 호적등본을 위조하는 등 타인에게 자신이 능력자라는 점에 관하여 위조증서 등 적극적인 수단을 통하여 기망하는 것이 필요하다는 입장을 취하고 있었으나, 그 후 점차로 그 요건을 완화하여 현재는 무능력자라고 하는 것을 묵비하는 것도 다른 언동과 상응하여 상대방을 오신시키거나 또는 오신을 강화시켰다고 인정되는 경우에는 '사술'에 해당한다는 판시를 하기에 이르렀다. 일본 판례와 학설의 동향에 관하여는 日注民(1), 改訂版, 395(磯村 保) 이하 참조.

12) 원칙적으로 다수설의 입장을 취하면서도, 침묵은 일반적으로는 사술에 해당하지 않고, 미성년자가 성년자임을 자칭하였다고 하여도 그것만으로 사술이라고 할 수 없다고 주장하거나(양창수·김재형, 624-625), 단순한 침묵 또는 묵비까지도 경우에 따라서 사술이 된다는 점에 의문을 표시하는 주장하는 학설도 있다(고상룡, 146).

13) 강태성, 159; 지원림(주 8), 81.

가 필요한 행위로 결정한 법률행위를 하면서, 등기사항증명서 등의 위조를 통해 위와 같은 행위에 해당하지 않는 것으로 속인 경우 본조의 적용범위에 포섭되는 것은 당연하지만, 피후견인이 단순히 후견개시와 관련된 등기사항증명서를 거래 상대방에게 자발적으로 제공하지 않은 정도만으로 '속임수'가 있었다고 할 수는 없다는 주장이 제기될 수 있다. 그렇게 해석하지 않으면 피후견인의 사생활을 보호하고, 낙인효과를 제거한다는 성년후견제도의 이념에 반할 위험성이 있기 때문이다.[14] 결국 개정 민법에 대한 해석에 관하여 개별 사안별로 제한능력자의 보호와 거래의 안전을 조화시킬 수 있도록 구체적인 타당성을 고려해야 하고, 이를 위하여 해당 사안의 제반 사정에 대한 종합적인 검토를 하면서 개정 민법의 취지를 반영할 필요가 있다고 본다.[15]

3. 위 속임수가 '능력'에 관한 것일 것

본조의 해석상 속임수는 능력에 관하여 사용된 것이어야 한다. 다만, 여기에서 '능력'이라 함은 일반적으로 행위능력자인 것으로 믿게 하는 데에 한정되는 것은 아니고, 구체적인 개별 법률행위에 한정된 경우(예컨대, 피한정후견인이 한정후견인의 동의가 필요한 법률행위를 그 동의 없이 하면서 마치 그러한 동의가 있는 것처럼 속이는 경우 등)도 포함된다.

4. 상대방이 오신하였을 것

상대방이 오신한다는 것은 상대방이 제한능력자가 능력자인 것으로 잘못 인식하게 되는 것을 말한다. '일반적으로 능력자에 해당한다.'라고 잘못 인식한 경우뿐만 아니라 구체적인 개별 행위에 관한 능력자임을 오신한 경우도 포함한다.

여기에서 제한능력자가 속임수를 시도하였으나, 어떤 다른 사정으로 이러한 믿음에까지는 이르지 아니한 경우에는 본조의 요건에 해당하지 않는다.

---

14) 윤진수·현소혜(주 3), 59-60.

15) 이에 관하여 송덕수, 181-182는 "제한능력자를 보호하여야 함은 분명하지만, 적극적인 기망수단을 쓰지 않았다고 하여 상대방의 합리적인 오신을 조장한 경우까지도 보호하여야 할 필요는 없을 것이다. 결국 각 경우에 있어서 제반사정을 고려하여 적극적 기망수단이 없었더라도 취소권을 배제함이 적절한 때에는 속임수의 요건을 갖춘 것으로 보아야 한다. 만약 다수설이 이러한 의미라면 그 견해가 타당하다. 그러나 단순히 거래의 안전만 고려하여 속임수를 넓게 인정하려는 것이라면 그에 반대한다."라고 주장하고 있다.

5. 제한능력자의 '속임수'와 상대방의 '오신' 사이의 인과관계

제한능력자의 속임수와 상대방의 오신과 사이에 인과관계가 있어야 한다.
즉, 상대방의 오신이 제한능력자의 속임수로 인하여 비롯된 것임이 필요하다.

이에 관하여는 먼저 이에 관한 증명책임에 관한 문제를 검토할 필요가 있
다. 제한능력자가 속임수를 썼는지 유무에 대한 증명책임은 상대방에게 있지
만, 오신의 유무에 대한 증명책임은 제한능력자 측에 있다는 것이 다수설이
고,[16][17] 다수설에 의하면 제한능력자 측에서 상대방이 오신하지 않았음을 증명
하여야 한다. 그런데 실제로 제한능력자 측에서 이를 증명하는 것이 상당히 어
렵기 때문에 상대방이 오신을 주장할 경우 사실상 이를 그대로 인정할 수밖에
없는 경우가 대부분일 것이고, 이 점에서 오신의 요건이 남용될 염려가 있으므
로, 이러한 문제는 속임수를 어떻게 판단할 것인지의 측면에서 조절되어야 한
다는 주장이 제기될 수 있는 것이다.[18]

다음으로 상대방이 오신하는 데에 과실이 있는 경우에도 제한능력자의 취
소권이 상실되는지에 관한 문제를 검토할 필요가 있다. 이에 관하여 본조의 문
언 상 상대방 과실의 유무에 관계없이 제한능력자의 취소권이 배제된다고 풀
이하는 것이 다수설의 입장이지만,[19] 제한능력자의 상대방과의 이익조정의 측
면에서 상대방에게 중과실이 있을 경우에는 제한능력자의 취소권이 배제되지
않는다고 해석하는 소수설도 있다.[20]

마지막으로 속임수가 행해지기 이전부터 상대방이 능력자라고 오신하고
있었던 경우를 어떻게 처리할 것인지를 검토해야 한다. 속임수에 관하여 적극
설을 취하는 입장에서, 상대방의 오신은 무능력자의 속임수에 의해 형성된 것
이어야 하고, 속임수가 있기 전에 이미 오신이 형성되어 있었고 무능력자가 그
오신에 편승한 데에 불과했던 때에는 취소권이 배제되지 않는다는 주장이 제
기될 수 있고,[21] 이미 존재하고 있었던 오신이 새로이 사용된 속임수에 의하여
더욱 강하게 되고 그 결과 의사표시가 행해지게 되었다면 역시 본조에 해당한

---

16) 고상룡, 147; 김상용, 170; 김준호, 93; 백태승, 164; 주석 총칙(1), 381(제5판/신숙희).
17) 위와 같은 증명책임의 분배에 관한 다수설에 반대하는 소수설의 입장에 관하여는 송덕
    수, 182 참조.
18) 고상룡, 148.
19) 백태승, 164; 송덕수, 182; 지원림(주 8), 89; 주석 총칙(1), 381(제5판/신숙희).
20) 고상룡, 148.
21) 이은영, 185.

다고 함이 타당하다는 주장도 제기될 수 있다.[22] 이 문제는 일률적으로 당부를 말할 수 있는 것은 아니다. 특히 개정 민법상 본조 해석에 관하여는 개정 민법의 취지와 개별적인 사안의 구체적 사정 등을 종합적으로 고려하여 신중하게 판단해야 한다는 점은 앞서 본 바와 같다.

6. 상대방의 오신과 법률행위 사이의 인과관계

상대방이 위와 같은 오신으로 인하여 제한능력자와 사이에서 법률행위를 하였어야 한다.

Ⅲ. 취소권 배제의 효과

위와 같은 요건이 존재하면, 제한능력자 본인은 물론이고 그의 법정대리인 등 취소권자는 제한능력을 이유로 그 행위를 취소하지 못한다. 즉, 제한능력자 측의 취소권은 배제되고, 제한능력자의 행위는 행위 당시부터 확정적으로 효력을 갖는 것이 된다.[23] 다시 말하면 이러한 경우에는 취소권이 일단 발생하였다가 배척되는 것이 아니라, 최초부터 취소권 자체가 성립하지 않았던 것으로 되는 것이다.

민법이 제한능력자의 속임수로 인한 법률행위에 관하여 이러한 효과를 부여한 것은 제한능력자에 대한 제재라기보다는 보호의 범위를 일탈한 행위라는 이유로, 제한능력자에 대하여 특별히 부여한 특권을 박탈한다는 취지로 이해된다.[24]

---

22) 구주해(1), 328(양삼승); 주석 총칙(1), 381(제5판/신숙희).
23) 이 경우 제한능력자의 상대방이 여전히 §16 소정의 철회권을 보유하는지에 관하여 명문의 규정이 없기 때문에 논란의 소지가 있다. 그러나 앞서 §16에 대한 해설에서 본 바와 같이, 이러한 경우 본조의 규정에 의하여 제한능력자 측에서 그 행위를 취소할 수 없으므로, 제한능력자의 상대방의 법적 지위의 불안전성은 존재하지 아니하고, 따라서 이를 해소시키기 위한 §16의 철회권을 인정할 필요가 없다고 본다[동지, 구주해(1), 323(양삼승)].
24) 고상룡, 148; 주석 총칙(1), 382(제5판/신숙희).

Ⅳ. 증명책임

제한능력자와 계약을 체결한 상대방이 그 제한능력자의 취소권을 배제하기 위하여 본조의 속임수를 썼다고 주장하는 경우에는 그 주장자인 상대방에게 속임수의 존재에 관한 증명책임이 있고,[25] 일단 제한능력자의 속임수가 있었다는 점이 증명된 사안에서 상대방의 오신의 유무에 대한 증명책임은 제한능력자 측에 있다는 것이 다수설의 입장이다.[26][27]

Ⅴ. 다른 규정과의 관계

1. 본조와 §110과의 관계

제한능력자가 본조에서 규정하는 속임수를 사용한 경우에는 당연히 §110에서 규정하는 사기에 의한 의사표시에 해당하고, 상대방은 자기의 의사표시를 취소할 수 있는 것인지에 대하여 견해가 대립할 수 있다.[28]

본조의 속임수에 해당되는 행위가 §110의 속임수 행위에도 해당되는 경우에는 당연히 그 규정에 따라 취소할 수 있을 것이지만, 위 속임수의 행위가 사기의 행위에도 해당하는가의 여부를 판단하는 경우 개별 사안별로 구체적 사정을 고려해서 결정하여야 할 것이고, 속임수가 인정되면 사기는 당연히 성립한다고 할 수는 없을 것이다. 왜냐하면 속임수와 사기와는 그 요건과 입법취지(즉, 전자는 제한능력자의 상대방의 보호를 위한 것이고, 후자는 기망당한 사람의 정당한 이익보호를 위한 것이다.)를 각각 달리하고 있기 때문이다.[29]

---

25) 대판 71.12.14, 71다2045 참조. 동지, 고상룡, 147; 김민중, 152; 김상용, 170; 김준호, 93; 백태승, 164; 송덕수, 182; 양창수·김재형, 624; 지원림(주 8), 89; 구주해(1), 329(양삼승); 주석 총칙(1), 381(제5판/신숙희).

26) 고상룡, 147; 김상용, 170; 김준호, 93; 백태승, 164; 주석 총칙(1), 381(제5판/신숙희). 다만, 후자의 경우 실제로 제한능력자 측에서 이를 증명하는 것이 상당히 어렵기 때문에 상대방이 오신을 주장할 경우 사실상 이를 그대로 인정할 수밖에 없는 경우가 대부분일 것이므로, 이 점에서 오신의 요건이 남용될 염려가 있고, 이 문제는 속임수를 어떻게 판단할 것인지의 측면에서 조절되어야 한다는 주장이 제기될 수 있다는 점은 앞에서 본 바와 같다(고상룡, 148; 주석 총칙(1), 381(제5판/신숙희)).

27) 위와 같은 증명책임의 분배에 관한 다수설에 반대하는 소수설의 입장에 관하여는 송덕수, 182 참조.

28) 이에 관하여 일본에서는 제한능력자가 본조에 규정한 '속임수'를 사용한 경우 당연히 §110에 따라 상대방에게 취소권이 발생한다는 학설이 제기되고 있는데(日注民(1), 改訂版, 400-401(磯村 保)), 백태승, 164도 이와 유사한 취지로 보인다.

29) 동지, 구주해(1), 329(양삼승); 주석 총칙(1), 382(제5판/신숙희). 지원림(주 8), 89도

2. 본조와 § 750과의 관계

본조의 속임수가 행해진 경우에, 그 상대방은 § 750에 규정된 불법행위를 이유로 하여 별도로 손해배상을 청구할 수 있는지에 관해서도 견해의 대립이 가능하다.[30]

이 문제도 역시 일률적으로 가부를 말할 수 있는 것은 아니고, 개별 사안에 따라서 판단할 문제로 보인다. 즉, 속임수를 이유로 하여 제한능력자의 취소권을 배제한 결과, 그 계약의 내용에 따라 제한능력자로부터 채무의 이행을 전부 받더라도 그것만으로 속임수로 인한 모든 손해를 전보 받을 수 없는 경우에 한하여, 상대방은 제한능력자에 대하여 불법행위에 기한 손해의 배상을 청구할 수 있다고 본다.[31]

[김 시 철]

이와 유사한 입장으로 보인다.

30) 이에 관하여 일본에서는 제한능력자가 본조에 규정한 '속임수'를 사용한 경우 당연히 § 750에 따라 상대방에게 손해배상을 청구할 수 있다는 학설이 제기되고 있는데(日注民 (1), 改訂版, 401(磯村 保)), 백태승, 164도 이와 유사한 취지로 보인다.

31) 동지, 구주해(1), 329(양삼승); 주석 총칙(1), 383(제5판/신숙희).

第2節 住　　所

第18條(住所)

① 生活의 根據되는 곳을 住所로 한다.

② 住所는 同時에 두 곳 以上 있을 수 있다.

Ⅰ. 서　　설

1. 주소의 의의

§18 Ⅰ은 생활의 근거가 되는 곳이 주소라 하고, Ⅱ은 주소는 두 곳 이상 있을 수 있다고 한다. 대부분의 사람은 특정한 장소에 거주하면서 가족생활 및 사회생활을 영위한다. 그가 거주하는 장소는 사람이 외부활동을 마치고 복귀하는 공간이자 긴밀한 사적 관계를 형성하는 공간이기도 하다. 따라서 그 장소에 대해 다양한 형태의 애착을 갖기 마련이다. 가령 주거의 이전에 대해 스스로 의사결정을 할 수 있는 의사능력이 없는 경우 후견인이 주거이전에 대한 의사결정을 대신할 수도 있지만(후견인이 주거결정에 대해 본인을 대리할 권한을 부여받은 경우), 후견인은 가정법원의

허가를 받아야 할 경우가 많은 것도 그 때문이다. 치료 또는 요양의 목적으로 정신병원 기타 자유가 박탈되는 시설에 입원 또는 입소하는 결정을 후견인이 대신할 경우 가정법원의 허가를 받아야 하며($^{\S\,947-}_{2\,\mathrm{II}}$), 거주하는 건물이나 대지를 매매, 임대하거나 저당권을 설정하여 거주를 옮겨야 할 일이 발생할 가능성이 있는 경우에도 가정법원의 허가를 받아야 한다($^{\S\,947-}_{2\,\mathrm{V}}$). 그 만큼 거주를 이전한 다는 것이 피후견인에게 미치는 심리적, 정서적 영향이 크다는 것이 중요하게 고려되었기 때문이다.[1] 거주이전이 그러하듯이 거주할 곳을 정하는 것 또한 본인의 삶에 매우 중요한 의미가 있기 마련이다.

이런 점을 감안하여 우리 법은 본인의 생활의 근거가 되는 곳을 주소라고 개념정의한 후, 그 장소를 매개로 하여 여러 가지 법률효과가 발생하도록 하고 있다. 가령 부재와 실종의 근거가 되고, 변제의 장소로 삼기도 하고, 상속개시 지로 삼고, 어음행위의 장소, 재판관할의 표준이 되고, 민사소송법상의 부가기 간의 기준이 되기도 한다.

2. 주소와 구분하여야 할 개념

민법상의 주소와 구분하여야 할 개념에는 다음과 같은 것이 있다.

(1) 주민등록지

주등 §6에 따라 30일 이상 거주할 목적으로 특정 장소에 주소나 거소를 가진 사람은 그 장소를 관할하는 시장, 군수 또는 구청장에게 주민으로 등록하여야 한다. 주민으로 등록된 거주지를 주민등록지라 한다($^{주등}_{\S\,7-3}$). 주민으로 등록할 때 시장, 군수 또는 구청장은 주민에게 개인별로 고유한 등록번호를 부여하는데 이를 주민등록번호라 한다($^{주등}_{\S\,7-2}$). 주민등록은 신고를 통해 이루어진다 ($^{주등}_{\S\,8}$). 주민등록은 주소지를 관할하는 시장, 군수 또는 구청장에게 신고를 하여야 하고, 이 때 전입 전의 주소 또는 전입지와 해당 연월일 등등을 신고하여야 한다($^{주등}_{\S\,10}$). 신고는 세대주, 세대주가 신고할 수 없는 경우 그를 대신하여 세대를 관리하는 자, 본인, 세대주의 위임을 받은 자로 세대주의 배우자, 직계 혈족, 세대주의 배우자의 직계혈족, 세대주의 직계혈족의 배우자가 신고사유가 발생한 날로부터 14일 이내에 하여야 한다($^{주등}_{\S\,11}$). 하나의 세대에 속하는 자의

---

[1] 독민 §1907에서 주거임차권을 포기하는 경우 지원법원(Betreuungsgericht-후견사건을 다루는 우리나라의 가정법원에 상당)의 허가를 받도록 하는 것도 이런 이유 때문이다. 이 에 대해서는 MünchKomm/Schwab, §1907 Rn. 1 참조.

전원 또는 그 일부가 거주지를 이동하면 신고의무자($^{주등 § 11}_{나 § 12}$)가 신거주지에 전입한 날부터 14일 이내에 신거주지의 시장·군수 또는 구청장에게 전입신고($^{전입}_{신고}$)를 하여야 한다($^{주등}_{§ 16}$). 주민의 거주지 이동에 따른 주민등록의 전입신고가 있으면 「병역법」, 「민방위기본법」, 「인감증명법」, 「국민기초생활 보장법」, 「국민건강보험법」 및 「장애인복지법」에 따른 거주지 이동의 전출신고와 전입신고를 한 것으로 본다($^{주등}_{§ 17}$). 주민등록지는 법률에 다른 규정이 없으면 공법관계에서의 주소로 한다($^{주등}_{§ 23}$). 또한 주민등록지를 공법관계에서의 주소로 하는 경우에 신고의무자가 신거주지에 전입신고를 하면 신거주지에서의 주민등록이 전입신고일에 된 것으로 본다. 그 밖에 주민등록은 주택임대차보호법상의 대항력을 취득하기 위한 요건이기도 하다.

(2) 가족관계등록부의 등록기준지

우리 법은 국민의 출생·혼인·사망 등 가족관계의 발생 및 변동사항에 관한 등록과 그 증명에 관한 사항을 규정하기 위해 가족관계등록등에 관한 법률에 따라 가족관계등록부를 두고 있다. 가족관계등록등에 관한 법률에서는 출생 또는 그 밖의 사유로 처음으로 가족관계를 등록을 하는 경우에는 등록기준지를 정하여 신고하도록 한다($^{가족등}_{§ 10}$). 가족관계등록 등에 관한 법률은 민법 개정으로 호주제도가 폐지됨에 따라 종전의 호적법을 갈음하여 제정된 법률인데, 등록기준지를 정할 때 종전 호적의 본적을 등록기준지로 한다($^{가족등규}_{§ 4 I}$). 이에 해당되지 않는 사람은 가족등규 § 4 II 각호에 따라 등록기준지를 정한다.

1. 당사자가 자유롭게 정하는 등록기준지
2. 출생의 경우에 부 또는 모의 특별한 의사표시가 없는 때에는, 자녀가 따르는 성과 본을 가진 부 또는 모의 등록기준지
3. 외국인이 국적취득 또는 귀화한 경우에 그 사람이 정한 등록기준지
4. 국적을 회복한 경우에 국적회복자가 정한 등록기준지
5. 가족관계등록창설의 경우에 제1호의 의사표시가 없는 때에는 가족관계등록을 창설하고자 하는 사람이 신고한 주민등록지
6. 부 또는 모가 외국인인 경우에 제1호의 의사표시가 없는 때에는 대한민국 국민인 부 또는 모의 등록기준

등록기준지는 출생, 혼인, 사망에 관한 개인의 신분관계를 일관성 있게 추적할 수 있는 공적 근거자료의 기능을 수행한다. 한편 가족관계등록부에 최초로 등록을 하기 위해서는 주민등록부에 주민으로 등록되어 있어야 한다. 그러

나 주민등록지와 등록기준지가 일치할 필요는 없다. 그런데 주민등록을 할 때 기재하는 사항이 가족관계등록부에 기재하는 사항에 영향을 미치고, 주민등록지와 등록기준지가 다른 경우에는 주민등록지를 관할하는 시장, 군수 또는 구청장은 등록기준지를 관할하는 시장, 구청장 또는 읍면장에게 알리도록 규정하고 있다($\frac{주등}{\S 15}$).

(3) 상 거 소

국제사법에서는 본국법을 준거법으로 정하는 경우, 당사자가 국적이 없거나 국적을 알 수 없는 경우 당사자의 상거소가 있는 국가의 법에 의하도록 하고 있다. 본국법을 준거법으로 정하지 않고 상거소법을 준거법으로 정하는 규정도 적지 않다. 이 때 상거소는 객관적으로 생활의 근거가 되는 장소로서 일정한 기간 거주하는 곳을 의미한다.[2] 그동안 우리나라 통설의 "주소" 개념에 일정 기간의 거주라는 객관적 요소가 더해진 것이 상거소라고 할 수 있다.[3]

3. '주소'에 관한 비교법

(1) 비 교 법

㈎ 독 일 법   독민 §7 내지 §11에서는 주소에 관하여 규정하고 있다. 독민 §7 Ⅰ은 "어떤 장소에 영속적으로(ständig) 정주하는 자는 그 장소를 자신의 주소로 설정한 것이다."라고 규정하며, Ⅱ은 "주소는 동시에 여러 곳에 있을 수 있다."고 하고, Ⅲ은 "정주를 포기할 의사로써 정주를 중단하면, 주소도 중단된다."고 규정한다. 행위무능력자나 제한행위능력자는 법정대리인의 의사 없이는 주소를 설정하거나 중단할 수 없고($\frac{독민}{\S 8 \, Ⅰ}$), 혼인한 미성년자 또는 혼인하였던 미성년자는 스스로 주소를 설정하거나 중단할 수 있다($\frac{독민}{\S 8 \, Ⅱ}$). 군인은 정주지(Standort)에 주소를 두는데($\frac{독민 \S 9}{Ⅰ \, 전단}$), 국내(Inland)에 정주가 없는 군인의 주소는 최후의 국내의 정주지로 간주한다($\frac{독민 \S 9}{Ⅰ \, 후단}$). 다만, 독민 §9 Ⅰ의 규정은 병역의무의 이행을 위해서만 복무를 하거나 독립해서(selbständig) 주소를 정할 수 없는 군인에게는 적용하지 않는다. 이러한 군인들에게는 독민 §7의 규정이 적용될 것이다. 미성년 자녀는 부모와 주소를 같이 하지만, 아동 양육권한이 없는 부모와는 주소를 같이 하지 않는다($\frac{독민 \S 11}{제1문}$). 아동 양육권 있는 부모가

---

2) 석광현, 국제사법해설(2013), 35 참조.
3) 장지용, "아동의 상거소(Habitual Residence) 유럽연합의 논의를 중심으로", 국제사법연구 25(1), 282 이하, 284 참조.

없을 경우, 양육권한 있는 자와 주소를 같이 한다($^{독민 §11}_{제2문}$). 이 주소는 유효하게 해소될 때까지 지속된다($^{독민 §11}_{제3문}$).

위 각 규정들로부터 독일 민법에서의 주소의 설정에는 '정주의 의사'가 요구됨을 알 수 있다.[4] 독일 민법에 따라 주소가 설정되기 위해서는 어떤 장소에 '영속적으로 거주'하는 것이 필요하며, 일시적, 기간을 정하여 거주하는 것으로는 주소가 설정되지 않는다. 영속적으로 거주할 목적으로 어떤 장소로 이사를 가면 그 곳에 머문 기간이 일시적이라 하더라도 주소가 설정될 수 있는 것이다. 독민 § 7 Ⅲ이 이에 관한 것이다.

  ⑴ 영 국 법   영국 보통법에 따르면 개인은 동시에 두 곳 이상의 주소(domicile)를 가질 수 없다고 한다. 영국법에는 4유형의 주소가 있다.[5] 첫째, 보통법상의 출생주소(domicile of origin)는 출생했을 당시의 아버지 또는 혼인 외의 자의 경우 어머니의 주소를 의미한다. 둘째, 보통법상의 선택된 주소(domicile of choice)가 있다. 특정한 곳에 영속적이고 기간의 제한 없이 거주하기 위해 거주지를 선택할 때의 주소를 말한다. 일정 기간 머무르거나 특정한 사건($^{가령}_{은퇴}$)이 발생할 때까지 머무르기 위해 거주지를 선택한 경우에는 선택된 주소라 할 수 없다. 선택된 주소는 거주지에 머무르지 않고, 또 머물 의사가 중단되는 경우 또는 새로운 거주지에 영속적이고 기간의 제한 없이 거주하기로 하는 경우 포기(abandonment)될 수 있다. 셋째, 보통법상의 피부양자 주소(domicile of dependency)가 있다. 아동이 16세가 될 때까지 또는 미성년자로서 적법하게 결혼할 때까지 피부양자로서 의존하는 부모의 주소지에 의해 결정된다. 위 세 종류의 주소가 있으나 동시에 두 곳 이상 있을 수 없기 때문에, 선택된 주소가 없는 경우 출생주소로 복귀하게 된다. 넷째, 1982년의 민사관할과 판결법($^{the Civil Jurisdiction}_{and Judgement Act 1982}$) 법률규정에 따른 주소가 있다. 이 법에 따르면 3개월 이상 영국에 거주하게 되면 영국에 주소지를 둔 것으로 간주한다. 이 법은 유럽연합 국가 간의 국제사법상의 재판관할을 결정하기 위해 제정된 브뤼셀협약을 집행하기 위해 제정되었다.

---

4) 독민 § 8 Ⅰ에서는 행위무능력자 또는 제한행위능력자라 하더라도 법정대리인의 의사 없이도 주소를 설정하거나 해소할 수 있다고 규정하는데, 이 규정으로부터 주소설정에 '정주의 의사'가 필요하다는 것, 그 의사는 법률행위적 의사가 아니라 자연적 의사라는 결론을 도출한다. MünchKomm/J. Schmitt, § 7 Rn. 18 참조.
5) 이하 Peter Birks, English Private Law vol. Ⅱ, 17.39-17.41 참조.

⑷ 일본 민법에서의 '주소' 규정의 연혁

(a) 일본 구민법　　명치(明治) 정부가 민법전을 제정하고자 하였을 당시 참고할 만한 최신의 법전으로는 프랑스 민법전이 가장 유력하였기 때문에 민법전 편찬의 중추인물이었던 江藤新平은 프랑스민법전을 번역하는 작업에서부터 시작하였다.

일본에 번역 소개된 프랑스 민법전의 주소 관련 규정은 제1편 제3권 §102에서부터 §111까지였다.[6]

제102조 민권을 행사하는 일에 있어서 각 프랑스인의 주소는 그 주된 주거지를 말한다.
제103조 이제까지의 주소 외의 곳에 현재 거주를 하고 또 그 곳을 주된 주거로 정하고자 하는 의사가 있는 때에는 이주하여 할 수 있다.
제104조 그러한 의사가 있음을 증명하기 위해서는 옮기고자 하는 '꼬뮨'의 관리와 이주하고자 하는 '꼬뮨'의 관리에게 특히 그 진술을 하여야 한다.
제105조 그러한 진술이 없는 때에는 그 때의 양태로써 그 의사 있음을 증명할 수 있다.
제106조 정하여진 기간 동안 그 직위에 있는 공무담당 또는 일이 마무리된 후 그 직위를 상실할 공무의 담당을 받은 자는 별도로 그 주소를 옮기고자 하는 의사를 진술하지 않은 때에는 원래의 주소를 가진 것으로 한다.
제107조 종신의 공무 담당을 받은 자는 그 주소를 그 직무를 수행할 수 있는 장소로 곧바로 이주할 수 있다.
제108조 혼인한 처는 그 남편의 주소로써 자신의 주소로 할 수 있다. 아직 후견을 면하지 않은 아동은 그 부모 또는 그 후견인의 주소로써 자신의 주소로 할 수 있다. 재산관리를 금지받은 성인은 그 후견인의 주소로써 자신의 주소로 할 수 있다.
제109조 평상시 타인의 집에서 사용되고 있거나 공작을 하는 성인은 그를 사용하는 자 또는 공작을 하도록 하는 자와 거소를 같이 할 때 그를 사용하는 자 또는 공작하도록 하게 하는 자의 주소로써 자신의 주소로 할 수 있다.
제110조 유산상속을 하여야 할 장소는 주소로 정할 수 있다.
제111조 1개의 서증에 기재하여 약정을 함에 있어서 그 계약을 체결한 쌍방의 자 또는 일방의 자가 그 서증에 지금 현재 소재의 주소 외에서 다시 다른 주소를 선택할 수 있다는 것을 정한 때에는 그 서증에서의 호출장은 특히 선택한 그 주소에 도달하고 또 그 서증에 관한 소송도 그 주소지를 관할하는 재판소에서 할 수 있다.

이상의 내용을 보면 주소는 생활의 근거가 되는 곳으로 개인의 정주의 의사가 있어야 한다는 것을 알 수 있다. 정주의 의사를 추정 또는 간주($^{위 \ \S\S 105,}_{106}$)하거나 법률규정에 의해 타인이 대신 정할 수도 있다($^{\S\S 108,}_{109}$). 그 후 명치 3년

---

6) 이하 규정은 前田達明 編, 史料民法典, 20 이하를 번역한 것이다.

에서 4년 사이 제도국(制度局)에서 작성된 민법결의 2($\frac{民法決}{議二}$)에 주소에 관한 사항이 언급되어 있다.[7]

> 제102조 각인은 그 주된 거택이 있는 곳을 그의 주소로 한다. 단, 주된 거택이 없는 자는 현재 거주하는 곳을 그 주소로 한다.
>
> 제103조 주소 외의 곳에 현재 거주하고 있어서 이를 주된 거택으로 정하기 위해서는 그 의사의 증명으로써 이주하는 것으로 하여야 한다.
>
> 제104조 그 의사 있음의 증명은 떠나고자 하는 부곡관청 및 이주할 곳의 부곡관청에 그 뜻을 제출하는 것으로 한다.
>
> 제105조 앞의 진술이 없더라도 외부로 나타나는 양태가 있으면 그 의사 있음의 증명으로 할 수 있다.
>
> 제106조 공무로 인해 다른 곳에 거주하는 자는 별도로 그 주소를 옮긴다는 제출을 하지 않으면 이전 주소에 의한다.
>
> 제107조 종신의 직위를 받은 자는 그 봉직하는 곳에 바로 주소를 옮기는 것으로 하여야 한다.
>
> 제108조 여자가 혼인을 하게 되면 그 남편의 주소로써 자신의 주소로 하여야 한다. 아직 후견을 면하지 않은 아동은 그 부모 또는 후견인의 주소로써 자신의 주소로 하여야 한다. 성인이라 하더라도 스스로 재산관리를 하는 것을 금지당한 자는 그 후견인의 주소로써 자신의 주소로 하여야 한다. 제489조 이하 참조.
>
> 제109조 평상인에게 사용되는 자 및 고용노동자인 성인으로 그 본주소를 옮겨 그 가주와 동거할 때에는 그 가주의 주소로써 자신의 주소로 하여야 한다.
>
> 제110조 가독상속은 주소에서 하여야 한다.
>
> 제111조 약정증문(約定證文)에 현재의 주소 외의 거소로써 거래 등을 할 수 있다고 기재한 때에는 그 증거문에 따른 호출 또는 소송을 하기 위해 그 거소가 있는 재판소에 이를 하여야 한다.

그 후 城井國綱이 명치 4년 사법성에 재직할 당시 작성한 御國民法에서도 위 민법결의 2의 주소와 동일한 내용을 민법안으로 기재해 두고 있다.[8] 명치 11년의 민법초안에서는 주소에 관한 규정이 다시 포함되었는데, 민법결의 2와 내용에서 차이가 없다. §67부터 §76까지 10개의 규정을 두고 있었다.[9] 그 후 보아소나드가 참가하여 편찬된 일본 구민법초안이 마련된다. 일본 구민법에서는 §402부터 §410까지 주소에 관한 규정을 두고 있다.[10]

---

7) 前田達明 編(주 6), 224 이하. 특히 239 이하를 번역한 것이다.
8) 前田達明 編(주 6), 254 이하 참조.
9) 前田達明 編(주 6), 480 이하, 특히 487 이하 참조.
10) 이하 前田達明 編(주 6), 611 이하, 특히 732 이하를 번역한 것이다.

제402조 누구라도 사권의 행사에 관하여 그 생계의 중심인 곳에 그 주소를 둔다. 주
　소는 법정의 것이 있거나 임의에 의한 것이 있다.

제403조 ① 가독상속을 하는 호주로 되는 자는 그 전호주의 주소로써 그의 주소로 한다.
　② 가족은 능력자이더라도 함께 그 호주의 주소로써 그 주소로 한다.

제404조 ① 법정의 주소는 법률로 이를 부여하는 원인과 함께 소멸한다.
　② 그러나 법정주소가 소멸한 후 반대의 의사를 진술하지 않은 자는 그 곳을 주
　소로 정한 것으로 추정한다.

제405조 ① 호주가 생계의 중심을 다른 곳으로 정할 의사로써 그 거소를 옮기는 때
　에는 주소가 변경된다.
　② 그 의사는 거주하고자 의욕하는 곳의 신분취급사무소에 하는 진술로써 이를
　증명한다.
　③ 민사상 금치산을 받은 호주의 주소는 후견인이 본조의 규칙에 따라 이를 변경
　할 수 있다.

제406조 가족이 있는 자가 일가를 이룰 수 있는 때는 그 생계의 중심을 정하는 곳의
　신분취급사무소에 그 의견을 진술하여 그 주소를 정할 수 있다. 외국인도 본조에
　서 정하는 규칙에 따라 그 주소를 제국 내에 정할 수 있다.

제407조 다음의 경우에는 거소는 주소로 대용한다.
　1. 개인의 주소를 전연 알 수 없는 때
　2. 제국에 주소를 정하지 않은 외국인에 관한 때

제408조 누구라도 함께 또는 행위 또는 사무를 위하여 임시의 주소를 선택하여 정할
　수 있다.
　또한 법률은 경우에 따라 임시주소의 선정을 명할 수 있다.

제409조 ① 임시주소의 선정은 명료할 것을 요한다. 합의와 함께 같은 증서 또는 별
　도의 증서로 이를 선정할 수 있다.
　② 그 선정은 그 장소와 사람을 지정한다. 만약 그 장소만을 지정할 수 있다.
　③ 채무자의 보통의 주소에도 이를 선정할 수 있다.

제410조 임시주소의 선정은 채권자의 이익을 위하여 이를 한 것으로 추정한다. 보통
　의 주소를 제척하지 않는다. 다만 채무자에게 전일 또는 공동의 이익을 위하여
　이를 한 것의 증명이 있을 때에는 그러하지 아니하다.

　이때까지도 주소를 정할 때 정주의 의사가 있어야 한다는 점이 명확히 드
러났고, 정주 의사를 표시하기 어려운 사람은 법률 또는 후견인에 의해 그 의
사표시를 대행한다는 점도 명확하였다. 그러나 명치 23년(1890년) 10월 6일의
인사편(人事編) § 262부터 § 268까지 주소에 관한 규정을 둔 구민법에서는 이
점이 불명확해지기 시작하였다.[11] 그러나 '정주의사'가 주소를 정하는 요소라

---

11) 이하의 규정은 前田達明 編(주 6), 942 이하, 특히 1111 이하를 번역한 것이다.

는 것은 존속하고 있었다.

제262조 민법상의 주소는 본적지에 있다.

제263조 ① 호주는 그 본적을 옮기는 곳의 신분취급관리에게 진술로써 주소를 변경
할 수 있다.

② 미성년자 또는 민사상 금치산자인 호주의 주소는 친족회의 허가를 받아 후견
인이 이를 변경할 수 있다.

제264조 ① 가족이 독립하여 일가를 이룰 때는 본적을 정한 곳의 신분취급관리에게
그 의사를 진술하여 주소를 설정할 수 있다.

② 일가를 새롭게 창설하는 미성년자는 후견인이 주소를 설정할 수 있다.

제265조 외국인이 처음으로 일본에 주소를 정할 때는 그 의사와 함께 본국, 씨명 및
출생연월일을 그 곳(주소를 정할 곳)의 신분취급관리에게 진술한다. 가족이 있는
때는 그 씨명 및 출생연월일도 진술할 수 있다.

제266조 본적지가 생계의 주요지와 다른 경우에는 주요지로써 주소로 한다.

제267조 다음의 경우에는 거소로써 주소를 대용한다.

1. 주소를 알 수 없는 때

2. 일본에 주소를 두지 않은 외국인의 경우

제268조 누구라도 혹은 행위 또는 사무를 위하여 가주소를 선정할 수 있다. 다만 그
선정은 서면으로 할 것을 요한다.

　　(b) 명치민법　　명치 29년(1896년) 4월 27일의 개정민법은 주소에
관한 규정을 § 21로부터 § 24에 규정하고 있다.[12]

제21조 각인의 생활의 본거(本據)로써 그 주소로 한다.

제22조 주소를 알 수 없는 경우에는 거소를 주소로 간주한다.

제23조 일본에 주소를 두지 않은 자는 일본인 또는 외국인을 불문하고 일본에서의
거소를 주소로 간주한다. 단, 법례에 정한 바에 따라 그 주소의 법률이 정한 바에
따라야 할 경우에는 그러하지 아니하다.

제24조 어떤 행위에 있어서 가주소를 선정한 때는 그 행위에 관하여 이를 주소로 간
주한다.

　　명치민법의 입법이유서에 해당되는 민법수정안이유서를 보면, 구민법에서
본적을 주소지로 하고, 본적지가 생계의 주요지와 다른 경우 생계의 주요지를
주소지로 함으로써 원칙과 예외를 변경하였다고 한다. 또한 이를 민법상의 주

---

12) 이하는 前田達明 編(주 6), 1116 이하, 특히 1122을 번역한 것이다.

소로 하지 않고 일반 주소로 한 이유는 공법에 관한 사항을 민법전에 규율하지 않기로 한 원칙이 있었기 때문에 이를 규정하지 않더라도 민법상의 주소임이 분명하다는 점, 나아가 상법 및 민사소송법의 주소에도 민법의 주소에 관한 규정이 적용되기 때문에 주소가 민법에 한정되지 않기 때문에 이를 규정하지 않았다고 한다.[13)

(c) 일본 민법에서의 해석　　일본 민법의 연혁을 간단히 되짚어 보면 '주소'는 정주의 의사로써 생활의 본거지를 삼는 곳으로 하는 법률규정이 점차 완화되어 간 과정으로 볼 수 있다. 이런 이유 때문인지 명치민법의 기초자 중의 한 사람인 富井政章은 외국의 학자들과는 달리 일본 민법에서는 생활의 본거로 정하는 장소에 상거하는 의사를 필요로 하는 주관적 표준을 취하지 않고 객관적 사실에 의존하고자 한 취지였다고 설명하였다고 한다. 그 후 일본에서는 '정주의 의사'는 불필요하고 '생활의 근거'라는 사실에 의해 주소가 정해진다는 객관설이 지배하게 되었다고 한다.[14)

한편 일본의 최고법원인 大審院 및 최고재판소의 판결은 정주의 의사를 요하는 것으로 해석할 수 있는 판결도 있고,[15) 객관적 사실만으로 판단하였다고 볼 판결도 있지만,[16) 최근의 최고재판소 판결[17)은 객관설에 선 것으로 보인다고 한다.[18)

4. 민법의 입법취지

민법안심의록에 따르면 스위스민법, 독일민법, 프랑스민법의 입법례를 소개하면서 객관주의와 복수주의의 장점을 언급하고 있다. 민법을 입법할 때의 기초자나 입법자들은 주소를 정함에 있어서 '정주의 의사'를 고려하지 않고 객

---

13) 민법수정안이유서, 총칙, 물권, 채권편, 24 이하 참조.
14) 新注民(1), 560 이하(早川眞一郎) 참조.
15) 日最判 1951(昭 26).12.21, 民集 5-13, 796은 원심이 인정한 사실관계가 주소의사를 실현하는 객관적 사실의 형성으로 충분하다고 판단하였는데, '주소의사'를 언급한 것으로써 주관설이라고 볼 여지가 없는 것은 아니라고 한다.
16) 日最判 1952(昭 27).4.15, 民集 6-4, 413에서는 '주소 소재지의 인정은 제반의 객관적 사실을 종합하여 판단하여야 한다'고 하면서 정주의 의사에 관해서는 언급하지 않기 때문에 객관설에 선 판결이라고 보는 견해가 있다.
17) 日最判 1997(平 9).8.25, 판례 タイムズ 952, 184에서는 '생활의 본거란 어떤 사람의 생활에 관계가 가장 깊은 일반적 생활, 전생활의 중심을 지칭하는 것이고 일정한 장소가 어떤 사람의 주소인가 아닌가는 객관적으로 생활의 본거인 실체를 구비하고 있는가 아닌가에 의해 결정되어야 한다고 해석'해야 한다고 한다.
18) 상세한 판결 내용은 新注民(1), 560 이하(早川眞一郎) 참조.

관적으로 생활의 본거지인지의 실체를 중시하는 객관설의 입장에서 입법하였
다고 볼 것이다.[19) 그러나 우리 민법의 규정의 해석상 주관설을 배제한다고 보
아야 하는지에는 의문을 제기할 수 있을 것이다.

5. 입법론적 비판

(1) 주관설에 대한 비판의 문제점

일본에서의 객관설은 일본민법의 주소에 의사의 요소가 포함되어 있지 않
고, '정주의 의사'를 주소의 요소로 삼을 때 정주의 의사가 있는지 유무를 외
부에서 인식하기 어렵고 또 이로 인해 거래의 안전 및 법적 안정성을 침해할
수 있으며, 주관설을 취할 경우 의사무능력자의 주소에 관하여 법정주소의 제
도가 필요하다는 점 등을 들어 일본민법의 주소는 주관적 요소 없이 객관적
요소로 정해진다고 해석하고 있다.[20)

그러나 입법론적으로 보면 객관설이 더 낫다고 볼 수는 없다. 첫째, 점유
가 성립하기 위해서는 자주점유 또는 타주점유 의사 등 의사적 요소가 있어야
하는데, 개인의 생활에 지대한 영향을 미치는 주소를 정하는 데 의사적 요소가
불필요하다는 것은 본말이 전도된 이해라고 할 수 있다. 둘째, '정주의 의사'는
상대방 없는 의사이기 때문에 그와 같은 의사가 있는지 여부는 객관적 사실을
통해 외적으로 드러나기 마련이다. 또한 정주 의사만으로 정해지는 것이 아니
라 생활의 본거지인 사실적 요소와 결합하여 주소가 정해지기 때문에 정주의
의사를 변경하였다고 주장하더라도 그 의사는 외부적으로 드러나는 사실과 결
부되어 있어야 하고, 또 생활의 본거지인 사실적 요소가 있어야 하기 때문에
거래의 안전이나 법적 안정성을 침해하는 요소가 객관설보다 더 크다고 단언
할 수 없다. 의사무능력자의 경우 권한 있는 후견인이나 대리인이 정주의 의사
를 대신하여 표시할 수 있고, 이 부분은 별도의 법률규정이 필요한 것도 아니
기 때문에 별도의 규정이 없다는 점만을 들어 객관설이 타당하다거나 현행법
을 그렇게 해석해야 한다고 할 수 없다.

반면 '정주의 의사'가 필요하다고 해석하여야 할 필요성이 매우 크다는 점
을 간과해서는 안 된다. 첫째, 거주와 이전의 자유는 인간에게 가장 중요한 인

---

19) 민법안심의록 상권, 16 이하 참조.
20) 곽윤직·김재형, 140; 송덕수, 신민법강의, 제10판, 356 등 참조. 이들은 입법론적으로
   우수할 뿐 아니라 현재 이설이 없다고 기술하고 있다.

권이자 기본권의 하나인데, 행사하는 자의 의사와 무관하게 주거의 이전이 결정된다는 것은 인권과 기본권을 경시하는 것이다. 특히 판단능력에 어려움이 있는 치매환자, 발달장애인, 또는 정신장애인 등이 현재 거주하는 곳에서 본인이 희망하는 다른 장소로 이전해서 거주하고자 하지만 후견인이 반대할 경우, 한편 이들의 후견인이 본인의 의사에 반하여 주거를 옮기고자 하지만 본인이 거부할 경우 주소지의 결정을 누가 어떤 기준으로 할지에 대해 기준이 필요하다. 주소는 객관적 요소로만 정해진다고 하면 이런 문제를 해결할 별도의 기준이 법률로 정해져야만 한다. 그러나 주소를 정함에 있어서 '정주의 의사'가 필요하다고 판단하게 되면 이런 사안은 다음과 같이 처리하게 될 것이다. 즉, 점유의 의사와 마찬가지로 '정주의 의사'는 자연적 의사로 충분하며, 본인이 이런 의사를 형성하고, 또 표시할 능력이 없을 때 비로소 권한 있는 후견인이 이를 대신하여 표시할 수 있다고 해석하게 될 것이다. § 947-2 Ⅰ은 신상에 관하여 피성년후견인이라도 그의 상태가 허락하는 한 스스로 결정한다고 하기 때문에 본인이 결정하게 된다. 만약 이런 자연적 의사도 형성하기 어렵다고 판단될 정도, 즉 식물인간 상태이거나 현실과의 괴리감이 지나치게 큰 경우 등이라면 § 938 Ⅲ에 따라 신상결정권한을 부여받은 대리인이 본인을 대리하여 의사결정을 할 수 있다고 해석하게 될 것이다.

둘째, 본인의 의사에 반하여 일정한 장소에서 생활할 수 밖에 없는 상태에 처한 사람들, 가령 가족과 떨어져 전근을 가서 생활하는 공무원, 감옥에서 장기간 수형생활을 하는 사람, 오랜기간 군대에서 의무복무를 하여야 하는 사람, 본인의 의사에 반하여 또는 본인의 의사 없이 요양시설, 장애인거주시설 등에 입소한 장애인, 치매노인 등의 경우 그 기간 동안의 생활이 전근지, 감옥, 군대에서 이루어지더라도 '정주의 의사'를 변경하지 않은 한 종전의 주소지가 그대로 주소지로 인정받는 데 아무런 어려움이 없게 될 것이다. 즉 이들의 경우 주민등록지와 주소지가 다르게 될 것이고, 민사소송 및 가사소송 등에서는 주민등록지가 아닌 주소지를 기준으로 하여 재판을 받을 수 있을 것이다. 본인에게 보다 밀접한 곳에서 재판을 받을 수 있는 장점을 경시해서는 안 될 것이다.

셋째, 아동의 경우 '정주의 의사'는, 법률에 특별한 규정이 없는 한,[21] 그

---

21) 영국법에서는 18세가 된 때로부터 아동은 성인이 되는데, 영국 아동법 § 23-C 이하에 따르면, 지방자치단체가 돌보는 아동의 경우 16세를 넘으면 지방자치단체의 보호를 벗어나 독립하여 생활할 권리가 있고, 이 때 지방자치단체는 그 아동에게 주거를 제공해줄 의무를 부담한다. 이 경우 지역사회에서 독립하여 생활하는 아동은 자신의 의사로 주소를

의 법정대리인이 아동을 대리하여 '정주의 의사'를 표시할 수 있다고 해석할
수 있게 될 것이다. 이는 간접적으로 법정대리권 없는 부 또는 모가 아동을 데
리고 가거나 권한 없이 같이 생활할 경우의 법률분쟁을 해결하는 기준으로 작
용할 수 있을 것이다. 현재는 권한 없는 부 또는 모에 대해 법정대리권 있는
모 또는 부가 유아인도청구를 하는 것인데, 그 근거를 법정대리인의 거소지정
권을 침해함으로써 결과적으로 아동 자신의 주거 결정의사를 침해한 것이므로
이를 원상으로 회복하기 위해 아동에 대한 사실상의 지배를 풀고, 법정대리인
이 아동을 데리고 갈 수 있게 하는 것으로 이해할 수 있게 될 것이다. 거소지
정권 없는 부 또는 모가 다른 법정대리인의 거소지정권을 침해한 것이 형법상
의 약취죄에 해당되는가는 별개의 문제가 될 것이다.[22]

(2) 현행 민법의 주소 해석을 주관설에 따라 할 수 있는가?

현행법의 해석론으로 민법의 '주소'를 특정하는 데 생활의 근거지라는 객
관적 요소와 정주의 의사라는 주관적 요소도 요구된다고 해석하는 것도 가능
하다. 무엇보다도 제한행위능력자나 의사무능력를 대리하여 '정주의 의사'를
표시할 수 있는 제도가 2011년의 민법개정($^{법률 제}_{10429호}$)으로 잘 구비되었기 때문이
다. 그 이전까지는 성인을 위한 후견인이 신상에 관한 피후견인의 의사결정을
대리할 수 있는지가 불명료하였으나, 개정 §938 Ⅲ에서는 신상에 관한 결정권
한을 후견인에게 부여할 수 있도록 하고, §947-2 Ⅰ은 신상에 관한 결정은
본인이 하되, 본인이 할 수 없는 경우에만 후견인이 대리행사할 수 있도록 정
하고 있기 때문이다. 따라서 현행법의 해석으로 주소를 결정하는 요소로 '정주
의 의사'가 필요하다고 해석하더라도 법률체계상의 문제는 없게 된다.

이렇게 해석할 경우, '정주의 의사'는 법률행위의 요소로서의 의사라고 해
석할 수는 없으며, 자연적 의사로 해석하여야 할 것이다. 자연적 의사는 판단
대상($^{생활의 근거지를}_{어디로 정할지}$)이 무엇인지를 이해하고, 여러 대안들이 있을 때 각 대안들
을 이해할 수 있으며, 그 중 자신이 원하는 바를 결정해서 외부로 표시할 수
있는 것이면 의사능력이 있다고 해석하여야 할 것이다. 그 결정이 합리적인지
비합리적인지는 문제되지 않는다. 비록 비합리적인 결정이라 하더라도 자연적
의사결정 능력이 있다고 해석하여야 한다는 것이다. 물론 그 결정이 본인에게
현재 또는 임박한 중대한 위험이 된다는 특별한 사정이 있고, 권한 있는 후견

　　정할 수 있을 것이다.
22) 대판(전) 13.6.20, 2010도14328 참조.

인이 있을 때에는 본인의 자연적 의사에 반하여 후견인의 권한을 행사하더라도 무방할 것이다($\frac{\S}{947}$). 나아가 후견인이 본인의 의사를 무시하였다 하더라도 '정주의 의사'를 대리행사하였다면 그 자체로는 유효할 것이다. 그 권한이 남용되었다면 후견인의 해임 등의 책임이 따르게 될 것이다. 아동인 경우 법정대리권 있는 부모 또는 미성년후견인이 거소결정권이 있기 때문에 법정대리권의 행사로써 '정주의 의사'를 대행하는 것에는 법적인 문제는 없다고 할 것이다.

　나아가 주소를 주관설에 따라 해석하는 것이 더 자연스러운 점이 있다. 무엇보다도 §18 Ⅱ이 주소는 동시에 두 곳 이상 있을 수 있다고 규정하는 데 이는 '정주의 의사'를 고려할 때 보다 자연스럽게 해석될 수 있기 때문이다.

Ⅱ. 주소의 해석

1. 객관적 사실로서의 '생활의 근거지'

　§18 Ⅰ의 '생활의 근거지'는 주민등록지와 같을 필요는 없다(가령 대판 14.9.26, 2012다71688). 주민등록지는 30일 이상 거주할 목적으로 거소를 정한 사람은 그 거소를 반드시 주민등록지로 등록하여야 한다. 그런 주민등록지가 '생활의 근거'와 불일치하는 경우가 빈번하다는 것이다. 달리 말하면 '일시적' 거주가 아니라 '영속적(permanent)' 거주지여야 할 것이다. 영속적이라 함은 불변적이거나 최종적이라는 의미는 아니며, 특별한 사정이 없는 한 기간의 제한 없이 거주할 의사가 있는 장소를 의미한다고 할 것이다.[23] 한편 대판 90.8.14, 89누8064에서는 '민법 제18조 제1항은 생활의 근거되는 곳을 주소로 한다고 규정하였는데, 생활의 근거되는 곳이란 생활관계의 중심적 장소를 말하고, 이는 국내에서 생계를 같이하는 가족 및 국내에 소재하는. 자산의 유무 등 생활관계의 객관적 사실에 따라 판정하여야 한다.'고 판시하고 있다. 그러나 이것은 '생활의 근거지'를 판단하는 기준을 제대로 제시해 주지 않는다. 그럼에도 불구하고 이 판시 내용을 토대로 검토해 보면 '생활의 근거'란 영속적으로 거주하면서 가족생활, 친족생활, 사적인 교류와 휴식, 재충전의 공간을 의미하게 될 것이다. 또한

---

23) 가령 자기소유 주택이 없어서 임대차계약을 통해 주거하더라도 다른 곳으로의 복귀가 예정되어 있지 않다면, 다른 사정이 없는 한(주택매입 또는 임대차계약의 종료 등) 그 임차지에서 기한의 제한 없이 거주하려 할 것이다. 그 점에서 생활의 근거지가 될 수 있다.

개인의 중요하고 내밀한 정보가 집적되어 있는 공간일 수도 있다. 따라서 생활의 모든 부문에서 개인의 삶의 근거지를 의미한다고 보아야 할 것이다. 만약 상당한 기간 다른 장소에서 거주하더라도 복귀할 거주지가 따로 예정되어 있다면 그 복귀예정지가 '생활의 근거지'라고 할 것이다.

한편 가족이 있고 본인이 거주하는 곳이 가족 거주지와 다르다고 하더라도 본인 거주지가 '생활의 근거'지가 될 수도 있다. 가족과의 생활이 개인의 삶에서 차지하는 영역이 축소되어 있는 경우가 그 예이다. 가령 대판 84.3.27, 83누548에서는 원고는 1980.10. 보건사회부장관으로부터 원고와 그 가족에 대한 해외(미국)이주허가를 받았는데 원고는 이미 연로하여 미국에 이민갈 생각은 없었으나 자녀교육이나 이민여권을 소지하는 이점 등을 고려하여 이주허가를 받은 것이므로 계속 국내에 머물러 있고 그 처와 자녀만을 그해 12월 출국시켰는데 가족을 만날 생각으로 1981.3.8 미국으로 떠나려고 하고 있던 차 그 무렵 수사기관에서 위 이주허가를 받은 경위와 탈세사실을 내사하고 있다는 것을 알고 예정을 앞당겨 그해 3.4 미국으로 갔다가 같은 해 8.16 귀국하여 수사기관의 조사를 받아 구속기소 되었으나 같은 해 12.29 서울 형사지방법원의 집행유예 판결로 구속이 풀려 원고소유의 서울특별시 영등포구 여의도동 한양아파트에 거주하고 있었다. 당시 소세 §8 Ⅲ은 "거주자가 주소 또는 거소의 국외이전(이하 "출국"이라 한다)으로 인하여 비거주자가 되는 경우에는 1월 1일부터 출국한 날까지의 소득금액에 대하여 소득세를 부과한다."고 규정하고 있었는데, 위 원고가 비거주자인지 여부가 다투어졌다. 위 대법원 판결은 처와 자녀가 해외로 이주하였고, 일시 출국하여 귀국하였다 하더라도 국내에 주소 또는 거소를 두고 있다고 판단한 것이다. 위 판결의 원고처럼 가족과 떨어져 생활하고, 그 가족을 일시적으로 해외에서 만나서 지내더라도 주소 또는 거소가 국내에 있을 수 있다고 판단하였다.

다른 한편 대판 05.3.25, 2004두11329은 '생활의 근거지'의 이해를 한층 어렵게 하는 판결이다.

[사실관계] 1980.경부터 국유지인 서울 은평구 진관외동 (번지 생략) 토지에 인근 주민들이 무단으로 무허가건물을 축조하여 거주하기 시작하였는데, 원고는 1993.4.14. 위 토지 상에 있는 무허가건물 중 무허가건물대장상 4016호로 등재된 주택 29.75㎡(방 1칸, 거실 1칸, 부엌 1칸, 화장실 1칸으로 되어 있음, 이하 '이 사건

주택'이라 한다)를 매수하여 남편 소외 1, 아들 소외 2, 딸 소외 3과 함께 거주하다
가 2000. 하반기 무렵 이를 소외 4에게 임대하고, 서울 은평구 대조동 231에 있는
아파트(아파트 이름 및 동, 호수 생략)(이하 '이 사건 아파트'라 한다)로 온가족이 이
사한 다음 2000.11.9. 이 사건 아파트에 주민등록 전입신고를 마치고 그 곳에서 거
주하여 왔다. 그런데 서울특별시가 2002.10.23. 진관외동 일대의 무허가건물을 철거
하고 아파트 등을 건립한다는 내용이 포함된 이른바 '강북뉴타운개발계획'을 발표하
자, 원고는 그 개발계획에 따라 진관외동 거주자들에게 주어지는 이주대책대상자로
서의 혜택 등을 받기 위하여 세입자인 위 소외 4를 내보낸 후 2002.10.26. 피고 산
하 진관외동사무소에 아들인 소외 2와 함께 이 사건 주택으로 거주지를 이전하였다
는 이유로 주민등록 전입신고를 하였다. 이 사건 주택에는 주로 남편인 소외 1이 생
활하면서 직장인 서울특별시 중구청으로 출·퇴근하고, 원고는 아이들의 교육문제
로 위 아파트와 이 사건 주택을 오가며 생활하여 왔다. 피고는 위 개발계획이 발표
됨을 계기로 진관외동에 있는 주택에 거주하지 아니하면서 아파트 분양권 등을 노
리고 허위의 주민등록 전입신고(이하 '위장전입'이라 한다)를 하는 사례가 급증하자
2002.11.12. 위 개발계획 발표 이후에 위장전입한 사람들을 적발하여 주민등록사항
을 직권으로 말소한다는 내용의 '강북뉴타운개발예정지역 위장전입 시·구합동조사계
획'을 결정·시행하였는데, 그 과정에서 2002.11.19. 사실조사를 한 결과 원고와 소
외 2가 위장전입자에 해당한다고 판단하고, 원고에게 2002.11.27.부터 2002.12.5.까
지 사실대로 신고하라는 내용의 최고서를 보냈다가 반송되자 2002.12.6.부터 같은
달 14.까지 같은 내용의 공고를 하였으나 원고가 기간 내에 신고를 하지 아니하자,
2002.12.16. 원고와 소외 2의 주민등록사항을 직권으로 말소하는 이 사건 처분을 하
였다.

[원심법원 판결] 주소란 생활의 근거되는 곳으로서 동시에 두 곳 이상 있을 수
있고(민법 제18조 제1항, 제2항), 거소란 생활의 근거지는 아니지만 얼마 동안 임시
로 거주하는 곳을 말하며, 주민등록법 제6조 제1항에 의하면 구청장 등은 30일 이
상 거주할 목적으로 그 관할구역 안에 거주지, 즉 주소 또는 거소를 가진 자를 등록
하도록 되어 있으므로, 원고가 주민등록 전입신고를 한 후 이 사건 아파트와 주택을
오가며 생활한 기간 동안은 두 곳 이상 주소 내지는 거소를 가진 경우에 해당한다
할 것인데, 원고가 어떤 목적에서든 이 사건 주택을 주민등록법상의 주소지로 선택하
여 주민등록 전입신고를 한 이상 그 기간 동안에도 이 사건 주택을 주민등록법상 원
고의 주소지로 보아야 한다는 전제하에 원고는 30일 이상 거주할 목적으로 이 사건
주택에 거주지, 즉 주소 또는 거소를 가진 자에 해당한다 할 것이므로 원고가 이 사
건 주택에 주소 또는 거소를 가지지 아니하였음을 전제로 하는 이 사건 처분은 위법
하다고 판단하였다.

[대법원 판결]

　　전입신고의 요건인 '거주지를 이동한 때'라 함은 30일 이상 생활의 근거로서 거주할 목적으로 거주지를 실질적으로 옮기는 것을 의미하므로, 30일 이상 생활의 근거로서 거주할 목적으로 거주지를 실질적으로 옮기지 아니하였음에도 거주지를 이동하였다는 이유로 전입신고를 하였다면 이는 주민등록법 제17조의2 제2항 소정의 '신고의무자가 신고한 내용이 사실과 다른 때'에 해당한다 할 것이어서 이러한 경우 시장 등은 주민등록법 제17조의2 각 항에서 규정한 절차에 따라 그 등록사항을 직권으로 말소할 수 있다 할 것이다.

　　위 판결처럼 주민등록을 하기 위해서는 생활의 근거로 거주할 목적이 있어야 한다면, 민법상의 주소와 다를 바가 없을 것이다. 동시에 주민등록법상의 등록 대상자는 주소 또는 거소를 가진 자인데, '생활의 근거'로서 거주하여야 거주지를 이동한 것이라면 거소라는 요건을 둔 이유가 없어질 것이다. 위 판결은 §18의 주소의 요건인 '생활의 근거'를 이전하지 않았다는 것보다는 거소 이전이 없다고 판단하였더라도 충분하였을 것이다. 가족과 함께 하는 생활의 근거지는 따로 있더라도 직장생활 등의 사유로 다른 지역으로 이주하여 30일 이상 거주하는 사람도 주민등록법상의 주민등록신고를 하여야 한다는 것, 다른 지역에서 거주하는 자가 주거지를 임차하는 경우 주민등록신고를 하여야 주택임대차보호법상의 보호도 받을 수 있다는 것 등의 사정을 고려할 때 그러하다.

2. '정주의 의사'

　　우리나라의 통설은 객관적으로 '생활의 근거'인 것에 덧붙여 그 곳에 정주하려는 의사가 있어야 그 거주지를 주소지라고 하지는 않는다.[24]

3. 복수의 주소

　　§18 Ⅱ은 주소는 두 곳 이상 있을 수 있다고 규정함으로써 복수주의를 취하고 있다. 그런데 '생활의 근거'가 되는 곳이 두 곳 이상 있을 수 있는 것은 매우 드문 예외적 현상이라 할 것이다.[25] 적어도 동등한 가치가 있는 정도의 '생활의 근거지'여야 하기 때문이다. 대외적 사회생활의 일부를 영위하는 곳에

---

24) 곽윤직·김재형, 140; 송덕수(주 20), 356; 지원림, 민법강의, 제15판, 89.

25) MünchKomm/J. Schmitt, §7 Rn. 36 참조.

서의 거주지는 생활의 근거지라고 하기는 어렵다. 주소에 관하여 복수주의를 취하는 독일의 학설 중에는 매 여름과 겨울 각각 다른 곳에서 머물면서 그 곳을 기반으로 사회생활을 하고 있다면 동시에 두 곳 이상의 주소를 인정해야 한다고 본 것도 있다.[26] 반면 생활의 일부만을 다른 특정한 장소에서 영위하는 경우에는 복수의 주소를 인정할 수 없다고 한다.[27]

III. 주소의 법률효과

주소가 정해지면 어떤 법률효과가 있는지에 관하여는 개별 법률규정에서 정하고 있고, 이를 통일적으로 규율하는 법률규정은 없다.

1. 민법상의 법률효과

(1) 부재 및 실종의 표준
종래의 주소 또는 거소를 떠난 자의 재산관리의 처분에 관한 명령을 신청하거나, 그 부재자의 실종선고를 신청할 때 "주소"가 이 신청의 요건사실이 된다.

(2) 변제장소
채무의 성질 또는 당사자의 의사표시로 변제장소를 정하지 않은 경우 주소지는 특정물 이외의 채무의 변제장소가 된다($\S^{467}_{II}$).

(3) 상속개시의 장소
피상속인의 주소지에서 상속을 개시한다($\S_{998}$).

2. 다른 법률상의 효과

(1) 어음수표법
주소는 어음행위 또는 수표행위의 장소가 된다. 어음 §§2 (ii), 4, 21, 76 (ii), 수표 §8 등이 그 예이다.

(2) 재판관할의 표준
민사소송에서의 사람의 보통재판적은 그 사람의 주소에 따라 정한다. 주소가 없거나 주소를 알 수 없는 경우에는 거소에 따라 정하고, 거소가 일정하지

---

26) Erman/H.P. Westermann, BGB, §7 Rn. 9 참조.
27) BGH LM 3 zu BGB §7=MDR 1962, 380 참조.

않거나 거소도 알 수 없는 경우에는 마지막 주소에 따라 정한다($\frac{민소}{\S 3}$). 그 밖의
특별재판적을 판단함에 있어서 주소를 알 수 없는 경우 특별재판적을 정하는
것도 있다($\frac{재산이 있는 곳의 특}{별재판적. 민소 \S 11}$). 상속, 유증 등의 특별재판적도 상속이개시된 당시
피상속인의 보통재판적이 있는 곳의 법원에 제기할 수 있다($\frac{민소}{\S 22}$).

가사소송의 관할법원은 피고의 보통재판적이 있는 곳의 가정법원이다
($\frac{가소}{\S 13 \text{ I}}$). 가사비송사건을 관할하는 가정법원을 판단하는 기준으로도 주소가 적
용된다. 라류비송사건은 사건본인의 주소지에 있는 가정법원이 된다($\frac{가소}{\S 44 \text{ I}}$).

(3) 국제사법의 준거법을 결정하는 표준

국제사법은 당사자의 본국법이 준거법이 되어야 할 경우에는 국적을 기준
으로 하고($\frac{국적이 둘 이상 있는 경우에}{는 보다 밀접한 국가를 한다}$), 당사자가 국적을 가지지 아니하거나 당사자의
국적을 알 수 없는 때에는 그의 상거소가 있는 국가의 법에 의하고, 상거소를
알 수 없는 때에는 그의 거소가 있는 국가의 법에 의한다. 상거소는 다수의 학
설이 해석하는 바의 객관주의에 따른 주소에 '상당한 기간 지속된 거주'라는
요건이 덧붙여진 것으로 해석하고 있다. 국제사법 이전의 구법인 섭외사법에
서와 달리 신법에서는 주소는 준거법의 결정에 영향을 미치지 아니한다.

(4) 국 적 법

대한민국 국적을 취득하기 위한 일반귀화 요건으로 5년 이상 대한민국에
주소가 있어야 한다($\frac{국적}{\S 5}$). 이 때의 주소도 민법의 주소를 기준으로 한다.

(5) 주민등록법

주민등록은 시장, 군수 또는 구청장의 관할구역 내에 30일 이상 거주할 목
적으로 주소 또는 거소를 둔 자가 하여야 한다($\frac{주등}{\S 6}$). 일시적으로 거주하지만
주소지가 아닌 경우도 있을 것인데, 이 경우에도 주민등록법에 따라 등록하여
야 한다.

(6) 세   법

소득세법에서의 '거주자'는 국내에 주소를 두거나 183일 이상의 거소(居
所)를 둔 개인을 말한다($\frac{소세}{1}\frac{\S 1-2}{(i)}$). 상증세 § 2 (viii)에서는 "거주자"란 국내에
주소를 두거나 183일 이상 거소(居所)를 둔 사람을 말하며, "비거주자"란 거주
자가 아닌 사람을 말한다. 이 경우 주소와 거소의 정의 및 거주자와 비거주자
의 판정 등에 필요한 사항은 대통령령으로 정한다고 규정한다.

[제 철 웅]

第19條(居所)

住所를 알 수 없으면 居所를 住所로 본다.

Ⅰ. 거소의 의의

1. 거소 개념의 필요성

독일민법이나 프랑스민법 그리고 영국의 보통법 등에서는 주소를 알 수 없으면 '거소'를 주소로 간주하는 규정을 두지 않는다. 이 규정은 보아소나드가 기초한 일본 구민법초안 §407 및 구민법 인사편 §267에서 유래한다. 동조는 다음과 같이 규정하고 있다.

제267조 다음의 경우에는 거소로써 주소를 대용한다.
1. 주소를 알 수 없는 때
2. 일본에 주소를 두지 않은 외국인의 경우

이 규정이 일본 명치민법에 그대로 수용되었고, 또한 우리 민법에도 계수되었다. 주소를 알 수 없다는 것은 여러 경우에 발생할 수 있다. 첫째, 보아소나드가 기초한 구민법초안에서는 프랑스민법과 마찬가지로 '정주의 의사'가 주소를 판단하는 요소였다. 이를 감안하여 현행 일본민법이나 우리 민법의 주소를 판단함에 있어서도 '정주의 의사'가 있어야 한다고 해석할 경우, 정주의 의사를 알 수 없는 경우에는 주소를 알 수 없게 된다.[1] 가령 치매, 발달장애, 정신장애, 뇌사고 등의 이유로 의사능력이 현저히 떨어져 그의 거주지를 알 수 없거나 거주지를 알더라도 거기가 '정주의 의사'를 둔 생활의 근거지인지를 알 수 없는 경우가 있을 수 있다. 둘째, '정주'하지 않고 계속하여 방랑하는 생활을 하는 사람의 경우 '생활의 근거지'를 특정할 수 없다. 홈리스나 집시 등이

---

[1] 이런 이유로 이태재 교수는 주소를 결정하는 요소로 '정주의 의사'가 필요하다고 주장한다. 구주해(1), 333(한상호)에서 재인용.

대표적이겠지만, 가족생활 없이 1인 가구로 영속적이고 기간의 제한 없이 '정주'하지 않고 생활하는 경우도 그 예가 될 것이다. 이러한 경우에는 거소를 주소로 간주할 필요가 있을 것이다.

2. 거소의 개념

§18와의 관계에서 보면 거소는 '생활의 근거지'일 필요가 없이 특정의 장소에서 일정기간 거주하는 곳을 의미한다고 할 것이다. 주소를 '생활의 근거지'일 뿐 아니라 '정주의 의사'도 있어야 한다고 해석하는 견해에 따르면, 생활의 근거지'이지만 '정주의 의사'를 알 수 없는 경우의 거주지도 거소에 포함된다고 볼 것이다. 따라서 거소는 넓은 범위의 거주지를 포함하는 개념으로 최소한 특정 장소에서 일정기간 거주하는 곳이기만 하면, 그곳이 §18의 '생활의 근거지'인지와 무관하게 거소로 인정된다고 할 것이다. '거주'한다는 것은 생활의 중심 공간으로 삼는다는 것을 의미한다. 사회생활을 한 후 귀가하는 공간이자 사적 생활을 영위하는 공간이어야 한다. 따라서 여행 목적으로 일시적으로 체류하는 곳은 '거주'의 개념에 포함되지 않는다. 그러나 주소지를 떠나 타 지역에서 일시적으로 사업목적 등으로 체류하면서 그 곳에서의 생활의 중심공간으로 삼은 경우에는 '거주'하는 공간이라고 할 것이다.

거소를 이렇게 해석할 경우 주민등록법상의 '거소'는 '생활의 근거지'일 필요가 없으며 거주지로서 충분하다고 할 것이다. 앞서 언급한 대판 05.3.25, 2004두11329에서는 '생활의 근거로서 거주할 목적'으로 거주지를 옮겨야 주민등록법상의 주소 또는 거소를 이전한 것으로 해석한다는 법리는 문제가 있다. 그 사안의 원고가 '거소'를 옮기지 않았다고 판단하는 것이 오히려 민법의 거소 개념의 목적에 더 부합하였을 것이다. 원고가 주민등록을 옮기면서 자신은 거기서 생활하지 않고 배우자로 하여금 숙식하도록 한 것이므로 원고는 그곳을 거소지로 삼은 것이 아니기 때문이다. '생활의 근거지'가 아니라 하더라도 거소가 될 수 있어야만, 가족생활을 하는 자가 전근 기타 사유로 일시적으로 ($^{가령}_{1년등}$) 지방에서 거주하게 될 경우 주민등록을 하여야 한다고 해석할 수 있고, 그것이 주민등록법의 취지에 부합한다. 그러나 '생활의 근거'는 가족들이 있고, 기간 제한 없이 거주하고자 하는 그 거주지라고 보아야 할 것이다.

II. 거소의 법률효과

주소를 알 수 없는 자의 거소는 주소로 간주된다. 이 경우 '주소'를 법률요건으로 하는 규정의 요건을 충족한 것이다. 그러나 주민등록법에서처럼 '주소 또는 거소'를 요건으로 한 경우의 거소는 §19의 거소, 즉 주소를 알 수 없는 경우의 거소일 필요는 없고, 단순히 일정 기간 거주하는 장소가 거소라고 해석해야 할 것이다.

[제 철 웅]

第 20 條(居所)

國內에 住所없는 者에 對하여는 國內에 있는 居所를 住所로 본다.

I. 기 능

이 규정은 국제사법에서의 인적 연결소를 규정한 것이다. 구 섭외사법 §2는 준거법을 당사자의 본국법에 따라야 할 경우를 다음과 같이 규정하고 있었다.

① 당사자의 본국법에 의하여야 할 경우에 있어서 그 당사자가 둘이상의 국적이 있는 때에는 최후에 취득한 국적에 의하여 그 본국법을 정한다. 그러나 그 국적의 하나가 대한민국인 때에는 대한민국의 법률에 의한다.
② 국적이 없는 자에 대하여는 그 주소지법을 본국법으로 본다. 그 주소를 알 수 없는 때에는 거소지법에 의한다.
③ 지방에 따라 법이 상이한 국가의 국민에 대하여는 그 자가 속하는 지방의 법에 의한다.

한편 구 섭외사법 §3는 당사자의 주소지법을 준거법으로 하여야 할 경우에 관하여 다음과 같이 규정하고 있었다.

① 당사자의 주소지법에 의하여야 할 경우에 있어서 그 주소를 알 수 없는 때에는 그 거소지법에 의한다.
② 전조 제1항 및 제3항의 규정은 당사자의 주소지법에 의할 경우에 이를 준용한다.

§20는 섭외사법이 없던 시절 구 섭외사법 §§2, 3에 관한 규정을 대체하는 기능을 하였다. 외국인에 관련된 법률분쟁에서의 준거법을 정하여야 할 때 그 외국인의 국적이 없거나 이를 알 수 없을 뿐 아니라, 주소도 알 수 없는 경우 그의 거소를 주소로 간주하여 주소지법을 적용할 수 있다. 외국인에 대해 국내법을 적용하여야 할 경우 국내법에 따라 주소에 법률효과가 부여되었으나 국내에 주소를 두지 않은 경우 거소를 주소지로 간주하게 된다.

그러나 이 규정은 섭외사법이 국제사법으로 전면 개정되면서 그 의미는 많이 퇴색하였다. 구 섭외사법 §§2, 3에 해당되는 규정은 국사 §§3, 4로 개정되었기 때문이다.

제3조(본국법)
① 당사자의 본국법에 의하여야 하는 경우에 당사자가 둘 이상의 국적을 가지는 때에는 그와 가장 밀접한 관련이 있는 국가의 법을 그 본국법으로 정한다. 다만, 그 국적중 하나가 대한민국인 때에는 대한민국 법을 본국법으로 한다.
② 당사자가 국적을 가지지 아니하거나 당사자의 국적을 알 수 없는 때에는 그의 상거소가 있는 국가의 법(이하 "상거소지법"이라 한다)에 의하고, 상거소를 알 수 없는 때에는 그의 거소가 있는 국가의 법에 의한다.
③ 당사자가 지역에 따라 법을 달리하는 국가의 국적을 가지는 때에는 그 국가의 법선택규정에 따라 지정되는 법에 의하고, 그러한 규정이 없는 때에는 당사자와 가장 밀접한 관련이 있는 지역의 법에 의한다.

제4조(상거소지법)
당사자의 상거소지법에 의하여야 하는 경우에 당사자의 상거소를 알 수 없는 때에는 그의 거소가 있는 국가의 법에 의한다.

현행의 국제사법에서는 준거법을 본국법으로 하거나 상거소법으로 하는 경우에는 상거소를 알 수 없는 경우 거소를 연결소로 하여 준거법을 정하도록 하고 있다. 한편 행위지법 또는 당사자가 선택한 법이 준거법이 되고, 국내법이 준거법이 되어 주소가 법률요건일 경우에는 해외에 주소를 둔 자의 경우 그의 거소가 주소로 간주된다.

그런데 2022년 1월 4일 전면개정되어 2022년 7월 5일부터 시행되는 국제사법에서는 위 §3, §4의 위치가 §16, §17로 변경되었지만, 준거법 결정에서의 거소의 기능에는 변함이 없다. 다만, 국제재판관할에 관한 제2장을 신설하였는데, §3 Ⅰ에서는 "대한민국에 일상거소(habitual residence)가 있는 사람에 대한 소에 관하여는 법원에 국제재판관할이 있다. 일상거소가 어느 국가에도 없거나 일상거소를 알 수 없는 사람의 거소가 대한민국에 있는 경우에도 또한 같다"고 규정함으로써 거소가 재판관할을 결정하는 요소로도 작용할 수 있게 하였다.

Ⅱ. 내   용

여기서의 거소도 §19와 마찬가지로 '생활의 근거지'인지와 무관하게 특정한 장소에 일정 기간 거주하면 거소라 할 것이다. 그 법률효과는 §19에서 언급한 것과 동일하다.

[제 철 웅]

第21條(假住所)

어느 行爲에 있어서 假住所를 定한 때에는 그 行爲에 關하여
는 이를 住所로 본다.

법률효과의 성립에 주소가 요건인 경우 그 법률효과를 실현하기 위한 법률행위를 할 때 당사자가 가주소를 정했다면, 그 가주소가 주소의 요건을 충족한 것으로 간주되도록 하는 규정이다. 가령 계약상의 채무이행지로 주소지가 법정된 경우, 당사자가 가주소를 기재하였다면 그곳이 주소지로 간주된다. 이 규정은 프민 §111에서 유래한다. 구 일민 인사편 §268에서 '누구라도 행위 또는 사무를 위하여 가주소를 선정할 수 있다. 다만 그 선정은 서면으로 할 것을 요한다.'는 규정을 두었다. 이 규정을 토대로 명치민법이 제정되었는데, 명치민법에서는 '어떤 행위에 있어서 가주소를 선정한 때는 그 행위에 관하여 이를 주소로 간주한다.'고 규정하여 서면으로 하도록 하는 내용이 삭제되었다. 우리 민법 제정에서도 일본 민법과 동일한 규정을 입법하였다.

가주소에 관한 §21는 당사자의 의사표시로써 법률규정상의 주소를 대체하는 임시주소를 정할 수 있게 한 것이다. 가주소를 정하는 행위는 당해 법률행위의 일부를 구성하는 것이다. 가령 소비대차계약에서 각자의 주소를 가주소로 기재한 경우에는 그 가주소지가 주소지를 대체하는 효과가 생기게 되고, §467 Ⅱ에 대신하여 채권자의 가주소지에서 채무를 이행하면 된다. 어음행위에는 어음 §1 (v)에 따라 지급지를 기재하여야 하는데, 어음 §2 (ii)에 따라 지급인의 명칭에 부기된 지(地)를 지급지 및 지급인의 주소로 간주하도록 하는 것도 동일하다.

한편 가주소를 설정할 수 있는 의사능력은 전체로서의 그 법률행위를 할 수 있는 의사능력 유무를 기준으로 판단해야 할 것이다. 마찬가지로 미성년자이거나 성년후견 또는 한정후견이 개시되어 행위능력이 제한된 당사자의 경우 행위능력이 제한된 법률행위를 할 경우 당해 법률행위의 요소의 하나인 가주소를 정하는 의사표시에서도 행위능력이 제한되었다고 해석하여야 할 것이다.

[제 철 웅]

第3節   不在와 失踪

第 22 條(不在者의 財産의 管理)

① 從來의 住所나 居所를 떠난 者가 財産管理人을 定하지 아니한 때에는 法院은 利害關係人이나 檢事의 請求에 依하여 財産管理에 關하여 必要한 處分을 命하여야 한다. 本人의 不在 中 財産管理人의 權限이 消滅한 때에도 같다.

② 本人이 그 後에 財産管理人을 定한 때에는 法院은 本人, 財産管理人, 利害關係人 또는 檢事의 請求에 依하여 前項의 命令을 取消하여야 한다.

I. 의   의

1. 제도의 취지

우리 민법은 자기결정권을 행사하여 자신의 재산 또는 신상을 관리할 수 없는 성인의 보호를 위해 두 가지 제도를 두고 있다. 의사능력이 결여되거나

의사능력에 기반하여 의사결정을 하기에 어려움이 있는 성인을 위해 그의 의
사결정을 대리하거나 의사결정을 지원하는 제도로 후견제도를 두고 있다. 후
견제도는 재산과 신상 관리의 양 영역에서 의사능력에 문제가 있는 성인을 보
호하는 제도이다. 반면 의사능력 있는 성인의 재산이 그의 부재로 인해 관리
되지 않고 방치될 때 그의 보호를 위해 국가가 개입할 수 있는 제도로 부재
자 재산관리 제도를 두고 있다. §22부터 §27가 그것이다. 미성년자의 재산관
리는 친권자가 하고, 친권자가 없을 경우 미성년후견인이 하도록 예정되어 있
으므로 §22 이하의 부재자의 재산관리는 주소나 거소를 떠난 미성년자에게는
적용되지 않는다.

　　주소나 거소를 떠난 성인이 의사능력이 없는 상태에서 재산관리가 필요하
다면 부재자의 재산관리제도가 아니라 후견제도를 통해 그 재산이 관리되어
야 한다. 물론 부재자가 연락이 되지 않고, 객관적으로는 그가 의사능력이 없
는 상태일 경우, 주소나 거소지에 있는 재산을 관리하기 위해 부재자의 재산관
리제도가 사실상 이용될 수 있을 것이다. 그러나 그 부재자가 소재하는 다른
지역 또는 국가에서 재산 및 신상 관리를 위한 후견인이 선임되었다면 부재자
의 재산관리인이 아니라 후견인이 그 재산을 관리하여야 할 것이다. 다만, 다
른 나라에서 후견인을 선임하는 판결을 우리나라에서 승인할 수 있는지의 문
제는 있을 것이다. 우리나라가 성인보호를 위한 헤이그 협약에 가입한다면 승
인하는 데 아무런 문제가 없을 것이다. 이 때에는 부재자의 재산관리인 선임결
정은 취소되어야 한다. 국내의 다른 지역에서 후견인이 선임된 경우에도 마찬
가지로 부재자의 재산관리인 선임 결정은 취소되어야 한다.

　　이런 제도의 취지에서 볼 때 §22 이하의 재산관리제도는 부재자의 재산관
리에 맞추어져야 하는 것이고, 그의 신상과 관련된 부분에 대해서는 법원은 관
할권이 없다고 해야 할 것이다. 그 결과 부재자의 재산관리인은 본인을 대리하
여 주소를 정할 수 없고, 이혼소송에서 본인을 대리할 수 없고, 부양료지급청
구소송에서 본인을 대리할 수 없다고 해야 할 것이다.[1]

　　우리 법에서는 부재자의 재산관리제도는 부재자가 재산관리인을 정하지
않은 경우와 재산관리인을 정한 경우 두 유형으로 나누어 규율하고 있다. 전자
의 경우 부재자의 재산관리에 관하여 필요한 처분을 명하는 심판으로 재산관

---

　1) 독일의 부재자 재산관리인도 이런 영역에서는 아무런 권한을 가지지 아니한다.
　MünchKomm/Schwab, §1911 Rn. 2 참조.

리인을 선임하는 것($^{\S\,22}_{I}$)과 그의 권한을 초과하는 행위를 허가하는 것($^{\S}_{25}$) 등이 있다. 후자의 경우 부재자가 정한 재산관리인을 개임하는 것($^{\S}_{23}$), 부재자의 재산 보존에 필요한 처분을 명하는 것($^{\S\,24}_{II}$), 그의 권한을 초과하는 행위를 허가하는 것($^{\S\,25}_{제2문}$) 등이 있다. 이런 심판을 통해 부재자의 재산관리인의 활동이 개시되면 부재자에 갈음하여 재산관리인의 활동을 지시 또는 감독하는 기능을 법원이 대신하는 것($^{\S\S\,24,}_{26\ I}$), 재산관리인의 본인에 대한 권리에 관한 내용을 규율하는 것($^{\S\,26}_{II}$) 등을 규율하고 있다. 이를 통해 부재자에 갈음하여 국가가 그의 재산관리에 필요한 조치를 할 수 있게 한다.

2. 외 국 법

(1) 독 일 법

독일법에서의 부재자의 재산관리는 3가지 유형에서 활용된다. 첫째, 주소지나 거주지를 떠난 성인이 어디에 거주하고 있는지를 알지 못하여 연락이 되지 않은 상태에서 재산관리의 필요가 있을 때 부재자 재산관리 보조(Abwesenheits-pflegerschaft)제도를 이용할 수 있다($^{독민}_{\S\,1911}$). 둘째, 부재자가 위임을 하거나 대리인을 선임하였지만 위임계약을 해지하거나 대리권을 철회할 필요가 있는 경우에도 부재자 재산관리보조 제도를 이용할 수 있다($^{독민\,\S\,1911}_{I\ 제2문}$). 셋째, 주소지나 거소지를 떠난 성인이 거주하고 있는 곳을 알고 있는 경우에도 돌아와서 자신의 재산관리를 할 수 없는 경우 부재자 재산관리제도를 이용할 수 있다. 여기서 "돌아옴(Rückkehr)"은 재산관리 사무처리에 본인의 출석이 필요한 경우 본인 출석의 효과를 실현시키는 것을 의미하는 것으로 이해하여야 할 것이다.[2] 따라서 본인이 변호사 또는 임의대리권을 부여하여 그로 하여금 본인을 대신하여 출석하게 하는 경우에는 부재자의 재산관리제도를 이용할 수 없게 된다.

한편 성인지원법원(Betreuungsgericht)은 부재자가 재산관리를 하는 것이 가능하게 된 경우 직권으로 부재자 재산관리를 종료하는 결정을 해야 한다. 또 사망한 경우에도 성인지원법원은 부재자의 재산관리를 종료하는 결정을 해야 한다. 실종선고가 있거나 사망일 확정선고가 있는 경우 실종선고 결정이 확정되거나 사망일 확정선고로 재산관리는 종료된다($^{독민}_{\S\,1921}$). 독일법에서는 거래의 안전을 위해 부재자 재산관리의 종료는 장래효가 있다고 한다.[3]

---

2) MünchKomm/Schwab, § 1911 Rn. 9 참조.
3) MünchKomm/Schwab, § 1921 Rn. 1 참조.

(2) 프랑스법

프랑스 민법은 § 112에서 § 121까지 실종의 추정(la présomption d'absence)이라는 제도를 두고 있다. 주소 또는 거소를 떠난 자가 연락이 되지 않을 때 이해관계인이나 검사의 청구에 의해 후견법관(juge des tutelles)은 실종추정을 선고할 수 있다($\frac{프민}{§112}$). 법관이 재산관리인을 선임할 경우 그 재산관리인은 법원의 감독 하에 실종추정자의 재산관리를 하게 된다($\frac{프민}{§113}$). 실종추정자가 생환하거나 연락이 되는 경우 실종추정 선고를 종료시키게 된다($\frac{프민}{§118}$). 종료 이전에 기망 없이 취득한 권리에는 영향이 없도록 규정하고 있다($\frac{프민}{§119}$).

실종추정에 관한 규정은 원거리에 있어서 그의 의사를 표시할 수 없는 자에 대해서도 준용한다($\frac{프민}{§120}$). 다만, 주소나 거소를 떠나 연락이 되지 않더라도 재산관리를 하는 데 충분한 대리인을 둔 경우 또는 부부재산제에 의해 배우자가 문제된 상황에서 충분한 권한을 가진 경우에는 적용되지 않는다($\frac{프민}{§121}$). 이들 규정에서 알 수 있듯이 실종추정제도는 주소나 거소를 떠나 연락이 단절된 본인의 재산을 관리하기 위한 제도이며, 본인과 연락이 되거나 연락이 되지 않더라도 본인의 재산관리에 필요한 재산관리인이 있고, 그가 문제된 상황의 대처에 필요한 충분한 권한을 가진 경우에는 실종추정제도는 이용되지 않는다.

II. 부재자 재산관리 처분 명령의 신청 요건

1. 부 재 자

부재자는 자연인을 말하는 것이고, 법인은 부재자가 될 수 없다. 부재자 재산관리제도가 자기 재산 관리가 방치된 성인을 보호하기 위한 제도라는 점에서도 법인이 대상자가 될 수 없다. 개념적으로 보더라도 법인은 주소나 거소를 떠날 수 없기 때문에 이 제도의 대상이 될 수 없다.

자연인으로서의 부재자의 개념이 무엇인지에 관하여는 다툼이 있다. § 22는 부재자의 개념을 명확하게 규정하지 않은 채 표제부에서만 '부재자'라는 개념을 사용하고, I 에서는 '종래의 주소나 거소를 떠난 자'가 재산관리인을 정하지 아니한 때에 재산관리 처분 명령을 신청할 수 있도록 하고 있다. 그렇기 때문에 일응 부재자는 '종래의 주소나 거소를 떠난 자'라고 볼 수 있을 것이다. 부재자를 정의하는 공간된 대법원 판결을 찾기는 쉽지 않지만, 대판

60.4.21, 4292민상252에서는,

> 부재자라 함은 종래의 주소나 거소를 떠나 용이하게 귀래할 수 있는 가망이 없는 자를 말하며 반드시 그 생사가 불분명한 자에 한하지 않는 것이다. 다만 그 용이하게 귀래할 수 있는 가망의 유무는 제반사정을 종합하여 고찰하여야 할 것인바, 당사자가 외국에 가 있다 하더라도 그것이 정주의 의사로서 한 것이 아니고 유학의 목적으로 간 것에 불과하고 현재 그 국의 일정한 주거지에 거주하여 그 소재가 분명할 뿐 아니라 계쟁부동산이나 기타의 그 소유재산을 국내에 있는 사람을 통하여 그 당사자가 직접 관리하고 있는 사실이 인정되는 때에는 부재자라고 할 수 없는 것이다.

라고 판시하였다. 이 판결을 근거로 대법원은 부재자를 '종래의 주소나 거소를 떠난 자가 재산관리인을 정하지 아니한' 사안의 본인으로 정의하였다고 해석하는 견해가 있다.[4] 그러나 §23에서는 '부재자가 재산관리인을 정한 경우'라고 규정하고 있는데, 이 규정에 따르면 재산관리인을 정하였는가, 정하지 않았는가는 부재자의 정의와는 무관하다는 것이 명확히 드러난다. 결과적으로 위 대법원 판결은 부재자가 재산관리인을 정한 경우에는 I에 따라 재산관리 처분을 명할 필요가 없다고 판단하기 위한 것인데, 그 근거를 불충분하게 설시하였다고 볼 것이다. 일민 §25 I은 '종래의 주소나 거소를 떠난 자(이하 부재자라 한다)'로 규정하고 있는 것을 보더라도, 또 문장의 구조를 보더라도 종래의 주소나 거소를 떠난 자를 부재자라고 해석하는 것이 타당할 것이다.

그렇다면 해석의 대상은 '떠난'의 의미이다. 일상적으로 사람들은 주소나 거소를 떠나 사회생활을 하는데 그런 현상을 여기서 말하는 '떠난'이라고 할 수는 없다. 주소나 거소에 복귀하지 않는 기간이 상당한 기간 지속되고 있거나 상당한 기간 지속될 가능성이 있는 사람을 부재자라고 해석하여야 할 것이다. 일부 학설들처럼[5] '쉽게 돌아올 가망이 없는 자'라는 것은 개념 지표로는 불명확하기 때문에 그 요건을 충족되어야 부재자라고 할 수는 없을 것이다.

이 때 부재자의 생사가 불명확하거나 행방불명일 필요는 없다. 그가 생존하고 있고, 복귀할 기한 또는 조건(학업의 종료)이 정해져 있다 하더라도 주소나 거

---

4) 구주해(1), 346(한상호); 곽윤직·김재형, 144 참조.
5) 학설상황에 대해서는 구주해(1), 345(한상호) 이하 참조. 김증한 교수, 이태재 교수 등 다수의 학설을 인용하고 있다. 현재 학설 중 부재자의 개념정의에 대해 이런 견해를 주장하는 견해는 찾기 어렵다. 학설이 그만큼 정리되었기 때문인지, 학문적 관심부족으로 인한 것인지는 알기 어렵다.

소를 떠난 기간이 상당한 기간 지속되고 있거나 지속될 가능성이 있는 것으로 충분하다고 할 것이다.

한편 주소나 거소로부터 멀리 떨어진 정신병원이나 정신요양시설에 정신 질환으로 상당한 기간 비자의입원되거나 비자의입소되어 있고, 언제 주소나 거소로 복귀할지 기약이 없는 경우에도 주소나 거소를 떠나 있다는 점에서 부재자라고 해도 무방할 것이다.[6]

주소를 떠난 이유가 다른 주소를 정하여 떠났을 필요는 없다. 그러나 복귀하지 않는 기간이 일정기간 지속되기 때문에 다른 거주지에서 거주하고 있어야 할 것이다.

2. 재산관리인을 정하지 아니한 때

주소나 거소를 떠나더라도 재산관리인을 지정하여 그를 통해 재산을 관리하는 경우에는 재산관리 처분명령을 신청할 수 없다. 그것은 사적 자치에 대한 지나친 개입이 되기 때문이다. 마찬가지로 자신이 직접 재산을 관리하는 경우에도 재산관리 처분명령을 신청할 수 없다. 재산관리인은 명시적으로든 묵시적으로든 선임할 수 있다. 재산관리인은 1인으로 정할 필요도 없고, 주소나 거소를 떠날 시점에서 정할 필요도 없다. 재산관리가 필요한 시점에서 본인이 이를 정하기만 하면 동조의 재산관리 처분명령의 요건은 충족되지 않는다고 할 것이다. 가령 해외 유학을 떠나 장기간 돌아오지 않는 어떤 사람의 채권자가 그의 재산을 압류한 경우, 채무자가 그 시점에서 친족 또는 다른 사람에게 재산관리권한을 부여하였다면 그 채무자의 다른 이해관계인이 §22 Ⅰ에 따라 재산관리 처분명령을 신청할 수는 없다.

한편 부재자에게 재산관리인이 있었지만 부재 중 재산관리인의 권한이 소멸하여 더 이상 재산관리인이 없게 된 경우에도 재산관리인이 없는 것과 동일하게 취급한다($\substack{§22\ Ⅰ\\제2문}$).

끝으로 부재자의 재산관리인이 있지만 그의 권한 범위를 초과한 재산관리 행위를 하여야 할 필요가 있는 경우에도 §22 Ⅰ에 따라 부재자의 재산관리에 필요한 재산관리인이 없는 것과 동일하게 취급하여야 할 것이다.

---

6) 구주해(1), 347(한상호)에서는 주소나 거소로 용이하게 복귀할 수 있다는 점에 중점을 두고 부재자로 볼 수 없다고 한다. 통상 병원에 입원해 있는 경우는 부재자로 볼 수 없을 것이다. 병치료 기간 동안 입원한 것에 불과하고, 그 치료를 마무리하게 되면 복귀할 것이기 때문이다.

3. 그 밖의 요건

§22에서는 부재자가 재산관리인을 정하지 않은 경우 그를 위한 재산관리 처분 명령을 신청할 수 있을 것처럼 규정하고 있지만, 그렇게 해석해서는 안 될 것이다. 법원에 의한 재산관리처분은 성인의 자기 재산 관리에 대한 개입 이어서, 인간의 존엄 및 행복추구권에서 파생되는 자기결정권이라는 기본권을 침해할 뿐 아니라 사용, 수익, 처분권을 내용으로 하는 개인의 소유권보장이라 는 기본권에 대한 침해이기도 하기 때문에 필요한 범위에서 최소한도의 방법 으로 개입하는 것이 필요하기 때문이다.

종래 학설에서 부재자의 개념을 논할 때 당분간 돌아 올 가망이 없다거나 재산관리가 방치되고 있다거나 하는 요소를 포함시키려고 시도한 것이 바로 사적 영역에 대한 국가개입의 한계에 대한 우려에 기인한 것이며, 부재자의 개 념 정의를 통해 그 우려를 불식하고자 하였다고 선해할 수 있을 것이다.

국가는 개인의 인권과 기본권을 보장하고 존중하여야 할 책임이 있다는 인식에 기반해서 본다면, §22에서 별도의 규정을 두지 않지만 성인의 사적 영 역에 국가가 개입할 필요성이 있어야 하고, 필요가 있다 하더라도 최소개입의 방법을 선택하여야 한다고 해석하여야 할 것이다. 이렇게 이해한다면, 부재자 를 위한 재산관리의 필요성이 있어야 한다.[7] 즉, 부재자와 연락하여야 하는데 연락이 되지 않거나 연락할 수 있다고 하더라도 그가 자의에 의하지 아니한 상태에서 재산관리에 필요한 처분을 할 수 없을 경우[8]여야 동조에 따른 재산 관리처분명령을 신청할 수 있는 필요성의 요건이 충족되었다고 해석해야 할 것이다.

부재자의 재산관리의 필요성이 인정되는 대표적인 경우는 채권자가 부재 자를 피고로 소를 제기하는 경우, 또는 부재자의 재산이 제3자에 의해 침해되 고 있는 경우 등이다. 전자의 경우 민사소송절차에서 부재자인 피고를 위한 법

---

7) 부재자의 보호를 위한 것이지, 제3자의 보호를 위한 것은 아니다. 다만 본인 보호에 목 적이 있지만 이를 통해 제3자에게도 도움이 되는 경우도 있을 것이다. 독일의 통설도 이 런 입장이다. MünchKomm/Schwab, §1911 Rn. 14 참조.

8) 자신의 권리를 포기할 수 있기 때문에, 자의에 의해 자기 재산 관리를 위한 조치를 취하 지 않는 경우에는 타인에게 발생할 위해의 방지 등의 목적이 아니라면 자기결정권의 행사 에 개입해서는 안 될 것이기 때문이다. 독민 §1911 Ⅱ에 따른 부재자 재산관리보조인 선 임의 요건으로 '재산적 사무의 관리를 방해받을 때(verhindert)'를 들고 있는데, 대리권 수 여의 가능성이 있을 때에는 이 요건이 충족되지 않는다고 한다. MünchKomm/Schwab, §1911 Rn. 11 참조. 이것도 동일한 취지일 것이다.

정대리인 제도가 없기 때문에[9] 피고에게 소장이 송달되지 못하여 공시송달 ($\frac{민소}{§194}$), 의제자백을 통해($\frac{민소}{§257}$) 패소판결이 확정되는 불이익을 입을 수 있다. 이 때 그 부재자를 위한 재산관리처분제도를 활용하여야 할 것이다.

III. 재산관리 처분 명령

1. 재산관리 처분 명령 신청권자

(1) 이해관계인

부재자의 재산관리에 관하여 법률상 이해관계를 가진 사람을 말한다. 부재자의 추정상속인이 대표적인 법률상 이해관계를 가진 사람이다. 유언상속을 받을 사람도 동조의 법률상 이해관계를 가진 사람이다. 배우자도 §22의 이해관계를 가진 자라는 견해도 있으나,[10] 배우자는 일상가사대리권의 범위에서 본인의 재산을 관리하거나 할 수 있는 자이기 때문에 §22의 이해관계인이라고 보기는 어렵다. 반면 일상가사대리권으로 부재자의 재산관리를 할 수 없는 특별한 사정이 있으면 §23에 따라 재산관리 명령을 신청할 수는 있다. 친권자를 §22의 이해관계를 가진 자로 보는 견해도 있으나,[11] 친권자는 당연히 미성년자의 재산을 관리하거나 처분할 권한이 있기 때문에 §22에 따른 부재자의 재산관리처분 명령을 신청할 수 없다. 바로 그러한 이유로 이 제도는 부재자인 미성년자의 재산관리를 위해 이용되지 않는다고 할 것이다. 부재자에 대해 채권을 가진 자, 가령 부양청구권을 가진 친족, 수증자, 공동채무자, 보증인 등도 이해관계인이라고 하는데,[12] 부재자의 채권자는 동조의 이해관계인으로 보아서는 안 될 것이다. 이들은 부재자와 이해관계가 대립되는 사람이며, 이들이 부재자 본인의 보호를 위한 재산관리처분명령을 신청할 권한이 있다고 하

---

9) 민사소송절차에서의 특별대리인 제도는 민소 §62, §62-2에 따라 제한행위능력자 또는 의사무능력자를 위한 소송절차에서의 법정대리인인데, 제한행위능력자(또는 의사무능력자)를 피고로 한 소가 제기된 경우, 또는 제한행위능력자(또는 의사무능력자)가 제기한 소에서는 특별대리인을 선임하여 그의 재판절차 참여권을 보장할 수 있는 장치가 있으나, 부재자의 재판절차 참여권을 보장하는 장치는 실체법인 민법상의 부재자의 재산관리인 이외에는 없다.
10) 구주해(1), 351(한상호) 참조.
11) 구주해(1), 351(한상호) 참조.
12) 구주해(1), 351(한상호) 참조.

면, 이해상충관계 있는 자의 신청에 의해 진행되는 가사비송사건절차의 공정
성을 침해할 수 있기 때문이다. 이들 채권자는 자신의 채권을 실현하기 위해
소를 제기할 수 있고, 또 확정된 판결을 통해 강제집행을 할 수도 있는 지위에
있으며, 그 절차에서 채무자가 부재자라고 해서 자신의 권리를 실현하는 데 어
떤 애로가 발생하는 것은 아니다. 채권자의 입장에서 부재자의 재산이 관리되
지 못함으로써 자신의 채권 실현에 어려움이 예상된다고 하면 채권자대위권,
또는 가처분, 가압류 등 다른 법률적 수단을 통해 자기 채권을 보전할 수 있을
것이다. 이들은 부재자의 재산을 보호하는 데 법률상 이해관계가 있다고 보아
서는 안 될 것이다.[13)

  (2) 검   사

  검사는 공익의 대표자로서 검찰청법 § 4 Ⅰ (vi)에 따라 '다른 법령에 따라
그 권한에 속하는 사항'을 처리할 권한이 있다. 민법의 많은 규정들에서 시민
들의 사회생활 및 가족생활에서 본인을 법정대리할 사람이 없는 경우, 또는 본
인의 이익을 대변할 다른 제도가 없는 경우 검사가 본인의 이익을 대변하는
일을 할 수 있도록 하고 있다. 부재자의 재산관리명령 처분의 경우도 그 중의
하나이다. 공익의 대표자로서 검사의 민사법 영역에서의 직무를 효과적으로
수행하기 위한 목적으로 비송 § 16(검사에 대한 통지)에서는 "법원, 그 밖의 관청, 검사와
공무원은 그 직무상 검사의 청구에 의하여 재판을 하여야 할 경우가 발생한
것을 알았을 때에는 그 사실을 관할법원에 대응한 검찰청 검사에게 통지하여
야 한다."고 규정하고 있다.

  부재자의 재산이 재산관리인 또는 사실상의 관리인의 부재로 관리되지 않
고 방치됨으로써 그 부재자에게 불이익이 생기거나 생길 우려가 큰 경우에는
검사가 개입하여 본인의 소재를 파악하여 재산관리에 필요한 조치를 취할 수
있도록 연락하거나 연락이 되지 않을 경우 § 22에 따라 법원에 부재자의 재
산관리처분 명령을 신청하는 것이 § 22 및 검찰청법 § 4 Ⅰ (vi)에 따른 직무를
제대로 수행하는 길일 것이다. 특히 피고의 재산에 상당한 부정적인 영향을 줄

---

13) 민소 §§ 62, 62-2에서는 채권자(원고)가 피고가 제한행위능력자인데 그에게 법정대리인
인 없거나, 사실상 소송을 대리할 수 없는 경우 또는 피고가 당해 소송물에 관한 소송행위
수행에서 의사무능력일 경우 특별대리인 선임신청을 할 수 있도록 규정하고 있는데, 그
이유는 특별대리인 선임 없이 소송이 진행되어 종국판결이 내려지더라도 그 소송행위가
무효여서 원고가 소기의 목적을 달성할 수 없으므로 그의 이익을 위해 특별대리인 선임신
청을 할 수 있게 한 것이다. 그러나 부재자의 채권자는 이런 이익을 상정하기 어렵다.

수 있는 소송이 제기되고, 또 피고가 주소지에서 소장을 송달받을 수 없어서 공시송달이 되어야 할 사안이라면, 공시송달이 있기 전에 검사가 개입하여 본인의 거주지를 확인하고, 연락이 되지 않을 경우 §22에 따른 재산관리명령을 신청하는 것이 검사의 직무일 것이다. 이를 위해서는 비송 §16를 개정해서 피고의 재산에 부정적인 영향이 클 수 있고, 공시송달이 예정되어 있고, 부재자로 의심할 만한 사안이 있을 때 법관은 검사에게 통지하도록 하는 입법적 개선이 필요할 것이다.[14]

2. 절　차

신청권자는 부재자의 종래의 주소지(주소를 알 수 없을 경우 거소지)를 관할하는 가정법원에 부재자의 재산관리처분명령의 절차는 가사비송 라류 제2호 사건에 따른다(가소 §2 I (ii) 가목 참조). 신청권자는 부재자의 마지막 주소지 또는 부재자의 재산이 있는 곳의 가정법원에 심판을 신청하여야 한다(가소 §44 I (ii)). 부재자의 마지막 주소지 또는 부재자의 재산이 있는 곳을 알 수 없는 경우에는 서울가정법원이 관할법원이 된다(가소 §§35 II, 13 II). 심판청구는 구술 또는 서면으로 할 수 있다(가소 §36 II).

심판청구에 관하여 이해관계 있는 자는 재판장의 허가를 받아 참가할 수 있다(가소 §37 I). 재판장은 상당하다고 인정하는 경우에는 심판청구에 관하여 이해관계가 있는 자를 절차에 참가하게 할 수 있다(가소 §37 II). 가정법원은 필요하다고 인정할 경우에는 신청권자 또는 그 법정대리인을 당사자 신문 방식으로 심문할 수 있고, 그 밖의 관계인을 증인 신문 방식으로 심문할 수 있다(가소 §38). 부재자의 재산관리처분을 명하는 제1심 종국재판은 심판으로써 한다(가소 §39 I). 재산관리처분을 명하는 심판은 당사자와 절차에 참가한 이해관계인에게 고지하여야 하는데(가소규 §25), 신청권자가 심판을 고지 받음으로써 그 효력이 발생한다(가소 §40). 가소 §40 단서에 따르면 가소 §43에 따라 즉시항고를 할 수 있는 심판은 확정되어야 효력이 있도록 규정하는데, 즉시항고할 수 있는 심판인지는 가사소송규칙에서 정하고 있다. 부재자의 재산관리처분을 명하는 심판이나 그 심판을 취소하는 심판은 즉시항고할 수 있는 심판이 아니다(가소규 제3편 제2장 제3절 §51 참조). 그러므로 신청인과 이해관계인에게 통지되는 즉시 확정되는 효력이 있다. 이

---

14) 영국에서도 실종자 수가 많아서 이들의 재산관리가 중요한 사회문제로 부각하여 부재 및 실종자의 재산관리를 위한 특별법을 제정하기 위한 노력을 하고 있다. Guardianship of the Property and Affairs of Missing Persons Consultation Paper 참조. 캐나다 브리티시 콜롬비아 주에서도 공공후견인 및 수탁자 관청이 부재자의 재산관리 업무를 담당하고 있다.

에 불복하고자 하는 자가 하는 항고는 집행정지의 효력이 없다($\substack{가소 §34,\\비송 §20}$). 한편 부재자 재산관리를 명하는 심판 청구가 기각된 경우에는 신청인이 즉시항고할 수 있다($\substack{가소규\\§27}$).

Ⅳ. 처분의 내용

§22의 요건이 충족되어 신청인이 관할 가정법원에 부재자의 재산관리처분을 명하는 심판을 청구할 경우 가정법원은 다음과 같은 내용의 심판을 할 수 있다.

1. 재산관리인 관련한 처분

(1) 재산관리인의 지위

부재자의 재산관리에 관하여 필요한 처분 중 가장 중요한 부분이 재산관리인의 선임이다. 재산관리인은 가정법원에 의해 선임된 부재자의 법정대리인이다.[15] 재산관리인은 부재자의 대리인이지 가정법원의 직무를 보조하는 사람이 아니다. 따라서 재산관리인과 본인 간의 관계에서는 필요한 경우 위임에 관한 규정이 유추적용될 수 있다. 무엇보다도 부재자에 대한 선관주의의무($\substack{§\\681}$), 취득물의 이전 및 인도의무($\substack{§\\684}$), 금전소비의 책임($\substack{§\\685}$), 사무종료 후의 전말보고의무($\substack{§\\683}$), 위임종료 후의 긴급사무처리($\substack{§\\691}$) 등이 적용되는 것이 그 예이다. 그러나 보수청구 등은 가정법원에 하여야 하고, 가정법원은 필요하면 보고를 하도록 요구할 수 있다.

(2) 재산관리인의 선임 및 수

재산관리인을 누구로 선임할 것인지는 가정법원에 맡겨져 있다. 재산관리인을 누구로 선임할지에 관하여는 성인을 위한 후견인 선임의 규정($\substack{§\\936}$)을 고려하는 것이 바람직할 것이다. 부재자의 재산관리인이나 후견인이나 모두 본인 보호에 목적이 있기 때문이다. 따라서 부재자의 의사를 존중하는 것이 가장 중요할 것이다. 부재자가 평소 재산관리를 맡겼던 사람이 있다면 그 사람을 우선적으로 고려하여야 할 것이다. 또한 부재자와 생활관계에서 밀접하거나 우호적인 관계가 있었던 사람, 부재자의 재산상황, 재산관리인의 직업과 경험,

---

15) 구주해(1), 354(한상호) 참조.

부재자와의 이해관계 유무 등을 고려하여 선임하여야 할 것이다. 이 경우 원칙적으로 부재자와 가까운 친족 중에서 선임하는 것이 바람직할 것이다. 법률적 분쟁 등이 있을 때에는 재산관리인으로 하여금 변호사를 선임하여 사무를 처리할 권한을 부여하는 것도 필요할 것이다.

재산관리인을 법인으로 선임할 수 있는지 또는 몇 명으로 선임할 것인지에 대해서도 가정법원의 재량에 맡겨져 있다고 할 것이다. 이 때에도 부재자와의 관계와 처리해야 할 사무를 고려하여 법인 재산관리인을 선임할 수도 있고, 수인의 자연인을 선임할 수도 있을 것이다. 무엇보다도 부재자의 관점에서 그의 이익이 잘 반영될 수 있고, 이해상충의 여지가 없도록 선임하는 것이 바람직할 것이다. 법률분쟁 등의 업무가 필요하다거나 재산관계의 처리가 복잡하다는 이유로 변호사나 회계사를 재산관리인으로 선임하는 것은 적절하지 않을 것이다.[16] 이런 사안에서는 재산사무 처리에서 전문가인 변호사나 회계사의 도움을 받아야 하는데, 자신이 그 사무를 처리하게 되면 전문가로서의 비용상환을 청구하여야 하기 때문에 결과적으로 자기계약을 하는 셈이 될 것이기 때문이다. 가정법원에서는 재산관리에 필요한 처분을 명할 수 있으므로, 부재자와 가까운 사람을 선임하되, 변호사, 회계사 등 전문가를 선임하여 본인 사무를 처리하도록 명하는 것이 합리적일 것이다.

(3) 선임된 재산관리인의 개임

가소규 § 42(선임한 관리인의 개임)는 다음과 같이 규정한다.

① 가정법원은 언제든지 그 선임한 재산관리인을 개임할 수 있다.
② 가정법원이 선임한 재산관리인이 사임하고자 할 때에는 가정법원에 그 사유를 신고하여야 한다. 이 경우, 가정법원은 다시 재산관리인을 선임하여야 한다.

민법에서는 가정법원이 선임한 부재자의 재산관리인을 개임할 수 있는 절차에 관하여 아무런 규정을 두지 않는다. 이 경우 § 23의 규정을 유추적용하여 가정법원이 선임한 재산관리인, 이해관계인 또는 검사의 청구에 의해 개임할 수 있다고 해석할 수도 있을 것이다. 그럼에도 불구하고 위 가사소송규칙은 신

---

16) 구주해(1), 355(한상호)에서는 변호사나 공인회계사를 선임하는 것이 타당하다는 견해이지만, 개정 민법에 따른 후견인 관련 규정의 취지, 본인 보호와 이해상충의 회피 등을 감안하면 오히려 부재자와 가까운 사인, 또는 전문가를 선택하여 조력을 얻을 수 있는 역량이 있고 또 이해상충의 우려가 없는 자를 재산관리인으로 선임하는 것이 타당할 것이다.

청주의가 아닌 직권주의에 따라 재산관리인을 개임할 수 있게 규정하고 있다.

직권주의에 따라 선임한 재산관리인을 개임하기 위해서는 누구라도 개임을 신청할 수 있게 하여 직권심판을 촉구할 수 있는 규정을 별도로 두는 것이 타당할 것이다. 그러나 이런 규정이 없기 때문에 직권에 의한 개임을 하는 것이 현실적이지 않을 것이다. 이것이 가능하기 위해서는 가정법원이 재산관리인으로부터 수시로 보고를 받고, 재산관리인을 감독할 수 있는 체계를 갖추어야 할 것이다. 그런 이유 때문에 가소규 §44(재산상황의 보고와 관리의 계산)에서는 다음과 같은 규정을 둔다.

> ① 가정법원은 그 선임한 재산관리인에게 재산상황의 보고 및 관리의 계산을 명할 수 있다·
> ② 가정법원은 「민법」 제24조 제3항의 경우에는, 부재자가 정한 재산관리인에게도 제1항의 보고 및 계산을 명할 수 있다.

위 규정으로 인해 가정법원이 보고 및 관리의 계산을 제대로 감독하지 못한 경우 재산관리인에 의해 본인에게 발생한 재산손실이 생기거나 확대된 경우 국가배상책임의 문제가 발생할 수 있을 것이다.

입법론적으로 보면, 직권주의로 하되 누구라도 직권발동을 촉구할 수 있도록 하는 것이 바람직할 것이다. 또한 보고 및 관리의 계산은 가정법원이 아닌 제3의 행정기관에서 담당하는 것이 바람직할 것이다. 재판기능과 행정기능이 일치함으로써 가정법원 스스로가 이해상충되는 상황에 빠질 우려가 있고, 그런 이유 때문에 부재자의 보호에 소홀함이 발생할 수 있기 때문이다. 이런 우려를 불식하기 위해서는 영국이나 캐나다와 같이 부재자의 재산관리 업무를 담당하는 별도의 공공수탁자(the Public Trustee)를 두는 것이 바람직할 것이다.

(4) 선임된 재산관리인의 사임 및 개임

민법에서는 선임된 재산관리인의 사임에 관하여 아무런 규정을 두지 않는다. 법원에 의해 선임된 재산관리인이 사임할 수 있는 절차를 두지 않는 것은 문제가 있다. 민법에 규정이 없더라도 후견인의 사임 및 개임에 관한 규정을 부재자의 재산관리인에 유추적용하는 것이 타당할 것이다. 가소규 §42에서는 선임한 재산관리인을 가정법원이 직권으로 개임할 수 있을 뿐 아니라, 재산관리인이 사임하고자 할 때에는 가정법원에 그 사유를 신고하도록 하고, 사임을 허

가하는 것과 동시에 새로운 재산관리인을 선임하도록 한다. 부재자가 정한 재
산관리인을 개임하는 심판에 대하여는 그 재산관리인이 즉시항고를 할 수 있다
(가소규). 가소규 §§ 42, 51는 성인을 위한 후견인의 사임 및 개임에 관한 §§ 939,
940의 규정 및 이에 관한 절차규정인 가소규 § 36와 유사하다.

(5) 재산관리인의 권한

가정법원이 선임하는 재산관리인은 부재자의 재산관리에 필요성이 있기
때문에 선임하므로, 부재자의 보호에 필요한 범위에 한정하여 재산관리인의
권한을 부여하는 것이 바람직할 것이다. 이 경우 가정법원은 일정한 범위에 한
정된 권한을 가진 재산관리인을 선임할 수 있을 것이다.[17) 부재자가 정한 재산
관리인이 있고, 그가 제한된 범위의 재산관리권만 있는데 그 범위를 초과하여
재산관리인을 선임할 필요가 있을 경우 가정법원은 한정된 범위의 재산관리인
을 선임할 수 있을 것이다. 이런 경우가 아니라면 부재자를 위하여 재산관리의
필요성이 발생한 경우 그의 전 재산에 관하여 재산관리권한을 부여할 수도 있
다.[18) 재산관리인의 권한에 관하여 상세한 것은 민법 제24조 및 제25조의 주
석을 참조.

(6) 재산관리인의 보수

이에 관하여는 § 26의 주석을 참조.

2. 그 밖에 필요한 처분

앞서 언급한 재산관리에 관하여 필요한 처분 중 가장 중요한 것이 부재자
의 재산관리인을 선임하는 것이지만, 그 밖에도 부재자의 재산을 보존하기 위
해 필요한 처분을 할 수 있다. 그 처분은 부재자 스스로가 할 수 있는 처분 범
위에 속한 것이면 가정법원이 직권으로 이를 대신할 수 있다고 이해해야 할
것이다. 긴급하게 필요하다면 예금계좌의 동결, 발급된 카드이용의 중단, 부재
자의 재산 보존을 위한 처분 등을 비롯하여 본인의 재산관리에 필요한 그 밖
의 처분을 할 수 있다. 이 처분은 경우에 따라서는 사전처분으로 할 수도 있고
(가소), 본안사건의 처분을 명하는 심판으로도 할 수 있다. § 22는 가정법원으
로 하여금 부재자의 재산관리에 관하여 필요한 처분을 명령할 수 있도록 하고,

---

17) 법률에 이에 관한 규정이 없는 독일에서도 이렇게 해석한다. MünchKomm/Schwab,
   § 1911 Rn. 17 참조.
18) 독일에서는 범위를 제한하지 않으면 전 재산에 관하여 재산관리권한을 가지는 것으로
   추정된다고 한다. MünchKomm/Schwab, § 1911 Rn. 17 참조.

§ 24에는 보존에 필요한 처분을 명할 수 있도록 한다. 따라서 본안사건으로도 처분명령을 내릴 수 있다고 할 것이다.

V. 재산관리처분의 취소

1. 취소의 요건

(1) 본인이 재산관리인을 정한 때

부재자의 재산관리인 선임 심판이 있은 후 본인이 재산관리인을 지정하였다면 부재자의 재산관리처분 심판의 취소를 신청할 수 있다($_{II}^{§22}$). 재산관리에 관한 부재자의 자기결정권을 존중하여야 하므로, 국가의 개입은 중단되어야 하기 때문이다.

(2) 그 밖의 사유

부재자가 주소나 거소로 복귀한 경우에도 더 이상 법원이 선임한 부재자의 재산관리인이 활동할 이유가 없다. 따라서 § 22 II과 마찬가지로 심판의 취소를 신청할 수 있다.

부재자가 사망한 경우에도 부재자의 상속인, 유언집행자 등이 부재자의 재산관리인 선임 심판을 취소신청할 수 있다고 할 것이다.

부재자에 대해 실종선고가 내려진 경우에도 재산관리인 선임 심판을 취소하여야 한다.

그 밖에도 재산관리의 필요성이 없어진 경우에도 재산관리인 선임 심판을 취소하여야 한다. 재산관리의 필요성이 없어진 경우란 관리할 재산이 없어진 경우이거나 재산관리인이 없더라도 사실상 재산이 보존될 수 있거나 재산관리인의 지정 없이 재산관리를 하기를 희망하는 부재자의 의사가 확인된 경우도 사인의 재산관리에 대한 국가개입을 지속할 이유가 없다. 이 경우에도 부재자의 재산관리인 선임 심판을 취소하여야 한다.

가소규 § 50는 사건본인이 스스로 그 재산을 관리하게 된 때 또는 그 사망이 분명하게 되거나 실종선고가 있는 때 또는 관리할 재산이 더 이상 남아 있지 아니한 때에는 가정법원은 사건본인 또는 이해관계인의 청구에 의하여 그 명한 처분을 취소하여야 한다고 규정한다. 이 경우 뿐 아니라 위 (2)에서 언급한 바와 같이 재산관리의 필요성이 없어진 경우에도 취소를 할 수 있다고 할 것이다.

2. 취소절차

취소는 부재자 본인, 재산관리인, 이해관계인, 또는 검사가 청구할 수 있다
($\S^{22}_{II}$). 가소규 §50는 사건본인이나 이해관계인만을 언급하지만, §22 II에 따라 재산관리인 또는 검사도 취소를 신청할 수 있다고 할 것이다.

취소도 심판으로 하며 가사비송 라류 제2호 사건이다. 가정법원은 취소의 요건이 충족되면 반드시 재산관리처분을 취소하는 심판을 내려야 한다. 그렇지 않을 경우 부재자의 재산권 또는 자기결정권이라는 기본권을 침해하게 될 것이다.

실종선고 심판과 부재자의 재산관리처분 취소심판은 모두 가사비송사건이고, 병합이 가능하므로 재산관리처분을 명하는 심판이 선고된 부재자에 대해 실종선고 심판을 청구하는 경우 양 심판을 병합하여 제기하는 것이 바람직할 것이다.

재산관리처분을 취소하는 심판은 신청인과 이해관계인에게 송달되어야 하지만, 신청인에게 송달되면 그 때 효력이 발생한다. 취소 심판을 기각하는 판결에 대해서는 신청인이 즉시항고할 수 있다. 그 밖에 이해관계인이 즉시항고할 수 있다는 규정은 없지만, 이해관계인 역시 법률상의 권리 또는 기본권 침해가 있다면 특별항고할 수 있을 것이다.

3. 취소의 효과

실종선고 취소와 달리 부재자의 재산관리처분 취소 심판의 효력에 관하여는 아무런 규정을 두지 않고 있다. 대법원의 일관된 판례는 취소심판의 효력은 소급하지 않고, 장래를 향하여 효력이 있다고 한다.[19] 그 결과 부재자의 사망이 밝혀졌다고 하더라도 부재자의 재산관리인은 본인의 법정대리인으로서 적법한 권한을 가진다고 해석하게 된다.[20] 독민 §1921에서는 부재자의 사망, 실

---

19) 대판 81.7.28, 80다2668에서도 '부재자 재산관리인으로서 권한초과행위의 허가를 받고 그 선임결정이 취소되기 전에 위 권한에 의하여 이루어진 행위는 부재자에 대한 실종선고 기간이 만료된 뒤에 이루어졌다고 하더라도 유효하다.'고 판시하고 있다.

20) 대판 87.3.24, 85다카1151에서는 '부재자의 재산관리인에 의하여 소송절차가 진행되던 중 부재자 본인에 대한 실종선고가 확정되면 그 재산관리인으로서의 지위는 종료되는 것이므로 상속인 등에 의한 적법한 소송수계가 있을 때까지 소송절차는 중단된다.'고 판시하고 있다. 이 판결을 실종선고 확정 후 부재자의 재산관리인의 지위가 자동적으로 종료되

종선고, 복귀 등이 있더라도 성인지원법원의 결정으로 재산관리보조 종료를 하도록 규정하고, 장래효만 있다고 규정하고 있다. 그러나 이런 법률의 규정이 없는 상태에서 취소심판의 효력에 장래효만 있다는 것을 어떻게 이해하여야 할지에 대해서는 검토가 필요할 것이다. 첫째, 실종선고 취소는 소급효를 인정하면서 실종선고 후 취소 전에 선의로 한 법률행위의 효력에는 영향이 없다고 한다. 그러나 부재자가 사망하였거나 복귀함으로써 취소심판이 내려진 경우 실종선고와 달리 소급하여 소멸하였다고 하기가 어렵다. 부재자의 사망 사실이 확인되거나 복귀하기 이전까지의 행위는 유효하기 때문이다. 달리 말하면 취소라는 용어에만 집착하여 소급소멸을 인정하기 어렵다는 점이다. 결과적으로 법정대리권의 소멸 시점을 특정하는 것은 입법정책적으로 판단할 수 밖에 없기 때문에, 이에 대한 결단이 없는 상태에서는 실종선고와 달리 취소심판의 확정으로 소멸한다고 할 수 밖에 없을 것이다. 둘째, 부재자의 사망이나 복귀로 취소심판이 내려진 이후 재산관리인의 법정대리권이 소멸하더라도, 재산관리인은 복귀한 부재자 또는 그의 상속인이 재산관리를 할 수 있을 때까지 그 사무의 처리를 계속하여야 한다($\frac{\S 691$의}{유추적용}$). 이 때 종전의 법률관계가 존속하는 것과 동일한 효력이 발생한다고 해석하여야 할 것이다($\frac{\S 691 \ 제2문}{의 \ 유추적용}$). 따라서 부재자의 재산관리인은 취소심판이 내려지더라도 부재자나 그 상속인이 재산관리를 이어받을 수 있을 때까지 동일한 권한을 가진다면, 취소의 효력이 장래효를 가진다고 하는 것을 문제삼을 것은 아닐 것이다. 결국 재산관리인의 부적절한 재산관리로 인해 부재자가 손해를 입은 것을 전보받을 수 있는 방법이 문제될 것이다. 이는 § 26의 담보제공의 규정을 통해 적절하게 규율하여야 할 것이다.

4. 취소 후의 법률관계

부재자의 재산관리 처분이 취소되면 재산관리인의 법정대리권이 소멸하게

는 것으로 해석해서는 안 될 것이다. 당사자가 사망한 때에 소송절차가 중단되게 하고, 상속인, 상속재산관리인, 그 밖에 법률에 의하여 소송을 계속하여 수행할 수 있는 사람이 소송절차를 수계하도록 규정하는 민소 § 233의 효력에 기해 소송절차가 중단되는 것이지, 부재자의 재산관리인의 권한이 종료되기 때문에 그런 것은 아니다. 부재자인 소송당사자가 사망한 후의 부재자의 재산관리인은 재산관리처분의 취소심판이 내려지기 전까지는 부재자의 재산관리인이지만, 민소 § 233에 따라 사망한 자의 소송을 계속하여 수행할 수 있는 권한을 가진 것으로 법률에 의해 정해진 자는 아니기 때문에 소송절차가 중단된다는 것이다. 이 때의 부재자의 재산관리인이 소송외적으로 부재자를 위한 재산관리행위를 그의 권한 범위 내에서 하였다면 본인에게 효력이 있음은 말할 것도 없다.

되고, 재산관리인은 복귀한 부재자 또는 그의 상속인이 재산관리를 할 수 있을
때까지 그 사무의 처리를 계속하여야 한다($\S 691$의 유추적용). 또 그동안의 재산관리 전말
에 관하여 본인 또는 그 상속인에게 보고하여야 한다($\S 683$의 유추적용).

[제 철 웅]

第 23 條(管理人의 改任)

　　不在者가 財産管理人을 定한 境遇에 不在者의 生死가 分明하
　　지 아니한 때에는 法院은 財産管理人, 利害關係人 또는 檢事
　　의 請求에 依하여 財産管理人을 改任할 수 있다.

Ⅰ. 동조의 기능

　　$\S 23$는 매우 간단한 문장으로 구성되어 있지만 부재자 재산관리제도의 취
지를 잘 드러나게 하는 규정이다. 즉 부재자가 재산관리인을 정한 경우에는 국
가가 사인(私人)의 재산관리 영역에 개입할 필요가 없다는 점을 드러낼 뿐만
아니라, 생사가 분명하지 않은 경우에 개임할 수 있게 함으로써 부재자와의 연
락이 두절되어 재산관리에 부재자의 관여가 어려울 때 비로소 부재자의 재산
관리제도가 기능한다는 점을 잘 드러나게 해 준다. 이 규정으로 말미암아 $\S 22$
의 부재자의 재산관리처분 심판 청구의 요건을 더욱 더 구체화할 수 있게 된
다는 것이다.

II. 관리인 개임신청의 요건

1. 부재자가 정한 재산관리인의 권한이 종료되지 않았을 것

이 규정 자체가 이미 있는 재산관리인을 개임하는 것이므로 부재자가 정한 재산관리인이 있고, 그의 권한이 아직 종료되지 않았음을 전제한 것이다. 또한 부재자가 정한 재산관리인의 권한을 초과하는 영역에서의 재산관리가 필요하다면 §23가 아니라 §22에 따른 재산관리처분 심판청구가 있어야 할 것이다.

2. 부재자의 생사가 분명하지 않은 것

부재자의 생사가 분명하지 않다고 하기 위해서는 재산관리인만이 아니라 이해관계인들이 부재자와 더 이상 연락이 닿지 않고, 연락이 닿을 방법이 거의 없어야 한다.

3. 그 밖의 요건

부재자의 생사가 불분명하다는 이유만으로 부재자가 선임한 재산관리인을 개임할 수 있다는 것은 국가가 부재자가 선택한 자기결정권의 영역에 지나치게 개입하는 것이라고 하지 않을 수 없다. 부재자와 연락이 닿지 않는다는 이유만으로 부재자의 의사와 무관하게 그가 정한 재산관리인을 개임할 수 있다고 해석하는 것은 개인의 인권과 기본권의 중핵인 자기결정권을 지나치게 경시하는 사고라는 것이다.

이런 점을 감안한다면 부재와와 연락이 닿지 않을 정도로 그의 생사가 불분명하다 하더라도, 종전의 재산관리인으로는 감당하기 어려운 재산관리상의 필요성이 발생하였다든지, 그 재산관리인의 재산관리능력에 문제가 발생하였다든지 하는 특별한 사정이 추가되지 않는 한 국가가 개입해서는 안 될 것이다. 독민 §1911 Ⅰ 제2문에서 부재자가 수여한 대리권 또는 위임계약을 종료시킬 특별한 사정이 생겼음에도 불구하고 본인이 그와 같은 의사표시를 할 수 없을 때 부재자의 재산관리보조인을 선임할 수 있다고 규정한 것도 바로 이러한 이유 때문이다.[1]

---

1) 이에 대해서는 MünchKomm/Schwab, §1911 Rn. 13 참조.

Ⅲ. 개임의 절차

1. 신청권자

부재자가 정한 재산관리인, 이해관계인, 또는 검사가 개임을 신청할 수 있다.

2. 절   차

재산관리인의 개임은 가사비송 라류 제2호 사건으로, 부재자의 마지막 주소지를 관할하는 가정법원이다. 마지막 주소지를 알지 못할 경우 서울가정법원이 관할법원이 된다.

개임은 심판으로써 하는 점은 재산관리처분 심판과 동일하다. 다만 이 절차에서는 신청인이 재산관리인이 아니라 하더라도 재산관리인을 반드시 참여하도록 하고 있다($^{가소규}_{§41\,Ⅱ}$). 재산관리인을 개임하는 심판은 당사자 및 절차에 참가한 이해관계인 외에 그 재산관리인에게도 고지하여야 한다($^{가소규}_{§43}$). 부재자가 정한 재산관리인을 개임하는 심판에 대하여는 그 재산관리인이 즉시항고를 할 수 있다($^{가소규}_{§51}$). 재산관리인 개임신청을 기각하는 심판에 대해서는 신청인이 즉시항고할 수 있다($^{가소규}_{§27}$).

Ⅳ. 개임의 효과

1. 새로운 재산관리인의 선임

개임에 의해 부재자가 정한 재산관리인과 부재자 사이의 위임계약은 종료한다.[2] 개임에 의해 선임된 재산관리인은 §22에 따라 선임된 재산관리인과 동일하다.

2. 부재자가 정한 재산관리인에 대한 감독?

개임 심판 청구를 기각하는 판결을 하는 대신 가정법원이 부재자가 정한 부재자의 재산관리인을 감독만 하는 것도 가능하다는 견해도 있으나,[3] 이런 견해를 따르기는 어렵다. 가정법원이 개인의 사적 영역에 개입하기 위해서는

---

2) 대판 77.3.22, 76다1437 참조.
3) 구주해(1), 359(한상호) 참조.

법률에 의해 주어진 명확한 권한이 있어야 하는데, §24 Ⅲ을 제외한다면, 우리 법 어디에도 부재자가 정한 재산관리인을 감독할 권한을 가정법원에 부여하지 않기 때문이다.

[제 철 웅]

第 24 條 (管理人의 職務)

① 法院이 選任한 財産管理人은 管理할 財産目錄을 作成하여야 한다.

② 法院은 그 選任한 財産管理人에 對하여 不在者의 財産을 保存하기 爲하여 必要한 處分을 命할 수 있다.

③ 不在者의 生死가 分明하지 아니한 境遇에 利害關係人이나 檢事의 請求가 있는 때에는 法院은 不在者가 定한 財産管理人에게 前2項의 處分을 命할 수 있다.

④ 前3項의 境遇에 그 費用은 不在者의 財産으로써 支給한다.

Ⅰ. 본조의 기능

부재자의 재산관리에 관하여 필요한 처분으로 가정법원이 심판으로 재산관리인을 선임하게 되면, 특별한 사정이 없으면 재산관리인은 부재자의 모든 재산을 관리할 대리인으로서의 권한을 가지는 것이 통상적일 것이다. 그의 대리권은 부재자의 수권행위에 의해 주어진 것이 아니라 법률규정에 의해 주어졌으므로 그는 부재자의 법정대리인이다. 부재자와 재산관리인 사이에는 계약관계는 없지만 위임에 관한 규정이 이들간의 법률관계에 유추적용될 수 있다.

그런데 통상의 위임계약에서는 수임인의 직무수행의 방법에 관하여 계약으로 정할 뿐 아니라, 계약으로 정하지 않은 것은 위임법의 법률규정이 보충적으로 적용될 수 있다. 또한 위임인의 보고징수권($\S_{683}$)에 의해 수시로 사무를 보고하게 하여 필요한 지시를 할 수 있을 것이다. 그러나 가정법원이 선임한 재산관리인은 그의 직무수행의 내용과 방법에 관하여 본인과의 계약 및 지시에 따르는 것이 아니므로 법률에 특별한 규정을 두어야 할 것이다. 본조가 재산관리인의 직무수행의 방법에 관하여 규정함으로써 부재자의 의사에 기한 직무수행의 내용과 방법을 갈음하고자 한 것이다.

II. 재산관리인의 직무

1. 재산목록의 작성 의무

부재자의 재산관리인은 가정법원이 각기 다른 권한을 가진 수인의 재산관리인을 선임한 것이 아니라면 부재자의 모든 재산을 관리할 수 있다. 또는 제한된 범위에서 재산관리권한을 가질 수 있다. 어떤 경우이든 재산관리인은 자신에게 관리권한이 있는 부재자의 재산에 관하여는 재산목록을 작성함으로써 자기 재산과 부재자의 재산의 분별을 명확히 할 수 있다. 또 이렇게 해야만 향후 재산관리권이 종료되고 부재자 또는 그의 상속인에게 재산을 인계할 때 보고할 근거자료를 갖추게 될 것이다. 이런 목적으로 가정법원이 선임한 재산관리인은 자신의 권한 범위에 속한 부재자의 재산에 관하여 재산목록을 작성하여야 한다. 자신의 관리권한 범위에 속한 재산이면 그것이 부동산이든 동산이든 채권이든, 채무이든 구별하지 않는다.

§24 I에 의하여 재산관리인이 재산목록를 작성할 때 이해관계인은 가정법원의 허가를 얻어 참여할 수 있다($\frac{가소규}{\S47\ III}$). 작성 후 재산관리인과 참여인이 기명날인 또는 서명하여야 한다($\frac{가소규}{\S47\ I}$). 재산목록에는 다음 사항이 기재되어야 한다($\frac{가소규}{\S47\ I}$).

1. 작성의 일시, 장소와 그 사유
2. 청구인의 성명과 주소
3. 부동산의 표시

4. 동산의 종류와 수량

5. 채권과 채무의 표시

6. 장부, 증서 기타의 서류

재산목록은 2통을 작성하여 그 1통은 재산관리인이 보관하고 다른 1통은 가정법원에 제출하도록 하고 있다($\frac{가소규}{§47\,II}$). 가정법원은 재산관리인이 작성한 재산목록이 불충분하다고 인정하거나 기타 필요한 때에는, 재산관리인에게, 공증인으로 하여금 재산목록을 작성하게 할 것을 명할 수 있다. 이 때에도 앞서 언급한 사항들이 준수되어야 한다($\frac{가소규}{§48}$).

재산목록 작성비용은 부재자의 재산으로써 지급한다($\frac{가소규}{§52\,I}$).

2. 보존에 필요한 처분명령에 따른 직무

가정법원은 자신이 선임한 재산관리인에 대해 부재자의 재산을 보존하기 위해 필요한 처분을 명할 수 있다. 보존에 필요한 처분은 부재자의 재산관리인의 권한 범위 내에 있는 전체 재산의 보존을 위한 목적으로 처분하는 것이라고 이해해야 할 것이다. 따라서 부재자의 개별재산을 처분하도록 하더라도 전체적으로 부재자의 재산을 보존하기 위한 목적이라면 허용된다고 할 것이다. 가령 채무가 증가하는 것을 막기 위해 채무 변제의 목적으로 부동산을 매각하게 하는 것, 부패하기 쉬운 동산을 매각하게 하는 것 등이 그 예이다. 가소규 §49에서는 가정법원이 부재자의 재산을 매각하게 할 경우에는「민사집행법」제3편,「민사집행규칙」제3편의 규정에 의하여 매각하게 할 수 있다고 규정한다. 그런데 민사집행법 제3편은 강제집행 이외의 담보권 실행 및 법률의 규정에 따른 경매절차를 규정한 것인데, 부재자의 재산을 보존하기 위한 매각절차로 경매를 규정하지는 않았기 때문에 민법에서 정한 법원의 권한을 넘은 사항을 가사소송규칙으로 정한 것이 아닌가라는 의문이 있을 수 있다. 특히 경매절차를 통한 매각은 투명성은 실현되겠지만, 경제성이나 효율성은 떨어질 수 있기 때문에 부재자의 재산을 보존하는 효과가 미약할 수 있기 때문이다. 경매를 통한 매각은 가급적 회피되어야 할 것이다.

물건 또는 권리에 관한 법적, 사실적 처분행위를 수반하지 않는 그 밖의 재산관리인의 행위도 §24 Ⅱ의 처분에 포함된다고 해석하는 견해가 있다. 부재자의 채권을 보존하기 위해 지급명령 신청을 명하거나 소송수행을 위해 변

호사 선임을 명하는 등이 그 예이다.[1] 재산관리인의 직무를 법률에 규정한 취
지를 감안하면 재산관리인의 권한의 행사방법에 관한 사항을 명하는 것도 이
때의 처분에 포함된다고 해석할 수 있을 것이다. 그 목적이 부재자의 전체 재
산의 보존에 목적이 있는 것이고, 그 목적을 위해 재산관리인의 권한에 속하
는 것이면, 그 권한 행사의 방법을 심판으로 정함으로써 위임계약이 있었더라
면 부재자 자신이 지시하였을 직무수행의 방법을 가정법원이 갈음하여 명할
수 있을 것이다. 재산보존의 목적으로 변호사에게 소송을 위임하도록 하는 것,
회계사 등에게 위임하여 재산목록을 작성하도록 하는 것, 재산 보존의 목적으
로 신탁계약을 체결하도록 하는 것 등이 그 예일 것이다. 그러나 부재자의 재
산 증식을 위한 목적으로 재산관리인에게 특정한 업무를 지시하는 것은 가정
법원의 권한을 벗어난 것이다. 가령 원래부터 방치되어 있던 부재자의 부동산
을 임대하도록 하는 것 등은 지시해서는 안 된다는 것이다. 가정법원은 부재자
의 재산관리에 필요한 사항의 재판을 담당하는 기관이지, 재산관리 업무를 수
행하는 행정기관이 아니기 때문이다.

3. 부재자가 정한 재산관리인에 대한 직무명령

부재자가 정한 재산관리인이 있고, 그의 권한을 벗어난 영역에서 부재자의
재산관리가 필요할 때, 부재자의 재산관리인의 권한이 소멸한 때에는 §22에
따라 가정법원에서 재산관리인을 선임할 수 있다. 부재자와 연락이 닿지 않아
그의 생사가 불분명하다고 판단되는 경우 부재자가 정한 재산관리인이 있고,
그가 부재자의 재산관리를 감당하기 어려워 변경하는 것이 필요하다고 판단
되는 경우에는 가정법원은 §23에 따라 재산관리인을 개임할 수 있다. 여기서
더 나아가 부재자가 정한 재산관리인을 개임하지 않고, 부재자의 재산을 관리
할 필요가 있을 때 가정법원은 §24 Ⅲ에 따라 부재자가 정한 재산관리인에게
직무수행의 방법을 명할 수 있다. 동항에서는 '부재자의 생사가 분명하지 않
은 경우에 이해관계인이나 검사의 청구에 의하여' 재산목록의 작성 및 재산보
존을 위하여 필요한 처분을 명하는 심판을 청구할 수 있도록 규정한다. §§22,
23와 마찬가지로 단순히 생사가 분명하지 않는 것만으로는 부재자 자신이 정
한 직무수행의 방법을 대체하는 지시를 그 재산관리인에게 명하는 것은 부재
자의 자기결정권에 대한 부당한 개입이 될 것이다. 달리 말하면 부재자의 재산

---

1) 구주해(1), 363(한상호) 참조.

을 관리할 특별한 필요성이 있어야만 한다는 것이다. 관리할 재산의 범위가 많거나 복잡해진 것, 관리할 재산에 상당한 정도의 변동이 발생한 것, 재산관리인이 재산보존에 필요한 처분을 하지 않고 있는 것 등이 재산을 관리할 필요라고 할 것이다. §23 Ⅲ은 재산목록의 작성 및 재산보존에 필요한 처분을 명하는 것 두 가지만 명시하고 있다. 이는 부재자의 재산관리에 관한 자기결정권의 행사에 법원이 최소한으로 개입하여야 함을 전제한 것으로 이해해야 할 것이다. 재산목록의 작성 및 재산 보존에 필요한 처분은 가정법원이 정한 재산관리인에 대한 것과 동일하다.

Ⅲ. 재산관리인에 대한 감독

가정법원이 재산관리에 필요한 처분을 명하는 심판을 통해 재산관리인을 선임하고, 재산관리인의 직무수행방법을 지정하였는데, 그 심판이 올바르게 집행되고 있는지를 감독하지 않는다면 부재자의 재산관리를 위한 국가 개입의 목적을 제대로 달성하기 어려울 것이다. 재산관리인과 그의 직무수행에 관한 감독이 필요한 이유이기도 하다. 그러나 민법은 재산관리인의 직무수행에 관하여 감독할 기관에 관하여는 어떤 규정도 두지 않고 있다. 그 점에서 입법의 공백이 있는 셈이다. 이런 공백을 메우고자 가소규 §44는 가정법원은 자신이 선임한 재산관리인에게 재산상황의 보고 및 관리의 계산을 명할 수 있도록 한다($^{가소규}_{§44~Ⅰ}$). §24 Ⅲ에 의해 부재자가 정한 재산관리인에게 재산목록의 작성 및 재산보존의 목적으로 처분을 명한 경우에도 마찬가지로 가정법원에 보고 및 계산을 명할 수 있도록 한다($^{가소규}_{§44~Ⅱ}$). 이를 근거로 가정법원의 심판문에 부재자의 재산관리인에게 매년 1회 이상 관리상황을 보고하도록 명하는 내용을 기재하기도 한다.

이런 조치는 입법의 공백을 메우기 위한 불가피한 조치로 보이나, 여러 가지 점에서 우려할 점이 많다. 재산관리인에 대한 감독은 그에 대한 지원, 상담, 조언 나아가 지시를 수반하지 않고는 제대로 수행하기 어렵다. 그러나 재산관리인에 대해 지원, 상담, 조언을 한 바로 그 기관($^{가정}_{법원}$)이 재산관리인의 개임, 변경 등에 관한 재판을 담당하기도 하여야 한다. 이는 곧바로 이해상충의 문제를 야기시킨다. 동시에 행정기능의 확대를 통해 가정법원의 법관이 행정의 영역에 진출함으로써 당해 사건만이 아니라 여타의 재판에서도 그 공정성을 의심받을 수 있는 환경이 조성될 수 있다.

이 점에서 감독기능을 재판기능에서 분리하여 행정부가 담당하는 영국, 캐나다, 호주 등의 예를 참고하여 신속히 입법적 공백을 메울 필요가 있을 것이다.

Ⅳ. 재산관리비용

재산목록의 작성, 재산보존에 필요한 처분을 명하는 심판의 수행에 소요되는 비용은 부재자의 재산으로써 지급하도록 규정하고 있다. 재산관리인은 자신의 권한으로써 그 비용을 지출하면 될 것이고, 가정법원에 비용지출의 허가를 받아야 하는 것은 아니다. 수임인은 위임사무처리에 필요한 비용을 선급받을 수 있고($\S_{687}$), 지출한 비용에 대해 상환청구권이 인정된다($\S_{688}$). 필요비를 지출한 경우 지출한 날 이후의 이자를 청구할 수도 있다($\S_{I}^{688}$). 그러나 이 규정은 재산관리인에게 적용되지 않는다. 재산관리인은 부재자의 재산을 직접 점유하거나 지배하여 관리하고 있기 때문에 재산관리 사무의 처리를 위해 지출한 비용은 자신의 책임 하에 지급받도록 할 수 있기 때문이다. § 124 단서도 대리인은 본인의 자신에 대한 채무의 이행은 본인의 허락 없이 할 수 있도록 하고 있기 때문에 이런 변제는 자기계약의 예외조항에 해당된다.[2] 법정대리인인 재산관리인이 자신의 지배하에 있는 부재자의 재산으로 자기에 대한 변제를 하는 것은 가능하고 또 적법하다. 따라서 지출비용을 부재자의 재산에서 즉시 지출하지 않았다는 이유로 § 688 Ⅰ의 이자를 가산하여 지출하게 해서는 안 될 것이다.

가소규 § 52는 다음과 같이 규정한다.

① 가정법원이 부재자의 재산관리에 관하여 직권으로 심판하거나 청구에 상응한 심판을 한 경우에는, 심판전의 절차와 심판의 고지 비용은 부재자의 재산의 부담으로 한다. 가정법원이 명한 처분에 필요한 비용도 같다.

② 제1항의 규정은 항고법원이 항고인의 신청에 상응한 재판을 한 경우에 있어서의

---

2) 대결 71.2.26, 71스3도 동일한 취지이다. 이에 대해 구주해(1), 364(한상호) 이하에서는 형식논리에 치우친 판단이라는 비판이 있다. 그러나 본문의 기술이 이론적으로 타당한 해결방법이며, 실무상으로는 적절한 감독제도를 통해 해결되어야 할 문제일 것이다.

항고절차의 비용과 항고인의 부담이 된 제1심의 비용에 관하여 이를 준용한다.

그 중 가소규 §52 Ⅰ 제2문이 본항의 설명에 해당되는 부분이다. 여타의 비용으로 아직 부재자의 재산관리인이 선임되기 이전에 지출된 심판절차비용은 재산관리인이 선임된 이후 그가 부재자의 재산에서 지출하여야 할 것이다. 이 때 별도로 가정법원의 허가를 받아야 하는 것은 아니다.

부재자를 위한 사무처리에 소요된 비용을 직접 지출할 때 실무상 부재자에게 손실이 발생할 여지는 있다. 이 문제는 적절한 감독과 손해배상을 위한 담보제공제도로 해결해야 할 것이다.

가정법원 실무에 따르면 매년 1회 이상 관리상황을 보고하도록 하기 때문에 어떻게 비용지출이 되었는지 점검할 수 있다. 이 때 부당하게 비용지출이 되었다면 직권으로 재산관리인을 개임할 수 있다($\frac{가소규}{§42 Ⅰ}$). 이 때 가정법원은 새로이 선임한 재산관리인으로 하여금 구 재산관리인에 대해 손해배상청구권을 행사하도록 §23 Ⅱ에 따른 재산보존에 필요한 처분을 같이 내릴 수 있을 것이다.

[제 철 웅]

第 25 條(管理人의 權限)

法院이 選任한 財産管理人이 第118條에 規定한 權限을 넘는 行爲를 함에는 法院의 許可를 얻어야 한다. 不在者의 生死가 分明하지 아니한 境遇에 不在者가 定한 財産管理人이 權限을 넘는 行爲를 할 때에도 같다.

I. 부재자의 재산관리권

1. 재산관리의 대상

가정법원은 부재자의 재산관리인을 선임하면서 그가 관리할 재산의 범위를 정할 수 있다. §22의 요건으로 '재산관리의 필요성'을 인정한다면, 부재자의 전 재산이 아니라 관리하여야 할 필요성이 있는 범위에서 재산관리를 하도록 하기 위해 재산관리인을 선임할 수 있을 것이다. 또한 부재자가 직접 정한 재산관리인이 있고, 그의 권한 범위에 없는 재산에 대해 재산관리의 필요성이 있을 때에도 가정법원에 재산관리에 관한 처분 심판을 청구할 수 있다고 할 것이다. 이 때 가정법원이 선임하는 재산관리인 역시 제한된 범위의 재산에 대해서만 권한을 가지게 될 것이다. 그러나 이런 사정이 없다면 가정법원이 선임한 재산관리인은 부재자의 모든 재산에 대해 관리할 권한을 부여하는 것이 일반적일 것이다.

이런 방법으로 부재자의 재산관리권의 대상이 정해진다면, 거기에는 적극재산만이 아니라 소극재산도 포함될 수 있다. 부재자의 채무관리 역시 재산관리의 범위에 속할 수 있다. 고율의 이자부 소비대차계약상의 원리금반환채무, 부양의무 등도 그 예일 것이다.

2. 재산관리권의 법적 성격

부재자의 재산관리인은 재산관리에 관하여 부재자를 대리하는 법정대리인이라고 할 것이다. 부재자의 재산관리의 권한이 가정법원에 있고, 재산관리인은 그 권한을 가진 가정법원이 선임한 가정법원의 대리인의 지위를 갖는 것은 아니다. 후자라면 국가가 부재자의 재산관리의 권한과 책임을 지게 될 것이고, 가정법원이 선임한 재산관리인의 위법행위에 대해 국가가 책임을 져야 한다는 논리가 성립될 것이다. 국가가 이런 역할을 담당하는 것이 바람직하지 않음은 말할 것도 없다. 따라서 가정법원의 역할은 본인이 정하였어야 할 재산관리인을 본인을 대신하여 정하는 것에 한정된다고 이해하는 것이 타당할 것이다. 그 점에서 본다면 가정법원은 본인의 권한 중 일부만을 대신하는 것에 그친다고 할 것이다. 가정법원이 재산관리인을 선임하였다면 그는 법률규정에 따라 선임된 부재자의 대리인(법정대리인)이 되는 것이다. 이 때 법정대리인의 지위가 보충적으로 주어졌다는 배경을 감안하면, 그의 재산관리권의 범위도 이와 무관하게 결정될 수 없는 것이다.

Ⅱ. 부재자의 재산관리권의 범위

1. 통상의 범위

관리권한의 범위에 속한 재산에 대해 재산관리인은 어떤 권한을 가지고 있는지, 가정법원은 어떤 권한을 부여할 것인지에 관하여는 민법에 별도의 규정을 두지 않는다. 부재자의 재산관리제도는 부재자의 재산을 관리할 필요가 있으나 그와 연락이 단절되었거나 부재자가 자신의 재산을 관리할 수 없는 사정이 있을 때 국가가 보충적으로 개입하여 부재자의 재산관리의 필요성을 충족시켜 주는 제도라는 점을 감안한다면, 재산관리인에게 포괄적 범위의 권한을 부여해서는 안 될 것이다. 그것은 개인의 재산권에 대한 국가의 과잉개입이자 재산관리에 관한 개인의 자기결정권을 지나치게 제약하는 것이기 때문이다. 가정법원에서 처분을 명하는 심판을 하더라도 보존에 필요한 범위에 한정하고 있는 §24의 규정도 이런 이해를 뒷받침하는 것이다.

이를 명확히 하는 것이 바로 §25이다. §25는 재산관리인이 관리하는 재산에 관하여 §118에서 규정한 범위에서만 권한이 있음을 전제하고 있다.
§118의 범위를 감안하면 부재자의 재산관리인은 그가 관리할 재산의 보존행
위, 관리할 재산인 물건이나 권리의 성질을 변하지 아니하는 범위에서 이용하
거나 개량하는 행위에 한하여 부재자를 대리할 권한이 있다. 재산관리인의 권
한이 부재자의 귀환, 부재자가 정한 재산관리인에 의한 관리개시, 부재자의 사
망 또는 실종선고로 상속인이 재산을 관리하는 것 등의 사건이 발생할 때까지
그 재산을 보존, 관리하는 데 초점을 맞춘 보충적 재산관리제도라고 이해할 것
이다.

　　§118의 보존행위 및 이용 또는 개량행위의 판결례는 동조의 주석을 참조.

2. §118의 권한을 넘는 행위

　　관리할 재산에 관한 보존행위나 이용 및 개량행위의 범위를 벗어난 행위
를 하고자 할 때에는 가정법원의 허가를 얻어야 한다. 그런데 §24 Ⅱ은 '재산
을 보존하기 위하여 필요한 처분'에 대해 가정법원이 심판으로 그 처분을 명할
수 있도록 규정한다. 이 규정을 감안하면 부재자의 재산관리인이 보존행위이
거나 이용개량행위가 아니지만, 광의의 재산보존 및 이용개량의 목적으로 처
분이나 이와 유사한 행위를 하고자 할 때 가정법원의 허가를 받도록 한 것이
라고 이해해야 할 것이다. 달리 말하면 부재자의 재산을 증식하기 위한 적극적
행위로서 처분행위를 하거나 이용 및 개량을 위한 목적이지만 위험성이 수반
되는 것으로 관리 대상 재산의 성질을 변경시키는 것 등은 재산관리인의 권한
범위를 벗어난다고 이해하는 것이 바람직할 것이다. 재산보존 및 이용 또는 개
량의 목적이라 하더라도, 거기에 위험성이 수반될 수 있는 것이라면 재산관리
인의 독단적 결정이 아니라 가정법원의 허가를 받음으로써 보수적으로 부재자
의 재산을 보존하려고 하는 것이라고 이해하여야 할 것이다. 달리 말하면 허가
대상이 되는 행위는 부재자의 재산을 광의의 의미에서 보존, 이용 또는 개량
하기 위한 목적이어야 하고, 타인을 위한 목적으로 하는 것이어서는 안 된다.[1]
또한 허가대상이 되는 행위가 부재자의 재산을 관리하기 위해 필요할 경우에
만 허가되어야 할 것이다.

---

1) 대판 77.11.8, 77다1159; 대결 76.12.21, 75마551 등 참조.

III. 생사가 불분명한 경우 부재자가 정한 재산관리인의 권한을 넘는 행위

부재자가 정한 재산관리인이 관리할 범위에 속하는 재산에 관하여 부재자가 정한 관리범위를 벗어나는 결정을 하여야 할 경우 §25 제2문에 따라 가정법원의 허가를 받도록 한 것이다. 부재자가 위임한 권한 범위 내의 행위를 하여야 할 경우에는 그것이 비록 부재자의 재산을 처분하는 행위라 하더라도 가정법원의 허가를 받을 필요가 없다.[2] 권한 초과행위에 대한 허가를 신청하기 위해서는 먼저 부재자의 생사가 불분명한 정도로 연락이 닿지 않아야 한다. 또한 부재자가 정한 범위의 권한을 초과한 행위를 할 필요가 있을 때 제2문에 따른 가정법원에 허가를 받아 이를 수행할 수 있다.

그런데 재산관리인이 관리 범위가 아닌 재산에 대해 관리의 필요성이 발생하였다면 그 때에는 동조가 아니라 부재자의 재산관리에 필요한 처분을 명하는 심판을 구해야 할 것이다.

IV. 법원의 허가

부재자의 재산관리인은 자신의 관리 범위에 있는 재산에 관하여는 §118에 규정한 권한을 행사할 수 있다. 그 권한 범위에서는 적법한 법정대리인의 자격에서 부재자를 대리할 수 있다. 그러나 §118에 규정한 권한을 넘는 행위를 할 필요가 있을 때에는 관리대상인 전체 부재자의 재산을 보존, 관리하기 위한 목적이라 하더라도 가정법원의 허가를 얻어야 한다. 부재자가 정한 재산관리인이 관리하는 재산에 관하여 부재자가 정한 권한의 범위를 초과하는 행위를 할 필요가 있는 경우에도 마찬가지이다.

허가는 가사비송 라류 제2호 사건으로 허가 여부는 심판으로 한다. 허가 인용 심판은 청구인인 재산관리인에게 송달되면 즉시 효력이 발생한다. 라류 비송사건과 마찬가지로 이해관계인은 재판장의 허가를 얻어 절차에 참가할 수 있다. 이해관계인은 즉시항고를 할 수 없다. 허가심판을 기각하면 청구인은 즉시항고를 할 수 있다($\frac{가소규}{\S 27}$).

---

2) 대판 73.7.24, 72다2136 참조.

허가청구를 인용하는 심판이 내려졌다고 해서 재산관리인이 허가된 행위를 하여야 하는 것은 아니다. 허가에 조건을 붙이는 것도 가능하다.[3] 다른 한편 허가를 받았다 하더라도 허가된 행위가 부재자의 이익이 아니라 제3자의 이익을 위한 것이라면 법정대리권을 남용한 것이어서 무효가 될 수도 있을 것이다. 대결 76.12.21, 75마551에서는 "…부재자 재산관리인이 법원의 매각처분허가를 얻었다 하더라도 위와 같이 부재자와 아무런 관계가 없는 남의 채무의 담보만을 위하여 부재자 재산에 근저당권을 설정하는 행위는 보통 있을 수 없는 드문 처사라 할 것이니 통상의 경우 객관적으로 그 행위가 부재자를 위한 처분행위로서 당연하다고는 경험칙상 쉽사리 볼 수 없는 처사라 할 것이므로 달리 그 권한 있는 것으로 믿음에 잘못이 없다고 인정되는 정당한 이유가 있다면 모르거니와 그렇지 않다면 그 권한있다고 믿음에 있어 선의 무과실이라 할 수 없을 것이다."라고 판단하고 있다.

처분행위를 먼저 하고 사후에 허가를 청구하는 경우도 있을 수 있다. 사전허가를 얻어야 한다고 규정한 것이 아니므로 긴급성이 있는 경우 먼저 필요한 처분을 하고 사후에 허가를 얻을 수도 있기 때문이다.[4] 이 때 허가를 얻기 전까지는 그 처분이 법률행위인 경우에는 허가가 있지 않는 한 무권대리가 될 것이다. 허가를 얻음으로써 소급해서 유효해질 것이다. 이 때의 허가는 무효인 무권대리행위의 추인과 같은 효력이 있기 때문이다. 따라서 부재자의 재산관리인이 가령 처분행위를 한 경우 그 행위의 효력은 본인에게 귀속되지 않고, 가정법원의 허가를 받지 못하면 §135 또는 불법행위법에 따라 책임을 지게 될 것이다. 그런데 권한초과행위는 대리권이 전혀 없는 것과 같이 취급되어서는 안 될 것이다. 이 경우 표현대리 규정이 적용될 수 있다는 것이다. 처분행위에 대해 가정법원의 허가를 얻지 않은 채 재판상화해 등을 통해 집행권원을 취득하여 부재자의 부동산의 소유권을 이전한 경우에는 재심사유가 되겠지만, 대리권이 완전히 없는 경우와는 달리 취급된다. 즉 민소 §451 I (iii)의 사유에 따른 재심을 청구할 수 있고, 제소기간은 민소 §456가 적용되어 제소기간의 제한이 있다. 민소 §457의 '대리권의 흠'의 사유에 해당되지 않는다.[5]

허가를 얻은 처분을 하지 않던 중 재산관리인이 개임된 경우에는 새로운

---

3) 구주해(1), 371(한상호) 참조.
4) 대판 82.9.14, 80다3063; 대판 82.12.14, 80다1872, 1873 등 다수의 판결이 이와 같이 판시하고 있다.
5) 구 민소 §422의 해석에 관한 것이지만, 대판 68.4.30, 67다2117 참조.

재산관리인이 종전에 취득한 허가를 근거로 처분을 할 수 있는지가 문제되는데, 허가청구를 한 재산관리인에게 허용된 허가이고, 새로운 재산관리인은 개임된 재산관리인의 지위를 승계한 자가 아니기 때문에 그 심판의 효력이 새로운 재산관리인에게 미치지 않는다고 할 것이다.[6]

다음 대판 00.12.26, 99다19278; 대판 02.1.11, 2001다41971은 검토할 점이 많다.

[사안] 부재자 소외 1의 재산관리인 소외 2가 원고와 소외 1 소유 부동산을 매도하면서 법원의 허가를 받기로 약정하였다. 원고가 소외 2를 상대로 부동산소유권이전등기를 하라는 소를 제기하였으나, 가정법원의 허가가 없는 권한초과행위여서 원고 패소판결이 확정되었다. 그 후 원고는 소외 2를 상대로 권한초과행위에 대한 가정법원 허가 신청의무의 이행을 구하는 구하는 소를 제기하였다. 원심은 원고 패소판결을 하였다. 대법원은 다음과 같은 이유로 원심을 파기환송하였다.

[대판 00.12.26, 99다19278의 이유]
부재자 재산관리인에 의한 부재자 소유의 부동산 매매행위에 대한 법원의 허가결정은 그 허가를 받은 재산에 대한 장래의 처분행위뿐만 아니라 기왕의 매매를 추인하는 방법으로도 할 수 있는 것이다(대판 82.12.14, 80다1872, 1873). 부재자 재산관리인의 권한초과행위에 대한 법원의 사후허가는 사인의 법률행위에 대하여 법원이 후견적·감독적 입장에서 하는 비쟁송적인 것으로서 그 허가 여부는 전적으로 법원의 권한에 속하는 것이기는 하나, 그 신청절차는 소의 제기 또는 그에 준하는 신청과는 달리 그 의사표시의 진술만 있으면 채무자의 적극적인 협력이나 계속적인 행위가 없더라도 그 목적을 달성할 수 있는 것이므로 비록 그 허가신청이 소송행위로서 공법상의 청구권에 해당하더라도, 부재자 재산관리인이 권한초과행위에 대하여 허가신청절차를 이행하기로 약정하고도 그 이행을 태만히 할 경우에는 상대방은 위 약정에 기하여 그 절차의 이행을 소구할 수 있다 할 것이고, 이러한 의사 진술을 명하는 판결이 확정되면 민소 § 695 Ⅰ에 의하여 허가신청의 진술이 있는 것으로 간주된다 할 것이다.

[환송후 변경된 사실관계]
위 소송계속 중 소외 2가 가정법원에서 해임되고 피고가 소외 1의 부재자의 재산관리인으로 선임되었다. 환송 후 원심법원은 대법원판결의 취지에 따라 피고가 권한초과행위에 대한 가정법원 허가 신청의무를 이행할 것을 명하는 판결을 하였고, 이에 피고가 상고하자 대법원은 원심판결을 다음과 같은 이유로 정당하다고 판단하였다.

---

6) 구주해(1), 371(한상호) 참조.

[대판 02.1.11, 2001다41971의 이유]

　　…법원의 선임에 의한 부재자 재산관리인이 권한을 초과하여서 체결한 부동산 매매계약에 관하여 허가신청절차를 이행할 것을 약정하는 것은 관리권한행위에 해당한다고 할 것이고, 이러한 약정을 이행하지 아니하는 경우 매수인으로서는 재산관리인을 상대로 하여 그 이행을 소구할 수 있다는 것이 환송판결의 취지이다(그 이후의 절차에서 법원의 허가가 나고, 아니 나고는 전혀 별개의 문제이다). 이처럼, 재산관리인이 부재자를 대리하여 부재자 소유의 부동산을 매매하고 매수인에게 이에 대한 허가신청절차를 이행하기로 약정하고서도 그 이행을 하지 아니하여 매수인으로부터 허가신청절차의 이행을 소구당한 경우, 재산관리인의 지위는 형식상으로는 소송상 당사자이지만 그 허가신청절차의 이행으로 개시된 절차에서 만일 법원이 허가결정을 하면 재산관리인이 부재자를 대리하여서 한 매매계약이 유효하게 됨으로써 실질적으로 부재자에게 그 효과가 귀속되는 것이다.

　　그러므로 법원에 대하여 허가신청절차를 이행하기로 한 약정에 터잡아 그 이행을 소구당한 부재자 재산관리인이 소송계속중 해임되어 관리권을 상실하는 경우 소송절차는 중단되고 새로 선임된 재산관리인이 소송을 수계한다고 봄이 상당하다

　　위 대판 2001다41971 판결은 부재자의 재산관리인이 권한초과행위를 하면서 가정법원의 허가를 얻기로 약속한 것이 "관리권한행위"에 해당된다고 해석하였다. 만약 이런 약속이 부재자의 재산관리인 자신의 개인적 약속이라면 가정법원의 허가를 얻지 못하였을 경우 무권대리인의 책임에 관한 §135가 적용되거나(상대방인 원고가 선
의, 무과실인 경우), 불법행위법이 적용될 수 있을 것이다(상대방이 선의이지
만 과실이 있는 경우). 즉, 해임된 재산관리인은 처분행위의 허가를 신청할 자격이 없으므로 §135 Ⅰ에서 정한, 무권대리로 한 행위로서 본인의 추인을 얻을 수 없는 사안에 해당된다는 것이다. 해임된 재산관리인과 거래한 상대방은 §135의 책임을 추궁하거나, 불법행위책임을 추궁할 수 있을 뿐이고, 새로 선임된 재산관리인을 상대로 허가신청을 할 것을 소구할 수 없다는 것이다.

　　반면 이 행위가 "관리권한행위"에 해당된다면 그 행위의 효력은 부재자에게 귀속되기 때문에 피고는 부재자와 부재자의 재산관리인 양자가 되어야 할 것이다. 부재자의 재산관리인이 선임되어 있는 경우, 특정한 소송행위의 효력이 본인에게 귀속되는 경우 소송행위는 부재자를 위하여 그 재산관리인만이 또는 그 재산관리인에게 대하여서만 소송행위를 할 수 있다.[7] 부재자의 재산

─────────

7) 대판 68.12.24, 68다2021 참조. 서울고판 85.12.19, 84나4616도 이런 취지를 이어받아 " … 부재자의 재산관리인이 선임되어 있는 경우에는 부재자를 위하여 그 재산관리인만이 또한 그 재산관리인에 대하여만 송달등 소송행위를 할 수 있고, 비록 법원이 부재자에 대

관리인이 변경된 경우도 다를 바 없다.

그런데 이 소송은 부재자의 재산관리인을 피고로 한 소송이지, 부재자에 대한 소송이 아니다. 그 점에서 보면 부재자의 권한 범위 내의 '관리행위'라 할 수 없는 것이다. 그렇다면 전 재산관리인 자신을 대상으로 한 소송을 새로운 재산관리인이 소송수계할 수 있다는 것은 납득하기 어렵다. 달리 말하면 부재자의 재산관리인의 법정대리인 자격에서 소송당사자가 된 것이 아니므로, 민소 §234가 적용될 사안이 아니라는 것이다.

[제 철 웅]

第 26 條(管理人의 擔保提供, 報酬)

① 法院은 그 選任한 財産管理人으로 하여금 財産의 管理 및 返還에 關하여 相當한 擔保를 提供하게 할 수 있다.

② 法院은 그 選任한 財産管理人에 對하여 不在者의 財産으로 相當한 報酬를 支給할 수 있다.

③ 前 2項의 規定은 不在者의 生死가 分明하지 아니한 境遇에 不在者가 定한 財産管理人에 準用한다.

I. 재산관리인의 담보제공의무

가정법원이 선임한 부재자의 재산관리인은 부재자의 재산관리에 관한 법정대리인으로 부재자에게 대해 선량한 관리자의 주의로써 사무를 처리하여야

한 공시송달의 결정을 한 경우에도 이는 적법한 송달이라고 할 수 없으므로, 부재자 본인에 대한 판결의 공시송달은 판결송달로서의 효력이 없고 따라서 재산관리인은 그 공시송달의 사실을 알고 있었던가의 여부에 관계없이 언제라도 항소를 제기할 수 있다."고 판시하고 있다.

하고($^{§\,681의}_{유추적용}$), 자기의 재산과 부재자의 재산을 분리관리하여야 하고, 그렇지 않을 경우 책임을 지며($^{§}_{685}$), 취득물을 부재자에게 이전하는 조치를 취하여야 한다($^{§\,684의}_{유추적용}$)고 해석하여야 할 것이다. 국가가 부재자의 보호를 위해 필요하다고 판단하여 하는 재산관리에 관한 처분을 명하는 심판은 부재자가 체결할 수 있거나 하여야 할 위임계약에 갈음하는 것이기 때문에 위임인에 대한 수임인의 의무에 관한 규정을 유추적용할 수 있다는 것이다. 수임인이 이런 의무를 이행하지 않을 때에는 위임인은 위임계약을 해지하고 수임인에 대해 손해배상을 청구하는 것이 가능하다. 그러나 부재자의 재산관리인에 대해서는 이런 권한을 행사할 자가 법률로 정해지지 않았기 때문에 이를 대체할 수 있는 수단이 필요한데, 그 대표적인 규정이 담보제공의무이다. 그 밖에 부재자의 재산관리인을 개임하는 것($^{가소규}_{§\,42}$), 새로운 부재자의 재산관리인을 정하여 그에게 종전 부재자의 재산관리인에 대해 손해배상청구의 소를 제기하도록 명하는 것($^{§\,24}_{II}$) 등의 방법이 있다.

  재산관리인에게 담보제공을 명하는 것도 가사비송 라류 제2호 사건에 속한다. 가소 § 2 I (ii) 가목 2)에서는 § 22부터 § 26까지의 규정에 따른 부재자의 재산의 관리에 관한 처분은 가사비송 라류로 정하기 때문이다. 이 규정에 따라 담보제공을 명하는 심판은 신청권자가 있는 신청사건이 아니기 때문에 직권으로 할 수 있다. 직권을 발동하여 하는 것이므로 이미 제공된 담보를 증가하거나 감액, 면제하는 것도 직권으로 할 수 있다고 해석할 수 있다. 가소규 § 45는 "가정법원은 재산관리인이 제공한 담보의 증감·변경 또는 면제를 명할 수 있다."라고 규정하는 것도 이 때문이다. 이 심판은 즉시항고의 대상이 아니므로, 특별항고의 대상만 될 것이다($^{민소}_{§\,449}$).

  담보제공을 명하는 심판은 재산관리인의 재산관리 및 재산반환에 관하여 발생가능한 손해배상채무를 담보하기 위한 것이다. 그런데 어떤 방식으로 담보제공을 하는지에 관하여는 민법에 아무런 규정이 없다. 따라서 보증계약을 체결하도록 하거나, 담보물권을 설정시키도록 하는 등의 여러 가지 담보수단 중에서 적당하다고 판단되는 것을 선택할 수 있다. 보증계약을 체결할 때에는 보증인과 부재자 사이의 계약으로 체결할 경우 재산관리인이 부재자를 대리하면 될 것이고, 담보물권을 설정할 때에도 법원의 심판으로 하는 것이므로 재산관리인의 담보물권 설정의 의사표시는 심판으로 갈음할 수 있으므로($^{§\,389\ II의}_{유추적용}$) 재산관리인이 부재자를 대리하여 저당권 등의 담보물권을 설정할 수 있을 것이다. 채권에 질권을 설정하는 것도 법원의 심판으로 재산관리인의 의사표시를 갈음할 수 있으므로 부재자를 대리하여 질권설정의 합의를 하고, 심판문을 채무자에게 통지함으로써 질권이 유효하게 설정될 수 있을 것이다. 저당권 설정에 관하여 가소규 §46는 가정법원이 재산관리인의 담보제공방법으로서 그 소유의 부동산 또는 선박에 저당권을 설정할 것을 명한 때에는 그 설정등기의 촉탁을 하여야 한다($_{§46\ II}^{가소규}$)고 규정하고, 가소규 §46 Ⅱ에서는 "제1항의 촉탁에는 저당권의 설정을 명한 심판서의 등본을 첨부하여야 한다."고 규정한다. 가소규 §46 Ⅲ은 "제1항 및 제2항의 규정은 설정한 저당권의 변경 또는 해제를 명하는 경우에 이를 준용한다."고 규정한다. 이 규정을 통해 담보제공명령의 집행력 확보를 위해서는 더 할 나위 없이 좋지만, 촉탁등기를 명할 근거를 설명하기 간단치는 않을 것이다. 이를 설명하기 위해서는 부동산을 담보로 제공하는 재산관리인 또는 물상보증인이 가정법원에 저당권설정자의 의사표시를 미리 하고, 가정법원의 담보제공명령은 부재자의 의사표시를 갈음하는 것이라고 이해하고, 그런 이유 때문에 촉탁등기를 하도록 한 것이라고 설명하는 것이 가장 적절할 것이다. 문제는 이렇게 되면 질권설정의 경우에는 가정법원은 한 편에서는 질권설정에 필요한 부재자의 의사표시와 담보를 제공하는 재산관리인 또는 물상보증인의 제3채무자에 대한 통지를 명하는 심판을 하는 2중적 지위를 가진다는 점에 단점이 있다. 가정법원의 담보제공명령으로 재산관리인의 의사표시를 갈음하는 효과가 있다고 하는 것이 이론적으로는 가장 무난한 해결방법일 것이다. 담보제공명령의 실효성은 가소규 §44에서 규정한 것처럼 담보제공의무 이행 보고를 징수함으로써 담보할 수도 있을 것이다.

Ⅱ. 재산관리인의 보수청구권

위임계약에서는 수임인의 위임인에 대한 권리로 비용상환청구권($_{688}^{§}$), 보수청구권($_{686}^{§}$) 등이 있다. 부재자의 재산관리제도는 국가의 개입을 통해 부재자의 재산관리를 실현하는 제도이므로 부재자 자신이 체결한 위임계약의 기능을 수행하는 셈이다. 따라서 위임계약상의 수임인의 권리와 유사한 권리를 인정하여야 할 것이다. 그 중 민법은 보수청구권에 관하여만 규정을 두고 있다. 민법 제24조 주석에서 설명하였듯이, 비용상환청구권은 재산관리인이 부재자의 재

산을 직접 점유하면서 관리하기 때문에 즉시 실현이 가능하고, 이런 채무이행
은 자기계약금지규정에 위반하는 것이 아니며, 즉시 집행하는 것이 부재자의
이익을 위해서도 바람직하다고 설명한 바 있다. 그 점에서 보면 위임계약상의
수임인의 권리 중 규율하여야 할 것은 보수청구권만 남게 된다. 부재자의 재산
을 직접 점유하면서 관리하기 때문에 수임인의 선급금청구권($\frac{§}{687}$)은 불필요하
고, 비용상환청구권 중 §688 Ⅲ은 부재자가 원하여 선임한 것이 아니므로 이
는 원칙적으로 법정대리인의 부담이 되어야 할 것이지만, 부재자의 재산관리
의 보존에 불가결하다면 §24 Ⅱ의 '보존을 위한 처분 심판'을 통해 해결하여
야 할 것이다.

보수청구권에 관하여는 §26 Ⅱ은 부재자의 재산으로 보수를 지급할 수 있
다고만 규정하고 있지만, 보수지급심판에서는 §686의 규정의 취지를 존중하
여야 할 것이다. 즉 부재자가 위임계약을 체결하였더라면 보수지급을 약정하
였으리라고 인정될 만한 특별한 사정이 있어야 하고, 재산관리 사무가 종료하
거나 지속적 사무인 경우 분기를 정하여 분기말에 보수를 청구하되, 처리한 사
무를 보고하게 하여 보수를 지급하기에 충분하고, 필요한 사무였는지를 판단
하여야 할 것이다. 즉 필요한 사무인지, 투입된 시간과 비용은 적절한지, 사무
처리의 효과는 어떠한지 등을 종합적으로 판단하여 보수를 지급하여야 할 것
이다. 재산관리인으로 선임된 변호사가 불필요한 사무에 많은 시간을 투입하
고, 그 시간투입에 대해 보수를 청구하는 경우 이를 인용해서는 안 될 것이다.

Ⅲ. 부재자가 정한 재산관리인의 담보제공과 보수청구권

부재자가 정한 재산관리인에 대해서도 담보제공 심판 및 보수지급심판이
가능하다. §26는 '생사가 분명하지 않은 경우'에 부재자가 정한 재산관리인에
게 담보제공을 하라고 명하는 심판을 하거나 그 재산관리인이 법원에 보수지
급 심판을 청구할 수 있는 것처럼 되어 있다. 그러나 이 규정은 제한적으로 해
석하여야 할 것이다. 담보제공 심판은 직권으로 하는 것이므로 가정법원의 심
판 대상이 되는 부재자의 재산관리처분에 부수하여 하여야 할 것이다. 즉 §24
Ⅲ에 따라 부재자가 정한 재산관리인이 있을 때 이해관계인이나 검사의 청구
로 '재산을 보존하기 위하여 필요한 처분'을 하는 심판이 있거나, §25 제2문

에 따라 관리 재산에 대해 부재자가 정한 권한을 넘은 행위를 하기 위한 허가심판이 있는 사건의 경우 §26에 따른 담보제공 심판이나 보수지급심판을 할수 있다고 해석하여야 할 것이다.

Ⅳ. 입 법 론

부재자의 재산관리제도는 관리가 방치되고 있는 부재자의 재산관리에 국가가 개입함으로써 개인의 재산권이라는 기본권을 보장하기 위한 것이다. 그러나 이런 개입은 재산관리에 대한 개인의 자기결정권에 대한 간섭을 의미하기 때문에 필요한 한도에서 최소한의 범위로 이루어져야 할 것이다. 문제는 개인의 재산권보장을 위한 국가개입이 있을 때 그 실효성을 높이지 않으면 부재자의 재산관리제도가 합법적으로 부재자의 재산을 침해하는 길을 터 줄 수도있을 것이다. 그렇기 때문에 부재자의 재산관리를 위한 개입의 판단이 중요할뿐 아니라, 재산관리인의 관리행위에 대한 지원과 감독도 간과해서는 안 될 정도의 동일한 가치가 있다. 전자가 재판기능이라면 후자는 행정기능이라 할 수있다. 그러나 현행 민법은 재판기능에 대해서만 규율하고 행정기능인 지원과감독에 관하여는 아무런 규정을 두지 않는다. 그 결과 법원이 가사소송규칙을통해 감독업무의 일부를 담당하고 있으나 이것은 법률의 근거가 없는 것일 뿐아니라, 법원이 자기조직관리와 무관한 행정업무를 담당하는 것이어서 헌법의삼권분립의 정신에도 위반된다. 재판기능을 담당하는 법원이 하는 감독이기때문에 적극적이면 이해상충의 문제가 발생하기 때문에 소극적으로 임할 수밖에 없다. 그 결과 부재자의 기본권 보호에 소홀할 수 밖에 없다. 입법론적으로는 가정법원에서 부재자의 재산관리인에 대한 감독이라는 행정업무를 완전히 분리해서 행정부처의 독립적 기관이 이 역할을 전담하는 것이 부재자의 보호에 바람직하고, 국민의 기본권보장이라는 국가의 책임을 다하는 길일 것이다.

[제 철 웅]

第 27 條(失踪의 宣告)

① 不在者의 生死가 5年間 分明하지 아니한 때에는 法院은 利害關係人이나 檢事의 請求에 依하여 失踪宣告를 하여야 한다.

② 戰地에 臨한 者, 沈沒한 船舶 중에 있던 者, 墜落한 航空機 중에 있던 者 기타 死亡의 原因이 될 危難을 당한 者의 生死가 戰爭終止후 또는 船舶의 沈沒, 航空機의 墜落 기타 危難이 終了한 후 1年間 分明하지 아니한 때에도 第1項과 같다.

I. 본조의 기능

1. 부재자 재산관리제도와의 관계

주소나 거소를 벗어난 자가 상당기간 돌아오지 않거나 돌아올 가능성이 불명확한 경우 이를 부재자라고 할 수 있다. 이런 부재자와 연락이 닿지 않는 경우 그의 재산이 관리되지 않고 방치될 수 있다. 부재자가 재산관리인을 지정하였다고 하더라도 마찬가지이다. 이런 부재자의 재산관리의 필요성이 있을 때 §22 내지 §26에서 부재자의 재산관리제도를 두고 있다.

그런데 부재자의 생사가 불분명한 기간이 장기에 이르게 되면, 부재자 또는 가정법원이 선임한 재산관리인의 활동을 감독하기가 사실상 매우 어렵게 되어 부재자의 재산관리에 큰 결함이 발생할 우려가 높다. 재산관리인에 대한 보고징수 및 감독 체계가 미비할 뿐 아니라, 가정법원에 매년 보고한다고 하더라도 서면보고에 그치므로 그 진실성을 담보하기가 어렵기 때문이다. 이런 상황이 지속되면 부재자와의 관계에서 정당한 법률상 이해관계를 가진 사람들의 입장에서는 불완전한 법률관계가 지속되는 셈이다. 혼인생활 없는 혼인관계가 지속될 수 있고, 부재자의 재산의 처분에 대한 합리적 기대를 가진 상속인들의 이익도 있다. 이런 상황을 해결하기 위해 부재자의 상속인에게 재산을 포괄적으로 승계하도록 하여 그로 하여금 그 재산을 관리하도록 하는 것이 필요하다. 이를 위해서는 법형식적으로 부재자를 사망한 것으로 간주시켜 그의 상속인이 포괄승계를 하는 것이 현행 민법의 체계에 가장 잘 부합한다. 그리하여 실종선고제도를 둔 것이다.

2. 부재선고제도와의 관계

'부재선고에 관한 특별조치법'에서 대한민국의 군사분계선 이북지역에서 그 이남지역으로 옮겨 새로 가족관계등록을 창설한 사람 중 군사분계선 이북지역의 잔류자에 대해서도 실종선고와 유사하게 법률적으로 사망한 것으로 간주하게 하는 제도를 두고 있다. 이는 남북의 이산가족의 교류가 단절되어 있고, 그렇다고 북한지역 주민에 관하여 부재자의 재산관리제도나 실종선고제도를 국제사법 문제로 처리할 수도 없기 때문이다.

군사분계선 이북에 거주하는 "잔류자"에 대해서는 생사불분명 기간과 무관하게 가족이나 검사의 청구로 부재선고를 할 수 있게 한다($\frac{부재특}{조 \S 3}$). 부재선고가 된 경우 부재선고된 사람은 가족관계등록부를 폐쇄하고, 그 자에 대해 상속이 개시된 것으로 간주하고, 또 혼인관계가 종료한 것으로 간주한다($\frac{부재특}{조 \S 4}$). 부재선고제도는 다른 요건 하에서 실종선고와 동일한 효과를 발생시키기 때문에 심판절차는 실종선고절차와 마찬가지로 가사비송 라류 사건이다($\frac{부재특조 \S 6,}{가소 \S 2 \, \mathrm{II}, \, \mathrm{III}}$).

3. 인정사망과의 관계

사람이 사망하면 가족관계의 등록 등에 관한 법률에 사망한 사실을 등록하여 신분관계를 정리한다($\frac{가족등}{\S 84 \, 이하}$). 사망신고를 할 의무 있는 사람은 사망자의 사망 장소에 따라 다양하다. 동거하는 가족이 신고의무자이기는 하지만($\frac{가족등}{\S 85}$), 사형이나 재소 중 사망한 경우는 교도소장이($\frac{가족등}{\S 88}$), 무연고자가 사망한 경우 장사등에 관한 법률에 따라 사망자를 처리한 시장 등이($\frac{가족등}{\S 88-2}$), 선박에서 사망한 경우 선장이($\frac{가족등}{\S\S 91, 49}$), 그 밖의 공공시설에서 사망한 경우 그 시설의 장 또는 관리인이($^{가족등}_{\S\S\,91,\,50}$) 각각 사망지의 시·읍·면의 장에게 통보하여야 한다. 사망자의 시신을 확인하여 사망한 것이 분명해진 경우는 아무런 문제가 없으나, 수재, 화재나 그 밖의 재난으로 인하여 사망한 사람이 있지만 그 시신을 확보하지 못한 경우에는 가족등 § 87에 따라 이를 조사한 관공서가 지체 없이 사망지의 시·읍·면의 장에게 통보하고, 외국에서 사망한 때에는 사망자의 등록기준지의 시·읍·면의 장 또는 재외국민 가족관계등록사무소의 가족관계등록관에게 통보하여야 한다. 이를 인정사망이라고 한다.[1] 이 때 관공서는 사망자의 성명, 성별, 등록기준지 및 주민등록번호, 사망의 연월일시 및 장소를 기재하여 통보하게 된다($^{가족등}_{\S\,89}$). 이렇게 하여 가족관계등록부에 사망한 것으로 기재되면, 사망한 것으로 취급되는 사실상의 효력이 발생하게 된다. 상속을 이유로 한 재산이전을 위해서 피상속인의 사망사실을 증명하기 위해 사망사실이 기재된 가족관계등록부를 제출하게 되는데, 이를 통해 증명된 것을 사실상 부정할 수 없기 때문이다. 그 점에서 인정사망은 실종선고와 달리 사망으로 간주되는 법률효과가 발생하는 것이 아니라 사실상의 효과가 있을 뿐이다. 만약 본인이 생존하여 복귀하면, 사망기재된 가족관계등록기록의 정정을 가정법원에 신청할 수 있다. 가족등 § 88-2에 따라 신고하여 사망기재하였으나 이는 사실

---

1) 현행 가족등 § 88-2와 동일한 취지인 호적 § 90의 해석에 관련된 대판 89.1.31, 87다카 2954에서는 시신을 발견하지 않더라도 호적 § 90에 따른 인정사망이 가능하다는 전제 하에, 인정사망절차 없이도 시신을 찾을 수 없는 자를 상속하였다고 주장하는 원고의 가해자에 대한 손해배상청구를 인용하고 있다. 이 판결에서는 "…북태평양상의 기상조건이 아주 험하고 찬 바다에 추락하여 행방불명이 되었다면 비록 시신이 확인되지 않았다 하더라도 그 사람은 그 무렵 사망한 것으로 인정함이 우리의 경험칙과 논리칙에 비추어 당연하다 할 것이다."고 한다. 반면 대판 85.4.23, 84다카2123에서는 영해에서 추락하여 행방불명되어 시신을 찾지 못한 사람의 상속인이라 주장하는 원고가 선장을 상대로 한 불법행위에 기한 손해배상청구소송에서는 "고의 또는 과실로 인한 위법한 행위로 타인에게 손해를 가하는 불법행위는 타인의 생명·신체·자유·명예·재산등을 해하거나 기타 정신상 고통을 가함으로써 성립하고 이 중 생명을 해하는 경우는 그 사망사실이 확정적으로 밝혀져야 하며 다만 행방불명이 되어 생활하지 못하였다는 사실만으로써는 생명을 해하였다고는 하지 못한다."고 판시하였다. 이 대법원 판결에 대해 앞의 판결은 "…사람의 사망과 같은 인격적 권리의 상실에 관한 사실인정은 신중하게 할 것이고 단순히 행방불명되어 생환하지 못하였다는 사실만으로 가볍게 인정해서는 안된다는 데에 그 의미가 있는 것이지 위에서 본 이 사건의 사실관계와 같은 사망 개연성이 극히 높고 생환가능성이 거의 없는 것으로 여겨지는 경우까지도 "사망사실이 확정적으로 밝혀진 바 없고 행방불명되어 생환하지 못하였다는 사실만으로서는 생명을 해하였다고 할 수는 없다"라는 명제하에 일률적으로 사망인정을 하지 못한다는 의미는 아닌 것이다."라고 판시하고 있다. 이런 대법원 판결들을 전제하면 가족등 § 88-2는 시신이 없더라도 사망개연성이 극히 높고 생환가능성이 거의 없는 것으로 여겨지는 경우에도 관공서가 사망통보를 할 수 있다는 의미로 해석해야 할 것이다.

에 부합하지 않는 것으로 무효이기 때문이다($\substack{가족등 \\ \S 105}$).

II. 실종선고의 요건

1. 부재자의 생사불분명

　　실종선고 심판을 하기 위한 요건으로 종래의 주소나 거소를 떠난 자인 부재자가 생사가 불분명할 것이 요구된다. 부재자 재산관리제도는 부재자가 재산관리인을 정하지 않은 경우와 부재자가 재산관리인을 정한 경우 두 유형으로 구분한 후, 후자의 경우 '생사가 불분명한' 경우 재산관리인을 개임하거나($\substack{\S \\ 23}$), 재산관리인에게 재산목록의 작성 및 재산보존을 위한 처분을 명하거나($\substack{\S 24 \\ III}$), 관리재산에 관하여 가진 권한을 초과하는 행위가 필요한 경우 그 행위를 허가하거나($\substack{\S 25 \\ 제2문}$), 담보를 제공하게 하거나 보수지급을 명하기도 한다($\substack{\S 26 \\ III}$). 부재자의 재산권보장이라는 기본권 및 재산에 관한 자기결정권이라는 기본권을 존중하기 위해서는 부재자가 정한 재산관리인이 있을 때에는 국가가 그 재산관리에 개입하지 않는 것이 바람직하다. 그러나 그 경우에도 본인인 부재자의 보호 필요성이 있는 경우가 있을 수 있다. 즉 부재자가 정한 재산관리인이 재산관리를 위해 부재자의 관여가 필요함에도 불구하고 그러한 관여를 기대할 수 없을 경우 국가가 개입하는 것이 그것이다. 그 때의 요건으로 우리 민법은 '생사불분명'을 요구하고 있다. 이 요건은 부재자의 재산관리를 위한 것이므로 부재자의 재산관리인이 부재자의 거주지를 알 수 없고, 또 그와 연락이 닿지 않으면 '생사불분명'이라는 요건이 충족된 것으로 이해해야 할 것이다.

　　그러나 실종선고의 요건인 '생사불분명'은 이와 동일하게 해석해서는 안 될 것이다. 실종선고는 부재자를 법률적으로 사망한 것으로 간주하는 제도여서 그의 신분상의 지위를 상실하게 할 뿐 아니라 재산을 상속인 등에게 이전하는 효과가 있다. 즉 부재자의 기본권을 침해하는 정도가 매우 심하기 때문에 그 요건의 해석에서 보다 엄격할 필요가 있을 것이다. 이런 관점을 취한다면 이 때의 '생사불분명'은 부재자의 거주지를 알 수 없고, 그와 연락이 닿지 않은 것만이 아니라 그가 사망하였거나 생존해 있다는 것을 달리 증명할 방법이 없는 것을 의미한다고 해석할 것이다. 가령 부재자가 등장하는 사진, CCTV 기록물 등이 있을 때에는 생사가 불분명하다고 보아서는 안 될 것이다.

2. 실종기간의 경과

생사불명의 기간이 도과하여야 실종선고를 할 수 있다. 민법은 실종기간을 보통실종기간과 특별실종기간 두 유형으로 두고 있다.

(1) 보통실종기간

보통실종기간은 실종사유를 불문하고 생사불분명이 5년간 지속되어야 한다. 5년의 기간의 시기는 생존해 있음을 증명할 수 있는 최후의 사실이 있은 다음날로부터이다. 그 때로부터 5년이 경과하면 보통실종기간이 도과된다.

(2) 특별실종기간

전지에 임한 자($_{실종}^{전쟁}$), 침몰한 선박 중에 있던 자($_{실종}^{선박}$), 추락한 항공기에 있던 자($_{실종}^{항공기}$), 기타 사망의 원인이 될 위난을 당한 자($_{실종}^{위난}$)의 경우 1년의 특별실종기간을 두고 있다. 이런 유형의 실종에서는 생존해 있음이 증명되지 않는 기간이 1년이면 사망하였다고 인정할 개연성이 높다고 보는 것이다. 특별실종기간의 시기는 전쟁실종의 경우 전쟁종지 후부터이고, 선박실종의 경우 선박침몰 후, 항공기실종은 항공기추락 후, 위난실종은 위난이 종료한 후부터이다.

3. 청구권자의 청구

실종선고는 신청주의에 따라 신청이 있을 때 내려진다. 민법은 실종선고심판 청구권자로 이해관계인과 검사를 두고 있다.

(1) 이해관계인

이해관계인이라 실종선고에 대해 법률상 이해관계가 있는 자를 말한다. 실종선고를 통해 권리를 취득하거나 의무를 면하게 되는 자가 법률상의 이해관계가 있는 자이고, 사실상의 이해관계가 있는 자는 여기에 해당되지 않는다. 그 예로는 실종자의 법정상속인이 될 자, 배우자, 유언에서의 수유자, 사인증여계약에서의 수증자, 법정대리인, 부재자의 재산관리인, 생명보험계약상의 피보험자 등이 있다. 실종자의 후순위 법정상속인은 법률상 이해관계인이 아니다.[2]

(2) 검   사

앞의 청구권자가 없을 때 검사는 공익의 대표자로서 실종선고 심판을 청구할 수 있다. 이 점은 부재자의 재산관리 처분 심판의 청구와 동일하다.

---

2) 대결 80.9.8, 80스27; 대결 86.10.10, 86스20 등 참조.

III. 실종선고의 절차

실종선고 심판 사건은 가사비송 라류 3) 사건이다($^{가소 \S 2\ I\ (ii)}_{가목\ 3)\ 참조}$). 실종선고의 절차는 가사소송법 및 가사소송규칙에서 자세히 규율하고 있다.

1. 관할법원

실종에 관한 사건($^{\S 27\ 내}_{지\ \S 29}$)은 실종자인 사건본인의 주소지를 관할하는 가정법원이다($^{가소\ \S 44}_{I\ (i)\ 나목}$). 청구인은 사건본인의 종래의 주소지를 관할하는 가정법원에 실종선고의 심판을 청구하여야 한다. 사건본인의 마지막 주소지를 알 수 없는 경우에는 그의 거소지, 주소 또는 거소가 국내에 없거나 이를 알 수 없을 때에는 대법원이 있는 곳의 가정법원이 관할한다($^{가소\ \S\S 35,}_{13\ II}$).

2. 공시최고

실종선고 심판을 청구할 경우 가정법원은 공시최고를 거쳐야 한다($^{가소규}_{\S 53}$). 공시최고에는 ① 청구인의 성명과 주소, ② 부재자의 성명, 출생년월일, 등록기준지 및 주소, ③ 부재자는 공시최고 기일까지 그 생존의 신고를 할 것이며, 그 신고를 하지 않으면 실종의 선고를 받는다는 것, ④ 부재자의 생사를 아는 자는 공시최고 기일까지 그 신고를 할 것, ⑤ 공시최고 기일 등을 기재하여야 한다($^{가소규}_{\S 54\ I}$). 공시최고의 기일은 공고종료일부터 6월 이후로 정하여야 한다($^{가소규}_{\S 54\ II}$). 공고가 종료하는 날로부터 6월 이후로 정한 기일까지 생존의 신고를 할 수 있게 한 것이다. 공시최고의 공고에는 민소규 § 142의 규정을 준용한다. 즉 공시최고 공고는 ① 법원게시판 게시하거나, ② 관보·공보 또는 신문 게재하거나, ③ 전자통신매체를 이용하여 공고하는 방법 중 어느 하나의 방법으로 한다. 이 때 필요하다고 인정하는 때에는 적당한 방법으로 공고사항의 요지를 공시할 수 있다($^{민소규}_{\S 142\ I}$). 법원사무관등은 공고한 날짜와 방법을 기록에 표시하여야 한다($^{민소규}_{\S 142\ II}$).

3. 심판절차

실종선고는 심판청구로 개시되고, 제1심 종국재판은 심판으로써 한다($^{가소}_{\S\S 36}$ $^{I}_{39\ I}$). 심판청구의 방식, 이해관계인의 참가, 증거조사, 재판의 방식 등은 부재자 재산관리 처분심판절차와 동일하다. 실종선고의 심판절차의 비용은 심판전의 절차와 심판의 고지 비용은 실종자의 재산으로 부담하게 한다. 가정법원이 명한 처분에 필요한 비용도 같다($^{가소규}_{52\,I}\,^{§\,58.}$). 항고법원이 항고인의 신청에 상응한 재판을 한 경우에 있어서의 항고절차의 비용과 항고인의 부담이 된 제1심의 비용에 관하여 이를 준용한다($^{가소규}_{52\,II}\,^{§\,58.}$).

4. 심 판

실종선고 심판서에는 부재자가 사망한 것으로 간주되는 일자를 기재하여야 한다($^{가소규}_{§\,56}$). 실종선고 심판이 확정된 때에는 가정법원의 법원사무관등은 지체 없이 그 뜻을 공고하여야 한다($^{가소규}_{§\,59}$). 실종을 선고한 심판과 실종선고의 취소청구를 기각한 심판에 대하여는 사건본인 또는 이해관계인이 즉시항고를 할 수 있다($^{가소규}_{§\,57}$).

[제 철 웅]

第 28 條(失踪宣告의 效果)

失踪宣告를 받은 者는 前條의 期間이 滿了한 때에 死亡한 것으로 본다.

I. 법률효과

실종선고를 받은 자는 그 효력으로 사망한 것으로 간주된다. 반면 추정주의를 취하는 나라도 있다. 가령 독일 실종법(Verschollenheitsgesetz) §9에 따르면 실종자는 결정문에서 확정된 시점에 사망한 것으로 추정된다고 하고, 실종선고(Todeserklärung) 전에 다른 시점이 사망등록부에 등록된 경우에도 동일하다고 규정한다($^{동조}_{I}$). 결정문에 확정되어야 할 사망의 시점은 조사결과 가장 개연성이 높은 시점으로 정해야 한다($^{동조}_{Ⅱ}$). 그 시점이 기재되지 않은 경우에는 보통실종($^{독일 실}_{종법 §3}$)의 경우 실종자로부터 온 소식에 따를 때 여전히 생존하였던 마지막 해로부터 5년이 지난 때 또는 실종자가 80세 이상인 경우 3년이 지난 때를 사망시점으로 확정해야 한다($^{§9}_{Ⅲ}$(a)). 전쟁실종의 경우($^§_4$) 실종자가 실종된 때를 사망시점으로 확정해야 한다($^{§9}_{Ⅲ}$(b)). 선박실종 기타 해상실종($^§_5$)과 항공기실종 기타 공중실종($^§_6$)은 선박침몰의 시점 또는 항공기추락의 시점 또는 기타의 경우에는 실종이 있게 한 사건이 발생한 시점, 또는 그것도 확인하기 어려운 경우 실종자가 최초로 실종된 때를 사망의 시점으로 확정해야 한다($^{§9}_{Ⅲ}$(c)). 기타 위난실종($^{§4 \; 내지 \; §6}_{가 아닌 경우}$)은 생명의 위험이 발생한 때 사망한 것으로 확정해야 한다. 사망 시점이 일자로 정해져야 할 경우 그 일자가 만료된 때를 사망시점으로 확정해야 한다($^{§9}_{Ⅳ}$).

　우리 민법과 일본민법, 그리고 프랑스민법($^{프민}_{§128}$)은 실종선고로 사망한 것으로 간주하는 규정을 두고 있다. 스위스민법은 위난실종의 경우 1년, 보통실종의 경우 5년이 경과하면 실종선고를 신청할 수 있게 한다($^{스민}_{§36}$). 법원은 1년 이상의 공고기간을 두어 실종자의 소식을 신고하도록 하는데 이 기간이 도과하도록 아무런 신고가 없을 때 실종선고를 할 수 있다. 이 때 실종자의 사망이 증명된 것과 마찬가지로 그의 사망으로 인해 성립하는 권리를 행사할 수 있게 한다($^{스민}_{§38}$). 또한 혼인관계를 소멸시킨다($^{스민}_{§39 \, Ⅲ}$). 이런 효과는 위난이 발생한 시점 및 최후로 소식이 전해진 시점에 소급하여 발생한다($^{스민}_{§39 \, Ⅱ}$).

　어떤 법이든 그 형식만 다를 뿐, 실종선고를 받은 자는 법적으로 사망한 것과 같이 취급되어 혼인관계가 종료하고, 상속이 이루어지는 효과가 발생하는 점에 차이가 없다. 추정주의나 간주주의 간에도 차이는 없는 셈이다. 오히려 사망 시점을 언제로 인정할 것인가에 각 나라마다 차이가 있을 뿐이다.

　한편 실종자를 위한 부재자의 재산관리인이 선임되지 않았다면, 부재자를 상대로 한 재판은 공시송달의 방법으로 송달되고 의제자백으로 판결이 내려질 수 있다. 이 때 실종선고 전 실종기간 만료 후 부재자를 상대로 확정판결이 내려졌다면 그 효력이 문제될 수 있다. 결과적으로 그 판결은 사망자를 대상으로 내려진 것으로서, 사망자인 실종자의 상속인의 소송수계 없이 내려진 셈이다. 따라서 실종선고 확정 후 상속인이 소송수계인으로서 그 확정판결에 대해 소송행위의 추완에 의한 상소를 할 수 있다.[1]

---

1) 대판 92.7.14, 92다2455 참조. 이 판결에 대해서는 윤진수, "실종자를 피고로 하는 확정

Ⅱ. 사망효과의 시기

실종선고로 사망의 효과가 생기는 시점에 관하여 민법은 모두 실종기간이 만료한 때로 규정한다. 이 점에서는 독일민법이나 스위스 민법과 차이가 있다. 또한 프민 §128는 실종선고 후 민적에 기재(transcription)한 때로부터 사망한 것과 같이 취급된다. 우리 민법은 실종선고의 효력이 발생한 시점이 아니라 실종기간이 만료한 시점으로 정한다. 이런 이유 때문에 실종선고심판서에는 사망간주일자를 기재하도록 하고 있다($\frac{가소규}{§56}$).

Ⅲ. 사망효과의 범위

1. 종래의 주소를 중심으로 하는 법률관계

실종선고로 실종자는 사망한 것으로 간주되지만, 그 선고로 권리능력이 박탈되는 것은 아니다. 그의 주소지 또는 거소지에서 그를 중심으로 하여 형성되었던 사법상의 법률관계를 해소시키는 효력이 있다. 즉 혼인관계가 소멸하고, 그가 맺었던 채권관계는 상속되며, 그의 권리와 의무도 상속된다.

그러나 실종자가 다른 곳에 주소 또는 거소를 두고 생활하는 경우 그곳에서 그가 한 사법상의 법률행위의 효력에는 아무런 영향이 없다. 예컨대 서울에 주소를 둔 성인이 실종선고 또는 인정사망으로 가족관계등록부에 사망한 것으로 기재되어 있다고 하더라도, 부산지역에서 생존한 경우가 얼마든지 있을 수 있다. 거기서 그는 여전히 권리능력자로서 사법상의 법률관계를 형성하면서 생활할 수 있다. 동일인이 다른 이름으로 별도의 가족관계등록부에 등록하여 생활하는 것도 얼마든지 가능한 일이다. 가령 기억을 상실한 자가 민법에 따라 새롭게 성과 본을 창설한 후 가족관계등록부를 창설하고 생활하는 것이 그 예이다. 동일인임에도 불구하고 각기 다른 가족관계등록부에 등록되어 있는 경우에는 2중으로 실종선고가 되는 일도 불가능하지는 않다. 이 때 2중으로 실종선고를 받은 자가 여전히 행방불명이지만, 양자가 동일인임을 증명할 수만 있다면, 먼저 있었던 실종선고는 취소할 수 있을 것이다.

판결 후 실종선고가 확정된 경우 판결의 효력", 민법논고 Ⅰ, 2007, 139 이하의 자세한 평석을 참조.

2. 사법상의 법률관계의 소멸

(1) 실종선고가 있으면 종래의 주소지 또는 거소지를 중심으로 형성된 사법상의 법률관계가 소멸하는 효과가 발생한다. 공법상의 법률관계에는 영향을 미치지 않는 것이 원칙이다. 그러나 가족관계등록부에 실종선고로 인한 사망이 등록되면($^{가족등}_{§92}$), 주등 §14에 따라 가족관계등록신고 등에 따라 주민등록표를 정리하고, 주등 §15에 따라 가족관계등록부와 주민등록부의 기재사항을 상호 일치시킬 수 있도록 하고 있다. 그 결과 공법상의 법률관계에서도 실종자는 사망한 것으로 간주되는 사실상의 효과가 발생한다. 따라서 사회보장급여권이 상실되고, 선거권이 상실되는 효과가 발생하게 된다. 사망사실로 주민등록부에 주민으로 등록되지 않으면 그에게 세금도 더 이상 부과되지 않는다. 결과적으로 공법상의 법률관계에서도 사망한 것과 동일한 효과가 사실상 발생하는 것이다. 그러나 이것은 사실상의 효과이지 법적인 효과가 아니다.

(2) 실종기간 만료 후 부재자의 재산관리인이 한 대리행위의 효력에 관하여는 가정법원이 선임한 재산관리인인지, 본인이 정한 재산관리인인지에 따라 차이가 있을 수 있다.

먼저 가정법원이 선임한 부재자의 재산관리인은 실종선고가 있었다 하더라도 재산관리인의 지위가 당연히 소멸하지는 않는다. 부재자의 재산관리인 선임을 포함한 부재자의 재산관리 처분 심판을 취소시키는 심판을 해야 한다($^{가소규}_{§50}$). 실종선고가 내려진 경우는 이해관계인이 부재자의 재산관리처분 심판 취소청구를 하여야 할 것이다. 그 심판이 취소되지 않는 한 실종선고에도 불구하고 재산관리인은 종전과 마찬가지로 부재자의 재산관리권한을 가진다. 그러나 이 경우 부재자의 상속인 역시 §1005에 따라 그의 권리를 포괄적으로 취득하게 된다. 따라서 대외적으로 사망한 자인 부재자의 재산관리인과 상속인이 상속재산에 대해 적법한 권리를 보유하는 셈이다. 그러나 대내적인 관계가 대외적인 관계와 동일할 수 없다. 재산관리인은 부재자를 위한 선량한 관리자의 주의의무로써 사무를 집행해야 하므로, 부재자가 실종선고로 사망한 것을 알게 되었다면 자신이 관리하는 재산에 대한 처분권한을 가진 자가 상속인임을 알게 되었음을 의미하게 될 것이다. 그가 상속인의 의사와 달리 그 재산을 처분하게 되면 이는 상속인에 대한 불법행위가 될 것이다. 대외적으로는 유효한 대리행위라 하더라도 상속인에 대해서는 손해배상의무가 성립하게 된다.

이 때 재산관리인이 제공한 담보로 그 손해의 배상에 활용할 수 있을 것이다.

부재자가 정한 재산관리인의 경우 실종선고가 있으면 실종기간이 도과한 때 부재자가 사망한 것으로 간주되고, 그의 재산관리권한은 종료된다($\S_{690}$). 그러나 위임 종료 이후에도 급박한 사정이 있는 때에는 위임인의 상속인이 위임 사무를 처리할 수 있을 때까지 그 사무의 처리를 계속하여야 하고, 이 때에는 위임이 존속한 것과 동일한 효력이 있다($\S_{691}$). 부재자의 재산관리인은 상속인의 의사에 반하는 처분을 해서는 안 되며, 상속인이 재산관리 사무를 인계받을 때까지 관리에 한정된 업무한 수행할 수 있다고 할 것이다. 이 의무를 위반한 경우 재산관리인은 계약상의 채무불이행으로써 손해배상의무를 부담하게 될 것이다.

(3) 실종선고로 상속이 개시되는 경우 실종기간 만료의 시점과 실종선고의 시점에 간격이 있을 수 있고, 실종선고의 시점에는 상속법이 개정되어 상속의 효과에서 새로운 법률관계가 형성되는 경우가 있을 수 있다. 이 때 실종기간 만료 시점의 상속법을 적용할 것인지, 실종선고 시점의 상속법을 적용할 것이지가 문제될 수 있다. 법률에 다른 규정이 없다면 실종기간 만료 시점의 상속법이 적용되어야 할 것이다. 이 점은 다른 경우에도 동일하다. 그러나 법률에 특별한 규정이 있거나, 실종기간 만료 시점의 법률이 위헌법률로서 효력을 상실하게 된 경우에는 그러하지 않다.

민법 제정 당시 부칙 § 25 Ⅱ은 "실종선고로 인하여 호주 또는 재산상속이 개시되는 경우에 그 실종기간이 구법 시행기간 중에 만료하는 때에도 그 실종이 본법 시행일후에 선고된 때에는 그 상속순위, 상속분 기타 상속에 관하여는 본법의 규정을 적용한다."고 규정하였다.[2] 1977.12.31. 민법 개정($\frac{법}{제3051호}$) 부칙 Ⅵ은 "실종선고로 인하여 상속이 개시되는 경우에 그 실종기간이 이 법 시행일 후에 만료된 때에는 그 상속에 관하여 이 법의 규정을 적용한다."고 규정하였다.[3] 1990.1.13. 법 제4199호로 개정된 부칙 § 12 Ⅱ은 "실종선고로 인하여 상속이 개시되는 경우에 그 실종기간이 구법 시행기간 중에 만료되는 때에도 그 실종이 이 법 시행일 후에 선고된 때에는 상속에 관하여는 이 법의 규정을 적용한다."고 규정하였다.

---

2) 대판 11.5.13, 2009다94384; 대판 17.12.22, 2017다360, 377 등에서도 이 경우 구관습법이 아니라 민법의 규정을 적용해야 한다고 판단한다.

3) 대결 80.9.8, 80스27; 대판 95.12.22, 95다12736 등에서도 개정 민법의 규정을 적용하여야 한다고 판단하였다.

IV. 실종선고 없는 실종자

실종되었으나 실종선고가 없는 경우 실종기간이 만료되기까지 생존하는 것으로 추정하여야 한다는 주장을 둘러싼 논의가 있었다.[4] 그러나 이 주장이 실종기간이 만료된 이후, 그러나 실종선고가 되지 않은 기간동안에는 사망한 것으로 추정하여야 한다는 내용을 내포한 것이 아니라면 이런 주장의 당부를 논하는 것은 의미가 없을 것이다. 사망을 주장하는 자가 그 내용을 입증하여야 한다는 점에는 변함이 없기 때문이다. 또 실종선고가 내려지기 전까지는 사망한 것으로 간주하는 것이 통설이라는 주장도 있었다.[5] 그러나 이렇게 볼 것도 아니다. 실종선고가 내려지지 않더라도 실종자에게 위난이 발생하였고, 그 위난의 결과 사망하여 생환하지 못할 개연성이 매우 높다는 것을 증명하면 사망으로 인정할 수 있으며, 가족등 §88-2의 인정사망을 대법원은 이렇게 해석하고 있다.[6] 그렇다면 생존하는 것으로 간주되는 것은 아니다. 결국 사망을 요건으로 하여 자신의 권리를 주장하는 사람이 입증하여야 할 문제일 것이다.

[제 철 웅]

---

4) 구주해(1), 405 이하(한상호) 참조.
5) 구주해(1), 405(한상호) 참조.
6) 대판 89.1.31, 87다카2954 참조.

第 29 條(失踪宣告의 取消)

① 失踪者의 生存한 事實 또는 前條의 規定과 相異한 때에 死亡한 事實의 證明이 있으면 法院은 本人, 利害關係人 또는 檢事의 請求에 依하여 失踪宣告를 取消하여야 한다. 그러나 失踪宣告後 그 取消前에 善意로 한 行爲의 效力에 影響을 미치지 아니한다.

② 失踪宣告의 取消가 있을 때에 失踪의 宣告를 直接原因으로 하여 財産을 取得한 者가 善意인 境遇에는 그 받은 利益이 現存하는 限度에서 返還할 義務가 있고 惡意인 境遇에는 그 받은 利益에 利子를 붙여서 返還하고 損害가 있으면 이를 賠償하여야 한다.

Ⅰ. 본조의 의의

실종선고가 내려지면 실종기간의 만료로 실종자는 사망한 것으로 간주된다. 그런데 실종자가 생존해 있거나 사망간주의 시점과 다른 때에 사망한 사실이 증명되면 종전에 내렸던 실종선고의 심판의 효력을 상실시켜 상실되었던 실종자의 권리를 회복시켜 주거나, 다른 시점에 사망한 것으로 처리하여 특히 상속관계를 재정리할 필요가 있다. 이를 위해 우리 민법은 실종선고 취소제도를 두고 있다. 가정법원의 심판으로 실종선고를 하였기 때문에, 그 심판을 취소하는 심판절차를 두고 있는 것이다.

Ⅱ. 실종선고 취소의 요건

1. 실질적 요건

실종선고를 취소하는 심판을 하기 위해서는 다음 세 가지 중 어느 하나가 증명되어야 한다.

(1) 실종자가 생존한 사실

실종자가 생존하고 있다는 것은 그와 연락이 닿거나 그가 생존하고 있는 것이 증명된 것을 말한다. 실종선고 후 아무리 오랜 기간이 경과하였다 하더라도 실종선고 취소심판에는 영향을 미치지 아니한다.

(2) 실종기간 만료의 시점과 다른 때에 사망한 사실

실종자가 사망하였다 하더라도 실종선고의 효과로 사망한 것으로 간주되는 시점에 사망한 것이 아니라는 점이 증명되면 실종선고 취소심판을 할 수 있다고 한다.[1] 사망간주 시점 이전 또는 이후라는 것을 입증하면 되는 것이고, 그 시점을 특정할 필요는 없다는 것이다. 실종선고가 취소되면 상속관계에 변동이 발생할 수 있는데, 이 때 각 상속분쟁에 따라 실종자의 사망시점에 대한 입증책임이 달라지게 될 것이다.

(3) 실종기간의 기산점 이후의 어떤 시기에 생존하고 있었던 사실

실종선고로 사망으로 간주되는 시점은 실종기간이 만료되는 때이므로, 실종기간의 기산점과 다른 시점에 생존하고 있었던 사실이 증명되면 최소한 실

---

1) 구주해(1), 408(한상호) 참조.

종선고 심판서에 기재된 사망간주일보다 뒤에 사망한 것으로 인정되어야 한다. 따라서 §29 Ⅰ 후단의 사안과 동일한 효과가 발생하므로 이것도 실종선고 취소심판의 요건으로 인정하여야 할 것이다.[2]

2. 심판청구권자의 청구

실종선고 취소심판은 직권으로 하는 것이 아니라 신청주의에 따른다. 청구권이 있는 자는 본인, 이해관계인, 또는 검사이다. 학설은 실종선고 심판청구와 달리 실종선고 취소심판 청구에서는 이해관계인을 넓게 해석하여야 한다고 하는 학설이 있다.[3] 실종자가 생존하는 동안 실종자에 대해 권리를 갖는 자, 보험금을 지급한 생명보험회사, 친권자, 후견인이었던 자 등이 그 예라고 한다. 생존하거나 다른 시점에 사망한 것으로 인정됨으로써 권리를 취득하거나 의무를 면하게 되는 경우에 해당되는 자가 법률상 이해관계가 있는 자라고 할 수 있는데, 실종자가 생존하고 있는 기간 동안 권리를 가질 수 있었으나 실종자의 사망으로 그 권리를 상실하게 되었다면, 그 자는 당연히 법률상의 이해관계가 있는 자일 것이다. 보험금을 지급한 생명보험회사 역시 보험금을 지급하지 않을 수도 있고, 또 피보험자가 달라질 수도 있으므로 마찬가지로 법률상 이해관계가 있는 자일 것이다. 미성년자가 사망함으로써 친권이 소멸하게 되지만 생존함으로써 친권이 다시 회복되는 자 역시 법률상 이해관계가 있는 자일 것이다. 그러나 후견인은 가정법원의 심판으로 선임되는 자인데, 실종자가 사망함으로써 후견인의 지위는 자동 소멸하지만, 실종자가 생존하고 있다고 하더라도 후견인의 지위가 복귀되는 것은 아니라고 할 것이다. 그렇다면 후견인은 법률상 이해관계를 가진 자가 아니라 할 것이다. 실종선고 취소심판의 청구권자에 법률상 이해관계가 없는 자를 포함시킬 실익이 없을 것이다. 만약 공익을 위해 청구권자의 범위를 넓힐 필요가 있다면 공익의 대표자인 검사가 청구권을 적극적으로 행사함으로써 그 목적을 달성할 수 있을 것이다. 공익의 대표자로서 검사의 민사법상의 권한과 책임을 다하게 할 수 있는 제도적 장치를 정비하는 것이 급선무이지, 법률상 이해관계 없는 자를 청구권자에 포함시켜 공익 실현을 도모하려는 것이 합리적일지는 의문스럽다.

---

2) 구주해(1), 408(한상호) 참조.
3) 구주해(1), 408 이하(한상호). 일본의 학설로 大谷美隆, 失踪法論, 592를 인용하고 있다.

Ⅲ. 실종선고 취소 절차

1. 관할법원

실종선고 취소는 가사비송 라류 사건 제3호에 규정되어 있다. 실종선고 취소심판 사건이 본인의 주소지의 가정법원의 관할에 속하는 것은 실종선고와 동일하다.

2. 심리절차

실종선고 심판절차와 취소심판 절차는 다르지 않다. 다만, 실종선고 취소 심판 절차는 공시최고를 요하지 않는다. 취소심판의 요건을 갖추면 공시최고 없이 취소심판을 할 수 있다.

3. 심   판

실종선고 취소 심판청구에 대한 제1심 종국판결은 심판으로 한다($\frac{가소}{§39}$). 실종선고의 취소청구를 기각한 심판에 대하여는 사건본인 또는 이해관계인이 즉시항고 할 수 있다($\frac{가소규}{§57}$). 실종선고 취소심판은 즉시항고기간의 도과로 확정된다. 실종선고의 취소 심판이 확정된 때에는 가정법원의 법원사무관등은 지체 없이 그 뜻을 공고하여야 한다($\frac{가소규}{§59}$). 가소규 §58는 실종선고취소의 심판이 확정된 경우에 그 심판을 청구한 사람이 재판의 확정일부터 1개월 이내에 재판서의 등본 및 확정증명서를 첨부하여 그 취지를 가족관계등록부를 관할하는 시·읍·면의 장에게 신고하여야 한다($\frac{가족등 §§92}{Ⅲ. 58¹}$). 이를 통해 실종자의 가족관계등록부가 정정된다.

Ⅳ. 실종선고 취소의 효과

1. 원   칙

실종선고가 취소되면 실종선고 심판의 효력이 소급하여 소멸하게 된다. 실종선고 취소의 요건에 세 유형이 있기 때문에, 그 효과도 세 유형으로 나타날 수 있다.

(1) 실종자가 생존한 경우

이 경우 상속의 효력이 소급적으로 소멸되고, 상속인에게 포괄승계되었던 실종자의 재산은 실종자에게 당연히 복귀한다. 실종자는 상속인을 상대로 소유물반환청구권, 소유물방해배제청구권을 비롯하여 자신의 권리를 회복하기 위해 필요한 모든 조치를 취할 수 있다. 동시에 실종자의 사망을 이유로 직접 권리를 취득하게 되는 생명보험계약에서의 보험수익자, 사인증여 계약에서의 수증자도 취득한 권리를 채무자에게 부당이득으로 반환하여야 한다. 나아가 사망으로 인한 혼인해소의 효력도 원칙적으로 소급하여 효력을 상실한다.

(2) 실종기간 만료와 다른 때 사망한 사실이 증명된 경우

이 경우 실종선고에 기한 상속의 효력은 소멸하게 되고, 다른 시점에서의 사망을 원인으로 한 상속만 유효하게 된다. 실종선고를 이유로 한 상속이 개시되었을 때 한 상속포기, 한정승인도 그 효력을 상실한다. 사망한 것으로 증명된 시점을 기준으로 상속이 개시되고, 그 시점을 기준으로 상속포기, 한정승인 등의 조치가 있어야 할 것이다. 한편 실종선고에 기한 상속 시점과 증명된 다른 시점에서의 사망으로 개시된 상속 사이에 상속인이나 상속권에 차이가 있을 수도 있다. 결격사유의 유무, 상속법의 개정 등으로 상속인 또는 상속분에 차이가 생길 수 있기 때문이다. 이 경우 상속권을 침해당한 자가 침해자를 상대로 상속받은 권리에 기초하여 침해된 상속권의 회복을 구할 수 있을 것이다. 침해자는 §999의 상속회복청구권에서 정한 제척기간이 도과되었다는 항변을 할 수 있을 것이다. 실종자가 사망한 것이므로 소멸되었던 신분관계는 다시 복귀하지 않는다.

(3) 실종기간의 기산점 이후의 어떤 시기에 생존하고 있었던 사실

이 경우 실종선고가 취소되었으나 새로운 실종선고 심판이 확정되기 전까지는 상속의 효력이 상실되고, 소멸되었던 신분관계도 다시 부활하게 된다. 그러나 아직 실종자의 생존의 불분명 상태가 지속되거나 새로운 실종선고 심판 절차가 끝나지 않은 상태일 것이므로 그 시점에서 한 실종자의 재산을 처분한 행위 등은 §29 I 단서에 의해 효력을 상실할 수 있다.

2. 예외: 실종선고 후 그 취소 전에 선의로 한 행위의 효력

§29 I 단서는 실종선고 후 그 취소 전에 선의로 한 행위의 효력에 영향을 미치지 않도록 규정하고 있다. 실종선고 전에 하거나 실종선고 취소 후에

한 행위로는 실종선고 취소에 대항할 수 없다고 해석한다. 이 규정의 해석을 둘러싸고 다양한 논의가 있었다. 다양한 논의는 이 규정의 취지를 어떻게 이해할 것인가에 좌우될 것이다.

(1) 취   지

이 규정의 취지를 논하는 국내의 학설은 매우 드물다. 실종선고 취소의 소급효 원칙을 관철한다면 실종선고를 믿고 행동한 배우자, 상속인 또는 그 밖의 이해관계인은 예측하지 못했던 불이익을 받는 경우가 있기 때문에 예외를 두었는데, 그 중 하나가 §29 Ⅰ 단서이고, 두 번째 예외가 §29 Ⅱ이라는 것이다.[4] "예측하지 못한 불이익"은 많은 경우 법적용 원칙이 명확하지 않은 것에서 발생하기 때문에 어떤 내용이든 법적용 원칙만 명확하다면 불가예측성은 대부분 줄일 수 있을 것이다. 그러므로 이런 주장은 동조의 취지를 설명하는 논리로는 설득력이 없다.

이에 반해 일본에서의 현 단계의 논의는 우리에게 시사하는 바가 크다. 우리 §29 Ⅰ 단서에 해당되는 일민 §32 Ⅰ 단서는 실종선고로 직접 권리를 취득한 상속인, 사인증여계약의 수증자, 생명보험계약의 수익자 등을 보호하기 위한 제도가 아니라, 사망으로 직접 권리를 취득한 자와 재산적 거래관계를 맺은 제3자를 보호하기 위한 규정이라고 해석하는 것이 그것이다.[5] 또한 신분행위에는 일민 §32 Ⅰ의 적용을 배제하고 별도의 규정을 두어 처리하고자 시도하였던 1994년 "婚姻制度に關する民法改正要綱試案"도 동조의 취지에 대한 비판적 성찰이 있음을 보여주는 예이다.[6]

§29 Ⅱ의 취지를 이해함에는 다음과 같은 우리 민법의 질서를 고려하여야 할 것이다. 첫째, 우리 민법은 물권변동에서 유인주의를 취하면서 불완전하지만 선의의 제3자 보호규정을 두어 거래의 안전을 도모하고자 한다. 등기나 인도를 통해 물권자라는 외관을 갖춘 자와 거래한 제3자 중 동산의 선의취득자는 보호받지만, 부동산을 선의로 취득한 자를 보호하는 규정은 매우 제한적이다. 따라서 사인의 재산가치에서 큰 비중을 점하는 부동산 거래가 불완전해질 위험이 높다. 둘째, 우리 민법은 선의의 제3자 보호규정을 두지만, 그 자로부터 전득한 악의의 제3자를 징벌하기 위해 권리를 취득하지 못하게 하는 제도

---

4) 곽윤직·김재형, 151 이하 참조.
5) 新注民(1), 619 이하(河上正二).
6) 新注民(1), 624 이하(河上正二).

를 두지 않는다.

종래 학설들은 A(실종자)의 재산을 상속한 B가 이를 C에게 양도하고, 다시 C가 D에게 양도한 경우, B, C, D 모두 선의일 경우 §29 I 단서가 적용된다는 견해와 B를 제외한 C, D가 선의일 때 동조가 적용된다는 견해로 나뉘어 있었다. 전자는 B, C, D 중 한 명만 악의라도 §29 I 단서가 적용되지 않는다고 주장하고, 후자는 C가 선의이면 §29 I 단서가 적용되지만 D가 악의인 경우 D는 보호를 받지 못한다고 해석해 왔다. 이런 학설들로 인해 §29 I 단서는 선의의 제3자 보호규정과는 무관한 어떤 제도로 전락하게 되었다. 가령 동산선의취득에서 양수인 C가 선의취득의 보호를 받는데, 전득자 D가 악의자여서 원래의 소유자가 소유물반환청구권을 행사할 수 있다는 주장은 없다. §108 II의 선의의 제3자인 C가 부동산 소유권을 유효하게 취득하였는데, 그로부터 전득한 D가 우연히 가장행위를 알게 되었다는 이유로 원래의 소유자 A가 소유물반환청구권을 행사할 수 있다는 주장도 없다. §29 I 단서에 관한 종래의 학설은 이 제도의 취지를 이해하는 데 모두를 미궁에 빠뜨리고 있는 셈이어서, 따르기 어려울 것이다.

여기서는 일본의 통설처럼 §29 I 단서는 실종선고로 인해 발생한 법률효과인 실종자의 사망을 믿고 거래한 제3자의 보호를 위한 제도라는 논리를 수용하여 설명하고자 한다. 그러나 제3자의 보호를 위한 제도라 하더라도 §29 I 단서의 "선의"를 실종선고에 기해 직접 권리를 취득한 상속인등과 직접 거래(이를 제1거래라 한다)한 제3자 양자 모두의 선의를 요할 것인가, 아니면 후자의 선의만 필요한가에 관하여는 얼마든지 논의가 있을 수 있다. 그러나 일단 제1거래가 유효하였다면 그 이후부터의 전득자가 선의인지, 악의인지는 문제삼지 않아야 할 것이다. 여기서는 상속인등이 악의라 하더라도 제1거래의 상대방이 선의이기만 하면 §29 I 단서가 적용될 수 있다는 견해를 취한다. 이런 견해를 취할 경우 제1거래의 상대방이 악의여서 보호받지 못할 경우 제2거래의 상대방이 선의인 경우 보호받을 수 있는가는 별개의 문제이다.

(2) 계 약

실종선고에 기해 개시된 상속이 있은 후 상속인이 상속재산을 제3자에게 양도하거나 담보를 설정하거나 제한물권을 설정하는 등의 계약이 있을 수 있다. 상속인이 소유자이든 아니든, 실종선고가 취소되었든, 계약의 효력에는 영향이 없다. 그러나 실종선고가 취소되어 상속의 효력도 소급해서 무효가 되면 양도인이 무권리자이므로 당사자가 계약으로 의도하였던 물권변동은 발생할 수 없다. 이 때 §29 Ⅰ 단서의 "선의로 한 행위"에 해당되면 물권변동의 효력도 인정된다. 이 때 "선의"는 상속인과 직접 거래한 제3자 모두 선의일 것을 요구하는 견해가 다수이지만,[7] 거래 상대방의 선의로 충분하다는 소수설도 있다.[8] 실종선고를 직접 원인으로 하여 이득을 얻은 상속인이나 생명보험계약의 수익자, 사인증여계약의 수증자는 모두 §29 Ⅱ에 의해 보호를 받는 것으로 충분하고, 이들의 보호는 거래의 안전 보호와는 무관하기 때문에 소수설이 우수하다.

상속인과 직접 거래한 자가 선의일 경우 그로부터 전득한 자가 우연히 실종선고가 사실에 반한다는 것을 알았다고 하더라도 선의의 제3자와 거래한 상대방의 권리취득을 부정할 이유는 없다. 왜냐하면 선의의 제3자가 확정적으로 물권을 취득하였으므로, 물권자와 거래한 제3자의 권리취득을 부정하기 위해서는 별도의 법률규정이 있어야만 할 것이기 때문이다.[9]

다른 한편 상속인과 직접 거래한 자가 악의이지만 그로부터 전득한 자가 선의인 경우 선의의 전득자에게 §29 Ⅰ 단서를 적용하여 취득한 권리를 보유할 수 있게 할 수 있는지가 문제된다. §29 Ⅰ 단서가 제1거래의 양도인의 무권리라는 흠결을 보완하기 위한 목적이라면, 제1거래의 양수인이 제2거래행위를 할 경우 양수인 역시 무권리자라는 흠결만 있다면 §29 Ⅰ 단서를 제2거래의 양수인에게 적용하는 것이 실종선고로 상속된 재산임을 믿고 거래한 제3자를 보호함으로써 거래의 안전을 보호하려는 제도의 취지에 더 부합할 것이다. 거래안전을 보호하기 위한 규정인 §249의 선의취득규정만이 아니라, §107 내지 §110의 선의의 제3자 보호규정의 해석도 동일한 취지이다. 또한 채권양도금지특약이 있는 경우 선의의 제3자에게 대항할 수 없도록 한 §449 Ⅱ 단서의 해석도 동일한 취지이다. §449 Ⅱ 단서의 해석에서 대법원은 채권양수인이 양도금지특약의 존재에 대해 악의이더라도 전득자가 선의이면 그 양도로 채무자에게 대항할 수 있고, 이 경우 재전득자는 선의, 악의를 불문하고

---

7) 구주해(1), 412 이하(한상호); 곽윤직·김재형, 152; 지원림, 민법원론, 제2판, 205; 송덕수, 신민법강의, 제10판, 368 등 참조. 다만 지원림 교수, 송덕수 교수는 실종선고를 직접 원인으로 실종자의 재산을 취득한 자와 거래한 상대방 양자가 선의인 경우, 그로부터 전득한 자가 악의이더라도 확정적으로 권리를 취득한다고 해석한다.

8) 김준호, 민법총칙, 2008, 122; 명순구, 민법총칙, 2005, 150 등 참조.

9) 위 주 7의 지원림 교수, 송덕수 교수 등도 동일한 취지이다.

양도금지특약부 채권을 유효하게 취득한다고 해석한다(대판(전) 19.12.19, 2016다
24284; 대판 15.4.9, 2012다
118020).
참조

그러나 제1거래에서의 원인행위가 무효이고, 그 무효에 대해서는 제3자보
호규정이 없다면 제1거래의 양수인 또는 그로부터의 전득자가 실종선고가 사
실에 반한다는 것을 몰랐는지 유무와 무관하게 그 거래는 보호받지 못한다. 여
기서는 제1거래의 양도인이 무권리라는 흠결이 문제된 것이 아니라 원인행위
가 무효라는 흠결이 있기 때문이다.

(3) 단독행위

실종선고에 기해 상속받은 상속인이 상속채권을 자동채권으로 상계하거나
상속채무자에게 채무면제의 의사표시를 한 경우 상속인이 선의인 경우 그 상
계 또는 면제의 효력에 §29 Ⅰ 단서를 적용할 수 있는지 문제된다. 일부 학설
은 단독행위에서는 행위자만 선의이면 되기 때문에 상대방이 악의라 하더라도
그 상계 또는 면제가 유효하다고 해석한다.10) 일부 일본 학설들은 이 때 상대
방이 악의이더라도 그 상계 또는 면제는 유효하지만 상대방은 악의의 수익자
로 이익을 반환하여야 한다는 견해도 있다.11) 그 중 후자의 견해는 우리 민법
체계에는 부합하지 않는다. 먼저 §29 Ⅱ은 실종선고를 직접 원인으로 이득을
얻은 자의 반환범위에 관한 것이고, 직접 이득을 받은 자와의 법률행위로 이익
을 받은 자에게는 동조가 적용되지 않는다. 나아가 상계나 면제가 유효한데도
이를 부당이득으로 반환하는 경우는 법률의 특별한 규정이 있는 경우 등에 한
정될 것이다.12)

§29 Ⅰ이 실종선고가 사실에 부합하기 때문에 유효하다고 믿고 거래한
제3자의 보호에 있다면, 법률행위의 형식이 단독행위인지, 계약인지는 중요하
지 않다고 할 것이다. 무엇보다도 상계나 면제는 단독행위로 할 수도 있지만
계약으로도 할 수 있다는 점도 간과해서는 안 될 것이다. 이 때에도 단독행위
의 상대방이 실종선고가 사실에 부합하지 않다는 것을 알고 있었다면 그를 보

---

10) 구주해(1), 412(한상호); 김증한·김학동, 168; 송덕수(주 7), 368 참조. 이런 견해가 통
설이라고 한다.
11) 日注民(1) 新版, 394(谷久知平) 참조. 구주해(1), 412(한상호)에서는, 국내에서 이런 주
장을 하는 견해로 김용희 교수, 김기선 교수 등의 견해를 소개하고 있다.
12) 독민 §816 Ⅰ 2문은 "(무권리자의) 처분이 무상으로 행해진 경우, 그 처분으로 직접 법
률상의 이득을 얻은 자도 동일한 의무(권리자에게 부당이득반환)를 부담한다."고 규정하는
데, 우리 민법은 이런 규정이 없기 때문에 면제받은 상대방이 생환한 실종자에게 부당이
득반환의무를 부담한다고 해석하기가 어렵다.

호할 이유는 없을 것이다. 이런 경우 그 상계나 면제는 무효라고 해석해야 할
것이다.

  (4) 실종선고에 기해 취득한 상속재산에 대하여 강제집행절차를 통해 권
     리를 취득한 제3자

  실종선고 후 개시된 상속으로 상속인이 취득한 부동산을 상속인의 채권자
가 압류, 가압류 등의 조치를 취할 수 있을 것이다. 이 경우 상속인이 실종선
고가 사실에 부합하지 않는다는 사실을 알았다 하더라도 상속인의 채권자가
그 재산이 상속재산이라 믿고 압류, 가압류등의 조치를 취했다면 그는 §29 Ⅰ
단서에 의해 보호받아야 할 것이다. 그 압류에 기해 진행된 경매절차에서 매수
한 자가 우연히 실종선고가 사실에 부합하지 않는다는 사실을 알았거나 압류
후 실종선고가 취소되고, 그 후 진행된 경매절차에서 매수하였다고 해서 보호
받지 못한다고 해서는 안 될 것이다.

  (5) 신분행위

  우리 학설은 예외 없이 신분행위에도 실종선고 취소 효력의 예외가 인정
된다고 한다.[13] 다수설은 실종선고 후 취소 전에 한 재혼의 당사자가 모두 선
의이면 전혼은 부활하지 않는다고 한다.[14] 그러나 실종선고 후 취소 전에 한
재혼의 당사자 일방이라도 악의이면 전혼은 부활하고, 후혼은 중혼으로 취소
될 수 있다고 해석한다. §29 Ⅰ 단서가 거래의 안전을 보호하기 위한 취지라
는 점, 배우자의 생사가 3년 이상 불분명하면 재판상 이혼사유인 점($_{(v)}^{\S840}$), 실
종선고심판청구를 통해 재판상 이혼을 갈음하고자 하는 것도 실종자의 배우자
의 의사 중 하나라고 추정할 수 있는 점 등을 감안하면, 실종선고로 혼인관계
는 종국적으로 소멸한다고 보아야 할 필요성이 있을 것이다. 입법적 개선이 필
요한 지점이 아닐 수 없다.[15]

---

13) 구주해(1), 414 이하(한상호) 참조.
14) 곽윤직 · 김재형, 152; 구주해(1), 414(한상호) 참조.
15) 스민 §38 Ⅲ은 실종선고로 혼인관계는 해소된다고 규정한다. 실종자가 생환하더라도 혼
   인관계가 자동적으로 부활하지 않는다는 의미이다. 혼인관계를 부활시키려면 다시 혼인
   하여야 한다고 한다. 이에 대해서는 Honsell · Vogt · Geiser, Zivilgesetzbuch Ⅰ, Art. 38
   Rn. 14(Caterina Nägeli) 참조. 일본 학계에서도 해석론으로 신분행위에는 실종선고취소
   의 효력의 예외를 인정하지 않으려는 견해도 있고, 이런 방향의 입법적 시도도 있었다. 즉
   1994년 "婚姻制度に關する民法改正要綱試案" 1.2.1에서 실종선고로 혼인관계는 종료하도
   록 하는 요강을 둔 것이 그것이다. 바람직한 논의라 하지 않을 수 없다. 이에 대해서는 新
   注民(1), 621 이하(河上正二) 참조.

(6) 실종선고 전 또는 실종선고 후에 한 행위의 효력

실종선고에 기해 개시된 상속인이 실종선고 취소 후에 실종자의 재산에 대해 한 상속인의 처분은 민법의 일반 원칙에 따라 처리되고, 여기에는 §29 Ⅰ 단서가 적용되지 않는다. 실종선고 전에 한 행위에도 §29 Ⅰ 단서의 적용을 배제하는가의 문제는 마찬가지로 규정의 취지와 관련되어 있다. 실종선고 전에 한 부동산 처분행위의 흠결은 실종선고로 인해 치유될 수 있을 것이고, 그때로부터는 실종선고 후 취소 전에 한 행위와 이익상황이 크게 다르지 않다고 볼 수도 있다. 그러나 §29 Ⅰ 단서는 진정한 권리자를 희생시키면서 거래의 안전을 보호하는 규정이므로 입법자가 그 적용범위를 제한적으로 설정할 수 있다. 가령 선의의 제3자 보호규정만 중시하게 되면 §107 내지 §110로 무효가 된 거래나, §104에 해당되어 무효인 거래나 그 보호가치에 큰 차이가 없다고 볼 수도 있다. 그러나 제3자 보호규정이 예외규정이기 때문에 그 예외의 적용에 제한을 어떻게 둘 것인지는 입법자의 재량이라고 하지 않을 수 없을 것이다.

3. 실종선고에 의해 재산을 취득한 자의 반환의무

§29 Ⅱ의 전신인 일민 §32 Ⅱ은 "실종선고를 원인으로 하여 재산을 취득한 자는 그 취소에 의하여 권리를 상실한다. 다만 현실로 이익을 얻은 한도에서만 그 재산을 반환할 의무를 진다."라고 규정하였다. 그러나 §29 Ⅱ은 "실종의 선고를 직접원인으로 하여 재산을 취득한 자"가 반환의무를 부담한다는 것, 악의인 경우 그 받은 이익에 이자를 붙여서 반환하고 손해가 있으면 이를 배상하도록 규정하고 있는 점에 차이가 있다.

(1) 반환청구권자

실종선고를 직접원인으로 하여 재산을 취득한 자에 대한 권리이므로, 이 규정은 실종선고를 직접원인으로 하여 재산 상실의 손해를 본 자, 즉 실종자 또는 생명보험계약상의 보험자가 반환청구권자임이 명백하다. 실종선고 취소로 재산권이 실종자에게 소급하여 복귀하더라도 실종선고 후 반환받기 이전까지 그 재산권의 사용, 수익을 하지 못한 손실이 있을 수 있고, §29 Ⅰ 단서에 의해 선의의 제3자에게 대항할 수 없게 되어 재산권을 상실하는 손실이 있을 수 있다. 그러나 재산권이 소급 복귀되어 물권적 청구권을 행사할 수 있는 경우, 실종자가 보유한 채권이 아직 이행되지 않은 경우 등에는 손실이 없기 때

문에 이 규정은 적용되지 않는다.

(2) 반환의무자

실종선고를 직접원인으로 하여 재산을 취득한 자가 반환의무를 부담한다. 실종선고에 기해 이루어진 상속절차에서의 상속인, 사인증여계약상의 수증자, 유언에 기한 수유자, 생명보험계약상의 수익자 등이 직접원인으로 재산을 취득한 자이다. 이런 상속인, 수증자, 수유자 등으로부터 그들이 취득한 재산(^{부동산, 동산, 채권}을 막론한다)을 전득하거나 그 권리를 책임재산으로 하여 자기 채권을 만족받은 사람은 '직접원인'으로 한 이득이 없기 때문에 §29 Ⅱ은 적용되지 않는다.

위 반환의무자로부터의 전득자가 소유자인 실종자에게 대항할 수 없는 경우에 그의 반환범위에 대해 §29 Ⅱ을 유추적용하자는 주장도 있다. 그런데 전득자가 실종자에게 대항할 수 없어서 소유물을 반환하여야 하거나(^{§§213, 214}), 원물반환을 할 수 없어서 가액반환을 하여야 할 경우, 이 때에는 §201 내지 §203가 적용되기 때문에 §29 Ⅱ을 유추적용할 필요가 없다. 다수설에 따르면 실종선고에 기해 상속받은 자는 악의이고, 그로부터 전득한 자가 선의이지만, §29 Ⅰ 단서에 의해 대항할 수 없는데, 이 경우 전득자는 §213, §214에 따라 물권적 청구권에 따라야 한다. 이 때 실종자가 사용, 수익하지 못한 손실에 대해 전득자에게 부당이득반환청구를 할 경우 전득자가 선의인 경우 §201에 따른 과실수취권을 갖기 때문에 현존이익의 한도에서 반환할 이유가 없다. 전득자가 악의인 경우 실종자가 사용, 수익하지 못한 손실을 반환할 경우 판례는 그 반환범위는 §748 Ⅱ과 동일하다고 한다. §748 Ⅱ의 반환범위는 §29 Ⅱ의 악의자의 반환범위와 동일하기 때문에 논의의 실익이 없다. 이처럼 전득자의 경우 §201 또는 §748가 적용되기 때문에 §29 Ⅱ을 유추적용하여야 할 필요가 없다.

(3) 반환범위

실종선고를 직접원인으로 재산을 취득한 자가 선의인 경우 현존이익의 한도에서 반환하면 된다. '현존이익'은 반환청구권자가 반환을 청구한 시점을 기준으로 현존하는 이익을 반환하면 된다. 따라서 반환의무자가 실종선고가 유효하다고 믿고 목적물을 점유하고 있었다 하더라도 §201의 과실수취권을 가지지 않는다. 현존이익의 한도에서 수취한 과실과 사용이익을 반환하여야 한다.

반환의무자가 악의인 경우 받은 이익에 이자를 가산하여 반환하여야 한다. 생명보험계약상의 수익자의 경우 수령한 보험금에 이자를 가산하여 반환하여

야 한다. 반환의무자가 실종자의 소유물을 취득한 경우에는 그 목적물을 사용
하지 않았다 하더라도 과실 또는 사용이익의 가액을 가산하여 반환하여야 한
다. 그 밖에 실종자에게 손해가 발생하였다면 손해를 배상하여야 한다.

§29 Ⅱ의 반환범위는 §748에 따른 부당이득반환의무자의 반환범위와 책
임과 전적으로 동일하다.

[제 철 웅]

第 30 條(同時死亡)

2人 以上이 同一한 危難으로 死亡한 境遇에는 同時에 死亡한
것으로 推定한다.

Ⅰ. 본조의 의의

1. 기   능

개인이 사망하면 권리능력이 상실되어, 그 개인이 맺고 있던 신분관계가
소멸하고 동시에 그의 재산관계는 법정상속인 또는 유언상속인에게 상속되거
나 유언으로 정한 수유자에게 이전된다. 그 중 잠재적 상속관계에 있는 사람들
중 사망의 선후에 따라 상속관계가 달라질 수 있다. 많이 인용되는 예로써 설
명하면, 부부 A($\frac{재산}{300}$)와 B 사이에 자녀 C($\frac{재산}{200}$)가 있고, A의 부 또는 모 D가 있
을 경우, A와 C가 사망하였을 때 그 사망 선후에 따라 상속관계가 달라진다.

A가 먼저 사망하면 A의 재산은 배우자 $B\left(\genfrac{}{}{0pt}{}{상속분}{180}\right)$와 자녀 $C\left(\genfrac{}{}{0pt}{}{상속분}{120}\right)$가 상속받고, 그 후 C가 사망하면 최근친의 직계존속인 $B\left(\genfrac{}{}{0pt}{}{상속분}{320}\right)$가 상속받는다($\genfrac{}{}{0pt}{}{\S\S\,1000,}{1003.}$). 결과적으로 A와 C의 재산은 모두 B가 상속받는다. 그런데 C가 먼저 사망하면 C의 재산은 $A\left(\genfrac{}{}{0pt}{}{상속분}{100}\right)$와 $B\left(\genfrac{}{}{0pt}{}{상속분}{100}\right)$가 최근친 직계존속으로 상속받고, 그 후 A가 사망하면 A의 재산은 최근친 직계존속인 $D\left(\genfrac{}{}{0pt}{}{상속분}{160}\right)$와 배우자 $B\left(\genfrac{}{}{0pt}{}{상속분}{240}\right)$가 상속받는다. 그런데 상속관계에 있는 사람들이 동일한 위난으로 사망하거나 동일 위난은 아니지만 각기 다른 장소에서 같은 날 사망하였을 때 사망의 선후에 따라 상속관계가 달라진다. 위 사안에서 A와 C에게 이런 일이 발생하였을 때, B와 D 중 누군가가 먼저 자신이 상속인이라고 주장하면서 상속분을 먼저 선점하는 경우, 가령 B가 A와 C의 재산 500을 먼저 선점한 경우 D가 자신의 상속분이 160이라면서 이를 반환받기 위해서는 자신이 상속인임을 주장, 입증하여야 한다. 이를 위해서는 C가 먼저 사망하였다는 것을 입증하여야 한다. 반면 D가 자신이 상속인이라고 주장하여 160을 선점하였다면, B가 D가 취득한 상속분을 반환받고자 하면 A가 먼저 사망했다는 것을 입증하여야 한다. 누가 먼저 사망하였는지를 입증하기 곤란한 경우에는 결국 먼저 선점하는 자가 유리한 위치에 서게 된다. A의 300의 재산이 예금채권이어서 은행이 채권자불확지를 이유로 공탁을 했다고 하더라도, 재판과정에서 A 또는 C 중 누가 먼저 사망하였는지가 증명될 수 없다면 법관은 판결할 수 없다.

이런 문제를 해결하기 위해 우리 민법은 여러 사안 중 동일 위난으로 사망한 경우에는 동시에 사망한 것으로 추정하는 규정을 두어 상속관계에서 발생할 수 있는 이런 해결불가능 사안에 대한 해답을 제공하고 있다. 위 사안에서 A와 C가 동시에 사망한 것으로 추정되기 때문에 이 추정이 복멸되지 않는 한 A와 C는 상호 상속관계가 없어지고, A의 재산은 $B\left(\genfrac{}{}{0pt}{}{상속분}{180}\right)$와 $D\left(\genfrac{}{}{0pt}{}{상속분}{120}\right)$가 상속받고, C의 재산은 B가 자신의 상속분으로 100, 대습상속분으로 100, 합계 200을 모두 상속받는다. 동조는 상속관계에 있는 수인이 동일한 위난으로 사망하였으나 사망의 선후를 알 수 없는 경우 상속관계를 정할 수 있는 기준을 제시하고 있다.

2. 외 국 법

독일 실종법 §11는 "사망한 수인 또는 실종선고를 받은 수인 중 어떤 사람이 다른 사람보다 더 오래 생존하였음이 입증되지 않는 경우 그 수인은 동시에 사망한 것으로 추정한다."는 규정을 두고 있다. 이로써 동일위난만이 아니라 다른 장소에서 같은 날 사망하였지만 그 수인의 사망 시점을 알기 어려운 경우의 상속관계를 확정할 기준을 제시하고 있다.

일본은 1962년 민법 일부개정을 통해 일민 §32-2에서 "수인이 사망한 경우 그 중 1인이 다른 자의 사망 후에도 생존하였음이 분명하지 아니한 때에는 이들은 동시에 사망한 것으로 추정한다."는 규정을 두어 독일 실종법과 같은 태도를 취하고 있다.

스민 §32 Ⅱ은 "사망한 수인 중 어떤 사람이 다른 사람보다 더 오래 생존하였음이 입증되지 않는 경우, 그들은 동시에 사망한 것으로 간주한다."라고 규정하고 있다. 스민 §32 Ⅰ은 "자신의 권리 행사가 어떤 사람이 생존하고 있거나 사망하였거나 특정 시점에 생존하였거나 다른 사람보다 오래 생존하였다는 사실에 근거할 경우, 이를 증명하여야 한다."라고 규정한다. 따라서 권리주장자가 다른 사람보다 먼저 사망하거나 더 오래 생존하였음을 입증하게 되면 스민 §32 Ⅰ이 적용되고, 이를 입증하지 못할 경우 스민 §32 Ⅱ에 따라 동시사망이 간주된다.

프랑스 나폴레옹 민법전에서는 상속권 있는 수인이 동일한 사고로 사망하고 그 사망 선후를 알 수 없는 경우 생존시점을 추정하기 위해 프민 §720에서 §722까지 상세한 규정을 두었다. 프민 §721는 연령을 기준으로 상세한 추정시점을 정하고, 프민 §722는 성별에 따라 상세한 추정시점을 정하였다. 학설은 이 규정에 대해 비판적이었고, 판례 역시 이 규정을 거의 적용하지 않았다고 한다.[1] 2001년 민법은 종래의 규정을 전부 폐지하고 §725-1을 두어 동시사망을 추정한다. §725-1 Ⅰ은 "일방이 타방을 상속할 수 있는 지위에 있는 두 사람이 동일한 사고(un même événement)에서 사망한 경우 사망의 순서는 모든 수단을 통해 입증될 수 있다."고 규정하고, §725-1 Ⅱ은 "사망의 순서를 정할 수 없는 경우 그들 각자의 상속은 다른 사망자를 원용하지 않고 진행한다."고 규정한다. §725-1 Ⅲ은 "그럼에도 불구하고 동시사망자 중 1인에게 직계비속이 있다면, 대습상속이 인정될 때에는 그 직계비속이 다른 사망자의 상속에서 그 사망자를 대위할 수 있다."고 규정한다. 이렇게 함으로써 대습상속의 문제도 해결하도록 하였다.

---

1) Philippe Malaurie/Laurent Aynés, Les Successions-Les Libéralités 4 édition, n. 42 참조.

Ⅱ. 요건 및 적용범위

1. 동일한 위난으로 사망

§30는 2인 이상이 동일한 위난으로 사망한 경우 동시사망을 추정한다. 동일한 위난이란 선박침몰, 항공기추락, 화재사망, 동반자살, 가스중독, 폭격 기타 동일성 있는 위난이 발생하여 사망한 경우를 말한다.

2. 수인이 상이한 위난으로 사망한 경우

앞서 살펴 본 외국법 중 일본민법, 독일 실종법, 스위스 민법 등은 상이한 위난으로 사망한 경우에도 사망시점을 증명할 수 없다면 동시사망한 것으로 추정한다. 그러나 우리 민법은 이런 규정이 없기 때문에 수인이 상이한 위난으로 사망한 경우에는 §32가 적용되지 않는다. 따라서 모든 수단을 동원하여 사망의 시점을 증명하여야 할 것이다. 의학기술이 발달하였기 때문에 그 입증이 가능한 경우가 많을 것이다. 그럼에도 불구하고 입증이 곤란한 경우가 드물지 않을 것이다. 그런 이유로 상이한 위난으로 사망한 경우에도 §30를 유추적용하여야 한다는 주장이 제기되기도 한다.[2]

Ⅲ. 효   과

1. 동시사망의 효과

(1) 재산상속

호주제도가 폐지되기 이전에는 호주승계가 있었으나 현행 민법에서는 사망자의 재산상속관계만 문제된다. 상속관계에 있는 수인이 동시사망으로 추정되면 그들 상호간에는 상속관계가 발생하지 않는다.

(2) 대습상속

피상속인과 상속인이 될 직계비속 또는 형제자매가 동시사망한 경우 그 직계비속이나 배우자가 있을 때 그 직계비속이나 배우자가 대습상속을 하는지가 문제된다. 직계비속의 대습상속을 규율하는 §1001는 '상속인이 될 직계비

---

2) 구주해(1), 422(한상호) 참조.

속 또는 형제자매가 상속개시 전에 사망하거나 결격자가 된 경우 그 직계비속'
이 대습상속할 수 있게 하고, 배우자의 대습상속을 규율하는 §1003 Ⅱ은 '제
1001조의 경우에 상속개시전에 사망 또는 결격된 자의 배우자는 동조의 규정
에 의한 상속인과 동순위로 공동상속인이 되고 그 상속인이 없는 때에는 단독
상속인이 된다.'고 규정하고 있다. 사위를 제외한 가족 전부($^{피상속인, 피상속인의 직}_{계비속, 그 직계비속의}$
$^{직계}_{비속}$)가 항공기추락으로 사망하여 피상속인의 형제자매와 사위 간의 상속권 존
부가 문제된 사안을 다룬 대판 01.3.9, 99다13157[3])에서 대법원은 "…대습상
속제도는 대습자의 상속에 대한 기대를 보호함으로써 공평을 꾀하고 생존 배
우자의 생계를 보장하여 주려는 것이고, 또한 동시사망 추정규정도 자연과학
적으로 엄밀한 의미의 동시사망은 상상하기 어려운 것이나 사망의 선후를 입
증할 수 없는 경우 동시에 사망한 것으로 다루는 것이 결과에 있어 가장 공평
하고 합리적이라는 데에 그 입법 취지가 있는 것인바, 상속인이 될 직계비속이
나 형제자매($^{피대}_{습자}$)의 직계비속 또는 배우자($^{대}_{습자}$)는 피대습자가 상속개시 전에
사망한 경우에는 대습상속을 하고, 피대습자가 상속개시 후에 사망한 경우에
는 피대습자를 거쳐 피상속인의 재산을 본위상속을 하므로 두 경우 모두 상속
을 하는데, 만일 피대습자가 피상속인의 사망, 즉 상속개시와 동시에 사망한
것으로 추정되는 경우에만 그 직계비속 또는 배우자가 본위상속과 대습상속의
어느 쪽도 하지 못하게 된다면 동시사망 추정 이외의 경우에 비하여 현저히
불공평하고 불합리한 것이라 할 것이고, 이는 앞서 본 대습상속제도 및 동시사
망 추정규정의 입법 취지에도 반하는 것이므로, §1001의 '상속인이 될 직계비
속이 상속개시 전에 사망한 경우'에는 '상속인이 될 직계비속이 상속개시와 동
시에 사망한 것으로 추정되는 경우'도 포함하는 것으로 합목적적으로 해석함
이 상당"하다고 판단하고 있다. 프민 §725-1 Ⅲ과 같은 규정을 두지 않았다
하더라도 이렇게 해석하는 것이 타당할 것이다.

  (3) 유   증

  §1089 Ⅰ은 유언자의 사망 전에 수증자가 사망한 때에는 유언의 효력이
없도록 한다. 유언의 효력이 없어진 경우 유언의 목적인 재산은 상속인에게 귀
속되지만, 유언으로 달리 정해 둔 것이 있다면 그 의사에 따른다($^§_{1090}$). 이 경

---

  3) 동시사망의 경우 대습상속이 인정되지 않는다면, 피상속인의 형제자매가 상속권을 가지
    게 될 것이다. 반면 동시사망의 경우 대습상속이 인정된다면 사위가 피상속인을 상속하게
    될 것이다.

우에는 대습상속이 인정되지 않는다. 유언자와 수증자가 동시사망한 경우는 어떻게 처리될지가 문제된다. 먼저 사망한 경우 유언의 효력이 없어지도록 한 것은 수증자에게 직접 재산이 귀속되도록 한 것이지, 그의 상속인을 염두에 둔 것이 아니라고 할 것이다. 따라서 동시사망이 된 경우 유언자의 재산이 수증자에게 귀속되지는 않는다고 해석해야 할 것이다. 다만, 유언으로 달리 정해둔 것이 있으면 거기에 따르게 될 것이다. 가령 수증자가 사망한 경우 그의 상속인에게 유증한다는 것 등이 그 예이다.

(4) 보 험 금

보험수익자가 보험존속 중 사망한 때에는 보험계약자는 다시 보험수익자를 지정할 수 있으나, 보험계약자가 동시사망한 경우 지정권을 행사할 수 없는 경우 보험수익자의 상속인이 보험수익자가 되도록 상법에서 정하고 있다 $\left(\S 733^{\text{상}} \text{III}\right)$.

2. 동시사망의 번복

(1) 반대사실의 입증

동시사망의 추정을 번복하기 위해서는 충분하고 명확한 반증이 있어야 할 것이다. 상속관계에 있는 수인의 사망자 중 누가 먼저 사망하였는지, 누가 나중에 사망하였는지를 입증하기 위해 과학적 방법이 동원될 수 있을 것이다. CCTV에 촬용된 기록물, 통화기록, 부검을 통한 사망추정시간 등등 여러 방법이 동원될 수 있을 것이다. 그러나 그 입증이 충분하고 명확하다고 인정되지 않으면 동시사망의 추정을 번복해서는 안 될 것이다.

(2) 번복된 경우의 법률관계

동시사망 추정이 번복된 경우 그로 인해 상속권이 침해된 사람은 다른 상속인에게 상속으로 취득한 권리의 침해를 제거하기 위해 소유물반환청구권, 소유물방해배제청구권, 채권양도 및 양도통지청구권을 행사할 수 있다. 또한 상속권이 없기 때문에 점유할 권리가 없이 자신의 소유물을 점유한 표현상속인, 상속채권을 추심한 표현상속인을 상대로 부당이득반환청구권을 행사할 수 있을 것이다. 물론 표현상속인은 상속회복청구권의 제척기간이 도과되었음을 항변할 수 있을 것이다.

부당이득반환의 범위에서 표현상속인이 §201 I을 원용할 수 있는지, §748 I에 따른 현존이익의 반환을 원용할 수 있는지는 학계에서 충분히 논의되지 않았다. 실종선고를 직접원인으로 재산을 취득한 사람은 선의라도 현존이익의 반환을 하여야 하고, §201 Ⅰ을 원용할 수 없다는 것을 이 경우에도 유추적용할 수 있을 것이다. §29 Ⅱ의 선의의 반환의무자도 동시사망추정으로 상속을 받은 자와 동일한 표현상속인이기 때문이다.

[제 철 웅]

사항색인

제2판

민법주해 Ⅰ - 총칙(1)

제2판발행   2022년 3월 30일

편집대표   양창수
펴낸이   안종만 · 안상준

편 집   이승현
기획/마케팅   조성호
표지디자인   이수빈
제 작   고철민 · 조영환

펴낸곳   (주) **박영사**
     서울특별시 금천구 가산디지털2로 53, 210호(가산동, 한라시
     등록 1959. 3. 11. 제300-1959-1호(倫)

전 화   02)733-6771
f a x   02)736-4818
e-mail   pys@pybook.co.kr
homepage   www.pybook.co.kr
ISBN   979-11-303-3731-9 94360
     979-11-303-3730-2 94360(세트)

정 가   80,000원